Özkan Ezli
Narrative der Migration

Undisziplinierte Bücher

Gegenwartsdiagnosen und ihre historischen
Genealogien

Herausgegeben von
Iris Därmann, Andreas Gehrlach und Thomas Macho

Wissenschaftlicher Beirat
Andreas Bähr · Kathrin Busch · Philipp Felsch
Dorothee Kimmich · Morten Paul · Jan Söffner

Band 5

Özkan Ezli

Narrative der Migration

Eine andere deutsche Kulturgeschichte

DE GRUYTER

Gedruckt mit freundlicher Unterstützung der Geschwister Boehringer Ingelheim Stiftung für Geisteswissenschaften in Ingelheim am Rhein.

ISBN 978-3-11-127025-8
e-ISBN (PDF) 978-3-11-073134-7
e-ISBN (EPUB) 978-3-11-073138-5
ISSN 2626-9244
DOI https://doi.org/10.1515/9783110731347

Dieses Werk ist lizenziert unter einer Creative Commons Namensnennung - Nicht-kommerziell - Keine Bearbeitung 4.0 International Lizenz. Weitere Informationen finden Sie unter http://creativecommons.org/licenses/by-nc-nd/4.0/.

Library of Congress Control Number: 2021943665

Bibliografische Information der Deutschen Nationalbibliothek
Die Deutsche Nationalbibliothek verzeichnet diese Publikation in der Deutschen Nationalbibliografie; detaillierte bibliografische Angaben sind im Internet über http://dnb.dnb.de abrufbar.

© 2023 Özkan Ezli, publiziert von Walter de Gruyter GmbH, Berlin/Boston
Dieser Band ist text- und seitenidentisch mit der 2022 erschienenen gebundenen Ausgabe.
Dieses Buch ist als Open-Access-Publikation verfügbar über www.degruyter.com.

Coverabbildung: Inge Morath: A Llama in Times Square. New York City. USA. 1957. © Inge Morath | Magnum Photos / Agentur Focus.
Satz: Integra Software Services Pvt. Ltd.
Druck und Bindung: CPI books GmbH, Leck

www.degruyter.com

Inhalt

1 Einleitung —— 1
1.1 Prolog. Eine andere Herkunft statt gesellschaftlicher Teilhabe —— 1
1.2 Aufbau des Buchs —— 33
1.3 Deutschland. Eine Einwanderungsgesellschaft ohne Kulturgeschichte —— 47
1.4 Stand der Forschung: Angekommen in Literatur und Film —— 57
1.5 Narrative der Integration —— 74

2 »Wir wollten alle Amerikaner werden«: Der Gast und seine Arbeiter —— 99
2.1 Der Gast und seine Arbeiter —— 99
2.2 Einfache Geschichten: Überraschend viele Lesarten —— 116
2.3 SHIRINS HOCHZEIT: Eine Geschichte ohne Herkunft und Ankunft —— 120
2.4 »Die Suche nach dem unauffindbaren Partner« —— 130
2.5 »Wir wollten alle Amerikaner werden«: Aras Örens Gastarbeiter erfolglos auf dem Weg in den Westen —— 139
2.6 Integration als Orientierung —— 153
2.7 Zivilisation als unbestimmte Soziokultur —— 161
2.8 Von *außen* nach *innen* oder: Integration als Diskretion —— 174
2.9 Fazit zu »Wir wollten alle Amerikaner werden« —— 184

3 »Wie lebt es sich als Türke in Deutschland?«: Der Ausländer und sein Volk oder das Recht auf Repräsentation. Literatur, Film und Politik in den 1980er Jahren —— 193
3.1 Das Recht auf Repräsentation —— 193
3.2 Eine epistemische Gewalt steht im Raum —— 231
3.3 Im Zwiespalt zwischen Innen und Außen —— 249
3.4 Blockierte Integrationen in Literatur und Film —— 272
3.5 Fazit zu »Wie lebt es sich als Türke in Deutschland?« —— 289

4 »Wie lebt es sich in Deiner Haut?«: Von der Herkunfts- zur Konfliktgesellschaft in Literatur, Film und Debatten der 1990er Jahre —— 305
4.1 In der Gesellschaft überleben —— 305
4.2 Kultur als eine Frage des »Wohnens« —— 339
4.3 Vom Hören und Lachen in der multikulturellen Gesellschaft —— 364
4.4 »Nicht aus der Haut kommen können« oder die Unmöglichkeit des »third space« —— 405
4.5 Anrufung der Welt statt *transcultural community* —— 425

4.6	Vom Überleben im Film —— **459**
4.7	Koordinationen, Befindlichkeiten und Zugehörigkeiten im Film —— **481**
4.8	Fazit zu »Wie lebt es sich in Deiner Haut?« —— **501**

5 »Was lebst Du?«: Narrative der Ankunft und Integration —— 517

5.1	Kultur als Ressource und die Ankunft in der Mehrheitsgesellschaft —— **517**
5.2	Ankommen in filmischen und literarischen Erzählungen —— **549**
5.3	Der Kulturdialog zwischen Kampf und gemeinschaftlichem Erzählen —— **565**
5.4	Entscheidungen und Integration —— **599**
5.5	Kultur als Praxis oder die Produktion von Vielfalt —— **626**
5.6	Fazit zu »Was lebst Du?« —— **671**

Epilog: Warum eine Kulturgeschichte der Migration notwendig ist —— 688

6.1	Eine neue Kultur der Betroffenheit —— **688**
6.2	Der Blick in die Geschichte —— **699**

Dank —— 715

Literaturverzeichnis —— 717
Primärquellen —— **717**
Literatur, Film, Biografien & Dokumentationen —— **717**
Debatten, Publizistik & Ausstellungen —— **725**
Geschichte, Soziologie & Theorien —— **734**
Sekundärliteratur: Literatur & Film —— **748**

1 Einleitung

1.1 Prolog. Eine andere Herkunft statt gesellschaftlicher Teilhabe

»Ich war nicht zwischen zwei Kulturen, sondern ich habe zuhause Dinge erlebt und erfahren und gesprochen und ich wollte draußen weitersprechen.«[1] So antwortete Feridun Zaimoğlu in den 1990er Jahren auf die Frage, warum er Schriftsteller geworden sei. Es sei ein »Wille zum Sprechen« gewesen, fügt er erläuternd hinzu. Diese Antwort auf eine der klassischen Fragen zur Genese von Autorschaft ist ungewöhnlich und aus mehreren Gründen interessant. Zum einen, weil man auf diese Frage eine individuelle Antwort erwartet: nach einem prägenden Erlebnis, einer spezifischen Erfahrung oder nach einer besonderen Kindheit und Jugendzeit. Zum anderen, weil die Frage auch die Auskunft über eine bestimmte soziale Herkunft einfordert – und man im Falle Zaimoğlus offenkundig die einer kulturellen Hybridität erwartet.

Zaimoğlus Antwort erfüllt keine dieser Erwartungen. Sie ist weder besonders individuell, noch steht sie repräsentativ für eine bestimmte soziale oder inter- und transkulturell geprägte Gruppe. Sie macht auch nicht deutlich, welche Orte, welche Räume, welche Territorien mit »zuhause« und »draußen« gemeint sind, und wirkt nach diesen direkt anschließenden Deutungsversuchen informell und unbestimmt. Die in soziologischen und in älteren literaturwissenschaftlichen Arbeiten vielbeschworene kollektive kulturelle Orientierungslosigkeit der zweiten Generation von Einwanderinnen und Einwanderern scheint in ihr keine Rolle zu spielen. Ebenso wenig bedient sie einen spezifisch bürgerlichen Erwartungshorizont, in dem eine früh angelegte, etwa von Romanlektüren geprägte und individualisierte Selbstsuche und Selbstverwirklichung anvisierbar wäre.[2]

---

[1] Aus: BRUNNER, Maria (2004): »›Migration ist eine Hinreise. Es gibt kein ›Zuhause‹, zu dem man zurück kann‹. Der Migrationsdiskurs in deutschen Schulbüchern und in Romanen deutsch-türkischer Autorinnen der neunziger Jahre«. In: *Die andere deutsche Literatur*, hg. v. Manfred Durzak, Würzburg: Königshausen & Neumann, S. 71–90, hier S. 85.
[2] Siehe hierzu: EZLI, Özkan (2012): *Grenzen der Kultur. Autobiographien und Reisebeschreibungen zwischen Orient und Okzident*, Konstanz: Konstanz University Press, S. 12. Im programmatischen Band *Kanaksta* von 1999 hält Zaimoğlu fest, dass es im Unterschied zum Westen im Orient nicht die Selbstsuche, sondern eher die Selbstentledigung gebe. »Es gibt kein Wort für Selbstverwirklichung. Ich wüsste gar nicht, wie man Selbstverwirklichung ins Türkische übersetzen könnte«, hält er pointiert fest. Siehe hierzu: ZAIMOĞLU, Feridun (1999): »Eure Coolness ist giga-out«. In: *Kanaksta. Geschichten von deutschen und anderen Ausländern*, hg. v. Joachim Lottmann, Berlin: Quadriga, S. 23.

Auch eine integrationstheoretische Perspektive kann hier kaum Klarheit schaffen. Augenscheinlich ist aber, dass hier jemand von drinnen nach draußen unterwegs, in Bewegung ist. Und wenn wir die bürgerlich und die migrationssoziologisch codierten Brillen ablegen, sind in Zaimoğlus Aussage neben der Bewegung vier Aspekte als Grundlagen seiner künstlerischen Arbeit evident: erstens macht sie auf eine Praxis des Sprechens und Sprechen-Wollens aufmerksam, zweitens geht es um ein Hör- und Sichtbarmachen zu Hause geführter Gespräche und Prägungen, drittens ergibt sich daraus die Bedeutung sozialer Interaktion und viertens geht es um eine gestörte Kommunikation. Denn jemand spricht drinnen und draußen und jemand anderes müsste eigentlich zuhören. Zwar ist die sprechende Seite klar, doch variiert und bewegt sich die Empfänger- und Adressatenseite als Herkunft, Haus, Wohnung, Familie, über den öffentlichen Raum, über die bundesrepublikanische Gesellschaft bis noch einmal zum eigenen Selbst. Diese flottierende Bewegung zeigt, dass es in Zaimoğlus Aussage keinen Kommunikationszusammenhang von Sprechen und Hören gibt. Gegeben sind stattdessen Bewegung, sichtbar werden, sichtbar machen, in Austausch kommen und eine nicht funktionierende Kommunikation.

Eine vergleichbar vielschichtige dialogische, flottierende und mitunter gestörte Kommunikationsstruktur macht einige Jahre später auch die deutsch-türkische Autorin Emine Sevgi Özdamar kenntlich, wenn sie die Grundlage ihrer Literatur beschreibt. Im Erzählband *Der Hof im Spiegel* hält sie fest, dass die deutsche Sprache ihre neue Heimat geworden sei; eine Heimat, die jedoch für ihre türkische Kindheit keine deutschen Wörter habe.[3] Trotz dieser Inkohärenz zwischen neuer Sprache und Biografie »dreht« sie in ihrer surrealen Erzählung *Mutterzunge* ihre türkische Zunge »in einem Berliner Café« Anfang der 1990er Jahre in die deutsche Sprache hinein und wird dabei glücklich.[4] Die Bewegung aus der Kindheit nach draußen ist hier weniger die des Ortswechsels, sondern mehr eine Einwanderung in die fremde Sprache.[5] Eine Dekade zuvor ist diese Form der Übersetzung des Bruchs zwischen Kindheit und neuer Sprache identitätspolitisch noch weitaus problematischer. Nach den Ergebnissen eines sehr bekannt gewordenen Kolloquiums zur *Standortbestimmung der Ausländerliteratur* von 1984, stellt für viele deutschsprachige Autorinnen und Autoren nichtdeutscher Provenienz die Tatsache, dass die deutsche Sprache ihre Vergangenheit nicht

---

3 Siehe: ÖZDAMAR, Emine S. (2004): »Meine deutschen Wörter haben keine Kindheit«. In: dies.: *Der Hof im Spiegel*, Hamburg: Kiepenheuer & Witsch, S. 125–132.
4 Ebd., S. 129.
5 Siehe hierzu: GOYTISOLO, Juan (1994): »On Emine Sevgi Özdamar«. In: *Times Literary Supplement 12 (International Book of the Year)*, 02.12.1994.

widerspiegelt, ein zentrales – wie sie es selbst nennen – Problem der Integration dar. Sie könnten nicht auf »Unbewusstes« und »Selbstverständliches« zurückgreifen. Ein deutsch-türkischer Autor der ersten Stunde wie Yüksel Pazarkaya hält im Zusammenhang des Kolloquiums fest, dass »gerade Intuitionen ihren Ursprung in frühen sprachlichen Entwicklungsstadien« hätten.[6] Als eine zentrale Erkenntnis hält dies auch der Protagonist im ersten Roman von Aras Ören *Eine verspätete Abrechnung oder der Aufstieg der Gündoğdus* von 1988 fest. Darin zeigt er ein gescheitertes interkulturelles Lebensprojekt auf und konstatiert in diesem Zusammenhang, wenn er und andere aus ihrer »Muttersprache« nicht vertrieben worden seien, »hätten wir alle Seelenanalysen spielend bewältigen können, hätten sie sogar schriftlich erfaßt und unsere sprachlose Seele wäre nicht in ein solches Meer von Grimm hin- und hergeschleudert worden«.[7] Zeitnah zu diesen Positionen zu Migration und Sprache treibt in den 1980er Jahren auch die neu entstehenden Cultural und Postcolonial Studies die Frage nach den Artikulationsmöglichkeiten des Anderen und das Sprechen der Subalternen um.[8] Können sie wirklich für sich selbst sprechen? Wenn ja, wer und was wird gehört? Ihre Antwort ist mit der, die ich in den Texten und Filmen der 1980er Jahre analysieren werde, vergleichbar, wenn nicht sogar identisch. Doch muss zugleich auch die Frage gestellt werden, was wird gezeigt und was wird gesehen. Und was sind die postkolonialen Fragen heute, wenn mittlerweile seit mehr als einer Dekade von Einwanderungs-, Migrations- und Postmigrationsgesellschaften die Rede ist? Um was für eine Form von Identitätspolitik geht es heute?

Eine Differenz zeigt bereits die zehn Jahre nach *Der Hof im Spiegel* von Özdamar und knapp dreißig Jahre nach dem Kolloquium erschienene Publikation *Deutschsein. Eine Aufklärungsschrift* von Zafer Şenocak. In seinem 2010 veröffentlichten halb autobiografischen und halb gesellschaftspolitischen Essay beschreibt er zu Anfang des Textes, wie er als Kind türkischer Eltern und die deutsche Sprache zusammengehören. Mitte der 1980er Jahre schreibt er selbst noch von »getrennten Zungen« und »getrennten Welten«.[9] In dieser Zeit war es die Arbeit an den Übersetzungen der volksreligiösen und mystischen Gedichte des türkischen isla-

---

[6] Siehe hierzu: ACKERMANN, Irmgard/WEINRICH, Harald (Hg.) (1986): *Eine nicht nur deutsche Literatur. Zur Standortbestimmung der Ausländerliteratur*, München: Piper, S. 53.
[7] ÖREN, Aras (1988): *Eine verspätete Abrechnung oder der Aufstieg der Gündoğdus*, Frankfurt a. M.: Dağyeli, S. 269.
[8] Siehe hierzu: HALL, Stuart (2000): »Postmoderne und Artikulation. Ein Interview mit Stuart Hall. Zusammengestellt von Lawrence Großberg«. In: ders.: *Cultural Studies. Ein politisches Theorieprojekt*, Hamburg: Argument, S. 52–77. Siehe auch: SPIVAK, Gayatri C. (2008): *Can the Subaltern Speak? Postkolonialität und subalterne Artikulation*, Wien, Berlin: Turia + Kant.
[9] ŞENOCAK, Zafer (1985): »Doppelmann«. In: *Türken deutscher Sprache. Berichte, Erzählungen, Gedichte*, hg. v. Irmgard Ackermann, München: dtv, S. 39.

mischen Dichters Yunus Emre (1240–1321), die ihm geholfen haben, die »harte Trennung« zwischen »Elternhaus auf der einen, Schule und Freizeit auf der anderen Seite, Herkunft Türkei versus Lebensmittelpunkt Deutschland« in ein fluides, von »Durchlässigkeit« geprägtes Verhältnis zu bringen.[10] Im Essayband *Deutschsein*, der am Ende der Hochphase der deutschen Integrationspolitik in den 2000er Jahren 2010 erscheint, sind es jedoch nicht mehr die volksreligiösen Verse eines türkischen Dichters und Mystikers, die die Welten zusammenführen, sondern einfach Dinge und Personen vor Ort. In einem Vorort von München lädt in den 1960er Jahren eine bayrische Nachbarin den kleinen Zafer und seine Eltern zu Kaffee und Kuchen ein. Im Unterschied zu den 1980er Jahren stehen Fremdsprache, Dinge, sozialer Austausch und Selbstbestimmung hier in einem zugehörigen und nicht in einem getrennten Verhältnis. Im Gegenteil werden Dinge wie der warme Apfelkuchen der deutschen Nachbarin, das Besteck, Teller und ihre deutschen Bezeichnungen vom kleinen Zafer als ihm zugehörig empfunden. Das Kind trägt die neuen und fremden Wörter im warmen Apfelkuchenduft in sein deutsch-türkisches Vokabelheft ein. Neben der Sprache sind es hier vor allem Dinge, Orte, gelingende Begegnungen zwischen Zugewanderten und Alteingesessenen und nicht zuletzt die Beschreibung der Akteure durch ihre Praktiken an bestimmten Orten, die nun sichtbar werden und das Selbstverhältnis ausmachen. Allerdings sind es von zwölf Kapiteln nur die ersten beiden aus Şenocaks *Deutschsein*, die in Proust'scher Erzählweise eine zusammengehörende deutsch-türkische Kindheit heraufbeschwören. Mit dem dritten Kapitel setzen – für den Leser unerwartet – mehrere Kapitel zu deutschen Integrationsdebatten ein.[11]

Doch trotz dieses abrupten narrativen Wechsels von Beschreibungen intimer Familiarität und Sichtbarkeit zur Härte der deutschen Debattenkultur wirken diese beiden Ebenen und die mit ihnen verbundenen Kapitel auf paradoxe Art zusammengehörig. Wie schon bei Zaimoğlu, Pazarkaya und Özdamar ist die dialogische, flottierende und zum Teil antagonistische Struktur aus Biografie, künstlerischer Praxis und deutscher Öffentlichkeit in einer anderen erzählenden Diktion auch bei Şenocak im Jahre 2010 durchlässig, in einem nicht normativen Sinne integrativ. Diese integrativen Innen-Außen-Verhältnisse und Beziehungen zwischen dem Deutschen und Türkischen wie bei Özdamar und Şenocak werden in ästhetischen Reflexionen der vergangenen Jahre wie in DREI TÜRKEN UND EIN

---

10 ŞENOCAK, Zafer (2005): »Die Hilflosigkeit des religiösen Dialogs«. In: *Die Welt*, 20.07.2005. Siehe zu Şenocaks Übersetzungen der Gedichte von Yunus Emre: EMRE, Yunus (1986): *Das Kummerrad. Dertli Dolap*, Aus dem Türkischen von Zafer Şenocak, Frankfurt a. M.: Dağyeli.
11 Vgl. ŞENOCAK, Zafer (2010): *Deutschsein. Eine Aufklärungsschrift*, Hamburg: Edition Körber-Stiftung, S. 36–190.

BABY (2015), PLÖTZLICH TÜRKE (2016), AUS DEM NICHTS (2017), *Siebentürmeviertel* (2015), *Ruhm und Ruin* (2015), *Wieso Heimat. Ich wohne zur Miete* (2016), *Ellbogen* (2017) und *Ich bin Özlem* (2019) in neuer erzählerischer und identitätspolitischer Form mit dem erneuten Aufkommen der Kategorie ›Türke‹ und ›türkisch‹ wieder zur Disposition gestellt; jedoch ebenso in Zafer Şenocak letztem Essayband *Das Fremde, das in jedem wohnt. Wie Unterschiede unsere Gesellschaft zusammenhalten* von 2018.[12]

Dieses mehrschichtige Verhältnis zwischen »drinnen« und »draußen« gilt jedoch keineswegs allein für die Autoren der *belle lettres*, wie ich sie jetzt vorangestellt habe. Auch in den bekannten und weniger bekannten publizistisch-politischen Interventionen für Integration, Diskriminierung und komplexen Formen der Selbstbeschreibung, beispielsweise in Necla Keleks *Die fremde Braut* (2005), in Seyran Ateş' *Der Multikulti-Irrtum* (2007), in Betül Durmaz' *Döner, Machos und Migranten* (2009) und in den kürzlich erschienenen Streitschriften, Biografien und essayistisch angelegten Schriften wie *Ihr Scheinheiligen! Doppelmoral und falsche Toleranz. Die Parallelwelt der Deutschtürken und die Deutschen* (2018) von Tuba Sarıca, *Der ewige Gast. Wie mein türkischer Vater versuchte, Deutscher zu werden* (2018) von Can Merey, *Eure Heimat ist unser Albtraum* (2019) von Fatma Aydemir und Hengameh Yaghoobifarah und *Das ist auch unser Land* (2020) von Ciğdem Toprak zwischen den Jahren 2005 und 2020 begegnen wir ebenfalls dieser Durchlässigkeit und aus unterschiedlichen erzählerischen Einheiten bestehenden Verbindung.[13] Ihre ephemere Struktur setzt sich aus priva-

---

12 ŞENOCAK, Zafer (2018): *Das Fremde, das in jedem wohnt. Wie Unterschiede unsere Gesellschaft zusammenhalten*, Hamburg: Edition Körber-Stiftung.
13 Siehe hierzu: KELEK, Necla (2005): *Die fremde Braut*, Köln: Kiepenheuer & Witsch. ATEŞ, Seyran (2007): *Der Multikulti-Irrtum. Wie wir in Deutschland besser zusammenleben können*, Berlin: Ullstein. DURMAZ, Betül (2009): *Döner, Machos und Migranten. Mein zartbitteres Lehrerleben*, Freiburg i. Br.: Herder. SARICA, Tuba (2018): *Ihr Scheinheiligen! Doppelmoral und falsche Toleranz. Die Parallelwelt der Deutschtürken und Deutschen*, Dresden: Heyne. MEREY, Can (2018): *Der ewige Gast. Wie mein Vater versuchte, Deutscher zu werden*, München: Karl Blessing. AYDEMIR, Fatma/YAGHOOBIFARAH, Hengameh (2019): *Eure Heimat ist unser Albtraum*, Berlin: Ullstein. TOPRAK, Ciğdem (2020): *Das ist auch unser Land. Warum Deutschsein mehr als Deutschsein ist*, Berlin: Ch. Links. Beispielsweise beginnt Keleks vielbesprochenes Buch, in der das Phänomen der türkischen Importbräute und Zwangsehen thematisiert und als eine selbstverschuldete Form der Desintegration angeklagt wird, mit der autobiografischen Beschreibung der den türkischen Traditionen zuwiderlaufenden Hochzeit ihres jüngeren Bruders in der konservativen türkischen Stadt Bursa als positives Gegenbeispiel für Integration und Hybridität. Siehe hierzu: KELEK (2005): S. 25. Tuba Sarıca, Enkelin ehemaliger türkischer Gastarbeiter, hält in ihrer autobiografisch grundierten Streitschrift *Ihr Scheinheiligen* zu Beginn ihres Textes fest, dass sie lange davon geträumt habe, ihre gedanklich formulierte These, dass die Türken sich gar nicht integrieren wollen, »in die Öffentlichkeit zu tragen«. Siehe hierzu: SARICA (2018): S. 9.

ten, familiären und öffentlichen Innen- und Außenrelationen im Positiven wie im Negativen zusammen. Auch hier sind die Grundlagen des Sprechens und Schreibens weder ausschließlich mit einer migrationsspezifischen Perspektive zu greifen, noch sind sie allein in einer kleinfamiliären Schutzzone zu suchen. Vielmehr liegen sie im Verbund von Bewegung, Dingen, Sichtbarmachen, Erfahrungen und Sprechen zuhause und draußen; sie liegen in der Verbindung von Sprache, Veröffentlichung und Öffentlichkeit. Diese Verbindung basiert auf einem Verlangen nach Kommunikation und gesellschaftlicher Teilhabe, aber zugleich auch auf ihren Störungen. Oder wie schon Mitte der 1980er Jahre auf dem besagten Kolloquium der deutsch-iranische Schriftsteller Said zugespitzt zur Literatur der Migration festhält, dass trotz des Bruchs zwischen Kindheit und deutscher Sprache, man ja eigentlich »nur plaudern [wolle] – sonst nichts«.[14] Alles andere, was an Kultur, Verstehen, Dialog und Konflikt dazu komme, müsse aufwendig abgebaut oder problematisiert werden. Letztlich geht es in der vorliegenden Kulturgeschichte der Migration in der Bundesrepublik um die Geschichte dieser Interaktion, ihren Wandel und die Transformation ihrer Begegnungsstruktur.[15] Sie ist nicht zuletzt deshalb von besonderem Interesse, weil in den aktuellen Produktionen nachdem Jahrzehnt der Integration in den 2000er Jahren,[16] in dem sich tatsächlich viele auch als neue Deutsche und deutsche Muslime bezeichnet haben, wieder ein Bruch zwischen Vergangenheit und Gegenwart, zwischen deutsch und türkisch diagnostiziert wird. Und im Unterschied zur Generation der 1980er und 1990er Jahre ist Deutsch hier nicht mehr die Sprache, in die von anderswo eingewandert wird oder das Medium mit dem man Deutscher wird. Sie

---

14 SAID (1986): »Briefe, aber an wen«. In: *Eine nicht nur deutsche Literatur. Zur Standortbestimmung der Ausländerliteratur*, hg. v. Irmgard Ackermann und Harald Weinrich, München: Piper, S. 18–21, hier S. 20.
15 Der Soziologe Jörg Hüttermann hat mit seiner Arbeit *Figurationsprozesse der Einwanderungsgesellschaft* eine soziologische Geschichte vorgelegt, die ebenfalls eine Wandlungs- und Prozessgeschichte von einer ersten sozialen Figurationphase zwischen platzanweisenden alteingesessenen. Deutschen/Gastarbeitern in den 1970er Jahren über verunsichernde Platzanweiser/avancierende Fremde in den 1990er Jahren bis zur aktuellen Figuration zeigt, bei dem sich das westliche (christliche) und muslimische Kultursubjekt begegnen. Siehe hierzu: HÜTTERMANN, Jörg (2018): *Figurationsprozesse der Einwanderungsgesellschaft. Zum Wandel der Beziehungen zwischen Alteingesessenen und Migranten in deutschen Städten*, Bielefeld: transcript.
16 Mit der Änderung des Staatsbürgerschaftsrechts im Jahre 2000, der Aussage Johannes Raus in der Berliner Rede im selben Jahr, dass Deutschland eine Einwanderungsgesellschaft ist und mit den Empfehlungen der im Jahr 2001 von der Bundesregierung eingesetzten Zuwanderungskommission – auch als Süßmuth-Kommission bekannt – setzt erstmals eine Integrationspolitik in der Bundesrepublik ein, die später mit dem Zuwanderungsgesetz 2005, den Integrationsgipfeln und Islamkonferenzen von 2006 an, dem Nationalen Integrationsfahrplan 2008 und den Feiern zu 50 Jahre türkische Gastarbeitermigration 2011 ihren Höhepunkt findet.

ist bei den heutigen Filmemachern, Autoren, Wissenschaftlerinnen und Wissenschaftlern und Publizisten selbst die Sprache ihrer Kindheit, Sozialisation und Entwicklung. Gegen Ende des letzten Kapitels und im Ausblick der vorliegenden Kulturgeschichte werden wir sehen, dass das Deutsche als Sprache und als kultureller Marker auch die Medien prägt, die die vermeintlich biografische Einheit aktuell wieder aufbrechen.[17] Ein Grund ist, dass die Geschichte biografischer und sozialstruktureller Integrationen mit der gesellschaftspolitischen Geschichte der Bundesrepublik zeitweise korreliert und zeitweise im Kampf steht. Die kulturelle Grundlage dieses Prozesses in der vorliegenden Geschichte ist in jedem Fall die variierende Unterscheidung von öffentlich und privat, von kollektiv und individuell und aktuell, dass an die Stelle partizipativer und kognitiver Aspekte wie Emotion und Empathie beispielsweise nach dem Aufdecken der NSU-Morde im November 2011 und ihrem Prozess, der Özil-Debatte von 2018 und den Anschlägen von Hanau im Februar 2020 Interaktionen unterbrechende Affekte wie Angst und Wut getreten sind.[18] Durch diese Folge von Integration und der Wahrnehmung genannter Ereignisse in den vergangenen zwei Dekaden ist das deutsch-türkische Verhältnis ein weitaus komplexeres, mitunter widersprüchliches und ein belasteteres geworden als in der Geschichte der Migration in der Bundesrepublik zuvor. Beispielsweise beschreibt sich in der aktuellen Studie von Ciğdem Toprak der Dietzenbacher Strafverteidiger Onur Türktorun, in Deutschland geboren und aufgewachsen, als jemand, der deutsch lebe, aber ein Türke sei.[19] Oder die Autorin Dilek Güngör bezeichnet ihre Protagonistin in dem autobiografisch grundierten Roman *Ich bin Özlem* von 2019 als eine eigentlich integrierte Person, die das Türkische und Muslimische zwar immer nur »aus zweiter Hand kennt«, aber wenn unbekannte deutsche Kassiererinnen im Supermarkt das Wort Ausländer benutzen oder ihre Freundinnen und Freunde in vertrauter Runde von Berliner Brennpunktschulen sprechen, weint sie jedesmal aus Wut und fühlt sich wieder als Türkin.[20] Auch wenn in den aktuellen ästhetischen und dokumentarischen Texten auf emotionaler und identitätspolitischer Ebene die deutsche Einwanderungsgesellschaft in einem polarisierten Zustand wieder als eine Mehrheitsgesellschaft skizziert wird, ist der Konnex von Sprechen und Öffentlichkeit weiterhin stabil.[21] Jedoch ist seine affektive Grundlage heute eine andere als früher.

---

17 Siehe hierzu: AYDEMIR/YAGHOOBIFARAH (Hg.) (2019).
18 Siehe hierzu: DAIMAGÜLER, Mehmet (2017): *Empörung reicht nicht! Unser Staat hat versagt. Jetzt sind wir dran*, Köln: Bastei Lübbe.
19 Siehe hierzu: TOPRAK (2020): S. 157.
20 Siehe hierzu: GÜNGÖR, Dilek (2019): *Ich bin Özlem*, Berlin: Verbrecher, S. 81.
21 Siehe hierzu auch: ALADAĞ, Züli (2016): *Die Opfer. Vergesst mich nicht*, München: Wiedermann & Berg Television GmbH & Co KG. AKIN (2017). AYDEMIR (2017).

Tatsächlich sieht die amerikanische Historiker Rita Chin in der Verbindung von Sprechen und Öffentlichkeit die konstitutive Grundlage deutsch-türkischer Literatur in den 1970er und 1980er Jahren.[22] Ihrer Auffassung nach ist dieser Konnex besonders in den Anfängen deshalb so wichtig, weil die Entwicklung einer medialen Präsenz durch Literatur die einzige Möglichkeit für die erste Generation der Gastarbeiter ist, Zugang zu der deutschen Mehrheitsgesellschaft zu bekommen, im Gegensatz zur digitalisierten Gegenwart und Omnipräsenz des Themas Migration heute. Zugang über die Staatsbürgerschaft oder über das kommunale Wahlrecht war ihnen gemäß des Ausländergesetzes von 1965 (sowie seiner Modifikation 1990) verwehrt.[23] Denn Ende der 1950er und in den 1960er Jahren sahen die deutschen Innenministerien der Länder in der politischen Tätigkeit der Ausländer auf bundesrepublikanischem Boden ein großes Problem.[24] Auch wenn beispielsweise die Türken in den 1960er Jahren als Europäer eingeordnet, die »Türkei als Teil Europas« verstanden wurde,[25] und die europäische Integration

---

22 Vgl. CHIN, Rita (2007): *The Guest Worker Question in Postwar Germany*, New York: Cambridge University Press, S. 31. Chin setzt den Beginn der deutsch-türkischen Literatur mit Aras Örens Werk *Was will Niyazi in der Naunynstraße* von 1973 an, wobei es mit den Erzählungen von Nevzat Üstün *Almanya, Almanya* (1965) und mit Bekir Yıldız' Roman *Türkler Almanyada* (1966) sehr wohl Literatur von türkischen Gastarbeitern zu den Erfahrungen der Migration nach Deutschland und in Deutschland schon Mitte der 1960er gab. Ihre Wahl begründet sie damit, dass Örens Poem das erste gewesen sei, das nach seiner Abfassung in die deutsche Sprache übersetzt worden sei. Allerdings wendet sie ihre These nur auf die Literatur Aras Örens an. Ansonsten konzentriert sie sich in ihrer Arbeit auf die bundesrepublikanischen Integrationsdebatten bis Ende der 1980er Jahre. Siehe hierzu auch: VON DIRKE, Sabine (1994): »West meets East: Narrative construction of the foreigner and postmodern orientalism in Sten Nadolny's ›Selim oder die Gabe der Rede‹«. In: *Germanic Review*, S. 61–69, hier S. 61.
23 Siehe CHIN (2007): S. 22. Siehe hierzu auch: SCHÖNWÄLDER, Karen (2003): »Zukunftsblindheit oder Steuerungsversagen? Zur Ausländerpolitik der Bundesregierungen der 1960er und frühen 1970er Jahre«. In: *Migration steuern und verwalten. Migration vom späten 19. Jahrhundert bis zur Gegenwart*, hg. v. Jochen Oltmer, Osnabrück: Universitätsverlag, S. 123–144.
24 Siehe hierzu: SCHÖNWÄLDER, Karen (1999): »›Ist nur Liberalisierung Fortschritt?‹ Zur Entstehung des ersten Ausländergesetzes der Bundesrepublik«. In: *50 Jahre Bundesrepublik. 50 Jahre Einwanderung. Nachkriegsgeschichte als Migrationsgeschichte*, Frankfurt a. M.: Campus, S. 127–144, hier S. 134.
25 EWG (1963): *Informationsmemorandum Nr. 8667/X/63-E*, Ankara, 12.9.1963. Aus: SCHNITZER, Jasmin (2016): *Assoziationsbürger. Der Status türkischer Staatsangehöriger im Vergleich zur Unionsbürgerschaft*, Tübingen: Mohr Siebeck, S. 170. »Ich habe damals keine kulturellen Unterschiede gespürt«, antwortet Tosun Merey, der Vater des dpa-Büroleiters in Istanbul für den Nahen Osten mit Schwerpunkt Türkei-Berichterstattung Can Merey, seinem Sohn als dieser ihn 2018 nach den Anfängen der türkischen Migration in die Bundesrepublik fragt. Im Gegensatz zu heute habe er sich damals »schließlich auch als Europäer betrachtet«, hält Tosun weiter fest, der 1958 zum BWL-Studium nach München gekommen war und in der Bundesrepublik geblieben ist.

als Westintegration nach dem nationalsozialistischen Zivilisationsbruch zentrales politisches Ziel der Bundesrepublik war, »ist die Bestimmung der politischen Entwicklung in der Bundesrepublik allein Sache der Deutschen«. Im Ausländergesetz von 1965 heißt es in § 6 Abs. 1 zur politischen Betätigung der Ausländer: »Ausländer genießen alle Grundrechte, soweit sie nicht nach dem Grundgesetz für die Bundesrepublik Deutschland Deutschen vorbehalten sind«. Und weiter heißt es im zweiten Absatz desselben Paragrafen, dass die politische Einschränkung von Ausländern untersagt werden könne, wenn die politische Ordnung gestört oder die politische Willensbildung in der Bundesrepublik beeinträchtigt werde.[26] Die den Deutschen vorbehaltenen Grundrechte erstrecken sich von der Versammlungsfreiheit, der Vereinsfreiheit, der Freizügigkeit, über die freie Wahl von Beruf, Arbeitsplatz und Ausbildungsstätten, bis hin zum Schutz vor Auslieferung an das Ausland sowie des Wahlrechts.[27] Welche dieser Rechte den Ausländern zugestanden werden konnten und welche nicht, war mit der Deutung der öffentlichen Ordnung, Sicherheit und allgemein mit den »Belangen der Bundesrepublik« durch die bundesdeutschen Behörden verbunden. Beispielsweise wurde auf Grundlage des Ausländergesetzes von 1965 den iranischen Ausländern 1967 verboten, an den Demonstrationen gegen den Besuch des Schahs Mohammed Reza Pahlavi teilzunehmen. Sie durften ihren Wohnort nicht verlassen.[28] Auf der anderen Seite erlaubte die »inhaltliche Elastizität« des Gesetzes es den verantwortlichen Verwaltungen, mithin eine »Durchführung der Anwerbeabkommen ohne Gesetzesänderung« vollziehen zu können, wenn es betrieblichen und ökonomischen Bedarf gab, beispielsweise Arbeitsverträge zu verlängern.[29]

Wenn in den 1960er Jahren über die Arbeiteranwerbeabkommen mit Griechenland, Spanien (1960), der Türkei (1961), Marokko (1963), Portugal (1964), Tunesien (1965) und Jugoslawien (1968) der wirtschaftliche Bedarf der Bundesrepublik im Vordergrund steht, verschiebt sich dieser »Belang der Bundesrepublik« mit Beginn der 1970er Jahre. Tatsächlich sind es die Aspekte der Störung der Ordnung und Sicherheit, die am Ende der Gastarbeiteranwerbephase 1973 den

---

Siehe hierzu: MEREY, Can (2018): *Der ewige Gast. Wie mein türkischer Vater versuchte, Deutscher zu werden*, München: Blessing, S. 62.
26 HEINE, Regina/MARX, Reinhard (1978): *Ausländergesetz mit neuem Asylverfahrensrecht*, Baden-Baden: Nomos, S. 16.
27 Siehe hierzu: CANIARIS, Vlassis (1974): *Gastarbeiter – Fremdarbeiter*, Berlin: Neue Gesellschaft für Bildende Kunst Realismusstudio, S. 4.
28 Siehe hierzu: SCHÖNWÄLDER (1999): S. 134.
29 THYM, Daniel (2010): *Migrationsverwaltungsrecht*, Tübingen: Mohr Siebeck, S. 58.

politischen Diskurs über die Ausländer bestimmen.[30] Von 1971 bis heute sind die Türken die größte Minderheit in der Bundesrepublik Deutschland.[31]

Dass das Jahr des Anwerbestopps 1973 in Deutschland mit der Veröffentlichung des ersten bekannten Textes der deutsch-türkischen Literatur in deutscher Sprache, Aras Örens *Was will Niyazi in der Naunynstraße*, zusammenfällt, ist 2007 für Chin ein Indiz des konstitutiven Zusammenhangs von Sprechen und Öffentlichkeit.[32] Drei Jahre nach Chins Befund hält der Soziologe Frank-Olaf Radtke in seinem längeren Essay von 2010, *Kulturen sprechen nicht. Die Politik grenzüberschreitender Dialoge*, fest, dass das Hauptproblem für die Arbeitsmigrantinnen und -migranten sowie deren nachfolgende Generationen nicht die andere oder eigene Kultur gewesen sei, sondern der Tatbestand, dass es keine wirtschaftliche oder politische Lobby gegeben habe, die ihnen Sichtbarkeit, Fürsprache und einen Aufstieg hätte ermöglichen und erleichtern können.[33] Doch ist selbst dieser Befund zu nah an der Kritik am aktuellen neoliberalen Zeitgeist oder an der postmigrantisch integrativen Diktion des Zusammenlebens seit Ende der 2000er Jahre.[34] Bei Letzterem ist mitunter ein politisches Ziel, die kulturelle Vielfalt der Gesellschaft müsse sich auch in den oberen Berufsgruppen und oberen Dienst-

---

30 Siehe hierzu: SCHÖNWÄLDER (2003): S. 143.
31 Siehe hierzu: HERBERT, Ulrich (2001): *Geschichte der Ausländerpolitik in Deutschland. Saisonarbeiter, Zwangsarbeiter, Flüchtlinge, Gastarbeiter*, München: Beck, S. 232. Siehe hierzu auch: KHAMIS, Samy (2018): *Türke in Deutschland. Ein Feature über das Making of der größten Minderheit*, Produktion Bayern 2, http://www.ard.de/home/radio/Tuerke_in_Deutschland/4461830/index.html (zuletzt 02.01.2019).
32 Ebd., S. 64.
33 Vgl. RADTKE (2011): *Kulturen sprechen nicht. Die Politik grenzüberschreitender Dialoge*, Hamburg: Hamburger Edition, S. 86. Selbst die DITIB (Türkisch Islamische Union der Anstalt für Religion e.V.), die Vertretung der türkischen Religionsbehörde Diyanet Işler Başkanlığı (DIB), wurde vom türkischen Staat erst 1980 in Köln als eine Form der Repräsentanz für die türkischen Arbeiter und ihre Familien eingerichtet. Der Hauptgrund für diese Maßnahme des türkischen Staates lag in erster Linie nicht darin, den religiösen Bedürfnissen ihrer Staatsbürger in der Fremde nachzukommen. Vielmehr ging es darum, das religiöse Feld in Deutschland nicht den anderen religiösen Gruppierungen wie Milli Görüş oder der fundamentalistischen Gruppierung der Kaplan-Gemeinde (Kalif von Köln) zu überlassen, die in der Türkei verboten waren. Siehe hierzu: SCHIFFAUER, Werner (2004): »Vom Exil- zum Diaspora-Islam. Muslimische Identitäten in Europa«. In: *Soziale Welt. Zeitschrift für sozialwissenschaftliche Forschung und Praxis* 55:4, S. 347–368, hier S. 350. Siehe auch: SEUFERT, Günter (1999): »Die Türkisch-Islamische Union der türkischen Religionsbehörde. Zwischen Integration und Isolation«. In: *Turkish Islam and Europe*, hg. v. Günter Seufert, Jacques Waardenburg, Stuttgart: Steiner, S. 261–293.
34 Siehe hierzu: MÜNKLER, Herfried/MÜNKLER, Marina (2017): *Die neuen Deutschen. Ein Land vor seiner Zukunft*, Reinbek: Rowohlt, S. 186.

klassen adäquat wiederspiegeln.³⁵ Doch das Hauptproblem der Gastarbeiterinnen und Gastarbeiter der ersten Stunde war nicht die fehlende Lobby. Vielmehr war das Problem, dass es trotz des Einwanderungsprozesses, der schon in den 1960er Jahren durch Familienzusammenführungen einsetzte, kein weitreichendes und wirkmächtiges politisches Bewusstsein dafür gab, weder in den Medien noch im öffentlichen Raum.³⁶

Das politisch strukturierende Prinzip der 1960er Jahre und das sich daraus ergebende Bewusstsein war nicht die Einwanderung, sondern die Ost-West-Konfrontation, die sich auch in den Grundlagen und Diskussionen zum Ausländergesetz zeigt: »Liberalität gegenüber Angehörigen der ›freien Welt‹ sollte mit ›Abwehrmaßnahmen‹ und hinreichenden ›Kontroll- und Eingriffsmöglichkeiten gegenüber solchen Ausländern [...], die den Staat gefährden‹, kombiniert werden«.³⁷ Der daraus resultierende Mangel an Öffentlichkeit und Fürsprache hat nach Chin die deutsch-türkische Migrationsliteratur geprägt und ermöglicht. In den von ihr beschriebenen Anfängen der deutsch-türkischen Literatur sieht sie die Grundlagen der heutigen deutschen multikulturellen Gesellschaft. Diese beschreibt sie bis in die 1980er Jahre und konzentriert sich dabei besonders auf die Debatten zu Migration und Integration, zum Teil auf die Literatur und kaum auf die theoretischen und wissenschaftlichen Entwicklungen zu Migration und Integration. Im sich verfestigenden öffentlichen Sprechen über Migration und Integration als Form einer Partizipation sieht sie die Bundesrepublik Ende der 1980er Jahre in einer multikulturellen Gesellschaft angekommen.³⁸

Solche auf Partizipation, Repräsentation und letztlich auf Integration ausgerichteten Perspektiven in den 2000er Jahren auf die Anfänge der Arbeitsmigration in Literatur und Sozialgeschichte bewegen sich in einer breiten Spur wissenschaftlicher Analysen, populärwissenschaftlicher Schriften, politischer Debatten und Initiativen der vergangenen Dekaden in der Bundesrepublik, die

---

35 Siehe hierzu: FOROUTAN, Naika (2015): »Die postmigrantische Gesellschaft«. In: *Bundeszentrale für Politische Bildung*, 20.04.2015, http://www.bpb.de/gesellschaft/migration/kurzdossiers/205190/die-postmigrantische-gesellschaft (zuletzt 05.04.2019).
36 Auch in den 1960er Jahren kam es zu Familienzusammenführungen der Gastarbeiterinnen und Gastarbeiter in der Bundesrepublik. Zeugnis hiervon legt allein die Änderung des Anwerbeabkommens mit der Türkei von 1964 ab. Wenn im Abkommen von 1961 die Vertragsarbeitsdauer von türkischen Gastarbeitern auf zwei Jahre beschränkt und eine Familienzusammenführung ausgeschlossen waren, wurden diese beiden Regelungen auf Wunsch der deutschen Wirtschaft bei der Erneuerung des Abkommens aufgehoben. Siehe hierzu: HUNN, Karin (2005): »*Nächstes Jahr kehren wir zurück ...«. Die Geschichte der türkischen »Gastarbeiter« in der Bundesrepublik*, Göttingen: Wallstein, S. 67–70.
37 Aus: SCHÖNWÄLDER (1999): S. 138.
38 Siehe: CHIN (2007): S. 212.

die Begriffe »Migration« und »Integration« immer stärker einander angenähert haben.[39] Ihre sichtbarste Form hat diese Annäherung im Integrationsgesetz gefunden, das im Sommer 2016 von der Bundesregierung verabschiedet wurde. Denn das Gesetz, das am 6. August in Kraft trat, reagiert ausschließlich auf den Flüchtlingsstrom von 2015 und 2016. Im Vordergrund des Gesetzes stehen die Erhöhung der Stunden und der zügige Beginn von Sprach- und Integrationskursen, die Wohnsitzregulierung und die schnellere Integration der anerkannten Flüchtlinge in den deutschen Arbeitsmarkt.[40] Rahmende Bestimmungen von Einwanderungsgesellschaft und Einwanderungsgeschichte fehlen dem Gesetz, das trotz allem als ein Meilenstein gefeiert wird[41], wie man seinerzeit auch das Ausländergesetz von 1965 als »Dokument der Liberalität und Weltoffenheit« feierte.[42]

Die aktuelle Bindung von Migration an Integration ist jedoch in der Geschichte der Migration in der Bundesrepublik keineswegs gegeben, wie es schon die Aussagen Zaimoğlus und Pazarkayas aus den 1980ern und 1990ern andeuten, ebenso wie das Ausländergesetz von 1965, das bis 1990 galt.[43] Wenn für Pazarkaya und Ören in den 1980er Jahren das Problem der Folgen von Migration im Bruch zwischen neuer Sprache, Biografie und Unbewusstem liegen, fragen sich Zaimoğlu und viele andere Kulturproduzenten der 1990er Jahre wie und ob sie draußen gehört werden. Das Problem liegt in beiden Fällen weder allein im Sein zwischen zwei Kulturen noch in sozialstrukturellen Zugängen oder Positionierungen. Das Verhältnis zwischen ästhetischer Praxis, politischer Artikulation und den Folgen der Migration und deutschsprachiger Öffentlichkeit scheint deswegen weiter zu reichen als Chin und Radtke dies für Literatur und Gesellschaft annehmen. Denn es geht um mehr als um die Sichtbarmachung, Kompensation, Kanalisierung eines Mangels an Partizipation und Rechten oder um Fragen des sozialstrukturellen Aufstiegs. Obschon diese Mängel im Laufe der 2000er Jahre durch Gesetzes-

---

[39] Vgl. HESS, Sabine/MOSER, Johannes (2010): »Jenseits der Integration. Kulturwissenschaftliche Betrachtungen einer Debatte«. In: *nointegration?! Kulturwissenschaftliche Beiträge zur Integrationsdebatte in Europa*, hg. v. Sabine Hess, Jana Binder und Johannes Moser, Bielefeld: transcript, S. 11.
[40] Siehe hierzu: https://www.bundesregierung.de/Content/DE/Artikel/2016/08/2016-08-05-int egrationsgesetz.html (26.06.2017).
[41] Siehe hierzu: https://www.bundesregierung.de/Content/DE/Artikel/2016/05/2016-05-25-meseberg-gabriel-merkel-mittwoch.html (27.06.2017).
[42] SCHÖNWÄLDER (1999): S. 127. Tatsächlich waren Selbst- und Außenwahrnehmung aufgrund der Solidarität der deutschen Politik und Bevölkerung im Sommer der Flüchtlinge 2015 ebenfalls ein Feierliches und eines der Weltoffenheit. Siehe hierzu für viele: DER STERN (2015): »Deutschland sagt: Refugees welcome!«. In: *Der Stern*, https://www.stern.de/politik/deutschland/so-herzlich-heisst-deutschland-die-fluechtlinge-willkommen-6437006.html (zuletzt 02.01.2019).
[43] Siehe hierzu: ACKERMANN/WEINRICH (Hg.) (1986): S. 53; BRUNNER (2004): S. 85.

änderungen und -erlasse wie zur Staatsbürgerschaft (2000, 2014) Zuwanderung (2005), Gleichbehandlung (2006) und Integration (2016) behoben wurden, ist das Thema, wie die Entwicklung des Kabaretts, der Comedy, der Theater- und Ausstellungsarbeit, neuerdings auch wieder der Literatur und Publizistik der letzten Jahre zeigen, weiterhin äußerst präsent, und mit den aktuellen virulenten transkulturellen Themen des Rassismus und Kolonialismus vielleicht sogar stärker als jemals zuvor.[44]

Wie ich mitunter zeigen werde, erschöpft sich der künstlerische Ausdruck in der deutsch-türkischen Literatur und im Film nicht allein in einer Akzeptanz, Partizipation und Integration als deutsche, arrivierte Literatur[45] und Film. Ihm ist eine Störung der Kommunikation inhärent, die bis heute als ein Weitersprechen wirkt, das mit neuen Innen-und-Außen-Unterscheidungen zu tun hat. Vor einigen Jahren hat dies der erfolgreiche deutsch-türkische Kabarettist Fatih Çevikkollu bei seiner Rede am Kölner Heumarkt am 17. Juni 2017 im Rahmen der Demonstration »Nicht mit uns!«, bei der sich Muslime gegen islamistische Gewalt positionierten, auf den Punkt gebracht: Sie würden hier gegen islamistisch extremistische Gewalt demonstrieren, denn sich davon zu distanzieren, sei absurd; um sich zu distanzieren, hätte man sich zuvor nahe sein müssen. Er distanziert sich dann trotzdem, nicht weil er muss, sondern weil er es will.[46] Und Fatih Çevikkollu spricht weiter. Anschließend distanziert er sich als Muslim vom islamischen Terror als Muslim, als Deutscher von den NSU-Morden, als Mann von Sexualstraftaten und schließlich als Wassertrinker von Nestlé.[47] Dieser »Wille zum Spre-

---

[44] Dies zeigt nicht allein die äußerst erfolgreiche Entwicklung in den vergangenen 10 bis 15 Jahren der Transcultural Comedy, in der besonders von Comedians, Kabarettisten und Humoristen wie Kaya Yanar, Bülent Ceylan, Django Asül, Serdar Somuncu, Fatih Cevikkollu oder Özcan Cosar, um nur die derzeit bekanntesten zu nennen, die türkische Migration nach Deutschland und ihre Folgen thematisiert werden. Siehe hierzu: KOTTHOFF, Helga (2013): *Komik (in) der Migrationsgesellschaft*, Konstanz: UVK, S. 66. Siehe hierzu auch: EZLI, Özkan/GÖKTÜRK, Deniz/WIRTH, Uwe (2019): *Komik der Integration. Grenzpraktiken und Identifikationen des Sozialen*, Bielefeld: Aisthesis. Siehe hierzu auch: KHAMIS, Sammy (2018): *Türke in Deutschland. Ein Feature über das Making of der größten Minderheit*. Eine Produktion des Bayrischen Rundfunks für das ARD radiofeature.
[45] Siehe PÖRKSEN, Uwe (2008): *Eingezogen in die Sprache, angekommen in der Literatur. Positionen des Schreibens in unserem Einwanderungsland*, Göttingen: Wallstein.
[46] BEYER, Tim (2017): »›Kölner Friedensmarsch‹. Muslime in ganz Deutschland wollten in Köln ein Zeichen gegen islamistischen Terror setzen. Es kamen viel weniger als erwartet, doch ihre Botschaft kam an«. In: DIE ZEIT, 17.06.2017, http://www.zeit.de/gesellschaft/zeitgeschehen/2017-06/koelner-friedensmarsch-muslime-demonstration-terror-islamismus (28.06.2017).
[47] PFAHLER, Lena (2017): »Deutsch-Türkischer Komiker distanziert sich vom Terror – Doch dann legt er richtig los«. In: *Huffpost*, 18.06.2017, http://www.huffingtonpost.de/2017/06/18/cevikkollu-friedensmarsch_n_17190556.html (28.06.2017).

chen« steht für eine Aktivität, die die Frage der Gestaltung paradoxer Zustände explizit als eine politische Aufgabe sichtbar macht.

Die Entfaltung paradoxer Zustände und Dilemmata ist in der Geschichte der Migration und ihrer Folgen in der Bundesrepublik von den Anfängen bis heute konstitutiv. Daher liegt es nahe, unseren Einstiegssatz noch einmal genauer anzuschauen und auf seine Abfolge zu achten. Der Kern von Zaimoğlus Aussage, er habe zuhause viel gesprochen und wollte draußen einfach weitersprechen, ist einerseits vielleicht unbestimmt, doch thematisiert er zugleich das sichtbar werden und eine nicht funktionierende öffentliche Kommunikation. Jemand spricht draußen, jemand anders müsste, wie gesagt, sehen und zuhören. Und selten fallen Aussagen zur schriftstellerischen Motivation so unbestimmt, sozial und politisch zugleich aus, wie im Falle Zaimoğlus, Özdamars und Şenocaks. Häufig ist eher das Gegenteil der Fall: Es wird auf familiäre Einflüsse, auf andere Autorinnen und Autoren als Vorbilder verwiesen oder die Motivationen werden – schlimmstenfalls – auf traumatische Erlebnisse, Diskriminierungen zurückgeführt.[48]

Dennoch sind die Grundlagen der ästhetischen Artikulation von Zaimoğlu, Özdamar, Şenocak und Çevikkollu auf ihre eigene Weise spezifisch und verweisen auf ein Primat des Politischen und der sozialen Interaktion in ihren künstlerischen Produktionen. Wir können uns diesem nähern, wenn wir Zaimoğlus Aussage – er habe sich niemals zwischen zwei Kulturen befunden – ernst nehmen und nicht einfach als die problematisierende Gegenseite deutscher Zuschreibungspolitik betrachten. Denn es ist gerade diese Zuschreibung aus Debatten und Forschung – die zweite Generation habe sich »zwischen den Stühlen«, zwischen den Kulturen befunden[49] –, die der Praxis des Sprechens (drinnen wie draußen) und den damit verbundenen Prägungen eine dialogische, überindividuelle und antagonistische Dimension verleiht. Zaimoğlus Aussage, die auf Praxis (Sprechen), Performanz, Interaktion und Übersetzung zielt, ist ohne das bestimmende Integrationsdispositiv der 1980er und 1990er Jahre in Debatte und Wissenschaft – gegen das sich

---

48 Als Grundlagen des Schreibens und des künstlerischen Ausdrucks werden auch kulturelle Ansätze bemüht, beispielsweise die Tradition von Bekenntnissen, wie die Geschichte der Autobiografie zeigt. Siehe hierzu: GUSDORF, Georges (1991): »Voraussetzungen und Grenzen der Autobiographie«. In: *Die Autobiographie. Zu Form und Geschichte einer literarischen Gattung*, hg. v. Günter Niggl, Darmstadt: Wissenschaftliche Buchgesellschaft, S. 120–147, hier S. 123. Siehe auch: EZLI (2012): S. 19–40.

49 Siehe hierzu: WINTER, Rainer/TAUBER, Anja (2015): »Das Leben an den Rändern. Entstehung und Perspektiven von Hybridität in soziologischer Sicht. Der Beitrag von Robert E. Park und Everett V. Stonequist«. In: *Schlüsselwerke der Migrationsforschung*, hg. v. Paul Mecheril, Julia Reuter, Wiesbaden: Springer VS, S. 45–60, hier S. 55.

seine Aussage richtet – nicht denkbar.⁵⁰ Vielmehr ist der erste Hauptsatz das Dispositiv für den zweiten, entdramatisierenden und dekulturalisierenden. Er wird als Gegenposition ins Feld geführt – niemals zwischen zwei Kulturen –, bleibt aber trotz und wegen der Kritik auf die deutsche Zuschreibungspolitik verwiesen.

Wir könnten uns nun auf den zweiten Satz in Zaimoğlus Aussage konzentrieren, weil es hier um keine spezifische kulturelle Identität geht und sie aufgrund ihres informellen Gehalts einfach als transkulturelle Selbstbeschreibung bestimmen. Damit ließe sie sich in zahllose deutsch- und englischsprachige literatur- wie kulturwissenschaftliche Publikationen und Reflexionen der letzten Dekade einordnen, in denen die Begriffe »Hybridität«, »Praktiken« und »Übersetzung« eine zentrale Rolle spielen.⁵¹ Allerdings ist jedes Sprechen von Hybridität, von Performanz und Übersetzung zeithistorisch, antagonistisch und narrativ gebunden.⁵² Allein die divergierenden Aussagen aus der deutsch-türkischen Literatur vom Bruch zwischen Kindheit und Sprache, ihrer ›glücklichen Wendung‹, ihrem Sprechen drinnen und draußen, über das Bekenntnis, dass man nun Deutscher geworden sei, bis zum neuen Unbehagen in der deutschen Einwanderungsgesellschaft, machen auf einen besonderen Prozess, einen Wandel in den Deutungen von Innen- und Außenverhältnissen von ihren Anfängen bis heute aufmerksam. Während Zaimoğlus Aussage, die er im Zusammenhang seiner Publikationen *Kanak Sprak* (1995) und *Koppstoff* (1997) macht, als die eines ›Kanaken‹ und »Bastards« in einem stakkatoartig verfremdeten⁵³ Deutsch gegen jede nationale und integrative Zu- und Selbstbeschreibung protestiert, sprechen Özdamar und Şenocak ein bis zwei Dekaden später von der deutschen Sprache als neuer Heimat und später auch vom Deutschsein. Zugleich haben sich mit dieser identitätspolitischen Verschiebung

---

50 Vgl. COHN-BENDIT, Daniel/SCHMID, Thomas (1993): *Heimat Babylon. Das Wagnis der multikulturellen Demokratie*, Hamburg: Hoffmann und Campe, S. 319. Siehe hierzu auch: HIRSCHMAN, Albert O. (1994): »Wieviel Gemeinsinn braucht die liberale Gesellschaft«. In: *Leviathan* 22:2, S. 293–304.
51 In Kapitel 1.4 werden diese kulturwissenschaftlichen Ansätze anhand der deutsch-türkischen Literatur und des Films thematisiert.
52 Beispielsweise haben Formen der kulturellen Vermischung und der Assimilation und die mit ihnen verbundenen Prozesse für einen der ersten Migrationssoziologen Robert Ezra Park in der ersten Hälfte des 20. Jahrhunderts zusammengehört und sich wechselseitig bedingt; eine begriffliche und semantische Konstellation, die in die heutigen Sprechweisen von Diversität und Superdiversität kaum zu integrieren ist. Siehe hierzu: PARK, Robert E. ([1937] 1950): »Culture and Civilization«. In: ders.: *Race and Culture*, Glencoe/IL: The Free Press, S. 15–23.
53 Vgl. GÜNTER, Manuela (1999): »›Wir sind Bastarde, Freund …‹. Feridun Zaimoğlus Kanak Sprak oder die performative Struktur von Identität«. In: *Sprache und Literatur* 83, S. 15–28. Siehe auch: YILDIZ, Yasemin (2009): »Kritisch ›Kanak‹. Gesellschaftskritik, Sprache und Kultur bei Zaimoğlu«. In: *Wider den Kulturenzwang. Migration, Kulturalisierung und Weltliteratur*, hg. v. Özkan Ezli, Dorothee Kimmich, Annette Werberger, Bielefeld: transcript, S. 187–206.

auch ihre Perspektive und ästhetischen Bearbeitungen verändert. Wenn in den Texten und Filmen der 1990er Jahre die deutsche Mehrheitsgesellschaft provoziert, kulturelle Herkunft und Ankunft in Frage gestellt werden, stehen im Zentrum der Texte und Filme der 2000er Jahre über die soziale Einheit der Familie das kulturelle Zusammenleben und bestimmende und der bewusste Einsatz kultureller Marker. Letztere inklusiv ausgerichteten ästhetischen Formgebungen stehen jedoch in den Produktionen der vergangenen Jahre wie in *Ruhm und Ruin* (2015) von Imran Ayata, *Siebentürmviertel* (2015) von Feridun Zaimoğlu, *Wieso Heimat, ich wohne zur Miete* (2016) von Selim Özdoğan, *Ellbogen* (2017) von Fatma Aydemir, AUS DEM NICHTS (2017) von Fatih Akın, im viel beachteten Sammelband *Eure Heimat ist unser Albtraum* (2019) von Fatma Aydemir und Hengameh Yaghoobifarah und im Roman *Ich bin Özlem* (2019) von Dilek Güngör erneut zur Disposition. Aktuell ist die Frage des Zusammenlebens erneut eine prekäre geworden und politisch an ihre Stelle allgemein die Anrufung nach einem gesellschaftlichen Zusammenhalt getreten[54]. Allein in dieser aus historischer Perspektive sehr kurzen Zeitspanne haben wir es also mit identitätspolitischen und erzählerischen Veränderungen und scheinbar unversöhnlichen Positionen zu tun, mit unterschiedlichen Kontroversen zwischen Bestätigung und Kritik, die sich in ihrer narrativen und historischen Abfolge teils als gelungene Integrations- wie auch Desintegrationsgeschichten denken lassen, was sich dann auch in einzelnen Werkbiografien zeigt.

Von der *Kanak Sprak*, die Zaimoğlu Mitte der 1990er Jahre als teilnehmender poetischer Dokumentarist in kurzen intensiven Portraits für die zweite Generation von Deutsch-Türken initiierte, über seinen epischen Roman *Leyla* zur Geschichte einer türkischen Protagonistin in der Türkei vor ihrer Arbeitsmigration nach Deutschland 2005, bis hin zum Ruhrpottroman *Ruß*, in dem Zaimoğlu die Liebesgeschichte eines deutschen Ehepaars aus der unteren Schicht als Kriminalgeschichte erzählt und seinem Roman *Isabel* von 2014, in der er den nicht erklärbaren »Weltschmerz« seiner deutsch-türkischen Berliner Protagonistin in der verknappten Sprache des Expressionismus, mit dem »deutschesten aller deutschen Literaturstile«, wiedergibt,[55] in seinem Opus Magnum von 2015 *Das Siebentürmeviertel*, in dem er die Migrations- und mitunter Integrationsgeschichte aus der Perspektive des deutschen Jungen Wolf, der von den Türken im Viertel als »Hitlersohn«

---

[54] Siehe zu Zusammenhalt: DEITELHOFF, Nicole/GROH-SAMBERG, Olaf/MIDELL, Matthias (2020): »Gesellschaftlicher Zusammenhalt. Umrisse eines Forschungsprogramms«. In: *Gesellschaftlicher Zusammenhalt. Ein interdiszioplinärer Dialog*, hg. v. Nicole Deitelhoff, Olaf Groh-Samberg und Matthias Midell, Frankfurt a. M.: Campus, S. 9–40, hier: S. 9–12.
[55] JESSEN, Jens (2014): »Am Anfang war der Hass«. In: *DIE ZEIT* 12, 13.03.2014, http://www.zeit.de/2014/12/feridun-zaimoglu-isabel (15.11.2016).

bezeichnet wird, im Istanbul der 1940er und 1950er Jahre erzählt, und nicht zuletzt in seinem Roman *Evangelio* zu Martin Luthers Zeit auf der Wartburg von 2017 zeigt sich eine – in Inhalt und Form – von Transformationen geprägte Verflechtungsgeschichte zwischen dem Deutschen und Türkischen *en miniature*. In einem Artikel zum Begriff »Erfolg« von 2014 bezeichnet sich Zaimoğlu auch nicht mehr als einen nationen- oder staatenlosen ›Kanaken‹ wie noch in den 1990er Jahren, sondern als einen »zu spät dazu gekommenen Deutschen«[56], der nun im deutschen Grundgesetz gegen die neue Rechte seinen »Halt« findet[57], wie auch Şenocak in ähnlicher Weise von seinem Deutschsein spricht. Äußerst interessant an Zaimoğlus Lutherroman ist beispielsweise, dass er zum einen nicht aus der Perspektive Luthers erzählt, sondern aus der seines Schutzmanns. Zum anderen beschränkt sich die erzählte Zeit im Roman auf die zehn Wochen, in denen Luther die Bibel übersetzte. Also auf eine der kulturell wichtigsten und folgenreichsten Ereignisse in der deutschen Kulturgeschichte, in der er durch die Distanz nicht ganz aufgeht, aber doch äußerst nah und damit verwoben scheint.[58] Es handelt sich bei diesem Prozess und dieser Form der Identifikation um eine Assimilation in praktischer Aneignung. Diese Logik zeigt sich in Zaimoğlus letztem großen Roman *Siebentürmeviertel* eindrücklich, in dem der »Hitlersohn« Wolf nicht explizit durch den Wandel seines Innenlebens, sondern durch seine alltägliche Praxis im Istanbuler Viertel zu einem Türken wird.[59] Mit dieser Form der Erzählung wird jedoch zugleich auch in Frage gestellt, was denn jenseits alltäglicher Praktiken kulturelle Marker im Kern oder ihrem Wesen nach auszeichnet.[60] Sie stellen in ihrem Einsatz und Gebrauch kognitiv sichtbare Kennzeichen dar, die eine Differenz markieren. Sie sind materiell und verweisen, indem sie sichtbar werden, auf eine andere bestehende oder mögliche Ordnung. Die Bandbreite kultureller Marker reicht von Kleidung, Dingen, Sprechformen, Hautfarbe bis zu Ausweisen und Schuluniformen. Allein diese Auflistung zeigt, sie sind nicht einfach vorgegeben, sondern werden in einem Prozess von Differenzierung und Markierung auch

---

56 ZAIMOĞLU, Feridun (2014): »Erfolg«. In: *Das neue Deutschland. Von Migration und Vielfalt*, hg. v. Özkan Ezli, Gisela Staupe, Konstanz: Konstanz University Press, S. 77–80, hier S. 78.
57 ZAIMOĞLU, Feridun (2018): *Der Wert der Worte*, In: https://bachmannpreis.orf.at/stories/2922747/ (zuletzt 25.02.2019).
58 Siehe hierzu: ZAIMOĞLU, Feridun (2017): *Evangelio. Ein Luther-Roman*, Köln: Kiepenheuer & Witsch.
59 Siehe hierzu: ZAIMOĞLU, Feridun (2015): *Siebentürmeviertel*, Köln: Kiepenheuer & Witsch.
60 Siehe hierzu auch: ÖZDOĞAN, Selim (2016): *Wieso Heimat. Ich wohne zur Miete*, Innsbruck: Haymon. ŞENOCAK, Zafer (2018): *Das Fremde, das in jedem wohnt. Wie Unterschiede unsere Gesellschaft zusammenhalten*, Hamburg: Edition Körber Stiftung.

gemacht.⁶¹ Ihre Verschränkung und Verflochtenheit von Materialität und Zeichen für etwas kommt besonders dann in Bewegung, wenn sich, wie die folgende Kulturgeschichte zeigen wird, Bedürfnisstrukturen ökonomischer, psychischer wie auch identitätspolitischer Art wandeln und verändern.

Eine im Wandel befindliche Verflechtungsgeschichte zwischen kultureller Materialität, Zeichenhaftigkeit, sozialer, psychischer Teilhabe und ihren Brüchen zeigt auch das bisherige cineastische Werk des deutsch-türkischen Regisseurs Fatih Akın. Von der multikulturellen Straßenfreundschaftsgeschichte zwischen einem Türken, einem Serben und einem Griechen in Hamburg-Altona (in ihrem Auftritt erinnern sie an die ›Kanaken‹ in Zaimoğlus Texten) in KURZ UND SCHMERZLOS von 1998, über die (ähnlich wie in *Leyla*) generationenübergreifende Geschichte deutscher und deutsch-türkischer Familien in AUF DER ANDEREN SEITE von 2007 bis hin zur filmischen Verarbeitung des türkischen Genozids an den Armeniern in THE CUT von 2014 (hier nicht mit dem deutschesten aller deutschen Stile, sondern mit dem deutschesten aller deutschen Themen, dem Völkermord⁶²), zeigt sich bei diesem Filmemacher ebenfalls *en miniature* eine besondere Interdependenz- und Partizipationsgeschichte, in der biografische, nationale und kulturelle Narrative miteinander vermengt auftreten und auf ihre analytische, theoretische und historische Ausbuchstabierung warten. Äußerst interessant ist auch in diesem Zusammenhang das Faktum, dass Akın, der wie Zaimoğlu eine äußerst wichtige Referenz in der Kulturgeschichte der Migration in der Bundesrepublik darstellt, sich erst mit seinem Film AUS DEM NICHTS von 2017, also knapp 20 Jahre nach seinem Spielfilmdebüt KURZ UND SCHMERZLOS, dem Thema des Rassismus in Deutschland widmet. Dabei sind in den 1990er Jahren viele ausländische Mitbürger in der Bundesrepublik von deutschen Rechtsradikalen ermordet worden. Bei den Brandanschlägen von Mölln und Solingen 1992 und 1993 haben acht Türken ihr Leben verloren.⁶³ Doch im Zentrum der 1990er Jahre steht eine andere Verhandlungsform der Folgen von Migration in der BRD. Denn wichtig war in den 1990er Jahren, keine Opferrollen mehr zu bespielen und nicht mehr der »Türke vom Dienst« zu sein. Auch der bekannte Kabarettist Serdar Somuncu, der wie Akın und

---

61 Vgl. hierzu: BONN, Eva/KNÖPPLER, Christian/SOUZA, Miguel (2014): »Was Marker machen«. In: *Was machen Marker? Logik, Materialität von Differenzierungsprozessen*, hg. v. Eva Bonn, Christian Knöppler und Miguel Souza, Bielefeld: transcript, S. 11–22.
62 Seit den 1960er Jahren gibt es in der Türkei eine sehr produktive kommerzielle, ästhetisch äußerst anspruchsvolle und eine politische Kinoproduktion, die sich jedoch bislang nicht des Genozids an den Armeniern angenommen hat. Vgl. SUNER, Asuman (2010): *New Turkish Cinema. Belonging, Identity and Memory*, London: I.B. Tauris, S. 25–76.
63 Siehe hierzu: JANSEN, Frank/KLEFFNER, Heike/RADKE, Johannes/STAUD, Toralf (2012): »Tödlicher Hass. Todesopfer rechter Gewalt«. In: *Der Tagesspiegel*, 31.05.2012, https://www.tagesspiegel.de/themen/rechtsextremismus/toedlicher-hass-149-todesopfer-rechter-gewalt/1934424.html (zuletzt 26.03.19).

Zaimoğlu in den 1990er Jahren für Aufsehen sorgt, konterkariert mit seinem provokativen ersten Programm *Aus dem Tagebuch eines Massenmörders: Adolf Hitler* von 1996, in dem er auf der Bühne aus *Mein Kampf* vorliest, die Erwartungen eines deutschen Publikums an einen »Türken«.[64] In diesem Zusammenhang wurde auch der Begriff des ›Kanaken‹ als Selbstbezeichnung von Deutsch-Türken der damals jungen zweiten Generation verwendet, und nicht als eine zugeschriebene Bezeichnung durch die deutsche Mehrheitsgesellschaft. Es ging darum, mit einer Bezeichnung jenseits des Nationalen kulturelle Zuschreibungen von deutscher wie von türkischer Seite selbst zu problematisieren, die Vorstellungen von Mehrheit und Minderheit zu hinterfragen und jede Form von Opferstatus und emotionaler Betroffenheit abzulehnen.[65] Diese Haltung findet sich in den aktuellen Texten so nicht mehr. An ihre Stelle sind vielmehr über die Selbstbezeichnung *People of Color* (PoC) Praktiken und Wahrnehmungen von Diskriminierung getreten, wie es beispielsweise der Band *Eure Heimat ist unser Albtraum* eindrücklich dokumentiert.[66] Auch Serdar Somuncus Umgang mit der Unterscheidung von Mehrheit und Minderheit ist heute ein anderer, wenn er in Texten und in seiner Inszenierung George Taboris' Theaterstück *Mein Kampf* am Stadttheater Konstanz 2018 nach dem Hitler in sich und in

---

[64] Hingegen sind die Themen Rassismus und Ausländerfeindlichkeit in den Veranstaltungen der Interkulturellen Wochen der 1990er Jahre in West- wie auch in Ostdeutschland äußerst präsent. Siehe hierzu: Ezli, Özkan (2020): *Die Politik der Geselligkeit. Gegenwart und Geschichte der »Interkulturellen Woche«. Eine vergleichende kulturwissenschaftliche Untersuchung zu den Mittel- und Großstädten Gera, Jena, Konstanz und Offenbach*. Expertise im Auftrag des Sachverständigenrats deutscher Stiftungen für Integration und Migration für das Jahresgutachten *Alltag in der Einwanderungsgesellschaft* 2021, Berlin, S. 48–64; https://www.svr-migration.de/wp-content/uploads/2021/05/Ezli_Expertise-IKW_fuer-SVR-Jahresgutachten-2021.pdf. Der evangelische Theologe und Soziologe Jürgen Micksch, der den Tag des ausländischen Mitbürgers – später Interkulturelle Woche – 1974/75 initiierte, gründete 1994 die Internationale Woche gegen Rassismus bzw. den Internationalen Tag gegen Rassismus, die/der bis heute in West- wie auch in Ostdeutschland veranstaltet wird.
[65] Siehe hierzu: Zaimoğlu, Feridun (1995): *Kanak Sprak. 24 Mißtöne vom Rande der Gesellschaft*, Berlin: Rotbuch. Sieh hierzu auch: Lottmann, Joachim (Hg.) (1999): *Kanaksta. Geschichten von deutschen und anderen Ausländern*, Weinheim: Quadriga.
[66] Hengameh Yaghoobifarah schreibt in ihrem Text *Blicke* in *Eure Heimat ist unser Albtraum* programmatisch: »Fremdbestimmende, exotisierende, ent- oder hypersexualisierende Blicke prallen selten einfach nur an dir ab. Meistens bleiben sie haften. Denn oft handelt es sich nicht um individuelle Blickwinkel, sondern um strukturell verbreitete Stigmata, die du letztendlich verinnerlichst. Dadurch verzerrt sich deine Selbstwahrnehmung, und ein selbstbestimmter Umgang mit deinem Begehren und deinem Körper wird erschwert, da er nie richtig dir gehört, sondern immer der Allgemeinheit und ihrem bohrenden Blick.« Siehe hierzu: Yaghoobifarah, Hengameh (2019): »Blicke«. In: *Eure Heimat ist unser Albtraum*, hg. v. Fatma Aydemir und Hengameh Yaghoobifarah, Berlin: Ullstein, S. 69–81, S. 79.

den anderen sucht.⁶⁷ Vor diesem Hintergrund ist die vorliegende Kulturgeschichte der Migration und Integration in der Bundesrepublik vor allem daran interessiert, die Mechanismen der Generierung von sich wandelnden Identifikationen, von sozialer Integration und Desintegration zu analysieren und offen zu legen. Wie entstehen die Mechanismen? Wie stabilisieren sie sich? Wie wird mit kulturellen Markern und kultureller Codierung gearbeitet? Und in welchem Verhältnis stehen diese Ebenen zu den gesellschaftspolitischen Narrativen, die die Debatten der bundesrepublikanischen Geschichte geprägt haben?

Die Dimensionen der Integration und Desintegration, der sozialen Kohäsion und Korrosion und letztlich die Genese einer komplexen Begegnungs-, Interaktions- und Partizipationsgeschichte zwischen einem sich wechselnden »Drinnen« und »Draußen« in die Beobachtung von deutsch-türkischer Kulturproduktion wieder einzuführen, sie überhaupt erst der Beobachtung und Analyse von Literatur, Film und Migration zugänglich zu machen, erfordert besonders für zwei Begriffe und Konzepte eine Neujustierung. Da wäre zum einen der Begriff des Narrativs als eine prozessabhängige Artikulation und als ein Verhältnis ästhetischer und politischer Erzählweisen. Zum anderen der Begriff der Integration als ein nicht normatives, sondern als ebenso prozessabhängiges Bewegungskonzept, wie es die Geschichte seiner Verwendung zeigt.⁶⁸ Und ebenso wie es einen erzählerischen und kommunikativ-partizipativen Zusammenhang zwischen der deutsch-türkischen Kulturproduktion und bundesrepublikanischer Öffentlichkeitsgeschichte gibt, existiert er auch zwischen den Sprechweisen und Reflexionen der Integration und der politischen Entwicklung in Deutschland.

Die Geschichte von sozialstruktureller, kultureller Teilhabe, Projektionen und ihren Brüchen von Migration und Integration ist als Prozess vielschichtig. Sie reicht weit über die hier genannten Autoren und Filmemacher bis in die, von der Forschung als unterkomplex abgestempelte, »Gastarbeiterliteratur« zurück. In der Geschichte der deutsch-türkischen Kulturproduktion wird das Verhältnis von privat und öffentlich, von Gemeinschaft und Gesellschaft in unterschiedlichen fragilen Gemengelagen und Graden verhandelt. Innen-Außen-Relationen

---

67 Siehe hierzu: SOMUNCU, Serdar (2015): *Der Adolf in mir. Die Karriere einer verbotenen Idee*, Köln: Worartisten. Siehe hierzu auch: HABERKORN, Tobias (2018): »So finden wir nicht den Hitler in uns«. In: DIE ZEIT, 21.04.2018, https://www.zeit.de/kultur/2018-04/mein-kampf-serdar-somuncu-nazis-historische-verantwortung (zuletzt 05.06.2018).
68 Siehe hierzu: Rauer, Valentin (2013): »Integrationsdebatten in der deutschen Öffentlichkeit (1947–2012). Ein umstrittenes Konzept zwischen ‚region-building' und ‚nation-saving'«. In: *Die Integrationsdebatte zwischen Assimilation und Diversität. Grenzziehungen in Theorie, Kunst und Gesellschaft*, hg. v. Özkan Ezli, Andreas Langenohl, Valentin Rauer und Claudia Marion Voigtmann, Bielefeld: transcript, S. 51–86.

werden dabei immer wieder neu zur Disposition gestellt und korrelieren mit der Geschichte der deutschen Integrationspolitik und ihren Debatten. In dieser Geschichte und in diesem Zusammenhang steckt auch die Geschichte des türkischen Islam in der Bundesrepublik von den 1960er Jahren bis heute. Denn wie in Literatur und Film ist das Verhältnis von Ausdruck, Sprechen-, Gehörtwerden-Wollen, Stören, Sichtbarmachen, Praktiken im öffentlichen Raum und Öffentlichkeit aus unterschiedlichsten Motivlagen heraus in der Entwicklung des Islams in Deutschland ebenfalls konstitutiv.[69] Allein die Streitigkeiten und Konflikte um den lautsprecherverstärkten Gebetsruf in den 1990er Jahren in Duisburg und anderen Städten dokumentieren dies oder das sich distanzieren vom islamischen Terrorismus im öffentlichen Raum.[70] Letzteres und die einleitenden Beispiele zeigen aber auch, dass mit den Transformationen ästhetischer Bearbeitungen der Folgen der Migration auch ein Wandel von übereinstimmenden und widersprechenden Praktiken einhergeht.

In der vorliegenden Arbeit soll es deswegen im Besonderen darum gehen, in Abgrenzung von den bislang in der Forschung vertretenen Positionen diese Geschichte als eine des ästhetischen und sozialpolitischen Wandels von ihren Anfängen in den 1960ern über die 1990er und die 2000er Jahre bis heute zu erzählen.[71] Es geht in diesem Buch darum, die Geschichte der türkischen Migration und ihrer Folgen anhand ästhetischer Kulturproduktionen von Literatur, von Spiel- und Dokumentarfilmen bis hin zu Ausstellungen deutsch-deutscher und deutsch-türkischer Provenienz darzustellen. Die ästhetischen Bearbeitungen und Gestaltungen haben von ihren Anfängen in den 1960er Jahren bis heute sehr unterschiedliche poetische und zugleich politische Transformationen und Verschiebungen erfahren. Mit dem Erzählband *Almanya, Almanya* (1965) von Nevzat Üstün und *Türkler Almanyada* (1966) von Bekir Yıldız über Filme und Literatur von Helma Sanders-Brahms (1976), Aras Ören (1973, 1981, 1988), Yüksel Pazarkaya (1981, 1983, 1989), Aysel Özakin (1981, 1988), Tevfik Başer (1986, 1988),

---

[69] Siehe hierzu: SCHIFFAUER (2004). Siehe auch: NÖKEL, Sigrid (2002): *Die Töchter der Gastarbeiter und der Islam. Zur Soziologie alltagsweltlicher Anerkennungspolitiken. Eine Fallstudie*, Bielefeld: transcript.
[70] Siehe hierzu: VÖLPEL, Martin (1997): *Streitpunkt Gebetsruf. Zu rechtlichen Aspekten im Zusammenhang mit dem lautsprecherunterstützten Ruf des Muezzins*. Mitteilungen der Beauftragten der Bundesregierung und die Belange der Ausländer, Bonn. MUCKEL, Stefan (1998): »Streit um den muslimischen Gebetsruf – Der Ruf des Muezzin im Spannungsfeld von Religionsfreiheit und einfachem Recht«. In: Nordrhein-Westfälische Verwaltungsblätter 1/1998. Siehe allgemein zu Moscheekonflikten: HÜTTERMANN, Jörg (2006): *Das Minarett. Zur politischen Kultur des Konflikts um islamische Symbole*, Weinheim, Basel: Juventa. Siehe hierzu auch: HÜTTERMANN (2018).
[71] Die meisten Arbeiten konzentrieren sich im Besonderen auf Literatur und Film der 1990er und 2000er Jahre.

Hark Bohm (1988), Güney Dal (1979, 1988) den Dokumentarfilmen von Jeanine Meerapfel (1985) und Hans Dieter Grabe (1986) bis hin zu den äußerst erfolgreichen und ein neues Erzählparadigma einleitenden Texten, Spielfilmen und Dokumentationen von Emine Sevgi Özdamar (1991, 1998), Zafer Şenocak (1995, 1998), Kemal Kurt (1995, 1999, 2002), Feridun Zaimoğlu (1995, 2005), Thomas Arslan (1998–2001), Fatih Akin (1998, 2003, 2007), Ayşe Polat (1999, 2003), Buket Alakuş (2000, 2005), Yüksel Yavuz (1998, 2004), Bettina Braun (2005), Aysun Bademsoy (2006), Detlef Gumm (2009), Hatice Akyün (2005, 2008, 2013), Hilal Sezgin (2006, 2008, 2011), Imran Ayata (2005, 2011, 2015), Dilek Güngör (2004, 2007, 2019), Nuran David Calış (2011, 2017), Deniz Utlu (2014), Fatma Aydemir (2016, 2019), Cihan Acar (2015, 2020) sowie den Installationen und Ausstellungen *Interior* aus dem Jahre 1974 von Vlassis Caniaris,[72] *Fremde Heimat. Yaban, Sılan Olur* (1998) in Essen,[73] *Projekt: Migration* (2005) in Köln[74] und *Das neue Deutschland. Von Migration und Vielfalt* (2014) in Dresden[75] und vielem mehr, durchzieht die Bearbeitung und Gestaltung der Migration eine narrative Vielfalt, die in der historischen Abfolge ihrer Erzählweisen weder als eine kausale noch als eine emanzipatorische Entwicklungsgeschichte, sondern als eine Kommunikations-, Verflechtungs- und Partizipationsgeschichte mit seinen Barrieren und identitätspolitisch produktiven Kommunikationsstörungen erzählt werden muss.

Dieses Buch wird zeigen, dass mit dem Wandel der ästhetischen Narrative in Literatur, Film, Publizistik, Dokumentationen und Ausstellungen ein Wandel deutscher gesellschaftspolitischer Narrative, deutscher Öffentlichkeitsgeschichte und ihrer Praktiken verbunden ist, deren kulturgeschichtliche Zusammengehörigkeit weitaus enger und komplexer – wie Zaimoğlus Aussage es etwa zeigt – ineinander verwoben ist, als bislang angenommen. Wenn sich von den 1960ern bis heute in den Integrationsdebatten die Redeweisen ändern oder politisch neue Rahmenbedingungen geschaffen werden, ändern sich auch die ästhetischen Narrative, die Praktiken und Verhaltensweisen ihrer Protagonisten, die Bestätigung und Kritik politischer Zustände einschließen. Die hier erzählte Geschichte ist deshalb nicht nur eine Geschichte der Bearbeitung und Gestaltung der Migration in der Bundesrepublik. Die Geschichte dieses besonderen Verhältnisses zwischen politischem System, Integrationsdebatten und ästhetisch-kulturellem Feld hängt eng

---

72 Siehe hierzu: HÜBEL, Thomas/WONISCH, Regina (2012): *Museum und Migration. Konzepte-Kontext-Kontroversen*, Bielefeld: transcript, S. 162f.
73 Siehe hierzu: ERYILMAZ, Aytac/JAMIN, Mathilde (1998): *Fremde Heimat. Yaban Sılan olur. Eine Geschichte der Einwanderung aus der Türkei*, Essen: Klartext Verlagsgesellschaft.
74 Siehe hierzu: KÖLNISCHER KUNSTVEREIN (2005): *Projekt Migration*, Köln: Dumont.
75 Siehe hierzu: EZLI, Özkan/STAUPE, Gisela (2014): *Das neue Deutschland. Von Migration und Vielfalt*, Konstanz: Konstanz University Press.

mit den Konjunkturen und Stagnationen der Integrationstheorien von der Assimilation über die Inklusion bis hin zur Diversität und der aktuellen Anrufung des gesellschaftlichen Zusammenhalts in Deutschland zusammen.[76] So erweist sich die Geschichte der deutsch-türkischen Kulturproduktion nicht nur als Geschichte von Medien, wie sie bislang in der Forschung meist verhandelt wurde, sondern explizit als Geschichte der Erzählungen der Migration, Integration und ihrer Praktiken in der Bundesrepublik Deutschland. Es handelt sich bei der Frage nach diesen Narrativen der Migration und Integration nicht um einen ›zusätzlichen‹ Aspekt der politischen und kulturellen Entwicklung, sondern um eine zentrale Fragestellung – gerade auch in der Verleugnung und Ablehnung der Tatsache der Einwanderung – für viele europäische Staaten seit den 1960er Jahren.

Wie notwendig es ist, dieser Geschichte eine eigenständige Arbeit zu widmen, zeigen nicht zuletzt die in der jüngsten Vergangenheit erschienenen großen Publikationen zur Kulturgeschichte der Bundesrepublik, zu ihrer Sozialgeschichte, zur Geschichte ihres politischen Systems, aktuell zu ihrer Geschichte der Angst (»German Angst«) oder der Angst der Europäer vor den Deutschen.[77] In den vergangenen 15 Jahren sind von Historikern, Politikwissenschaftlern, Migrations- und Integrationsforschern gewichtige und ausdifferenzierte Bücher erschienen, die entweder eine gelungene Geschichte der Deutschen in den Westen, vom deutschen Zivilisationsbruch über eine erfolgreiche »Machtaufteilung und Machtfesselung«[78] hindurch zu einer Zivilmacht erzählen[79]; oder aber Arbeiten, die ausschließlich das Thema der Migration und Integration fokussieren und die aktuellsten Arbeiten davon ausgehend in ihrem Gegenwartsbefund die Rede von einer postmigrantischen, von einer Migrationsgesellschaft oder die Rede von einem »neuen Wir« anstimmen.[80] Wenn in letzteren Arbeiten eine tiefenstrukturelle Genese der Ein-

---

[76] Zur Konjunktur des Begriffs gesellschaftlicher Zusammenhalt siehe: QUENT, Matthias/SAALHEISER, Axel/WEBER, Dagmar (2020): »Gesellschaftlicher Zusammenhalt im Blätterwald. Auswertung und kritische Einordnung der Begriffsverwendung in Zeitungsartikeln (2014–2019)«. In: *Gesellschaftlicher Zusammenhalt. Ein interdisziplinärer Dialog*, hg. v. Nicole Deitelhoff, Olaf Groh-Samberg und Matthias Midell, Frankfurt a. M.: Campus, S. 73–87.
[77] Siehe hierzu: BIESS, Frank (2019): *Republik der Angst. Eine andere Geschichte der Bundesrepublik*, Reinbek: Rowohlt. Siehe auch: RÖDDER, Andreas (2018): *Wer hat Angst vor Deutschland? Geschichte eines europäischen Problems*, Frankfurt a. M.: Fischer.
[78] SCHMIDT, Manfred (2011): *Das politische System Deutschlands*, München: C.H. Beck, S. 497.
[79] Siehe hierzu auch: WOLFRUM, Edgar (2006): *Die geglückte Demokratie. Geschichte der Bundesrepublik von ihren Anfängen bis heute*, Stuttgart: Klett-Cotta. WEHLER, Hans-Ulrich (2008): *Deutsche Gesellschaftsgeschichte (1949–1990)*, München: C. H. Beck. SCHILDT, Axel (2009): *Deutsche Kulturgeschichte. Die Bundesrepublik von 1945 bis zur Gegenwart*, München: Hanser.
[80] Siehe hierzu: TREIBEL, Annette (2015): *Integriert Euch! Plädoyer für ein selbstbewusstes Einwanderungsland*, Frankfurt a. M.: Campus. MÜNKLER, Herfried/MÜNKLER, Marina (2016): *Die*

wanderungsgesellschaft fehlt, weil ihre Fokusse weitestgehend aktuelle Konflikte, Fragen des Zusammenlebens und schließlich identitätspolitische sind, spielen in ersteren die Folgen der Migration und Integration in den Geschichten zur Entwicklung der deutschen Demokratie überhaupt keine Rolle.[81] Wenn sich Wehlers Buch *Deutsche Gesellschaftsgeschichte (1949–1990)* (2008) auf Bevölkerungsgeschichte, Wirtschaft und politische Herrschaft konzentriert, steht bei Manfred Schmidts Publikation *Das politische System Deutschlands* (2011) die Entwicklung des politischen Systems über Wahlverhalten, Parteien, Verbände und Medien im Vordergrund. Edgar Wolfrum erzählt in *Die geglückte Demokratie* (2006) schließlich die Geschichte einer geglückten deutschen Demokratie, an der die Migration in die Bundesrepublik und ihre Folgen anscheinend keinen Anteil hatten. Ähnlich zeigt sich dies in Axel Schildts *Deutsche Kulturgeschichte. Die Bundesrepublik von 1945 bis zur Gegenwart* (2009). Dabei weisen wichtige Kulturtheorien darauf hin, dass ohne den Wandel der Unterscheidung von »eigen« und »fremd« keine kulturellen und zivilisatorischen Entwicklungen möglich sind.[82] Vielleicht sind der Mangel dieser Erkenntnis und eines adäquaten historischen Bewusstseins Gründe dafür, warum ein panikverbreitendes Buch wie Thilo Sarrazins *Deutschland schafft sich ab* Anfang der 2010er Jahre so eine breite Leserschaft gewinnen und die längste Integrationsdebatte in der Geschichte der Bundesrepublik auslösen konnte. Mittlerweile wird Sarrazins Buch und die Debatte als der Anfang der neuen Rechten gesehen.[83] Selbst der bekannte politische Aktivist Götz Kubitschek räumt ein, dass es Sarrazin war, der die Themen Migration und Asyl »nach oben gezogen hat«.[84] Weiter ist der Mangel an Erkenntnis und an Bewusstsein für kulturellen und zivilisatorischen Wandel sicher auch der Grund dafür, warum heute gesellschaftliche

---

neuen Deutschen. Ein Land vor seiner Zukunft, Reinbek: Rowohlt. FOROUTAN, Naika (2019): *Die postmigrantische Gesellschaft. Ein Versprechen der pluralen Demokratie*, Bielefeld: transcript. PLAMPER, Jan (2019): *Das neue Wir. Warum Migration dazugehört. Eine andere Geschichte der Deutschen*, Frankfurt a. M.: Fischer.

81 In Schmidts 500 Seiten dickem Buch zum politischen System Deutschlands finden sich knapp 1½ Seiten zum Verhältnis von Deutschen und Zuwanderern. In Wehlers *Gesellschaftsgeschichte* werden die Folgen der Migration in Deutschland zwischen Arbeiteranwerbung 1955 und Deutscher Einheit 1990 auf knapp 2 von wiederum 500 Seiten abgehandelt. In Wolfrums *geglückter Demokratie* schneiden die Zu- und Einwanderer mit 3 ½ Seiten bei einem Umfang von 550 Seiten ein klein wenig besser ab.

82 Siehe hierzu: LOTMAN, Jurij (2010): *Die Innenwelt des Denkens. Eine semiotische Theorie der Kultur*, hg. v. Susi K. Frank, Cornelia Ruhe, Alexander Schmitz, Berlin: Suhrkamp, S. 198f.

83 Siehe hierzu: FUCHS, Christian/MIDDELHOF, Paul (2019): *Das Netzwerk der Neuen Rechten. Wer sie lenkt, wer sie fasziniert und wie sie die Gesellschaft ändern*, Reinbek: Rowohlt.

84 Siehe hierzu: WALTHER, Rudolf (2019): »Neue Rechte. Am Anfang war Sarrazin«. In: *SÜDDEUTSCHE ZEITUNG*, 28.03.2019, https://www.sueddeutsche.de/politik/neue-rechte-thilo-sarrazin-populismus-afd-1.4380151 (28.03.2019).

Spaltungen, eine polarisierte Gesellschaft gesehen und Geschichten der Angst geschrieben werden,[85] Affekte wie Wut und Angst an die Stelle reflexiver Emotionen wie Scham und Schuld getreten sind.[86] Und was den Gebrauch kulturspezifischer Unterscheidungen wie eigen und fremd in Deutschland am meisten herausgefordert und sie im Positiven wie Negativen hat entwickeln lassen, war, dass die Gastarbeiter in der Bundesrepublik geblieben sind.

Daher gibt es die Geschichte vom deutschen Zivilisationsbruch zur deutschen Einwanderungsgesellschaft. Sie wurde bislang nur noch nicht geschrieben. Warum? Weil sie verteilt und sedimentiert in Literatur, Film, in den Integrationsdebatten, den sozialwissenschaftlichen, soziologischen Arbeiten, in den Integrationstheorien und auch in den Diskussionen »um die richtige Entscheidung ausländerrechtlicher Fragestellungen«[87] liegt, die in diesem Buch von den 1960ern bis heute zur Disposition stehen und rekonstruiert werden. Bei dieser Gemengelage von Disziplinen und populären Feldern kann die vorliegende Kulturgeschichte nicht die Geschichte eines Systems sein, sondern nur die eines Feldes und der Verschiebung, multiple Teilung von innen/außen, von privat/öffentlich-Verhältnissen.[88] Entgegen der Auffassung von Politik als System, das sich aus der Kommunikation von Parteien und Verbänden zusammensetzt und sich durch Willensbildung, Entscheidungen und Ausübung von Macht definiert, verhandelt das von mir skizzierte Feld eine Geschichte der deutschen Einwanderungsgesellschaft, die von gestörten Kommunikationen und abgebrochenen politischen Prozessen, von sich wandelnden Begegnungsstrukturen, Praktiken und auch oft von Soziabilität geprägt und bestimmt ist.[89] Wenn das zentrale kulturelle Kenn-

---

85 Siehe hierzu: BIESS, Frank (2019): *Republik der Angst. Eine andere Geschichte der Bundesrepublik*, Reibek: Rowohlt.
86 Siehe zur Unterscheidung von Affekt, Emotion und Gefühl: FREUD, Sigmund (2009): »Die Angst«. In: ders.: *Vorlesungen zur Einführung in die Psychoanalyse*, Frankfurt a. M.: Fischer, S. 375–392, S. 378. Siehe auch: DÖLL-HENSCHKER, Susanne (2008): »Psychoanalytische Affekttheorie(n) heute. Eine historische Annäherung«. In: *Psychologie in Österreich 5. Themenschwerpunkt der Emotionen*, Wien: Österreichische Akademie für Psychologie, S. 446–455, S. 451. MASSUMI, Brian (2010): *Ontomacht. Kunst, Affekt und das Ereignis des Politischen*, Berlin: Merve, S. 27.
87 THYM (2010): S. 57.
88 Siehe zur Komplexität der Unterschiedung öffentlich und privat: WEINTRAUB, Jeff (1997): »The Theory and Politics of the Private/Private Distinction«. In: *Public and Private in Thought and Practice. Perspectives on a Grand Dichotomy*, Chicago: The University of Chicago Press, S. 1–42.
89 Allein die Geschichte des niedrigschwelligen sozialen und kommunalpolitischen Formats der Interkulturellen Woche in der Bundesrepublik zeigt diesen Wandel eindrücklich auf. Sie setzte Mitte der 1970er Jahre mit sozialökonomischen Fragen nach Wohnraum, Arbeitsplatz und Kontakten an, interessierte sich in den 1980er Jahren für die nationalkulturellen Eigenheiten der eingewanderten Menschen, in den 1990er Jahren wurde verstärkt die Frage nach der multikulturellen Wirklichkeit der deutschen Gesellschaft aufgeworfen und seit den 2000er Jahren stehen

zeichen des Ausländers in den 1980er Jahren als Arbeiter, Gemüsehändler oder als Imbissbesitzer seine herzerwärmende Freundlichkeit war,[90] ist er das in den 2000er Jahren nicht mehr.[91] Dabei handelt es sich um Prozesse, die in der Regel ihren Abschluss und ihre Befriedigung nicht in symbolischer Repräsentation, in ökonomischer Entwicklung oder in verabschiedeten Gesetzen finden konnten, wobei sie mit der systemischen, ökonomischen und identitätspolitischen Entwicklung in der Bundesrepublik immer in Korrelation standen und stehen. Sie haben sie im Sprechen drinnen und draußen und im Weitersprechen gefunden. Ihre Geschichte ist eine informelle, die über die sozialen Elemente Orte, Kontakte, Sprechweisen, Handlungen, Auseinandersetzungen (Kämpfe) und Gestaltungen lesbar ist. Aus diesem mikrologischen Zugang zeigt sich das Politische nicht als ein System, sondern als ein aktives Feld, das besagte Elemente entweder zusammenführt, in Kommunikation bringt oder eben nicht. Eine gelingende politische Integration beschreibt der Historiker des Politischen, Pierre Rosanvallon, als

> [...] den Ort, wo Menschen, Männer wie Frauen, ihre vielfältigen Lebensentwürfe koordinieren, den Ort, der die Gesamtheit ihrer Diskurse und Handlungen mit einem Rahmen versieht. Es verweist auf die Tatsache, dass eine »Gesellschaft« existiert, die in den Augen ihrer Mitglieder ein sinnvolles Ganzes bildet. Als Tätigkeit bezeichnet das Politische den Prozess, durch den eine menschliche Gruppierung, die als solche eine bloße »Bevölkerung« darstellt, allmählich das Aussehen einer wirklichen Gemeinschaft annimmt. Es geht somit aus dem stets umkämpften Prozess der Erarbeitung impliziter oder expliziter Regeln des kollektiv Zugänglichen und Verfügbaren hervor, die dem Leben des Gemeinwesens seine Gestalt verleihen.[92]

Ein weiterer wichtiger Marker für solch eine nicht normative Form der Integration ist die Entstehung von Soziabilität, von Geselligkeit, wie sie Georg Simmel bezeichnet. Nach ihm lässt sie eine »ideale soziologische Welt« entstehen, »denn

---

Fragen des Zusammenlebens und der Diversität der deutschen Einwanderungsgesellschaft im Vordergrund der Veranstaltungen. Siehe hierzu: Ezli, Özkan (2020).
90 Siehe hierzu Adolf-Grimme-Institut (Hg.) (1983): *Yüksel Pazarkaya. Unsere Nachbarn, die Baltas*, Begleitheft zur Fernsehserie im Medienverbund Ausländer – Inländer. Bohm, Hark (1988): *Yasemin*, Mainz: Zweites Deutsches Fernsehen. Erstes Deutsches Fernsehen (2010): *Tatort. Die 1980er Jahre*, München: Estes Deutsches Fernsehen. Siehe hierzu auch: Deuter, Ulrich (2011): »Transit Europa. Das ›Projekt Migration‹ in Köln«. In: *Transit Deutschland. Debatten zu Nation und Migration*, hg. v. Deniz Göktürk u. a., Konstanz: Konstanz University Press, S. 402–405, S. 405.
91 Siehe hierzu für viele: Holtz, Stefan (2006): *Meine verrückte türkische Hochzeit*, München: Rat Pack Filmproduktion GmbH. Aladağ, Züli (2005): *Wut*, Köln: Colonia Media Filmproductions. Akin, Fatih (2007): *Auf der anderen Seite*, Hamburg: Corazón International GmbH.
92 Rosanvallon, Pierre (2011/2012): »Für eine Begriffs- und Problemgeschichte des Politischen. Antrittsvorlesung am Collège de la France«. In: *Mittelweg* 36, S. 43–65, hier S. 46. Siehe hierzu auch: Rosa, Hartmut (2018): *Unverfügbarkeit*, Wien: Residenz.

in ihr ist die Freude [...] des Einzelnen durchaus daran gebunden, dass auch die andern froh sind, hier kann prinzipiell niemand auf Kosten ganz entgegengesetzter Empfindungen des Anderen seine Befriedigung finden«.[93] Nach Andreas Langenohl ist die Soziabilität ein Modus der Assoziation, der seine formalen Strukturen der Assoziation im Allgemeinen aufdeckt, nämlich das der Reziprozität.[94] Dementsprechend lautet ihr Prinzip: »jeder soll dem andern dasjenige Maximum an geselligen Werten (von Freude, Entlastung, Lebendigkeit) *gewähren*, das mit dem Maximum der von ihm selbst *empfangenen* Werte vereinbar ist«.[95]

Mitte der 1980er Jahre ist das zentrale Anliegen des deutsch-türkischen Regisseurs Tevfik Başer in seinem weltbekannten Film 40 QM DEUTSCHLAND, eine türkische Frau in Hamburg aus ihrer Wohnung auf die Straße zu bekommen. Sie möchte die Deutschen kennenlernen. Und tatsächlich spielen Aufnahmen geschlossener Räume und der Gang von türkischen Frauen auf deutsche Straßen in anderen Filmen türkischer wie deutscher Provenienz, literarischen Texten, aber auch in publizistischen Tätigkeiten und Debattenbeiträgen in den 1980er Jahren eine besondere Rolle. Das auf die Straße gehen ist jedoch nicht nur ein politisches Leitmotiv der Türken in der Bundesrepublik der 1980er Jahre. Auch der bekannte Politikwissenschaftler Dolf Sternberger – Doktorvater Helmut Kohls – wünscht sich in seinem bekannten Ende der 1970er und in den 1980er Jahren mehrfach veröffentlichten Text zum Verfassungspatriotismus, »dass auch die Verfassungsfreunde einmal auf die Straße gingen und die Demonstrierdemokraten beschämten durch die Macht ihres Patriotismus«.[96] Gegen die linksliberal basisdemokratischen und antiautoritären Bewegungen in der Bundesrepublik der 1960er und 1970er Jahre argumentiert er weiter, dass man »weniger von Demokratie« und »mehr von der Verfassung« reden sollte. Es sei an der Zeit, »die

---

[93] SIMMEL, Georg (2019): »Die Geselligkeit«. In: ders.: *Grundfragen der Soziologie. Individuum und Gesellschaft*, Berliner Ausgabe, S. 50–70, S. 59.
[94] LANGENOHL, Andreas (2015): »Trans-local Friendships: The Microstructures of Twinning Sociability«. In: ders.: *Town Twinning, Transnational Connections and Trans-local Citizenship Practices in Europe*, New York: Palgrave Macmillan, S. 108–133, S. 109. Siehe hierzu auch: HÜTTERMANN, Jörg (2018): »Urbane Marktgeselligkeit. Eine Figuration im Modus des Vorübergehens«. In: ders.: *Figurationsprozesse der Einwanderungsgesellschaft. Zum Wandel der Beziehungen zwischen Alteingesessenen und Migranten in deutschen Städten*, Bielefeld: transcript, S. 218–245, S. 218.
[95] SIMMEL (2019): S. 58.
[96] Auch der Soziologe Albert Hirschman macht Anfang der 1980er Jahre auf die Notwendigkeit einer neuen Öffentlichkeitsstruktur aufmerksam, die die bisherige Unterscheidung von öffentlich/privat, nach der der Staat und seine Verwaltung Teile der öffentlichen und die freie Wirtschaft Teil der privaten Welt sind. Siehe hierzu: HIRSCHMAN, Albert (1982): *Exit, Voice and Loyalty. Responses to Decline in Firms, Organizations and States*, Cambridge, Mass.: Harvard University Press.

gemeinsame Verfassungsloyalität der Bürger und ihrer Parteien einmal öffentlich sichtbar zu machen«.[97] Die Bewegung, die sich Sternberger in Vertretung für viele andere in den 1980er Jahren mit dem Begriff Verfassungspatriotismus wünschte, war eine von Deutschen zu Deutschen, die alle zusammen, ob rechtskonservativ oder linksliberal, den Verfassungsstaat als eine Art von »Vaterland empfinden« sollten.[98] Damals in Deutschland seit knapp zwei Dekaden ansässige Einwanderer waren nicht Teil dieser Bewegung von drinnen nach draußen, dieser politischen Begegnung im öffentlichen Raum. Allein weil sie nicht als Einwanderer, sondern juristisch und kulturell als Ausländer galten. Zwar erfolgte in vielen Bereichen, wie im arbeitsrechtlichen und wirtschaftlichen, sukzessive eine Rechteangleichung für die ausländischen Mitbürger, jedoch nicht auf der kulturellen Ebene. Diesbezüglich folgte eher eine umgekehrte Bewegung, nämlich von draußen nach drinnen. Als die erste Ausländerbeauftragte der Stadt Berlin, Barbara John, für die türkischen Ausländer im Informationsblatt des Berliner Senats im November 1982 wirbt, macht sie dies mit den Worten, dass sie sehr nett und gastfreundlich seien und dass man sie zu Hause in ihren Wohnungen besuchen sollte.[99] Dass sich aus diesen Koordinaten und Vorstellungen von Begegnungen kein Verweis auf eine gemeinsam geteilte Gesellschaft ableiten kann, wirkt evident. Die Frage ist aber auch, ob sie in den 1980ern wirklich erforderlich war.[100]

In den 1990ern sieht es wiederum, wie angedeutet, in der Topografie und Topologie ganz anders aus. Das Sprechen und Sich-draußen-Begegnen wird zum

---

97 STERNBERGER, Dolf (1982): »Verfassungspatriotismus«. In: *Grundfragen der Demokratie. Schriftenreihe der Niedersächsischen Landeszentrale für Politische Bildung. Folge 3*, hg. v. der Niedersächsischen Landeszentrale für Politische Bildung 1982, S. 17.
98 Ebd., S. 7.
99 Siehe hierzu: »Miteinander – nicht gegeneinander«. In: *Transit Deutschland. Debatten zu Nation und Migration*, hg. v. Deniz Göktürk, David Gramling, Anton Kaes, Andreas Langenohl, Konstanz: Konstanz University Press, S. 364 f.
100 Beispielsweise konstatiert der Soziologe Jörg Hüttermann im Fazit seiner Konfigurationsgeschichte der Migration in der Bundesrepublik von 2018, dass im Unterschied zu den Flüchtlingen heute, besonders nach der Sylvesternacht von Köln 2015/16, der Ort der Peripherie für die Gastarbeiter und Ausländer in den 1970 und 1980er Jahren auch ihre guten Seiten hatte. Denn diese gab neben ihrer exkludierenden Wirkung Letzteren auch die Möglichkeit »sich hier zulande zunächst als periphere Fremde unauffällig im toten Winkel der urbanen Öffentlichkeit zu bewegen«. Wenn im Sommer 2015 die Flüchtlinge in Deutschland noch als schutzbedürftige Gäste begriffen und auch so empfangen wurden, verschoben die Ereignisse der darauffolgenden Sylvesternacht die Figuration zwischen Alteingesessenen und Ankommenden grundlegend. An die Stelle der Schutzbedürftigen sind so innerhalb von ein paar Monaten die »kulturkreisfremden Subjekte« getreten, die nun als Bedrohung wahrgenommen werden. »Dieser radikale Figurationswandel geschieht, ohne das Alteingesessene und Asylsuchende im urbanen Raum zuvor die Gelegenheit und vor allem die Zeit für alltägliche Begegnung gefunden hätten.« Siehe hierzu: HÜTTERMANN (2018): S. 331.

Gravitationszentrum. Da kein »Kanake« in den Wohnungen der Ausländerfamilien ein eigenes Zimmer hatte, erinnert sich der Berliner Film- und Theaterregisseur Neco Çelik an diese Zeit, »war in Wohnungen abzuhängen, [...] keine Option. [...] Das Abhängen auf der Straße war in unserer DNA. [...] Wir sind mehr oder weniger auf der Straße groß geworden«, resümiert Çelik seine Erinnerungen in Topraks aktueller Dokumentation *Das ist auch unser Land* von 2020.[101] Doch sind diese Begegnungen im Unterschied zu den 1980ern von vielen Konflikten geprägt. Ihre Stärken sind die Rebellionen gegen die Mehrheitsgesellschaft und gegen die Eltern. Die Stärke der 1980er ist die des Zuhörens in geschlossenen Räumen. In beiden Phasen liegen spezifische Praktiken und Kommunikationsstörungen vor. In diesen noch zu entfaltenden Konstellationen spielen die Verwendung und der Gebrauch kultureller Kennzeichen, »kultureller Diakritika« wie Sprache oder Dialekt, Kleidungsstile, Symbole und Familienstrukturen eine besondere Rolle.[102] Sie organisieren *durch* die sozialen Elemente vom Ort, über die Sprechweisen und Handlungen bis zur Gestaltung symbolische Machtkämpfe im kulturellen Feld. Um dieses heterogene Geflecht sozialer Elemente im kulturellen Feld darstellen zu können, unternehme ich in meinem Buch den Versuch, die Geschichte der Integration in der Bundesrepublik von den 1960ern bis heute anhand von vier Leitsätzen zu erzählen. Sie stehen jeweils für eine spezifisch erzählerisch ästhetische, erzählerisch politische Phase der Selbst- und Gesellschaftsbeschreibung und ihrer Praktiken. Sie haben produktiv neue Narrative ausgelöst und neu ausgerichtet, die Praktiken unter bestimmte Beobachtungen stellten und stellen. Wir werden sehen, dass sie keineswegs nur die erzählerischen und identitätspolitischen Folgen der türkischen Migration nach Deutschland ordnen. Dies zeigt allein der erste Satz »Wir wollten alle Amerikaner werden«, der die ästhetischen und politischen Artikulationen im Zusammenhang der Migration, aber auch der bundesrepublikanischen Westintegration in den 1960er und 1970er Jahren bündelt. Er entstammt dem Poem *Was will Niyazi in der Naunynstraße* von Aras Ören.[103]

Bestimmend ist in den 1980er Jahren hingegen der Satz »Wie lebt es sich als Türke in Deutschland?«, der eine Abkehr von der vorherigen Orientierung anzeigt. Dieser Leitsatz steht beispielsweise im Kern vieler Bildbände und Anthologien zu Ausländern in Deutschland wie *morgens Deutschland – abends Türkei* von 1981, *Als Fremder in Deutschland* von 1982 oder in *Türken deutscher Sprache*

---

101 TOPRAK (2020): S. 191.
102 Siehe zu »kulturelle Diakritika«: WIMMER, Andreas (2008): »Ethnische Grenzziehungen in der Immigrationsgesellschaft. Jenseits des Herder'schen Commonsense«. In: *Migration und Integration*, hg. v. Frank Kalter, Wiesbaden: VS Verlag für Sozialwissenschaften, S. 57–80, S. 67.
103 Siehe hierzu: ÖREN, Aras (1973): *Was will Niyazi in der Naunynstraße*, Berlin: Rotbuch, S. 23.

von 1983 und vielen mehr.[104] Mitte der 1990er Jahre stellt Feridun Zaimoğlu an die zweite Generation von Türken in der norddeutschen Stadt Kiel nur eine Frage, nämlich »Wie lebt es sich in Deiner Haut?« und veröffentlicht und entwickelt aus ihren Antworten die bekannte *Kanak Sprak*.[105] Eine andere oder weitere Frage war weder möglich noch nötig, um die zweite Generation zum Sprechen zu bringen. Denn es hat sich viel angestaut: eine mitunter emotionsgeladene Spannung, die in den 1990er Jahren über Sprache und den Auftritt im öffentlichen Raum ausagiert wird. Dass Körper, Sprechen, Ästhetik und öffentlicher Raum über die *Kanak Sprak* hinaus in vielen anderen ästhetischen und politischen Erzählungen im Zentrum der Verhandlungen von »eigen« und »fremd« in den 1990er Jahren stehen, wird ausführlich analysiert und beschrieben werden. Und um diese Konstellation entfalten und gestalten zu können, werden in Literatur und Film, aber auch in der Entwicklung des türkischen Islam in Deutschland neue Räume erschlossen. Weder als Deutscher noch als Türke definieren sie sich, sondern als Muslime oder als ›Kanaken‹, die nun in einem globalen Zusammenhang stehen.[106] So bestimmen und werden die auf den Straßen Krach machenden ›Kanaken‹ oder die störenden Kopftuchträgerinnen mit ihrem neuen Auftritt im öffentlichen Raum nicht als Türken oder Deutsche bestimmt, sondern als mit der Welt verbundene Akteure.[107] Sie werden mit amerikanischen Ghettojugendlichen

---

104 Siehe hierzu: TEBBE, Krista/BASSEWITZ, Gerd (1981): *morgens Deutschland – abends Türkei. Berlin-Kreuzberg. Kunstamt,* Berlin: Fröhlich und Kaufmann. ACKERMANN, Irmgard (1982): *Als Fremder in Deutschland. Berichte, Erzählungen, Gedichte von Ausländern,* München: dtv. DIES. (1984): *Türken deutscher Sprache. Berichte, Erzählungen, Gedichte,* München: dtv. ÖZKAN, Hülya/ WÖRLE, Andrea (1985): *Eine Fremde wie ich. Berichte, Erzählungen, Gedichte von Ausländerinnen,* München: dtv. DIKMEN, Şinasi (1986): *Der andere Türke. Satiren,* Berlin: Express Edition GmbH.
105 ZAIMOĞLU, Feridun (1995): *Kanak Sprak. 24 Mißtöne vom Rande der Gesellschaft,* Berlin: Rotbuch, S. 9.
106 Spike Lee arbeitet in seinem bekannten Film MALCOLM X von 1992 besonders den transnationalen Aspekt des Islams heraus. In seiner Interpretation ist die nationenübergreifende inklusive Struktur dieser Religion für Malcolm X Konversion zum Islam ausschlaggebend. Zudem war Spike Lee der erste nichtmuslimische Filmemacher, der in Mekka drehen durfte. Siehe hierzu: LEE, Spike (1992): *Malcolm X,* USA: Warner Bros. Interessanterweise wurde Feridun Zaimoğlu nach der Veröffentlichung von *Kanak Sprak* als der Malcolm X der zweiten Generation türkischstämmiger Menschen in Deutschland bezeichnet, obwohl der Islam in der *Kanak Sprak* kaum eine Rolle spielt. Siehe hierzu: LOTTMANN, Joachim (1997): »Ein Wochenende in Kiel mit Feridun Zaimoğlu, dem Malcolm X der deutschen Türken«. In: *DIE ZEIT,* 14.11.1997, http://www.zeit. de/1997/47/zaimogl.txt.19971114.xml (27.03.2018).
107 Tatsächlich kommt es 1989 in Creil, einer Stadt in der Pariser Banlieue, zum ersten Kopftuchkonflikt in Europa. Dort werden zwei Schülerinnen der Schule verwiesen, weil sie beschlossen haben, ein Kopftuch zu tragen. Siehe hierzu: SINTOMER, Yves (2016): »Kopftuch und ›foulard‹. Ein vergleichender Blick aus Frankreich auf die deutsche Debatte«. In: *Der Stoff aus dem die Konflikte sind. Debatten um das Kopftuch in Deutschland, Österreich und der Schweiz,*

oder mit dem neuen globalen religiösen Fundamentalismus in Zusammenhang gebracht. Auf jeden Fall ist bis heute noch niemand darauf gekommen, sie mit den deutschen Halbstarken der 1950er Jahre zu vergleichen.[108] Doch die konstatierte Weltverbundenheit für die 1990er Jahre ist prekär. Denn der sich immer wieder durch Verletzungen, durch Kämpfe, durch provokative Auftritte im öffentlichen Raum oder sich durch Geschlechtsverkehr öffnende Körper ist die zentrale Metapher dieses Jahrzehnts. Und schließlich rücken zu Beginn, in der Mitte bis Ende der 2000er Jahre die Fragen nach dem Zusammenleben und die Entwicklung impliziter und expliziter Regeln hierfür ins Zentrum der Ästhetik, Publizistik und der politischen Reflexion, die ich mit dem Leitsatz »Was lebst Du?« greife und beschreibe. Zeitgleich werden mit den Folgen des 11. September Forderungen laut, dass das Leben der Deutsch-Türken in der Bundesrepublik sich an der deutschen Verfassung auszurichten habe.[109] Was sich daran schon ablesen lässt, ist, dass an die Stelle des Begehrens von etwas Anderem (Amerikaner), dem hochgradig angespannten Bewusstsein für die eigene Herkunft (Türke), dem eigenen Körper als Austragungsort von Hybridität, der Artikulation (Haut) nun die Praktiken, Handlungen, die mit ihnen verbundenen Regeln als Identifikationen von Diversität und nationaler Identität treten, die kulturelle Bestimmung und Lifestyle zusammenführen. Und an die Stelle raumschaffendender Praktiken treten in dieser Konstellation ortsgebundene Beschreibungen und Bestimmungen, die von der Schule über Moschee, über öffentliche Plätze bis zu öffentlichen Einrichtungen wie beispielsweise öffentlichen Bädern reichen.[110]

Bei diesen vier Leitsätzen handelt es sich um Aussagen, die aus Alltagskontexten stammen, vom Erzählen und Sprechen kommen und für weiteres Erzählen und Sprechen anschlussfähig sind. Sie organisieren in diesem Buch das grenzenlos vielfältige Material zur Migration in Deutschland mit dem Ansatz, dass

---

Bielefeld: transcript, S. 131–148, S. 132f. Angefangen von der französischen Kopftuchdebatte bis zur deutschen Kopftuchdebatte 1998, die die Anwärterin auf das deutsche Lehramt, Fareshta Ludin, losgetreten hatte, gilt das Kopftuch für viele Wissenschaftlerinnen und Wissenschaftler als ein Symbol, das nationale Zugehörigkeiten konterkariert. Siehe hierzu: KORTEWEG, Anna/ YURDAKUL, Gökce (2016): »Nationale Narrative. Eine Analyse von Konflikten um Zugehörigkeit«. In: *Der Stoff aus dem die Konflikte sind. Debatten um das Kopftuch in Deutschland, Österreich und der Schweiz*, Bielefeld: transcript, S. 17–34, S. 19.

108 Siehe hierzu: TRESSLER, Georg (1956): *Die Halbstarken*, Berlin: Inter West Film GmbH.
109 Siehe hierzu: PREUSS, Ulrich K. (2011): »Multikulti ist nur eine Illusion«. In: *Transit Deutschland. Debatten zu Nation und Migration*, hg. v. Deniz Göktürk u. a., Konstanz: Konstanz University Press, S. 480–484, S. 480.
110 Siehe hierzu: EZLI, Özkan (2015): »Vom religiösen Symbol zur sozialen Funktion. Baden mit dem Burkini in öffentlichen Bädern«. In: *AB Archiv des Badewesens 04/2015*, Fachzeitschrift der Deutschen Gesellschaft für das Badewesen, S. 214–233.

überall dort, wo »sozial Bedeutsames verhandelt wird, [...] das Erzählen im Spiel« ist.[111] Die Bindungskraft dieser Leitsätze ermöglicht zugleich Entfaltung, Stabilisierung und die Zusammenstellung unterschiedlicher Formen multikultureller Kontroversen und Orientierungen.[112] Und wir werden sehen, dass genau in dieser Geschichte der noch nicht erzählte Teil der Geschichte vom Zivilisationsbruch zur Zivilität, zur Einwanderungsgesellschaft in der Bundesrepublik im Zwang und im Bekenntnis dazu liegt. Im Idealfall und in der Theorie steht Zivilität für eine Form der Soziabilität und Geselligkeit im öffentlichen Raum, der es gelingt zwischen den partikularen Intimitäten und Emotionen des Privaten jedes einzelnen mit der unpersönlichen, instrumentellen, institutionellen und funktionalen Form der Gesellschaft zu vermitteln.[113] Und das diese Zivilität aktuell aus unterschiedlichsten Positionen, politisch von links und rechts, zum einen in Frage gestellt, zum anderen auch angegriffen wird, hat mitunter auch damit zu tun, dass ein wesentlicher Bestandteil ihrer Geschichte noch eine unerzählte und wie Zaimoğlus Antwort darauf, warum er Schriftsteller geworden ist, eine informelle, eine noch implizit gelagerte Geschichte ist. Dies zeigt sich auch in den aktuellen Theorien zur Postmigration und Postkolonialität, denen historische und sozialpolitische Grundlagen fehlen, weil sie kategorisch jede Frage nach der Herkunft, nach Fortschritt und Entwicklung ausschließen. Dabei beschäftigte die Frage, was ein sozial angemessenes Verhalten ist, oder was Fleiß und wirtschaftlicher und historischer Fortschritt als zivilisatorische Errungenschaften sind, selbst die ersten türkischen Gastarbeiter in Bekir Yıldız' Roman *Türkler Almanyada* (»Türken in Deutschland«) von 1966. Es ist der erste längere Prosatext zur türkischen Migration nach Deutschland. Diese Themen sind in Bekirs autobiografischem Roman aber zugleich mit einer Ortssuche, mit einem Draußen verbunden. Denn bei ihrer ersten Zugfahrt nach Deutschland fragen sich die Einwanderer, wo genau eigentlich der Westen liegt.[114] So steht am Anfang der türkischen Migration nach Deutschland weder Herkunft und Ankunft als eingegrenzte und klar bestimmbare Kulturen noch das Zwischen-ihnen-Sein, sondern neben Arbeit, Geld, Konsum und mitunter Abenteuer die mögliche gesellschaftliche Teilhabe als ein miteinander Plaudern und unter bestimmten Bedingungen auch als Projektion.

---

111 KOSCHORKE, Albrecht (2012): *Wahrheit und Erfindung. Grundzüge einer Allgemeinen Erzähltheorie*, Frankfurt a. M.: Fischer, S. 19.
112 Vgl. LATOUR, Bruno (2010): *Eine neue Soziologie für eine neue Gesellschaft*, Frankfurt a. M.: Suhrkamp, S. 428.
113 Vgl. WEINTRAUB, Jeff (1997): »The Theory and Politics of Public/Private Distinction«. In: *Public and Private in Thought and Practice. Perspectives on a Grand Dichotomy*, hg. v. Jeff Weintraub und Kirshan Kumar, Chicago, London: The University of Chicago Press, S. 1–42, S. 10.
114 Siehe hierzu: YILDIZ, Bekir (1966): *Türkler Almanyada*, Istanbul: Selbstverlag, S. 20.

1.2 Aufbau des Buchs

Was die soziale und kulturelle Realität in der Bundesrepublik, was ästhetische, wissenschaftliche Publikationen, publizistisch-politische Interventionen und Beiträge zu öffentlichen Debatten seit den 2000er Jahren betrifft, sind die türkische Migration und ihre Folgen in Deutschland auf unterschiedlichsten Ebenen angekommen – so könnte man es zumindest aufgrund der Faktenlage meinen. Angefangen vom Deutschen Islam[115] auf politischer Ebene über den vermeintlichen *Turkish Turn* in der deutschen Literatur[116] oder ihre kosmopolitische Einwanderung[117] in diese bis hin zu sozial- und populärwissenschaftlichen Publikationen, in denen bis vor kurzem die zweite und dritte Generation von Einwanderern als neue Deutsche beschrieben wurden und sich in autobiografischen Texten seit den 2000er Jahren auch selbst so beschrieben haben.[118] Wie bereits angedeutet, hat dieses Narrativ in den vergangenen Jahren auf unterschiedlichsten Ebenen an Wirk- und Repräsentationskraft eingebüßt. Zum einen, weil zu dieser Entwicklung ein politisch fordernder Ton an die türkischen Einwanderer mit muslimischem Hintergrund gehörte, Teil der europäisch aufgeklärten Lebensweise zu werden.[119] Zum anderen, dass trotz der nachgeholten Maßnahmen von und für Integration von staatlicher Seite in den 2000er Jahren, seit knapp einer Dekade verstärkt neben den Realitäten von Integration komplexe Erfahrungen, Empfindungen und Wahrnehmungen von Zugehörigkeit und Diskriminierung getreten sind. Beide Aspekte sind die Grundlagen einer neuen komplizierten Identitätspolitik. Ausgangspunkt dieser verfangenen Situation ist eine spezifische Verschränkung von Migration und Integration, die sich besonders in den Debatten und der Politik der 2000er Jahre verfestigt hat und latent über die Flüchtlingsdebatten von 2015 und 2016 hinauswirkt.

---

115 Schäuble, Wolfgang (2009): »Rede zur Eröffnung der 4. Plenarsitzung der Deutschen Islam Konferenz (DIK) am 25. Juni 2009«, http://www.deutsche-islamkonferenz.de/SharedDocs/Anlagen/DE/DIK/Downloads/Sonstiges/schaeuble-plenum4,templateId0,property=publicationalFile.pdf/schaeuble-plenum4.pdf (27.07.2016).
116 Adelson, Leslie (2005): *The Turkish Turn in Contemporary German Literature. Toward a New Critical Grammar of Migration*, New York: Palgrave Macmillan, S. 20f.
117 Siehe hierzu: Cheeseman, Tom (2007): *Novels of Turkish-German Settlement. Cosmopolite Fictions*, Columbia: Camden House. Siehe auch: Mani, Venkat (2007): *Cosmopolitical Claims. Turkish-German Literatures from Nadolny to Pamuk*, Iowa City: University of Iowa Press.
118 Vgl. Wunderlich, Tatjana (2005): *Die neuen Deutschen. Subjektive Dimensionen des Einbürgerungsprozesses*, Stuttgart: Lucius & Lucius; Topçu, Özlem/Bota, Alice/Pham, Khuê (2012): *Wir neuen Deutschen. Wer wir sind, was wir wollen*, Reinbek: Rowohlt.
119 Siehe: Kelek (2005) und Ateş (2007).

Dieser aktuelle integrationspolitische Befund wird im nächsten Abschnitt 1.2 *Deutschland. Eine Einwanderungsgesellschaft ohne Kulturgeschichte* als Ausgangspunkt einer ebenfalls gestörten Kommunikation genommen, deren Erfahrung ich persönlich gemacht habe. Ich beginne das Buch mit einer kurzen Beschreibung und Analyse der Sonderausstellung *Das neue Deutschland. Von Migration und Vielfalt*, die vom 8. März bis 8. Oktober 2014 im Deutschen Hygiene-Museum in Dresden zu sehen war und für die ich selbst als Berater und Kurator tätig war. Auf dieser Basis möchte ich, abgesehen vom skizzierten Zusammenhang von Öffentlichkeit, Kulturproduktion, Kulturgeschichte und Erzählung, meine eigene Position in diesem Feld aufzeigen, deren Bestimmung sich ebenfalls aus einer irritierenden, mitunter absurden Erfahrung ergeben hat.

Nach der kurzen Führung durch die Ausstellung und der aus ihr hervorgehenden Irritation folgen mit dem dritten und vierten Kapitel der Einleitung der Stand der Forschung zu Literatur und Film und eine kurze Entwicklungsgeschichte der Integrationstheorien von der Chicagoer Schule ab den 1920er Jahren bis zu aktuellen theoretischen und publizistisch-interventionistischen Bemühungen. Mit dem Kapitel 2 »*Wir wollten alle Amerikaner werden*«: *Der Gast und seine Arbeiter* folgt das erste materialanalytische Kapitel zu Film, Literatur und Debatten der 1960er bis Ende der 1970er Jahre. Mit dem bedürfnisorientierten ersten Leitsatz »Wir wollten alle Amerikaner werden« wird eine kulturelle Orientierung formuliert, die zunächst mehr die Ebene der sozialen als der kulturellen Diversität im Fokus hat. Denn *wo* man wie ein Amerikaner lebt, ist gleich, denn »Deutschland ist ein kleines Amerika. Gehst du dorthin, Niyazi, lebst du dort wie die Reichen von Bebek«, hält beispielsweise der Protagonist Niyazi in Aras Örens bekanntem Poem fest.[120] Im Rahmen der Integrationstheorien von Robert Ezra Park, Everett V. Stonequist, Milton Gordon und Hartmut Esser ist mit dem Bedürfnis, ein Amerikaner werden zu wollen, ein Prozess sozialstruktureller Assimilation verbunden, bei der sich die kulturelle Identifikation am Ende, wenn gruppenspezifische Diskriminierungen ausbleiben, wie von selbst ergibt.[121] So ist auch der Auslöser der ersten großen Debatte zur Arbeitsmigration in Deutschland nicht das Problem

---

[120] Ören, Aras (1973): *Was will Niyazi in der Naunynstraße*, Berlin: Rotbuch, S. 25. Bebek ist ein wohlhabender Stadtteil in Istanbul.

[121] Vgl. hierzu: Gordon, Milton (1964): *Assimilation in American Life. The Role of Race, Religion, and National Origins*, New York: Oxford University Press, S. 265; Park, Robert E./Burgess Ernest. W. (1969): *Introduction to the Science of Sociology*, Chicago: University of Chicago, S. 360; Esser, Hartmut (1980): *Aspekte der Wanderungssoziologie. Assimilation und Integration von Wanderern, ethnischen Gruppen und Minderheiten. Eine handlungstheoretische Analyse*, Darmstadt: Luchterhand, S. 231. Siehe hierzu auch: Rauer, Valentin/Schmidtke, Oliver (2004): »›Integration‹ als Exklusion? Zum medialen und alltagspraktischen Umgang mit einem umstrittenen Konzept«. Berliner Journal für Soziologie, Heft 3 2001, S. 277–296, S. 279.

der fremden oder gefährlichen Kultur und Religion, sondern die Arbeit.[122] Dagegen interessiert die Ausländerbeauftragten, Kirchenvertreter, Publizisten, Wissenschaftler, Filmschaffende und Autoren in den 1980er Jahren, wie und was »Türken« fühlen. Und mit Gefühlen und Emotionen reagieren die »Türken« auch.

Die zentralen Themen der Literatur und des Films in den 1960er und 1970er Jahren sind die Arbeit, die Arbeitenden und ihr Verhältnis zueinander.[123] Damit sind zugleich Perspektivierungen und Narrative verbunden, die die Protagonisten in engem Verhältnis zur Umgebung beschreiben oder in Interaktionen zeigen. Eingefangen und beschrieben werden diese Bindungen in Film und Literatur an Transitorten wie Arbeitsplätzen, Gaststätten, Wohnheimen und Straßen. In den Kapiteln 2.2 bis 2.5 zeige ich in den Analysen von Bekir Yıldız' *Türkler Almanyada* (1966), Rainer Werner Fassbinders ANGST ESSEN SEELE AUF (1973), Helma Sanders-Brahms Film SHIRINS HOCHZEIT (1976), Aras Örens *Was will Niyazi in der Naunynstraße* (1973), *Der kurze Traum von Kağthane* (1974) und durch Güney Dals Roman *Wenn Ali die Glocken läuten hört* (1978), dass Arbeit zentral mit der Frage der Solidarität verbunden ist.[124] Dieses »Prinzip des Sozialen schlechthin«[125] gelingt in keiner der Erzählungen, weil zum einen Arbeit und Wirtschaft von sozialer Ungleichheit geprägt sind und zum anderen auch ein die Akteure bindendes zivil-integratives Verhalten fehlt. Oft kommt es zur unerwarteten Eskalation von Gewalt. Einen zentralen Grund hierfür machen die Produktionen selbst ersichtlich. Das Setting, die Schauplätze von Begegnungen, »wo Menschen, Männer wie Frauen, ihre vielfältigen Lebensentwürfe koordinieren«[126], ist von Arbeitsplätzen, Treppenhäusern, Fluren, Zimmern in Wohnheimen mit mehreren Parteien, Gängen, Bahnhofshallen, Straßen etc. bestimmt, jedoch kaum von bestimmten öffentlichen Plätzen,

---

122 Siehe hierzu: HERBERT, Ulrich (2001): *Geschichte Ausländerpolitik in Deutschland. Saisonarbeiter, Zwangsarbeiter, Gastarbeiter, Flüchtlinge*, München: C.H. Beck, S. 223.
123 Tatsächlich waren die zentralen Begriffe und Themen der ersten Interkulturellen Wochen in Deutschland (1975–1978) – damals noch Tag des ausländischen Mitbürgers (TAM) genannt – ebenfalls das isolierte Leben der ausländischen Arbeiternehmer, ihre Arbeits- und Wohnverhältnisse, Freizeit, Alltag und Solidarität. In Veranstaltungen und Diskussion am Tag des ausländischen Mitbürgers standen vor allem die Lebensbedingungen der Gastarbeiter im Zentrum, der Begriff Kultur spielte hingegen keine Rolle. Siehe hierzu: EZLI (2020).
124 Gerahmt werden diese Analysen von Beschreibungen türkei-türkischer Filmproduktionen wie DÖNÜŞ von 1972 und OTOBÜS von 1974, in denen die Arbeitsmigration der Türken nach Europa ebenfalls Thema ist. Siehe hierzu: ŞORAY, Türkan (1972): *Dönüş*, Spielfilm, Türkei, Akün Film. http://www.sinematurk.com/film/1173-donus/ (04.07.2017). OKAN, Tunç (1974): *Otobüs*, Spielfilm, Türkei, Promete Film Yapımı.
125 DURKHEIM, Emile (1992): *Über die soziale Arbeitsteilung. Studie über die Organisation höherer Gesellschaften*, Frankfurt a. M.: Suhrkamp, S. 101.
126 ROSANVALLON (2011): S. 46.

Übergangsräumen und Transitzonen. Aus diesen Orten heraus scheint ein Verweis auf eine Gesellschaft, die in den Vorstellungen der Akteurinnen und Akteure als bindendes und »sinnvolles Ganzes« existieren könnte, nicht möglich.[127] Die Spannung und paradoxe Struktur zwischen Differenz und Gleichgültigkeit wird anhand der sozialstrukturellen Unterscheidung zwischen oben und unten verhandelt, die zu komplexen dialogischen Verhältnissen zwischen Deutschen und Ausländern führt. Dieses unter den genannten Bedingungen gesellschaftliche Problem betrifft jedoch nicht nur die Arbeitsmigranten, sondern auch einen innerdeutschen und modifiziert einen innertürkischen Diskurs, wie ich ihn im Kapitel 2.5 aufzeige. In Kapitel 2.6 bis 2.8 stelle ich dar, dass Integration unter den genannten Bedingungen nur in Form von Diskretion[128] gelingen kann, wie sie Rainer Werner Fassbinder durch die gesellschaftspolitisch grundierte Liebesgeschichte zwischen einer alten, ehemals mit einem Polen verheirateten deutschen Frau und einem jungen marokkanischen Gastarbeiter, den alle als Türken sehen und Ali nennen, aufzeigt.[129]

Zu Beginn des dritten Kapitels *Der Ausländer und sein Volk oder das Recht auf Repräsentation* mache ich auf eine grundlegend veränderte soziale Konstellation im Vergleich zu den 1960ern und 1970ern in der Bundesrepublik aufmerksam. Trotz des Anwerbestopps von 1973 nimmt die Zahl der Ausländer in der Bundesrepublik, besonders türkischer Provenienz, bis Anfang der 1980er Jahre signifikant zu. Durch erneute und zunehmende Familienzusammenführungen wegen des Anwerbestopps, die zwischen 1973 und 1978 stattfinden, ändert sich auch das soziale Gefüge und die »Komposition« der Migration in der Bundesrepublik.[130] In dieser Zeit zieht ein Großteil der Gastarbeiter mit ihren Familien aus Wohnheimen in Mietwohnungen um, und ihre Kinder beginnen, Kindergärten und Schulen zu besuchen. Wenn bis 1973 83 % der Ausländer in Deutschland im erwerbsfähigen Alter sind, sind es Anfang der 1980er Jahre noch knapp die Hälfte.[131] In dieser Zeit ändert sich auch die Diktion der Debatten über ausländische Arbeiter und ihre Familien. 1979 löst der österreichische Verhaltensforscher Irenäus Eibl-Eibesfeldt eine große öffentliche Diskussion mit seiner Aussage aus, dass Türken zwar auch Menschen seien, aber Men-

---

127 Vgl. ebd.
128 LOTMAN, Jurij M. (2010): »Die Mechanismen des Dialogs«. In: ders.: *Die Innenwelt des Denkens. Eine semiotische Theorie der Kultur*, Berlin: Suhrkamp, S. 191–203, hier S. 201f.
129 Der Arbeitstitel des Films lautete lange ALLE TÜRKEN HEISSEN ALI.
130 Zum Verhältnis von Gruppengröße, ethnischen Grenzziehungen und Komposition siehe: ESSER, Hartmut (2008): »Assimilation, Ethnische Schichtung oder selektive Akkulturation? Neuere Theorien der Eingliederung von Migranten und das Modell der intergenerationalen Integration«. In: *Migration und Integration*, hg. v. Frank Kalter, Wiesbaden: VS Verlag für Sozialwissenschaften, S. 81–105, S. 93–96.
131 Siehe hierzu: Cohn-Bendit (1993): S. 101.

schen mit einer anderen Kultur und deshalb nicht wirklich integrationsfähig.[132] Auch in der Politik erfolgt mit dem Regierungswechsel von 1982 eine weitaus entschiedenere Selbstbestimmung, das Deutschland kein Einwanderungsland sei. Ein zentraler Aspekt der *Politik der Erneuerung* der Regierung von Helmut Kohl ist die Begrenzung der Ausländerzahlen. Damit ist auch eine politische Kompetenzverlagerung vom Arbeitsministerium zum Innenministerium verbunden, die just im Jahr des Regierungswechsels auch erfolgt. Mit ihr signalisiert die Regierung, dass »nicht mehr sozialpolitische, sondern ordnungspolitische Aspekte im Vordergrund der Ausländerpolitik« stehen.[133] Beide Entitäten, Kultur und Ordnung, finden sich im Kern der Arbeiten der Ethnologen und Soziologen Werner Schiffauer und Georg Elwert zu Fragen der Integration der Ausländer in Deutschland.[134] Das Verstehen der anderen Kultur als eine andere Ordnung steht hier im Vordergrund. Als Leitkategorien rücken an die Stelle von Arbeit und Solidarität in den 1980ern Kultur und Bewusstsein, die im Narrativ »Wie lebt es sich als Türke in Deutschland?« zusammenlaufen.[135]

Die zentralen Themen der 1980er Jahre in Literatur und Film zur türkischen Migration sind Erfahrungen der Fremde, Emanzipation und Ehre. Die Rahmung, Bearbeitung und Gestaltung dieser Themen sind auch in den Debatten vom Ende der 1970er bis Ende der 1980er auf unterschiedlichsten Reflexionsebenen von einer »Hinwendung zur Differenz«[136] geprägt.[137] Ästhetisch mehr wie auch weniger ausdifferenzierte Bearbeitungen der türkischen Migration nach Deutschland orientieren sich am Leitsatz »Wie lebt es sich als Türke in Deutschland?« in Kritik und in Bestätigung, auch wenn es in den komplexeren Erzählungen darum geht, national-kulturelle Differenzen zu überwinden. Zur analytischen Disposition stehen in den Kapiteln 3.2 bis 3.4 die Filme 40 QM DEUTSCHLAND (1986), ABSCHIED VOM FALSCHEN PARADIES (1988), YASEMIN (1988), DIE KÜMMELTÜRKIN GEHT (1985) von

---

132 Siehe: HUNN (2005): S. 494.
133 HERBERT (2001): S. 250.
134 SCHIFFAUER, Werner (1983): *Die Gewalt der Ehre. Erklärungen zu einem türkisch-deutschen Sexualkonflikt*, Frankfurt a. M.: Suhrkamp; ELWERT, Georg (1982): »Probleme der Ausländerintegration. Gesellschaftliche Integration durch Binnenintegration«. In: *Kölner Zeitschrift für Soziologie und Sozialpsychologie* 34, S. 717–731. In Hartmut Essers Integrationstheorie rückt auch an die Stelle der Perspektive des »marginal man« bei Robert Ezra Park, der Gruppe bei Milton Gordon die Mehrheitsgesellschaft als ein staatliches System.
135 Siehe hierzu: ELWERT (1982). SCHIFFAUER (1983). Siehe auch: SCHIFFAUER, Werner (1984): »Religion und Identität. Eine Fallstudie zum Problem der Reislamisierung bei Arbeitsmigranten«. In: *Schweizerische Zeitschrift für Soziologie*, Vol. 10, Nr. 2, S. 485–516.
136 MECHERIL, Paul (2010): *Migrationspädagogik*, Landsberg: Beltz, S. 56.
137 Siehe hierzu auch: BRUBAKER, Roger (2008): »Die Rückkehr der Assimilation?«. In: *Ethnizität in Gruppen*, Hamburg: Hamburger Edition, S. 166–186, S. 166 f.

Tevfik Başer, Hark Bohm und Jeanine Meerapfel, die Fernsehserie DIE BALTAS, UNSERE NACHBARN (1983) des WDR nach dem Drehbuch von Yüksel Pazarkaya sowie die Romane und Erzählungen *Die Leidenschaft der Anderen* (1981), *Die Blaue Maske* (1988), *Frauen, die sterben ohne dass sie gelebt hätten* (1986) von Aysel Özakın und Saliha Scheinhardt. In ihnen dominieren im Unterschied zu den 1970ern nicht mehr Transiträume, sondern Aufnahmen enger und geschlossener Räume, die von zugestellten Zimmern bis zu Gefängniszellen reichen. Das multikulturelle Paradox, dass das Anderssein des Anderen zwar verstanden wird, aber im sozialen Prozess nicht als Ressource der Unterscheidung dienen soll, erfährt in Literatur und Film der 1980er seine stärkste Ausprägung. An die Stelle der dominierenden Beobachtungsform der sozialstrukturellen Unterscheidung zwischen oben und unten tritt in den 1980ern diejenige zwischen innen und außen.

Das Kapitel 4 *Von der Herkunfts- zur Konfliktgesellschaft* leite ich wieder mit einem bevölkerungspolitischen Wandel ein: Zwischen den Jahren 1988 und 1992 findet in der Bundesrepublik erneut ein signifikanter bevölkerungspolitischer Wandel statt. In dieser Zeit wandern 3,5 Millionen Menschen, Spätaussiedler, Bürger anderer Staaten und Asylbewerber zusammengenommen, in die Bundesrepublik ein.[138] Der Begriff des Ausländers wird zunehmend verwirrend, denn selbst die Spätaussiedler werden nicht als Herkunftsdeutsche – wie von der Regierung definiert –, sondern als Ausländer wahrgenommen.[139] Und auch die Novellierung des Ausländergesetzes von 1990 wird dem Faktum der Einwanderungsrealität in der Bundesrepublik nicht gerecht. Dass diese nun endlich als »multikulturelle Gesellschaft« anerkannt werden müsse, ist hingegen die Diktion der populärwissenschaftlichen Texte von Daniel Cohn-Bendit, Claus Leggewie und vielen anderen.[140] 1989 wird beispielsweise in Frankfurt am Main das Amt für Multikulturelle Angelegenheiten (AMKA) gegründet.[141] Gelingen kann diese Politik der Differenz, die auf Gleichheit zielt, nur über einen Weg der Konflikte und nicht mehr allein über das Verstehen des Anderen.[142]

---

138 Siehe hierzu: COHN-BENDIT/SCHMID (1993): S. 340.
139 Siehe hierzu: Herbert (2001): S. 276. Siehe hierzu auch: BADE, Klaus (1992): »Das Eigene und das Fremde. Grenzerfahrungen in Geschichte und Gegenwart«. In: ders.: *Deutsche im Ausland. Fremde in Deutschland. Migration in Geschichte und Gegenwart*, Frankfurt a. M.: Büchergilde Gutenberg, S. 15–28, hier S. 16.
140 COHN-BENDIT/SCHMID (1993); LEGGEWIE, Claus (1993): *Multi Kulti. Spielregeln für die Vielvölkerrepublik*, Berlin: Rotbuch.
141 Siehe hierzu: STADT FRANKFURT AM MAIN (2009): *20JahreAMKA. 1989–2009 Amt für Multikulturelle Angelegenheiten. Stadt Frankfurt am Main*, Stadt Frankfurt, https://www.frankfurt.de/sixcms/media.php/738/Publ_20_Jahre_AmkA.pdf (zuletzt 02.01.2019).
142 Siehe hierzu: HIRSCHMAN, Albert O. (1994): »Wieviel Gemeinsinn braucht die liberale Gesellschaft?«. In: *Leviathan* 22:2, S. 293–304.

Die zentralen Themen der 1990er Jahre in Literatur und Film sind Sprache und Körper, die ich in den Kapiteln 4.3 bis 4.7 behandle. Die Gestaltung und Bearbeitung der türkischen Migration nach Deutschland und ihre Folgen wandeln sich durch diese Verschiebung von einer Literatur der Fremde zu einer Literatur der Verfremdung.[143] Im Film, aber auch in der Literatur, ändern sich die Topografien und Topologien, die Artikulationsstrukturen und Praktiken der Akteure. An die Stelle der engen Wohnungs- und Gefängnisräume der 1980er Jahre treten Stadtteile und Straßen, deren Akteure in Bewegung sind und mit Sprachkompetenz und Sprachgewalt auftreten. Ihre Herkunft ist nicht mehr die Türkei, sondern sie leben in peripheren Stadtteilen in Hamburg, Berlin und Istanbul und in hybriden Sprachkonstellationen. Sie bilden die Grundlagen und Austragungsmedien der Konstitution hybrider Identitäten und der mit ihnen zusammenhängenden Konflikte zwischen Peripherie und Zentrum. Das bindende Narrativ ist nicht mehr eine Frage nach einer nationalen Zugehörigkeit; zugleich fehlt eine Richtungsvorgabe wie »Wir wollten alle Amerikaner werden«. So lautet das formierende Narrativ der 1990er Jahre: »Wie lebt es sich in Deiner Haut?«.

Äußerst interessant ist, dass wir neben den Straßensequenzen viele Aufnahmen sehen, die zeigen, wie Akteure die Wohnungen ihrer Eltern verlassen. Neben dem Motiv der Schwelle spielen mit dem Hinausgehen und Draußensein zudem Jacken als Motiv eine besondere Rolle. Diese spezifische Konstellation des Auftretens im öffentlichen Raum korreliert mit den integrationstheoretischen Reflexionen zu Konflikt (Dubiel, Hirschman, Heitmeyer) und Inklusion (Nassehi, Stichweh). Denn Inklusion bedeutet zugleich Exklusion. Sehr eindrücklich zeigt sich diese paradox-antagonistische Struktur der Integration und gleichzeitigen Desintegration in den Werken von Emine Sevgi Özdamar, Zafer Şenocak, Feridun Zaimoğlu und in den Filmen von Thomas Arslan, Fatih Akın, Ayşe Polat, Yüksel Yavuz, Kutlu Ataman und Buket Alakuş, die am Ende des vierten Kapitels zur Disposition stehen und die Phase der Integration dieser Kulturgeschichte einläuten. Ebenfalls äußerst bemerkenswert ist in den Arbeiten der 1990er Jahre wie beispielsweise in *Das Leben ist eine Karawanserei*, *Die Prärie*, *Abschaum*, GESCHWISTER, DEALER, KURZ UND SCHMERZLOS, AUSLANDSROURNEE, APRILKINDER, LOLA UND BILIDIKID und ANAM, dass wir trotz vieler Straßensequenzen in keiner Produktion, ob Film oder Literatur, erfahren, in welcher Straße wir uns überhaupt befinden. Es gibt keine einzige Aufnahme eines Straßenschildes. Diese Beson-

---

143 Vgl. für viele: BAY, Hansjörg (1999): »Der verrückte Blick. Schreibweisen der Migration in Özdamars Karawanserei Roman«. In: *Sprache und Literatur* 30:83, S. 29–46. Siehe auch EZLI, Özkan (2006): »Von der Identitätskrise zu einer ethnografischen Poetik. Migration in der deutsch-türkischen Literatur«. In: *Literatur und Migration*, Sonderband edition text + kritik, München, S. 61–73.

derheit korreliert mit dem politischen Anliegen vieler Autoren und Regisseure, die die Botschaften ihren Produktionen als universelle begreifen.[144] Tatsächlich spielt anstelle einer spezifisch kulturellen oder nationalen Bindung die Weltverbundenheit der Akteure in diesen Reflexionen eine herausragende Rolle.[145] Sie ist die Grundlage ihrer Kritik an Nation und einem kulturellen Sein zwischen den Stühlen. Dies gilt ebenfalls für ihre sozialstrukturellen Positionierungen als Schulabrecher, Dealer, Homo- und Transsexuelle und als Obdachlose in Literatur und Film jenseits einer Integrations- oder Aufstiegsgesellschaft. Mit diesen transkulturellen Rollen und sozialstrukturellen Positionierungen geht es im Kern nicht um Integration, sondern um Artikulation als Kritik und um die Grundlage neuer sozialer Kontakte. Die Praktiken der Akteure in den 1990er Jahren sind daher vielmehr davon bestimmt, raumschaffend zu agieren und sich nicht im Gegenteil zu verorten. Letzteres steht als Praxis hingegen im Zentrum der Arbeiten in den 2000er Jahren. An die Stelle von Raum und Räumen treten hier als Rahmungen der Praktiken verstärkt Orte und Territorien. Sie verschieben die Praktiken vom offenen Körper, vom lauten und auffallenden Sprechen zu den körperlichen Praktiken selbst. Zugleich kommen die Akteure in Film und Literatur im Unterschied zu den 1990er Jahren am Ende der Erzählungen immer auch an einem bestimmten Ort an.

Auch wenn sich die deutsch-türkische Literatur und der Film seit den 1990er Jahren durch eine ungemeine Produktivität und Vielfalt auszeichnen,[146] die man in diesem Zusammenhang als ein »Laboratorium der Gegenwartsliteratur« bezeichnen kann,[147] gibt es auch in der ersten Dekade des 21. Jahrhunderts einen rahmenden und orientierenden Leitsatz, der erneut eine komplexe und neue Verbindung zwischen gesellschaftspolitischen und ästhetischen Narrativen zeigt. In der Politik findet auf zwei Ebenen ein zentraler Wandel statt, wie ich ihn einleitend in Kapitel 5.1 *Kultur als Ressource und das Ankommen in der Mehrheitsgesellschaft* für das letzte materialanalytische Kapitel festhalte. Die Bundesrepublik vollzieht in der ersten Dekade des 21. Jahrhunderts durch Gesetzesänderungen (2000/2014: Staatsbürgerschaft; 2005: Zuwanderung; 2006: Gleichbehandlung),

---

144 Siehe hierzu: ATAMAN, Kutlu (1998): *Lola und Bilidikid. Interview mit Ataman*, Fridolfing: absolut Medien GmbH. Siehe hierzu auch: AKIN, Fatih (1998): *Kurz und schmerzlos. Interview mit Fatih Akın*, Hamburg: Universal Pictures GmbH.
145 Siehe hierzu: ZAIMOĞLU, Feridun (1995): *Kanaksprak. 24 Misstöne vom Rande der Gesellschaft*, Berlin: Rotbuch, S. 11. ARSLAN, Thomas (1997): *Dealer*, Mainz: Zweites Deutsches Fernsehen. AKIN, Fatih (1998): *Kurz und schmerzlos*, Hamburg: Wüste Film Produktion. Siehe auch: ATAMAN, Kutluğ (1998): *Lola und Bilidikid*, Berlin: Zero Fiction Film GmbH.
146 CHEESEMAN (2007): S. 13.
147 HEINRICHS, Petra (2011): *Grenzüberschreitungen: Die Türkei im Spiegel deutschsprachiger Literatur. Ver-rückte Topographien von Geschlecht und Nation*, Bielefeld: Aisthesis, S. 331.

Integrationsgipfel und seit 2006 auch Islamkonferenzen den Wandel zu einem Einwanderungsland. Auf der zweiten Ebene sind es die Wirksamkeit des Gebrauchs und die Definition des Begriffs »Migrationshintergrund«, die in Statistiken ab 2005 in Debatten und im Alltagsgebrauch in den 2000ern wirksam werden und auch für *Diversity-Policies* bis heute ein zentrales Instrument darstellen.[148] Bei diesen Auseinandersetzungen geht es weder um ein Verstehen, noch um ein Anerkennen der anderen Kultur, sondern um die Betonung individueller Kompetenz als kultureller – vor allem ökonomischer – Ressource und um die des familiären Hintergrundes.[149]

Seit 2000er Jahren ist das zentrale Thema in Literatur und Film die hybride Konstellation der Familie und ihre Geschichte in einer von Diversität geprägten Gesellschaft. Diese Aspekte stellen die Fragen des Zusammenlebens und die mögliche Entwicklung impliziter und expliziter sozialer Regeln auf den Prüfstand. Sie bestimmen neben den literarischen auch die politischen Erzählungen der 2000er Jahre. Nicht mehr die körperlich-expressiven Individuen sind allein hybrid, sondern auch ihre Vergangenheit, ihre Herkunft und ihre Praktiken. Literarisch nimmt der Grad verfremdend surrealen Schreibens (Özdamar) oder des pointierten Nachdichtens wie in der *Kanak Sprak* (Zaimoğlu) ab. An die Stelle von Sprachspielen und des Tabubruchs, an die Stelle des »Aushaltens von Differenz« durch die Gleichzeitigkeit von Inklusion und Exklusion treten Beschreibungen von Abfolgen und Bestimmungen sozialer Praktiken.[150] Über die Praxis

---

148 Siehe hierzu: Sachverständigenrat für Integration und Migration (2021): *Normalfall Diversität? Wie das Einwanderungsland Deutschland mit Vielfalt umgeht*, Jahresgutachten 2021, S. 24f; https://www.svr-migration.de/wp-content/uploads/2021/05/SVR_Jahresgutachten_2021.pdf (zuletzt 19.05.2021).

149 Siehe hierzu: Faist, Thomas (2013): »Kulturelle Diversität und soziale Ungleichheiten«. In: *Die Integrationsdebatte zwischen Assimilation und Diversität. Grenzziehungen in Theorie, Kunst und Gesellschaft*, hg. v. Özkan Ezli, Andreas Langenohl, Valentin Rauer, Claudia Voigtmann, Bielefeld: transcript, S. 87–118. Siehe ebenfalls: Vertovec, Steven (2010): »Towards post-multiculturalism? Changing Communities, conditions and contexts of diversity«. In: *International Social Science Journal* 199, S 83–95. Einen Migrationshintergrund haben alle Personen, deren Eltern oder Großeltern nach 1949 nach Deutschland ein- oder zugewandert sind. Wenn früher mit den Begriffen Südländer, Gastarbeiter, Ausländer, ausländische Mitbürger einzelne Akteure oder Kollektive gemeint waren und Mehrheit und Minderheit getrennt wurden, geht es beim Differenzmarker »Migrationshintergrund« mit mittlerer Reichweite um das Individuum und um die Familie bis in die dritte Generation hinein.

150 Zugleich entstehen ab 2005 viele autobiografische Texte hauptsächlich von Deutsch-Türkinnen und Komödienfilme, in denen die deutsch-türkische Familie das Leitmotiv ist. Siehe: Texte (Auswahl): Sevindim, Aslı (2005): *Candlelight Döner. Geschichten über meine deutsch-türkische Familie*, Berlin: Ullstein. Alanyali, Iris (2007): *Die blaue Reise. Und andere Geschichten aus meiner deutsch-türkischen Familie*, Reinbek: Rowohlt. Akyün, Hatice (2007): *Einmal Hans*

der Verortung werden kulturelle und nationale Marker nicht mehr grundsätzlich in Frage gestellt, sie werden explizit zu Material und Ressourcen der Erzählungen. In den Kapiteln 5.2 *Ankommen in filmischen und literarischen Erzählungen*, 5.3. *Der Kulturdialog zwischen Kampf und gemeinschaftlichem Erzählen* und in 5.4 *Entscheidungen und Integration* zeige ich dies ausführlich anhand der Arbeiten MEINE VERRÜCKTE TÜRKISCHE HOCHZEIT (2005), AUF DER ANDEREN SEITE (2007), DIE FREMDE (2010), ALMANYA. WILLKOMMEN IN DEUTSCHLAND (2011) und vielen anderen Filmen. In der Literatur zeige ich diesen Wandel in Kapitel 5.5 *Kultur als Praxis oder die Produktion von Vielfalt* anhand der Erzählung *Der Hof im Spiegel* (2001) von Emine Sevgi Özdamar, den Romanen *Sonnentrinker* (2002) von Kemal Kurt, *Selam Berlin* (2004) von Yade Kara, *Leyla* (2005) von Feridun Zaimoğlu, *Die Tochter des Schmieds* (2005) von Selim Özdoğan, *Das Geheimnis meiner türkischen Großmutter* (2008) von Dilek Güngör und *Der Pavillon* (2009) von Zafer Şenocak und einigen anderen Texten. Eine besondere Rolle werden hier auch die Konjunktur der Ethno-Comedy, Multi-Kultikomödien und die Häufung von Dokumentarfilmen zu den Folgen der türkischen Migration nach Deutschland und zurück in die Türkei spielen.

Am Ende steht mit dem Schluss *Epilog: Warum eine Kulturgeschichte der Migration notwendig ist*, der die Rückkehr der nationalen Kategorien in ihrer komplexen Konstellation als Ausblick skizziert. Wenn Praktiken in den 2000er Jahren Orientierungen geben und diese selbst durch ihre Entscheidungen und Handlungen schaffen, weil die Fragen der Herkunft und Ankunft geklärt und gerahmt wirken, wird die Zusammengehörigkeit in den Werken seit den 2010er und besonders nach den 2015er Jahren wieder zur Disposition gestellt. Wie in der Geschichte der türkischen Migration nach Deutschland, die zugleich die Geschichte der Integration in der Bundesrepublik ist, haben wir es heute bei der neuen Migration nach Deutschland mit einem »Überschuss an Energie« zu tun, deren »Bewegungsimpulse« noch »ungerichtet« sind, die paradoxerweise eben-

---

mit scharfer Soße. Leben in zwei Welten, München: Goldmann. ÖZKAN, Hülya (2011): *Güle, Güle Süperland. Eine Reise zu meiner schrecklich netten türkischen Familie*, München: Droemer Knaur. ECKES, Nazan (2012): *Guten Morgen, Abendland. Almanya und Türkei: Eine Familiengeschichte*, Köln: Bastei Lübbe. Spielfilme (Auswahl): SAUL, Anno (2005): *Kebab Connection*, Universum Film GmbH, Deutschland. WACKER, Torsten (2004): *Süperseks*, Warner Home Video, Deutschland. HOLTZ, Stefan (2007): *Meine verrückte türkische Hochzeit*, Turbine Medien, Deutschland; AKKUŞ, Sinan (2008): *Evet, Ich will*, Studio Infopictures, Deutschland. ŞAMDERELI, Yasemin (2010): *Almanya. Willkommen in Deutschland*, Concorde Filmverleih Gesellschaft, Deutschland; DAĞTEKIN, Bora (2006–2009): *Türkisch für Anfänger*, Universum Film GmbH, Deutschland. Siehe auch: Literaturverzeichnis.

falls für die vermeintlich schon lange Angekommenen gilt.[151] Ob ungerichtete Impulse und Energien der aktuellen Migration und der Geschichte der Integration in der Bundesrepublik Deutschland in ihrer neuen anstehenden Geschichte zu gesellschaftlichen Regelbildungen führen werden, wird neben den sozialstrukturellen Komponenten in entscheidendem Maße davon abhängen, welche Narrative im Wechselspiel von Debatten, politischem System und ästhetischem Feld entstehen und sich durchsetzen werden. Allein der Ausblick der vorliegenden Kulturgeschichte wird mit Einblicken in die aktuellen ästhetischen Reflexionen zur Migration nach Deutschland und ihren Folgen zeigen, dass auch das politische Jahrzehnt der Integration in den 2000er Jahren wie die anderen Dekaden zuvor auch nur eine Phase war. Denn allein in aktuellen Filmen und Texten zeichnet sich ein erneuter Bruch ab, der die integrative Gesellschaft der 2000er Jahre im Kern wieder in Frage stellt.

Daher handelt es sich bei der vorliegenden Kulturgeschichte der Migration um keine Entwicklungs-, keine Emanzipations- und um keine Integrationsgeschichte, wie sie bisher ansatzweise in der Forschung skizziert wurde. Es geht in der vorliegenden Kulturgeschichte der Migration aber auch nicht um die Darstellung einer Serie oder um eine Aneinanderreihung diverser historisch-politischer Konstellationen. Die vorliegende Geschichte ist eine der Übergänge, der Brüche, der Anfänge und Enden von ästhetischen und politischen Erzählweisen, die nicht danach fragt, wohin sie führen, sondern woher sie kommen, was ihren Wandel bestimmt und bis wohin sie reichen. Es geht darum, die unterschiedlich historisch bedingten ästhetischen und politischen Sprech- und Schreibweisen, die die Geschichte der Migration und der Integration in der Bundesrepublik bestimmt haben, in ihren Herkünften, in ihrer zeitlichen Dauer und ihren Reichweiten aufzuzeigen.

Aktuell scheint sich das deutsch-türkische Verhältnis erneut zu verschieben und in eine neue politische Konstellation zu führen, die eine fundamentale innertürkische und damit zugleich eine sich in der bundesrepublikanischen Gesellschaft vollziehende Trennung zur Grundlage hat. Neben den bereits erwähnten ästhetischen Produktionen macht eine unter vielen Studien auf die besondere Komplexität dieser aktuellen Konstellation aufmerksam; dass auch das Angekommen-Sein, wie es in den 2000ern emphatisch beschworen wurde, eine ihm nämlich inhärente Störung aufweist, die bereits Çevikollus kurze Rede in Köln andeutete. Nach einer 2016 unternommenen Studie der Westfälischen

---

151 Vgl. KOSCHORKE, Albrecht (2004): »Codes und Narrative. Überlegungen zur Poetik der funktionalen Differenzierung«. In: *Grenzen der Germanistik. Rephilologisierung oder Erweiterung?*, hg. v. Walter Erhart, Stuttgart: Metzler, S. 174–185, hier S. 184.

Wilhelms-Universität Münster zur Integration der türkeistämmigen Menschen in Deutschland geben 90 % der 1201 Befragten von der ersten bis zur dritten Generation an, dass sie sich in Deutschland sehr wohl bis wohl fühlen. 87 % Prozent fühlen sich zudem eng bis sehr eng mit Deutschland und der Türkei verbunden. Doch neben diesen national wie auch transnational hohen integrativen Werten steht paradoxerweise eine weitere Selbstwahrnehmung: Obwohl sie sich wohlfühlen, empfinden sich 51 % der Befragten in Deutschland zugleich als »Bürger zweiter Klasse«.[152] Dieses Gefühl wird nach Aussage der Probanden nicht auf eine Verteilungsungerechtigkeit, auf Barrieren in Bildung und Einbeziehung in den Arbeitsmarkt in Deutschland zurückgeführt, was die klassischen Felder der Diskriminierung sind. Denn insgesamt fühlen sich die meisten gerecht behandelt. Dennoch haben sie das Gefühl, sie könnten sich noch so sehr anstrengen, sie würden nie als ein Teil dieser Gesellschaft anerkannt werden.[153] Sprich, sie können Ärzte, Anwälte, Kulturschaffende oder Unternehmer in Deutschland sein, werden aber nicht als Angekommene angesehen. Und tatsächlich gibt es unter den Befragten beruflich gut bis sehr gut gestellte Probanden. Man möchte hier nachhaken und fragen, wie es sein kann, dass man sich in solchen Positionen als »Bürger zweiter Klasse« fühlt? Woher kommt es, dass die Gefühlslagen des Wohl- und Unwohlseins, des Angekommen-Seins und des Niemals-ankommen-Könnens zugleich präsent sind? Warum sind gelebte Praxis und Vorstellungen so weit voneinander entfernt? Um was für eine Art der Betroffenheit handelt es sich hier? Aus welchen Elementen setzt sich dieses Unterdrückt-Sein zusammen? Nach dem Fazit der Münsteraner ist es der Streit um den Islam, der die Widersprüche maßgeblich bestimmt.[154]

Es ist sicher nicht von der Hand zu weisen, dass ein Großteil der Islamdebatten, wie sie in den vergangenen Jahren und Jahrzehnten geführt wurden, weniger lösungsorientiert als in vielen Fällen unbeabsichtigt problemfördernd waren. Das lag weniger an den Themen selbst, sondern vielmehr an der Art und den Zusammenhängen, wie die Debatten von unterschiedlichen Seiten geführt wurden und an dem Widerspruch, den sie immer wieder produzierten. Wenn auf der einen Seite differenzierende Beschreibungen von unterschiedlichen muslimischen Gruppen und Kleidungsstücken in der Geschichte der Migration der Bundesrepublik diskursiv und im Alltag immer üblicher wurden, stehen neben diesem Differenzierungsprozess vereinheitlichende Diskussionen über Fragen

---

152 POLLACK, Detlef/MÜLLER, Olaf/ROSTA, Gergely/DIELER, Anna (2016): *Integration und Religion aus der Sicht von Türkeistämmigen in Deutschland*, Repräsentative Erhebung von TNS Emnid im Auftrag des Exzellenzclusters „Religion und Politik" der Universität Münster, S. 10.
153 Ebd., S. 11.
154 POLLACK (2016): S. 20.

von Gewalt, Unterdrückung, Islam und Demokratie, die sie wiederum aus ihrer erreichten Alltäglichkeit herausgerissen haben und wieder herausreißen. Diese Praxis der Entortung zeigen aber auch aktuelle ästhetische Reflexionen von 2017 wie Fatma Aydemirs Roman ELLBOGEN, Fatih Akıns Film AUS DEM NICHTS oder Dilek Güngörs *Ich bin Özlem* von 2019. In Aydemirs Roman von 2017 wird die Wut einer deutsch-türkischen Mädchengang aus dem Berliner Wedding auf ihre Familien und die deutsche Gesellschaft beschrieben, die sich in einer spontanen Tötung eines unbekannten deutschen Studenten nachts an der U-Bahn-Haltestelle *Friedrichstraße* entlädt. Als Motiv für die Tat gibt die Erzählerin nur an, dass ihre Wut so groß ist, »dass sie nicht mehr in mich hineinpasst«.[155] Später im Roman sagt sie, sie haben den Studenten auf die Bahngleise gestoßen, »weil solche Typen [...] meinen, die Welt gehört ihnen«.[156] Und Akın hat als Beweggrund für seinen Film AUS DEM NICHTS, der auf die NSU-Morde (2000–2007) und auf den Nagelbomben-Anschlag auf deutsch-türkische Geschäfte in Köln 2005, deren rechtsradikale Täter erst im Herbst 2011 ermittelt wurden, mitunter zurückgeht, dass er selbst auch »ein potentielles Opfer« hätte sein können.[157] Weil die rechtsradikalen Täter im Film vor Gericht ihre Strafe nicht bekommen, rächt sich die Protagonistin an diesen, in dem sie sich und die Mörder ihres türkischstämmigen Mannes tötet. Der kulturelle Vertrag der 2000er Jahre, in dem Diversität politisch und ästhetisch als kulturelle und ökonomische Resource begriffen und verhandelt wurde, ist hier aufgelöst. Auch der bekannte türkischstämmige Anwalt der Nebenanklage im NSU-Prozess, Mehmet Daimagüler, der nach eigener Aussage in den 2000er Jahren in Deutschland noch was werden wollte[158], konstatiert in

---

155 AYDEMIR (2017): S. 114.
156 Ebd., S. 244.
157 TAGESZEITUNG (2017): »›Rache ist nichts Ethnisches‹« Fatih Akın zum Film AUS DEM NICHTS«. In: *taz*, 19.11.2017, http://www.taz.de/!5460666/ (zuletzt 02.01.2019).
158 Siehe hierzu: DAIMAGÜLER, Mehmet (2017): *Empörung reicht nicht! Unser Staat hat versagt. Jetzt sind wir dran*, Köln: Bastei Lübbe. Daimagüler, Kind türkischer Gastarbeiter aus Siegen, studierte Jurisprudenz in Bonn, machte seinen Master an der Harvard University, promovierte an der Universität Witten-Herdecke und war schließlich Mitglied im Bundesvorstand der FDP (1999–2005). Sein Werdegang wurde in der *Frankfurter Allgemeinen Zeitung* als ein »Traum von Integration« bezeichnet. Siehe hierzu: BECKER, Lisa (2012): »Mehmet Daimagüler. Ein Traum von Integration«. In: *FRANKFURTER ALLGEMEINE ZEITUNG*, 07.05.2012, https://www.faz.net/aktuell/beruf-chance/mein-weg/mehmet-daimagueler-ein-traum-von-integration-11739004.html?printPagedArticle=true#pageIndex_0 (27.03.2019). Im Jahr 2015 schreibt er nach dem Aufdecken der NSU-Morde und seiner Arbeit am NSU-Prozess, »[i]ch weiß, ich habe in Deutschland keine Heimat, jedenfalls keine selbstverständliche wie meine deutschen Freunde, allenfalls eine Heimat bis auf weiteres. Auf Polizei und Justiz kann ich im Zweifel zählen. In Deutschland geboren, eine Eins im Deutsch-Abi? Hat nichts zu bedeuten. Ich bin Türke, mit einem deutschen Pass.«

diesem Zusammenhang, dass er nicht wütend sein will, aber wütend ist.¹⁵⁹ Vermehrt treten an die Stelle von Emotionen Affektlagen wie Angst, Wut und Ressentiments, die Verhandlungen unterbrechen.

Um den in dieser Einleitung vorab kurz skizzierten gesellschaftspolitischen Transformationsprozess von den 1960er Jahren bis heute beschreiben zu können, stehen im Zentrum der vorliegenden Kulturgeschichte das Verhältnis zwischen Alltag, Vorstellungen, Debatten, Praktiken, Politik und Ästhetiken, die ich der vorliegenden Studie mit der analytischen Entfaltung der repräsentativen Sätze von den 1960ern bis heute aufzeigen möchte. Eine Geschichte, die die Gegenwart in unterschiedlichsten Formen mitbestimmt. Denn ein fragiles Verhältnis zur Herkunfts- und Ankunftsgesellschaft und zu universellen demokratischen Werten zeigt sich nicht nur in den aktuellen ästhetischen Reflexionen, sondern ebenfalls im Aufkommen der AfD. Als der Zentalrat der Muslime und die AfD am Verfassungstag des Jahres 2016 ins Gespräch kommen wollten, überreichte der Zentralvorsitzende, Aiman Mazyek, der damaligen AfD-Vorsitzenden Frauke Petry zu Beginn das Grundgesetz. Doch nach einer knappen Stunde wurde das Treffen abgebrochen. Es sei nach Ansicht vieler Beteiligter unmöglich gewesen, auf Grundlage der Verfassung eine Diskussion über Wertvorstellungen zu führen.¹⁶⁰ Der Wille zu sprechen, draußen weiter zu sprechen, weil man drinnen viel gesprochen hat, scheint hier gebrochen.

Zwei besondere Aspekte sind für die vorliegende Kulturgeschichte der Migration in der Bundesrepublik konstitutiv. Erstens, das im Prolog angedeutete und im Verlauf des Buches immer wiederkehrende mikropolitisch-ephemere Verhältnis zwischen Öffentlichkeit, politischem System und Kulturproduktion. Zweitens, die nun aus einer zunächst persönlich gehaltenen Analyse der Ausstellung *Das neue Deutschland. Von Migration und Vielfalt* folgende Darstellung einer in unterschiedlichen topografischen Konstellationen ebenfalls immer wiederkehrende Störung der Erzählung als Kontroverse.

Siehe hierzu: DAIMAGÜLER, Mehmet (2015): »Ich klage an. Der NSU-Prozess und meine Wut«, 12.11.2015, https://www.zeit.de/2015/44/nsu-prozess-wut (zuletzt 27.03.2019).
159 Siehe hierzu: DAIMAGÜLER, Mehmet (2015): »Ich klage an. Der NSU-Prozess und meine Wut«, 12.11.2015, https://www.zeit.de/2015/44/nsu-prozess-wut (zuletzt 27.03.2019).
160 FRANKFURTER ALLGEMEINE ZEITUNG (2016): »AfD bricht Treffen mit Muslimrat ab«. In: *FAZ*, 23.05.2016, http://www.faz.net/aktuell/politik/inland/afd-bricht-treffen-mit-zentralrat-der-muslime-ab-14248328.html (zuletzt 05.06.2018). Siehe hierzu auch: EZLI, Özkan/THYM, Daniel (2018): »Verfassung und Gemeinsinn«. In: *Merkur. Deutsche Zeitschrift für Europäisches Denken*, Stuttgart: Klett-Cotta.

1.3 Deutschland. Eine Einwanderungsgesellschaft ohne Kulturgeschichte

Am 7. März 2014 führen wir, das Kuratorenteam, den sächsischen Innenminister Markus Ulbig und die Dresdener Oberbürgermeisterin Helga Orosz durch die Ausstellung *Das neue Deutschland. Von Migration und Vielfalt*. Eine Ausstellung, die die Geschichte und Aktualität von Migration und Integration in Deutschland zum Thema macht. In ihrem Zentrum steht die Frage, wie Deutschland durch Ein- und Auswanderung zu einer neuen Gesellschaft wurde. Das Leitmotiv der Ausstellung ist die Stadt im konkreten und metaphorischen Sinne; sie steht pars pro toto für die Gesellschaft und eine Kontaktzone zwischen Mobilen und Sesshaften. Gegliedert ist die Ausstellung in drei große Räume. In den ersten beiden Räumen bewegen sich die Museumsbesucherinnen und -besucher zum einen durch abstrakte Themeninseln, die Themen wie Grenze, Gesetz, Debatte, Wirtschaft und Religion aufgreifen, zum anderen durch städtische Topografien: durch die Straße, ins Parlament, über den Marktplatz, ins Gotteshaus oder Museum.[161] Gebaut ist die Stadt ebenso wie die Themeninseln aus hölzernen Transport- und Obstkisten, die (in allen drei Ausstellungsräumen) Wandlungs- und Bauprozessen unterliegen.

Im ersten Raum bilden die aufeinander gestapelten Transportkisten – Holzsäulen in unterschiedlichen Höhen und Konstellationen – eine Art Stadtsilhouette. Auf den einzelnen Säulen thronen die bekannten Stadtikonen: die New Yorker Freiheitsstatue, die Jesusstatue von Rio de Janeiro, der Pariser Eiffelturm oder die Istanbuler Blaue Moschee. Die Stadtikonen sind kleine Kunstwerke, gebaut aus beispielsweise Dr. Pepper-Dosen, Styropor und Marshmallowpackungen (Freiheitsstatue), aus Ayranbechern und Alpenmilchtüten (Blaue Moschee). Die kulturellen Symbole und Kennzeichen sind hier keine rein ideellen Manifestationen von Freiheit oder Religion oder deren konstituierende Repräsentation. Vielmehr bringen sie Disparates vom Geschmack, über den Konsum, die Warenzirkulation bis zur Ideenzirkulation aus unterschiedlichen Herkünften zusammen. Sie sind als Assemblage aus Bedürfnisstruktur und Zeichen zu verstehen.

Abseits dieser Skyline von Weltstädten zeigt eine – ebenfalls auf Transportkisten montierte – Videoinstallation, einen Menschenzug auf dem Weg durch eine Wüste. Dann folgen Interviewauszüge, in denen Neu-Dresdener erzählen, warum sie aus den unterschiedlichsten Weltregionen – aus Brasilien, Frankreich, Afghanistan, Syrien, Nigeria, Ukraine und der Türkei – nach Deutschland

---

161 Siehe EZLI, Özkan/STAUPE, Gisela (2014): »Vielfalt als soziale Utopie«. In: *Das neue Deutschland*, S. 6–11, hier S. 7.

migriert sind. Neben den Talking-Head-Projektionen hängen Weltkarten aus dem 19. und 20. Jahrhundert, welche die Migrationsströme mit Bewegungs- und Richtungspfeilen wiedergeben. Eine der vielen Erkenntnisse daraus: Obwohl die Migration im 19. Jahrhundert weitaus beschwerlicher war, – eine Schifffahrt von Europa nach Amerika dauerte über einen Monat und viele überlebten sie nicht –, sind weit über 90 Millionen Menschen migriert.[162] Allein 5,5 Millionen Deutsche wanderten im »langen« 19. Jahrhundert in die Vereinigten Staaten von Amerika aus.[163] Mehr noch: Die Migrationsbewegungen des 19. Jahrhunderts waren weitaus globaler als im 20. Jahrhundert. In Europa haben wir es im vergangenen und aktuellen Jahrhundert zum Großteil mit innereuropäischen Migrationen zu tun. Die Vielfalt ist also weitaus geringer als gedacht und als in den Leitmedien, in Politik und Wissenschaft in den letzten Jahren verhandelt. Auch die Globalisierung erscheint durch die mediale Vernetzung eher imaginiert als durch soziale Bindungen und Kontakte real und greifbar. Trotz der Flüchtlingskrisen von 2015 und 2016 erfolgt nur ein geringer Teil der Migration nach Deutschland aus dem außereuropäischen Raum.

Das hat viele Gründe. Im 20. und beginnenden 21. Jahrhundert entwickeln sich neue Konstellationen materieller Grenzziehung. Nachdem mit dem Ausbruch des Ersten Weltkriegs in Europa »der Passzwang wieder eingeführt« wurde, wurden »Pass und Staatsbürgerschaft endgültig miteinander gekoppelt«[164] und die nationale Grenzüberschreitung dadurch erschwert. Dies illustriert auch ein Kartenvergleich des 19. und 20. Jahrhunderts. Gegen Ende des 20. und zu Beginn des 21. Jahrhunderts steht eine neue und andere Art der Grenzziehung, die im ersten Ausstellungsraum in Form einer Videoinstallation deutlich wird. Ein afrikanischer Flüchtling beschreibt, wie er unzählige, meterhohe und videoüberwachte Zäune aus Klingendraht in der spanischen Enklave Melilla (Marokko) überwinden musste, um sich seinen Weg nach Europa zu erkämpfen. (Auch der Museumsbesucher muss an dieser Stelle, im Übergang zum zweiten Raum, eine Scannergrenze passieren.)

---

162 Vgl. OSTERHAMMEL, Jürgen (2009): »Sesshafte und Mobile«. In: ders.: *Die Verwandlung der Welt. Eine Geschichte des 19. Jahrhunderts*, München: Beck, S. 183–252, hier S. 183.
163 OLTMER, Jochen (2013): *Migration im 19. und 20. Jahrhundert*, München: Oldenbourg, S. 1.
164 Die Durchsetzung von Passgesetzen erfolgte im 19. Jahrhundert äußerst lückenhaft. Siehe hierzu: GRÖBNER, Valentin (2014): »Zeig mir den Vogel: Pässe und Passmagie, historisch«. In: *Das neue Deutschland*, S. 108–110, hier S. 110. Vgl. hierzu auch grundlegend GRÖBNER, Valentin (2004): *Schein der Person. Steckbrief, Ausweis und Kontrolle im Europa des Mittelalters*, München: Beck.

Die Beschreibung dieses Flüchtlings am Ende des ersten Raums steht antipodisch zum Auftakt der Ausstellung: zur Attraktivität der Städte, zum Waren- und Begehrensstrom. Der erste Raum trägt den Titel *Sehnsuchtsorte* und steht damit für den Überschuss an Energie zu Beginn der Migration. Der Raum bindet Mobilität und Immobilität und erhält durch die gewählten Materialien (z. B. die beweglichen Obst- und Transportkisten, die aus Konsumverpackungen gebauten Ikonen, die biografischen Skizzen, die Geschichten von Bewegungsströmen und Grenzziehungen) eine sensitive Rahmung; eine Konfiguration aus Bewegung, Material, Bild, Imagination, Symbol und Konsum. Diese Konstellation macht deutlich, dass nicht die Suche nach einer kulturellen Identität am Anfang der Migration steht. Wenn man überhaupt ein Motiv festmachen will, dann folgendes: Ob aus politischen oder wirtschaftlichen Gründen, ob aus Not oder Unterdrückung, am Anfang der Migration steht häufig der Wunsch, anders und besser zu leben. Die Kategorie ›wo‹ ist dabei nicht ausschlaggebend. So hält etwa Niyazi als türkischer Gastarbeiter der ersten Stunde in der Bundesrepublik für die 1960er Jahre fest, dass man auch im Istanbuler Stadtteil Bebek wie ein Amerikaner lebe,[165] nur er als Binnenmigrant im Stadtteil Kağıthane eben nicht.[166] Oder es gehen, wie Dieter Thomä in einem Aufsatz festhält, den Migrationsbewegungen Desintegrationstendenzen in den Herkunftsregionen voraus.[167]

Diese Motivlage finden wir ebenfalls in vielen literarischen Texten und Filmen zur türkischen Migration nach Deutschland in den 1960er und 1970er Jahren[168] – und in einer anderen ästhetischen und politischen Konstellation Jahrzehnte später auch in den Romanen von Selim Özdoğan, Emine Sevgi Özdamar und Feridun Zaimoğlu. Darin weisen die Autoren immer wieder auf zwei zentrale Motive der Arbeitsmigration nach Deutschland in den 1960er und 1970er Jahren hin: die Anziehungskraft des Westens und die politischen Desintegrationsprozesse der verschiedenen Herkunftsregionen. Zudem kam ein Großteil der Arbeitsmigranten in diesen Jahrzehnten (Türken, Spanier, Jugoslawen oder Griechen) aus Militärdiktaturen nach Deutschland oder – im Falle der Türken – in den 1980er Jahren nach dem Militärputsch.[169]

---

165 Siehe hierzu: ÖREN (1973): S. 25.
166 Siehe hierzu: ÖREN, Aras (1974): *Der kurze Traum von Kağıthane*, Berlin: Rotbuch.
167 Vgl. THOMÄ, Dieter (2004): »Der Herrenlose. Gegenfigur zu Agambens ›homo sacer‹ – Leitfigur einer anderen Theorie der Moderne«. In: *DZPhil* 52, S. 965–984, hier S. 969.
168 Siehe hierzu: YILDIZ (1966); ÜSTÜN, Nevzat (1965): *Almanya, Almanya*, Istanbul; ÖREN, Aras (1973): *Was will Niyazi in der Naunynstraße*, Berlin: Rotbuch; VON DER GRÜN, Max (1975): *Leben im gelobten Land*, München: dtv.
169 In einer Veranstaltung im Rahmen der Konferenz *After Postcolonialism. Similiarities in an Entangled World* (4. bis 6. Oktober 2012) in Kooperation der Universitäten Tübingen und Kon-

Politisch wird es auch für den Museumsbesucher beim Übergang vom ersten in den zweiten Raum der Ausstellung *Das neue Deutschland*. Eine Scannergrenze leuchtet beim Übertritt entweder grün oder rot. Grün signalisiert, dass er geradeaus auf die Zuwanderungsstraße gehen darf, die über das Parlament zum Marktplatz führt. Rot bedeutet, dass er sich im Eingangsbereich des zweiten Raums aufhalten muss, wo sich die Warte- und Asylzone befindet, die in einer Sackgasse mündet. Spätestens hier wird Mobilität zu Immobilität und selbst die Transportkisten bleiben stehen. Als große Sperrholzplatten formieren sie sich zu Gebäuden – einem Parlament, einer Schule, einem Gotteshaus, einem Museum. Sie geben den Straßen ihre Richtung. An der Zuwanderungsstraße befindet sich das Parlament, in dem die Geschichte des Ausländergesetzes, der Aufenthaltstitel und der Staatsbürgerschaft von 1965 bis 2012 sowie die gesellschaftspolitischen Debatten der 1960er Jahre bis heute dargestellt sind. Sie reicht von Debatten über den Arbeitsfleiß der Deutschen und Türken (1966), den ‚Wilden Streik' bei Ford (1973) über die Gefährdung und Erhaltung des deutschen Volkes (1983), die Gewalt der türkischen Ehre (1985) bis zur Zugehörigkeit des Islams zu Deutschland (2010).

Aus dem Parlament kommend, erreicht man den Marktplatz, auf dem der Zusammenhang von Migration und Ökonomie thematisiert wird. Von der Stabilisierung des deutschen Wirtschaftswunders durch die Gastarbeiter (1960er Jahre) über die deutsche Greencard als Sofortprogramm zur Abdeckung des IT-Fachkräftebedarfs (2000 und 2004) bis zur Einrichtung der europäischen Blue Card für hochqualifizierte Fachkräfte (2012). Auch der Fußball gehört in diesen Kontext. Neben dem Marktplatz liegt die Schule, an ihrer Seite der »Copyshop der Vorurteile«. Dieser thematisch heterogen strukturierte und doch statische (gewissermaßen sesshaft gewordene) zweite Raum endet mit zwei Holzgebäuden: einem Gotteshaus und einem Museum. Geburt und Tod sind die im Gotteshaus in Bildern und Audioaufnahmen dargestellten sozial verbindenden Themen. Das Museum im Museum als letztes Gebäude des zweiten Raums erzählt die sächsische Aus- und Einwanderungsgeschichte vom 16. Jahrhundert bis heute.

Wir befinden uns mit dem Innenminister und der Oberbürgermeisterin gerade im Übergang vom zweiten zum dritten Raum der Ausstellung, als ein Mitglied des Gestaltungsteams sein Resümee zieht, dass wir diese Ausstellung gemacht haben, um über Migration und Integration nicht mehr länger sprechen zu müssen. Denn beides sei ja Normalität geworden, wie die Ausstellung zeige. Deutschland ist seit mehreren Dekaden ein Einwanderungsland, das von Vielfalt und nicht

---

stanz machte der deutsch-spanische Lyriker José F. A. Oliver auf diese historisch-politische Tatsache aufmerksam, die seiner Meinung nach in den Debatten um Integration fehle.

von Homogenität geprägt sei. Dieses Faktum der Einwanderungsrealität gälte es anzuerkennen. Als Mitglied des Kuratorenteams erschreckt mich diese Aussage; vielmehr bin ich von ihrem Gegenteil überzeugt. Ich bin der Meinung, wir dürfen gar nicht aufhören darüber zu sprechen. Nicht, weil einige Wochen nach dem Ende der Sonderausstellung die Pegida-Demonstrationen im November 2014 in Dresden beginnen (das konnte damals noch niemand ahnen), und auch nicht, weil Mitte April 2017 63,1 % von 46,6 % der wahlberechtigten Türkeistämmigen in Deutschland für einen Systemwechsel in der Türkei stimmen, der das demokratische Parlament und die Zivilgesellschaft entscheidend schwächt, sondern weil die Ausstellungslogik, ihre dichte und zugleich ephemere Struktur aus Geschichten, an Grenzziehungen, Grenzüberschreitungen, ihre narrative Abfolge geradezu nach einem Weitererzählen, Wiedererzählen und Neuerzählen verlangt.[170]

Die Ausstellung lässt Fragen zurück: beispielsweise, wie aus Akteuren, die zu Beginn der Arbeitsmigration wie Amerikaner genießen und leben oder politisch frei sein wollten, sesshafte muslimische Subjekte oder neue Deutsche wurden, die sich heute wieder als Türken definieren.[171] Wie Diskussionen über Fleiß, Disziplin und Trägheit zu kulturellen und religiösen Debatten wurden, wie sozialstrukturelle Rahmungen der Migration und Integration über Nation und Religion zu kulturellen Problemen werden konnten. Und mit Blick auf die Ausstellung: Wie konnten aus lose zusammengefügten Kisten zu Beginn der Ausstellung im zweiten Raum fest verankerte, fixe Gebäude, zu Debatten, Praktiken und öffentlich sichtbaren religiösen Bekenntnissen werden? Wie wurden aus Mobilitäten Immobilitäten, und aus Immobilitäten wieder Mobilitäten? Mit den Worten Bruno Latours gefragt: »Sobald die Aufgabe erledigt ist, die Mannigfaltigkeit der Existenzformen zu erkunden, kann eine andere Frage gestellt werden: Welches sind die *Versammlungen* dieser *Ansammlungen?*«.[172]

Die Aussage des Gestalters steht im Widerspruch zur Mehrebenenstruktur und den Ansammlungen der Ausstellung, zu ihren Fluchtlinien, ihren Assoziationen, zu den Fragen, den Identifikationen und den Konstellationen im Wandel.

---

170 Beim Begleitbuch zur Ausstellung handelt es sich um ein Wörterbuch der Migrationsgesellschaft zu Wörtern und Begriffen der Migration, die die öffentlichen Debatten prägen und geprägt haben. Von »Ankommen«, »Ähnlichkeit«, »Ausländer«, über »Bildung«, »Zugehörigkeit«, »Assimilation«, »Diversität«, »Erfolg«, »Filme«, »Gepäck«, »Religion«, »Statistik« bis »Zukunft« geht es um Ausdrücke mit je unterschiedlichen Reichweiten, die von Bedürfnissen, Umgangsformen mit Differenz bis hin zu Ordnungsfragen von heterogenen Gesellschaften reichen. Siehe EZLI/ STAUPE (Hg.) (2014).
171 Siehe hierzu: KHAMIS, Sammy (2018): *Türke in Deutschland. Über das making of der größten Minderheit*, Produktion des Bayrischen Rundfunks.
172 LATOUR (2010): S. 446.

Sie widerspricht aber auch der Eigenlogik der Kunst:[173] Wie kann eine explizit künstlerische Gestaltung des Themas Migration und der Entität einer Einwanderungsgesellschaft durch die Ausstellung *Das neue Deutschland. Von Migration und Vielfalt* zu einer eindeutigen politischen und klaren repräsentativen Aussage gerinnen?

Die Nähe von Kunst, Migration und Politik als eine Kommunikation disparater Ordnungen von politischer und künstlerischer Sprache führt im dritten Raum in ein Dilemma. Denn dieser ist (im Gegensatz zum Nicht-mehr-weitersprechen-Müssen) von unendlicher Kommunikation geprägt. Es gibt keine Transportkisten und keine Gebäude mehr. Seine Struktur erhält dieser letzte Raum durch (ineinandergreifende, kreuzartig in unterschiedliche Höhen gestaffelte) 30 weiße Leinwände, auf die 30 Fragen projiziert sind. Diese Leinwände, aus Kunsttransportkisten gebaut, mit denen Kunstwerke von Museum zu Museum geliefert werden, sind weder bewegliche Objekte noch sind sie als zusammengefügte Einheiten erkennbar – ein in der Gestaltung abstrakter, farblich monochromer Raum.

Zum ersten Mal können sich die Ausstellungsbesucher setzen. Auf den Wänden lesen sie Fragen wie: »Wo liegt die Mitte der Gesellschaft?«, »Ist die Erde eine Mutter?«, »Welche Sätze haben Sie geprägt?«, »Wie verhalten Sie sich im Streit?«, »Was erwarten Sie von Vater Staat?« oder »Wann sind Sie ein Anderer?«. Antworten auf diese Fragen geben erneut die Neudresdner aus dem ersten Ausstellungsraum, aber auch andere, bekannte oder weniger bekannte Personen des öffentlichen Lebens. Anders als bei den Talking-Head-Einstellungen im ersten Raum sehen wir hier die Akteure in Ganzkörperaufnahme; sie werden neben die Fragen auf die Wände projiziert. Eine junge Frau antwortet beispielsweise auf die Frage, welche Sätze ihr Leben geprägt hätten: »Du kannst es besser«, habe ihre Mutter ihr immer gesagt. Ein Satz, nicht aus einem schwäbischen oder einem amerikanisch-protestantischen Elternhaus, sondern aus einem nigerianisch-muslimischen. Nach einer Antwort folgt die nächste Person anderer Herkunft, die dieselbe Frage beantwortet.

Die Museumsbesucher können sich in bestimmte Positionen hineinbewegen, wollen sie die unterschiedlichen Antworten auf eine bestimmte Frage hören. Von der Decke hängen – entsprechend der Anzahl von Wänden und Fragen – Lautsprecher herab, die immer nur die Antworten auf die Frage wiedergeben, die in nächster Blick- und Reichweite zu lesen ist. Gerahmt sind die Lautsprecher mit Hauben, so dass die Antworten akustisch nur in einen Positionsbereich fallen und klar verständlich sind.

---

[173] Mit Eigenlogik der Kunst meine ich hier die Vervielfältigung von Perspektiven durch eine besondere ästhetisch-narrative Bearbeitung des Themas, wie sie die Ausstellung auch realisiert.

Befindet man sich nicht in der Nähe einer Lautsprecherhaube, kommt einem der Raum wie ein Babel unendlichen Sprechens mittlerer Lautstärke vor. Dabei ist die Lautstärke so geregelt, dass Besucher in den vielen Zwischenräumen mit Freunden oder Fremden Gespräche führen können. Ein polyphoner, imaginär-realer und öffentlicher Raum als Kontakt- und Begegnungszone, der seine phonetisch-semantische Ordnung für den Besucher durch Bewegung, Positionierung, durch Sehen, Hören und eigenes Sprechen schafft und dabei zugleich hochgradig geregelt ist und viele Immobilitäten aufweist.

Trotz dieses dritten Raumes stimmen die anwesenden Politiker und der Großteil des Kuratorenteams der Aussage des Gestalters zu, man brauche über dieses Thema nicht mehr zu sprechen. Dass ich auf diese Irritation – für mich zugleich eine nicht funktionierende öffentliche Kommunikation – nicht reagierte, hatte zwei Gründe: zum einen wollte ich die integrative Stimmung, die sich in der Gruppe während der Führung eingestellt hatte, nicht stören.[174] Zum zweiten kam mir dieser paradoxe Zustand mit Blick auf die Geschichte der deutsch-türkischen und der deutsch-deutschen Kulturproduktion und in die Geschichte der Debatten (zum Thema der türkischen Migration nach Deutschland) sehr vertraut vor: Kulturelle Merkmale werden in Erzählungen und Filmen zwar markiert, sollen aber in Interaktionen und Begegnungen genauso gleichgültig sein wie sozialstrukturelle Funktionsrollen. Für die Ausstellung: Deutschland ist zwar vielfältig, zugleich ist aber alles gleichgültig. Diese Spannungslage ist (neben dem beschriebenen Konnex und der ephemeren Bindung von Öffentlichkeit und Privatheit) die zweite zentrale Grundlage der Geschichte der ästhetischen Bearbeitung der Folgen der Migration in die Bundesrepublik Deutschland.

Dieser Befund gilt selbstverständlich unabhängig von der und über die Ausstellung hinaus: Hark Bohm beispielsweise wollte mit seinem bekanntesten Film YASEMIN aus dem Jahre 1988 die konfliktbeladene deutsch-türkische Vater-Tochter-Geschichte zwischen der ersten und zweiten Generation weder als eine

---

[174] Vermutlich hätte ich einfach sagen sollen, dass man sich nun wieder die Ausstellung vom ersten bis zum letzten Raum anschauen müsste, um dem Wandel der Orientierungen, der Mobilitäten, des Materials, der Grenzziehungen, der Stillstände, der Sprechweisen und der Identifikationen und manchmal schwer erklärbaren Übergängen von Raum zu Raum, von Debatte zu Debatte folgen zu können. Denn im dritten Raum wird klar, dass weder der Anfang dieser Geschichte noch ihr Ende stabil sind, sich immer im Aufbau von Material, Kontakt und Gespräch befinden. Sie sind auf unterschiedlichste Art lose und verlangen mit den Fragen, die zwischen dem ersten und dem dritten Raum liegen, nach neuen Rahmungen und neuen Erzählformen ihrer Geschichten. Letztlich steht hier die Frage nach dem »Problem der historischen Zeit« zur Disposition, die nach Panofsky mehreren Bezugssystemen zugleich angehört und aus Wechselwirkungen resultiert. Siehe hierzu: PANOFSKY, Erwin (1992): »Zum Problem der historischen Zeit«. In: *Aufsätze zu Grundfragen der Kunstwissenschaft*, hg. v. Hariolf Oberer, Berlin: Spiess, S. 77–83.

interkulturelle noch als eine multikulturelle darstellen. Er wollte eine archaische, allgemeingültige Geschichte erzählen, in der ein Vater aus Sorge um seine Tochter beginnt, sie vor Fremden, hier: vor den Deutschen, zu schützen.[175] Seine Tochter Yasemin verliebt sich jedoch in den gleichaltrigen Deutschen Jan, was den fürsorglichen Vater des ersten Filmteils dazu bringt, seine Tochter zur Reise in die Türkei zu zwingen. Auch wenn viele Szenen auf ein transnational und transkulturell archaisches Erzählmuster verweisen, ist es die national-kulturelle Diversifikation, die sich immer wieder durchsetzt und kulturelle Differenz markiert. Die Rezeption des Films verläuft deswegen anders als intendiert.[176] Und es ist schließlich der Regisseur selbst, der letztlich sein universales Anliegen konterkariert. Erst durch die Liebesgeschichte mit Jan erfährt die »intelligente westeuropäische Frau«, »was es heißt, eine türkische Tochter zu sein«. Am Ende muss Hark Bohm, ebenso wie der Protagonist Jan, »staunend und hilflos mit ansehen, wie sich dieser Konflikt [der Ehre] fast gesetzmäßig verschärft«.[177]

Eine andere paradoxe Konstellation finden wir in dem viel beachteten Buch des deutsch-türkischen Autors Yüksel Pazarkaya *Rosen im Frost. Einblicke in die türkische Kultur* von 1982. Das Hauptproblem für die deutschsprachige Literatur türkischer Provenienz ist – so Pazarkaya – zu dieser Zeit die »auffällige Benachteiligung von Künstlern und Autoren mit türkischen Namen, was wiederum ein Indiz dafür ist, dass Migrantenfamilien im öffentlichen Bewusstsein noch unter der untersten deutschen Bevölkerungsschicht rangieren«.[178] Seine Lösung: Die kulturellen Produktionen deutsch-türkischer Autoren und Künstler müssten ausschließlich auf einer allgemein verbindlichen ästhetischen Ebene, nicht auf einer repräsentativ kulturellen interpretiert werden. Es müsse darum gehen, sie in ihrer Praxis und Funktion als Autoren und Künstler wahrzunehmen, und nicht als Vertreter einer anderen Nation. In *Rosen im Frost* ist das Verlangen nach Gleichgültigkeit deutsch-deutscher und deutsch-türkischer Autoren in der öffentlichen Wahrnehmung allerdings mit einem Aufbau von Differenz verbunden, der wie bei Bohm paradox wirkt. In lose miteinander verbundenen Aufsätzen erzählt Pazarkaya eine Kulturgeschichte der Türkei vom Osmanischen Reich bis zur

---

[175] BOHM, Hark/WEINERT, Rita/ROTH, Wilhelm (1988): »Plädoyer für das Erzählkino. Gespräch mit Hark Bohm«. In: *epd Film*, April 1988, S. 2–5.
[176] Siehe hierzu: EZLI, Özkan (2013): »Narrative der Integration im Film«. In: *Die Integrationsdebatte zwischen Assimilation und Diversität*, S. 189–212, hier S. 194 f.
[177] Zitat aus: DVD BOHM, Hark (1988), *Yasemin*, Zweitausendeins Edition 3, Deutschland.
[178] PAZARKAYA, Yüksel (1989): *Rosen im Frost. Einblicke in die türkische Kultur*, Zürich: Unionsverlag, S. 269. Ein Befund, der auch in einer der ersten Studien zu Gastarbeitern in Deutschland festgehalten wird. Siehe hierzu: BINGEMER, Karl/MEISTERMANN-SEEGER, Edeltrud/NEUBERT, Edgar (1970): *Leben als Gastarbeiter. Geglückte und mißglückte Integration*, Opladen: Westdeutscher, S. 33.

modernen Republik, die von Religion über Volkskunde, Film, Literatur bis zur Teppichkunst reicht und in der er zwei zentrale Aspekte nachweisen möchte: zum einen, dass die Türken modern sind. Diese Modernität haben sie zum anderen durch ihre besondere Fähigkeit erlangt, sich in ihrer Geschichte mit anderen Kulturen verschmelzen zu können, weshalb auch die Verschmelzung mit der deutschen Kultur den Türken gelingen wird.[179] Die Problematik, die sich bei Bohm und Pazarkaya zeigt, ist jene, vor der auch die Multikulturalisten der 1980er und 1990er Jahre stehen. Die Ethnizität des Anderen soll als Anderssein verstanden werden und darf dennoch nicht im sozialen Prozess als »Ressource der Unterscheidung (d. h. der Diskriminierung im negativen wie auch im positiven Sinn)« gebraucht werden.[180]

Die narrative Zuschreibung und das Verhältnis von Normalisierung und Differenzierung findet erst eine Dekade später statt. Fatih Akın plant seinen vielprämierten Film GEGEN DIE WAND ursprünglich nicht als Tragödie, sondern als Komödie.[181] Der ursprüngliche Arbeitstitel lautete: WAS TUN, WENN'S BRENNT.[182] Die Geschichte einer jungen türkischen Frau, die mittels einer Scheinehe mit einem türkischen Mann versucht, in einer verdeckt rebellischen Form den traditionellen Erwartungen der Eltern zu entkommen. Mit humorvollen Szenen – die Eltern zu Besuch beim frischvermählten Paar – sollte die essenzialisierende Kulturzuschreibung eines türkischen Ehrenkodexes konterkariert werden. Durch ein gemeinsames Lachen *mit* und *über* die Protagonisten sollten vermeintlich kulturelle Differenzen nivelliert werden, um auf die transkulturellen Gemeinsamkeiten der sozialen Einheit »Familie« aufmerksam zu machen.[183] Eine solche

---

179 Vgl. PAZARKAYA (1989): S. 16.
180 Vgl. RADTKE, Frank-Olaf (1998): »Lob der Gleich-Gültigkeit. Die Konstruktion des Fremden im Diskurs des Multikulturalismus«. In: *Das Eigene und das Fremde. Neuer Rassismus in der Alten Welt?*, hg. v. Ulrich Bielefeld, Hamburg: Hamburger Edition, S. 79–98, hier S. 92. Dieses dichotom und paradox strukturierte Spannungsfeld zwischen Differenz und Gleichgültigkeit variiert je nach »historischer Zeit«, je nach gesellschaftspolitisch-narrativer Rahmung. Die genannten Beispiele sind besonders für die 1980er Jahre repräsentativ.
181 AKIN, Fatih (2003): *Gegen die Wand*, Spielfilm, Corazon International, Deutschland.
182 Siehe hierzu: AKIN, Fatih (2003): »Audiokommentar des Regisseurs zu seinem Film Gegen die Wand«. In: ders.: *Gegen die Wand*, Corazon.
183 Es ist gut möglich, dass Akın in seinen Überlegungen zu dieser Geschichte an den – zehn Jahre vor GEGEN DIE WAND mit dem *Goldenen Bären* ausgezeichneten – Film THE WEDDING BANQUET (1993) seines amerikanisch-taiwanesischen Kollegen Ang Lee gedacht hat. Denn in diesem Film steht ganz ähnlich eine geplante Scheinehe zwischen einem homosexuellen Taiwaner und einer taiwanesischen Malerin im Vordergrund; sie soll den Eltern des Mannes seine homosexuelle Beziehung zu einem Amerikaner verheimlichen. Die Eltern kommen aus Taiwan zu Besuch nach New York, um die designierte Schwiegertochter kennenzulernen. Die Zusammenkunft unterschiedlicher Lebensmodelle zwischen selbst gewählten Lebensentwürfen und tradierten Nor-

humoristische Bearbeitung des Ehrenkodexes war – nach eigener Aussage Fatih Akıns – nach den Ereignissen des 11. September und seiner unmittelbaren gesellschaftspolitischen Folgen unmöglich. Die neuen Sprechweisen über das Eigene und Fremde erforderten eine andere Bearbeitung des Themas.[184] Die Komödie WAS TUN, WENN'S BRENNT wurde zur Tragödie GEGEN DIE WAND, einem Drama mit identischer Story, das dem »Clash of Cultures« mit einem »Clash of Desires« begegnet.[185]

Von diesem einen Zwang, auf Öffentlichkeit und neue Sprechweisen reagieren zu müssen, erzählt Jahre darauf in luzider Weise auch Feridun Zaimoğlu. In einer bekannt gewordenen Dokumentation mit dem Titel GANZ OBEN. TÜRKISCH. DEUTSCH. ERFOLGREICH (als Gegenerzählung zu Günter Wallraffs *Ganz unten* von 1985), portraitiert der Dokumentarfilmer und Theaterregisseur Neco Celik den deutschen Autor Feridun Zaimoğlu als einen der oben Angekommenen. Auf Celiks Frage, warum er denn nicht vom Thema »Migration« lassen könne, wo er es doch in die deutsche Hochkultur geschafft und sich integriert habe, antwortet der Autor: »Klar. Ich könnte hier jetzt Seite für Seite schreiben und der literarischen Tätigkeit in seinem Alltag im Allgemeinen nachgehen, aber [*längere Pause*] ich kann nicht«.[186] Und auch der deutsch-türkische Schauspieler Adnan Maral, der mit der erfolgreichen Serie TÜRKISCH FÜR ANFÄNGER (2006–2008) bekannt wurde (in der er als türkeistämmiger deutscher Kriminalkommissar einen Familienvater einer deutsch-türkischen Patchworkfamilie spielt), hielt vor ein paar Jahren fest: Er spiele diese Rollen eigentlich nur, um sie irgendwann nicht mehr spielen zu müssen.[187] Die Sehgewohnheiten deutscher Fernsehzuschauer, die Gesetzmäßigkeiten des Marktes, der Wunsch, wieder eine Hauptrolle zu spielen und weiterzusprechen zu wollen, führen jedoch dahin, dass Adnan Maral in seiner nächsten Multikultikomödie HANS MIT SCHARFER SOSSE von 2013 erneut den türkischen Familienvater spielt.[188] Allein diese Beispiele zeigen eindrücklich, wie sozialstrukturelle, ökonomische und kulturelle Motivationen ineinander verschränkt sind.

---

men fängt Lee in seinem Film humoristisch und subtil auf. Siehe LEE, Ang (1992): *Hsi Yen – The Wedding Banquet*, Spielfilm, Central Motion Pic./ Good Machine, Taiwan/USA.
184 Siehe hierzu: Audiokommentar von Fatih Akın zu *Gegen die Wand*, Corazon Verleih 2003.
185 Siehe hierzu: EZLI, Özkan/KIMMICH, Dorothee/WERBERGER, Annette (2009): *Wider den Kulturenzwang. Migration, Kulturalisierung und Weltliteratur*, Bielefeld: transcript, S. 11.
186 CELIK, Neco (2007): *Ganz oben. Türkisch. Deutsch. Erfolgreich*, Dokumentation, ave Filmproduktion GmbH, 3Sat.
187 Aus: *Eins und Eins. Adnan Maral, Schauspieler*, Bayrischer Rundfunk Sendung vom 19.09.2014, nachzuhören auf: http://www.br.de/radio/bayern2/gesellschaft/eins-zu-eins-der-talk/adnan-maral-112.html (16.08.2016).
188 ALAKUŞ, Buket (2013): *Einmal Hans mit scharfer Soße*, EuroVideo Medien, Deutschland.

Das Sprechen über Differenz und ihre Anerkennung sind eng aneinander gekoppelt, folgen aber unterschiedlichen Logiken. Wenn man weitersprechen will, verlangt die Anerkennung (einer anderen Kultur oder die Tatsache, dass man in einer multikulturellen oder einer Einwanderungsgesellschaft lebt) nach ihrer Begrenzung, Verortung und Positionierung. Es ist ein paradoxes und antagonistisches Verhältnis, wie es sich explizit in der Ausstellung *Das neue Deutschland. Von Migration und Vielfalt* und in den aufgezeigten Beispielen aus Literatur und Film zeigt. Es geht aus einem besonderen Verhältnis mikro- und makropolitischer Strukturen hervor, die sich in den prägenden Narrativen bündeln.

Dieses Verhältnis ist neben der konstitutiven Verbindung von Sprechen und Öffentlichkeit die zweite Grundlage, die am Anfang dieser Studie steht und auf die ich mich in meinen Text- und Filmanalysen immer wieder werde beziehen können. Beide Aspekte resultieren aus einem Mangel an Fürsprache und Repräsentation; aus einer Störung erzählter kultureller und politischer Entwicklung. Ob und wie die wissenschaftliche Forschung diese beiden Grundlagen und den im Prolog skizzierten Wandel der ästhetischen und zugleich politischen Narrative in Literatur und Film deutsch-türkischer Provenienz beschrieben hat, darum soll es im folgenden Kapitel gehen.

1.4 Stand der Forschung: Angekommen in Literatur und Film

Es gibt wahrscheinlich keine Literatur und keine Filmkultur deutscher Prägung, deren Rezeption in Feuilleton und Forschung so intensiv an der Unterscheidung Dokumentation/Fiktion gemessen wurde wie die deutsch-türkische. Soll man die Produktionen mehr an ihren Inhalten messen, an ihren Themen oder der Darstellung türkischen Lebens in Deutschland? Sind die Autoren, Regisseure und Protagonisten als Fürsprecher für untere Schichten, für eine andere Ethnie, eine andere Kultur zu betrachten oder sind sie keine Repräsentanten, und ihre Arbeiten sind allein an ihrem ästhetischen Wert und ihrer künstlerischen Qualität zu messen? In aktuelleren Begrifflichkeiten: Stehen sie für einen intermediären, inter- oder transkulturellen Raum, für eine *mixed zone*, die deskriptiv und besonders präskriptiv neue Formen kultureller, transkultureller Verhandlungen, europäischer wie auch postmigrantischer Projektionen aufzeigt?

Die Forschung zu Literatur und Film hat diese Fragen früh beantwortet und beantwortet sie noch heute. Ebenso wie im kurz skizzierten, komplexen dialogischen Verhältnis von Autoren, Regisseuren und Öffentlichkeit zielen auch in diesem Bereich Emanzipation und Entwicklung in Richtung Qualität und Kompetenz, jedoch mit sehr unterschiedlichen Ausrichtungen. Wie im Folgenden gezeigt wird, reichen sie von Kunst als vermittelnder Instanz zwischen unterschiedlichen sozialen Einheiten wie Mehrheit und Minderheit, über Kunst als Kritik von gesellschaftlichen und nationalen Einheitsvorstellungen, über die analytische Beschreibung deutsch-türkischer Literatur und des deutsch-türkischen Films als transkulturelle oder interkulturelle Einschreibung in nationale Literatur- und Kulturgeschichten, neuen Identitätskonstruktionen, Projektionen einer postmigrantischen Gesellschaft bis hin zu aktuellen Arbeiten, in denen versucht wird, diverse Herkünfte nationaler Kinematographien (Türkei u. Deutschland) polyzentrisch zusammen zu führen.[189]

In einer der ersten systematischen Analysen deutsch-türkischer Literatur meint Monika Frederking entgegen der in den 1970er und 1980er Jahren verbreiteten Auffassung, die »authentische« Gastarbeiterliteratur weise keine besondere literarische Qualität auf, dass die Literatur von Migranten sehr wohl »literarisch ambitioniert«[190] sei. In der narrativen Diktion der 1980er Jahre hält sie zudem fest, dass diese Literatur neben ihrer ästhetischen Qualität zugleich eine vermittelnde Funktion zwischen der »dominanten deutschen und der eigenen Nationalität« der Arbeitsmigranten einnehme. Im Fokus der Literaturanalysen steht

---

189 Für viele: FREDERKING, Monika (1985): *Schreiben gegen Vorurteile*, Berlin: Express Edition. SIEDEL, Elisabeth (1986): »Zwischen Resignation und Hoffnung. Türkische Autoren in der Bundesrepublik«. In: *Die Welt des Islams* 26: 1/4, S. 106–123. Siehe auch: ACKERMANN, Irmgard (1984): »Integrationsvorstellungen und Integrationsdarstellungen in der Ausländerliteratur«. In: *Zeitschrift für Literaturwissenschaft und Linguistik* 56, S. 23–39. GÖKTÜRK, Deniz (2000a): »Turkish Women on German Streets. Closure and Exposure in Transnational Cinema«. In: *Space in European Cinema*, hg. v. Myrto Konstantarakos, Exeter, Portland: Intellect, S. 64–76, hier S. 68. SEYHAN, Azade (2001): *Writing outside the Nation*, New Jersey: Princeton University Press. Siehe auch: ADELSON, Leslie (2005): *The Turkish Turn in Contemporary German Literature. Towards a New Critical Grammar of Migration*, London: Palgrave Macmillan. STRANÁKOVÁ, Monika (2008): *Literarische Grenzüberschreitungen. Fremdheits- und Europa-Diskurs in den Werken von Barbara Frischmuth, Dževad Karahasan und Zafer Şenocak*, Tübingen: Stauffenburg. NEUBAUER, Jochen (2011): *Türkische Deutsche. Kanakster und Deutschländer. Identität und Fremdwahrnehmung in Film und Literatur: Fatih Akın, Thomas Arslan, Emine Sevgi Özdamar, Zafer Şenocak und Feridun Zaimoğlu*, Würzburg: Königshausen & Neumann. YILDIZ, Yasemin (2012): *Beyond the Mother Tongue. The postmonolingual Condition*, Fordham University Press. HOFMANN, Michael (2013): *Deutsch-türkische Literaturwissenschaft*, Würzburg: Königshausen & Neumann. UYSAL ÜNALAN, Saniye (2013): *Interkulturelle Begegnungsräume. Neue Identitätskonstruktionen in der türkisch-deutschen Gegenwartsliteratur. Studien zur deutsch-türkischen Literatur und Kultur*, Bd. 5, Würzburg: Königshausen & Neumann. GEISER, Myriam (2015): *Der Ort transkultureller Literatur in Deutschland und in Frankreich. Deutsch-türkische und frankomaghrebinische Literatur der Postmigration*, Würzburg: Königshausen & Neumann. ALKIN, Ömer (2019): *Die visuelle Kultur der Migration. Geschichte, Ästhetik und Polyzentrierung des Migrationskinos*, Bielefeld: transcript. BAYRAK, Deniz/DINÇ, Enis/EKINCI, Yüksel/REININGHAUS, Sarah (2020): *Der Deutsch-Türkische Film. Neue kulturwissenschaftliche Perspektiven*, Bielefeld: transcript.
190 Siehe: FREDERKING (1985): S. 2.

in den 1980er Jahren die Vermittlung von Migrationserfahrung.[191] Beim bereits erwähnten Kolloquium *Deutsche Literatur von Autoren nichtdeutscher Muttersprache* von 1984 wurden beispielsweise die deutschen Teilnehmer explizit darum gebeten, »sich mit eigenen Äußerungen und Deutungen« zurückzuhalten. »Ihre Aufgabe war es eher, Fragen zu stellen, zuzuhören und den Überlegungen der ausländischen Autoren sympathische Resonanz zu verschaffen.«[192] Dagegen bestimmte die nationale Diversifikation von Autoren und ihre Aufteilung in Gruppen sozialer Mehr- und Minderheit die Wahrnehmung deutschsprachiger Literatur nicht-deutscher Provenienz in den 1980er Jahren. Begriffe wie »Ausländerliteratur« und »Migrantenliteratur« entstehen zu dieser Zeit. Ihre Verwendung zielt auf Vermittlung und darauf, sichtbar zu machen, »dass sich Themen und Erfahrungen« auf deutscher wie auch auf ausländischer Seite »hier und dort überlappen, Schwierigkeiten der Produktion und Distribution gleichen und gemeinsame Gruppenbildungen entstehen können«.[193]

Vom Vermittlungsansatz, von der Gruppenperspektive und der nationalen Rahmung entfernt sich die wissenschaftliche Reflexion zu Literatur und Film deutsch-türkischer Provenienz zu Beginn der 1990er Jahre. Besonders die amerikanische Germanistik mit Arbeiten von Azade Seyhan, Deniz Göktürk und Leslie Adelson – um nur die prominentesten Vertreterinnen zu nennen – macht mit ihren Forschungen zur subjektgesteuerten Dialogizität (Seyhan), zum Übergang vom subnationalen Schreiben und Filmen zum transnationalen (Göktürk) oder mit dem Manifest gegen das Dazwischen (Adelson) auf einen Paradigmenwechsel in Literatur und Film aufmerksam.[194] Dieser habe sich in der Literatur mit Beginn der 1990er und im Film seit Mitte der 1990er Jahre in der Darstellung der Akteure manifestiert: Wenn in den 1970ern und 1980ern noch passive Leidensgeschichten die Erzählungen beherrschten, Mehrheits- und Minderheitsgesellschaften

---

191 Ebd., 131f. Siehe hierzu auch: ACKERMANN (1984).
192 ACKERMANN/WEINRICH (Hg.) (1986): S. 9f. Der Begriff Resonanz wird heute dagegen nicht mehr im spezifischen Zusammenhang von Mehrheit und Minderheitsgesellschaft wie in den 1980er Jahren verwendet. Heute ist für den Soziologen Harmut Rosa Resonanz ein Begriff, der theoretisch im gesamtgesellschaftlichen Zusammenhang zu verwenden und zu gebrauchen ist, um wieder eine Soziologie der Weltbeziehung denken zu können. Siehe hierzu: ROSA, Hartmut (2018): *Resonanz. Eine Soziologie der Weltbeziehung*, Berlin: Suhrkamp.
193 KREUZER, Helmut (1984): »Gastarbeiter-Literatur, Ausländer-Literatur, Migranten-Literatur? Zur Einführung«. In: *Zeitschrift für Literaturwissenschaft und Linguistik* 56, S. 7–10, hier S. 7.
194 Vgl. SEYHAN (2001); GÖKTÜRK, Deniz (2000b): »Migration und Kino. Subnationale Mitleidskultur oder transnationale Rollenspiele?«. In: *Interkulturelle Literatur in Deutschland. Ein Handbuch*, hg. v. Carmine Chiellino, Stuttgart, Weimar: Metzler, S. 329–347. Siehe auch: ADELSON, Leslie (2003): »Against Between. A Manifesto«. In: *Zafer Şenocak*, hg. v. Tom Cheeseman, Karen E. Yeşilada, Cardiff 2003, S. 130–141.

dabei klar getrennt waren, haben wir es seit den 1990ern bis heute mit aktiven und hybriden Akteuren zu tun. Selbstbestimmtes Auftreten und Parodisierungen kultureller Zuschreibungen stellen die Leitunterscheidung von Mehrheits- und Minderheitsgesellschaft in Frage.[195] Ermöglicht werden diese Prozesse durch vermeintlich ästhetisch komplexere Erzählungen. An die Stelle der Vermittlung zwischen zwei scheinbar sozial homogenen Einheiten tritt die Artikulation von Differenz, ein dritter Raum, der nunmehr als »Ort des Umdenkens« beschrieben wird.[196] Dieser sei in den Texten und Filmen der 1970er und 1980er Jahre nicht zu finden, da diese die Folgen der Migration nicht als komplexe hybride Entität, sondern als Resultat binärer kultureller Oppositionen verhandelten.[197] Und tatsächlich halten Monika Frederking und viele andere fest, dass trotz aller individueller, kollektiv-individueller und satirischer Dispositionen das Strukturelement der Literatur und des Films der 1970er und 1980er Jahre Binäroppositionen und Dichotomien seien, die Migrationsliteraturen insgesamt auszeichnen würden.[198] Deutsche und türkische Gemeinschaften seien hier klar voneinander getrennt und jede habe ihre eigene Sprache und Kultur, die im Falle der Arbeitsmigranten und ihrer Kinder nicht mit dem Einwanderungsland verbunden seien, sondern mit dem Herkunftsland Türkei. Gegen diese vermeintliche Einheit von Territorium, Sprache, Kultur steht die Literatur- und Filmproduktion der 1990er Jahre, welche die deutschen und türkischen Elemente auf sprachlicher und sozialer Ebene zusammenführt.

Daher konzentriert sich der überwiegende Großteil der Forschungen von Mitte der 1990er Jahre bis heute besonders auf Literatur und Film der 1990er und 2000er Jahre. Theoretische und kulturelle Konzepte wie das der »Transnationali-

---

195 Vgl. MANDEL, Ruth (2008): *Cosmopolitan Anxieties. Turkish Challenges to Citizenship and Belonging in Germany*, Durham, London: Duke University Press, S. 21 und S. 312f.
196 Vgl. für viele: MANI, Venkat (2007): *Cosmopolitical Claims. Turkish-German Literatures from Nadolny to Pamuk*, Iowa City: University of Iowa Press, S. 188. SEYHAN (2001): S. 5. SEESSLEN, Georg (2000): »Das Kino der doppelten Kulturen. Le Cinema du Métissage«. In: *Zeitschrift des Evangelischen Pressedienstes der Evangelischen Publizistik* 17: 12, S. 22–29, hier S. 23. LÖSER, Claus (2004): »Berlin am Bosporus. Zum Erfolg Fatih Akıns und anderer türkischstämmiger Regisseure in der deutschen Filmlandschaft«. In: *Apropos: Film. Das Jahrbuch der DEFA-Stiftung*, Berlin, S. 129–147, hier S. 134. DAYIOĞLU-YÜCEL, Yasemin (2005): *Von der Gastarbeit zur Identitätsarbeit. Integritätsverhandlungen in türkisch-deutschen Texten von Şenocak, Özdamar, Ağaoğlu und der Online-Community vaybee!*, Göttingen: Universitätsverlag, S. 27. ADELSON (2005): S. 40. NEUBAUER, Jochen (2011): *Türkische Deutsche, Kanakster und Deutschländer. Identität und Fremdwahrnehmung in Film und Literatur. Fatih Akın, Thomas Arslan, Emine Sevgi Özdamar, Zafer Şenocak und Feridun Zaimoğlu*, Würzburg: Königshausen & Neumann, 4, S. 197.
197 Siehe hierzu: GÖKTÜRK (2000a): S. 68.
198 FREDERKING (1985): S. 6. Siehe auch: SIEDEL (1986): S. 113.

tät«[199], der »Global Flows«, der »Hybridität« als postnationale Lokalisierungen[200] und »Identität als Prozess«[201] sind auf diese Weise in die Beschreibung von Literatur[202] und Film[203] gelangt. In den genannten Arbeiten werden Literatur und Film zum einen als Problematisierung und Kritik[204] nationaler Homogenisierungen und zum anderen in ihrer Praxis als »creating alternative prescriptions for identity, agency and solidarity« beschrieben, die als »imaginary homelands«[205] außerhalb der Nationen »between histories, geographies and cultural practices« entstehen und so neue Orte für kulturwissenschaftliche Theorie und Praxis erschließen.[206] Leitmedien dieser Kritik sind eine ästhetisch verfremdete deutsche Literatursprache, wie beispielsweise in den bekannten Literaturen von Emine Sevgi Özdamar, Feridun Zaimoğlu und Zafer Şenocak, eine Darstellung peripherer deutscher Stadtmilieus und mit ihnen verbundene Akteure, die deutsch und türkisch zugleich sind. So brechen in die deutsche Sprache und an deutschen Orten transnationale Bindungen ein, indem Differenz-Erfahrungen der Migration durch sprachliche Verfremdungstechniken in *Das Leben ist eine*

---

199 GLICK-SCHILLER, Nina/BASCH, Linda/BLANC-SZANTON, Christina (1992): »Transnationalism: A new analytic Framework for understanding Migration. Race, Class, Ethnicity, and Nationalism reconsidered«. In: *Annals of the New York Academy of Sciences* 645, S. 1–24. Siehe auch zu Transnationalität: FAIST, Thomas (2000): »Jenseits von Nation und Postnation. Eine neue Perspektive für die Integrationsforschung«. In: ders.: *Transstaatliche Räume. Politik, Wirtschaft und Kultur in und zwischen Deutschland und der Türkei*, Bielefeld: transcript, S. 339–394. BORDWELL, David/ THOMPSON, Kristin (2012): *Film Art. An Introduction*, 10. Aufl., New York: McGraw-Hill.
200 Vgl. APPADURAI, Arjun (1996): »Postnational Locations«. In: ders.: *Modernity at large. Cultural Dimensions of Globalization*, Minneapolis, London: University of Minnesota Press, S. 178–200. Siehe auch: BHABHA, Homi (1994): »Dissemination. Time, narrative and the margins of the modern nation«. In: ders.: *The Location of Culture*, New York: Routledge, S. 139–170.
201 KONUK, Kader (2001): *Identitäten im Prozess. Literatur von Autorinnen aus und in der Türkei in deutscher, englischer und türkischer Sprache*, Essen: Die Blaue Eule.
202 Für viele: SEYHAN (2001). Siehe auch: KONUK (2001). ARENS, Hiltrud (2002): *Kulturelle Hybridität in der deutschen Minoritätenliteratur der achtziger Jahre*, Tübingen: Stauffenburg.
203 Siehe hierzu: NAFICY, Hamid (2001): *An Accented Cinema. Exilic and Diasporic Filmmaking*, New Jersey: Princeton University Press. GÖKTÜRK, Deniz (2000b): »Migration und Kino. Subnationale Mitleidskultur oder transnationale Rollenspiele?«. In: *Interkulturelle Literatur in Deutschland. Ein Handbuch*, hg. v. Carmine Chiellino, Stuttgart, Weimar: Metzler, S. 329–347. Siehe auch: GÖKTÜRK (2000a); MENNEL, Barbara (2002): »Bruce Lee in Kreuzberg and Scarface in Altona. Transnational Auterism and Ghettocentrism in Thomas Arslan's Brothers and Sisters and Fatih Akın's Short Sharp Shock«. In: *New German Critique* 87, S. 133–156.
204 Siehe: SEYHAN (2001); GÖKTÜRK (2000a): S. 66.
205 RUSHDIE, Salman (1991): *Homelands of Imaginary. Essays and Criticism 1981–1991*, London: Granta Books.
206 SEYHAN (2001): S. 10. NAFICY, Hamid (2000): *An Accented Cinema. Exilic and Diasporic Filmmaking*, Princeton: Pronceton University Press, S. 10–39.

Karawanserei (1992), in der *Kanak Sprak* (1995) ästhetisch gestaltet werden oder in den Filmen KURZ UND SCHMERZLOS (1998) und GESCHWISTER (1997) durch die Protagonisten in Sprache, Auftritt und Habitus artikuliert werden.[207] Diese Form vielfältiger Ermächtigung stellt Fantasmen einheitlicher Nationalkulturen oder -literaturen grundlegend in Frage.[208]

Neben den sprachlich-ästhetischen Verfremdungen spielt für diese Literatur und auch für den deutsch-türkischen Film, der ab Mitte der 1990er Jahre einen außerordentlichen Boom erfährt, die Mobilität von Akteuren und Orten eine herausragende Rolle.[209] Die Akteure befinden sich im Transit, ohne einen »Ursprung« in der Herkunft und ohne eine Heimat in der Ankunft zu haben. »Routes/roots are subject to constant negotiation, home and belonging become difficult to determine, and we understand that there is ›no place like *Heimat*‹.«[210] Anstelle einer Integration in eine neue Nationalliteratur biete diese Literatur und der Film eine alternative Sprache für »identity, agency and solidarity« an, die Seyhan als ein *paranationales* »complex signifying system« beschreibt.[211] Dabei handelt es sich um eine neue, postnationale Form der Organisation, die mehr »diverse, more fluid, more ad hoc, more provisional, less coherent, less organized, and simply less implicated in the comparative advantages of the nation state« ist.[212] Diese Alternative zu nationalen Identitäten werde durch eine Generation von Autoren und Filmemachern

---

[207] Vgl. BAY, Hansjörg (1999): »Der verrückte Blick. Schreibweisen der Migration in Özdamars Karawanserei Roman«. In: *Sprache und Literatur*, 30:83, S. 29–46. Siehe auch: EZLI, Özkan (2009): »Von der interkulturellen zur kulturellen Kompetenz«. In: *Wider den Kulturenzwang*, S. 207–230.
[208] Vgl. EGELHAAF, Martina (2005): »Verortungen. Räume und Orte in der transkulturellen Theoriedebatte und in der neuen türkisch-deutschen Literatur im transnationalen Kontext«, DFG-Symposium 2004, Stuttgart, Weimar: Metzler, S. 745–768, hier S. 762.
[209] Vgl. GÖKTÜRK, Deniz (2004): »Strangers in Disguise. Role-Play beyond Identity Politics in Anarchic Film Comedy«. In: *New German Critique*, No. 92, Special Issue on: Multicultural Germany: Art, Performance and Media, S. 100–122. Siehe auch: BAY (1999). Insgesamt erfahren die Mobilität von Akteuren und Transitorte aus kulturtheoretischer Perspektive eine besondere positive und emanzipatorische Diktion. Siehe hierzu: FLUSSER, Vilém (1994): *Von der Freiheit des Migranten. Einsprüche gegen den Nationalismus*, Köln: Bollmann. AUGÉ, Marc (1992): *Non-Lieux. Introduction à une anthropologie de la surmodernité*, Paris: Editions du Seuil. Auf den Konnex von Mobilität als Durchquerung heterogen strukturierter Transiträume durch einen Akteur mit dessen emanzipatorischer Entwicklung als eine Bewegung von einer Identitätsoffenheit zu einer Ich-Stärke macht Hansjörg Bay in seiner Analyse von Özdamars Roman *Das Leben ist eine Karawanserei* aufmerksam. Siehe BAY (1999): S. 39.
[210] GÖKTÜRK (2000b): S. 65.
[211] SEYHAN (2000): S. 7 und S. 14.
[212] APPADURAI, Arjun (1996): *Modernity al Large. Cultural Dimensions of Globalization*, Minneapolis, London: University of Minnesota Press, S. 168.

ermöglicht, deren Arbeitssprache nicht mehr die Muttersprache ist.²¹³ An anderer Stelle wird das Kino dieser Regisseure als ein »accented cinema« bezeichnet. Ihre Spezifizität drücke diese Filmkunst mit einem besonderen Akzent aus, der eng an die Migrationserfahrungen der Regisseure gekoppelt sei.²¹⁴

Ab 2005 erfährt der Zustand des »in-between« nach der Vermittlung der 1980er und der Politik der Differenz der 1990er eine weitere spezifische Rahmung, die uns zur Ausstellung *Das neue Deutschland. Von Migration und Vielfalt* zurückführt. In ihrem Hauptwerk *The Turkish Turn in Contemporary German Literature* hält Leslie Adelson im Gegensatz zu Azade Seyhan fest, dass die Überschreitung nationaler und kultureller Grenzen nicht das eigentliche konstitutive Element der deutsch-türkischen Kulturproduktion sei, sondern ihre Einschreibung in die deutsche Kulturgeschichte. Sie finde nicht außerhalb und im »in-between« statt. Vielmehr habe sie sich in der »historical culture of Germany« situiert.²¹⁵ Adelson konstatiert mit dem narrativ-ästhetischen Wandel ab den 1990ern zwar auch eine Transnationalisierung in der Literatur, die jedoch »new modes of orientation in German literature« mit sich gebracht habe. Denn

> [c]ultural contact today is not an ›intercultural encounter‹ that takes place between German culture and something outside it, but something happening *within* German culture between the German past and the German present. Turco-German literature has been making forays into this unfamiliar territory for some time now, but the imaginative complexitiy of this cultural endeavor has gone largely unrecognized to date.²¹⁶

Ganz ähnlich beschreibt Tom Cheeseman die deutsch-türkische Literatur als eine kosmopolitische »extension of the concept of germanness«²¹⁷. Dass die soziale Folge der Migration nicht weitere Migration, sondern »settlement« sei, zeige im Besonderen die deutsch-türkische Literatur der ersten Dekade des 21. Jahrhunderts.²¹⁸ Auch Venkat Mani verortet das kosmopolitische Element der deutschtürkischen Kulturproduktion in ihrer Frage nach Heimat und Zugehörigkeit.²¹⁹ Und auch wenn Yasemin Yıldız in ihrer feinen Studie *Beyond the Mother Tongue* gegen das Konzept der Muttersprache, das eine »enge körperliche und familiäre Verbindung zwischen Individuum, Sprache und Nation suggeriert«, eine »postmo-

---

213 Ebd., S. 8.
214 Vgl. NAFICY (2000): S. 17.
215 ADELSON (2005): S. 9.
216 ADELSON, Leslie (2003): »Against Between: A Manifesto«. In: *New Perspectives on Turkey* 28, 29, S. 19–36, hier S. 23.
217 CHEESEMAN (2007): S. 10–32, S. 38 und S. 196.
218 Vgl. ebd., S. 39.
219 MANI (2007): S. 184.

nolingual condition« setzt[220], geht es bei ihr auch nicht darum, mit einer neuen transkulturellen Literatur gegen die deutsche Sprache zu opponieren. Sondern die deutsche Sprache im Gegenteil zu »umarmen«, wie es Yıldız in den produktiv ästhetischen Auseinandersetzungen zwischen eigen und fremd in den Literaturen von Franz Kafka, Theodor Adorno, Emine Sevgi Özdamar, Yoko Tawada und Feridun Zaimoğlu in *Beyond the Mother Tongue* zeigt.[221] Insgesamt wird in der Forschung so eine Bewegung von einer »literature of migration« zu einer »literature of settlement« in unterschiedlichsten Formen konstatiert. Diese integrationstheoretisch fast schon klassisch anmutende Bewegung von einer nicht enden wollenden Mobilität und Flut von Akteuren und Orten als einer gesellschaftsverändernden Kraft zur Ankunft in einer kosmopolitisch nationalen Literatur, in einer »disaggregated Mother Tongue«[222] hat auch in der deutschsprachigen Forschung sein Pendant. Allerdings wird, im Unterschied zur englischsprachigen Wissenschaft, für die Literatur und Film seit einigen Jahren substantiell ihren Beitrag zur deutschen Kulturgeschichte leisten, in der deutschsprachigen Forschung zu deutsch-türkischen Kulturproduktionen nicht explizit nach der »deutschen« kosmopolitischen Kulturproduktion gefragt. Vielmehr hat sich der Ansatz einer »interkulturellen Literaturwissenschaft« durchgesetzt, bei der neben renationalisierenden Interpretationen zugleich reessenzialisierende[223] stehen. Die deutsch-türkische Literatur und der Film werden als ein »zentrale[r] Begegnungsraum des Interkulturellen in Deutschland« definiert, der »dezidiert [...] die Überwindung klischeehafter Bilder des Deutschen wie des Türkischen« ermögliche.[224] Oder aber der Film wird als ein Abbau nationaler Stereotypisierungen begriffen.[225]

> Wenn wir Deutschen einmal gelernt haben werden, dass es keine Vorteile bringt, im geschlossenen Raum einer Leitkultur-Debatte zu verharren, dass es vielmehr besser ist, mit der frischen Luft Unreines und Bastardisiertes in unsere Atmosphäre einzulassen, um deren Sterilität zu überwinden, dann werden wir einem Autor wie Zafer Şenocak in unserer Literatur und Kultur den Platz einräumen, der ihm gebührt.[226]

---

220 Siehe hierzu: YILDIZ (2012): S. 4.
221 In der Conclusio zu ihren Analysen konstatiert Yıldız, dass »contrary to expectations, [the title] *Beyond the Mother Tongue* does not document multilingual moves *against* German, but as something other than public discourse would have«. YILDIZ (2012): S. 210.
222 Ebd., S. 203.
223 DÖRR, Volker C. (2009): »Third Space vs. Diaspora. Topologien transkultureller Literatur«. In: *Von der nationalen zur internationalen Literatur. Transkulturelle deutschsprachige Literatur und Kultur im Zeitalter globaler Migration*, hg. v. Helmut Schmitz, Amsterdam, New York: Rodopi, S. 59–76, hier S. 64.
224 HOFMANN, Michael (2006): *Interkulturelle Literaturwissenschaft*, München: Fink, S. 199.
225 NEUBAUER (2011): S. 4.
226 HOFMANN (2006): S. 213.

Solche programmatischen Aussagen machen deutlich, dass es nicht mehr explizit um eine kosmopolitische »Literatur in Bewegung«[227], sondern um eine des Ankommens in der deutschsprachigen Literatur und in der deutschen Gesellschaft geht.[228] An anderer Stelle wird Autoren mit Migrationshintergrund auch attestiert, dass sie »eine Antwort auf die Frage [geben], was Europa ist«.[229] Beide Fokusse, Ankunft und Autorenschaft, werden aktuell in Walter Schmitz' dreibändigem Handbuch *Literatur der Migration in den deutschsprachigen Ländern seit 1945* aufs Engste zusammengeführt.[230] Der Tenor dieses Handbuchs lautet, dass sich das erste Mal »seit sich eine ›Kulturnation‹ der Deutschen etabliert hat«, nicht nur nur allein die Inhalte ihrer Literatur weltoffen sind, sondern auch ihre Autorinnen und Autoren, »deren kultureller Horizont sich nicht von einer nationalen Tradition begrenzen läßt«.[231] Auch in der für das Jahr 2021 noch ausstehende Veröffentlichung des Kompendiums *Kulturgeschichte der türkischen Einwanderung in Deutschland*, steht nach Angaben des Verlags die besondere Kulturleistung türkischstämmiger Autoren, Filmemacher, Comedians, Unternehmern und Politikern für Deutschland im Vordergrund.[232] Oder die poetischen Strategien deutsch-türkischer Literatur stehen wie nach Myriam Geiser für ein Konzept der Postmigration, mit dessen Perspektivierung postkoloniale wie auch Exilliteratur als ‚Weltliteratur' zu betrachten sind.[233] Aber es sind auch

---

227 ETTE, Ottmar (2001): *Literatur in Bewegung. Raum und Dynamik grenzüberschreitenden Schreibens in Europa und Amerika*, Paderborn: Velbrück Wissenschaft.
228 HOFMANN (2006): S. 199.
229 STRANAKOVA, Monika (2009): *Literarische Grenzüberschreitungen. Fremdheits- und Europadiskurs in den Werken von Barbara Frischmuth, Dzevad Karahasan und Zafer Şenocak*, Tübingen: Stauffenburg, S. 33.
230 Bislang ist lediglich der erste Band ›*Einwanderungsland wider Willen*‹. *Prozess und Diskurs* erschienenen. Die Bände zwei und drei, *Literatur der Migration – Konzepte, Phasen, Kontexte* und *Autorinnen und Autoren und ihre Werke. Ein Lexikon* (in zwei Teilbänden) werden nach Angabe des Verlags in Kürze erscheinen. Siehe hierzu: file:///C:/Users/ZKANEZ~1/AppData/Local/Temp/Katalog%202018-19%20zum%20Onlineversand-1.pdf, S. 21. (zuletzt 19.04.2021).
231 THELEM UNIVERSITÄTSVERLAG (2018): *Neuerscheinungen 2018/2019*, S. 4; In: file:///C:/Users/ZKANEZ~1/AppData/Local/Temp/THELEM%20Katalog%20kompakt%20I.pdf.
232 Siehe hierzu: HOFMANN, Michael/YEŞILADA, Karin (Hg.) (2021): *Kulturgeschichte der türkischen Einwanderung in Deutschland*, Würzburg: Königshausen & Neumann, https://www.verlag-koenigshausen-neumann.de/product_info.php/info/p7032_Kulturgeschichte-der-t--rkischen-Einwanderung-in-Deutschland--Unter-Mitarbeit-von-Vanessa-Tuncer-und-Tobias-Zenker--ca--300-Seiten--ca-----29-80.html (zuletzt 04.04.2021).
233 GEISER, Myriam (2015): »Die ästhetische Dynamik der Postmigration«. In: dies.: *Der Ort transkultureller Literatur in Deutschland und in Frankreich. Deutsch-türkische und frankomaghrebinische Literatur der Postmigration*, Würzburg: Königshausen & Neumann, S. 591–598. Siehe hierzu auch: FORSTER (2021).

in den letzten Jahren sozial-, literatur- und kulturwissenschafliche Analysen veröffentlicht worden, mitunter im Jahrbuch Türkisch-deutsche Studien[234], die nach dem Putschversuch in der Türkei 2016 und dem Verfassungsreferendum dort 2017 auf das neue belastete Verhältnis in den deutsch-türkischen Beziehungen aufmerksam machen und darum umso mehr den kulturellen und wissenschaftlichen Austausch bewerben.[235] Einen neuen Dialog peilt auch der Band *Der Deutsch-Türkische Film. Neue kulturwissenschaftliche Perspektiven* von 2020 an, worin ein beachtlicher Teil der Beiträge nach dem pädagogischen Potential des deutsch-türkischen Films für den Lehrbetrieb an Schulen und Hochschulen fragt.[236] Auch die Herausgeberschaft *Deutsch-türkische Filmkultur im Migrationskontext* von 2017 und die Monografie *Die visuelle Kultur der Migration* von 2019 des Filmwissenschaftlers Ömer Alkın zielen auf einen neuen Dialog. Im Zentrum seiner Arbeiten steht, die nationalen Kinematographien Deutschlands und der Türkei gemeinsam mit dem deutsch-türkischen Film zusammenzudenken. Nach Alkın wird erst dieses »Zusammenbringen der beiden oft noch separiert gedachten Filmkulturen der ›Stimmlosigkeit‹ des Feldes der türkisch-deutschen Migration […] eine Hörbarkeit ebnen, die es ermöglicht, die Filme aus der Türkei in der

---

234 Das Jahrbuch Türkisch-deutsche Studien erscheint seit 2010 und stellt eine internationale disziplinübergreifende Plattform für Wissensaustausch von Wissenschaftlerinnen und Wissenschaftlern zu deutsch-türkischen Themen dar. Siehe hierzu: https://univerlag.uni-goettingen.de/handle/3/turkish_german_studies_series (zuletzt 18.04.2021).
235 Siehe hierzu: OZIL, Seyda/HOFFMANN, Michael/LAUT, Jens-Peter/DAYIOĞLU-YÜCEL, Yasemin/ZIERAU, Cornelia (2018): *Tradition und Moderne in Bewegung*, Türkisch-deutsche Studien Jahrbuch 2017, Göttingen: Universitätsverlag. Siehe auch: OZIL, Seyda/HOFFMANN, Michael/LAUT, Jens-Peter/DAYIOĞLU-YÜCEL, Yasemin/ZIERAU, Cornelia (2020): *Migrationsbewegungen und Rechtspopulismus nach 2015*, Türkisch-deutsche Studien Jahrbuch 2019, Göttingen: Universitätsverlag.
236 Siehe hierzu: RIEDEL, Monika (2020): »Von den wehrlosen Türken zu den neuen Deutschen. Darstellungen der türkischen Frau im deutschen und deutsch-türkischen Dokumentar-, Spiel- und Fernsehfilm«. In: *Der Deutsch-Türkische Film. Neue kulturwissenschaftliche Perspektiven*, hg. v. Deniz Bayrak, Enis Dinç, Yüksel Ekinci und Sarah Reininghaus, Bielefeld: transcript, S. 19–38. MARCI-BOEHNCKE, Gudrun (2020): »Ermitteln ohne Türkisch und als ›Kanake‹ beschimpft: *Happy Birthday, Türke! (1992)*«. *Der Deutsch-Türkische Film. Neue kulturwissenschaftliche Perspektiven*, hg. v. Deniz Bayrak, Enis Dinç, Yüksel Ekinci und Sarah Reininghaus, Bielefeld: transcript, S. 101–118. KHALIZOVA, Anna (2020): »Möglichkeiten des Filmeinsatzes im DaF-Unterricht: Am Beispiel des Films *Haymatloz: Exil in der Türkei (2016)*«. In: *Der Deutsch-Türkische Film. Neue kulturwissenschaftliche Perspektiven*, hg. v. Deniz Bayrak, Enis Dinç, Yüksel Ekinci und Sarah Reininghaus, Bielefeld: transcript, S. 317–342.

Beschäftigung mit ›deutsch-türkischen‹ Filmen mitzudenken«.[237] Sein Ziel lautet daher, den deutschen mit dem türkischen Film in einen Dialog zu bringen.[238]

Insgesamt lässt sich festhalten: Wurde die deutsch-türkische Kulturproduktion von den 1990ern bis zum Beginn des 21. Jahrhunderts im Gegensatz zu den Kulturproduktionen der 1970er und besonders der 1980er als eine transnationale und hybride begriffen, die als Gegendiskurs zu Integrationsdebatten zu verstehen sei, der neue Räume der Identität und des Sozialen erschließe, so spielen diese Zugänge ab 2005 zwar noch eine wichtige Rolle, doch sie werden nicht mehr global, sondern national, interkulturell, europäisch oder neu bi- und international gerahmt. So gesehen haben wir es in der aktuellen literaturwissenschaftlichen Forschung zu Literatur und Film, ob weiterhin deessenzialisierend oder neuerdings wieder essenzialisierend, mit identitätspolitischen Rahmungen zu tun, die auf unterschiedlichen Reflexionsebenen von der Migration auf die Integration gekommen sind.[239] Dieser Bewegung der Integration hat sich die Forschung selbst lange widersetzt, weil »Integration« erstens mit der Vorstellung einer homogenen Gesellschaft verbunden ist, zu der transnationale und transkulturelle Verhandlungen in den Kulturproduktionen nicht in Relation gebracht werden konnten.[240] Darüber hinaus wurde der Begriff zweitens ab dem Ende der 1970er Jahre bis heute häufig in einem politisch-strategischen Zusammenhang verwendet. Beispielsweise hat man dem türkischen Gastarbeiter in den 1980er Jahren eine Integrationsunwilligkeit[241] attestiert und sprach ab Mitte der 2000er Jahre von der Bringschuld der muslimischstämmigen deutschen Bevölkerung. Dass beim Gebrauch des Integrationsbegriffs nie Konzepte mitformuliert wurden, wird bis heute kaum erwähnt.[242] Wir werden sehen, dass es sich in den Zentren in den von uns behandelten Phasen der Migration weder um schwache oder starke, sondern um geteilte Subjekte handelt, wie es die Analyse von Zaimoğlus Aussage zu Beginn dieses Buch gezeigt hat.

---

237 ALKIN, Ömer (2019): *Die visuelle Kultur der Migration. Geschichte, Ästhetik und Polyzentrierung des Migrationskinos*, Bielefeld: transcript, S. 27. Siehe auch: ALKIN, Ömer (2017): »Einleitung«. In: *Deutsch-Türkische Filmkultur im Migrationskontext*, Wiesbaden: Springer, S. 10.
238 ALKIN (2019): S. 27.
239 Siehe hierzu: ELSTE, Nico (2012): *Von der Migration zur Integration. Literarische Konstruktion von Kultur und Kulturkonflikt in der deutsch-türkischen Literatur nach '89*, Saarbrücken: Südwestdeutscher Verlag für Hochschulschriften.
240 HESS, Sabine/MOSER, Johannes (Hg.) (2009): »Jenseits der Integration. Kulturwissenschaftliche Betrachtungen einer Debatte«. In: *No integration?! Kulturwissenschaftliche Beiträge zur Integrationsdebatte in Europa*, hg. v. Sabine Hess, Johannes Moser, Bielefeld: transcript, S. 11–26.
241 Vgl. HUNN (2005): S. 173.
242 Vgl. EZLI/LANGENOHL/RAUER/VOIGTMANN (Hg.) (2013): S. 15.

Dass Mehr- und Minderheiten als homogene Einheiten begriffen werden, ist aus literatur- und filmwissenschaftlicher Perspektive ein grundlegendes Problem. Die ästhetischen Narrative wirken in diesem Zusammenhang für die meisten Wissenschaftler wie ein Korrektiv, das besonders durch seine ästhetische Darstellung kulturalisierenden Lesarten im Wege stehe. Dieser Befund zeigt jedoch, dass der von der Forschung skizzierten Entwicklung von der Dokumentation über die Vermittlung hin zur Ästhetik kein eigenes ästhetisches Konzept zugrunde liegt (auch wenn am Ende die ästhetische Kompetenz steht), sondern vielmehr eine Emanzipations- und Ermächtigungsgeschichte, die gegen eine vermeintliche Mehrheit und gegen ihre kulturellen Zuschreibungen opponiert. Diese oppositionelle Haltung hat paradoxerweise zu einer nicht intendierten Integrationsgeschichte auf kultureller Ebene geführt.[243] In aktuellen erschienenen filmwissenschaftlichen Reflexionen zum deutsch-türkischen Film wird dem skizzierten »Wandelnarrativ« eine Fortschrittslogik unterstellt, die die eigentliche Unabschließbarkeit und Heterogenität des Feldes der filmischen Verhandlung migrantischer Themen untergräbt.[244] Dadurch werde auch ihr politisches Potential unterlaufen.[245] Dies liegt vor allem daran, dass die bisherige Forschung zur deutsch-türkischen Literatur zu sehr davon bestimmt war, eine Geschichte der Kritik an homogenen Vorstellungen von Nation, Kultur und Integration schreiben zu wollen.[246] Ausgangspunkt dieser Kritik war der Übergang von einer positivistisch-soziologischen Perspektive auf Literatur und Film, die binärpositioniert waren, zu einer subjektorientierten und sprachlich-imaginären. Mit Gayatri Spivak lässt sich die Kritik, die sie in ihrer Schrift *Can the Subaltern Speak?* an den poststrukturalistischen Theoretikern Michel Foucault und Gilles Deleuze übte, an dieser Stelle indirekt erneuern. Trotz ihrer berechtigten Kritik an den Narrativen der Moderne, hätten Foucault und Deleuze – so Spivak – das »individuelle Subjekt über die totalisierenden Konzepte

---

[243] Siehe hierzu: CHEESMAN (2007) u. HOFMANN (2006).
[244] Siehe hierzu: HEIDENREICH, Nanna (2015): *V/Erkennungsdienste, das Kino und die Perspektive der Migration*, Bielefeld: transcript, S. 19. Siehe hierzu auch: HAKE, Sabine/MENNEL, Barbara (2012): »Introduction«. In: *Turkish German Cinema in the New Millennium. Sites, Sounds, and Screens*, New York: Berghahn, S. 1–18. ALKIN (2017): S. 6. RIEDEL (2020): S. 25f. Für Literatur siehe: FORSTER, Katharina (2021): *Literarische Narrative in der Einwanderungsgesellschaft. Zur Dekonstruktion des Bildungs- und Entwicklungsromans in der Interkulturellen Gegewartsliteratur*, Studien zur deutsch-türkischen Literatur und Kultur, Bd. 9, Würzburg: Königshausen & Neumann.
[245] Siehe hierzu: HEIDENREICH, Nanna (2015). Siehe auch: ALKIN (2017): S. 6.
[246] Von einer vergleichbaren Kritik waren und sind die Transnationalisierungstheorien geprägt, die sich gegen den methodologischen Nationalismus in der Integrationsforschung wenden. Siehe hierzu für viele GLICK-SCHILLER (1992) und FAIST (2000).

von Macht und Begehren erneut« eingeführt. Dabei hätten beide Autoren den doppelten Modus der Repräsentation von Darstellen und Vertreten unterlaufen.[247]

Der Fokus auf Sprache und Subjekt zeigt sich seit Mitte der 2000er Jahre in einer weiteren Entwicklung der hier diskutierten Migrationsforschung. An die Stelle hybrider Protagonisten, autonomer Akteurinnen und Akteure treten in den Werken verstärkt deren Urheber selbst, die Autoren und Regisseure als bestimmende und definierende Instanzen diversitätsorientierter Identitätspolitik. Vor diesem Hintergrund beschreibt Cheeseman in seiner wissenschaftlichen Erzählung von der »literature of migration« zur »literature of settlement« sieben unterschiedliche Formen des deutschen Kosmopolitismus nicht anhand von sieben unterschiedlichen ästhetischen Konfigurationen oder als spezifische Umschlagplätze gesellschaftlicher Kommunikation,[248] sondern anhand von sieben Autoren. Es sind die Autorennamen selbst, die die Differenzierungen des deutschen Kosmopolitismus ausmachen.[249] Auch Myriam Geiser definiert den Sinn und die Funktion der Literatur aus Sicht der Autoren und stellt deren Aussagen nicht zur Disposition;[250] ein Wandel, den auch zwei Aufsätze des irischen Literaturwissenschaftlers McGowan aufzeigen. Hatte er 1996 die Entwicklung der deutsch-türkischen Literatur als einen Übergang von »from Pappkoffer to Pluralism« dargestellt,[251] so beschreibt er zehn Jahre später ihren Wandel zur zeitgenössischen deutschen Literatur von den 1990ern bis Mitte der 2005er explizit anhand der Autoren Feridun Zaimoğlu, Emine Sevgi Özdamar und Zafer Şenocak.[252] Für die neue Phase der deutsch-türkischen Filmproduktion konstatieren die amerikanischen Filmwissenschaftlerinnen Sabine Hake und Barbara Mennel, das sie für

---

247 SPIVAK, Gayatri (2007): *Can the Subaltern Speak? Postkolonialität und subalterne Artikulation*, Wien: Turia + Kant, S. 38.
248 LOTMAN, Jurij (1990): »Über die Semiosphäre«. In: *Zeitschrift für Semiotik* 12:4, S. 287–305, hier S. 293.
249 Siehe hierzu: CHEESEMAN, Tom (2006): »Seven Types of Cosmopolitanism«. In: *Novels of Turkish German Settlement*, v. Tom Cheeseman, Rochester, New York: Camden House, S. 53–81.
250 Vgl. GEISER (2012): »Die Inszenierung der Selbstbehauptung. Autonomie und Engagement in türkisch-deutscher Prosa«. In: *Jahrbuch Türkisch-Deutsche Studien Bd. 3*, hg. v. Şeyda Ozil, Michael Hofmann, Yasemin Dayıoğlu-Yücel, Göttingen: Vandenhoeck & Ruprecht, S. 37–56.
251 MCGOWAN, Moray (1996): »From Pappkoffer to Pluralism. Migrant Writing in the German Federal Republic«. In: *Turkish Culture in German Society Today*, hg. v. David Horrocks, Eva Kolinsky, Oxford, Providence: Berghahn, S. 1–22.
252 MCGOWAN, Moray (2007): »Turkish-German fiction since the mid-1990s«. In: *Contemporary German Fiction: Writing in the Berlin Republic*, hg. v. Stuart Taberner, Cambridge: Cambridge University Press, S. 196–214. Und in seinem zuletzt erschienenen Aufsatz teilt Michael Hofmann die Phasen deutsch-türkischer Literatur nicht mehr in Themen ein, sondern in Autoren. Siehe hierzu: HOFMANN, Michael (2014): »Die deutsch-türkische Literatur. Entwicklungstendenzen und Perspektiven«. In: *IMIS-Beiträge 45*, S. 23–36.

ein »filmmaking as a profession and of ethnicity as a function of self-branding« stehe.[253] Insgesamt will die interkulturelle Germanistik den deutsch-türkischen Autoren und Filmemachern endlich den ihnen gebührenden Platz in der deutschen Kulturgeschichte einräumen.[254] Einer ähnlichen Logik scheint das dreibändige Handbuch von Walter Schmitz zu folgen, dessen letzter Band, nach den Bänden zu *Prozess und Diskurs* und zu *Konzepten, Phasen und Kontexten*, in zwei großen Teilbänden sich auf die Autorinnen und Autoren konzentriert.[255] Oder anders ausgedrückt: Erst nachdem die Forschung zur deutsch-türkischen Literatur deren Vielfalt gezeigt und sie als angekommen und deutsch verortet hat, wird sie Teil der deutschen Kulturproduktion.

Diese Rückkehr nationaler und zugleich ökonomischer Bestimmungen und die Neubestimmung kultureller Territorialität durch Diversität ist nicht nur ein Phänomen, das sich in der Literatur, im Film oder in Ausstellungen zeigt. Sie ist ebenso in der Neujustierung ökonomischen Wandels zu beobachten, die im unternehmerischen »Diversity Management« ihre sichtbarste Form gefunden hat oder in gesellschaftspolitischen Debatten, welche die Vielfalt der jeweiligen Nationen preisen und bewerben. Aber es ist nicht nur der Turn zu Diversity-Politiken, zum Sprechen und Sichtbarmachen von Vielfalt,[256] der in Korrelation zu Literatur, Film und Ausstellungen steht. Ihm zugrunde liegt eine Verflechtungsgeschichte von ästhetischen und politischen Narrativen, die sich im Falle der Migrationsgeschichte der Bundesrepublik am eindrücklichsten anhand der Geschichte der deutsch-türkischen Kulturproduktion zeigen lässt. Die Forschung hat bislang das vermeintlich kritische und problematisierende Potential deutsch-türkischer Literatur und des deutsch-türkischen Films herausgearbeitet, ohne diese in Relation zur gleichzeitigen Bestätigung und Verhärtung gesellschaftspolitischer Narrative zu setzen. Diese Mehrfachcodierungen – einerseits bewegen sich Literatur und Film im Fahrwasser der politischen Erzählungen, andererseits kritisieren sie diese – können kaum beschrieben werden, wenn nur die Opfer, die hybriden Akteure oder neuerdings deren Urheber im Fokus stehen. Es ist diese Einengung, ein methodologischer Individualismus, der innerhalb der Forschung zu dieser

---

253 HAKE, Sabine/MENNEL, Barbara (2012): *Turkish German Cinema in the New Millennium. Sites, Sounds, and Screens*, New York: Berghahn, S. 10.
254 Siehe hierzu: HOFMANN (2013). HOFMANN/YESILADA (2021).
255 https://www.thelem.de/thelem/literatur-kulturwissenschaft/schmitz-handbuch-migrationsliteratur/#cc-m-product-9269946085.
256 Vgl. hierzu die Charta der Vielfalt von 2006, die mittlerweile von über 3800 Unternehmen und öffentlichen Einrichtungen, von Stadtverwaltungen, Schulen und Universitäten unterzeichnet wurde. Link zur Charta der Vielfalt: http://www.charta-der-vielfalt.de/charta-der-vielfalt/die-charta-im-wortlaut.html (18.04.2021).

Integrationserzählung der deutsch-türkischen Literatur (von der Gastarbeiterliteratur zur neuen deutschen Literatur) geführt hat. Mit Gayatri Spivaks Kritik an den Versuchen in den 1970er und 1980er Jahren, die Subalternen zum Sprechen zu bringen, könnte hier gefragt werden, welcher »Agent der Macht«[257] sich eingeschlichen hat, dass nationale Zu- und Selbstbeschreibungen nun für Emanzipation und Integration stehen. Es ist paradoxerweise das neue, transformierte, hybride Subjekt selbst, das jetzt an seinen Kompetenzen, an seiner Werbe- und Repräsentationskraft und letztlich an seinem Potential, aber nicht länger an seiner Artikulationskraft gemessen wird, die mikro- und makropolitische Strukturen verbindet. Denn die Repräsentation ist in ihren komplexen Gemengelagen als eine Doppelbewegung von *Darstellen* und *Vertreten* zu begreifen und ihr Verhältnis zueinander ist immer unterschiedlich gewichtet.[258] Das hybride Subjekt der 1990er ist sozusagen ein anderes als das heutige. Und beide unterscheiden sich darüber hinaus von der Form von Hybridität, die sich Robert Ezra Park in der ersten Hälfte des 20. Jahrhunderts mit seiner Figur des »marginal man« vorstellte. So bleibt als einzig bindende und belastbare Aussage, dass es sich beim hybriden Subjekt im Wesentlichen immer um ein geteiltes und unter guten Umständen um ein um Repräsentation und Partizipation bemühtes Subjekt handelt, das zwischen Privatem und Öffentlichem steht. Danach ist die Geschichte entgegen der bisherigen Forschung keinesfalls angekommen und in ihrer epistemischen Struktur des Weitersprechens und des Bemühens um Repräsentation dafür auch nicht gedacht. Denn der Wandel der politischen Erzählweisen und der ästhetischen Narrative hängt eng mit der bundesrepublikanischen Geschichte zusammen. Ihr Verhältnis ist ein wechselseitig epistemisches, das mehrere Verhandlungsebenen zusammenführt. Zu diesen Ebenen gehören das Verhältnis von Öffentlichkeit, Kulturentstehung, Kulturproduktion, das multikulturelle Paradox, aber auch eine Geschichte von Sozialstruktur und Ökonomie. In den Produktionen der 1960er und 1970er Jahre sind die erzählenden Protagonisten Arbeiterinnen und Arbeiter, in den 1980er Jahren sind sie Gemüsehändler, Imbiss oder Kaffeehausbetreiber, die auf Namen deutscher Personen laufen müssen, wie in Yüksel Pazarkayas Fernsehserie DIE BALTAS, UNSERE NACHBARN.[259] In Filmen der 1990er Jahre wie AUSLANDSTOURNEE, LOLA UND BILIDIKID, KURZ UND SCHMERZLOS oder in Texten wie *Das Leben ist eine Karawanserei*, *Die Prärie*, *Kanak Sprak* sind sie Arbeitslose, Sänger, Autoren oder Prostituierte. Ab den 2000er Jahren haben wir

---

257 SPIVAK (2007): S. 30.
258 Ebd.
259 In der Fernsehserie UNSERE NACHBARN, DIE BALTAS wird die Eröffnung eines türkischen Restaurants durch den Gastarbeiter und den Familienvater in der Erzählung nur möglich, weil die deutsche Frau seines Bruders die Konzession für ihn erwirbt. Siehe hierzu: PAZARKAYA (1983).

es mit Kriminalpolizisten, Ärzten, Unternehmern oder Professoren zu tun. Und in den ästhetischen Reflexionen ab den 2010er Jahren sind diese Positionen alles andere als einfach zu erlangen. In Nurkan Erpulats mehrfach prämiertem Theaterstück *Verrücktes Blut* von 2010, dass den Projekttag einer migrantisch geprägten Problemklasse in einer deutschen Schule wiedergibt, ruft am Ende Hasan, einer der Protagonisten des Stücks, dass die Rolle des Tatortkommissars für den Erfolgsmigranten bereits vergeben sei. Hasan beendet das Stück mit den Worten »Herr muss ich sein, dass ich das mit Gewalt ertrotze, wozu mir die Liebeswürdigkeit gebricht«.[260] Diese inhärente sozioökonomische Geschichte ist auch deshalb von besonderer Bedeutung, da in den aktuellen ästhetischen wie aber auch dokumentarischen Produktionen seit 2015 wie *Ruhm und Ruin*, *Ellbogen*, AUS DEM NICHTS, *Der ewige Gast. Wie mein türkischer Vater versuchte, Deutscher zu werden* oder *Ich bin Özlem* weder die sozialstrukturell nicht gelungene noch die gelungene Biografie für Kritik oder für Integration stehen. Vielmehr durchwirkt die Texte und ihre Protagonisten eine neue Affektlage, die das von Leslie Adelson beschworene »*within* of German culture«[261] der deutsch-türkischen Literatur mit einer neuen Betroffenheit, einer neuen Trennung auflädt. Sie greift auf eine bestimmte Art und Weise auf erfahrene und nicht erfahrene Diskriminierungen in der bundesrepublikanischen Migrationsgeschichte zurück. Es ist diese Verflechtung aus Sozialstruktur und Kultur, die einerseits zur Produktivität und zum ästhetisch-narrativen Ideenreichtum der deutsch-türkischen Kulturproduktion geführt hat, andererseits zu ihren Krisen, die die Forschung bislang in der produktiven Entfaltung ihrer Dilemmata nicht aufgezeigt hat.

Warum die Forschung diese Verschränkung als konstitutiven Bestandteil von Literatur und Film bislang nicht berücksichtigt hat, liegt daran, dass auf die Kritik an der positivistisch-soziologischen Ausrichtung der Arbeiten in den 1970er und 1980ern, zwar die Ästhetiken und das hybride Subjekt in den Mittelpunkt rückten, jedoch keine neue Soziologie: eine neue Soziologie, die den *Assoziationen*, dem basalen Aufbau neuer sozialer Strukturen hätte folgen können, die der Wandel der ästhetischen Narrative und ihrer Kontroversen eigentlich mit sich brachten. Aus zwei Gründen führte dieser Mangel in der Forschung zu einer national gerahmten Identifikation deutsch-türkischer Kulturproduktion. Erstens wurde beim Paradigmenwechsel in der Forschung, im Übergang von Kulturvermittlung zu Kritik und ästhetischer Kompetenz, auch aus Sorge vor Essenzialisierungen die Frage nach sozialen Konstellationen kaum gestellt. Zweitens führte der Paradigmenwechsel zur Fokussierung auf die Sprache und ließ die Fragen nach dem

---

260 Siehe hierzu: ERPULAT/HILLJE (2012).
261 ADELSON (2003): S. 26.

Wandel der sozialen Konfigurationen und ihrer Elemente, wie sie Rosanvallon als zentrale Bestandteile einer Geschichte des Politischen festhält,[262] außen vor. Aus diesem Grund sind die Kulturproduktionen von den 1960er bis in die 1980er Jahre zu Unrecht als nicht ernst zu nehmende künstlerische Produktionen abgehandelt worden, als »bestellte« und für die Mehrheitsgesellschaft produzierte Literatur und Filme.[263]

Diese oft geäußerte und bis heute vielzitierte Kritik[264] – Teile meiner bisher veröffentlichten Analyen zu Literatur und Film mit eingeschlossen[265] – ist indes nur berechtigt, wenn man sich einzig auf Derivate der Poetik wie »Narrativ«, »Performanz« oder »Fiktion« konzentriert und den ästhetisch-akademischen Diskurs nicht verlässt. Sie ist jedoch weitaus weniger berechtigt, wenn die Fragen lauten: Welche sozialen Geschichten und Interdependenzen zwischen Deutschen und Türken und Deutschtürken werden erzählt? Wie stehen diese narrativ in Relation zu bundesrepublikanischer Politik, Öffentlichkeit und Ökonomie?[266] Im Vordergrund dieses Buches stehen die Mechanismen der Generierung sozialer Kohäsion oder Korrosion in Film und Literatur. Es geht also im Kern um die Frage, welche Narrative der Migration die Kulturgeschichte der deutschen Einwanderungsgesellschaft bestimmt haben? Um diese Mechanismen dem Film und der Literatur zur Migration wieder zugänglich zu machen, ist die Neujustierung von zwei Begriffen und Konzepten erforderlich: des »Narrativs« als eine prozessabhängige Artikulation und als Verhältnis ästhetischer und politischer Erzählweisen und der »Integration« als ein nicht normatives, sondern wie die Migration als ein ebenso prozessabhängiges Bewegungskonzept.[267] Einen erzählerischen

---

[262] Siehe Rosanvallon (2011): S. 46.

[263] Vgl. Göktürk (2000). Dayıoğlu-Yücel (2005). Burns, Rob (2006): »Turkish-German Cinema. From Cultural Resistance to Transnational Cinema?«. In: *German Cinema since Unification*, hg. v. David Clarke, London: CONTINUUM, S. 127–149.

[264] Siehe hierzu für viele: Riedel (2020): S. 22. Schenk, Klaus (2020): »Das gefallene Märchen. Zur filmischen Narration und Semiotik trankultureller Missverständnisse«. In: *Der Deutsch-Türkische Film. Neue kulturwissenschaftliche Perspektiven*, hg. v. Deniz Bayrak, Enis Dinç, Yüksel Ekinci und Sarah Reininghaus, Bielefeld: transcript, S. 39–64, S. 42 u. S. 48.

[265] Siehe hierzu: Ezli (2006). Siehe auch: Ezli (2009).

[266] Aus einer wissenssoziologischen Perspektive ist die Kritik, die ich hier formuliere, mit der Bruno Latours an der positivistischen Soziologie analog zu setzen. »Der Positivismus – in seiner natürlichen oder sozialen Form, in seiner reaktionären oder progressiven Form – hat nicht deshalb unrecht, weil er das ›menschliche Bewusstsein‹ vergäße und sich stattdessen auf ›kalte Daten‹ verließe. Er hat umstrittene Tatsachen *zu schnell, ohne ordentliches Verfahren* in unbestreitbare Tatsachen verwandelt. Er hat die beiden Aufgaben des Realismus verwechselt: Vielfalt und Vereinigung. Er hat den Unterschied verwischt zwischen dem Entfalten der Assoziationen und ihrer Sammlung in einem Kollektiv.« Latour (2010): S. 438f.

[267] Siehe hierzu: Ezli/Langenohl/Rauer/Voigtmann (Hg.) (2013): S. 10f.

und kommunikativ-partizipativen Zusammenhang gibt es jedoch nicht nur zwischen der deutsch-türkischen Kulturproduktion und der bundesrepublikanischen Öffentlichkeitsgeschichte, sondern auch zwischen den Sprechweisen und Reflexionen der Integration mit der politischen und ökonomischen Entwicklung in Deutschland von einem industriellen Kapitalismus, dem Aufbau eines Sozialstaats hin zu einem postindustriellen Kulturkapitalismus.

1.5 Narrative der Integration

»Die Rede von der Integration ist die Feindin der Demokratie«, lautet 2010 eine bekannt gewordene Formulierung in dem Appell *Nein zur Ausgrenzung* aus dem Jahr 2010, den über 400 Künstler, Wissenschaftler und Publizisten unterzeichneten.[268] Mittlerweile trägt der Appell den Titel *Demokratie statt Integration*, es gibt eine englische und eine türkische Fassung und die Zahl der Unterzeichner hat sich bis heute verzehnfacht.[269] Anlass für diesen Appell war der 20. Jahrestag der deutschen Wiedervereinigung, sein Ausgangspunkt die äußerst bekannt gewordenen Thesen des ehemaligen Finanzsenators von Berlin, Thilo Sarrazin, die er in einem *Lettre International*-Interview von 2009 und im darauffolgenden Jahr in seiner Publikation *Deutschland schafft sich ab* veröffentlichte.[270] In beiden Texten knüpft er die Zukunftsfähigkeit Deutschlands an die Integrierbarkeit oder Nicht-Integrierbarkeit der unproduktiven, von Transferleistungen lebenden Unterschicht. In einer biologistisch-kapitalistischen Diktion zwischen brauchbarem Genpool und gesellschaftlichem Kosten-Nutzen-Verhältnis stellt im Zusammenhang von Prekariat und Gesellschaft insbesondere der Muslim ein erweitertes Gefahrenpotential für die deutsche Gesellschaft dar.[271] Wenn die deutsche Unterschicht durch spezifische Anreize wieder in den Arbeitsmarkt geführt und so eine »Verdummung« Deutschlands noch verhindert werden könne, so sei dieser Prozess der Integration bei Muslimen nicht möglich, weil sie aufgrund ihrer Religion nicht modern sein könnten und zudem gefährlich

---

268 TAZ (2010): »Nein zur Ausgrenzung«, 01.10.2010. http://www.taz.de/!59131/ (30.06.2017).
269 Siehe: http://kritnet.org/2010/demokratie-statt-integration/ (30.06.2017).
270 Siehe: LETTRE INTERNATIONAL (2009): »Klasse statt Masse. Von der Hauptstadt der Transferleistungen zur Metropole der Eliten. Interview mit Thilo Sarrazin«. In: *LI 086*, Herbst 2009, S. 197–201.
271 Siehe hierzu: SARRAZIN, Thilo (2010): *Deutschland schafft sich ab. Wie wir unser Land aufs Spiel setzen*, Berlin: Deutsche Verlagsanstalt, S. 266. Vgl. hierzu auch: EZLI, Özkan (2010): »Der ortlose Muslim oder das Prekäre als Niemandsland. Ein kulturwissenschaftlicher Kommentar zu Thilo Sarrazins ›Deutschland schafft sich ab‹«. In: https://www.exzellenzcluster.uni-konstanz.de/ortlose-muslim-sarrazin.html (30.06.2017).

seien.²⁷² Insbesondere gegen die ausschließliche und Gesellschaft segregierende Kosten-Nutzen-Rechnung wendet sich der Appell *Nein zur Ausgrenzung* kurz nach Veröffentlichung von Sarrazins Buch.²⁷³ Darin wird unter anderem festgehalten, dass mit der »Rede von der Integration« nur ordnungspolitische Diktionen und das Aufzwingen eines bestimmten Verhaltenskodex ausgehend von einer vermeintlich homogenen Mehrheitsgesellschaft verbunden seien.²⁷⁴ Darum könne es in einer Einwanderungsgesellschaft nicht gehen, sondern nur noch um Fragen des Zusammenlebens.²⁷⁵

Kosten-Nutzen-Erwägungen, Fragen nach der Zukunftsfähigkeit von Gesellschaften, Verhaltensweisen und das Zusammenleben haben mit unterschiedlichen Gewichtungen seit jeher das Reden über Integration und Assimilation bestimmt. Dabei war stets unerheblich, wie homogen oder heterogen die jeweiligen Gesellschaften strukturiert sind oder ob sie durch identitätspolitisch ausgerichtete Narrative beschrieben werden. Zugleich sind mit den genannten sozialen, wirtschaftlichen und kulturellen Entitäten auch immer die Grundlagen für Skandalisierungen der Migration gegeben – wie im Falle Sarrazins. So wie eine Geschichte des Integrationsbegriffs geschrieben werden kann, so ist es ebenfalls möglich, diese Geschichte anhand ihrer Skandalisierungen zu erzählen. Denn gesellschaftliche Vielfalt ist in der Geschichte selten als das gesehen und beschrieben worden, was sie ist: als ein natürliches Phänomen, »das aus den direkten und indirekten Beziehungen der Gesellschaften resultiert«. Vielmehr wurde und wird sie immer wieder auch als »eine Art von Ungeheuerlichkeit oder Skandal« aufgefasst.²⁷⁶

Die Geschichte der Skandalisierung der gesellschaftlichen Vielfalt, die oft die Grundlage für Diskriminierungen darstellte, ist schon in der Geschichte der westlichen Demokratien äußerst vielfältig. Mitte des 18. Jahrhunderts spricht man in Pennsylvania vom »deutschen Problem«²⁷⁷. Seit drei Generationen lebten dort deutsche Einwanderer, die aber noch immer kein Englisch sprachen. In

---

272 Siehe: SARRAZIN (2010): S. 260–281.
273 *Deutschland schafft sich ab* ist nach Michael Moores *Stupid White Men* das meistverkaufte politische Sachbuch der 2000er Jahre. Siehe hierzu: https://www.gfk-entertainment.com/news/thilo-sarrazin-sprengt-alle-rekorde.html (04.05.2021).
274 Siehe: http://www.linksnet.de/de/artikel/27258 (24.07.2017). Die Rede von der Integration lässt sich auch als Versuch interpretieren, ein »gesellschaftliches Wir« gegenüber den *Anderen* »zu beschwören«. Siehe hierzu: MECHERIL, Paul (2011): »Wirklichkeit schaffen. Integration als Dispositiv«. In: *Aus Politik und Zeitgeschichte*, 61. Jahrgang, Heft 43/2011, S. 49–54, hier S. 54.
275 Siehe: taz (2010).
276 LEVI STRAUSS, Claude (2012): *Anthropologie in der modernen Welt*, Frankfurt a. M.: Suhrkamp, S. 122.
277 MEIER-BRAUN, Karl-Heinz (2002): *Deutschland. Einwanderungsland*, Frankfurt a. M.: Suhrkamp, S. 12.

einem Sieben-Punkte-Programm schlug man Benjamin Franklin, dem damaligen Gouverneur der Stadt Philadelphia, zur Eingliederung der deutschen Einwanderer Folgendes vor: Der erste Punkt des Maßnahmenkatalogs sieht vor, die Sprachkompetenz der Einwanderer zu fördern, englische Schulen in die vorhandenen deutschen Schulen zu integrieren, deren Besuch im Unterschied zu den deutschen nichts kosten soll. Des Weiteren wird angeregt, die Engländer mit Geldspenden oder einer finanziellen Mitgift zu motivieren, deutsche Frauen zu ehelichen. Dies sei für die Vergemeinschaftung von Engländern und Deutschen und für den Handel sicher förderlich.[278]

Franklin ist mit allen Vorschlägen einverstanden, außer mit dem zur Förderung von Mischehen. Zur Heiratspolitik bemerkt er in einem Antwortschreiben, dass diese definitiv zu teuer sei und wenig Aussicht auf Erfolg habe. Denn »die deutschen Frauen sind im Allgemeinen so wenig anziehend für einen Engländer, dass es enorme Mitgift erfordern würde, Engländer anzuregen, sie zu heiraten«. Den siebten Vorschlag aus dem Sieben-Punkte-Programm, keinen Deutschen mehr in Pennsylvania aufzunehmen, sei wiederum nach Franklin »ein guter Vorschlag«. Denn die, »die schon hier sind, werden dies unterstützen«. Franklins Aussagen empfinden die Deutschen als beleidigend, als diskriminierend, und sie lösten einen Skandal aus.[279]

Knapp 150 Jahre später sind es nicht sprachliche Defizite oder Debatten über Frauen, die zum Skandal führen und kulturelle Grenzen ziehen, sondern die Essiggurken der osteuropäischen Juden New Yorks. Anfang des 20. Jahrhunderts erwägt die New Yorker Stadtverwaltung, den Verkauf von Essiggurken zu verbieten. Nach Ansicht amerikanischer Gesundheitsbeamter verhindere der Verzehr von eingelegtem Gemüse das Gelingen patriotischer Sozialreformen, weil sie ihre Konsumenten »zu nervösen, instabilen Subjekten« und am Ende zu »schlechten Amerikanern« machten.[280] Rund sechzig, siebzig Jahre später führt die Rede von fleißigen Gastarbeitern und faulen Deutschen auch in Deutschland zu einem Skandal.[281] Es ließen sich weitere Beispiele anführen. Doch der Begriff »Kultur« wird in der bundesrepublikanischen Migrationsgeschichte erst in den 1980er Jahren als alleinstehende Kategorie und als Nomen zur Grundlage skandalisierender Integrationsdebatten in der Bundesrepublik.[282]

---

278 Siehe hierzu: Ebd. Auch zweihundert Jahre später ist die Mischehe ein zentraler Kern integrationstheoretischer Überlegungen, wie beispielsweise in Milton Gordons wirkmächtiger Integrationstheorie von 1964. Siehe hierzu: GORDON (1964): S. 48.
279 Aus: MEIER-BRAUN (2002): S. 12.
280 Zitiert nach: HEINS, Volker (2013): *Skandal der Vielfalt*, Frankfurt a. M.: Campus, S. 13.
281 Siehe hierzu: Vgl. hierzu: COHN-BENDIT, Daniel/SCHMID, Thomas (1993): *Heimat Babylon. Das Wagnis der multikulturellen Demokratie*, Hamburg: Hoffmann und Campe, S. 121.
282 Siehe hierzu: HUNN (2005): S. 495.

Die spannungsgeladene Verbindung von Normalität und Problem in der Geschichte der Migration und Integration ist auch in der Errichtung des Lehrstuhls für Amerikanische Soziologie in Chicago und an anderen Orten Ende des 19. und Anfang des 20. Jahrhunderts ausschlaggebend und findet sich bis heute in der Integrationsforschung.

> Viele Migrationsforschungen entstanden nicht als reine Forschungsarbeiten, sondern im Selbstverständnis migrationswissenschaftlicher Intervention in politischen Debatten: Nicht wenige Schlüsselwerke entstanden im Geist, Migrationsforschung als engagierte Public Science zu betreiben, um damit beispielsweise die gesellschaftliche Integration von bestimmten Migrantinnen_gruppen zu fordern oder zu fördern, Gesetze zur politischen Steuerung von Migration zu formulieren bzw. zu legitimieren oder Aufgaben der Aufarbeitung und Reaktion auf Rassismus zu übernehmen.[283]

Mit der Implementierung des Lehrstuhls für Amerikanische Soziologie in Chicago war 1892 nicht nur das Verlangen nach objektivem Wissen zum Themenkomplex verbunden, sondern auch die politische Erwartung, dass dort ein praktisches Wissen generiert werde, mit dem soziale Probleme, die vermeintlich aus Migrationsbewegungen entstehen, gelöst werden könnten.[284] Die Errichtung der Lehrstühle für Migration und Integration war von Anfang an doppelt codiert und schuf eine osmotische Zone zwischen Wissenschaft und Öffentlichkeit.

Bevor der Begriff der Integration überhaupt im Zusammenhang mit Migration den Weg in gesellschaftspolitische Debatten, in Skandalisierungen, Diskriminierungen, in alltägliche Gebrauchs- und Sprechweisen und ab Ende der 1960er Jahre in die Sozialwissenschaften fand, war es zunächst der Begriff der Assimilation, mit dem Migrationsfolgen und die damit zusammenhängenden Prozesse beschrieben wurden.[285] Vorzüglich setzte man ihn in den Vereinigten Staaten von Amerika ein, die zwischen den Jahren 1850 und 1920 das beliebteste Einwanderungsland weltweit waren.[286] Auch wenn sich der Begriff der Assimilation, wie auch später der Begriff der Integration, vor seiner Expansion in den öffentlichen Raum in Amerika und in Europa auf einen kleinen Kreis von Wissen-

---

283 MECHERIL, Paul/REUTER, Julia (2015): *Einleitung zu Schlüsselwerke der Migration. Pionierstudien und Referenztheorien*, Wiesbaden: Springer VS, S. 5. Siehe hierzu auch: BUKOW, Wolf-Dietrich/LLARYORA, Roberto (1988): *Mitbürger aus der Fremde. Soziogenese ethnischer Minoritäten*, Opladen: Westdeutscher Verlag, S. 5.
284 Vgl. BOMMES, Michael/THRÄNHARDT, Dietrich (2010): »Introduction: National Paradigms of Migration Research«. In: *National Paradigms of Migration Research*, hg. v. Michael Bommes, Dietrich Thränhardt, Osnabrück: Osnabrücker Universitätsverlag, S. 9–38, hier S. 10.
285 Siehe hierzu: Ezli/Langenohl/Rauer/Voigtmann (Hg.) (2013): S. 9.
286 Allein in diesem Zeitraum migrierten 5,5 Millionen Deutsche in die Vereinigten Staaten. Siehe hierzu: OLTMER, Jochen (2013): *Migration im 19. und 20. Jahrhundert*, München: Oldenbourg, S. 1.

schaftlern beschränkte, liegt schon in seinem ersten systematischen Gebrauch ein Schulterschluss zwischen Wissenschaft und Politik vor.

In den kommenden Dekaden etabliert sich in den USA eine Theorie zur Assimilation, die – im Unterschied zur späteren Begriffsverwendung – explizit keine homogene Nation oder einzelne Ethnien als Ziel oder als Grundlage von Assimilation oder Dissimilation voraussetzt. Zwar ist es richtig, dass Assimilation der *terminus technicus* für die Vorstellung von einem Melting Pot ist, in dem alle Unterschiede entdifferenziert werden und eine homogene Kultur »gekocht« wird und dass die Assimilationsforschung im Unterschied zu den Ethnic Studies den Standpunkt der Nation und nicht den der Minderheiten einnimmt.[287] Allerdings wird der Begriff der Nation anfangs vielmehr als Rahmung von Zivilisationsprozessen gebraucht als für die Entwicklung und Rückbesinnung auf nationale Eigenheiten und Spezifika. Die Eckpfeiler eines der ersten Migrations- und Stadtsoziologen, Robert Ezra Park, sind beispielsweise nicht die Nation, sondern Mobilität und Urbanität.[288] Das gestalterische Zentrum der Verbindung von Bewegung und Stadt, die für Park die Grundlagen moderner Gesellschaften darstellt, ist nicht der alteingesessene Bürger, sondern der *marginal man*, der trotz seiner Bezeichnung nicht am Rande der Gesellschaft lebt. Durch seine Mobilität und seine Kraft zur Veränderung, aber auch zur Anpassung, steht er vielmehr im Zentrum der Entwicklung von Zivilisation, eines allgemeinen »cosmic process«[289] weil er nicht *an*, sondern *auf* der Grenze zwischen Herkunfts- und Ankunftsgesellschaft lebt.[290] Er verändert beide durch einen wechselseitigen Assimilationsprozess mit. »The marginal man is a personality type that rises at a time and a place where, out of the conflict of races and cultures, new societies, new peoples and cultures are coming into existence. [...] The marginal man is always relatively the more civilized human being.«[291]

Dieser Prozess zwischen Veränderung und Anpassung ist zwar insofern von Konflikten geprägt, als der *marginal man* mit seiner Migration auf der einen Seite die Bindungen an seine Herkunft abbricht. Auf der anderen Seite fordern Kontakt

---

287 Siehe hierzu: RAUER, Valentin (2014): »Assimilation«. In: *Das neue Deutschland*, S. 203–205, hier S. 203 u. 204. Siehe auch: WIMMER, Andreas (2008): »Ethnische Grenzziehungen in der Immigrationsgesellschaft. Jenseits des Herderschen Commonsense«. In: *Kölner Zeitschrift für Soziologie*, Sonderheft, Heft 48, S. 57–80, hier S. 71.
288 Siehe hierzu: LINDNER, Rolf (2007): *Die Entdeckung der Stadtkultur. Soziologie aus der Erfahrung der Reportage*, Frankfurt a. M.: Campus. Siehe auch: MAKROPOULOS, Michael (2004): »Robert Ezra Park (1864–1944). Modernität zwischen Urbanität und Grenzidentität«. In: *Culture Club. Klassiker der Kulturtheorie*, hg. v. Martin Hofmann u. a., Frankfurt a. M.: Suhrkamp, S. 48–66.
289 Siehe hierzu: ESSER (2008): S. 83.
290 Vgl. MAKROPOULOS (2004): S. 54.
291 PARK, Robert Ezra (1937): »Cultural Conflict and the marginal man«. In: *The study of personality and culture conflict*, hg. v. Everett Stonequist, New York: Russel & Russel, S. XIII–XVIII, hier S. XVIIf.

1.5 Narrative der Integration — 79

und Kollision die eingesessene traditionelle gesellschaftliche Organisation der Ankunftsgesellschaft heraus. Dieser Prozess ist insgesamt positiv, da der Wandel und die Fusion von Kulturen für »the processes of civilization and of progress« stehen.[292] Migration und die sich daran anschließende Assimilation sind eine »agency of civilization« und stehen im Zentrum des Wandels sozialer Kohäsionen und Korrosionen. Geprägt von Georg Simmels Soziologie des Fremden stehen bei Park Vergesellschaftungsprozesse im Fokus anstelle einer klar strukturierten homogenen Gesellschaft. Er war von Simmels grundlegender soziologischer These überzeugt, »dass Gesellschaft überall dort existiert, wo mehrere Individuen miteinander in Wechselwirkung treten«.[293]

Diese Form der Beschreibung von Assimilationsprozessen zwischen Selbst- und Fremdsteuerung findet sich bereits in der noch nicht systematischen und ausdifferenzierten Verwendung des Begriffs im frühen 19. Jahrhundert. Dort wird er auch als ein Prozess körperlich-biologischen Wandels begriffen, in dem das Fremdartige, »das man in sich aufgenommen« hat, »in die eigene Substanz« verwandelt wird. So kann der Assimilationsprozess nicht nur als eine erzwungene Anpassung und erzwungene Aufgabe der Herkunftskultur begriffen werden, sondern auch als »Angleichungsprozess [mit] Zugewinn«, als eine Form der Selbststärkung.[294] Das Aufgeben einer alten Identität ist hier mit dem Gewinn einer neuen verbunden. Dabei haben kulturelle Eigenschaften ihre »roots and their sources in the instincts and habits of human beings«. Sie geben ihnen den »dynamic character by which they interact and modify one another«.[295] Während man der Rede von der Integration und besonders von der Assimilation heute die ausschließliche Befolgung repressiver Maßnahmen unterstellt, steht beim Begriff der Anpassung eher ein aktiver Prozess zwischen Selbstbestimmung und externem Zwang im Vordergrund.[296] Grundlage ist dafür zum einen ein starkes

---

[292] PARK, Robert Ezra (1928): »Human Migration and the Marginal Man«. In: *American Journal of Sociology*, 33:6, S. 881–893, hier S. 890.
[293] CHRISTMANN, Gabriela (2007): *Robert Ezra Park*, Konstanz: UVK, S. 23. Siehe hierzu auch: TREIBEL, Annette (2011): *Migration in modernen Gesellschaften. Soziale Folgen von Einwanderung, Gastarbeit und Flucht*, München: Juventa, S. 52.
[294] OMRAN, Susanne (2004): »›Assimilation‹. Zur Physio-Logik kultureller Differenz nach 1800«. In: *Kulturelle Identität. Konstruktionen und Krisen*, hg. v. Eva Kimminich, Frankfurt a. M.: Peter Lang, S. 89–106, hier S. 91.
[295] PARK, Robert Ezra (1931): »The Problem of Cultural Differences«. In: *Race and Culture*, hg. v. Everett C. Hughes, London: The Free Press of Glencoe, S. 3–14, hier S. 7.
[296] Siehe hierzu auch: BRUBAKER, Rogers (2007): »Die Rückkehr der Assimilation?«. In: *Gruppen ohne Grenzen*, Hamburg: Hamburger Edition, S. 166–186, S. 171. Brubaker gebraucht in diesem Zusammenhang die Konstruktion der reflexiven Assimilation, die er vom transitiven Gebrauch des Begriffs Assimilation unterscheidet. Im »sich assimilieren« sieht er eine Aktivität

Migrationssubjekt, das dem Prozess der Anpassung und Verwandlung offen gegenübersteht. Zum anderen, dass von seiten der Mehrheitsgesellschaft dieses Subjekt auch als ein hybrides, in Wandlung begriffenes gesehen wird und nicht als Teil eines statischen Kollektivs. Insgesamt rahmt, bedingt und trägt diese Vorstellungen die Idee von gesellschaftlichem Wandel, von Fortschritt und von Entwicklung als einer einsinnigen Form von Zeitlichkeit.

Die systematischste Ausbuchstabierung dieser Ausrichtung des Integrationsbegriffs finden wir in der Theorie Milton Gordons, die er Anfang der 1960er Jahre entwirft. Im Unterschied zu Park steht in Gordons *Assimilation in American Life* nicht der einzelne, sondern die Gruppe im Zentrum des Geschehens. Ein weiterer zentraler Aspekt ist, dass seine Theorie besonders darauf abzielt, soziale Diskriminierungen abzubauen. Diskriminierungen basieren auf Unterscheidungen, sie werden behauptet und in Ungleichheiten verwandelt. Der Übergang von der Differenz zur Ungleichheit vollzieht sich dabei von »vorurteilsbehafteten Sichtweisen« über »herabsetzende Äußerungen« bis zu »benachteiligenden Handlungen«.[297] Die Diskriminierung besteht demnach aus einer Folge von Handlungen, die äußerst voraussetzungsreich ist. Ihre drei konstitutiven Elemente sind Sehen (darin steckt das Vorurteil), Sprechen (darin liegt die Herabsetzung) und letztlich das Handeln (darin steckt die Benachteiligung). Gordon gibt dafür plastische Beispiele: etwa wenn eine farbige Familie im Süden der Vereinigten Staaten aufgrund ihrer Hautfarbe kein Zimmer bekommt.[298] In die Geschichte der Skandalisierun-

---

von Akteuren und Bevölkerungsgruppen, die sich der transitiven Assimilation, einem Zwang zur Anpassung, widersetzt. Im Gegensatz zur Verwendung des Begriffs Anfang des 19. Jahrhunderts sieht er die reflexive Assimilation nicht als einen organischen, sondern als abstrakten Prozess. Wir werden später sehen, inwieweit diese Umdefinition der Assimilationstheorie in der 2000er Jahren mit unserem Leitsatz »Was lebst Du?« in Zusammenhang steht.
297 SCHERR, Albert (2016): *Diskriminierung. Wie Unterschiede und Benachteiligungen gesellschaftlich hergestellt werden*, Wiesbaden: Springer SV, S. 25.
298 GORDON (1964): S. 22. Die Historikerin Carol Anderson konstatiert, dass es für Afroamerikaner eine Liste gab, die das ›Grüne Buch‹ genannt wurde. Darin waren Restaurants und Hotels aufgelistet, die Schwarze aufsuchen konnten. Siehe hierzu: RIDDERBUSCH, Katja (2014): »Die Aufhebung der Rassentrennung in den USA«. In: *Deutschlandfunk*, 02.07.2014. http://www.deutschlandfunk.de/50-jahre-gleichberechtigung-die-aufhebung-der.724.de.html?dram:article_id=290732 (27.11.2017). Der Erfinder des *Green Book*, der schwarze Postbote Victor Hugo Green, veröffentlichte diesen Reiseführer 1936 das erste Mal mit dem entgegengesetzten Ziel, dass irgendwann der Tag kommen wird, »diese Publikation einzustellen«, an dem die Schwarzen reisen können, wohin sie auch mögen, ohne »beleidigt«, »bespuckt« und »verprügelt« zu werden. Siehe hierzu: GUNKEL, Christoph (2019): »Freie Fahrt für schwarze Bürger«. In: DER SPIEGEL, 19.02.2019, https://www.spiegel.de/einestages/green-book-wie-victor-hugo-green-einen-reisefuehrer-fuer-schwarze-erfand-a-1253180.html (zuletzt 29.04.2019). Im Hollywood-Kinofilm GREEN BOOK VON 2018, der in den frühen 1960er spielt, steht das Grüne Buch im Zentrum der Erzählung. Bei den Oscarverleihungen 2019 erhielt er den Oscar

gen ist eine Geschichte der Diskriminierungen eingelagert, die für das vorliegende Buch mitbestimmend ist. Denn wenn auf Diskriminierungen nicht reagiert wird und die Verletzung nicht ausagiert werden kann oder aufgrund gegebener Rechtslagen kein Ausgleich stattfindet, kann sie unter Umständen zu einem bestimmenden Bestandteil des Gedächtnisses von Migranten und Minderheiten werden. Sie können dann eventuell zu einem späteren Zeitpunkt, wenn sie nicht vergessen oder anderweitig ausgeglichen werden, zu unerwarteten Spannungen und Reaktionen führen, deren Grundlagen nicht mehr allein die Diskriminierung sein muss, sondern vielmehr eine Kultur des Ressentiments.[299] Letzteres kann die Grundlage einer neuen Identitätspolitik sein, »wenn blockierte (Re-)Aktionen zu einem dauerhaften und unerledigten Gemütszustand« gerinnen, so Joseph Vogl in seiner instruktiven Studie *Kapital und Ressentiment*.[300]

Dass das Verhältnis von Verlust und Gewinn, von alter und neuer Kultur – theoretisch wie praktisch, zwischen *dogmata* und *pragmata* – ein äußerst komplexes und vielschichtiges ist, hat spätestens die Geschichte der Migration und ihrer Folgen seit den 1980ern Jahren in der Bundesrepublik gezeigt. Ein eindrückliches Beispiel hierfür ist die Entwicklung des türkischen Islam in Deutschland. Seine Entwicklung beschreibt der Ethnologe und Migrationsforscher Werner Schiffauer als eine von einem defensiv gefärbten Exil-Islam zu einem selbstbewussten Diaspora-Islam.[301] An die Stelle der Identifikation mit einer vermeint-

---

für den ›Besten Film‹. Siehe hierzu: FARRELLY, Peter (2019): *Green Book. Eine besondere Freundschaft*, Kinoverleih: eOne (Erstaufführung 31.01.2019). DIE WELT (2019): »Green Book als bester Film geehrt. Kein totaler Triumph für Roma«. In: *Die Welt*, 25.02.2019, https://www.welt.de/kultur/kino/article189342143/Oscars-2019-Green-Book-erhaelt-den-Oscar-als-bester-Film.html (zuletzt 09.04.2019).

299 Nach Gilles Deleuze' Analyse der Entwicklung des Ressentiments in Nietzsches *Genealogie der Moral* kommt es zum Aufbau einer Ressentimentkultur, wenn die reaktiven Kräfte durch eine aktive Kraft nicht ausagiert werden. Es kommt zu Bildungen von Ressentiments, wenn anstelle von Handlungen, von Reaktionen nicht ein Gegenhandeln einsetzt, sondern nur ein Gegenfühlen. Explizit konstatiert Deleuze, das im Wort »Ressentiment« bereits ein »überdeutlicher Hinweis« steckt: »die Reaktion hört auf, ausagiert zu werden und wird statt dessen gefühlt«. Dabei treten die reaktiven Kräfte an die Stelle der aktiven. Siehe hierzu: DELEUZE, Gilles (2002): »Vom Ressentiment zum schlechten Gewissen«. In: DERS.: *Nietzsche und die Philosophie*, Hamburg: Europäische Verlagsanstalt, S. 122–160, S. 122.

300 Dabei können nach Vogl »Wesen« und »Objekte« der Außenwelt in unterschiedlichsten Konstellationen »mögliche Anlässe für eine gefühlte Kränkung und Verletzung, für einen Schmerz der Zurücksetzung werden, […] wobei das Gedächtnis als selbstverstärkender Mechanismus solcher Leiden funktioniert«. Siehe hierzu: VOGL, Joseph (2021): *Kapital und Ressentiment. Eine kurze Theorie der Gegenwart*, München: C. H. Beck, S. 161.

301 Siehe hierzu: SCHIFFAUER, Werner (2004): »Vom Exil- zum Diaspora-Islam. Muslimische Identitäten in Europa«. In: *Soziale Welt. Zeitschrift für sozialwissenschaftliche Forschung und Praxis Jahrgang* 55:4, S. 347–368, hier S. 350.

lich homogenen Mehrheitsgesellschaft tritt in der Bundesrepublik der 1980er und 1990er Jahre eine Re-Ethnisierung, eine gebrochene Retraditionalisierung, die in den 1980ern über die nationale Herkunft und später über die Religion auf komplexen identitätspolitischen Wegen in das Sprechen und Skandalisieren der Migration hineinführt. In diesem Zusammenhang wird auch der Begriff der Integration prominent, der besonders in der Bundesrepublik Karriere macht.[302] Wenn heute in Deutschland auf politischer Ebene von Integration die Rede ist, dann oft mit dem Zusatz, es handele sich dabei nicht um Assimilation. Damit ist gemeint, dass Integration weder auf die Herstellung kultureller Homogenität ziele noch andere kulturell bedingte Prägungen ausschließe.[303] Doch bevor es zur kulturell codierten Verwendung des Begriffs »Integration« kommt, wird dieser in anderen Zusammenhängen verwendet, und seine Geschichte verläuft anders als der der Assimilation.

Wenn der Gebrauch des Begriffs »Assimilation« anfangs mit »physical traits«, Stoffwechselprozessen, Zivilität, Zivilisation und später verstärkt mit Nation, Gruppen und Homogenisierung einhergeht, die bis zur *race-relation-cycle*-Theorie reichen, erfährt diese theoretische Ausrichtung Anfang der 2000er im amerikanischen Kontext mit der *Segmented Assimilation Theory* und *New Assimilation Theory* Modifikationen. In den beiden zuletzt genannten theoretischen Ausrichtungen wird explizit auf die kulturellen Folgen der »New Immigration«, die sich in den 1980er und 1990er Jahren konstituierten, reagiert.[304] Der Begriff »Integration« taucht nach dem Zweiten Weltkrieg zunächst in den Wirtschaftswissenschaften auf,[305] bevor er in die Sozial- und Geisteswissenschaften einwandert. Die Verwendung des Begriffs »Integration« im Kontext internationaler ökonomischer Kohäsionsbildung steht besonders im Zusammenhang mit der Projektion einer europäischen Integration nach dem Zweiten Weltkrieg. Als Reaktion auf die europäische Krise, und letztlich auf eine humane Katastrophe, hat man eine produktionswirtschaftliche Integration als Verflechtung der europäischen Kernstaaten im Blick. Es

---

302 Im Unterschied dazu hat in der amerikanischen Forschung auch ein Umdenken stattgefunden. In den Vereinigten Staaten setzte sich in Korrelation mit der neuen Identitätspolitik in der Forschung die Begriffskonstellation der segmentierten Assimilation durch. Siehe hierzu: ALBA, Richard/NEE, Victor (1997): »Rethinking Assimilation Theory for a New Era of Immigration«. In: *International Migration Review* 31:4, S. 826–874.
303 Siehe hierzu: Ezli/Langenohl/Rauer/Voigtmann (Hg.) (2013): S. 9.
304 Siehe zu Theory of Segmented Assimilation: PORTES, Alejandro (2003): *Legacies. The Story of the Second Immigrant Generation*, University of California Press. Siehe zu New Assimilation Theory: ALBA, Richard/NEE, Victor (2003): *Remaking the American Mainstream. Assimilation and contemporary Immigration*, Cambridge Mass.: Harvard University Press.
305 Vgl. HERBST, Ludolf (1986): »Die zeitgenössische Integrationstheorie und die Anfänge der europäischen Einigung 1947–1950«. In: *Vierteljahreshefte für Zeitgeschichte* 34:2, S. 161–206.

geht darum, über wirtschaftliche Integration zwischen den Nationen einen europäischen stabilen Gravitationsraum als Zwischenphase zu schaffen, der am Ende nach den Vorstellungen liberaler Wirtschaftstheoretiker zu einer globalen wirtschaftlichen Integration führen soll.[306] So trägt auch der erste Zusammenschluss von europäischen Ländern als Vorläufer der Europäischen Union zwischen den Jahren 1956 und 1992 den programmatischen Namen »Europäische Wirtschaftsgemeinschaft« (EWG). In einer vergleichbaren Sprechweise wird die Arbeiteranwerbung in Deutschland nach dem Krieg – mit dem Jahr 1955 einsetzend und bis in die späten 1960er Jahre hinein – nicht als ein Zeichen der nationalen, sondern der europäischen Integration beschrieben,[307] auch wenn diese sich selbst im »Wiederaufbau« befand. Für den Wiederaufbau Deutschlands verwenden die amerikanischen Besatzer in dieser Zeit den Begriff der »re-integration«.[308]

Wenn in dieser Verwendung von Integration ökonomische, produktionswirtschaftliche Systeme, internationale Beziehungen und ihre Stabilisierung nach dem Krieg im Zentrum stehen, taucht die Frage nach dem Zusammenhang und dem Verhältnis von ökonomisch-systemischen Strukturen und sozialer Integration bis in die 1970er Jahre in Forschung, in öffentlichen Debatten und, wie ich im ersten materialanalytischen Kapitel zeigen werde, auch in Literatur und Film auf. Aus heutiger historisch-politischer Perspektive haben sich auch die politischen Eliten Europas zu dieser Zeit gegen ein Identitätsprojekt und für die »strategische Integration eines wirtschaftlichen und politischen Großraums entschieden«.[309] Diese Form des wirtschaftspolitisch-europäischen »region-building« bestimmt auch die inner- wie außerdeutsche Form der Rede von der Integration.[310] Sie reicht von der Frage nach dem Grad der erreichten oder nicht erreichten Zivilität, in Zeiten des wirtschaftlichen Aufschwungs, der deutschen Bevölkerung selbst, bis hin zur Frage, welchen ökonomischen Vorteil die Arbeitsmigration für Deutschland bringe, wie sie aber auch die Herkunftsländer der Gastarbeiter als

---

306 Siehe hierzu: ebd., S. 178 und S. 180.
307 Siehe hierzu: SCHÖNWÄLDER, Karen (2001): *Einwanderung und ethnische Pluralität*, Berlin: Klartext, S. 643. FAZ (1955): »Hunderttausend italienische Arbeiter kommen«, 21.12.1955. Siehe auch: RAUER, Valentin (2013): »Integrationsdebatten in der deutschen Öffentlichkeit (1947–2012)«. In: *Die Integrationsdebatte zwischen Assimilation und Diversität*, S. 51–86, hier S. 61.
308 Vgl. LUDOLF, Herbst (1986): »Die zeitgenössische Integrationstheorie und die Anfänge der europäischen Einigung 1947–1950«. In: *Vierteljahrshefte für Zeitgeschichte* 34:2, S. 161–205, hier S. 173.
309 Vgl. hierzu MÜNKLER, Herfried (2015): *Macht in der Mitte. Die neuen Aufgaben Deutschlands in Europa*, Hamburg: edition Körber-Stiftung, S. 31.
310 Vgl. RAUER (2013): S. 71.

indirekte Entwicklungshilfe vorteilhaft sei.[311] Mit dieser letzteren, kolonialistisch anmutenden Diktion zeigt sich in einigen Artikeln der 1960er und 1970er Jahre – über die Frage der deutschen Zivilität – das geteilte Bewusstsein für dieses Verhältnis zum Fremden und die Sorge, wie man sich am besten den Gastarbeitern gegenüber verhält.[312] Deutschland ist ökonomisch erfolgreich, muss aber zugleich darauf achten, wie es sich im neuen europäischen Integrationsprozess »verhält«. Diese komplexe Gemengelage von Innen- und Außenkommunikation, von der wirtschaftlichen Integration und sozialen Praxis in der Bundesrepublik der 1960er und 1970er Jahre – komplex auch, weil sie getrennt voneinander gehalten werden – lässt keine stabile entscheidungspolitische Rede von der Integration entstehen, die auf die Einwanderung der »Gastarbeiter« reagiert.[313] Zwar gab es sehr wohl politische und parteiinterne Diskussionen über die Einwanderung nach Deutschland: Hans-Dietrich Genscher sprach 1972 davon, dass man sich der Tatsache der Einwanderung stellen müsse.[314] Doch Teil des politischen Systems der Bundesrepublik wurde die in dieser Zeit bereits einsetzende Einwanderung erst in den 2000er Jahren.

Die getrennte Behandlung der dargestellten beiden Ebenen, von systemischer und sozialer Integration, ist nicht nur ein politisches Problem. Sie ist zugleich eine zentrale sozialwissenschaftliche Fragestellung.[315] Ihre Trennung ist für den britischen Soziologen David Lockwood in den 1960er Jahren eine »künstliche«. Mit der Verknüpfung von System- und Sozialintegration geht er der Frage nach, »wie sozialer Wandel endogen in einer Gesellschaft erzeugt wird« und versucht, sie institutionell und akteursbezogen anzugehen.[316] »Integration« ist in dieser Kopp-

---

311 Vgl. für viele SCHÖNWÄLDER (2001): S. 166; RAUER (2013): S. 61.
312 Siehe hierzu exemplarisch für viele: KROEBER-KENETH, L. (1961): »Die ausländischen Arbeitskräfte und wir«. In: *FRANKFURTER ALLGEMEINE ZEITUNG*, 03.06.1961, S. 5. MATURI, Giacomo (1961): »Die Eingliederung der südländischen Arbeitskräfte und ihre besonderen Anpassungsschwierigkeiten«. In: *Ausländische Arbeitskräfte in Deutschland*, hg. v. Helmuth Weiken, Düsseldorf: Econ, S. 121–127.
313 Vgl. BOMMES, Michael/SCHERR, Albert (1991): »Der Gebrauchswert von Fremd- und Selbstethnisierung in Strukturen sozialer Ungleichheit«. In: *Prokla. Zeitschrift für politische Ökonomie und sozialistische Politik*, Jg. 21:83, Nr. 2, S. 291–316. Interessanterweise spiegelt sich dieser Zustand auch in der integrationstheoretischen Definition der Figur des Gastarbeiters nach Paul C. P. Siu, der ihn als einen symbiotisch segregierten beschreibt. Seine Studie zur chinesischen Wäscherei und ihren Arbeitern in Chinatown, New York, Anfang der 1950er Jahre ist hierfür zentral. Siehe hierzu: SIU, Paul C. P. (1988): *The Chinese Laundryman. A Study in Social Isolation*, New York University Press.
314 Siehe hierzu: SCHÖNWÄLDER (2001): S. 617 f.
315 Vgl. ZAPF, Wolfgang (1969): *Theorien des sozialen Wandels*, Köln: Kiepenheuer & Witsch.
316 Vgl. LOCKWOOD, David (1969): »Soziale Integration und Systemintegration«. In: *Theorien des sozialen Wandels*, hg. v. Wolfgang Zapf, Köln: Kiepenheuer & Witsch. S. 124–137, hier S. 124.

lung, wie bei Robert Ezra Park und Milton Gordon der Begriff »Assimilation«, ein gesamtgesellschaftlicher Begriff.[317] Er ist weder auf eine Mehrheit noch auf eine Minderheit beschränkt. Wenn für Lockwood die Frage der Integration und die nach den Bedingungen des sozialen Wandels Ende der 1960er und Anfang der 1970er als eine gesamtgesellschaftliche Frage anzugehen ist, verschiebt der Soziologe Hartmut Esser Ende der 1970er und Anfang der 1980er Jahre die Frage und den Prozess der Integration auf die Struktur der Mehrheitsgesellschaft, die sich nicht zu sehr verändern darf, wenn Integration gelingen soll. Er rückt die Ankunftsgesellschaft als ein zusammenhängendes System in den Vordergrund. Für Esser sind die Reflexionen zu Migration und Integration besonders in der deutschsprachigen Forschung bislang ausschließlich von der Perspektive der Migranten und der Rückwirkungen auf sie bestimmt gewesen.[318] In seiner Theorie zur Assimilation versucht er diese Fragen und Folgen nun für das Aufnahmesystem zu beantworten.[319] Heraus kommt dabei in Anlehnung an die amerikanische Assimilationstheorie ein Vier-Phasen-Modell, das Esser in seinem Hauptwerk *Aspekte der Wanderungssoziologie*, ausformuliert.[320] Im deutschsprachigen Raum stellt sie bislang die systematischste Migrations- und Integrationstheorie dar, an der sich die Multikulturalisten, die Transnationalisten und zum Teil auch Theorien der Diversität abarbeiten werden.[321] Im Allgemeinen besagt sie, dass auf eine kognitive Assimilation (etwa Spracherwerb), eine strukturelle (Bildung, Beruf), soziale (Austausch, Kontakt) und schließlich eine identifikative mit der Mehrheitsgesellschaft folge. Dabei zeigt sich die letzte Phase, die der identifikati-

---

317 Milton Gordon definiert im Klassiker der Integrationstheorien *Assimilation in American Life* (1964) Park und Burgess zitierend: »Assimilation is a process of interpenetration and fusion in which persons and groups acquire the memories, sentiments, and attitudes of other persons or groups, and, by sharing their experience and history, are incorporated with them in a common cultural life«. GORDON (1964): S. 62.
318 Esser setzt sich in dieser Hinsicht von den Arbeiten Friedrich Heckmanns und Karl Bingemers ab. Siehe zu Bingemer: BINGEMER, Karl/MEISTERMANN-SEEGER, Edeltrud/NEUBERT, Edgar (1970): *Leben als Gastarbeiter. Geglückte und mißglückte Integration*, Köln: Westdeutscher Verlag. Siehe zu Heckmann: HECKMANN, Friedrich (1981): *Die Bundesrepublik. Ein Einwanderungsland? Zur Soziologie der Gastarbeiterbevölkerung als Einwandererminorität*, Stuttgart: Klett/Cotta.
319 Vgl. ESSER, Hartmut (1978): »Wanderung, Integration und die Stabilisierung komplexer Sozialsysteme«. In: *Soziale Welt* 29:2, S. 180–200, hier S. 180.
320 Siehe hierzu: ESSER, Hartmut (1980): *Aspekte der Wanderungssoziologie: Assimilation und Integration von Wanderern, ethnischen Gruppen und Minderheiten. Eine handlungstheoretische Analyse*, Neuwied: Luchterhand, S. 220 und S. 221.
321 Vgl. FAIST, Thomas (2000): »Jenseits von Nation und Postnation. Eine neue Perspektive für die Integrationsforschung«. In: ders.: *Transstaatliche Räume. Politik, Wirtschaft und Kultur in und zwischen Deutschland und der Türkei*, Bielefeld: transcript, S. 339–394. Siehe hierzu auch: LÖFFLER, Bertold (2011): *Integration in Deutschland*, Augsburg: Oldenbourg, S. 44.

ven Assimilation, als eine logische Folge der kognitiven, strukturellen und sozialen Assimilation. Sie »ergibt sich«, wie Valentin Rauer und Oliver Schmidtke folgerichtig für Essers Theorie festhalten, »quasi von selbst«,[322] wenn sprachliche, berufliche und die soziale Einbettung des Einwanderers gegeben sind. Dieses Vier-Phasen-Modell von Esser ist in den 2000er Jahren anders genannt und teilweise umdefiniert worden. Heute werden für die Phasen die Begriffe »Platzierung« (Wohnung, Arbeit), »Interaktion« (soziale Kontakte), »Kulturation« (Angleichung) und »Identifikation« verwendet.[323] Die zeitliche Struktur dieses Prozesses sieht man heutzutage als weitaus komplexer an als noch in den Anfängen der Theorie Ende der 1970er Jahre.

Auch wenn Esser in seinen Ausführungen das Aufnahmesystem, die Mehrheitsgesellschaft in den Vordergrund rückt, ist eine weitere bis heute bestehende Grundlage seiner Theorie der Migrant als ein rational gesteuerter Akteur. Er durchläuft in seinem Assimilationsprozess einen erfolgreichen Lernprozess. »Wanderungen erfolgen [...] auf der Grundlage bestimmter partieller Motive, subjektiver kognitiver Erwartungen und der Berücksichtigung damit verbundener subjektiver ›Kosten‹.«[324] Die Aufgabe der Herkunftskultur oder die Aufgabe von Prägungen, die mit dem Aufnahmesystem kollidieren, sind zentraler Bestandteil einer erfolgreichen Assimilationsgeschichte. Wenn bei Park Grundlagen und Ziel Mobilität, Urbanität und Zivilisation waren, setzt Esser explizit an deren Stelle die Mehrheitsgesellschaft als ein System. Dabei spielt der Körper der Migranten, aber auch der der aufnehmenden Gesellschaft in keiner Form irgendeine Rolle. Äußerst interessant in diesem Zusammenhang ist, dass Essers vierstufiges Integrationsmodell mit den ersten vier Stufen von Milton Gordons siebenstufiger Integrationstypologie korreliert, doch die »Absence of Prejudice«, der »Absence of discrimination« und die letzte Stufe der »Absence of value and power conflict« Esser nicht entfaltet.[325] Wenn diese letzten Stufen den eigentlichen politischen Prozess für Gordon ausmachen, ist dieser in den Augen Essers oder aus der Perspektive des Systems mit der vierten Stufe der Identifikation bereits abgeschlossen. In den folgenden Materialanalysen werde ich aufzeigen, wie tief diese Differenz besonders ab den 1980er Jahren wirkt und die politischen Kategorien des Vorurteils, der Diskriminierung und der Macht- und Wertkonflikte in Ästhetik und

---

[322] RAUER, Valentin/SCHMIDTKE, Oliver (2001): »›Integration‹ als Exklusion? Zum medialen und alltagspraktischen Umgang mit einem umstrittenen Konzept«. In: *Berliner Journal für Soziologie* 3, S. 277–296, hier: S. 279.
[323] ESSER, Hartmut (2009): »Pluralisierung oder Assimilation? Effekte der multiplen Inklusion auf die Integration von Migranten«. In: *Zeitschrift für Soziologie* 38:5, S. 358–378, hier S. 358–360.
[324] ESSER (1978): S. 182.
[325] Siehe hierzu: GORDON (1964): S. 71; ESSER (1980): S. 221.

Debatten der Migration konstitutiv sind. In den 2000er Jahren justiert auch Esser aufgrund der kulturellen Folgen der Migration von den 1980ern bis heute wie Portes und Alba in den Vereinigten Staaten nach. Im Zentrum stehen bei Esser nun nicht mehr einfach das aufnehmende System und ein rationaler Akteur, sondern die intergenerationale Integration. Allen aktuellen Umschreibungen ist gemeinsam, dass sie, was Integrationsprozesse betrifft, nicht mehr von einem einsinnigen Prozess und einer einsinnigen Zeitlichkeit von kognitiven, strukturellen, sozialen bis zur identitifkativen Assimilation ausgehen. Neben der Assimilation gibt es nun zwei weitere Ausgänge, nämlich die der ethnischen Schichtung und der selektiven Akkulturation als Ergebnisse der Folgen von Migration.[326]

Als Hartmut Esser 1980 seine Assimilationstheorie als Integrationstheorie veröffentlicht beträgt die Anzahl der Ausländer in Deutschland 3,5 Millionen, obwohl seit November 1973 (da waren es 2,3 Millionen Ausländer) der Anwerbestopp gilt. Zwischen den Jahren 1973 und 1978 erfolgt die vielgenannte Familienzusammenführung der Gastarbeiter, die ihre Frauen, Männer, zum Teil auch Kinder nach Deutschland kommen lassen.[327] Viele türkische Einwanderer verließen in diesem Prozess die Arbeiterwohnheime und zogen zum Großteil in günstige Mietwohnungen ein. Allein dieser Wandel macht die Frage nach der sozialen Integration dringlich, die in den 1980er Jahren parallel zu Essers Thesen noch von Integration durch Binnenintegration gerahmt wird, die den Begriff der Kultur noch stärker ins Spiel bringt.

Gegen Essers Theorie der Assimilation und gegen die Debatten über das Türkenproblem in Deutschland zwischen 1979 und 1983 setzt Georg Elwert Anfang der 1980er Jahre auf die vermittelnde Funktion der Herkunftskultur für eine gelingende Integration.[328] In einer besonderen Form kommen hier die Aspekte des Vorurteils und der Diskriminierung zum Tragen, aber nicht die Konflikte um Macht oder um soziale Werte. Für Elwert ist die Grundlage einer gelingenden Integration nicht die Rationalität des Akteurs, was er alles braucht und tun muss oder die Homogenität und Stabilität der Mehrheitsgesellschaft, um aufzusteigen, sondern vielmehr sein Selbstbewusstsein, um auf Stigmatisierungen reagieren zu können.[329] Dieses Reagieren-Können ergibt sich nach Elwert aus einem Zusammenhang von Selbstbewusstsein, kultureller Identität und Handlungs-

---

[326] Siehe hierzu: PORTES (2003) und ESSER (2008).
[327] Siehe: WIMMER, Andreas (2005): *Kultur als Prozess. Zur Dynamik des Aushandelns von Bedeutungen*, Wiesbaden: VS Verlag, S. 149. HERBERT (2001): S. 236ff.
[328] Vgl. ELWERT, Georg (1982): »Probleme der Ausländerintegration. Gesellschaftliche Integration durch Binnenintegration?«. In: *Kölner Zeitschrift für Soziologie und Sozialpsychologie* 34:4, S. 717–731, S. 720.
[329] Ebd., S. 723.

fähigkeit. Diese Verbindung ermöglicht die binnenintegrierte Gruppe, die ein »Rückzugsfeld vor den Überlastungen eines verunsicherten Alltags« ist. Und aus diesem ist es »emotional besser gesichert, weitaus selbstbewusster, Kontakte zur Außenwelt« zu knüpfen.[330] »Ich hebe hervor, dass die Subkultur innerhalb deren produktive soziale Beziehungen im weitesten Sinne entstehen, durch emische Grenzen definiert sein muss.«[331] Auf die Frage Lockwoods, wie endogen sozialer Wandel im Wechselspiel von Institutionen und Akteuren entstehe, folgt in den 1980ern die Frage, wie kultureller Wandel zwischen Subkultur und Mehrheitsgesellschaft sich emisch, sozusagen aus einer nur für eine Gruppe von Akteuren zugänglichen, spezifischen kulturellen Perspektive, vollziehen könne. Produktiv wird dieses Verhältnis zwischen Subkultur und Mehrheitsgesellschaft jedoch nur unter bestimmten Bedingungen. Elwert zählt drei von ihnen auf: Erstens müssen gewaltfreie Räume garantiert sein. Zweitens dürfen sich keine sozialen Isolate bilden – hierbei denkt Elwert an die türkische Frau in deutschen Städten, das zentrale Thema von Film und Literatur der 1980er Jahre.[332] Und drittens muss die »Kultur der Immigranten ein lernfähiges System bilden«, in dem keine »Mythen« der aufnehmenden Gesellschaft entstehen können.[333] Integration ist nun nicht mehr eine gesamtgesellschaftliche Frage als sozialer Wandel, sondern eine Frage der Gruppendynamik und der kulturellen Authentizität geworden. Auf die folgenreiche Verbindung von Authentizität und Gemeinschaft macht im Zusammenhang des deutschen linksalternativen Milieus vom Ende der 1970er bis in die Mitte der 1980er Jahre auch der Zeithistoriker Sven Reichhardt aufmerksam.[334] Mit der Arbeit gegen Vorurteile und Diskriminierungen, die Esser explizit nicht entfaltet, fungiert Elwerts Modell als Gegenpol zu Essers durchrationalisierter Theorie. Doch setzt sich Elwert nicht mit Fragen der Macht und gemeinsamen verbindlichen sozialen Werten auseinander, auch ist der sozialstrukturelle Aufstieg des Migranten nicht zentraler Bestandteil seiner binnenintegrativen Reflexionen. Es geht um das Verstehen des Innenlebens des Anderen.[335]

---

330 Ebd.
331 Ebd., S. 720. Parallel werden im Rahmen der Cultural Studies in den 1980er Jahren auch mehrere Arbeiten zu den Subculture Studies vorgelegt. Siehe hierzu: MARCHART, Oliver (2008): *Cultural Studies*, Konstanz: UVK, S. 95–99.
332 Die türkische Frau in deutschen Städten ist mit der Frage nach dem Leben der zweiten Generation in Deutschland das zentrale Thema in Literatur und im Film. Siehe hierzu Kapitel 3 dieser Arbeit.
333 ELWERT (1982): S. 725.
334 REICHHARDT, Sven (2013): *Authentizität und Gemeinschaft. Linksalternatives Leben in den siebziger und frühen achtziger Jahren*, Berlin: Suhrkamp.
335 Auch in der zeitnah entstandenen bekannten kulturwissenschaftlichen Schrift *Die Eroberung Amerikas. Die Entdeckung des Anderen* von Tzvetan Todorov steht der emische Gedanke im

Ab den 1990er Jahren wird die Integration in der Öffentlichkeit und in Teilen der Sozialwissenschaften abgewandelt als wechselseitiger Prozess verstanden, im Zuge dessen sich auch die aufnehmende Gesellschaft anzupassen und zu verändern habe.[336] Mit Begriffen wie »multikulturelle Gesellschaft«, »Offene Republik« und der Forderung im bekannten *Manifest der 60*, die Ausländerpolitik in eine Einwanderungspolitik zu verändern, setzt man sich Anfang der 1990er Jahre für die Akzeptanz und Anerkennung der Einwanderungsrealität ein.[337] Im Unterschied zur Theorie der Binnenintegration von Elwert basiert die jetzt geforderte »multikulturelle Gesellschaft« nicht mehr auf dem Verstehen des Anderen aus seinem Herkunftskontext heraus. Vielmehr geht es nun um die Anerkennung der Differenz in der deutschen Einwanderungsrealität. Der Wandel vom Verstehen zum Anerkennen bringt es mit sich, dass nun »verstärkt realistisch getönte Beiträge aus Politikwissenschaft, Soziologie und Publizistik« kommen.[338] Diese Diktion durchzieht auch einen Großteil der Debattenbeiträge der 1990er Jahre.[339] Ein anderer Tenor ist, dass diese Politik der Differenz, die auf Gleichheit zielt, nur über einen Weg der Konflikte erreicht werden könne.[340] Dabei steht das anzuerkennende Produkt des Ausdrucks »starker Wertungen«, die nach Charles Taylor »aus der Tiefe [der] Innerlichkeit« durch ein Individuum selbst geschöpft werden, in enger Relation zu kulturellen Prägungen.[341] Jürgen Habermas ist mit den meisten Auffassungen zum Multikulturalismus von Charles Taylor einverstanden, sieht jedoch nicht ein, dass Kultur, Ausdruck und Individualität des Zusatzes eines kollektiven Rechtsanspruchs bedürfen, was neben Taylor Mitte

---

Zentrum, dass die Entdeckung des *anderen* durch das *Ich* und dabei besonders auch durch den Prozess des Verstehens erfolgt. Siehe hierzu: TODOROV, Tzvetan (1982): *Die Eroberung Amerikas. Das Problem des Anderen*, Frankfurt a. M.: Suhrkamp, S. 11–68.

336 Vgl. FAIST (2000).
337 Siehe hierzu: OBERNDÖRFER, Dieter (1991): *Die offene Republik. Zur Zukunft Deutschlands und Europa*, Freiburg i. Br.: Herder; COHN-BENDIT, Daniel/SCHMID, Thomas (1993): *Heimat Babylon. Das Wagnis der multikulturellen Demokratie*, München: Hoffmann und Campe, S. 225. LEGGEWIE (1993); BADE, Klaus J. (1994) (Hg.): *Das Manifest der 60. Deutschland und die Einwanderung*, München: Beck.
338 LÖFFLER, Bertold (2011): *Integration in Deutschland*, Augsburg: Oldenbourg, S. 185.
339 Siehe hierzu: GÖKTÜRK, Deniz/GRAMLING, David/KAES, Anton/LANGENOHL, Andreas (Hg.) (2010): *Transit Deutschland. Debatten zu Nation und Migration*, Konstanz: Konstanz University Press, S. 433–462.
340 Vgl. COHN-BENDIT (1993): S. 319. Siehe auch hierzu: ENZENSBERGER, Magnus (1993): *Die große Wanderung*, Frankfurt a. M.: Suhrkamp, S. 22.
341 TAYLOR, Charles (1993): *Multikulturalismus und die Politik der Anerkennung*, Frankfurt a. M.: Suhrkamp, S. 68.

der 1990er Jahre auch Will Kymlicka vertritt.[342] Die notwendigen Schauplätze für den Prozess von Ausdruck und Anerkennung sind öffentliche Räume.[343] Diesen Wandel von einem Verstehen zu einem Anerkennen der Differenz in der Theorie und dem Versuch ihrer politischen Einbindung steht bis Ende der 1990er die politische Diktion entgegen, dass Deutschland kein Einwanderungsland sei. Zugleich ist spätestens seit den 1990ern für die erste und zweite Generation von Einwanderern klar, dass die Türkei keine Rückkehroption mehr darstellt.[344] In dieser Konstellation sind Fiktion und Ästhetik besonders gefragt, um ein Weitersprechen zu ermöglichen. Sie reichen weit über die Darstellung und Infragestellung wechselseitiger Vorurteile und Diskriminierungen hinaus und beginnen, ohne eine repräsentative Kraft die Machtfrage zu stellen. Dabei ist das einzige Territorium, in dessen Besitz sich die Akteurinnen und Akteure dieser Phase befinden, lediglich der eigene Körper.

Dass die Thematisierung der Herkunft der Migranten und ihrer Kinder im Vergleich zu den 1980ern in den 1990ern ihre Wirkmacht verliert, zeigt auch Ende der 1990er die Prominenz des Begriffs »Inklusion«, den Soziologen wie Rudolf Stichweh und Armin Nassehi mit Referenz auf Niklas Luhmanns Systemtheorie in die Integrationsforschung einführen.[345] Nach Luhmann ist die funktionale Ausdifferenzierung das Signum der modernen Gesellschaft. Durch sie werden gesellschaftliche Teilbereiche autonom, differenzieren sich in disparate Teile und Gesellschaft tritt als »differenzierte Einheit« in einer paradoxen Form auf. Diese Form des gesellschaftlichen Prozesses ist nicht mehr an Lokalitäten und Gesellschaftsschichten gebunden.[346] Zuordnung und Verortung einzelner Individuen der Gruppen lässt sich nicht mehr wie in der Vormoderne über »gruppennah gebaute multifunktionale Einheiten wie Familien, Haushalte, Klöster oder Zünfte« regeln, »die der individuellen Existenz einen festen Platz innerhalb der sozialen

---

342 HABERMAS, Jürgen (1993): »Anerkennungskämpfe im demokratischen Rechtsstaat«. In: Charles Taylor: *Multikulturalismus und die Politik der Anerkennung*, Frankfurt a. M.: Suhrkamp, S. 123–163. Siehe auch: KYMLICKA, Will (1995): *Multicultural Citizenship. A liberal Theory of Minority Rights*, New York: Oxford University Press, S. 34–48. Siehe auch: LÖFFLER (2011): S. 198.
343 KYMLICKA (1995); GÖKTÜRK (2000b); LANGENOHL (2014): S. 154.
344 Vgl. PAGENSTECHER, Cord (1996): »Die ›Illusion‹ der Rückkehr. Zur Mentalitätsgeschichte von ›Gastarbeit‹ und ›Einwanderung‹. In: *Soziale Welt* 47:2, S. 149–179.
345 NASSEHI, Armin (1997): »Inklusion, Exklusion-Integration, Desintegration. Die Theorie funktionaler Differenzierung und die Desintegrationsthese«. In: *Was hält die Gesellschaft zusammen? Bundesrepublik Deutschland: Auf dem Weg von der Konsens- zur Konfliktgesellschaft Bd. 2*, hg. v. Wilhelm Heitmeyer, Frankfurt a. M.: Suhrkamp, S. 113–148. STICHWEH, Rudolf (2010): »Fremde, Inklusionen und Identitäten«. In: ders.: *Der Fremde. Studien zu Soziologie und Sozialgeschichte*, Berlin: Suhrkamp, S. 148–161.
346 Vgl. NASSEHI (1997): S. 118.

Struktur zuweisen, so daß deren Individualität nicht weiter thematisiert werden mußte«.[347] Diese Form der Lokalisierung und Verortung wird durch temporäre Inklusionen in spezifische Teilbereiche der Gesellschaft ersetzt.[348] Eine zentrale Rolle spielen nach Nassehi Selbstbeschreibungen und Selbstbeobachtungen, die der funktionalen Ausdifferenzierung eine stabile Selbstbestimmung entgegensetzen. Denn das »Prinzip der Inklusion ersetzt jene Solidarität, die darauf beruhte, dass man einer Gruppe angehörte«.[349] Insgesamt wird auch hier, wie in vielen anderen Theorien, die Ende der 1990er Jahre in der Integrationsforschung entstehen, ein methodologischer Nationalismus kritisiert, der »semantisch Einheit simulieren konnte, wo sie gesellschaftsstrukturell längst verloren war«.[350] Das Verhältnis von Konflikt und Inklusion in der Darstellung von Multikulturalität in Literatur und Film der 1990er Jahre ist der konstitutive Rahmen für das Narrativ »Wie lebt es sich in Deiner Haut?«. Die Akteurinnen und Akteure in den Filmen der 1990er Jahre sind beispielsweise durchweg psychisch und körperlich gereizt. Die zentralen Aspekte multikultureller Politik – öffentliche Räume, kulturell geprägte Ausdrucksformen und Individualität – spielen in Literatur und Film jener Zeit eine wichtige Rolle, jedoch in einer prekären und invertierten Form. Denn an der Stelle des kulturell geprägten Ausdrucks steht nun eine körperliche Expressivität, an die Stelle der Individualität (Taylor) tritt nach meinen Analysen die Individuation als eine »Kommunikation von disparaten Ordnungen«, und wo es zuvor um öffentliche zentrale Räume ging, stehen nun periphere Stadtviertel (Zaimoğlu, Arslan), Straßen (Akın, Arslan) und Transiträume (Özdamar, Şenocak) im Mittelpunkt. In der beschriebenen Konstellation von Debatte und Theorie spielen Fiktionen und Ästhetiken eine herausragende Rolle in den 1990er Jahren. Im Zentrum steht nicht mehr das Aufzeigen von Vorurteilen und Diskriminierungen von Minderheiten oder einzelner Akteure. Es geht vielmehr um die Frage

---

347 Ebd., S. 123.
348 Ein Ansatz, der sich zeitgleich auch in der *Theory of Segmented Assimilation* zeigt. Siehe hierzu: ZHOU, Min (1997): »Segmented Assimilation: Issues, Controversies, a Recent Research on the New Second Generation«. In: *The international Migration Review*, 31:4, Special Issue, S. 975–1008.
349 LUHMANN (1980): S. 31.
350 NASSEHI (1997): S. 139. Ähnlich argumentieren seit der Mitte der 1990er bis heute Theoretiker des Transnationalismus, die klassischen Integrationstheorien vorwerfen, dass sie weiterhin die Nation als eine homogene Einheit begreifen. Nina Glick-Schiller zeigt fünf »pathways« vom »christian modernist«, dem »local public foreigner«, den »familial networks« über den »vernacular cosmopolitanism« bis hin zum »regional cosmopolitanism« auf, die den methodologischen Nationalismus grundsätzlich in Frage stellen. Siehe hierzu: GLICK-SCHILLER, Nina (2004): »Pathways of Migrant Incorporation in Germany«. In: *Transit 1:1*, UC Berkeley Department of German, Article 50911 (16 Seiten).

der kulturell verortenden und definitorischen Macht, auf die mit einem energetischen Körper und einem rebellierenden Akteur reagiert und geantwortet wird. Ein Großteil der Forschung sieht in den Akteuren der 1990er Jahre in Literatur und Film emanzipierte Subjekte, die den Übergang von einer subnationalen Existenz zu einer transnationalen vollzogen haben. Dabei stehen aber die skizzierten Exklusions- und Inklusionsdynamiken nicht in einem gegensätzlichen, sondern wie in Zaimoğlus Aussage, warum er Schriftsteller geworden ist,[351] in einem komplementär konfliktuösen Verhältnis. Diese Spannung, dieser Konflikt wird durch Weltverbundenheit und eine besondere ästhetische Narration aufgehoben. Salman Rushdie beschreibt zeitnah in seinem bekannten Essayband *Imaginary Homelands*, dass das Verhältnis von Inhalt und Form ein widersprüchliches ist und der Autor oder der Filmemacher nicht über den Inhalt, sondern explizit über die Form der Erzählung soviele Menschen wie möglich auf der Welt erreicht.[352]

Auf einer weiteren und neuen Ebene wird aktuell in der Migrationsforschung in diesem Zusammenhang von Regulationstypen gesprochen, die bei Fragen der Migration und Integration immer bedacht werden müssten. Der erste Regulationstyp fragt, »wie migrationsgesellschaftliche Verhältnisse modelliert und gesichert werden können, die das Funktionieren der gesellschaftlichen Teilsysteme (Recht, Aufenthalt, Gesundheit, Bildung) in einem größeren Funktionszusammenhang ermöglichen«. Der zweite Typ fragt, »wie gesellschaftliche Verhältnisse geschaffen werden können, die die Wahrscheinlichkeit erhöhen, dass Individuen sich selbst als würdevolle Wesen erfahren und entwickeln«.[353] Wenn Robert Ezra Park den *marginal man* als ein besonderes prozessorientiertes Individuum begriff, der als Indikator für Zivilisationsprozesse steht, Jahrzehnte darauf die Mehrheitsgesellschaft zur Grundlage von Reflexionen zu Migration und Integration wird, sind die 1990er und beginnenden 2000er Jahre, nach der Kritik der Transnationalisten und Transkulturalisten, von Verhandlungen und Aushandlungen zwischen Individuen und Teilsystemen geprägt, die sich auch in den neuen Diversitäts- und Superdiversitätstheorien niederschlagen.[354] Zusammengeführt werden dabei die Begriffe »Diversity« und »Convivality«, die nach dem bekannten Vertreter der

---

[351] Siehe hierzu: BRUNNER (2004): S. 85.
[352] Siehe hierzu: RUSDHIE, Salman (1991): *Imaginary Homelands*, London: Granta Books, S. 23.
[353] MECHERIL, Paul (2014): »Subjektbildung in der Migrationsgesellschaft«. In: *Subjektbildung. Interdisziplinäre Anlaysen der Migrationsgesellschaft*, hg. v. Paul Mecheril, Bielefeld: transcript, S. 11–28, hier S. 21.
[354] Vgl. VERTOVEC, Steven (2010): »Towards post-multiculturalism? Changing Communities, conditions and contexts of diversity«. In: *International Social Science Journal* 199, S. 83–95. Siehe auch: SALZBRUNN, Monika (2014): *Vielfalt / Diversität*, Bielefeld: transcript.

Diversitätstheoretiker Steven Vertovec für eine postmultikulturelle Konstellation der neuen von Superdiversität geprägten Gesellschaften stehen.

Mit dem Aspekt des Zusammenlebens als Convivality wendet sich auch der englische Kulturtheoretiker Paul Gilroy in seiner *Postcolonial Melancholia* gegen die »politics of security« nach dem 11. September 2001.[355] Wenn Diversität als Wert anerkannt würde, dann gelänge nach den Diversitätstheoretikern der Zusammenschluss von »social cohesion and national identity«. Grundlage hierfür ist, »offering programmes to recognise and support cultural traditions, and institutional structures to provide ethnic minority community representation«.[356] An die Stelle der »power« als symbolische und körperliche Macht rückt in den 2000er Jahren die Frage nach dem sozialen Wert, die zugleich die Frage der Macht kaschiert. Nach den Anschlägen von New York, Madrid und London zu Beginn der 2000er Jahre reagieren Einwanderungsländer wie England, Frankreich und Deutschland in diesem Zusammenhang mit integrationsoffensiven Maßnahmen, in denen an die Stelle des Begriffs Multikulturalismus der Begriff der Diversität gesetzt wird.[357] Denn die Entwicklung des islamischen Terrorismus habe gezeigt, dass der Multikulturalismus Kulturen in Einwanderungsgesellschaften voneinander getrennt habe, er gemeinsame Werte ablehne, Probleme der Integration verleugne, verwerfliche Praktiken fördere und ein »haven for terrorists« darstelle.[358] Fragen der Integration werden mit diesem »backlash of multiculturalism« in wachsendem Maß kulturell codiert. In England zeigt sich dies in den 2000er Jahren durch den Übergang von der »Social Cohesion« zur »Community Cohesion« als Maxime der Integrationspolitik. In Deutschland werden seit 2006 Integrationsgipfel und Islamkonferenzen abgehalten, die stark auf religiöse Aspekte abstellen. Für Levent Tezcan stellt die Islamkonferenz ein Experiment dar, »die Religion als ein zentrales Element in die Integrationspolitik einzuführen«. Ziel ist es einen »gestalterischen Einfluss auf das Einwanderermilieu« zu bekommen.[359] Dabei steht die Kategorie Muslim nicht einfach für einen anderen Glauben oder einen anderen

---

355 Siehe hierzu: GILROY, Paul (2005): »Introduction. On Living with Difference« und »The Negative Dialectics of Convivality«. In: ders.: *Postcolonial Melancholia*, New York: Columbia University Press, S. 1–28 und S. 121–152.
356 VERTOVEC (2010): S. 94.
357 VERTOVEC, Steven/WESSENDORF, Susanne (2010): »Introduction. Assessing the backlash against multiculturalism in Europe«. In: *The Multiculturalism Backlash*, hg. v. Steven Vertovec und Susanne Wessendorf, London: Routledge, S. 1–31, S. 19.
358 Ebd., S. 6.
359 TEZCAN, Levent (2013): »Das strittige Kollektiv im Kontext eines Repräsentationsregimes. Kontroversen auf der deutschen Islamkonferenz (2006–2009)«. In: *Die Integrationsdebatte zwischen Assimilation und Diversität. Grenzziehungen in Theorie, Kunst und Gesellschaft*, hg. v. Özkan Ezli, Andreas Langenohl u. a., Bielefeld: transcript, S. 159–188, S. 160. Siehe hierzu auch:

Kultus als die der Mehrheitsgesellschaft, wie eine multikulturelle Unterscheidung es verlangen würde. Nicht der individuelle oder volksreligiöse Glaube steht hier im Vordergrund, sondern vielmehr der Kultus, die Praxis, an der gesehen werden kann, inwiefern dieser und diese den Werten der westlichen Gesellschaften entsprechen und inwiefern nicht. Die erste der drei Arbeitsgruppen bei der Islamkonferenz zwischen den Jahren 2006 und 2009 hatte auch den Titel *Deutsche Gesellschaftsordnung und Wertekonsens*, »wobei vornehmlich die Ausarbeitung eines Kommuniqué zum Wertekonsens in Angriff genommen wurde«.[360] Der Kultus, die Kompatibilität ihrer Praktiken, definiert nunmehr »die Bevölkerungsgruppe und übernimmt damit die Funktion einer ethnischen Bezeichnung«.[361] Diese Perspektive auf die Prozesse ethnischer Gruppenbildungen stehen auch im Zentrum der Integrationstheorien von Andreas Wimmer und Rogers Brubaker in den 2000er Jahren.[362] Ethnizitäten oder Gemeinschaftsbildungen sind bei Ihnen in Absetzung vom Multikulturalismus nicht Ausdruck von kultureller Differenz, sondern das Ergebnis von Grenzziehungen, denen soziale Abschließungsprozesse vorausgehen.[363] Im Fokus steht bei Wimmer die Beschreibung von kulturellen Transformationsprozessen in Einwanderungsgesellschaften, die aus Grenzziehungsprozessen, Gruppenbildungen und aus ihren Auflösungen bestehen. Kulturelle Differenz ist in diesen Prozessen nie Ausgangspunkt, sondern das Ergebnis. Es handelt sich dabei um Prozesse und Ergebnisse, die reversibel sind. Im Kern will diese Theorie zu einer »Denaturalisierung« der Unterscheidung zwischen Staatsbürgern und Immigranten führen, mit der eine neue Perspektive »auf die alten Fragen ›Assimilation‹ und ›Integration‹« entstehen soll.[364]

Auf all die kurz ausgeführten Theorien wird in den folgenden materialanalytischen Kapiteln zu Literatur, Film und Debatten noch genauer Bezug genommen. Allein um zu zeigen, dass sie ebenfalls mit den Leitsätzen der vorliegenden Kulturgeschichte der Migration in der Bundesrepublik in enger Korrelation stehen. Allgemein zeigt die kurz angerissene Geschichte der Verwendungsweisen von »Assimilation« und »Integration«, dass mit ihrem Gebrauch stets eine Kritik am Bestehenden einhergeht und auf einen gesellschaftlichen Wandel reagiert

---

Tezcan, Levent (2012): *Das muslimische Subjekt. Verfangen im Dialog der Deutschen Islam Konferenz*, Konstanz: Konstanz University Press, S. 14.
360 Tezcan (2013): S. 169.
361 Ebd., S. 163.
362 Wimmer, Andreas (2005): *Kultur als Prozess. Zur Dynamik des Aushandelns von Bedeutungen*, Wiesbaden: VS Verlag für Sozialwissenschaften. Brubaker, Rogers (2007): *Ethnizität ohne Gruppen*, Hamburg: Hamburger Edition.
363 Wimmer (2005): S. 41. Brubaker (2007): S. 22.
364 Wimmer (2008): S. 70. Siehe hierzu auch: Wimmer, Andreas (2005): S. 25–50.

wird. Diese kann von Kritik sozialer Ungleichheit handeln, sie kann sich auf nicht gelingende Kooperationsformen von Institutionen beziehen oder auf alltagspraktische Kompetenzen und barrierefreie Räume. Integriert werden kann im öffentlichen Sprachgebrauch daher nahezu jeder und alles. Es ist diese Bedeutungsoffenheit des Begriffs »Integration«, die auch von kultureller Integration sprechen lässt. Sie ist das Einfallstor für politische Debatten, soziale Auseinandersetzungen und für ästhetische Diskurse.[365] Vorstellungen von Integration und Assimilation stellen letztlich keine normativen Aussagen über Kultur und ihre wünschenswerte Homo- oder Heterogenität dar, sondern sie sind selbst inhärenter Bestandteil der jeweiligen Gesellschaften und Gemeinschaften, daher variabel und auf Gegenvorstellungen und -begriffe angewiesen.[366] Als ein wichtiger und konstitutiver Teil dieser Gegenvorstellungen hat sich die Kulturproduktion erwiesen, die ebenfalls von gesellschaftlichen Bewegungen geprägt, oft mit einer Kritik an den bestehenden Verhältnissen einherging.

Die Resistenz des Begriffs »Integration« liegt zum einen in seiner Unbestimmtheit, in seinem informellen Grad, der vergleichbar mit dem Begriff »Moderne« ist. Zum anderen liegt sie auch daran, dass Integrations- wie Assimilationsansprüche bis zur Frage der Identifikation identisch sind. Denn die konstitutiven Grundlagen in beiden Konzepten sind sprachliche Kompetenz, sozialstruktureller Aufstieg und soziale Kontakte. Die vermeintlich letzte Frage der Identifikation mit einer sozialen Einheit trennt die Konzepte voneinander.[367] Sie trennt aber auch meine Herangehensweise von der, die bislang in der Analyse von Migrationsliteratur und Filmen zu diesem Komplex Anwendung fand. Denn bisher hat man sich zu sehr auf die Frage der Identifikation und Gegenidentifikation – hybrides Subjekt vs. Imagination einer Mehrheitsgesellschaft oder einer Leitkultur – konzentriert und dabei die sozialen und ökonomischen Grundlagen und die sozialen Elemente des politischen Feldes der kulturellen Auseinandersetzungen und Orientierungen in den Kulturproduktionen aus dem Blick verloren. Um diese Ebenen in meine folgenden kulturwissenschaftlichen Analysen einzubinden, gehe ich neben dem Befund, dass die Sprech- und Verwendungsweisen der Integration spezifischen gesellschaftspolitischen Narrativen, ökonomischen und kulturellen Orientierungen folgen, im Besonderen auch den Fragen der Vorurteile als Vorstellungen, den Diskriminierungen und den Fragen nach Zivilität, Gewalt, Macht und sozialen

---

365 Siehe hierzu: Ezli/Langenohl/Rauer/Voigtmann (Hg.) (2013): S. 10f.:
366 Vgl. KLEEBERG, Bernhard/LANGENOHL, Andreas (2011): »Kulturalisierung. Dekulturalisierung«. In: *Zeitschrift für Kulturphilosophie* 2, S. 291–302.
367 Viele der Überlegungen hier sind im Austausch mit meinen Kolleginnen und Kollegen Claudia Marion Voigtmann, Andreas Langenohl und Valentin Rauer entstanden. Siehe hierzu: Ezli/Langenohl/Rauer/Voigtmann (Hg.) (2013): S. 9–12.

Werten nach. Mit diesem Zugang zeigt sich die Rede der Integration weder einheitlich als »Feindin der Demokratie«, noch als ein Konzept, mit dem verlorene soziale Einheiten wiederherzustellen sind. Vielmehr steht sie für ein Bündel von Forderungen, Bedürfnisstrukturen und Prozessen, das im und durch sozialen Wandel Identifikationen produziert. Zugleich ist sie ein Produktionsprozess, der die überschüssige Energie unter günstigen Umständen in gesellschaftliche Regelbildungen übersetzt, unter ungünstigen zu Unterbrechungen von Interaktionen führt. »Anders als die ›Einheit‹, die einen vermeintlichen Missstand ›revidiert‹, ermöglicht das Sprechen im Namen der Integration, einen Missstand zu projektieren.«[368] Wer oder was in dieser Projektion verändert werden soll, ist prinzipiell offen und unabschließbar und wird Gegenstand politischer Debatten.[369]

Eindrücklich zeigen dies aktuelle Reflexionen zur Integration wie *Integriert Euch! Plädoyer für ein selbstbewusstes Einwanderungsland* von Annette Treibel, *Die neuen Deutschen* von Marina und Herfried Münkler oder *»Integriert doch erst mal uns!« Eine Streitschrift für den Osten von Petra Köpping*, die sich alle explizit als politische Interventionen begreifen. Alle drei publizistischen Arbeiten propagieren ein soziokulturelles »Deutschwerden«, das für lange in Deutschland lebende Einwanderer, für Alteingesessene, für Deutsche aus den neuen Bundesländern wie auch für die Flüchtlinge seit 2015 gilt. Unter Integration wird hier explizit Teilhabe im öffentlichen Raum und ein sichtbares zivilgesellschaftliches Engagement verstanden.[370] Die »Prägeform des Nationalen« gilt dabei als ein »Strategem«, dass nicht ethnisch, sondern ausschließlich soziokulturell ein zivilgesellschaftliches Selbstbewusstsein schaffen soll.[371] Im Kontext der Identifikation spielen in allen drei aktuellen Publikationen Emotionen und Affekte eine herausragende Rolle. In Treibels wissenschaftlicher Intervention *Integriert euch!* steht wie in der aktuellen Literatur, im Film und in der journalistischen Publizistik das Verhältnis zwischen lange in Deutschland lebenden Einwanderern, ihren Kindern zu anderen Einheimischen im Zentrum. Verkürzt bezeichnet Treibel dieses Verhältnis als das der alten zu den neuen Deutschen.[372] Das bei diesem die Emotionen eine herausragende Rolle spielen, zeigt Treibel bereits im ersten Kapitel *Wo kommen Sie denn her? Wieso schlecht ankommt, was gut gemeint ist.* Sie beginnt ihre Reflexionen damit, wie nach ihrer Ansicht verständlicherweise

---

368 Rauer (2013): S. 60.
369 Siehe hierzu: Ezli/Langenohl/Rauer/Voigtmann (Hg.) (2013): S. 10.
370 Münkler (2016): S. 213. Treibel (2015): S. 28.
371 Münkler, Herfried/Münkler, Marina (2016): *Die neuen Deutschen*, Reinbek: Rowohlt, S. 191.
372 Treibel, Annette (2015): *Integriert euch! Plädaoyer für ein selbstbewussteres Einwanderungsland*, Frankfurt a. M.: Campus, S. 11.

der »Geduldsfaden« bei den neuen Deutschen reißen muss, wenn sie von den alten Deutschen Fragen gestellt bekommen wie, woher sie denn kommen und woher ihre Eltern sind.[373] Treibel fragt, woher nun diese »Wut« kommt.

> Die Fragen haben ein unterschwelliges Bedürfnis nach Orientierung und Ordnung. Und die Gefragten spüren möglicherweise, dass die gut gemeinte Frage mehr mit dem Fragenden selbst als mit ihnen zu tun hat. Der Wunsch, sich auf diese in Beziehung zu setzen, stößt auf Unbehagen, da er sich nicht mit den eigenen Beziehungswünschen deckt.[374]

Die Folge ist hier eine Unterbrechung der Interaktion, die ich im Ausblick *Warum eine Kulturgeschichte der Migration notwendig ist* der vorliegenden Kulturgeschichte anhand aktueller ästhetischer Reflexionen von Nurkan Erpulat, Feridun Zaimoğlu, Fatih Akın, Dilek Güngör, Fatma Aydemir, Imran Ayata, Tuba Sarıca und Ciğdem Toprak aufzeigen werde. Zudem werden wir feststellen, dass es sich weniger um Emotionen, denn mehr um Affekte bis hin zum Ressentiment als einem »Vermögen zur Produktion von Affekten« handelt, die publizistische, ästhetische Arbeiten, wie auch die Kommunikation in sozialen Medien aktuell bestimmen.[375] Aber auch dieser Bruch der Integration wird erzählerisch verarbeitet und sie zeigt am Ende dieser Geschichte, dass diese von Wandel und Teilung bestimmt ist. Denn der erzählerischen Offenheit steht die »Gravitationskraft bestimmter kulturprägender Narrative entgegen«.[376] Die Geschichte dieser Spannung und die bisweilen paradoxe Struktur, die sich aus dem Weitererzählen und gesellschaftspolitisch narrativen Schemata in der deutschen Migrationsgesellschaft von den 1960ern bis heute ergeben hat, ist das Thema der folgenden vier Kapitel. Und trotz ihres hohen Wandlungsgrads ist die Geschichte der deutsch-türkischen Literatur und des Films auf basaler und nicht-normativer Ebene eine Integrationsgeschichte, sozusagen eine politische Geschichte der Integration, die ihre Desintegrations- und Schließungsprozesse über das Weitersprechen miteinschließt. Sie ist daher weder als eine Last der Vergangenheit zu begreifen, noch als eine Geschichte, mit der die Gegenwart aus der Vergangenheit erklärt werden könnte. Im Folgenden ist es mein Ziel, anhand der gewählten Leitsätze »Wir wollten alle Amerikaner werden«, »Wie lebt es sich

---

373 Ebd., S. 13.
374 Ebd., S. 14.
375 Siehe zu Ressentiment und soziale Medien: Pfaller, Robert (2017): »Wie die anderen zu unseren Bestien werden. Über die Produktion von Ressentiment in der Postmoderne«, In: ders.: *Erwachsenensprache. Über ihr Verschwinden aus Politik und Kultur*, Frankfurt a. M.: Fischer Verlag, S. 112–141. Vogl (2021): S. 175f.
376 Koschorke (2012): *Wahrheit und Erfindung. Grundzüge einer allgemeinen Erzähltheorie*, Frankfurt a. M.: Fischer, S. 38, Hervorhebung im Original.

als Türke in Deutschland?«, »Wie lebt es sich in Deiner Haut?« und »Was lebst Du?« eine Folge und einen Wandel von Begegnungs- und Bedürfnisstrukturen aufzuzeigen und zu rekonstruieren, »auf welche Weise Individuen und Gruppen zu ihrem Verständnis von Situationen gelangt sind«.[377] Diesen polit-historisch aktuellen Zugang verfolgen auch die klassischen Integrationstheorien, wenn wir nicht ausschließlich deren systematische Logik, sondern auch die Bedeutung der Erzählung in ihnen sehen. Beispielsweise hält Gordon fest, dass es in seiner Integrationstheorie nicht zentral um die Frage nach der kulturellen Identität oder um die Projektion einer kulturellen Fusion geht, sondern in erster Linie darum, die Frage zu beantworten, »what happens ›when peoples meet‹«.[378] Begegnungen sind vom Sehen, Sprechen, vom Handeln und mitunter von sozialem und ökonomischem Status bestimmt. Welche Vorurteile oder welches Wissen, welche Herabsetzungen oder welche Aufwertungen, welcher Nachteil oder welcher Vorteil sie bestimmt oder sich aus ihnen ergibt und sich als Geschichte einschreibt, sind elementare Grundlagen der vorliegenden Geschichte. Allein diese Aspekte haben aus der vorliegenden auch eine Geschichte des Körpers, ihrer Ökonomie, der Sprech- und Verhaltensweisen und den Emotionen und Affekten gemacht. Diesen körperlichen Aspekt hält Gordon trotz seines ausdifferenzierten Integrationsmodells gegen die Diskriminierung äußerst pointiert fest. Denn für ihn ist der stärkste Integrationsmarker auch ein körperlicher. Man ist integriert, wenn man sich unter Anderen und Gleichen »comfortable« und »relaxed« fühlt.[379] So ist das historische Wiederaufleben dieser höchst unterschiedlichen Begegnungen, Situationen und ihren Folgen auch eine Geschichte der Diskriminierung, der Gewalt, aber auch ihrer Zivilisierung.

Im folgenden ersten materialanalytischen Kapitel dieses Buches werden wir sehen, dass es besonders diese konkrete Frage ist, die nicht nur Milton Gordon in den 1960ern und 1970ern in Amerika umtreibt. In einer etwas anderen narrativ-kulturellen Rahmung steht sie zeitgleich ebenfalls im Zentrum wissenschaftlicher Reflexionen und öffentlicher Debatten in der Bundesrepublik und in den damals entstehenden ästhetischen und dokumentarischen Werken der deutschen und türkischen Autoren und Filmemacher wie Bekir Yıldız, Aras Ören, Helma Sanders-Brahms, Güney Dal und Rainer Werner Fassbinder.

---

377 ROSANVALLON (2011): S. 50.
378 GORDON, Milton (1964): *Assimilation in American Life. The Role of Race, Religion, and National Origins*, New York: Oxford University Press, S. 60.
379 Siehe hierzu: Ebd., S. 46.

2 »Wir wollten alle Amerikaner werden«: Der Gast und seine Arbeiter

2.1 Der Gast und seine Arbeiter

»Wo beginnt eigentlich die europäische Zivilisation?«[1], fragen sich Anfang der 1960er Jahre in gespannter und positiver Erwartung die zukünftigen Gastarbeiter Recep und Yüce (der Ich-Erzähler)[2] zu Beginn des autobiografischen Romans *Türkler Almanyada* (»Türken in Deutschland«, 1966) auf ihrer Zugfahrt von Istanbul nach München. Es ist ihre erste Fahrt nach Deutschland und kurz nach der österreichischen Grenze sind sich beide einig: die europäische Zivilisation beginnt in Österreich.[3] Dass man sich die Zivilisation dort anschauen müsste, »Medeniyeti görmek lazım«, sagt auch der Gastarbeiter Ibrahim in DÖNÜŞ (»Die Rückkehr«), einem der ersten türkischen Filme zur Arbeitsmigration nach Deutschland von 1972, zu seiner Frau Gülcan bei seiner ersten Rückkehr aus der Bundesrepublik.[4] Ibrahim hat neben dem technischen Fortschritt besonders beeindruckt, wie Männer und Frauen in öffentlichen Lokalen gelassen zusammenkommen und aus »pokalgroßen Gläsern« Bier trinken. Nicht selten tragen Frauen dabei Miniröcke. Zudem beeindruckt ihn, wie die Wohnhäuser mit Wasser und Strom versorgt werden. Seine ersten Eindrücke von der deutschen Lebensweise sind durchweg positiv. Auch der türkische Schlepper Ahmet Tekin aus Tunc Okans international mehrfach ausgezeichnetem Film OTOBÜS von 1974 sagt den Dutzend türkischen Dörflern, die er illegal nach Schweden in einem kaum fahrtüchtigen Bus befördert, kurz vor Stockholm, dass sie nicht traurig dreinschauen sollten. Sie seien befreit und würden gleich in der Zivilisation ankommen (»Kurtuldunuz. Medeniyet işte, geldik«).[5] Und im bekanntesten Text der deutsch-türkischen Literatur der ersten Phase, in Aras Örens Poem *Was will Niyazi in der Naunynstraße* von 1973, antwortet Niyazi auf die Frage, warum er und

---

[1] YILDIZ, Bekir (1966): *Türkler Almanyada*, Istanbul: Selbstverlag, S. 20. Alle folgenden Übersetzungen aus dem Türkischen ins Deutsche in der vorliegenden Studie *Narrative der Migration* sind Übersetzungen des Autors.
[2] *Yüce* steht im Türkischen eher selten für einen Eigennamen, sondern findet regelmäßig als Adjektiv für »hoch«, »erhaben« und »edel« Verwendung. Beispiele: *yüce dağlar*: hohe, erhabene Berge oder *yüce insan*: edler, erhabener Mensch.
[3] YILDIZ (1966): S. 21.
[4] ŞORAY, Türkan (1972): *Dönüş*, Spielfilm, Türkei, Akün Film. http://www.sinematurk.com/film/1173-donus/ (04.07.2017).
[5] OKAN, Tunç (1974): *Otobüs*, Spielfilm, Türkei, Promete Film Yapımı.

die anderen gekommen seien, weil Deutschland »ein kleines Amerika« sei. Und nur wenn man »wie ein Amerikaner lebt, kann der Mensch sagen, ich habe gelebt«.[6]

Im Unterschied zu Şorays und Okans Filmen und zu Örens Poem lässt der Protagonist und Ich-Erzähler in Bekir Yıldız' autobiografischem Roman *Türkler Almanyada* nach dreijähriger Arbeits- und Lebenszeit in der Bundesrepublik seine Frau und ihren gemeinsamen Sohn in die Bundesrepublik nachziehen. Auf die erste Frage seiner Frau, ob es in Deutschland schwierig sei, antwortet er: »Ja [...] es ist schwer [...], aber es gilt für alle. Das heißt, die Schwierigkeiten hier sind für alle Menschen gleich«.[7] Yüce arbeitet hier bereits seit zwei Jahren als Drucker in einer Fabrik in der nordwestbadischen Stadt Leimen, südlich von Heidelberg, und hat bis zur Ankunft der Familie mit vielen anderen Gastarbeitern in einer Arbeiterbaracke gewohnt.[8] Er geht nach Deutschland, weil er dort eine Druckermaschine erwerben will, was ihm am Ende des Romans auch gelingt. 1966 kehrt er schließlich mit Familie und Maschine in die Türkei zurück.[9] Er erhofft sich, durch den Kauf eine gewisse Unabhängigkeit zu erlangen und seine Herkunftsgesellschaft auf diese Weise weiterentwickeln zu können.[10] Tatsächlich wird der Autor damit 1966 in Istanbul seinen autobiografischen Roman *Türkler Almanyada* drucken – den ersten Text zum Leben der Gastarbeiter in Deutschland.[11]

Dass ihm die Migration und sein Leben als Gastarbeiter zur Publikation des eigenen Romans verhelfen und er zum Schriftsteller[12] wird, ist sicher ein besonde-

---

6 ÖREN (1973): S. 25.
7 Ebd., S. 77.
8 Bekir Yıldız (1933–1998) war von 1962 bis 1966 als Gastarbeiter in einer Firma in Heidelberg tätig, wo er als Drucker arbeitete. Seine Erfahrungen, die er in dieser Zeit in Deutschland machte, hat er im autobiografischen Roman *Türkler Almanyada* festgehalten. Seine Darstellung der Familienzusammenführung in der Mitte seines Textes korreliert mit der 1964 vorgenommenen Änderung des Anwerbeabkommens von 1961 mit der Türkei. HUNN, Karin (2005): »*Nächstes Jahr kehren wir zurück ...«. Die Geschichte der türkischen »Gastarbeiter« in der Bundesrepublik*, Göttingen: Wallstein, S. 185. Siehe ebenfalls: *Yaban Silan olur* (1998): S. 83. Siehe auch ESSER, Hartmut (1983): »Multikulturelle Gesellschaft als Alternative zu Isolation und Assimilation«. In: ders.: *Die fremden Mitbürger. Möglichkeiten und Grenzen der Integration von Ausländern*, Düsseldorf: Patmos, S. 25–38, hier S. 26.
9 Vgl. DOĞAN, Âbide (2003): »Almanya'daki türk işçilerini konu alan Romanlar *Türkler Almanya'da, Sancı ... Sancı ..., A'nın gizli Yaşamı* üzerine bir Değerlendirme«. In: *Türkbilig* 5, S. 56–68, hier S. 59.
10 Auch Ibrahim lobt die Bundesrepublik in Türkan Şorays Film DÖNÜŞ, die im Film selbst seine Frau Gülcan spielt.
11 HUNN (2005): 184. Der Arbeiteranwerbevertrag zwischen der Bundesrepublik und der Türkei wurde im Dezember 1961 unterzeichnet und kurz darauf die deutsche Verbindungsstelle in Istanbul eingerichtet.
12 Bekir Yıldız hat nach seinem ersten Roman bis Anfang der 1990er mehrere Romane, Erzählungen und Reportagen veröffentlicht. Ein äußerst geringer Teil seiner Publikationen ist

rer biografisch-ästhetischer Clou in *Türkler Almanyada*. Und dennoch: Trotz vieler individueller Marker handelt es sich bei Bekir Yıldız' Text nicht um eine Autobiografie im klassischen Sinn. Weder wird die Entwicklung des Ich-Erzählers in den Vordergrund gerückt[13] noch bietet der Text eine ästhetische Selbstreferenzialität. Der Roman beschreibt vielmehr das Leben der Gastarbeiter und repräsentiert diese auf eine bestimmte Art und Weise; ein alles andere als einfaches Unterfangen.

Zwar deutet bereits der Titel *Türkler Almanyada* darauf hin, dass es hier nicht nur um die Geschichte des Erzählers und seiner Familie geht, sondern dass die Erzählung mit der Geschichte einer ethnischen Gruppe verbunden ist. Auf der Zugfahrt nach Deutschland werden zu Beginn des Romans auch die Figuren Nihat, Ayşe und Sevim vorgestellt; die Gründe und Folgen auch ihrer Migration.[14] Allerdings sei an dieser Stelle bereits angemerkt: Auch wenn diese Gruppe national einheitlich identifiziert ist und dem Roman einen vermeintlich spezifischen Rahmen gibt, stellt sie keine homogene Einheit dar, der eine prästabile Gemeinschaftsform vorausginge. Sie wird sich im Laufe des Romans auch nicht zu einer solidarischen Gruppe entwickeln. Anstelle einer einheitlichen türkischen Identität ist die Gruppe von Spannungen und Widersprüchen geprägt. Während Yüce als Arbeitsmigrant äußerst rational[15] agiert und seine Ziele erreicht, verläuft und endet das deutsche Gastarbeiterleben der anderen Arbeitsmigrantinnen und -migranten völlig unterschiedlich.

Für Recep beispielsweise geht der Aufenthalt in Deutschland weitaus weniger erfolgreich zu Ende. Denn Recep, den der Erzähler anfänglich als imponierenden, grundehrlichen und rebellischen jungen Mann beschreibt, der sein türkisches Heimatdorf verlässt und nach Deutschland migriert, um mit eigenem Geld unabhängig vom tyrannischen Stiefvater zu werden und um die Familie ernähren zu können, entwickelt in der Fremde – aus Sicht des Erzählers – »falsche« Bedürfnisse. Nach den ersten Jahren des Gastarbeiterlebens in den Baracken von Leimen geht es ihm – wie vielen anderen Gastarbeitern auch – nicht mehr darum, Geld für eine bessere Existenz in der Türkei zu sparen oder unabhängig zu werden. Vielmehr wird jetzt der Kauf eines Autos, eines Ford, zum dring-

---

dabei auf Deutsch erschienen (siehe Literaturverzeichnis). Am bekanntesten sind dabei seine Reportagen zum türkischen Dorf in den 1980er Jahren. Siehe hierzu: YILDIZ, Bekir (1983): *Südostverlies. Drei Reportagen über Anatolien*, Berlin: Harran.
13 Siehe hierzu: LEJEUNE, Philippe (1975): *Der autobiografische Pakt*, Frankfurt a. M.: Suhrkamp, S. 22.
14 Vgl. DOĞAN (2003): S. 59.
15 Siehe: ESSER, Hartmut (1978): »Wanderung, Integration und die Stabilisierung komplexer Sozialsysteme«. In: *Soziale Welt* 29:2, S. 180–200, hier S. 182.

lichsten Wunsch der Arbeiter.¹⁶ Im türkischen Dorf werden alle seinen Ford als Zeichen des sozialen Aufstiegs und als ein Ankommen im Westen deuten, hält Recep fest.¹⁷ Zudem habe ihn eine »innere Unruhe« zum Autokauf getrieben, die sich erst danach wieder legte (»içim rahatladı«).¹⁸ Den stolzen Besitz kann er jedoch nicht wie geplant vorführen. Recep verliert bei einem Autounfall in Deutschland (gegen Ende des Romans) sein Leben. Für den Ich-Erzähler wird er zum Opfer des schnellen und konsumorientierten westlichen Lebens und der Bildungs- und der Ahnungslosigkeit seiner Herkunftsregion.¹⁹ Auch der Gastarbeiter Ibrahim in Türkan Şorays Film DÖNÜŞ stirbt am Ende des Films bei einem Autounfall, weil er zu schnell fährt. Und ebenso wie in Yıldız' Roman kommt es in diesem Film zu einer Unterbrechung und Umkehrung der Bedürfnisstruktur des Gastarbeiters. Ibrahim zieht nach Deutschland in die Fremde und lässt Frau und Kind zurück, um seine Schulden beim Verwalter des Großgrundbesitzers zu begleichen, der ihm ein kleines Grundstück zur Landwirtschaft verpachtet hat. Ähnlich wie bei Recep in *Türkler Almanyada* ist das Ziel der Familie, selbstständig im Dorf leben zu können. Doch bei seiner ersten Rückkehr ist Ibrahim schon ein anderer Mensch. Er begleicht seine Pachtschulden und könnte im Dorf bleiben. Doch ziehen ihn neue Wünsche wieder zurück in die Bundesrepublik. Er möchte nun ein Auto kaufen. Auch sein öffentlicher Auftritt hat sich verändert. Er ist im Dorf nun fast immer in seinem gelben Anzug und mit seinem voll aufgedrehten Transistorradio unterwegs. Beides hat er in Deutschland gekauft. Er hört damit aber nur türkisches Radio, türkische Volksmusik. Selbst in den wenigen intimen Momenten in seinem einstöckigen einfachen Haus im Dorf schwärmt er davon,

---

16 Die bekannte türkische Romanautorin Adalet Ağaoğlu hat diesen Wunsch der Gastarbeiter nach einem Auto in einem ihrer ersten Romane *Fikrimin ince gülü* von 1976 als eine Entfremdungsgeschichte eindrücklich erzählt. Siehe hierzu: AĞAOĞLU, Adalet (1976): *Fikrimin Ince Gülü*, Istanbul: Remzi Kitabevi. 2015 wurde ihr Roman neu aufgelegt: AĞAOĞLU, Adalet (2015): *Fikrimin Ince Gülü*, Istanbul: Everest Yayınları.
17 Der chinesisch-amerikanische Soziologe Paul C. P. Siu beschreibt in seinem Werk *The Chinese Laundryman. A Study of Social Isolation* von 1954, dass für den »Gastarbeiter« der Wandel seines Status in der Herkunfts- und nicht in der Ankunftsgesellschaft im Vordergrund stehe. Die chinesischen Arbeiter in der New Yorker Chinatown beschreiben und begreifen ihre (Gast-)Arbeit in den 1950er Jahren als einen Job und nicht als den Anfang einer Berufskarriere. Dieses Verhältnis resultiert für Siu aus einem engen Bezug zur Herkunft. Er sieht in diesem die Grundlage der sozialen Isolation der chinesischen Wäschereiarbeiter und Wäschereibesitzer in der amerikanischen Einwanderungsgesellschaft. Siehe hierzu: SIU, Paul C. P. (1987): »The Chinese Laundryman as a Sojourner«. In: ders.: *The Chinese Laundryman. A Study of Social Isolation*, New York: New York University Press, S. 294–303.
18 YILDIZ (1966): S. 163. Siehe auch MARCUSE, Herbert (1967): *Der eindimensionale Mensch. Studien zur Ideologie der fortgeschrittenen Industriegesellschaft*, Neuwied: Luchterhand, S. 47.
19 YILDIZ (1966): S. 189.

wie Männer und Frauen zusammen Alkohol trinken. Wasser und Licht sind über Leitungen frei verfügbar und wenn man Licht haben möchte, drückt man einfach einen Schalter. Bei seiner zweiten Rückkehr aus Deutschland, nun in einem Volkswagen, kommt Ibrahim wie Recep bei einem Autounfall ums Leben.

Die »innere Unruhe« des in die Fremde Gegangenen bei Yıldız und bei Şoray und ihre Folgen reduzieren sich als Kritik der Erzählerinnen und Erzähler keineswegs allein auf die Frage der Sozialstruktur und der Unterscheidung von Ost und West. Denn in beiden Erzählungen ist auch die Herkunft keineswegs von Integration geprägt. Receps und Ibrahims Migrationen gehen soziale Ungleichheiten in den Herkunftsorten bereits voraus. Die »innere Unruhe« ist auch deshalb besonders stark, weil man am Ort der Herkunft als ein sozialstrukturell Angekommener gelten will.[20]

Ein weiteres, immer wiederkehrendes Thema ist für die Gastarbeiter die Sexualität. In Yıldız' Roman reicht sie vom Sprechen darüber über den Kontakt mit deutschen Frauen, Fastnachtsbekanntschaften bis zum arrangierten Treffen in Hotelzimmern außerhalb der Arbeiterbaracken. Auch Ibrahim kehrt gegen Ende in Türkan Şorays Film mit einer neuen Frau und einem weiteren Kind zurück; bevor er nach Deutschland migrierte, hatten Ibrahim und Gülcan bereits ein Kind. Beim Unfall überlebt nur das jüngere Kind, dessen sich dann Gülcan annimmt. Ihr gemeinsames Kind stirbt, als Angestellte des Großgrundbesitzers sie am Fluss sexuell bedrängen. Ganz anders kehrt hingegen Nihat, der dritte Protagonist in Yıldız' Roman, zurück. Er wird aus der Bundesrepublik ausgewiesen, weil er eine deutsche Frau sexuell bedrängte.[21] Ein Verhalten des ›vermeintlichen‹ Landsmannes, das bei Yüce, dem Erzähler von *Türkler Almanyada*, selbst große Scham auslöst. Bei den Gastarbeiterinnen des Romans sind die Motivationslagen und Folgen der Migration ganz andere. Ayşe sitzt im selben Zug wie Recep und Yüce, als diese sich als Gastarbeiter nach Deutschland aufmachen. Sie ist unterwegs nach Deutschland, weil sie es mit ihrem arbeitslosen Ehemann nicht mehr länger ausgehalten hat und ihr eigenes Geld verdienen will. In Deutschland beschließt sie, sich von ihrem Mann scheiden zu lassen, was diesen in seiner Ehre zutiefst verletzt: Er folgt ihr nach Deutschland und erschießt sie. Die unver-

---

20 Die »innere Unruhe« ist insbesondere auch eine körperliche, psychische und existenzielle Angelegenheit. Jean-Paul Sartre hält zu den Folgen der seriellen Industrialisierung in seiner *Kritik der dialektischen Vernunft* von 1960 fest, dass die serielle Produktion in das Gefüge des Sozialen und Psychischen ausgreife. Als Beispiel greift er den Einfluss der halbautomatischen Maschinen auf die sexuellen Träumereien der Arbeiter auf. »Umfragen haben gezeigt, dass kurz nachdem halbautomatische Maschinen eingeführt worden waren, die gelernten Arbeiterinnen sich bei der Arbeit Träumereien sexueller Art überfließen; sie erinnerten sich an das Schlafzimmer, das Bett, die Nacht, an alles, was nur die Person in der Einsamkeit des mit sich beschäftigten Paares angeht. Aber es war die Maschine in ihnen, die von Zärtlichkeiten träumte.« In: MARCUSE (1967): S. 47.
21 Ebd., S. 73.

heiratete Sevim (als letzte der Gruppe aus dem Zug), bricht nach Deutschland auf, weil sie das freie Leben in Europa reizt.[22]

So unterschiedlich sich die Motivationen und Folgen der Arbeitsmigration für jeden der Akteure ausnehmen, so unterschiedlich sind in Yıldız' Roman auch die Einstellungen der Gastarbeiterinnen und Gastarbeiter zum Westen und zur eigenen Herkunft. An einer Stelle heißt es, man müsse die Rückschrittlichkeit der Türkei hinter sich lassen und Europäer werden, an anderer – welche die Position des Ich-Erzählers widerspiegelt – geht es darum, sich in Deutschland technisch weiterzubilden, um nach der Rückkehr die Herkunftsgesellschaft modernisieren zu können.[23] Weitere wiederkehrende Themen des Romans sind das sittliche bzw. unsittliche Verhalten deutscher und türkischer Frauen, das unsolidarische Verhalten türkischer Beamter an der Grenze oder im Konsulat sowie die unmenschliche Kälte der Deutschen.[24]

Ebenso wie die Motivlagen der Gastarbeiterinnen und Gastarbeiter werden auch diese Themen in *Türkler Almanyada* auf mikro- und makrosozialer Ebene kontrovers entfaltet. Trotz der Kritik an der sexuellen Freizügigkeit der deutschen Frauen und ihrer scheinbaren Amoralität wollen fast alle Gastarbeiter eine deutsche Freundin haben.[25] Um sich mit ihren deutschen Frauenbekanntschaften ungestört treffen zu können, ziehen jene Gastarbeiter, die es sich leisten können, aus den Baracken in eine Pension.[26] Und trotz der Kritik am diskriminierenden Verhalten der türkischen Behörden identifizieren sich die Gastarbeiter mit ihnen. Später ist es hingegen ein deutscher Arbeitskollege, mit dem sich der Ich-Erzähler am besten versteht, wenn sie über die deutsche und türkische Gesellschaft urteilen. Für beide haben die zentralen Aspekte des Spätkapitalismus, die Urbanisierung und Industrialisierung in beiden Gesellschaften, negative Auswirkungen auf das soziale Leben.[27] Diesem Deutschen stehen wiederum andere Deutsche entge-

---

22 YILDIZ (1966): S. 16. In Okans Film OTOBÜS wird hingegen ein türkischer Gastarbeiter von einem homosexuellen Schweden sexuell bedrängt.
23 Tatsächlich war die Argumentation, dass die Migration türkischer Staatsbürger als Arbeiter nach Deutschland für die Türkei bei ihrer Re-Migration wichtige Impulse im Prozess ihrer wirtschaftlichen und gesellschaftlichen Entwicklung bringen würde, politisch sehr verbreitet. Die türkische Regierung hatte wie die deutsche ein Interesse daran, weniger bis kaum qualifizierte Arbeiter in die Bundesrepublik zu entsenden, damit sie dort berufliche Qualifikationen erwerben konnten. Siehe hierzu: HUNN (2005): S. 60.
24 Vgl. YILDIZ (1966): S. 60.
25 Siehe ebd., S. 36.
26 Ebd., S. 44.
27 Milton Gordon hält ebenfalls in *Assimilation in American Life* fest, dass die eigentliche Herausforderung für eine gelingende Integration die Verhandlung von Entfremdungserfahrungen sei, die die Prozesse der Urbanisierung und Industrialisierung in modernen Gesellschaften be-

gen, die empathieloser und rationaler nicht hätten dargestellt werden können. Widersprüche sind ein zentraler Bestandteil dieser und anderer Erzählungen, die in diesem Kapitel noch diskutiert werden. Das Resultat ist eine Verkettung kontroverser Positionen, die am Ende von *Türkler Almanyada* so weit reicht, dass sich die Antwort auf die Ausgangsfrage im Roman, wo die europäische Zivilisation beginnt, verschiebt: von Österreich über Deutschland und schließlich nach Frankreich. Während eines zweitägigen Urlaubsaufenthaltes erkennt der Ich-Erzähler, dass das moderne Leben in Frankreich angenehmer gestaltet wird als in Deutschland. In Deutschland werde gelebt um zu arbeiten, in Frankreich gearbeitet um zu leben.[28] Das Verhältnis von Identität und Identifikation, von Akteuren zwischen Herkunfts- und Ankunftsgesellschaften ist in diesem ersten Text zur türkischen Arbeitsmigration unerwartet prekär. Es ist oft im Wandel begriffen und verschiebt nicht zuletzt sogar den Ausgangspunkt europäischer Zivilisation. Ein Grund für diese Verschiebungen: Die Migration schafft mit der Zeit neue Bedürfnisse.[29]

In *Türkler Almanyada* sind diese Verhältnisse aber auch prekär, weil die Begegnung von Akteuren, ihre Interaktionen, an funktionalen Orten und Transiträumen stattfinden: in Zugabteilen, internationalen Grenzbereichen, Arbeiterbaracken, Arbeitsplätzen und Hotelzimmern.[30] In Şorays DÖNÜŞ spielt der ganze Film zwar im Unterschied dazu nur in einem namentlich nicht genannten Dorf, doch entwickelt sich dieser vermeintliche Ursprungsort der Protagonisten für sie durch den Einfluss der Zivilisation (»Medeniyet«) und durch die Bedürfnisse

---

stimmten. Siehe hierzu: GORDON, Milton (1964): *Assimilation in American Life. The Role of Race, Religion, and National Origins*, New York: Oxford University Press, S. 18. Die genannten Entfremdungsaspekte spielen auch in den äußerst wirkmächtigen Arbeiten *Der eindimensionale Mensch* von Herbert Marcuse (1967) und in *Critique de la raison dialectique* von Jean-Paul Sartre (Paris, 1960) eine herausragende Rolle. Marcuses Buch erschien zuerst in einer englischen Fassung. Siehe: MARCUSE, Herbert (1964): *One-Dimensional Man*, Boston: Beacon Press.

28 Die 1960er Jahre sind in der Kulturgeschichte der Bundesrepublik das Jahrzehnt, in dem die Deutschen das Ausland, wie Frankreich, Italien und Jugoslawien, verstärkt als touristische Ziele wiederentdeckten. So kommt es, dass 1968 erstmals seit dem Ende des Zweiten Weltkrieges in der Bundesrepublik die Zahl der deutschen Auslandstouristen höher ist als die der deutschen Inlandstouristen. Siehe hierzu: SCHILDT, Axel (2009): *Deutsche Kulturgeschichte. Die Bundesrepublik von 1945 bis zur Gegenwart*, München: Hanser, S. 194. Diesen Befund hält auch Bekir Yıldız fest, wenn er beschreibt, dass an Feiertagen viele Deutsche, wie die Gastarbeiter, für Tagesausflüge nach Frankreich fahren. Siehe hierzu: YILDIZ (1966): S. 123.

29 Dieser Vorrang der Bedürfnisse und Bedürftigkeiten steht auch im Vordergrund der Filme DÖNÜŞ und OTOBÜS. Und wie wir sehen werden, stehen sie auch im Zentrum der zur selben Zeit verfassten Literatur.

30 Âbide Doğan erwähnt diese Lokalitäten nur beiläufig, ohne ihre spezifische narrative Funktion einzubeziehen. Siehe hierzu: DOĞAN, Abide (2003): »Almanya'daki türk işçilerini konu alan romanlar üzerine bir değerlendirme«. In: *Türkbilig*, 2003/6, S. 56–68.

des Großgrundbesitzers zu einem unsicheren Ort. Weil Gülcan sich dem Großgrundbesitzer auch während der migrationsbedingten Abwesenheit Ibrahims sehr selbstbewusst widersetzt, wird ihr und Ibrahims Haus zerstört, ihr Acker in Brand gesteckt. Der türkische Großgrundbesitzer hat sich in Gülcans Schönheit, in ihre rebellische Art und in ihre Wut verliebt. Und er ist von einem Überschuss an Bedürfnissen getrieben, die den öffentlichen Raum im Dorf für Gülcan immer unsicherer machen. Mehrmals entgegnet er ihr, als sie sich ihm widersetzt, dass man am Ende schon sehen werde, wem die Welt gehöre, ihr oder ihm.[31] In Okans Otobüs ist der öffentliche Raum außerhalb des Busses ebenfalls ein gefährlicher Ort für die Gruppe von Türken, weil ihnen Pässe und Bescheinigungen fehlen. Öffentliche Räume, Orte und Akteurinnen und Akteure stehen in keinem zugehörenden oder besitzenden Verhältnis zueinander. Dieses Nicht-Verhältnis entwickelt sich in Dönüş migrationssoziologisch spiegelverkehrt, so dass man sich am Ende fragen muss, wohin eigentlich Ibrahim zurückkehrt, wenn es kein Land, kein Haus und keine soziale Ordnung am Ort der Herkunft mehr gibt. Auch Yıldız' autobiografischer Roman konterkariert seinen Titel. Erstens steht die äußerst heterogene Gruppe der Migranten in Yıldız' Roman quer zum ersten Teil des Titels des Romans »Türkler«, der Homogenität verspricht. Und zum zweiten wird auch der zweite Teil des Titels, seine Topologie, konterkariert: »Almanyada«. Der Lokativ *da* weist im Türkischen funktional auf einen realen, stabilen Ort, einen Platz, den es in Yıldız' Text nicht gibt.

Mit den beiden bekannten Geografen der 1970er Jahre, dem Kanadier Edward Relph und dem chinesisch-amerikanischen Yi-Fu Tuan gesprochen, existiert hier kein wechselseitiges Verhältnis zwischen Raum, Platz und Ort (*space & place*);[32] ein Verhältnis, das der französische Soziologe Henri Lefebvre auch in den 1970ern

---

[31] Auch in dem bekannten türkischen Film Kıbar Feyzo von 1978 beweist der Großgrundbesitzer Maho Ağa immer wieder durch Ausweisungen eines Dorfbewohners, dass ihm das Land gehört. Nur kehrt der ausgewiesene Feyzo aus der türkischen Stadt zurück und bringt mit seinen Ideen von dort das Dorfleben immer wieder durcheinander. Beispielsweise demonstrieren irgendwann im Film die Frauen gegen das Brautgeld, das im Dorf von jeher Tradition ist. Der politische Wandel im Dorf führt so weit, dass am Ende der Großgrundbesitzer selbst aus dem Dorf ausgewiesen wird. Siehe hierzu: Yılmaz, Atıf (1978): *Kıbar Feyzo*, Spielfilm, Türkei, Arzu Film.

[32] Der kanadische Geograf Edward Relph hält in seiner bekannten Arbeit *Place and Placessness* von 1976 als Grundlage für einen stabilen Ort »as concept of place« fest, dass diesem ein Wissen und ein Gefühl eines Raums (*space*) vorausgehen muss. Das Verhältnis von place und space ist dabei in der Abfolge ein wechselseitiges: »In general it seems that space provides the context for places but derives its meaning from particular places«. Relph, Edward (1976): *Place and Placelessness*, London: Pion Ltd., S. 8. In diesem Zusammenhang unterscheidet der chinesisch-amerikanische Geograf Yi-Fu Tuan, dass *place* für Sicherheit und Stabilität stehe und *space* für Offenheit, Freiheit und zugleich auch für Gefahr. Siehe hierzu: Tuan, Yi-Fu (1977):

als Grundlage für die Aneignung des öffentlichen Raums beschreibt.³³ Ihm ist es ein besonderes Anliegen, den öffentlichen Raum im Zentrum der Städte, das in den 1970er Jahren von Kaufhäusern geprägt ist, lebensweltlich zu gestalten. Die Frage nach der Gruppe und die Frage nach Ort und Platz gehören auf unterschiedlichsten Ebenen zu den zentralen Themen der Verhandlung von Integration in Literatur, Film, öffentlicher Debatte und Theorie der 1960er und 1970er Jahre. Äußerst eindrücklich zeigt sich dies in Tunç Okans Film OTOBÜS. Kaum hat der türkische Schlepper die türkischen Arbeiter nach Stockholm gebracht, parkt er auf der Flucht vor der schwedischen Polizei den Bus mitten auf einem öffentlichen Platz. Er verlangt von den Türken im Bus, ihm die Pässe und ihr letztes Geld zu geben. Er würde sie ihnen gleich wieder mit den Arbeitsbescheinigungen zurückbringen. Bis dahin sollten sie auf keinen Fall den Bus verlassen, weil sie dann ohne Papiere ausgewiesen würden. Der Schlepper kehrt nicht mehr zurück und in ihren abendlichen Touren streifen die Türken, als sie die öffentlichen Toiletten aufsuchen müssen, durch ein Stockholm, das nur aus Geschäften besteht. Äußerst irritierend wird die Erfahrung für den Türken Mehmet, der vom Regisseur selbst gespielt wird, als ihn ein schwedischer Homosexueller von der öffentlichen Toilette mit auf eine öffentliche Veranstaltung nimmt, bei der Schwedinnen und Schweden in edler Abendkleidung essen, trinken und gemeinsam einen Pornofilm anschauen. Außerdem wählt der Moderator der Veranstaltung aus dem Publikum ein Paar aus, das vor allen anderen auf der Bühne Geschlechtsverkehr haben soll. Als dann der homosexuelle Schwede den zu Stein erstarrten Türken dabei auch noch sexuell bedrängt, hält es dieser keine Sekunde mehr aus und verlässt mit einem Schrei die Bar. Am Ende des Films wird der Bus von der Polizei mit den Insassen abtransportiert und jeder der Türken wird einzeln aus dem Bus in Polizeigewahrsam gebracht.

Was die Rezeption von türkischen Filmen und türkischer Literatur zu Migration der 1960er und 1970er Jahre betrifft, haben sie bislang in der Forschung wenig Beachtung gefunden. Eine wichtige Ausnahme stellt hier die kürzliche erschiene Arbeit *Die visuelle Kultur der Migration* von Ömer Alkın dar.³⁴ Ein Grund

---

Space and Place: The Perspective of Experience, Minneapolis: University of Minnesota, S. 6. Für beide Humangeografen gilt, dass *space* und *place* sich wechselseitig bedingen.
33 LEFEBVRE, Henri (2006): »Die Produktion des Raums«. In: Stephan Günzel: *Raumtheorie. Grundlagentexte aus Philosophie und Kulturwissenschaften*, Frankfurt a. M.: Suhrkamp, S. 337f.
34 ALKIN (2019). Siehe hierzu auch den Aufsatz von Tuncay Kulaoglu und Martina Priessner »Stationen der Migration« von 2017, in dem die Autoren mehrere Seiten den Filmen der 1970er Jahre widmen. Siehe hierzu: KULAOĞLU, Tuncay/PRIESSNER, Martina (2017): »Stationen der Migration. Aufbruch, Unterwegssein, Ankunft und Rückkehr im türkischen Yeşilçamkino bis zum subversiven Migrationskino der Jahrtausendwende«. In: *Deutsch-Türkische Filmkultur im Migrationskontext*, Wiesbaden: Springer VS, S. 25–44 u. S. 26–32.

für die ausgebliebene Rezeption ist sicherlich die fehlende Übersetzung ins Deutsche oder Englische und das nicht vorhandene Interesse von Filmverleihen, die Filme als DVDs herauszubringen.[35] Dabei stehen *Türkler Almanyada*, Dönüş und Otobüs – beim letztgenannten zeigen es in jedem Fall die mehrfachen internationalen Prämierungen[36] – in einem äußerst weitreichenden Zusammenhang repräsentativ für die 1960er und 1970er Jahre: politisch in internationaler Rahmung, typologisch mit ihren Fokussen auf eine fragile soziale Gruppe, auf ein fragiles Verhältnis zwischen *place* und *space*, zwischen Privatheit und Öffentlichkeit, mit ihren Themen Arbeit, Fortschritt, Konsum, Sexualität, Sittlichkeit und die Beherrschung all dessen durch Zivilität. Dieser Zusammenhang ist zur gleichen Zeit auch in den ästhetisch anspruchsvolleren und linkspolitisch motivierten Bearbeitungen des Migrationsthemas durch Rainer Werner Fassbinder, Aras Ören, Helma Sanders-Brahms, Güney Dal und abschließend mit Şerif Görens Film Almanya, Acı Vatan (»Deutschland, bitteres Vaterland«) von 1979 konstitutiv.[37] Dabei vollzieht der zuletzt genannte Film ziemlich genau in seiner Mitte einen narrativen Wandel auf mehreren Ebenen. Während in der ersten Hälfte Aufnahmen von öffentlichen Räumen, von Straßen, von Schwellenbegegnungen, das bewegungs- und beschäftigungsreiche Leben in mehrparteilichen Wohnungen im türkischen Dorf und in Berlin-Kreuzberg den Film bestimmen, führt die zweite Hälfte Immobilitäten ein, die den zweiten Leitsatz der vorliegenden Kulturgeschichte neben und mit anderen Werken einleitet. Aber auch diesen Werken wird in der Forschung mitunter vorgehalten, ihre Akteure zu schematisch und zu schablonenartig dargestellt zu haben.[38]

Diese deutlich zu psychologische und zu sehr auf das Subjekt verengte Perspektive verkennt das Thema und den eigentlichen Fokus. In diesen Produktionen stehen – wie ich zeigen werde – nicht die Ausgestaltung einer komplexen psychisch-inneren Disposition oder die besondere Handlungsfähigkeit eines Individuums im Vordergrund, sondern die Kartierung eines Feldes mit Bedürfnisstrukturen, die eine Veränderung von Personen und Gruppen einleiten, die das soziale Gefüge der Erzählungen unerwartet verschieben. Als Orientierung steht im Zentrum die Frage nach den Bedingungen, Möglichkeiten und Unmöglichkeiten

---

35 Dank türkischer Internetportale ist es jedoch möglich, sich diese Filme im Internet anzusehen.
36 Wenn Otobüs international sehr positiv aufgenommen wurde, ist er jedoch in der Türkei für lange Zeit verboten worden, weil er die türkischen Dörfler besonders abwertend, naiv, dumm und als stumme Personen darstellt. Siehe hierzu: Alkin (2019): S. 161.
37 Siehe zu Acı Vatan: Alkin (2019): S. 582f.
38 Chin, Rita (2007): *The Guest Worker Question in Postwar Germany*, New York: Cambridge University Press; Göktürk, Deniz (2000b): »Migration und Kino. Subnationale Mitleidskultur oder transnationale Rollenspiele?«. In: *Interkulturelle Literatur in Deutschland. Ein Handbuch*, hg. v. Carmine Chiellino, Stuttgart, Weimar: Metzler, S. 329–347.

von sozialstrukturellem Wandel. Dieses lässt sich sehr gut in der vielschichtigen, ausführlichen und bewegungsreichen Antwort Niyazis greifen, warum er den überhaupt nach Deutschland gekommen sei.

> Als das mit Deutschland aufkam
> sagte ich mir,
> so wie jedermann, ich auch:
> Deutschland ist ein kleines Amerika.
>
> Gehst du dorthin, Niyazi,
> lebst du dort wie die Reichen von Bebek.
> Denn die Armen
> können nur in Amerika – oder in Deutschland
> oder in einem anderen westlichen Land –
> leben wie ein Amerikaner. Während
> das in unseren Ländern
> nur eine Sache der Reichen ist.
>
> Und nur wenn man wie ein Amerikaner lebt
> kann der Mensch sagen, ich habe gelebt.
> Dort hat jeder einen Wagen.
> Moderne Wohnungen mit Bad,
> stangenweise Anzüge, Nylonhemden
> und Geliebte, die er an den Straßenecken küßt,
> genau wie im Film.[39]

Doch diese Wünsche werden weder in Yıldız' autobiografischem Roman, in Şorays und Okans Filmen noch in Örens Poem wahr. Vielmehr entwickeln sich die Wünsche und die Bedürfnisse zu Grundlagen von Kritik. Da Reflexionen zu Integration von der Kritik an Ist-Zuständen ausgehen, durchziehen die genannten Themen die Sozialtypologie von Orten, Plätzen und Räumen, von Sexualität und Sittlichkeit, die kulturell-nationale Orientierung, Wirtschaft, Konsumkritik bis hin zur Frage der Zivilität. Wie ich weiter aufzeigen werde, bestimmen sie ebenso sehr die Integrationsdebatten und -theorien der 1960er und 1970er Jahre in unterschiedlichen Graden. Es sind Themen, die den innerdeutschen Diskurs ästhetisch wie

---

[39] ÖREN (1973): S. 25. Dass ein sozialstruktureller Aufstieg zugleich für einen Identitätswandel steht, für eine Integration in eine Mehrheitsgesellschaft, ist nicht nur im Kern Bestandteil der Integrationstheorien von den 1920ern bis Ende der 1980er Jahre, also von Robert Ezra Park bis Hartmut Esser. Auch türkische kemalistische Parteifunktionäre vertraten und propagierten zwischen den 1950ern und 1970ern, »dass sich gut ausgebildete, im westlichen Sinn erzogene Menschen« ein aufgeklärtes Verhältnis gegenüber Traditionen und Religionen aneignen würden. Siehe hierzu: KREISER, Klaus/NEUMANN, Christoph (2009): *Kleine Geschichte der Türkei*, Stuttgart: Reclam, S. 416.

politisch bestimmen, die Produktionen des Neuen Deutschen Films ebenso wie die Debatten zur inneren Demokratisierung Deutschlands.[40] In beiden thematischen Feldern – der Migration und dem demokratischen Zustand der Bundesrepublik – steht dabei ein zentraler Befund, dass es für die innere Demokratisierung der Bundesrepublik nämlich unentbehrlich ist, einen Zusammenhang zwischen privatem und öffentlichem Leben, zwischen privatem und öffentlichem Raum zu entwickeln;[41] ein Konnex, der für die deutsch-türkische Literatur- und Filmproduktion, wie an einigen Beispielen mit Zaimoğlu, Özdamar und Şenocak im Einleitungskapitel bereits festgehalten wurde, ebenfalls konstitutiv ist.

Der Fokus auf Einstellungen, Verhaltensweisen und Gruppenkonstellationen ist jedoch nicht nur der Literatur und dem Film inhärent. Systematisch finden wir ihn auch in der bereits genannten Integrationstheorie Milton Gordons, der *Assimilation in American Life*. Im Gegensatz zu Robert Ezra Parks anvisierter kultureller Fusion von Herkunft und Ankunft durch den *marginal man* sieht Gordon das Gelingen von Integration in der Generierung neuer sozialer Bindungen durch »participational identifications«. Deren Träger können nicht einzelne Individuen, sondern nur Gruppen sein, die sozialstrukturell und kulturell eine Überschneidungsdichte und Kontakte mit anderen Gruppen entwickeln.[42] Der erste Schritt zu neuen sozialen und kulturellen Bindungen ist für Gordon der Abbau rassistischer, religiöser und nationaler Diskriminierungen und die Entstehung angemessener Verhaltensweisen, die neue integrative Gruppenbindungen auslösen und zu einer »civic assimilation« führen können.[43] Diesen Prozess, den Gordon anhand von sieben Etappen in seinem Buch beschreibt, bezeichnet er nicht als eine Kultur- oder Zivilisationstheorie sondern als »a ›theory‹ of group life«.[44] Gelingen kann dieses Konzept jedoch nur, wenn die *small group* in Kommunikation und engem Austausch mit einer *larger society* steht, die sie als ihr zugehörig rahmt. Er bezeichnet diese *core society* als »America«, was für Zivilgesellschaft steht. Dabei darf »America« in

---

40 Siehe hierzu: DAHRENDORF, Ralf (1966): *Gesellschaft und Demokratie in Deutschland*, München: Piper, S. 464–482.
41 Das zentrale Thema des *Neuen deutschen Films*, der Mitte der 1960er Jahre mit den Filmen ABSCHIED VON GESTERN (Alexander Kluge, 1966) und DER ZÖGLING TÖRLESS (Volker Schlöndorff, 1966) einsetzt und bis Ende der 1970er Jahre den deutschen Film definiert, ist ebenfalls das Verhältnis von privatem und öffentlichem Leben. Siehe hierzu: HAKE, Sabine (2004): *Film in Deutschland. Geschichte und Geschichten ab 1895*, Reinbek: Rowohlt, S. 255.
42 GORDON (1964): S. 53.
43 Ebd., S. 71.
44 Ebd., S. 18. Dieser Fokus auf die Gruppe resultiert aus Milton Gordons Ergebnis, dass kulturelle Identifikationen von *small groups* eine soziale Tatsache darstellen, die sich für ihn besonders in den Bürgerbewegungen der 1960er herauskristallisiert hat.

Gordons Theorie nicht ein Territorium sein, das nur einer bestimmten Gruppe gehört, wie beispielsweise den weißen Protestanten. »Indeed, the white Protestant is rarely conscious of the fact that he inhabits a group at all. *He* inhabits America. The *others* live in groups.«[45] Solche ungleichen Wohnverhältnisse sind für Gordon die Grundlagen gesellschaftlicher Diskriminierung.[46] »America« sollte eine stabile »wohnliche« Referenz für alle Gruppenmitglieder als eine *large society* sein.[47] In den bereits kurz skizzierten Filmen und Texten zur türkischen Migration nach Deutschland entsteht weder am Ort der Herkunft noch an dem der Ankunft eine stabile »wohnliche« Referenz.

Wenn in Gordons theoretischen Ausführungen das real bewohnte Territorium der Gruppen von den katholischen Farbigen über Chinesen bis hin zu weißen Protestanten mit der vorgestellten *large society* als »America« in einen identifizierenden Zusammenhang gebracht werden kann, findet sich diese Form der Korrelation von Territorium, Bewegung von »drinnen« nach »draußen« und narrativer Identifikation in der Bundesrepublik Deutschland in den 1960er und 1970er Jahren nicht – oder höchstens für den Europäer und den Amerikaner, aber nicht für den Gastarbeiter. Das Pendant für die *larger society* in der Bundesrepublik ist in dieser Zeit in wirtschaftlicher Hinsicht Europa und in kultureller Hinsicht Amerika.[48] Ähnlich wie die Akteurinnen und Akteure in den bereits erwähnten und beschriebenen Produktionen ihre Erfahrungen in Deutschland etwas unbestimmt als Erfahrungen mit der europäischen Zivilisation bezeichnen, beschreiben deutsche Politiker und Journalisten Sinn und Zweck der ausländi-

---

45 GORDON (1964): S. 5, Hervorhebung im Original.
46 Ebd., S. 3.
47 »In the last analysis, what is gravely required is a society in which one may with equal pride and without internal disquietude at the juxtaposition: ›I am a Jew, or a Catholic, or a Protestant, or a Negro, or an Indian, or an Oriental, or a Puerto Rican;‹ ›I am an American;‹ and ›I am a man‹.« GORDON (1964): S. 265. Weniger auf ein reales und zugleich imaginäres Territorium mit »America« setzt Anfang der 1970er Jahre der Soziologe Mark Granovetter auf ein Netzwerk zwischen unterschiedlichen Gruppen, das aus *weak ties*, schwachen Verbindungen, entsteht. Für ihn sind es nicht die umstehenden Verwandten und Freunde, die die Integration in eine moderne Gesellschaft ermöglichen, sondern Bekanntschaften aus anderen Gruppen, die soziale Mobilität ermöglichen können. »Weak ties are actually vital for an individual's integration into modern society.« GRANOVETTER, Mark S. (1973): »The Strength of Weak Ties«. In: *American Journal of Sociology*, Volume 78, Issue 6, S. 1360–1380, hier S. 1366.
48 Wenn die 1950er Jahre als erste Phase der Amerikanisierung »an einer Wand traditionsreicher Ressentiments« in der Bundesrepublik zerschellten, erfolgte in den 1960er Jahren die eigentliche Amerikanisierung. Die 1960er sind für viele Zeithistoriker das »entscheidende Jahrzehnt« der Amerikanisierung. Siehe hierzu: SCHILDT (2009): S. 188. Siehe auch: DOERING-MANTEUFFEL, Anselm (2011): »Amerikanisierung und Westernisierung«. Version: 1.0, In: *Docupedia-Zeitgeschichte*, 18.01.2011, http://docupedia.de/zg/Amerikanisierung_und_Westernisierung (20.05.2016).

schen Arbeitsmigration – besonders in der Anwerbephase zwischen 1955 und 1973 – auch als ein europäisches Integrationsprojekt.[49]

Im ersten deutschen Zeitungsartikel zu Gastarbeitern wird beispielsweise bei der Anwerbung der italienischen Arbeitskräfte im Dezember 1955 die europäische Solidarität beschworen.[50] Und knapp fünfzehn Jahre danach ist es noch Tenor unter vielen deutschen vorsitzenden Gewerkschaftern, dass »der ausländische Arbeiter von heute [...] der europäische Bürger von morgen [ist]«.[51] Auch für die Schweiz hält der Zürcher Soziologe Hans-Joachim Hoffmann-Nowotny in seiner *Soziologie des Fremdarbeiterproblems* von 1973 fest, dass die Integration der Fremdarbeiter in der Schweiz nur gelingen könne, wenn sie als eine europäische und darüber hinaus sogar als eine weltgesellschaftliche begriffen werde.[52] Auf die kognitive Assimilation folgt die sozialstrukturelle, auf diese die soziale und am Ende ergibt sich die identifikative Assimilation wie von selbst. Im Zentrum seiner Integrationstheorie stehen die Expansion und die Öffnung der Beschäftigungsstruktur für Fremdarbeiter wie für die Autochthonen.[53] Was aber diesen neuen europäischen Bürger jenseits seiner Bestimmung als Arbeiter oder Konsument auszeichnen soll, wird – wie auch in Bekir Yıldız autobiografischem Roman – an keiner Stelle der genannten Texte, ob journalistisch oder wissenschaftlich, explizit. Es dominiert die Vorstellung, dass Zeit, Wirtschaft und sozialstruktureller Aufstieg die sozial bestehenden Spannungen der Migration werden auflösen können.[54] Diese mangelnde Äquivalenz zwischen Wirtschaft und politischem

---

49 »Eingliederung« und »Anpassung« sind die zwei am häufigsten verwendeten Begriffe in dieser Zeit, wenn es um die Frage der Integration der Arbeitsmigranten geht. Siehe hierzu: SCHÖNWÄLDER, Karen (2001): *Einwanderung und ethnische Pluralität*, Berlin: Klartext, S. 165. Siehe auch: RAUER, Valentin (2013): »Integrationsdebatten in der deutschen Öffentlichkeit (1947–2012)«. In: *Die Integrationsdebatte zwischen Assimilation und Diversität. Grenzziehungen in Theorie, Kunst und Gesellschaft*, hg. v. Özkan Ezli, Andreas Langenohl, Valentin Rauer, Claudia Voigtmann, Bielefeld: transcript, S. 51–86, hier S. 77.
50 FAZ (1955): »Hunderttausend italienische Gastarbeiter kommen«, 21.12.1955.
51 STEPHAN, Günter (1969): „Einstellung und Politik der Gewerkschaften". In: *Strukturfragen der Ausländerbeschäftigung*, hg. v. Prof. Dr. Johannes Chr. Papalekas, Herford: Maximilian, S. 34–46, hier S. 40.
52 Siehe hierzu: HOFFMANN-NOWOTNY, Hans-Joachim (1973): *Soziologie des Fremdarbeiterproblems. Eine theoretische und empirische Analyse am Beispiel der Schweiz*, Stuttgart: Enke, S. 317–321.
53 Ebd., S. 23.
54 Da dies aber in der Praxis weder die Politik der Bundesregierung noch die anderer europäischer Länder ist, steht neben diesem insgesamt sehr unbestimmt gehaltenen Narrativ einer europäischen Integration eine äußerst konkret und bestimmt geführte Kosten-Nutzen-Kalkulation der Arbeitsmigration nach Deutschland, wie sie Ulrich Herbert und Karin Hunn in ihren Publikationen aufgezeigt haben. Durch die Neufassung des Anwerbeabkommens zwischen der Bundesrepublik und der Türkei 1964 – nach 1961 – war es den türkischen Gastarbeitern nach zwei

Entwurf, um welchen europäischen Bürger es beim Arbeitsmigranten in Zukunft gehen soll, impliziert eine *gespaltene Repräsentation*, die Literatur und Film der 1970er Jahre zentral bestimmt. Diese Spannung und Spaltung hat paradoxerweise auch ihr Gutes gehabt, denn sie war die Grundlage der beginnenden informellen Einwanderungsgeschichte in der Bundesrepublik. Man war zwar kein Einwanderungsland, doch wurden aufgrund des bundesrepublikanischen wirtschaftlichen Bedarfs und des politischen Projekts wieder Teil der zivilen westlichen Welt zu werden, Familienzusammenführungen erlaubt, die logischerweise Einwanderungsprozesse einläuteten. »Sowohl für die konservativ als auch die sozialdemokratisch geführten Regierungen der mittleren 1950er bis mittleren 1970er Jahre war die Arbeitsmigration aus dem Ausland verknüpft mit zentralen Zielen ihrer Politik.«[55] Aktiver Teil dieser Politik sollten die ausländischen Arbeitskräfte aber nicht werden, wie es auch das Ausländergesetz von 1965 dokumentiert.

Es ist mitunter diese uneinheitliche Adressierung der Gastarbeiter als ein uneinheitliches Objekt, die die erste große öffentliche Debatte über Gastarbeiter weder von nationalen noch kulturellen Merkmalen bestimmen ließ.[56] Im Gegenteil bündelt das Thema, das die *Bildzeitung* im Frühjahr 1966 aufwarf, Disziplin, Körperlichkeit und Fleiß.[57] Sie titelte im Zusammenhang einer Tagung des Bundes Deutscher Arbeitgeber (BDA) zum »Gastarbeiter«, ob »Gastarbeiter fleißiger als deutsche Arbeiter« seien. Tags darauf legten mehr als 5000

Jahren Aufenthalt in Deutschland möglich, ihre Frauen und Kinder nach Deutschland nachziehen zu lassen. Siehe hierzu: HERBERT, Ulrich (2001): *Geschichte der Ausländerpolitik in Deutschland. Saisonarbeiter, Zwangsarbeiter, Flüchtlinge, Gastarbeiter*, München: Beck, S. 227–229. Dies führte dazu, dass der Anteil nicht arbeitender Gastarbeiter ab Mitte der 1960er zunahm und dadurch erhöhte Kosten auf kommunaler Ebene entstanden. Letzteres war am Ende die eigentliche Grundlage für den Anwerbestopp im November 1973 durch die Regierung von Willy Brandt und weniger die Erdölkrise. Siehe hierzu: HUNN (2005): S. 341. Hinzu kommt – neben dem Gastarbeiter als Europäer und der Kosten-Nutzen-Kalkulation – ein weiteres immer wieder auftretendes Narrativ, dass die Sprechweisen der Integration in den 1960er und 1970er Jahren ebenfalls mitbestimmt. Oft wird die Gastarbeiteranwerbung als eine Art Entwicklungshilfe beschrieben, bei der die Gastarbeiter viel für ihre Herkunftsländer und Herkunftsgesellschaften auf industrieller und zivilisatorischer Ebene lernen würden. Auf diesen Aspekt werde ich in Kapitel 2.7 »Zivilisation als unbestimmte Soziokultur« noch näher eingehen.
55 SCHÖNWÄLDER, Karen (1999): »›Ist nur Liberalisierung Fortschritt?‹ Zur Entstehung des ersten Ausländergesetzes der Bundesrepublik«. In: *50 Jahre Bundesrepublik. 50 Jahre Einwanderung. Nachkriegsgeschichte als Migrationsgeschichte*, Frankfurt a. M.: Campus, S. 127–144, hier S. 141.
56 Auf diesen Aspekt, dass Kultur in den Anfängen der Arbeitsmigration, selbst bei den türkischen Gastarbeitern, keine besondere Rolle gespielt hat, macht auch die Historikerin Karin Hunn explizit aufmerksam. Siehe hierzu: HUNN (2005): S. 139.
57 Auch im türkischen Film DÖNÜŞ sehen wir fast in jeder Sequenz arbeitende Menschen. Entweder auf dem Feld, beim Wasserholen oder den Dorflehrer beim Unterrichten.

deutsche Arbeiter der metallverarbeitenden Betriebe in Baden-Württemberg protestierend ihre Arbeit für mehrere Tage nieder; sie fühlten sich »beleidigt«, in ihrer »Ehre« gekränkt.[58] Erst achtzehn Monate zuvor, am 10. September 1964, wurde dem einmillionsten Gastarbeiter, dem Portugiesen Armando Rodrigues, am Bahnhof von Köln-Deutz ein zweisitziges Moped zusammen mit einem Nelkenstrauß geschenkt.[59] Einen weiteren Nachweis dafür, dass explizit keine nationalen oder religiösen Kategorien in den 1960er und 1970ern als trennende bestimmend waren, zeigt auch eindrücklich, dass beispielsweise 1965 das Ende des Ramadans im Kölner Dom gefeiert wurde. Dabei wurde diese Feier nicht als ein interreligiöses Fest begriffen, sondern vielmehr als eine Möglichkeit für alle Muslime in Köln an einem großen und angemessenen Ort das Ende der Fastenzeit feiern zu können.[60]

Trotz dieser Zeichen bleibt die Gastarbeitermigration in die Bundesrepublik ein wirtschaftliches Projekt. Der Weltmarkt der 1960er Jahre setzt sich aus dem angloamerikanischen und westeuropäischen Markt zusammen und das nach Westen wachsende Europa dieser Zeit ist in erster Linie eine Wirtschaftsgemeinschaft (EWG). Länder wie Italien, Portugal, Jugoslawien oder Griechenland gehören nicht dazu, die daraufhin, ebenso wie die Türkei, die meisten Gastarbeiter auf Basis von Anwerbeverträgen nach Deutschland entsenden. Die Zahl der Gastarbeiter in der Bundesrepublik bleibt zwischen den Jahren 1964 und 1968, sprich bis zur

---

[58] Allein bei der Daimler-Benz AG waren es im Werk bei Untertürkheim und im Zweigbetrieb Stuttgart-Hedelfingen über 3000 streikende Metallarbeiter. Vgl. hierzu: COHN-BENDIT, Daniel/ SCHMID, Thomas (1993): *Heimat Babylon. Das Wagnis der multikulturellen Demokratie*, Hamburg: Hoffmann und Campe, S. 121. Über 35 % der Gastarbeiter waren in der Eisen- und Metallerzeugung und -verarbeitung beschäftigt. Siehe auch: HERBERT (2001): S. 225.
[59] FAZ (1964): »Großer Bahnhof für Armando Sa Rodrigues«, 11.09.1964. Im Zusammenhang dieses Empfangs schrieb der damalige Bundesarbeitsminister Theodor Blank im *Bulletin des Presse- und Informationsamtes* der Bundesregierung, dass der deutsche ökonomische Fortschritt ohne die Gastarbeiter nicht denkbar wäre. »Diese Million Menschen auf deutschen Arbeitsplätzen trägt mit dazu bei, daß unsere Produktion weiter wächst, unsere Preise stabil und unsere Geltung auf dem Weltmarkt erhalten bleibt. Die Rolle der Gastarbeiter auf dem Arbeitsmarkt wird in den kommenden Jahren sicher noch gewichtiger werden.« BLANK, Theodor: »Eine Million Gastarbeiter«. In: *Bulletin des Presse- und Informationsamtes der Bundesregierung*, 30.10.1964, Nr. 160, S. 1480.
[60] Siehe hierzu: HUNN, Karin (2011): »›Türken sind auch nur Menschen. Und zwar Menschen mit einer anderen Kultur.‹ Ursachen von Fremd- und Selbstethnisierung türkischer Migranten in der Bundesrepublik«. Vortrag im Rahmen der Tagung *Ist das Konzept der Integration überholt? Theoretische Fassungen einer aktuellen Debatte* (14.–15.07.2011), Universität Konstanz, 14.07.2014, https://streaming.uni-konstanz.de/talks-events/integrationstagung-ist-das-konzept-der-integration/tuerken-sind-auch-nur-menschen-und-zwar-menschen-mit-einer-anderen-kultur/ (05.07.2017).

ersten kurzen wirtschaftlichen Rezession 1967, konstant bei knapp einer Million. Aufgrund erneuter wirtschaftlicher Konjunktur verdoppelt sie sich zwischen den Jahren 1968 und 1973 auf 2,595 Millionen.[61] Seit Januar 1972 bilden die Türken bis heute die größte nationale Gastarbeiter-Gruppe in der Bundesrepublik Deutschland. Zu Beginn der 1970er Jahre nimmt die Kritik an der Anwerbung von Arbeitsmigranten öffentlich zu, besonders was die Fragen der öffentlichen Ordnung und ihrer Sicherheit betrifft. Zugleich wächst die Kritik an den Unterbringungen und Wohnverhältnissen der Gastarbeiter in Baracken und Wohnheimen.[62]

Diese gesellschaftspolitische Gemengelage zwischen Gastarbeiter in einem europäisch-westlichen Auftrag als Gäste zu empfangen und sie dennoch ausschließlich am wirtschaftlichen Profit zu messen, kennzeichnet die widersprüchlichen Entstehungsbedingungen und Grundlagen der Migration in den 1960er und 1970er Jahren. Meine Fragen, die sich daraus ergeben: Zeigt sich diese diametrale Spannungslage zwischen politischem und wirtschaftlichem System, die sich auch in der Begriffsgeschichte »Gastarbeiter« ablesen lässt, als eine zusammengehörige, paradoxe epistemische Einheit in Literatur, Film und politischer Reflexion? Und wenn ja, in welche narrativen Formen haben die Diskurse diese Spannungen übersetzt? Was sind das für Geschichten, die sie erzählen? Mit welchen Plots, narrativen Abfolgen wurden sie gerahmt? Wie ist das komplexe Verhältnis der Repräsentation zwischen *Darstellen* und *Vertreten* in diesen Anfängen der deutsch-türkischen Literatur und des deutsch-türkischen Films gelöst worden? Ist es überhaupt gelöst worden? Haben Literatur und Film Antworten auf diese Spannungslagen geben können?

Da die hier im Zentrum stehenden Filme und Texte von Helma Sanders-Brahms, Türkan Şoray, Aras Ören, Tunç Okan, Güney Dal, Rainer Werner Fassbinder und Şerif Gören in den 1970ern im Unterschied zu Bekir Yıldız' Roman sehr erfolgreich waren, stellt sich die Frage, welches größere gesellschaftspolitische Narrativ ihre Geschichten aktualisierten und modifizierten, um als gelungene Erzählungen klassen- und schichtübergreifend rezipiert werden zu können. Was hat man letztlich in den 1960er und 1970er Jahren unter »Integration« verstanden? Wie weit reichte die Semantik des Begriffs? Galt er vielleicht über die Südländer, Gastarbeiter und Ausländer hinaus auch für die vermeintlich alteingesessenen Deutschen selbst? Denn die Frage, wo die europäische Zivilisation beginnt, hätte in den 1960er und 1970er Jahren auch in einem deutschen autobiografischen Roman gestellt werden können.

---

61 Siehe hierzu: HERBERT (2001): S. 224.
62 Siehe hierzu: ebd., S. 235.

2.2 Einfache Geschichten: Überraschend viele Lesarten

Es war die Nachricht über die Ermordung einer blonden Türkin in einem Kölner Boulevard-Blatt 1971, die die Regisseurin Helma Sanders-Brahms auf die Idee ihres sehr erfolgreichen und zugleich umstrittenen Spielfilms SHIRINS HOCHZEIT (1976) brachte. Dem Zeitungsbericht zufolge wurde der Türkin, vermutlich eine Prostituierte, in der Nähe eines Kölner Arbeiterwohnheims in den Rücken geschossen.[63] Wochen vor dieser Tat arbeitet Sanders-Brahms an ihrem Dokumentarfilm DIE INDUSTRIELLE RESERVE-ARMEE, einem 36-minütigen Kurzfilm in Farbe, der die Funktion und Situation der Arbeitsmigranten in der Bundesrepublik Deutschland zum Thema hat.[64]

Bei ihren Recherchen zu diesem Film ist ihr das besondere Anliegen des Leiters eines Kölner Arbeiterwohnheims der Fordwerke aufgefallen. Der Mann will »bei Ford den Bau eines Bordells in Heimnähe anregen, um damit das sexuelle Problem der Arbeiter zu lösen, die ein Jahr von ihren Frauen getrennt in einem fremden Land ohne soziale Kontakte leben müssen«.[65] Mit seinem Vorschlag möchte er auch gegen die »Tricks« der Kölner Zuhälter angehen, denen es immer wieder gelingt, »trotz Pfortenschlusses um 22:00 [hauptsächlich durch die Kellerfenster] Mädchen in die Heime zu bringen«.[66] Im Zusammenhang all dieser Recherchen kommt Helma Sanders-Brahms eine Kette von Situationen in den Sinn, die ihr Filmprojekt plastisch werden lassen. Sie denkt »an die Kellerfenster, an die Zimmer mit vier bis sechs Männern darin, an das Mädchen, das in diese Zimmer gehen [muss], ein Bett nach dem anderen, während die übrigen Zimmerinsassen« zuhören, warten. Und sie denkt »an die Situation dieser Männer, an die Situation des Mädchens«.[67] Diese aus Nachrichten, Recherchen und Interviews imaginierten Szenen dienen später auch als Vorlagen für die letzten 20 Minuten des zweistündigen Spielfilms SHIRINS HOCHZEIT. Zugleich evozieren diese Situationen auch Sanders-Brahms' narrative Folge des Films von Anfang, Mitte und

---

63 Siehe: SANDERS-BRAHMS, Helma (1980): Shirins Hochzeit, Freiburg: Panta Rhei Filmverlag, S. 107.
64 Siehe: http://www.filmportal.de/film/die-industrielle-reserve-armee_e0445ac032354c129bfd4d5695e63aaa (17.08.2016). Vor diesem Dokumentarfilm zu den Gastarbeitern in Deutschland hatte Helma Sanders-Brahms in ihren ersten Film ANGELIKA URBAN, VERKÄUFERIN, VERLOBT (1970) den Alltag einer Verkäuferin in der Modeschmuckabteilung eines Kaufhauses dokumentiert. SANDERS-BRAHMS, Helma (1970): *Angelika Urban, Verkäuferin, verlobt*, Dokumentation, BRD, Zentral Film Verleih.
65 SANDERS-BRAHMS (1980): S. 107.
66 Ebd.
67 Ebd.

Ende, ihre »causes« und »effects«[68]: Wie ist es zur Tötung der türkischen Prostituierten gekommen und wie ist sie in diese Umstände hineingeraten? Vermutlich kommt sie aus einem türkischen Dorf, räsoniert sie weiter, aber warum ist sie von dort weggegangen? Und warum nach Deutschland, und wie sieht ihr Leben hier aus? An der Abfolge dieses Schicksals und vorerst Einzelfalls gibt es für Helma Sander-Brahms kaum Zweifel. »Heim, Fabrik, Arbeitslosigkeit, danach Verlust des Heimplatzes, aber die Verpflichtung, Geld nach Hause zu schicken. Also der Strich. Shirin war in meinem Kopf geboren, nach ihrem Tod.«[69]

Ausgehend von diesen Assoziationen und Kausalitäten entsteht SHIRINS HOCHZEIT. Er ist der erste deutsche Spielfilm, der die türkische Migration nach Deutschland zum Thema hat und wird am 20. Januar 1976 im Ersten Deutschen Fernsehen zum ersten Mal ausgestrahlt. Der Film erzählt die Geschichte einer jungen türkischen Frau, die, als sie von den Brüdern ihres Vaters an einen reichen Brautwerber verkauft werden soll, aus einem türkischen Dorf zunächst nach Istanbul und dann nach Deutschland flieht. Der Aufbruch ist aber mehr als nur eine Flucht, denn sie geht nach Köln, zu dem Mann – einem türkischen Gastarbeiter –, den sie liebt und der ihr ursprünglich versprochen war. Sie wird ihm, am Ende des Films, als Prostituierte in einem Kölner Arbeiterwohnheim begegnen. Aber er wird sie nicht erkennen, weil sie gezwungen wurde, sich dem »westlichen Leben« anzupassen.

Trotz dieser einfachen und schematisch sehr simplen Story hätte die Rezeption dieser unglücklichen Liebesgeschichte sowohl unmittelbar nach der Ausstrahlung als auch später in der Forschung kaum unterschiedlicher und widersprüchlicher ausfallen können. Auf Vorschlag der Jury der Funkkorrespondenz der Katholischen Kirche wird der Film von ARD und ZDF zum Fernsehspiel des Monats gekürt.[70] Seine Einschaltquote (damals: »Sehbeteiligung«) lag bei der Erstausstrahlung bei 37 %.[71] Die Zeitungskritik (vom *Stern* über *die Zeit* bis zum *Spiegel*) wertet den Film als eine empfindsam-realistische Geschichte, der es eindrucksvoll gelinge, sich in die »Psyche einzufühlen und zugleich in dieser Deutlichkeit den gesellschaftlichen und politischen Kausalitäten auf die Spur« zu kommen.[72] An anderer Stelle wird er in einem Atemzug genannt mit Fellinis

---

68 Vgl. BORDWELL, David/THOMPSON, Kristin (2012): *Film Art. An Introduction*, 10. Aufl., New York: McGraw-Hill, S. 77–79.
69 Ebd., S. 108.
70 Siehe hierzu: *Medien aktuell*, 02.02.1976. Aus: SANDERS-BRAHMS (1980): S. 140.
71 Zum Vergleich: Die höchste Einschaltquote des aktuell erfolgreichsten Tatortermittlerpaars seit den 1990er Jahren – Tatort: Münster – beträgt 13,2 %. Siehe hierzu: http://de.statista.com/statistik/daten/studie/169503/umfrage/durchschnittliche-einschaltquote-der-tatort-ermittler/ (17.08.2016).
72 BRÖDER, F. J. (1976): *Das Märchen vom eisernen Berg*. In: *Nürnberger Nachrichten*, 22.01.1976.

Klassiker LA STRADA (1954) und mit Volker Schlöndorffs prämiertem Film DIE VERLORENE EHRE DER KATHARINA BLUM (1975). Auf dieser Interpretationsebene ist die »türkische« Figur Shirin mit der »deutschen« Figur Katharina Blum identisch.

Der allgemein-verbindlichen existenziell kulturübergreifenden Lesart steht eine andere gegenüber; eine spezifische national-kulturelle, die Shirin mit Katharina nicht länger gleichsetzt. Der Film zeige eindrücklich die Mentalität eines »türkischen Mädchens« und die »Eigenart des Miteinanderumgehens der türkischen Landsleute« untereinander.[73] Diesen beiden sich widersprechenden Lesarten fügt sich wenige Tage nach der Erstausstrahlung eine dritte Deutungsebene seitens der rechtskonservativen türkischen Boulevardzeitung *Tercüman* (»Dolmetscher«) hinzu, die die anderen Interpretationen für null und nichtig erklärt.[74] Entsprechend der Artikel, die *Tercüman* zwischen dem 23. und dem 25. Januar 1976 veröffentlicht, zeigt dieser Film weder allgemeine gesellschaftliche Zwänge und Kausalitäten auf, noch stellt er in irgendeiner Form die türkische Kultur dar. Im Gegenteil: Eine Türkin würde sich niemals so verhalten, wie dies die türkische Protagonistin im Film tut. Sie stehe – nach Ansicht des Redakteurs – nicht für das türkische Mädchen, weil »die sozialen Gegebenheiten des türkischen Volkes [im Film] bewusst so wirklichkeitsfremd dargestellt« werden und die wirklichen Verhältnisse überhaupt nicht zum Vorschein kommen.[75] Vielmehr würden durch den Film die »Ehre der türkischen Mädchen mit den Füßen getreten« und die »Mentalität, [die] Sitten und die Gebräuche der Türken lächerlich gemacht«.[76]

---

73 SANDERS-BRAHMS (1980): S. 140.
74 Der *Tercüman* war die erste türkische Zeitung, die ab 1971 in Deutschland, in Frankfurt am Main eine eigene Druckerei unterhielt. In den 1960er und 1970er Jahren gehörte sie neben den Zeitungen *Hürriyet* und *Cumhuriyet* zu den wirkmächtigsten Zeitungen in der Türkei. In Deutschland folgten auf den *Tercüman* 1972 die international bekannte Zeitung *Hürriyet* und die *Milliyet*. Siehe hierzu: KARACABEY, Makfi (1996): *Türkische Tageszeitungen in der BRD. Rolle, Einfluß, Funktionen*, Dissertation Universität Frankfurt a. M., S. 11. Siehe hierzu auch: CALAĞAN, Nesrin Z. (2010): *Türkische Presse in Deutschland. Der deutsch-türkische Medienmarkt und seine Produzenten*, Bielefeld: transcript, S. 81.
75 Ebd., S. 83. Die äußerst disparate und mitunter »konfliktträchtige« Rezeption des Films SHIRINS HOCHZEIT steht auch im Zentrum des Aufsatzes *Das gefallene Märchen. Zur filmischen Narration und Semiotik transkultureller Missverständnisse* von Klaus Schenk. Siehe hierzu: SCHENK, Klaus (2020): »Das gefallene Märchen. Zur filmischen Narration und Semiotik transkultureller Missverständnisse«. In: *Der deutsch-türkische Film. Neue kulturwissenschaftliche Perspektiven*, hg. v. Deniz Bayrak u. a., Bielefeld: transcript, S. 39–64, S. 41.
76 Die Artikel im *Tercüman* und die von der WDR geplante Wiederausstrahlung des Films ein paar Wochen später führten Anfang Februar zu einer Demonstration von knapp 200 türkischen Gastarbeitern vor dem WDR-Funkhaus in Köln. In Interviews hielten die Regisseurin Helma Sanders-Brahms und die türkische Schauspielerin fest, dass sie von nationalistischen Türken beschimpft worden seien und Morddrohungen erhalten hätten, woraufhin ihnen Polizeischutz

Mit historischem und sozialpolitischem Abstand liest die Forschung ab den 1990er Jahren SHIRINS HOCHZEIT nochmals ganz anders. Annette Brauerhoch sieht Mitte der 1990er nicht mehr das existenzialistisch isolierte Innenleben einer Frau oder die Dar- bzw. Bloßstellung einer anderen Kultur. Sie interpretiert den Film, indem sie vom kommentierenden und strukturierenden Off-Dialog zwischen der Regisseurin Sanders-Brahms und der Hauptdarstellerin Ayten Eren ausgeht, als einen kolonialistischen, der zwar dem Westen eine Geschichte erzähle, aber keineswegs den Akteurinnen und Akteuren der Dritten Welt.[77] Welche Geschichte hier dem Westen, oder genauer der Bundesrepublik, gegeben wird, ist aber aus dem Film allein zu erschließen. Fünfzehn Jahre nach Brauerhochs Interpretation sieht Jochen Neubauer in Sanders-Brahms' Film eine moderne bundesrepublikanische Gesellschaft, der eine vom Islam geprägte Gesellschaft diametral gegenübergestellt würde.[78] Entgegen dieser Interpretation sehen wir in diesem Film keine einzige Person, die einer spezifisch muslimischen Verpflichtung wie Beten (*salāt*), Fasten (*saum*) oder der muslimischen Pilgerfahrt (*Hadsch*) nach Mekka nachgeht. Einzig das Kopftuch, das Shirin trägt, verleitet zu einer derartigen Interpretation. Doch dass das nicht ausreicht, wird die Analyse zeigen. Und Klaus Schenk richtet in seiner kürzlich erschienen Analyse zu SHIRINS HOCHZEIT sein Augenmerk auf die transkulturellen »Polarisierungen und gegenläufgen Deutbarkeiten« des Films, wie ich sie hier auch kurz angerissen habe.[79] Die Breite

---

gewährt wurde. Zitiert aus: Hunn (2005): S. 430. In ihren Notizen hält Sanders-Brahms fest, dass über SHIRINS HOCHZEIT mehr als eine Stunde im türkischen Parlament debattiert wurde. SANDERS-BRAHMS (1980): S. 102. Siehe hierzu auch: SCHENK (2020): S. 46f. Ali Osman Öztürk und Derya Canbolat analysieren in ihrem Aufsatz *Rezeption des Spielfilms 'Shirins Hochzeit' (1976) aus der Perspektive der türkischen Musikproduktion in Deutschland* drei türkische Deutschlandlieder, die von den türkischen Liedermachern Metin Türköz und Adnan Varveren in Deutschland als Reaktion auf Helma Sanders-Brahms Film geschrieben wurden. Die Liedermacher fühlten sich, wie Öztürk und Canbolat festhalten, vom Film in ihrer türkischen Ehre verletzt und beleidigt, weil keine echte türkische Frau sich so verhalten würde wie Shirin in Sanders-Brahms Film. Die schweren sozialen und ökonomischen Bedingungen, denen die Protagonisten im Film ausgesetzt ist, spielen in den Liedertexten keine Rolle. Siehe hierzu: ÖZTÜRK, Ali Osman/CANBOLAT, Derya (2020): »Rezeption des Spielfilms ‚Shirins Hochzeit' (1976) aus der Perspektive der türkischen Musikproduktion in Deutschland«. In: *Der deutsch-türkische Film. Neue kulturwissenschaftliche Perspektiven*, hg. v. Deniz Bayrak u. a., Bielefeld: transcript, S. 65–80.
77 Vgl. BRAUERHOCH, Annette (1995): »Die Heimat des Geschlechts – oder mit der fremden Geschichte die eigene erzählen. Zu *Shirins Hochzeit* von Helma Sanders-Brahms«. In: *»Getürkte Bilder«. Zur Inszenierung von Fremden im Film*, hg. v. Ernst Karpf, Doron Kiesel, Karsten Vilarius, S. 108–115, hier S. 115.
78 NEUBAUER, Jochen (2011): *Türkische Deutsche, Kanakster und Deutschländer. Identität und Fremdwahrnehmung in Film und Literatur*, Würzburg: Königshausen & Neumann, S. 76.
79 SCHENK (2020): S. 57.

und Diversität dieser Film-Rezeption (von einer existenzialistischen Isoliertheit über die Frage kultureller Repräsentation, den Kolonialismus bis hin zur Unterscheidung zwischen Religion und Moderne), hat jedoch nicht nur mit den jeweils spezifisch historischen Konstellationen und Positionen ihrer Interpretinnen und Interpreten zu tun.

Die Vielfalt der unterschiedlichen Deutungen von SHIRINS HOCHZEIT, die wir auch bei Aras Örens *Was will Niyazi in der Naunynstraße* (1973) und bei Rainer Werner Fassbinders ANGST ESSEN SEELE AUF (1973) werden feststellen können, liegt, wie ich aufzeigen möchte, besonders an der Konstellation, was als Kritik an einem Ist-Zustand, was als Problem und was als seine Lösung begriffen wurde. Dieser jeweils unterschiedliche Zugang bestimmt mitunter die narrative Abfolge, die Plotstruktur und die Situationen zwischen den Akteurinnen und Akteuren in Literatur und Film; eine Konstellation, die sich aus losen Anfängen und losem Ende konstituiert. In ihrem Zentrum stehen die körperlichen Bedürfnisse der Akteurinnen und Akteure, wechselseitig konstitutive Verhältnisse zwischen Individuen und Gruppen, Arbeits- und Solidaritätsverhältnisse, Entfremdungen und nicht zuletzt angemessene und unangemessene Verhaltensweisen. Nationale, kulturelle und religiöse Marker sind zwar im Einsatz, bestimmen aber nicht den Kern des Gelingens oder Scheiterns sozialer Integration, wie sie es dann ab den 1980ern der Fall ist. Die abstrakten kulturellen Marker sind in den 1960er und 1970er Jahren durch soziale Umstände gerahmt und kontextualisiert. Um diese These differenzierter und überzeugender ausbuchstabieren zu können und um aufzuzeigen, aus welchen Bausteinen die Äquivalenzkette des Narrativs der Integration in den 1960er und 1970er Jahre besteht, folgen mit den nächsten beiden Unterkapiteln Analysen der Texte und Filme von Helma Sanders-Brahms und Aras Ören. Ich werde aufzeigen, wie in diesen Werken Migration und Integration als Konzepte der Bewegung und der Identifikation verhandelt werden. Im Zentrum der folgenden Analyse stehen SHIRINS HOCHZEIT und *Was will Niyazi in der Naunynstraße*.

2.3 SHIRINS HOCHZEIT: Eine Geschichte ohne Herkunft und Ankunft

In den ersten Einstellungen des Schwarzweißfilms SHIRINS HOCHZEIT hören wir die sanften melancholischen Klänge einer türkischen Langhalslaute, das Bild ist schwarz und aus dem Off spricht eine Frau mit ausländischem Akzent: »Jetzt bin ich tot. Tot wie der eiserne Berg, der zwischen Shirin und Ferhat ist«. Das Bild wird heller und wir sehen einen Berg. Die Stimme spricht weiter: »Ferhat muss mit bloßen Händen einen Weg durch eisernen Berg zu Shirin graben. Und gräbt und gräbt, kommt an. Eine Geschichte sagt: zu spät. Eine andere Geschichte sagt: noch gerade zur rechten Zeit.«[80] Der Titel des Films, die ersten Einstellungen und die ersten Sätze spielen auf die Liebesgeschichte zwischen Chosrou und Shirin des persischen Dichters Nizami an.[81]

Die nächsten Bilder zeigen eine traditionell das Kopftuch tragende Frau in Nahaufnahme; der Berg verblasst und löst sich in ihr auf. Die Sprecherin stellt sich als Shirin vor. Sie ist aus Anatolien, von klein auf Mahmud versprochen, der nun als Gastarbeiter in Deutschland lebt. Es folgt eine halbtotale Einstellung eines steinernen Feldes und die Sprecherin kommentiert, dies sei ihr Land. Darauf folgt eine Nahaufnahme, in der wir Shirin Steine sammeln sehen. Eine andere Stimme ohne Akzent erwidert der Sprecherin, dass das nicht ihr Land sei, sondern dem »Agha«[82] gehöre und sie nur hier sei, weil der »Agha« sie und ihre Familie auf dem Land arbeiten lasse. Selbst die Steine auf dem Boden gehören dem »Ağa«.[83]

Die Kamera entfernt sich von der Steine sammelnden Shirin, nimmt ihre ebenfalls Steine sammelnden Geschwister ins Objektiv und in einer weiteren Bewegung weg von Shirin ihren Steine sammelnden Vater. Auf eine in die Tiefe gesetzte totale Einstellung, die ein trockenes Feld mit arbeitenden Dorfbewohnern zeigt,[84] folgt die Sequenz mit derselben Einstellung, in der Shirins Vater von der Gendarmarie verhaftet wird, weil er den Grundbesitzer (Ağa) mit einem Stein am Kopf verletzte.[85] Dies passiert alles im Sommer 1971. Shirins Vater habe dies getan, weil seine Frau an Unterernährung gestorben sei, informiert die akzentfreie

---

80 SANDER-BRAHMS, Helma (1976): *Shirins Hochzeit*, Spielfilm, BRD, DVD Zweitausendeins Edition.
81 Vgl. NIZAMI (2009): *Chosrou und Shirin*, Zürich: Menasse.
82 Mit *Agha* (türkische Schreibweise *Ağa*) ist hier der »Großgrundbesitzer« gemeint. Helma Sanders-Brahms spricht das Wort aus dem Off phonetisch nicht korrekt aus. Sie spricht statt eines weichen ğ ein normales g.
83 *Ağa* stammt ursprünglich aus dem Mongolischen und ist in den Turksprachen ein verbreiteter Titel, der im Bedeutungsgebrauch von »Vater«, »Onkel« über besondere Würdenträger im Osmanischen Reich bis zum »Großgrundbesitzer« in der modernen türkischen Republik reicht. Der Großgrundbesitzer ist in der türkischen Literatur und im türkischen Film der 1970er und 1980er Jahre eine oft auftretende Figur, wenn es um die Thematisierung sozialer Ungerechtigkeit und Ungleichheit geht. Siehe hierzu paradigmatisch die sozialkritische Komödie KIBAR FEYZO (»Der vornehme Feyzo«) von Atif Yilmaz aus dem Jahr 1978. In der Wortkontraktion *Ağabey* (kurz: *Abi*) wird der Titel heute für den älteren Bruder verwendet, während er in der Bedeutung »Großgrundbesitzer« heute nicht mehr gebräuchlich ist.
84 Ebenfalls mit arbeitenden Frauen auf dem Feld beginnt auch Türkan Şorays Film DÖNÜŞ.
85 In einem gänzlich anderen Kontext werden wir diesem Bild vom türkischen Dorf in Hark Bohms Film YASEMIN aus dem Jahre 1988 begegnen. Dort werden wir auch arbeitende Menschen sehen, jedoch ohne den Großgrundbesitzer, der der eigentliche Verwalter des Territoriums in Sanders-Brahms' Film ist.

deutsche Stimme den Zuschauer aus dem Off.[86] Shirin verflucht in der nächsten Einstellungsabfolge von Nahaufnahmen den Verwalter, spuckt ihm ins Gesicht. Die Gendarmerie fährt mit dem Vater und dem Verwalter fort, zurück bleibt Shirin mit ihren Geschwistern auf dem Feld, die Kamera entfernt sich vom Geschehen, bis sie eine supertotale Position einnimmt. Shirin und ihre Geschwister sehen wir nur noch als weiße Punkte auf dem Feld, das nun als ein dürrer Ackerboden mit einem Streifen grauem Himmel darüber erscheint. In diese Einstellung wird der Titel des Films SHIRINS HOCHZEIT eingeblendet.

Dieser Vorspann des Films zeigt eine besitzlose Protagonistin, deren Familie zerbricht. Diese Trennung zu Beginn des Films steht quer zum eingeblendeten Titel des Films und sie wird noch weiter getrieben. Die Brüder ihres Vaters, die Shirin aufnehmen, geben dem Wunsch des Großgrundbesitzers nach und versprechen, nach dem Erhalt des vereinbarten Brautgeldes, Shirin zu verehelichen. Diese ist aber – nach eigener Aussage – dem Gastarbeiter Mahmud versprochen, der, wie gesagt, seit ein paar Jahren sein Geld in Köln verdient. In die Zeit der Hochzeitsvorbereitung fällt der sommerliche Urlaubsaufenthalt Mahmuds im Dorf. Seine An- und Abfahrt wird gezeigt und vor allem die Verteilung der mitgebrachten Geschenke für die eigene Mutter und für Honoratioren im Dorf.[87] Zu diesen gehören interessanterweise nicht der Imam, der seinen Wunsch nach einem deutschen Staubsauger äußert. Mahmud verspricht ihm, im nächsten Jahr für die Moschee einen Staubsauger mitzubringen. Bis dahin werde es auch sicherlich überall im Dorf Elektrizität geben, beendet er das kurze Gespräch in der Gruppe mit dem Imam.[88] Danach packt er eine Miniatur des Kölner Doms aus, und die Dorfbewohner äußern halb erstaunt und halb amüsiert, dass diese Kirche ja viel größer sei als ihre Moschee.[89] Für Shirin hat Mahmud nichts mitgebracht, aber es bleibt am

---

86 Bei dieser zweiten Stimme handelt es sich um die von Helma Sanders-Brahms persönlich. Sie stellt sich allerdings selbst im Film aus dem Off nicht vor, wie Ayten Erten alias Shirin Özgül es tut.
87 In *Türkler Almanyada* von 1966 spielt das Mitbringen von Waren und Geschenken aus Deutschland in die Türkei ebenfalls eine wichtige Rolle. Yıldız stellt es im Unterschied zu Sanders-Brahms aber aus einer konsumkritischen Perspektive dar. Sanders-Brahms will in dieser Sequenz das Dorf als Gruppe darstellen. Zur Episode bei Yıldız siehe: YILDIZ (1966): S. 94.
88 Es gibt hier einige Parallelen zum Film DÖNÜŞ. Neben den auf dem Feld arbeitenden Frauen, will auch hier der Großgrundbesitzer die rebellierende Frau zu seiner Frau machen. Obwohl Gülcan und Ibrahim heiraten, helfen die anderen Dorfbewohner aus eigener Not dem Großgrundbesitzer, Ibrahim zur Arbeitsmigration zu zwingen, so dass Gülcan allein mit ihrem Kind im Dorf bleibt. Doch im Unterschied zu Shirin beugt sich Gülcan dem Willen des Großgrundbesitzers nicht und stellt sich auch gegen das Dorf.
89 Als Pendant zu dieser Kirchenminiatur gibt es im letzten Drittel des Films in gleicher Größe einen Moscheewecker im Arbeiterfrauenwohnheim in Köln. Dass die Religion keine sinnstiftende Funktion ausübt, sondern ein Teil von vielen anderen Teilen der Alltagswelt darstellt, ist auch ein gängiges Motiv in Yıldız' Roman, in Örens Poem *Was will Niyazi in der Naunynstraße* (1973)

2.3 SHIRINS HOCHZEIT: Eine Geschichte ohne Herkunft und Ankunft — 123

Ende eine kleine Plastikwanne übrig, die er ihr schließlich schenkt. Shirin freut sich halb kindlich und halb beschämt. Die deutsche Stimme aus dem Off kommentiert: Mahmud habe in diesem Land nicht an sie gedacht. Dieses Geschenkeverteilen wurde mit wenigen Einstellungen gedreht. Insgesamt dominiert hier eine halbtotale Einstellung, die alle Akteure tableauartig, nicht in den Raum und in die Tiefe fotografiert, sondern als Gruppe im Bauernhaus rahmt. Paradigmatisch für solche Gruppenaufnahmen ist auch eine Szene in Okans Film OTOBÜS. Während der Rast kurz vor Stockholm macht der türkische Schlepper Ahmet mit einer amerikanischen Sofortbildkamera ein Gruppenfoto der türkischen Arbeiter. Dieses Bild wird am Ende des Films aufgelöst, indem jeder türkische Arbeiter einzeln von der schwedischen Polizei in Gewahrsam genommen wird.

Bei seiner Abfahrt reicht Mahmud in Sanders-Brahms' Film Shirin am Dorfausgang aus dem Auto heraus die Hand, und sie erfährt, dass er nun zurück nach Köln gehe. Doch trotz Mahmuds emotionaler Teilnahmslosigkeit wird Shirin vor dem Großgrundbesitzer fliehen und nach Köln gehen, um mit Mahmud, ihrem Ferhat, zusammen zu kommen. Shirins Hochzeit ist aufgeschoben. »Denken muss Shirin mit bloßen Händen durch eisernen Berg. Wenn nicht sein kann Ferhat, muss sein Shirin. Aber einer muss«, erwidert Shirin während der Fluchtsequenz aus dem Off ihrer deutschen Dialogpartnerin, die fragt, ob sie denn keine Angst habe, alleine nach Deutschland zu fliehen.[90] Auf diese erste Filmeinheit folgt Shirins Odyssee nach Deutschland; eine Dokumentation der Etappen der Arbeitsmigration kurz vor dem Anwerbestopp 1973. Die Flucht beginnt mit Shirins Binnenmigration in die Peripherie Istanbuls, die mittels Fotomontage (Sanders-Brahms' Team durfte in der Türkei nicht drehen) in den Film integriert wird.[91] Darauf folgt die Anmeldung Shirins an der Deutschen Verbindungsstelle des deutschen Arbeitsministeriums in Istanbul.[92] Auf ihrer Flucht nach Istanbul lernt sie eine Frau kennen, die

---

und auch im ersten international bekannten türkei-türkischen Film zur Migration der Türken nach Europa, in Tunc Okans Film OTOBÜS von 1974.

90 Im Unterschied zur Geschichte Nizamis ist es nicht der Mann, sondern die Frau, die sich durch den Berg zu ihrem Geliebten begeben wird. Vgl. NIZAMI (2009).

91 In der vorherigen Dorfsequenz wird auch eine Fotostrecke eingesetzt, um Shirins Leben von der Kindheit bis ins Erwachsenenalter zur Jetztzeit des Filmes Revue passieren zu lassen. Später wird auch das deutsche Arbeitervermittlungsbüro in Istanbul mittels einer Fotostrecke gezeigt. Grund hierfür ist, dass nach mehreren Anläufen von Helma Sanders-Brahms vom türkischen Ministerium, die Drehgenehmigung für den Film zu erhalten, abgelehnt wurde. Die Location für das türkische Dorf in SHIRINS HOCHZEIT ist die Eifel.

92 Siehe hierzu auch die Dokumentation zur Ausstellung von 1998 in Essen: ERYILMAZ, Aytaç (1998): »Wie geht man als Arbeiter nach Deutschland? Işçi Olarak Almanya'ya Nasıl Gidilir?«. In: Fremde Heimat. Yaban, Sılan Olur. Eine Geschichte der Einwanderung aus der Türkei, hg. v. Mathilde Jamin, Aytaç Eryılmaz, Essen: Klartext, S. 93–123.

ihr in Istanbul Unterschlupf gewährt, während ihr Arbeitsantrag bei der Deutschen Verbindungsstelle bearbeitet wird. Der Film stellt hier vor allem die Gesundheitsprüfung der Arbeitsanwärterinnen und Arbeitsanwärter der deutschen Gastarbeiterverbindungsstelle in den Mittelpunkt.[93] Dabei wecken die »leere[n] Kellerräume mit Lautsprechern in den Ecken, [durch] lange Reihen von Holzbänken« Assoziationen an Konzentrationslager.[94] Darüber hinaus gleichen die Aufnahmeeinstellungen der Istanbuler Verbindungsstelle in Sanders-Brahms' Film den Aufnahmen des Fotografen Jean Mohr, der die entsprechenden Anmeldestellen in Verona und in Istanbul von 1973 fotografisch dokumentierte.[95]

Den Arbeitsvertrag, den Shirin schließlich erhält, zeigt eine Nahaufnahme, während zeitgleich eine türkische Beamtenstimme aus dem Off erläutert, wo Shirin in Deutschland arbeiten und was sie in der Stunde verdienen wird.[96] Dabei erfahren wir zum ersten und einzigen Mal den Nachnamen der Protagonistin, die neben dem deutschen Behördenstempel ihre Unterschrift setzt: Shirin

---

[93] Die Aufnahmen, die für die Arbeiterverbindungsstellen stehen, haben als Bilder für den bürokratischen Vorgang nichts kulturell Spezifisches an sich. Siehe hierzu auch: VON DER GRÜN, Max (1975): *Leben im gelobten Land*, München: dtv, S. 7. Die Verbindungsstelle in Istanbul war von 1961 bis 1973 in Betrieb. In dieser Zeit wurden knapp ein Drittel der Anträge, die dort eingingen und die körperliche Konstitution der Antragsteller prüften, positiv bewilligt. Die Wartezeit auf die Bewilligung oder Genehmigung eines Antrags konnte zwischen 3 Monaten und zwei Jahren liegen. Siehe hierzu: JAMIN, Mathilde (1998): »Die deutsch-türkische Anwerbevereinbarung von 1961 und 1964«. In: *Fremde Heimat. Yaban Sılan olur*, S. 69–82, hier S. 45. Die Ablehnung eines Arbeitsantrags aufgrund ungesunder Zähne ist Thema im Melodram BABA des türkischen Regisseurs Yilmaz Güney von 1971. GÜNEY, Yılmaz (1971): *Baba*, Istanbul: Akün Film.

[94] BRAUERHOCH (1995): S. 113f. Siehe auch: NEUBAUER (2011): S. 176.

[95] Die erste Dokumentation zur Anwerbung und Durchführung der Gesundheitskontrollen von Gastarbeitern aus dem Süden Europas in den Westen legten der englische Romancier und Künstler John Berger gemeinsam mit dem Schweizer Dokumentarfotografen Jean Mohr mit ihrem Bild- und Textband *A Seventh Man* im Jahre 1975 vor. Die Aufnahmen sind aus dem Jahre 1972/73. Aufgrund der neuen Arbeitsmigration aus dem Süden Europas – bedingt durch die weltweite Finanzkrise von 2008 – aus Spanien und Griechenland in den Westen und Norden Europas, wurde das Buch 2010 wieder aufgelegt. Es hat 2010 und 2011 eine weitaus stärkere Rezeption erfahren als in der Erstauflage 1975, die kaum Beachtung fand. Siehe: BERGER, John/MOHR, Jean (2010): *A Seventh Man*, London, New York: Verso. Zur Gesundheitskontrolle der möglichen Gastarbeiter in der Verbindungsstelle Istanbul siehe ebd., S. 50–62. Die erste ausführliche Dokumentation der deutschen Gastarbeiteranwerbung in Bild, Text und Exponaten erfolgte in Deutschland hingegen erst 1998 mit der zuvor erwähnten Ausstellung *Fremde Heimat. Yaban, Sılan olur* im Ruhr Museum Essen und mit dem Katalog zur Ausstellung, die in Kooperation mit DOMiD (Dokumentationszentrum und Museum über die Migration in Deutschland) entstanden ist. Siehe: ERYILMAZ/JAMIN (1998): *Fremde Heimat. Yaban Sılan olur*.

[96] Auch in Şorays Film rechnet der Verwalter des Großgrundbesitzers Ibrahim genau vor, wie viel Geld er am Tag in Deutschland verdienen wird und dass er für die Übernachtung wird nichts zahlen müssen, da man dort in Arbeiterwohnheimen lebe. Siehe hierzu: DÖNÜŞ (1972).

Özgül. Die nächste Station ist der Flughafen. Dort wartet Shirin auf ihren um sechs Stunden verspäteten Sonderflug für die Gastarbeiter nach Deutschland. Anschließend folgen die Pass- und Gepäckkontrolle am Düsseldorfer Flughafen, die Einfahrt am Kölner Bahnhof mit dem Zug und die Ankunft in einem Kölner Arbeiterwohnheim. Die gesamte Dokumentation zeigt Shirin als eine von vielen. Als Kameraeinstellungen wechseln sich in diesen Sequenzen halbtotale und halbnahe shots ab. Diese Einstellungen sind ideal für Gruppenaufnahmen: die Halbtotale für körperbetonte Aktionen und die Halbnahe für die Darstellung von Zweier- und Dreierbeziehungen.[97] Durch diese Kameraführung sehen wir Shirin stets im Umfeld mit vielen anderen Frauen: in der Verbindungsstelle werden viele Frauen zeitgleich getestet. Wir sehen, wie viele Männer und Frauen am Flughafen warten, kontrolliert werden und im Zug von Düsseldorf nach Köln reisen. Shirin ist dabei eine der wenigen Frauen, die ein Kopftuch trägt.

Im Arbeiterwohnheim angekommen, ist ihr erster Kontakt die Leiterin des Wohnheims, die während des gesamten Films fast ausschließlich energisch, unerbittlich und kommandierend auftritt.[98] Sie unterweist die Ankömmlinge, macht sie mit der Hausordnung vertraut und erläutert, wie man sich hier zu verhalten habe. Die übrigen Gastarbeiterinnen hingegen umarmen Shirin und nehmen sie wie eine verlorene Schwester auf. Die Zärtlichkeit im Unterschied zur Zudringlichkeit der Heimleiterin nimmt eine Differenz auf, die bereits im türkischen Dorf gezeigt wurde.[99] Die türkischen Frauen umarmen Shirin zum Abschied, als diese – zu Beginn des Films – zur Hochzeit in das Dorf des Großgrundbesitzers ziehen soll.

---

97 Siehe hierzu: BORDWELL (2010): S. 172.
98 Der Auftritt der deutschen Heimleiterin in SHIRINS HOCHZEIT folgt der Beschreibung der Verhaltensweisen einer Heimleiterin im *Handelsblatt* vom 16. Februar 1967. Der Artikel »Fremd- statt Gastarbeiter?« geht dabei auf eine Razzia der Polizei in einem Wohnheim zurück. Identisch mit dem Film von Sanders-Brahms ist das Verhältnis von Ordnung und Verhalten, dass sich bei der Heimleiterin im Artikel zeigt: »Mit betonter Freundlichkeit bittet die Vermieterin die beiden Beamten ins Haus. Sie sei sehr dafür, daß sich die Polizei hin und wieder davon überzeuge, daß in ihrem Haus alles in Ordnung ist, meint sie, auf das erste Zimmer losgehend. Ohne anzuklopfen tritt sie ein, schaltet Licht an. Sechs Marokkaner schlafen in dem Raum. Einem nach dem anderen reißt sie die fast bis über den Kopf gezogene Decke vom Gesicht. Für den bescheidenen Einwand der Kripo-Leute, soviel Aufwand sei gar nicht nötig, hat die Frau nur ein Lächeln übrig: ›Ach, das haben die gerne.‹ Über sich selbst spricht sie nur als der ›Mama‹.« Siehe hierzu auch: HERBERT (2001): S. 216. Siehe ebenfalls: SCHEFFER, Paul (2013): *Land of Promise*, Dokumentation, USA, NTR Channel.
99 Im ein Jahr zuvor erschienenen Film DIE VERLORENE EHRE DER KATHARINA BLUM (1975) von Volker Schlöndorff spielt die Unterscheidung zwischen zärtlichem und zudringlichem Verhalten ebenfalls eine entscheidende Rolle. Beispielsweise unterschreibt die Protagonistin im Film ein polizeiliches Protokoll nur, wenn darin vermerkt wird, dass der Bankräuber, Ludwig Götten, der auf seiner Flucht vor der Polizei bei Blum übernachtete, nicht zudringlich gewesen sei, wie es

Die Solidarität der Frauen untereinander ist ein zentrales Element der Versammlung der Akteure in Sanders-Brahms' Film.[100] Sie steht im Dorf gegen die Herrschaft des Mannes. Shirin teilt ihr Zimmer im Arbeiterwohnheim mit drei weiteren türkischen Frauen. Auf der Etage leben insgesamt 24 Frauen.[101]

Bei einem Küchengespräch im Gemeinschaftsraum mit anderen Gastarbeiterinnen erfahren wir dann zum ersten Mal, dass Shirin aus der Provinz Kırşehir stammt, die südlich von Ankara liegt. Shirin erfährt wiederum, dass eine ihrer neuen Freundinnen den von ihr beschriebenen Mahmud kennt und sie gerne zu ihm bringen kann. Doch bevor die einseitige Liebesgeschichte wieder aufgenommen wird, steht das Leben der Gastarbeiterinnen, ihr Dasein zwischen Arbeitsplatz und Wohnheim, im Vordergrund.

Zu Shirins Aufgabe in der Fabrik gehört das Entgraden von Gewinden, eine Tätigkeit, die ihr der deutsche Schichtführer in rheinländischem Akzent erläutert. Zu ihrer besten Freundin in der Fabrik wird eine griechische Gastarbeiterin, die an ihrer Seite arbeitet. Es folgen mehrere Sequenzen in Fabrik und Wohnheim, bis schließlich Shirins blonde, türkische Freundin sie – in der Mitte des Films – zu Mahmud mitnimmt. Zuvor berät sie Shirin in Sachen Outfit und schlägt vor, keine Hose unter ihrem Rock zu tragen und ihr Kopftuch abzulegen. Shirin lässt sich zwar darauf ein, ihre Beine zu zeigen, das Kopftuch aber legt sie wieder an mit der Begründung, in ihrem Dorf sei es eine Sünde, sich ohne Tuch in der Öffentlichkeit zu zeigen. Im Wohnheim selbst und unter anderen Frauen, trägt Shirin selbstredend kein Kopftuch. In derselben Film-Sequenz bringt ihr die Freundin das Tanzen bei (zum damaligen Hit von Udo Jürgens »Siebzehn Jahr, blondes Haar«) und schminkt sie. Am Ende steht Shirin vor einem großen Spiegel, in dem sie sich komplett betrachten kann und ihr gefällt, was sie sieht.[102]

---

der Kommissar immer behauptet, sondern im Gegenteil zärtlich. SCHLÖNDORFF, Volker (1975): *Die verlorene Ehre der Katharina Blum*, Spielfilm, Deutschland, Arthaus.
100 In der Rezeption wurde der Film auch explizit als Frauenfilm wahrgenommen.
101 Sanders-Brahms folgt in der Darstellung der Größe der Räumlichkeiten, der Trennung von Gastarbeiterinnen und Gastarbeitern und der Anzahl der Betten pro Raum im Film, den *Richtlinien für die Unterkünfte ausländischer Arbeitnehmer in der Bundesrepublik Deutschland*, die am 1. April 1971 in Kraft trat. Diese sollte vor allem den räumlichen Zuständen in Baracken- und Sammelunterkünften entgegenwirken. Die Richtlinie sah vor, dass »auf jede Person mindestens 8 qm Gesamtwohnfläche entfällt« und dass nicht mehr als 4 Betten in einem Raum aufgestellt werden dürfen. Der Filmemacher Yüksel Yavuz hält in seiner Dokumentation von 1995 MEIN VATER, DER GASTARBEITER fest, dass er und sein Vater zusammen in einer Baracke einer Hamburger Werft 12 qm hatten. Siehe hierzu: GÖKTÜRK, Deniz/KAES, Anton/GRAMLING, David/LANGENOHL, Andreas (Hg.) (2011): *Transit Deutschland. Debatten zu Nation und Migration*, Konstanz: Konstanz University Press, S. 499.
102 Brauerhoch identifiziert Shirins Freundin als eine »verdeutschte« Türkin, weil sie enge Hosen trägt, kein Kopftuch und ihre Haare blond gefärbt sind. Siehe hierzu: BRAUERHOCH

Gemeinsam verlassen die beiden Frauen das Wohnheim und nach 40 Minuten Spielzeit sehen wir die ersten Stadt- und Außenaufnahmen von Köln: eine Kölner Hauptstraße und eine Protagonistin, die vor einer Kneipentür steht und ihrer türkischen Freundin aus Scham nicht hinein folgen kann. Die Dämmerung bricht herein, und wir sehen aus dem Hintergrund den Zuhälter Aida (Jürgen Prochnow) ins Bild laufen, der versehentlich mit Shirin zusammenstößt. Ein kurzer Dialog ergibt, dass er einen Mahmud kennt, sich aber wundert, warum sie ihn kenne. Er nimmt sie mit hinein, und es stellt sich heraus, dass der Mann im Lokal nicht Shirins Mahmud ist. Aida tanzt mit Shirin, die sich in der Kneipe sichtlich unwohl fühlt. Ihre Schüchternheit und Scham animiert Aida und er lädt sie zu einem Martini ein. Später übergibt sich Shirin auf der Toilette und verlässt daraufhin das Lokal. Die Sequenz endet mit Aidas Kommentar, er habe es ja nur »jut jemeint«.

Aufgrund der Rezession von 1973 verliert Shirin ihre Arbeit in der Fabrik. Keine Arbeit bedeutet auch den Verlust des Wohnheimplatzes, weshalb sie bei ihrer griechischen Freundin einzieht, deren Ehemann noch Arbeit hat. Das Arbeitsamt vermittelt ihr einen Putzjob. Während dieser Zeit lässt sie sich die Haare blond färben, um – so der Wortlaut einer Werbebroschüre – »etwas aus ihrem Typ zu machen«; sie legt das Kopftuch ab. Es folgt die positivste Sequenz im Film, eine Feier bei der griechischen Familie anlässlich des Sturzes der Militärdiktatur (1967–1974) Griechenlands.[103] Die Griechen und eingeladenen Türken feiern zusammen und für Shirin ist es nach eigener Aussage der schönste Tag ihres bisherigen Lebens.[104] Dieser Zustand hält jedoch nicht lange an. Am nächsten Tag wird Shirin während ihrer Arbeitszeit von einem betrunkenen Deutschen vergewaltigt. Sie kündigt, das Arbeitsamt kann sie daraufhin nicht mehr vermitteln und die Beamtin warnt sie vor einer möglichen Abschiebung, sollte sie in Kürze keine Arbeit gefunden haben.[105] Shirin entgegnet, dass sie nun aber ebenso wenig in die Türkei zurückkehren könne, da sie nun keine Jungfrau mehr sei.

(1995): S. 114. Dabei übersieht sie, dass Sanders-Brahms sehr viele Türkinnen ohne Kopftuch und in Jeanshosen zeigt. Zudem entspricht ihre verdrehte nationale Zuschreibung nicht wirklich der territorialen Logik des Films. In ihm stehen regionale Rahmungen und Prägungen im Vordergrund, wie die Unterscheidung von Land und Stadt, Darstellung und Nennung von provinziellen Gegenden wie Kırşehir oder Städten wie Istanbul und Köln. Hinzu kommt, dass der deutsche Protagonist Aida mit kölnischem Akzent spricht.

103 Siehe hierzu: GRAF, Rüdiger (2010): *Europäische Zeitgeschichte seit 1945*, Berlin: Akademie, S. 154f.

104 Dass die Figur Shirin sich in Sanders-Brahms Film mit Griechinnen und Griechen anfreundet, ist den türkischen Liedermachern Metin Türköz und Adnan Varveren ein besonderer Makel der Protagonistin. Siehe hierzu: ÖZTÜRK/CANBOLAT (2020).

105 Gastarbeiterinnen und Gastarbeiter aus Nicht-EG-Ländern haben betriebsgebundene Einjahresverträge erhalten. Wurde ihnen der Vertrag gekündigt wurde, konnten Sie wieder in ihr Her-

Bei ihrer erfolglosen Arbeitssuche trifft sie in einer Kneipe erneut auf Aida. Er betritt – wie der Dorfverwalter zu Beginn des Films – mit einer Kopfverletzung die Kneipe, lädt Shirin zum Essen ein und bietet ihr an, für ihn zu arbeiten. Er könne sich um ihren Aufenthaltsstatus »für Jeld« kümmern. Shirin erhält von Aida einen gefälschten türkischen Pass mit Aufenthaltsgenehmigung. Jetzt beginnt der Teil des Films, der auf Helma Sanders-Brahms' Recherchen und Assoziationen im Zusammenhang mit ihrem Dokumentarfilm DIE INDUSTRIELLE RESERVE-ARMEE sowie der Berichterstattung über die Ermordung einer türkischen Prostituierten in der Nähe eines Arbeiterwohnheims beruhen. Die Zuhälter schleusen Shirin und zwei weitere Frauen nach Pfortenschluss der Wohnheime über die Kellerfenster in die Männerwohnheime. Für 70 DM gehen die Frauen von Bett zu Bett und befriedigen ihre Kunden in den Sechsmannzimmern. Shirins allererster Kunde ist Mahmud, den sie so lange gesucht hat. Er erkennt sie nicht, da Shirin einen geradezu assimilatorischen Kleidungs- und Verhaltenswandel durchgemacht hat[106] – oder eine Integration in umgekehrter Richtung: Shirins Migration führt zu keinem sozialstrukturellen Aufstieg, sondern zu einem sozialstrukturellen und moralischen Abstieg in die Illegalität. Aber auch dieser Abstieg wird als eine Assimilationsgeschichte erzählt, denn Shirin wird der Rhetorik des Films zufolge zu einer Deutschen.[107] Auch Ibrahim, der zu Beginn des Films DÖNÜŞ von Türkay Şoran fleißig, moralisch, verliebt in seine Frau und in das von ihr gepachtete Stück Land dargestellt wird, entspricht nach seiner ersten Rückkehr aus Deutschland diesem Bild nicht mehr. Wir sehen ihn im Dorf nur noch im Anzug mit seinem Transistorradio unter dem Arm.

Dass dieser Wandel ein äußerlicher bleibt und keiner inneren Logik folgt, erzählen beide Filme allerdings auch. Shirin bleibt auf der sozialen Ebene sehr solidarisch. Sie überweist auch weiterhin den Großteil ihres Gehalts an die Frau in Istanbul, die sie aufgenommen hatte, ohne sie zu kennen. Eine Sequenz bei der Post zeigt Shirin mit langen blonden Haaren und einem Pelzmantel. Sie über-

---

kunftsland zurückgeschickt werden. Vgl. HERBERT (2001): S. 226. Siehe auch HUNN (2005), S. 142.
106 Auch Gülcan aus dem Film DÖNÜŞ erkennt ihren Ibrahim bei seiner Rückkehr aus Deutschland nicht wieder, als sie ihn in einem gelben Anzug, einem Tiroler Hut auf dem Kopf, mit einem Fotoapparat und einer Armbanduhr erblickt. Mit ihren Händen bedeckt sie schockiert ihre Augen, blickt dann durch zwei Finger hindurch und umrundet danach Ibrahim, um sich zu vergewissern, ob er es denn auch wirklich ist. Siehe hierzu auch: KULAOĞLU (2017): S. 28. Diese Begegnung bereitet Ömer Alkın filmanalytisch sehr präzise auf. Siehe hierzu: ALKIN (2020): S. 381–388.
107 Tatsächlich benennen auch Türköz und Varveren in ihren drei Deutschlandliedern die ‚Hure/Hündin' (kaltak) Shirin zu ‚Helga' um, weil sich keine Türkin je so verhalten würde wie sie. Siehe hierzu: ÖZTÜRK/CANBOLAT (2020): S. 69f.

weist das Geld in die Türkei und begegnet hier dem Mann ihrer griechischen Freundin Maria. Sie sei eine schöne Frau geworden und habe jetzt viel Geld, spricht sie Janis, der Grieche, freundlich an. Ja, entgegnet ihm Shirin: Sie habe ihren Mahmud gefunden und werde in der kommenden Woche heiraten. Er ist enttäuscht weil er nicht eingeladen wurde und fragt Shirin nach ihrer neuen Adresse, die kurzerhand beschämt die Post verlässt, ohne zu antworten. Erst später, als seine Frau Maria nach der Kündigungswelle mit den Kindern nach Griechenland zurückgekehrt und er selbst ins Wohnheim gezogen ist, erfährt Janis von Shirins heimlicher Tätigkeit. Obwohl er sie vor dieser gefährlichen Arbeit warnt, bittet er sie, auch mit ihm zu schlafen, da er Maria nur einmal im Jahr sehe.[108] Das könne sie nicht tun, da Maria ihre Freundin sei. Daraufhin umarmen sich beide und der Grieche sagt: »Viel schlimmes Land«. Mit der Zusammenführung von körperlichen Bedürfnissen und emotionalen Bindungen setzt der letzte Abschnitt des Films ein.

Shirin verlässt nachts das Wohnheim, das im Industriegebiet liegt, und beobachtet, wie Aida von einem kriminellen Kollegen erstochen wird. Shirin eilt ihm zu Hilfe, der mit den Worten stirbt, er habe von Anfang an gewusst, dass sie ein gutes Mädchen sei. Weitere Prostituierte kommen hinzu, werden jedoch von den anderen Zuhältern wieder ins Auto gedrängt. Sie zwingen die Frauen, über den Mord zu schweigen und lassen sie irgendwo in der Dunkelheit aussteigen, um weiterzuarbeiten. Die Frauen laufen im Dunkeln über Wiesen entlang einer Autobahn und einer Fabrik. Irgendwann bleibt Shirin stehen, dreht sich um und sagt, sie wolle zurück nach Hause. Sie dreht sich um, läuft zurück, rennt am Auto der Zuhälter vorbei, einer steigt aus und schießt ihr in den Rücken. Sie stirbt und der Beginn des Films wiederholt sich: Man hört Shirins Stimme, die sagt: »Jetzt bin ich tot«.

Helma Sanders-Brahms hat den Tod der blonden Türkin mit der Sorge des Heimleiters zusammengeführt. Shirins Tod rahmt den Film und ihre Aussage »Jetzt bin ich tot« verbindet den unbehaglichen düsteren und trostlosen Ort am Rande einer Kölner Autobahn mit der steinigen Landschaft in einem türkischen Nirgendwo.[109]

---

[108] Diese Passage in SHIRINS HOCHZEIT verdeutlicht noch einmal, neben dem Fokus auf die soziale Frage in diesem Film, den körperlichen bedürfnisorientierten. Auch die erste wissenschaftliche empirische Studie zum Leben der Gastarbeiter in Wohnheimen hebt diesen Aspekt im Zusammenhang mit der Frage der Integration besonders hervor. Siehe hierzu: BINGEMER, Karl/MEISTERMANN-SEEGER, Edeltrud/NEUBERT, Edgar (1970): *Leben als Gastarbeiter. Geglückte und mißglückte Integration*, Köln: Westdeutscher Verlag, S. 19.

[109] An einer ähnlichen Stelle, nahe einer Autobahn, verstirbt auch Recep, der Freund des Ich-Erzählers Yüce, in Bekir Yıldız' autobiografischem Roman *Türkler Almanyada*. Siehe hierzu: YILDIZ (1966): S. 138.

2.4 »Die Suche nach dem unauffindbaren Partner«

Wie bereits erwähnt, fiel die Rezeption des Films sehr unterschiedlich aus.[110] Interessanterweise spiegeln diese Vielfalt und Widersprüchlichkeit auch die Motivationen und Zielvorstellungen der deutschen Regisseurin und der türkischen Schauspielerin. Die Schauspielerin Ayten Erten wollte mit ihrer Rolle als Shirin den deutschen Zuschauern »Denkanstöße geben« und zwischen beiden Kulturen vermitteln. Sie wollte zeigen – darauf insistiert sie –, dass es sich um ein »Zeigen« und nicht um ein »Darstellen« handelt –, »wie türkische Frauen in der Bundesrepublik ausgebeutet werden«. An einer anderen Stelle hält sie fest, dass für sie die Rolle der Frau im Allgemeinen im Vordergrund gestanden habe, »gleichgültig welcher Nationalität«.[111] Eine ähnliche heterogene, disparate und widersprüchliche Motivationsstruktur zwischen spezifisch interkultureller und existenziell-allgemeiner Ebene finden wir auch bei Helma Sanders-Brahms. Als sie die ersten Ideen und Vorstellungen für ihren Spielfilm hatte, war ihr nächster Schritt »zu den Türken« zu gehen, »um zu erfahren, wie sie lebten in meinem Land«. Zur Vorbereitung verbringt sie zwei längere Aufenthalte in einem türkischen Dorf. Wenn ihre ethnografischen Beobachtungen und ihre Herangehensweise als Rahmung für den Film insgesamt auf eine interkulturelle Vermittlung zu zielen scheinen, hält sie dem entgegen ein weiteres zentrales Ergebnis für ihren Film fest: dass dieser eigentlich die »Suche nach dem nicht auffindbaren Partner und nach Kommunikation in der Isolation unserer Städte« zeige, und in dieser Suche »begegnen sich unsere Erfahrungen«.[112] Das Verhältnis zwischen türkischer Frau und der Frau als Mensch im Allgemeinen, das Verstehen der türkischen Kultur durch Aufenthalte in türkischen Dörfern und die existenzielle Einsamkeit des modernen Menschen in modernen Industriestädten steht für eine kontroverse Logik und einen Verknüpfungstyp in Sanders-Brahms' Film, der kulturelle und soziale Entitäten fragil ineinander verschränkt. Dieser komplizierten Doppelbesetzung der Figur Shirins, einerseits als türkische Dörflerin, andererseits als isolierter moderner Stadtmensch, setzt Sanders-Brahms' Film eine einfache stabile Erzählstruktur entgegen.

---

110 Siehe hierzu auch: SCHENK (2020): S. 39–45.
111 SANDERS-BRAHMS (1980): S. 168.
112 UMBACH, Klaus (1976): »Viel schlimmes Land. ›Shirins Hochzeit‹ TV-Spiel von Helma Sanders«. In: DER SPIEGEL, 19.01.1976, S. 120. Diese allgemein-existenzielle Aussage von Sanders-Brahms fügt sich ein in die Diktion der Definition von Eingliederung als Integration. Zur Eingliederungspolitik erläutert der leitende Beamte des BMA, dass diese »Hilfen zum Zurechtfinden in einer fremden Umgebung und zur Überwindung des Alleinseins bereitstellen sowie einen Beitrag zum gegenseitigen Verständnis leisten. ›Sie [die Eingliederungshilfen] verhindern die Isolierung des ausländischen Arbeitnehmers und eine Ghettobildung und dienen ebenso dem Abbau von Spannungen und Vorurteilen.‹« SCHÖNWÄLDER (2001): S. 507.

Als äußerst solide erweisen sich in diesem Film nämlich kausale und gesellschaftlich bedingte Unterdrückungsmechanismen, die an fast allen Orten und in allen Tätigkeitsfeldern wirken. Angefangen vom türkischen Dorf über die Verbindungsstelle, den Arbeitsplatz in Köln bis hin zur Arbeit als Prostituierte ist dieser Film von einer um sich greifenden Repression durchdrungen. Aufgrund der topologischen Struktur des Films wäre es zu kurz gedacht, die Ursache der Repression einfach in der Welt der Männer zu verorten. Sicher gehört SHIRINS HOCHZEIT dem ideologischen Horizont der Frauenbewegung der 1970er Jahre an, zumal es diese zeitgleich in der Türkei gab.[113] Einige Notizen der Regisseurin stützen diese These. Sie hält in ihren Aufzeichnungen als Gegenkonzept zur Herrschaft des Mannes in der industrialisierten Welt das türkische Dorfleben der Frauen fest. Nach Sanders-Brahms habe dieses im positiven Sinne »mehr mit der Frauenbewegung zu tun, wie es sich jetzt zu entwickeln scheint, als mit der ganzen repressiven Familienideologie des Abendlandes«. Sie sind nicht wie in Europa oder mittlerweile auch in türkischen Städten und Großstädten auf »den einen Mann angewiesen« und müssen nicht »um jeden Preis alle seine Launen ertragen«. Im Gegensatz findet sie auf ihrer Recherchereise im türkischen Dorfleben eine »verlorengegangene Heimat« wieder. Die Welt der Männer ist dort von der der Frauen getrennt.[114]

> Als ich mich zu den Männern setzte, hockten sich fünf Frauen zum Schutz hinter mich. Geste voller Einfühlung und Zärtlichkeit. Die Männer erzählten nur. Später ging ich dann zu den Frauen, da war es lustiger. Sie tanzten. [...] Die Frauen waren sehr zärtlich zueinander, auch zu ihren Kindern, voller Erfahrungen, voller Spaß, ohne Rivalität, die eine der anderen gegenüber, es war eine Geborgenheit da, wie in meiner Kindheit bei meiner Mutter.[115]

Und dass Frauen und Männer im Dorf nur dann das Bett teilen, wenn es um den geschlechtlichen Akt zum Zwecke der Fortpflanzung geht und sonst nicht, hält Sanders-Brahms aufgrund der Differenz zwischen Mann und Frau für richtig. Beides, körperliche Zärtlichkeit und Fröhlichkeit durch Tanz, übernehmen in der Markierung von Differenz im Film in den Sequenzen im Arbeiterwohnheim eine wichtige Funktion. Als Shirin das erste Mal ihr Bett im Wohnheim macht, schrei-

---

113 Siehe hierzu auch die Romane von Aysel Özakın aus den 1970er Jahren, besonders *Alnında Mavi Kuşlar (Blaue Vögel auf deiner Stirn)* von 1978. Der Erzählrahmen dieses Romans ist das Taksim-Massaker aus dem Jahr 1977, bei dem 34 Menschen starben und 134 in Istanbul bei den 1. Mai-Kundgebungen der Revolutionären Arbeitergewerkschaften verwundet wurden.
114 Diese Einstellung gleicht der von Verena Stefans in ihrem autobiografischen Roman *Häutungen* sehr. Sie hält darin nach Beziehungsversuchen mit Männern auch fest, dass die Frau den Mann zur Selbstfindung und zum Glücklichwerden nicht brauche. Siehe: STEFAN, Verena (1975): *Häutungen*, Frankfurt a. M.: Fischer.
115 SANDERS-BRAHMS (1980): S. 109f.

tet die deutsche Heimleiterin ins Zimmer, schnautzt sie in faschistoidem Ton an, dass sie ihr Bett falsch bezogen habe, und wir sehen in der nächsten Einstellung einen Flashback Shirins, wie sie im Dorf zärtlich an andere Frauen geschmiegt einschläft. Als ein Großteil der türkischen und griechischen Frauen aus dem Wohnheim ihren Arbeitsplatz verlieren, folgt zwar eine zunächst sehr traurige Sequenz, die jedoch mit einem Tanz der Frauen endet, der auch die Heimleiterin emotional berührt, die ihre Trauer darüber bekundet, dass nun alle gehen müssen.

Auch der Schichtführer in der Fabrik wird sich gegenüber den Gastarbeiterinnen solidarisch zeigen, als diese ihre Arbeit verlieren. Er reicht ihnen – nachdem sie ihre Kündigung erhalten haben – auf sanfte und solidarische Art die Hand und kommentiert, nun auch nicht zu wissen, wie es mit ihm weitergehen solle, weil auch ihm gekündigt wurde. Bedürftig und zugleich zärtlich bittet auch er Shirin darum, mit ihm zu schlafen. Diese Sequenzen, in denen es vor allem Frauen sind, die Shirin immer wieder helfen, zeigen eindeutig, dass hier eine solidarische Struktur den patriarchalischen und im Kern kapitalistischen Gesellschaften gegenübersteht und aufgebaut wird. Dennoch geht es in diesem Film nicht zentral um die Gleichberechtigung von Mann und Frau. Denn Zärtlichkeit und Bedürfnis sind zwei zentrale politische Kategorien. Auch die männlichen Gastarbeiter sind ohnmächtig, und es ist eine Frau, die Shirin mit dem Zuhälter Aida bekannt macht und sie in die Prostitution einführt. Weniger die geschlechtliche Unterscheidung strukturiert den Film als vielmehr eine vorangehende Trennung der Innen- von der Außenwelt, die Michael Rutschky der Bundesrepublik in den 1970er Jahren in seinem vielzitierten und bekannten Essay attestiert. Heute würden wir von einem epistemischen Code sprechen. Dementsprechend ist die Gesellschaft in ihrem Kern zweigeteilt: »drinnen ist das Positive, draußen das Negative. Übergänge, Zusammenhänge gibt es nicht. Die Außenwelt ist kalt und böse«.[116]

Dieser Bruch zwischen Innen und Außen durchzieht Sanders-Brahms' Film und verleiht ihm eine unbestimmte und dilemmatische Struktur: zwischen allgemeiner städtischer Entfremdung und der national-kulturellen Verortung, zwischen Differenz und Ähnlichkeit, zwischen kultureller Zuschreibung und Vermittlung auf der einen und körperlichen und existenziellen Bedürfnissen auf der anderen Seite; eine dilemmatische Struktur, die auch der Dialog aus dem Off zwischen Shirin und der Regisseurin offenlegt, der den gesamten Film durchzieht. Zu Beginn scheint die Regisseurin Shirin deutlich überlegen, besserwisserisch.

---

116 RUTSCHKY, Michael (1980): *Erfahrungshunger. Ein Essay über die siebziger Jahre*, Frankfurt a. M.: Fischer, S. 41.

Sie korrigiert Shirin mehrfach. Beispielsweise als sie ihr erklärt, dass das Land (Dorf) nicht ihr, sondern dem Agha (Ağa) gehöre. Doch dieses Verhältnis verkehrt sich im Laufe des Films und die akzentfreie Stimme aus dem Off wird falsche Aussagen machen, die nun Shirin richtigstellt.[117] Am Ende ist es ein Prozess des wechselseitigen Erziehens zwischen der Migrierenden und der Alteingesessenen.[118] Es ist sicher richtig, dass der Film zu Beginn paternalistisch wirkt und das Verhältnis zwischen einer deutschen und einer offensichtlich (durch den deutlichen Akzent) ausländischen Stimme, der grammatikalische Fehler unterlaufen, den Eindruck erweckt, dass hier die deutsche Seite die Geschichte bestimme.[119] Doch dieses scheinbar hierarchische Verhältnis wird nicht nur durch den sich wandelnden Dialogverlauf konterkariert, sondern ebenso durch die erzählerische Struktur. Diese zeichnet sich zum einen durch eine Mischung aus Dokumentation und Liebesfilm aus. Zum anderen bieten der lose Anfang und das lose Ende keine Grundlage für eine auktoriale Erzählform.

Auch die deutsche Erzählerstimme aus dem Off weiß nicht mehr als Shirin über die Umstände und Folgen der Migration. Shirin aber wird über die eigene Herkunft und die nicht mögliche Ankunft hinausgehen – wie sie es selbst aus dem Off formuliert. Sie kommt weder mit Mahmud zusammen, noch kehrt sie in ihr Dorf zurück oder erfährt eine stabile Form der Sozialisation in der Bundesrepublik. Das Sujet der Migration scheint in SHIRINS HOCHZEIT verlorenzugehen. In den Vordergrund drängt sich nicht eine Erzählung, die durch konsistente Bindung von Anfang, Mitte und Ende gelingt. Im Zentrum steht vielmehr die Aussagekraft und Glaubwürdigkeit der einzelnen Situationen, welche die Verhaltensweisen der Akteurinnen und Akteure betonen. Diese Situationen tragen den Film. Es geht nicht um die Frage nach Anfang und Ende der Geschichte, nicht nach der Macht und Ohnmacht ihrer Akteurinnen und Akteure.[120] Vielmehr geht es um die Frage nach den Verhaltensweisen, um Praktiken, die ein Ankommen oder ein Zurückkehren ermöglichen könnten. Diese Grundstruktur bestimmt auch die Narration des Films und eine Identitätspolitik, die wir in den politischen Thematisierungen des Ausländers im Deutschland der 1960er und 1970er Jahre finden.

---

117 Auch Schenk macht in Sanders-Brahms Film gegen Brauerhochs Interpretation auf einen Dialog im Off zwischen Shirin und der deutschen Regisseurin aufmerksam, in dem nicht die Deutsche die türkische Dörflerin als »dumm« beschreibt, sondern umgekehrt und die Deutsche dem zustimmt. Siehe hierzu: SCHENK (2020): S. 50f.
118 Siehe hierzu: BRAUERHOCH (1995): S. 110f.
119 Vgl. NEUBAUER (2011): S. 179.
120 In diesem Zusammenhang fehlte der feministischen Kritik in Sanders-Brahms Film „die ideologische Schärfe" und ein politisch offener Charakter. Siehe hierzu: FISCHETTI, Renate (2000): *Das neue Kino. Acht Portraits von Regisseurinnen*, Dülmen-Hiddingsel: Tende, S. 123.

Evident ist in SHIRINS HOCHZEIT zunächst das eigensinnige Verhältnis zwischen Fiktion, Emotion und Dokumentation und die Abfolge bzw. Struktur des Films. Der Film beginnt mit dem Ende, mit dem Tod der Protagonistin und ist so gesehen eine einzige Flashback-Erzählung.[121] Dieser Kunstgriff desavouiert eine chronologische Erzählform.[122] Der Einstieg erfolgt mit einem persischen Liebesmärchen. Daran schließen sich der von Anfang an intim geführte Dialog aus dem Off zwischen der Protagonistin und der Regisseurin und die dokumentarische Darstellung des Dorflebens, die mit der Dominanz von halbtotalen und halbnahen Einstellungen nicht einzelne Individuen, sondern Gruppen in den Vordergrund rückt. Wir sehen keine Nahaufnahmen der einzelnen Akteure im Dorf, keinen Dialog mit Schuss- und Gegenschussaufnahmen. In Einzelaufnahmen werden in den ersten Sequenzen Wohnräume, Decken, Kopftücher, Tischtücher und vieles andere gezeigt, was Shirin für ihr Leben mit Mahmud – so die Protagonistin aus dem Off – genäht und gestickt hat. Neben dieser Materialität werden die Brüder des Vaters und ihre Frauen, das gemeinsame Essen und der Abschied der Frauen von Shirin in Gruppenaufnahmen gezeigt, und es gibt dabei kaum Schnitte. In solchen Einstellungen sind später auch die Wohnheim- und Fabrik-Sequenzen fotografiert.

Parallel wird der intime Dialog aus dem Off weitergeführt und das Märchenmotiv wieder aufgenommen. Beispielsweise äußert Shirin als Prostituierte später aus dem Off, dass sie nun weit über den Berg, über Mahmud hinaus sei. Die Gleichzeitigkeit von Liebesgeschichte, intimem Dialog, ethnografischem Dorfbericht und Dokumentation der Arbeitsmigration gibt diesem Film eine heterogene Struktur, die von keiner der genannten Aspekte einheitlich in einem dritten Raum durch einen Metacode geschlossen oder aufgelöst wird.[123] Das Verhältnis der einzelnen opponierenden Narrative ist ephemer. Das hierarchische Verhältnis zu Anfang des Dialogs zwischen der Regisseurin aus dem Off und der Protagonistin als Miterzählerin und Beobachterin kippt nicht selten in sein Gegenteil. Das faschistoide Auftreten der deutschen Heimleiterin und das herrisch-maskuline Verhalten des deutschen Schichtführers in der Fabrik kippen beide in Positionen der Empathie. Und umgekehrt kippt der immer verständnis- und gefühlvolle Grieche, Marias Mann, indem er nach Sex mit Shirin verlangt. Aber selbst in seiner sexuellen Bedürftigkeit zeigt Helma Sanders-Brahms den Gastarbeiter nicht zudringlich, sondern zärtlich, denn Deutschland ist »viel schlimmes Land«.

---

121 Vgl. BRAUERHOCH (1995): S. 110.
122 Eine lineare Zeitstruktur impliziert auch Robert Ezra Parks Integrationstheorie.
123 Schenk reduziert diese Vielschichtigkeit von Sanders-Brahms Film ausschließlich auf die Verschränkung von Märchen und Dokumentarischem in SHIRINS HOCHZEIT, die er mehr der unterschiedlichen Rezeption und Interpretation des Films entnimmt als einer eigenständigen Filmanalyse. Siehe hierzu: SCHENK (2020).

Die sich nicht vereinheitlichende, schließende Mehrebenenstruktur des Films zeigt sich auch in der Verhandlung kultureller, Differenz generierender Kennzeichen. So ist Shirins Kopftuch kein Kennzeichen für die Türkei, sondern typisch für das Dorfleben. Der Forderung ihrer modernen türkischen Freundin, ihr Kopftuch abzulegen, entgegnet sie, man würde es bei ihr im Dorf so tragen. Die Aussage, man würde es in der Türkei so tragen, wäre in dieser Situation inkonsistent und würde auch einer gewissen Komik nicht entbehren. Diese regionale und nicht nationale Reichweite impliziert im Film auch eine mäßige kulturelle Repräsentationskraft als muslimisches Kennzeichen. Es ist weniger ein Abstraktum der Differenz oder der Verständigung als ein brauchbarer oder nicht brauchbarer Gegenstand, der sich zum Schutz oder der Steigerung der Attraktivität einsetzen lässt. Dieser Einsatz ist wichtiger als die Repräsentation. Dies zeigt sich auch darin, dass Shirin das Kopftuch ganz unterschiedlich trägt. Man sieht mal mehr, mal weniger Haare. Sie hält es häufig in der Hand, wir sehen sie beim Anziehen des Kopftuchs, und der Schichtführer wird auch einmal unbedarft daran ziehen, als Shirin versucht, ihn zu necken. Eine allegorische Wirkung bekommt es hingegen im Lokal nach dem Tanz und dem Alkoholkonsum mit Aida, wenn sich Shirin auf der Toilette übergibt und wir im Spiegel sehen, wie ihr das Kopftuch vom Kopf rutscht. Doch diese Allegorie verliert sich wieder. Shirin trägt es, wenn sie beispielsweise Mahmud auf dem Kölner Bahnhof sucht, der sonntags von unzähligen Gastarbeitern bevölkert ist.[124] Und kurz bevor sie sich die Haare blondiert, wird sie das Kopftuch bereits abgelegt haben, wobei dieses Verschwinden nur noch bedingt auffällt. Wenn das Kopftuch überhaupt eine Funktion erfüllt, dann eine schützende, die die schüchterne Art der Protagonistin noch verstärkt. Die offenen Haare der türkischen Schauspielerin Türkan Şoray als Gülcan in DÖNÜŞ stehen am Ende des Films für ihre Desintegration im Dorf, aber nicht für eine explizit kulturelle. Denn es sind Schuld- und Besitzverhältnisse, die diese Dynamik auslösten.

---

124 Mit der Bahnhofssequenz, in der Shirin Mahmud sucht, nachdem sie ihn im Lokal nicht gefunden hat, folgt Sanders-Brahms ihrer dokumentarischen Richtlinie des »Zeigens« in diesem Film. In Karen Schönwälders Buch zur *Einwanderung und ethnischen Pluralität* in Deutschland finden wir repräsentativ für viele andere Debattenbeiträge aus dem Jahre 1971 die folgende Einschätzung: »Vielleicht haben wir bisher den heimlichen Wunsch genährt: irgendwann werden sie wieder nach Hause gehen, dann werden wir wieder mehr Platz und Ruhe haben, und unsere Innenstädte und Hauptbahnhöfe werden an Sonntagnachmittagen nicht mehr wirken wie Kundgebungen nach dem gescheiterten Turmbau zu Babel. Aber solche Hoffnungen trügen.« »Die Bundesrepublik muß sich auf ein Leben mit den Gastarbeitern einrichten«, heißt es resignativ in einem Zeitungsbeitrag. Siehe hierzu: SCHÖNWÄLDER (2001): S. 614. Auch Max von der Grün hält in *Leben im gelobten Land* fest, dass Bahnhöfe für Gastarbeiter »Kommunikationszentren« seien und ihnen so die Moschee ersetzen würden. Siehe hierzu: VON DER GRÜN (1975): S. 22.

Im Unterschied zu den Migration thematisierenden Filmen der späteren Dekaden ist die Reichweite kultureller Kennzeichen hier gering.[125] Exemplarisch zeigt sich dies auch in der Miniatur des Kölner Doms und später auch in der einer Moschee – ein Wecker –, den eine Gastarbeiterin vom Tisch räumt, als alle gekündigten Gastarbeiterinnen das Wohnheim verlassen müssen. Zwischen Gebrauch und Repräsentation sind kulturelle Kennzeichen in SHIRINS HOCHZEIT in einem unbestimmten und willkürlichen Wandel begriffen, wie die Hauptakteurin selbst, deren neuer Kleidungsstil zwar eine evidente Veränderung darstellt, jedoch keinen expliziten Übergang von einer spezifisch türkischen zu einer spezifisch deutschen Kultur zeigt. Vielmehr ist es ein Übergang, der im äußeren Erscheinungsbild eine Veränderung von einem dörflich-traditionellen zu einem städtischen Auftritt dokumentiert. Ein Übergang vom unwirtlichen Dorf in eine unwirtliche große Stadt.[126]

Die übrigen Übergänge in SHIRINS HOCHZEIT sind aus einer klassischen integrationstheoretischen und narrativen Perspektive prekär und problematisch, da weder der Ausgangspunkt des Films, seine Mitte, noch der Schluss, Shirin einen Ort der Zugehörigkeit weisen. Das Dorf gehört dem *Agha*, das Wohnheim den Fabrikbesitzern und die Straßen Kölns den Zuhältern oder der Polizei. Nur der Kölner Bahnhof wird in SHIRINS HOCHZEIT zu einem herrenlosen Versammlungsort der Gastarbeiter.[127] Das klassische Narrativ vom Auszug, vom Meistern der Prüfungen, von der Rückkehr oder der Ankunft kann hier nicht greifen.[128] Auch die dörfliche, türkische kulturelle Bindung vom Beginn stellt für Shirin keine stabile soziale Einheit dar. Selbst ihre Verwandten halten sich nicht an die kulturellen Codes bzw. die Tatsache, dass Shirin Mahmud versprochen war. Da der Verwalter mehr

---

125 Diese zeigt sich ebenfalls in den zeitgleich entstehenden türkischen Produktionen OTOBÜS (1974), dem bereits angesprochenen Film, in dem die Migration türkischer Dörfler nach Schweden thematisiert wird, wie auch im Roman *Gurbet Yavrum* (1975), in dem die Tochter eines türkischen Gastarbeiters sich auf die Suche nach ihrem verlorenen Vater in Kanada macht. Siehe: TUNÇ, Okan (1974): *Otobüs*, Spielfilm, Türkei, Pan Film Türkiye; ÖZAKIN, Aysel (1975): *Gurbet Yavrum*, Istanbul: Can Yayınları.
126 Siehe zur Unwirtlichkeit der Städte die einflussreiche Publikation von Alexander Mitscherlich *Die Unwirtlichkeit unserer Städte* (1965, 2008).
127 Rita Chin macht in ihrer Arbeit auf die ikonografische Funktion der Aufnahme des einmillionsten Gastarbeiters Rodrigues de Sá auf dem Motorrad am Kölner Bahnhof Köln-Deutz aufmerksam. Siehe hierzu auch: VON DER GRÜN (1975): S. 22. In der amerikanischen Arbeit Sius über die chinesischen Gastarbeiter in New York stellen Wäschereien einen vergleichbaren Versammlungsort dar.
128 Siehe zum klassischen Narrativ, das besonders im Bereich des Films durch das Kino Hollywoods ab den 1950er Jahren große Verbreitung fand und heute weiterhin als eines der wirkmächtigsten im Bereich des Films gilt, KRÜTZEN, Michaela (2011): *Dramaturgie des Films. Wie Hollywood erzählt*, Frankfurt a. M.: Fischer, S. 36f.

zahlen kann, bekommt er Shirin, obwohl er ihren Bruder ins Gefängnis gebracht hat. In Şorays Film DÖNÜŞ entlässt der Großgrundbesitzer den Dorfverwalter aus seinen Schulden, wenn dieser ihm hilft, an Gülcan ranzukommen, die aber schon verheiratet ist. In Deutschland regiert das Geld ebenso wie in der Türkei, und solidarische Strukturen sind nicht per se gegeben, sondern können bestenfalls unter guten Bedingungen entstehen.[129]

So ist SHIRINS HOCHZEIT aufgrund des Mangels stabiler kultureller und sozialer Einheiten weder explizit ein Film zu kultureller Differenz, noch ein Film über eine gescheiterte Integrationsgeschichte in einer Mehrheitsgesellschaft. Stattdessen wirft er die soziale Frage auf, weil Shirins Bindungen von Anfang an in Auflösung begriffen sind. Das Soziale wird dabei »durch die überraschenden Bewegungen von einer Assoziation zur nächsten ermittelt«.[130] Wie in Milton Gordons Integrationstheorie ist das zentrale Anliegen in Helma Sanders-Brahms' Film, über Antidiskriminierung neue soziale Gruppenkonstellationen zu ermöglichen. Der große Unterschied zu Gordon ist hier nur, dass es in SHIRINS HOCHZEIT keinen Raum, keinen Ort gibt, weder in der Türkei noch in Deutschland, der eine Äquivalenz zwischen Gruppe und Territorium, zwischen Gruppe und Kultur schaffen und die schwachen Bindungen in starke und stabile übersetzen könnte. So ist das Soziale in diesem Film keineswegs von einer dichotomen Unterscheidung zwischen Kollektiv und Individuum bestimmt, von Unterscheidungen wie religiöser Fanatismus vs. westliche Lebensweise, wie Bevormundung vs. Freiheit oder wie Tradition vs. Moderne und Türkei vs. Europa, wie es die Forschung nicht müde wird, derart falsch die ersten Produktionen zur Migration nach Deutschland zu klassifizieren.[131]

Auch wenn diese seit den 1980er Jahren klassischen interpretatorischen Unterscheidungen zu Phänomenen der Migration in Sanders-Brahms' Film nicht greifen und das Sujet der Migration aus dieser Beobachtung heraus in SHIRINS HOCHZEIT nicht konsistent ist, handelt es sich bei diesem Film dennoch um einen Klassiker der deutsch-türkischen Migration. Spätestens jetzt stellt sich die Frage, was diesen Film zusammenhält und ihn zu einem umstrittenen, aber doch erfolgreichen Film werden ließ. Die Liebesgeschichte ist es nicht. Es ist auch nicht der dokumentarische Wert des Films, denn hierfür überwiegen wiederum zu sehr die fiktionalen Elemente.

---

129 Vgl. LEFEBVRE (2006): S. 338.
130 LATOUR, Bruno (2010): *Eine neue Soziologie für eine neue Gesellschaft*, Frankfurt a. M.: Suhrkamp, S. 424.
131 NEUBAUER (2011): S. 175. Siehe auch GÖKTÜRK (2000b): S. 331. In meinem Aufsatz *Von der interkulturellen zur kulturellen Kompetenz* von 2009 unterlag ich mitunter ebenfalls diesem voreiligen Trugschluss. Siehe hierzu: EZLI (2009).

Anders gefragt: Welche Referenzen in diesem Film stehen jenseits von Kultur, Mehrheitsgesellschaft und Minderheit im Vordergrund und geben dem Film über den ästhetisch-erzählerischen Rahmen hinaus eine stabile und konsistente Struktur? Welche Narrative sind es, die über den Film hinausgehend eine gesellschaftlich anschlussfähige Erzählung ermöglichen konnten, trotz ihrer aus heutiger Perspektive widersprüchlichen Rezeption zwischen Kultur und Sozialem? Und wirken vielleicht trotz des Mangels an stabilen gesellschaftlichen Einheiten wie Gruppen und Familien hier Ideen und Vorstellungen von Assimilation, Integration und Sozialem, die jenseits gegebener stabiler gesellschaftlicher Ordnungen ausbuchstabiert werden müssen? Die Frage ist, was an unartikuliertem Wissen mitgeteilt wird, das »stillschweigend auf einen Fundus an sensorischen und praktischen Erfahrungen Bezug«[132] nimmt, um in der Zone zwischen Alltag, Kunst und Politik Wahrscheinlichkeiten zu artikulieren. Und in welchem Verhältnis stehen erzählerische Offenheit und kulturprägende Narrative? Was das Anliegen und die Bewegung ästhetischer Texte, Filme und Theorien betrifft, werden wir sehen, dass Aneignungen des öffentlichen Raums eine Grundbewegung darstellen, auch wenn ihre Protagonisten passiv und schematisch auftreten.

Um diese Fragen und Themen mit der bisherigen Interpretation von SHIRINS HOCHZEIT und mit einer gewissen Repräsentativität und Breite beantworten und untermauern zu können, werden in den folgenden zwei Unterkapitel die zuvor genannten Texte und Filme aus den 1960er und 1970er Jahren in eine analytische Relation zur SHIRINS HOCHZEIT gebracht. Zunächst folgt die Analyse des Poems *Was will Niyazi in der Naunynstraße* aus dem Jahre 1973 des türkischen Autors Aras Ören; der erste breit rezipierte Text deutsch-türkischer Literatur, der für Rita Chin den Beginn eines »multicultural Germany« markiert. Hier wird es neben den bereits aufgeworfenen Fragen auch darum gehen, aufzuzeigen, inwieweit sich die deutsche (Sanders-Brahms) von der türkischen Perspektive (Ören) auf die Anfänge und Folgen der türkischen Migration nach Deutschland unterscheidet und worin sie sich ähneln. In diesen Zusammenhang werden auch Güney Dals Roman *Wenn Ali die Glocken läuten hört* (der zweite bekannte Text deutsch-türkischer Literatur der 1970er Jahre) sowie Bekir Yıldız' autobiografischer Roman gebracht.

Die Interdependenz und Ähnlichkeit zwischen Filmen, Texten und gesellschaftspolitischen Narrativen werden in ihrer heterogenen und dilemmatischen Struktur zeigen, dass es sich bei Filmen und Texten, die in diesem Einstiegskapitel zur Disposition stehen, weder um einfache Opfer- oder Tätergeschichten handelt, wie bislang in der Forschung konstatiert wird, noch umgekehrt um

---

[132] KOSCHORKE, Albrecht (2012): *Wahrheit und Erfindung. Grundzüge einer allgemeinen Erzähltheorie*, Frankfurt a. M.: Fischer, S. 38.

Ermächtigungsnarrative. Im Zentrum steht eine Verhandlung und Bearbeitung von Integration und Desintegration, die die Jahrzehnte des Umbruchs[133] (1960er) und der Transformation[134] (1970er) als Sozial- und Kulturgeschichte die Herkunfts- und Ankunftsgesellschaften geprägt hat.

2.5 »Wir wollten alle Amerikaner werden«: Aras Örens Gastarbeiter erfolglos auf dem Weg in den Westen

Halime, eine türkische Gastarbeiterin im ersten Band von Örens Poem-Trilogie *Was will Niyazi in der Naunynstraße* (1973),[135] wohnt Anfang der 1970er Jahre in einem Mehrparteienhaus in der Berliner Naunynstraße. Sie kommt, wie ihre ältere deutsche Nachbarin Frau Kutzer in der Mitte des Poems berichtet, »abends manchmal mit Männern nach Haus«.[136] Frau Kutzer fragt sich, da ihre türkische Nachbarin »es ganz offensichtlich in dem einzigen Zimmer [, das sie hat], mit den Kerlen treibt«, wo währenddessen ihre kleinen Kinder sind und was sie machen.[137] Ein wenig später treffen sich Halime und Frau Kutzer im Treppenhaus.

> Halime: (Na mach schon, Alte, ich laß dich vorbei, geh schon, ich hab die Hände voll ...)
> Kutzer: ›Dankeschön, dankeschön ...‹
> (Soviele Pakete, soviele Sachen gekauft ...
> Kauft nur, kauft nur.
>
> Ihr werdet auch verbraucht sein eines Tages
> wie ich,
> dann schlurft auch ihr für hundert Gramm Wurst
> zwei Straßen weiter zum Fleischer. Und
> wie sie grienen, wenn ich
> für fünfzig Pfennig Speck verlange ...)[138]

Beide Szenen im ersten Band des Poems (die erste finden wir in der Mitte und die Treppenhausszene gegen Ende des Textes), deuten eine Begegnungsstruktur zwischen Alteingesessenen und Zugewanderten an, die sich hier nicht aus

---

133 Vgl. SCHILDT (2009): S. 179–244.
134 Ebd, S. 245–330. Und siehe auch REICHARDT, Sven (2014): *Authentizität und Gemeinschaft. Linksalternatives Leben in den siebziger und frühen achtziger Jahren*, Frankfurt a. M.: Suhrkamp, S. 82–86.
135 Der zweite Band der Trilogie, *Der kurze Traum von Kağıthane*, erschien 1974, und abgeschlossen wurde sie mit dem dritten Band *Die Fremde ist auch ein Haus* 1980.
136 ÖREN (1973): S. 31.
137 Ebd.
138 Ebd., S. 56f.

ethnisch-kultureller, sondern aus körperlicher, räumlicher und sozialer Diversität konstituiert. Eine türkische Frau mittleren Alters lebt mit mehreren Kindern in einer Einzimmerwohnung – ihr Mann sitzt wegen Blutrache in der Türkei im Gefängnis –, eine 67 Jahre alte deutsche Frau lebt hingegen allein in einer Zweizimmerwohnung. Das sind zunächst Informationen für eine klassische Migrationsforschung, die auf statistische und repräsentative Ergebnisse aus ist; zumal Anfang der 1970er Jahre verstärkt das öffentliche Interesse aufkommt, zu wissen und zu erfahren, wie die Gastarbeiter und Gastarbeiterinnen in Deutschland wohnen und untergebracht sind.[139]

Aus interpretatorischer Sicht ist dies nur die eine Seite der beiden zitierten Passagen. Verweise auf Alter, Familie und Wohnungsgröße sind die Rahmungen der Situationen, in denen besonders die unterschiedlichen körperlichen Bedürfnisse erzählerisch akzentuiert werden. Halime hat Sex und kommt mit vollen Einkaufstüten nach Hause, weil ihr Körper will und kann; eine alte deutsche Frau, die auf ihren eigenen Körper referierend, nichts mehr braucht und nicht mehr verzehren kann als 100 Gramm Wurst und Speck für 50 Pfennig pro Woche. Dabei wird sie bei ihrem Einkauf von deutschen Verkäufern belächelt. Weitaus mehr als die türkische Gastarbeiterin wird hier die alte deutsche Frau als Desintegrierte dargestellt.[140]

Dass Aras Örens Poem trotz dieser sozialen Mehrebenenstruktur, die sich über körperliche Bedürfnisse ergibt und nicht über nationale, religiöse oder kulturelle Zuschreibungen, in den zeitnahen Besprechungen als erste gelungene literarische Chronik des Zusammenlebens von Deutschen und Türken[141] und somit als »erste Reflexion«[142] über das Leben der arbeitenden Türken in Deutschland bewertet wurde, ist keineswegs eine kulturalistische Fehlinterpretation. Es ist eine Deutung, die, zum einen, in einem gesellschaftspolitischen und narrativen Zusammenhang der 1960er und 1970er Jahre steht. Zum anderen hängt die Tatsache, dass Örens

---

139 Siehe hierzu: ZIERIS, Ernst (1971): *So wohnen unsere ausländischen Mitbürger. Bericht zur Wohnungssituation ausländischer Arbeitnehmerfamilien in Nordrhein-Westfalen*, Düsseldorf. Siehe hierzu auch: SIEGFRIED-HAGENOW, Monika (2006): *Als die Gastarbeiter ins Fernsehen kamen. Collage von Archivbeiträgen des Fernsehens über Gastarbeiter in der Bundesrepublik*, Dokumentation, Deutschland, Erstes Deutsches Fernsehen. Vgl. auch: SCHÖNWÄLDER (2001): S. 497.
140 Mit einer vergleichbaren Struktur der Desintegration einer Alteingesessenen arbeitet auch Rainer Werner Fassbinder in ANGST ESSEN SEELE AUF (1973). Dort ist es die alteingesessene und sich in einem vergleichbaren Alter wie Frau Kutzer befindende deutsche Frau Emmi Kurowski, die von ihren Nachbarinnen und ihren Kindern ausgeschlossen wird, nachdem bekannt wird, dass sie den viel jüngeren Gastarbeiter Ali, der aus Marokko stammt, heiraten will. Siehe hierzu: FASSBINDER, Rainer Werner (1973): *Angst essen Seele auf*, Spielfilm, Deutschland, Arthaus.
141 Vgl. SUBERGER, Ulf G. (1974): »›Wir machen szammen Geld für die Fabrika Direktor ...‹«. In: Deutsche Volkszeitung, S. 17.
142 PATAKI, Heidi (1975), »Review of *Der kurze Traum aus Kağıthane*«. In: Neues Forum 22, S. 66.

Poem ohne ein kulturelles oder religiöses Differenzierungsnarrativ konsistent und in der Sprache der Zeit »authentisch« wirkt, zuallererst von seinem eigenen narrativen Verlauf ab. Es ist vor allem der Beginn und zugleich der Zugang, den *Was will Niyazi in der Naunynstraße* wählt und beschreitet, der eine weiterführende Struktur der Beschreibung von Differenz und Ähnlichkeit zwischen Deutschen und Türken vorgibt, die die Szenen in ihrer sozialen Dimension auf Einwanderer und Alteingesessene »authentisch« und plausibel wirken lässt.

Im Prolog des Poems schneit es in Berlin.[143] Die Naunynstraße in Kreuzberg, auf und in der sich alles in diesem Stück abspielt, ist zugefroren. Der Protagonist und Gastarbeiter Niyazi, mit dem Nachnamen Gümüşkılıç (»Silberschwert«), ist bereits in den ersten Zeilen auf dieser Straße unterwegs; in die Fabrik zur Arbeit, zur Nachtschicht. Gebrochen wird der für die Migrationsliteratur klassische und schematische Einstieg – kaltes Einwanderungsland, Ausländer arbeiten in der Nachtschicht – bereits mit einem Nebensatz und dem weiteren Verlauf der Erzählung. An der Stelle, wo heutige Migrations- und Integrationsforscher weitererzählen würden, die erste Generation der Gastarbeiter habe der deutschen Gesellschaft Arbeiten abgenommen, die viele deutsche Alteingesessene nicht hatten verrichten wollen, folgt Örens Erzählung einer anderen narrativen Struktur.[144] Niyazi geht hier mit schnellen Schritten zur Arbeit in die Fabrik *Preussag*, ganz so wie er auch im Istanbuler Stadtteil Bebek unterwegs gewesen ist; dort zum Blaufischfang. Hier bei *Preussag* arbeitet er an den »weißglühenden Öfen« der Fabrik. Auf die translokale Verbindung von hier und dort folgt in der dritten Strophe die Anmerkung, dass durch Niyazis Arbeit denjenigen »warm wird [...], die ihre Villen im Südwesten der Stadt bewohnen«.[145] Danach verlässt der Erzähler Niyazi und wendet sich Frau Kutzer zu, die ebenfalls in der zugefrorenen Naunynstraße wohnt, der allerdings von Niyazis Arbeit nicht warm wird. Denn sie kommt in dieser Nacht »schwer in Schlaf, [...] sie muss ihre blaugefrorenen Füße reiben«.[146] Der Erzähler kehrt nicht wieder zu Niyazi zurück, um die schwere Arbeit und den beschwerlichen Alltag der Gastarbeiter zu beschreiben. Er bleibt bei Frau Kutzer und erzählt bis zum Beginn des dritten Kapitels (der erste Band der Trilogie besteht aus sieben Kapiteln), die Geschichte, Wünsche und Enttäuschungen von Frau Kutzer und ihrer Familie.[147]

---

143 Siehe hierzu auch den Film Otobüs.
144 Siehe hierzu: Bade (1983); Esser (1980, 1983); Elwert, Georg (1982): »Probleme der Ausländerintegration. Gesellschaftliche Integration durch Binnenintegration?«. In: *Kölner Zeitschrift für Soziologie und Sozialpsychologie* 34:4, S. 717–731.
145 Ören (1973): S. 5.
146 Ebd.
147 Ebd., S. 13.

Diesen Exkurs zu Frau Kutzer und ihrer Familie leitet der Erzähler wie folgt ein: »Ihr kennt doch alle Frau Kutzer / oder doch ihren Mann: / Er hat bei Borsig gearbeitet, / dort verschraubte er die Vorderachsen der mächtigen Lokomotiven«.[148] 37 Jahre lang ging er dieser Tätigkeit nach, war in der Weimarer Zeit Mitglied der KPD, beugte jedoch »seinen Kopf ohne Widerstand dem System«, als die Nationalsozialisten die Macht an sich rissen. Und auch wenn sie damals schon in der Naunynstraße wohnten, wird ihr »schwindlig«, wenn sie in ihre Vergangenheit blickt, denn die »Jahre sind wie Schluchten, die ich hinter mir hab«.[149] So erscheint ihr ihre eigene Geschichte fragil und surreal: »Es ist nicht so einfach zurückzusehen nach 67 Jahren: / Pinguine in der Wüste, / Vogel Strauß auf dem Eis. / So laufen die Gedanken / an ihre Jugendjahre«.[150] Alles andere als fragil erweist sich jedoch ihr Traum, den sie hat, als sie schließlich einschläft – ein Wunschtraum, den sie schon immer hatte: durch »die Kristalltüren des Adlon zu schreiten«. Aber was sie mit ihrem Mann im wirklichen Leben kennenlernt, ist »das ›Bayrische Zelt‹ in der Friedrichstraße«.[151] Als Resultat ihrer Gedanken und Träume hält Frau Kutzer fest, dass Arbeit und Jugend im Leben ihr Ende haben. Das habe sie gelernt. Denn diese »auffällige Welt [...] blendet uns die Augen«. Und es ist »dieses von Etage zu Etage leben, ohne dahinter zu kommen, in welcher Etage man ist«. Aber letztlich möchte der Mensch »gern wie ein ganz anderer leben, über seine Verhältnisse hinaus«.[152]

Auf diese Erkenntnis folgt das zweite Kapitel, in der Ören die bis ins 19. Jahrhundert reichende Familiengeschichte Kutzers, ihrer Eltern und Großeltern erzählt, die ebenfalls von Migration geprägt ist. Diese kam 1844 von Ostpreußen nach Berlin als Franz Naunyn Bürgermeister wurde. Die Naunynstraße war damals nicht die Naunynstraße, sondern »irgendeine«.

> Die Familie Brummel / faßte Fuß in dieser Straße. / Lange nach dem Umzug bekam der Großvater, / Heinz Brummel (er war auch Schlosser, / und dazu Schmied), für die Familie / die Bürgerrechte Berlins, / amtlich registriert im Jahre 1894. / Rotes Wachs siegelte die Urkunde.[153]

Erst nach 50 Jahren wurden die Brummels Bürger der Stadt Berlin. Und Frau Kutzer, geboren 1905, erinnert sich bis 1918 an Hausarbeiten wie Sticken, Stricken und Kohlkochen. Ouvertüren von Léhar-Operetten hörten sie ab und an mit dem

---

148 Ebd., S. 5f.
149 Ebd., S. 7.
150 Ebd., S. 8.
151 Ebd., S. 9.
152 Ebd., S. 10.
153 Ebd., S. 14.

2.5 »Wir wollten alle Amerikaner werden« — 143

Grammophon. Doch waren die Geschichten der Operetten eine »Welt« für sie mit »verhängte[n] Türen [...], die fremd blieb und geheimnisvoll«.[154]

Der Erste Weltkrieg bringt den deutschen Soldaten dann »vier Jahre im Regen / von Schrapnells, Blut, Knochen / und Stahl / durchnäßt / bis in den Kopf / und in die Herzen« ein. Auf der Potsdamer und Friedrichstraße in Berlin warten »die Nutten auf sie«.[155] Das Jahr 1923 bringt der Familie Brummel den ökonomischen Ruin, der Vater stirbt 1924 und kurz darauf heiratet Elisabeth Brummel »neunzehnjährig [...] den jungen Monteur Gustav Kutzer«.[156] Als die Arbeitslosigkeit in der Weimarer Zeit gegen Ende der 1920er immens ansteigt, arbeitet Frau Kutzer als Putzfrau im Haus eines »Kriegsgewinnlers in Neukölln«. »Das erstemal in ihrem Leben / für andere zu arbeiten, / hat ihr sauer geschmeckt. / Das Taftkleid war verschossen / und das Grammaphon längst verkauft.«[157] Auch wenn sie die Dame des Hauses nicht ausstehen kann, möchte sie doch wie sie werden, und sie war »in Gedanken immer bei der reichen Dame in Neukölln«.[158]

Die Zeit des Nationalsozialismus in Deutschland wird kurz gestreift. Es ist eine Zeit des familiären Rückzugs, die Tochter wird geboren, und die Zeit, als Gustav als Linker vor dem gefährlichen neuen politischen System Angst hatte. Gustavs Soldatenjahre im Zweiten Weltkrieg werden kurz erwähnt. Es folgen die Bombennächte und die fremden Soldaten, die sich in Berlin »mit Konserven, Bonbons, Schokolade [...] Frauen« kaufen, und an Straßenecken in Berlin werden heimlich »Lebensmittelkarten getauscht«. 1959 erliegt Gustav Kutzer einem Herzanfall und stirbt nach »siebenunddreißig Jahren« Arbeit an »mächtigen Lokomotiven«. Niyazi kommt von der Nachtschicht zurück und Frau Kutzer beendet ihre Geschichte in ihrem Gespräch mit dem Erzähler: Der Tod ihres Mannes habe in der Naunynstraße »niemanden ein Haar bewegt«. Es folgten Formalitäten und danach »abends wieder das warme Blubbern vom Kochtopf / und ab und zu / das Kopfwiegen der Nachbarn / und ihre unehrlichen Worte«.[159] Erst nach diesem seitenlangen Exkurs folgt die Geschichte der türkischen Gastarbeiter; und damit folgt die türkische Migration auf die deutsche Migration in die Naunynstraße. Dabei handelt es sich um eine vergleichbare Bindung von deutsch und türkisch, wie sie Sanders-Brahms in SHIRINS HOCHZEIT mit den ersten Einstellungen vom Acker in einem türkischen Dorf als trockenes Land des Grundbesitzers zeigt und beschreibt und ihren Film mit dem Niemandsland neben einer Autobahn

---

[154] Ebd.
[155] Ebd., S. 15.
[156] Ebd., S. 15f.
[157] Ebd., S. 17.
[158] Ebd., S. 18.
[159] Ebd., S. 20.

in Köln beschließt. Deutsche und Türken haben identische Triebe, ein ähnliches Begehren und wenn sie nicht zu den Besitzenden gehören, sind sie auch ähnlich ortlos. Äußerst eindrücklich wird diese Konstellation in Şorays Film DÖNÜŞ gezeigt. Als Ibrahim vom Biertrinken aus »pokalgroßen Gläsern« im Beisein von Frauen in der Zivilisation schwärmt, folgt als nächste Sequenz in diesem Film, der ausschließlich in einem unbestimmten türkischen Dorf spielt, wie der Großgrundbesitzer (Ağa) mit zwei attraktiven Frauen und zwei seiner Mitarbeiter gemütlich Alkohol trinkt. Und ähnlich wie im ersten Text zur türkischen Migration nach Deutschland *Türkler Almanyada* wird in Örens Poem und in Şorays Film ebenfalls durch die narrative Abfolge der jeweilige Titel der Produktionen zum Teil konterkariert. Geht es in Örens Poem um Frau Kutzer oder um Niyazi und mit ihm um die Türken in Deutschland? Und von wo kehrt eigentlich Ibrahim zurück, wenn doch der türkische Großgrundbesitzer genauso lebt wie die Deutschen und wenn es sich bei Wasser, Strom, Alkohol und Miniröcke um elmentare, flüchtige Dinge und mobile Gegenstände handelt?

Die behandelten ästhetischen Erzählungen der 1960er und 1970er Jahre folgen einer assoziativen Struktur, die Dinge ebenso wie Personen beinhalten. Im vierten Kapitel von Aras Örens Poem, »Frau Kutzers Nachbarn«, werden die Frauen Atifet und Halime sowie der fleißige Gastarbeiter Kazım Akkaya vorgestellt. Im Vordergrund steht nicht wie, sondern warum sie nach Deutschland gekommen sind. Das Wie wird hingegen karikiert. »Ein verrückter Wind eines Tages / wirbelte den Schnurrbart eines Türken, / und der Türke rannte hinter seinem Schnurrbart / her und fand sich in der Naunynstraße.«[160] Zunächst zieht, in der »Mitte seines Lebens«, irgendein Türke im Stockwerk unter Frau Kutzer ein. Er ist zurückhaltend, weiß sich zu benehmen, isst nichts, trinkt nichts und spart. Nach Jahren ist er wieder weg und es ziehen andere seiner Landsleute ein, wie Niyazi, der ledig, 41 Jahre alt ist und seit sieben Jahren in Deutschland lebt. Er wohnt ein Stockwerk über Frau Kutzer, spricht gut Deutsch und achtet sehr auf »sein Äußeres«.[161] Dazu gehört, dass er »Koteletten bis unter die Ohren« hat.

---

160 Ebd., S. 21.
161 Tatsächlich haben türkische und spanische Gastarbeiter, als sie in die Bundesrepublik migrierten von den Regierungen der Entsendeländer jeweils einen Leitfaden erhalten, in dem verlangt wird, dass sie als Vertreter ihrer Länder in der Bundesrepublik sich gut verhalten, nicht auffallen und sich gut kleiden sollten. Siehe hierzu: ERYILMAZ/YAMIN (1998): S. 24. Und siehe auch: DOMIT (2005): *Projekt Migration. Katalog zur Ausstellung im Kölner Kunstverein*, Köln: Dumont, S. 33. Es gibt sehr viele Aufnahmen, die die Gastarbeiter bei ihrer Ankunft am Münchener Hauptbahnhof mit Krawatte und Anzug zeigen. In Şerif Görens Film ALMANYA, ACI VATAN macht sich ein routinierter türkischer Pendler zwischen der Türkei und Deutschland darüber lustig, dass die Türken kurz vor der Ankunft an der deutschen Grenze ihre Krawatten anlegen. Siehe hierzu: GÖREN, Şerif (1979): *Almanya, Acı Vatan*, Spielfilm, Türkei, Gülşah Film.

Wie Frau Kutzer zieht Niyazi »Bilanz« seines bisherigen Lebens, das ähnlich fragil und heterogen wirkt. Zwei Leben habe er gehabt, zwei tief in ihm drin. Diese beiden Leben sind jedoch nicht Ergebnis seiner transnationalen Migration, sondern haben ihren Ursprung in der Binnenmigration in Istanbul, wobei Ören an keiner Stelle erwähnt, woher Niyazi ursprünglich stammt.[162] Auch in Okans OTOBÜS wissen wir nicht, woher die Türken kommen; in DÖNÜŞ ist die einzige Koordinate irgendein Dorf und ein einziges Mal fällt das Wort »Almanya«, ansonsten nur »Medeniyet« (»Zivilisation«) und die Namen von Dingen wie »Radyo« oder »Teyp« (Aufnahmegerät), die Ibrahim von dort mitbringt. Für Niyazi in Örens Poem war es die Schönheit des Bosporus, die sich wie eine »bunte Ansichtskarte [...] in die Mitte [seines] Lebens« hineingeklebt hat und die Lebensweise der Wohlhabenden, wie die des Ölkaufmanns Tarık Hakkı oder die der Amerikaner Williams und Miss Collins, die »Angestellte im PX« waren, im Istanbuler Stadtteil Bebek.[163] Sie alle leben wie Amerikaner in Istanbul.[164]

Den Unterschied zwischen einem amerikanischen und einem türkischen Leben in der Türkei, den Vergleich von verschiedenen Lebensweisen kannten Niyazis Eltern noch nicht. Seiner Meinung nach waren sich die »Paschafamilien« (Adel), die Geschäftsleute und »die Armen [...] noch nicht so fremd, sie grüßten sich mit Respekt, unterhielten sich«.[165] Alles begann 1946, als die »grünen Dollars«, Kaugummis, Whiskeys, Filme und Schallplatten kamen und mit ihnen eine neue Lebensweise. Da traten an die Stelle »der alten Herrenhäuser und Ufervillen« »die Betonblocks«. Niyazi ist migriert, um die Grenze zwischen denen aufzuheben, »die Süßigkeiten und Pasteten und denen, die unreife Melonen essen«. Warum er dies tue? Weil er ein Recht und einen Anspruch darauf habe und das, »was man Zivilisation nennt, übereinandergelegt die Summe der Arbeitskraft« aller sei, gleich welcher Herkunft.[166] Wenn Frau Kutzer mit ihrem Alter gelernt hat, dass Jugend und Arbeit enden, so lehrt Niyazi die Migration, dass er ein Recht auf ein anderes und besseres Leben hat, weil er dieses bessere Leben aus den Filmen kennt.

---

162 Durch die beschleunigte Mechanisierung der Landwirtschaft setzte innerhalb der Türkei schon Mitte der 1950er Jahre eine große Binnenmigration ein. »Anfang 1958 lebten bereits etwa 522000 Bewohner der beiden Metropolen Istanbul und Ankara in illegalen Behausungen«. Bis zu einem gewissen Grad bildete die Arbeitsmigration ab 1961 nach Deutschland »die Fortsetzung der Binnenwanderung, da der größte Teil der Migranten außerhalb der türkischen Ballungsräume geboren war«. Siehe hierzu: Kreiser/Neumann (2009): S. 428 und S. 440. Siehe hierzu: KREISER/NEUMANN (2009): S. 428.
163 Ebd., S. 24.
164 ÖREN (1973): S. 25. Siehe hierzu: KREISER, Klaus/NEUMANN, Christoph (2009): *Kleine Geschichte der Türkei*, Stuttgart: Reclam, S. 416.
165 Ebd.
166 ÖREN (1973): S. 27.

In ähnlicher narrativer Diktion erzählt Ören von den Gastarbeiterinnen und Gastarbeitern Atifet, Halime, Kazım Akkaya, Sabri San und auch vom deutschen Arbeiter Klaus Fleck, die ähnliche Unterscheidungsmerkmale aufweisen wie die Figuren in Yıldız' autobiografischem Roman. Atifet, die seit 1969 eine Freundin Niyazis ist und an Arbeiterdemonstrationen in Berlin teilnimmt, hat als politischer Mensch ein schwieriges Leben hinter sich. Nach Örens Beschreibung leidet sie auch unter dem gesellschaftlichen und politischen Wandel in der Türkei durch ihre Amerikanisierung und den Militärputsch 1960. Ohne Aussicht auf eine bürgerliche Arbeit verdient sie ihr Geld in Istanbul zwischen 1961 und 1965 als Prostituierte. Zu ihren Stammgästen gehören auch Amerikaner, 1967 wird sie Gastarbeiterin, arbeitet bei Siemens in Berlin und wohnt, »wo die Naunynstraße in den Oranienplatz mündet«.[167] In einem bilanzierenden Selbstgespräch hält sie fest, dass sie sich in jungen Jahren an den Fotos der Filmstars orientiert habe, im Spiegel ihre »Pfirsich-Brüste« besah und im Spiegelbild zu den Fabrikbesitzern sprach: Sie hätten zwar Fabriken, sie aber Schenkel, und der Körper sei schließlich »was zum Anfassen«.[168] Jetzt sei sie aber dran, »wie ein Boss, dem die Fabrik abgerannt ist«; mit dem großen Unterschied, dass ihr Körper nicht versichert sei und sie für ihn keinen Kredit aufnehmen könne. Sie ist nicht »zurückzubekommen, die Frische des Fleisches«.[169] Halime, eine direkte Nachbarin von Frau Kutzer, mit ihren »ungezogenen Kindern« wird als nächste beschrieben. Sie arbeitet bei Telefunken, ihr Mann sitzt angeblich wegen Blutrache in der Türkei im Gefängnis. Sie erhält einen Monatslohn von 500 Mark, schickt davon 75 Mark an ihren Mann, an ihre Mutter und an drei Schwestern. Sie ist 27, »klein und dick« und bringt dennoch Männer mit nach Hause. Wenn der Akt mit diesen vorbei ist, ziehen die Männer »ihre Mützen ins Gesicht und gehen mit Gepolter über die Treppe [...] Halime klemmt sich ein Handtuch in die Spreize / und rennt zum Abort, / in der Hand einen Henkeltopf mit warmem Wasser«.[170]

Kazım Akkaya, der letzte, der im dritten Kapitel vorgestellt wird, und neu in die Naunynstraße zieht, ist bei der Arbeit »der Liebling des Meisters«, wie er selber sagt. Über ihn wird eine Reportage gedreht, die der Fernsehreporter Fritz Zimmermann auch wirklich realisiert.[171] Wenn die anderen ihre neun Stunden pro Tag arbeiten, arbeitet er elf und »redet nicht mal davon«. Die Deutschen sind für ihn zu bequem, hochnäsig und der Überfluss hat ihnen die »Köpfe verschmiert«. Er ist gekommen, weil die Arbeit in der Türkei weniger wurde und der Wert des

---

167 Ebd., S. 28.
168 Eine hierzu analoge Filmszene gibt es auch in SHIRINS HOCHZEIT.
169 ÖREN (1973): S. 30.
170 Ebd., S. 31.
171 Ebd., S. 32.

Geldes immer mehr fiel. Werften wurden zu Friedhöfen und auch die Busagentur, die er Anfang der 1960er gründete, musste nach drei, vier Wochen der stärker gewordenen Konkurrenz weichen. Dabei wurden »störrische Agenturbesitzer sogar mit Kugeln um die Ecke gebracht«.[172] Am 7. Mai 1971 ist er nach Berlin in die Naunynstraße gekommen. »Ich habe vor, einen Bus zu kaufen oder einen LKW. Ob das oder das, in dieser Frage habe ich mich noch nicht entschieden«.[173] Dem Fernsehreporter sagt er zum Schluss, dass er nächste Woche kommen solle, um seine Wohnung zu filmen. Dann werde er wieder von seinem Leben erzählen, das wie ein Film selbst sei, und »ihr dreht Bilder von mir, auf denen ich mich gut mache«.[174] Im zweiten Band des Poems *Der kurze Traum von Kağıthane* wird Kazim Akkaya gekündigt und ehemalige Kollegen von ihm treffen ihn in der Straßenbahn gebeugt nach Weinbrand riechend.[175]

Mit Sabri San, dem letzten türkischen Gastarbeiter, der vorgestellt wird, verhält es sich anders. In Gesprächen mit Niyazi, macht dieser ihm klar, dass das ganze Sparen für die Zukunft nichts bringe. »Denn die Räder dieses Systems / drehn sich nicht für uns, [...] Was wir gespart haben, / ohne zu essen, ohne zu trinken, ohne was zu erleben, / wird in die Taschen von anderen fließen.«[176] Es kann nur noch darum gehen, im Kampf die eigenen Rechte zu erweitern, um am Glück dieser Welt zu partizipieren. Obwohl Sabri San nicht genau begreift, was ihm Niyazi deutlich zu machen versucht, »[frißt] sich ein verrosteter Bohrer / durch seinen ganzen Körper / von der Schädelkammer / bis zur Herzmitte«. Er verliert die Orientierung, will nicht mehr arbeiten, lässt sich krankschreiben und läuft tagsüber von Straße zu Straße, ganz »ohne Ziel«. Schließlich erkrankt er an Tuberkulose und steht am Ende des vierten Kapitels wie »eine Pappel, kummerbeladen« am Flussufer des Berliner Landwehrkanals.

Von einer Sinnkrise wird auch der Deutsche Klaus Fleck heimgesucht, der letzte Arbeiter, der im ersten Band dieses Poems vorgestellt wird. Wie bei allen anderen wird auch seine Biografie im Wechselspiel zwischen auktorialer und personaler Erzählweise wiedergegeben. Im Unterschied zu Sabri ist sein Leben von Jugend an von Konsum bestimmt, vom Kaufen von Mofas, Motorrädern, später kommen mit der Ehe dann Geschirrspülmaschinen, Kühlschränke, Einbauküche dazu und erste Familienurlaube »mit dem Flugzeug«.[177] Dies alles drückt Klaus Fleck aber die »Luft ab«. An seinen Freitagabenden in der Eckkneipe grölt und flucht er, ob das

---

172 Ebd., S. 33.
173 Ebd., S. 34.
174 Ebd., S. 34.
175 ÖREN, Aras (1974): *Der kurze Traum von Kağıthane*, Berlin: Rotbuch, S. 22.
176 ÖREN (1973): S. 40.
177 Ebd., S. 46.

denn alles sei, »wofür wir leben«? »Unsere freiheitlich-demokratische-Ordnung schützen«, heißt es in der Presse und in den Medien immer wieder. Klaus Fleck dagegen, »von wegen Demokratie / von wegen Recht«.[178] Was kümmert es ihn. Bier, hinterher Kirschlikör und nochmal Bier. »Das ist das Leben.« Als Gesprächspartner für die Kneipenabende holt er sich Ali, »seinen Freund«, von der Straße hinzu, der eigentlich unterwegs ist von der Arbeit zu seiner Frau Nermin. Zuvor hat Ali ein paar Faustschläge von seinen Vorarbeitern erhalten, weil er nach der Arbeit die Mülltonnen nicht hinter das Fabrikgebäude bringen wollte. Ali schwört sich, erwische er die beiden oder einen anderen Deutschen einmal in seinem Dorf Acıbayram, dann werde es für sie kein Entkommen geben. Nun sitzt er vor Klaus, der sich frustriert in Rage redet und Ali anschnauzt, er könne »ja nicht mal richtig quatschen«, er sei ein »dreckiger Ausländer« und was er denn überhaupt hier wolle. Dabei schlägt Klaus Ali mehrmals ins Gesicht.[179] Später wird die Polizei Alis Frau Nermin darüber benachrichtigen, dass ihr Mann verletzt im Krankenhaus liege und einen Deutschen, Klaus Fleck, totgeschlagen habe. »Der Totschlag sprach sich schnell rum / in der Naunynstraße. / Alles fiel über die Türken her.«[180] Und es »schneit in der Naunynstraße. Die winzigen Blutspuren / auf dem Gehsteig / sind längst gefroren«.[181]

Diesem fremdenfeindlichen Ausbruch von Gewalt und Gegengewalt folgt in den abschließenden Kapiteln 6 und 7 in *Was will Niyazi in der Naunynstraße* eine heterogene Abfolge von zwischenmenschlicher Distanz, existenzieller und solidarischer Nähe zwischen Alteingesessenen und Zugewanderten. So überlegt sich Frau Meier lange, ob sie in ein neu eröffnetes türkisches Geschäft gehen solle, denn eigentlich findet sie, dass die Türken »nach Hause gehen sollen und da ihre Läden aufmachen. Unsere schließen und die machen auf«.[182] Der Verkäufer Mehmet überredet sie, einzutreten. Er denkt sich, dass sie sich doch nicht so zieren solle, diese Deutschen seien sowas von geizig, »sind unsere doch leichter bei der Hand«.[183] An diesen Kontakt zwischen Alteingesessenen und Migranten schließt sich das Gespräch zwischen Kazim und einem anderen Gastarbeiter an, in dem es um mögliche freiwerdende Wohnungen geht, weil die alten Deutschen – »die Alte auf meiner Etage macht's nicht mehr lange« – bald sterben und ihre Wohnungen frei werden.

---

[178] Die politische Lösung Willy Brandts »mehr Demokratie wagen« aus seiner Regierungserklärung vom Oktober 1969 ist Anfang der 1970er Jahre für die Bundesrepublik in Medien und Debatten ein sehr wirkmächtiges Narrativ. Siehe hierzu: WOLFRUM, Edgar (2006): *Die geglückte Demokratie. Geschichte der Bundesrepublik von ihren Anfängen bis heute*, Stuttgart: Klett-Cotta.
[179] ÖREN (1973): S. 48.
[180] Ebd., S. 53.
[181] Ebd.
[182] Ebd., S. 57.
[183] Ebd., S. 58.

In diesen Dialog zwischen Kazim und seinem Freund mischt sich der Erzähler und Chronist dieses Poems ein. »Was für ein Vorgang ist das, / daß wir einer auf des anderen Leiche steigen, / um zu bestehen? / Wer weiß, wieviel Leute das / gleiche wollen und doch, / ohne es zu merken, / gräbt einer das Grab des andern.«[184]

Die wechselseitige soziale Kälte, die sich hier mit moralischer Intervention im vorletzten Kapitel ausdrückt, wird mit dem letzten Kapitel wieder zurückgenommen. Denn kurz vor ihrem Tod kritisiert Frau Kutzer sich selbst: Es sei ein Trugbild gewesen, so leben zu wollen, wie die reiche Dame aus Neukölln, denn diese habe sicher nie an sie gedacht. Und für sich allein könne man nicht leben, ohne eine Beziehung zu anderen zu haben. Was sie sich nun wünsche, sei Macht, »das alles so zu verändern, wie ich es will, / aber so, dass diese Veränderung / nicht auf Kosten der anderen geht«. Das war, so denkt sie, auch der Kampf ihres Mannes.[185]

So wie es für Frau Kutzer zwei Seiten zwischen Konsumwünschen und Solidarität gibt, gibt es sie auch für den Eingewanderten. Die Häuser in der Naunynstraße drehen zwar mit der Vorderfront den Migranten den »Hintern zu, wie stumpf gewordene Transportarbeiter«. Wenn sie aber in die Hinterhöfe treten, »dann fühlst du, dann schmeckst du, dann riechst du was in der Luft liegt. [...] dass hier die Klasse ist, die die Regeln dieser Gesellschaft zerschlagen / und neu bauen wird«.[186] Mit Horst Schmidt, dem Nachbarn von Frau Kutzer, plant Niyazi diese Klasse zu schaffen. Sie müssen sich zusammentun und allen zeigen, »wie es heute ist und morgen, wie wir frei werden«. Das einzige Problem sieht Niyazi darin, dass die Türken aus der Türkei einen anderen Klassenbegriff haben als die Deutschen, denn »viele fühlen sich / noch nicht mal als Arbeiter«. In ihren Dörfern haben sie »geschuftet wie Vieh« für den Großgrundbesitzer.[187] Man müsse ihnen erst einmal zeigen, »wie sie zu dem kommen, was ihr Recht ist. / [...] Überall, wo man ihnen das Recht wegnimmt, das ihnen zusteht«, hält eine eigene Aussage Niyazis Horst Schmidt fest. Mit zwei Briefen eines griechischen und eines türkischen Gastarbeiters aus der Naunynstraße endet *Was will Niyazi in der Naunynstraße*. Der erste Brief ist an den Herrn Senator für Arbeit und Soziales von Berlin und der zweite an Herrn Hoffmann vom Arbeitsamt II gerichtet. Darin werden Wohnungen für Gastarbeiter und ein anderes Verhalten ihnen gegenüber gefordert.[188] Denn wie »jedes Tier einen Unterschlupf«, brauche auch der Mensch eine Wohnung und da man ebenso wie jeder andere Arbeiter zusammen für

---

184 Ebd., S. 59.
185 Ebd., S. 56.
186 Ebd., S. 64.
187 ÖREN (1973): S. 66. Siehe hierzu auch folgende türkische Filme: YILMAZ, Atif (1978): *Kibar Feyzo*, Spielfilm, Türkei, Arzu Film; EĞILMEZ, Ertem (1980): *Banker Bilo*, Spielfilm, Türkei, Arzu Film.
188 ÖREN (1973): S. 67–69.

die Reichen Geld mache, verstehe man nicht, warum der Gastarbeiter schlecht behandelt werde.[189]

So unterschiedlich, wie die Rezeption zu Sanders-Brahms' Film SHIRINS HOCHZEIT ausfiel, so sehr unterscheiden sich auch die wissenschaftlichen Reflexionen zu Aras Örens Poem von den 1980ern bis heute. In *Schreiben gegen Vorurteile* hält Monika Frederking fest, dass die bipolare Dichotomie von Recht und Unrecht sowie der Fokus auf die ökonomischen Umstände dominiere. Ören betone die »ökonomischen Verhältnisse gegenüber den Charaktermerkmalen einer Figur«, und die Ursachen für »falsche Bewusstseinsvorgänge lägen in den jeweiligen ökonomischen Verhältnissen«.[190] Aufgrund dieser für Frederking spezifisch »sozialistischen Weltanschauung« und politischen Diktion, erfolgen auch die Kontakte und »Annäherungen« von Alteingesessenen und Zugewanderten kontingent und nebenbei. So gebe Örens Literatur zwar den deutschen Lesern »Anregungen zu Problemen der Migranten«, trage insgesamt aber »nicht zu einer Vorstellung eines deutsch-ausländischen Miteinanders bei«.[191] Ebenso könne die gesamte Trilogie nicht als Identifikationsangebot für Örens »Landsleute« dienen, da die drei Bände ausschließlich auf Deutsch erschienen seien.[192]

Im Gegensatz zu dieser Einschätzung sieht Irmgard Ackermann in ihrem programmatischen Text *Integrationsvorstellungen und Integrationsdarstellungen in der Ausländerliteratur* Aras Örens Poem als hochintegrativ an. Obwohl der Begriff »Integration« darin gar nicht auftauche, sei *Was will Niyazi in der Naunynstraße* implizit davon durchdrungen.[193] Die Integration macht sie jedoch nicht am Austausch oder an einer ganzheitlichen Konzeption des Zusammenlebens fest, sondern an der Aneinanderreihung von Einzelschicksalen, wie sie es nennt, von Niyazi über Sabri San bis Halime. Ihr Zugang verläuft also nicht entlang des Austauschs und Kontakts

---

189 Ebd., S. 68f.
190 FREDERKING, Monika (1985): *Schreiben gegen Vorurteile*, Berlin: Express Edition, S. 64f.
191 Ebd., S. 129.
192 Aras Ören hat *Was will Niyazi in der Naunynstraße* zunächst auf Türkisch verfasst und dann im Rotbuch-Verlag auf Deutsch 1973 publizieren lassen. Die Übersetzung hat er selbst mitbetreut. Die türkische, ursprüngliche Fassung des Textes erschien nach der Vollendung der Trilogie mit *Die Fremde ist auch ein Haus* (1980, Rotbuch) 1980 im Istanbuler Verlag Remzi Kitabevi als *Berlin Üçlemesi* (»Berliner Trilogie«). Siehe: ÖREN, Aras (1980): *Berlin Üçlemesi*, Istanbul: Remzi Kitabevi. Aras Örens literarisches Schaffen war keineswegs allein für den deutschen Buchmarkt gedacht. Dies zeigt auch, dass fast alle seine Texte zur türkischen Migration nach Deutschland in der Türkei ebenfalls erschienen sind. Siehe hierzu: http://www.arasoeren.de/veroeffentlichungen/veroeffentlichungen-auf-tuerkisch/ (17.08.2016). Dies gilt ebenfalls für die Autoren Yüksel Pazarkaya, Güney Dal und seit den 2000er Jahren auch für Zafer Şenocak.
193 ACKERMANN, Irmgard (1984): »Integrationsvorstellungen und Integrationsdarstellungen in der Ausländerliteratur«. In: *Zeitschrift für Literaturwissenschaft und Linguistik* 56, S. 23–39, hier S. 32.

zwischen Alteingesessenen und Migranten, sondern anhand der biografischen Skizzierungen, die im Wandel sind. Diese würden auf verschiedene Stufen der Integration verweisen, letztlich nach Ackermann auf eine Form der »Prozessintegration«. Denn kaum eine Person im Poem sei noch dieselbe, nachdem sie »die Türkei verlassen hat«. Nach Ackermann lernen und denken die Personen in Örens Poem um, sie durchleben einen Bewusstseinswandel, »der auf der persönlichen Ebene doch nichts anderes bedeutet als eine Prozessintegration«.[194] Der Wandel, den Ackermann in ihrer Analyse konstatiert, wird als derjenige begriffen, dass die Personen sich bewusst werden, dass sie Rechte haben. Integration ist demnach zu verstehen als »eine selbstständige Interessenvertretung einer multikulturellen Gesellschaft bei weitgehendem Spielraum in der persönlichen Anpassung«.[195]

Ob der Wandel, der in Örens Poem mehr programmatisch und pädagogisch als bewusstseinsfördernd dargestellt wird, und ob die Gemengelage von sozialem Zusammenhalt und sozialem Ausschluss in *Was will Niyazi in der Naunynstraße* so stabil ist, dass von geschlossenen Einzelschicksalen und zugleich von einer allgemeinen Interessensfindung gesprochen werden kann, ist äußerst fraglich. Wohin die Prozessintegration eigentlich führen soll, lassen Ackermann und das Poem selbst offen. Diese Bewegung konstatiert auch Bekir Yıldız für sich selbst und seine Gastarbeiter Mitte der 1960er, und er lässt sie, wie Ören und Ackermann, ebenfalls offen.[196] Zwanzig Jahre nach Ackermanns Interpretation meint die amerikanische Historikerin Rita Chin, dass sich in Aras Örens Poem-Trilogie eine »broader reconceptualisation of West German Identity and culture itself [...]« artikuliere.[197] Diese Konzeptualisierung gelinge Ören, weil die Migrantenfiguren in seinem Poem im Unterschied zu zeitgleich entstandenen Texten und Filmen, wie in Heinrich Bölls *Gruppenbild mit Dame* (1970) oder in den Filmen Rainer Werner Fassbinders KATZELMACHER (1969) und ANGST ESSEN SEELE AUF (1973) keine »abstract figures with no individual identities« seien. Im Gegenteil zeige er mit Niyazi und Sabri Figuren »with specific histories, dreams, plans, and disappointments«. Dadurch gelinge ihm – so Chin – die Kopplung von »ethnic tensions within West Germany's diverse working class«;[198] eine Kopplung, die bei Fassbinder angeblich nicht zu finden sei. Für Chin entwirft Ören mit seiner Literatur der 1970er Jahre, bevor der Begriff des Multikulturalismus überhaupt

---

[194] Wir werden sehen, dass dies mitnichten der Fall ist, ohne dass dieser Befund diese Literatur abwerten würde. Eine vermeintlich stabile Innerlichkeit ist in kaum einer Literatur oder Filmproduktion Ende der 1960er und 1970er gegeben.
[195] Ebd., S. 33.
[196] Siehe hierzu: YILDIZ (1966): S. 39.
[197] CHIN (2007): S. 84f.
[198] Ebd., S. 71.

Eingang in Forschung und Literatur erhält, die erste Imagination und Reflexion eines »distinctly German mode of multiculturalism«.[199]

Diese voneinander abweichenden Interpretationen von Aras Örens Text und die damit verbundenen Perspektivierungen auf Vermittlung oder Nicht-Vermittlung, auf repräsentative Einzelschicksale, auf Integration oder die Darstellung einer multikulturellen Gesellschaft durch Akteure mit Migrationshintergrund sind, wie in diesem Buch noch gezeigt wird, besonders den Narrativen „Wie lebt es sich als Türke in Deutschland?" der 1980er Jahre und „Was lebst Du?" der ersten Dekade des 21. Jahrhunderts in ihrer bestätigenden wie auch kritisierenden Form eigen. Die Stärken des Poems und letztlich sein Erfolg – es war der »secret Bestseller« der deutsch-türkischen Literatur der 1970er, aus dem der SFB zwei TV-Dokudramas und Hörspiele realisiert hat – haben meiner Meinung nach andere Grundlagen als die des Kontakts, Austauschs, der Integration oder der Darstellung einer multikulturellen Gesellschaft im Sinne der späteren Dekaden. *Was will Niyazi in der Naunynstraße* hängt in seiner narrativen Struktur mit Sanders-Brahms' Film, mit Fassbinders ANGST ESSEN SEELE AUF und ebenfalls mit Heinrich Bölls *Gruppenbild mit Dame* zusammen.

Um diese Grundlagen genauer zu untersuchen, hilft es, zunächst einen Blick auf die zeitnahe Rezeption von Aras Örens Poem selbst zu werfen. Diese sieht in Örens Text im Unterschied zu Frederking sehr wohl eine Form der Vermittlung und des Kontakts zwischen Alteingesessenen und Migranten, jedoch keine der Einzelschicksale, auch keine der Integration (Ackermann) oder eine Darstellung einer multikulturellen Gesellschaft (Chin). Dekaden später und vor allem heute wird das Stück als erste literarische Chronik zum Zusammenleben von Deutschen und Türken,[200] oder als Darstellung des türkischen Lebens in Deutschland[201] begriffen. Das Zusammenleben wird jedoch in den 1970ern anders ausbuchstabiert als in der Diktion der 1980er, wo es um das Verstehen geht, oder wie heute, wo die Darstellung und Verhandlung von Diversität im Vordergrund stehen. In den Rezeptionen der 1970er Jahre ist die Rede vom Verweben und Verbinden zweier Seiten. Es sei bewundernswert, »wie ein Schriftsteller aus Istanbul voller Souveränität, Ironie und einfühlsamer Kenntnis etwa im Lebensbild einer Berliner Proletarierwitwe und Kleinbürgerin, Niyazis Vermieterin[202], 60 Jahre deutscher wie türkischer Geschichte

---

[199] Ebd., S. 85.
[200] STUBERGER, Ulf (1974): »»Wir machen szammen Geld für die Fabrika Direktor ...««. In: Deutsche Volkszeitung, 17.01.1974.
[201] DREWITZ, Ingeborg (1973): »Poem von den Kreuzberger Türken«. In: *Der Tagesspiegel*, 16.12.1973.
[202] Wie oben dargestellt, handelt es sich bei Frau Kutzer nicht um Niyazis Vermieterin, sondern um seine Nachbarin.

und Geschichten miteinander *verwebt*«.²⁰³ Oder der Dokumentarfilmer Friedrich Zimmermann, der aus Aras Örens Poem die zwei Dokudramen für den SFB realisierte – eines über Frau Kutzer und eines über Kazım Akkaya²⁰⁴ – hält zur literarischen Vorlage fest: diese kreise keineswegs nur um das »Türkenproblem«, sondern auch um die »Sorgen und Nöten alter Leute, mit ihrer Einsamkeit am Rande unserer Wohlstandsgesellschaft«.²⁰⁵ Auf diese Weise verbinden auch die beiden Dokudramen mit den Titeln FRAU KUTZER UND ANDERE BEWOHNER DER NAUNYNSTRASSE (1973, 51 Min.) und KAZIM AKKAYA UND DIE BEWOHNER DER NAUNYNSTRASSE (1975, 58 Min.) zwei unterschiedliche Zugänge in die Naunynstraße. Örens Literatur wird eher als eine verbindende, denn als vermittelnde begriffen. So ist es auch möglich, ihn zugleich als Poet der Arbeiter und als Poet der Gastarbeiter zu begreifen. Weder der Begriff der Integration noch der der multikulturellen Gesellschaft taucht in der Rezeption der 1970er auf. Nicht weil sie unbedingt fehlen würden, sondern weil man sie nicht brauchte. Das Poem *Was will Niyazi in der Naunynstraße* wird als ein Text über Türken und Deutsche, letztlich als »Zeitgeschichte« begriffen.²⁰⁶ Den letzten Satz in Friedrich Zimmermanns erstem Dokudrama spricht die Schauspielerin Dorothea Thieß, die Frau Kutzer verkörpert und deren Leben bilanziert: »Die Jahre sind wie Schluchten, die ich hinter mir hab, / wenn ich mich umsehe, wird mir schwindlig«.²⁰⁷

2.6 Integration als Orientierung

Die Fragilität von Biografie und Historie in Örens erstem Band, die narrative Abfolgelogik, dass es vor der Migration der Türken in die Naunynstraße eine andere, eine deutsche Migration in die Berliner Naunynstraße gab und die Ähnlichkeit und Vergleichbarkeit der Bedürfnisstrukturen auf deutscher wie auf türkischer Seite, prekarisieren nationale und kulturelle Zuschreibungen, wie dies bereits in Helma Sanders-Brahms' SHIRINS HOCHZEIT der Fall war. Ebenso wie

---

203 BECKER, Peter von (1974): »Türken in Deutschland. Kurzer Traum vom langen Abschied. Aras Ören: ein Dichter unserer größten Minderheit«. In: *DIE ZEIT*, 29, 15.07.1974, S. 38, Hervorhebung im Original.
204 Die beiden Dokumentarfilme würde man heute als »Docufictions« bezeichnen.
205 SIEBEN, Irene (1973): »Frau Kutzer und Niyazi aus Istanbul. Filmszene aus Kreuzberg: Wie leben Deutsche und Türken zusammen?«. In: *Berliner Morgenpost*, 25.05.1973. R. W. Fassbinder hält als eines seiner Hauptanliegen für ANGST ESSEN SEELE AUF fest, Empathie für beide seiner Protagonisten zu empfinden. Siehe hierzu: GÖKTÜRK u. a. (2009): S. 277.
206 OLIC, Ivika (1973): »Die Dame von der Naunynstraße«. In: *Der Tagesspiegel*, 30.09.1973.
207 SIEBEN, Irene (1973): »Frau Kutzer und Niyazi aus Istanbul. Filmszene aus Kreuzberg: Wie leben Deutsche und Türken zusammen?«. In: *Berliner Morgenpost*, 25.05.1973.

im Film sind es in Örens Text erstens ein Wechsel aus dokumentarischer und poetischer Diktion, zweitens das Auftauchen zahlreicher Personen, die kurz biografisch skizziert werden als nicht-einheitliche Gruppe wie in Yıldız autobiografischem Roman, drittens die Sichtbarkeit und Einbindung der Dinge und die mit ihnen verbundenen Bedürfnisse der Akteure, und nicht zuletzt die Dominanz von Transitorten (Straße, Treppenhaus, kleine, enge Wohnungen, Arbeitsplätze, Läden) und bei SHIRINS HOCHZEIT im Besonderen das Arbeiterwohnheim, die ein Ankommen, auch als ein Zu-Ruhe-Kommen, erschweren. Die Orte im Film und Text sind von einer »Unwirtlichkeit« geprägt, die eine »Kunst, zu Hause zu sein«[208] nicht entstehen lassen.

Das Nicht-Vorhandensein innerer und wohnlicher Räume bei Sanders-Brahms und Ören zeigt sich schon an den Anfangssequenzen und Anfangsstrophen. Auf Niyazis Gang zur Arbeit in die Nachtschicht folgt die existenzielle und biografische Unruhe im Bett bei Frau Kutzer. Auf Shirins Aussage, dass das ihr Land sei, sagt die Stimme aus dem Off, dass es das Land des Großgrundbesitzers, des Aghas (Ağa) sei, das sie und ihre Familie bewirtschaften müssen. Niyazi arbeitet ebenso wenig für sich: Von seiner Arbeit wird den Reichen im Süden der Stadt warm und er ist aus Istanbul weggegangen, weil er nicht so leben kann, wie die wohlhabenden Türken und Amerikaner im Istanbuler Stadtteil Bebek. Niyazi ist auf der Straße unterwegs, Shirin sammelt in den ersten Einstellungen Steine auf dem Feld. Auch in Şorays Film DÖNÜŞ wird in den meisten Sequenzen gearbeitet, entweder auf dem Feld, beim Brunnen am Dorfplatz oder in den wenigen Aufnahmen zu Hause.

Obwohl die Einfühlung in die Charaktere in SHIRINS HOCHZEIT über die Voice-Over-Narration und in *Was will Niyazi in der Naunynstraße* über die bedürfnisorientierten biografischen Skizzierungen vordergründig zu sein scheinen, wird in beiden Medien dieser Ansatz einer Innen/Außen-Unterscheidung immer wieder von einer sozialstrukturellen und materiellen Oben/Unten-Unterscheidung unterbrochen und gebrochen. Es gelingt weder über eine Liebesgeschichte noch über die Artikulation von Bedürfnissen, einen stabilen Innenraum aufzubauen und mit ihm souveräne Akteure zu setzen, die die soziale und industrielle Welt gegen die soziale Ungleichheit ordnen könnten. Alle Protagonisten in SHIRINS HOCHZEIT und in *Was will Niyazi in der Naunynstraße* sind isoliert, auch wenn im Film und im literarischen Text dialogische Modi wie das intime Gespräch (Sanders-Brahms) oder die Ähnlichkeit existenzieller Bedürfnisstrukturen (Ören) zwischen türkischen und deutschen Akteuren bemüht werden.

---

[208] MITSCHERLICH, Alexander (1965): *Die Unwirtlichkeit unserer Städte. Anstiftung zum Unfrieden*, Frankfurt a. M.: Suhrkamp, S. 10.

Shirin ist isoliert, weil außer der solidarischen Frauengemeinschaft, die im Film zerbricht, keine andere stabile soziale Einheit wie Familie oder eine mögliche nationale oder religiöse Identität aufscheint. So wie sich diese solidarische Struktur nicht schaffen lässt, gelingt es bei Ören nicht, dass man irgendwann wie Amerikaner (Niyazi) oder einfach über seine Verhältnisse hinaus lebt (Kutzer). Die Frage, ob ein Neuanfang in der Naunynstraße gelingen wird, beantwortet weder der erste Band der Berlin-Trilogie noch der zweite oder dritte. Im zweiten Band, *Der kurze Traum aus Kağıthane*[209], stehen im Vordergrund die Beschreibung der Anwerbung und der Umstände und Situationen in den Verbindungsstellen in Istanbul vor dem Anwerbestopp im November 1973. Darin fokussiert Ören, ebenfalls in einer Mischung aus Dokumentation und Introspektion, die türkische Arbeitsmigration nach Deutschland und den »kurzen Traum«, den die Arbeitsmigranten im armen Istanbuler Stadtteil Kağıthane als Herkunftsort oder als Zwischenstation von Deutschland erträumen. Erst im abschließenden dritten Band *Die Fremde ist auch ein Haus*, der 1980 erscheint, findet die migrationsspezifische Unterscheidung zwischen Heimat und Fremde Eingang in die Literatur Aras Örens. Erst mit diesem letzten Band wird das Poem zu einer Migrationserzählung, in dem die Eltern der Gastarbeiter auch als Eltern beschrieben werden, die Herkunft und Ankunft voneinander trennt und als heimatlose identifiziert. Mit dieser inhaltlichen, erzählerischen sowie topografischen Modifikation werden Bedürfnisse und Praktiken der Akteure verstärkt über die Bestimmungen von Situationen und Verhaltensweisen hinaus, im Übergang vom zweiten zum dritten Band mit nationalen und kulturellen Bindungen gerahmt. Im Zentrum steht dabei besonders das Verhältnis zwischen den Generationen. Damit geht eine zentrale narrative Verschiebung einher, die den Übergang in die Literatur und den Film der 1980er Jahre einleitet, die aber auch die Forschungs- und Debattenstruktur zu Ausländern in Deutschland bestimmen wird, der wir uns im dritten Kapitel »Der Ausländer und sein Volk« widmen werden, das unter dem Narrativ »Wie lebt es sich als Türke in Deutschland?« steht. Şerif Görens Film ALMANYA, ACI VATAN von 1979 zeigt diesen Übergang als einen Bruch und als eine Kollision zweier gegensätzlicher Orientierungen auf, mit dem ich mich im Fazit dieses Kapitels auseinandersetzen werde.

In SHIRINS HOCHZEIT und in *Was will Niyazi in der Naunynstraße* werden Bedürfnisse und Praktiken der Akteure nicht explizit an Herkunfts- oder an Ankunftsgesellschaften gebunden, sondern an Straßen, an andere Akteure oder an Dinge. Beispielsweise wird Shirins Gesicht am Anfang des Films in den Berg, durch den sie sich im weiteren Verlauf des Films versucht, metaphorisch durch-

---

209 Kağıthane ist ein Stadtteil auf der europäischen Seite der Stadt Istanbul. *Kağıthane* bedeutet auf Türkisch »Kartenhaus«.

zugraben, eingeblendet und sie scheinen beide – Berg und Shirin – eins zu sein und zusammen zu gehören. Mit dem topologischen und narrativen Zusammenfall und dem zugleich einsetzenden universellen Liebesmärchennarrativ ist die hier gezeigte Last keine rein kulturelle, sondern auch eine materielle und praxeologische. Diesem fiktiv-erzählerischen Einstieg folgt eine dokumentarische Diktion im Film vom Dorfleben über die Istanbuler Arbeiterverbindungsstelle bis zum Arbeiterwohnheim in Köln. Und erst nach dieser dokumentarischen Abfolge rückt die Protagonistin mit Nahaufnahmen wieder in den Vordergrund. Beides, die »Unwirtlichkeit« des öffentlichen Raums und die isolierten Akteurinnen und Akteure, bestimmen inhaltlich, im Einsatz der filmischen Settings und der Location, auch ein Gros der Filme des Neuen Deutschen Films. Diese reichen von Alexander Kluges ABSCHIED VON GESTERN (1966), Volker Schlöndorffs TÖRLESS (1966) bis hin zu DEUTSCHLAND IM HERBST (1978) von Katja Rupé.[210]

Als Struktur impliziert diese Erzählform weder eine Versammlung in der Herkunfts-, noch in der Ankunftsgesellschaft. Es bleibt bei einer Ansammlung, die für die Arbeitsmigranten wie auch für die Alteingesessenen gilt. Hinter dem, was gezeigt wird, gibt es sozusagen keinen Raum, keine Straße. Oder wie Rainer Werner Fassbinder es für seine zeitgleich entstandenen Filme und im Besonderen für KATZELMACHER und ANGST ESSEN SEELE AUF festgehalten hat: »Es ist alles einfach so da, wie es da ist«.[211] In Sanders-Brahms' Film, in Örens Poem und in den anderen genannten Produktionen begegnet uns eine narrative Abfolge, die in ihrer Dynamik und Tendenz endogen und immanent strukturiert ist. Äußerst eindrücklich zeigt sich diese endogene Struktur in Türkan Şorays Film DÖNÜŞ. Denn es ist nicht nur so, dass der Großgrundbesitzer wie ein Westler lebt, mit lasziv aussehenden Frauen Alkohol konsumiert, sondern auch dieselbe Position hat. Zu Anfang des Films gibt es eine Einstellung, in der wir wieder arbeitende Frauen auf dem Acker sehen, doch im vorderen Teil des Bildes sitzt der Großgrundbesitzer auf einem Pferd und blickt auf die arbeitenden Frauen herunter, im Besonderen auf Gülcan. Von niemandem sehen wir ein Gesicht. In Gülcans Gesicht wird der Großgrundbesitzer jedoch später im Film mehrfach sagen, dass »wir am Ende sehen werden, wem diese Welt gehört, Dir oder mir«. Diese Einstellung und die daran anschließende Auseinandersetzung zwischen dem Großgrundbesitzer und Gülcan ist deshalb von besonderem Interesse, weil sie modifiziert in den 1980er und 2000er Jahren wieder auftaucht, dann allerdings nicht

---

210 Siehe hierzu: KLUGE, Alexander (1965/66): *Abschied von Gestern*, Berlin/West: Independent Film GmbH. SCHLÖNDORFF, Volker (1965/66): *Der junge Törless*, München: Franz Seitz Filmproduktion. RUPÉ, Katja (1977/78): *Deutschland im Herbst*, München: Project Filmproduktion im Filmverlag der Autoren GmbH.
211 TÖTEBERG, Michael (2002): Rainer Werner Fassbinder, Reinbek: Rowohlt, S. 44.

mehr endogen ausgerichtet. In den 1980er Jahren fehlt bei der Aufnahme von arbeitenden türkischen Frauen im Dorf der Großgrundbesitzer und folglich die Auseinandersetzung mit ihm. An seine Stelle wird die traditionelle repressive türkische Kultur treten, die wir im Gegensatz zum Bild in DÖNÜŞ nicht im selben Bild werden sehen können.[212] Allein, weil sie sich nicht in Personen materialisiert, sondern als ein geschlossenes System vielmehr diese Personen spaltet.

In den 1960er und 1970er Jahren ist die Kritik am Ist-Zustand eine immanente Frage, die sich auch in den soziologischen Reflexionen Lockwoods zeigt. Er beschreibt Integration als einen emergenten Prozess zwischen System- und Sozialintegration.[213] Und aus heutiger historischer Perspektive sind sie mit dem Ergebnis des Zeithistorikers Sven Reichardt vergleichbar, der das linksalternative Subjekt in den 1970er Jahren als eines beschreibt, das weder ein klares Opfer noch ein klarer Gegenspieler von Machtinterventionen und Konsum, weder ein willenloser Akteur »von Einschreibungsprozessen noch [ein] vollkommen autonomer Akteur des eigenen Lebens« war.[214] Es ist letztlich diese antipodische Struktur der Akteure in Örens Poem sowie in Sanders-Brahms' Film, die die migrationsspezifischen Narrative von Herkunft und Ankunft nicht stabilisieren lassen. So verweist beispielsweise Shirins letzte Aussage, bevor sie irgendwo im Niemandsland in der Nähe von Köln stirbt, dass sie nach Hause zurück will, auf keine Heimat oder Ankunft, die es wirklich für sie gibt. Der Artikulation von Bedürfnissen entsprechen kaum gesellschaftliche oder soziale Zustände und vice versa. Aus integrationstheoretischer Perspektive ist dieser Mangel an Äquivalenz der Tatsache geschuldet, dass die Grundlage von Integration, nämlich die Migration, offensichtlich nicht erfolgt. Der Migrationshistoriker Jochen Oltmer definiert Migration heute als einen »auf einen längerfristigen Aufenthalt angelegte räumliche Verlagerung des Lebensmittelpunktes von Individuen, Familien, Gruppen oder auch ganzen Bevölkerungen«.[215] Nach dieser Definition sind der zentrale Aspekt und die Grundlage der Migration die »Verlagerung des Lebensmittelpunktes«.[216] Weder in Bekir Yıldız' autobiografischem Roman, in Türkan Şorays, Tunç Okans

---

[212] Siehe hierzu: EZLI, Özkan (2013): »Narrative der Integration und Assimilation im Film«. In: *Die Integrationsdebatte zwischen Assimilation und Diversität. Grenzziehungen in Theorie, Kunst und Gesellschaft*, hg. v. Özkan Ezli, Andreas Langenohl, Valentin Rauer, Claudia Voigtmann, Bielefeld: transcript, S. 187–210, hier S. 197.
[213] Vgl. LOCKWOOD, David (1969): »Soziale Integration und Systemintegration«. In: *Theorien des sozialen Wandels*, hg. v. Wolfgang Zapf, Köln: Kiepenheuer & Witsch, S. 124–137.
[214] Siehe hierzu: REICHARDT (2014): S. 68.
[215] OLTMER, Jochen (2013): *Migration im 19. und 20. Jahrhundert*, München: Oldenbourg, S. 1.
[216] Dieser Fokus auf den Lebensmittelpunkt korreliert mit der Konjunktur des Heimatbegriffs, wie er in den letzten Jahren in der Bundesrepublik als eine narrative Reaktion in Politik, Medien und Kunst auf den Flüchtlingsstrom seit 2015 sich konstituiert.

und Sanders-Brahms' Filmen noch in Örens Poem kann von einem Fokus auf einen Lebensmittelpunkt und auf dessen Verschiebung die Rede sein. Die Perspektive von Literatur und Film ist in den von uns behandelten Produktionen vielmehr auf Orte, Plätze und Gruppen gerichtet, die in Herkunft und Ankunft fremd sind. So stellen neben Milton Gordon auch andere Forscher in ihren Integrations- und Migrationstheorien ab Mitte der 1950er bis in die 1970er Jahre hinein (im Gegensatz zu Robert Ezra Park) die Bedeutung von Ort, Platz, Gruppe und Öffentlichkeit ins Zentrum ihrer Überlegungen.

Als eine »physical transition« beschreibt Shmuel N. Eisenstadt Mitte der 1950er Jahre die Migration.[217] Rudolf Heberle bezeichnet jeden Wechsel des Wohnsitzes, »und zwar des de-facto-Wohnsitzes, einerlei ob freiwillig oder unfreiwillig, dauernd oder vorübergehend«, als Migration. Norbert Elias und John L. Scotson halten in ihrer bekannten Studie *Etablierte und Außenseiter* von 1965 fest, dass Migration vor allem eine Änderung der Gruppenzugehörigkeit impliziere. »Was geschieht, scheint [...] nur zu sein, daß Menschen sich physisch von einem Ort zum anderen bewegen. In Wirklichkeit wechseln sie immer von einer Gesellschaftsgruppe in eine andere über.«[218] Einige Jahre nach der Veröffentlichung von Elias' Studie konstatiert der Zürcher Soziologe Hoffmann-Nowotny, dass Migration »jede Ortsveränderung von Personen« meine, und last but not least hält Günter Albrecht in seiner *Soziologie der geographischen Mobilität* fest, dass »die Ausführung einer räumlichen Bewegung, die einen vorübergehenden oder permanenten Wechsel des Wohnsitzes bedingt, eine Veränderung der Position also im physischen und im ›sozialen Raum‹« sei.[219] So ist das narrative Problem der Integration in den 1960er und 1970er Jahren nicht in erster Linie das Individuum, sondern die Gruppe, die Beziehungen zwischen den Akteuren und ganz besonders der Ort. An dieser Stelle ist es sinnvoll, die theoretische Perspektive ein wenig auszuweiten. Beispielsweise hält Herbert Marcuse in seiner gesellschaftspolitisch äußerst wirkmächtigen Publikation *Der eindimensionale Mensch* von 1967 fest,[220] dass es in den westlichen durchindustrialisierten Konsum- und Nachkriegsgesell-

---

[217] Siehe hierzu: EISENSTADT, Shmuel (1954): *The Absorption of Immigrants. A comparative study based mainly on the Jewish community in Palestine and the State of Israel*, London: Routledge & Kegan Paul.
[218] Zitiert nach: TREIBEL, Annette (2011): *Migration in modernen Gesellschaften. Soziale Folgen von Einwanderung, Gastarbeit und Flucht*, München: Juventa, S. 19. Ab den 1980er Jahren rückt an die Stelle des Ortes und der Gruppe das Individuum und das System.
[219] Ebd.
[220] Siehe hierzu: TAZ (2014) »Rote Rosen für Marcuse. Vor 50 Jahren erschien Marcuses ›Der eindimensionale Mensch‹. Das Buch befeuerte die sozialen Bewegungen wie kaum ein anderes«. In: *taz*, 14.01.2014. http://www.taz.de/!5050926/ (06.07.2017). Die erste Ausgabe erschien 1964 auf Englisch.

schaften keine Orte mehr gebe, von denen aus das Subjekt Kritik und Negation ausüben könnte. An anderer Stelle spricht er diesbezüglich vom Ende der Utopie. Die Orte der Negation gibt es nicht mehr, an denen sich vielgestaltige Individuen entwickeln könnten. Bevor überhaupt wieder von Individuen die Rede sein kann, gelte es erst, die Orte zu schaffen, die ein Sprechen der Kritik ermöglichen. Hannah Arendt sieht das Hauptproblem hierfür im Verhältnis zwischen dem Privaten und dem Öffentlichen, zwischen denen keine wirkliche Bindung existiere. Nach Arendt müsste das Öffentliche das Private »einhegen«, so dass aus dem Privaten heraus in den öffentlichen Raum hinein Bindungen Einzelner zu Anderen entstehen. Dabei geht es nicht um das Innere dieses privaten Bereichs, »dessen Geheimnis die Öffentlichkeit nichts angeht«, sondern um die »äußere Gestalt«, um dasjenige, »was von außen errichtet werden muss, um ein Inneres zu bergen, was von politischer Bedeutung ist«.[221] Es ist diese Innen-Außen-Kommunikation, die den bisher behandelten ästhetischen Produktionen zur Migration nach Deutschland eigen sind. Daher kann von einem Wechsel des Lebensmittelpunktes, wie ihn Jochen Oltmer als einen Wechsel von einer zuvor stabilen privaten Lebenswelt in eine andere festhält, in den 1960er und 1970er Jahren aus mehreren Gründen – und eben nicht nur im Feld der Migration und Integration – nicht die Rede sein.[222]

Nach Henri Lefebvre ist die Grundlage für die uns heute gängige Definition von Migration Anfang der 1970er Jahre die »Einsicht, dass das Gelebte, das Konzipierte und das Wahrgenommene sich in der Weise verbinden, dass das ›Subjekt‹, das Mitglied einer bestimmten sozialen Gruppe, von einem zum anderen gelangen kann, ohne dabei die Orientierung zu verlieren«.[223] In den ersten Texten und Filmen zur Migration nach Deutschland und Europa geht es um »Orientierung«, was auch das bedürfnisorientierte Leitnarrativ dieses Kapitels, »Wir wollten alle Amerikaner werden«, impliziert. In den 1960er und 1970er Jahren geht es darum, neue soziale Bindungen und Kontakte zu ermöglichen, die noch jenseits heutiger Migrations- und Integrationsmarker wie individueller, kultureller oder reli-

---

221 ARENDT, Hannah (1960): »Der Raum des Öffentlichen und der Bereich des Privaten«. In: *Raumtheorie. Grundlagentexte aus Philosophie und Kulturwissenschaften*, hg. v. Jörg Dünne, Frankfurt a. M.: Suhrkamp, S. 420–434, S. 429.
222 Interessant ist in diesem Zusammenhang auch, dass der erste deutschsprachige Film zur Arbeitsmigration in der Bundesrepublik nicht von den Gastarbeitern selbst handelt, sondern in Klaus Wildenhahns Dokumentarfilm IN DER FREMDE (1967) von süddeutschen Arbeitern, die in einer nordwestdeutschen Provinz ein Getreidesilo errichten. Wildenhahn dokumentiert eindrücklich deren Leben in den Arbeiterbaracken, die sich kaum von denen unterscheiden, die Jahre später für die Gastarbeiter errichtet werden. Siehe hierzu: WILDENHAHN, Klaus (2010): *Filme 1967–1987*, Deutschland, DVD Absolut Medien.
223 LEFEBVRE (2006): S. 336.

giöser Spezifika in Film, Literatur und Theorie gedacht werden. Anders formuliert: Migration und Integration befinden sich zwischen Mitte der 1950er Jahre bis Mitte/Ende der 1970er Jahre selbst in einem wechselseitigen Anpassungsprozess, da Träger dieses Verhältnisses dieser Zeit die Ökonomie ist und nicht ein kulturelles Setting. Narrative der Orientierung wie »der Gastarbeiter von heute ist der Europäer von morgen«, die Gastarbeiteranwerbung als europäisches Integrationsprojekt oder Niyazis für viele andere Türken repräsentative Aussage, warum er gekommen sei, sind von Konsum, Wirtschaft und Arbeit bestimmt, aber nicht von staatsbürgerlicher Zugehörigkeit und Praxis. Die letztgenannten sind hingegen wichtige Themen von Migration und Integration in der Bundesrepublik seit dem Ende der 1990er Jahre bis heute.[224]

Und doch: Trotz des Mangels dieser heutigen zentralen Migrationsspezifika von Herkunft, Ankunft, Lebenswelt und Kultur sind SHIRINS HOCHZEIT und *Was will Niyazi in der Naunynstraße* die zwei bekanntesten und am stärksten als künstlerische und zugleich dokumentarische Reflexionen rezipierte Werke zur türkischen Migration nach Deutschland in den 1970er Jahren. Mein Befund für dieses interessante und paradoxe Phänomen, das wir auch bei ANGST ESSEN SEELE AUF werden feststellen können, ist, dass die stabilisierenden Elemente für diese Rezeption nicht an erster Stelle die Migration und ihre Folgen sind, sondern eine Logik von Bedürfnissen, bestimmten Situationen und schließlich von sozialen Zuständen. Auch wenn Migration dokumentiert wird, sind die zentralen Themen die Artikulation und Verhandlung körperlicher Bedürfnisse und der Umgang mit diesen mittels spezifischer Verhaltensweisen. Es herrscht ein Mangel an Reprä-

---

[224] Siehe hierzu: SCHÄUBLE, Wolfgang (1999): »Doppelte Staatsbürgerschaft fördert nicht die Integration, sondern behindert sie«. In: *Deutschlandfunk*, 11.01.1999, http://www.deutschlandfunk.de/doppelte-staatsbuergerschaft-foerdert-nicht-die-integration.694.de.html?dram:article_id=57477 (10.07.2017). Siehe zur Staatsbürgerschaftsdebatte zwischen 1999 und 2004: GÖKTÜRK u. a. (2011): S. 234–237, 240–243 u. 473f. FAIST, Thomas (2004): »Staatsbürgerschaft und Integration in Deutschland. Assimilation, kultureller Pluralismus und Transstaatlichkeit«. In: *Integration von Migranten. Deutsche und französische Konzepte im Vergleich*, hg. v. Yves Bizeul, Wiesbaden: Deutscher Universitätsverlag, S. 77–104. YURDAKUL, Gökce/ÖZVATAN, Özgür (2017): »Doppelte Staatsbürgerschaft. Ethnie und Diversität?«. In: *Tagesspiegel Causa*, 11.01.2017, https://causa.tagesspiegel.de/politik/doppelte-staatsbuergerschaft-wie-exklusiv-ist-deutschsein/doppelte-staatsbuergerschaft-ethnie-oder-diversitaet.html (10.07.2017). Siehe auch: AUGSTEIN, Jakob (2017): »Türken rein! Türkischer Wahlkampf in Deutschland? Vergesst Verbote und Polizeieinsätze. Kümmert euch lieber um mehr Integration und schafft die doppelte Staatsbürgerschaft wieder ab«. In: *DER SPIEGEL*, 16.03.2017, http://www.spiegel.de/politik/deutschland/tuerken-rein-doppelte-staatsbuergerschaft-weg-dafuer-mehr-integration-kolumne-a-1139081.html (10.07.2017). FAZ (2017): »Merkel verteidigt doppelte Staatsbürgerschaft«, 29.04.2017, http://www.faz.net/aktuell/politik/inland/doppelpass-merkel-verteidigt-doppelte-staatsbuergerschaft-14993080.html (10.07.2017).

sentation, wodurch die Praktiken und Verhaltensweisen der Akteure in den Vordergrund der Beobachtung rücken. Besonders im deutsch-deutschen Konnex ist dies eine zentrale Frage der 1960er und 1970er Jahre, da mit der Frage nach der Zivilisiertheit der Anderen zugleich die Frage an die eigene Zivilisiertheit gestellt wird.[225] Dieser Befund erhärtet sich, wenn wir im Folgenden, bevor wir dieses Kapitel mit der Filmanalyse von Fassbinders ANGST ESSEN SEELE AUF abschließen, einen Blick auf die narrative Struktur der Thematisierung des sozialen Wandels, des Eigenen und Fremden mit dem Begriff des Gastarbeiters in Debatten, Politik und Forschung werfen und uns auch den Fragen zuwenden, was in dieser Zeit unter gelingender und nicht gelingender Integration verstanden wurde und wen, was und wo hinein es eigentlich zu integrieren galt.

2.7 Zivilisation als unbestimmte Soziokultur

Was die Frage der Integration betrifft, sind nicht nur die migrationsbezogenen Filme, Texte und Theorien der 1970er von kultureller Unbestimmtheit geprägt – von Bewegungen ohne Ankunft –, sondern auch soziologische und politische Beobachtungen. Die in den 1960er und 1970er Jahren mehrfach veröffentlichte Studie *Über den Prozess der Zivilisation* von Norbert Elias besagt, dass man »nie mit Bestimmtheit werde sagen können, dass die Menschen einer Gesellschaft zivilisiert sind«. Wenn wir überhaupt eine gesamtgesellschaftliche Aussage treffen können, dann die, dass eine Gesellschaft unter bestimmten Bedingungen zivilisierter geworden ist, man aber nicht als unveränderbaren Zustand festhalten kann, dass sie zivilisiert sei.[226] Für Elias gibt es keine wirklichen Ruhezustände von Menschen und Gesellschaften, da sie immer irgendwie unterwegs sind und »Wandlungen zu den normalen Eigentümlichkeiten einer Gesellschaft gehören«.[227] Diese sind wiederum äußerst interdependent, was die Interaktion zwischen individuellen und sozialen Strukturen angeht, die voneinander über den Blick auf die Verhaltensweisen nicht zu trennen sind. Sie sind auch deshalb nicht zu trennen, weil es nach Elias nicht möglich ist, Triebkontrollen von Triebimpulsen abzuspalten, da die ersteren »nicht die Gestalt eines Gefäßes« haben,

---

[225] Was den Zusammenhang von Kultur und Bewusstsein betrifft, hält Alexander Kluge für seinen Film ABSCHIED VON GESTERN von 1966 fest, dass sich eine Kultur in Deutschland in dieser Form noch gar nicht habe situieren können.
[226] ELIAS, Norbert (1969): *Über den Prozess der Zivilisation. Soziogenetische und psychogenetische Untersuchungen – Erster Band*, Frankfurt a. M.: Suhrkamp, S. XX.
[227] Ebd., S. XI.

das die letzteren »in seinem Inneren enthält«.[228] Die prozessorientierte Perspektive auf Gesellschaftsgeschichte ergibt sich bei Elias besonders daraus, dass im Zentrum seiner Untersuchungen die Verhaltensweisen von Menschen stehen, die sich aus Triebimpulsen und Triebkontrollen konstituieren.[229] Diesem Fokus auf öffentliche und auch private Interaktionen an Orten wie Fahrstühlen, dem familiären Esstisch und verkehrsreichen Straßen folgt auch Erving Goffman in seiner mikrosoziologischen Arbeit *Relations in Public* Anfang der 1970er Jahre und sieht in der Beschreibung dieser Praktiken die Berührungskultur westlicher Gesellschaften arbeiten.[230]

Dieses an Bedürfnissen, an Affektregulierung, privaten und öffentlichen Interaktionen orientierte Interdependenzgeflecht findet sich argumentativ in einer der ersten prominenten Studien zur Gastarbeit in Deutschland wieder: *Leben als Gastarbeiter. Geglückte und missglückte Integration* von 1970.[231] Ausgangspunkt sind wie bei SHIRINS HOCHZEIT Gewaltverbrechen, neunzehn an der Zahl, die sich in Köln zu Beginn des Jahres 1966 im Zusammenhang mit ausländischen Gastarbeitern ereignen. Kurz darauf gibt die Stadt Köln die genannte Studie bei der Deutschen Gesellschaft für Sozialanalytische Forschung in Auftrag, die die »Ursachen dieser Häufung« der Gewaltdelikte von Gastarbeitern klären soll.[232]

Anhand »tiefenpsychologischer Exploration« sind die Grundannahmen und zugleich das Ergebnis der Studie, dass soziale Integrationsprozesse, wie sie auch Elias in seiner Soziologie der Zivilisation aufzeigt, eng mit personalen zusammenhängen. »Ein integrierendes Ich muss Veränderungen der Umwelt mit den stets vorhandenen eigenen, inneren Konflikten abstimmen und die entstehenden Spannungen harmonisieren.«[233] So gelingt Integration vor allem in der Bewältigung von Spannungen und Situationen. Spannungen, herausfordernde

---

228 Ebd., S. LXIII.
229 Ebd., S. LXVII.
230 Siehe: GOFFMAN, Erving (1982): *Das Individuum im öffentlichen Austausch. Mikrostudien zur öffentlichen Ordnung*, Frankfurt a. M.: Suhrkamp, S. 92–97.
231 Verstärkt gesellschaftspolitisch gewendet argumentiert Herbert Marcuse in seinem für die 1968er-Generation äußerst einflussreichen Buch *Der eindimensionale Mensch*, dass auch die Artikulation der Bedürfnisse, die die eindimensionierende Entwicklung einer durchökonomisierten Gesellschaft – wie die Bundesrepublik als fortgeschrittene Industriegesellschaft in den 1960ern – stören und »sprengen« könne. Nach Marcuse muss die bestehende Gesellschaft negiert werden. Erst aus dieser Negation werden sich die Voraussetzungen ergeben, um neue, emanzipative menschliche Bedürfnisse zu entwickeln. Eine Transformation, die jenseits einer traditionellen Moral durch das Verlangen und Begehren nach Glück und ihrer Realisierung durch Technik und Kunst das kapitalistische System, das nur auf Akkumulation ausgerichtet ist, erschüttert. Siehe hierzu: MARCUSE (1967): S. 17.
232 Siehe: BINGEMER/MEISTERMANN-SEEGER/NEUBERT (1970): S. 19.
233 Ebd., S. 18.

Situationen – oder, wie es in der Studie heißt, »Zustände von Desintegration« –, können nach Auffassung der Autoren der Studie nur innerhalb familiärer oder in freundschaftlichen Bindungen zu Anderen kompensiert werden. Dies gilt – nach Ansicht des Studienleiters – für Gastarbeiter ebenso wie für Alteingesessene. Während »normale Erwachsene [...] Zustände von Desintegration« innerhalb der Familie oder im Gespräch mit Freunden kompensieren können, bleiben dem Gastarbeiter, weil Familie und Freunde fehlen, diese Möglichkeiten der Kompensation und Entlastung verwehrt. In derartiger Isolation erlebt er »grenzenlose Ohnmacht und die Vergeblichkeit« seines Einsatzes und seiner Arbeit.[234] Es geht – wie es auch Marcuse in *Der eindimensionale Mensch* festhält – um unbefriedigte Wünsche allgemein.[235] Diese führen zu unbewussten Aggressionen, die durch das isolierte Leben der Gastarbeiter angefacht werden und zum Ausbruch kommen. So sei es auch kein Wunder, resümieren die Autoren der Studie, »dass die Lösung einer Notlage in der Affekthandlung liegt, die die Türken selbst am meisten befürchten. Sie sind frustriert und zum Aufstauen von Affekten gezwungen«.[236] Dabei spiele auch die Beschränkung ihrer Sexualität aufgrund der Wohnverhältnisse eine wichtige Rolle, wie es auch Yıldız anhand der Arbeiterbaracken, Tunç Okan mit dem engen nichtprivaten Raum des Busses, Sanders-Brahms im Arbeiterwohnheim und Ören in den kleinen Wohnungen in der Naunynstraße aufzeigen. Gegen ein monistisches und ein pluralistisches Verständnis von Integration, das jeweils ein kulturelles wäre, favorisieren die Autoren (wie auch Milton Gordon) ein interaktionistisches Modell, aus dem idealiter eine gemeinsame Lebensform aus Minderheit und Mehrheit entstehen könnte.[237] Aber auch bei der interaktionistischen Integrationsform geht es wie bei der monistischen oder der pluralistischen um Anpassung.[238] Woran man sich jedoch in der Logik der Interaktion anpassen soll, lässt die Studie offen: weder die Annahme einer vorausgehenden Einheit (Monismus) noch die Annahme, es gebe vorausgehende unterschiedliche prozessresistente kulturelle Prägungen (Pluralismus) bieten Lösungen, und auch die Personen sind nicht unveränderbar bestimmt.[239]

Dahingegen sind die Ursachen der Isolation klar formuliert. Abgesehen von der Wohnsituation und der daraus resultierenden Kontaktarmut ist es das »affektive« Verhältnis der Deutschen zu den Gastarbeitern, das ein zentrales

---
234 Ebd.
235 Siehe hierzu: MARCUSE (1964): S. 25.
236 BINGEMER/MEISTERMANN-SEEGER/NEUBERT (1970): S. 60.
237 Ebd., S. 19f.
238 Ebd., S. 20.
239 Wahrscheinlich leitet sich daraus auch die Formulierung der »geglückten« oder »missglückten Integration« ab.

Problem darstellt. Die Deutschen begreifen die Gastarbeiter als eine soziale Schicht noch unterhalb der deutschen Unterschicht. Diese Form der Abwertung hängt mit der »Verdrängung des historischen Kapitels der Zwangsarbeiter im 2. Weltkrieg« zusammen. Die Abwertung der Gastarbeiter hilft, »Schuldgefühle« zu verleugnen.[240] Daraus resultiert ein hochexplosiver Verdrängungskomplex, der die »unbewussten Motive der Deutschen im Verhalten gegenüber den Gastarbeitern« darstellt.[241] In der Zeitgeschichte wird darüber hinaus der Übergang von den 1950ern über die 1960er zu den 1970er als eine Zeit beschrieben, in der sich die Schamkultur zur Schuldkultur gewandelt habe. »Die Angst der bürgerlichen Kultur der fünfziger Jahre war keine Gewissensangst, sondern die Angst vor sozialer Isolation. [...] Die Linksalternativen kennzeichnete dagegen [...] eine von Innerlichkeit und Läuterung bestimmte Haltung«, die mit Schuldgefühlen zusammenhing.[242] Ausgehend von dieser Gemengelage (zwischen anständigem Verhalten und Schuld) sind auch die Ausländerdebatten der 1970er Jahre nicht von Fragen nach der Ordnung und Organisation gesellschaftlicher Vielfalt geprägt, sondern wesentlich von Fragen nach dem Umgang mit den Gastarbeitern. In den sozialpolitischen Schriften des Deutschen Städtetags hält dessen Präsident, der Bremer Bürgermeister Hans Koschnick, 1971 fest, dass die deutsche Bevölkerung »noch nicht in ausreichendem Maße gelernt [hat], mit anderen Völkern in einem partnerschaftlichen Verhältnis, frei von Über- und Unterordnungstendenzen, zu leben«.[243] Daher treten als notwendige und mögliche verlässliche »Partner« für die Eingliederung der Gastarbeiter in der Studie *Leben der Gastarbeiter* Institutionen wie die Ausländerbehörde oder das Arbeitsamt auf. Die Dominanz von Begriffen mittlerer Reichweite wie »Partner«, »Situation«, »Zustand« oder »Entlastung« bestimmt auf einer deskriptiv-explorativen Ebene nicht nur die Studien explizit und inhaltlich, Film und Literatur narrativ, sondern auch die Gastarbeiterdebatten insgesamt.[244] Beispielsweise entstammt

---

240 Siehe hierzu: Schönbach, Peter (1970): *Sprache und Attitüden. Über den Einfluß der Bezeichnungen »Fremdarbeiter« und »Gastarbeiter« auf Einstellungen gegenüber ausländischen Arbeitern*, Stuttgart: Huber, S. 57.
241 Ebd., S. 38 ff.
242 Siehe hierzu: Reichardt (2014): S. 203. Siehe auch: Herbert, Ulrich (2014): *Geschichte Deutschlands im 20. Jahrhundert*, München: Beck, S. 690–697.
243 Koschnick, Hans (1971): »Deutscher Städtetag. Hinweise zur Hilfe für ausländische Arbeitnehmer«. In: *Sozialpolitische Schriften des Deutschen Städtetags*, (Nr. 6), Köln, S. 1–5, hier S. 2.
244 In ihren Anfängen (1975–1978) verfolgte beispielsweise die Interkulturelle Woche – damals noch Tag des ausländischen Mitbürgers (TAM) genannt –, das Ziel, Begegnungen und Gespräche zwischen der deutschen Öffentlichkeit und den ausländischen Arbeitnehmern zu ermöglichen. Da aufgrund der hohen Arbeitslosigkeit des Jahres 1975, bei ausländischen Arbeitnehmern doppelt so hoch wie bei deutschen, die Sorge groß war, dass der Einsatz der Gastarbeiter für die

das bekannte Zitat Max Frischs zur Arbeitermigration nach Europa in den 1950er und 1960er Jahren, man habe Arbeitskräfte gerufen, doch es kamen Menschen, aus seiner Essaysammlung, die im Kern ihrer Reflexionen die Öffentlichkeit ebenfalls als Partner begreifen will.[245] Getragen wird diese komplexe und ersehnte Bindung von Öffentlichkeit, Institution und Partnerschaft durch eine Sprache der Sorge um den Anderen, aber auch um sich selbst, die von der einzelnen mikrologischen Situation bis zum Narrativ der europäischen Integration reicht.

In einer *Spiegel*-Serie über benachteiligte Gruppen in der Bundesrepublik aus dem Herbst 1970 zeigt sich diese komplexe Bindung beispielsweise sehr eindrücklich. Die zwölfseitige Reportage »Komm, Komm, Komm – Geh, Geh, Geh« zu Gastarbeitern in Deutschland gibt ein Beispiel für dieses »karitative Sentiment«.[246] Der Tenor des Artikels: Man müsse den Gastarbeitern helfen. Als Beispiel wählt man die Stuttgarter Landessparkassen-Zentrale, die mittels eines italienischstämmigen Bankangestellten (Adriano Piccolini) den Gastarbeitern das Sparen beibringen soll. Man könne – so der Abteilungsleiter der Bank – diese »Leute nicht mehr Tausende von Mark in der Jackentasche herumtragen lassen«.[247] An anderer Stelle wird auf eine Aktion westdeutscher Warenhäuser aufmerksam gemacht, bei der an Informationsständen vor Karstadt Hamburg beispielsweise von Hostessen Lebensmittel-Fibeln in italienischer, spanischer, griechischer und türkischer Sprache an die Gastarbeiter verteilt werden.[248] »Wir müssen diesen Leuten

---

Entwicklung des bundesrepublikanischen Wohlstands in Vergessenheit geriete. Über Kontakte, Gespräche und gesellige Formate sollte mit dem TAM die entstandene Polarisierung zwischen Deutschen und ausländischen Arbeitnehmern aufgehoben werden. Zentrale Begriffe dieser ersten Interkulturellen Wochen waren Isolation, Arbeits- und Wohnverhältnisse, Freizeit, Alltag und Solidarität. Als wichtige Akteure fungierten Organisationen, wie beispielsweise die größte Einzelgewerkschaft IG Metall, die dezentral organisierte Arbeiterwohlfahrt (AWO), die kirchlichen Wohlfahrtsverbände Diakonie und Caritas – die großen Spitzenverbände, die ausländischen Arbeitnehmern Anlaufstellen boten. Diese betrieben eine Vertretungspolitik für die ausländischen Arbeitnehmer gegenüber dem Bund und den Kommunen und stellten ihnen Räumlichkeiten im Rahmen des TAM zur Verfügung. Mittels Folklore sollten Vorurteile abgebaut werden. In den Diskussionen standen vor allem die Lebensbedingungen der Gastarbeiter im Zentrum, der Begriff Kultur spielte hingegen keine Rolle. Siehe hierzu: EZLI, Özkan (2020).

245 FRISCH, Max (1970): *Öffentlichkeit als Partner*, Frankfurt a. M.: Suhrkamp, S. 56–67.
246 DER SPIEGEL (1970): »Komm, Komm, Komm – Geh, Geh, Geh. Spiegel-Report über sozial benachteiligte Gruppen in der Bundesrepublik (II): Gastarbeiter«. In: DER SPIEGEL, 19.10.1970, S. 51–74, hier S. 52. (http://www.spiegel.de/spiegel/print/d-43801107.html) (17.08.2016). Zu den benachteiligten Gruppen gehörten in dieser *Spiegel*-Serie auch Obdachlose und Behinderte. Siehe hierzu auch: GÖKTÜRK u. a. (2011): S. 61.
247 DER SPIEGEL (1970): S. 51.
248 Über 40 Jahre später heißt es in der Welcome-App auf den Informationsseiten zum Leben in Deutschland für die Flüchtlinge unter der Rubrik »Umgangsformen«: »Zu lautes Reden, wildes Gestikulieren oder gar Schreien während eines Gespräches ist in Deutschland unüblich und wird eher

beim Einkauf behilflich sein«, wird in diesem Zusammenhang der Karstadt-Geschäftsführer Albrecht Uenk zitiert.[249] Und der damalige FAZ-Mitherausgeber Karl Korn fügt hinzu, dass die Gastarbeiter »potentielle Vermittler von Verstehen und Verständigung« seien.[250] Interessant an dieser ausführlichen Reportage ist auch die Fotostrecke zum Text. Wir sehen in halbnahen und halbtotalen Aufnahmen Gastarbeiterinnen und Gastarbeitern in Wohnheimen, am Bahnhof, auf der Straße, am Arbeitsplatz, bei der Freizeit oder beim Einkauf.[251] Wie in den analysierten literarischen und filmischen Produktionen werden sie stets in Gruppen, in öffentlichen Räumen, bei der Arbeit oder bei anderen sozialen Handlungen gezeigt.

Bereits zehn Jahre vor der *Der Spiegel* -Reportage hält der Unternehmensberater Ludwig Kroeber-Keneth in dem FAZ-Artikel »Die ausländischen Gastarbeiter und wir« (1961) fest: Man müsse den Begriff »Gastarbeiter« sehr ernst nehmen und die Menschen zuvorkommend behandeln. »Ein besonders feines Ohr für die Zwischentöne ausländischer Mentalität war bekanntlich noch nie unsere starke Seite«, und es komme – so Kroeber-Keneth – sehr darauf an, ob die Deutschen »die richtige Einstellung finden«.[252] Giacomo Maturi, der Anfang der 1960er Jahre Referent des Deutschen Caritasverbandes für die Betreuung ausländischer Arbeiter ist, macht ebenfalls auf den zentralen Aspekt des Umgangs mit und der Einstellung gegenüber den Gastarbeitern aufmerksam.[253] Für beide liegt die Differenz zwischen den Deutschen und den Gastarbeitern in der südländischen Mentalität, an ihrer »Sensibilita«; ein Begriff, der nach Ansicht beider Autoren »nicht zu übersetzen ist«.[254] Die Andersartigkeit des Gastarbeiters liegt bei Kroeber-Keneth darin, dass sie »Sensibilita« haben und bei Maturi, dass sie eine andere Einstellung zur Arbeit haben als Deutsche, wobei er in seinem Artikel zugleich

---

als respektlos empfunden. Wenn man etwas von jemandem möchte, sollte man häufig ›Bitte‹ und ›Danke‹ sagen. Viel Wert legen die Deutschen auf Manieren bei Tisch. In der Öffentlichkeit benutzt man bei allem Essen das passende Besteck und nimmt nur selten die Hände. Schlürfen und übertriebenes Kauen ist nicht gern gesehen.« Siehe hierzu: SPECHT, Frank (2017): »Wie die Abschiebung gelingen soll«. In: *Handelsblatt*, 13.03.2017, https://www.handelsblatt.com/politik/deutschland/umgang-mit-fluechtlingen-wie-die-abschiebung-gelingen-soll/19511032-all.html (zuletzt 07.04.2019).
249 DER SPIEGEL (1970): S. 51.
250 Ebd., S. 52.
251 Siehe hierzu: ebd., S. 51–74.
252 KROBER-KENETH, Ludwig (1961): »Die ausländischen Arbeitskräfte und wir«. In: *FRANKFURTER ALLGEMEINE ZEITUNG*, 03.06.1961, S. 5.
253 Vgl. MATURI, Giacomo (1961): »Die Eingliederung der südländischen Arbeitskräfte und ihre besonderen Anpassungsschwierigkeiten«. In: *Ausländische Arbeitskräfte in Deutschland*, Düsseldorf: Econ, S. 121–127, hier S. 121.
254 KROBER-KENETH (1961): S. 6.

festhält, dass sich dies grundlegend geändert habe. Beide Autoren, der eine aus der Wirtschaft, der andere aus dem öffentlich-sozialen Bereich, beschreiben und empfehlen in ihren Artikeln Verhaltensweisen und Praktiken, über die der richtige Umgang, die richtige Einstellung und eine integrierende Verständigung erlernt werden könnten. In diesem Zusammenhang wird auch nicht von »Integration«, sondern von »Eingliederung in die Gesellschaft« gesprochen.[255] Spannend an diesen Texten ist: Die Juxtaposition von vermeintlich unveränderbarer südländischer Mentalität und der gleichzeitige Befund, dass viele Gastarbeiter ihr Verhältnis zur Arbeit bereits grundlegend verändert hätten. So impliziert der Begriff der Eingliederung eine grundsätzliche Anpassung des Fremden in das gesellschaftliche System. Die Historikerin Karin Hunn verweist in ihren Beiträgen zur Geschichte der Arbeitsmigration in Deutschland auf Arbeitgeberberichte, in denen es heißt, dass der Türke sehr gut arbeiten könne, »wenn man weiß, wie man ihn anzupacken hat«.[256] Maturi rät hingegen den Deutschen und besonders den Arbeitgebern – ähnlich wie Kroeber-Keneth – eine »menschlichere Behandlung« der Südländer und nicht zu viel des Kommandierens.[257] Dabei geht es nicht – wie heutzutage – um die Sprechweisen, sondern um Verhaltensweisen, die »Wärme, Kontakt, Umsorgung und Freundlichkeit« vermitteln. Sprachschwierigkeiten sind hier »kein entscheidendes Hindernis«. »Man braucht nicht viel zu reden, es genügt freundlich zu sein, etwas mehr zu lächeln. Das kann man nie genug betonen.«[258] Daher spielt der Aspekt des zärtlichen Verhaltens nicht nur im Zusammenhang mit den Gastarbeitern eine zentrale Rolle. Sie bestimmt auch die innerdeutschen Themen. Heinrich Böll beschreibt beispielsweise die Protagonistin und Heldin in seinem Roman *Gruppenbild mit Dame* als ein Genie der Sinnlichkeit und der Zärtlichkeit.[259] Und in Volker Schlöndorffs DIE VERLORENE EHRE DER KATHARINA BLUM von 1975 ist die Unterscheidung von zudring-

---

255 Vgl. SCHÖNWÄLDER (2001): S. 182.
256 Siehe hierzu: HERBERT, Ulrich/HUNN, Karin (2000): »Gastarbeiter und Gastarbeiterpolitik in der Bundesrepublik. Vom Beginn der offiziellen Anwerbung bis zum Anwerbestopp (1955–1973)«. In: *Dynamische Zeiten. Die 60er Jahre in den beiden deutschen Gesellschaften*, hg. v. Axel Schildt, Hamburg: Christians, S. 273–310, hier S. 280.
257 Ebd., S. 7.
258 MATURI (1961): S. 126. Die gesprochene Sprache wird dabei nicht als zentrales Instrument einer gelingenden Eingliederung oder Integration verstanden, wie sie heute beispielsweise begriffen und aktuell in der Frage der Integration der Flüchtlinge in Deutschland verhandelt wird. Siehe hierzu auch Filmaufnahmen aus den 1960er Jahren in der Zusammenstellung Paul Scheffers. ROELOFS, René (2013): *Gelobte Länder*, Dokumentarfilm, Niederlande. Siehe hierzu auch: https://www.filmdienst.de/film/details/546022/gelobte-lander (zuletzt 07.04.2019).
259 Siehe hierzu: BÖLL, Heinrich (1970): *Gruppenbild mit Dame*, München: dtv, S. 13.

lichem und zärtlichem Verhalten eine im sozialpolitischen Sinn äußerst zentrale.[260] Nicht das Verstehen einer anderen Kultur, sondern veränderte Praktiken, Verhaltensweisen und Berührungen sind hier der Motor sozialen Wandels.

Dass Integration nicht auf der Ebene der Sprachkompetenz angesiedelt wird, sondern auf der Ebene der Verhaltensweisen und Praktiken, zeigt auch der autobiografische Roman *Türkler Almanyada* (»Türken in Deutschland«) von Bekir Yıldız. Während seines Urlaubsaufenthaltes in Istanbul, die Stadt erscheint ihm fremd, fällt Yüce besonders das zärtliche Zusammensein eines Paares auf, das er als besonders erstrebenswert charakterisiert. Wenn ein türkisches Ehepaar aus dem Dorf sich aufgrund ihres körperlichen Erfahrungsmangels nicht so verhalten könne, so mangele es den Frauen in Deutschland an einem gewissen Anstand, da sie nicht zärtlich genug seien.[261] Auch dass Männer und Frauen in Deutschland zusammen unbeschwert Bier trinken, empfindet er als eine äußerst zivilisierte Handlung. Hier entscheiden bereits mikrosoziale Beobachtungen von Praktiken im öffentlichen Raum über Integration und Desintegration wie auch in den soziologischen Reflexionen (Elias, Goffman) und in den Debattenbeiträgen zur Arbeitsmigration nach Deutschland. Und ähnlich wie hier die Beobachtungen mit großen zivilisatorischen Fragen verbunden sind, beginnt auch Bekir Yıldız' Roman unbestimmt universell-zivilisatorisch. »Dort wo Wasser und Erde verbraucht sind, migrieren die Menschen weg. Dies kann auch ganze Völker betreffen.«[262] Er verweist weiter auf umfangreiche Migrationsbewegungen in Asien, die große Zivilisationen hervorgebracht haben. Allerdings ähnelt die Bewegung vom Sirkeci-Bahnhof in Istanbul keineswegs den zivilisatorischen Großleistungen, die aus Migrationen hervorgegangen sind. Der Grund hierfür liegt in den Umständen der türkischen Arbeitsmigration nach Deutschland.[263]

An die Stelle der Frage nach der Zivilisation rückt im weiteren Verlauf des Romans die Frage und Beobachtung der Zivilität der Deutschen, aber insbesondere der Türken auf dem Weg nach Deutschland und in Deutschland, wie bereits zu Beginn des Kapitels festgehalten. Die Kritik am zivilen oder nichtzivilen Verhalten von Deutschen und Türken bestimmt diesen Text. Ein Aspekt, der als sehr spezifisch auftaucht, ist das unmenschlich anmutende Arbeitsethos der Deutschen, unter dem die türkischen Gastarbeiter leiden. Allerdings ist dies wiederum eine Frage der Praxis, die verändert werden kann. Denn auch diese deutsche Eigenschaft wird erst von Szene zu Szene geschildert und dann durch andere, widersprechende

---

260 SCHLÖNDORFF, Volker (1975): *Die verlorene Ehre der Katharina Blum*, Spielfilm, Deutschland, Kinowelt Home Entertainment 2009.
261 YILDIZ (1966): S. 98.
262 Ebd., S. 3.
263 Ebd., S. 5.

Szenen, aufgelöst. Wie in Örens Poem und Sanders-Brahms Film bricht die Gewalt auch in Yıldız' Roman unerwartet und eruptiv aus, was auf die Fragilität des zivilen Umgangs aufmerksam macht. Seine Figuren kommen wie in den bisherigen künstlerischen Produktionen aus den sozialen Unterschichten. Mit dieser Doppelung der gesellschaftlichen Peripherie, ohne starke Bindung an ein bestimmendes Zentrum, kann die Behandlung der Frage von Zivilisation und Gewalt nur auf einer mikrologischen Ebene, von Situation zu Situation aufgezeigt und bestimmt werden.

Zeitgleich mit Bekir Yıldız' bis heute kaum beachteten Roman legt Ralf Dahrendorf mit seinem einflussreichen Buch *Gesellschaft und Demokratie in Deutschland* (1966) eine Publikation vor, die ebenfalls zentral den Zusammenhang von Zivilisation und Gewalt thematisiert. Im Gegensatz zu Bekirs Text spielt Migration nach und in Deutschland in Dahrendorfs Buch zur politischen Zustandsbeschreibung der deutschen Gesellschaften überhaupt keine Rolle und findet auch keine Erwähnung. Für Dahrendorf befindet sich die deutsche Gesellschaft in den 1960er Jahre selbst noch auf dem Weg zu einer westlichen Zivilisation. In *Gesellschaft und Demokratie in Deutschland* fragt er nach dem größten Hindernis auf dem Weg der deutschen Gesellschaft zu einer liberalen Demokratie.

> Wir wollen die deutsche Geschichte und Gesellschaft an einem allgemeinen Maßstab messen, oder genauer – da das Messen an vorgegebenen Maßstäben nur beschreibende Befunde erlaubt – zu erklären versuchen, warum Deutschland sich der Demokratie in ihrem liberalen Verstande versperrt hat.[264]

Der zentrale Grund für diese Sperre ist für Dahrendorf, aber auch für Jürgen Habermas und andere deutsche Intellektuelle jener Zeit, zum einen, dass über die jüngste deutsche Vergangenheit nicht gesprochen wird. Zum anderen liegt die Ursache für dieses im Westen nicht mehr Integriert-seins im Missverhältnis zwischen Lebenswelt, Öffentlichkeit und politischem System. Als Vorbild für die Integration der Bundesrepublik in den Westen zieht Habermas das moderne bürgerliche 19. Jahrhundert heran, in dem sich der Bürger im Ausdruck seiner eigenen Meinungen den öffentlichen Raum aneignete und somit erst Öffentlichkeit generierte. Für Henri Lefebvre steht in diesem Zusammenhang besonders die Aneignung der Stadt im Vordergrund. »In den Stadtzentren ersetzen Büros die Wohnungen«, hält er zeitdiagnostisch fest und fordert in seiner programmatischen Streitschrift von 1968 *Le droit à la ville*, dass ihre Bewohner

---

264 DAHRENDORF (1966): S. 26.

aus den Statistenrollen heraus zu Neuerfindern ihrer Zentren werden, dass sie mit dieser stärker in Austausch und Kommunikation treten.[265]

Dahrendorf bestimmt in *Gesellschaft und Demokratie in Deutschland* für die deutsche Nachkriegsgesellschaft eine konfliktgeladene Asymmetrie zwischen politischer und gesellschaftlicher Demokratisierung, die in technisch-wirtschaftlicher Hinsicht zwar gelungen ist, jedoch auf der Ebene der Subjektkulturen – nach Dahrendorf die Ebene der privaten Welt – keine affektive Bindung zum politischen System der liberalen Demokratie habe schaffen können, die zur weitergehenden Liberalisierung der deutschen Gesellschaft notwendig gewesen wäre. Für ihn sind die private und soziale Welt der deutschen Gesellschaft der 1960er Jahre weiterhin von hierarchischen Rollenverteilungen, einem strikten Arbeitsethos, sowie einengender Sexual- und Erziehungsnormen geprägt, wie sie strukturell im wilhelminischen Kaiserreich und während der Nazidiktatur vorherrschten und diese Systeme erst ermöglichten.[266] Es sei die Abneigung gegen Konflikte insgesamt gewesen, die in der deutschen Geschichte immer zu autoritären Lösungen geführt und die Entwicklung einer liberalen Demokratie im privaten Raum verhindert habe. Dahrendorf und auch Habermas verordnen der deutschen Gesellschaft der 1960er im Gegenzug die Austragung der Konflikte über die Sprache, die die Bindung zwischen politisch-liberalen Institutionen und den Akteuren schaffen soll.

> Liberale Demokratie kann nur wirksam werden in einer Gesellschaft, in der erstens die bürgerlichen Gleichheitsrechte wirksam durchgesetzt sind, zweitens soziale Konflikte in allen Bereichen anerkannt und geregelt werden, drittens die Eliten in sich die Buntheit und Vielfalt Sozialer Interessen spiegeln und viertens die öffentlichen Tugenden die vorherrschende Wert-Orientierung der Menschen darstellen.[267]

Diese von Dahrendorf dargestellten Grundlagen einer liberalen Demokratie decken sich mit der heutigen Verwendung des Integrationsbegriffs. Was Dahrendorf und viele bundesrepublikanische Intellektuelle von der deutschen Bevölkerung erwarteten, um im Westen anzukommen, sind seit den 2000er Jahren und in der Folge des 11. September 2001 Erwartungen, die an Menschen mit muslimischem Hintergrund gestellt werden. Das Innen des Zuhauses, der Familie, der Moschee in den öffentlichen Raum zu tragen und sich dadurch als ange-

---

265 Vgl. LEFEBVRE, Henri (1968): *La droit à la ville*, Paris: Anthropos, S. 26. Lefebvre wichtige Streitschrift aus den 1960er Jahren wurde 2016 erstmals ins Deutsche übersetzt. Siehe: LEFEBVRE, Henri (2016): *Das Recht auf Stadt*, Hamburg: Edition Nautilus.
266 Vgl. ebd., S. 43–58.
267 DAHRENDORF (1966): S. 42.

kommen und integriert auszuweisen. Eindrücklich ist in diesem Zusammenhang die vom Bundesministerium für Inneres und dem Deutschen Kulturrat initiierte Initiative »Kulturelle Integration«, die am 16. Mai 2017 15 Thesen zum gesellschaftlichen Zusammenhalt und zur kulturellen Integration vorstellte. Im Zentrum stehen in diesen Thesen Zusammenleben, Bildung, Arbeit und eine gelingende Streitkultur. Der Austragungsort für Mehr- und Minderheiten ist der öffentliche Raum.[268]

In den 1960er und 1970er Jahren gehörten zu dieser Gesellschaft einer liberalen Demokratie, zu dieser anvisierten konflikt- und lösungsorientierten, dialogischen und topologischen Struktur zwischen Privatheit und Öffentlichkeit weder der Zustrom der deutschen Vertriebenen seit 1945, noch die in der Peripherie, lokal in Arbeiterwohnheimen, angesiedelten ausländischen Arbeitsmigranten; und dies obwohl vielen Politikern klar war, dass die Folgen der Arbeitsmigration zu einer bundesrepublikanischen Einwanderungsgesellschaft führen könnten.[269] Wie zuvor gezeigt, wurde der Begriff »Integration« vorwiegend in einem europäisch-ökonomischen Zusammenhang verwendet oder gesamtgesellschaftlich thematisiert als Frage eines endogenen sozialen Wandels, der zwischen Institutionen und Akteuren zu entstehen habe.

In einer weiteren einflussreichen Publikation der 1960er, die wie Dahrendorfs Arbeit bis weit in die 1970er Jahre hineinwirkte, begegnen wir einer weiteren Begriffsverwendung, die Migration in ähnlicher Weise thematisiert wie Yıldız, Şoray, Ören und Sanders-Brahms. Herbert Marcuse begreift Integration in seinem Buch *Der eindimensionale Mensch* als einen Prozess der Eindimensionierung und Homogenisierung der Gesellschaft, der dieser ihrer Vielfalt und Kritikmöglichkeiten beraube.[270] Die Konsum- und Industriegesellschaft gleiche durch einen Verähnlichungs- und Anpassungsprozess den Menschen den Dingen und der Arbeit an und zerstöre dadurch die Vielfalt und Freiheit menschlicher Existenz. Im Zentrum seiner Beobachtung steht, dass durch den Markt und die ökonomische Struktur von Angebot und Nachfrage falsche Bedürfnisse entstünden und dadurch ein falsches Bewusstsein. Damit werden der Gegensatz und die Differenz zwischen dem gesellschaftlich Gegebenen und dem gesellschaftlich Möglichen

---

[268] Siehe hierzu: http://kulturelle-integration.de/thesen/ (06.07.2017). Siehe hierzu auch: EL-MAFAALANI, Aladin (2018): *Das Integrationsparadox. Warum gelungene Integration zu mehr Konflikten führt*, Köln: Kiepenheuer & Witsch.
[269] Diesen Aspekt hat Karen Schönwälder in ihrer Habilitationsschrift gründlich herausgearbeitet. Darin findet sich auch der Verweis, den beispielsweise der damalige Innenminister Hans-Dietrich Genscher für Integration stark machte, da die Bundesrepublik für ihn 1972 schon ein Einwanderungsland war. Vgl. SCHÖNWÄLDER (2001): S. 172.
[270] Siehe hierzu: MARCUSE (1967): S. 71.

als Utopie, zwischen befriedigten und nicht befriedigten Bedürfnissen neutralisiert. Dieser Prozess der Eindimensionierung dient nach Marcuse besonders der »Erhaltung des Bestehenden«.

> Hier zeigt die sogenannte Ausgleichung der Klassenunterschiede ihre ideologische Funktion. Wenn der Arbeiter und sein Chef sich am selben Fernsehprogramm vergnügen und dieselben Erholungsorte besuchen, wenn die Stenotypistin ebenso attraktiv hergerichtet ist wie die Tochter ihres Arbeitsgebers, wenn der Neger einen Cadillac besitzt, wenn sie alle dieselbe Zeitung lesen, dann deutet diese Angleichung nicht auf das Verschwinden der Klassen hin, sondern auf das Ausmaß, in dem die unterworfene Bevölkerung an den Bedürfnissen und Befriedigungen teil hat, die der Erhaltung des Bestehenden dienen.[271]

Um diesem Prozess der allgemeinen Assimilation entgegenzuwirken, reicht es für Marcuse nicht aus, nur über die Ebene der öffentlichen Meinungsbildung (Habermas) oder der privaten und öffentlichen Konfliktaustragung (Dahrendorf) zu gehen. Sprache als alleiniges Ausdrucksmittel reicht hier nicht aus. Vielmehr muss es darum gehen, »richtige« Bedürfnisse zu entwickeln, die andere Verhaltens- und Sprechweisen nach sich ziehen.

Der Begriff »Bedürfnisse« ist ein äußerst zentraler nicht nur in Marcuses Buch, sondern darüber hinaus in den linken Bewegungen der 1960er Jahre sowie in vielen Reflexionen der Frankfurter Schule bei Adorno und Horkheimer. Eine zentrale Aussage in diesem Argumentationsstrang ist philosophisch: Das Ganze als Geschichte und Gesellschaft sei nicht das »Wahre«, wie es Adorno in seiner *Negativen Dialektik* in Abgrenzung von Hegel festhält. Ein richtiges Leben im Falschen sei nur als ein aporetisches, als eines im Widerspruch möglich. Das Verhältnis zwischen dem System als Industriegesellschaft und dem Individuum sei von Fremdheit und Kälte geprägt und stecke in statischen und sperrigen Kommunikationsverhältnissen fest. Auf unterschiedlichen Komplexitätsebenen finden wir diesen Befund in den bisher analysierten Texten und Filmen ebenfalls. Auch in ihnen zeigt sich ein Leben im Falschen, wenn Konsum oder Arbeit und Sparen das Leben bestimmen. Diese Ausrichtung koppelt Migration ausschließlich an ökonomische und nicht soziale Integration – ein Verhältnis, dass auch die Beziehung von Migration und Integration in den ästhetischen Reflexionen zur Migration nach Deutschland jener Zeit insgesamt bestimmt.[272] Es ist die den ästhetischen Erzählungen inhärente Störung der Kommunikation.

---

271 Ebd., S. 30.
272 An dieser Stelle nimmt auch für Marcuse die Literatur eine sehr wichtige Funktion ein, indem sie diese Entfremdungs- und Entortungsprozesse aufzeigt. Dabei spielt interessanterweise wiederum, wie in den hier behandelten künstlerischen Werken, eine nicht-sublimierte Form von Sexualität eine entscheidende Rolle. Siehe: MARCUSE (1967): S. 97.

Migration und Integration bilden hier keine Äquivalenzkette, weil es an der Narration mangelt, wohin die Bewegung der Migration eigentlich führen solle. Hinzu kommt, dass in den 1960ern zwar vielen Intellektuellen und Politikern klar war, dass sich die Bundesrepublik nach dem Zivilisationszusammenbruch mit dem Dritten Reich selbst an den Westen anpassen musste und wollte, völlig unklar aber blieb, wohin auch diese Bewegung die Bundesrepublik genau führen würde. Die Rede von der Europäischen Integration in den 1960er und 1970er Jahren war das unbestimmte Narrativ, das den aporetischen Konflikt zwischen Individuum und gesellschaftlicher Form erzählbar machte. Doch war diese Europäische Integration in erster Linie keine soziale und keine identitätspolitische, sondern eine wirtschaftspolitische. Die intellektuelle Rede von der Ankunft der bundesrepublikanischen Gesellschaft in der liberalen westlichen Demokratie ist auch eine Konsequenz aus den Verwendungskontexten des Begriffs »Integration« in den 1960er und 1970ern. Denn aus einer nicht-ökonomischen, sozialen Perspektive gibt es in den 1960er und 1970er Jahren keinen Ort der Integration. Stattdessen gibt es aber viel materielle und ideelle Migration, wie dies auch Literatur und Film eindrücklich dokumentieren. Es ist die Kluft zwischen Integration und Migration in den 1960er und 1970er Jahren, die gesellschaftspolitische und filmische Narrative prägt und die es unmöglich machte, größere stabile soziale interdependente Strukturen aufzuzeigen und entstehen zu lassen.

Dies zeigen die ästhetischen Erzählungen auf, wenn ein türkischer Dorfacker ebenso für Ortlosigkeit steht wie ein abgelegener Ort am Rande einer Kölner Autobahn oder wenn Gefühle der Akteure auf öffentlichen Plätzen in Stockholm, in Baden-Württemberg und in Istanbul mit ähnlichen Fremdheitserfahrungen und Kameraeinstellungen (Nahaufnahmen und Halbtotalen) eingefangen werden. Integration zeigt sich in diesen Produktionen an den Stellen, wo es um einen ökonomischen Aufstieg geht. Wenn in Örens Werk die beiden Protagonisten, Frau Kutzer und Niyazi, über ein Ankommen sinnieren, so geht es dabei entweder darum, wie ein Amerikaner zu leben oder in sozialer Hinsicht aufzusteigen. Dass der sozialstrukturelle Aufstieg keinen spezifischen Ort hat, macht auch Ören in seinem Werk sehr deutlich. Denn ob die Projektion, wie ein Amerikaner leben zu wollen, sich tatsächlich in den Vereinigten Staaten realisieren soll oder in Deutschland – der Autor bezeichnet Deutschland als »kleines Amerika« – oder in Istanbul, also im Herkunftsland selbst, spielt keine wesentliche Rolle.[273] Diese Entkopplung von Integration und Migration wird auch in den Filmen von Şoray, Okan und San-

---

[273] Auch der türkische Ministerpräsident Süleyman Demirel hat in den 1960er Jahren der türkischen Bevölkerung versprochen, dass die Türkei irgendwann ein »kleines Amerika« werde (*kücük Amerika*). Und auch in dem bekanntesten Musical der 1960er Jahre, in der *West Side Story*, singen puerto-ricanische Gangmitglieder auf den New Yorker Straßen, dass sie in Amerika leben

ders-Brahms durchgespielt. Sie steht für eine Trennung von Praxis und Fiktion. Da eine ideelle und identifikatorische Integration in den 1960er Jahren nicht möglich ist, rücken körperliche Bedürfnisse, Praktiken, Handlungen, Verhaltensweisen, Situationen, letztlich die interpersonalen Verhältnisse so sehr in den Vordergrund, dass Integration in den 1960er Jahren nur noch in einer Form der Diskretion gelingen kann. Oder wie Hannah Arendt in ihren Reflexionen zum Verhältnis von Privatem und Öffentlichem in den 1960er Jahren festhält, ist die eigentliche politische Aufgabe, durch das Öffentliche »ein Inneres zu bergen«. In dieser Öffentlichkeit muss das Private als etwas »Eingegrenztes« und »Eingezäuntes« erscheinen. Und die Aufgabe und »Pflicht des öffentlichen Gemeinwesens ist es, diese Zäune und Grenzen zu wahren, welche das Eigentum und das Eigenste eines Bürgers von dem seines Nachbarn trennen und gegen ihn sicherstellen«.[274]

Die Bergung eines inneren Raums durch das Öffentliche ist das Thema von Rainer Werner Fassbinders Liebesgeschichte in ANGST ESSEN SEELE AUF. Sie ist die ästhetische Reflexion der 1960er und 1970er Jahre, die die genannten Stränge am konsequentesten zusammenführt und Integration als Diskretion gelingen lässt. In diesem Film zeigt sich eindrücklich, warum die Frage der Integration in der Bundesrepublik in den 1960er und 1970er Jahren vor allem eine Frage nach den interpersonalen und gesellschaftlichen Verhaltensweisen war. Anhand dieses Films werden wir für dieses Kapitel abschließend zeigen können, dass es auch hier weder die Kultur noch die Akteure sind, die bestimmend, prekär oder schematisch sind, wie es die Forschung zu Literatur und Film dieser Zeit bis heute festhält, sondern die zivilisatorischen, sozialen und topologischen Ordnungen. Sie stehen vielmehr für eine Praxis der Diskriminierung, der Verletzung, deren Gegenstück in Fassbinders Film Integration als Diskretion ist. In einem spezifischen Sinne sieht Rainer Werner Fassbinder ebenso wie Milton Gordon die Grundlagen der Integration im prozessualen Abbau von Diskriminierungen. Und ähnlich wie in Gordons Theorie lautet die zentrale Frage auch bei Fassbinder in Zweier- und Gruppenkonstellationen: »what happens ›when people meet‹«?[275]

2.8 Von *außen* nach *innen* oder: Integration als Diskretion

In seinem 1973 gedrehten Film ANGST ESSEN SEELE AUF erzählt Fassbinder die Geschichte eines ungleichen Paares. Emmi Kurowski, eine alte Putzfrau – in einem

---

wollen, obwohl sie das praktisch schon tun. Siehe hierzu: ROBBINS, Jerome (1961): *West Side Story*, Spielfilm, USA, MGM.
274 ARENDT, Hannah (1960): S. 429.
275 Siehe hierzu: GORDON (1964): S. 60.

vergleichbaren Alter wie Frau Kutzer in *Was will Niyazi in der Naunynstraße* –, lernt in München in einer Ausländerkneipe abends den jungen marokkanischen Gastarbeiter El Hedi Ben Salem (Ali) kennen, der wiederum im selben Alter ist wie Niyazi.[276] Wenn diese Personenkonstellation auf Seiten der Alteingesessenen und Arbeitsmigranten in ANGST ESSEN SEELE AUF an Örens Poem erinnert, so setzt der Anfang des Films allerdings gleich eine konstitutive Differenz. Im Unterschied zu den kaum existenten Kontaktszenen zwischen Niyazi und Frau Kutzer steht die Begegnung zwischen Ali und Emmi im Zentrum von Fassbinders Film. Und sie ist nicht einfach eine des sprachlichen Austauschs, weil auf ihren ersten kurzen Dialog innerhalb der ersten Filmsequenzen ihr gemeinsames Tanzen folgt.[277] Später bringt er sie nach Hause, denn sie hat »gut mit Ali gesprochen«, wie Ali selbst sagt.[278] Ali verbringt auf Emmis Wunsch die Nacht bei ihr. Sie schlafen miteinander und verlieben sich ineinander. Das soziale Umfeld reagiert auf die sich anbahnende Beziehung mit Ablehnung, Vorurteilen und Diskriminierung. Ihre Freundinnen und Putzkolleginnen reden nicht länger mit Emmi. Ihre Nachbarinnen beklagen sich über den Schmutz, den es neuerdings im Haus gebe. Und als Emmi und Ali heiraten und Emmi ihre Kinder hernach informiert, stößt sie auf radikale Ablehnung. Ali geht es wenig später genauso. Vom Lebensmittelhändler wird er nicht bedient und auf Emmis Beschwerde hin weist dieser sie aus seinem Laden, mit einer Gestik und einem Wortlaut, die an die Heimleiterin in SHIRINS HOCHZEIT erinnern. In einer der wenigen Außenaufnahmen, einer verregneten Biergartenszene, wird mitten im Film diese Exklusionsdynamik, die das Paar immer näher zusammenführt, verdichtet dargestellt. Die beiden sitzen allein an einem Tisch, am Eingang des Wirtshauses steht eine Gruppe von Menschen, junge wie alte, die Emmi und Ali wortlos anstarren. In dieser Sequenz versichert sich das Paar in radikaler Abgrenzung zur Gesellschaft, die auch hier als eine lose Gruppe vorgestellt wird, seiner Liebe, auch wenn Emmi bemerkt, dass sie diesem Druck nicht gewachsen sei. Sie flüchten sich in einen Urlaub und hoffen auf Besserung.

---

276 ANGST ESSEN SEELE AUF hatte bis kurz vor der Veröffentlichung des Films 1974 den Titel ALLE TÜRKEN HEISSEN ALI.
277 Auch in Bekir Yıldız' autobiografischem Roman spielt der Tanz mit deutschen Frauen eine herausragende Rolle. Doch fällt dort die Beschreibung über die Umstände des Tanzes zwischen deutschen Frauen und Gastarbeitern ganz anders aus. Denn als auf der Faschingsfeier die Musik ertönt, beschreibt Yıldız, fallen die schönen deutschen Frauen über unseren Tisch her und nehmen sich die Gastarbeiter zum Tanz, wie sie es gerade wollen und brauchen. Siehe: YILDIZ (1966): S. 54.
278 FASSBINDER, Rainer Werner (1974): Angst essen Seele auf, Spielfilm, BRD, DVD Studiocanal 2007.

Doch das Verhalten der anderen (des Lebensmittelhändlers, der Nachbarn, von Emmis Kindern und ihren Freundinnen) ändert sich auch nach dem Urlaub kaum; dabei ist allerdings von Anfang an klar, dass Nettigkeiten nur auf Profitdenken beruhen. Paul, Emmis Sohn, entschuldigt sich zwar bei seiner Mutter für sein Verhalten, fragt aber im gleichen Atemzug, ob sie tagsüber auf sein Kind aufpassen könne, bis er einen Krippenplatz gefunden hätte. Die Nachbarinnen begrüßen sie herzlich im Treppenhaus nach dem Urlaub und fragen sie, ob sie in ihrem Keller, da dieser doch so groß sei, etwas verstauen könnten. Und der Kolonialwarenhändler, der sich um den zunehmenden Kundenschwund sorgt, weil viele mittlerweile in Supermärkten einkaufen, verhält sich schließlich auch freundlich gegenüber Emmi, da »wenn es ums Geschäft geht, der Abscheu zurückstehen muss«.[279] Die Umkehrung der Verhaltensstruktur ist ökonomisch codiert und nicht mehr eindeutig fremdenfeindlich. Eine ähnliche Umkehr und Exklusionsdynamik zeigt auch Şoray in ihrem Film auf. Denn anfangs sind die Dorfbewohner mit dem frischvermählten Ehepaar noch solidarisch, ändern ihre Verhaltensweisen allerdings sukzessive, nachdem der Großgrundbesitzer ihnen droht.[280]

In Fassbinders Film ist es die Abnahme evidenter Diskriminierungen, die die Beziehung zwischen Emmi und Ali verändert. Nachdem der Druck von außen abnimmt, verlagert sich nämlich der Konflikt in die Beziehung.[281] Emmi will für Ali nicht mehr marokkanisch kochen und in einer Szene, der wir uns später intensiver widmen werden, stellt Emmi Ali ihren Kolleginnen als ein exotisches Wesen vor. Ali nimmt darauf das beendete, rein sexuelle Verhältnis zur Kneipenwirtin Barbara wieder auf, hat dabei jedoch ein schlechtes Gewissen und verhält sich nun so, als ob ihm alles egal wäre. Als sich am Ende des Films beide wieder versöhnen, bricht Ali aufgrund eines durchgebrochenen Magengeschwürs zusammen und kommt ins Krankenhaus. Nach Aussage des Arztes liege die Ursache am besonderen Stress, dem die Gastarbeiter in Deutschland ausgesetzt seien.[282] Emmi sitzt an Alis Bett und weint.

Auf den ersten Blick haben wir es bei ANGST ESSEN SEELE AUF mit einer sehr einfachen Geschichte zu tun, die wie Aras Örens Poem aufzeigt, wie schwie-

---

279 Ebd. In Örens Poem wird auch darauf verwiesen, dass die deutschen Kleingeschäfte schließen müssten, dafür aber die Türken neue eröffnen würden. Siehe: ÖREN (1973): S. 54.
280 Siehe hierzu: ŞORAY (1972).
281 Vgl. »»Zu Gunsten der Realität««. Gespräch zwischen Rainer Werner Fassbinder und Hans Günther Pflaum«. In: *Film-Korrespondenz*, 13.02.1974.
282 Vgl. FASSBINDER, Rainer Werner (1986): »Filme müssen irgendwann aufhören, Filme zu sein«. In: *Die Anarchie der Phantasie. Gespräche und Interviews*, hg. v. Michael Töteberg, Frankfurt a. M.: Fischer, S. 47–52, hier S. 52.

rig sich die Situation für randständige Akteure im Deutschland der 1960er und 1970er Jahre darstellt. Aufgrund der fehlenden gesellschaftlichen Akzeptanz von Fremden wird jede intime Bindung mit dem Fremden abgelehnt und geahndet. Die Verortung von Peripherie und Zentrum scheint klar. Allerdings trifft diese – fast pädagogische – Analyse, die auch auf Sanders-Brahms' Film passt, nur teilweise zu. Der Film bestieht auf der anderen Seite durch eine formale Sprache und eine syntagmatische Struktur, die den simplen Plot in ein weitaus komplexeres Gefüge von Subjekten, Geschichten, Außenstellen und Gesellschaft integriert. An die Stelle der Vermittlung tritt durch das ästhetische Narrativ (wie auch bei Sanders-Brahms' Film und Örens Poem) eine qualitative Transformation der Mitteilung, die zur eigentlichen Umbildung und Spaltung der Akteure führt und die soziale Frage und im Besonderen die Verhaltensweisen damit in den Vordergrund rückt. Der Zugang zu diesen Fragen erfolgt hier über die Bedürftigkeit der Akteure, die körperliche und psychische Bedürfnisse als eine zusammengehörige Struktur begreift.

Wenn Emmi sich zu Beginn des Films individuell, spontan und bedürftig zeigt – sie geht nach der Arbeit alleine in die Ausländerkneipe, tanzt mit Ali, lässt sich nach Hause begleiten, lädt ihn nach einem sehr angenehmen Gespräch im Treppenhaus, auf einen Cognac ein und lässt ihn in ihrer Wohnung übernachten, weil sie ihre wohltuende Begegnung verlängern möchte –, dann wird sie in einer Offenheit und in einem Dialogbedürfnis gezeigt, die die Dynamik des Films insgesamt prägt. Es ist diese ihre bedürftige Offenheit, die sie im Laufe des ersten Teils immer stärker an Ali bindet und stark gegenüber den anderen macht, wohingegen Emmi im zweiten Teil angeschlagen und zerbrechlich wirkt und zwischen kollektiven und individuellen Bindungen pendelt. Ihre Person wird zu einem Umschlagplatz individueller und gesellschaftlicher Kommunikation, ein Interdependenzgeflecht.

Als der soziale Druck auf Ali und Emmi nachlässt, aktualisiert sich indes eine Spannung und eine Fragilität innerhalb der Figuren, die auf Handlungsebene nicht zu erwarten war. Dies ist eindeutig zu sehen in der emotional starken Biergartenszene: Hier wird die Trennung vom randständigen Liebespaar und der beobachtenden, ausschließenden Gruppe offensichtlich. Inwiefern dabei die Ausschließenden eine integrierte Einheit bilden, wird jedoch weder in ANGST ESSEN SEELE AUF noch in den anderen analysierten Produktionen ersichtlich.

Dass Emmi dem gesellschaftlichen Druck nicht wird standhalten können, signalisiert auch ihr Körper. In der genannten Sequenz legt sie müde ihren Körper auf den Tisch. Auch Emmis Umgangston ändert sich. Nach dem Urlaub beschließt sie, kein Couscous mehr für Ali zu kochen, da er sich langsam den deutschen Verhältnissen anzupassen habe. Emmi wird jetzt wieder von ihren Arbeitskollegen aufgenommen, ausgeschlossen wird nun stattdessen die neue ausländische Putzfrau Yolanda. Fassbinder verwendet dieselbe Einstellung im Treppenhaus, die er auch für Emmi einsetzte, als sie ausgeschlossen wurde. Auf die Aussage ihrer Kolleginnen, dass Yolanda weniger Geld als die deutschen Putzfrauen bekomme, erwidert Emmi, »die da oben werden ja wissen, wie so was läuft«. Emmi macht hier mehr oder weniger als Teil der Gruppe mit und ordnet sich hierarchisch ein, indem sie die Verordnung von oben nicht hinterfragt.

Als ihre Kolleginnen zu Besuch kommen, führt sie Ali herrisch als einen sich waschenden Marokkaner mit eigenem Kopf vor, doch im Verlauf dieser Sequenz auch mit dem Bewusstsein, dass sie sich mit dieser Vorstellung ihrem Mann gegenüber falsch verhält. Diese Spannung und Fragilität werden in dieser Sequenz eindrucksvoll gezeigt. Die Sequenz davor schließt mit einer Einstellung, in der Yolanda, ausgeschlossen, hinter den Streben des Treppengeländers ihr Pausenbrot isst.[283] Die nächste Sequenz: Emmis Wohnzimmer, in der wir Ali reglos vor dem ausgeschalteten Fernseher sitzend sehen. Emmi betritt mit ihren Kolleginnen den Raum und sagt zu ihren Kolleginnen gewandt: »Das ist der Ali. (Zu Ali sich wendend): Sag mal schön ›Guten Tag‹.« Ihre Kolleginnen wundern sich, wie sauber Ali sei, man sei davon ausgegangen, dass Gastarbeiter sich nie wüschen. »Der ja, der wäscht sich. Der duscht sogar, jeden Tag«, erwidert Emmi. Emmi und ihre Kolleginnen umrunden Ali, bewundern seine Muskeln, berühren seinen Bizeps. Während Emmi guter Laune ist, verlässt Ali genervt den Raum. Was er denn habe, wollen die Kolleginnen wissen. Emmi: Er habe manchmal seinen eigenen Kopf, das komme von der fremden Mentalität. Die nächste Einstellung ist eine Tiefenaufnahme: Ali verlässt nach einem kurzen Blickkontakt die Wohnung und Emmi blickt ihm mit einem schlechten Gewissen nach. Nachdem Ali die Wohnung verlassen hat, steht Emmi an der Türschwelle zwischen Flur und Wohnzimmer, sieht ihre lächelnden Kolleginnen an und lächelt zurück und senkt dann ihren Kopf, aus dessen Gesicht das Lächeln verschwunden ist.

Der Übergang von ihrem strahlenden Gesicht zu ihrem gesenkten Kopf bündelt die Zeit vor dem Urlaub als Außenseiterin mit der Zeit danach als eine anerkannte, gruppenzugehörige Person. So repräsentiert Emmi nicht mehr einfach eine Peripherie, sondern wiederholt vielmehr den Ausschließungsakt der Anderen, der Mehrheit, mit ihrer Handlung und Geste. Allerdings geschieht dieser Ausschluss, und das ist wichtig, in einem tiefen Bewusstsein dessen, dass sie zuvor selbst die Ausgeschlossene war. Diese Nähe von Einschluss und Ausschluss ist bereits in der Exklusionsgeschichte des ersten Teils des Films angelegt. Dort spielt die nationalsozialistische Vergangenheit der deutschen Gesell-

---

[283] Mit der gleichen Einstellung schloss eine Sequenz im ersten Teil des Films, als Emmi ihr Pausenbrot abseits von ihren Kolleginnen aß.

schaft eine wichtige Rolle. Eine Küchenszene in Emmis Wohnung: Ali will Emmi Geld geben, weil er doch die ganze Zeit bei ihr wohne und seinen Teil beitragen möchte. Emmi reagiert darauf sehr emotional: Sie will das Geld nicht annehmen, weil Geld alle Gefühle kaputt mache und sie Angst habe, ihre Liebe des Geldes wegen zu verlieren. Unmittelbar nach diesem Bekenntnis zu einer reinen Liebe fragt Emmi Ali beiläufig, ob er Hitler kenne. Ja, er kenne Hitler, erwidert Ali. Emmi erzählt daraufhin die Geschichte ihrer Familie und ihres Mannes, der ein polnischer Kriegsflüchtling gewesen sei. Ihre Eltern hätten ihr davon abgeraten, da eine Ehe mit einem Ausländer kein gutes Ende nehme. Denselben Satz äußert Emmis Putzkollegin Paula ihr gegenüber. Ihr Vater, der wie sie Mitglied in der NSDAP gewesen sei, habe große Probleme mit ihrem Mann František gehabt. Mit einer alltäglichen Beiläufigkeit und Wehmut gibt Emmi ihre Geschichte und die Konflikte vor ihrer Beziehung mit Ali wider. Ihre neue Beziehung mit Ali wird ähnlich verlaufen, nur dass an die Stelle ihrer Eltern, die František nicht mochten, ihre Kinder, Nachbarn, Ladenbesitzer und Kneipenbesitzer treten werden. Diese Nähe von Alltag, Familie und Nationalsozialismus wird wenige Sequenzen später (kurz vor der Biergartenszene) wiederholt. Nach der Trauung, zu der Emmi niemanden eingeladen hatte, gehen beide »fein essen«; in Hitlers Lieblingsrestaurant in München, weil Emmi hier schon immer einmal essen gehen wollte.

Die Nähe und Aufeinanderfolge von reiner Liebe und nationalsozialistischer Vergangenheit bündelt Individualität, Kollektivität und die deutsche Vergangenheit, für die auch die Verhaltensweisen von Emmis Kindern, ihrer Nachbarn und Kolleginnen stehen. Diese Nähe bestimmt die kulturelle Dynamik in Fassbinders Film und zeigt nicht nur Emmis Identität mehrfach und teils widersprüchlich codiert. Allerdings findet in der Mitte des Films eine Umkehrung der Verhaltensweisen statt. An die Stelle einer eindeutig fremdenfeindlich verwurzelten Ablehnung Alis treten ökonomische Interessen, die das Verhältnis zum Fremden als ein Kosten-Nutzen-Verhältnis uminterpretieren. Auch diesen Konnex zwischen Profit und Gastarbeit deutet Fassbinder bereits früh im Film auf ungewöhnliche Art und Weise an. In der Einstiegssequenz des Films tritt eine lasziv gekleidete deutsche Frau an die Theke der Ausländerkneipe, stellt sich an Alis Seite und fragt ihn, ob er denn heute Abend kommen werde. Dieser verneint, weil sein »Schwanz kaputt« sei und verbindet mit seiner Antwort Körper und Maschine – eine Verknüpfung, die auch im Begriff des Gastarbeiters steckt.[284] Daraufhin geht die Frau mit einer

---

[284] Die Verbindung von Maschine und Sexualität spielt auch bei Bekir Yıldız eine besondere Rolle. Dort wird der Mangel an sexueller Kondition zu Anfang bei deutschen Arbeitern, später auch bei türkischen Gastarbeitern, durch den Einfluss der industriellen Fabrikarbeit erklärt. Siehe: YILDIZ (1966): S. 78. In Örens Poem ist Halime Gastarbeiterin und für Frau Kutzer die Frau,

Mischung aus Wut und Enttäuschung an die Jukebox, wählt, nachdem ein arabisches Stück gelaufen war, einen deutschen Walzer der 1930er Jahre und verlangt von Ali, dass er doch mit der alten Frau tanzen solle und die Geschichte nimmt daraufhin, wie oben beschrieben, mit dem Dialog zwischen Emmi und Ali ihren Lauf. Die aufgezeigten, sich different wiederholenden Verdichtungen unterschiedlicher Codes, die von der jüngsten Geschichte Deutschlands über die Wirtschafts- bis zur Ausländerpolitik reichen, werden in ANGST ESSEN SEELE AUF nicht repräsentativ verhandelt, sondern mikrologisch und syntagmatisch über die Akteure und ihre wechselseitigen Beziehungen in die Geschichte zwischen Emmi und Ali verwoben. Und es sind diese Außenstellen und zusätzlichen Codes, mit denen die Verhaltensweisen und die Geschichten der Akteure in einem von Außenverhältnissen geprägten Interdependenzgeflecht zueinander stehen, die ihre eigene und die junge bundesrepublikanische Geschichte unlösbar bindet. Diese Multiplikationen der Bindungen durch Mehrfachcodierungen der Akteure lassen in Fassbinders Film eine Spannung entstehen, die ein komplexes assoziatives Gefüge und wechselseitige Abhängigkeiten generiert, die in ANGST ESSEN SEELE AUF an Grenzverschiebungen zu erkennen sind.[285] Um dieses Gefüge zwischen individuellen und sozialen Strukturen in seiner Grundstruktur lesen zu können, hilft uns der Blick einerseits auf die Bildkompositionen und andererseits auf die Settings des Films.

Von der Ausländerkneipe über diverse Treppenhäuser, dem Kolonialwarenladen und Hitlers Lieblingsrestaurant dominieren in diesem Film (abgesehen von Emmis Wohnung) wie in den bereits analysierten Texten und Filmen Übergangsorte. Zudem spielen in vielen Szenen Türrahmen und Türschwellen eine wichtige Rolle. Diese Dominanz des Transits verspricht Bewegung. Doch bewegen sich die Akteure in Fassbinders Sequenzen und Einstellungen selbst kaum. Dies hängt unmittelbar mit Fassbinders Bilddramaturgie zusammen, die die Übergangsräume mit Außenstellen und Grenzziehungen besetzt, die weder körperliche noch emotionale Freiheiten gewähren. Denn in ANGST ESSEN SEELE AUF ist in der Bildsprache eine formal sehr interessante Grenzverschiebung zu beobachten. Im ersten Teil des Films beginnt die Beziehung zwischen Emmi und Ali keineswegs intim, da sie während ihres Tanzes von den übrigen Gästen angestarrt werden. Sie sind Teil einer losen Gruppenkonstellation. Fassbinder löst diese

---

die mehrere Männer mit nach Hause nimmt. Niyazis politische Freundin verdiente ihren Unterhalt, bevor sie nach Deutschland als Arbeiterin migrierte, als Prostituierte. Und Shirins Assimilationsprozess endet ebenfalls in der Prostitution.

285 Mit einer vergleichbaren Logik der Multiplikation arbeitet auch Ören in *Was will Niyazi in der Naunynstraße*, wenn er an die Biografie und Familiengeschichte von Frau Kutzer und von Niyazi die anderer türkischer Arbeiterinnen und Arbeiter anfügt und sie einander anpasst.

Sequenz durch Schuss/Gegenschuss-Aufnahmen auf. Nach dieser Szene sehen wir Ali und Emmi im Treppenhaus zu Emmis Wohnung in die Tiefe aufgenommen: sie an einem Ende des Flurs in Nahaufnahme und er – im Hintergrund – am anderen Ende vor der Haustür; wir haben das Gefühl, als einziger Zuschauer einem intim-diskreten Dialog beizuwohnen. Allerdings hat Emmis Nachbarin, Frau Karges, das Gespräch belauscht und macht sich gleich darauf bemerkbar, um zu sehen, wen Frau Kurowski mit nach Hause gebracht hat und informiert darüber sogleich die Nachbarin.[286] Nach der ersten Nacht verabschiedet sich das Paar am Morgen etwas unbeholfen und zärtlich distanziert: sie auf der einen Seite der Straße und er auf der anderen Seite; auch hier glaubt der Zuschauer, der einzige Voyeur zu sein. Doch die Kamera schwenkt nach oben und wir sehen erneut Frau Karges, die die Szenerie beobachtet. Diese Beobachtung durch die Anderen bindet zugleich die Beziehung, die in der besagten Biergartenszene als Trialog ihren Höhepunkt findet. Es gibt stets ein Außen für die Beziehung, das im Kontrast zu ihrer offenen und diskreten Bedürftigkeit steht. Auf eine ähnliche Weise sind der Großgrundbesitzer in DÖNÜŞ, der Schichtführer, die Leiterin des Arbeiterwohnheims in SHIRINS HOCHZEIT und die Polizei in OTOBÜS endogene Teile der Bildkonstellationen. Doch im Unterschied zu den anderen ästhetischen Erzählungen verschiebt Fassbinder diese Konstellation.

Nach dem Urlaub werden die Akteure Ali und Emmi nicht mehr beobachtet, sie werden jetzt einengend in Türrahmen gezeigt. Die Außenaufnahmen verschwinden gänzlich. Wenn es vor dem Urlaub noch ein klares Außen gab, das durch den fast immer vorhandenen sichtbaren Beobachter intensiviert wurde, verlagert sich diese Grenze zwischen Peripherie und Zentrum in die Beziehung und in die Akteure hinein und leitet subtil das äußerst heterogene Spannungsfeld zwischen reinem Herzen und Faschismus in den Innenraum. Die zuvor beschriebene Szene im zweiten Teil des Films, in der Emmi ihren Mann vorführt und am Ende mit schlechtem Gewissen auf der Türschwelle steht, während ihr Mann die Wohnung enttäuscht verlässt, sie auf der einen Seite ihren Kolleginnen zulächelt und danach den Kopf senkt, ist der Höhepunkt dieser Grenzverschiebung, die das komplexe Assoziationsgefüge dieser Sequenz nur im Übergangsbereich der Schwelle festhalten kann. Emmi teilt sich selbst, alle bisherigen Außenstellen des Films bündelnd, etwas mit. So haben wir es hier mit einem problematischen Feld zu tun, »das durch die Entfernung zwischen heterogenen Ordnungen bestimmt wird«.[287] Dieses problematische und problematisierende Feld zeigt sich impli-

---

[286] Eine vergleichbare Nachbarschaftsszene haben wir auch in der Mitte von Örens Poem – nur mit dem Unterschied, dass Frau Kutzer es nicht einer weiteren Nachbarin mitteilt, dass die Gastarbeiterin Emine wieder Männer mit nach Hause gebracht hat.
[287] DELEUZE, Gilles (1997): *Differenz und Wiederholung*, München: Fink, S. 311.

zit in den Akteuren, das dadurch den Kontakt- und Grenzbereich ausweitet. Die implizite Kommunikation funktioniert nicht mehr und wird in einen Zustand von Kopplung überführt, »die deren innere Resonanz gewährleistet«.[288] Dieser derart geschaffene Raum generiert eine Vieldeutigkeit und Vielsprachigkeit, die beispielsweise in einer zeichentheoretischen Sprache (Signifikant/Signifikat) nicht mehr angemessen gebündelt werden kann. Ist Emmi fremdenfeindlich oder nicht? Diese Frage lässt sich nicht beantworten, weil Fassbinders Struktur der Person über solche Markierungen hinausreicht, die somit zugleich als gesellschaftlich bedingte zu lesen sind. Dies unterscheidet Fassbinders Film von Yıldız' Roman, Şorays, Okans, Sanders-Brahms sowie von Örens Poem. Wenn die zuletzt genannten mit zwei Dimensionen operieren, generiert Fassbinder eine dritte.

Nach dem russischen Kulturtheoretiker Jurij Lotman ist die Person eine semiotische Grenze, ein Sammlungspunkt unterschiedlicher Codes.[289] Und wenn die Personen wie in ANGST ESSEN SEELE AUF mehrfach codiert sind, reichen die Assoziationen, die mit ihnen und ihren Aussagen verbunden sind, weit ins Gesellschaftliche hinein, ohne dabei jedoch bei einer Entität wie Gesellschaft überhaupt ankommen zu können. Dies ist vor allem deshalb so, weil die Gruppen wie die Akteure in den behandelten Texten und Filmen nicht fest zusammengehören, sondern lose miteinander verbunden sind. Es ist nicht klar, wofür sie stehen und damit auch nicht klar, was sie repräsentieren, welche vermeintlich vorhergehende soziale Einheit sie vertreten. Die Lösung dieses dilemmatischen Zustandes sieht Fassbinder daher auch nicht in der Wiederherstellung einer Einheit unter der Diktion, dass wir doch alle Menschen seien. Sein Vorschlag geht hinsichtlich der Grundlagen von Integration noch weitaus basaler vor, was sich am Ende des Films eindrücklich zeigt.

Denn trotz der aufgezeigten Grenzverschiebungen in ANGST ESSEN SEELE AUF, der Gleichzeitigkeit von Heterogenitäten und der Spaltungen der Akteure und Gruppen durch das Gesellschaftliche und Historische siegt am Ende des Films die intime Beziehung zwischen Emmi und Ali, die mit der Darstellung ihrer Bedürfnisse und Einsamkeiten im ersten Teil geschaffen wurde. Emmi und Ali finden anders als Shirin und Mahmut, anders als Ibrahim und Gülcan und anders als Niyazi und Frau Kutzer wieder zueinander. Wie zu Beginn und in der Mitte des Films vor ihrer Hochzeit und nun am Schluss des Films tanzen sie in Barbaras Ausländerkneipe, wo sie sich zum ersten Mal begegnet waren. Ihr Tanzen am Anfang, in der Mitte und am Ende des Filmes gibt der Erzählung eine besondere

---

[288] Vgl. ebd.
[289] Vgl. LOTMAN, Jurij (2010): *Die Innenwelt des Denkens. Eine semiotische Theorie der Kultur*, hg. v. Susi Frank, Cornelia Ruhe, Alexander Schmitz, Berlin: Suhrkamp, S. 184.

konfigurative Struktur. Während des letzten Tanzes führt das Paar das folgende Gespräch:

> Ali: Ichk schläft mit anderer Frau, aber ...
>
> Emmi: Das ist doch nicht wichtig, Ali. Das ist überhaupt nicht wichtig.
>
> Ali: Ichk nicht will, aber immer ichk bin so nervös.
>
> Emmi: Du bist doch ein freier Mensch. Du kannst doch machen, was Du willst. Ich weiß doch, wie alt ich bin. Ich sehe mich ja jeden Tag im Spiegel. Ich kann Dir doch nichts verbieten.
>
> Wenn wir zusammen sind, dann müssen wir gut sein zueinander, sonst ist das ganze Leben nichts wert.
>
> Ali: Ichk will nicht andere Frau, ichk liebe nur Dichk.
>
> Emmi: Ich liebe Dich auch, zusammen sind wir stark.

Danach bricht Ali unter starken Schmerzen zusammen und kommt, wie schon erwähnt, wegen eines bei Gastarbeitern häufig auftretenden, durch Stress bedingten Magengeschwürs ins Krankenhaus. Auch wenn er wieder gesund werden würde, läge er in einem halben Jahr wieder da, prognostiziert der Arzt.

Vor dem körperlichen Zusammenbruch Alis wird bei der Versöhnungsszene das Spannungsfeld, das der Film zwischen reinem Herzen und Faschismus aufgebaut hatte, durch die Bindung zwischen Emmi und Ali in einem Verhältnis offener Diskretion geschlossen. Und Diskretion ist nach Lotman die Grundbedingung für eine dialogische Offenheit, die er als einen Kontakt vor dem Kontakt beschreibt. Der Kontakt vor dem Kontakt beinhaltet eine Dialogbedürftigkeit vor der Dialogsituation, eine Kommunikation des Bedarfs und des Begehrens, die vor der sprachlichen steht und als »notwendig und wünschenswert empfunden werden« muss.[290] Die Voraussetzung der Bedürftigkeit, die besonders in peripheren Grenzbereichen sichtbar werden kann, ist auch das, was Emmi und Ali zueinander führt und sich selbst als strukturell ähnliche Menschen erkennen lässt. Ein Kontakt, der auch in SHIRINS HOCHZEIT, in *Was will Niyazi in der Naunynstraße* und in Bekir Yıldız' *Türkler Almanyada* als Kommunikation von Bedarf, Begehren und Sorge vom Wohnheimleiter der Fordwerke, von Shirin, Aida, dem griechischen Freund Shirins, von Frau Kutzer, von Niyazi und Halime artikuliert und gesucht wird, jedoch als Integration neuer sozialer Bindungen nicht gelingt, weil allein das Aufzeigen ähnlicher Bedürfnisstrukturen, Interdependenzstrukturen,

---

[290] LOTMAN, Jurij (2010): »Die Mechanismen des Dialogs«. In: ders: *Die Innenwelt des Denkens*, S. 191–202, hier S. 198.

Entlastung und Bewältigung von Situationen und Zuständen nicht ausreichen. Soziale Zustände und Situationen müssen in Prozesse überführt werden. Denn es muss auch immer jemanden geben, der wie Emmi Kurowski den arbeitenden Gast nach einer wohltuenden Begegnung zu sich nach Hause einlädt und den begonnenen Dialog weiterführen will.

2.9 Fazit zu »Wir wollten alle Amerikaner werden«

Das zentrale Thema der ästhetischen Bearbeitung der Migration nach Deutschland und ihrer Folgen ist in den 1960er und 1970er Jahren – im Unterschied zum authentischen Subjekt der 1980er, zum hybriden Subjekt der 1990er und zum Cultural Broker der 2000er Jahre – die soziale Frage. Sie bleibt in den von uns analysierten Werken als Frage bestehen. Auf unterschiedlichen Komplexitätsebenen – in ästhetischer wie auch in dokumentarischer Form – bestimmt sie die politische Epistemologie dieser Zeit. Ihr Träger ist die undefinierbare Gruppe. Wo hinein die Gruppen sich integrieren könnten, wird in keiner von mir analysierten ästhetischen Produktion, Debatte oder wissenschaftlichen Arbeit genauer beantwortet. Vielmehr wird Integration in unterschiedliche Richtungen als Kontroverse entfaltet. Die Probleme werden sozial beschrieben, sie werden aber sozial nicht erklärt, weil zum einen, das System als System, das die Probleme verursacht – die Akteure verletzt – nicht sichtbar ist und nicht gezeigt wird. Zum anderen, weil die Bindungen aller Akteurinnen und Akteure zu Beginn, in der Mitte und am Ende der Erzählungen in Auflösung und nicht in Versammlung begriffen sind, mit Ausnahme der Schlusssequenz in Fassbinders Film.[291] Die kontroverse und paradoxe Struktur in den Erzählungen ist folgende: Auch wenn die türkischen, ausländischen und deutschen Akteure sich in ihren Bedürfnisstrukturen ähneln und Helma Sanders-Brahms' Film, Bekir Yıldız' Roman, Aras Örens Poem und Fassbinders Film von einer Hinwendung zur Ähnlichkeit geprägt sind, setzt weder ein sozialer Wandel ein noch gelingt eine soziale Kohäsion. Es fehlt hierfür eine bestimmbare und darstellbare Gesellschaft, die die Bedingungen für die Entstehung eines zweiten Bewusstseins, den einer nicht-familialen Zugehörigkeit, schaffen könnte.

Diese Bedingungen fehlen aus zwei Gründen: Mit dem Konflikt- und Integrationsforscher David Lockwood Ende der 1960er Jahre gesprochen, kann endogener sozialer Wandel nur gelingen und erfolgen, wenn Akteure und Systeme in

---

[291] Interessanterweise ist diese Schlusssequenz mit dem bekanntesten Film der DEFA aus den 1970er Jahren vergleichbar. Siehe hierzu: CAROW, Heiner (1973): »Die Legende von Paul und Paula«. In: *Romantische Momente. Die schönsten Liebesfilme der DEFA*, DVD Kino Home Entertainment 2007.

Form von Institutionen in einem prozessorientierten Dialog stehen. In keinem der analysierten Texte und Filme gibt es ein sichtbares und stabiles Akteur-System-Verhältnis. Es ist vielmehr umgekehrt der Fall, dass ein nicht sichtbares System durch bestimmte Personen wie Großgrundbesitzer oder Schichtführer die Akteure verletzt oder, wie Hannah Arendt es formuliert, die Lebenswelt beschädigt. Repressive Mechanismen werden sichtbar gemacht, jedoch bleiben die Gruppen, um die es geht, undefiniert.[292]

Der zweite Grund, warum es an Gesellschaft fehlt, ist, dass es in keiner der Erzählungen weder real noch imaginär einen Ort für sie gibt. Die Naunynstraße ist eine Sackgasse, Shirins Leben endet am Rande einer Schnellstraße, und in Fassbinders Film bilden die Grundlagen der deutschen Gesellschaft fremdenfeindliches und ökonomisch-strategisches Verhalten. Was fehlt, ist ein die Akteure und Orte verbindendes Narrativ der Integration, das über eine Kritik des Ist-Zustands hinaus auf einen Soll-Zustand verweisen kann. Auf einen sozialen Zustand, eine Form der Versammlung, die die Hinwendung zur Ähnlichkeit zwischen Shirin und Katharina Blum, zwischen Niyazi und Frau Kutzer und schließlich zwischen Ali und Emmi über Gemeinschaftsvorstellungen hinaus in eine stabile Bahn gesellschaftspolitischer Erzählungen überführen könnte. Das zivilisatorische Problem der deutschen Nachkriegsgesellschaft, wie sie Arendt, Dahrendorf, Elias und Marcuse als eines zwischen Akteur und System, zwischen Akteuren und Öffentlichkeit bestimmten, greift auch in den Erzählungen zur Migration, und es ist nicht allein ein innerdeutscher oder ein ausschließlich westlicher Diskurs. Die Erzählungen der Migration und Integration gehen dabei insofern über diese Feststellungen zur deutschen Frage hinaus, als sie neben den genannten gesellschaftlichen Spannungs- und Interaktionsverhältnissen die soziale Frage stärker in den Vordergrund rücken. Dies zeigt uns ein abschließender vergleichender Blick.

Nach Moritz Scheibe verweisen Ralf Dahrendorf und Jürgen Habermas in den 1960ern und 1970ern auf eine gesellschaftliche Problemkonstellation, »dass nämlich eine moderne Gesellschaft auf demokratischen Normen und Verhaltensweisen beruhen musste und dass die Gesellschaft der Bundesrepublik von diesem Ziel noch weit entfernt war«.[293] Der Weg, der die Kopplung von Innen-

---

[292] Um gesellschaftspolitische Veränderungen herbeizuführen, wird in den 1980ern das Bemühen um Definition auf dieser Ebene in Form von Identitätspolitik jedoch zentral. Siehe hierzu: HABERMAS, Jürgen (1985): »Die Krise des Wohlfahrtsstaates und die Erschöpfung utopischer Energien«. In: ders.: *Die Neue Unübersichtlichkeit*, Frankfurt a. M.: Suhrkamp, S. 141–163, hier S. 159.
[293] SCHEIBE, Moritz (2002): »Auf der Suche nach der demokratischen Gesellschaft«. In: *Wandlungsprozesse in Westdeutschland. Belastung, Integration, Liberalisierung 1945–1980*, hg. v. Ulrich Herbert, Göttingen: Wallstein, S. 245–277, hier S. 258.

und Außenstrukturen schaffen sollte, war nichts anderes als die Ausweitung der Demokratie über die staatlichen Institutionen hinaus in das gesellschaftliche Innenleben der Bundesrepublik. Der Schlüssel für diese Entwicklung ist nach Dahrendorf der Umgang mit Konflikten, nämlich einer der rationalen Kanalisierung, die keiner Autorität bedarf: eine Demokratisierung von unten.

Eine solche Perspektive von unten steht auch im Zentrum in der von mir behandelten Literatur und in den Filmen, jedoch mit einer ganz anderen Bearbeitung der Innen/Außen-Unterscheidung: Sie zielt nicht auf eine Durchdemokratisierung der Gesellschaft, die sich am Ende einstellen soll. Die Bewegungen der Gruppen, Akteurinnen und Akteure sind in Yıldız' Text, Sanders-Brahms' halbdokumentarischem Film, Örens ebenfalls halbdokumentarischem Poem und in Fassbinders Film nicht so klar gerichtet. Das Unten beschreibt in diesen Produktionen nicht eine vermeintlich begrenzte private Welt der deutschen Gesellschaft, sondern vielmehr das Verhältnis zu Peripherien, zu den Randfiguren, den Gastarbeitern, den Frauen und den Alten. Ihre ästhetischen Sprachen stammen aus diesem Grenzbereich, der damals wissenschaftlich noch nicht erschlossen war. Er ist von Überschüssen an Energie, an Bedürfnissen und von »ungerichteten Bewegungsimpulsen« geprägt.[294] So mögen die analysierten Texte, Filme, Debatten und Theorien von Yıldız über Gordon, Ören, Elias, Habermas, Sanders-Brahms bis hin zu Fassbinder jeweils in sich geschlossen sein und unterschiedliche Herkünfte haben, vom Clash der Agrarkultur mit der städtischen Lebensstruktur, von der Last der Vergangenheit bis zum kolonialistischen Gebaren. Und es gibt auch keine vereinheitlichende Klammer, die alle Ebenen und Produktionen zusammenfügen könnte, wobei die behandelten Texte und Filme auch nicht beziehungslos nebeneinanderstehen. Sie sind auf eine bestimmte Art und Weise miteinander vernäht und verfranst. Mit Rosanvallon gesprochen, bindet alle hier verhandelten Filme und Texte, dass die sozialen Elemente »Ort«, »Kontakte« und »Handlungen« durch eine Gestaltung von Auseinandersetzungen nicht zusammengeführt werden können, deren Bindung auf eine existierende Gesellschaft verweisen könnte. Anders als die politischen Debatten antworten Filme und Texte sensibel und in der ihnen eigentümlichen Komplexität auf die Frage, wie man den Zustand der Ankömmlinge beschreibt, wenn die Ankunftsgesellschaft sich selbst irgendwo anders hinbewegt und die Ankommenden nicht mitnimmt, obwohl diese sich in die gleiche Richtung bewegen.

Zusammenfassend können wir für die 1960er und 1970er Jahre festhalten, dass in Text und Film erstens die Arbeitenden und ihr Verhältnis zueinander das

---

[294] KOSCHORKE (2004): »Codes und Narrative. Überlegungen zur Poetik der funktionalen Differenzierung«. In: *Grenzen der Germanistik. Rephilologisierung oder Erweiterung?*, hg. v. Walter Erhart, Stuttgart: Metzler, S. 174–185, hier S. 179.

Thema sind, und dass dieses Verhältnis zweitens von wechselseitigen Begehrens- und Bedürfnisstrukturen geprägt ist, die sich als energetischer Überschuss zeigen. Es gibt einen Kontakt vor dem Kontakt, eine Kommunikation des Bedarfs, die vor der sprachlichen stattfindet. Im Fokus steht dadurch nicht das Verstehen des Anderen – ob deutsch oder türkisch ist nicht ausschlaggebend –, sondern der Umgang und die Situation mit Fremden. Drittens habe ich gezeigt, dass das Verhältnis von Assimilation und endogenem sozialem Wandel ein brüchiges ist, das mit der geringen Repräsentationskraft kultureller und sozialer Zeichen (Individuum, Gruppe und öffentlicher Raum) korreliert. Mit unserer allgemeinen Definition von Integration als Bewegungskonzept können wir festhalten, dass Ist-Zustände problematisiert, jedoch keine Soll-Zustände anvisiert werden. Das öffentliche Sprechen über Migration und ihre Folgen hegen das Private nicht ein. Diese Diskrepanz zwischen dem Reden über Integration und ihren Praktiken aus Alltagskontexten heraus wird uns bis zum Ende dieses Buches, bis zum Beginn des 21. Jahrhunderts in unterschiedlichen Verhältnisgraden zwischen Reden und Handeln als produktive Störungen der Kommunikation begleiten. Und wir werden sehen, dass die Geschichte dieses Verhältnisses wesentlich bestimmt ist von der deutschen Integrationsgeschichte vom Zivilisationsbruch zur Zivilmacht; wesentlich mehr als von ihrer primär systematisch auf Institutionen, Parteien und Verbänden beruhenden innerdeutschen oder neuerdings wieder europäischen und westlichen Geschichte.[295] Bevor wir jedoch dieses größere Narrativ anhand der folgenden Kapitel entfalten, sei abschließend noch Folgendes zum Narrativ der Migration und Integration in den 1960er und 1970er Jahren erwähnt: Da körperliche Bedürfnisse, Kontakte und Verhaltensweisen den Kern ihrer Verhandlungen in den dokumentarischen, politischen und ästhetischen Beschreibungen ausmachen, ist die Integration in diese an erster Stelle eine Frage der Diskretion. Und dort, wo diese besondere Eigenschaft zivilen Verhaltens fehlt, muss Europa – wie es die Gastarbeiter in Yıldız' Text *Türkler Almanyada* auf ihrer Zugfahrt nach Deutschland auch festhalten – als Gesellschaft irgendwo anders sein. Literatur und Film zur Migration verzeichnen einen Komplexitätszuwachs in der bundesrepublikanischen Gesellschaft, die an sich Informationsgewinn und eine erweiternde Orientierung »in der Welt« bedeuten kann, wenn sie zusammengeführt wird. Wenn nicht, birgt sie die Gefahr, zu einer »spezifischen ›Schizophrenie der Kultur‹« zu führen; zu einem Zerfall in »zahlreiche wechselseitig antagonistische ›kulturelle Persönlichkeiten‹«.[296] Das hier von Lotman

---

[295] Siehe hierzu erneut: WEHLER (2008); SCHMID (2009); WOLFRUM (2006).
[296] LOTMAN, Juri (2004): »Der Platz der Filmkunst im Mechanismus der Kultur«. In: *Juri Lotman. Das Gesicht im Film. Zeitschrift für Theorie und Geschichte audiovisueller Kommunikation* 13, Marburg: Schüren, S. 92–106, hier S. 96.

angedeutete Problem gesellschaftlicher und persönlicher Spaltung wird uns in den literarischen und filmischen Reflexionen zur Migration und Integration in der Bundesrepublik in den 1980ern besonders beschäftigen. In diesem Zusammenhang zeigt sich der türkische Film ALMANYA, ACI VATAN (*Bittere Heimat Deutschland*) von 1979 als eine Schwellenerzählung, die vom bedürfnisorientierten Leitsatz »Wir wollten alle Amerikaner werden« der 1960 und 1970er Jahre zum kulturellen Leitsatz »Wie lebt es sich als Türke in Deutschland?« überleitet. Der erste Leitsatz der vorliegenden Kulturgeschichte läuft in diesem Film im wahrsten Sinne des Wortes gegen die Wand.

»Die Situation der Kinder hier ist viel schlimmer als die der Älteren«, sagt der Gastarbeiter Talat (Suavi Eren) in der zweiten Hälfte von Şerif Görens Film ALMANAYA, ACI VATAN. Mit »hier« meint Talat Deutschland und die Kinder, um die es geht, sind die der türkischen Gastarbeiter. »Die meisten von ihnen haben ihre Augen hier geöffnet. Sie eifern den deutschen Jugendlichen nach. Sie sind eine Generation halb Deutsch, halb Türkisch. Sehr schlimm, sehr ...«.[297] Kurz zuvor haben er und Mahmut, ein weiterer türkischer Gastarbeiter, ihren Kollegen Şehmuz davon abgebracht, seine Tochter zu schlagen. Sie hat zum wiederholten Male ohne seine Erlaubnis die Wohnung verlassen, dabei schließt Şehmuz die Tür am Wochenende immer ab, dass sie nicht entwischen kann. Als Talat seinen Kommentar zu dieser Gewaltszene abgibt, stehen Mahmut, er und Güldane (Hülya Kocyiğit), die Protagonisten des Films, im Wohnungstrakt von Şehmuz und seiner Tochter.

Dass Görens Film Ende der 1970er Jahre auf solch einen kulturellen Diskurs und topografisch auf die Dominanz von Wohnungseinstellungen zusteuern würde, ist in der ersten Hälfte des Films überhaupt nicht abzusehen. Diese ist ebenfalls, wie die zuvor behandelten und analysierten Erzählungen, von Waren, Geld, Arbeit, Disziplin, öffentlichen und Übergangsräumen, von Männer- und Frauengruppen und von Sexualität bestimmt. Der Bruch mitten im Film geht auch mit einem Wechsel von einem komisch zu einem tragisch geprägten Film über.

Am Anfang von ALMANYA, ACI VATAN geht es noch um Dinge und um Frauen aus dem Westen. Wir sehen gleich in der ersten Einstellung einen Mercedes vor einem türkischen Dorfcafé. In diesem zeigt ein Gastarbeiter, dem das Auto gehört, den männlichen Dorfbewohnern auf humorvolle Art deutsche Sexhefte und regt damit ihre Fantasien an, was alles in Deutschland möglich ist. Auf ihre Fragen, wer denn die Frauen in diesen Heften seien, antwortet der Deutschländer, dass sie alle ihre Tanten seien (»Yengen«). Man könnte dieses Gebaren des »Deutschländers« als äußerst unfair betrachten, da in der Erzählzeit des Films die Bundes-

---

[297] GÖREN, Şerif (1979): *Almanya, Acı Vatan*, Türkei, Gülşah Film.

republik schon keine Gastarbeiter mehr aufnimmt. Mahmut kommt von draußen in das Café und möchte mit dem Gastarbeiter aus ihrem Dorf reden, weil er wissen will, wie er nach Deutschland kommen kann. Deutschland nimmt niemanden mehr auf, antwortet er ihm, aber es sei toll dort, die Autos, die Frauen. Er macht Mahmut den Vorschlag, dass er Güldane aus dem Dorf fragen soll, ob sie mit ihm eine Scheinehe eingeht, sie ist eine Gastarbeiterin und über eine Ehe mit ihr könnte er nach Deutschland kommen. Güldane, die in der nächsten Sequenz des Filmes Waren aus Deutschland gewinnbringend an die anderen Dorfbewohner verkauft, lacht vergnügt und reagiert amüsiert auf Mahmuts Angebot einer Scheinehe. Sie sei doch nicht verrückt. Die Ehe sei nichts für sie. Als er ihr aber viel Geld und sein Grundstück verspricht, geht sie schließlich doch darauf ein. Sie lässt ihn einen selbstverfassten Vertrag unterschreiben und auf den Koran schwören, dass er und sie nach einer standesamtlichen Heirat in der Türkei und sobald sie in Deutschland sind, wieder getrennte Wege gehen. Tatsächlich lässt Güldane Mahmut einfach so am Berliner Bahnhof zurück. Er wird die erste Nacht draußen verbringen, die Polizei wird ihn auflesen und zu seiner Frau nach Berlin-Kreuzberg bringen. Güldane wohnt in einer türkischen Frauen-WG. Über ihnen wohnen drei türkische Männer zusammen und ganz oben Şehmuz mit seiner Tochter. Mahmut zieht in die Männer-WG ein und findet bald Arbeit. Ab diesem Zeitpunkt ist der Film wie die anderen von Arbeit, Geld und Sexualität geprägt. Die Akteurinnen und Akteure sind dabei sehr unterschiedlich angelegt. Güldane hat zwar wegen des Geldes geheiratet, möchte aber weder einen Mann noch eine Familie haben. Eine ihrer WG-Freundinnen trifft sich hingegen oft in Bars mit Männern und versteht Güldanes Wunsch nach Unabhängigkeit nicht. In der Männer-WG treffen ebenfalls sehr unterschiedliche Personen zusammen – von Kavalieren bis zu verantwortungsbewussten Vätern. Palla beispielsweise hat acht Kinder in der Türkei, die er mit seiner Arbeit bei der Müllabfuhr mittels Geldüberweisungen in die Türkei versorgt. Ein anderer Kollege von Mahmut trifft sich hingegen oft mit deutschen Frauen in Bars. Wieder ein anderer führt ihn, als sie am Wochenende nicht wissen, was sie machen sollen, mit der Aussage, sie könnten einen Ausflug machen, in einen Sexshop, in dem sie übergroße Dildos bestaunen.

Der Film zeigt Frauen und Männer aber auch als sehr fleißige und disziplinierte Menschen, die sehr auf das Geldverdienen konzentriert sind. Ihr Leitspruch ist: »Herşey hesap, herşey para ve bir mark otuz lira« (»alles ist Rechnung, alles ist Geld und eine Mark sind dreißig Lira«). Wir sehen ähnlich wie in den anderen Produktionen Frauen oft bei der Arbeit. Doch es gibt auch entscheidende Unterschiede. In ALMANYA, ACI VATAN gibt es weder einen Großgrundbesitzer in Güldanes und Mahmuts Dorf noch einen Schichtführer in der Fabrik. Dort kontrolliert die Arbeitsabläufe und teilt die Arbeitsaufträge eine »sprechende«, computergesteuerte Maschine ein. Ein weiterer bemerkenswerter Unterschied zu den zuvor behandelten Filmen ist, dass wir Güldane oft mit sich selbst aus dem Off kommend sprechen hören. Sie sagt sich immer wieder, wenn sie noch eine Zeitlang soviel weiterarbeitet, dann kann sie in der Türkei ein weiteres Stockwerk auf ihr Haus bauen lassen und danach wieder eines. Eine weitere Besonderheit ist, dass in der Mitte des Films die Darstellung von Gruppen aufhört. Im Falle Güldanes geht sie damit einher, weil ein anderer türkischer Mann sie im öffentlichen Raum sexuell oft bedrängt, so dass sie sukzessive beginnt, aus Schutzgründen ihren Mann als ihren wirklichen Ehemann anzuerkennen. Allerdings ist dies, wie oben schon angedeutet, nicht die einzige Wendung mitten im Film. Neben den Sorgen um die zweite Generation spielt und singt Mahmut in der Mitte des Films mit Langhalslaute ein türkisches Lied, währenddessen alle Protagonisten in ruhenden Positionen und nicht mehr in Bewegung oder bei der Arbeit einzeln eingefangen werden. Mahmut und Güldane verlassen ihre WGs und ziehen in eine eigene Wohnung im Haus ein. Nach ein paar schönen Verabredungen der beiden als Paar draußen hat man das Gefühl, dass dieser Film, in dem es die ganze Zeit ums Geldverdienen ging, nun zu einem Liebesfilm wird, zumal Güldane schwanger ist. Doch sind in ihrer neuen eigenen Zwei-Zimmer-Wohnung keine persönlichen Gegenstände oder Dinge für das Kind zu sehen. Vielmehr fällt in ihrem Schlafzimmer, das wir am häufigsten im zweiten Teil dieses Filmes zu sehen bekommen, ein riesengroßes Plakat der bekannten Marlboro-Werbung auf, das die gesamte Wand neben der Matratze des Paares einnimmt. Wir sehen auf ihm den bekannten Marlboro-Mann auf den Betrachter zureiten.

Wenn in Aras Örens Poem *Was will Niyazi in der Naunynstraße* über eine ganze Seite plastisch wie ein Film beschrieben wird, warum man Amerikaner werden will und dieses Leben in der Bundesrepublik, in den USA wie auch in der Türkei gelebt werden kann, wird der Westen in Şerif Görens Film zu einer bewegungslosen Wand in einer Kreuzberger Wohnung. Er steht bewegungslos im Schlafzimmer von Mahmut und Güldane. Dieser topografisch und ästhetisch-deskriptive Wandel führt zu einer neuen Konstellation von Innen und Außen, die die Personen und den Film spaltet. Auch Mahmut verändert sich. Kaum wohnen sie zusammen, verbietet er Güldane zu rauchen. In dem von Gören fotografierten Raum mit dem Marlboro-Plakat wirkt dies wie eine Distanzierung vom Westen. Und als Güldane Mahmut ebenfalls im Schlafzimmer davon erzählt, das sie schwanger ist, war dieser Momente vorher ins Zimmer gekommen und hatte wütend und klagend mit Geld um sich geworfen, dass sie alles nur dafür gemacht hätten. Als er von ihrer Schwangerschaft erfährt, freut er sich zunächst, wendet dann aber doch schnell ein, dass sie abtreiben solle, weil sie sich ein Kind nicht leisten können. Kurz zuvor hatten sie miterlebt, wie Şehmuz seine Tochter schlägt, weil dieser nicht will, dass sie wie die Deutschen wird. Auch ihre türkischen Kolleginnen bei der Arbeit raten zu einer Abtreibung; ob aus finanziellen Gründen oder weil die Kinder nicht in

Deutschland aufwachsen sollen, bleibt wie bei Mahmut ungeklärt und ambivalent nebeneinander bestehen. Güldane sagt aber von nun an zu allem nein und entscheidet sich für das Kind, kündigt ihre Arbeit und flieht in die Türkei, um es zu schützen. Ob sie es damit vor Deutschland oder vor den Türken, die in Deutschland leben, schützen will, lässt sich nicht entscheiden. In der Schlusssequenz des Films, es ist die am schlechtesten ausgeleuchtete Szene, sehen wir sie mit einem vollbepackten Gepäckwagen am Flughafen in Bewegung. Doch sie stolpert und zwei Babypuppen fallen vom Wagen herunter. Güldane ist im gesamten Film sehr viel im öffentlichen Raum unterwegs. Mag es zu Anfang im türkischen Dorf sein oder später auf dem Weg von der Wohnung über die Straßen in Kreuzberg zur Arbeit. Sie bewegt sich dabei sehr souverän und man erwartet kein einziges Mal, dass sie stolpern könnte. Wie die Marlboro-Wand im Schlafzimmer von Güldane und Mahmut verweist ihr Stolpern am Ende des Films auf eine Form der Immobilität, die für einen Wandel in der Konstellation des Deutsch-Türkischen für eine des Privaten und Öffentlichen steht. Denn Güldane bleibt auf dem Boden sitzen, betrachtet die Puppen und beginnt zu weinen. Sie erinnert sich dabei an Szenen in der Bundesrepublik, wie ihr der zudringliche Türke auflauert und ihr Mann mit ihr schimpft, als sie ihn beim Fremdgehen erwischt. Auf diese Erinnerungen folgt, dass Güldane aus dem Off sich immer wieder denselben Satz sagt: »Ev, Metro, Fabrika, bidaha ... Ev, Metro, Fabrika, bidaha ... Ev, Metro, Fabrika, bidaha« (»Haus, Metro, Fabrik, und noch einmal«). An die Stelle der Tränen um die Kinder, der Wut auf die türkischen Männer tritt ein lautes Lachen über die Eindimensionalität ihres Lebens und das der anderen Türken in Deutschland. Es wird zum Hohn darüber, was sie und die anderen Türken alles gemacht haben – und hebt ihr erstes Lachen im Dorf wieder auf, als Mahmut sie danach fragte, ob sie ihn nicht einfach so heiraten könne. Parallel zu diesem unerwarteten Schluss führt Gören ab der Mitte des Filmes Sendungen aus dem türkischen und deutschen Fernsehen und Radio aus dem Off in den Film ein, in denen es um die Probleme der Integration geht; besonders um die Probleme, mit denen es die zweite Generation zu tun haben wird, die »halb deutsch und halb türkisch« (»yarı Alman, yarı Türk«) ist. Dass diese Probleme nicht allein für die zweite Generation gelten, zeigen Figuren, besonders Güldane, in Görens Film eindrücklich. Tatsächlich kommt es Ende der 1970er Jahre in der Bundesrepublik zu den ersten Integrationsdebatten, die den Begriff der Kultur ins Zentrum der Auseinandersetzung rücken.

Als Bekir Yıldız Mitte der 1960er Jahre und mitten in seinem autobiografischen Roman seine Frau und ihr Kind in die Bundesrepublik nachkommen ließ, hat die Familienzusammenführung seine Erzählung nicht verändert. Sie war weiterhin auf Konsum, Dinge, Gegenstände und Verhaltensweisen fokussiert und bestimmt von der Frage, was und wo Zivilisation sei. Auch blieben sowohl die türkische als auch die deutsche Community heterogen. Denn am Ende seines

Textes hat er sich über diese Themen am besten mit Henning, einem Deutschen, der ihn in Istanbul besuchte, darüber unterhalten können. Auch in Örens Poem *Was will Niyazi in der Naunynstraße* ist es ein Deutscher, mit dem sich Niyazi am Ende am besten über die türkischen Dörfler unterhalten kann. Mit Frau Kutzer hätte er sich wahrscheinlich auch gut verstanden, wenn sie miteinander gesprochen hätten. Und das Weitersprechen zwischen Emmi und Ali hat in Fassbinders Angst essen Seele auf dazu geführt, dass sie die Diskriminierung von außen, die sich nach innen verlagerte, wieder nach draußen führen konnten. In der zweiten Hälfte des Films Almanya, Acı Vatan wird diese Dialogizität gekappt. Denn die Kritik am Konsum und an der Nachahmung des Westens führt im Unterschied zu den anderen Produktionen hier nicht zu einem Weitersprechen mit zwei Seiten, sondern zu einem Selbstgespräch, das Güldane allein führt. Auch wenn Almanya, Acı Vatan ebenso wie *Türkler Almanyada*, Dönüş, *Was will Niyazi in der Naunynstraße* und Shirins Hochzeit mit dem Fokus auf die komplexe Bindung von Bedürfnissen, heterogenen Gruppen und auf Verhaltensweisen setzt, denunziert Güldane all diese am Ende des Films. Wenn ihr erstes Lachen zu Beginn des Films ein souveränes war, weil sie viel Geld in Deutschland verdient hat, ist ihr zweites Lachen auf dem Boden am Flughafen eines des Opfers. Das Leben in Deutschland hat in eine Sackgasse, gegen eine Wand geführt und die »ungerichteten Bewegungsimpulse« verschieben sich nun von außen, öffentliche Räume nach innen in die Wohnungen und in die Personen. Doch betrifft diese Verschiebung und Transformation keineswegs allein die zweite Generation, wie es der Gastarbeiter Talat in Almanya, Acı Vatan festhält. Sie gilt, wie wir im nächsten Kapitel sehen werden, bereits für die erste Generation. Dieser Wandel steht für eine neue Störung der Kommunikation, die in den 1980er Jahren mitbestimmt, was passiert, wenn nun nicht mehr Arbeiter, sondern Türken und Deutsche sich begegnen.

3 »Wie lebt es sich als Türke in Deutschland?« Der Ausländer und sein Volk oder das Recht auf Repräsentation. Literatur, Film und Politik in den 1980er Jahren

3.1 Das Recht auf Repräsentation

> Sie sollen wissen, dass ich nicht in ihr Land gekommen bin, um von ihnen zu leben, dass ich nicht erst hier gelernt habe, was Zivilisation ist, dass ich nicht dumm bin, dass ich nicht von einem Mann abhängig bin, ja, dass ich sogar Französisch kann ... Dies alles möchte ich ihnen aufzählen, um mich von dem Bild einer türkischen Frau in ihren Köpfen zu befreien. Gleichzeitig finde ich mich und diesen Gedanken lächerlich.[1]

Diese Zeilen sind einem längeren Monolog der Ich-Erzählerin aus Aysel Özakıns autobiografischem Roman *Die Leidenschaft der Anderen* (1983) entnommen. Sie sind eine Antwort auf die Frage einer unbekannten, namentlich nicht genannten deutschen Dame an die Protagonistin des Romans, ob sie eine Französin sei. Bei einer Zugfahrt in Deutschland sitzen sich beide in einem Abteil gegenüber. Sie sei keine Französin, antwortet die Ich-Erzählerin. Die ältere deutsche Frau fragt nicht weiter nach, und es folgt ein längerer innerer Monolog über mehrere Seiten, aus dem die zitierte Passage stammt. In ihr reflektiert die Ich-Erzählerin, dass sie doch »handeln« und sagen müsse, dass sie Türkin sei, auch wenn es lächerlich erscheinen möchte – allein um den Vorstellungen der Deutschen zu widersprechen, dass türkische Frauen ungebildet und unterdrückt seien. Ihre kurze Antwort am Ende der Szene, dass sie Türkin sei, quittiert die alte Dame mit der Aussage, dass es ja selbstverständlich Ausnahmen gebe.[2]

Auch in anderen literarischen Gattungen der 1980er Jahre, beispielsweise in der Satire, bleibt vieles in der Begegnung, in Frage und Antwort, unerwähnt und wird nicht ausbuchstabiert. In Şinasi Dikmens Satiresammlung *Der andere Türke* von 1986 stehen in den ebenso alltagsnahen Szenen die Vorstellungen der Deutschen bei einer vergleichbaren Zugfahrt-Episode mitten im Raum. Dort betritt im eröffnenden Stück *Wer ist ein Türke* der Ich-Erzähler ein Abteil, in dem nur ein älteres deutsches Ehepaar sitzt. Er fragt höflich, ob ein Platz frei sei und bekommt eine bejahende höfliche Antwort. Er setzt sich, schlägt die Wochenzeitung *Die Zeit* auf und macht, was in Deutschland nach Ansicht des Erzählers »bei einer

---

[1] ÖZAKIN, Aysel (1983): *Die Leidenschaft der Anderen*, Hamburg: Luchterhand, S. 29.
[2] Ebd.

solchen Fahrt verlangt wird: nämlich »schweigen, schweigen, schweigen, nie etwas fragen, solange du selbst nicht gefragt wirst«.³ Als in Fulda ein »richtiger Türke« in den Zug steigt, »physiognomisch klein, gedrungen, mit handgestrickter Weste, [...] in beiden Händen Plastiktüten« und im Abteil nach einem Platz fragt, schreit die Dame schon, »bevor er ausgesprochen hat«, dass nichts frei sei, obwohl noch drei Plätze frei sind.⁴ Als sich der Ich-Erzähler selbst als Türke zu erkennen gibt und ihr seinen türkischen Pass zeigen möchte, antwortet sie, dass er das nicht brauche, weil er kein Türke sein könne. Er fragt sie, warum. »Weil, hmm, weil, sie soll ich sagen, hmm, weil Sie *Die Zeit* lesen.«⁵

Ebenso abrupt wie Özakıns Dialog im Zug endet auch dieser, und auch hier beginnt die erzählende Figur einen inneren Monolog, indem sie ausrechnet, wie viele Deutsche es eigentlich in Deutschland gibt, wenn nur die dazugehörten, die *Die Zeit* lesen. Ob sie dabei dem deutschen Ehepaar noch in die Augen blickt oder aus dem Fenster schaut, macht die satirische Erzählung selbst nicht mehr kenntlich. Wie bei Aysel Özakın ist der Erzähler auch hier eine Ausnahme; eine Ausnahme, die *selbstredend* ohne die Regel, ohne das Kollektiv, nicht bestimmt werden kann. Özakın und Dikmen werden so zu ›anderen Türken‹ erklärt, nicht aber zu Zivilen, zu Teilhabern des öffentlichen Raums oder zu Angekommenen. Dass diese besondere und neue Form der Begegnung zwischen alteingesessenen und eingewanderten Menschen in den 1980er Jahren keineswegs nur in der Öffentlichkeit stattfindet, sondern in der Regel in geschlossenen Räumen und besonders in den Wohnungen der Türken, zeigt die titelgebende Satire *Der andere Türke*. Ohne Vorankündigung steht eines Tages eine Dame vom Elternbeirat der Schule seines Sohnes vor der Wohnungstür des Ich-Erzählers. Sie möchte die Familie des Jungen kennenlernen, der gemeinsam mit ihrem Kind die Schule besucht. Die Frau des Erzählers ist irritiert. Nicht weil eine ungeladene Frau mitten in der Wohnung steht, sondern weil zum ersten Mal eine deutsche Frau bei ihnen zu Gast ist. Doch mehr als die türkische Frau ist die deutsche Dame irritiert, als sie in der Wohnung der Türken einen Schreibtisch entdeckt. Sie freut sich darüber, und sie habe es ja geahnt, weil ihre Kinder dieselbe Schulklasse besuchten, dass sie ganz anders seien als die anderen Türken in Deutschland. Auf die Frage des Erzählers, ob sie schon bei anderen Türken gewesen sei, erwidert die Dame vom Elternbeirat, dass das nicht nötig sei. »Ich brauche doch nicht viel Phantasie, um mir vorzustellen,

---

3 DIKMEN, Şinasi (1986): »Wer ist ein Türke«. In: ders.: *Der andere Türke*, Berlin: Express-Edition, S. 7–12, hier S. 9.
4 Ebd., S. 10.
5 DIKMEN (1986): S. 11.

daß Sie der einzige Türke sind, der einen Schreibtisch hat.«[6] Auch hier endet das Gespräch abrupt und der Erzähler spricht zu sich selbst weiter, dass ihm diese deutsche Frau gefalle, nicht so, wie man es sich denkt, sondern weil sie einen »scharfen Blick« habe.[7] Wie in Özakıns und Dikmens Begegnungen im Zug wird das plötzlich abgebrochene Gespräch in Form eines inneren Monologs fortgeführt. Und dass der türkische Erzähler explizit darauf aufmerksam macht, dass ihm die deutsche Frau nicht sexuell, sondern ironisch wegen ihres »scharfen« Blicks gefalle, deutet zweierlei an. Auf den ersten Blick sollen damit wohl die Vorstellungen der Deutschen von den Türken als »lächerliche« bloßgestellt werden. Auf den zweiten Blick geht es auch darum, das Stereotyp des promiskuitiven Ausländers zu konterkarieren. Tatsächlich ist es in den Produktionen der 1980er Jahre so, dass die Sexualität allgemeinen moralischen Vorstellungen weicht und der begehrende und bedürftige Körper im Unterschied zu den Produktionen der 1960er und 1970er Jahre, wie wir noch sehen werden, nicht mehr dargestellt wird. Insgesamt tritt an die Stelle der körperlichen Bedürftigkeit entweder die geäußerte Artikulation oder der innere Monolog.

Allein in diesen kurzen Passagen zeigt sich eine Begegnungsstruktur, eine narrative Reaktion auf Milton Gordons integrationsspezifische Frage, »what happens, when peoples meet«, die sich von der Antwort der 1960er und 1970er Jahre auf vielen Ebenen unterscheidet. Die Frage der Zivilisation ist geklärt. Und wie man sich als ein Teil von ihr definieren kann, auch: indem man nämlich französisch aussieht, Französisch spricht, *Die Zeit* liest oder zu Hause einen Schreibtisch hat. Diese neue Struktur macht aber auch auf eine neue Form einer gestörten Kommunikation aufmerksam, die die Bewegungen der Akteurinnen und Akteure im öffentlichen und im privaten Raum über das Sprechen und Schweigen in einen Stillstand versetzt; ein Stillstand, der sich integrationstheoretisch im Fehlen einer sozialstrukturellen Mobilität widerspiegelt. Denn kein Akteur und keine Akteurin in Literatur, Film und Dokumentation haben in den 1980er Jahren einen sicheren Job oder gehen einer geregelten Arbeit nach. Selbst wenn dies der Fall ist, werden sie von den ›Deutschen‹ nicht in dieser Hinsicht wahrgenommen. Insgesamt sind Kontakte zu Deutschen rar, und wenn es sie gibt, dann sind sie in der Regel von Diskriminierungen bestimmt. So zumindest antworten viele Migranten in den wichtigen und bekannten Dokumentationen von Dursun Akçam, Günter Wallraff, Jeanine Meerapfel und Metin Gür auf deren Frage, wie sie die Deutschen sähen.[8]

Diese immobile Rahmung von Mobilität und Begegnung als eine neue Dimension der Folgen von Migration in der Bundesrepublik hält auch Aras Ören

---

6 DIKMEN, Şinasi (1986): »Der andere Türke«. In: ders.: *Der andere Türke*, Berlin: Express-Edition, S. 71–76, hier S. 73.
7 Ebd.
8 Siehe hierzu: AKÇAM, Dursun (1983): *Deutsches Heim – Glück allein*, Göttingen: Lamuv.

im dritten Band seiner Poem-Trilogie *Die Fremde ist auch ein Haus* von 1980 fest. Sechs, sieben Jahre nach den ersten beiden Bänden ist auch hier eine markante narrative Verschiebung zu erkennen. Wenn beispielsweise in den ersten beiden Bänden die Gastarbeiter und die Alteingesessenen von Straße zu Straße, von Wohnungen zu Gaststätten sich bewegen oder von Wohnung zu Wohnung umziehen, hält Emine, die Tochter des Gastarbeiters Süleyman im dritten Band der Trilogie fest, dass in ihr fremdartig »ein Berg« zwischen Haus und Naunynstraße getreten sei.[9] Im Unterschied zu Özakıns und Dikmens Texten liegt es hier nicht allein an den Vorurteilen der Deutschen, sondern dieses Ding zwischen Haus und Straße, zwischen privatem und öffentlichem Raum, ist entstanden, weil so manche Gastarbeiterin und so mancher Gastarbeiter jetzt nach »Anatolien Ausschau hält« und sich deshalb nun »in der Fremde« fühlt.[10]

Eindrücklich zeigt sich diese Verschiebung der Orientierung als Kommunikations- und Bewegungsstörung im öffentlichen Raum in den beiden bekannten türkischen Filmen der 1980er Jahre, in Kartal Tibets GURBETCI ŞABAN (*Der Ausländer Şaban*) von 1985 und in Şerif Görens zweiter Arbeit nach ACI VATAN ALMANYA zu den Folgen der türkischen Migration nach Deutschland, in dem Film POLIZEI von 1988.[11] Im zuletzt genannten wird der Protagonist Ali Ekber, der vom äußerst bekannten türkischen Schauspieler Kemal Sunal (1944–2000) gespielt wird, zu Beginn des Films mit »Hallo Müllmann« morgens von jugendlichen deutschen Obdachlosen und Punks bei seiner Arbeit in Berlin-Kreuzberg begrüßt. Ali grüßt auf Türkisch

---

9 ÖREN, Aras (1980): *Die Fremde ist auch ein Haus*, Berlin: Rotbuch, S. 12.
10 Ebd.
11 Wichtig im Zusammenhang der türkei-türkischen Filmproduktionen ist zu erwähnen, dass Mitte der 1980er Jahre über 300 000 türkische Filme als Videokassetten über Import- und Exportgeschäfte in der Bundesrepublik im Umlauf waren. 35 % aller türkischen Haushalte in Deutschland besitzen zu dieser Zeit bereits einen Videorekorder; dreimal mehr als die deutschen Haushalte. Nach einer Umfrage von 1986 leiht sich jede türkische Familie bis zu zehn Kassetten pro Wochenende aus. Ein Großteil dieser Filme sind Melodramen und Komödien. Seit den 1970er Jahren gehört die türkische Film- und Kinoproduktion zu den größten der Welt. In ihrer Hochzeit in den 1970er Jahren werden im Jahr bis zu 300 Filme gedreht. Nach dem Militärputsch (1980–1983) geht die Produktion wieder auf 100 Filme pro Jahre zurück. In den 1970er Jahren werden in der Türkei auch viele Softsexfilme gedreht, die aber den Weg in die Bundesrepublik besonders nach dem Militärputsch nicht finden und auch nicht in andere Länder exportiert werden. Der hohe Konsum türkei-türkischer Filme in türkischen Haushalten ist von Tragödien und Komödien, letztlich von Moral und Unterhaltung geprägt. Siehe hierzu: KAYA, Cem (2016): *Remake. Remix. Ripoff. Kopierkultur und türkisches Popkino*, Dokumentation, ZDF (Das kleine Fernsehspiel), Deutschland. Den Konsum türkei-türkischer Filme thematisieren Film und Literatur erst in den 2000er Jahren. Siehe hierzu: WACKER, Thorsten (2004): *Süperseks*, Spielfilm, Warner Home Video, Deutschland. Und siehe auch: ÖZDOĞAN, Selim (2011): *Heimstraße 52*, Berlin: Aufbau, S. 175–182.

»Merhaba gençler« (»Hallo, ihr jungen Leute«) zurück und zieht mit seinem Müllwagen weiter, die Straßen und Kreuzungen in Berlin säubern. Er wirkt gut gelaunt, wird von zwei Türken herzlich gegrüßt und schaut sich im Schaufenster eines Gemüseladens selbst spiegelnd erfreut an. Ein türkischer Freund ruft ihm von Weitem zu, dass er wie ein Schauspieler aussehe (»artist gibisin«). Bei seiner nächsten Station – wir sehen Ali Ekber auf seinem fahrenden Müllwagen – wird es plötzlich ernst. Neben den ziemlich lauten Straßengeräuschen hören wir zunächst aus dem Off türkische Sprache. Ali Ekber bewegt sich in die Richtung, aus der gesprochen wird. Zwei Türken, die zwischen zwei Geschäften sitzen, lesen laut aus einer türkischen Zeitung vor. Ali stellt sich hinter sie und hört konzentriert, bewegungs- und lautlos zu. Die Lesenden bemerken Ali gar nicht – auch, weil sie so sehr in den Zeitungstext vertieft sind. Sie lesen den Artikel laut vor, warum eine in Deutschland lebende türkische Jugendliche aus ihrem Elternhaus geflohen ist.

> Sie sind aus der Türkei nach Deutschland gekommen und haben immer noch nichts gelernt. Sie alle sind so unendlich zurückgeblieben. Mein Bruder durfte frei leben und ich nicht. Ich habe angefangen, die Männer zu hassen. Wegen der Männer wurde meine Freiheit eingeschränkt. Selbst wenn sie meine Freiheit nicht eingeschränkt hätten, hätte ich das Haus verlassen. Denn ich will mein eigenes Leben selbst gestalten.[12]

Der Leser kommentiert den von ihm gelesenen Zeitungsbericht mit den Worten, dass es sich bei diesem türkischen Mädchen um die Tochter von Hafize handeln müsse und deutet damit an, dass er und sein Kollege das Mädchen aus der Zeitung kennen. Die wievielte Türkin das eigentlich schon sei, die von zu Hause flieht, fragt er weiter. Von einer anderen namens Ayşe beginnt der andere zu sprechen. Sie arbeite nun abends, und bei einem »Uçuş«[13] würde sie 150 Deutsche Mark verdienen, bemerkt der zweite in einem anerkennenden Ton. Doch der Zeitungsleser lässt eine solche positive Einschätzung gar nicht zu und sagt seinem Kollegen, dass diese Angelegenheit doch die Ehre von allen Türken

---

12 GÖREN, Şerif (1988): *Polizei*, Spielfilm, Penta Film, Türkei. Im Film wird ausschließlich Türkisch gesprochen. Einen ähnlichen Konflikt wie in Görens POLIZEI zeichnet auch Yüksel Pazarkaya in der ersten Fernsehserie zur türkischen Migration nach Deutschland nach. In UNSERE NACHBARN, DIE BALTAS von 1983, die aus zehn Folgen besteht und im WDR ausgestrahlt wurde, steht die Familie Balta im Zentrum des Geschehens. In der neunten Folge »Ohrfeigen« zieht die 17-jährige Tochter Inci aus dem Elternhaus aus und trägt offen einen Konflikt um Emanzipation mit ihrem Vater aus. Ein Konflikt, der sich schon seit der zweiten Folge »Verbotenes« ankündigt. Yüksel Pazarkaya hat das Drehbuch zu dieser Serie verfasst. Siehe hierzu: PAZARKAYA, Yüksel (1983): *Unsere Nachbarn, die Baltas*, hg. v. Adolf-Grimme-Institut: *Begleitheft zur Fernsehserie im Medienverbund AUSLÄNDER – INLÄNDER*, Marl: Deutscher Volkshochschul-Verband e.V.
13 »Uçuş« bedeutet übersetzt eigentlich »Flug«, ist in diesem Gesprächszusammenhang jedoch als sexueller Akt gemeint. Der Begriff deutet an, dass Ayşe nun als Prostituierte arbeitet.

betreffe: Gibt es denn niemanden, der diese verteidigt oder wiederherstellt?[14] Nun schwenkt die Kamera auf Ali, der hinter den beiden sitzenden Türken steht und noch immer nicht beachtet wird. Es wirkt so, als ob er sich angesprochen fühlt, wobei er zugleich nachdenklich nach innen gekehrt aus der Perspektive der Kamera herausblickt. Obwohl die Frage der Ehre nicht im Zentrum dieses Films steht – es handelt sich bei POLIZEI um eine »Köpenikiade«[15] –, erweist sich die Spannung zwischen einer türkischen moralischen Ordnung und der sie gefährdenden Sexualität als ein wiederkehrendes Motiv in der eigentlichen Komödie. Denn das Komödiantische wird im Laufe des Films noch mehrmals gebrochen. Wie in Özakıns autobiografischem Roman und Dikmens Satirestück kommt es genau dann zu Unterbrechungen von Mobilität und Kommunikation, wenn ›das Türkische‹ oder ›das Deutsche‹ sich plötzlich im Raum auftut und zum stummen Weitersprechen auf einer der beiden Seiten zwingt. So wird der eigentlich sympathische Ali Ekber zweimal im Film versuchen, die Tochter Hafizes, die er selber gar nicht kennt, vom falschen Weg abzubringen: einmal mit Worten als machomäßige Darstellung vor den anderen Türken, ein anderes Mal abends mit körperlicher Gewalt. In diesen Szenen scheint bei Ali etwas von außen einzubrechen, das zum liebenswürdigen Charakter seiner Figur gar nicht passt.

Auch in diesem Fall zwängt sich ein abstrakt-fremdes Ding des Türkisch- oder Deutsch-Seins zwischen Haus, Wohnung und Straße oder in ein Zugabteil, mit dem sich die ästhetischen und dokumentarischen Reflexionen der 1980er Jahre in Form von Bestätigung oder Kritik auseinandersetzen. Dieses Ding verwandelt die Beweglichkeit der Akteurinnen und Akteure im öffentlichen wie im privaten Raum in Immobilitäten. Dies ist auch erkennbar in der realen Figur Abdullah Yakupoğlu: Nachdem zwei seiner drei Töchter von zu Hause zu ihren deutschen männlichen Freunden geflohen sind, hat er sein »Gesicht« verloren, kann nicht mehr in die Türkei, meidet aber auch den öffentlichen Raum in Andernach. Er besucht nur noch türkische Cafés in einer anderen rheinlandpfälzischen Stadt,

---

[14] Siehe hierzu: GÖREN (1988). Im dramatischen Dokumentarfilm ABDULLAH YAKUPOĞLU. WARUM HABE ICH MEINE TOCHTER GETÖTET? (1986) des deutschen Dokumentarfilmers Hans-Dieter Grabe, in dem die Tötung von Perihan Yakupoğlu am 22. März 1983 durch ihren Vater Abdullah Yakupoğlu anhand von Interviews mit dem Täter und anderen Betroffenen nacherzählt wird, verweist der Vater zu Beginn des Films auch auf Zeitungsberichte, die vom Kulturverfall der Türkinnen in der Fremde berichten. Siehe hierzu: GRABE, Hans-Dieter (2012): »Abdullah Yakupoğlu. Warum habe ich meine Tochter getötet«. In: *Hans-Dieter Grabe. Dokumentarist im Fernsehen: 13 Filme 1970–2008*, hg. v. Deutsche Kinemathek. Museum für Film und Fernsehen.
[15] Siehe hierzu: GÖKTÜRK, Deniz (2000): »Subnationale Mitleidskultur oder transnationale Rollenspiele?«. In: *Interkulturelle Literatur in Deutschland. Ein Handbuch*, Stuttgart: Metzler, S. 329–347, S. 337.

wo man die Geschichte seiner Töchter nicht kennt.[16] Dieser Zusammenbruch des Verhältnisses von Innen und Außen, von Person und Öffentlichkeit, steht auch im Zentrum des bekanntesten und erfolgreichsten Films zur türkischen Migration nach Deutschland, in Tevfik Başers 40 QM DEUTSCHLAND von 1986. Dort sperrt der Gastarbeiter Dursun seine Frau, die er aus dem türkischen Dorf nach Deutschland nachziehen lässt, in die Hamburger Hinterhofwohnung ein. Im Unterschied zu Bekir Yıldız' autobiografischem Roman *Türkler Almanyada* (Türken in Deutschland) aus den 1960er Jahren sagt er seiner gerade in Deutschland angekommenen Frau nicht, dass es hier für alle gleich schwer sei, für Deutsche wie für Türken, und er lässt sie im Gegensatz zu Bekir Yıldız auch nicht arbeiten, weil sie das Geld brauchen. Stattdessen sperrt er sie ein, weil die Deutschen im Unterschied zu den Türken keinen Anstand und keine Moral hätten.[17] Deshalb steht im Zentrum von Tevfik Başers Film, wie er es selbst auch konstatiert, die vermeintlich einfache Idee und Vorstellung einer alltäglichen Praxis, nämlich eine türkische Frau aus einer engen Hamburger Hinterhofwohnung auf die Straße zu schicken.[18]

Auch wenn im Unterschied zum Spielfilm 40 QM DEUTSCHLAND der Protagonistin, Melek Tez, in Jeanine Meerapfels interessantem Dokumentarfilm DIE KÜMMELTÜRKIN GEHT kein türkischer Mann vorsteht, weil sie 1971 alleine nach Deutschland gekommen ist und sich von ihrem Mann getrennt hat, beginnt auch dieses filmische »Portrait einer unüblichen Frau«[19] mit einem Gang auf die Straße in Berlin-Kreuzberg. Am Ende des Films wird sie auf der Straße der Kamera entgegenlaufen.[20] Melek Tez ist zum Schluss aber nicht mehr in Deutschland, sondern in der Türkei. Doch zwischen diesen beiden Bewegungssequenzen, zwischen Anfang und Ende dieser Dokumentation, werden wir in DIE KÜMMELTÜRKIN GEHT

---

16 Siehe hierzu: GRABE (2012).
17 Auch in Metin Gürs Dokumentation über die Türken in Bergkamen spielt die Berufstätigkeit der Frauen eine ausschlaggebende Rolle: Laut der männlichen Interviewpartner Gürs kränkten arbeitende Frauen deren Ehre. Die Frauen hingegen beklagen sich, dass Frauen, die nicht arbeiten, nur »halbe Menschen« seien. Die meisten Frauen, die Gür befragt, würden lieber arbeiten gehen. Denn den berufstätigen Frauen »geht es besser als uns. Sie benehmen sich anders, sie unterhalten sich anders. Sie haben mehr Selbstvertrauen«. Wenn ihr Mann krank sei, konstatiert eine andere gegenüber Gür, die nicht arbeitet, kann sie kein Geld abheben oder die familiären Geschäfte regeln. Siehe hierzu: GÜR (1987): *Meine fremde Heimat. Türkische Arbeiterfamilien in der* BRD, Essen: Neuer Weg, S. 41–43.
18 Siehe: PÜTZ, Anke/SCHOLTEN, Frank (1988): *40 m² Deutschland. Materialien für einen Film von Tevfik Baser, Begleitheft zum Film*, Duisburg: Atlas Film, S. 18.
19 EDITION DER FILMEMACHER (2016): *Jeanine Meerapfel. Begleitheft*, Neue Visionen Medien, S. 18.
20 Siehe: MEERAPFEL, Jeanine (1985): *Die Kümmeltürkin geht*, Dokumentation, Deutsche Kinemathek – Museum für Film und Fernsehen, Goethe-Institut, Deutschland. Siehe auch: Roth, Wilhelm (1985): »Die Kümmeltürkin geht«. In: *epd Film*, Juni 1985 (http://www.filmportal.de/node/25393/material/642144) (20.07.2016).

sehen, dass diese selbstverständlichen Bewegungen im öffentlichen Raum auf keiner selbstverständlichen Grundlage basieren. Sie geht, verlässt die Bundesrepublik nach 14 Jahren, nutzt das Rückkehrförderungsgesetz aus dem Herbst 1983, weil sie die Diskriminierungen von deutscher Seite nicht mehr aushält. Obwohl sie körperlich gesund ist, sagt sie in der Mitte der Dokumentation, sie gehe, weil sie »nur eine Gesundheit« habe.[21] Der Zuschauer teilt diesen Befund, allein weil zwischen dem Gehen zu Anfang und zu Ende des Films Talking-Head-Aufnahmen, Aufnahmen von geschlossenen Zimmern und Wohnungen, von Hinterhöfen, die von Mauern umgeben sind, schließlich die Bilddramaturgie des Films bestimmen. Melek Tez bezeichnet sich selbst dabei ironisch-bitter als »Kümmeltürkin« und fragt sich zugleich, woher diese Diskriminierung und der Ausländerhass in Deutschland kommen. Während des Drehs lautete der Arbeitstitel noch »Melek geht«. Dass dieses Gehen aber kein einfaches Gehen ist, wird Jeanine Meerapfel während der Dreharbeiten bewusst, weshalb sie den Filmtitel ändert.

Günter Wallraff beginnt seine international erfolgreiche Dokumentation *Ganz Unten* von 1985 ebenfalls mit dem Befund, dass »fast die Hälfte der ausländischen Jugendlichen psychisch erkrankt ist«. Seiner Ansicht und den Ergebnissen und Erfahrungen seiner verdeckten Rolle als türkischer Leiharbeiter Ali Siğirlioğlu, gemäß können sie »die zahllosen Zumutungen nicht mehr verdauen«[22]. Im Unterschied zu den 1960er und 1970er Jahren scheinen weder die Sexualität noch der Konsum oder Besitz von Dingen eine entlastende, befriedigende oder die »innere Unruhe« stillende Funktion zu erfüllen. Außerdem geht es hier nicht mehr um eine heterogene Gruppe von Ausländern oder Einwanderern, sondern im Vordergrund stehen vermeintliche Einheiten in Form einzelner türkischer Personen oder türkischer Familien, die jeweils als Repräsentationen für viele verstanden werden sollen. Auch Abdullah Yakupoğlu aus Grabes Dokumentation, der in der Türkei nur eine Koranschule und ein paar Jahre lang die staatliche Grundschule besuchte, ist sich seiner kulturellen Verortung sicher. Ihn würde es sehr freuen, wenn seine Familie und er frei leben könnten, sagt er. Denn die deutsche Gesellschaft ist für ihn der türkischen »zwei hundert Jahre« voraus. Aber das türkische Volk lasse das nicht zu. National-völkische Kategorien fungieren hier als substantielle Entitäten, die es zu bestätigen oder mit denen es sich auseinanderzusetzen gilt. Als Abdullah Yakupoğlu seinen Wunsch äußert, war er schon über fünf Jahre nicht mehr in der Türkei und hat seit Jahren auch keinen Kontakt mehr zu Türken in Deutschland. Zudem hat Grabe in seiner äußerst intensiven und darin sehr

---

21 Ebd.
22 WALLRAFF, Günter (1985): *Ganz Unten. Mit einer Dokumentation der Folgen*, Köln: Kiepenheuer & Witsch, S. 11.

gelungenen Dokumentation auch keinen anderen Türken als Abdullah selbst zum tragischen Fall, der Ermordung seiner eigenen Tochter, interviewt.[23]

Nicht nur in Spiel- und Dokumentarfilm, sondern auch in der Prosa der deutsch-türkischen Literatur finden wir das Motiv der türkischen Frau, die auf die Straße geht. So endet etwa auch der bekannteste deutschsprachige Roman der 1980er Jahre, *Die Blaue Maske* von Aysel Özakın, mit einer solchen Szene.[24] Derartige Textpassagen und Filmsequenzen markieren an entscheidenden Stellen in den Werken einen tiefergehenden narrativen Wandel von der sozialen Frage zur psychischen Disposition ihrer Akteure. Eindrücklich lässt sich dies an einem Vergleich der Erzählungen aus den 1970er und 1980er Jahren derselben Autorin zeigen. Özakıns zentrales Thema war immer die Emanzipation der türkischen Frau mit unterschiedlichen ästhetischen Rahmungen. In ihren ersten Erzählungen und Romanen wie *Gurbet Yavrum* (1975, *Die Fremde, mein Kleines*)[25] und *Genc Kız ve Ölüm* (1979, *Das junge Mädchen und der Tod*)[26] werden zwar auch Folgen von Migration thematisiert, allerdings als Sozialgeschichten. *Gurbet Yavrum* erzählt die Suche einer Tochter nach ihrem Vater, der nach Kanada migrierte, als transkulturelle Vater-Tochter-Geschichte, nicht als eine, in der eine türkische Familie im Zentrum steht. In *Genc Kız ve Ölüm* geht es um die Emanzipation der türkischen Frau in der türkischen Gesellschaft als ein Prozess, der sich über mehrere Generationen von Frauen erstreckt. Ihre Erzählungen und Romane, die sie während ihres Exils in der Bundesrepublik von 1980 bis in die 1990er Jahre schreibt, behandeln zwar noch immer die zentrale Thematik der Emanzipation. Nur sind sie seit den 1980er Jahren in Deutschland von interkulturellen und psychischen Auseinandersetzungen geprägt, die die Autorin nicht mehr an einer bestimmten Gruppe erprobt, sondern nur noch an einer Person: sich selbst.[27] Ihre Studien umkrei-

---

23 Siehe hierzu: GRABE (2012).
24 ÖZAKIN, Aysel (1989): *Die Blaue Maske*, Frankfurt a. M: Luchterhand.
25 ÖZAKIN, Aysel (1975): *Gurbet Yavrum*, Istanbul: Can Yayinevi; deutsche Ausgabe: ÖZAKIN, Aysel (1988): *Der fliegende Teppich. Auf der Spur meines Vaters*, Hamburg: Rowohlt.
26 ÖZAKIN, Aysel (1979): *Genc Kız ve Ölüm*, Istanbul: Yordam Kitap; deutsche Ausgabe: ÖZAKIN, Aysel (1989): *Die Preisvergabe*, Frankfurt a. M.: Luchterhand.
27 Interessant in diesem Zusammenhang ist, dass die irakische Autorin Ālīya Mamdūh 1985 mit *Habat an-Naftalin* (»Mottenkugeln«) eine Autobiografie vorlegt, die die 1950er und 1960er Jahre der irakischen Gesellschaft nicht allein anhand ihrer eigenen Biografie, sondern anhand derer vieler Mädchen und Frauen widerspiegelt. Die Emanzipation ist darin ebenfalls das zentrale Thema. Siehe hierzu: EZLI, Özkan (2005): »Grenzenlose Psyche oder die Kollektivautobiografie von 'Ālīya Mamdūh. In: *Vom Individuum zur Person. Neue Konzepte im Spannungsfeld von Autobiographietheorie und Selbstzeugnisforschung. Querelles. Jahrbuch für Frauen- und Geschlechterforschung*, hg. v. Claudia Ulbrich, Gabrielle Jancke, Göttingen: Wallstein, S. 53–66.

sen das Thema »der Emanzipation in einer multikulturellen Gesellschaft«[28] und rücken an die Stelle sozialer Praktiken verstärkt individuelle, mitunter kulturell codierte, Reflexionen und Gedanken über nationale Zugehörigkeiten. Dieses zweite und künstliche Bewusstsein geht nach Karl Marx mit dem Verbot einher, nach dem natürlichen Vater, nach der eigenen Genealogie zu suchen.[29] Dieses Verbot zeigt sich eindrücklich in den Emanzipationsnarrativen der Türkinnen auch in den Dokumentationen von Hans-Dieter Grabe, Paul Geiersbachs *Bruder, muß zusammen Zwiebel und Wasser essen!* (1982), Jeanine Meerapfels DIE KÜMMELTÜRKIN GEHT sowie in der bekannt gewordenen populären Schrift *Ayşe und Devrim. Wo gehören wir hin? Zwei türkische Mädchen erzählen* (1982), der Interviews der Journalisten Michael Kuhlmann und Alwin Mayer mit zwei türkischen 16- und 17-jährigen Mädchen in West-Berlin zugrunde liegen. Darin steht Ayşes Leitsatz und Maxime im Zentrum, dass sie gegen die eigenen Eltern kämpfen müsse, »was dir nur gelingt, wenn du genug Haß in dir hast, auch wenn du sie [die Eltern, Ö.E.] liebst«.[30] Diese besondere Form der Emanzipation ist mitunter deshalb von Interesse, weil ihr in der letzten Phase der vorliegenden Kulturgeschichte, beispielsweise in den Filmen AUF DER ANDEREN SEITE (2006) von Fatih Akın, MEIN VATER, DER TÜRKE (2006) von Marcus Vetter, ALMANYA. WILLKOMMEN IN DEUTSCHLAND (2011) der Şamdereli-Schwestern und im Roman *Die Tochter des Schmieds* (2005) von Selim Özdoğan die Suche nach den leiblichen Eltern entgegengesetzt ist. Im Zusammenhang der Produktionen der 1980er wird es in den Film- und Literaturanalysen in diesem Kapitel äußerst interessant zu sehen sein, dass fast in jedem Text und Spielfilm die Figur des Begründers der modernen Türkei, Mustafa Kemal Atatürk auftaucht: entweder beschreibend als eine familiale Identifikationsfigur in *Die Leidenschaft der Anderen* oder in *Die blaue Maske* (Özakın), als Gegenfigur zu Adolf Hitler und Schutzpatron der türkischen Arbeiterschaft in Köln in Kartal Tibets GURBETÇI ŞABAN, oder visuell als Wandbild in 40 QM DEUTSCHLAND (Başer) bzw. als Büste im Zimmer der türkischen Tochter in YASEMIN (Bohm) als Gegenfigur zur traditionellen dörflichen Türkei.[31]

Ein vergleichbarer Wandel in der Bewusstseinsstruktur der Akteure als geteilte Subjekte zeigt sich in den Genesen der prosaischen Texte Güney Dals,

---

28 RÖSCH, Heidi (1992): *Migrationsliteratur im interkulturellen Kontext. Eine didaktische Studie*, Frankfurt a. M.: Verlag für interkulturelle Kommunikation, S. 123.
29 SPIVAK, Gayatri (2007): *Postkolonialität und subalterne Artikulation*, Wien: Turia+Kant, S. 36.
30 AYŞE/DEVRIM (1982): *Wo gehören wir hin? Zwei türkische Mädchen erzählen*, hg. v. Michael Kuhlmann, Alwin Meyer, Göttingen: Lamuv, S. 2.
31 Bezeichnenderweise bedeutet »Atatürk« übersetzt »Vater der Türken«. Mustafa Kemal erhielt diesen Beinamen nach der Republiksgründung in den 1920er Jahren. Siehe: KREISER, Klaus (2008): »Vater einer jungen Nation«. In: ders.: *Atatürk. Eine Biographie*, München: Beck, S. 174–218.

Habib Bektaşs und Bekir Yıldız'.³² An die Stelle der sozialen Frage tritt auch in ihren Romanen und Erzählungen der 1980er Jahre verstärkt die Verhandlung psychischer Dispositionen, die sich mit kulturellen Codes, Zuschreibungen und Selbstbeschreibungen ironisch oder dramatisch wie bei den bereits genannten Autorinnen, Autoren und Dokumentaristen auseinandersetzen. Wenn Dal in seinem ersten Roman *Wenn Ali die Glocken läuten hört* (1978) den »Wilden Streik« bei Ford von 1973 der türkischen Gastarbeiter mit vielen Protagonisten als einer Gruppe aus unterschiedlichen Schichten humoristisch und zum Teil surrealistisch thematisiert und die Frage nach türkischer Identität, trotz des Titels, keine Rolle spielt, arbeitet sich in Dals zehn Jahre später erschienenem Roman *Der enthaarte Affe* (1988) sein einziger Protagonist an einer zugeschriebenen türkischen Identität im wahrsten Sinne des Wortes ab.³³ Denn er gründet für sich und seine Familie eine Wandzeitung, in die er jeden Tag seine eigenen Nachrichten einträgt. Er wird an dieser Arbeit in den vermeintlich eigenen vier Wänden nicht körperlich, sondern psychisch zugrunde gehen.³⁴ Wie in den bisher eingeführten Werken steht auch hier ein Einzelner im Vordergrund, der im Einfluss von Zeitungsnachrichten und Artikeln zugleich für andere steht. Ähnlich wie in den anderen genannten Produktionen der 1980er ist das Aus-der-Wohnung-Treten auch in Dals Roman von 1988 ein unglaublich schwieriger Akt. Der Zugang zum öffentlichen Raum oder das sich Wohlfühlen darin stellt sich als ein äußerst komplizierter Prozess heraus.

In den rechercheintensiven und auch sonst aufwendigen Dokumentationen *Deutsches Heim – Glück allein* und *Meine fremde Heimat* von Dursun Akçam und Metin Gür aus den Jahren 1983 und 1987 haben wir es zwar auf den ersten Blick mit Publikationen zu tun, in denen sehr viele Personen interviewt wurden. Bei Gürs Buch sind es allein über 100 Interviewpartner aus Bergkamen, die größtenteils unter Tage gearbeitet haben oder zum Zeitpunkt der Veröffentlichung noch arbeiteten. Doch sind seine und Akçams Darstellungen sehr davon geprägt, ein einheitliches Bild vom Leben der Türken in Deutschland zu vermitteln. Allein die sieben, acht Akteure, die Yıldız oder Ören in den 1960er und 1970er Jahren jeweils in ihren Werken zeigen und darstellen, fallen weitaus heterogener aus als die Türken bei Akçam und Dursun. Das liegt mitunter auch daran, dass beispiels-

---

32 Siehe hierzu: BEKTAŞ, Habib (1981): *Belagerung des Lebens. Yaşamı kuşatmak. Gedichte und Geschichten*, Stuttgart: Ararat, S. 43–49; ÖZAKIN, Aysel (1982): *Soll ich hier alt werden? Türkin in Deutschland*, Hamburg: Buntbuch, S. 6f. Siehe zu Tekinay auch: RÖSCH (1992): S. 121.
33 Siehe hierzu: WILLMS, Weertje (2010): »Probleme der Identitätskonstitution im interkulturellen Spannungsfeld am Beispiel von Güney Dals *Der enthaarte Affe*«. In: *Zeitschrift für interkulturelle Germanistik*, Band 1, Heft 2, S. 63–78, 71–75.
34 DAL, Güney (1988): *Der enthaarte Affe*, München: Piper.

weise Metin Gürs Arbeit zum Teil im Austausch mit den Ausländerbeauftragten von Bergkamen entstand und er auch am Ende seiner Dokumentation hofft, dass diese ein wenig dazu beiträgt, für »die brennenden Probleme der türkischen Arbeiter eine Lösung« zu finden.[35] Dieser Zugang schwächt die Leistung dieser Bücher keineswegs, weil es ihnen gelingt, die Diskriminierungserfahrungen der türkischen Arbeiter, der Hausfrauen und der Jugendlichen eindrücklich darzustellen. Ihr Fokus liegt nicht auf sozialen Interaktionen, sondern in der Darstellung von Verletzungen und der Artikulation von Gefühlen, die auf Diskriminierungen zurückgehen oder auf einfache körperliche Beschwerden. Als Metin Gür Mitte der 1980er in Bergkamen ein Arbeiterwohnheim aufsucht und sich nach dem Gesundheitszustand der Bewohner erkundigt, glaubt er sich nach den ersten Reaktionen in einem Krankenhaus. Die Arbeiter sagen, »sie seien ›so kaputt, dass man nichts mehr reparieren‹ könne«.[36]

Und auch Melek Tez in Meerapfels Dokumentarfilm hält halb ironisch und halb ernst fest, dass sie es gut fände, wenn die Deutschen wie zu Beginn der Arbeitsmigration auch bei ihrer Rückkehr in die Türkei eine Gesundheitskontrolle durchführen würden – damit sie sähen, wie sich ihr Körper in Deutschland für Deutschland verbraucht habe. So ist auch in Jeanine Meerapfels Dokumentarfilm die Körperlichkeit mit Diskriminierungserfahrungen doppelt codiert und steht im Zentrum der filmischen Erzählung. Auf Meerapfels Frage, was Melek am meisten in Deutschland vermisse, antwortet sie, dass es die Gefühle seien. Doch diese Befunde der Protagonistin in DIE KÜMMELTÜRKIN GEHT werden teilweise entkräftet, wenn sie beispielsweise in der ersten Talking-Head-Aufnahme des Films den Schlagersong »Feierabend« von Peter Alexander pfeift. Allein diese Themen, Auseinandersetzungen und Artikulationen erschweren einen rein soziologischen Zugang zum Leben der Türken in der Bundesrepublik der 1980er Jahre. Vergleichbares konstatiert der Soziologe Paul Geiersbach in seiner Analyse *Bruder, muß zusammen Zwiebel und Wasser essen!* von 1982. Bevor er das Ergebnis seiner vielen Interviews mit Angehörigen einer türkischen Familie, die er zwischen Mai und Oktober 1981 führte, festhielt, hatte er sich ursprünglich mit einem »›streng‹ wissenschaftlichen Konzept (repräsentatives Untersuchungssample, Fragebogen-Erhebung, Ermittlung ›harter Daten‹ usw.)« dem Leben der Türken in der Bundesrepublik angenähert. Da er aber schon über Jahre in engem persönlichen Kontakt zu türkischen Arbeiterfamilien stand und zu den »›Forschungsadressaten‹ ein vertrauensvolles Verhältnis herzustellen begann«, hat er davon

---

35 GÜR (1987): S. 196.
36 Ebd., S. 121.

wieder abgelassen.³⁷ Sein Forschungsinteresse galt von da an der »ganzheitlichen Erfassung von Problemen, die im Leben der ausländischen Arbeiterfamilien in der Bundesrepublik eine zentrale Rolle spielen«. In *Bruder, muß zusammen Zwiebel und Wasser essen!* unternimmt er den Versuch, den »Druck von außen« und die innerfamiliären Konflikte einer türkischen Familie in Deutschland darzustellen.³⁸ Seinen Text beschreibt er als eine hybride Form zwischen Reportage, wissenschaftlicher Studie und Roman.³⁹

Die literatur- und kulturwissenschaftliche Forschung spricht an dieser Stelle gerne von einer »Literatur der Betroffenheit« und handelt sie als eine ab, die der Pflicht nachkommt, dem deutschen Zuschauer und Leser den Migranten als Opfer zu zeigen.⁴⁰ Als Gegenentwürfe dienen die Arbeiten von Feridun Zaimoğlu, Zafer Şenocak, Emine Sevgi Özdamar oder von Fatih Akın in den 1990er Jahren, die die deutsche Mehrheitsgesellschaft nicht in ihren Vorstellungen bestätigen, sondern sie kritisieren würden.⁴¹ Tatsächlich setzt sich Zaimoğlu in der programmatischen Einleitung zur *Kanak Sprak* auch bewusst von der Gastarbeiter-, der Ausländerliteratur, von der »Müllkutscher-Prosa«, wie er sie bezeichnet, ab.⁴² Aber auch ein zeitgenössischer Autor der 1980er wie Şinasi Dikmen distanziert sich explizit von der seiner Ansicht nach »jammernden Literatur« der Türken. »Die ausländischen Autoren haben, glaube ich, am Anfang viele Fehler gemacht, indem sie über alles gejammert haben.« Nach Dikmen erreichen die »Lachmuskeln mehr im Menschen als [Tränen]«.⁴³

Doch wenn wir weniger von pejorativen Begriffen wie »jammern« und »Tränen« ausgehen und die genannte Literatur mehr auf die Reichweite, auf ihre

---

37 Jeanine Meerapfel ist mit Melek Tez auch in die Türkei geflogen, um sie dort noch für eine Woche zu begleiten. Von dieser Woche gibt es wenige Aufnahmen im Film selbst, aber die ›freundschaftliche‹ Aussage von Meerapfel, dass sie glaubt, Melek habe sich immer stärker in ein Ideal der Türkei hineingeredet, je mehr sie sich umgekehrt in Berlin diskriminiert gefühlt habe. Siehe hierzu: MEERAPFEL (1985).
38 GÜR (1987): S. 9.
39 Ebd.
40 Siehe hierzu: GÖKTÜRK (2000); SEYHAN, Azade (2001): *Writing outside the Nation*, Princeton: Princeton University Press. ADELSON, Leslie (2004): *The Turkish Turn in Contemporary German Literature*, New York: Palgrave Macmillan; BURNS, Rob (2006): »Turkish-German Cinema. From Cultural Resistance to Transnational Cinema?«. In: *German Cinema since Unification*, hg. v. David Clarke, London: CONTINUUM, S. 127–149. CHEESEMAN, Tom (2006): *Novels of Turkish German Settlement*, Rochester, New York: Camden House.
41 Siehe hierzu: GÜR (1987).
42 ZAIMOĞLU (1995): *Kanak Sprak. 24 Mißtöne vom Rande der Gesellschaft*, Berlin: Rotbuch, S. 11.
43 Zitiert nach: BORAN, Erol (2004): *Eine Geschichte des türkisch-deutschen Theaters und Kabaretts*, unveröffentlichte Dissertation, Ohio State University, S. 210. Siehe auch: http://publikationen.ub.uni-frankfurt.de/frontdoor/index/index/docId/12320 (zuletzt 17.12.2017).

Mechanismen und Wirkmächtigkeit der Diskriminierung und auf ihre Topografien hin prüfen, erscheint die vermeintliche »Literatur der Betroffenheit« als eine ergiebige Quelle kulturwissenschaftlicher und kulturpolitischer Analyse. Besonders, wenn in Betracht gezogen wird, dass der Begriff der Diskriminierung auch heute wieder häufig Verwendung findet, allerdings mit den Praktiken, Folgen und der rechtlichen Konstellation der 1980er Jahre nicht zu vergleichen ist.[44] Wie zu Anfang dieses Buchs festgehalten, legte 2016 eine Münsteraner Studie das Ergebnis vor, dass sich aktuell ein Großteil der türkeistämmigen Menschen in Deutschland in Arbeit und Alltag gerecht behandelt, aber diesem Befund entgegengesetzt, der gleiche Anteil sich zugleich diskriminiert und nicht anerkannt fühlte. Wenn heute die Diskriminierungserfahrungen eine neue Reflexion über die Wahrnehmung, Erklärung und Beschreibung von Diskriminierung und Rassismus verlangen[45], sind sie in den 1980er Jahren unübersehbar real vorhanden. Das sieht man schon daran, dass etwa in allen bisher genannten Produktionen die Aussage »Türken raus« an Wänden im öffentlichen Raum oder in öffentlichen Toiletten zu lesen ist. Sie ist auch ein zentrales Thema im ersten Kabarettstück *Vorsicht, frisch integriert* von Muhsin Omurca und Şinasi Dikmen, das sie zwischen den Jahren 1985 und 1988 mehrere hundert Mal in Deutschland bundesweit aufführten.[46] Darin werden die oben genannte Aussage und das Rückkehrförderungsgesetz in einen losen Zusammenhang gebracht. In der Mitte des Stücks möchte der Straßenkehrer Ahmet (gespielt von Omurca) dem hyperintegrierten Türken Şinasi (gespielt von Dikmen) an einem Beispiel demonstrieren, wie deutsche Gerichte die Diskriminierung von Türken in Deutschland bewerten.[47]

---

44 Siehe hierzu: POLLACK, Detlef/MÜLLER, Olaf/ROSTA, Gergely/DIELER, Anna (2016): *Integration und Religion aus der Sicht von Türkeistämmigen in Deutschland*, Repräsentative Erhebung von TNS Emnid im Auftrag des Exzellenzclusters „Religion und Politik" der Universität Münster. Siehe hierzu: https://www.uni-muenster.de/imperia/md/content/religion_und_politik/aktuelles/2016/06_2016/studie_integration_und_religion_aus_sicht_t__rkeist__mmiger.pdf.
45 Siehe hierzu für viele: BROCKSCHMIDT, Lisa (2020): *Was darf man noch? Rassismus und die weiße Zerbrechlichkeit*, In: https://www.hr-inforadio.de/programm/themen/was-darf-man-noch-rassismus-und-die-weisse-zerbrechlichkeit,rassismus-debatte-100.html. *Unbewusster Rassismus*. In: https://www.br.de/nachrichten/wissen/unbewusster-rassismus,S5kJDjJ.
46 Der künstlerische Regisseur und Berater des Kabarett-Duos *Knobi-Bonbon* mit Şinasi Dikmen und Muhsin Omurca konstatiert zu ihrem Erfolg von Mitte bis Ende der 1980er, dass sie in einer Zeit massiver Ausländerfeindlichkeit und Gewalttaten die Funktion eines »sozialen Gewissens« eingenommen hätten: »Für jede Volkshochschule war es ein Muss, die *Knobis* zu engagieren. Das galt für jede Kulturverwaltung, die irgendeinen Beitrag gegen Ausländerfeindlichkeit leisten wollte«. BORAN (2004): S. 217.
47 Im Sommer 2013 veröffentlichte das britische Nationalarchiv eine Geheimakte nach 30-jähriger Sperrzeit. In der Akte PREM 19/1036 ist ein Treffen zwischen Margaret Thatcher und Helmut Kohl vom 28. Oktober 1982 dokumentiert, in dem Kohl der britischen Premierministerin kurz

> Volksverhetzung ist in Deutschland verboten, es sei denn, daß es gerichtlich erlaubt ist. Der 5. Strafsenat des Oberlandgerichts Frankfurt findet in dem Spruch „TÜRKEN RAUS" und in anderen Türkenbeleidigungen keine Straftat, weil das keine ausreichende Volksverhetzung ist, sondern eine bloße Diskriminierung der in der BRD lebenden Türken. Sprachlos, gell?[48]

Am Ende des Stücks zwingen die beiden Kabarettisten das Publikum, endlich nach Hause zu gehen und nie wieder zurückzukommen. Diejenigen Gäste, die dies sehr schnell tun, erhalten eine Prämie von 10,50 DM. Tatsächlich lag der höchstmögliche Betrag für Ausländer, die in ihre »Heimat« zurückkehrten, bei 10 500 DM.[49] In dieser Hinsicht stehen Dikmens satirische Texte keineswegs im Gegensatz zur Literatur der »Betroffenen«. Dies verdeutlicht auch eine Aussage Dikmens selbst, in der es um die Motivation seines Schreibens geht, in deren Zentrum ebenfalls Diskriminierungserfahrungen stehen.

> Meine Motivation, warum ich Satire schreibe, ist nicht Idealismus, sondern ist meine innere Befriedigung, Zorn, Ausweglosigkeit, Suche. Nachdem ich einen Text geschrieben habe, der mir gelungen erscheint, lehne ich mich zurück, und lese den Text mit Wonne und Genuß laut, und ... ich freue mich darauf, daß ich den Deutschen eins ausgewischt habe. Eine Woche lang habe ich keinen Zorn mehr, ich mag die Deutschen sogar; die Ausweglosigkeit habe ich überwunden, ich sehe wieder für mich eine Zukunft in Deutschland. [...] Das dauert aber nur eine Woche, dann sehe ich wieder alles klar, warum mein Nachbar mich wieder beschuldigt hat, daß ich gestern abend so laut gewesen sei.[50]

---

nach seiner Ernennung zum Bundeskanzler, seinen Plan unterbreitet, in den kommenden vier Jahren die Zahl der Türken in Deutschland zu halbieren. In der Akte steht, »Kanzler Kohl sagte, [...] über die nächsten vier Jahre werde es notwendig sein, die Zahl der Türken um 50 Prozent zu reduzieren – aber er könne dies noch nicht öffentlich sagen. [...] Es sei unmöglich für Deutschland, die Türken in ihrer gegenwärtigen Zahl zu assimilieren.« HECKING, Claus (2013): »Kohl wollte offenbar jeden zweiten Türken loswerden«. In: DER SPIEGEL, 01.08.2013. Siehe auch: DEUTSCHE-PRESSE AGENTUR (2013): »Als Kohl die Hälfte der Türken loswerden wollte«. In: *Die Welt*, 01.08.2013.
48 DIKMEN/OMURCA (1985): »Vorsicht, frisch integriert«. In: DIKMEN, Şinasi: *Der andere Türke*, Berlin: Express-Edition, S. 92.
49 Im Stück selbst ist zudem noch die politische Debatte um die Reduzierung des Nachzugsalters der Kinder von Ausländer von 16 auf 6 Jahre Thema. Siehe Hierzu: DIKMEN (1986): S. 104.
50 TANTOW, Lutz (1986): »Nachwort«. In: DIKMEN, Şinasi: *Der andere Türke*, Berlin: Express-Edition, S. 113–120, hier S. 117f. Im türkei-türkischen Film GURBETÇI ŞABAN von Kartal Tibet aus dem Jahre 1985 ist der Zorn auf die diskriminierenden Aussagen und die Benachteiligungen türkischer Gastarbeiter durch Deutsche ein explizit konstitutiver Bestandteil der filmischen Erzählung. Wie in Günter Wallraffs *Ganz Unten* geht es in dieser ernsten und zugleich überzogenen Komödie um das ausbeuterische System der Leiharbeit illegal eingestellter Gastarbeiter. Der Film endet damit, wie es dem Protagonisten Şaban (Kemal Sunal) gelingt, über Kindergeld und den Milchverkauf selbst reich zu werden und die Deutschen, den Subunternehmer und den Chef der Fabrik, am Ende des Films für sich im eigenen Haus in Deutschland arbeiten zu lassen. Siehe hierzu: TIBET, Kartal (1985): *Gurbetci Şaban*, Spielfilm, Fanatik, Türkei.

Die in Satire, Prosa, Spielfilm und Dokumentation entdeckte Zunahme an Abstraktion, psychischer Autokommunikation und der Unterbrechung sozialer Interaktionen als Reaktion auf Diskriminierungserfahrungen ist auch in der Lyrik festzustellen. Während in Gedichten – wie auch in Literatur und Film der Zeit – bis Ende der 1970er Jahre die Beschreibung konkreter Transiträume wie Bahnhöfe und Wohnheime im Vordergrund steht,[51] geht es Mitte der 1980er Jahre um »getrennte Zungen« und »getrennte Welten«.[52] Dieser Zusammenhang von Welt und Sprache, der aus dem Gedicht »Doppelmann« von Zafer Şenocak stammt, gehört zu den meistzitierten im Forschungskontext der deutsch-türkischen Literatur der 1980er Jahre. Andere häufig zitierte Verse jener Zeit stammen von Alev Tekinay, die ebenfalls Mitte der 1980er Jahre neben Gedichten vor allem mit Erzählungen auf sich aufmerksam machte[53] und den von uns festgehaltenen narrativen Wandel für diese Dekade noch einmal bestätigt. In ihrem Gedicht »Dazwischen« von 1985 hält sie fest: »Und jeden Tag fahre ich / zweitausend Kilometer / in einem imaginären Zug / hin und her, / unentschlossen zwischen / dem Kleiderschrank / und dem Koffer, und dazwischen meine Welt«.[54] Auch in bis heute kaum bekannten Lyrikbänden ist die Trennung zwischen deutscher und türkischer Welt konstitutiv, wie in *Das Lachen bewahren* von Nevfel Cumart, der sein Leben in Deutschland als eine »Bürde zweier Welten« dichterisch beschreibt.[55] Tatsächlich meint Diskriminierung, abgeleitet vom lateinischen Begriff *discriminare*, zunächst ein Unterscheiden und Trennen. Nach George Theodorson hängt das Faktum der Diskriminierung, sprich eine Unterscheidung oder Trennung moralisch oder gesetzlich negativ zu markieren, »von der jeweiligen Gesellschaft und ihren Werten ab«.[56] Die Diskriminierung ist sozusagen erst dann negativ oder positiv (»Sie können aber gut Deutsch sprechen«), wenn sie mit gesetzlichen und gesellschaftlichen Vorannahmen und Vorstellungen korreliert. Wie ich an anderer Stelle in diesem Buch festgehalten habe, ist die Praxis der Diskriminierung voraussetzungsreich. Sie beruht auf Unterscheidungen, die artikuliert

---

51 ÇAKIR, Sabri (1984): »Was ich nicht verstehen kann«. In: *Türken deutscher Sprache. Berichte, Erzählungen, Gedichte*, hg. v. Irmgard Ackermann, München: dtv, S. 91f.
52 Vgl. ŞENOCAK, Zafer (1985): »Doppelmann«. In: *Türken deutscher Sprache*, S. 39. Siehe auch: BEKTAŞ (1981); BAHADINLI, Yusuf Ziya (1982): *Zwischen zwei Welten*, Berlin: Ararat.
53 Siehe: TEKINAY, Alev (1986): *Über alle Grenzen. Erzählungen*, Hamburg: Buntbuch. Siehe auch: TEKINAY, Alev (1988): *Die Deutschprüfung*, Frankfurt a. M.: Brandes & Apsel.
54 TEKINAY (1988): S. 9.
55 CUMART, Nevfel (1993): *Das Lachen bewahren. Gedichte aus den Jahren 1983–1993*, Düsseldorf: Grupello, S. 10.
56 Aus: KIMMICH, Dorothee/SCHAHADAT, Schamma (2016): »Diskriminierung. Versuch einer Begriffsbestimmung«. In: *Diskriminierungen*, Zeitschrift für Kulturwissenschaften 2/2016, Bielefeld: transcript, S. 9–22, hier S. 11.

und in Ungleichheiten umgewandelt werden. Dieser Prozess geht von »vorurteilsbehafteten Sichtweisen« aus und kann über darauffolgende »herabsetzende Äußerungen« bis zu »benachteiligenden Handlungen« führen. Diskriminierung ist voraussetzungsreich, weil sie Sehen, Sprechen und Handeln in eine vorentschiedene Richtung lenkt. Es müssen also Vorannahmen und Abstrakta im Spiel sein, die über das Gezeigte, über das Sichtbare hinaus verweisen und gegenwärtige Handlungsabläufe blockieren und unterbrechen. Aussagen wie »Sie können aber gut Deutsch« oder »wo kommen Sie ursprünglich/eigentlich her« sind in den 1980er Jahren im Gegensatz zu heute Dialogöffner. Sie sind die Reaktion und die Gegenwehr auf den rassistischen Slogan »Türken raus« der 1980er Jahre.[57]

Jedoch nimmt trotz dieser Gesprächskultur, die vom Affekt des Interesses geleitet ist, in den 1980ern die Abstraktion in öffentlicher Debatte, Prosa und Lyrik auf unterschiedlichsten Komplexitätsebenen ebenfalls zu, wenn von Migration und ihren Folgen die Rede ist. Sie steht dabei in engem Zusammenhang mit der nun einsetzenden Bearbeitung von Diskriminierung, vom Sprechen über Kultur und der Entstehung ihrer Bilder. In diesem epistemischen Zusammenhang ist auch die explizite Bitte der Organisatoren des ersten großen Literaturkolloquiums zur Ausländerliteratur zu verstehen, dass die deutschen Teilnehmer »sich mit eigenen Äußerungen und Deutungen« zurückhalten sollten. Sie sollten zuhören und für die ausländischen Autoren, die schon alle über eine Dekade in der Bundesrepublik leben, eine »sympathische Resonanz« schaffen.[58] Im Unterschied zu den 1960er und 1970er Jahren sind nicht die körperlichen Bedürfnisse, nicht das Aufzeigen gesellschaftlicher Mechanismen, nicht der Fokus auf Verhaltensweisen, auf spezifisch-funktionale Orte und auch nicht die Arbeit die großen Themen, die die Begegnung zwischen alteingesessenen Deutschen und Türken bestimmen. Selbst in Wallraffs Reportage *Ganz Unten* und im dazu entstandenen gleichnamigen Dokumentarfilm von Jörg Gförer, in denen es eigentlich um Missbrauch und die Ausbeutung von Leiharbeitern durch Subunternehmer geht, stehen die kulturelle Diskriminierung der Leiharbeiter, und besonders die von Ali Siğirlioğlu, im Vordergrund – nicht die soziale Ungleichheit. Wir begegnen

---

57 Siehe zu heute: Vu, Vanessa (2019): »Alltag Rassismus: Herkunft. Keine Antwort schuldig«. In: *Zeit Campus*, 27.02.2019, https://www.zeit.de/campus/2019-02/herkunft-identitaet-diskriminierung-rassismus-selbstbestimmung (zuletzt 29.03.2019). Kazım, Hasnain (2018): »#MeTwo. ›Wo kommst du eigentlich her?‹ Viele Menschen mit dunklerer Hautfarbe beschweren sich, dass sie oft gefragt werden: ›Wo kommst du eigentlich richtig her?‹ Ist das Rassismus? Und darf man das fragen?«. In: *Der Spiegel*, 11.08.2018, http://www.spiegel.de/kultur/gesellschaft/metwo-wo-kommst-du-eigentlich-her-darf-man-das-fragen-a-1222620.html (zuletzt 29.03.2019).
58 Ackermann/Weinrich (1986): *Eine nicht nur deutsche Literatur. Zur Standortbestimmung der »Ausländerliteratur«*, München: Piper, S. 9f.

auch hier nicht einer Gruppe von Menschen. Im Zentrum stehen Bilder und Vorstellungen darüber, wie jemand aussieht, wofür er steht, und damit verbunden geht es oft um nationale Zu- und Selbstbestimmungen, die sich durch Sprechen oder Schweigen konstituieren. Sie verdichten sich in einzelnen Personen. Genau genommen verschiebt sich die Logik der Repräsentation vom Zeigen mittels darstellen in den 1960er und 1970er Jahren zu einem Vertreten und Fürsprechen mittels darstellen. Auch Gayatri Spivak beschreibt die Praxis der Repräsentation in ihrer äußerst wirkmächtigen theoretischen Abhandlung *Can the Subaltern Speak* (1985) nicht als eine Praxis zwischen Zeigen und Darstellen, sondern als eine zwischen Darstellen und Vertreten.[59] Diese Form der Repräsentation, die im Prozess der Darstellung in unterschiedlichen Graden nach einem Vertreter und Fürsprecher fragt, ist immer doppelt codiert.[60] Die innere Dynamik der Vertretung steht für Spivak in einem explizit »politischen Zusammenhang«, die der Darstellung eher in einem ökonomischen.[61] Nach Spivak besteht der eigentliche Konnex zwischen Individuum und Kollektiv. Gruppen und Ökonomien spielen bei ihr keine ausschlaggebende Rolle mehr. Dieser narrative Wandel, der den Ausländer von deutscher und auch von türkischer Seite nicht mehr als Arbeiter sieht, sondern mehr als Vertreter, steht in Beziehung zu einem bevölkerungspolitischen Wandel, zu einer gesellschaftspolitischen Neuausrichtung, zu Debatten und Theorien der Integration und zu neuen philosophischen und kulturwissenschaftlichen Reflexionen der 1980er Jahre. Er ist zugleich die Grundlage für Diskriminierungen und Diskriminierungserfahrungen, die im Zentrum aller Produktionen der 1980er Jahre steht.

Bevölkerungspolitisch kommt es nach dem Gastarbeiteranwerbestopp von 1973 bis zum Ende der 1970er Jahre – besonders bei türkischen Gastarbeitern – zu den bekannten Familienzusammenführungen in Deutschland, die zum Großteil zwischen 1974 und 1979 erfolgen. Die Gastarbeiterpolitik der Bundesregierung nach dem Anwerbestopp ist eine der gleichzeitigen »Zuzugsbegrenzung und Integrationsförderung«; das berüchtigte Doppelkonzept, das die Medien »rückkehrorientierte Integration« nennen. Der Bundesregierung werfen auch sie »Konzeptionslosigkeit« vor.[62] Da der Begriff »Einwanderungsgesellschaft« Anfang der 1970er Jahre keine breite politische Akzeptanz findet, obwohl sich Hans Dietrich Genscher 1972 kurzzeitig dafür einsetzt, wird der »eingegliederte« Gastarbeiter

---

[59] Siehe hierzu: SPIVAK (2007): S. 38.
[60] Ebd., S. 30.
[61] Ebd., S. 36.
[62] Aus: SCHÖNWÄLDER, Karin (2001): *Einwanderung und ethnische Pluralität. Politische Entscheidungen und öffentliche Debatten in Großbritannien und der Bundesrepublik von den 1950er bis zu den 1970er Jahren*, Essen: Klartext, S. 627.

als ein »Mitbürger auf Zeit« begriffen, der in der Zeit, die er in Deutschland verbringt, sich einfügen und wohlfühlen, aber auch ohne Probleme wieder zurückkehren soll.⁶³ Es gibt, wie in der Literatur und in den Filmen dieser Zeit, keinen wesensfremden Unterschied zwischen Herkunft und Ankunft. Auswirkungen der Einwanderungsgesellschaft auf die türkischen Migranten und andere, die über zwölf, dreizehn Jahre im Land sind, haben hier keinen Platz. Tatsächlich machen Gastarbeiter in den 1980ern überall auf die zeitliche Dauer ihres Lebens aufmerksam: in allen bisher genannten Werken, ob Dokumentation, Literatur oder Spielfilm. In den Arbeiten von Dursun Akcam, Metin Gür und Jeanine Meerapfel ist es beispielsweise immer die erste Information, die der Zuschauer oder Leser erhält: »N. Genc Ordu ist seit 13 Jahren in der BRD.« Oder: »A. Güneş arbeitet seit 14 Jahren unter Tage«.⁶⁴ Zeitnah beschreibt die Soziologin Verena Macrae in ihrer Arbeit *Die Gastarbeiter: Daten. Fakten. Problem* das Konzept der Förderung einer »temporären Integration« als eines, das aufgrund seiner »Widersprüchlichkeit und Ambivalenz [...] die mit der Ausländerbeschäftigung verbundenen Probleme auf Dauer nicht lösen« wird.⁶⁵

Doch trotz Anwerbestopp und der unentschlossenen Gastarbeiterpolitik der Bundesregierung wächst die türkische Bevölkerung in dieser Zeit um 240 000 Personen »auf rund 1,27 Millionen«. Auf der anderen Seite sinkt die Zahl der »anderen Gastarbeiter-Nationalitäten [...] um rund 335 000 auf 1,8 Millionen« ab.⁶⁶ Anfang der 1980er Jahre leben 1,5 Millionen Türken in Deutschland.⁶⁷ In diesem Zeitraum ziehen sehr viele Gastarbeiter aus den Arbeiterwohnheimen in günstige und »sanierungsreife« Stadtwohnungen.⁶⁸ Ein Großteil dieser Wohnungen hat zwar eine Innentoilette, doch muss das Bad in der Regel mit anderen Wohnparteien geteilt werden.⁶⁹ Der Anteil der nicht-arbeitenden migrantischen Bevölkerung steigt. Wenn zuvor 80 % Gastarbeiter tatsächlich einer Arbeit nachgingen, ist es Anfang der 1980er Jahre wegen Arbeitslosigkeit und Familienzusammenführung

---

63 Ebd., S. 506.
64 GÜR (1987): S. 12, S. 35. Siehe auch: AKÇAM (1983): S. 38, S. 276.
65 MCRAE, Verena (1980): *Die Gastarbeiter: Daten. Fakten. Probleme*, München: Beck, S. 121.
66 HUNN, Karin (2005): *»Nächstes Jahr kehren wir zurück ...« Die Geschichte der türkischen »Gastarbeiter« in der Bundesrepublik*, Göttingen: Wallstein, S. 343.
67 Siehe: LAURIEN, Hanna-Renate (1983): »Möglichkeiten und Grenzen kultureller Integration«. In: *Die fremden Mitbürger. Möglichkeiten und Grenzen der Integration von Ausländern*, hg. v. Hartmut Esser, Düsseldorf: Patmos, S. 39–51, S. 39.
68 HERBERT, Ulrich (2001): *Geschichte der Ausländerpolitik in Deutschland. Saisonarbeiter, Zwangsarbeiter, Gastarbeiter, Flüchtlinge*, München: Beck, S. 235. Siehe auch MCRAE (1980): S. 41.
69 Siehe hierzu: MCRAE (1980): S. 41f. In Kartal Tibets Film GURBETÇI ŞABAN von 1985 zieht der Protagonist in ebensolche Wohnverhältnisse, als er mit einem Touristenvisum zu seinem Bruder nach Köln zieht. Von Anfang an ist es aber seine Absicht, in Deutschland zu arbeiten.

noch knapp die Hälfte. Wesentlich mehr türkische Kinder beginnen in dieser Zeit Kindergärten und Schulen zu besuchen.[70] Zugleich bemühen sich die Gastarbeiter darum, ihren Kindern auch einen türkischen Unterricht in Deutschland zu ermöglichen.[71] 1979 setzen die deutsche und türkische Regierung ein Memorandum auf, das einen einheitlichen Türkisch-Unterricht für Kinder türkischer Gastarbeiter in deutschen Schulen ermöglichen soll.[72] Das Erscheinungsbild und die Zusammensetzung der Migration in Deutschland ändern sich. So stehen auch nicht mehr die Fragen nach den Wohnverhältnissen der Arbeiter, nach ihrer Arbeitskraft oder nach der Solidarität mit ihnen im Vordergrund; die allgemeine politische und wirtschaftliche Ebene wird in dieser Hinsicht verlassen. Stattdessen entsteht eine Verhandlungsebene, die die Kultur im alltäglichen Handeln verstärkt in den Fokus rückt.[73] Der Titel einer Dokumentation von Irene Hübner zum Leben der türkischen Frauen in Deutschland drückt diese Veränderung so aus: Sie hätten neben ihrer natürlichen, buchstäblichen Haut nun eine »zweite Haut«.[74]

Im 1982 entstandenen Kompendium *Ausländer unter uns* von Kurzfilmen, längeren Dokumentarfilmen und Spielfilmen zu Ausländern in Deutschland – bis Anfang der 1980er Jahre zählen die Autoren über 250 Titel – wird festgehalten, dass das Ziel der Sammlung darin bestehe, »die Fremden besser kennenzuler-

---

[70] Siehe LAURIEN (1983): S. 43f.
[71] Siehe: MAIER, Ulrich (2012): »Türkische ›Gastarbeiterkinder‹ in den 1970er-Jahren. Verein türkischer Arbeitnehmer in Heilbronn fordert Schulklassen für türkische Gastarbeiterkinder«, http://www.landesarchiv-bw.de/sixcms/media.php/120/53803/Archivnachrichten_44_Quellen_43.pdf (19.07.2016).
[72] Siehe hierzu: ÜNVER, Osman Can (1983): »Probleme der Integration von Türken in Deutschland aus türkischer Sicht«. In: *Die fremden Mitbürger. Möglichkeiten und Grenzen der Integration von Ausländern*, hg. v. Hartmut Esser, Düsseldorf: Patmos, S. 52–59, hier S. 58. Der Türkisch-Unterricht an deutschen Schulen, der vom türkischen Bildungsministerium und den türkischen Konsulaten in Deutschland organisiert wird, findet in der Regel nachmittags nach dem deutschen Schulunterricht statt. Das türkische Bildungsministerium entsendete und entsendet bis heute Türkischlehrer – insbesondere für den Grundschulunterricht – nach Deutschland.
[73] Siehe hierzu: ESSER, Hartmut (1983): »Die fremden Mitbürger. Möglichkeiten und Grenzen der Integration von Ausländern«. In: *Die fremden Mitbürger. Möglichkeiten und Grenzen der Integration von Ausländern*, hg. v. Hartmut Esser, Düsseldorf: Patmos, S. 7.
[74] HÜBNER, Irene (1985): »... wie eine zweite Haut«. *Ausländerinnen in Deutschland*, Weinheim: Beltz. Wenn Hübners Publikation sich vor allem auf die erste Generation fokussiert, fragen Hanne Straube und Karin König in *Zuhause bin ich »die aus Deutschland«. Ausländerinnen erzählen* auch die zweite Generation. Wie in Hübners Untersuchung sind es hier auch 13 Frauen, die davon berichten, irgendwann zurückkehren zu wollen, nur dass sich im Unterschied zur ersten Generation für sie auch »eine zweite Haut« in der Türkei gebildet hat. Sie werden in ihren Urlaubsaufenthalten dort immer als »die aus Deutschland« angesehen. Siehe hierzu: STRAUBE, Hanne/KÖNIG, Karin (1982): *Zuhause bin ich »die aus Deutschland«. Ausländerinnen erzählen*, Ravensburg: Mayer.

nen, sie zu verstehen und zu akzeptieren«.[75] Dieser Leitspruch der Dokumentation setzt sich durch, obwohl in den mit je halb- bis ganzseitigen Beschreibungen sehr verkürzt zusammengefassten Materialien der 1970er Jahre nicht das Verstehen des Anderen im Zentrum steht, sondern ihre sozialen und materiellen Umstände.[76] In öffentlichen Debatten und auf institutioneller Ebene (Kirche, Vereinsgründungen, Verlage und Universität [DaF, Ausländerpädagogik])[77] wird die Verwendung des national gerahmten Begriffs ›Kultur‹ im Themenfeld der deutsch-türkischen Migration im integrierenden wie auch im desintegrierenden Sinn äußerst virulent.[78] Unterstützt wird diese neue Sichtbarkeit der Migration in Deutschland zudem dadurch, dass muslimisch-religiöse Vereine, politische Bewegungen und Vertretungen wie Milli Görüş, der Verband islamischer Kulturzentren (VIKZ) und die DITIB in Deutschland bis Anfang der 1980er Jahre entstehen und wirksam werden.[79] Alle genannten Organisationen begreifen sich als provisorische Einrichtungen, da das Ziel der Migranten die Rückkehr in die Türkei ist. Mit anderen Worten: Anfang der 1980er Jahre ist die Bundesrepublik aufgrund der neuen sozialen Konstellation faktisch ein Einwanderungsland, auch wenn die neuen völkisch-nationalen Orientierungen diesem Faktum widersprechen.[80] Die türkeispezifische Perspektive der genannten Einrichtungen sowie die deutsche Ausländerpolitik der 1980er Jahre führen dazu, dass die Bundesrepublik hinsichtlich des Sprechens über Migration und Integration und der Imagination ein geteiltes Land ist. Das bindende Narrativ dieses Dilemmas lautet »Wie lebt es sich als Türke in Deutschland?«.

Deshalb folgt in den anbrechenden 1980ern trotz faktischer Einwanderungssituation auch keine Projektion einer Integration, die einen Ist-Zustand kritisiert und einen Soll-Zustand anvisiert. Im Gegenteil zeigt die Verwendung des Begriffs ›Integration‹ in dieser Dekade, dass nun selbst der Ist-Zustand (etwa das Sprechen-Können und die Sprache), der in den Kulturproduktionen der 1960er und 1970er eindrücklich geschildert wurde, nun zur Kontroverse wird. Denn

---

75 FREUNDE DER DEUTSCHEN KINEMATHEK E.V. BERLIN (1982): *Ausländer unter uns. Ein Filmkatalog*, hg. v. Senator für Arbeit und Betriebe Berlin, S. 7.
76 Ebd. Die meisten der aufgelisteten Filme sind kurze bis halblange Dokumentarfilme, in denen im Besonderen die Arbeits- und Familienverhältnisse der Gastarbeiter gezeigt werden.
77 Das Institut für Deutsch als Fremdsprache (DaF) wird in München 1978 gegründet. Die Forschungsrichtung der Ausländerpädagogik beginnt Ende der 1970er und Anfang der 1980er sich zu etablieren. Siehe hierzu: MECHERIL, Paul (2010): *Migrationspädagogik*, Oldenbourg: Beltz, S. 56.
78 Vgl. Deniz GÖKTÜRK/David GRAMLING/Anton KAES/Andreas LANGENOHL (Hg.) (2011): *Transit Deutschland. Debatten zu Nation und Migration*, Konstanz: Konstanz University Press, S. 361–365.
79 SCHIFFAUER (2004): S. 356.
80 Siehe: BADE, Klaus (1983): *Vom Auswanderungsland zum Einwanderungsland? Deutschland 1880–1980*, Berlin: Colloquium, S. 123.

Deutschland ist von den 1980ern bis Ende der 1990er in politischer Diktion nun weitaus entschiedener als in den 1970ern entgegen jeder sozialen Realität »kein Einwanderungsland«.[81] Damit geht erneut eine Veränderung der politischen Epistemologie einher. Politisch etabliert sich in den 1980er Jahren mit einer Logik der »Hinwendung zur Differenz« nun der Begriff der Ausländerpolitik – im Gegensatz zur vorher betriebenen »Gastarbeiterpolitik«. 1979 wird die Gastarbeiterproblematik zum ersten Mal Wahlkampfthema und gilt 1982 im »Dringlichkeitsprogramm« der »Politik der Erneuerung« der Regierung Kohl als eines der vier wichtigsten politischen Aufgaben, die sich jedoch nicht auf die politische Umsetzung von Integrationsmaßnahmen konzentriert, sondern auf die der Begrenzung der Ausländeranzahl in Deutschland. In den 1960er und 1970er Jahren war im Zusammenhang der Gastarbeiter hingegen noch von »europäischer Integration«, vom Übergang der wirtschaftlichen zur sozialen Integration zumindest die Rede.[82] Mit der Senkung der Zahl der Ausländer durch Sofortmaßnahmen[83] ist auch eine politische Kompetenzverlagerung vom Arbeitsministerium zum Innenministerium verbunden, die 1982 erfolgt. Mit ihr wird von Seiten der Regierung signalisiert, dass »nicht mehr sozialpolitische, sondern ordnungspolitische Aspekte im Vordergrund der Ausländerpolitik« stehen, wobei nach den Familienzusammenführungen in Deutschland eine sozialpolitisch auf Integration ausgerichtete Politik erforderlich gewesen wäre.[84] Durch diese neue, ethnisch codierte Grenzziehung in der Politik erfolgt der begriffstechnische Übergang nicht vom Gastarbeiter zum Einwanderer – wie er spätestens in dieser Zeit hätte erfolgen müssen –, sondern zum Ausländer, der seine literarischen

---

81 Als »sozialschizoid« hinsichtlich Migration und Integration beschreibt Klaus Bade heute die Anfänge der 1980er Jahre. Siehe hierzu: BADE, Klaus J. (2017): *Migration. Flucht. Integration. Kritische Politikbegleitung von der ›Gastarbeiterfrage‹ bis zur ›Flüchtlingskrise‹. Erinnerungen und Beiträge*, Karlsruhe: Loeper, S. 27.

82 Vgl. RAUER, Valentin (2013): »Integrationsdebatten in der deutschen Öffentlichkeit (1947–2012)«. In: *Die Integrationsdebatte zwischen Assimilation und Diversität. Grenzziehungen in Theorie, Kunst und Gesellschaft*, hg. v. Özkan Ezli, Andreas Langenohl, Valentin Rauer, Claudia Voigtmann, Bielefeld: transcript, S. 51–86, hier S. 57 ff.

83 Zu diesen Sofortmaßnahmen gehörten zum einen das Rückkehrförderungsgesetz von 1983, durch das die rückkehrwilligen Ausländer ihre Arbeitslosen- und Renteneinzahlungen zurückbekamen, wenn sie heimkehrten. Eine weitere Maßnahme bestand darin, das Nachzugsalter ihrer Kinder von 16 auf 6 Jahre zu reduzieren. Dies wurde in den 1980ern zwar nie durchgesetzt, war jedoch eines der zentralen Streitthemen in der Koalition von CDU mit ihrem damaligen Innenminister Friedrich Zimmermann und der FDP mit ihrer Ausländerbeauftragten Liselotte Funke, die sich mit ihrer Partei gegen diese Herabsetzung der Altersgrenze aussprach. Vgl. HERBERT (2001): S. 252–255. Siehe auch: HUNN (2005): S. 451–477.

84 HERBERT (2001): S. 250. Dieses politische Vorhaben ist auch Thema in Dikmens und Omurcas Satirestück *Vorsicht, frisch integriert!*. Siehe hierzu: DIKMEN (1986): S. 104.

sowie amtlichen Referenzen in den 1980ern hat.[85] Der Erziehungs- und Kultursoziologe Wolf-Dietrich Bukow versteht diesen Wandel Ende der 1980er Jahre als eine »Politik der Ethnisierung«, als einen politischen Vorgang also, hinter dem eine »bestimmte gesellschaftliche Strategie« steckt[86] – eine Politik, die er sowohl im »strukturellen« als auch im »alltäglichen Bereich« in der Bundesrepublik der 1980er verortet.[87]

Diese Politik ist auch der Ausgangspunkt für die Rede von der kulturellen Differenz, die die Integrationsdebatten der 1980er Jahre prägt. Der Verhaltensforscher Eibl-Eibelsfeld löst beispielsweise eine folgenreiche Debatte aus mit seiner Aussage, dass Türken auch Menschen seien, aber Menschen mit einer anderen Kultur und deshalb nicht wirklich integrierbar. Die bestimmende Leitkategorie ist im Unterschied zur Debatte Mitte der 1960er Jahre der Begriff ›Kultur‹ und nicht die Arbeit.[88] In der Wochenzeitschrift *Die Bunte* heißt es am 30. September 1982 hierzu, den Wortlaut Eibl-Eibesfeld wiedergebend:

> »Hier Christen – dort Moslems. Hier Emanzipation der Frau – dort demutsvolle Unterwürfigkeit. Hier fortschreitende Dekadenz des Familienverbandes – dort straffe Sippenordnung.« Außerdem – so Eibl-Eibesfeld weiter – sei »unser Land [...] überbevölkert. Und für gegenseitiges Abstandhalten in Respekt und Freundschaft fehlt es hierzulande – im Gegensatz etwa zu den USA – allein schon am Platz. [...] Wer also immer noch glaubt, dass Türken bei uns so leben können wie Deutsche, vergisst: Türken sind auch nur Menschen. Und zwar Menschen mit einer anderen Kultur«.[89]

---

85 So setzt auch Günter Wallraffs Dokumentation *Ganz Unten* mit dem Wahlabend am 6. März 1983 ein, dem Tag, an dem »die Wende gewählt wurde«. Als verkleideter Türke mischt er sich unter die Wahlfeier im Konrad-Adenauer-Haus der CDU in Bonn. Kurt Biedenkopf stellt er sich als Abgesandter von Alparslan Türkeş, dem Parteiführer der nationalistischen türkei-türkischen Partei MHP, vor. Er wird dort als dessen Vertreter willkommen geheißen. Siehe hierzu: WALLRAFF (1985): S. 14f. Auch Zafer Şenocak beschreibt 13 Jahre später in seinem bekannten Roman *Gefährliche Verwandtschaft* die Wahl der CDU zur regierenden Partei als eine paradigmatische Wende in der Ausländerpolitik Deutschlands. Für ihn war sie der Beginn einer Zeit von »klaren Vorstellungen von Grenzen«. Für Şenocak wussten Helmut Kohl und Şenocaks damaliger Freund Anton, wer nach Deutschland gehörte und wer nicht, und »wo die Mitte in diesem Land war«. Siehe hierzu: ŞENOCAK, Zafer (1998): *Gefährliche Verwandtschaft*, München: Babel, S. 108.
86 BUKOW, Wolf-Dietrich/LLARYORA, Roberto (1988): *Mitbürger aus der Fremde. Soziogenese ethnischer Minoritäten*, Opladen: Westdeutscher Verlag, S. 2.
87 Siehe hierzu: ebd., S. 82–110.
88 Vgl. HERBERT (2001): S. 259. Siehe auch: HUNN (2005): S. 494; EZLI, Özkan (2013): »Narrative der Integration im Film«. In: *Die Integrationsdebatte zwischen Assimilation und Diversität*, S. 189–212, S. 208f.
89 Aus: HUNN (2005): S. 495.

Helmut Kohl äußerte, wie oben erwähnt, im Herbst 1982 gegenüber Margaret Thatcher genau denselben Befund, was den Paradigmenwechsel zwischen den zwei Dekaden zuvor und den 1980ern eindrücklich untermauert. Nach Kohl habe Deutschland kein Problem mit Portugiesen, mit Italienern, selbst mit den Südostasiaten nicht. »Aber die Türken kämen aus einer sehr andersartigen Kultur... . Deutschland habe 11 Millionen Deutsche aus osteuropäischen Ländern integriert. Aber diese seien Europäer und stellten daher kein Problem dar.«[90]

Was Kohl Thatcher vertraulich mitteilte, zeigte sich im Kern ein Jahr zuvor schon im *Heidelberger Manifest* vom 17. Juni 1981, das auf große Resonanz stieß und eine öffentliche Debatte auslöste. Das Manifest erschien nach der ersten Veröffentlichung mehrfach leicht modifiziert in unterschiedlichen überregionalen Tages- und Wochenzeitungen bis März 1982. Im Fokus stehen in allen Versionen von allen Ausländern in Deutschland die Türken. Diese würden die deutsche Sprache, die deutsche Kultur überfremden und das deutsche »Volkstum« und seine »geistige Identität« gefährden.[91] Das türkische Volk sei definitiv ein anderes als das deutsche. ›Völker‹ sind nach der Definition des Heidelberger Kreises, der aus 15 deutschen Professoren besteht, »biologisch und kybernetisch lebende Systeme höherer Ordnung mit voneinander verschiedenen Systemeigenschaften, die genetisch und durch Traditionen weitergegeben werden«.[92] Die Nation geht ihrer Ansicht nach aus einem Volk hervor und nicht aus einer bestimmten Summe von Völkern wie im amerikanischen Modell. Das deutsche Volk sei obendrein noch geteilt und müsse zu einer eigenen Einheit finden, dessen Realisierung gefährdet sei, wenn sich ein Teil des deutschen Volkes mit einem anderen vermischen würde.[93] Trotz dieses starken Bezugs auf das deutsche Volk verweisen die Verfasser des Manifests explizit darauf, dass sie »auf dem Boden des Grundgesetzes stehend« argumentierten und sich dabei gegen jeden »ideologischen Nationalismus, gegen Rassismus und gegen jeden Rechts- und Linksextremismus« wendeten.[94]

Eine stärkere Bindung zur Bundesrepublik zu entwickeln, steht auch im Zentrum der bekannten Schrift des Politikwissenschaftlers Dolf Sternbergers zum ›Verfassungspatriotismus‹ von 1982. Ohne Bezug auf die Folgen der Migration in

---

90 DEUTSCHE-PRESSE AGENTUR (2013). Siehe auch: SCHMIDT, Michael (2013): »Türken waren Kanzler Kohl fremd«. In: *DIE ZEIT*, 02.10.2013, https://www.zeit.de/politik/deutschland/2013-08/kohl-gastarbeiter-gespraechsprotokoll (zuletzt 11.05.2021).
91 HEIDELBERGER KREIS (1982): »Heidelberger Manifest«. In: *Transit Deutschland*, S. 155–157, hier S. 155. Diese Ausgabe ist ein Wiederabdruck des Manifests, das am 4. März 1982 in der *Frankfurter Rundschau* erschienen ist.
92 DIE ZEIT o. V. (1982): »Das Heidelberger Manifest«. In: *DIE ZEIT*, 05.02.1982, http://www.zeit.de/1982/06/heidelberger-manifest (20.07.2016).
93 Ebd.
94 Siehe hierzu die Versionen aus der FRANKFURTER RUNDSCHAU und aus der ZEIT, S. 155.

der Bundesrepublik ist für ihn die Verfassung die »Patria in diesem geteilten Land und Volk«.[95] Sternberger distanziert sich ebenfalls von einem mythischen Nationalismus. Zugleich nimmt er aber auch Abstand von den basisdemokratischen Bewegungen der 1960er und 1970er Jahre – in deren Zentrum die soziale Interaktion steht – und verlangt, dass man »etwas weniger von Demokratie«, dafür aber »mehr von der Verfassung reden« sollte. Seinen gesellschaftspolitisch äußerst wirkmächtigen Aufsatz schließt er mit Sätzen, deren imaginärem Anteil wir ebenfalls in der deutsch-türkischen Literatur und im deutsch-türkischen Film begegnen: »Ich wünschte, die Gelegenheit und der Wille fänden sich, dass auch die Verfassungsfreunde einmal auf die Straße gingen und die Demonstrierdemokraten beschämten durch die Macht ihres Patriotismus«. Denn es sei an der Zeit, »die gemeinsame Verfassungsloyalität der Bürger und ihrer Parteien einmal öffentlich sichtbar zu machen«.[96] So steht also auch im sich neu konstituierenden deutsch-deutschen Verhältnis in den beginnenden 1980er Jahren ein »Berg« zwischen Wohnung und Straße.[97] Und wenn es auf der einen Seite darum geht, einen Türken auf die Straßen zu schicken, so geht es in den 1980ern auch darum, endlich einen Deutschen auf die Straße zu schicken.

Von dieser Hervorhebung des politischen deutschen Bürgers sind der Migrant und seine Nachfahren in höchstem Maße betroffen. Denn nicht mehr nur die Lohnarbeit steht im Zentrum des Zugangs in die Kerngesellschaft, wie sie dies in frühen kapitalistischen Gesellschaften tat.[98] In den 1980ern stellt sich anhand der Kategorie des Bürgers die Frage »nach dem Zugang zur und Beteiligung an der

---

95 STERNBERGER, Dolf (1982): »Verfassungspatriotismus«. In: *Grundfragen der Demokratie. Schriftenreihe der Niedersächsischen Landeszentrale für Politische Bildung. Folge 3*, hg. v. der Niedersächsischen Landeszentrale für Politische Bildung 1982, S. 7.
96 Ebd., S. 17.
97 Anton Kaes beschreibt in seinem Buch *Deutschlandbilder. Die Wiederkehr der Geschichte als Film* von 1987, wie nach dem Deutschen Herbst 1977 und nach dem großen Erfolg der amerikanischen Serie HOLOCAUST von 1978 besonders unter den deutschen Filmschaffenden ein Bewusstseinswandel einsetzt. Wurde die deutsche Geschichte vom Neuen deutschen Film in den 1960er und 1970er Jahren nicht thematisiert, folgen in den 1980er Jahren – beispielsweise mit Edgar Reitz' Anfang der 1980er Jahre einsetzender Heimat-Trilogie – filmische Produktionen, die sich mit den »Bildern Deutschlands« beschäftigen. Als Reaktion auf den immensen Erfolg der amerikanischen Serie setzt ein »Insistieren auf dem Besitz der eigenen Geschichte« bei den Filmschaffenden ein. Nach Reitz haben die Amerikaner mit ihrer Kommerzästhetik den Deutschen ihre Geschichte »aus den Händen gerissen«. Im Zentrum von Kaes' Arbeit stehen neben Reitz' HEIMAT, HITLER. EIN FILM AUS DEUTSCHLAND von Syberberg und DEUTSCHLAND. BLEICHE MUTTER von Sanders-Brahms. Siehe hierzu: KAES, Anton (1987): *Deutschlandbilder. Die Wiederkehr der Geschichte als Film*, München: Edition text + kritik, S. 41.
98 Siehe hierzu: OFFE, Claus (1984): *Arbeitsgesellschaft. Strukturprobleme und Zukunftsperspektiven*, Frankfurt a. M.: Campus, S. 13ff.

Gesellschaftlichkeit« neu.[99] Bei dieser Umstellung wird der Migrant vom Arbeiter über den Ausländer zum Nicht-Deutschen, zum Nicht-Bürger. Er wird nicht mehr über seine historisch-soziale Existenz – er lebt schon seit den 1960ern in der Bundesrepublik –, sondern durch einen »spezifischen kulturellen Standort« identifiziert. Der alteingesessene Deutsche wird hingegen zum Bürger, dem der öffentliche Raum per se gehört.[100] Wenn die Bundesrepublik in den 1970er Jahren noch als ein Staat einer Industriegesellschaft gedacht wurde, rücken nun die Kategorien ›Bürgerlichkeit‹ und ›Zivilgesellschaft‹ im Fahrwasser einer restaurativen Politik nach den Folgen des linken Extremismus – Deutscher Herbst – ins Zentrum der politischen Erzählung.[101] Da auch in diesen Zusammenhängen der türkische Einwanderer weder dazugehört noch adressiert wird, beschränkt sich seine soziale Teilhabe darauf, ein Klient der Ausländerpolitik zu sein.[102] Dieser Aspekt der Diskriminierung unterscheidet sich grundlegend vom politischen Zustand der Türkeistämmigen heute, was auch an den Änderungen des Staatsbürgerschaftsgesetzes 2000 und 2013 sowie der Erlassung des Allgemeinen Gleichbehandlungsgesetzes (AGG) – auch Antidiskriminierungsgesetz genannt – von 2006 liegt.[103]

Diese über- bzw. unterdeterminierte Perspektive auf Alteingesessene und Einwanderer geht über die Gruppenperspektive Milton Gordons und der Theorien zur Öffentlichkeit und Privatheit der 1960er und 1970er Jahre hinaus und erfüllt die Voraussetzungen der Essenzialisierung. Essenzialisierungen generieren die Idee eines Wesenskerns, der den Charakter einer Gesellschaft oder einer Epoche unverrückbar bestimmt. Sie reduzieren die Vielschichtigkeit sozialer Phänomene auf ein Merkmal oder auf ein Symbol und führen daher oft zu identitätspolitischen Verhärtungen.[104] Sie stellen folglich eine Verhärtung dar, die auf gesellschaftlichem Unbehagen und Angst basiert, die über die Debatten hinaus Ende 1970er und Anfang der 1980er auch statistisch erfasst wurde. Eine zentrale

---

99 Bukow/Llaryora (1988): S. 88.
100 Ebd., S. 2.
101 Siehe hierzu: Hacke, Jens (2009): *Die Bundesrepublik als Idee. Zur Legitimationsbedürftigkeit politischer Ordnung*, Hamburg: Hamburger Edition, S. 84–113.
102 Bukow/Llaryora (1988): S. 93. Siehe hierzu auch: Hüttermann, Jörg (2009): »Zur Soziogenese einer kulturalisierten Einwanderungsgesellschaft«. In: *Wider den Kulturenzwang. Migration, Kulturalisierung und Weltliteratur*, hg. v. Özkan Ezli, Dorothee Kimmich, Annette Werberger, Bielefeld: transcript, S. 95–133, hier S. 105f.
103 Heute ist es umgekehrt. Es wird erwartet, dass man sich von islamistischer Gewalt öffentlich distanziert und kritisch Stellung zur Politik Recep Tayyib Erdoğans bezieht. Integration ist heute gänzlich eine Frage des öffentlichen Raums geworden.
104 Siehe hierzu: Ezli, Özkan (2012): *Grenzen der Kultur. Autobiographien und Reisebeschreibungen zwischen Okzident und Orient*, Konstanz: Konstanz University Press, S. 11.

Frage in einer vielzitierten Repräsentativumfrage zu Türken in Deutschland war, ob diese zurückkehren sollten oder man ihnen die Möglichkeit geben sollte, in Deutschland zu bleiben. Die Umfrage erfolgte zwischen den Jahren 1978 und 1983[105] und ergab, dass im November 1978 39 % der Deutschen die Rückkehr der Türken befürworteten, Anfang 1982 68 % und im März 1983 sogar 80 %. Zugleich gaben dieselben Interviewten an, dass sie die allgemeine Wirtschaftslage in Deutschland als »nicht gut« empfänden.[106]

In dieser gesellschaftspolitischen Stimmung wird im Herbst 1983 das bereits erwähnte Rückkehrförderungsgesetz verabschiedet, das durch finanzielle Anreize Ausländer dazu bewegen soll, in ihre Herkunftsländer zurückzukehren. Neben der ökonomischen Entlastung, die man sich mit diesem Gesetz versprach, war das stützende kulturpolitische Argument dafür, dass man dem türkischen Bevölkerungsanteil – wie Eibl-Eibesfeld und die Verfasser des Manifests zuvor – aus kulturellen Gründen die Fähigkeit absprach, sich in die deutsche Kultur integrieren zu können. Mit ›deutscher Kultur‹ war mitunter ein christlich geprägtes westeuropäisches Land gemeint.[107] Das Rückkehrförderungsgesetz erwies sich in der

---

105 Im Zusammenhang der Zahlen dieser Studie spricht Klaus Bade Anfang der 1980er Jahre davon, dass sich die deutsche Gesellschaft von einer »sperrigen Aufnahmegesellschaft« in eine »Abwehrgesellschaft« verwandelt habe. Siehe hierzu: BADE (1983): S. 113–115. In vielen bislang erwähnten Filmen und Texten ist der damals populäre Schriftzug »Türken raus« an viele Wände im öffentlichen Raum gesprayt. Mitunter lesen wir in den Filmen von Gförer und Meerapfel auf öffentlichen Toiletten oder am Arbeitsplatz Sprüche wie »Tod den Türken«. Jeanine Meerapfel zeigt in ihrem Dokumentarfilm städtische Mülleimer, auf die »Türken da rein« gesprayt wurde. Diese Türkenfeindlichkeit wird in Kartal Tibets Film GURBETCI ŞABAN äußerst harsch dargestellt. In dieser überzogenen Komödie, die im Kern eine Rachegeschichte ist, erkennt der Protagonist Şaban, wie seine Landsleute in einer Firma beschimpft (»scheiß faule Türken«) und ausgebeutet werden. Sie ertragen und erdulden es, weil viele von ihnen illegal im Land sind oder keine Arbeitserlaubnis mehr haben. Er schwört sich, wiederum in Form eines Monologs, für alle Rache zu nehmen. Am Ende des Films, er wird zu einem Milchfabrikanten, zieht er mit seiner Frau aus der engen Wohnung mit Außenbad und Außentoilette in ein repräsentatives großes bürgerliches Haus. Darin werden am Ende des Films die deutschen Ausbeuter, Subunternehmer und ihre Frauen und Familien für Şaban als Putzkräfte arbeiten. Die Deutschen werden durchweg nur von türkischen, mitunter sehr bekannten Schauspielern aus der Türkei gespielt. Siehe hierzu: TIBET (1985).
106 Siehe hierzu: HERBERT (2005): S. 241. Siehe ebenfalls: BADE (1983): S. 113; MEIER-BRAUN, Karl-Heinz (1988): *Integration und Rückkehr? Zur Ausländerpolitik des Bundes und der Länder, insbesondere Baden-Württembergs*, Mainz: Grünewald, S. 41.
107 Siehe: http://www.bpb.de/lernen/grafstat/projekt-integration/134768/glossar?p=all (15.11.2017). Auch Aras Örens Protagonist in *Bitte nix Polizei* bezeichnet das kalte Wetter morgens in Deutschland auf dem Weg zur Arbeit nicht mehr mit dem Bild der »gefrorenen Straßen« wie in *Was will Niyazi in der Naunynstraße* von 1973, sondern als »Christenkälte«. Siehe hierzu: ÖREN, Aras (1981): *Bitte nix Polizei. Kriminalerzählung*, Frankfurt a. M.: Fischer, S. 35. Und im Unterschied zum ersten Poem wird

Praxis jedoch als folgenlos. Denn trotz finanzieller Anreize verließen kaum mehr als 100 000 Türken die Bundesrepublik.[108] Diese nicht stattfindende Rückkehr ist auch deshalb bemerkenswert, weil innerhalb türkischer Einwandererfamilien in Deutschland das Narrativ ›Nächstes Jahr kehren wir zurück‹ zu dieser Zeit sehr bestimmend war[109] – obwohl nur die wenigsten wirklich zurückkehrten. Das lag unter anderem selbstredend daran, dass die politische und wirtschaftliche Situation in der Türkei nach dem Militärputsch im Herbst 1980 äußerst prekär war.[110] Daher ist es auch im Besonderen diese Kluft zwischen Sprechen und Praxis, zwischen Wohnung und Straße, die die Ambivalenz und den kontroversen Charakter der Integration in dieser Zeit auszeichnet und fälschlicherweise viel zu oft als ein Sein zwischen den Kulturen gelesen wurde.[111] Sicher haben kulturelle Kategorien eine Rolle gespielt, doch waren die Bedingungen, die dieses Sprechen über Kultur erst ermöglichten oder hervorbrachten mitunter materieller Natur und hatten zu tun mit Bewegungsmöglichkeiten und Rechtssicherheiten. Beispielsweise waren die Ausländerbehörden ermächtigt, die Aufenthaltsgenehmigung mit der Arbeitserlaubnis zu verbinden. Verlor man seine Arbeit und bekam kein Arbeitslosengeld mehr, konnte dies zur Ausweisung aus der Bundesrepublik führen.[112]

Der christliche Zusammenhang, der im Rückkehrförderungsgesetz zur Abwehr der türkischen Kultur bemüht wird, ist ebenfalls ambivalent. Im Gegensatz zur kulturellen Legitimierung des Rückkehrförderungsgesetzes ist beispielsweise auf dem Deutschen Evangelischen Kirchentag im September 1980 offensiv von einer multikulturellen Gesellschaft die Rede. Im Kern ihrer Thesen hält die evangelische Kirche fest, dass »für das künftige Zusammenleben eine gegenseitige Integration erforderlich« sei.[113] In *Mit Einwanderern leben. Positionen evange-*

---

in der Erzählung von 1981 die Arbeit kaum noch beschrieben, denn auch hier wurde sie entweder durch »Kultur« oder die Suche nach »Persönlichkeit« ersetzt.

108 Eine dieser Personen ist Melek Tez in Jeanine Meerapfels Dokumentarfilm DIE KÜMMELTÜRKIN GEHT.

109 Siehe hierzu: HUNN (2005): S. 11. Siehe ebenfalls: PAGENSTECHER, Cord (1996): »Die ›Illusion‹ der Rückkehr. Zur Mentalitätsgeschichte von ›Gastarbeit‹ und ›Einwanderung‹. In: *Soziale Welt* 47:2, S. 149–179.

110 Siehe hierzu: ADANIR, Fikret (1995): Geschichte der türkischen Republik, Berlin: Bibliographisches Institut; KREISER, Klaus/NEUMANN, Christoph (2009): *Kleine Geschichte der Türkei*, Stuttgart: Reclam.

111 LAURIEN (1983): S. 40.

112 MCRAE (1980): S. 64. Besonders in den türkei-türkischen Filmen GURBETÇI ŞABAN und POLIZEI sind die Aufenthaltserlaubnis und die Arbeitserlaubnis zentrale Themen, die den Auftritt der Türken und den Kontakt mit den Deutschen im öffentlichen Raum zentral mitbestimmen.

113 DER ÖKUMENISCHE VORBEREITUNGSAUSSCHUSS (1980): »›Wir leben in der Bundesrepublik in einer multikulturellen Gesellschaft‹. Thesen vom 24. September 1980, Tag des ausländischen Mitbürgers«. In: *Transit Deutschland*, S. 361–365, hier S. 361.

lischer Ausländerarbeit bringt der evangelische Theologe und Soziologe Jürgen Micksch Mitte der 1980er Jahre diesen gesellschaftspolitischen Begriff mit dem Argument ins Spiel, dass man den Ausländer in Deutschland nicht mehr durch seinen ökonomischen Mehrwert oder allein durch seine Arbeitskraft für diese Gesellschaft legitimieren dürfe, sondern vielmehr durch seine Kultur, die eine Bereicherung für die deutsche Gesellschaft darstelle.[114] In der »Anwesenheit von Ausländern« stecke eine »geistesgeschichtliche Herausforderung«. Nach Micksch ist für das Gelingen eines Zusammenlebens eine »ständige Kommunikation zwischen Einwanderern und Einheimischen« erforderlich.[115] Denn Gott selbst habe sich um den Fremden gekümmert und ihn geliebt. Daher habe das »Eintreten für Ausländer keine politischen, sondern theologische Wurzeln«.[116] Damit, dass Jesus selbst sich um den Fremden gekümmert habe, argumentiert auch Günter Wallraff in *Ganz Unten*.[117]

Dass es den Fremden zu akzeptieren gilt, steht auch im Zentrum der integrationstheoretischen Reflexionen des Soziologen Georg Elwert. In seinem bis heute oft zitierten Aufsatz »Probleme der Ausländerintegration. Gesellschaftliche Integration durch Binnenintegration?« von 1982 argumentiert er gegen Hartmut Essers Assimilationstheorie von 1980, dass die Erhaltung der Herkunftskultur des Einwanderers auch positive Effekte auf die Integration der Ausländer haben könne. Sie ermögliche dem Einwanderer, in der Fremde ein Selbstbewusstsein zu entwickeln, das ihm Sicherheit im Alltag biete und die Kraft spende, auf

---

114 Siehe hierzu: MICKSCH, Jürgen (1984): *Mit Einwanderern leben. Positionen evangelischer Ausländerarbeit*, Frankfurt a. M.: Lembeck, S. 8.
115 Ebd., S. 9.
116 Ebd., S. 14. Auch Wallraff versucht als Ali, der gemäß seiner Fiktion in der Türkei politisch verfolgt wird, die Kirchen um Hilfe zu bitten. Dass in seinem Zugang auch das Faktum der Diskriminierung steht und er diese ebenfalls aufzeigen möchte, zeigt eindrücklich, dass er sich nicht wegen Asyl an die Kirchen wendet, sondern wegen einer Schnelltaufe, einer Konversion, die ihm den weiteren Aufenthalt in Deutschland erleichtern könnte. Er weist sich mit seinem künstlichen Ausländerakzent als versierter Kenner des Christentums aus, erhält aber trotzdem an keiner Stelle die Möglichkeit getauft zu werden. Siehe hierzu WALLRAFF (1985): S. 51–76.
117 WALLRAFF (1985): S. 67. Die Gespräche mit den Geistlichen, die Wallraff wiedergibt, zeigen aber auch seine etwas erzwungene Strategie, Situationen der Diskriminierung zu provozieren. Denn neben dem Wissen, das Ali Siğirlioğlu über das Christentum und die Reformation hat, was ihn für die Taufe zulassen sollte, macht Ali, alias Wallraff, in den Gesprächen auch immer auf die Dringlichkeit der Taufe aufmerksam, da er andernfalls als politischer Flüchtling in die Türkei abgeschoben würde. Diese Dringlichkeit steht dem Ansinnen der Kirchenvertreter zuwider, dass eine Taufe eine Glaubensangelegenheit zu sein habe. Doch ist dieser Einwand am Ende insofern nicht überzeugend, als die originalen Audioaufnahmen von *Ganz Unten* dokumentieren, wie herablassend die kirchlichen Geistlichen mit Ali Siğirlioğlu umgehen. Siehe hierzu: WALLRAFF, Günter (2006): *Ganz Unten. 2 Cds: Mit einer Dokumentation der Folgen*, Delta Music.

Stigmatisierungen seitens Angehöriger der Mehrheitsgesellschaft reagieren zu können.[118] Nach Elwert finden wir diesen Zugang auch bei Wallraff, Akçam und Gür: Der Ausländer erfährt den Alltag in der Bundesrepublik als inkonsistent und ist durch diese Erfahrung verunsichert. Sicherheit und Selbstbewusstsein kann er dagegen in einer vertrauten Umgebung gewinnen, die ihm einen Zugang in die Mehrheitsgesellschaft ermöglicht. Nicht ein stabiler Gruppenbezug wie bei Gordon ist hier vorrangig, sondern ein individueller Bezug des Einwanderers auf seine Herkunftskultur. Diesen Prozess bezeichnet Elwert als »Binnenintegration«. Darunter versteht er den »Zustand, in dem das Glied einer durch emische (kulturimmanente) Grenzen definierten Subkultur der Zugang zu einem Teil der gesellschaftlichen Güter [...] vermittelt ist«.[119] Für Hartmut Esser hingegen ist der Einwanderer weniger ein emotionaler als vielmehr ein rationaler Akteur, dessen Integration als Assimilation gelingen wird, wenn auf den Erwerb kognitiver Kompetenzen (Sprache), strukturelle (Beruf) und soziale (Kontakte) folgen.[120] Die assimilatorische Identifikation mit der Mehrheitsgesellschaft wird sich dann von selbst ergeben.[121] Jedoch konstatiert er auch für die Ausländerpolitik der Bundesregierung in den 1980er einen paradoxen Zustand, der nicht einen Integrationsprozess als Assimilation, sondern umgekehrt die kulturelle und strukturelle Marginalität der Ausländer fördert. Denn einerseits wird »das Angebot zur Integration gemacht (Weizsäcker)«, andererseits aber auch »die Rückkehrfähigkeit der Ausländer« gefördert. Aber da »der einzelne Ausländer immer nur beide Forderungen *gemeinsam* sehen kann, wird die Unsicherheit eher noch verstärkt«.[122]

Für Bukow und Llaryora ist das Hauptproblem, das die für sie zuvor bestandene »Gesellschaftlichkeit« der Arbeitsmigranten sich strukturell auflöst. Indem sie durch eine Politik der Ethnisierung Ende und Anfang der 1980er zu Ausländern und Türken werden, geht es nicht mehr um die Frage, welchen wirtschaftlichen oder gesellschaftlichen Wert Migranten haben; sondern vielmehr darum, – negativ gewendet – im Alltag oder in Debatten zu konstatieren, dass sie eigentlich gar nicht zur deutschen Gesellschaft gehören. In der entstehenden Diktion der

---

118 ELWERT, Georg (1982): »Probleme der Ausländerintegration. Gesellschaftliche Integration durch Binnenintegration?«. In: *Kölner Zeitschrift für Soziologie und Sozialpsychologie* 34:4, S. 717–731, hier S. 721.
119 Ebd., S. 720.
120 Vgl. BUKOW/LLARYORA (1988): S. 93.
121 Wie bereits in der Einleitung dieses Buchs erwähnt, hat Esser seinen theoretischen Zugang mit den Begriffen ›Platzierung‹, ›Interaktion‹, ›Kulturation‹ und ›Identifikation‹ in der 2000er Jahren modifiziert. Siehe hierzu: ESSER (2011). Siehe hierzu auch: Rauer/Schmidtke (2004): S. 279.
122 ESSER, Hartmut (1983): »Multikulturelle Gesellschaft als Alternative zu Isolation und Assimilation«. In: *Die fremden Mitbürger. Möglichkeiten und Grenzen der Integration von Ausländern*, hg. v. Hartmut Esser, Düsseldorf: Patmos, S. 25–38, S. 28, Hervorhebung im Original.

multikulturellen Gesellschaft heißt es, dass man sich um sie kümmern müsse. Dass Migranten in den 1980ern entweder nur als Fremde oder nur als Klienten auftreten, ist für Bukow und Llaryora ein aus dieser Konstellation entstehendes Folgeproblem der Integration.[123] Soziale Teilhabe und Repräsentation auf einer bürgerlichen Ebene durch ein ökonomisches, soziales oder kulturelles Kapital ist unter diesen Bedingungen nicht möglich.[124] Für die Autoren wird die »Identitätspassage« zwischen Minderheit und Mehrheit nicht nur verweigert, sondern im Vollzug der Ethnisierung sogar abgesprochen.[125] Denn sie sind nicht gänzlich »ohne einen politischen Ort, sondern in einer bestimmten Weise politisch restriktiv eingebunden«.[126] Eindrücklich zeigt sich dies darin, wo und wie die Wirkung des Türkischen in der Bundesrepublik in den 1980er Jahren gesehen wird. Denn ähnlich wie Elwert sieht auch Micksch den eigentlichen Raum und Ort der Aktivität der Türken in der Bundesrepublik in deren eigenen vier Wänden. Und so wie die erste Ausländerbeauftragte der Stadt Berlin, Barbara John, den Deutschen vorschlägt, zu den Ausländern zu gehen, weil sie nett seien, schlägt Micksch vor, kulturelle Zentren entstehen zu lassen, »die ihnen ein Leben mit ihren kulturellen Traditionen ermöglichen«. Genau in solchen Zentren »könnte die multikulturelle Zusammenarbeit besonders gepflegt und gefördert werden«.[127] Daher sollten besonders auf kommunaler Ebene im »deutschsprachigen Angebot Produktionen aus den Herkunftsländern präsentiert und interpretiert werden, die fremdartiges Verhalten verständlich machen können«.[128] Zu welch überzogenen und mitunter abstrusen Interpretationen solch ein Zugang führen kann, zeigt äußerst eindrücklich, woran beispielsweise der Ausländerbeauftragte von Bergkamen Mitte der 1980er Jahre die Zerrissenheit zwischen zwei Kulturen bei einem türkisch-kurdischen Mädchen zu erkennen meint. Als er eines Tages fasziniert türkisch-kurdischer Musik lauscht, fragt ihn das Mädchen »stirnrunzelnd«, ob ihm das wirklich gefalle. Wenn ihre Eltern diese Musik, dieses »Gejaule« auflegten, verschwinde sie immer in ihr Zimmer und höre lieber ihre Musik: Rock. Für den Ausländerbeauftragten verdeutlicht diese Episode nicht eine typische Differenz zwischen dem Musikgeschmack der Eltern und der Kinder, sondern einen »Kulturverlust«.[129]

Diese zwischen zwei Subjekten beschriebene gestörte Kommunikation und Interpretation ist nicht nur das Problem der vermeintlich konkreten Theorien zu

---

123 BUKOW/LLARYORA (1988): S. 93.
124 Ebd., S. 91.
125 BUKOW/LLARYORA (1988): S. 94.
126 Ebd., S. 93.
127 Zitiert nach: GÖKTÜRK et al. (2011): S. 362.
128 Ebd., S. 363.
129 GÜR (1987): S. 7.

Folgen der Migration, die vom subjektiven Bewusstsein über das ethnologisch Andere, dem *rational choice*-Ansatz bis zum Migranten als Fremden und Klienten ohne Repräsentationskraft reichen. Sie steht mit allgemeineren theoretischen Narrativen aus der Philosophie, Soziologie und Kulturwissenschaft der 1980er – ebenso, wie mit Dolf Sternberger angedeutet, mit den Politikwissenschaften – in Verbindung. Mit etwas anderen Referenzrahmen gehören zu ihren zentralen Themen wie Migration und Integration ebenfalls Sprache, Kommunikation, Subjekt, Repräsentation und Nation. Jürgen Habermas hält Anfang der 1980er Jahre für diese neue Dekade im Unterschied zu den 1960er und 1970ern fest, dass sich die politisch »utopischen Akzente vom Begriff der Arbeit auf den der Kommunikation« verschoben hätten. Wenn zuvor »die arbeitsgesellschaftliche Utopie« darin bestanden habe, dass die »Solidarität der Arbeitersubkultur [...] am Arbeitsplatz regeneriert werden kann«, stehe nun die Voraussetzung dieser Utopie in Zweifel, ob man sich nämlich nach dem Ende der großen Erzählungen der Moderne auf sprachlicher und kommunikativer Ebene überhaupt noch verstehe.[130]

Wenn, wie ich oben auch für die Thematisierung von Migration festgehalten habe, Sprache und Kommunikation zuvor vorausgesetzt wurden oder Randbedingungen der Begegnungen darstellten, stehen beide Entitäten nun im Zentrum der Auseinandersetzung und mit ihnen die Integration. Diese Erkenntnis, mit der sich Habermas auch gegen die französische Postmoderne zu positionieren versucht,[131] ist zugleich die Grundlage seines Hauptwerks der Theorie des kommunikativen Handelns, die ebenfalls in den 1980er Jahren verfasst und veröffentlicht wird. Im Zentrum dieser Theorie steht – wie in den erwähnten Beispielen aus dem deutsch-türkischen Zusammenhang auch – die intersubjektive Situation als Kommunikation. Allerdings lässt sich die abstrakt-theoretische Kommunikation, die Habermas in *Theorie des kommunikativen Handelns* entwickelt, nicht auf die Begegnung zwischen dem alteingesessenen Deutschen und dem Einwanderer anwenden.[132] Sie führt vielmehr die deutsche Westintegration als Dialog mit der

---

130 HABERMAS, Jürgen (1985): »Die Krise des Wohlfahrtsstaates und die Erschöpfung utopischer Energien«. In: ders.: *Die neue Unübersichtlichkeit*, Frankfurt a. M.: Suhrkamp, S. 141–166, hier S. 160.
131 HABERMAS, Jürgen (1985): »Das Zeitbewußtsein der Moderne und ihr Bedürfnis nach Selbstvergewisserung«. In: ders: *Der philosophische Diskurs der Moderne. Zwölf Vorlesungen*, Frankfurt a. M.: Suhrkamp, S. 9–33.
132 Diese wird er zehn Jahre später in seinem bekannten Kommentartext *Anerkennungskämpfe im demokratischen Rechtsstaat* zu den Ausführungen des kanadischen Philosophen *Multikulturalismus und die Politik der Anerkennung* nachliefern. Allerdings werden wir es dann, wie es die Begriffe ›Anerkennung‹ und ›Kampf‹ schon andeuten, schon mit einer neuen narrativen Verschiebung zu tun haben, die im nächsten Kapitel im Fokus der Analysen stehen wird. Siehe

amerikanischen praktischen Philosophie weiter. Die unzähligen Kommunikationssituationen, die es in den ästhetischen Bearbeitungen zur türkischen Migration nach Deutschland in den 1980er Jahren gibt und die wir im Folgenden auch analytisch in Augenschein nehmen werden, sind aber auch nicht einfach als ›intersubjektiv‹ zu bezeichnen. Geprägt vom Verlust des Narrativs »Wir wollten alle Amerikaner werden« und bestimmt davon, dass nun »Ausschau nach Anatolien« gehalten wird, kreisen die Begegnungen der Akteure in Literatur, Film, Migrations- und Integrationstheorie um die Entitäten ›Nation‹, ›Herkunft‹ und ›Repräsentation‹. Und in den Vordergrund rücken dabei das Sprechen über die Herkunft. Zeitnah entstandene kulturtheoretische Konzepte wie von Benedict Anderson, Spivak Gayatri und von Stuart Hall kreisen ebenfalls um das Verhältnis genannter Entitäten zu Kommunikation, Sprechen und Artikulation.

In Benedict Andersons Ausführungen zur Erfindung des Konstrukts ›Nation‹ sind es ebenfalls Sprache und Kommunikation, die im Zentrum der vorgestellten Gemeinschaft als Nation stehen. Sie bilden über die Techniken des Lesens und Schreibens sowie die Medien Zeitung und Roman in einer gemeinsamen Schriftsprache die Grundlagen für die vorgestellte Gemeinschaft. Die dabei entstehenden Gemeinschaften sind »größer [...] als die dörflichen mit ihren Face-to-face-Kontakten«. Allerdings hat diese Expansion einer vorgestellten Zusammengehörigkeit auch seine Grenzen, denn »keine Nation setzt sich mit der Menschheit gleich«.[133] So geht auch Andersons Theorie über die Nation ein politischer Wandel Ende der 1970er Jahre voraus, und wir finden die Grenzziehung und Definition von Anderson, dass die Nation nicht mit der Menschheit gleichzusetzen ist, auch in der debattenauslösenden Aussage Eibl-Eibelsfelds, dass Türken zwar auch Menschen seien, aber einer anderen Kultur angehörten. Für Anderson ist ab Ende der 1970er Jahre die marxistisch geprägte soziale Frage nicht mehr international, sondern wieder national gerahmt. Die erneute Rückkehr des Nationalen korreliert für ihn mit dem Ende der Wirkkraft eines klassischen Marxismus: »Das Problem einer Theorie des Nationalismus steht für das große Versagen des Marxismus.«[134] Der erste Schritt für ihn ist daher, dass man ›Nation‹ begrifflich nicht als eine Ideologie wie »Liberalismus« oder »Faschismus« behandeln dürfe, »sondern wie ›Verwandtschaft‹ oder ›Religion‹«.[135] Hierfür finden wir in

---

hierzu: HABERMAS, Jürgen (1993): »Anerkennungskämpfe im demokratischen Rechtsstaat«. In: *Multikulturalismus und die Politik der Anerkennung*, hg. v. Charles Taylor, Frankfurt a. M.: Suhrkamp, S. 147–198.
133 ANDERSON, Benedict (2005): *Die Erfindung der Nation. Zur Karriere eines folgenreichen Konzepts*, Frankfurt a. M.: Campus, S. 16.
134 ANDERSON (2005): S. 13.
135 Ebd.

den Anfangssequenzen von Şerif Görens Film POLIZEI ein eindrückliches und plastisches Beispiel, als die beiden türkischen Einwanderer durch den türkischsprachigen Zeitungstext sich über das Statement der Türkin der zweiten Generation unterhalten und die Ehre der Gemeinschaft, zu der sie gehören, gefährdet sehen. Sie sind mit dem erwähnten Mädchen zwar überhaupt nicht verwandt, reden aber so, als ob sie es doch wären. Das sozial-geografische Faktum, dass sie und ihre Familie wie sie selbst in Kreuzberg leben, reicht offenbar dafür aus, sie als Teil ihrer eigenen türkischen Ehre zu begreifen. Andersons Definition von ›Nation‹ lautet daher: »Sie ist eine vorgestellte politische Gemeinschaft – vorgestellt als begrenzt und souverän.«[136] Auch Abdullah Yakupoğlu bezieht sich gleich zu Beginn von Grabes Dokumentarfilm auf Zeitungsberichte, in denen beschrieben wird, wie junge türkische Mädchen auf »deutschen Bahnhöfen sich herumtreiben und kein wirkliches Zuhause hätten«. Er selbst bringt seine Töchter mit den »türkischen Mädchen aus der Zeitung« in Verbindung und achtet sehr streng darauf, dass sie eben nicht auf solche kulturelle Abwege kommen wie die anderen. Denn das »türkische Volk« erlaube das nicht. In Grabes Film ist er, wie gesagt, der einzige Türke, den wir sehen.

Es sind auch diese neuen Grenzziehungen, die die Grundlage von Spivak Gayatris äußerst bekannter These sind, dass der subalterne Akteur – im Besonderen die Frau aus der Dritten Welt – nicht sprechen kann. Ihr Ausdruck oder das des subalternen Akteurs kann immer nur ein Bemühen um Repräsentation sein, aber niemals die Repräsentation im öffentlichen Raum selbst. So hält sie in der Entstehungszeit ihrer Schrift *Can the Subaltern Speak?* Anfang der 1980er Jahre fest, dass politisch in den letzten Jahren ein Wandel »vom Sichtbarmachen eines Mechanismus zum Stimmhaftmachen des Individuums« stattgefunden habe.[137] Dieser Wandel führt zu einer besonderen Form von Identitätspolitik, die auch im Zentrum der Überlegungen Stuart Halls steht. In seinem bekannten Text *Neue Zeiten* hält er ebenfalls für die 1980er fest, dass es nicht mehr möglich sei, an der ökonomischen Klasse eines Akteurs seine »politischen Verhaltensweisen und objektiven sozialen Interessen und Motivationen [...] ablesen zu können«. Die vom klassischen Marxismus unterstellte »Entsprechung zwischen dem Ökonomischen und dem Politischen« gebe es nicht mehr.[138] Vielmehr sei nun die »Tatsache« bestimmend, »dass immer mehr Leute (Frauen und Männer) – mit wie wenig Geld auch immer – sich an dem Spiel beteiligen, Dinge zu benutzen, um zu signalisieren wer sie sind« – selbst dann, um Halls Satz mit Özakıns Aussage

---

[136] Ebd., S. 15.
[137] SPIVAK (2007): S. 53.
[138] HALL, Stuart (2000): »Die Bedeutung der *Neuen Zeiten*«. In: ders.: *Cultural Studies. Ein politisches Theorieprojekt. Ausgewählte Schriften*, Hamburg: Argument, S. 78–97, hier S. 83.

zu komplettieren, wenn man dieses Bemühen um Repräsentation als »lächerlich« empfindet. Am Anfang dieser Erzählungen stehen nicht mehr die materielle Existenz und ihre körperlichen Bedürfnisse, »sondern [...] ihr symbolischer Platz«, ihre »zweite Haut«.[139] Die »heutigen Güter« und Sichtbarkeiten treten nun immer »doppelt auf«.[140] Die politische Sprache ist nicht mehr auf der sozialen, sondern verstärkt auf der »kulturellen Seite der Gleichung zu finden«.[141] In der Logik der Repräsentation ist nun an die Stelle des Zeigens und Darstellens die des Vertretens und Darstellens getreten. Die Theorien selbst sind ebenfalls Teil dieser neuen restriktiven Einbindung, dieser neuen Sichtbarkeit, die zugleich eine neue Unsichtbarkeit bedeutet. Wenn die postkolonialen Theorien nun auf dieser Logik beruhen, dann ist die Wahrscheinlichkeit, dass sie ein aktives politisches Feld politischer Integration werden generieren können, äußerst gering. Denn das wesentliche Anliegen einer gelingenden politischen Integration muss es sein, die Elemente des Kulturellen und Politischen wie Orte, Kontakte, Sprechweisen, Handlungen, Auseinandersetzungen (Kämpfe) in Form unterschiedlicher Gestaltungen in einen Zusammenhang zu bringen. Das Ziel postkolonialer Forschung ist hingegen »die Produktion eines ›Außen‹, eines Bereichs [...] intelligibler Wirkungen, die dann zurückkehren und verunsichern, die wir voreilig ›Identitäten‹ nennen«.[142] Es ist also die Kritik von Identität, wobei der ausschließliche Fokus auf die Identität, auf das Sprechen davon, den Überschuss nicht mehr aufzufangen vermag, den die Verunsicherung auslöst. Dort, wo es dann um die Arbeit daran gehen würde, dass Kultur auch eine Frage der Umstände, Bedingungen, Materialitäten und Praktiken ist, bleibt die Frage und das Problem im Raum bei den postkolonialen Theoretikern bestehen, weil sie sich ausschließlich auf Diskurse und Artikulationen konzentrieren. Deren Grundlage ist aber wiederum, daß sich ein »Berg« zwischen Haus und Straße gestellt hat.

Die öffentlichen Debatten, Politiken, Theorien und ästhetischen Bearbeitungen der Migration in der Bundesrepublik der 1980er Jahre geben die hier kurz skizzierte theoretische und politische Transformation auf unterschiedlichen Reflexions- und Thematisierungsebenen eindrücklich wieder. Meine Analysen werden aber auch zeigen, dass sie darüber hinausgehend auf eine besondere Form der Identitätspolitik und Subjektivierung aufmerksam machen, die auch mit der heutigen Rückkehr nationaler Kategorien zusammengeführt werden kann. Im Zentrum der Analyse stehen in diesem Kapitel der Film 40 QM DEUTSCHLAND

---

[139] Ebd., S. 93. Siehe ebenfalls: HÜBNER (1985): S. 174–185.
[140] HALL (2000): S. 94.
[141] Ebd., S. 83.
[142] HALL, Stuart (2004): »Wer braucht Identität«. In: ders.: *Ideologie, Identität und Repräsentation*, Hamburg: Argument, S. 167–187, S. 185.

von Tevfik Başer, die Romane *Die Leidenschaft der Anderen* (1982) und *Die Blaue Maske* (1989) von Aysel Özakın, der Spielfilm YASEMIN (1988) von Hark Bohm, die erste Familienserie UNSERE NACHBARN, DIE BALTAS (1983) und schließlich die Dokumentarfilme DIE KÜMMELTÜRKIN GEHT (1985) von Jeanine Meerapfel, GANZ UNTEN (1985) als Buch und Film von Günter Wallraff und von Jörg Gförer, ABDULLAH YAKIPOĞLU. WARUM HABE ICH MEINE TOCHTER GETÖTET? von Hans-Dieter Grabe und die soziologische Dokumentation von Paul Geiersbachs *Bruder, muß zusammen Zwiebel und Wasser essen! Eine türkische Familie in Deutschland* von 1982. Wir werden in den Analysen nicht nur auf die Integrationstheorien und Debatten, sondern auch zentral auf die theoretischen Aspekte der Arbeiten von Stuart Hall, Gayatri Spivak, Jürgen Habermas und Benedict Anderson eingehen. Dabei werden die Reflexionen zur Postkolonialität und zu den aufkommenden Cultural Studies[143] Anfang der 1980er Jahre mit den sehr wirkmächtigen Arbeiten von wiederum Spivak und Stuart Hall ebenfalls eine sehr wichtige Rolle spielen. Denn auch sie verhandeln mit Sprechen, Repräsentation und Artikulation die Kommunikation zwischen einem Akteur aus der Mehrheit und einem aus der Minderheit. Bevölkerungs- und gesellschaftspolitisch neue Rahmenbedingungen verändern das Narrativ der Integration und Migration in Deutschland Ende der 1970er und Anfang der 1980er Jahre grundlegend, und sie dominieren es bis Anfang der 1990er Jahre auch.

Das Narrativ »Wie lebt es sich als Türke in Deutschland?« hat in der Geschichte der Migration und Integration in Deutschland ein besonderes und spezifisches Bemühen um Repräsentation in Literatur, Film, Debatte und Theorie erzwungen und ausgelöst. Es ist ein Zwang und ein Bemühen um Repräsentation, das im innerdeutschen Zusammenhang mit der Verwendung der Begriffe ›Volk‹ und ›Nation‹ ebenfalls seinen Platz hat. Jenseits dieser abstrakten Kategorien – und das ist mein ästhetisch-politischer Zugang – geht es vor allem deshalb um ein Bemühen um Repräsentation, weil zum einen die Begegnungsstruktur zwischen Alteingesessenen und Einwanderern sich grundlegend gewandelt hat und zum anderen weil der einfache Weg von der Wohnung auf die Straße aus mehreren Gründen versperrt ist. Diese Konstellation verlangt eine besondere erzählerische Bearbeitung des Themas ›Migration‹ in den 1980er Jahren, um Gehör zu finden und überhaupt erkannt zu werden. Bis heute wird in der Forschung besonders den künstlerischen Produktionen der 1980er Jahre vorgeworfen, dass ihnen die ästhetische Bearbeitung nicht gelungen sei. Denn sie würden entweder einer Pflicht nachkommen, den Vorurteilen und Erwartungen der Mehrheitsgesell-

---

143 Siehe hierzu: HALL, Stuart (1990): »The Emergence of Cultural Studies and the Crisis of Humanities«. In: *Humanities as Social Technology*, October Vol. 53 (Summer 1990), S. 11–23.

schaften zu genügen oder schlicht an der »burden of representation« scheitern. Auch wenn sie in hohem Maße ästhetisch-konstruktiv seien, blieben sie Filme und Texte eines sozialen Realismus, der die Akteurinnen und Akteure homogenisiere und sie zu Opfern degradiere.¹⁴⁴ Dieser Befund kennt bislang auch keinen Unterschied zu den Produktionen der 1960er und 1970er Jahre.

Wenn die soziale Frage, allerdings nicht ihre Homogenisierung, tatsächlich im Zentrum der Filme und der Literatur der 1960er und 1970er Jahre steht, dann greift der »Vorwurf« des sozialen Realismus keineswegs bei den Produktionen der 1980er Jahre. Denn es gibt keine Phase in der vorliegenden Kulturgeschichte, in der die sozialen Handlungen, Interaktionen, Kontakte und Mobilitäten so unausgeführt im Raum stehen bleiben wie in den Produktionen der 1980er Jahre. Dies deuten allein schon die Sequenzen an, die dieses Kapitel eingeleitet haben. Das Sprechen wird in ihnen nicht weiter in einem Dialog oder in einer sozialen Interaktion geführt oder übersetzt. Das Weitersprechen ist in den 1980er Jahren vielmehr nach innen gewendet, weil abstrakte Kategorien wie ›türkisch‹ und ›deutsch‹ das Verhältnis, die Begegnungen rahmen und bestimmen. Daher liegt der besondere kulturwissenschaftliche Reiz und Wert dieser Reflexionen zum »verlorenen Jahrzehnt der Integration«¹⁴⁵ in der Bundesrepublik zum einen in historischer Hinsicht darin, welche Verletzungen und Diskriminierungen sich in die Geschichte der Migration und Integration in der Bundesrepublik eingeschrieben haben – denn weder die erste noch die zweite Generation hat dieses Jahrzehnt vergessen.¹⁴⁶ Kulturtheoretisch von Interesse ist, was passiert, wenn an die Stelle des Zeigens und Sehens in der Praxis des Re-präsentierens verstärkt das Vertreten tritt. Şinasi Dikmen hat etwa nie den Eindruck verloren, dass die Deutschen durch ihn hindurchschauen würden, weil er der *andere* Türke ist.¹⁴⁷ Wenn sie ihn sehen, sehen sie auch die anderen. Günter Wallraffs Erfahrungen als Ali Siğirlioğlu, den er eineinhalb Jahre lang mimte, haben zu einem ähnlichen Ergebnis geführt, das er allerdings von der gegenüberliegenden Seite aus beschreibt. In *Ganz Unten* lautet

---

144 Siehe hierzu: MALIK, Sarita (1996): »Beyond ›The Cinema of Duty‹? Pleasures of Hybridity: Black British Film of the 1980s and 1990s«. In: *Dissolving Views. Key Writings on British Cinema*, hg. v. Andrew Higson, London: Cassell, S. 202–215. GÖKTÜRK (2000); ADELSON (2004); NEUBAUER, Jochen (2011): *Türkische Deutsche, Kanakster und Deutschländer. Identität und Fremdwahrnehmung in Film und Literatur*, Würzburg: Königshausen & Neumann.
145 BADE (2017): S. 27f.
146 Tatsächlich weisen viele Autorinnen und Autoren der zweiten aber vor allem der dritten Generation, die sich heute als *People of Color* bezeichnen, in *Eure Heimat ist unser Albtraum* von 2019 auf Diskriminierungserfahrungen ihrer Eltern aus dieser Zeit oder auf Erfahrungen, die sie zeitnah im Kindesalter in deutschen Schulen gemacht haben. Siehe hierzu: AYDEMIR/YAGHOOBIFARAH (2019).
147 DIKMEN (1986): S. 75.

der Name des Erzählers »Ich (Ali)«, den Wallraff durchgehend verwendet. Dieses »holprige ›Ich (Ali)‹« müsse man so lesen, als sei »Ich« der Vorname und »(Ali)« in Klammern der Nachname. »Ich war immer beides. Und das meine ich. Wenn man ›ich‹ sagt, muß das immer in Verbindung stehen zu anderen Schicksalen, Existenzen, Identitäten ... ›Ich‹ ist das Durchgehen von vielen anderen.«[148] Es handelt sich dabei um eine Passage der Identität, um eine epistemische Gewalt im öffentlichen Raum, der Aysel Özakın begegnet und sie sich zugleich vorstellt, als sie auf der Zugfahrt gefragt wird, ob sie Französin sei. Es erscheint ihr lächerlich, darauf zu antworten, aber sie muss dagegen »sprechen«, wobei es ihr am liebsten wäre, sie könnte dagegen »handeln«:[149] sozusagen mit einem Akt der Antidiskriminierung gegen die Diskriminierung vorgehen. Sie entgegnet der älteren deutschen Frau aber nur, dass sie Türkin sei. Ihre Antwort verweist auf die schon mehrmals genannte »zweite Haut«, die entstanden ist, weil der bedürftige und begehrende Körper der 1960er und 1970er Jahre sich zurückgezogen hat. Sie verweist aber auch auf eine Gesellschaft, die nicht genau weiß, wann wir es mit Diskriminierung zu tun haben und wie genau man dagegen vorgehen kann; eine Gesellschaft, in der das Verhältnis von Gesetz und Werten sich noch in einem Aushandlungs- und Verhandlungsprozess befindet. Nicht zufällig fällt der Begriff des Verfassungspatriotismus in den 1980er Jahren auf fruchtbaren Boden. Bevor wir uns nun Özakıns Texten eingehender zuwenden und danach fragen, woraus neben dem Sprechen das antidiskriminierende Handeln bestehen könnte, werden wir in der ersten Materialanalyse, derjenigen von Tevfik Başers Film 40 QM DEUTSCHLAND, sehen, dass der »Berg« zwischen Wohnung und Straße oder die »zweite Haut« in dieser Dekade nicht nur in öffentlichen Räumen aufkommt und Thema ist, sondern an dem Ort, von dem aus der Einwanderer versucht, sich auf die Straße zu begeben.

---

148 WALLRAFF (1985): S. 428. Wallraff hebt neben der repräsentativen Logik auch hervor, dass es für ihn als Türke ein befreiendes Moment gewesen sei, innerhalb der Rolle zu leben, ein Spiel, das er viel intensiver und authentischer erlebt habe, als einfach nur Deutscher zu sein: »Es ist für mich immer wieder eine Suche nach Identität, eine Möglichkeit, mir meiner selbst bewußt zu werden, und es ist auch meine Neugierde: also neben allem Engagement auch ein egoistisches Prinzip, das ich damit verbinde.« Ebd.
149 ÖZAKIN (1983): S. 29.

3.2 Eine epistemische Gewalt steht im Raum

> Nur zu, geh auf die Straße, geh, geh, nur Scheiße gibt es dort. Zeig Deinen Hintern wie die Huren unter den Deutschen. Du kennst diese Deutschen nicht. Sie sind wie Krankheitskeime, dieses Volk. Sie wissen nicht, was Ehe bedeutet, nicht was Liebe und Ehre bedeuten. Sie zeigen ihre nackten Hintern und ihre bloßen Häupter. Möchtest Du sie etwa nachahmen, ihnen nacheifern, oder was? Ich habe es kürzlich in der Fabrik mitbekommen: Neue Frauen sind aufgetaucht und gekommen, um Frauen von ihren Männern und Kindern zu trennen und sie in Wohn- und in Vereinsheimen unterzubringen. Und sie sind sogar so weit gegangen, die Frauen zu fragen, wie ihre Männer mit ihnen schlafen und ob wir sie schlagen würden. Was geht euch das an? Habt ihr etwa über unseren Anstand zu wachen? Die Regierung ist auch auf ihrer Seite, auch der Staat ist auf ihrer Seite. Wenn es nur die Ehefrauen wären: Aber sie trennen auch die Kinder von ihren Müttern und Vätern. Weißt Du, was der Tochter von Mehmets Familie passiert ist? Sie haben sie von ihrem Vater getrennt. Und warum? Weil er sie geschlagen habe. Natürlich kann er sie schlagen. Was geht das euch an? Nein Weib, nein. Ich bin noch nicht wahnsinnig. Ich lasse mir von den anderen nicht nachsagen, dass er auf die eine Frau, die er hatte, nicht aufpassen und sie an sich binden konnte. Bleib da, wo du bist. Es gibt kein Hinausgehen.[150]

Anlass für diese Wutrede des türkischen und in dieser Szene alkoholisierten Gastarbeiters Dursun in der Silvesternacht 1984 in der Mitte des Films 40 QM DEUTSCHLAND ist die Aussage seiner Ehefrau Turna, dass sie in der Hamburger Zweizimmerhinterhofwohnung, die sie beide bewohnen, wahnsinnig werde und sogar vergessen habe, wie sie heißt. Zuvor kam er mit einer Clownsnase im Gesicht und Lametta im Haar nach Hause, wo er seine Frau verängstigt vor dem Feuerwerk vorfand. Sie glaubt, ein Feuergefecht habe stattgefunden, Bomben seien gefallen. Er schmunzelt und entgegnet: »Was für Bomben? Es ist die Feier zum Beginn des neuen Jahres«. Woher solle sie das wissen, meint sie, sie verliere hier zwischen den Wänden ihren Verstand. Nicht an der fremdartigen Feierlichkeit in einem fremden Land liegt es, dass Turna ihren Verstand verliert, sondern am Eingeschlossen- und Alleinsein in der kleinen Wohnung in Hamburg-Altona. Dursun und Turna haben in der Türkei geheiratet. Seit sie in Deutschland leben, verschließt Dursun jeden Morgen die Wohnungstür, wenn er in die Fabrik zur Arbeit geht. Er macht dies – so suggeriert es zumindest sein Monolog –, aus Angst davor, dass Deutsche ihm seine Frau wegnehmen und dass seine Landsmänner deshalb hinter seinem Rücken schlecht über ihn reden könnten.[151]

---

[150] Im Film wird ausschließlich türkisch gesprochen. Siehe zur übersetzten Passage: BASER, Tevfik (1986): *40 qm Deutschland*, München: Filmverlag der Autoren GmbH & Co. Vertriebs KG.
[151] Im Dokumentarfilm ABDULLAH YAKUPOĞLU: WARUM HABE ICH MEINE TOCHTER GETÖTET? von Hans-Dieter Grabe ist die üble Nachrede der eigenen »Landsmänner« ebenfalls ausschlaggebend für die Erklärung, warum Abdullah Yakupoğlu seine Tochter tötet. Siehe: GRABE, Hans-Die-

Auch wenn diese Erklärung womöglich nachvollziehbar macht, warum Dursun seine Frau in der Wohnung einschließt, ist der Film bis dahin keineswegs von Monologen, Dialogen oder explizit von Erklärungen der Situation der Gastarbeiter und ihrer Frauen in Deutschland geprägt. Im Gegensatz zur angesprochenen, fast explosiv wirkenden Silvester-Szene ist 40 QM DEUTSCHLAND insgesamt ein stiller Film, in dem wenig gesprochen und wenig erklärt wird. Die filmische Erzählung steuert strukturell auch zwingend nicht auf eine Erklärung hin. Dennoch gehört die Szene zu denen, die in Forschung und Presse zitiert wird, wenn es darum geht, diesen Film im Positiven wie im Negativen zu charakterisieren. Positiv heißt es in den zeitnahen Besprechungen zum Film, er zeige »die Innenwelt einer fremden Kultur« oder er werbe auf subtile Weise um Verständnis zwischen den Kulturen.[152] Negativ konstatiert Heike Kühn Mitte der 1990er, dass Dursun sich »inmitten des sittenlosen Deutschland auf die Gesetze seiner Väter, auf Maximen [berufe], deren Einhaltung ihm leicht falle, weil sie für seine Überlegenheit bürgen«.[153] Mitte der 2000er hält der Filmkritiker Claus Löser schließlich fest, dass es auch in den zwanzig Jahren von 40 QM DEUTSCHLAND bis zu Fatih Akıns GEGEN DIE WAND keinen Film gegeben habe, dem so eindringlich eine Innensicht der türkischen Community gelungen sei.[154] ›Community‹ ist in den 1980er und 1990er Jahren noch kein geläufiger Begriff, und im Unterschied zur Rezeption der Filme und Texte von Helma Sanders-Brahms und Aras Ören ist die Interpretation in den 1980er und 1990er Jahren eindeutig: Es geht um die andere Kultur, die als eine andere Welt verstanden wird. Zu fremdartig wirkt auch für die eigene Gesellschaft das Verhalten, seine eigene Frau einzusperren und ihr den Zugang in den öffentlichen Raum zu verwehren. Die Angst jedoch, etwas zu verlieren, das einem ver-

---

ter (1986): *Abdullah Yakupoğlu. Warum habe ich meine Tochter getötet*, Dokumentation, ZDF, Deutschland.
152 TIP BERLIN 16/86, S. 37.
153 KÜHN, Heike (1995): »Mein Türke ist Gemüsehändler. Zur Einverleibung des Fremden in deutschsprachigen Filmen«. In: ›*Getürkte Bilder*‹: *Zur Inszenierung von Fremden im Film*, hg. v. Ernst Karpf, Doron Kiesel, Karsten Visarius, Marburg: Schüren, S. 43–62, S. 54.
154 Vgl. LÖSER, Claus (2004): »Berlin am Bosporus. Zum Erfolg Fatih Akıns und anderer türkischstämmiger Regisseure in der deutschen Filmlandschaft«. In: *Apropos: Film. Das Jahrbuch der DEFA-Stiftung*, Berlin, S. 129–147, hier S. 142. In jedem Fall ist er neben der vermeintlich gelungenen Innensicht auch bis GEGEN DIE WAND der am meisten beachtete Film zur türkischen Migration nach Deutschland und ihrer Folgen. Er wird im Jahr seiner Erstaufführung in Cannes gezeigt, erhält dort den Unesco-Preis und in Locarno den Silbernen Leoparden. Zudem folgten Einladungen auf Filmfestivals in London und Los Angeles. 1987 erhält 40 QM DEUTSCHLAND den Deutschen Filmpreis. Siehe hierzu: http://www.filmportal.de/film/40-qm-deutschland_4ecff-652d8c342299b576c8d59e6f592 (16.11.2017).

traut ist und die eigene Identität mitbestimmt, ist wiederum verständlich. Insgesamt überwiegt in den Filmkritiken der Tenor, Başers erster abendfüllender Film vermittle auf eine beeindruckende Art Kultur. Im Unterschied zur Filmkritik sieht die Forschung, die erst eine Dekade später einsetzt, den Film problematisch.

Nach Rob Burns haben wir es bei 40 QM DEUTSCHLAND mit einem »cinema of the affected« zu tun, einem Betroffenheitskino, in dem der Fokus einfach auf der Andersheit der Türken und in ihrer Opferrolle liegt.[155] Zudem misslinge es dem Film, wie es des Regisseurs Intention gewesen sei, neben der Frau auch den Mann als Opfer darzustellen. Die Kamera nehme hierfür nur die Perspektive der Frau ein, was problematisch sei.[156] Diese Perspektive ist für Kühn eine der kulturellen Unterwerfung. Denn Turnas »Erziehung lässt keine Beschwerde zu. Als sie einmal aus ihrem Schweigen fällt, ihre Rundgänge vorbei an verschiedenartig gemusterten Tapeten und abgestoßenen Türen unterbricht, hält man vergeblich den Atem an«, denn für den Protest ist sie zu schwach.[157] Deniz Göktürk versteht 40 QM DEUTSCHLAND als einen Film, der das Opfernarrativ besonders für die deutschen Zuschauer und Medien aufbereitet, weil nur Filme, die dieses auch bedienen, in den 1980ern eine Filmförderung erhalten. Der Film nehme anstelle einer transnationalen eine subnationale Position ein, die keine Kritik an bestehenden gesellschaftlichen Strukturen zulasse.[158]

Die Grundlagen dieses Films und ihre filmische Realisierung sind jedoch weitaus komplexer als es die positiven oder negativen Einschätzungen von Presse und Forschung vermuten lassen. Denn die Diktion des Films bestimmen nicht Erklärungen über die Ungeheuerlichkeit, dass ein Mann seine Frau einsperrt oder warum sie aus diesen Verhältnissen nicht einfach flieht, vielmehr besondere Bildkonstellationen (*mise-en-scènes*), wechselnde Lichtverhältnisse und Geräuschkulissen aus dem Off, Farben, Kameraeinstellungen und Kamerafahrten in einer Wohnung von 40 qm. Auch der Inhalt von Dursuns Wutrede im Film wird nicht gespiegelt, hat keine Referenz. Denn bis zu dieser Szene werden weder die Lebensweisen der Deutschen gezeigt, noch die Fabrik, noch Freunde von Dursun, die er erwähnt, noch der Staat und schließlich auch nicht die anderen, die schlecht über ihn reden könnten, wenn es ihm nicht gelingt, auf seine Frau aufzupassen und sie an sich zu binden. Der Realitätsgehalt von Dursuns Aussage kann im Film selbst nicht geprüft werden. Der Zuschauer ist, wie Turna, nie draußen. Die Trennung der Deutschen von den Türken, wie Dursun sie vornimmt, und die Rede über die Kultur scheinen in der Logik des Films aus dem Nichts zu kommen. Oder

---

155 BURNS (2006): S. 133.
156 Ebd., S. 135.
157 KÜHN (1995): S. 54.
158 GÖKTÜRK (2000): S. 67.

ist die Trennung an eine andere Bewegung im Film gekoppelt, die über das *Erklären*, *Zeigen* und letztlich über das *Darstellen* fremdartiger kultureller Phänomene hinausgeht? Wir werden sehen, dass in Başers Film und in anderen ästhetischen Reflexionen der 1980er Jahre zur Migration nach Deutschland und ihren Folgen die Akteurinnen und Akteure in einer »diskursiven Zwickmühle«[159] stecken, wie bereits der Auszug aus Özakıns *Die Leidenschaft der Anderen* zu Beginn dieses Kapitels gezeigt hat. Ihre Sprecherpositionen sind weniger als subnational denn als subaltern im Spivak'schen Sinne zu begreifen. Statt um die Assimilierung des Anderen geht es darum, eine »innere Stimme« freizulegen, deren Sprecherin und Sprecher ohne jeglichen Bewegungsradius sie in den öffentlichen Raum einbringen muss.[160]

Die erwähnte Filmsprache suggeriert dies zumindest, und wenn wir uns in die Anfänge der Entwicklung dieses Films begeben, stoßen wir dort auf eine Unstimmigkeit, die 40 QM DEUTSCHLAND eigentlich strukturiert: auf eine Kommunikation disparater Ordnungen, die offensichtlich nicht zusammengehören. Dieser Umstand hat sich folgendermaßen ergeben: Am Anfang des Filmprojekts 40 QM DEUTSCHLAND stehen zwei szenische Ideen, die Tevfik Başer in der Geschichte, die im Film erzählt wird, zusammenführen will. Sie verbinden kulturelle Irritation und Fremdheit mit alltäglicher Normalität. Seine erste szenische Idee ist, eine Person in der Türkei einschlafen zu lassen, die dann in der Bundesrepublik aufwacht. Warum die Fahrt nach Deutschland, die Grenzkontrollen wie in Yıldız' Roman von 1966 oder die Gesundheitskontrollen in der Verbindungsstelle in Istanbul in Sanders-Brahms' Film SHIRINS HOCHZEIT von 1976 für Başer unwichtig sind, liegt vor allem daran, dass er herausfinden und zeigen möchte, »wie jemand reagiert, der so rasch von einer Kultur in die andere verpflanzt wird.[161] Das war natürlich eine Utopie. Das ging nicht«.[162] Konkretisieren kann er diese Utopie mit seiner zweiten Idee, seinem Anliegen für Integration, wie er es nennt, auf das der ganze Film am Ende zusteuere: »Ich wollte eine Frau aus der Türkei nach Deutschland, nach Hamburg bringen und ganz alleine auf die Straße lassen«.[163] Das Zusammenführen, die Verbindung und Darstellung dieser beiden Ideen, auch wenn sie sehr unterschiedliche Codes zwischen Repräsentation, Kul-

---

159 STEYERL, Hito (2007): »Die Gegenwart der Subalternen«. In: Gayatri Spivak: *Can the Subaltern Speak? Postkolonialität und subalterne Artikulation*, Wien, Berlin: Turia+Kant, S. 5–16, S. 12.
160 Siehe hierzu: SPIVAK (2007): S. 106 u. S. 121.
161 Presseheft zum Film 40 QM DEUTSCHLAND, Filmverlag der Autoren 1985, S. 5. Siehe hierzu ebenfalls den zweiten Band von Aras Örens Poem-Trilogie von 1974. ÖREN, Aras (1974): S. 12.
162 Presseheft zum Film 40 QM DEUTSCHLAND, Filmverlag der Autoren 1985, S. 5.
163 PÜTZ, Anke/SCHOLTEN, Frank (1988): *40 qm Deutschland. Begleitheft zum Film*. Duisburg: Atlas, S. 18.

turalisierung und Praxis bedienen, bestimmt Başers Film.¹⁶⁴ Wenn die erste Vorstellung die kulturelle Ohnmacht der Protagonistin veranschaulicht, drückt die zweite das Vermögen und den Willen der Frau aus, in Deutschland ankommen zu können und zu wollen. Dass diese beiden Ebenen als Kontroverse in Kommunikation treten, ist in 40 QM DEUTSCHLAND einer besonderen Filmsprache geschuldet, deren Analyse uns zeigen wird, dass die bisherige Rezeption dieses Films nicht weit genug ging. Zuvor möchte ich kurz die Handlung des Films zusammenfassen.

In 40 QM DEUTSCHLAND wird die Geschichte eines türkischen Paares erzählt, das in der Bundesrepublik lebt. Der 40-jährige Gastarbeiter Dursun, gespielt von Yaman Okay, ehelicht nach einem mehrjährigen Arbeitsaufenthalt in Deutschland in der Türkei die Anfang 20-jährige Turna, gespielt von Özay Fecht, die mit ihm nach Hamburg in eine verwahrloste, dunkle und enge Hinterhofwohnung zieht. Trotz der kleinen und baufälligen Wohnung ist Turna anfangs voller Vorfreude, Deutschland nun kennenzulernen. Doch dann sperrt Dursun sie täglich ein, wenn er zur Arbeit geht. Dabei wird Dursun, trotz der oben zitierten Kritik von Burns, insgesamt weder grausam noch brutal dargestellt. Er ist konservativ und von der liberalen Lebensweise der Deutschen abgestoßen und verunsichert. Als Turna bemerkt, dass er sie einschließt, beginnt ein Prozess des stillen Widerstands, der ihre wütende Ohnmacht in langen, stummen Einstellungen, sehr kurzen Dialogen und einem längeren Monolog, den sie allein vor dem Spiegel hält, deutlich macht. Sie bittet Dursun, mit ihr auszugehen. Er verspricht ihr, am Sonntag mit ihr auf den Jahrmarkt zu gehen. Als sich Dursun am Sonntag an den Frühstückstisch setzt, wartet Turna mit »golddurchwirkten Seidenstoffen« und »paillettenbesetzten Schärpen«¹⁶⁵ äußerst traditionell gekleidet und sehr stark geschminkt darauf, dass sie zusammen ausgehen und die Wohnung verlassen. Diese Doppelung, hinausgehen zu wollen und dies als Türkin tun zu wollen, erfolgt in Jeanine Meerapfels Film in umgekehrter Form ebenfalls. Neben den Anfangs- und Endsequenzen der Dokumentation, den Talking-Head-Aufnahmen in geschlossenen Räumen unternimmt Melek Tez, die sich nicht traditionell kleidet, mitten in der Dokumentation den Versuch, als »echte Türkin« auf die Straße zu gehen, um zu erfahren, wie es sich »anfühlt«, eine »richtige Türkin« zu sein. Dursun ist jedenfalls von Turnas Kleidung und Aufmachung irritiert und kommt ins Grübeln. Er sagt ihr, dass er kurz zum Bahnhof gehen wolle, um eine

---

164 Der Mangel und der Ausschluss an und von Mobilität für Akteurinnen und Akteure aus der »Dritten Welt«, die Başers Vorstellungen und seinen Film kennzeichnen, stehen ebenfalls im Zentrum von Gayatri Spivaks Reflexionen darüber, warum der subalterne Akteur nicht sprechen kann. Siehe: SPIVAK (2007): S. 129.
165 KÜHN (1995): S. 53.

türkische Zeitung zu holen und gleich wieder zurück sein werde. Er wird jedoch erst am Abend mit der Ausrede wiederkehren, dass ihn die Freunde im Kaffeehaus beim Kartenspiel nicht hätten gehen lassen und dass sie ja noch an einem anderen Tag nach draußen gehen könnten.[166]

Wir sehen in der Folge einige Sequenzen, in denen Turna sich orientierungslos in der Wohnung bewegt oder die Kamera sie statisch durch Tiefenaufnahmen filmt, die ihren kleinen Bewegungsradius dokumentieren. Sie wird nach diesen Sequenzen irgendwann in Ohnmacht fallen. Daraufhin konsultiert Dursun einen Hoca, der ihr helfen soll. Dieser löst im Beisein Turnas in Tinte verfasste Basmala[167] in Wasser auf und spritzt dieses Wasser um sie herum. Die Basmala schreibt er anschließend auch über ihren Bauchnabel. Ob Dursun den Hoca in die Wohnung gebracht hat, um sie mit seiner Hilfe vor einer erneuten Ohnmacht zu bewahren oder um ihre Fruchtbarkeit anzuregen, weil sie noch kein Kind geboren hat, ist nicht klar. Allein aus der Logik der Abfolge der Geschehnisse im Film, ist Dursuns Handlung aus der Sorge um seine Frau heraus zu interpretieren, doch deutet das Einschreiben der Basmala über dem Bauchnabel Turnas auch auf ein Fruchtbarkeitsritual hin.

---

[166] Das türkische Kaffeehaus steht in den 1980er Jahren für eine besondere topografische Verschiebung. Es ist auch die einzige Lokalität in 40 QM DEUTSCHLAND, die neben dem Bahnhof Erwähnung findet. Metin Gür macht ebenfalls auf diesen wichtigen Wandel aufmerksam, den Şerif Gören in der zweiten Hälfte seines Films ACI VATAN ALMANYA schon andeutet. Ein Interview mit einem türkischen Kaffeehausbesitzer gibt Gür in seiner Dokumentation aus dem Jahr 1987 wie folgt wieder: »Ein Cafébesitzer auf die Frage, warum es nach seiner Meinung immer mehr türkische Kaffeehäuser gibt: ›Diese Gewohnheit, ins Kaffeehaus zu gehen, ist drei bis vier Jahre alt. Hauptsächlich die Deutschen haben uns dazu gedrängt. Als sie uns nicht in ihre Lokale ließen oder uns dort schlecht behandelten, haben wir uns dazu entschlossen, unsere eigenen Gaststätten zu eröffnen. Sogar in einer Wirtschaft, in der ich jahrelang Stammgast war, wendete sich die Stimmung immer mehr gegen mich. Mit der aufkommenden Ausländerfeindlichkeit haben wir uns zurückgezogen.‹« GÜR (1987): S. 17. In Görens erstem Film zur türkischen Migration nach Deutschland aus einer türkei-türkischen Perspektive von 1979 stehen die deutsche Gaststätte, in der Mahmut seine deutsche Liebschaft kennenlernt, und das türkische Café, in dem nur Männer verkehren, nebeneinander, da beide im Film gleich häufig frequentiert werden. Siehe hierzu: GÖREN (1979). Siehe allgemein zur Entstehung und Verbreitung türkischer Kaffeehäuser in Deutschland: CEYLAN, Rauf (2006): »Das Café-Milieu. Zwischen Tradition und Wandel«. In: ders: *Ethnische Kolonien. Entstehung und Wandel am Beispiel türkischer Moscheen und Cafés*, Wiesbaden: Verlag für Sozialwissenschaften, S. 181–244.

[167] Die Basmala ist die islamische Anrufungsformel, die bis auf zwei Ausnahmen alle Suren im Koran einleitet. Zugleich spielt sie im Alltag und im Gottesdienst eine zentrale Rolle. Gläubige Muslime beginnen einen Großteil ihrer alltäglichen Handlungen wie Essen, Auto fahren etc. mit der Basmala. Im Wortlaut übersetzt bedeutet sie: »Im Namen Gottes, des Allerbarmers und Barmherzigen«. Siehe hierzu auch: Burns (2007): S. 131; Kühn (1995): S. 54.

Religion taucht hier als ein traditionelles und vormodernes Phänomen auf.[168] Turna wird tatsächlich schwanger, und für kurze Zeit hält ein wenig Hoffnung Einzug in diesen Film. Als Dursun davon erfährt, wird er sie das erste Mal wie eine Braut auf den Arm nehmen, kurz darauf die Fenster zum Innenhof öffnen und auf Türkisch und auf Deutsch hinausrufen, dass er Vater werde. Doch selbst die Schwangerschaft tut Turnas Psyche nicht gut, weil Dursun unbedingt einen Sohn haben will. Turna schneidet die Haare einer Mädchenpuppe, die sie aus ihrem Dorf mitgenommen hat, so zurecht, dass sie wie ein Junge aussieht. Diese Szene leitet das letzte Drittel des Films ein. Im ersten Drittel des Films schnitt Turna sich selbst die Zöpfe ab, nachdem sie bemerkt hatte, dass sie eingeschlossen ist und dagegen nichts auszurichten vermag. Wenig später erliegt Dursun unter der Dusche einem Herzinfarkt, den ein epileptischer Anfall ausgelöst hat. In der Dramaturgie des Films erzählt Başer mit Rückblenden von Dursuns Epilepsie, die er mit der sich entwickelnden psychischen Isolation Turnas zusammenschneidet. Dursun fällt am Ende des Films im Sterben auf die Wohnungstür und hält diese dadurch als Toter weiterhin versperrt. Beim Heraustorkeln aus der Dusche zerschlägt er mit seinem Rücken den Spiegel, der in der filmischen Darstellung der Isolation Turnas eine große Rolle spielt. Wir sehen Turna geschockt vom plötzlichen Tod ihres Mannes, nach einer Weile seine Leiche von der Tür wegschieben, den Nachbarn im Treppenhaus auf Türkisch mitteilen, dass ihr Mann verstorben sei, den Hausflur entlang zur Haustür gehen und kurz vor dem Abspann des Films das Haus verlassen.

Auch wenn diese Schlusssequenz des Filmes aus der inhaltlichen Diegese des Films wie eine Befreiung oder gar ein Happy-End wirken mag, war es nicht Başers primäres Anliegen, eine einfache Emanzipationsgeschichte zu erzählen. Denn seiner Ansicht nach drehen sich die Debatten um die Türken in Deutschland in den 1980ern nicht darum, »das Kopftuch oder den Schleier« abzulegen

---

168 Tatsächlich wird das Thema Religion, respektive Islam, in der Forschung zur Migration nach Deutschland äußerst randständig behandelt. In einer Studie von 1990 zeigt die Sozialwissenschaftlerin Ursula Boos-Nünning auf, dass von 1961, mit dem Beginn der türkischen Migration nach Deutschland, bis 1984 nur insgesamt 15 Bücher zu islamischen Themen im Kontext der Migration veröffentlicht wurden. Siehe hierzu: BOOS-NÜNNING, Ursula (1990): *Die türkische Migration in deutschsprachigen Büchern 1961–1984. Eine annotierte Bibliographie*, Wiesbaden: Opladen. Man spricht in der Forschung für die genannte Zeit auch von einer »vorislamischen Phase«, was die türkische Migration und Integration in Deutschland betrifft, die von den 1960er Jahren bis Ende der 1980er reicht. Siehe hierzu: TEZCAN, Levent (2011): »Spielarten der Kulturalisierung«. In: *Kulturalisierung. Zeitschrift für Kulturphilosophie 2*, S. 357–376, hier S. 360. Wenn Religion doch in der Forschung auftaucht, dann wird sie als ein Teil der Tradition und als Gegenstück zu Säkularisierung und Moderne begriffen. Sie ist sozusagen ein eingebetteter Teil rückschrittlicher Gesellschaften und dörflicher Lebensstrukturen.

oder die deutsche Sprache zu lernen. »Das sind äußere Zeichen der Assimilation. Die Unterschiede gehen viel tiefer, sind im Menschen drin, als Erbe der eigenen Kultur und Tradition.«[169] Stattdessen führt die Schlusssequenz des Films auf luzide Weise die zuvor genannten disparaten Ordnungen, Başers erste szenische Ideen zusammen. Eine türkische Frau geht am Ende des Films in Deutschland auf die Straße und der Zuschauer fragt sich, wie es wohl weitergeht. Wie wird eine Frau, die aus einem ganz anderen kulturellen Umfeld kommt, auf die deutsche Kultur reagieren?

Dass Zuschauer, Filmkritik und Forschung hier an Kulturen denken, liegt nicht daran, was der Film zeigt, sondern an dem, was er nicht zeigt. Denn das Umfeld der Akteure in diesem Film ist weder die Türkei, weder das türkische Dorf, noch spezifische kulturelle Praktiken. Dursun und Turna beten kein einziges Mal und reden auch miteinander nicht über die Türkei oder über Deutschland. Als kulturelle Marker dienen lediglich Turnas Kleidung, Dinge in der Wohnung und der Hoca, der einmal im äußersten Notfall Hilfe leistet. Es liegt paradoxerweise an der Enge der Wohnung mit ihrer Fläche von 40 qm, an den Dingen und den Außengeräuschen, die in der Wohnung widerhallen, dass im Film ein beschriebenes Außen entsteht, ein »unmarked space«, auf das das Sprechen über Kultur reagiert. Nach Niklas Luhmann ist aber die Grundlage des Sprechens über Kultur der Vergleich; der Vergleich unterschiedlicher Praktiken, Sichtweisen oder Glaubensformen.[170] Dieser liegt in 40 QM DEUTSCHLAND nicht vor. Dass der Film trotzdem ein Sprechen über unterschiedliche Kulturen ausgelöst hat, liegt daran, dass Başer, wie gesagt, ein abstraktes Anliegen mit einem konkreten verbunden hat: daran, dass das Hinausgehen einer türkischen Frau auf deutsche Straßen ein kultureller Akt sei. Sprich, es geht dabei keineswegs um die Praxis und das Handeln selbst. Im Zentrum steht, wofür beide stehen. Insgesamt verbinden beide Anliegen als abstrakte und konkrete Bewegungen, nach innen in die eigene Kultur und nach draußen auf die Straße in einem fremden Land, zwei differente Ebenen miteinander. Die Rahmung dieses dilemmatischen Grundverhältnisses zwischen Abstraktion und Konkretion gelingt in Başers Film zum einen durch eine besondere ästhetische Filmsprache, die vorzüglich durch ›innere Montagen‹, die Dinge, Kleidung, Geräusche, Farben und die Wohnung selbst als Grenzraum mit den Akteuren in den Aufnahmen und Einstellungen ebenbürtig miteinbezieht. Zum anderen schafft die Kamera selbst diese Verbindung, indem mit spezifischen optischen Schärfenverlagerungen im Bild, Geräuschaufnahmen aus dem Off und

---

169 PÜTZ/SCHOLTEN (1988): S. 18.
170 Vgl. LUHMANN, Niklas (1995): »Kultur als historischer Begriff«. In: ders.: *Gesellschaftsstruktur und Semantik. Studien zur Wissenssoziologie der modernen Gesellschaft, Bd. 4*, Frankfurt a. M.: Suhrkamp, S. 31–54. Siehe auch: BAECKER, Dirk (2000): *Wozu Kultur*, Berlin: Kadmos.

Kamerafahrten in der Wohnung als teilnehmende Beobachter gearbeitet wird. Hinzu kommt, dass Dursuns Wutrede bei genauerer Analyse der Szene auf einen weiteren, dritten Gesprächspartner und Beobachter aufmerksam macht, der die Wohnung eigentlich erst zu dem macht, was sie ist: zu einem öffentlichen Raum. Doch bevor wir auf diesen letzten Punkt zu sprechen kommen, der als epistemische Gewalt im Raum fungiert, die uns auch den analytischen Weg zu Özakıns Romanen der 1980er ebnen wird, möchte ich auf die ästhetische Erzählweise im Film zu sprechen kommen.[171]

Es sind die ersten Einstellungen im Film zusammen mit dem Vorspann, die vor dem Eintritt der Protagonisten in die Wohnung zeigen, dass sie nicht allein im Vordergrund stehen, auch die Wohnung, die Kamera und die Geräusche aus Treppenhaus und Innenhof nehmen entscheidende Funktionen in der Erzählung ein. Der Film beginnt mit einer Kamerafahrt durch eine unaufgeräumte Wohnung, während ein Quarzwecker aus dem Off piepst. Von links nach rechts bewegt sich die Kamera, wir sehen zunächst ein Foto von drei Gastarbeitern, das an einem hellblauen türkischsprachigen Ilmihal-Buch lehnt.[172] An der Wand erscheint als nächstes, schwächer ausgeleuchtet, ein Plakat mit einem Portrait von Mustafa Kemal Atatürk, dem Begründer der modernen Türkei. Darauf folgen verdunkelte Stellen an der Wand und ein bunter türkischer Wandteppich, auf den die Blaue Moschee gestickt ist. Diese Einstellung dunkelt mit der Bewegung der Kamera wieder leicht ab, und wir sehen, wie der Titel des Films in blauen Großbuchstaben eingeblendet wird. Die Kamera fährt darauf leicht nach unten und wieder nach oben, es wird weiter mit Hell-/Dunkel-Schattierungen gearbeitet, wir

---

171 Die technisch-ästhetische Ebene des Films ist bislang in der Forschung kaum beachtet worden. Dort, wo kurz auf die Kameraführung eingegangen wird, folgen oft kulturell-essenzialistische Verortungen. Beispielsweise hält Kühn stellvertretend für viele andere für die Schlusseinstellung des Films fest: »Die Kamera bleibt im Treppenhaus zurück, die Kamera hat sich noch nicht befreit: Von den Bildern des Gefangenseins in einer Kultur, die für den türkischen Regisseur in Deutschland eigen und fremd zugleich ist«. KÜHN (1995): S. 57.
172 Ilmihal-Bücher sind praxisorientierte Darstellungen und Interpretationen der Grundlagen der islamischen Religion. Sie sind mit Katechismen vergleichbar, wobei die Heterogenität der Interpretationen unterschiedlicher Ilmihal-Bücher größer ist als im katholischen Christentum. Seit den 1980er Jahren haben sie in türkischen Moscheen und Haushalten eine besondere Verbreitung erfahren, die mit der Errichtung der DITIB, dem deutschen Ableger des türkischen Amtes für Religiöse Angelegenheiten in Deutschland, einhergingen. Zur Gründung der DITIB siehe: SCHIFFAUER, Werner (2004): »Vom Exil- zum Diaspora-Islam. Muslimische Identitäten in Europa«. In: *Soziale Welt. Zeitschrift für sozialwissenschaftliche Forschung und Praxis* 55:4, S. 347–368, S. 352f. Siehe hierzu auch: SEUFERT, Günter (1999): »Die ›Türkisch-Islamische Union‹ (DITIB) der türkischen Religionsbehörde. Zwischen Integration und Isolation«. In: *Turkish Islam and Europe. Türkischer Islam in Europa*, hg. v. Günter Seufert, Jacques Waardenburg, Istanbul: Orient Institut der DMG, S. 261–294.

sehen dabei einen Ofen, auf dem eine türkische Teekanne steht, einen Stuhl mit darauf abgeworfener Bekleidung. Es wird wieder ein wenig heller und wir sehen auf einer Kommode den Mantelteil einer türkischen Zeitung, darauf gebrauchte Teelöffel. Auf der Fahrt wieder nach unten sind leere Bierflaschen, Aschenbecher, ausgedrückte Zigarettenstummel und ausgetrunkene türkische Teegläser zu sehen. Regengeräusche und Geräusche aus dem Treppenhaus dringen in einer Lautstärke aus dem Off in die Kamerafahrt durch die Wohnung, als ob Fenster und Wohnungstür weit aufstünden. Die Kamera fährt wieder hoch, dunkel und hell wechseln wieder, und wir sehen ein Sofa, auf dem eine verknitterte dünne Decke liegt. Es folgt eine weitere Kommode mit einem leeren Joghurtbecher und dem Innenteil der Zeitung darauf. In diese Fahrt werden die Namen der Hauptdarsteller, Yaman Okay und Özay Fecht, wieder in blauen Großbuchstaben eingeblendet. An dieser Stelle gesellt sich zum Piepsen des Weckers und zum Regen das deutlich hörbare Aufschließen einer Tür aus dem Off. Die Tür war also gar nicht offen, obwohl die Außengeräusche so nah wirkten. Die Kamera fährt darauf durch und um einen blauen Türrahmen und nimmt das zweite Zimmer der Wohnung, das Schlafzimmer, auf. In diesem sehen wir ein ungemachtes Bett stehen und eine Pyjamahose auf dem Boden liegen. Die Kamera bewegt sich aus dem Zimmer heraus, in dem wir auch den Wecker entdecken und endet mit ihrer Fahrt durch die Wohnung, als zwei Säcke kurz vor der Wohnungstür auf den Boden gestellt werden. Die Kamera macht einen leichten Schwenk nach oben und wir sehen eine mit vielen matt-bunten Kleidungsstücken angezogene Frau in der Wohnung stehen und hinter ihr Dursun, der eine Wolldecke in die Wohnung trägt und sich gleich daran macht, den Wecker auszuschalten.

In dieser ersten Sequenz des Films, die zugleich der Vorspann ist und ohne Schnitt auskommt, treten viele Aspekte auf, die den Film in seiner Struktur bestimmen. Der Fokus liegt auf Bildkonstellationen, auf *mise-en-scènes* (In-Szene-Setzungen bzw. ›innere Montagen‹), dem Licht, auf Außengeräuschen, Farben, Dingen, der beweglichen Kamera – eine Ausmessung der kleinen Wohnung, die eine geschlossene Struktur erzeugt. Mit *mise-en-scène* ist in der Filmsprache eine Form der ›inneren Montage‹ gemeint, die im Unterschied zur gewöhnlichen Montage und zum Schnitt des Films nicht eine zeitliche Anordnung und Abfolge der Bilder, sondern eine räumliche Anordnung der Figuren und Dinge im Bild bestimmt.[173] Eine Szene wird dabei nicht in einer aufeinander folgenden Reihe von Einstellungen aufgelöst, wie es beispielsweise häufig

---

173 Siehe hierzu: BORDWELL, David/THOMPSON, Kristin (2010): *A Film Introduction*, Tenth Edition, New York: McGraw-Hill Inc., S. 113. Siehe zur ›inneren Montage‹ ebenfalls: BORDWELL, David (1997): *On the History of Film Style*, Cambridge, Mass., London: Harvard University Press.

im Hollywoodkino geschieht. Bei einer ›inneren Montage‹ als *mise-en-scène* werden alle relevanten Objekte und Akteure einer Szene in einer Einstellung arrangiert.

Neben der Wohnung als Metapher und als geschlossener Raum, der im Film immer mit mittellauten bis lauten Außengeräuschen aus dem Off, Treppenhausgeräuschen, Regen, Musik über den Innenhof aus einer anderen Wohnung, Motorgeräuschen oder Polizei- bzw. Krankenwagensirenen gefüllt wird, zeigt die Kamerafahrt zu Anfang noch drei weitere Aspekte. Dazu zählen gebrauchte und konsumierte Dinge. Wir werden das Paar außerdem dreimal beim Frühstück sehen, dabei wird immer nur Dursun essen und trinken, und wir werden das Paar dreimal beim Sex sehen, den Turna jeweils passiv über sich ergehen lässt. Die Unordnung in der Wohnung ist auffällig. Wir sehen Turna oft Wäsche von Hand waschen oder die Wohnung in Ordnung bringen – solange, bis sie die eigene innere Ordnung verliert. Wir haben es in 40 QM DEUTSCHLAND also nicht einfach mit repräsentativen Akteuren zu tun, sondern mit solchen, die konsumieren, Ordnung schaffen und Ordnung verlieren. Dennoch ist die hier gezeigte Bedürfnisstruktur nicht mit der zu vergleichen, die wir in SHIRINS HOCHZEIT, in *Was will Niyazi in der Naunynstraße* und in ANGST ESSEN SEELE AUF gesehen haben. Wenn die Migrantinnen und Migranten dort gewissermaßen noch vor dem Konsum stehen und assimilatorisch durch Konsum noch andere Menschen werden wollen, zeigt der Einstieg in 40 QM DEUTSCHLAND, dass hier schon konsumiert wurde und die Migration und ihre Folgen nicht mehr davon bestimmt sind, wie ein Anderer zu leben oder ein Anderer zu werden.[174]

---

[174] Der türkei-türkische Film KÖŞEYI DÖNEN ADAM (»Plötzlich reich«, 1978) von Atıf Yılmaz beginnt mit einer identischen Kamerafahrt, in dem mit einer Kreiskamerafahrt konsumierte Dinge, Plakate (eines mit Atatürk), gezeigt werden, die am Ende uns den Protagonisten morgens noch im Schlaf von Autos und Frauen reden lassen, bis der Wecker klingelt. Er arbeitet als Portier in einem einfachen Wohnkomplex und wohnt im Untergeschoss in einem Zimmer. Im Laufe des Films wird sein in die USA migrierter Onkel sterben und ihm ein Erbe hinterlassen. Diese Nachricht ändert vollkommen sein Ansehen unter seinen Vorgesetzten, Freunden und der Frau, die er liebt, die selbst aber eine heimliche Liebesbeziehung zu einem anderen Türken hat. Sie nutzt ihn aber aus bis zur Nachricht, dass er nun reich ist. Der Vater seiner Ersehnten ändert auch schlagartig sein Verhalten ihm gegenüber und nimmt ihn sogar als Schwiegersohn in seine Wohnung auf. Das Erbe jedoch, das aus den Vereinigten Staaten eintrifft, ist ein Esel. Der Protagonist Adem verbreitet darauf das Gerücht, dass dieser Esel Gold »scheißen« würde und man nur darauf warten müsste. Dieser Umstand führt zu äußerst amüsanten Szenen im Film, die die Geldgier aller Akteurinnen und Akteure entlarvt, der dabei nicht auf andere Bedürfnisse abzielt, sondern beim Verweis auf eine fehlende moralische Ordnung stehenbleibt. Siehe hierzu: YILMAZ, Atif (1978): *Köşeyi dönen Adam*, Spielfilm, Çiçek Film, Türkei.

Auf diesen Ausschluss des Anderen deutet auch die symbolische innertürkische Kommunikation zwischen moderner und vormoderner Türkei hin, die an der symbolpolitischen Anordnung der Dinge zueinander in der Wohnung deutlich wird. Wir sehen zu Anfang und auch im Laufe des Films einige Male das Konterfei Atatürks in Relation zu Symbolen volksreligiöser Praxis wie Katechismen und Teppichen, auf denen eine Moschee abgebildet ist. Auch die Sequenz mit dem Hoca steht für diese Auseinandersetzung. Insgesamt treten an die Stelle von sozialer und ähnlicher Bedürfnisstruktur von Deutschen und Türken in den 1970ern nun Grenzziehungen und neue Bindungen, die die Akteure entweder mit kulturellen Kennzeichen oder mit psychischen Bedürfnissen verbinden. Den fehlenden Vergleich zwischen türkischer und deutscher Lebensweise ersetzt in Başers Film derjenige zwischen Moderne und Tradition, die innertürkisch in der Wohnung und durch die Akteure zur Disposition steht. Dass diese Kontroverse nicht einfach bei den Dingen bleibt oder plakativ wirkt, liegt an der von Başer eingesetzten Filmsprache. Das filmische Stilmittel von 40 QM DEUTSCHLAND ist die ›innere Montage‹, die das Narrativ der Integration in diesem Film bestimmt. Hamid Naficy beschreibt die Erzählweise in 40 QM DEUTSCHLAND als eine »closed mise-en-scène and closed-form filming«.[175] Im Folgenden möchte ich eine Szenenfolge aus 40 QM DEUTSCHLAND analysieren, die sehr plastisch aufzeigt, wie Başer die Akteure mit dem Raum und den Dingen in Verbindung bringt.

Nachdem Turna die Wohnung in Ordnung gebracht hat, freut sie sich sichtlich darauf, Deutschland zu entdecken. Den zweiten Versuch, mit Dursun darüber zu sprechen, hat sie zuvor vor dem Spiegel in halb wütendem und halb bittendem Ton eingeübt; er fällt bei Dursun allerdings als zahme Bitte aus und scheitert: Turna muss feststellen, dass es sehr wahrscheinlich nicht mehr als diese 40 qm der Wohnung sein werden, die sie in diesem Land kennenlernen wird, woraufhin ein psychischer Prozess einsetzt, dessen Ausgangspunkt eine der stärksten ›inneren Montagen‹ des Films ist. Ihm geht eine Rückblende voraus, in der Dursun ebenfalls in einer kleinen Wohnung bei Turnas Vater um ihre Hand anhält. Dursun ist allein gekommen, ohne seine Eltern, wie es üblich wäre, und er stottert beim Vortrag seiner Bitte. Turna hört aus der Küche, wie ihr Vater und Dursun über eine Hochzeit reden. Auf Dursuns Anfrage erwidert Turnas Vater, dass er die Bräuche hier im Dorf kenne: Wenn er das Brautgeld zahle, könne er Turna haben. Auf diesen Verkauf reagiert Turna mit einem besorgten Gesichtsausdruck, während sie türkischen Kaffee für die beiden Männer zubereitet.

---

[175] NAFICY, Hamid (2001): *An Accented Cinema: Exilic and Diasporic Filmmaking*, Princeton: Princeton University Press, S. 193.

Nach dieser Einstellung sind wir wieder in der Hamburger Hinterhofwohnung. Die Kamera fängt Turna durch eine Tiefenaufnahme im Raum im Schlafzimmer ein. Wir sehen ihr Spiegelbild. In der Mitte des Bildes dieser *mise-en-scène* trennt und verbindet die offene Tür mit ihrem blauen Türrahmen das Schlaf- vom Wohnzimmer. Auf der linken Seite sehen wir Turna in die Tiefe aufgenommen und auf der rechten Seite die Wand, die die Zimmer trennt. An der Wand hängt eine arabische Kalligrafie mit dem Namen Gottes. Wir beobachten Turna über den Spiegel, über dem ein durchsichtiges blaues Tuch hängt, wie sie ihren Blick in seine, respektive in unsere Richtung wendet. Nach kurzer Zeit läuft sie auf den Spiegel zu. Dabei wird zugleich die Schärfe des Bildes wieder verlagert, bis sie vor dem Spiegel steht. Nun zeigt die Kamera nur noch ihr Spiegelbild. Turna nimmt eine Schere in die Hand und schneidet sich die Zöpfe ab, die sie auf eine türkische Tageszeitung legt. In der nächsten Einstellung hören wir mit ihr aus dem Innenhof heraus ein türkisches Klagelied, das aus einer anderen Wohnung dringt. Die Musik lässt sie das Fenster öffnen, sie wird lauter und ein deutscher Punk, ein Nachbar im Wohnhaus, beschwert sich mit einem Stinkefinger über die Musik. Woher die Musik kommt, ist nicht klar. Turna schließt verängstigt das Fenster und die Musik wird wieder leiser.[176]

Turnas Bewegung zum Spiegel, das Schneiden der Haare, die klagende türkische Musik aus dem Innenhof und das Schließen des Fensters korrespondieren in szenischer Hinsicht miteinander. Sie stehen für einen Schließungsprozess im Film, der sich bis zum psychischen Wahn steigern wird. Er ist diegetisch von Dialogarmut zwischen menschlichen Akteuren und von vielfältigen Grenzziehungen bestimmt. An die Stelle der körperlichen Abtrennung tritt im Laufe des Films die psychische, die etwa das zweite Haareschneiden (der Puppe) dokumentiert.

---

[176] Die besondere Bedeutung der türkischen Volksmusik für die türkischen Ausländer hebt auch Metin Gür in seiner Studie hervor. Als er Mitte der 1980er Jahre in Bergkamen ein Arbeiterwohnheim besucht, sich in der Gemeinschaftsküche mit den Arbeitern aufhält, hören sie das türkische Radioprogramm des WDR. Beim Verlesen der Nachrichten über die politische Situation in der Türkei hört kaum jemand zu, doch als die Volkslieder abgespielt werden, »wird ihre Unterhaltung wie von selbst leiser«. GÜR, Metin (1987): S. 103. Dass das »türkische Volk« sich durch seine Lieder ausdrückt, konstatiert auch Robert Anhegger, der in der Fortbildung türkischer Deutschlehrer tätig war. Siehe: ANHEGGER, Robert (1982): »Die Deutschlanderfahrung der Türken im Spiegel ihrer Lieder. Eine ›Einstimmung‹«. In: *Gastarbeiterkinder aus der Türkei. Zwischen Eingliederung und Rückkehr*, hg. v. Helmut Birkenfeld, München: Beck, S. 9–25. Umgekehrt macht Abdullah Yakupoğlu in Grabes Dokumentarfilm darauf aufmerksam, dass er jeden Abend die türkischen Radionachrichten des WDR gehört habe, und er gibt auch aus dem Stehgreif einen Rat des türkischen Botschafters an die türkische Bevölkerung in der Bundesrepublik wieder. Der Botschafter hat den Türken in Deutschland empfohlen, ihre Kultur nicht zu vergessen und sie in Deutschland auch zu leben. Siehe hierzu: GRABE (2012).

Turna wird bewusstlos, bekommt Tagesalbträume, wird später am Tisch beim Essen mit Dursun einfach ohne Grund schreien und bis zum Schluss des Films immer mehr verzweifelte Grimassen schneiden. Ihre Gesichtsfarbe wird immer fahler, während die Farben der Dinge kräftig bleiben. Der Körper der Migrantin wird hier zum Austragungsort eines psychischen Konflikts zwischen Kultur und einem Auf-die-Straße-gehen-Wollen. Wie für Emine, der Tochter des Gastarbeiters Kemal aus Aras Örens letztem Band seiner Poem-Trilogie *Die Fremde ist auch eine Heimat*, hat sich auch für Turna ein Berg zwischen Haus und Straße geschoben.

Überzeugend ist dieser Konflikt in 40 QM DEUTSCHLAND, weil es im Film über das spärliche Sprechen der Akteure hinaus eine durchgehende Innen-Außen-Kommunikation gibt. Diese entspricht weder den soziologischen Vorstellungen Georg Elwerts noch den theologischen von Jürgen Micksch zur Integration der Einwanderer, weil beide sich allein auf die gesprochene Sprache und das damit zusammenhängende Bewusstsein konzentrieren.[177] Dies beginnt schon bei den Geräuschen aus dem Off, die lauter sind als sie sein dürften. Vom Regen, von Treppenhausgeräuschen bis zur Musik entsteht immer wieder der Eindruck, dass diese Wohnung entgegen den Bildmontagen und Kamerafahrten offenstehen muss. Diese spezifische Verschränkung, durch die im Innen immer auch ein Außen steckt, wird durch eine weitere, die symbolische Kommunikationsebene im Film verstärkt. Die symbolische Kontroverse und Kommunikation besteht zwischen Moderne und Tradition, zwischen Fortschritt und Rückstand, zwischen dem mehrfach dargestellten Mustafa Kemal Atatürk, für den unter anderem die unverschleierte öffentliche Frau die moderne türkische Republik symbolisiert[178], und dem hier volksreligiös und abergläubisch dargestellten Islam, dem Dursun aus Unwissenheit folgt. Diese weitere Innen/Außen-Kommunikation leitet sich aus der Abfolge der ›inneren Montagen‹ ab. So wird die materielle und symbolische Verschränkung, die auf die ersten szenischen Ideen Başers zurückgeht, in 40 QM DEUTSCHLAND nicht gelöst oder synthetisch zusammengeführt. Dafür gibt es zwei Gründe: eine explizit technische und eine weitere, dritte Kommunikationsebene, die jenseits der Sprachlosigkeit von Dursun und Turna, jenseits der Ding- und Audioebene des Films liegt. Sie zeigt sich implizit in Dursuns Wutrede, mit der wir unsere Analyse des Films begonnen haben. Diese Sequenz muss anders gelesen werden, als dies bisher geschehen ist. Denn in ihr sehen wir eine komplexe dialogische Konstellation, der wir auch in den folgenden Film- und

---

[177] ELWERT (1982): S. 3; MICKSCH (1984): S. 9.
[178] Siehe hierzu: KREISER, Klaus (2014): *Atatürk. Eine Biographie*, München: Beck, S. 261–263. Siehe hierzu auch: *Die türkische Frauenrechtsbewegung. Die Geschichte der modernen Frauenrechtsbewegung in der Türkei ist eng verknüpft mit der Gründung der türkischen Republik vor fast einhundert Jahren*, In: https://www.bpb.de/internationales/europa/tuerkei/184972/frauenrechte.

Literaturanalysen zu den 1980ern als einem konstitutiven Aspekt ihrer politischen Epistemologie begegnen werden.

Wir haben gesehen, dass die erwähnten Kritiken am Film, ob positiv oder negativ, insgesamt zu kurz greifen, wenn es darum geht, das Verhältnis zwischen ästhetischem und gesellschaftspolitischem Narrativ genauer zu fassen. Das liegt zum einen daran, dass der Film allein durch seine Materialität und psychische Intensität in seiner Darstellung über die Repräsentation von Kulturen, Tätern und Opfern hinausgeht, zum anderen, dass den kultur- und opferspezifischen Interpretationen das Narrativ »Wie lebt es sich als Türke in Deutschland?« schon als Kritik oder Bestätigung vorausgeht. Dieses Narrativ wird auf seiner Gegenseite weder in diesem noch in anderen Filmen und literarischen Texten der 1980er von einem stabilen deutschen sozialpolitischen Narrativ gestützt, so dass auch eine subnationale Etikettierung für diesen Film nicht greift.[179] Die Innenperspektive durch die geschlossene Wohnung als Metapher betrifft nicht nur die Audio- und Dingebene, sondern auch die kommunikative. Denn Dursun spricht in seiner Wutrede nicht nur mit seiner Ehefrau. Es ist ein dritter Akteur im Spiel, dessen Beobachterposition nicht einfach mit der Perspektive der Kamera oder der Zuschauer identifiziert werden kann. Im Unterschied zu Fassbinders beobachtenden Figuren des internationalen Paares in ANGST ESSEN SEELE AUF (1973) und dem Großgrundbesitzer in Türkan Şorays Film DÖNÜŞ (*Rückkehr*, 1972), der ebenfalls im Bild ist, sehen wir den für die Kommunikation hier konstitutiven Partner nicht. Er nimmt nicht an der Kommunikation teil.

Als Turna sich nach ihrer Aussage, dass sie in den eigenen vier Wänden wahnsinnig werde, ins Bett legt, setzt sich Dursun mit dem Rücken zu ihr ans Bettenende. Er blickt nach vorne rechts aus der Kameraeinstellung heraus. Seine Frau liegt hinter seinem Rücken und hat sich zugedeckt. Ihre Positionen sind diametral. Bevor er mit seiner Wutrede beginnt, ändert sich zudem das Lichtverhältnis im Zimmer und die Bildschärfe wird bei gleichbleibender Kameraeinstellung auf Dursun verlagert. Hinter ihm wird es dunkel, nur seine Statur, sein Gesicht und sein Blick sind aus der Einstellung heraus ausgeleuchtet. Hinter ihm sind die Schlafzimmerwand und die zugedeckte Turna kaum noch zu sehen. Dursun wird seinen Kopf ein-, zweimal kurz während seiner Rede leicht in Turnas Richtung wenden, in den Momenten, als er sie fragt, ob sie den westlichen Frauen nacheifern möchte oder ob sie die Geschichte der Familie von Mehmet nicht kenne. Ansonsten adressiert er mit seinem Monolog, wenn man von seiner Körperhaltung ausgeht, jemand anderen, der in diesem Raum physisch nicht zugegen ist. Und beide Male, wenn er sich von Turna wieder abwendet, wird er nicht mehr von

---

[179] Siehe GÖKTÜRK (2000): S. 333.

persönlichen Anliegen sprechen, sondern über Wohnheime und den Staat, und beide Male in den Raum hineinrufen, von dem wir nur die Hälfte sehen: »Was geht euch das an?« (*Size ne?*). Auf der Dursun entgegengesetzten Seite des Raumes, in der anderen dunklen Hälfte, sitzt sein eigentlicher Dialogpartner, den er als ein Kollektiv anspricht und der zugleich inner- und außerhalb des Raums ist. Trotz geschlossener Türen, trotz des Verbots für Turna, die Wohnung zu verlassen, ist das Verhältnis zwischen Drinnen und Draußen in 40 QM DEUTSCHLAND ephemer und durchlässig, vermag die Akteurinnen und Akteure aber nicht in Bewegung zu versetzen.[180]

So liegt die besondere Stärke (Filmkritik) oder Schwäche (Forschung) des Films nicht darin, eine Innensicht in das türkische Leben in Deutschland zu ermöglichen oder ihre Akteure einfach als Opfer darzustellen. Zentral ist vielmehr, dass er eine Struktur der mehrfachen Grenzarbeit und Kommunikation aufzeigt. Es geht dabei um eine epistemische Gewalt, die im Raum steht und Dursun zum Sprechen bringt; ein Sprechen, das in der Gesamtstruktur des Films vielmehr zeigt, was nicht gesagt werden kann als das, was gesagt wird. Abgeschnitten von all der Mobilität der Migration, ihres Prozesses, ihrer Wege der Ankunft und abgeschnitten vom Betreten des öffentlichen Raums ist ein Sprechen des Anderen nicht möglich. So bleibt gegen die Gefahr der Assimilierung des Anderen für Spivak nach Jacques Derrida nur noch die »Neuschreibung des utopischen Impulses als Impuls ›die innere Stimme, die Stimme des anderen in uns, delirieren [zu] lassen‹«[181], wie auch Turna anfängt, zwischen den Wänden ihren Namen zu vergessen.[182] Başers Film ist vom Bemühen bestimmt, sich »in die Repräsentation einzubringen«, was sich als ein Bemühen des »nicht Sprechens« darin zeigt, wie schwer es ist, in den 1980er Jahren in der Bundesrepub-

---

180 Siehe hierzu: SPIVAK (2007): S. 127.
181 SPIVAK (2007): S. 106.
182 Auf ähnliche Weise muss auch die marokkanische Soziologin Fatema Mernissi in ihrer Publikation *Der Harem ist nicht die Welt* die eigene Person, ihre individuelle Identität vergessen haben. In diesem Sammelband aus dem Jahr 1984 geht es um elf Berichte aus dem Leben analphabeter marokkanischer Frauen. Als Selbstpositionierung und Motto des Buchs hält Mernissi zu Anfang fest: »Ich bin 1940 geboren, und nur sehr wenige Marokkanerinnen meiner Generation haben überhaupt lesen und schreiben gelernt – ganz zu schweigen von der Möglichkeit, eine weiterführende Schule zu besuchen. Es erscheint mir fast wie ein Wunder, daß ich nicht Analphabetin geblieben bin. Wenn ich also versuche, eine Frau ohne Schulbildung dazu zu bringen, daß sie ihre Meinung äußert, dann ist das für mich, als ob ich mir selbst das Wort erteile, jenem anderen möglichen Selbst, das im traditionellen Schweigen hätte verharren müssen.« MERNISSI, Fatema (Hg.) (1988): *Der Harem ist nicht die Welt. Elf Berichte aus dem Leben marokkanischer Frauen*, Frankfurt a. M.: Luchterhand, S. 2.

lik von Innen nach Außen zu gelangen.[183] So lautet etwa ein zentrales Ergebnis der Forschungen von Wolfdietrich Bukow und Roberto Llaryora zur Ausländerpolitik der 1980er, dass die Identitätspassage nicht einfach verweigert, sondern vielmehr im Vollzug einer Politik der Ethnisierung abgesprochen wird.[184] Diese Politik ist in besonderer Weise von strukturellen auf alltägliche Bereiche übergegangen.[185] Davon spricht auch Dursun, wenn er die Türken nur als Klienten des Staates erwähnt, die versorgt werden müssen, aber nicht als potentielle Bürger mit Möglichkeiten der Repräsentation. Dass auf der anderen Seite dieses fragilen Bewusstseins (Elwert) eines geteilten Subjekts in der Bundesrepublik tatsächlich nur die Assimilierung (Esser) steht, und es kein wirkliches Dazwischen gibt, zwischen eigener Kultur und Assimilation, wie in Dursuns Hamburger Hinterhofwohnung zeigt auch eindrücklich Başers zweiter Film ABSCHIED VOM FALSCHEN PARADIES, der ein Jahr nach 40 QM DEUTSCHLAND entstanden ist. Dieser Film wirkt wie die Fortsetzung des ersten, nur dass hier auf eine besondere Art und Weise eine Integrationsgeschichte als eine Assimilationsgeschichte erzählt wird. An die Stelle der Wohnung tritt nun das Gefängnis. Wie in 40 QM DEUTSCHLAND die Wohnung und das Handeln durch die Re-Präsentation verdoppelt werden, sind es hier das Gefängnis und die Entwicklung der Figur Elifs, die immer auch für etwas anderes stehen. Wenn in Başers erstem Film die innere, psychische Emanzipation und die physische Emanzipation vom türkischen Mann nötig ist, um nach draußen zu gelangen, sind es in seinem zweiten Film die Assimilation der Hauptfigur und ihr Rechtsstatus, die ihr ein wirkliches Heraustreten aus dem Gefängnis ermöglichen könnten. Die Assimilation gelingt in diesem Film zwar, doch gibt es für diese Entwicklung der Person keine rechtliche gesellschaftliche Entsprechung.

Denn im Spielfilm ABSCHIED VOM FALSCHEN PARADIES, der auf die Erzählung *Frauen, die sterben, ohne dass sie gelebt hätten* von Saliha Scheinhardt zurückgeht,[186] bewegt sich Başer in der Bahn einer Integrationstheorie, wie sie Esser in den 1980ern theoretisch beschreibt. Um diese erzählen zu können, löst er in seinem zweiten Film die inneren Bildmontagen auf. Allerdings geht die lineare Erzählstruktur von ABSCHIED VOM FALSCHEN PARADIES im Unterschied zu 40 QM DEUTSCHLAND nicht auf Kosten der Intensität des Bewusstseins. Denn das linear integrative Erzählen führt zu keiner Kohärenz. In ABSCHIED VOM FALSCHEN PARADIES steht erneut eine Frau im Zentrum des Geschehens. Sie wird zu 6 Jahren Haft verurteilt, weil sie ihren türkischen Mann getötet hat, der sie in der Türkei heira-

---

183 Vgl. SPIVAK (2007): S. 145.
184 BUKOW/LLARYORA (1998): S. 94.
185 Siehe hierzu: Ebd., S. 84–110.
186 SCHEINHARDT, Saliha (1983): *Frauen, die sterben, ohne dass sie gelebt hätten*, Freiburg: Herder.

tete und mit nach Deutschland nahm. Im Unterschied zu Turna tritt die Protagonistin gleich zu Beginn als Handelnde und Täterin auf, wobei die Tat selbst nicht gezeigt wird und wir nur durch eine Rückblende im Film davon erfahren. Erneut ist die Kameraführung äußerst interessant, die von einer Straßenaufnahme durch die Aufnahme eines Treppenhauses in eine kleine Hinterhofwohnung führt, in der Kopftuch tragende Frauen den Tod einer Person beklagen. Das Motiv für den Mord bleibt verborgen. Der Film spielt ausschließlich im Gefängnis und zeichnet eine Integrationsgeschichte nach, die abseits der öffentlichen Gesellschaft geschieht. Elif lernt im Gefängnis Deutsch und freundet sich mit den deutschen Mithäftlingen an. Zu Anfang des Films sehen wir sie als eine schüchterne, ängstliche Frau, die kein Wort Deutsch spricht, ein Kopftuch trägt und anatolisch-dörflich gekleidet ist. Die Figur wandelt sich mit zunehmenden Deutschkenntnissen und den gewonnenen deutschen Freundinnen. Anfangs sind es noch die Wörter »Hunger. Kalt. Angst«, die ihre existenzielle Situation im Gefängnis ausdrücken.[187]

Damit korrespondiert, dass die erste halbe Stunde des Films in kleinen, dunklen, kaum lichtdurchlässigen Gefängnisräumen gedreht ist. Die Protagonistin ist in der Regel allein und sprachlos. Im zweiten Drittel des Films dominieren die Aufnahmen im Gefängnishof, im Freien und in der Kantine, wo Elif von einer Liebesgeschichte erzählt und ihrem Wunsch, in Deutschland Busfahrerin zu werden. Sie ist nicht mehr allein. Ein eindeutiges Zeichen für ihren Wandel ist ihr Äußeres. Stück für Stück legt sie ihre anatolische Kleidung ab. Zuerst verschwindet das Kopftuch, dann folgt ein Abendkleid, das sie für das erste Treffen mit einem noch unbekannten Geliebten trägt – er sitzt im Gefängnistrakt der Männer –, und schließlich sehen wir Elif nur noch in Jeans und Bluse. Dass dieser Kleiderwechsel im Unterschied zu demjenigen von Shirin aus Sanders-Brahms Film SHIRINS HOCHZEIT hier für einen Identitätswechsel steht, dokumentiert auch die deutsche Sprachkompetenz, die sich Elif parallel dazu aneignet. Je westlicher sie gekleidet ist, desto besser spricht sie Deutsch. Im letzten Teil des Films macht sich jedoch wieder Hoffnungslosigkeit breit. Elif erfährt, dass ihr die Ausweisung und ein zweiter Gerichtsprozess in der Türkei bevorstehen, da sie türkische und nicht deutsche Staatsbürgerin ist.[188] Einen Tag vor ihrer Entlassung unternimmt sie

---

[187] KILB, Andreas (1989): »Elif war hier«. In: *DIE ZEIT*, 05.05.1989, www.filmportal.de/node/26537/material/739160 (31.07.2016).
[188] Die Bedeutung der Staatsbürgerschaft, von Arbeitserlaubnissen und besonders von (begrenzten wie unbegrenzten) Aufenthaltstiteln, und welche Schwierigkeiten und Möglichkeiten mit ihnen verbunden sind, steht im Zentrum der meisten hier genannten Produktionen. In der Regel sind die Thematisierungen der jeweiligen Rechtszustände mit psychischen Dispositionen verbunden. Beispielsweise bedeutet für den Protagonisten Ali Itir in Aras Örens längerer Kriminalerzählung *Bitte nix Polizei* von 1981 der Erwerb der Arbeitserlaubnis und der damit ver-

einen Selbstmordversuch, der scheitert. Am Ende erscheint Elif modern gekleidet, jedoch wieder voller Angst vor der Welt jenseits der Gefängnismauern. Wir sehen sie ängstlich im Flur, wie sie das Gefängnis verlässt. Und erneut folgt in einem Flur kurz vor der Ausgangstür der Abspann des Films.[189]

In ABSCHIED VOM FALSCHEN PARADIES ist an die Stelle der kleinen abgeschlossenen Hamburger Hinterhofwohnung ein Staatsgefängnis getreten. Beide Filme stehen in einem wechselseitigen Verhältnis und verweisen aufeinander, allerdings auf eine gebrochene Art und Weise. Wenn auf der einen Seite ein delirierendes Bewusstsein gegen die Assimilation nicht zur Sprache findet, findet auf der anderen Seite wiederum die Assimilation nicht in den öffentlichen Raum. Dass aber subalterne Artikulationen zwischen Bewusstsein und Assimilation in den ästhetischen Reflexionen der 1980er Jahre zur Migration nach Deutschland und ihrer Folgen nicht nur in engen geschlossenen Wohnungen oder Gefängnissen ihren Ort haben, sondern auch in öffentlichen Räumen, das zeigt die zeitgleich entstandene Literatur Aysel Özakıns, der wir uns nun intensiver widmen. In ihren Romanen *Die Leidenschaft der Anderen* und *Die blaue Maske* werden wir ebenfalls feststellen, dass die Existenz einer epistemischen Gewalt im Raum an ein Weitersprechen gebunden ist. Denn dieser Konnex reicht weit über eine geschlossene Wohnung hinaus. Hinsichtlich ihrer Biografie und Mobilität stehen Özakıns Protagonistinnen im Gegensatz zu Başers Figuren. Sie sind gebildet, selbstbewusst und unterwegs. Dennoch sind auch sie von nicht überwindbaren Wänden und Mauern umgeben.

3.3 Im Zwiespalt zwischen Innen und Außen

Die Szene, in der sich eine alteingesessene deutsche Frau und eine türkische Einwanderin im Zugabteil begegnen, mit der wir das dritte Kapitel eingeleitet haben, ist durch zwei Sätze direkter Rede gerahmt: »Sind sie Französin? [...] Ich bin Türkin«. Der innere Monolog der erzählenden Einwanderin erstreckt sich

---

bundenen Aufenthaltsgenehmigung, dass er von einer »Unperson« zu einer Person wird. Sieben Monate ist Ali Itir »jetzt schon eine Unperson, ein Niemand, und, Recht muss Recht bleiben, ohne seinen Vetter Ibrahim Gündoğdu und dessen Frau, die breitarschige Sultan hätte er vielleicht nicht einmal ein Dach über dem Kopf gehabt. [...] Wenn ich erst einmal Arbeiter bin, dann werde ich euch zeigen, wie man in Deutschland eine Persönlichkeit wird, wie Ali Itir zu einem geachteten Mann wird, an dem ihr euch alle ein Beispiel nehmen könnt.« ÖREN (1981): S. 26.

189 Siehe die weiterführende ausführliche Analyse von ABSCHIED VOM FALSCHEN PARADIES in: EZLI, Özkan (2009): »Von der interkulturellen zur kulturellen Kompetenz«. In: *Wider den Kulturenzwang*, S. 207–230, S. 210–214.

zwischen diesen beiden Sätzen jedoch über zwei Seiten. Der Sprechakt als eine soziale Handlung und Einheit von Frage und Antwort ist hier zeitlich unterbrochen und geteilt. Denn zwischen beiden Sätzen liegt eine Assoziationskette, eine wuchernde Reflexion Özakıns,[190] eine Spannung, die sie selbst als einen »geheimen Kampf«, als einen Komplex beschreibt.[191] Die Frage nach der nationalen Identität löst eine Kette von Vorstellungen bei der Ich-Erzählerin aus, die vom Misstrauen der alten Frau, über Gedanken, was Grenzbeamte und andere denken werden, wenn sie anhand ihres türkischen Passes feststellen, dass sie Türkin ist, bis zu den Assoziationen über die »Türkenproblem«-Debatten in Fernsehen und Presse Anfang der 1980er Jahre.[192] Sie gerät in einen inneren Zustand, den sie vor ihrer Migration nach Deutschland nicht kannte.[193] Dies alles teilt sie ihrem Gegenüber nicht mit, sondern nur, dass sie Türkin ist.

Die Autorin Aysel Özakın ist Ende 30, als sie nach Deutschland kommt. Kurz nach dem Militärputsch in der Türkei am 12. September 1980 reist sie auf Einladung des Berliner Literarischen Colloquiums nach Berlin. Aufgrund der politisch prekären Lage in der Türkei entscheidet sie, in Deutschland zu bleiben.[194] Zuvor

---

190 Ich setze in diesem Abschnitt Ich-Erzählerin und Autorin gleich, da mit Lejeune hier auch ein autobiografischer Pakt vorliegt, selbst wenn die Entwicklung zur eigenen Person als eine nicht mögliche gezeigt wird. Siehe hierzu: LEJEUNE, Philip (1974): *Der autobiographische Pakt*, Frankfurt a. M.: Suhrkamp, S. 22.
191 ÖZAKIN (1983): S. 28.
192 Wie in der Einleitung dieses Kapitels schon festgehalten, sind besonders in Politik und Medien die Jahre zwischen 1979 bis Mitte der 1980er Jahre von den »Türkenproblem«-Debatten bestimmt, und die Stimmung gegenüber Ausländern ist sehr angeheizt. Von der Debatte, die Eibl-Eibesfeldt mit seiner kulturalisierenden Diktion »Türken sind auch Menschen, aber Menschen mit einer anderen Kultur« auslöste, über das Heidelberger Manifest vom 17. Juni 1981, in dem vor der Gefahr der »Unterwanderung« und »Überfremdung« des deutschen Volkes gewarnt wird, bis hin zum Rückkehrförderungsgesetz. Wie der damalige Arbeitsminister Norbert Blüm vor der Verabschiedung des Gesetzes am 10. November 1983 festhielt, seien die »Entscheidungsnotwendigkeit« für die Ausländer zur Rückkehr zu klären und »die finanziellen Belastungen für Staat und Rentenversicherung in überschaubaren Grenzen« zu halten. HUNN (2005): S. 475. Siehe hierzu auch: HERBERT (2001): S. 251.
193 ÖZAKIN (1983): S. 28. Hamid Naficy zitiert in seinem Werk *An Accented Cinema* den Filmregisseur Joseph Losey zu seinen Exilerfahrungen in Europa, dass dieser, als er nach England und nach Italien ins Exil ging, nie darauf vorbereitet und eingestellt war, dass er in diesen Ländern »Pariah« sein würde. »I had no preparation for being a ›Jew‹, for being a minority person.« NAFICY (2003): S. 189f.
194 Im Herbst 1980 putscht das Militär in der Türkei, um zum einen »wachsende Spannungen zwischen sunnitischen und alevitischen Bevölkerungsteilen zu kitten«. Gelingen soll dies, indem der Islam für die Religions- und Sittenerziehung unter staatlicher Aufsicht zur zentralen Referenz wird. Zum anderen erfolgt der Putsch, um besonders gegen linke Extremisten und islamische Gruppen und Wortführer vorzugehen. Im Zentrum des Putschs steht eine Apolitisie-

studierte sie an den Universitäten in Izmir und Ankara Französisch und Pädagogik und arbeitete anschließend elf Jahre lang als Französischlehrerin in Istanbul. In dieser Zeit schrieb und veröffentlichte sie die zuvor genannten Romane, die Michael Santak 1990 als »multikulturelle Emanzipationsromane« begreift.[195] Ihre Istanbuler Zeit spielt in dem Roman *Die blaue Maske* eine wichtige Rolle. Özakın wird 1942 in der südostanatolischen Stadt Urfa geboren. Nach zehn Jahren in Deutschland, von 1980 bis 1990, wandert sie nach England aus, weil sie sich in Deutschland »durch gängige Kategorisierungen nach stereotypischen Vorstellungen hinsichtlich türkischer Kultur und Geschlechterbeziehungen in ihrer persönlichen und künstlerischen Freiheit eingeengt fühlte«.[196] Wie hier bereits angedeutet, beschränken sich die Spannung und die Reflexionen in Gang setzende Irritation, die die alte Dame in *Die Leidenschaft der Anderen* mit der Frage nach

---

rung der türkischen Bevölkerung, die auf die politisch äußerst aktive Zeit der 1970er Jahre in der Türkei reagiert. Geplant ist eine Wende in Richtung einer »türkisch-islamischen Synthese«. Laizismus und Atatürkismus gelten zwar weiterhin, doch ist die Religion nicht mehr einfach eine private Angelegenheit der Bürger, sondern »soll zunehmend in den Staat integriert werden«. Dabei ist die große Aufgabe der öffentlichen Einrichtungen, den Jugendlichen beizubringen, »die türkische Nation wieder als eine Geschichts-, Kultur- und Schicksalsgemeinschaft zu betrachten und zu verteidigen«. KREISER/NEUMANN (2009): S. 455, S. 471; ADANIR (1995): S. 106. Der verstaatlichte Islam in den 1980er Jahren ist als »moralischer Kitt« jedoch nur die eine Seite der politischen Konstellation, die in der Türkei die DIYANET, in der Bundesrepublik die DITIB repräsentiert. Parallel dazu entsteht in den 1980ern verstärkt auch ein intellektueller Islam, der ab den 1990er Jahren besonders die Religion als das eigentlich politisch zu etablierende Gesellschaftsmodell ansieht. Siehe hierzu: TEZCAN, Levent (2003): *Religiöse Strategien der machbaren Gesellschaft. Verwaltete Religion und islamistische Utopie in der Türkei*, Bielefeld: transcript. Interessant im Zusammenhang der Analyse von 40 QM DEUTSCHLAND ist der Text des türkischen Militärs zu den Ursachen des Putsches, dessen eigentlicher Adressat die türkische Bevölkerung ist. So wie Dursun mit jemandem im Raum kommuniziert, der nicht da ist, gibt auch die »Bekanntmachung Nr. 1« des türkischen Militärs eine ähnliche Kommunikationssituation wieder. Es wird keine Bevölkerungsgruppe, sondern ein Abstraktum, eine unbekannte vermeintlich vertraute Entität im Raum angesprochen: »Erhabene türkische Nation! Der uns von Atatürk anvertraute türkische republikanische Staat, dessen Staatsgebiet und Staatsvolk ein unteilbares Ganzes bilden, war, wie Du in den letzten Jahren verfolgen konntest, durch die Aufwiegelung von äußeren und inneren Feinden geistigen und materiellen Angriffen in verräterischer Weise ausgesetzt.« NEUMANN (2009): S. 455. Zu dieser Politik der Apolitisierung der Bevölkerung und Gesellschaft gehört auch die Gründung der DITIB 1980 in Köln, deren Klientel die Auslandstürken in Deutschland sind.
195 SANTAK, Michael (1990): »Auf der Suche nach Leidenschaft. Aysel Özakıns multikulturelle Emanzipationsromane«. In: *Frankfurter Rundschau*, 13.10.1990.
196 Zitiert nach: WIERSCHKE, Annette (1997): »Auf den Schnittstellen kultureller Grenzen tanzend. Aysel Özakın und Emine Sevgi Özdamar«. In: *Denn du tanzt auf einem Seil. Positionen deutschsprachiger MigrantInnenliteratur*, hg. v. Sabine Fischer, Moray McGowan, Tübingen: Stauffenberg, S. 179–194, hier S. 183.

ihrer Herkunft ausgelöst hat, nicht allein auf Begegnungen mit Fremden. Die Fremdheit reicht hier, wie in Başers Filmen, weiter: bis in vermeintlich vertraulich wirkende soziale Beziehungen, ja sogar bis in die Konstitutionsbedingungen des eigenen Selbst hinein. Dies zeigt beispielsweise für einen weiteren Eindruck und für viele andere Szenen in Özakıns Literatur exemplarisch folgende Begegnung aus *Die Leidenschaft der Anderen*.

Auf ihrer einmonatigen Lesereise, die den zeitlichen Erzählrahmen ihres autobiografischen Romans darstellt, lernt Aysel Özakın Max als einen politisch Gleichgesinnten kennen und übernachtet bei ihm in seiner Wohngemeinschaft. Wir lernen außer Max niemanden aus dieser Gemeinschaft kennen. Als es zu einer Annäherung zwischen der Ich-Erzählerin und Max kommt, verliert sich erstere wieder in Reflexionen und denkt dabei auch für letzteren. Wie bei der Begegnung im Zugabteil mit der fremden Person wird auch hier eine mögliche vertraute Beziehung blockiert. Diesmal möchte sie vor Max nicht als eine Frau erscheinen, die nun sexuelle Freiheiten genießt, weil sie lange unter einem patriarchalischen Moralkodex gelitten hat. Denn, wenn der »Mut zu Abenteuern, der europäischen Frau so gut steht, könnte man dies einer Orientalin als billige Nachahmung oder Degeneration auslegen«.[197] Die Ich-Erzählerin fragt sich, ob sie auf dem Weg zu einem selbstständigen Individuum eher die eigenen Komplexe oder die kulturellen Kategorien behindern. Diese erneute reflexive Spannung entlädt sich auch körperlich in der Begegnung mit Max.

> »Ich bin müde«, sage ich zu Max und lächle. Ich gebe ihm zu verstehen, daß ich jetzt allein sein und schlafen möchte. Als er aus der Tür geht, bleibt er einen Augenblick stehen. Er dreht sich um und schaut mich an. Einen Moment schauen wir uns gegenseitig an. Als wären die Arme, mit denen wir uns umarmen wollen, nach einem Augenblick der Unentschlossenheit plötzlich wieder schwer geworden. Was macht unsere Arme so schwer? Etwa die Vorstellung, daß wir uns als zwei Menschen aus zwei unterschiedlichen Welten sehen: er aus Deutschland, ich aus der Türkei?[198]

Wenn in Başers Filmen, das Auf-die-Straße-Gehen oder das In-der-deutschen-Gesellschaft-Ankommen-Können die zentralen Themen und Rahmungen sind, die nicht gelingen und bildlich mit ›inneren Montagen‹ und sperrigen Aufnahmen eingefangen werden, so sind es in Özakıns Literatur der 1980er, auf buchstäblicher wie auf metaphorischer Ebene, gelingende oder nicht gelingende Begegnungen. Die Akteure in Özakıns Literatur verfehlen sich, weil eine bestimmte

---

[197] ÖZAKIN (1983): S. 50.
[198] Ebd., S. 50. Der geschwächte und verbrauchte Körper ist ein Motiv, das in den genannten Filmen, Texten und Dokumentationen der 1980er Jahre immer wieder auftaucht. Siehe: AKÇAM (1983); BEKTAŞ (1981); MEERAPFEL (1985); GÜR (1987); DAL (1988).

narrative Struktur sich immer wiederholt: Auf deskriptive Szenen, meistens Begegnungen, folgen Assoziationen, die die eventuell möglichen sozialen Bindungen nicht miteinander verknüpfen, sondern sie an Abstrakta wie ›Nation‹, ›Stadt‹ oder ›Land‹ koppeln.[199] Das Weitersprechen wird in die Erzähler selbst hineinverlegt. Wie in Başers Film gibt es aber auch bei Özakın eine permanente Außenkommunikation, die den Erzählverlauf irritiert. Sie bestimmt, wie wir am Ende dieses Analyseteils sehen werden, auch den narrativen Umgang mit der eigenen Biografie.

Ihr bekanntester und am häufigsten in der Forschung thematisierter Roman *Die blaue Maske*,[200] der fünf Jahre nach *Die Leidenschaft der Anderen* erscheint, erzählt am Anfang und am Ende des Romans jeweils von einer verfehlten Begegnung mit einem nicht-türkischen Mann. In *Die Leidenschaft der* Anderen stehen nicht nur in der Mitte mit Max, sondern auch zu Beginn Männer im Vordergrund. Im achtseitigen Prolog dieses Romans, der mit »Kleine Autobiographie« betitelt ist, erzählt Özakın mit einer Mischung aus Kritik und Ironie von ihrer Kindheit, dass in dieser Zeit ihre erste große Liebe der Prophet »Mohammed« und die zweite große Liebe »Atatürk« gewesen seien. Den zweiten habe sie insgeheim in ihrer Kindheit und Jugend mehr geliebt als den ersten, auch wenn ihre Mutter ihr gesagt habe, dass der Prophet an erster Stelle stehen müsse.[201] Davon abgesehen ist ihre Kindheit von familiären und staatlichen Erwartungen und Unterdrückungen geprägt, die sich besonders auf die Sexualität der Frau richten. In *Die blaue Maske* wird dieser Umstand humoristisch, lapidar festgehalten und luzide mit der Unterscheidung Fortschritt und Rückstand gerahmt: »[A]nderswo [werden] Leute auf den Mond [ge]schickt, und bei uns haben sie immer noch nichts Besseres zu tun, als die Frauen zwischen den Beinen zu kontrollieren«.[202] Der kurze Lebensabriss der Autorin endet in *Die Leidenschaft der Anderen* mit dem 17. Lebensjahr: Sie beschreibt, wie eine ihrer Freundinnen Selbstmord begeht, weil deren Bruder sie mit ihrem Freund vor dem Kino erwischt hat. Wir

---

199 Eine ähnliche Verhandlung von Identitätspolitik hält Erol Boran in seiner Geschichte des türkisch-deutschen Theaters und Kabaretts für das Schreiben und die kabarettistischen Aktivitäten von Şinasi Dikmen und Muhsin Omurca in den 1980ern fest: »Bezüglich der Türkendarstellung fällt auf, dass einer breiten unintegrierten (das heißt ›aufklärungsbedürftigen‹) türkischen Masse stets einige restlos überintegrierte Individuen gegenüberstehen«. BORAN (2004): S. 214.
200 Für viele: RÖSCH (1992); WIERSCHKE (1997); BAUMGÄRTEL, Bettina (1997): »Identitätsbalance in der Fremde. Der Beitrag des symbolischen Interaktionismus zu einem theoretischen Rahmen für das Problem der Identität in der Migrantenliteratur«. In: *Denn du tanzt auf einem Seil*, S. 53–70.
201 Das politische Denken in der Türkei erfährt besonders Ende der 1970er und in den 1980ern eine starke nationale Rahmung in Form einer »Türkisch-Islamischen Synthese«, wie diese auch die Beziehung Özakıns zu den beiden Figuren belastet.
202 ÖZAKIN (1989): S. 90.

befinden uns an dieser Stelle der Biografie im Jahre 1959, und der direkt daran anschließende und letzte Absatz des Prologs springt 20 Jahre weiter. Zuvor ist die Abfolge der Absätze nach den Lebensjahren der Erzählerin vom vierten bis zum 17. Lebensjahr strukturiert. Ihr Leben von 18 bis 38 bleibt unerwähnt. Die »Kleine Autobiographie« schließt mit dem 12. September 1980, dem dritten Militärputsch in der türkischen Geschichte – ein Tag, den sie ironisch als den Tag beschreibt, an dem »die Generäle in Atatürks Republik die Macht [ergreifen], um sie vor der Zerstörung zu bewahren« und nach deren politischer Diktion Frauen und Männer nun mit ihrem Herzen, ihrem Körper und ihrem Verstand zu Soldaten werden müssen, »um unser Vaterland zu schützen«.[203]

Dass dieses Ereignis für einen biografischen Bruch steht, verdeutlicht eindringlich der Übergang vom Prolog zum ersten von 21 Kapiteln in diesem autobiografischen Roman. Nicht etwa ein familiärer Zwist löst ihn aus, sondern eine militärische Intervention zum Wohle des Volkes. Özakıns Autobiografie wird nach diesem Prolog, ohne jegliche Schilderung, wie sie in die Bundesrepublik Deutschland gekommen ist, in Berlin Jahre später weitererzählt. Diese Bewegung ähnelt Başers Anliegen, in seinem ersten Film eine Frau in der Türkei einschlafen und in Deutschland wieder aufwachen lassen zu wollen. Aber auch Yüksel Pazarkaya setzt ohne Umschweife, ohne den Weg der Familie Balta nach Deutschland darzustellen, in der Familienserie UNSERE NACHBARN, DIE BALTAS mit dem Leben der türkischen Familie in der kleinen Wohnung in einer deutschen Stadt zu Beginn der 1980er Jahre an.[204] Der Teil von Özakıns autobiografischem Roman, der in Deutschland spielt, beginnt mit dem Namen und der Figur Johannes, der für die Ich-Erzählerin in Berlin als Lektor des Buntbuch-Verlags eine einmonatige Lesereise organisiert. Zwischen ihr und ihm wird im Laufe des Romans eine Liebesatmosphäre entstehen, wie auch später zwischen ihr und Max. Man kann hier nur von einer »Atmosphäre« sprechen, weil sie mit keinem der beiden eine verbindliche Beziehung eingeht oder ein sexuelles Verhältnis unterhält. Zwar leitet die Autobiografie damit ein, dass sie sich kurz vor Beginn der von Johannes organisierten Lesereise nach 15 Monaten Beziehung von ihrem Partner Hans trennt, weil dieser heiraten wollte. Mit keinem weiteren Satz wird erwähnt, was in dieser Beziehung geschehen ist. Von dieser Lesereise an bis zum Ende des Romans *Die blaue Maske* bleiben die Beziehungen zu deutschen Männern und zu deutschen Frauen immer kurz vor der körperlichen Berührung stehen und verlieren sich dann in gedanklichen sich abgrenzenden Assoziationsketten.[205] Ähnlich

---

203 ÖZAKIN (1980): S. 13.
204 PAZAKAYA (1983): S. 3.
205 In Hark Bohms Film YASEMIN zeigt eine Sequenz eindrücklich das Signum des Verhältnisses der türkischen Frau zum deutschen Mann in der ästhetisch-politischen Bearbeitung in den

wie in Dikmens Satiren kommt es zu Brüchen in der Kommunikation. Am Ende von *Die Leidenschaft der Anderen* ist es dann eine Frau, die Schriftstellerkollegin Diana im Literarischen Colloquium Berlin, mit der sie in einer möglichen Liebesbeziehung steht. In die *Die Blaue Maske* findet sich eine ähnliche Konstellation zwischen Frau und Mann. Dem Mann, dem die Ich-Erzählerin dort zu Anfang bei einer Lesung von ihr begegnet, und den sie über den ganzen Roman versucht, wieder zu treffen, war mit ihrem türkischen Pendant, Dina, verheiratet, die sie aus Istanbuler Zeiten kennt und damals versuchte, ihre äußerst unkonventionelle über kulturelle Codes hinausgehende Lebensweise nachzuahmen. Am Anfang von *Die Blaue Maske* erfährt die Erzählerin von ihrem Mann, dass Dina in einer psychiatrischen Anstalt verstorben sei. Dies erinnert an Güney Dals Roman *Der enthaarte Affe*, in dem die an seiner eigenen täglich erscheinenden Wandzeitung, an seiner täglich in der eigenen Wohnung stattfindenden Auseinandersetzung zwischen öffentlich und privat, den Protagonisten im wahrsten Sinne des Wortes zu einer Teilung seiner Person treibt.[206]

Die Leidenschaft der Anderen erzählt, abgesehen vom Prolog, von den Erfahrungen der Autorin auf einer einmonatigen Lesereise durch Deutschland. Städte, in denen sie in den Buchläden liest und die im Roman genannt werden, sind Wuppertal, Hamburg und Bielefeld. Sie liest aus ihrem ins Deutsche übersetzten Roman *Preisvergabe* (*Genç Kız ve Ölüm*) und aus dem in Deutschland entstandenen Erzählband *Soll ich hier alt werden?* Dass sie aus genau diesen Büchern liest, geht aus dem Roman selbst explizit nicht hervor. Die Erzählerin erwähnt nur, dass es sich um zwei ihrer Bücher handelt, die bereits auf Deutsch erschienen sind.[207] Worum es in ihnen geht, wird nicht thematisiert. Die Autorin beschreibt sie als Begleiter und fremde Partner ihrer Reise. Ein Grund dafür, dass die Literatur nicht in der Literatur auftaucht, ist mitunter, dass es in den Lesungen nie um die Literatur ihrer Literatur geht, nicht um die Frage der Gestaltung, sondern immer um ihre Person als Türkin, auf politischer wie auf moralischer Ebene.[208] Linke türkische Männer kritisieren, warum sie sich von der europäischen Frauenbewegung habe einnehmen lassen und nicht mehr wie früher über Arbeiter

---

1980er Jahren. Die intimste Szene zwischen dem deutschen Protagonisten Jan, der sich im Laufe des Films in die türkische Yasemin verliebt, und ihr, ist, als sich beide an Yasemins geschlossenem Fenster küssen, also die Lippen nur jeweils eine Fensterseite küssen, sich aber nicht berühren. Denn Jan darf zu Yasemin keinen Kontakt haben. Aber selbst diese Kusssequenz ist so arrangiert, dass Yasemin nicht dazu kommt, das Fenster zu öffnen, was eine klassische Liebesszene wäre. Dass es in Bohms Film auch nicht wirklich um die Liebe geht, wird sich später zeigen.
206 DAL (1988): S. 340.
207 Der Erzählband und der Roman sind beide 1982 auf Deutsch erschienen.
208 Vgl. hierzu: WIERSCHKE (1997): S. 184.

und Streiks schreibe – und das, wo doch aktuell in der Türkei eine Diktatur herrsche und in Deutschland der Fremdenhass regiere.[209] Der erste Schritt wäre doch, zuerst die sozialen und ökonomischen Probleme zu lösen; danach könne man sich immer noch der Frauenthematik widmen.[210]

Dass diese Kritik nicht ganz unbegründet ist, zeigt sich, als die Ich-Erzählerin an anderer Stelle festhält, dass sie, wenn sie einen linken Türken treffe, immer mit ihrer Vergangenheit mit der türkischen Linken abrechne, die sie seit zwanzig Jahren kenne.[211] Sie stellt zwar damit auch ihre eigene Identität und ihre Vergangenheit immer wieder in Frage, aber es geht ihr darum, sich selbst neu kennenlernen zu wollen. Diese Suche definiert sie als ihre neue Sozialisation.[212] An einem anderen Abend fragt sie ein konservativer Türke, wie sie als »türkische Frau« allein in Berlin leben könne.[213] Und als sie Johannes bei ihrer ersten Lesung umarmt, weil er ihr türkische Süßspeisen mitgebracht hat, bemerkt sie aus ihren Augenwinkeln, »wie zwei schnurbärtige, dunkelhäutige Männer den Buchladen betreten. Es sind Landsleute ... ›was werden sie jetzt wohl denken?‹, fährt es mir durch den Kopf«.[214] Aber auch auf deutscher Seite fällt sie auf und sorgt beispielsweise selbst bei Max für Erstaunen:[215] »Ich wecke lediglich Neugierde, oder gebe Informationen über dieses seltsame Thema ›türkische Frau in Deutschland‹«, hält die Erzählerin summierend ihre Erfahrungen bei den Lesungen fest.[216] Ihr eigenes Anliegen sei es hingegen, ein Individuum zu sein, jede Art von »Objekt-Sein«[217] abzulehnen und »dennoch als Teil in einer Gemeinschaft leben [zu] können«.[218] Ein vergleichbares Verhältnis skizziert aus integrationstheoretischer Perspektive auch Georg Elwert zwischen individuellem Bewusstsein und Gemeinschaft. Allerdings ist die Kultur der Herkunft bei Elwert Teil der Lösung, während sie bei Özakın Teil des Problems ist. Allein die hier aufgezeigten Beispiele aus

---

209 ÖZAKIN (1983): S. 40.
210 Dass dieser Wandel nicht nur die Literatur von Frauen türkischer Provenienz betrifft, sondern auch beispielsweise den Roman *Bitte nix Polizei* von Aras Ören und dessen Protagonist Ali Itir, wird an anderer Stelle in diesem Buch noch thematisiert. In jedem Fall stehen dort auch nicht mehr explizit die sozialen und ökonomischen Probleme im Vordergrund, sondern vielmehr die Anerkennung durch Pass und Person. Vgl. ÖREN (1981).
211 Es sind die zwanzig Jahre, die im Prolog keine Erwähnung finden.
212 ÖZAKIN (1983): S. 76.
213 Ebd., S. 53.
214 Ebd., S. 19.
215 Ebd., S. 53.
216 Ebd., S. 49.
217 Ebd., S. 68.
218 Ebd., S. 70.

Özakıns Roman zeigen, dass das Darstellen eine Frage des Vertretens geworden ist und nicht mehr eine des Zeigens.

Es sind nicht allein die Zuschreibungen und Gegenzuschreibungen, die in Özakıns Roman permanent auftauchen, eine Redundanz konstituieren und für einen unendlichen Dialog – oder in Mickschs Worten für eine »ständige Kommunikation«[219] – stehen, die das Repräsentationsproblem durchweg dokumentieren. Während bei Elwert und Micksch Dialog und Kommunikation jedoch die Grundlagen für ein gelingendes Zusammenleben darstellen, sind sie für Özakın das eigentliche Problem bei der Neuausrichtung von Individuum und Gemeinschaft. Dazu zählt auch die Tatsache, dass Özakın zu Anfang des Romans von der deutschen Ausländerbehörde keine Verlängerung ihrer Aufenthaltsgenehmigung bekommt.[220] Auf diese De-Legitimierung ihres weiteren Aufenthalts in Deutschland folgt die Lesereise, die von unzähligen Ortswechseln geprägt ist. Die Ausländerbehörde ist auch in *Die blaue Maske* ein begleitendes und letztlich konstitutives Thema.[221] So stehen neben den Beschreibungen um den Kampf um Repräsentation, die die Lesungen gar nicht erst zur Lesung werden lassen, der Mangel an staatlicher Legitimität und der mit jedem Kapitel einsetzende Ortswechsel der Akteurin, die ihren Aussagen materielles und faktisches Gewicht verleihen.[222] Der Mangel an Zugehörigkeit und dass man weder als individuelle noch als soziale Person aufgenommen wird, geben dem Roman eine intensive und redundante Struktur, die auch das Projekt einer modernen und postmodernen Autobiografie konterkariert. Denn weder steht klassisch die Entwicklung einer Person im Vordergrund, noch eine spielerische Art zu zeigen, dass jeder Akteur

---

219 MICKSCH (1984): S. 9.
220 In Jeanine Meerapfels Dokumentarfilm kommt die Ausländerbehörde auch vor: In einer Aufnahme sehen wir im Büro der Anmeldestelle der Behörde ein großes Plakat an einer Wand mit dem großen Statement, dass sich Deutsche und Ausländer viel zu sagen hätten (»Wir haben uns viel zu sagen«). Doch spiegeln die Sequenzen im Film eher das Gegenteil als die Erfüllung dieses Slogans. Die Begegnung von Deutschen und Türken ist blockiert. Siehe hierzu: MEERAPFEL (1985).
221 ÖZAKIN (1989): S. 73.
222 Im Gegensatz zu diesen prekären Aufenthaltszuständen wird die Türkei in den Dokumentationen von Akçam, Gür und Geiersbach als Territorium und Land vorgestellt. Ziel und Vorgehen vieler türkischer Gastarbeiter ist in diesem Zusammenhang auch der Erwerb von Grund und Boden oder eines Hauses in der Türkei. Siehe hierzu für viele: GÖREN (1979); GEIERSBACH, Paul (1982): *Bruder, muß zusammen Zwiebel und Wasser essen! Eine türkische Familie in Deutschland*, Berlin: Dietz, S. 87. Auch in den ästhetischen Reflexionen wie 40 QM DEUTSCHLAND, ABSCHIED VOM FALSCHEN PARADIES oder YASEMIN taucht die Türkei in den Rückblenden oder Bildern immer als ein Territorium auf.

ein »diskursiver Effekt«[223] ist, dem nur die Bastelei der eigenen Biografie bleibt oder das Spiel damit, das keine Herkunft kennt. Ebenso wenig geht es um ein authentisches Tagebuch, das aus dem Alltag heraus migrantisches Leben in der Bundesrepublik dokumentiert. Entgegen dieser Ausrichtungen stehen in Özakıns Literatur vielmehr der Anspruch auf das Recht auf Repräsentation und der Kampf im Vordergrund, obwohl die Autorin selbst diese Sprecherposition, den Zwang, sich als Türkin zu artikulieren, als lächerlich empfindet. Die »diskursive Zwickmühle«, die Özakın beschreibt und ihre Romane so als ein Bemühen um Repräsentation darstellen, ist kein postmodernes Wahrheitsspiel. Einen identischen Ausgangspunkt hat Gayatri Spivaks bekannter und wirkmächtiger Text *Can the Subaltern Speak?*. Darin distanziert sich die Autorin von Theoretikern wie Michel Foucault und Gilles Deleuze, die für sie durch die Hintertür ein stabiles sprechendes Subjekt wieder einführen, nämlich sich selbst als die Darsteller des Endes der Repräsentation.[224]

Dass Repräsentation zumindest für Özakın nicht enden kann, zeigt das ungewöhnliche und paradoxe Verhältnis von Zwang, Dagegensprechen und nicht wirklich Ernst-genommen-werden in Özakıns Autobiografie. Sie zeigt Disparata auf, denen die kommunikative Bindung fehlt. Dasselbe gilt für Spivaks Text, in dem sie zwar konstatiert, das aufgrund der »diskursiven Zwickmühle« der Repräsentation, in der sich der Subalterne befindet, er nicht wirklich sprechen kann, er aber dennoch darüber weiterspricht. Dass dieses Weitersprechen im Kern keine soziale Praxis ist, sondern zwischen Darstellen und Vertreten hin und her pendeln muss, stellen die Reflexionen der 1980er Jahre als zentrales Problem dar. Und weil diese Repräsentation nicht vorhanden ist, haben wir es hier erneut mit einer epistemischen Gewalt zu tun, die in Özakıns Literatur von der türkischen Seite mitbestimmt wird. Eine ähnliche Perspektive nimmt auch Şerif Görens Film POLIZEI ein. Auch hier ist die Bindung blockiert, weil eine organisierende Kategorie fehlt. Die Zukunft ist daher für Özakın eine »verschlossene Tür«;[225] gegen Ende

---

[223] SMITH, Robert (1995): *Derrida and Autobiography*, Cambridge: Cambridge University Press, S. 64.

[224] Siehe: SPIVAK (2007): S. 20.

[225] Auch Jeanine Meerapfels Dokumentation beginnt mit Aussagen von Gastarbeitern in der Türkei, die ebenfalls in den 1980er Jahren zurückgekehrt sind. In der Regel haben sie zwischen dem 20. und 40. Lebensjahr in der Bundesrepublik gearbeitet und sagen nun, dass es für sie keine Zukunft mehr gebe. Äußerst interessant ist, dass sie mit »Zukunft« nicht direkt die berufliche meinen. Sie sprechen in leicht gebrochenem Deutsch sehr schnell von Identitätsfragen: dass sie in den 10, 15 Jahren in der Bundesrepublik Deutsche geworden seien, und jetzt wären sie wieder Türken. Aber so richtig klar sei ihnen jetzt nicht mehr, was sie seien. Auch Melek spricht weniger von beruflichen Aussichten in der Türkei, sondern vielmehr davon, dass sie jetzt endlich verstehen müsse, wer sie eigentlich sei. Sie habe in den 14 Jahren in Deutschland nicht gelebt, »davor wahrschein-

ihrer Lesereise kommt es ihr so vor, als ob alle Orte »voll mit Wänden« wären. Damit resultiert die Fremdheit nicht aus Özakıns Viele-Orte-Schema, wie Maria Brunner angenommen hat.[226] Problematisch ist vielmehr, dass die Orte keinen Bezug zueinander haben.[227] Wenn es Başers Protagonistin darum ging, aus der Wohnung zu kommen, die verschlossene Tür hinter sich zu lassen, ist das eigentliche Thema in Özakıns autobiografischem Roman, den Zuschreibungsmaschinerien und -kontexten von deutscher und türkischer Seite zu entkommen. Das oben genannte Weitersprechen befriedet die Gewalt jedoch nicht, sondern sie erfährt im Gegenteil eine Kultivierung. Denn auch die Vertrautheit, die sie mit ihrer Kollegin Diana am Ende im Literarischen Colloquium Berlin verbindet, kann nicht nach außen dringen:

> Ich weine angesichts des Sees, von dem ich genau weiß, daß es nicht das Meer ist. Diana fragt nichts, doch fühle ich mich gezwungen, ihre nicht gestellte Frage zu beantworten. [...] Im gleichen Augenblick fällt mir ein, daß ich am Ufer des Wannsees neben Diana, einer deutschen Dichterin, souverän bleiben muß und schiebe die schwere Tür in meinem Herzen wieder an ihre alte Stelle.[228]

Özakın setzt diesem Dilemma eine luzide Form der Projektion von Integration entgegen. Entgegen den inneren Schließungsprozessen gibt die Autorin zwei Hinweise, wie ein neues Verhältnis von Selbst und Sozialisation möglich wäre, auch wenn es in *Die Leidenschaft der Anderen* selbst nicht dazu kommt. Dadurch hofft sie, die innere Spannung, ihren »Zwiespalt von Innen und Außen«, den sie vor ihrer Migration nach Deutschland noch nicht kannte, schließen zu können. Dies könne zum einen über die deutsche Sprache gelingen, denn diese befinde sich noch außerhalb von ihr. Sie bekomme diese Sprache noch »nicht unter die Haut«: »Dabei möchte ich auch das Deutsche gern in mir haben. [...] Aber das kann noch Jahre dauern. Bis dahin werde ich mit dem Zwiespalt von Innen und Außen aus-

---

lich auch nicht«. Sie komme erst jetzt, kurz vor der Rückkehr, dazu, sich selbst kennenzulernen. Denn »ich kenne mich selber nicht«. Sie weiß zumindest, dass sie die Türkei als Land kennenlernen möchte. Das werde sie in jedem Fall tun, wenn sie zurück sei. Siehe hierzu: MEERAPFEL (1985).
226 Siehe hierzu: BRUNNER, Maria E. (1999): »Daß keinem seine Gestalt bleibt, ist die treibende Kraft der Kunst. Migrationsliteratur von Aysel Özakın«. In: *Sprache Literatur 30*, 80, S. 47–61, S. 54.
227 Vgl. KAPUTANOĞLU, Anıl (2010): *Hinfahren und Zurückdenken. Zur Konstruktion kultureller Zwischenräume in der türkisch-deutschen Gegenwartsliteratur*, Würzburg: Königshausen & Neumann, S. 158.
228 ÖZAKIN (1983): S. 119.

kommen müssen«.²²⁹ Das Verhältnis von Fremdsprache und Körperlichkeit, das Özakın hier schon ankündigt, wird eines der zentralen Episteme der Literatur, des Films, der öffentlichen Debatten und Theorien der 1990er Jahren in unterschiedlichen Akzentsetzungen und Darstellungen sein. Als weitere Projektionen der Integration erwähnt Özakın die Zeit und das Alter. Als eine alte deutsche Frau auf einem schneeweißen Rad an ihr vorbeifährt, denkt Özakın: »[W]enn ich so alt bin wie sie, werde ich dann meinen Ausländerkomplex überwunden haben?«²³⁰ Diese mehrfach gebrochenen autokommunikativen Spiegelungen prägen auch den Roman *Die blaue Maske*, der trotz seiner fiktionalen Rahmung Ende der 1980er Jahre eine Bilanz ihrer Migrationsgeschichte in der Bundesrepublik zieht.²³¹

Auf einer Lesung in Zürich lernt die Ich-Erzählerin einen Unbekannten kennen, der mit ihrer alten Freundin Dina verheiratet war. Sie erfährt von ihm, dass ihre Freundin vor Kurzem in einer psychiatrischen Anstalt in der Schweiz verstorben ist. Hauptanliegen der Erzählerin und Rahmenhandlung des Romans sind, den Unbekannten so schnell wie möglich wiederzusehen.²³² Doch erst am Ende des Romans wird sie ihm auf dem Züricher Karneval begegnen. Ihr Handeln ist bis dahin von einer bemerkenswerten Unfähigkeit geprägt, ein Treffen zu arrangieren; sie ist unfähig, »einem Bewegungsimpuls zu folgen«.²³³

Da der Gedanke an den Unbekannten die Erzählerin erregt, wirkt es anfangs so, als würde dieser Roman eine interkulturelle Liebesgeschichte erzählen. Als Leser erfahren wir aber nichts über den Unbekannten, dafür viel über Dina und noch viel mehr über die Ich-Erzählerin, über die Autorin selbst. Nach der Begegnung mit dem Fremden wird der Leser per Rückblende in die Anfänge der 1970er Jahre zurückversetzt, also in die Zeit, die Özakıns Autobiografie zwischen Prolog und Romanbeginn ausgeblendet hatte. Die Erzählerin arbeitet zu dieser Zeit als Lehrerin in der Nähe von Istanbul. Ihr Beruf und ihre Ehe erfüllen sie nicht. Sie ist unruhig, beginnt zu schreiben. Ihren Beruf begreift sie als eine Lüge, weil sie mit der Vorbildfunktion als Lehrerin und Beamtin nichts anfangen kann. Ihr Leben sei schon zu Ende erzählt gewesen, bevor es überhaupt angefangen habe. Sie lernt Dina kennen, und ihr existenzielles Unbehagen wird größer: »Bei Tisch

---

229 Ebd., S. 44. Emine Sevgi Özdamar hält in ihrem vielbeachteten literarischen Debüt *Mutterzunge* fest, dass sie ihre Zunge in die deutsche Sprache gedreht habe und dabei glücklich geworden sei. Diese Aussage ist zugleich von einem poetologischen Konzept gerahmt, das die Autorin auf die Aussage folgen lässt und das die Diktion ihrer Literatur der 1990er auch bestimmen wird. Im folgenden Kapitel werde ich darauf näher eingehen. Siehe hierzu: ÖZDAMAR, Emine Sevgi (1990): *Mutterzunge*, Köln: Kiepenheuer & Witsch.
230 ÖZAKIN (1983): S. 103.
231 Vgl. RÖSCH (1992): S. 111.
232 Vgl. KAPUTANOĞLU (2010): S. 163.
233 Ebd., S. 162.

spürte ich wieder den Unterschied zwischen Dina und mir. Ich hatte meine Kindheit in einem der Tradition und der Religion verhafteten Randviertel verbracht und war als junge Frau nun Lehrerin in der Provinz. Dina dagegen ...«[234]

Auf die Auslassungszeichen folgt keine weitere Beschreibung von Dina oder dessen, was das traditionelle Leben vom modernen trennt. Seiten später schildert sie, wie Dina sie nach einer Heldin Tschechows Natascha nennt. Dina hilft ihr bei der Abtreibung ihres Kindes und will, dass sie bei ihr bleibt. Die Erzählerin ist einverstanden und von ihrer Antwort selbst überrascht. Gleichzeitig erhascht sie im Rückspiegel den Blick des türkischen Taxifahrers. »Es ist ein wütender und verächtlicher Blick. Dina redet weiter: ›Und dann gehen wir zusammen weg. Entweder nach Berlin oder nach Zürich‹.«[235] Danach springt die Erzählung wieder 15 Jahre in die Zukunft; die Erzählerin wartet in einem Bahnhofsbistro auf Dinas Mann. Es ist nicht klar, ob sie verabredet sind. Er taucht nicht auf, und sie will weiter versuchen, ihn zu finden.

In *Die blaue Maske* haben wir es mit den Suchbewegungen einer Ich-Erzählerin zu tun, die auf mehreren Ebenen gleichzeitig stattfinden: von traditionell-rückständigen und modern-fortschrittlichen Lebensformen über das Recht auf Repräsentation bis hin zur Suche nach der eigenen Sozialisationsgeschichte. Zwischen dem dritten und letzten, 15. Kapitel, die auf die beschriebenen Szenen aus Zürich und Istanbul folgen, werden die Türken in Deutschland, respektive in Berlin, beschrieben. Die Ich-Erzählerin schildert ihr Verhältnis zu türkischen Männern, zu türkischen Intellektuellen und nicht zuletzt zu Dina. In diesem Prozess ist Dina von Anfang an eine stabilisierende, aber zugleich prekäre Instanz ihrer Beschreibungen. Wir wissen von Beginn an, dass sie in einer psychiatrischen Anstalt in Zürich sterben wird. Da es Dina von Berlin nach Zürich verschlagen hat, vermutet die Erzählerin, dass sie – wie sie selbst – vor dem Bild der Türken in Deutschland davongelaufen sein muss; vor diesem »groben und lächerlichen Bild, das nur eine Masse sah und nicht den einzelnen. Vielleicht war sie auch vor dem Anatolien in Berlin davongelaufen, einem Anatolien, das sich mit Arabeskenschnulzen, mit kleinen Mädchen in Kopftüchern, mit schnauzbärtigen Männern immer tiefer in Religion und Dörflichkeit begrub [...]«.[236] Die Spannung zwischen Bild, Zuschreibung und Realität – in allen ist von Kollektiven die Rede –, die die Erzählerin hier schon andeutet, ist ein konstitutives Element für alle Themen in ihrem Roman. Ob die Türken in Deutschland oder in der Türkei dem Bild nun entsprechen oder vielleicht doch ganz anders sind, wird weder an dieser noch

---

234 ÖZAKIN (1983): S. 17.
235 Ebd., S. 21.
236 ÖZAKIN (1989): S. 10.

an einer anderen Stelle im Roman geklärt. Wie in *Die Leidenschaft der Anderen* herrscht ein dilemmatisches Verhältnis von Repräsentation und Selbstverortung vor, das besonders für die Erzählerin, aber auch für ihr *alter ego* Dina gilt.

> Im Tiergarten lagen junge Deutsche nackt auf dem Rasen in der Sonne. Eine Gebetskette an der Hand, trotz der Hitze im Anzug aus dickem Wollstoff und mit einer Schirmmütze, ging ein kleiner, dicklicher Mann, dessen Sprache ich sprach, mir fremder war als die jungen Deutschen, die ich damals noch nicht verstehen konnte. Dennoch schämte ich mich, weil er so roh und rückständig war, als wäre ich mitschuldig daran. Ich hatte ihm gegenüber meine Pflicht nicht getan, hatte ihm nicht beigebracht, wie man sich in der Fremde unter zivilisierten Menschen benahm.[237]

Ein anderes Beispiel:

> In der Uhlandstraße gingen drei Frauen mit Kopftüchern vor mir. Sie trugen Plastiktüten; wie die Putzfrauen, die in Istanbul in die Häuser der Reichen gehen, um dort sauberzumachen. Sie unterhielten sich brüllend, als liefen sie nicht in Berlin, sondern in einer anatolischen Kleinstadt herum. Die einzigen, die sich wirklich in Berlin aufhielten, das waren Dina und ich. Wir mussten uns in Berlin rechtfertigen.[238]

Doch nicht nur die türkischen Dörfler in Berlin sind für Özakın ein Problem, auch die türkischen Intellektuellen, die sich vom Westen abgewendet haben. Sie bieten ihr bei Treffen und Begegnungen nicht mehr wie früher »Cognac oder

---

[237] Ebd., S. 31. Szenen im Berliner Tiergarten oder im Kölner Park sind auch in den Filmen POLIZEI und GURBETÇI ŞABAN wichtig. Der Vater des Straßenkehrers Ali Ekber hat Besuch von seinem Bruder aus der Türkei. In einer Sequenz picknicken sie im Tiergarten als Familie, und der Bruder kann es in der ganzen Sequenz nicht lassen, sich die leicht bekleideten deutschen Frauen anzusehen. Ekbers Vater versucht ihn zurechtzuweisen, dass man so nicht schauen solle. Doch dieser erwidert ihm nur, dass es eine fromme Tat sei, sich Ungläubige anzusehen. Weiter unbeirrt von der Zurechtweisung seines Bruders fragt er, wann er ihm denn endlich einmal die Sexshops in Berlin zeigen wolle. Ali Ekber, der dieses Gespräch wie zuvor die Zeitung lesenden Türken verfolgt, reagiert mit einem ähnlichen Gesichtsausdruck wie zu Beginn des Films. Er unterbricht, wie an anderen Stellen des Films, den Rhythmus der Komödie. Und im Unterschied zu Görens Film von 1979, ALMANYA ACI VATAN, werden wir hier keinen Sexshop von innen zu sehen bekommen. Siehe hierzu: GÖREN (1988). Erwähnenswert ist auch, dass die Aussage des Bruders, dass es eine fromme Tat sei, sich Ungläubige anzusehen, eine Abwandlung der bekannten türkischen Redewendung ist, dass es eine fromme Tat sei, sich schöne Menschen anzusehen. Dass die schönen Menschen nun Ungläubige geworden sind, korreliert zum einen mit der »Christenkälte« in Örens Erzählung *Bitte nix Polizei* (1981) und zeigt zum anderen deutlich den Übergang von unserem ersten Leitsatz »Wir wollten alle Amerikaner werden« zum zweiten Narrativ »Wie lebt es sich als Türke in Deutschland?«.
[238] ÖZAKIN (1989): S. 82.

Whiskey« an, sondern nur türkischen Tee. Und in ihren Buchregalen stehen nicht mehr »dicht an dicht deutsche und englische Bücher, sondern Märchen und Mythen«. Sie reden ebenso wie die deutschen Professoren des *Heidelberger Manifests* nur noch vom ›Volk‹, und dass sie sich aus der Nachahmung des Westens lösen müssten. Sie müssten »mit ihrem Volk verschmelzen und ihren Platz im vorrevolutionären Kampf einnehmen«, sagt beispielsweise Musa.[239] Er ist verheiratet, die ebenfalls verheiratete Ich-Erzählerin und er haben ein Verhältnis. Ihr türkischer Ehemann wird nach der Abtreibung nicht mehr erwähnt. Vor Musa möchte sie souverän und als »selbstständige« Frau auftreten und nicht als eine, »die auf ihre Ehre bedacht ist«[240]. Sie schläft mit ihm, ohne zu verlangen, dass er sich von seiner Frau trennt. »Er sollte sehen, wie ungezwungen ich mich verhalten konnte.«[241] Maria Brunner bezeichnet dieses Problem bei Özakın lapidar als »eine Flucht vor weiblichen Ritualen«.[242]

Doch ist die Position der Frau bei Özakın komplexer. Denn mit dem türkischen ›Volk‹ kann die Ich-Erzählerin nichts mehr anfangen. Stattdessen gibt Dinas Vater eine Richtung vor, indem er die Ideale der modernen Republik vertritt. Im Gegensatz zu den fanatischen Muslimen ist Dinas Vater fortschrittlich. »Die türkische Gesellschaft ist nicht gefestigt, sie hat noch nicht zu sich selbst gefunden, sie hat es noch nicht geschafft, eine zivile Gesellschaft zu werden«, lautet eine seiner Aussagen. Für ihn hat die Türkei keine Alternative zum Westen.[243] Eine Szene aus der Mitte des Romans gibt auch eine idyllische Alltagsszene wieder, die jedoch nachts mit einem Selbstmordversuch Dinas endet.

> Dina, zu Hause, sie saß in einem Zimmer, das sie sich mit ihrer älteren Schwester teilte, und lernte ein Gedicht von Goethe auswendig. Ihr Vater fragte die Mutter, warum sie Nudeln gekocht hätte. Junge Menschen brauchen mehr Proteine! Im Radio klassische türkische Musik: »Heute wandelte ich wieder im Garten meines Herzens, ich schaute dich an, du warst schön wie Mond und Frühling.« Ihr älterer Bruder stand auf, schaltete das Radio aus und legte Edith Piaf auf den neuen Plattenspieler. Es war ein Abend wie jeder andere.[244]

Der Bruder geht aus und trifft sich in Beyoğlu mit seinen Freunden, der Vater zieht sich den Pyjama an und liest Zeitung, die Mutter legt sich die Haare ein und kontrolliert danach die Hausaufgaben der Kinder, Dina putzt sich die Zähne. Im Flur sind an der Wand die Notizen des Vaters vermerkt: 1) geh früh ins Bett, steh früh

---

239 Ebd., S. 54.
240 Ebd., S. 38.
241 Ebd., S. 39.
242 BAUMGÄRTEL (1997): S. 60.
243 Ebd., S. 188f.
244 ÖZAKIN (1989): S. 75.

auf und 2) verschiebe nichts von heute auf morgen.[245] Nachts steht Dina auf, geht durch das Wohnzimmer, an einem Büffettisch und an einer bronzenen Atatürkbüste vorbei, findet im Bad Tabletten und schluckt eine nach der anderen. Später im Krankenhaus sagt sie, sie habe es getan, weil sie Lust darauf gehabt hätte und weil ihr Wohnung, Gasse und Schule zu eng geworden seien.[246] Damals sehnt sich die Ich-Erzählerin wie Dina nach einem anderen Leben, sie allerdings gerade nach dem, das Dina bereits führt: »Ich wollte unten in der Stadt leben, in einer Etagenwohnung unter vornehmen, eleganten Menschen.«[247] Sie wollte nicht mit Frauen zusammenleben, die auf ihren Kelims »saßen und sich lachend erzählten, wie ihnen der Mann gesagt hatte, Mädchen, komm, zieh dir die Unterhose aus«.[248]

Für sie geht es um ein anderes Verhältnis zwischen Mann und Frau, eines ohne Erregung. Sie entdeckt dieses andere Verhältnis in einem Meditationskurs in Zürich.[249] In einer Übung legen sich die Teilnehmer auf Wolldecken und umarmen sich. Özakın beschreibt diese Umarmung als eine noch nicht erprobte neue Art sozialer Beziehung. Sie sieht nicht nach der Umarmung zweier Liebender aus, »ist aber auch anders als die zweier Geschwister«. Es ist ein »Nahsein [...] ohne Erregung«.[250] Im Gegensatz dazu steht die Erinnerung an eine türkische Hochzeit, als Verwandte und Bekannte sie auffordern, mit ihnen zu tanzen.

Diese erzwungene Körperlichkeit auf der türkischen Hochzeit wird kontrastiert mit spontanen Kontaktgeschichten Dinas, die etwa mit einem fremden Mann im Kino Händchen hält. Außerdem versucht die Ich-Erzählerin, ihren türkischen Geliebten von etwas zu überzeugen, das sich jenseits von Politik und Sex bewegt. »Sie weiß aber selbst nicht, was das sein könnte.«[251] Im letzten Kapitel, das im Züricher Karneval spielt und in dem sie Dinas Mann endlich trifft, kommt Özakın die Erkenntnis, dass sie ohne eine Maske nicht zu sich finden könne. Sie sei vor ihrer Familie davongelaufen, vor ihrem Beruf, vor Anatolien, vor ihrer Religion, vor den Soldaten, vor den Männern, vor Berlin, sinniert die Protagonistin in einem inneren Monolog. Sie habe sich von allem zurückgezogen, sich

---

245 Ebd., S. 76.
246 Ebd., S. 77.
247 Ebd., S. 79.
248 Ebd.
249 Dieses Kapitel ist wie ein weiteres, in der das Verhältnis der Ich-Erzählerin zu Musa beschrieben wird, in der türkischen Version des Romans nicht enthalten.
250 In Hark Bohms Film YASEMIN, dem wir uns analytisch noch genauer zuwenden werden, lernen sich Yasemin und Jan beim Karateunterricht kennen. Körperliche Erregung spielt in dieser interkulturellen Liebesgeschichte keine Rolle. Dennoch ist auch diese Erzählung von einer kommunikativen Störung bestimmt.
251 ÖZAKIN (1989): S. 45.

»in ein Gefängnis gesperrt, in ein düsteres, enges Zimmer«.²⁵² Und das alles, weil sie anders sein wollte als Dina, um sich »ihr Ende zu ersparen«. Indem sie aber durch das Schreiben Dina besser kennenlernt, entdeckt sie sie in sich selbst. Und auf dem Karneval zwischen »Fackeln, Trompeten, Tanzenden erscheint mir Dina als die einzige Maske, die ich [...] aufsetzen kann«.²⁵³ Später, als sie die titelgebende blaue Maske wieder absetzt und Emils, das Gesicht des Unbekannten, streichelt, an diesem Gefallen findet und ihm zulächelt, lächelt er nicht zurück. Er ist »regungslos und starrt aus leeren Augen wie ein Denkmal in die Ferne«. Sie geht in ihr Zimmer, packt ihre Sachen und läuft auf die Straße. Dabei sieht sie einen »dunkelhäutigen, kleinen dicken Mann im orangefarbenen Overall, einen Ausländer«, die Straße kehren. Sie grüßt ihn. Er hört sie nicht.²⁵⁴

Auch wenn sich viele Möglichkeiten zu Liebe und Kontakt bei Özakın ergeben, gelingt die Organisation einer sozialen Einheit durch Vertrauen oder Liebe in beiden Romanen nicht. Es dominiert hingegen eine Struktur verfehlter Begegnungen, obwohl Özakın selbst und ihre Protagonistinnen in beiden Romanen mit dem Grad ihrer Bildung, ihrer Profession und Kontaktsuche westlicher und »integrationswilliger« nicht sein könnten.²⁵⁵ Aus integrationstheoretischer Perspektive ist sie und sind ihre Akteurinnen Gegenfiguren zu Başers Protagonistinnen. Aber auch im Einsatz von Orten unterscheidet sich die Literatur Özakıns evident von Tevfik Başers Filmen. Während in den Filmen alles auf 40 qm oder in einem Gefängnistrakt sowie den jeweils dazugehörigen Innenhöfen stattfindet, wechseln die Lokalitäten in Özakıns Romanen in kurzen Kapitelfolgen. Von Bahnhöfen zu Buchläden und von dort zu fremden Wohnungen und Hotelzimmern in *Die Leidenschaft der Anderen*, oder von Städten wie Zürich, Istanbul und Berlin im Roman *Die blaue Maske*.

Dennoch ist die Integration nach und in Deutschland trotz der transnationalen Mobilität ebenfalls blockiert. Grundlage dafür ist eine innere Dynamik der Repräsentation, die an die Stelle der Darstellung, wie sie noch in den 1960er und 1970er Jahren zu finden war, die Vertretung rückt. Orte und Bewegung treten nun in den Hintergrund zugunsten eines Narrativs, in dem nicht mehr sozialpolitische Fragen, Beobachtungen und Praktiken im Vordergrund stehen, sondern

---

252 Ebd., S. 162.
253 Ebd.
254 Ebd., S. 196.
255 Die Aussage, dass die Türken integrationsunwillig seien, ist in den öffentlichen Debatten der 1980er Jahre sehr prominent. Siehe hierzu: RAUER (2013): S. 70. Thilo Sarrazin hat diese Behauptung vor einigen Jahren für Muslime in Deutschland wieder sehr prominent aktualisiert. Siehe hierzu: SARRAZIN, Thilo (2010): *Deutschland schafft sich ab. Wie wir unser Land aufs Spiel setzen*, Berlin: Deutsche Verlagsanstalt, S. 266.

Fragen nach nationalen Prägungen und ein unendlicher nach innen gewendeter Dialog. Die Beschreibung der Lebensformen und Suchbewegungen, die sich darunter subsumieren, führen in Film und Literatur zu den identischen ästhetischen Schließungsprozessen: zu verfehlten Begegnungen, die auf innere Montagen oder auf assoziativ strukturierte innere Monologe zurückgehen. Sie dokumentieren einen Überschuss an Energie, der durch gesellschaftliche Regelbildungen nicht kanalisiert werden kann. Eine überaus eindringliche Metapher ist hierfür auch, dass selbst die Fragen ästhetischer Gestaltung nicht an die Oberfläche dringen können. Denn in keiner der vielen Vorlesesituationen, die Özakın beschreibt, kommt es dazu, dass wir auch hören (bzw. lesen), was sie liest. Die Bindung von Sprechen und Hören ist also auch im Gesamtkonzept des Romans unterbrochen.

Was Başers Filme und Özakıns Romane verbindet, ist die Crux der Repräsentation, wie sie beispielsweise Stuart Hall als Grundlage für eine Politik der Repräsentation festgehalten hat. Die dafür zentrale Fragestellung lautet nach Hall: Wie können bestehende hegemonial kulturalisierende Repräsentationsverhältnisse verschoben werden, wie eine Politik der Repräsentation verwirklicht werden, ohne dabei die »reale Heterogenität der Interessen und Identitäten zu unterdrücken«?[256] In meine Kulturgeschichte und an diese Stelle übersetzt, könnte man fragen: Wie lässt sich eine Form der Gleichheit zwischen Deutschen und Türken artikulieren, ohne differente kulturelle Prägungen, die in den Filmen und Erzählungen mitverhandelt werden, gänzlich zu nivellieren oder auszuschließen? Oder ästhetisch und politisch zugleich gefragt: Wie kann die Kritik an Zuschreibungen als Ausdruck in Prozesse der Gestaltung überführt werden, die den Kontakt und das Zusammenleben neu rahmen könnten? In den Werken Başers und Özakıns findet ein Kampf um Repräsentationsverhältnisse statt, der in Şinasi Dikmens Satiren und in den türkei-türkischen Filmen zur türkischen Migration nach Deutschland ebenfalls ausgefochten wird. Tevfik Başer zielt mit seinen Filmen auf die Verschiebung von Repräsentationsverhältnissen:

> Wenn deutsche Regisseure Filme – auch sehr gute Filme – über Türken machen, dann erzählen sie immer Geschichten drumherum, mit ihren Gefühlen, aber nicht aus der Mitte des Erlebens der Betroffenen heraus. Ich will versuchen, etwas von den Gedanken der Menschen aus einer den Deutschen fremden Kultur deutlich zu machen, an der ich zwar manches zu kritisieren habe, die ich aus ihrer Tradition heraus jedoch verstehe. Ich möchte, dass die Deutschen uns kennenlernen, denn Unbekanntes macht Angst und erzeugt Haß, wie an den Ausschreitungen gegenüber den Türken zu sehen ist. Deshalb schildere ich an

---

256 HALL, Stuart (2008): »Neue Ethnizitäten«. In: *Kulturwissenschaft. Eine Auswahl grundlegender Texte*, Frankfurt a. M.: Suhrkamp, S. 505–516, hier S. 510.

einem besonderen Fall die Gastarbeiterverhältnisse in der Bundesrepublik, ohne in meinem Film Wohnung und Haus auch nur ein einziges Mal zu verlassen.[257]

Aysel Özakın hält in ihrem Gedichtband *Zart erhob sie sich, bis sie flog*, der zwischen den beiden von mir behandelten Romanen erschienen ist, fest: »Man will hier gerne / Von mir hören / Wie ich gebrochen habe / Die Kette / Des Islam. / Man will hier gerne / Von mir hören / Aufregende, atemberaubende / grausame Geschichten / Und man wendet den Kopf ab / Wenn ich alles in Frage stelle.«[258] Sowohl bei Başer als auch bei Özakın geht es um einen spezifischen Zugang zum Recht auf Repräsentation.

Stuart Hall hält für eine neue Politik der Repräsentation, die alte Repräsentationsverhältnisse verschiebt, drei Grundlagen für erforderlich. Erstens muss es einen Übergang von der Ausdrucksebene auf die Gestaltungsebene geben. Zweitens muss diese Gestaltung gänzlich unabhängig vom Staat möglich sein. Drittens brauchen diese beiden Prozesse einen kategorisierenden Überbegriff, der das zentrale Problem der Repräsentation minimieren oder vielleicht sogar lösen könnte: Wie lässt sich eine Politik entwickeln, »die mit den Unterschieden und durch sie arbeitet. Eine Politik, die imstande ist, solche Formen von Solidarität und Identifikation aufzubauen, die einen gemeinsamen Kampf und Widerstand ermöglichen, ohne jedoch die reale Heterogenität der Interessen und Identitäten zu unterdrücken«.[259] Der explizite Verweis auf die Formen deutet an, dass das postkoloniale Anliegen nach Hall in seinem Kern ein ästhetisches ist. Sein Gelingen, die Verschiebung der Repräsentation und die Entstehung neuer Ethnizitäten, leitet Hall zum Großteil aus fiktionalen Werken ab.[260] Den identischen Mechanismus der Theoriegenerierung finden wir in Homi Bhabhas bekannter Publikation *Location of Culture*.[261]

Wenn wir uns die Dramaturgien, Assoziationsketten und mehrfachen Kommunikationsebenen in Özakıns Literatur und Başers Filmen anschauen, finden wir keinen geraden Weg vom Ausdruck zur Gestaltung, keine Emanzipation vom Staat und auch keinen kategorisierenden Überbegriff, der den Protagonis-

---

257 MUNDZECK, Heike (1986): »40 qm Deutschland – Ein türkischer Regisseur drehte in Hamburg einen Kino-Film über eine Gastarbeiter-Ehe«. In: *Frankfurter Rundschau* (18.01.1986).
258 ÖZAKIN, Aysel (1986): *Zart erhob sie sich, bis sie flog*, Hamburg: Galgenberg, S. 75.
259 HALL, Stuart (1994): »Neue Ethnizitäten«. In: ders.: *Rassismus und kulturelle Identität. Ausgewählte Schriften 2*, Hamburg: Argument, S. 15–24, hier S. 19.
260 Ebd.
261 Dort sind es vor allem Werke von Autoren wie Toni Morrison, Salman Rushdie und Nadine Gordimer. Siehe hierzu: BHABHA, Homi (1994): »Dissemination. Time, narrative and the margins of the modern nation«. In: ders.: *The Location of Culture*, New York: Routledge, S. 139–170.

ten zu einer Identifikation verhelfen könnte, die nicht national verfasst ist. Als organisierende Kategorien stehen in den 1980er Jahren im Kontext der Sprechweisen der und über die Migration nur national-kulturelle Begriffe im Raum. So ist etwa die Bestimmung der Herkunft als Ausgangspunkt zentral.[262] Selbst die Bezeichnung »Deutsch-Türke« als Bindestrich-Identität ist in den 1980er Jahren weder geläufig noch verbreitungsfähig – ihre Zeit wird erst in den 1990er Jahren anbrechen, zusammen mit der Literatur, den Filmen und den Theorien zum Transnationalismus, zum Multikulturalismus, zur Inklusion und schließlich zur Hybridität.[263] Spätestens dann werden sich die hybriden Konstellationen von assimilatorischen Vorstellungen getrennt haben, die bei Park und Gordon noch zusammengehörten. Und als ob es dieses Spannungsfeld in Özakıns Literatur nicht geben würde, konstatiert die Forschung bisher, dass sie in ihrer Literatur Persönlichkeit zeige, dynamische Identitäten entwerfe, mit denen sie spielerisch

---

[262] In dem niederschweligen Format *Tag des ausländischen Mitbürgers* (TAM) – ab 1983 *Woche des ausländischen Mitbürgers* (WAM) – des Austauschs und Kontakts zwischen Alteingesessenen und Ausländern setzt auch in den 1980er Jahren ein Wandel ein. Zum zentralen Ziel wird, »die verschiedenen Kulturen in eine Beziehung des gegenseitigen Gebens und Nehmens« im Einwanderungsland Deutschland zu bringen. Die einstigen Themen wie soziale Bedingungen, z. B. Wohnraum, Kontakte und Freizeit der 1970er Jahre, werden nun ersetzt durch Fragen nach der kulturellen Herkunft. Zentrale Begriffe dabei werden »kulturelles Erbe«, »Herkunft«, »Verstehen« und die »Nachbarschaft unterschiedlicher Kulturen«. In dieser Phase etablierten sich verstärkt Organisationsformen wie Ausländerbeiräte und Kulturvereine, durch die sich die ausländischen Mitbürger selbst vertreten konnten; diese förderten nun auch verstärkt die WAM. In ihren Programmen der 1980er Jahre fällt in diesem Zusammenhang die Häufung national-kultureller Abende oder Diskussionen über die Schwierigkeit der jungen zweiten Generation mit zwei Kulturen zu leben. Dennoch nimmt die Woche des ausländischen Mitbürgers mit ihrem Fokus auf Geselligkeit und gesprächsorientierte Formate der Kulturalisierung ihre Ernsthaftigkeit. Die Frage, »woher man komme«, war in diesem Zusammenhang stets ein Dialogöffner. Der Begriff des ausländischen Mitbürgers erfährt in dieser Dekade seine stärkste politische Entfaltung. Erstens, weil das kommunale Wahlrecht für Ausländer zum zentralen Thema wird und zweitens, die Begriffsbindung von fremd und zugehörig es den Ausländern ermöglicht, sich hinter diesem Begriff zu gruppieren. Doch trotz der kommunalpolitischen Frage blieb die WAM in den 1980er Jahren, eine Veranstaltung, bei der sich unterschiedliche Kulturen begegnen. Siehe hierzu: EZLI, Özkan (2020) S. 43–48. Auch Dolf Sternberger bestimmt mit Ralf Dahrendorf zusammen Herkunft und Zugehörigkeit als Grundlagen der demokratischen Reaktualisierung patriotischer Gefühle für die Verfassung. »Jedenfalls gilt, daß Menschen irgendwo hingehören müssen, bevor sie sich für weitere Horizonte öffnen können.« STERNBERGER (1982): S. 7.

[263] Siehe hierzu: GLICK-SCHILLER, Nina (2004): »Pathways of Migrant Incorporation in Germany«. In: *Transit 1:1*, UC Berkeley Department of German, Article 50911 (16 Seiten); TAYLOR, Charles (1993): *Multikulturalismus und die Politik der Anerkennung*, Frankfurt a. M.: Suhrkamp; COHN-BENDIT, Daniel/SCHMID, Thomas (1992): *Heimat Babylon. Das Wagnis der multikulturellen Demokratie*, Hamburg: Hoffmann und Campe.

umgehe.²⁶⁴ Ihr gelinge, so Bettina Baumgärtel, eine Identitätsbalance, die sich in »Rollendistanz« und »Ambiguitätstoleranz« zeige. »Rollendistanz« meint dabei eine Kompetenz, »sich über die Anforderungen von Rollen zu erheben, um auswählen, negieren, modifizieren und interpretieren zu können«.²⁶⁵ Oder es wird festgehalten, dass durch ihre Literatur »neuartige Lebensentwürfe« aufgezeigt werden, die »neue interkulturelle Perspektiven« ermöglichen. Diese Öffnung und diese Wahlmöglichkeiten, die Baumgärtel hier konstatiert, habe ich in Aysel Özakıns Literatur nicht finden können. Ihre Akteurinnen und Akteure sind wie die Protagonisten in Başers Film vielmehr ganz im Gegenteil von einer besonderen Handlungsunfähigkeit bestimmt. Positiv gewendet entfalten diese Werke einen blockierten Zustand von Integration, ein Bemühen um Repräsentation, deren Nicht-Gelingen eng mit dem Ausschluss der sozialen Frage und der Unmöglichkeit von Alltag im Zusammenhang steht. Ihre besondere Leistung besteht also darin, die verfahrene und widersprüchliche Situation zwischen Sprechen, Praxis und Ort auch als eine solche zu zeigen und sich nicht einfach über sie hinwegzusetzen. Diese Darstellung einfach nur als Opfersituation oder Distanzlosigkeit zur Rolle zu beschreiben, ist analytisch fahrlässig und kann uns auch nicht erklären, warum der Drang zum Ästhetischen und Fiktionalen in den 1990er Jahren so groß wird. Es gibt in den 1980er Jahren erzählerisch keine interkulturelle Position, die den Widerspruch — zwischen In-Deutschland-Sein und Doch-nicht-in-Deutschland-Sein — auflösen könnte.

Die Definition der Rollendistanz steht in engem Zusammenhang mit klassischen Vorstellungen zur modernen Autobiografie, die die Autobiografieforschung selbst seit den 1970er Jahren zentral in Frage stellt.²⁶⁶ Hier wird sie als ein stabiles Narrativ in die Analyse einer Literatur eingeführt, die mehr Fragen stellt als Antworten gibt. Allein die Tatsache, dass der Roman *Die blaue Maske* weitaus autobiografischer ist als der eigentliche autobiografische Text *Die Leidenschaft der Anderen* von 1983, ist bemerkenswert. Interessanterweise ähneln sich auch die Zeitstrukturen der beiden Texte sehr. In beiden beträgt die erzählte Zeit 3 bis 4 Wochen. Im ersten ist es die Zeit der Lesereise, im zweiten die Suche nach dem Unbekannten. Beide Romane sind im Präsens erzählt. Die Gegenwarts- und Vergangenheitsebenen werden durch Orte zusammengeführt. Allerdings gehen diese Orte zueinander keine wirkliche Bindung ein, weil die eigentliche Bindung einer inneren Logik

---

264 BRUNNER, Maria E. (1999); BAUMGÄRTEL (1997); WIERSCHKE (1997); KAPUTANOĞLU (2010).
265 BAUMGÄRTEL (1997): S. 65.
266 DE MAN, Paul (1993): »Autobiografie als Maskenspiel«. In: ders.: *Ideologie des Ästhetischen*, Frankfurt a. M.: Suhrkamp, S. 131–146. Siehe auch: SCHAPBACHER, Gabriele (2007): *Topik der Referenz. Theorie der Autobiographie, die Funktion ›Gattung‹ und Roland Barthes ›Über mich Selbst‹*, Würzburg: Königshausen & Neumann, S. 124.

folgt. Grund hierfür ist, dass die äußeren Suchbewegungen mit den inneren nicht zusammenkommen, die eine besondere »innere Dynamik« der Repräsentation auslösen. Sie kommen nicht zusammen, weil beispielsweise in *Die blaue Maske* Dina, als Trägerin von Unruhe und von Wissen über die Ich-Erzählerin, am Anfang des Romans schon verstorben ist. Özakıns Suche führt nicht zu einer neuen Identifikation und auch zu keiner neuen Sozialisation. Sie bleibt in einem Diskurs der Rechtfertigung stecken. Doch trotz dieser Suchbewegungen und des Bewusstseins, das Özakın immer wieder aufbaut, ist ihr Roman mit der Definition des Theoretikers Philippe Lejeune, was eine Autobiografie auszeichnet, nicht zu greifen. In seiner gattungsbestimmenden Arbeit *Der autobiographische Pakt* beschreibt er die Autobiografie als »eine rückblickende Prosaerzählung einer tatsächlichen Person über ihre eigene Existenz, wenn sie den Nachdruck auf ihr persönliches Leben und insbesondere auf die Geschichte ihrer Persönlichkeit legt«.[267] Dieser Fokus auf die eigene Person und ihre Geschichte ist in Özakıns Texten vorhanden. Doch spielt in beiden Romanen der Status ihres Aufenthalts in Deutschland oder in der Schweiz, in gleichem Maße wie die Begegnung mit Fremden und vermeintlich Vertrauten, eine gleichwertige Rolle wie das eigene Selbst. In *Die Blaue Maske* geht es darum, ob die Genehmigung verlängert wird; in *Die Leidenschaft der Anderen* wird sie nicht verlängert. So liegt der gewisse Projektionsmangel in Özakıns Literatur – alle Orte sind voller Wände, die Zukunft ist eine verschlossene Tür –, auch daran, dass in der bundesrepublikanischen Ausländerpolitik der 1980er Jahre ebenfalls keine Projektion von Integration existiert. Es gilt weiterhin das Ausländergesetz von 1965, dessen Interpretation immer noch lautet, dass »die Bestimmung der politischen Entwicklung in der Bundesrepublik allein Sache der Deutschen« sei.[268] Der Begriff der Integration findet in dieser Zeit nur in Form einer Abgrenzungsrhetorik Anwendung, die in den Ausländern die andere Kultur, aber nicht den Ankömmling sieht. Alle Möglichkeiten für ein Integrationsprojekt sind gekappt worden, als man damit begann, den Einwanderer als Ausländer zu bezeichnen. So kann kein prozessorientiertes Narrativ der Integration sich entfalten, das neue soziale Verknüpfungen ermöglichen und Biografien und Kontakte entstehen ließe. Ein nachweislich sehr wirksamer Indikator für diese Blockade steckt bereits in politischen Begriffen wie ›Ausländerpolitik‹ oder ›Ausländerbeauftragte‹, die die politische Sprechweise der Migration und Integration der 1980er Jahre bestimmen. Denn bei der Verwendung des Begriffs ›Ausländer‹ geht es darum, Ausländer von Inländern zu trennen und beide Kategorien erst zu schaffen. Der mehrdimensionale Gebrauch von ›Auslän-

---

[267] LEJEUNE, Philippe (1994): *Der autobiographische Pakt*, Frankfurt a. M.: Suhrkamp, S. 14.
[268] HEINE, Regina/MARX, Reinhard (1978): *Ausländergesetz mit neuem Asylverfahrensrecht*, Baden-Baden: Nomos, S. 16.

der‹ reguliert Grenzen. Letztlich geht es in einer Ausländerpolitik nicht darum, die Situation von Ausländern oder Inländern zu verändern, sie in einen transformativen Prozess einer Entwicklung zu überführen.[269]

So sind die von Hall genannten Aspekte für eine gelingende Politik der Repräsentation in Özakıns Literatur und in Başers Filmen durch eine nicht endende Auseinandersetzung ineinander verkeilt. Sie können nicht in einer Erzählung mit Anfang, Mitte und Ende entzerrt werden. Dort, wo eine solche Erzählung entsteht, mündet sie wie in Başers ABSCHIED VOM FALSCHEN PARADIES in eine Assimilationsgeschichte. Dieser Zustand ist die Grundlage für Başers Bilder und Özakıns Beschreibungen. Der Hauptgrund für diese Verkeilung liegt zum einen darin, dass in den 1980ern in Deutschland das bestimmende gesellschaftspolitische Narrativ lautet, wie es sich als Türke in Deutschland lebt. Zum anderen entsteht die Verkeilung, weil an die Stelle der Beschreibungen von Sozialisationsprozessen politische und kulturelle Ordnungen getreten sind. Die politische Epistemologie, die diese Form der Beschreibung der Migration und ihrer Folgen zusammenhält und stabilisiert, ist die klare und kulturalistische Trennung von Herkunfts- und Ankunftsort. Dass diese Perspektive jedoch nicht einfach eine deutsch-türkische ist, sondern auch eine deutsche auf die Folgen der Migration nach Deutschland, zeigt neben Başers Film der bekannteste Film der 1980er Jahre: YASEMIN von Hark Bohm. Die Analyse dieses Films und seiner damaligen Rezeption wird noch zeigen, dass sich bei aller Interkulturalität, die in den 1980er Jahren auch heraufbeschworen wurde, die deutsche Seite im Zusammenhang der Migration jeglicher Selbstbestimmung und Selbstlegitimierung total entzogen hat. Auch wenn viele unterschiedliche Formen und Rahmungen intersubjektiver Situationen in Literatur, Film, in Theorie und öffentlicher Debatte gesetzt wurden, definiert sich das Deutsche in den 1980er Jahren in keiner einzigen dieser Situationen und Begegnungen zwischen Alteingesessenen und Einwanderern. Die deutsche Seite wird nicht zum Sprechen gebracht. Und was das für ein Sprechen der Interkulturalität heißt, wenn die andere Seite zwar da ist, sich aber als ein sichtbarer und sich gestaltender Akteur – wie in Başers Filmen und Özakıns Prosa – nicht ins Spiel bringt, sehen wir in der Analyse von Hark Bohms Film YASEMIN. Sie führt hier ebenfalls zum Bruch von Handlungsfähigkeiten und markiert anschaulich den narrativen Wandel von den 1960ern, 1970ern zu den 1980ern von einer deutschen Seite.

---

269 Siehe hierzu auch: EZLI, Özkan/LANGENOHL, Andreas/RAUER, Valentin/VOIGTMANN, Claudia (2013): »Einleitung«. In: *Die Integrationsdebatte zwischen Assimilation und Diversität*, S. 9–21, hier S. 10.

3.4 Blockierte Integrationen in Literatur und Film

Hark Bohms YASEMIN war auf vielen Ebenen erfolgreich. 1989 bekam er den renommierten Bundesfilmpreis in Gold, im gleichen Jahr erhielten beide Hauptdarsteller den Bayerischen Filmpreis als beste Nachwuchsdarsteller, beim Deutschen Jugend-Video-Preis machte der Film den 2. Platz, und 1991 folgte schließlich der deutsche Fernsehpreis.[270] Zugleich war YASEMIN ein Film, der von Anfang der 1990er Jahre bis Anfang des neuen Jahrtausends auf den Curricula der Mittel- und Oberstufe in deutschen Gymnasien stand und als beliebtes Lehrmaterial eingesetzt wurde.

Als pädagogisch »besonders wertvoll« wird an dem Film geschätzt, dass er alltagsnah das Leben der türkischen Einwanderer zeige und zugleich durch seine differenzierte Darstellung dieser Lebenswelt eine multiperspektivische Sicht auf ein bis dahin klischeebehaftetes Thema ermögliche.[271] Er war ein Lieblingsfilm der Pädagogen, die in YASEMIN nicht den »Konflikt zwischen Liebe und Zwängen der Tradition (Familien-Ehre)« als den eigentlichen sahen, sondern »zwischen diesen und der Freiheit zur persönlichen Entwicklung«[272]. So weckt dieser Film Empathien auf kultureller und auf individueller Ebene zugleich.[273] Bei einer Befragung, wie dieser Film auf sie gewirkt habe, antworten Schüler Anfang der 1990er Jahre, dass er »sowohl emotional berührende Szenen wie auch abstrakte Themen« behandle.[274] Interessanterweise ging der Regisseur Hark Bohm während der Postproduktionsphase seines Films ähnlich vor: Er zeigte ihn Schülern und Studenten und berücksichtigte ihre Kritik und ihren Zuspruch beim finalen Schnitt des Films.[275]

So pädagogisch das auch alles klingen mag, so betont Bohm auch, dass er mit YASEMIN keinen belehrenden Film gedreht, sondern vielmehr eine archaische Geschichte erzählt habe,[276] in der ein Vater aus Angst um seine Tochter anfängt, sie vor Fremden zu schützen. Da sein Anliegen nicht kulturell, sondern existenziell orientiert ist, beinhaltet Bohms ästhetisch-politisches Credo auch

---

270 GEIS, Matthias (2002): »Perspektiven durch Kontraste in einem Klassiker des Fremderlebens. Yasemin von Hark Bohm«. In: *Praxis Deutsch*, 29/175, S. 35–43, hier S. 35.
271 Vgl. EHLERS, Ulrich (1993): »Yasemin. Ein Film für Zwölfjährige«. In: *Teenie-Kino. Filmarbeit zwischen Kindheit und Jugend*, hg. v. Bundesverband Jugend und Film, Frankfurt a. M.: Lang, S. 143–154. Siehe auch: GEIS (2002).
272 GEIS (2002): S. 36.
273 Ebd., S. 37.
274 EHLERS (1993): S. 145.
275 BOHM, Hark/WEINERT, Rita/ROTH, Wilhelm (1988): »Plädoyer für das Erzählkino. Gespräch mit Hark Bohm«. In: *epd Film*, April 1988, S. 2–5.
276 Ebd., S. 4.

keine explizit inter- oder multikulturelle Bestimmung. Denn der Künstler hat für ihn »in seiner archaischen Funktion [...] die Aufgabe, eine Gemeinde zu stiften, und in der Versammlung der Gemeinde wirst du aus deiner Angst, isoliert zu sein, nicht dazuzugehören, erlöst«.[277] Nicht eine zu erreichende Zivilisation oder Gesellschaft, wie sie der klassische Begriff der Integration verlangt, steht hier im Vordergrund, sondern eine zu bildende Gemeinschaft; nicht das geregelte Auskommen miteinander, sondern ein intimes Verstehen des Anderen. Dieses Anliegen verfolgen auch Özakıns Protagonistinnen sowie die Dokumentationen von Dursun Akçam und Metin Gür.

Warum YASEMIN und die anderen genannten Produktionen dennoch als Beiträge des interkulturellen Verstehens für die deutsche Gesellschaft gelesen werden, hat zum einen mit den Inkohärenzen des Films, seiner Dramaturgie, und zum anderen mit Interpretationen zu tun, die auf der Verwechslung der sozialen Entitäten von Gemeinschaft und Gesellschaft beruhen. Diese Verwechslung finden wir auch bei Tevfik Başer, wenn es darum geht, eine Türkin auf die deutsche Straße zu schicken oder den Deutschen aus der Innenwelt der Türken berichten zu lassen. In jedem Fall ist jede Praxis, die gezeigt wird, doppelt codiert:[278] Sie bewegt sich zwischen Moderne und Tradition und verhindert dadurch häufig jede Handlung. Diese Inkohärenzen siedeln sich im Film an zwischen Emotion und Abstraktion, zwischen Akteuren und Kulturen und generieren in diesen Zwischenwelten ein Narrativ der Integration, das sich strukturell in wissenschaftlichen und gesellschaftspolitischen Debatten der 1980er wiederfindet.

Wir schreiben das Jahr 1987. Jan (Uwe Bohm) hat sich in die 17-jährige Deutsch-Türkin Yasemin (Ayşe Romey) verliebt. Er wird irgendwann gegen Ende des Films Türkisch lernen, um ihr näherzukommen, um sie besser zu verstehen. Dabei weiß bis dahin jeder aufmerksame Filmzuschauer, dass dieses Vorhaben nicht wirklich nötig ist, denn Yasemin spricht im Film kaum Türkisch, dafür aber akzentfreies perfektes Deutsch, trägt kein Kopftuch, ist im Judo-Verein aktiv, will Kinderärztin werden und verhält sich, diese Attribute zusammengenommen, selbstbewusst und modern. Man könnte sie in kognitiver und struktureller Hinsicht als assimiliert bezeichnen. Dass Jan unter diesen Umständen Türkisch lernt, ist entweder als eine rein symbolische Geste gegenüber Yasemin zu verstehen oder aber hängt mit einer Form der Kulturalisierung und Folklorisierung zusammen, die auch in dieser Reflexion über die Folgen der Migration in Deutschland weit über die

---

277 Ähnlich zugehörig positioniert sich Günter Wallraff in seiner Dokumentation *Ganz Unten*, wenn er davon spricht und schreibt, dass die von ihm verwendete Erzählform »Ich (Ali)« immer in Verbindung zu anderen Schicksalen gesehen werden müsse. Siehe hierzu: WALLRAFF (1985): S. 428; vgl. auch: MERNISSI (1988).
278 HALL (2000): S. 94.

Bedürfnisstruktur der Beziehung, aber auch über die der dargestellten türkischen Familie in Yasemin hinausgeht – mit der Frage der Repräsentation als Frage der Vertretung.

Zu Anfang des Films wird der deutsche Protagonist Jan als neues Mitglied in einem Judo-Verein vorgestellt, in dem auch Yasemin trainiert und Mitglied ist. Um seinen neuen Freunden zu imponieren, schliesst Jan nach dem Training mit ihnen eine Wette ab, dass es keine »Braut« gebe, die er nicht innerhalb von zwei Tagen »auf der Matte« habe. Seine zufällige Wahl fällt auf Yasemin: Er dreht sich mit geschlossenen Augen und ausgestrecktem Arm im Kreis. Als seine Sportkollegen ihm sagen, dass Yasemin härter sei als Granit und er von ihr nicht mehr als ein »Guten Tag« erwarten könne, geht Jan nach draußen. Mit den zu einer symbolischen Pistole geformten Fingern zielt er auf den mit Yasemin und ihrem Vetter vorbeifahrenden blauen Ford Transit, und deutet damit an, dass er sie schon kriegen werde. Diese Form des überheblichen Auftritts wird Jan erst ablegen, nachdem er sich nach eigener Aussage in Yasemin verliebt hat.

Nach dieser Einstiegssequenz wird Yasemin auf dem Markt und danach in der Schule als eine selbstbewusst und souverän agierende Person gezeigt, die ihren türkischen Vetter, der in ihrer Gegenwart geradezu schüchtern wirkt, im Schlepptau hat. In diesen ersten Sequenzen des Films wird aber auch klar, dass Yasemin mit gewissen Einschränkungen leben muss. Ihre Lehrerin fragt sie, ob ihr Vater eingewilligt habe, was ihren Wunsch zu studieren betrifft, da sie noch nicht volljährig sei.[279] Nach dem Schulunterricht auf dem Nachhauseweg zieht sie ihr Kleid nach unten, um ihre Beine zu bedecken, denn: Ihr Vetter wird sie gleich abholen, der sie auch auf den Markt begleitet hatte. Doch wartet noch ein anderer Mann auf sie, Jan, der ihr mit seinem Motorrad nachläuft und sie fragt, wann sie denn mal zusammen ausgehen könnten. Yasemin ist von seiner Anfrage geschmeichelt, versteckt sich jedoch bei der nächsten Gelegenheit in einem Hauseingang vor ihm. Noch nicht klar, ob aus Koketterie oder nicht, erhärtet sich der Verdacht, dass dieses Versteckspiel mit ihrem Vetter zusammenhängt, der ebenfalls auftaucht und sie sucht.

---

[279] In der Fernsehserie Unsere Nachbarn, die Baltas des WDR von 1983 ist auch eine deutsche Lehrerin sehr darum bemüht, den Vater davon zu überzeugen, dass seine Tochter Inci weiter zur Schule gehen solle. Sie habe ihrer Ansicht nach Potential. Hinsichtlich dieser Frage ist Vater Habib sehr störrisch, denn er ist davon überzeugt, dass ein Mädchen für das spätere Leben keine sehr gute schulische Laufbahn brauche. Pazarkaya (1983): S. 9. Auch in Geierbachs Dokumentation stellt sich der Familienvater gegen die mögliche schulische Laufbahn der eigenen Tochter, allerdings nicht in Deutschland, sondern in der Türkei. Dort ist es der Schuldirektor, der Param davon überzeugen möchte, seine Tochter die weiterführende Schule besuchen zu lassen. In dieser Zeit ist Param bereits Gastarbeiter. Siehe hierzu: Geiersbach (1982): S. 98.

Dieses gleich zu Anfang angelegte Spannungsfeld zwischen Familie und gestörter Kommunikation, zwischen gebundenen (Yasemin) und ungebundenen (Jan) Individuen, wird sich ab der Mitte des Films ausdehnen, wenn nach der Hochzeitsnacht von Yasemins älterer Schwester Emine (Nursel Köse) der Beweis ihrer Jungfräulichkeit ausbleibt. Bis zu diesem Ereignis ist das hier kurz skizzierte Spannungsfeld zwar vorhanden, bleibt jedoch noch verhandelbar. Denn weder der Vater noch der Vetter werden in der ersten Hälfte des Films als Tyrannen dargestellt. Sie zeichnen sich im Gegenteil in Bohms Darstellung durch eine besondere Fürsorge für Yasemin aus.[280] So wird etwa Yasemins strenger und konservativer Onkel, der bei niemandem in der Familie beliebt ist, immer wieder von seinem Bruder Yusuf spielerisch beschwichtigt, wenn dieser Yasemins Engagement im Judo-Verein oder ihren Wunsch zu studieren, dem ihr Vater öffentlich auf der Hochzeit nachgibt, als für eine Frau unsittlich kritisiert. Judo lerne sie für ihre Selbstverteidigung, und daran, dass seine Tochter Kinderärztin werden wolle, sei nichts falsch, erwidert Yusuf seinem Bruder. Dieser herzliche verhandlungsoffene Raum zwischen Tochter und Vater verändert sich jedoch grundlegend, als der Nachweis von Emines (Yasemins Schwester) Jungfräulichkeit ausbleibt.[281]

---

280 In der Darstellung des türkischen Vaters und der Brüder Incis ist es Yüksel Parzarkaya hinsichtlich der Serie UNSERE NACHBARN, DIE BALTAS ebenso wie für Hark Bohm wichtig, den traditionellen türkischen Vater nicht als Bösewicht oder Tyrannen darzustellen. Habib verhält sich in der Serie »aus väterlicher Fürsorge« und besonders aus »moralischen Wertbegriffen« so, die ihn in der Türkei geprägt haben. Denn diese Traditionen »können nicht wie ein dreckiges Hemd abgestreift werden. Ebenso wenig können neue Sitten und Bräuche, neue Werte und Anschauungen wie ein neues Hemd angezogen werden.« Wie in Irene Hübners Dokumentation »... wie eine zweite Haut« Ausländerinnen in Deutschland zum Leben der türkischen Frauen in der Bundesrepublik stellen derartige Prägungen eine zweite Haut dar, die den sichtbaren Körper zum Stellvertreter der Kultur macht. Darin liegt auch ein Grund, warum Max und Aysel in Özakıns autobiografischem Roman *Die Leidenschaft der Anderen* nicht dazu kommen, sich als Personen zu begegnen oder einfach miteinander zu schlafen. Denn, wie gesagt, soll Max nicht denken, dass eine Türkin in der freien Zivilisation gleich mit jedem Mann ins Bett geht. Dieser kulturelle Mechanismus hat sich an die Stelle des sozialstrukturellen Mechanismus gestellt, wie wir ihn in den 1960er und 1970er Jahren feststellen konnten. Denn in Sanders-Brahms Film, in Örens Poem und Fassbinders Film haben die Türkinnen und die alte deutsche Frau Geschlechtsverkehr, ohne dass sie dabei eine kulturelle Grenze überschreiten würden. Siehe hierzu: PAZARKAYA (1983): S. 2, S. 5 und S. 9. Siehe auch: HÜBNER (1985): S. 174–185.

281 Metin Gür gibt in seiner Dokumentation zu den Türken in Bergkamen ein Gespräch wieder, dass die Väter türkischer Mädchen in Deutschland nicht selten von anderen Türken beeinflusst werden, auf ihre Töchter aufzupassen, sie nicht lange zur Schule gehen zu lassen. Sie sollten besser zu Hause bleiben. Gür führte Gespräche mit 38 türkischen Mädchen im Alter zwischen 16 und 19 Jahren. Eines sagt, dass sein Vater es nicht mehr in die Schule schicken wollte. Nach den Gründen gefragt, antwortet es, dass ihre Bekannten in Bergkamen ihn beeinflusst hätten. »Mein Vater hat darauf gehört.« In der Türkei habe sie hingegen solch einen Druck der ande-

In seiner Ehre getroffen, geht es dem Vater anschließend darum, den Rest seiner Familie vor einem weiteren Eindringen eines als feindlich verstandenen Außen zu schützen, das sich von der Lehrerin Yasemins über den Ort St. Pauli bis hin zu Jan erstreckt. Dieses neue Verhältnis zwischen Innen und Außen führt nun durch seine harte Grenzziehung zwischen der türkischen und deutschen Welt, die zuvor durchlässig, heterogen und handlungsoffen war und einen gewissen Handlungsspielraum zuließ, am Ende dazu, dass Yasemins Vater seine Tochter in die Türkei zurückbringen will, um sie zu schützen.[282] Sein Versprechen, dass sie Kinderärztin werden und in Deutschland bleiben dürfe, kehrt sich ins Gegenteil. In der Schlusssequenz des Films bringen Vater und Neffe mit dem blauen Ford Transit Yasemin an einen unbestimmten Ort in Deutschland. Es ist Nacht, wir sehen türkische Männer um eine Feuerstelle tanzen; Männer, die Yasemin in die Türkei zurückbringen sollen. Doch Jan ist dem blauen Ford Transit mit seinem Motorrad gefolgt, Yasemin kann sich mit einem Messer in der Hand von den Männern entfernen und mit Jan fliehen. Mit deutlich sichtbarer Trauer, ihre Familie verlassen zu müssen, sehen wir Yasemin in der letzten Einstellung im Film in dunkler Nacht auf dem Rücksitz des fahrenden Motorrads, Jan umarmend: ein offenes, aber nicht verheißungsvolles Ende.

Der Prozess und narrative Verlauf, der nach dem ausgebliebenen Brautblut einsetzt und den Film in zwei unterschiedliche soziale Ordnungen trennt, beschreibt der Regisseur Hark Bohm selbst als eine nicht nachvollziehbare Abfolge, die ich

---

ren nicht erfahren. Dort seien sie eher locker gewesen, und sie hätte im Dorf auch kein Kopftuch getragen. Siehe hierzu: GÜR (1987): S. 61. Diesen Wandel stellt Alda, Params Tochter aus Geiersbach Dokumentation, besonders für ihre Mutter Rosa fest. Sie sei beispielsweise in der Türkei noch dafür gewesen, dass ihre Tochter weiter die Schule besucht. In der Türkei habe sie noch »modern gedacht«. »Erst in Deutschland ist die dann so geworden, strenger noch wie mein Vater.« Geiersbach verwendet in *Bruder, muß zusammen Zwiebel und Wasser essen!* für alle Familienmitglieder Pseudonyme. Die Geschichte der Familie wird wie in vielen anderen Produktionen der 1980er Jahre äußerst kurz und sporadisch eingebunden. Am Anfang erfahren wir nur, dass Param 1964 allein nach Deutschland gekommen ist, damals alles in Ordnung und sein Chef mit ihm zufrieden gewesen sei; sogar so sehr, dass dieser sich wünschte, auch Params Bruder möge nach Deutschland zum Arbeiten kommen. Zwei Seiten später sind wir schon im Jahre 1974, in dem Param seine Familie nachziehen lässt und die Probleme auf einmal zunehmen. Zuvor hatte er eine Freundin in ›Deutschstadt‹ gehabt, was »so normal« war. Siehe hierzu: GEIERSBACH (1982): S. 22–25, S. 109.

282 Auch die sehr selbstbewusste Melek Tez möchte nicht, dass ihre Tochter wie die Deutschen wird. Sie bringt auch moralische Gründe vor, doch geht es bei ihr keineswegs darum, dass ihre Tochter ein Kopftuch tragen oder am besten das Haus nicht verlassen soll. Sie findet einfach, dass es den Menschen an Gefühlen mangelt und sie einfach nicht versteht, woher die Abneigung der Deutschen vor den Türken kommt. Ihre Tochter kehrt noch vor ihr in die Türkei zurück. Siehe hierzu: MEERAPFEL (1985).

im Duktus dieses dritten Kapitels eine »epistemologische Gewalt« nenne. Bohm setzt dabei Jans Perspektive mit der der Mehrheitsgesellschaft gleich.

> Yasemin fühlt sich als Deutsche, denkt und handelt wie eine moderne, intelligente westeuropäische Frau. [...] Erst durch die Liebesgeschichte mit Jan erfährt Yasemin wirklich, was es heißt, eine türkische Tochter zu sein. Erst dann zerbricht das fragile Gleichgewicht zwischen türkischer Tochter und westdeutscher Gymnasiastin und wird zu einem offenbar unlösbaren Konflikt. Und wir müssen, wie Jan, staunend und hilflos mit ansehen, wie sich dieser Konflikt fast gesetzmäßig verschärft.[283]

Woher diese Gesetze kommen, die ein Regelwerk in diesen Film einbrechen lassen, wird für uns ebenfalls Jan herausfinden. Auf seiner Suche in Hamburg nach einem Deutsch-Türkischen Wörterbuch findet er zunächst kein Buch zu türkischer Grammatik oder zum Wortschatz, sondern einen Bildband. Das erste Bildmotiv, das wir sehen, ist die Blaue Moschee in Istanbul mit dem Wasser des Goldenen Horns im Hintergrund. Jan blättert weiter und das nächste Bild ist ein fotografisches Stillleben eines türkischen Dorflebens. Religion und Rückständigkeit gehören hier zusammen.[284] Wir sehen im Vordergrund mehrere Frauen bei der Arbeit mit dem Rücken zur Kamera in traditioneller Dorfkleidung, in der Mitte links ein paar ebenfalls arbeitende Männer und im Hintergrund Häuser, die

---

[283] Zitat aus: BOHM, Hark (1988): *Yasemin*, DVD, Zweitausendeins Edition 3. Identisch liest der Journalist Daniel Brunner, den ein Jahr vor YASEMIN erschienenen Dokumentarfilm ABDULLAH YAKUPOĞLU. WARUM HABE ICH MEINE TOCHTER GETÖTET?. Der Dokumentarfilmer Hans-Dieter Grabe gibt darin eindrücklich die Beweggründe des türkischen Vaters wieder, der am 22. März 1983 seine 24-jährige Tochter Perihan tötete. Daniel Brunner konstatiert in seiner Rezension zu Grabes Film am 11.10.1986 in der *Frankfurter Allgemeinen Zeitung*, dass man vom »behutsam dokumentierenden Film [...] zu recht erhoffen« kann, dass der Fernsehzuschauer begreift, welche Zwänge Abdullah zu dieser Handlung getrieben haben, welcher gesellschaftliche Druck von Seiten seiner Landsleute und welche »tragische Auswegslosigkeit« damit verbunden sei. »Und wie beiläufig«, führt Brunner weiter aus, »zeigt er auch die Hilflosigkeit, mit der alle Beteiligten auf diesen scheinbar unlösbaren Konflikt reagieren ...« GRABE, Hans-Dieter (2008): *Dokumentarist im Fernsehen. 13 Filme 1970–2008. Beiheft*. Berlin: absolut Medien GmbH, S. 23.

[284] Dass der Islam oder die Religion in den 1980er Jahren keine eigene Bezugsgröße darstellt, zeigt sich nicht nur in dieser Filmsequenz. Auch in der wissenschaftlichen Forschung zur türkischen Migration nach Deutschland taucht der Islam kaum als eine analytische Kategorie auf. Siehe hierzu: Siehe hierzu: BOOS-NÜNNING, Ursula (1990): *Die türkische Migration in deutschsprachigen Büchern 1961–1984. Eine annotierte Bibliographie*. Wiesbaden: Opladen. Eindrücklich zeigt sich diese Wahrnehmung auch in der äußerst wirkmächtigen Schrift *Orientalism* von Edward Said aus dem Jahr 1978. Auch dort ist der Islam keine ausschlaggebende wirkmächtige Kategorie, sondern Teil des europäischen Orientalismus, der wie in der Abfolge des Bildbandes in Hark Bohms Film mit Rückständigkeit und Traditionalismus verbunden ist. Siehe hierzu auch: SAID, Edward (2003): *Orientalism*, London: Penguin Books.

auf ein Dorf, höchstens auf eine Kleinstadt schließen lassen. Keine der gezeigten Personen blickt in die Kamera, alle sind mit ihrer Arbeit beschäftigt, haben ihren Ort und erfüllen ihre Funktion. Sie sind eingebunden in ein Kollektiv und stellen eine bestimmte Sozialstruktur dar – einerseits. Andererseits verbirgt sich diese rückständige Struktur hinter der türkischen Religion. Dabei dominiert im Film nicht der Verweis auf die andere Religion, sondern vielmehr auf die andere Nation, denn Jan ist, wie gesagt, auf der Suche nach einem türkischen Wörterbuch.[285]

Die Türkei ist in diesem Film ein Dorf, und auf diese Festlegung wird im zweiten Teil des Films immer wieder und stärker Bezug genommen: zum ersten Mal, als der Vater auf die Ehrverletzung reagierend damit droht, die ganze Familie in die Türkei zurückzubringen, falls sich Frau, Töchter und Vetter nicht mehr ehrenhaft verhalten sollten; eine Drohung, die niemanden aus der Familie erfreut. Als sich Jan und Yasemin danach heimlich auf einem Dampfer treffen, antwortet sie auf seine Frage, warum sie sich denn hier treffen würden, weil sie »das zufällige Produkt einer Kopulation zweier anatolischer Dorfmenschen« sei.[286] Später wird Yasemins insgesamt eher schüchterner Vetter Dursun Jan bei einer Judo-Übung fast erwürgen, woraufhin ihn der Lehrer zurechtweist, dass er hier nicht in der Türkei sei. Diese Aussage verletzt die ebenfalls anwesende Yasemin, und sie wird auch ihr Verhältnis zu Jan beeinflussen.

Der Konnex von türkischer Gastarbeitermigration nach Deutschland und türkischem Dorf spielt in den zeitgleich entstandenen ethnologischen Arbeiten von Werner Schiffauer, besonders in seiner ersten Publikation *Die Gewalt der Ehre. Erklärungen zu einem türkisch-deutschen Sexualkonflikt*, eine zentrale Rolle. Wie bei Helma Sanders-Brahms' SHIRINS HOCHZEIT und der Studie *Leben als Gastarbeiter* von 1970 geht »die Gewalt der Ehre« von einem konkreten Gewaltdelikt aus, an dem Gastarbeiter beteiligt waren: Im Jahre 1978 wird eine junge Deutsche von mehreren türkischen Männern vergewaltigt. Schiffauer verweist darauf, dass diese Tat auf einem kulturellen Missverständnis zwischen der deutschen Frau und den türkischen Männern beruhe und nicht wie in den 1970ern auf unbefrie-

---

[285] Das Dorf, die Herkunft der Türken, ist Bestandteil des Bildbandes, das in einem kulturellen Zusammenhang steht. Im Unterschied zu filmischen Aufnahmen des türkischen Dorflebens in Helma Sanders-Brahms' Film SHIRINS HOCHZEIT, aber auch im Unterschied zu türkei-türkischen Filmen der 1960er und 1970er Jahre, wie in Türkan Şorays Film DÖNÜŞ, sehen wir hier keine Feudalstruktur, keinen Grundbesitzer, der entweder mit einem Jeep oder auf einem Pferd zum Feld gelangt. Auch in der Familienserie UNSERE NACHBARN, DIE BALTAS gibt es wie in YASEMIN keinen Großgrundbesitzer mehr, der das Leben Habibs in der Türkei erschwert und ihn mitunter zur Migration gezwungen hätte. Siehe hierzu: PAZARKAYA (1983): S. 2.
[286] BOHM (1988).

digten, nicht kanalisierten körperlichen Bedürfnissen oder auf den isolierten und kontaktarmen Zustand der Gastarbeiter in der Bundesrepublik zurückzuführen sei. Gehaltlos muss nach Schiffauer jede Reflexion über diese Tat bleiben und darüber hinaus jede Diskussion über Türken in Deutschland, wenn man ethnologische Kenntnisse über die türkische Dorfkultur ignoriere. Auf dieser Verbindung von türkischer Gastarbeitermigration nach Deutschland und türkischem Dorf basiert für ihn der *clash of culture*, dem die türkische Gastarbeitergeneration der ersten und zweiten Generation ausgesetzt war.[287] Für den Ethnologen der 1980er Jahre war dieser *clash* vor allem ein Konflikt, der die Unterscheidung zwischen Innen und Außen, die auf dem Dorf für viele Migranten der ersten Generation üblich war, in sein Gegenteil verkehrte.

Im Dorf ist die Familie eine Produktions- und Konsumtionseinheit, die wesentlich auf den inneren Zusammenhalt angewiesen ist. Für jeden Akteur ist sie die Hauptreferenz und die politische Entität im Dorf, die es aus eigenem und sozialem Interesse zu schützen gilt. Die Struktur in der Familie im Dorf ist hierarchisch und von klaren Verhaltensregeln, besonders gegenüber dem männlichen Familienoberhaupt, geprägt. Nach außen hin ist es wichtig, dass diese Struktur der Achtung aufrechterhalten wird. Ein wichtiger Gradmesser hierfür ist die Unversehrtheit der Ehre (*Namus*).[288] Denn im Herkunftsort Dorf weist besonders die Funktion und der Begriff der Ehre jedem Mann »einen Bereich persönlicher Integrität und Würde [zu], der die eigene körperliche Unversehrtheit wie die der Familienangehörigen umfasst«.[289] So ist ein »ehrenhafter« Mann jemand, »der seine Frau zu verteidigen vermag, der Stärke und Selbstbewusstsein zeigt, politische, die äußere Sicherheit seiner Familie garantierende Fähigkeiten«.[290] So

---

[287] SCHIFFAUER, Werner (1983): *Die Gewalt der Ehre. Erklärungen zu einem türkisch-deutschen Sexualkonflikt*, Frankfurt a. M.: Suhrkamp, S. 103.
[288] Die Funktion und die Reichweite des Begriffs ›Ehre‹ ist im türkischen Kontext vielfältig. Dabei handelt es sich nach Başar Alabay um drei Begriffe, die semantisch ineinander greifen und das soziale Wirkungsfeld von *Namus* markieren. Der Begriff selbst bezeichnet einen Zustand, »der nicht erworben, sondern nur verloren werden kann«. Die Ehrhaftigkeit und Reinheit der Frauen in der Familie ist damit verbunden. Der Verlust der Ehre bedeutet nach innen wie nach außen den Verlust von sozialem Status. *Saygı* (Achtung, Ehre, Respekt) ist respektierendes und angemessenes Verhalten, das man »grundsätzlich älteren Personen« entgegenbringt. Sie muss immer wieder bestätigt werden, ist also eine aktive Handlung. Der letzte wichtige Begriff in diesem Zusammenhang ist *Şeref* (Ehre, Wert, Würde), die durch positive Eigenschaften wie »Großzügigkeit, Wissen, Reichtum, Macht und Einfluss« erworben werden kann. Sie stellt einen Wert dar. Siehe ALABAY, Başar (2012): *Kulturelle Aspekte der Sozialisation. Junge türkische Männer in der Bundesrepublik Deutschland*, Wiesbaden: VS Verlag, S. 96f.
[289] SCHIFFAUER (1983): S. 70.
[290] Ebd., S. 64.

ein Mann möchte auch Dursun in Başers Film 40 QM DEUTSCHLAND sein. Dieser aktiven Rolle des Mannes steht eine eher passive der Frau gegenüber, die »ehrenhaft« ist, wenn sie keusch bleibt.[291] Jede Form des sexuellen Austauschs außerhalb der Ehe verletzt nicht nur die Ehre der Frau, sondern auch die der männlichen Mitglieder der Familie.[292] Das Selbstverständnis des Mannes ist nach außen von der Unterscheidung zwischen stark und schwach bestimmt und die der Frau von der Dichotomie zwischen rein und unrein.[293]

Die Achtung, die jede Familie einer anderen zollt, erfolgt nach den Verhaltenscodes reziprok und garantiert eine friedliche und solidarische Nachbarschaft. Wenn jedoch die Grenze der Ehre und Achtung verletzt wird und es zu Konflikten kommt, werden diese entweder über die staatlichen Gerichte geschlichtet oder aber, was häufig der Fall ist, über die gemeinsame Religion, den Islam. »Die Klage, dass vom Islam nichts mehr ›geblieben sei‹ (Islamiyet kalmadı burada), wird im Dorf immer dann laut, wenn das Gemeinwesen in einzelne, nur auf die eigene Ehre bedachte Gruppen zu zerfallen droht.«[294] Dieses Innen (Familie) und Außen (andere Familien), gerahmt von der Sozialstruktur des türkischen Dorfs, lässt sich als Leitunterscheidung in der Fremde nicht mehr halten, denn die Migration nach Deutschland bringt für die Familie zwei Veränderungen mit sich: »Die Familie ist nicht mehr Produktions- und Konsumtionseinheit, die anderen, gleichfalls unabhängigen Familien in Gegenseitigkeitsverhältnissen gegenübersteht, sie ist jetzt eingebettet in komplexe und funktionale Zusammenhänge«. Innen und Außen stehen nicht mehr in Korrelation zueinander, sind voneinander getrennt und das Familienoberhaupt fühlt sich nur noch der Familie verpflichtet.[295]

Als Yasemin nach der nicht erfolgreichen Brautwache zur Hochzeit ihrer Schwester erst einen Tag später nach Hause kommt, weil sie dem Ärger zu Hause entgehen will, ist der bis dahin herzlich dargestellte Vater ein anderer und nimmt auch das Versprechen, dass Yasemin studieren könne, zurück mit der Begründung, dass er gestern noch ein Mann mit Achtung (Şeref) und Ehre (Namus) gewesen und dies heute nicht mehr der Fall sei. Da die Frau die Ehre der Familie repräsentiert, gilt es jetzt für den Vater, Yasemin durch Beobachtung und Kontrolle zu schützen.[296] Dursun soll nun überall, wo Yasemin hingeht, dabei sein. Der Raum der Verhandlungen ist nun eingeengt, denn das Außen ist in die Familie

---

291 Ebd., S. 72. Siehe auch: ALABAY (2012): S. 98.
292 ALABAY (2012): S. 96f.
293 Vgl. SCHIFFAUER (1983): S. 75.
294 Vgl., ebd., S. 68.
295 Ebd., S. 102, 104.
296 Den Aspekt der Kontrolle heben auch die Väter Abdullah Yakupoğlu und Param in Grabes und Geiersbachs Dokumentationen hervor. Siehe hierzu: GEIERSBACH (1982); GRABE (2012).

eingedrungen, die man nun zu verteidigen hat, um die Ehre nicht gänzlich zu verlieren. Diese Einengung betrifft nicht nur Yasemin, sondern auch den Vater selbst. Er bricht den Kontakt zur älteren Tochter ab und zwingt auch die anderen Familienangehörigen dazu.

Dieser Wandel des Vaters von einer verständigen und herzlichen Person zu einem Tyrannen wird für den Zuschauer erst dann schlüssig, wenn wir den Diskurs um Dorf und Ehre mitberücksichtigen. Wenn wir sozusagen ›die Türkei‹ nach Deutschland holen. Denn das, was im Nachhinein Jans Suche nach einem Wörterbuch andeutet – Yasemins Familie folgt anderen sozialen Ordnungen als die westlich-aufgeklärte Gesellschaft –, zeigt sich in der ersten Hälfte des Films nur unterschwellig. Auch die dargestellten deutsch-türkischen Kontakte sind zunächst keineswegs konfrontativ. Als Yasemin sich beispielsweise auch aus Koketterie heraus vor Jan versteckt und ihr Vetter sie sucht, begegnen sich Jan und Dursun, und beide verheimlichen auf eine recht schüchterne Art, wen oder was sie suchen. Sie fangen an, über Jans Motorrad zu reden. Auf der Hochzeit von Yasemins Schwester begegnen wir einer vielfältigen Lebensfreude, die einer besonders bunten Farbdramaturgie folgt. Wenige Frauen tragen Kopftuch und die, die es tun, tragen es traditionell lose am Kopf.[297] Hier findet sich kein Akteur, ob Mann oder Frau, dessen Freiheit beschnitten wird, weil ein Ehrenkodex einzuhalten wäre. Im Gegenteil steht die Hochzeitssequenz in diesem Film für eine äußerst integrative Kontaktzone, die am Ende nur einen Ausgeschlossenen kennt. Denn Jan ist im Unterschied zu den nahen Verwandten, näheren Bekannten und Yasemins männlichen und weiblichen Freunden aus dem Judo-Verein nicht eingeladen. Er kommt aber trotzdem und wird auf Yasemins Wunsch hin aus der Hochzeitgesellschaft ausgewiesen.[298]

---

[297] Genau so kleidet sich auch Melek Tez in DIE KÜMMELTÜRKIN GEHT, als sie einmal eine »richtige Türkin« im öffentlichen Raum darstellen möchte. Siehe hierzu: MEERAPFEL (1985). Diese Art des Kopftuchtragens unterscheidet sich grundlegend vom türkischen »Turbantragen« (Türban), das Ende der 1990er Jahre Verbreitung findet. Die Haare werden dabei gänzlich bedeckt. Das Kopftuch liegt beim Turban (Türban) eng auf der Kopfhaut. In der Türkei wird diese Art der Bedeckung seit mehreren Jahren auch als tesettür giyim modası (bedeckende Bekleidungsmode) bezeichnet. Siehe hierzu: https://www.hurriyet.com.tr/aile/tesettur-giyimde-trend-modamelis-41530797 (zuletzt 12.05.2021).

[298] Wie die Deutsche vom Elternbeirat der Schule in Dikmens *Der andere Türke* einfach ohne Einladung vor der Tür steht, taucht auch Jan ungeladen auf der Familienfeier auf. Obwohl er Yasemin noch gar nicht richtig kennt, zwingt er seine Anwesenheit auf. Nachdem er darum gebeten wurde, die Hochzeitsgesellschaft zu verlassen, sehen wir ihn draußen auf ein Fensterbrett steigen und hineinschauen. Diese herausfordernde Bewegung und Penetranz von Deutschen in türkische Wohnungen und Hochzeiten finden wir an vielen Stellen in den ästhetischen Reflexionen, Dokumentationen und mitunter soziologischen Studien. Auch in UNSERE NACHBARN, DIE

Die Brautwache bietet Möglichkeiten, den Ehrenkodex zu umgehen. Wir sehen in dieser Filmsequenz zwei ältere türkische Damen mit Yasemin rauchend zusammensitzen. Die Damen erzählen sich selbst und Yasemin eine Geschichte, wie ein junger Mann geschickt den Blutbeweis erbringt, obwohl seine Frischvermählte nicht mehr jungfräulich ist. Er schneidet sich in den Finger, befleckt mit seinem Blut das Bettlacken und zeigt diesen Beweis der Jungfräulichkeit den draußen Wartenden. Von dieser Geschichte sind die zuhörenden Frauen angetan und empfinden sie als eine normale Strategie der kulturellen Verhandlung. Sie müssen von türkischen Mädchen von früher und heute wissen, dass diese nicht jungfräulich geheiratet haben. Man sollte diesen Umstand nur nicht öffentlich machen. Diesen Ausweg kennt Yasemins Schwager offensichtlich nicht, denn er tritt aus dem Schlafzimmer und hat nichts in der Hand. Später werden wir erfahren, dass es nicht an Yasemins Schwester lag, sie war und ist Jungfrau, sondern an der Impotenz des Schwagers, der diese ›Schwäche‹ aus Ehrgefühl nicht zugeben kann. Im Gegensatz dazu ist Params Tochter Alda in *Bruder, muß zusammen Zwiebel und Wasser essen!* diese Praxis vertraut. Sie wendet sie bei ihrer ersten Hochzeitsnacht in der Türkei an. Sie heiratet dort jemanden, den sie sich selbst ausgesucht hat, weil sie ihn im Unterschied zu den Männern aus ihrem Herkunftsort als modern empfand. In Deutschland stellt sie dann fest, dass er gar nicht so modern ist, wir er sich in der Türkei gab.[299]

Da in den 1980ern der Blick auf ›echte‹ Türken oder auf Ausnahmen gerichtet ist, hat Bohms Film eine größere Verbreitung erfahren als Geiersbachs Analyse. Denn der Bruch zwischen der Geschichte der Umgehung und der Verhandlung über kulturelle Gesetze und der Wirklichkeiten im Film YASEMIN – der Unfähigkeit des Schwagers, strategisch zu lügen –, bringt ein neues Verhältnis zwischen Kultur und Akteur ans Licht, das die Befolgung kultureller Gesetze verlangt und die Akteure dadurch ihre soziale Fluidität verlieren lässt. Eine Fluidität, die es bei Başer und Özakın von Anfang an nicht gibt. Doch liegt der Bruch sozialer

---

BALTAS verhält sich der Schulfreund Incis, Bernd, ähnlich wie Jan in YASEMIN. In der zweiten von zehn Folgen der Serie mit dem Titel »Verbotenes« sitzen Inci und Bernd bei einem Schulausflug gemeinsam in einem Boot. Inci hat Angst und Bernd bringt das Boot weiter zum Schaukeln. Sie bittet ihn damit aufzuhören. »Bernd denkt gar nicht daran aufzuhören. Er schaukelt das Boot immer heftiger. Er tut so, als ob sie in einen heftigen Sturm geraten wären und er Inci retten müsste. Inci schreit auf. Bernd umarmt Inci und versucht sie zu küssen. Inci wehrt ihn ab.« Inci ist zwar ein Mädchen, das ihr Elternhaus verlassen wird, um ihren eigenen Weg zu gehen, aber Bernd ist nicht Teil dieses Weges. Siehe hierzu: PAZARKAYA (1983): S. 6. Auch in der sehr interessanten, aber wenig beachteten soziologischen Studie einer türkischen Familie *Bruder, muß zusammen Zwiebel und Wasser essen!* von 1982 hält sich der Soziologe und Erzähler Paul Geiersbach fast durchweg in der Wohnung der Türken auf. Siehe hierzu: GEIERSBACH (1982).
299 Siehe hierzu: GEIERSBACH (1982): S. 111.

Interaktionen in YASEMIN, der sich identitätspolitisch in der Figur des Vaters verkrustet und klare kulturelle Grenzziehungen folgen lässt, nicht allein am Ehrenkodex, sondern auch an einem *clash* der Narrative, an einem Mangel, wo hinein die Möglichkeiten des kulturellen Verhandelns sich bewegen sollen. Die Ehre und das Dorf als geschlossene Einheit sind die eine Seite, sie werden aber zu einem inkohärenten Problem, wenn Menschen mit ihren vielschichtigen Bedürfnisstrukturen gezeigt werden und nicht klar ist, an welchem Ort der Ankunft sie diese stabilisieren können. Hier zeigt sich Jan als emblematische Gegenfigur. Denn wenn auf der türkischen Seite detailliert ein familiärer Alltag gezeigt wird – Töchter gehen in die Schule, Vater arbeitet, Mutter kocht für die Kinder, Töchter helfen dem Vater im Geschäft, sie besuchen den Judo-Unterricht usw. –, kennen wir aus Jans Welt nur den Judo-Verein. Sein sonstiger Alltag wird kaum gezeigt.

Es gibt nur eine einzige kurze Sequenz, in der Jan sich zu Hause für die türkische Hochzeit anzieht und sein Vater ihn zum Abendessen erwartet.[300] Der Vater bemerkt, dass Jan seinen Anzug angezogen hat und versucht, ihm diesen abzunehmen. Jan flieht mit seinem Motorrad, der Vater folgt ihm, erwischt ihn aber nicht und stolpert beim Zurückgehen ins Haus geradezu slapstickartig. Er ist eine deutsche Vaterfigur, die vollkommen eigenschaftslos wirkt.[301] Keine einzige Szene in diesem Film weist Jan, dem Deutschen, eine Zugehörigkeit oder einen stabilen Ort zu. Aber auch die anderen deutschen Protagonisten, die Lehrerin und Yasemins blonde Freundin, sind in ihrem Auftritt und in ihrer Funktion nur mit der türkischen Familie beschäftigt. Sie haben in diesem Film ebenfalls kein Alltagsleben. Das Deutsche definiert sich hier nicht, unterliegt keiner Reflexion und hat auch keinen Raum, in dem es beheimatet sein könnte.[302] Und so stellt sich

---

300 In Literatur, Film und Dokumentation wird das Deutsche auf einer Ebene mit dem Türkischen erst ab Anfang der 2000er Jahre verglichen. Seitdem gehört es zu einem konstitutiven Bestandteil der Erzählungen.
301 In UNSERE NACHBARN, DIE BALTAS droht Habibs Sohn Arif die Abschiebung, weil er an einem Diebstahl mit zwei deutschen Bekannten beteiligt war. Das Mädchen Marianne, das wie Arif mit den beiden anderen deutschen Jungs zusammenhing, heiratet Arif, weil sie ihn liebt, aber auch, weil sie ihn vor der Abschiebung retten will. Mariannes Eltern sehen wir, wie Jans Vater in Bohms Film, auch nur ein einziges Mal, als sie nämlich ihren Eltern verkünden will, dass sie und Arif heiraten werden. Ihre Eltern wissen davon nichts, werden in Habibs türkisches Restaurant ›Kleines Istanbul‹ eingeladen und entgegnen auf die Anfrage seitens von Habib, Marianne und Arif, dass sie dagegen seien, dass Türken und deutsche Frauen nicht zusammenpassten und verlassen das Lokal. Siehe hierzu: PAZARKAYA (1983): S. 20.
302 Siehe zur Darstellung und Kritik des Narrativs des entleerten und entfremdeten deutschen Alltagslebens im Neuen Deutschen Film und in der Gesellschaftskritik der 1960er und 1970er Jahre: EZLI, Özkan (2012): »Peripherien zwischen Repräsentation und Individuation. Die Körper der Minderheiten in Fassbinders KATZELMACHER und ANGST ESSEN SEELE AUF«. In: *Prekäre Obsession. Minoritäten im Werk von Rainer Werner Fassbinder*, hg. v. Nicole Colin, Franziska

am Ende des Films auch nicht eine Erleichterung oder Freude ein, dass endlich die Liebenden zueinander gefunden haben, sondern vielmehr die Sorge, wohin dieses Paar eigentlich flüchten soll. Ähnlich drängt sich bei YASEMIN auch die Frage auf, was aus dem heterogenen sozialen Geflecht wird, das den ersten Teil des Films bestimmte und von sozialen Verhandlungsräumen und vom ›guten‹ und warmherzigen Ausländer geprägt war.[303]

Insgesamt sind in Bohms Film die Verhältnisse zwischen Person, Kultur und Gesellschaft unbestimmt und inkonsistent. Inwieweit ist Yasemins Vater ein Repräsentant und Vollstrecker eines Ehrenkodex, wenn wir beide Teile des Films zusammennehmen? Gleiches gilt für den Vetter, der sich in einer Szene bei Yasemin dafür entschuldigt, jetzt noch mehr auf sie aufpassen zu müssen. Die Figuren sind durchweg gespalten. Die Schwierigkeit der kulturellen Zuordnung zwischen Akteur und Gesetz zeigt sich dabei am stärksten in der Figur Yasemins, die ihre Ablehnung von Ehrenkodizes immer wieder äußert und deren Selbstbestimmung in der Aussage kulminiert, dass sie ein zufälliges Produkt zweier anatolischer Dorfmenschen sei. Dennoch ist die emotionale Bindung zwischen ihr und ihrer Familie positiv stark, nicht aber die zu irgendeiner Kultur. Ayşe Devrims widersprüchliche Diktion aus *Wo gehören wir hin?*, dass man gegen seine Eltern kämpfen, sie hassen müsse, auch wenn man sie liebt, um frei zu werden, scheint hier durch.[304] Interessant an Devrims Aussage ist die ihr inhärente Spaltung. Die Liebe ist in ihrem Satz mit den Eltern verbunden, der Hass meint aber nicht die Eltern allein. Ein ähnliches Verhältnis zu den Eltern zeigen die Interviews mit Alda in *Bruder, muß zusammen Zwiebel und Wasser essen!* und die Aussagen von Perihans deutschem Verlobten in Grabes Dokumentarfilm ABDULLAH YAKUPOĞLU. WARUM HABE ICH MEINE TOCHTER GETÖTET?, wie sie von ihrem Vater zwischen Hass und Verständnis erzählte. Die Verbindung dieser widersprüchlichen Gefühlszustände gegenüber den Eltern ist nur möglich, wenn diese nicht nur einfach die leiblichen Eltern sind. Sie müssen zugleich für etwas anderes stehen und zugleich in einem Zwiespalt stecken, das sich dem Wohlbefinden im öffentlichen Raum widersetzt. Nicht nur die Frauen können nicht nach draußen gelangen, sondern ebenso wenig der Mann. In Grabes Dokumentarfilm ABDULLAH YAKUPOĞLU. WARUM HABE ICH MEINE TOCHTER GETÖTET? wird dies äußerst eindrücklich, wenn Abdullah Yapupoğlu von seinem alltäglichen Leben im rheinland-pfälzischen Andernach berichtet. Er erzählt etwa davon, wie er, nachdem

---

Schößler, Nike Thun, Bielefeld: transcript, S. 93–124. Siehe auch: RAUER, Valentin (2012): »Imagination des Minoritären. Terroristen in Fassbinder DIE DRITTE GENERATION«. In: *Prekäre Obsession*, S. 355–370.
303 Vgl. hierzu: GEIERSBACH (1982): S. 10.
304 AYŞE/DEVRIM (1983): S. 2.

unter den Türken bekannt wurde, dass zwei seiner drei Töchter geflohen seien, die Jalousien in seiner Wohnung bis auf einen kleinen Spalt unten herunterließ, um zum einen nicht von draußen gesehen zu werden, um zum anderen aber selbst sehen zu können, ob Türken vor seiner Tür stehen. Nachdem er sein »Gesicht«, seine »zweite Haut« verloren hatte, machte er kaum noch die Wohnungstür auf, und er suchte nur noch türkische Kaffeehäuser auf, deren Stammkundschaft von seiner Geschichte nichts wusste.[305] Er erzählt von einer Begebenheit auf der Hochzeit seiner jüngsten Tochter, die für ihn selbst äußerst schmerzhaft ist. Als ein türkischer Vater versucht, seinen Sohn von der Hochzeitsgesellschaft wegzubringen, schreitet Abdullah ein und meint, dass dieser doch seinen Sohn in Ruhe lassen solle. Der Angesprochene entgegnet, dass er sich von ihm rein gar nichts sagen lasse, von einem, dessen Töchter »deutsche Huren« geworden seien.[306] Kein einziger Hochzeitsgast habe ihn auf diese Verletzung hin verteidigt. So gesehen könnte man meinen, dass Tevfik Başers Vorhaben, eine türkische Frau auf deutsche Straßen zu schicken, in den 1980er Jahren auch für den türkischen Mann gilt.

Yasemins Schwierigkeit im alltäglichen Leben zwischen privatem und öffentlichem Raum ist wiederum umgekehrt, dass sie als Assimilierte nicht ankommen kann. Denn sie lässt sich in die Leitunterscheidung der 1980er Jahre zwischen deutsch und türkisch nicht eindeutig einordnen. Diese Schwierigkeit wird jedoch in erster Linie nicht zum Problem, weil ein Ehrenkodex greift, denn dieser wird nur in Ausnahmefällen aktualisiert. Vielmehr wird die Mischung aus Assimiliert-Sein und Unbestimmtheit bei Yasemin zum Problem, weil die andere, die deutsche Seite in diesem, aber auch in den anderen Spiel-, Dokumentarfilmen, literarischen Texten und Reportagen fehlt. So nah und vertraut sich die Deutschen in den Produktionen zeigen und zeigen möchten, kippt ihr Verhältnis zu den Türken schnell zu einem sehr distanzierten, wenn die Kultur auf der anderen Seite einfach einbricht. Denn dann muss man »staunend« einfach mit ansehen, wie sich der Konflikt »fast gesetzesmäßig« verschärft.[307] In all den genannten Dokumentationen sprechen Jeanine Meerapfel, Hans-Dieter Grabe und Paul Geiersbach kaum bis gar nicht. Man sieht nicht, wo sie sind oder ob sie stehen oder sitzen. Wir wissen nur, dass sie im Raum sind. Doch kann hier nicht im Sinne von einem Raum im Certauschen Sinne gesprochen werden, denn es liegt keine hybride Konstellation vor. Vielmehr geht es ausschließlich um den Ort des Türken im Raum, darum was er sagt und warum er das sagt, was er sagt.

---

305 Siehe hierzu: GRABE (2012).
306 Siehe hierzu: GRABE (1986).
307 Zitat aus: BOHM, Hark (1988): *Yasemin*, DVD, Zweitausendeins Edition 3.

> Ein *Ort* ist die Ordnung (egal, welcher Art), nach der Elemente in Koexistenzbeziehungen aufgeteilt werden. Damit wird also die Möglichkeit ausgeschlossen, daß sich zwei Dinge an derselben Stelle befinden. Hier gilt das Gesetz des ›Eigenen‹: die einen Elemente werden *neben* den anderen gesehen, jedes befindet sich in einem ›eigenen‹ und abgetrennten Bereich, den es definiert.[308]

Im Raum hingegen können zwei Dinge an derselben Stelle zugleich sein, denn er ist ein »Geflecht von beweglichen Elementen«.[309] Nach Certeau ist der Raum ein Ort, mit dem man etwas macht.[310] Doch in den ästhetischn Produktionen ist einfach nur klar, wo der Türke steht, aber nicht wo der Deutsche steht. Und es ist genau diese Konstellation, die Probleme der sozialen Interaktion als besondere kulturelle adressiert und damit ihre Verantwortlichkeit auch auslagert. Mit dem Dialog zwischen Shirin und Helma Sanders-Brahms in SHIRINS HOCHZEIT ist diese Verteilung nicht zu vergleichen. Hier greift eine andere Ordnung, andere Differenzen sind im Spiel. Paul Geiersbach weist sich beispielsweise in der Einleitung explizit als eine Vertrauensperson der Familie aus. Und tatsächlich entsteht in der Dokumentation der Eindruck, dass ihm die Familienangehörigen Geschehnisse und Ansichten schildern, die sie sich nicht einmal untereinander erzählen. Doch im Unterschied zu Aras Ören und Helma Sanders-Brahms spricht Geiersbach nicht mit. Er steht zwar metaphorisch und zugleich buchstäblich mitten in der Wohnung der türkischen Familie, achtet aber streng darauf, das Geschehen in seiner Arbeit zu kommentieren oder zu interpretieren.[311] Er ist eine Vertrauensperson, die selbst nichts Vertrauliches von sich preisgibt. Er kommt einem fast vor wie der unbekannte Dritte in der Wohnung von Dursun und seiner Frau, der sie zum Sprechen bringt, aber selbst nichts sagt. Es ist dieses ein- und zugleich ausgeschlossene Deutsche, das für das komplizierte Verhältnis zwischen Türken und Deutschen in den 1980er Jahren mit verantwortlich ist und wie die Ehrvorstellungen aus der Türkei einen regelrechten Identitätsstress auslösen.

Unter den beschriebenen Bedingungen ist der Türke im öffentlichen Raum, entweder ein Türke oder ein assimilierter ›Nicht-mehr-Türke‹. Auch der ehemalige Berliner Bürgermeister Richard von Weizsäcker, der das erste Berliner Ausländeramt mit der Personalie Barbara John in Berlin Kreuzberg gründete, und eine offene und integrative Politik gegenüber den Ausländern verfolgte, konstatiert

---

[308] CERTEAU (2006): »Praktiken im Raum«. In: *Raumtheorie. Grundlagentexte aus Philosophie und Kulturwissenschaften*, hg. v. Jörg Dünne, Stephan Günzel, Frankfurt a. M.: Suhrkamp, S. 343–353, hier S. 345.
[309] Ebd.
[310] Siehe hierzu: Ebd., S. 346.
[311] GEIERSBACH (1982): S. 11.

1983, dass die Ausländer sich zwischen einer Repatrierung und einem Deutscher werden entscheiden müssen.[312] Dazwischen gibt es nichts. Und ebenso wenig kann es für diese Konstellation Vertreter geben. Vielmehr ist nur die Darstellung möglich, was es heißt, als Türke auf die Straße zu gehen, als Türke in Deutschland zu leben, obwohl man sowohl Türkisch als auch Deutsch spricht und obwohl man dieselben Städte bewohnt, Alltage und Orte teilt wie die Deutschen. Es ist äußerst frappierend und kaum zu glauben, dass das äußerst amateurhafte Gastarbeiterdeutsch von Ali Siğirlioğlu, alias Günter Wallraff – er bezeichnet es selbst als ein »gebrochenes Kölsch« –, in *Ganz Unten* von keinem Handwerksmeister, Subunternehmer oder anderen deutschen Arbeitern als ein falsches erkannt wird.[313] Den türkischen Kollegen erzählt Wallraff, dass er als Türke in Griechenland aufgewachsen sei und deshalb so komisch spreche. Die Türken können unter diesen ›diskriminierenden‹ Bedingungen entweder nur als Assimilierte auftreten, indem sie wie Französinnen aussehen oder *Die Zeit* lesen, oder nur als Türken, denen man ihre Rückständigkeit ansieht. Die Fragen der Zivilisiertheit und der Modernität sind nun ausschließlich Fragen der Türken geworden. Die Deutschen sind per se Bürger der Bundesrepublik, ohne dafür einen besonderen demokratisch-politischen Aufwand betreiben zu müssen. Sie stehen auf einer Seite der Modernität, die nicht beschrieben wird. Ihre Aufgabe ist nicht mehr eine explizit politische, sondern besteht darin, ihre »Lebenschancen« als Selbstbestimmungen zu nutzen, die ihnen das neue neoliberale Wirtschafts- und Gesellschaftsmodell anbietet.[314] An ihre Stelle treten nun die Türken, die mit ihrer Gewalt klarkommen müssen, die nicht mehr allgemein-menschlich und humoral-körperbedingt ist, sondern nun spezifisch kulturabhängig oder als »Überreaktion psychisch gepeinigter Menschen«[315] verstanden, aber nicht mehr als soziale Frage behandelt wird. Das Dazwischen, in das die Akteurinnen und Akteure hineinsprechen und in dem sie sich dann befinden, ist ein entvölkerter Bereich, der keine wirksame und entsprechende Vertretung aufbauen oder finden lässt. Anders gesagt: Die Gespräche, das Weitersprechen findet »drinnen« statt; die Türken werden so zu keinem vollwertigen Bestandteil der bundesrepublikani-

---

312 Aus: SOYSAL, Yasemin Nuhoğlu (1994): *Limits of Citizenship. Migrants and Postnational Membership in Europe*, Chicago: University of Chicago Press, S. 153.
313 WALLRAFF (2011): S. 12. Siehe hierzu besonders: GFÖRER (1986). Der Dokumentarfilm ist auf youtube unter folgendem Link abrufbar: https://www.youtube.com/watch?v=VxMkXcypdUc (zuletzt 12.05.2021).
314 Siehe hierzu: DAHRENDORF, Ralf (1986): *Lebenschancen. Anläufe zur sozialen und politischen Theorie*, Frankfurt a. M.: Suhrkamp. Ein Modell, das Anfang der 1980er Jahre in vielen Ländern weltweit Verbreitung findet, wie in Großbritannien unter Margaret Thatcher, in den USA unter Ronald Reagan und in der Türkei nach dem Putsch durch Turgut Özal.
315 GEIERSBACH (1982): S. 9.

schen Gesellschaft. Aber auch die Türken selbst schreiben sich bewusst in dieses Modell ein. Die meisten Akteurinnen und Akteure in den analysierten Produktionen sprechen gutes Deutsch, doch kaum einer von ihnen will anerkennen, dass er oder sie in den 10 bis 15 Jahren in der Bundesrepublik auch ein wenig Deutsch geworden ist. Äußerst eindrücklich und verstörend zeigt dies Meerapfels Film. Melek selbst spricht darin durchgehend gutes Deutsch. Selbst als sie mit ihrer Tochter telefoniert, wechseln beide nach ersten türkischen Sätzen ins Deutsche. Zudem hat Melek Tez in Deutschland auch nicht wieder einen Türken geheiratet und hatte viel Kontakt zu Deutschen. Doch als Jeanine Meerapfel in der Mitte des Films eine ihrer ganz wenigen Fragen mit einer deutlich zitternden Stimme aus dem Off stellt, ob sie, Melek, in der Zwischenzeit vielleicht doch nicht ein wenig deutsch geworden sei, reagiert Melek schockiert, irritiert und auch etwas beleidigt. Sie verstehe diese blöde Frage überhaupt nicht, antwortet Melek.[316] Sie habe vielleicht gewisse Erfahrungen in Deutschland gemacht, aber deutsch sei sie mit Sicherheit nicht geworden. Daraufhin schildert sie, wie ihre Verwandten sie in der Türkei als deutsch beschreiben, weil sie jetzt alles sehr schnell mache und dass früher nicht so gewesen sei. Also bist Du doch deutsch geworden, versucht Meerapfel diesmal selbstbewusster, die Identitätsfrage zu stellen. Melek redet zunächst weiter, bis sie wieder kurz stockt und eindringlich wiederholt, dass sie nicht deutsch geworden sei, sondern nur gewisse Erfahrungen gemacht habe. Sie beendet ihren Monolog damit, dass sie eigentlich gar nicht mehr wisse, wer sie sei. Wahrscheinlich habe sie es auch nicht gewusst, bevor sie nach Deutschland kam. In der Türkei werde sie das jetzt herausfinden und sie möchte vor allem das Land bereisen.[317]

Hier und an anderen Stellen in den Produktionen der 1980er Jahre zeigt sich die besondere und äußerst wirksame Referenz auf die Türkei. Sie ist das imaginierte, zugleich reale Land, in das die Rückkehr noch möglich ist und das die Diskriminierungserfahrungen kompensieren lässt. Einen der letzten Sätze äußert Meerapfel Melek gegenüber gar nicht, weil sie glaubt, dazu nicht das Recht zu haben. Er lautet, dass Melek, je mehr sie sich »in Berlin als Türkin verletzt fühlte, desto mehr [...] in ein heiles Bild der Türkei« flüchtete. Und in heute geführte aktuelle Debatten gefragt, was passiert mit Diskriminierungserfahrungen und -wahrnehmungen, wenn es ein solches Bild der Türkei und des Orients nicht mehr gibt? In der letzten Einstellung von DIE KÜMMELTÜRKIN GEHT von 1985 sehen wir Melek in einer Istanbuler Straße der Kamera Meerapfels entgegenlaufen.

---

316 MEERAPFEL (1985).
317 Ebd.

3.5 Fazit zu »Wie lebt es sich als Türke in Deutschland?«

Als der amerikanische Soziologe Milton Gordon 1964 seine Integrationstheorie vorlegt, leitet er diese mit den Worten ein, dass es ihm im Kern darum gehe, auf die »problems of prejudice and discrimination arising out of differences in race, religion, and national background among the various groups which make up the American people« zu reagieren.[318] Nicht die Grundlagen kultureller Differenzen interessieren ihn, sondern die Akte der Diskriminierung, der Abspaltung von Gruppen mit negativen Markierungen. Die Realität und den Verlauf der »intergroup relations«, wie sie Anfang der 1960er Jahre in den Vereinigten Staaten sich für Gordon zeigen, beschreibt er als ein »race horse galloping along with blinders«. Es weiß nicht, woher es kommt, wo es ist und wohin es führt. »But he's making progress!«[319] Der Grund für seinen Optimismus ist, dass es Amerika als Idee und Territorium vor Ort gibt und dass sich trotz aller bestehenden Diskriminierungen in den Vereinigten Staaten, besonders gegenüber den *black people*, alle Gruppen am Ende darauf werden verständigen können, ein Teil dieses Amerikas zu sein. Es gibt die Projektion eines Raums und diese ist vor allem von der Idee sozialstrukturellen Aufstiegs bestimmt. Diesen Prozess und den Bedarf nach dieser Rahmung erkennt Gordon jedoch nicht allein in Amerika, sondern versteht ihn als einen allgemein-menschlichen und geschichtlichen, der besonders dort stattfindet, wo es zu Verstädterungen und Industrialisierungen kommt, wo die Kontakte unterschiedlicher Menschen und Menschengruppen rapide zunehmen.[320]

In den 1960er und 1970er Jahren beschreibt Norbert Elias den Zivilisationsprozess in ähnlicher Weise als einen Verlauf, der »ungeplant« und »blind« geschieht, aber doch mit einer »eigentümlichen Ordnung« einer »ganz bestimmten Richtung« folgt.[321] Und ähnlich wie bei Gordon ist es auch bei Elias der Kontakt, die Begegnung und die Interaktion, aus der sich Richtung und Ordnung ergeben.

> Pläne und Handlungen, emotionale und rationale Regungen der einzelnen Menschen greifen beständig freundlich oder feindlich ineinander. Diese fundamentale Verflechtung der einzelnen, menschlichen Pläne und Handlungen kann Wandlungen und Gestaltungen herbeiführen, die kein einzelner Mensch geplant oder geschaffen hat. Aus ihr, aus der Interdependenz der Menschen, ergibt sich eine Ordnung von ganz spezifischer Art, eine Ordnung,

---

[318] GORDON, Milton (1964): *Assimilation in American Life. The Role of Race, Religion, and National Origins*, New York: Oxford University Press, S. 3.
[319] Ebd., S. 9.
[320] Ebd., S. 18.
[321] ELIAS, Norbert (1969): *Der Prozess der Zivilisation. Wandlungen der Gesellschaft. Entwurf zu einer Theorie der Zivilisation*, Frankfurt a. M.: Suhrkamp, S. 323.

die zwingender und stärker ist, als Wille und Vernunft der einzelnen Menschen, die sie bilden. Es ist diese Verflechtungsordnung, die den Gang des geschichtlichen Wandels bestimmt; sie ist es, die dem Prozeß der Zivilisation zugrunde liegt.[322]

Auch in der strukturalistisch und systemtheoretisch ausgerichteten Theorie des bekannten amerikanischen Soziologe Talcot Parsons aus den 1950 und 1960er Jahren, stehen soziale Handlungen, Begegnungen und Interaktionen im öffentlichen Raum im Zentrum seiner Gesellschaftstheorie. Dabei stellt der Begriff Inklusion eine Schlüsselkategorie dar. Mit Inklusion, einem »highly complex process«, meint Parsons die Beteiligung und Berücksichtigung von Personen oder Gruppen in sozialen Strukturen und Systemen.[323] Genauer hält er in seiner bekannten Schrift *Full Citizenship for the Negro American?* von 1965 fest, dass die Inklusion »refers to the pattern of action in question, or complex of such patterns, and the individuals and/or groups who act in accord with that pattern coming to be accepted in a status of more or less full membership in a wider solidary social system«.[324] Zwar werden durch diesen Prozess der Inklusion soziale Ungleichheiten nicht aufgehoben, jedoch ermöglicht er multiple Zugehörigkeiten nach Klassen, Ethnien und Religionsgemeinschaften in einem gemeinsamen Referenzrahmen. Die Grundlage dieses gemeinsamen Referenzrahmens sind in die jeweils eigene Lebenswelt übersetzbare Handlungsmuster und Praktiken. Seine These und zugleich Hoffnung ist, dass durch die Zunahme ähnlicher Handlungsmuster neue gemeinsame Werte entstehen (value generalization). Bei diesem zivilgesellschaftlichen Prozess müssen religiöse und ethnische Eigenheiten nicht aufgegeben werden.[325] Dieser Prozess ist für Parsons deshalb von besonderer Wichtigkeit, weil moderne Gesellschaften durch Steigerungen von Komplexität, von neuen Aufgabenfeldern und Bedürfnissen, eine der funktionalen Ausdifferenzierung sind. Und dort, wo Ausdifferenzierungen zunehmen und jedes entstehende Teilsystem nur eigene Verantwortungen kennt, werden keine Vorstellungen von sozialer Einheit generiert. Inklusionsprozesse nehmen genau diese Funktion des gesellschaftlichen und solidarischen Zusammenhalts ein. Sie sind der Garant für Integration.

So unterschiedlich die genannten drei bekannten Soziologen zu Beginn der zweiten Hälfte des 20. Jahrhunderts untereinander sein mögen, in Fragen der Interaktion und der emergenten Entstehung von allgemeinen und sozialen Struk-

---

[322] Ebd, S. 324f.
[323] PARSONS, Talcott (1965): »Full Citizenship for the Negro American? A Sociological Problem«. In: *Daedalus*, Vol. 94, No. 4, The Negro American (Fall, 1965), S. 1009–1054, S. 1015.
[324] Ebd., S. 1016.
[325] Siehe hierzu: PARSONS (1965): S. 1047.

turen in modernen Gesellschaften sind sie nah beieinander. Die Unterschiede zwischen Gordon, Parsons und Elias sind, dass ersterer mit »Amerika« der Richtung einen Namen und ein Territorium geben kann, der zweite diese Entwicklung der modernen Gesellschaft mit den Entitäten Handlungsmuster, System und Inklusion beschreibt und letzterer weder in der ersten Ausgabe seiner Theorie in den 1930er Jahren noch in der zweiten erweiterten Auflage von 1969 die Richtung eines Zivilisationsprozesses zu benennen vermag. Doch was Elias genau bestimmen kann, ist, wie Gordon und Parsons, dass jeder Zivilisierungsprozess physische wie psychische Gewalt unter den verflochtenen Menschen reduziert, im Idealfall zum Verschwinden bringt. So stehen jenseits der Differenz von Zivilisation und Amerika bei Gordon, Parsons und Elias der Kontakt, die Interaktion im öffentlichen Raum, letztlich eine Verflechtungsordnung von Aktion und Reaktion im Zentrum der Entwicklung und folgerichtig auch die Anti-Diskriminierung. Zentral sind in Gordons siebenstufigem Integrationsmodell folglich die »assimilation variables« »Absence of prejudice«, »Absence of discrimination« und schließlich die »civic assimilation« als »Assimilation in American Life«.[326] Der Abbau von Vorurteilen und Diskriminierungen ist also die Grundlage einer tatsächlich stattfindenden Integration, einer problemlosen Bewegung von türkischen Migranten hinaus auf deutsche Straßen. Doch wird Gordon neben der Grundlage eines gemeinsam geteilten Territoriums auch keinesfalls müde zu erwähnen, dass eine wichtige Grundlage für das Verschwinden von Vorurteilen und Diskriminierungen der sozialstrukturelle Aufstieg zuvor benachteiligter Gruppen ist.[327]

Wie an anderer Stelle im vorliegenden Buch bereits erwähnt, spielen die drei zuletzt genannten Variablen in Essers Theorie *Aspekte der Wanderungssoziologie* keine besondere Rolle im Prozess der Integration und Assimilation. Vielmehr, meint Esser, würde sich die Identifikation mit der Aufnahmegesellschaft von selbst ergeben, wenn Sprache, Beruf und soziale Kontakte zusammenkommen und soziale Mobilität gegeben ist. Kultur ist für Esser Anfang der 1980er Jahre eine private Angelegenheit. Diese apolitische Form der Integrationstheorie ist im Falle Essers mehreren – praktischen wie auch theoretischen – Faktoren geschuldet. Erstens sind die Formen der öffentlichen Diskriminierung in den Vereinigten Staaten in der Entstehungszeit von Gordons Theorie mit denen in der Bundesrepublik in den 1970er Jahren nicht direkt zu vergleichen. Denn die 1950er und 1960er Jahre waren in den Vereinigten Staaten, besonders im Süden des Landes, von unmittelbaren Diskriminierungen der Afroamerikaner geprägt.

---

326 Siehe hierzu: GORDON (1964): S. 78.
327 Siehe hierzu: GORDON (1964): S. 52f.

Rassentrennungen in Hotels, Bussen, Park- bis hin zu Sanitäranlagen prägten die Stadtbilder. Eine öffentliche Struktur der Segregation, die auf die Entscheidung des obersten Gerichtshofs im Fall *Plessy vs. Ferguson* von 1896 zurückgeht. Die Entscheidung des Gerichts, dass getrennte Zugabteile für schwarze und weiße amerikanische Bürger im Bundesstaat Louisiana nicht gegen die amerikanische Verfassung verstieße, etablierte den Grundsatz »*separate but equal* (getrennt, aber gleich), der die Rassen im öffentlichen Raum voneinander schied und diese Politik der Segregation in der amerikanischen Gesellschaft legalisierte«.[328] Es gab zudem für Afroamerikaner eine Liste, die sie das ›Grüne Buch‹ nannten, in der stand, in welchen Restaurants und Hotels sie essen und schlafen dürfen und welchen nicht, wenn sie durch das Land reisten.[329] Gordon beschreibt eine solche Hotelsuche in seinem Buch als ein Faktum der Diskriminierung. Und dass Gordon selbst so eine Interaktionssequenz auswählt, deutet schon seine theoretische Differenz zu Esser an, dass er nämlich den Ankömmling nicht einfach nur als einen rationalen Akteur begreift, sondern auch als einen emotionalen. Was sich im Inneren der beteiligten Akteuren abspielt, interessiert Gordon genauso wie das, was draußen stattfindet. Dass es Diskriminierungen im öffentlichen Raum in der Bundesrepublik gegeben hat, habe ich bereits gezeigt.

Daher ist äußerst bemerkenswert, dass genau diese zwei Seiten in der Bundesrepublik der 1980er Jahre, die rationalen wie emotionalen Folgen der Migration, nicht zusammengedacht werden, wie in Gordons Integrations- oder in Elias' Zivilisationstheorie, in denen »Pläne und Handlungen, emotionale und rationale Regungen der einzelnen Menschen [...] beständig« ineinander greifen. Wenn allein bei Esser der rationale Akteur und sozialstrukturelle Fragen im Vordergrund stehen, sind es in Elwerts Theorie die Gefühle und das Bewusstsein des Migranten. Er empfiehlt den Migranten als Grundlage für eine gelingende Integration eine stabile Einbettung in den eigenen Communities, um dort ein stabiles individuelles Bewusstsein zu entwickeln, mit dem sich dann auf Diskriminierun-

---

[328] Hurston, Zora Neale (2018): *Barracoon. Die Geschichte des letzten amerikanischen Sklaven*, München: Penguin, S. 193f.
[329] Siehe hierzu: Ridderbusch, Katja (2014): »Die Aufhebung der Rassentrennung in den USA«. In: *Deutschlandfunk*, 02.07.2014. http://www.deutschlandfunk.de/50-jahre-gleichberechtigung-die-aufhebung-der.724.de.html?dram:article_id=290732 (27.11.2017). Im aktuellen Hollywood-Kinofilm Green Book, der in den frühen 1960er spielt, steht das Grüne Buch im Zentrum der Erzählung. Bei der Oscarverleihungen 2019 erhielt es den Oscar für den ›Besten Film‹. Siehe hierzu: Farrelly, Peter (2019): *Green Book. Eine besondere Freundschaft*, Kinoverleih: eOne (Erstaufführung 31.01.2019). Die Welt (2019): »Green Book als bester Film geehrt. Kein totaler Triumph für Roma«. In: *Die Welt*, 25.02.2019, https://www.welt.de/kultur/kino/article189342143/Oscars-2019-Green-Book-erhaelt-den-Oscar-als-bester-Film.html (zuletzt 09.04.2019).

gen selbstbewusst reagieren lässt. Doch ist dies eine andere Form der Reaktion auf Diskriminierungen, wie es sich Gordon oder Elias als eine endogene aus einer sozialen Verflechtungsordnung oder aus einem gemeinsam geteilten Amerika heraus gedacht haben. Elwert setzt auf ein sich emisch entwickelndes kulturelles Bewusstsein. Kultur dient hier als eine Art Schutzschild und nicht als etwas, das zusammen aus den Interaktionen heraus geschaffen werden könnte.

Es ist die Trennung von Gefühlen und Handlungen bzw. Vernunft, die auch das Verhandeln der Folgen der Arbeitsmigration in die Bundesrepublik in Dokumentation, Ästhetik und Theorie in den 1980er Jahren bestimmt. Sie begegnet uns durchgehend in den Produktionen dieser Dekade. Günter Wallraffs Dokumentation wurde beispielsweise vorgeworfen, dass sie nur »Mitleid« erzeuge.[330] Tatsächlich war es aber auch ein bewusstes Ziel Wallraffs, mit GANZ UNTEN »Gefühle« in einer Gesellschaft entstehen zu lassen, »die sich sonst nur rational verhält und rein intellektuelle Abwehrmechanismen zuläßt«.[331] Auf der anderen Seite hat Wallraff von vielen Türken als Reaktion auf sein Buch gehört, dass es für sie in Elwert'scher Diktion eine »Schutzfunktion« erfüllt und ihr »Selbstbewusstsein gestärkt« habe.[332] Diese Diktion bestimmt auch den Film von Jörg Gförer, der auf den geheimen Aufnahmen Wallraffs basiert. Weder in Wallraffs Text noch in Gförers Film werden die Türken kaum bei der Arbeit oder bei anderen spezifischen sozialen Handlungen beschrieben oder gezeigt. Selbst die selbstbewusste Melek sehen wir in Meerapfels Dokumentation nur kurz in der Mitte des Films bei der Arbeit. Diesen besonderen Aspekt des Dramatischen und Psychischen hebt Paul Geiersbach in seiner Dokumentation ebenfalls hervor.[333] Dort sehen wir auch niemanden bei der Arbeit. Wir haben gesehen, dass auch in den anderen Filmen mehr gefühlt und gesprochen wird, als die Akteurinnen und Akteure handelnd in einer interaktiven »Verflechtungsordnung« zu zeigen. Ihr Sprechen und Empfinden steht für etwas, das wir nicht sehen, nämlich für die Diskriminierungserfahrungen, für das Getrennt-Sein, das negativ markiert ist. Dieser Überschuss des Emotionalen ergibt sich nicht einfach daraus, dass die Handlungsfähigkeiten der Akteurinnen und Akteure als kulturell eingeengt skizziert werden. Im Kern

---

330 WALLRAFF (2011): S. 422.
331 Ebd.
332 Ebd., S. 424. Die türkische Dolmetscherin und Journalistin Yıldız El-Toukhy, die in den 1980er Jahren für das Landgericht in Hannover arbeitete und zudem ehrenamtlich für einen islamischen Verein aktiv war, übersetzte Wallraffs Buch kostenlos ins Türkische, weil viele ihrer »Landsleute um eine Übersetzung des Buches gebeten« hatten. Zudem wurde im »Türkischen Generalkonsulat [...] *Ganz unten* den Mitarbeitern als Pflichtlektüre verordnet«. Siehe hierzu: KUCHENBECKER, Astrid (1985): »Türken in der Stadt erkennen sich im Buch von Wallraff wieder«. In: *Neue Presse*, 25.10.1985.
333 Siehe: GEIERSBACH (1982): S. 9.

geht die Unterscheidung von Gefühl und Kälte in den Darstellungen nicht auf kulturelle Differenzen zurück, sondern auf zwei erzählerische Aspekte. Zum einen findet in allen Dokumentationen eine gewisse Selbstreflexivität statt, die mit dem Faktor Wirklichkeit spielt. Denn entgegen dem Befund der Sekundärliteratur steht die Schwierigkeit der Repräsentation sehr wohl im Raum der behandelten Arbeiten. In Meerapfels Dokumentarfilm DIE KÜMMELTÜRKIN GEHT sehen wir mehrere Aufnahmen, die die Gemachtheit des Films dokumentieren. Wir sehen eine Haustür, die Klappe mit dem Arbeitstitel MELEK GEHT, und wir hören, wie ein Mitarbeiter des Filmteams in die Aufnahmen hineinruft »Melek geht, die achte«, und die Klappe zugeschlagen wird. Oder Melek spielt im ersten Drittel des Films nach, wo sie die ersten Jahre in der Bundesrepublik gewohnt hat. Das Frauenwohnheim Ende der 1960er und Ende 1970er Jahre, das ihre erste Wohnstätte war, ist Mitte der 1980er Jahre ein Finanzverwaltungsbüro. Wir sehen Melek mit Meerapfel in die Büroräume und Flure gehen, in denen sie früher gewohnt hat. Dass Melek später in einer eigenen Wohnung gelebt hat, wird ebenfalls filmisch nachvollzogen. Nicht um die Dinge geht es bei dieser Nacherzählung, sondern um die Gefühle der Protagonistin, die aufkommen, wenn sie zurückblickt.[334]

Diese kumulative Struktur des Emotionalen interessiert auch Geiersbach, wenn er versucht zu erklären, warum es manchmal gewalttätig und ruppig in türkischen Familien zugeht.[335] Die dafür gewählte Erzählweise erinnert an einen Roman. Und selbst in GANZ UNTEN inszeniert Wallraff am Ende darstellerisch die Wirklichkeit. Im abschließenden Kapitel »Der Auftrag oder hopp und ex – eine Inszenierung der Wirklichkeit« wird der Subunternehmer Vogel mit einem fingierten lukrativen Auftrag von Wallraffs Gruppe in eine Entscheidungssituation gebracht, in der er bewusst türkische Leiharbeiter in einen Kernreaktor schickt, ohne sie über die Lebensgefahr aufzuklären, die mit der dort zu erledigenden Arbeit einhergeht.[336] Leser und Zuschauer von Buch und Film erleben diese Inszenierung der Wirklichkeit jedoch nicht als eine Konstruktion, sondern als ein Faktum der Ausländerfeindlichkeit in der Bundesrepublik, die Wallraff zuvor mit der Dastellung von Diskriminierungserfahrungen wie »Türken stinken«, »vermehren sich wie Karnikel«, »Tod allen Türken« und »Türken raus« bereits freigelegt hat.[337] Die Darstellung und der Aufbau der Wirklichkeitskonstruktion dient in diesen Dokumentationen wie auch in den behandelten literarischen Texten und Spielfilmen dazu, den Empfindungen und Verletzungen der Akteurinnen und Akteure einen freien Weg nach draußen zu bahnen und sie nicht einfach

---

334 Siehe hierzu: MEERAPFEL (1985).
335 GEIERSBACH (1982): S. 11.
336 WALLRAFF (2011): S. 241ff.
337 Siehe hierzu: ebd., S. 38–47.

mit den sozialen Bedingungen ihres Lebens zu erklären. Anders gesagt: Turna ist vielleicht physisch nie aus der 40 qm-Hinterhofwohnung in Hamburg herausgekommen, aber ihre Gefühle schon.

Es gibt noch einen weiteren Grund dafür, warum die Gefühlsebenen sich in diesen Dokumentationen, Spielfilmen und literarischen Texten durchsetzen und die Wirklichkeit als eine zwischen Innen und Außen gespaltene wahrnehmen lassen. Denn es liegt auch an den ›Zuhörern‹ wie Hans-Dieter Grabe, Jeanine Meerapfel oder Paul Geiersbach, die als Teil der Aufnahmen, als Interviewer kaum mit- oder widersprechen und den anderen nur sprechen lassen. Sie senden, obwohl sie selbst mitten im Raum stehen, kaum bis gar keine Hörersignale aus. Aufgrund dieser asymmetrischen Dialogkonstellation vergessen und sehen wir in allen Filmen und Texten nicht, mit wem die Akteurinnen und Akteure sich eigentlich noch unterhalten. Letztlich dominiert der Eindruck, die dargestellten ›Türken‹ stünden entweder in Kommunikation mit der deutschen Gesellschaft oder mit der türkischen Kultur und Community. Dass die deutsche Seite hier nicht eingreift, nicht wirklich ins Gespräch kommt und nur den Anderen zum Sprechen bringen will, gehört mit zum Problem der Integration in den 1980er Jahren, ist aber zugleich eine Stärke der besprochenen Reflexionen. Denn erst die Darstellung dieser verfangenen Dialogsituation und Begegnungsstruktur macht das eigentliche Problem der Integration in den 1980er Jahren evident. Es ist letztlich dasselbe Problem, dem wir begegnen, wenn wir uns in Bohms Film am Ende fragen, wo Jan und Yasemin jetzt eigentlich glücklich werden sollen.

Diese Zurückhaltung haben aber keineswegs allein die Deutschen zu verantworten, sondern auch die Türken selbst. Denn sie übersetzen die angefangenen Dialoge nur deshalb in Monologe, weil sie genau glauben zu wissen, was der Deutsche oder die Deutsche wirklich über sie denkt. Die Verflechtungen, die wir in den 1960er und 1970er Jahren zwischen den Frauen in SHIRINS HOCHZEIT, DÖNÜŞ und zwischen Arbeiterinnen und Arbeitern in *Türkler Almanyada*, in *Was will Niyazi in der Naunynstraße* kennengelernt haben, sind in den 1980er Jahren verschwunden. Wenn die Vorrangstellung von Konsum und anderen körperlichen Bedürfnissen einen Dialog vor dem Dialog in den 1960ern und 1970ern platzierte, ist mit der kulturell ausgerichteten Frage »Wie es sich als Türke in Deutschland lebt« die Kommunikation selbst zum Problem geworden.[338] Dass aus solch einer Kommunikationskonstellation und Begegnungsstruktur dennoch viele ästhetische und dokumentierende Erzählungen entstanden sind, die diese

---

[338] Selbst mein Vater, Fazlı Ezli, der 1970 als Gastarbeiter aus der Westtürkei in die Bundesrepublik gekommen war, hatte es sich zur Gewohnheit gemacht, jede Person, die nur ansatzweise ausländisch aussah, als »Türken« zu identifizieren.

Situationen darstellen, liegt daran, dass der Bezug zur Türkei nicht allein ein imaginärer, sondern auch ein alltäglicher und ein territorialer war. Er war sowohl imaginär als auch praktisch in den eigenen Alltag eingebunden durch türkische Zeitungslektüre, türkische Filme, türkische Lebensmittelgeschäfte, die Vorstellung vom türkischen Dorf, der orientalischen Stadt Istanbul über die Vertretungen religiöser und nationaler Gemeinden bis zu den türkischen Kaffeehäusern in der Bundesrepublik. Hinzu kommt, dass trotz dieser Vermischung und kulturellen Einwanderungssituation in der Bundesrepublik klare territoriale Grenzen gezogen werden. Sie reichen von religiösen und nationalen Vereinen, deren Aktivitäten sich alle an der Türkei orientierten, bis zur Aussage Meleks zu Anfang des Films DIE KÜMMELTÜRKIN GEHT, dass das Pfeifen in der Türkei ein anderes sei als in Deutschland. Dort sei es fröhlich, hier traurig.[339] Habib Balta, der Protagonist in UNSERE NACHBARN, DIE BALTAS, bezeichnet als seine »Quelle des Glücks« das Quellwasser aus seinem türkischen Heimatdorf. Der Türkeibezug in den 1980er Jahren ist sowohl Schutz als auch Grundlage der Diskriminierung. Denn das Türkische ist wie das Deutsche zugleich da und nicht da.

Auf eine besondere und leicht veränderte Weise wird der türkische Präsident Recep Tayyip Erdoğan zuerst Ende der 1990er Jahre und spätestens 2008 in seiner bekannten Kölner Rede sich in diese verfangene Konstellation der türkeistämmigen Deutschen einschreiben.[340] Bekannt wurde seine Formulierung, dass »Assimilation ein Verbrechen gegen die Menschlichkeit« darstelle. Integration beschreibt er hingegen als wichtig. Doch spricht er in seiner Kölner Rede die vor ihm versammelten Menschen nicht als Bürger der Bundesrepublik, sondern als seine eigenen, als türkische Staatsbürger an. Dabei geht er noch weiter und insistiert, dass alle Anwesenden den Duft des anatolischen Bodens noch in »ihren Nasen« hätten.[341] Allein hier stellt sich die Frage, was für eine Art von Integration

---

339 Siehe hierzu: MEERAPFEL (1985).
340 Siehe hierzu: Erdoğan, Recep Tayyip (2008): »›Assimilation ist ein Verbrechen gegen Menschlichkeit‹. Seit Tagen sorgt die Kölner Rede des türkischen Tayyip Erdoğan für Kritik und Empörung. Doch was hat er genau gesagt? Sueddeutsche.de dokumentiert die Rede Erdoğans im Wortlaut«. In: *SÜDDEUTSCHE ZEITUNG*, 17.05.2010, http://www.sueddeutsche.de/politik/erdogan-rede-in-koeln-im-wortlaut-assimilation-ist-ein-verbrechen-gegen-die-menschlichkeit-1.293718 (27.11.2017).
341 Ebd. Interessant ist auch, dass das türkische Parlament unter der Führung der AKP am 13. März 2008 ein Gesetz verabschiedete, dass es den Auslandstürken zum ersten Mal ermöglichte, in der Bundesrepublik ihre Stimmen für türkische Wahlen in türkischen Konsulaten abzugeben. Zuvor konnte man nur per Briefwahl oder in der Türkei wählen. Siehe zur Gesetzesänderung: RESMÎ GAZETTE (2008): *Kanun. Secimlerin Temel Hükümleri ve Seçmen Kütükleri Hakkında Kanunda Değişiklik Yapılmasına dair Kanun*, Kanun No. 5749, Sayı: 26824, 22 Mart Cumartesi 2008. Äußerst interessant an dieser Wahlgesetzänderung ist der darin enthaltene Absatz 10, der Wahlwerbungen und Wahlauf-

Erdoğan meint.[342] Es kann sich, wie es auch die türkische Politik seit dem Verfassungsrefendum von 2017 zeigt, nur um eine wirtschaftliche denn werteorientierte handeln.

Den eigentlichen Hauptgrund der »diskursiven Zwickmühle« der Subalternen zwischen Moderne und Tradition in den 1980er Jahren, wie ihn Spivak zeitgleich beschreibt, kann sie selbst erst knapp eine Dekade später wirklich ausmachen. In einem Interview von 1993 konstatiert sie, dass sie damals eigentlich nur eines sagen wollte, aber nicht geschrieben hat: dass nämlich das Sprechen des Subalternen erst das Hören »vollständig macht«[343], sozusagen die Reaktion des Hörenden. Und wie Dursun in 40 QM DEUTSCHLAND und Aysel Özakın in ihren Büchern hat es Spivak Mitte der 1980er Jahre »Seelenqualen« gekostet, diesen »inneren Kampf« überhaupt darstellen zu können.[344] Denn auch sie hatte sich an der »zweiten Haut« abzuarbeiten. Wir werden sehen, dass es genau die Komponente des Hörens und des Ablehnens oder Fehlens der »zweiten Haut« ist, und nicht allein die des Sprechens oder der Artikulation, die in den Produktionen von Emine Sevgi Özdamar, Feridun Zaimoğlu, Fatih Akın, Zafer Şenocak und vielen anderen in den 1990er Jahren bedeutsam wird. Wenn Norbert Elias, Talcott Parsons und Milton Gordon mit Vorstellungen von Zivilisation, allgemeiner Wertebildung oder Amerika auf Diskriminierungen reagieren und so einen Raum der Zukunft projezieren konnten, hat diese Funktion in den 1980er Jahren von türkischer wie von deutscher Seite aufgrund eines neuen emischen, von essentiellen Unterschieden anstelle von einer sozialen Verflechtungsordnung bestimmten Aktion-Reaktion-Verhältnisses die Türkei oder das Türkisch-Sein übernommen. Doch zeigen die Produktionen dieser Zeit auch äußerst eindrücklich, dass dies, die Türkei, die Herkunft, nicht die Lösung ist und auch nicht sein kann. Allein das Faktum, dass sich die Zahl der Türkeirückkehrer wie beispielsweise Melek Tez trotz der Rückkehrförderung 1983 und 1984 in Grenzen gehalten hat, stärkt den Befund der vorliegenden Analyse.[345] Mit dem Verblassen des Rückkehrmo-

---

tritte jeder türkischen Partei im Ausland kurz vor anstehenden Wahlen und Abstimmungen verbietet. Das heißt, dass mit den geplanten Wahlauftritten in Deutschland zum Verfassungsreferendum von 2017 in der Türkei die AKP selbst gegen ihr eigens verabschiedetes Gesetz verstoßen hat.

342 Wir werden sehen, dass die Grundlage für solch ein widersprüchliches Verständnis von Integration, eine ohne Übereinstimmtung von Staatsbürgerschaft und Integration, ihre Grundlage in den Entwicklungen und Nicht-Entwicklungen der 1990er Jahre hat.

343 SPIVAK (2007): S. 127.

344 Ebd.

345 Die Ethnologin Barbara Wolbert zeigt in ihrer Studie *Der getötete Pass* von 1995 exemplarisch die Biografien von 17 Rückkehrinnen in die Türkei der ersten Generation auf. Dass diese auch in ihrem Herkunftsland nicht ankommen konnten, hängt nach ihren Ergebnissen besonders mit dem Umstand zusammen, dass die Rückkehr nicht als eine der Re-Integration vom

tivs und seiner Motivation Ende der 1980er Jahre wandelt sich auch der lange als Residenz begriffene Aufenthalt der Gastarbeiter in Deutschland in eines auf Dauer abgestellten Domizilaufenthalts. Und im Unterschied zur Residenz impliziert das Domizil »some kind of legal relationship to the state«, in dem gelebt wird.[346] Der »innere Kampf« in der Wohnung, im Café, im Gefängnis oder im türkischen Lebensmittelgeschäft wird zu einem äußeren und öffentlichen.

Die Verschiebung vom Territorium und der Kultur der Herkunftsgesellschaft zum Territorium der Ankunft steht auch zu Beginn der 1990er Jahre im Zentrum der theoretischen Reflexionen zu den Folgen der Gastarbeitermigration in Europa in den Arbeiten *Democracy and the Nation State. Aliens, Denizens and Citizens in World of international Migration* (1990) und *Limits of Citizenship. Migrants and Postnational Membership in Europe* (1994) von Tomas Hammar und Yasemin Soysal. Ausgangspunkt beider wissenschaftlichen Reflexionen ist, dass das Bleiben der Gastarbeiter und ihrer Nachfahren in den westlichen Gesellschaften 15 bis 20 Jahren nach der Einwanderung, ohne die Staatsbürgerschaft der Aufnahmegesellschaft angenommen zu haben, zwischen dem Ausländersein (foreign citizen) und dem Bürgerwerden in der Ankunftsgesellschaft eine hybride Zwischenposition des »permanent resident« geschaffen hat.[347] Und im Unterschied zur Bürgerschaft (citizenship), unter der Parsons in den 1960er Jahren eine »full membership in a wider solidary system« verstanden hatte, bestimmt Hammar den »permanent resident« als einen »denizen«, der zur Nation der Ankunftsgesellschaft durch seine Präsenz über Wohnort (domicile) und öffentlichem Raum zwar gehört, dessen politische Repräsentation jedoch nicht existiert, da sie sich beispielsweise wegen der fehlenden Staatsbürgerschaft weder an kommunalen noch an nationalen Wahlen beteiligen können. Und da ein Ausschluss von

---

Herkunftsland und den Angehörigen der türkischen Frauen verstanden und inszeniert wurde. Es hat nach Wolbert eine »öffentliche Anerkennung« gefehlt. Die Rückkehrenden wurden nicht als Rückkehrende aufgenommen. Denn sie werden in der Türkei als »Almancılar« oder »Almanyalılar« bezeichnet. Ihre Rückkehr ist nach Wolbert »gekennzeichnet von einer Spannung, die aus dem Nebeneinander von Bedeutsamkeit und fehlender Anerkennung, von symbolischer Aufladung und Formlosigkeit entsteht«. Siehe hierzu: WOLBERT, Barbara (1995): *Der getötete Pass – Rückkehr in die Türkei. Eine ethnologische Migrationsstudie*, Berlin: Akademie. Siehe hierzu auch: ÖLÇEN, Ali Nejat (1986): *Türken und Rückkehr. Eine Untersuchung in Duisburg über die Rückkehrneigung türkischer Arbeitnehmer als Funktion ökonomischer und sozialer Faktoren*, Frankfurt a. M.: Dağyeli.

346 HAMMAR, Tomas (1990): *Democracy and the Nation State. Aliens, Denizens and Citizens in a World of International Migration*, Vermont: Avebury Gower Publishing Company Limited, S. 194.
347 7,5 Millionen der 12 Millionen Ausländer leben zu Beginn der 1990er Jahre seit über 15 bis 20 Jahren in Europa, ohne die Staatsangehörigkeit der Aufnahmeländer angenommen und die der Herkunft abgelegt zu haben. Siehe hierzu: HAMMAR (1990): S. 22.

politischer Partizipation zu politischer Absenz und Passivität im Verhältnis der eingewanderten Menschen zur Aufnahmegesellschaft führe, schlägt Hammar im Gegensatz zum citizenship-Modell vor, nicht die Staatsbürgerschaft zum entscheidenden Marker der Zugehörigkeit zu erklären, sondern »the fact that a person actually lives in a certain place«. Denn »domicile is increasingly taken a basis for judicial and adminsitrative decisions and [...] within national states political rights are often tied to domicile«.[348]

Jahre später entwickelt Soysal das Konzept des auf Dauer und Wohnort beruhenden Konzepts des Denizenship auf die politische Identität eines »postnational membership« weiter. Im Kern steht bei ihr die widersprüchliche Bewegung zwischen nationalerstaatlicher Souveränität und universellen Menschenrechten. Die Anrufung von Letzterem hat nach Sosyals Ergebnissen besonders nach dem Zusammenbruch der Sowjetunion rapide zugenommen.[349] Die häufende Anrufung Letzterer führt zu einer Unterminierung und regelmäßigen Überschreitung nationaler Grenzziehungen. Vielmehr wird erst durch diese globale Dialektik zwischen nationaler Territorialssouveränität und der Anrufung universeller Menschenrechte klar, dass das Reden von der Nation aus Prozessen und Akten der Grenzziehungen hervorgeht. Im Zentrum von Soysals vorgestellter Membership steht deshalb nicht ein »wider solidary system«, sondern die »personhood«, das Menschsein, denn »the individual transcends the citizen«.[350] Bezeichnenderweise ist der politische Slogan »Kein Mensch ist illegal«, der auf die Aussage »No human being is illegal« von Ellie Wiesel (1988) zurückgeht, mit einer der bekanntesten politischen Aussagen der 1990er Jahre.[351]

So erfolgt mit dem Hören des Gesagten in den 1990er Jahren auch eine territoriale Verschiebung von der Türkei nach Deutschland, von den türkischen Residenzen in Deutschland auf die deutschen Straßen. Sie steht für eine Verbindung von deutsch und türkisch, die nicht mehr ausgelagert oder verschoben werden kann. Und weil die türkischen Wohnungen aufgelöst werden, sind aber die deutschen Straßen auch nicht einfach deutsche Straßen mehr. Doch auch wenn durch diese Verschiebung des öffentlichen Raums durch den ausländischen Mitbürger, der als Denizen bleibt, eine weitere Internationalisierng und Globalisierung einsetzt, ist

---

348 HAMMAR (1990): S. 194.
349 Beispielsweise hat ein französisches Gericht die Gefahr der Genitalverstümmelung westafrikanischer Frauen mit Verweis auf die universellen Menschenrechte im Sommer 1993 als Grund für Asyl und Flucht anerkannt. Soysal zählt mehrere Gerichtsentscheidungen zu Beginn der 1990er Jahre in westlichen Gesellschaften auf, die in ihrer Argumentation sich auf die allgemeinen Menschenrechte beziehen. Siehe hierzu: SOYSAL (1994): S. 158f.
350 SOYSAL (1994): S. 142.
351 Siehe hierzu: http://nohumanbeingisillegal.com/Home.html (zuletzt 19.01.2019).

die gesellschaftspolitische Konstellation in den 1990er Jahren in der Bundesrepublik, besonders nach der deutschen Wiedervereinigung, keineswegs einfacher als zuvor. Zwar findet mit der Änderung des Ausländerrechts 1990 im »Windschatten der deutschen Vereinigung« eine Ausweitung des Daueraufenthaltsrechts und der Einbürgerung statt, »die von der [bisherigen] Ermessensvorschrift zum Regelanspruch intensiviert wird«.[352] Doch sind die Folgen der Migration kein Teil dieser Änderung. Zum einen werden bestehende juristische Regelsysteme einfach auf die Ausländerfrage angewendet. Zum anderen ist es weiterhin nicht möglich als Türke zugleich Deutscher zu sein. Wer die deutsche Staatsbürgerschaft nach acht oder fünfzehn Jahren Aufenthalt in Deutschland bekommen möchte, muss die türkische ablegen. Die Migrationsfrage und die mit ihr verbundene Migrationsgeschichte werden dadurch »gleichsam unsichtbar« gemacht.[353] Nach Daniel Thym stellt das Ausländergesetz von 1990 den Höhenpunkt der Denizenship dar, das zwar aufenthalts- und sozialrechtlich Ausländer und Inländer gleichstellt, jedoch nicht als volle und gleiche Bürger anerkennt. »Deutschland erlebte eine Gleichzeitigkeit von aufenthalts- und sozialrechtlicher Gleichstellung sowie symbolischer Ausgrenzung der Ausländer. Der Übergang zu Denizenship folgte einer pragmatischen Politikgestaltung, die die identifikatorische Zugehörigkeitsfrage im geteilten Nationalstaat umging.«[354] Deutschland bleibt so *de facto* kein Einwanderungsland. Hinzu kommt, dass das lange das Dasein der Gastarbeiter und Ausländer bestimmende Narrativ, nächstes Jahr würde man zurückkehren, in den 1990er Jahren seine territoriale Referenz verliert. Es wird zu einer reinen Vorstellung, zu einem »imaginary homeland«.[355] Als Folge dessen fällt die »zweite Haut« als Herkunft, Identität und Zukunft ab, und was dann als stabilisierende Referenz übrig bleibt, ist der eigene Körper. Äußerst eindrücklich zeigt sich diese neue Kon-

---

352 THYM, Daniel (2018): »Vom Fremdenrecht über die Denizenship zur Bürgerschaft. Gewandeltes Selbstverständnis im deutschen Migrationsrecht«. In: *Der Staat. Zeitschrift für Staatslehre und Verfassungsgeschichte, Deutsches und Europäisches Öffentliches Recht*, 57. Band Heft 1, Berlin: Duncker & Humblot, S. 77–117, S. 95.
353 Mit einer vergleichbaren Pragmatik und Symbolarmut wurde auch die deutsche Wiedervereinigung verhandelt. Es hätte Anfang der 1990er Jahre die Möglichkeit gegeben, mit einer gesamtdeutschen Nationalversammlung oder einer Volksabstimmung eine demokratische Neugründung Deutschlands zu initiieren. Der letzte Artikel des Grundgesetzes, Art 146 GG, hat diese Möglichkeit vorgesehen. Die Wiedervereinigung wurde dagegen einfach als eine vertragliche Vereinbarung festgehalten. Der Verfassungsrechtler Christoph Möllers interpretiert diesen Vorgang heute als ein Indiz dafür, »wie schwach der Anspruch der Beteiligten war, eine wirklich gemeinsame politische Ordnung zu beginnen«. Siehe hierzu: MÖLLERS, Christoph (2019): *Das Grundgesetz. Geschichte und Inhalt*, München: C.H. Beck, S. 84.
354 Ebd., S. 96.
355 RUSHDIE (1991).

stellation in Feridun Zaimoğlus erstem Roman *Abschaum* von 1997. Die Gang des deutsch-türkischen Protagonisten Ertan Ongun versucht darin, ein Kieler Stadtviertel unter ihre Kontrolle zu bringen. Nach der Hälfte des Romans hält der Erzähler zynisch und ironisch fest, dass man sich »also fremdes Territorium angeeignet und verteidigt« habe. Doch in Wirklichkeit sei »alles nur so Pseudoterritorium, is ja gar nicht deins, es gehört ja den Deutschen amina koyim. Du denkst, in diesem Territorium is ein Teil von dir, aber Scheiße is da, amina koyim.«[356] Jetzt – weder deutsch noch türkisch –, sondern als »Bastard« und »Kanake« oder als deutsch und türkisch zugleich, lautet die Frage, die sich in den Raum zwängt, nicht mehr, wie es sich als Türke in Deutschland, sondern wie es sich in der eigenen Haut lebt. Dass dieser weitere Verlust nicht ein weiteres Opfernarrativ heraufbeschwört, sondern im Gegenteil tatsächlich eine Aneignung mit sich bringt, liegt an einem bestimmten Auftreten im öffentlichen Raum. Ein Auftritt, der signalisiert, dass dort, wo sie leben auch ihr Platz ist. Zudem verschiebt sich die Konstellation und die Form der Diskriminierungen. Jetzt sind es die Deutsch-Türken selbst, die diskriminieren, die diese Trennung und Wertung in Form einer Autokommunikation selbst vornehmen. Beide Aspekte zusammen führen zu einer besonderen Konfliktkonstellation der gemeinsam geteilten Gegenwart. Doch muss vor dem Übergang von einer Herkunftsgesellschaft wie in den 1980er Jahren zur Konfliktgesellschaft der 1990er Jahre aber erst die zweite Haut abfallen.

Wie in den 1980er Jahren werden wir auch im Kapitel zu den 1990er Jahren sehen, insbesondere in den Literaturen und Filmen der ersten Generation von Emine Sevgi Özdamar, Aras Ören, Tevfik Başer, Renan Demirkan und Kemal Kurt, dass diese neue politische und zugleich narrative Konstellation keineswegs allein für die zweite Generation, sondern auch für die erste gilt. Doch ist eine Unterscheidung interessant und erwähnenswert, die viele Probanden der ersten Generation dem türkischen Wirtschaftswissenschaftler Ali Nejat Ölçen im Zusammenhang des Themas »Fremdheit in beiden Kulturen« gaben. »Vielleicht sind wir heimatlos, dagegen haben unsere Kinder keine Chance mehr, weil sie weltlos aufwachsen werden.«[357] Tatsächlich ist Integration in den 1990er Jahren Glückssache und die Kategorie der Welt oder des »Menschseins«, wie in Soysals und anderen transnational ausgerichteten Theorien, nimmt in den ästhetischen Erzählungen ebenfalls eine äußerst entscheidende Funktion ein. Dass das Ende des Narrativs »Nächstes Jahr kehren wir zurück«, seine erzählerischen Kon-

---

[356] ZAIMOGLU (1997): S. 65. »Amına koyim« steht im Türkischen für eine äußerst ordinäre Schimpfrede, die mit der ordinären Sprache in Özdamars Roman korreliert. In *Das Leben ist eine Karawanserei* verwenden der Kutscher, aber auch einige andere Akteure diese Formulierung recht häufig.
[357] ÖLÇEN (1986): S. 130.

sequenzen und die politische Invisibilisierung der Folgen der Migration nicht zu einer Verhärtung des Opfernarrativs in der folgenden Dekade führt, hat mit drei zentralen Modifikationen zu tun, die von der Ästhetik bis zur Sozialpolitik reichen und eine besondere Form der Aneignung dokumentieren. Erstens liegt es an einer bestimmten Form des Auftretens im öffentlichen Raum, zweitens verschiebt sich die Kommunikation der Diskriminierung. Wenn jemand jetzt diskriminiert, dann sind es nun die Deutsch-Türken selbst, die diese Trennung und Wertung in Form einer ironischen und existenziellen Autokommunikation vornehmen. Sie beleidigen die Deutschen und sich selbst. Sie sind Täter und Opfer zugleich. Als beispielsweise der Privatdetektiv Kemal Kayankaya in Dorris Dörries Film HAPPY BIRTHDAY TÜRKE von 1991 zu Beginn vom deutschen Hausmeister diskriminierend angeschnauzt wird, weil er im Hausflur einen Zigrattenstummel findet und Kayankaya darauf in mahnendem Ton sagt, dass er hier nicht so leben könne wie in der Türkei, nimmt Kayankaya – im Unterschied zu Yasemin, ihrem Bruder und Melek Tez in Meerapfels Film – den Hausmeister nicht ernst. Er läuft mit seinem braunen Mantel im Hausflur lässig am Hausmeister mit einer Zigarette im Mund vorbei und erinnert dabei an die Coolness der amerikanischen Privatdetektivfigur Philipp Marlowe aus den Kriminalromanen der 1930er Jahre von Raymond Chandler. Er steigt in den Fahrstuhl, lässt den Hausmeister schimpfen und erwidert ihm nur, dass er, die »Putze, einfach das Maul halten soll«.[358] Kayankaya macht klar, der Hausmeister soll seinen Job machen und er jemand ist, der auf Dauer ein Bewohner des Mehrparteienhauses ist und der Verweis auf die Türkei bei ihm überhaupt nicht mehr zieht. Zudem spricht Kayankaya akzentfreies Deutsch, kann aber kaum noch Türkisch, weil seine Eltern früh verstorben sind. Durch Stil, Auftritt und Sprache agiert Kayankaya reaktive Kräfte aus. Es ist letztlich diese ästhetische Performanz, die auf den diskriminierenden Akt des Hausmeisters reagiert. Anfang der 1980er Jahre erklärt der ehemalige Cumhuriyetzeitungsredakteur Dursun Akçam, warum die Gastarbeiter auf Beleidigungen nicht reagieren, weil sie denken, es ist nicht ihr Land und dass sie sehr bald zurückkehren werden.[359] An die Stelle dieses Verweisens und auch Ausweichens treten Ästhetik und Form. Durch sie werden Affekte und Emotionen des Unbehagens ausagiert und erhalten so eine symbolische Repräsentanz.

So deutet die Szene aus Dörries Film schon auf den dritten zentralen Aspekt der Verhandlung von Migration und ihren Folgen in der Bundesrepublik an, nämlich auf die zentrale Funktion der ästhetischen Erzählung in einem globalen

---

358 DÖRRIE, Doris (1991): *Happy Birthday Türke!*, Mainz: Zweites Deutsches Fernsehen.
359 AKÇAM, Dursun (1982): *Deutsches Heim – Glück allein. Wie Türken Deutsche sehen*, Berlin: Lamuv, S. 38.

Zusammenhang und des Kommunikationsabbruchs. Was hier Marlowe ist, ist in der Kanak Sprak der amerikanische Hip Hop, in Akıns und Arslans Filmen das amerikanische und französische Kino und in Özdamars Romanen der Surrealismus und das Theater Brechts. Doch ist es in den Produktionen der 1990er Jahre keineswegs so, dass damit wieder ein Amerikaner oder Europäer werden wollen einsetzen würde. Vielmehr steht im Kern der Reflexionen nicht mehr »der Türke vom Dienst« sein zu wollen, und klar auszusagen, dass man wie jeder andere einfach ein Mensch ist. Und wenn sie jetzt keine eindeutigen Türken mehr sind, heißt das aber noch lange nicht, dass sie jetzt einfach Deutsche sind. Dass aber mit der Verweigerung, der Türke »vom Dienst« zu sein und mit Verweigerung einer kulturellen Identität auch sozialstrukturelle, ökonomische und allgemeingesellschaftliche Fragen von Positionierung verbunden sind, wird auch im Zentrum des folgenden Kapitels stehen. Doch zeigt uns allein die Änderung des Ausländerrechts von 1990, dass es für diese nicht mehr trennbare Verbindung weder eine öffentliche Anerkennung noch eine öffentliche Semantik in der Bundesrepublik gibt.[360] Die Gegen-Position, die im öffentlichen Raum keinen Platz hat, bedarf eines besonderen ästhetischen Aufwands, um gegen die formelle die informelle Wirklichkeit zu setzen. So geht es im Artikulationsprozess des Hybriden in den 1990er Jahren nicht mehr einfach darum, die Grundprinzipien politischer Diskriminierung aufzudecken. Tatsächlich ist der Hausmeister in Dörries Film unwichtig, wie auch in vielen allen anderen Filmen und literarischen Texten der 1990er Jahre rechtsgesinnte und rechtsradikale Figuren höchstens Nebenfiguren sind. In den 1990er Jahren werden viele Ausländer von Rechtsradikalen ermordet,[361] doch kaum ein Film oder ein literarischer Text macht diese Morde zum Thema der Erzählung.

Nach Bhabha, einem der theoretischen Wortführer der 1990er Jahre, zielt die Analyse von kultureller Differenz nicht mehr auf die Aufhebung von Diskriminierungen, wie in Gordons oder Parsons Theorie. Im Kern geht es nun darum »position of enunciation and the relations of address within« zu verändern. Es geht um eine *Umformung* des Ablaufs des artikulatorischen Prozesses.[362] Ihr Austragungsort ist die Schwelle, die Straße, der Weg, jedoch ohne eine Richtungsvorgabe wie die der Zivilisation. Die ästhetischen Figuren der 1990er Jahre sind Nomaden, die sich von Reisenden und Migranten unterscheiden, von Residenz und Einwanderung. Sie kehren weder irgendwohin zurück, noch kommen sie irgendwo an, denn sie sind aus Deutschland nie weggegangen. Anstelle von der Herkunft oder vom

---

360 Siehe hierzu: HAMMAR (1990): S. 14.
361 JANSEN, Frank/KLEFFNER, Heike/RADKE, Johannes/STAUD, Toralf (2012): »Tödlicher Hass. Todesopfer rechter Gewalt«. In: *Der Tagesspiegel*, 31.05.2012, https://www.tagesspiegel.de/themen/rechtsextremismus/toedlicher-hass-149-todesopfer-rechter-gewalt/1934424.html (zuletzt 26.03.19).
362 Siehe hierzu: BHABHA (1994): S. 162.

»Gang eines geschichtlichen Wandels bestimmt« zu sein, stehen im Vordergrund Performanz und Gegenwärtigkeit der Akteurinnen und Akteure und damit die Unterbrechung eingefahrener Narrative wie Moderne und Tradition, die sich auf einer entwicklungslogischen Zeitachse konstituiert. Nicht um die Übersetzung oder Aneignung von Verhaltensweisen als Entwicklung oder von Gefühlen als ein Verstehen des Anderen geht es in den 1990er Jahren, sondern um einen Bruch solcher sozial verallgemeinerbaren Praktiken, Theorien und Vorstellungen, die national oder kulturell codiert sein könnten.[363] Die soziale und kulturelle Anomie ist der Ausgangspunkt der Erzählungen von Integration und Desintegration in den 1990er Jahren. Nicht nur, weil das Deutsche vom Türkischen und umgekehrt in Sprache und Auftritt nicht mehr zu trennen ist, sondern weil das einzige Innen, das es in den 1990er Jahren gibt, sich zwischen Herz und Haut im Körper bewegt und nicht mehr in Wohnungen oder bestimmten kulturellen Communities. Das Warten im Provisorium der Migration ist zu einer Suche geworden, die nicht mehr von Geduld, sondern von Ungeduld bestimmt ist.[364] Integration ist in dieser komplexen Konstellation in den 1990er Jahren mehr denn je eine Frage der Erzählung und des Auftritts. Doch bevor dies alles wirkmächtig werden kann, muss zuerst die zweite Haut abfallen, das Türkischsein der 1980er Jahre. Dieser Prozess, das werden uns die Analysen des vierten Kapitels der vorliegenden Kulturgeschichte zeigen, ist unter den Bedingungen der 1990er Jahre, von Brüchen, von existenziellen und sensitiven denn von abstrakt-kulturellen Fragen bestimmt. Die einzige höhere Ordnung, die in Text und Film in den 1990er Jahren angerufen wird, ist die des „Mensch-Seins". Wie stabil diese ist und welchen Aufwand ihr Sichtbarmachen verlangt, werden die Analysen für die 1990er Jahre ebenfalls zeigen.

Wie in den Kapiteln zuvor wird es im folgenden Einstiegskapitel 4.1. *In der Gesellschaft überleben* zu den 1990er Jahren darum gehen, ein Panaroma der ästhetischen Erzählungen zu präsentieren. Im daran anschließenden zweiten Teil der Einleitung zu den 1990er Jahren mit 4.2. *Kultur als eine Frage des »Wohnens«* werde ich prüfen inwieweit die theoretischen, politischen und gesellschaftspolitischen Debatten mit diesem Panaroma korrelieren, bevor ich mich der genauen Analyse der Erzählungen in Literatur und Film widmen werde.

---

363 Zur Postnational Membership konstatiert Soysal, dass sie »confers upon every person the right and duty of participation in the authority structures and public life of a polity, regardless of their historical or cultural ties to that community. A Turkish guestworker need not have a ›primordial‹ attachment to Berlin (or to Germany, for that matter) to participate in Berlin's public institutions and make claims in its authority structures«. Siehe hierzu: SOYSAL (1994): S. 3.
364 Vgl. LEGGEWIE, Claus/ŞENOCAK, Zafer (1993): *Deutsche Türken. Das Ende der Geduld*, Reinbek: Rowohlt. Siehe auch: KURT, Kemal (2000a): »Ungeduld«. In: ders, *Der Chinese von Schöneberg*, Berlin: Hitit, S. 18–24, S. 23.

4 »Wie lebt es sich in Deiner Haut?«: Von der Herkunfts- zur Konfliktgesellschaft in Literatur, Film und Debatten der 1990er Jahre

4.1 In der Gesellschaft überleben

»Erst habe ich die Soldaten gesehen, ich stand da im Bauch meiner Mutter zwischen den Eisenstangen, ich wollte mich festhalten und faßte an das Eis und rutschte und landete auf dem demselben Platz, klopfte an die Wand, keiner hörte.«[1] Mit diesem Satz beginnt der erste Roman der Autorin Emine Sevgi Özdamar *Das Leben ist eine Karawanserei. Hat zwei Türen. Aus einer kam ich rein. Aus der anderen ging ich raus* von 1992. Ungeboren befindet sich die Ich-Erzählerin im Mutterbauch, den sie wie eine ungemütliche dunkle Gefängniszelle beschreibt. Während dieser Beschreibung sind Ich-Erzählerin und ihre Mutter mit Soldaten in einem Zugabteil unterwegs zu Vater und Großvater in die türkische Provinz.[2] Dort soll die Ich-Erzählerin auf die Welt kommen. Beim Abfahren des Zuges ruft eine Frau, die die hier noch ungeborene Protagonistin »später im Leben ›Baumwolltante‹« nennen wird, der schwangeren Frau zur Beruhigung hinterher, dass alle herauskommen und niemand im Mutterbauch bleiben würde. Sie solle nur warten, bis sie im Haus ihres Vaters angekommen sei.[3] Dort auf die Welt gekommen, schreit das Neugeborene ohne Unterlass über mehrere Tage. Die fünf Frauen des Großvaters empfehlen der Mutter aus Sorge, das Kind könne unheilbar krank sein, auf den Friedhof zu gehen und den Säugling in ein frischausgehobenes Grab zu legen. Wenn es darin immer noch schreien sollte, würde es überleben. Die Mutter legt den Säugling auf dem Friedhof in ein nasses dunkles Loch und zieht sich zurück. Das Kind überlebt, aber nicht weil es weiterschreit. Es hat im Gegenteil aufgehört zu schreien und in das Erdreich uriniert. Das Kind überlebt, weil seine Großmutter, eine der fünf Frauen des Großvaters, diesem Aberglauben ein Ende setzt. Mit Hilfe des verrückten Kutschers Hüseyin, der Mutter, Großmutter und Kind zum Friedhof gebracht hat, holt sie es wieder aus dem Erdloch heraus. Diese eindringliche Friedhofsse-

---

[1] ÖZDAMAR, Emine Sevgi (1992): *Das Leben ist eine Karawanserei. Hat zwei Türen. Aus einer kam ich rein. Aus der anderen ging ich raus*, Köln: Kiepenheuer & Witsch, S. 9.
[2] Auch der Protagonist in Zafer Şenocaks Roman *Gefährliche Verwandtschaft* von 1998 ist im Bauch seiner Mutter unterwegs im Zug von Istanbul nach München. Er ist das Kind einer deutschen Frau und eines türkischen Mannes. Gezeugt wurde er in Istanbul, auf die Welt kommt er in München. Siehe hierzu: ŞENOCAK, Zafer (1998): *Gefährliche Verwandtschaft*, Fuchstal: Babel, S. 11.
[3] Ebd.

quenz wird mit einer Grabsteininschrift, einem in den Fließtext eingefügten Zitat kommentiert, das zugleich das Leitmotiv des Romans einführt.

> Als ich ging aus dieser Welt
> reden wir nicht von Karawanserei und Bäder besitzen
> uns genügte das Teilen des Tageslichts
> reden wir nicht von Glücklichsein
> das Hoffen reichte uns
> nichts haben wir gefunden
> die Melancholie haben wir uns geschaffen
> sie tröstete uns nicht
> oder vielleicht
> waren wir nicht von dieser Welt.[4]

Wenn alle aus dem Mutterbauch herauskommen und dieser, die im Romantitel genannte eine Tür ist, so ist das Verlassen der Welt die zweite Tür, durch die ebenfalls jeder gehen muss. Diese Vorrangigkeit der Endlichkeit des Lebens, die den Titel des Romans im Text selbst wiedergibt und einem alten türkischen Volkslied entnommen ist[5], der Aberglaube der Familie, Begriffe wie Karawanserei und die Sensitivität der Eröffnungssequenz bemühen zwar orientalistische Assoziationen, wie sie beispielsweise Edward Said in seinem bekannten Buch Orientalismus festhält.[6] Doch ist dies nur die eine Seite des Romans. Ihre andere Seite ist die surreale Diktion der Erzählung, die die Geschichte mit der Perspektive aus dem Mutterbauch beginnen lässt. Hinzu kommt – und das werden noch viel Auszüge aus dem Roman zeigen –, dass nicht eine orientalische Sinnlichkeit im Roman zur Disposition steht, sondern eine allgemeine Körperlichkeit der Akteure. Und schließlich endet der Roman nicht mit dem Tod der Protagonistin. Im Gegenteil steht die zweite Tür am Ende von *Das Leben ist eine Karawanserei* für die Migration der Erzählerin nach Deutschland. Die zweite Tür ist die der grenzüberschreitenden Migration.

---

4 ÖZDAMAR (1992): S. 13.
5 Der Titel von Emine Sevgi Özdamars Roman geht auf das türkische Volkslied *Uzun ince bir yoldayım* (Ich bin auf einem langen schmalen Weg) des Volksdichters Aşık Veysel zurück. In diesem Lied taucht in jeder zweiten Strophe die Formulierung auf, dass das Leben ein Haus zwischen zwei Türen darstellt und das der Sänger morgens wie abends zwischen diesen beiden Türen unterwegs ist. Siehe hierzu: SIEDEL, Elisabeth (1989): »Aşık Veysel und sein Publikum«. In: *Die Welt des Islams*, New Series, Bd. 29, Nr. 1 / 4 (1989), S. 83–100.
6 Die Zuschreibung von Aberglauben, Endlich-, Vergeblichkeit des Lebens und ganz besonders die Sinnlichkeit sind in Edward Saids großem Buch zum *Orientalismus* ausschlaggebende Kategorien der westlichen Wahrnehmung des Orients im 19. und 20. Jahrhundert. Siehe hierzu: SAID, Edward W. (2014): *Orientalismus*, Frankfurt a. M.: Fischer, S. 223f.

Aber nicht nur das Ende steht quer zur orientalistischen Rahmung des Romans. Allein die Prominenz von Geburt und Tod zeigt die Erzählerin und ihre Verwandten zunächst als Menschen und nicht in erster Linie als Menschen, die einem bestimmten Kulturkreis angehören. Auch die körperliche Aktivität der Protagonistin, ihr Verlangen, aus dem Mutterbauch herauskommen zu wollen, die erzählerisch ungemeine Geschwindigkeit der Ortswechsel vom Zugabteil über die türkische Provinz bis zum Friedhof auf den ersten Seiten des Romans und der im Alter von achtzehn Jahren einsetzende große Wunsch der Erzählerin, nach Deutschland zu migrieren, widersetzen sich zudem der Passivität und Schicksalsergebenheit des Orientalen.[7] Ganze viermal teilt sie am Ende des Romans ihrer Mutter ihren Wunsch mit, nach Deutschland zu wollen. Auf diese Idee kommt sie plötzlich als sie an einem Istanbuler Strand aufs Meer schaut und beeindruckt der Bewegung der großen Schiffe in die Welt hinaus nachsieht.[8] Dieser Lebensdrang spiegelt sich auch im Leben ihres Großvaters, der über das islamische Gesetz hinaus, nicht vier, sondern mit fünf Frauen verheiratet war.[9] Doch so insistierend und überschüssig[10] dieser Drang nach draußen zu kommen dargestellt wird,

---

[7] Nach Said sind Passivität und Ergebenheit in das eigene Schicksal zentrale Codes in der Konstruktion des Orients, wie ihn Wissenschaft und Politik des Westens im 19. Jahrhundert und 20. Jahrhundert vorangetrieben haben. Diese Zuschreibungen waren mitunter die Grundlage für die Legitimität des westlichen Kolonialismus in arabischen und osmanischen Gebieten im 19. und 20. Jahrhundert. Die Grundlogik lautete: Da die Orientalen sich nicht aus sich selbst heraus entwickeln können, müssen die Europäer ihnen bei der Modernisierung helfen. Siehe hierzu. SAID (2014): S. 62–64.
[8] Siehe hierzu: ÖZDAMAR (1992): S. 368.
[9] Etwas mehr als zehn Jahre später setzt das islamkritische Buch *Große Reise ins Feuer. Die Geschichte einer deutschen Türkin* der deutsch-türkischen Rechtsanwältin Seyran Ateş, das mit der Ankunft ihrer Familie in Deutschland beginnt, mit der Erwähnung ein, dass ihr Großvater dem islamischen Gesetz entsprechend mit vier Frauen verheiratet war. Siehe hierzu: ATEŞ, Seyran (2003): *Große Reise ins Feuer. Die Geschichte einer deutschen Türkin*, Reinbek: Rowohlt, S. 8. So banal dieser Unterschied auf den ersten Blick wirken mag, ist das Brechen und das Befolgen von Regeln ein konstitutiver Unterschied zwischen den 1990er und den 2000er Jahren. Denn die Anzahl von fünf Frauen korreliert mit orientalistischer Fabulierlust im Positiven und orientalistischem Sexhunger im Negativen. In beiden Fällen ist die sensitive Dimension bestimmend. Die Zahl vier hingegen verweist direkt auf ein allen Lesern bekannte islamische ehegesetzliche Ordnung. Wenn in Özdamars Roman ein bestimmter Orientalismus zugleich bedient und in Frage gestellt wird, ist es im Fall von Ateş umgekehrt. Die Regeln des Islam werden hier befolgt, ohne Kritik und ohne sie in Frage zu stellen.
[10] Voll körperlicher Energie stecken viele Akteurinnen und Akteure in den 1990er Jahren. Selbst bei einem Autor wie Selim Özdoğan, der in seinen Romanen der 1990er Jahre als einer der ganz wenigen das Thema der Migration konsequent vermeidet, sind die Akteure in einem Gemütszustand zwischen »Lebensdurst & Todessehnsucht«. Wie Özdoğan selbst schreibt, wollen sie mehr als »Bücher, Sex, Drogen, Musik, Kino, Tanzen, Schreiben, Schwitzen«. Und wenn es die-

steuert *Das Leben ist eine Karawanserei* erzählerisch und dramaturgisch keineswegs teleologisch, durch eine Struktur der Entwicklung einfach auf die Arbeitsmigration der Ich-Erzählerin am Ende zu. Stattdessen bestimmt die Migration das Leben sogar noch vor der Geburt. Im Unterschied zu Aras Örens *Was will Niyazi in der Naunynstraße?* oder zu Helma Sanders-Brahms SHIRINS HOCHZEIT, in denen die Arbeitsmigration aufgrund ungerechter sozialer Mechanismen erfolgt und ähnliche deutsche und türkische Lebens- und Arbeitswelten (Frau Kutzer und Niyazi) von daher gezeigt werden, steht die Frage der Herkunft allgemein zur Disposition.

Zeitnah zur Entstehungszeit von Özdamars Roman konstatiert Salman Rushdie in seiner Essaysammlung zum Zusammenhang von Migration und Literatur, dass die Autoren seiner Generation mit Migrationsgeschichte ihre Herkunft nicht mehr präzise beschreiben könnten und dass daraus eine »paradoxical opposition« zwischen Inhalt und Form resultiere.[11] Hinzu kommt, dass in einer Zeit, in der der Staat die Wirklichkeit selbst in die Hand nimmt, verzerrt und verändert sie nach Rushdie die Vergangenheit und damit auch die Bedürfnisse der Gegenwart. Auf dieser Grundlage wird dann die Herstellung von Literatur und Film zu einer politischen Aktivität. Das Darstellen alternativer Wirklichkeiten ist hier ein politisches Projekt der Freiheit und Weltverbundenheit. Denn Adressat dieser explizit ästhetisch-politischen Konstellation ist weder eine bestimmte Gruppe noch eine Mehrheit oder Minderheit, sondern »people who feel part of the things I write ‚about', but also for everyone else whom I can reach«.[12] Und was könnte noch zu Beginn der 1990er Jahre allgemeiner sein und alle Menschen miteinbeziehen, sie inkludieren, als die Herkunft aus dem Mutterbauch?[13]

Dieses körperliche Sein und Werden bricht mit der national bzw. territorial verstandenen Herkunft und der vorher bestimmten kulturellen Zugehörigkeit. Erkennbar wird es durch ein verfremdendes nicht realistisches Erzählen und

---

ses Mehr nicht gebe, könne man gleich das »Handtuch schmeißen«. Siehe hierzu: ÖZDOĞAN, Selim (1995): *Es ist so einsam im Sattel, seit das Pferd tot ist*, Berlin: Rütten & Loening GmbH, S. 7.
11 RUSHDIE, Salman (1991): *Imaginary Homelands*, London: Granta Books, S. 16.
12 Ebd., S. 20.
13 In der Zeit zwischen Ende der 1980er und Anfang der 1990er Jahre glaubt auch Zafer Şenocak daran, dass nationale Zugehörigkeiten und Pässe der Vergangenheit angehören. 1989 zieht er von München nach Berlin. »In Berlin angekommen, habe ich meinen türkischen Pass in der Tasche. Die Mauer ist gefallen, und einige Augenblicke lang kann man fest daran glauben, dass es nie wieder Pässe geben wird, nie wieder Passkontrollen, nur Passagen, frei, für jedermann zugängliche Passagen.« Dass die Geschichte sich entgegen dieser Globalisierungseuphorie von den 1990er Jahren bis heute anders entwickeln wird, bestimmen besonders seine aktuellen essayistischen Reflexionen. Siehe hierzu: ŞENOCAK, Zafer (2016): *In deinen Worten. Mutmaßungen über den Glauben meines Vaters*, München: Babel. ŞENOCAK, Zafer (2018): *Das Fremde, das in jedem wohnt. Wie Unterschiede unsere Gesellschaft zusammenhalten*, Hamburg: Körber Stiftung, S. 139.

durch viele Ortswechsel und einer besonderen Ereignisdichte zu Beginn des Romans. Auch der Orient erfährt dabei als Ort fatalistischer Lebensweisheit eine Abwertung. Denn die schönen Verse aus dem zitierten Volkslied und dem Titel des Romans kontrastieren die ordinären Aussagen des türkischen Kutschers. Dieses Ordinäre führt uns in den Friedhof hinein und auch wieder hinaus. »Ich ficke die Welt, gehen wir, ich ficke den Friedhof, ich ficke den Tod«, heißt es da etwa. Oder später, als der Kutscher die Großmutter samt Säugling aus dem Grab herauszieht: »Hier nimm meine Hand, ich ficke meine Hand, ich ficke deine Enkelin, ich ficke das Grab«.[14] Nicht die zitierte orientalische Lebensweisheit ist hier ausschlaggebend, sondern die Wut auf die Welt einer sozial prekären Existenz wie der des Kutschers, der trotzdem hilft. An seine Stelle tritt im weiteren Verlauf des Romans eine andere sozialstrukturell prekäre und zugleich transkulturell und transnational greifende Figur, die ebenfalls helfen wird und auf Roman und Protagonistin entscheidenden Einfluss nimmt: die »Hure«. Die »Huren« oder Frauen, die als solche bezeichnet werden, tauchen in vielen Texten und Filmen deutsch-türkischer Provenienz in den 1990er Jahren als positiv konnotierte Figuren auf.[15]

So steht am Anfang von Özdamars Roman eine sozialstrukturell gefärbte Umwertung der Werte. Soziologisch gesprochen geht es hier um soziale Anomie, die die körperliche Existenz von der kulturellen Identifikation und einer funktional ausdifferenzierten Gesellschaft im Sinne Durkheims unterscheidet.[16] Doch bleiben diese Seiten der Thematisierung der Migration und ihrer Folgen aufeinander angewiesen. *Das Leben ist eine Karawanserei* wird 1992 veröffentlicht und gehört seit seinem Erscheinen zu den meistrezipierten Romanen in Forschung und Feuilleton. Für einen Auszug aus diesem Roman erhält die Autorin 1991

---

14 Ebd., S. 15. Diese Aufeinanderfolge von Thanatos, Eros und Wut finden wir auch in Tevfik Başers drittem Film LEBEWOHL, FREMDE von 1991. Darin steht der Aufenthalt des politischen Flüchtlings Deniz Varlık auf der Nordsee-Hallig Langeneß im Vordergrund. Siehe hierzu: BAŞER, Tevfik (1991): *Lebewohl, Fremde*, Spielfilm, eye see movies, Schweiz.
15 Siehe hierzu: DÖRRIE, Doris (1992): *Happy Birthday, Türke!*, Spielfilm, Cobra Film GmbH, Deutschland; KUTLUCAN, Hussi (1998): *Ich Chef, Du Turnschuh*, Spielfilm, Zero Fiction Film GmbH, Deutschland; POLAT, Ayşe (1999): *Auslandstournee*, Spielfilm, ZDF – das kleine Fernsehspiel, Deutschland; ATAMAN, Kutluğ (1999): *Lola und Bilidikid*, Spielfilm, Zero Fiction Film GmbH, Deutschland.
16 Der Aspekt der sozialen Anomie wie der Prostitution, der Kriminalität und des Selbstmords, die Durkheim als gesellschaftlich verstandene strukturelle Widersprüche, als abweichende Verhaltensformen beschrieben hat, wird uns in Film und Literatur der 1990er Jahre häufig begegnen. Siehe zur sozialen Anomie: DURKHEIM, Emile (1992): *Über soziale Arbeitsteilung. Studie über die Organisation höherer Gesellschaften*, Frankfurt a. M.: Suhrkamp.

den Ingeborg-Bachmann-Preis als erste »nichtdeutschstämmige Autorin«.¹⁷ Ihr Roman wird wider seiner ästhetischen Logik als ein autobiografisches Zeugnis der türkischen Kultur gelesen. Wir werden allerdings sehen, dass nicht nur Erzählung und deutsche Rezeption in einem widersprüchlichen Verhältnis stehen, sondern auch die türkische und die deutsche Rezeption des Romans.

Eine Dekade später begegnen wir in einer ebenfalls sehr bekannten und vielprämierten deutsch-türkischen Produktion, deren Drehbuchkonzeption noch in den 1990er Jahren liegt, im Kinofilm GEGEN DIE WAND von Fatih Akın einer ähnlich brüchigen Konstellation von Kultur, Sprache, Sozialstruktur und Rezeption.¹⁸ Akıns bekannter Film schließt die Phase des Leitzsatzes »Wie lebt es sich in Deiner Haut« der vorliegenden Kulturgeschichte ab, treibt sie zugleich aber auch auf ihren Höhepunkt. GEGEN DIE WAND beginnt ähnlich wie Özdamars Roman mit einem klassisch-türkischen Musikstück, das von einer Musikkapelle am Bosporus gespielt wird. Die ganze Szenerie wirkt wie eine orientalische Postkarte. Hinter Kapelle und Bosporus sehen wir die Celebi Moschee. Es ist die hellste Sequenz im Film. Auf sie folgt ein totaler Cut. Kurze Dunkelheit, Neonröhren in einem dunklen Keller werden eingeschaltet. Wir wissen in den ersten Einstellungen nicht, wo wir sind, denn Akın hat zwischen diesen ersten Sequenzen keinen *establishing shot* eingesetzt. *Establishing shots* definieren in filmischen Erzählungen den Raum, in dem das darauffolgende filmische Geschehen stattfindet. Sie beschreiben einen »overall space« und dienen dem Zuschauer als Orientierung.¹⁹ In dieser Sequenz des Films begreifen wir erst nach und nach, dass wahrscheinlich ein Konzert in einem Club zu Ende gegangen ist. Doch geht es wie bei Özdamar nicht um den Ort, sondern um die Einführung des ersten Protagonisten und mit der erzählerischen Verbindung von Orientalismus und einem Hamburger Kellerkonzertraum zugleich darum, so viele Menschen wie möglich zu erreichen. Cahit,²⁰ ein Mit-

---

17 KAISER, Birgit Mara (2014): »A new German, singularly Turkish. Reading Emine Sevgi Özdamar with Derrida's *Monolingualism of the Other*«, In: *Textual Practice*, Vol. 28, No. 6, S. 969–987, S. 974.
18 Neben vielen anderen auch internationalen Preisen erhielt er 2004 den renommiertesten und äußerst repräsentativen deutschen Filmpreis, den Goldenen Bären der Berlinale. Der letzte deutsche Film vor GEGEN DIE WAND, der den Goldenen Bären gewann, war 1986 der Film STAMMHEIM von Reinhard Hauff, in dem der Gerichtsprozess im Jahre 1975 gegen die RAF-Terroristen Andreas Baader, Ulrike Meinhof, Gudrun Ensslin und Jan-Carl Raspe im Hochsicherheitsgefängnis Stammheim nacherzählt wird. Siehe hierzu: HAUFF, Robert (1986): *Stammheim*, Spielfilm, Bioskop-Film GmbH, Deutschland.
19 Siehe hierzu: BORDWELL, David/THOMPSON, Kristin (2012): *Film Art. An Introduction*, 10. Aufl., New York: McGraw-Hill, S. 235.
20 Cahit kommt zwar als türkischer Name vor, seine Semantik geht aber auf das arabische Verb ğahada (sich bemühen, anstrengen) zurück. Daraus leitet sich auch das Nomen Ğihad ab, das besonders in religionspolitischen Zusammenhängen bekannt ist und mitunter in Integrations-

dreißiger mit schwarzer Lederjacke, sammelt als Gelegenheitsarbeiter Biergläser und Flaschen nach Konzerten ein. Wir sehen ihn bei dieser Arbeit frustiert und am Ende seiner Arbeit mit großem Durst gierig die stehengelassenen Bierflaschen austrinken. Cahit ist gereizt. Als sein türkischer Arbeitskollege ihm besorgt rät, dass er doch Wasser trinken solle, wenn er so durstig sei, antwortet ihm Cahit in gebrochenem Türkisch mehrmals, dass er kein Tier, sondern ein Mensch sei. Dies ist die erste Aussage des Protagonisten im Film. Später werden wir nebenbei erfahren, dass es sich bei dieser Lokalität um *Die Fabrik,* ein Kultur- und Veranstaltungszentrum in Hamburg-Altona handelt. Wir werden sehen, dass in kaum einem Film oder einem Text der 1990er Jahre, die Migration thematisieren, die Bestimmung der Orte mit einem *establishing shot* eingeführt wird. Diese Art der Erzählung und Unmittelbarkeit steht in einem spannungsreichen Verhältnis zum Begriff der Integration. Denn »Integration« zieht immer die Frage nach sich, wohinein man integriert ist und worin etwas stattfindet.

Im Vordergrund stehen hingegen hier die sich bewegenden Akteurinnen und Akteure, deren Gereiztheiten mit Bewegung korrelieren.[21] Intensiviert wird dieser Fokus durch eine besondere Lichtdramaturgie. In GEGEN DIE WAND folgt auf den künstlichen orientalischen Einstieg mit künstlichem Licht eine Sequenz in der *Fabrik* ohne externe Lichtquellen bzw. filmsprachlich gewendet: mit Einsatz von natürlichem Licht.[22] Da die Aufnahmen im Kellergewölbe der *Fabrik* gemacht

---

debatten zum Einsatz kommt, wenn es um die Frage der Gewalt im Islam geht. Doch ist auch bei diesem arabischen Begriff das semantische Feld breit. Beispielsweise werden Freiheitskämpfer *muǧahid* genannt – etwa die afghanischen Kämpfer in den 1980er Jahren, die sich gegen die sowjetische Intervention von 1979 bis 1989 wehrten. Mitte der 1990er Jahre werden aus den *Muǧahidin* die Taliban-Kämpfer, die sich als Koranschüler begreifen. Siehe WEHR, Hans (1977): *Arabisches Wörterbuch für arabische Schriftsprache und Supplement*, Beirut: Otto Harrassowitz, S. 128f.

21 In sehr vielen Filmen der 1990er Jahre deutsch-türkischer Provenienz sind die Protagonisten von Beginn an gereizt oder begonnene Dialoge werden durch das Gereiztsein gestört und abgebrochen. Dieses Phänomen gilt nicht allein für deutsch-türkische Filme, sondern ab Mitte der 1990er Jahre besonders auch für deutsche Filme. Siehe hierzu folgende deutsch-türkischen Filme: YAVUZ, Yüksel (1998): *Aprilkinder*, Spielfilm, Zero Fiction Film GmbH, Deutschland. ARSLAN, Thomas (1997): *Geschwister*, Spielfilm, ZDF, Deutschland; ders. (1998): *Dealer,* Spielfilm, Trans-Film GmbH, Deutschland. AKIN, Fatih (1998): *Kurz und schmerzlos*, Spielfilm, Wüste Film Produktion, Deutschland. Siehe zu den deutschen Produktionen: SCHMID, Hans-Christian (1995): *Nach fünf im Urwald*, Spielfilm, Claussen + Wöbke Filmproduktion, Deutschland. BECKER, Wolfgang (1995–1997): *Das Leben ist eine Baustelle*, Spielfilm, X-Filme Creative Pool, Deutschland. TYKWER, Tom (1998): *Lola rennt*, Spielfilm, X-Filme Creative Pool, Deutschland. DRESEN, Andreas (1998): *Nachtgestalten*, Spielfilm, Rommel Film e. K., Deutschland.

22 In Başers Film LEBEWOHL, FREMDE spielt das natürliche Licht im Unterschied zu seinen ersten beiden Filmen aus den 1980er Jahren ebenfalls eine herausragende Rolle, seien es Innen- oder

wurden, ist die Sequenz in ihrem Grundton dunkel. Cahits Trinken erinnert an die Beschreibungen des Mutterbauchs und an das feuchte Loch auf dem Friedhof in Özdamars Erzählung.[23] Wie in *Das Leben ist eine Karawanserei* steht auch hier gleich zu Anfang das Leben auf dem Spiel.[24]

Denn nach dieser Sequenz im Kulturzentrum wird Cahit, wie die zweite Protagonistin Sibel zu Beginn des Films, einen Selbstmordversuch begehen. Er fährt mit dem Auto gegen eine Wand, sie schneidet sich die Pulsadern auf. Sibel und Cahit lernen sich im Krankenhaus kennen. Auf Sibels Wunsch und auf ihr Drängen hin gehen sie gemeinsam eine Scheinehe ein. Sie will der Enge des traditionellen türkischen Lebens ihrer Eltern in Deutschland entkommen, um mit so vielen Männern wie möglich »ficken« zu können.[25] Dass die Scheinehe sich zu einem Liebesverhältnis entwickelt, ist der genreübliche Strang der Geschichte, die GEGEN DIE WAND erzählt. Dass es aber um mehr geht, nämlich um kulturelle Desintegration, genauer um Exklusion statt Integration und Inklusion in den 1990er Jahren, hat mit einem anderen Strang im Film zu tun, den ich am Ende dieses Kapitels aufzeigen werde.[26] Nicht das Zusammenfinden der Liebenden steht im Mittelpunkt, sondern der körperliche Ausdruck als Form einer besonderen Gefühlskonstellation. Diese basiert wie in Özdamars Roman auf dem komplizierten Verhältnis zwischen orientalischem Postkartenmotiv und der Wut seiner Akteurinnen und Akteure aus einer emotional geprägten Existenz heraus.[27] Kompliziert ist dieses Verhältnis, weil der

---

Außenaufnahmen. Letztere bestimmen in bemerkenswerter Differenz zu 40QM DEUTSCHLAND und ABSCHIED VOM FALSCHEN PARADIES die ästhetische Struktur des Films. Das Hinausgehen in LEBEWOHL, FREMDE ist ein anderes als in den Filmen davor. Siehe hierzu: BAŞER (1991).

23 Am Tag der Beerdigung des Vaters des Protagonisten Jan Nebel (Jochen Vogel) in Wolfgang Beckers Film DAS LEBEN IST EINE BAUSTELLE regnet es während der Beerdigung sehr stark in das Grab – so sehr, dass der Sarg im Wasser nicht mehr zu sehen ist. Siehe hierzu: BECKER (1995–1997).

24 Tod, Geburt und Leben stehen auch im Zentrum der kafkaesken Erzählung »Die Treppe« in Kemal Kurts Erzählband *Der Chinese von Schöneberg*. Siehe hierzu: KURT, Kemal (2000a): »Die Treppe«. In: ders.: *Der Chinese von Schöneberg*, Berlin: Hitit, S. 10–15.

25 AKIN, Fatih (2004): *Gegen die Wand. Das Buch zum Film mit Dokumenten, Materialien, Interviews*, Köln: Kiepenheuer & Witsch, S. 39.

26 Meine Analyse von GEGEN DIE WAND steht hier in einem engeren Zusammenhang mit Literatur und Film der 1990er Jahre und wird differenzierter ausfallen als in den Aufsatzpublikationen zuvor. Siehe hierzu: EZLI, Özkan (2009): »Von der Identität zur Individuation – Gegen die Wand. Eine Problematisierung kultureller Identitätszuschreibungen«. In: *Soziale Welt. Sonderband 17: Konfliktfeld Islam in Europa*, S. 283–304.

27 In einer vergleichbaren gegenorientalisierenden Rahmung konstatiert Kemal Kurt in seiner Erzählung *Die Lösung*, dass mit dem Wechsel vom Warten zum Suchen die Ungeduld an die Stelle der Geduld getreten sei. Diesen Satz wiederholt er sogar zweimal nacheinander. Wie Özdamar und Akın beginnt und schließt er seinen Erzählband *Der Chinese von Schöneberg* mit den volksliterarisch bekannten türkischen Schattenspielfiguren Hacıvat und Karagöz ebenfalls mit

Orient nicht einfach das Fremde oder das Eigene wiederspiegelt, mit der die zweite Generation sich einfach identifizieren oder ihn einfach hinter sich lassen könnte. Vielmehr speisen die Akteurinnen und Akteure ihre Kraft und ihren Ausdruck aus der Verbindung von hier und dort, wobei diese Verbindung keinen anderen Austragungs- und Kommunikationsort hat als ihre Erzählung und die Akteure selbst. In jedem Fall pendelt die Bindung von Deutschem und Türkischem zwischen dem Orient als Aphorismus und Postkartenmotiv und einer erzählerischen Kraft. Letztere hält mit einem Zusammenstoß von Bild-, Lichtverhältnissen und surrealen Beschreibungen eine überzogene, laute körperlich-existenzielle Realität gegen die Mehrheitsgesellschaft und orientalistische Zuschreibungen, in deren Zentrum Konflikte und das Überleben stehen.[28] Diese Körperlichkeit bestimmt auch die Bewegungen der Akteure durch den Raum, die zwar für Kritik, aber nicht für Ankunft stehen. Artikulierbar werden diese Spannungen trotz Fehlens eines konkreten Ortes durch Mobilität, Körperlichkeit und Komik. Auch hier steht im Zentrum der Erzählung die Anrufung der »personhood«.[29]

Diese Aspekte zeichnen ebenfalls den Zugang aus, den Feridun Zaimoğlu für seinen Protagonisten in *Abschaum. Die wahre Geschichte von Ertan Ongun*

---

orientalisch-türkischen Markern, die zu den acht Erzählungen selbst quer und fremd stehen. KURT, Kemal (2000b): »Die Lösung«. In: ders.: *Der Chinese von Schöneberg*, Berlin: Hitit, S. 23.

28 Diese Konstellation gilt keineswegs allein für die deutsch-türkischen Filme, sondern ist auch in den genannten deutschen Komödien bzw. Tragikomödien der 1990er Jahre anzutreffen. Im Überraschungserfolg ABGESCHMINKT von 1992 schreibt die Comiczeichnerin Frenzy (Katja Riemann) zu Beginn des Films an die Wand ihres Ateliers, dass das Leben eine große Scheiße sei und man dann sterbe. In Wolfgang Beckers Film DAS LEBEN IST EINE BAUSTELLE erfährt Jan Nebel zu Beginn des Films, dass er sich sehr wahrscheinlich mit dem HIV-Virus infiziert hat, kurz darauf stirbt sein Vater in ihrer alten Berliner Wohnung beim Abendessen vor dem Fernseher. In Doris Dörries Spielfilm KEINER LIEBT MICH von 1994 übt sich die Protagonistin Fanny (Maria Schrader) in der wilden Tragikomödie in einem Kurs und zu Hause im Sterben, weil das Leben ohne eine Liebesbeziehung für sie keinen Sinn macht. In ihrer Wohnung steht ebenfalls ein Sarg, den sie am Ende des Films vom Balkon wirft, als sie dann doch den für sie vorherbestimmten Mann kennenlernt. Mathieu Kassovitz' bekannter Spielfilm über die Banlieues in Paris aus dem Jahre 1995 LA HAINE (HASS) beginnt mit der Beschreibung aus dem Off, dass ein Mann aus dem 50. Stock stürzt und sich nach jeder Etage sagt, dass bisher alles gut gegangen sei. Der Kommentar aus dem Off schließt aber mit der Bemerkung, dass das Wichtige nicht der Fall, sondern die Landung sei. Im Film kommt es dann zwar zur Katastrophe: Ein maghrebinischer Jugendlicher erschießt aus Rache einen französischen Polizisten. Doch steht dies nicht für den Aufprall des Mannes. Denn der Film schließt mit derselben Aussage, dass ja alles noch gut gehen würde, obwohl man sich im freien Fall befinde. Siehe hierzu: GARNIER, Katja von (1992): *Abgeschminkt*, Spielfilm, Hochschule für Film und Fernsehen, Deutschland. DÖRRIE (1994); BECKER (1995–1997); KASSOVITZ, Mathieu (1995): *La Haine*, Spielfilm, Studiocanal, Frankreich.

29 Vgl. SOYSAL (1994): S. 142.

wählt.³⁰ Darin erzählt er die Geschichte eines 25-jährigen deutsch-türkischen Kriminellen und Drogenabhängigen in der norddeutschen Stadt Kiel. Obwohl sich alles in diesem Roman in dieser Stadt abspielt, fallen kaum Stadt- oder Straßennamen.³¹ Am Anfang von *Abschaum* steht der Tod eines Freundes aus Ertan Onguns krimineller Milieuclique. In der »Beerdigungs-Story«, mit der die als eine reale inszenierte, auf Interviews basierende Erzählung beginnt, wäscht Ertan mit einem türkischen muslimischen Geistlichen und einem Gehilfen die Leiche seines Freundes. Dieser ist zwar in Deutschland geboren, wird aber in Syrien beerdigt. Nach der rituellen Waschung sagt er seinem toten syrischen Freund auf Türkisch, dass er ihm bald folgen werde; so viel sei schon geschehen.³² Aber auch dieser über den Tod hinausgehende kollegial-solidarische Spruch wird nur wenige Zeilen später – wie bei Özdamar – am Ende der ersten »Story« wieder konterkariert. »Jetzt liegt Farouk da, jetzt soll mir irgendeiner sagen, er kommt ins Paradies oder in die Hölle oder irgend so ne Scheiße, er liegt da, und das wars, Ende, er hat ein Scheiß-Leben geführt, is beschissen krepiert, is ein Monat im Leichenschauhaus vergammelt, und jetzt liegt er im Loch, das wars, Ende, aus. Ich frag mich, obs das gewesen sein kann.«³³

Drei Jahre vor Zaimoğlus Roman steht bereits in Ayhan Salars prämiertem Kurzfilm TOTENTRAUM von 1994 die muslimische Leichenwaschung im Zentrum. Wie bei Zaimoğlu wird damit aber nicht die Darstellung einer fremden kulturellen Praxis bezweckt, sondern das Zeigen existenzieller Zustände. Denn Salars Kurzfilm beginnt mit der Ankunft eines gut gekleideten, aber barfüßigen Gastarbeiters an irgendeinem deutschen Bahnhof. Nach der Nahaufnahme seiner nackten Füße folgt ein Cut, und wir sehen, wie seine Leiche, sein ganzer Körper, nach muslimischem Ritus gewaschen wird. Aus dem Off wird dazu ein Brief seiner Frau aus der Türkei über ihre fragilen familiären und prekären finanziellen Bedingun-

---

30 Der Filmregisseur Lars Becker hat diese Geschichte mit KANAK ATTAK unter Mitwirkung von Feridun Zaimoğlu 1999 verfilmt. Siehe: BECKER, Lars (2000): *Kanak Attack*, Spielfilm, UIG Entertainment GmbH, Deutschland.
31 In LEBEWOHL, FREMDE wissen wir auch den ganzen Film über nicht, auf welcher Insel wir uns befinden.
32 Original aus dem Text: »Bizden bu kadar moruk, yakında bende yanına uğrarım, hadi eyvallah.« Siehe hierzu: ZAIMOĞLU, Feridun (1997): *Abschaum. Die wahre Geschichte von Ertan Ongun*, Hamburg: Rotbuch, S. 11. Dieser türkische Passus wird in *Abschaum* weder direkt noch mit einer Fußnote ins Deutsche übersetzt. Dies gilt im Übrigen für viele Textpassagen und Filmsequenzen deutsch-türkischer Provenienz der 1990er Jahre. In LEBEWOHL, FREMDE spricht der türkische Flüchtling nur türkisch. Başer setzt dabei weder deutsche Untertitel ein, noch dolmetscht eine andere Person, was Deniz Varlık im Film sagt. Dennoch entsteht eine Beziehung zwischen Karin und Deniz. Siehe hierzu: BAŞER (1991).
33 Ebd.

gen vorgelesen. Die Frau weiß noch nicht, dass ihr Mann verstorben ist. In der letzten Sequenz des Filmes wird ein Sarg in einen Zug getragen.[34] Wie der Titel des Kurzfilms es schon andeutet, wirken die gedrehten Sequenzen traumartig.[35] Auch Başers dritter Film LEBEWOHL, FREMDE, in dem es um den Aufenthalt politischer Flüchtlinge auf einer deutschen Insel geht, erzählt vom Überleben. Im ersten Drittel des Films kommt ein pakistanischer Flüchtling im Meer um, weil er die Gezeiten Ebbe und Flut nicht kennt. Im zweiten Drittel wird der Bauwagen, in dem neben dem türkischen politischen Flüchtling noch zwei weitere Geflüchtete leben, von den deutschen Inselbewohnern in Brand gesteckt. Schließlich sind am Ende des Films alle Bewohner der Insel von einem massiven Unwetter bedroht. Sie werden evakuiert, und wir finden die beiden Protagonisten Karin und Deniz in einem Zelt auf dem Festland wieder.[36] Evident sind auch hier die Themen des allgemeinen Menschseins und die Frage des dauerhaften Wohnens. Aras Ören lässt in seinem ersten Roman aus den 1990er Jahren, *Berlin Savignyplatz*, seine Gastarbeiterfigur Ali Itir aus *Bitte nix Polizei* von 1981, die dort im Berliner Landwehrkanal umgekommen war, in einer surreal gestalteten und komplex erzählten Narration auferstehen, über- und weiterleben.[37] Ali Itir ist darin auf der Suche nach seinem Erzähler. Im Audiokommentar zu GEGEN DIE WAND hält Fatih Akın schließlich fest, dass seine Protagonisten Cahit und Sibel am Anfang wie »Zombies« seien, die sich gegenseitig zum Leben erwecken.[38]

Wenn in den 1960er und 1970er Jahren die Gastarbeiter sich auf der Zugfahrt fragten, wo denn die europäische Zivilisation beginne und in den 1980er Jahren die Frage nach dem türkischen Aussehen mit klaren Stereotypen verbunden war, scheinen nun nicht mehr die Verhaltensweisen oder falsche Vorstellungen vom Anderen im Zentrum zu stehen, sondern über den Körper die Frage nach den Vorstellungen von und über Kultur bzw. Existenz und das Wohnen in der Welt

---

34 Siehe hierzu: http://www.salarfilm.de/salarfilm/films.html (23.05.2018). Siehe auch: KULAOĞLU, Tuncay/PRIESSNER, Martina (2016): »Stationen der Migration. Aufbruch, Unterwegssein, Ankunft und Rückkehr im türkischen Yeşilçamkino bis zum subversiven Migrationskino der Jahrtausendwende«. In: *Deutsch-Türkische Filmkultur im Migrationskontext*, hg. v. Ömer Alkın, Wiesbaden: Springer, S. 25–44, S. 31f.
35 Auch Kemal Kurts »Die Treppe« beginnt damit, dass der Erzähler seinen letzten Traum in seine Jacke steckt und damit auf die Straße geht. Surreal bleibt die Erzählung bis zum Schluss, als der Erzähler stirbt und zugleich seine eigene Geburt sieht. Siehe hierzu: KURT (2000a): S. 10–15.
36 Siehe hierzu: BAŞER, Tevfik (1991).
37 Siehe hierzu: ÖREN, Aras (1981): *Bitte nix Polizei*, Berlin: claasen, S. 116. Siehe hierzu auch: ÖREN, Aras (1995): *Berlin Savignyplatz*, Berlin: Elefanten Press.
38 AKIN, Fatih (2004): »Audiokommentar zu *Gegen die Wand*«. In: ders.: *Gegen die Wand*, Spielfilm, Wüste Film Produktion, Deutschland.

an sich. So war Feridun Zaimoğlus Leitfrage in *Kanak Sprak. 24 Misstöne vom Rande der Gesellschaft* tatsächlich eine ganz andere als in der deutsch-türkischen Migrationsgeschichte zuvor. Für dieses Buch von 1995, das die programmatische Grundlage für die darauffolgenden Werke *Abschaum* und *Koppstoff* darstellt, hat der Autor über zwei Dutzend ansässige türkeistämmige Kieler Jugendliche und Heranwachsende über ihre »Lebenssituation« interviewt. Anstelle von Fragen wie: Was willst du werden? Warum sind Deine Eltern migriert? Oder wie lebt es sich als Türke in Deutschland? brauchte er nur eine einzige Frage zu stellen, um seine Interviewpartner zum Sprechen zu bringen: »Wie lebt es sich in Deiner Haut«?[39] Aus dem Interviewmaterial und Zaimoğlus ästhetischer Überformung ist eine »Kanak Sprak« entstanden, die eine Bewegung initiierte und fast ein Jahrzehnt anhielt.[40]

Nach eigener Ansicht und aus den Schlussfolgerungen seiner Interviews sucht diese Generation »keine kulturelle Verankerung«. Ihre prägenden Erfahrungen macht sie »außerhalb des Elternhauses« im öffentlichen Raum. Die Jugendlichen »haben eine eigene innere Prägung und ganz klare Vorstellungen von Selbstbestimmung«. Es ist ihre Sprache, die Kanak-Sprak – »eine Art Creol oder Rotwelsch mit geheimen Codes und Zeichen« – und ihr Auftritt, der über ihre »Existenz entscheidet«.[41]

> Ich hab meinen eigenen grundstrang, der geht da mitten durch'n leib vom hirn zum herzende, in dem beben und schütteln sich meine extrasache, mein instinkt und mein koscherer wille, und diesem dreiergespann teilt sich alles zucken und recken mit, was so außen abgeht, aber die zonengrenze zwischen mir und dem da draußen meißel ich streng jeden verdammten tag, ich achte, daß mir die haut sauber bleibt, daß mir keiner an stil und meinung und mode und trend was anhängt, denn, bruder, mein einziges hab und gut is meine saubere moral, die hier in diesem kadaver durch und durch steckt.[42]

---

[39] ZAIMOĞLU, Feridun (1995): *Kanak Sprak. 24 Misstöne vom Rande der Gesellschaft*, Hamburg: Rotbuch, S. 15.
[40] 1998 wird die transethnische Netzwerk-Plattform *Kanak Attak* gegründet. Zu ihren Mitbegründern gehören unter anderen Feridun Zaimoğlu, Mark Terkessidis und Imran Ayata. Im Kern geht es darum, den Begriff des ›Kanaken‹ umzuwerten. Er soll nicht mehr für die Opfer der Folgen der Migration stehen, sondern umgekehrt für ein neues Bewusstsein, das sich nicht aus der Herkunft, einer »in die Wiege gelegten Identität« speist, sondern gegen die Frage »nach dem Paß und der Herkunft« Stellung und »Haltung« bezieht. Die erste Generation der ›Kanaken‹ ist die zweite Generation der Immigranten, zu der dann im Zuge ihrer Entwicklung auch Nicht-Migranten »Deutsche der n2-Generation« gehören können. Siehe hierzu das Manifest der Plattform *Kanak Attak* von 1998: http://www.kanak-attak.de/ka/about/manif_deu.html (26.10.2016). Siehe hierzu auch: ZAIMOĞLU (1995): S. 9. Siehe auch: LOTTMANN, Joachim (Hg.): *Kanaksta*, Berlin: Quadriga; TUSCHICK, Jamal (Hg.): *Morgen Land. Neueste deutsche Literatur*, Frankfurt a. M.: Fischer.
[41] Ebd., S. 10 und 13.
[42] ZAIMOĞLU (1995): S. 22.

Straßen und Viertel, Sprache und Körper sind die Elemente der Selbstbestimmung der Akteure; eine ästhetische Sprache, die auf Krawall setzt, um in erster Linie gehört und nicht unbedingt, um verstanden zu werden. Politisch positionieren sich die ›Kanaken‹ gegen die bürgerlich-liberalen Deutschen.

> Was ich rede, Meister, das ist nicht reden gegen irgendwas, gegen ne ganz bestimmte Adresse isses, die vornehm tut und glaubt, sich mit allen Wassern zu waschen und alle Schikanen zu kennen, und mein Reden, Meister, ist strikt gegen das Liberalultramild, gegen sein Schickimicki, sein Jet-set, gegen sosyete bebe, gegen sein Kopfzerbrechen, wie er den Mohr vom letzten Dreck waschen kann, gegen s Pintwedelige, was er Kulturforschen nennt, gegen den gottverkackten Sprech mit wie interessant!, und was es nicht alles gibt! [...] Gegen sein Merci und sein Weißweinvernissagenquark und sein Krawattennadelgetue schmeiß ich ein Fick-dich in die Runde und oute so nen Liberal als Kannibal, als erster Yamyam und Fresser von Kanak.[43]

Der schriftliche und mündliche Gebrauch der Sprache stellt hier eine soziale Praxis und einen Zugang dar, der sich auch in der sprachwissenschaftlichen und pädagogischen Forschung zu Akteuren mit Migrationshintergrund oder Bindestrichidentität wiederfindet. Vom Einsatz der Sprache hängen soziale, politische, rechtliche und kulturelle Bedingungen ab. Denn bei »Äußerungen stellt sich nicht allein die Frage, ob sie wahr oder falsch sind; sondern vielmehr, ob sie glücken oder nicht glücken«. Entscheidend ist dabei nicht nur Kompetenz, sondern auch die »mikropolitischen Bedingungen, an die das ›Glückenkönnen‹ der Äußerungen von Sprecher/innen gebunden ist«.[44] Indem die Kanak Sprak den in den 1980er Jahren diskriminierenden Begriff »Kanake« umkehrt, findet eine sprachliche und identitätspolitische Umwertung statt. Eine Umkehrung der

---

[43] ZAIMOĞLU, Feridun (1997): »Ich bin n taffer Liberalkiller. Nesrin, Rapperin und Street-Fighterin«. In: ders., *Koppstoff*, Hamburg: Rotbuch, S. 11–15, hier S. 11f.
[44] MECHERIL, Paul (2010): *Migrationspädagogik*, Weinheim und Basel: Beltz, S. 102. Arbeiten und Forschungen von Ben Rampton für den englischsprachigen Raum (1995), von Ulla-Brit Kotsinas für den Gebrauch des Rinkeby-Schwedisch (1998), einer ethnolektal basierten subkulturellen Varietät des Schwedischen, in multiethnischen Vierteln in Stockholm und von Inci Dirim und Peter Auer zum deutschsprachigen Raum (2004) haben gezeigt, dass der spezifische Sprachgebrauch durch die Erfindung nicht-normativer Sprachformen den Jugendlichen als Identifikationsressource dient. Zugleich zeigen besonders Kotsinas, Dirim und Auer auf, dass diese neuen Sprachformen auch von Kindern der Alteingesessenen gesprochen werden. Siehe hierzu: RAMPTON, Ben (1995): *Crossing language and Ethnicity among adolescents*, London: Longman. KOTSINAS, Ulla-Britt (1998): »Language Contact in Rinkeby. An Immigrant Suburb«. In: *Jugendsprache*, hg. v. Jannis Androutsopoulos, Anno Schulz, Frankfurt a. M.: Lang, S. 125–148; AUER, Peter/DIRIM, Inci (2004): *Türkisch sprechen nicht nur die Türken. Über die Unschärfebeziehung zwischen Sprache und Ethnie in Deutschland*, Berlin: De Gruyter.

Diskriminierung, die dem »place« der informellen Zugehörigkeit des Denizens eine Form gibt, ohne dabei Teil der Gesellschaft als Staatsbürger sein zu müssen. Tatsächlich unterscheidet Tomas Hammar den »full citizen« als »formal citizen« vom »informal member«, dem Denizen. Narrativ-ästhetitisch gewendet hat der Staatsbürger bereits eine Form, mit der er auftreten kann, die der Denizen erst generieren muss.

Deshalb reicht die Frage des »Kanaken« in den 1990er Jahren weit über die der zweiten Generation hinaus. Sie steht als Artikulationsgrundlage auch im Zentrum der Romane Özdamars und der Filme Akıns. Die kulturelle Frage ist zu einer zugleich natürlich-existenziellen geworden, einer Frage danach, wie es sich in der eigenen Haut im öffentlichen deutschen Raum lebt. Durch ihre erzählerisch-existenzielle Rahmung mit Geburt und Tod ist sie eine Frage der Selbstbestimmung und des Schutzes zugleich. Die Frage der Präsenz im öffentlichen Raum steht auch im Zentrum der Überlegungen von Hammar und Soysal.[45] Gestellt wird sie ebenfalls in den Dokumentarfilmen MÄDCHEN AM BALL (1995) und NACH DEM SPIEL (1997) von Aysun Bademsoy, die den Alltag fünf türkeistämmiger Mädchen und deren sich darin vollziehende »dynamische Selbstbehauptung« ihrer Akteurinnen thematisieren.[46] Der dritte Teil dieser Dokumentationstrilogie ICH GEHE JETZT REIN von 2008, der erneut das Alltagsleben derselben Personen thematisiert, unterscheidet sich von den ersten beiden. Hier steht mehr das »Erwachsenwerden [...], die Melancholie über die vergangene Zeit« und die Diskriminierung auf dem Arbeitsmarkt im Vordergrund.[47] Als Aysun Bademsoy in FREMDE DEUTSCHE NACHBARSCHAFT von 1987 das erste Mal die türkische Migration nach Deutschland dokumentierte, zeigte sie die alltäglichen Wege türkischer Jugendlicher von ihren Wohnungen zu Straßenbahnhaltestellen, von U-Bahn zur Schule.[48] Wollte man Stuart Halls Thesen zum Aufkommen der Kategorie »Kultur« an dieser Stelle umkehren, könnte man sagen, dass die Dinge in erster Instanz nicht dazu benutzt werden, um zu zeigen, wer man ist, sondern vielmehr, wer man nicht ist. In Örens *Berlin Savignyplatz* von 1995 ist der Gastarbeiter Ali nicht mehr auf der Suche nach Persönlichkeit wie Anfang der 1980er Jahre, sondern damit beschäftigt, allen Deutschen zu erklären, dass er »nicht er ist«, der Türke, von dem alle denken, dass er es sei.[49] Er wollte »in der Andersartigkeit seiner

---

45 Siehe hierzu: HAMMAR (1990): S. 13f. SOYSAL (1994): S. 144 u. S. 166.
46 Siehe hierzu: BADEMSOY, Aysun/MENNEL, Barbara (2017): »›Als würde man einem Gefühl, einer Spur folgen ...‹. Die Filmregisseurin Aysun Bademsoy im Gespräch«. In: *Deutsch-Türkische Filmkultur im Migrationskontext*, Wiesbaden: Springer, S. 151–168.
47 Ebd., S. 156
48 Ebd., S. 152.
49 ÖREN (1995): S. 16.

Andersartigkeit seine Originalität beweisen«, seine »zweite Haut«, die Identität abziehen.[50]

Der entscheidende Punkt ist nur, dass bei aller Umkehrung der kulturellen Selbstbestimmung dennoch mit spezifisch kulturellen Markern gearbeitet wird. Der große Unterschied zu den 1980ern liegt darin, dass an die Stelle der Immobilität der Akteurinnen und Akteure auf unterschiedlichsten Ebenen Bewegung getreten ist. In Film und Literatur sind die Figuren zu Fuß oder in Autos oft in peripheren Stadtbezirken unterwegs.[51] Dies gilt mitunter auch für die erwähnten deutschen Produktionen, in denen in der Regel klar ist, wohin die Akteure sich bewegen. In den deutsch-türkischen Produktionen wissen wir das in der Regel nicht. Selim Özdoğans Protagonist in *Es ist so einsam im Sattel seit das Pferd tot ist* von 1995 räsoniert, was er am liebsten machen würde: »Einfach so fahren, mit dem Auto verschmelzen, an nichts mehr denken, nur geradeaus, immer weiter, während die Straße von alleine vorüberzieht, dafür kann ich mich begeistern, so könnte ich ziellos weiterfahren oder, wie einmal jemand gesagt hat: Leben ist wie fahren.«[52] Dass dieses zu einem Körper in Bewegung werden tatsächlich konstitutiv ist, zeigt sich, als der Protagonist mit seinem Auto in einem Stau steckenbleibt und keine Musik mehr hilft. »Alle Schwierigkeiten der Welt kommen dir lächerlich vor, und du träumst von einer Kalaschnikow, um dir den Weg freizuschießen – irgendwo müssen die aufgestauten Aggressionen ja hin.«[53]

Die skizzierten Beispiele zeigen, dass sich die ästhetischen Bearbeitungen der Folgen der türkischen Migration nach Deutschland im Übergang von den 1980ern zu den 1990er Jahren grundlegend verändern. Wenn es in Tevfik Başers Filmen, in Alev Tekinays Literatur in den 1980er Jahren nur eine Tür gibt und diese verschlossen ist und auch die Assimilationstheorien als die gängigen Integrationstheorien bis in die 1980er Jahre hinein nur eine Richtung – von der Herkunft zur Ankunft – also ebenfalls nur eine Tür kennen[54], begegnen uns in Literatur,

---

50 Ebd., S. 121.
51 In Kemal Kurts Erzählband beginnt jede der acht Erzählungen damit, dass entweder der Erzähler oder Protagonist zu Fuß, mit dem Auto oder einem Kleinbus unterwegs ist. Siehe hierzu: KURT (2000).
52 ÖZDOĞAN (1995): S. 11.
53 Ebd., S. 23.
54 Die Insel Ellis Island in New York war für alle Einwanderer zwischen den Jahren 1892 und 1956 das »Tor« zu den Vereinigten Staaten von Amerika. Es gab strenge Aufnahmekriterien, mit denen Gesundheit, Besitz und Sprachkenntnisse der Einwanderer geprüft wurden. Die Aufnahme und der Eintritt in die Vereinigten Staaten waren dabei immer mit dem Versprechen auf Freiheit und auf sozialstrukturellen Aufstieg verbunden. Siehe hierzu: MELZER, Chris (2012): »Ellis Island war Tausenden ein Tor in die Freiheit«. In: *Die Welt*, 12.11.2014, https://www.welt.de/reise/staedtereisen/article134268707/Ellis-Island-war-Tausenden-ein-Tor-in-die-Freiheit.html (zuletzt

Film, Theorie und Debatte der 1990er Jahre immer zwei Türen. Nach klassischer Lesart der Integration folgt auf die kognitive, strukturelle und soziale Assimilation die identifikative, wobei sich der ursprüngliche Migrant oder spätestens die dritte Generation mit der Kultur der Mehrheitsgesellschaft identifiziert und die alten Bindungen aufgibt. Die Argumentation in den öffentlichen Debatten und teils in den Sozialwissenschaften versteht in den 1990er Jahren Integration hingegen als einen wechselseitigen Prozess, im Zuge dessen sich auch die aufnehmende Gesellschaft anzupassen und zu verändern habe.[55] Nicht mehr die Fortschrittlichkeit der Ankunftsgesellschaft als Zukunft und die Rückschrittlichkeit der Herkunft als Vergangenheit geben die Richtung des Prozesses vor. Stattdessen gilt es, unter der Prämisse einer gemeinsamen Gegenwart die Andersartigkeit des jeweils Anderen anzuerkennen. Das Verhältnis zwischen Existenz und Kultur, zwischen Körper und Repräsentation wird aber unter den bereits kurz skizzierten politischen Bedingungen der »Invisibilisierung« der Folgen der Migration artikulatorisch zu einem äußerst schwierigen Unterfangen. Denn Türkisches und Deutsches gehören spätestens seit den 1990er Jahren in einer identitätspolitischen Bindestrichkonstellation zusammen. Beispielsweise konstatiert Pazarkaya Ende der 1980er Jahre, dass zumindest in einigen »Lebensbereichen« zwischen Deutschen und Türken eine sogenannte Integration, »was auch immer darunter zu verstehen ist«, sich verwirklicht habe. Denn man habe sich mehr und mehr aneinander gewöhnt. Diese Gewohnheit sei nach Pazarkaya und vielen weiteren deutsch-türkischen Autoren mit der deutschen Einheit aufgebrochen und wieder in Frage gestellt worden.[56]

Diese Konstellation ist weder in Literatur und Film, noch in der Dokumentation einfach darzustellen. Was sie kommunizierbar macht, sind die Bewegungen der Akteurinnen und Akteure als Metapher und Praxis sowie der Einsatz erzählerischer Mittel, die die Realität und politisch geführten Diskurse verfremden. Denn manchmal ist nur eine Tür auf, manchmal sind beide zu und in ganz seltenen Fällen sind beide Türen auf. In jedem Fall geht es nicht mehr allein um die Frage, ob eine bestimmte Tür als Ankunft oder Herkunft nun offensteht oder nicht. Interessanterweise verwendet der schwedische Migrationsforscher Hammar zur genauen Bestimmung der Position des Denizens ebenfalls die Metapher des

---

10.04.2019). Siehe auch: VON HELLFELD, Matthias (2017): »US-Immigration. Über diese Insel lief alles«. In: *Deutschlandfunk Nova. Eine Stunde History*, 06.01.2017, https://www.deutschlandfunknova.de/beitrag/eine-stunde-history-ellis-island (zuletzt 10.04.2019).
55 Siehe hierzu FAIST, Thomas (2000): »Jenseits von Nation und Postnation. Eine neue Perspektive für die Integrationsforschung«. In: ders.: *Transstaatliche Räume. Politik, Wirtschaft und Kultur in und zwischen Deutschland und der Türkei*, Bielefeld: transcript, S. 339–394.
56 PAZARKAYA (2000): S. 78.

»second gate«, die weder für die Herkunft noch für die Ankunft des Migranten steht. Das erste Tor ist für Hammar die »immigration regulation«, wenn der Einwanderer als Fremder (»alien«) im Land der Aufnahmengesellschaft ankommt. Nach klassischen Vorstellungen der Integration als Assimilation würde nach einem Prozess der Anpassung als zweites Tor die »legal naturalisation into full citizenship« stehen.[57] Doch haben die Folgen der Gastarbeitermigration in Europa zur Öffnung einer Tür zwischen Herkunft und Ankunft geführt. Dadurch haben sich auch die Bedingungen und Verbindungen des Privaten und Öffentlichen verändert. Durch die zweite Tür rückt der Weg zwischen den beiden anderen in den Vordergrund, der wiederum das hohe Maß an Beweglichkeit bestimmt, und, wie wir noch sehen werden, die Gereiztheit der Akteurinnen und Akteure. Diese Konstellation zeigt bereits, dass es das Verstehen des Anderen wie in den 1980er Jahren nicht mehr gibt, weil es diesen Anderen in dieser Form einfach nicht mehr gibt. Als der Arzt Dr. Anders in Aras Örens *Berlin Savignyplatz* von 1995 zu verstehen glaubt, was Ali Itir damit meint, dass Ali nicht Ali sei, fällt ihm als Antwort eine Metapher ein. »Ich gehe in der Dämmerung über eine Brücke, die Brücke endet, ich stehe an ihrem Ende, aber ich bin noch nicht am gegenüberliegenden Ufer angelangt, denn die Brücke endet im Leeren. Ich schaue zum anderen Ufer hinüber und erreiche es nicht.« Der Erzähler fragt, was Dr. Anders mit dieser Metapher erklären wollte. »Sich selbst oder seinen Patienten Ali Itir, der ihm seine Beklemmungen verständlich zu machen suchte? Dr. Anders ließ diese Frage unbeantwortet.«[58]

Wir werden im Laufe dieses Kapitels sehen, dass diese ziellose Bewegung auch daraus resultiert, dass sich die Deutsch-Türken der zweiten Generation zwar auf den deutschen Straßen aufhalten. Doch begegnen sie dort nicht Deutschen, mit denen sie verhandeln könnten.[59] Auf der besonderen Begegnungssituation von Deutschen und Deutsch-Türken im öffentlichen Raum der Bundesrepublik basiert, so eine These in diesem Kapitel, der in diesen Produktionen auffallende Globalisierungsdrang und ein Verbundenheitsgefühl. Es gibt Orte und Räume, in denen man sich bewegt und lebt. Doch wird in den Erzählungen tunlichst vermieden, zu bestimmen worin man lebt. Diese Gesamtkonstellation generiert einen Bewegungsschub, ein immerwährendes Unterwegssein, das über den gegebenen öffentlichen Raum in ein Jenseits, auf einen dritten Raum verweist: die Welt, die

---

[57] HAMMAR (1990): S. 16f.
[58] ÖREN (1995): S. 118.
[59] Tatsächlich ist das Casting und die Besetzung der deutschen Rollen in den deutsch-türkischen Filmen oft ein Problem, wie beispielsweise in Fatih Akıns erstem abendfüllendem Spielfilm KURZ UND SCHMERZLOS von 1998. Die Haupt- und Nebenrollen mit einem nicht-deutschen Hintergrund waren in der Regel schnell besetzt. Siehe hierzu: AKIN, Fatih (2011): *Im Clinch. Die Geschichte meiner Filme*, Reinbek: Rowohlt, S. 55–59.

transkulturell zusammengehört. Und weil sie nicht einfach gegeben ist, muss das Hier immer erst mit einem Dort verbunden werden, so wie Soysal konstatiert, dass erst mit der Anrufung der universellen Menschenrechte nationale Grenzen verschoben werden können. Und um den gesellschaftlichen Wandel, wir er sich in den 1990er Jahren zeigt, erfassen zu können, ist es erforderlich »to go beyond the nation state«[60]. Doch kann es unmöglich bei diesem »beyond« bleiben. Denn letztlich wird die Gewährung von »individual rights and privileges [...] primarily organized by the nation-state«, auch wenn die Legitimität genannter Rechte seit dem Ende des Zweiten Weltkriegs auf einer transnational errichteten neuen Ordnung basiert.[61] Die Projektion und der Wunschgedanke hier ist, dass mit der Universalisierung von nationalen Rechtskodices und der Rechtssprechung der postnationale Bürger oder Weltbürger zum full Membership und citizenship erklärt wird. Identitätspolitisch korreliert diese paradoxe Bindung mit der kulturwissenschaftlichen Erkenntnis der 1990er Jahre, dass im Eigenen immer auch das Fremde stecke und umgekehrt im Fremden auch immer das Eigene. Yüksel Pazarkaya beschreibt das »lyrische« und »epische Ich« der 1990er Jahre etwa als einen Nomaden, dessen Zuhause der Weg sei. Er kehrt weder zurück noch kommt er an. Denn wohin soll insbesondere der migrierende Mensch »Kurs nehmen«?

> Auf das vergessene und aus dem Gedächtnis gelöschte Land oder auf das in vierzig Jahren im Gedächtnis entstandene?
> Da entsinnt es sich – eben in dieser Zwickmühle – auf einmal seiner alten Jurte, die nichts anderes als Odyssee bedeutet. Der Weg als Zuhause? Das Zuhause des Nomaden ist der Weg.[62]

Körper, Bewegung, sprachliche und erzählerische Verfremdungen führen aus der »diskursiven Zwickmühle« der 1980er Jahre, aus dem Nicht-Sprechen-Können heraus. Erzählerisch gelangen beispielsweise auf nur drei, vier Seiten die Akteure in Özdamars Roman *Das Leben ist eine Karawanserei* vom Istanbuler Bahnhof über eine Zugfahrt in die türkische Provinz und von dort auf einen Friedhof. In GEGEN DIE WAND sind wir in Istanbul am Bosporus, bei der nächsten Einstellung in einem Hamburger Kellerraum. Claus Leggewie durchschreitet in seiner programmatischen, bekannten und als Intervention verstandenen Publikation *Multikulti. Spielregeln für die Vielvölkerrepublik* bei der Bestimmung der multikulturellen Gesellschaft auf nur wenigen Seiten reale und fiktive Orte von Babylon,

---

60 SOYSAL (1994): S. 139.
61 Ebd., S. 143.
62 PAZARKAYA (2000): S. 122.

Chicago, Musils Kakanien bis Südafrika.[63] In Zaimoğlus *Abschaum* kundschaften die Akteure in einem Kurzkapitel zunächst die peripheren Stadtteile Kiels aus. Im nächsten fliegen sie in die Türkei und sind schon auf den folgenden zwei, drei Seiten wieder zurück. Der Aufenthalt im Flugzeug wird dabei fast immer beschrieben. Diese Mobilität bestimmt auch die Akteurinnen und Akteure in Selim Özdoğans Romanen der 1990er Jahre *Es ist so einsam auf dem Sattel seit das Pferd tot ist* (1995) und *Mehr* (1999) sowie diejenigen in Zafer Şenocaks Romantetralogie (1995–1999), der wir uns analytisch noch ausführlich widmen werden.[64] Für alle genannten Protagonisten gilt, was die Mutter des gefährdeten Säuglings in *Das Leben ist eine Karawanserei* später über die Lebensweise ihrer Tochter sagt. Sie hätte nur eines im Kopf: die Straße.[65] In jedem Fall ist das hohe Maß an Bewegung der Akteurinnen und Akteure in kleiner wie auch großer Reichweite ein besonderes Kennzeichen von Literatur und Film der 1990er Jahre.

Die oben eingeführten Filme und Romane der 1990er Jahre sind natürlich Werke, die mit einer besonderen Intensität, Lautstärke und Verfremdungen des Deutschen wie Türkischen in den deutschen Kulturbetrieb eingedrungen sind und so auch rezipiert wurden.[66] *Kanak Sprak* und *Abschaum* haben Zaimoğlu beispielsweise als »Krawalltürken« in den Medien bekannt gemacht.[67] Aber auch die vermeintlich leiseren und für sich mehr Differenziertheit reklamierenden Autoren und Filmemacher wie Aras Ören, Zafer Şenocak, Ayşe Polat, Aysun Bademsoy, Tevfik Başer, Kemal Kurt, Yüksel Yavuz, Yılmaz und Thomas Arslan machen auf das Problem des Gehörtwerdens aufmerksam. Trotz der leiseren Töne spielt die Irritation des Verhältnisses zwischen Deutschen und Deutsch-Türken auch in ihren Werken der 1990er Jahre eine herausragende Rolle. Beispielsweise ist Şenocaks Romantetralogie, bestehend aus *Der Mann im Unterhemd* (1995), *Die Prärie* (1997), *Gefährliche Verwandtschaft* (1998) und *Der Erottomane* (1999), eine »unerhörte« Kritik an deutscher gesellschaftspolitischer Zuschreibungspolitik. Ein Beispiel: Der alle Bände verbindende Protagonist Sascha Muhtesem[68]

---

63 Siehe hierzu: LEGGEWIE, Claus (1990): »Der Turmbau. Ein soziologisches Gleichnis«. In: ders., *Multikulti. Spielregeln für die Vielvölkerrepublik*, Berlin: Rotbuch, S. 9–25, hier S. 9–16.
64 ÖZDOGAN, Selim (1995): *Es ist so einsam auf dem Sattel seit das Pferd tot ist*, Köln: Kiepenheuer & Witsch. Siehe auch: ÖZDOGAN, Selim (1999): *Mehr*, Berlin: Aufbau.
65 Özdamar (1992): S. 218.
66 Siehe hierzu: TRATZ, Susanne/ZAIMOĞLU, Feridun (2010): *Feridun Zaimoğlu – Mein Leben*, Filmportrait, ARTE/ Radio Bremen.
67 ZIERAU, Cornelia/ZAIMOĞLU, Feridun (2007): »Ein Gespräch mit Feridun Zaimoğlu«. In: *Entgrenzungen. Vierzehn Autorengespräche über Liebe, Leben und Literatur*, hg. v. Olga Olivia Kasaty, München: edition text+kritik, S. 431–464, hier S. 437. Siehe auch: TRATZ/ZAIMOĞLU (2010).
68 *Muhtesem* bedeutet im Türkischen »fabelhaft«, »wundervoll« oder »hervorragend«, ist ein Adjektiv und wird in der Regel im Türkischen auch so verwendet. Als Nachname ist der Begriff

– er hat einen deutsch-türkisch-jüdischen Hintergrund – lebt als *writer-in-residence* im Roman *Die Prärie* in der amerikanischen Provinz. Er ist »stolz auf seine Unabhängigkeit« und erhält aus Deutschland per Telefon die Anfrage, ob er nicht einen Artikel darüber schreiben möchte, was die Türken in Amerika über die Vorfälle in Mölln[69] denken. Es gebe keine Türken in Amerika, erwidert Muhtesem. Der deutsche Redakteur entgegnet, dass es überall Türken gebe. »Türken, Mölln in Amerika? Ich gehe hier auf die Jagd, vögele in Tankstellen und gebe Deutschunterricht.« Auf diese Antwort von Sascha legt der Redakteur auf.[70] Şenocak schließt diese Sequenz, indem er Muhtesem sagen lässt, dass er sich »von denen [...] hier nicht mehr einfangen« lässt. »Er sei jetzt ein ›Jäger in der Prärie‹ und ›jage nur noch Tiere‹.«[71] Dennoch wird der Protagonist in die Bundesrepublik zurückkehren.

Auch wenn Zafer Şenocak sich distanziert über Özdamars ersten Roman geäußert hat – etwa in der Form, dass er orientalistische Klischees[72] bediene –, irritieren seine Romane und Prosatexte der 1990er auf vergleichbare Weise. Nicht nur die in Kritik stehende Körperlichkeit ist ähnlich. Das »Ficken« spielt auch hier, wie in unzähligen anderen Werken deutsch-türkischer Provenienz dieser Dekade, eine äußerst wichtige Rolle. Ferner sind Şenocaks Protagonisten wie die von Özdamar und Kurt immer unterwegs. Ihr Unterwegssein ist dabei keine Frage der jeweiligen »Lebenssituation«, sondern sie gehört – wie bei Özdamars Protagonistin – zur »wesentlichen Existenzform« der Person.[73] In der ersten Erzählung »Fliegen« aus Şenocaks postmodernem Erzählband *Der Mann im Unterhemd* von 1995, träumt Muhtesem, der hier ein Detektiv für multikulturelle Kriminalfälle

---

weniger geläufig. Zudem vermeidet Şenocak die richtige Schreibweise: Korrekterweise heißt es *muhteşem*, nicht *muhtesem*. Diese Vernachlässigung türkischer Rechtschreibung und Aussprache findet sich aber auch im Gebrauch der Namen deutsch-türkischer Autoren und Filmemacher wie Feridun Zaimoglu (richtig: Zaimoğlu), Zafer Senocak (richtig: Şenocak) oder Fatih Akin (richtig: Akın). Im Folgenden folge ich der von Zafer Şenocak verwendeten Schreibweise Muhtesem.

69 In der Nacht auf den 23. November 1992 werden in Mölln zwei Brandanschläge an türkischen Familien verübt. Drei Menschen sterben dabei, und neun Personen verletzen sich schwer. Nach den Ausschreitungen in Rostock-Lichtenhagen, in Hoyerswerda ist mit dem Anschlag in Mölln der Grundtenor in den Medienberichten, dass der neu entstandene Rechtsradikalismus in der Bundesrepublik eine substantielle Gefahr für die neue deutsche Einheit darstellt. Siehe hierzu: IKEN, Katja (2012): »Brandanschläge in Mölln. Wenn ich Böller höre, kommt alles wieder hoch«. In: *DER SPIEGEL*, 20.11.2012, http://www.spiegel.de/einestages/brandanschlag-von-moelln-1992-ibrahim-arslan-erinnert-sich-a-947806.html (14.11.2016).
70 ŞENOCAK, Zafer (1997): *Die Prärie*, Hamburg: Rotbuch, S. 88.
71 Ebd.
72 Siehe hierzu: ŞENOCAK, Zafer (1992): *Atlas des tropischen Deutschland*, Berlin: Babel, S. 69.
73 Siehe: KONZETT, Matthias (2003): »Zafer Şenocak im Gespräch«. In: *The German Quarterly* 76.2, S. 131–139, hier S. 132.

ist, davon, an mehreren Orten gleichzeitig zu sein und unsichtbar werden zu können.[74] Im erwähnten Roman *Die Prärie* flieht der Erzähler Ende der 1980er wegen existenzieller Unbehaglichkeit aus der Bundesrepublik Deutschland in die nordamerikanische Provinz, wo er für unbestimmte Zeit bleiben will. In *Die Gefährliche Verwandtschaft* kehrt der Erzähler in der Erzählzeit des Romans 1992 in die Bundesrepublik zurück und fühlt sich in dem Land, in dem er geboren wurde, als Fremder[75], weil er das »Ereignis schlechthin«, den Mauerfall, verpasst hat.[76] Den Einfluss und die Folgen der Deutschen Einheit auf die Deutsch-Türken und ihre Literatur verhandelt auch Yüksel Pazarkaya in seinen poetischen Überlegungen von 2000. Die Wiedervereinigung habe den Integrationsprozess der Türken in Deutschland um mindestens ein Jahrzehnt zurückgeworfen.[77] In Örens *Berlin Savignyplatz* hat der Lokaljournalist Jürgen B., ein Freund des Erzählers, gegen Ende des Romans einen Text zu den Nachtgestalten des Berliner Savignyplatz verfasst – dazu zählt er sich selbst, den »großen Türken« und Erzähler des Romans, Ali Itir, Franco und einen weiteren Freund namens Manfred Kohlhaas. Doch weil sich in der DDR gerade Weltgeschichte ereigne und eine neue Zeit beginne, hat der Chefredakteur »keinen Platz mehr für eine Handvoll Bohèmiens aus der Vergangenheit«.[78] Am Rande, aber regelmäßig fügt auch Kemal Kurt den Mauerfall in seine Erzählungen ein. Im Unterschied zu Ören und vielen anderen Autoren setzt er die deutsche Wiedervereinigung in Relation zu den rechtsradikalen Brandanschlägen in Mölln und Solingen von 1992 und 1993.[79]

Von abrupten Brüchen sind auch Şenocaks vier Romane von 1995 bis 1999 bestimmt. Wenn der Erzähler in *Der Mann im Unterhemd* von 1995 fast unsichtbar wirkt und selten ins Geschehen eingreift, tritt er im Roman *Die Prärie* von 1997 und in *Die gefährliche Verwandtschaft* von 1998 deutlich auf, um jedoch im vierten Roman *Der Erottomane. Ein Findelbuch* der 1990er Jahre wieder zu verschwinden.[80] Er stirbt einen vermeintlich selbstgewollten rituellen Tod. Doch sprechen am Ende von *Der Erottomane* ein Professor der Literaturwissenschaft und seine Assistentin, die den Nachlass des Verstorbenen erhalten, über ihn als Opfer. Sie sind froh, wieder ein Thema zu haben, über das sie sprechen

---

74 Siehe: ŞENOCAK, Zafer (1995): *Der Mann im Unterhemd*, Berlin: Babel, S. 7.
75 ŞENOCAK (1998): S. 34.
76 CHEESMAN, Tom/ŞENOCAK, Zafer (2003): »›Einfach eine neue Form‹: Gespräch mit Zafer Şenocak«. In: *Contemporary German Writers. Zafer Şenocak*, hg. v. Tom Cheesman, Karin Yeşilada, Cardiff: University of Wales Press, S. 19–30, hier S. 26.
77 Siehe hierzu: PAZARKAYA (2000): S. 78.
78 ÖREN (1995): S. 154.
79 KURT (2000a): S. 31. Siehe auch: KURT, Kemal (2000c): »Der Chinese von Schöneberg«. In: ders., *Der Chinese von Schöneberg*, Berlin: Hitit, S. 31, S. 94.
80 Ebd., S. 21.

können.[81] Wenn dieses aus der Wissenschaft stammende Opfernarrativ am Ende im Widerspruch zur Tetralogie steht, ist sie aus meiner kulturgeschichtlichen Perspektive nicht widersprüchlich, sondern inhärenter Bestandteil des Weitersprechens. Im Unterschied zu den 1980ern ist die Suche nach den Wurzeln in Şenocaks Schreiben nicht einfach eine geistige Angelegenheit, sondern vor allem eine »körperlich-organische«, die deshalb auch immer wieder neu entsteht und vergeht.[82]

> Meine Dichtung ist das Ergebnis einer ständigen Bewegung. Dort im Unbewußten, im Land der Eingebung, wo sich Eindrücke und Erlebnisse niederlassen, aus dem das Poetische hinauswächst, findet durch eine emotionale Zündung eine Art Übertragung zwischen Außen- und Innenwelt statt, eine ständige Chiffrierung des Sichtbaren und Dechiffrierung des Verborgenen. Diese Übertragung entspricht genau meinem Lebensgefühl zwischen zwei Welten und Sprachen, zwischen Herz und Haut.[83]

Theoretisch habe Şenocak nach eigener Beschreibung neben der Dichtung mit seinen vier Prosabänden in den 1990er Jahren den Versuch unternommen, zu zeigen, dass das, was vermeintlich »›dazwischen‹ ist, immer im Innern passiert, im Innern von einem selbst«.[84] Auch Kemal Kurts Erzählung »Der Chinese vom Schöneberg« ist am Ende eine, in der sich der Autor in einem vermeintlichen Chinesen (in Wirklichkeit ein Koreaner), als jemand spiegelt, der am liebsten »das Fenster aufmachen und hinausschreien« würde.[85] In Kurts und Şenocaks Literatur gibt es einen zweiten Ausgang, der auf eine andere Wirklichkeit aufmerksam macht als die in den 1990er Jahren über den Begriff des ausländischen Mitbürgers postulierte. Von dieser »Differenz im Herzen«[86] geht auch Zaimoğlus Leitfrage aus.

Im selben Jahr, in dem Zaimoğlus *Abschaum* als literarische Darstellung des ›Kanaken‹ Ertan Ongun aus Kiel erscheint, entsteht auch der Kino-Spielfilm GESCHWISTER des deutsch-türkischen Regisseurs Thomas Arslan, in dessen Fokus wie bei Zaimoğlu und Bademsoy die zweite Generation türkischer Immigranten steht. Er basiert zum einen auf einer umfangreichen Recherchearbeit, bei der sehr viele Interviews mit Berliner Deutsch-Türken der zweiten Generation geführt wurden; zum anderen aus den Erfahrungen seines ersten langen TV-Spielfilms MACH DIE MUSIK LEISER (1993/1994), in dem Arslan das Alltagsleben einer

---

81 ŞENOCAK, Zafer (1999): *Der Erottomane. Ein Findelbuch*, München: Babel, S. 124.
82 KONZETT (2003): S. 132.
83 ŞENOCAK, Zafer (1992): *Atlas des tropischen Deutschland*, Berlin: Babel, S. 100.
84 CHEESMAN/ŞENOCAK (2003): S. 22.
85 KURT (2000c): S. 96.
86 BHABHA, Homi (2000): *Die Verortung der Kultur*, Tübingen: Stauffenburg S. 13.

jugendlichen Gruppe in Essen porträtiert.[87] Aufgrund des großen Interviewmaterials zu GESCHWISTER beschließt Arslan, eine ganze Trilogie zu diesem Thema zu drehen, die er mit den auf GESCHWISTER folgenden Filmen DEALER und DER SCHÖNE TAG 1998 und 2001 abschließt.[88] Auch Bademsoys zuvor erwähnte Trilogie entwickelte sich erst aus dem Material zur ersten Dokumentation MÄDCHEN AM BALL von 1995.[89]

Wie in Özdamars Roman ist das Hinauskommen der Protagonisten in Arslans gesamter Trilogie zentral. Alle drei Filme beginnen damit, dass ein deutsch-türkischer Protagonist oder eine deutsch-türkische Protagonistin in Nahaufnahme gezeigt werden, wie er oder sie aus einem Zimmer nach draußen auf ein Stadtviertel blickt. In der nächsten Sequenz verlässt er oder sie die Wohnung und bewegt sich in langen Einstellungen durch das ihm oder ihr vertraute Berliner Stadtviertel. Sie gehen dabei entweder zur Schule (GESCHWISTER), zum Drogendealen (DEALER) oder zur Arbeit (DER SCHÖNE TAG), wobei wir als Zuschauer nie wissen, wo genau sie hingehen. Drei Viertel aller Geschehnisse in Arslans Filmen ereignen sich entweder auf Straßen – die Laufwege der Akteure von a nach b werden minutiös gezeigt – an abgeschiedenen Straßenecken oder in Übergangsbereichen. Seine Protagonisten definieren sich durch Bewegung und ihre körperliche Präsenz in Berlin.[90] Wie bei Hammar und Soysal markieren sie dadurch einen Platz in der Öffentlichkeit, der ihre inhärente Hybridität sichtbar machen soll. Diese Bereiche sind die Grundlagen ihres Auftretens, sie bleiben aber unmarkiert und unbenannt. Auch wenn Metropolen wie Berlin oder Istanbul für eine hohe Dichte an Fremdheitserfahrungen stehen, hat Arslan aus der Vorarbeit zu seinen Filmen gelernt, dass die Jugendlichen und Heranwachsenden zu dieser Stadt Berlin »organisch gehören«.[91] Berlin ist dabei nicht eine Stadt, die sich in der Darstellung aus einer Aneinanderreihung von Orten und bestimmten Stadtteilen ergibt. Sie wird erlaufen und ist damit Raum anstelle einer Ansammlung

---

87 Siehe hierzu: http://www.filmportal.de/film/mach-die-musik-leiser_13895d6387344cf99aaf45d6c2bc4618 (24.05.2018).
88 Ebd.
89 Siehe hierzu: BADEMSOY/MENNEL (2016): S. 156f.
90 Diese Form der Bewegung in der Stadt korrespondiert mit der Bewegung, die Homi Bhaba mit dem »Hin und Her im Treppenhaus« für hybride Identitäten vergleicht. Nach ihm verhindert sie, »daß sich Identitäten an seinem oberen oder unteren Ende zu ursprünglichen« identitären Polaritäten festsetzen. Siehe hierzu: BHABHA (2000): S. 5. Siehe auch: KNÖRER, Ekkehard (2011): »Bewegungen durch Berlin. Thomas Arslan: ›Geschwister‹, ›Der schöne Tag‹ und ›Im Schatten‹, Filmgalerie 451«. In: taz. Die tageszeitung, 05.05.2011, http:// http://www.taz.de/!295711/ (24.01.2017).
91 ARSLAN, Thomas (1997): »Thomas Arslan über Geschwister«. In: ders.: *Geschwister*, Spielfilm, Filmgalerie 451, Deutschland.

und eines Zusammenhanges von Orten. Die Stadt ist mit den Akteuren zusammen auch eine Protagonistin.[92] Örens Erzähler in *Berlin Savignyplatz* schreibt, die »riesige Stadt Berlin bewegt sich in meinem Kopf. Berlin bewegt sich. Nein, die Zeit bewegt sich«.[93]

Nach Certeau unterscheidet sich der Ort vom Raum dadurch, weil beim Letzteren im Gegensatz zum Ersten an und derselben Stelle, zwei unterschiedliche Entitäten zugleich sein können.[94] Der Zusammenschluss von Heterogenem geschieht vor allem dann, wenn beispielsweise in GESCHWISTER ein Protagonist seine türkische Herkunft – wie auch die Protagonisten bei Özdamar, Zaimoğlu und Şenocak – ausschließlich auf Deutsch thematisiert. Er gehört trotzdem zum Raum, zur Stadt Berlin, in der er sich wie die anderen bewegt.[95] Fremdheit und Zugehörigkeit stehen hier in keinem gegensätzlichen Verhältnis, weil die Gleichzeitigkeit und Gegenwärtigkeit von innen und außen sie umschließt. Allein auf die Sprache bezogen, bezeichnet Jacques Derrida Mitte der 1990er Jahre diese Bindung von eigen und fremd als eine »alienation without alienation«.[96] Filmtechnisch fängt Arslan diese hybride und widersprüchliche Kopplung besonders in DER SCHÖNE TAG mit den ästhetischen Mitteln der *Berliner Schule* und der *Nouvelle Vague* ein, in denen es um das Erschließen einer neuen, noch nicht vorgestellten, Realität geht.[97] Auch Bhabha sieht die Großstadt im Westen als den Raum an, der »den liminalen Charakter kultureller Identität [...] hervorbringt«. Äußerst bemerkenswert ist jedoch, dass die Stadt – auch bei Bhabha – ausschließlich als Raum im

---

92 Die Stadt ist in den Reflexionen zur Denizenship und postnational Membership äußerst konstitutiv. In ihrer Conclusio zur postnational Membership verweist Soysal beispielsweise auf das Motto »Wir sind Berlin« der Berliner Ausländerbehörde zu Anfang der 1990er Jahre. »Perhabs the motto, ›Wir sind Berlin‹, promoted by Berlin's Foreigner's Office and invoked by migrants themselves, best captures the way the migrants live their lives and interact with the host polity, within which their membership is realized. The trajectory (Bahnen) of ›being part of Berlin‹ precludes national fixities and allows for shifting categories and fluid confines, and thus can traverse multiple borders.« Siehe hierzu: SOYSAL (1994): S. 166.
93 ÖREN (1995): S. 82.
94 DE CERTEAU, MICHEL (2006): »Praktiken im Raum«. In: *Raumtheorie. Grundlagentexte aus Philosophie und Kulturwissenschaften*, hg. v. Jörg Dünne, Stephan Günzel, Frankfurt a. M.: Suhrkamp, S. 343–353, hier S. 345.
95 ARSLAN (1997).
96 Ebd.
97 Siehe hierzu: SCHICK, Thomas (2010): »A ›Nouvelle Vague Allemande‹? Thomas Arslan's films in the context of the Berlin School«. In: *Acta Universitatis Sapientiae*, Film and Media Studies 03, S. 143–155. Siehe allgemein hierzu: GROB, Norbert/KIEFER, Bernd (2006): »Mit dem Kino das Leben entdecken«. In: *Nouvelle Vague*, hg. v. Norbert Grob, Bernd Kiefer, Thomas Klein, Marcus Stiglegger, Mainz: Ventil, S. 8–27.

Spiel ist, aber nicht als eine Vernetzung bestimmter einzelner Orte.[98] Obwohl wir viel mit den Protagonisten in der Stadt unterwegs sind, wissen wir daher sehr selten, wo genau wir uns befinden. Der topografische Unterschied zwischen Ort und Raum wird uns in diesem und im letzten Kapitel dieser Kulturgeschichte noch ausführlich beschäftigen; besonders auch in dem Zusammenhang, welchen Einfluss er auf die Fragen der Integration haben wird.

Auch wenn die Ästhetik der Filme Fatih Akıns umgekehrt nicht vom französischen, sondern vom amerikanischen Kino geprägt ist,[99] wie in KURZ UND SCHMERZLOS (1998), IM JULI (1999), SOLINO (2002) oder in seinem ersten weltbekannten Film GEGEN DIE WAND (2003/2004), stehen sie ebenfalls wie Arslans Trilogie aus den 1990ern für ein physisches und urbanes Kino. Die Akteure in Akıns Filmen bewegen sich wie diejenigen in der Literatur Özdamars, Zaimoğlus und in den Filmen Arslans mit einer körperlichen »Selbstverständlichkeit« durch ihre Umgebung.[100] Sie sind alle laut und treiben »Unerhörtes« wie Sibel in GEGEN DIE WAND.[101] Doch so konfliktfrei und emanzipiert sich dies auch anhören mag, sind die Auseinandersetzungen, die in Film, Literatur und Theorie dieser Dekade ausgetragen werden, keineswegs. Denn draußen richtiggehend zu wohnen, führt

---

98 BHABHA (1994): S. 169.
99 Siehe hierzu: LÖSER, Claus (2004): »Berlin am Bosporus. Zum Erfolg Fatih Akıns und anderer türkischstämmiger Regisseure in der deutschen Filmlandschaft«. In: *Apropos: Film. Das Jahrbuch der DEFA-Stiftung*, Berlin, S. 129–147, hier S. 130.
100 Diese »Selbstverständlichkeit« des Auftritts stellt die soziologische Forschung in unterschiedlichen Beschreibungsformen fest. Jörg Hüttermann macht etwa auf einen besonderen »lokalen« Figurationswandel im öffentlichen Raum aufmerksam: Das Auftreten der Gastarbeiter sei noch von einem »defensiven Ausweichverhalten« im öffentlichen Raum geprägt gewesen, während sich der Auftritt der zweiten Generation durch ein »ostentatives Durchhalten von gleicher Augenhöhe (Blickkontakt) und eigenem Kurs auszeichne – sei es um den Preis von Konfrontation und Konflikt«. HÜTTERMANN, Jörg (2015): »Mit der Straßenbahn durch Duisburg. Der Beitrag indifferenzbasierter Interaktion zur Figuration urbaner Gruppen«. In: *Zeitschrift für Soziologie*, Jg. 44, Heft 1, S. 63–80, hier S. 67. Siehe hierzu auch die Studie von Hermann Tertilt: TERTILT, Hermann (1996): *Turkish Power Boys. Ethnographie einer Jugendbande*, Frankfurt a. M.: Suhrkamp. Hinsichtlich der Entwicklung des türkischen Islams in Deutschland macht Werner Schiffauer ebenfalls auf einen Wandel von einem defensivem »Exil-Islam« zu einem aktiven Verhalten und Auftreten im öffentlichen Raum eines »Diaspora-Islam« aufmerksam. Siehe: SCHIFFAUER (2004).
101 Vgl. EZLI (2006): S. 287. Interessant ist in diesem Zusammenhang, dass deutsche Medien die Verleihung des Silbernen Bären an die Darstellerin Sibel Kekilli für ihre Rolle in GEGEN DIE WAND als skandalös ansahen. So beschwerte sich etwa die *Bild Zeitung* darüber, wie eine ehemalige Pornodarstellerin einen so ehrenwerten Preis erhalten konnte. Im Gegensatz hierzu wurde der Film in der türkischen Presse gelobt, selbst von den nationalistischen und konservativ-islamischen Zeitungen TÜRKIYE und ZAMAN, die damals der AKP von Recep Tayyib Erdoğan nahestanden. Siehe hierzu: AKIN, Fatih (2004): *Gegen die Wand. Das Buch zum Film*, Köln: Kiepenheuer & Witsch, S. 219.

dazu, dass alles, was innen ist (Wohnung, intime Beziehungen, Familie und kulturelle Hintergründe) fremd wird. Dafür liefern die Texte und Filme Materialien, die den theoretischen Bestimmungen von Jacques Derrida und Homi Bhabha nicht entsprechen. Für Gereiztheiten zu Hause und im öffentlichen Raum sorgt mitunter die dargestellte soziale Anomie. Dass sich der Ort, den man in der Gesellschaft einnimmt, tatsächlich auf den körperlichen Zustand auswirkt, zeigen dann Film und Literatur der 2000er Jahre.

Es sind aber nicht nur die hier genannten bekannten deutsch-türkischen Erzählungen und Filme der 1990er Jahre, die im Unterschied zu den Produktionen der 1970er und 1980er einen Paradigmenwechsel in der ästhetischen und politischen Gestaltung der Migration nach Deutschland und ihrer Folgen einläuten. Die Kombination aus sprachlicher Verfremdung, Mobilität, Körperlichkeit, Lautstärke und Stille ist für die Erzählweisen der weniger bekannten Romane und Filme der 1990er ebenfalls bestimmend: LANGER GANG (1992) von Yılmaz Arslan, BERLIN IN BERLIN (1993) von Sinan Çetin, Ayhan Salars Kurzfilme, APRILKINDER (1998) von Yüksel Yavuz, AUSLANDSTOURNEE (1998) von Ayşe Polat, LOLA UND BILIDIKID (1998) von Kutlu Ataman und die anarchische Komödie[102] ICH CHEF, DU TURNSCHUH (1998) von Hussi Kutlucan; *Berlin-Savignyplatz* (1995), *Sehnsucht nach Hollywood* (1999) von Aras Ören, Kemal Kurts autobiografischer Essay *Was ist die Mehrzahl von Heimat? Bilder eines türkisch-deutschen Doppellebens* (1995), *Ja, sagt Molly* (1998) und *Der Chinese von Schöneberg, Teestunden am Ring* (1999) von Güney Dal, die Romane der 1990er des bereits genannten Selim Özdoğan und nicht zuletzt der Roman *Ich und die Rose* (2002) von Yüksel Pazarkaya. Wie bereits erwähnt, beginnen die Erzähler bei Özdamar und Pazarkaya schon im Mutterbauch zu erzählen.[103] Auf seinen Körper in unterschiedlichster Form zurückgeworfen fühlt sich in den 1990er Jahren auch Kemal Kurt in seinem langen autobiografischen Essay *Was ist die Mehrzahl von Heimat?* Zu Beginn konstatiert er noch, dass er in den 1970ern wie viele andere Migranten davon überzeugt gewesen sei, dass ein »neuer, universeller Typus Mensch im Entstehen war, der sich in der ganzen Welt zu Hause fühlen würde«.[104] Doch hat sich die Geschichte der Migration in der Bundesrepublik anders entwickelt. Eine Heimat und eine weitere Heimat haben nicht einfach zwei

---

102 GÖKTÜRK, Deniz (2008): »Strangers in Disguise. Role-Play beyond Identity Politics in Anarchic Film Comedy«. In: *New German Critique*, No. 92, Special Issue on: Multicultural Germany. Art, Performance and Media, (Spring – Summer, 2004), S. 100–122, hier S. 112–119.
103 Siehe hierzu: PAZARKAYA, Yüksel (2002): *Ich und die Rose*, Hamburg: Rotbuch, S. 5. In *Odyssee ohne Ankunft* hält Pazarkaya fest, dass er das erste Manuskript für diesen Roman bereits 1985 verfasst hätte. Erst 1989 verlegte ihn ein türkischer Verlag, 2002 ein deutscher. Siehe hierzu: PAZARKAYA (2000): S. 108.
104 KURT, Kemal (1995): *Was ist die Mehrzahl von Heimat?*, Reinbek bei Hamburg: Rowohlt, S. 4.

Heimaten oder eine neue Heimat ergeben. Kurts Essay ist von Hier- und Dort-Beschreibungen (Deutschland/Türkei) geprägt. Die zuverlässigste Antwort, die er uns auf die titelgebende Frage geben kann, ist hinsichtlich der Türkei, dass ihm dieses Land gehöre, »aber ich gehöre ihm nicht«.[105] Für Deutschland gilt umgekehrt, wie für die »Kanaken« in Zaimoğlus *Abschaum*, dass er zu einem Land gehört, das ihm aber nicht gehört. Und wenn er mit seiner Familie zum Sommerurlaub in die Türkei fährt, gibt er die beschriebene Spannung auch als ein körperliches Stocken wieder. Mit einem Bein bewegt sich die Familie in Richtung Türkei, wobei das andere in Deutschland bleibt.[106] Die Spannung, die dabei entsteht, muss der Körper aushalten. Dass nicht der Raum ein Problem darstellt, sondern der Ort, das Territorium, hat bereits Zaimoğlus Protagonist Ertan Ongun für das Revier der »Kanaken« in Kiel festgehalten, das er »Pseudoterritorium« genannt hat.[107] Diese Form der kulturellen Entortung und gespaltenen Verortung macht die Heimat zu einer körperlichen und vergänglichen Angelegenheit.

Etwas vereinfacht und zahm bringt dies die deutsch-türkische Bestsellerautorin und Schauspielerin Renan Demirkan mit dem eigentlichen Bestseller der deutsch-türkischen Literatur der 1990er Jahre *Schwarzer Tee mit drei Stück Zucker* auf den Punkt: »Heimat ist wie Fruchteis, solange du es leckst, erfrischt es dich, vielleicht errätst du noch die Geschmackssorte, aber hinterher hast du Durst wegen der süßen Pampe.«[108] Wie die genannten Werke Özdamars, Pazarkayas und Kurts beginnt auch dieser Roman mit einer Schwangerschaft. Am Ende von *Schwarzer Tee mit drei Stück Zucker* hören wir im Unterschied zum *Karawanserei*-Roman das Neugeborene mit einem »winzigen Krächzen« rufen.[109] Trotz dieser körperlich-existenziellen Dimension der Verhandlung von Migration und ihrer Folgen erzählen alle genannten Werke keine einfachen Opfergeschichten von Ausbeutern und Ausgebeuteten oder kulturell Verlorenen mehr. Vielmehr heben spezifische Poetologien, sprachliche Kompetenzen und ein besonderer Sinn für das Komische und Absurde in den 1990er Jahren die Reflexion von und über Migration und Integration in Deutschland auf eine neue Ebene. Die künstlerische Bearbeitung macht die

---

105 Ebd., S. 10.
106 KURT (1995): S. 9. Siehe hierzu auch: PAZARKAYA (2000): S. 57.
107 ZAIMOĞLU (1997): S. 65.
108 DEMIRKAN, Renan (1991): *Schwarzer Tee mit drei Stück Zucker*, Köln: Kiepenheuer & Witsch, S. 36.
109 Ebd., S. 139. Auch der tschechische Philosoph Vilém Flusser vergleicht in seiner essayistischen Sammlung zur *Freiheit der Migration* die Folgen der Migration mit der Geburt. Jahrzehnte vorher hatte er sie noch als einen chirurgischen Einschnitt beschrieben.
Siehe hierzu: Flusser, Vilém (2007): *Von der Freiheit des Migranten. Einsprüche gegen den Nationalismus*, Berlin: Europäische Verlagsanstalt, S. 10.

Opfer zugleich zu Tätern. Zafer Şenocaks Roman *Gefährliche Verwandtschaft* leitet diese komplexe figurale Konstellation familienbiografisch ab.[110]

Jenseits von biografischen, gesellschaftlichen und kulturellen Referenzen bietet sich der Zusammenschluss von Opfer und Täter am eindrücklichsten in Yilmaz Arslans Spielfilm LANGER GANG dar. Er erzählt vom Leben schwerbehinderter Menschen mit unterschiedlichen kulturellen Hintergründen in einem Rehabilitationszentrum irgendwo in Süddeutschland; darauf weist zumindest der Dialekt eines »Liliputaner« genannten armlosen Kleinwüchsigen hin, der mit der Deutsch-Türkin Nesrin zusammen ist, die im Rollstuhl sitzt. Allerdings stehen weder Ort noch Transkulturalität im Vordergrund dieses außergewöhnlichen Films, obwohl selbst im Reha-Zentrum amerikanischer Blues gesungen und französische Lyrik vorgelesen werden.[111] In Başers Film LEBEWOHL, FREMDE hören

---

110 Siehe hierzu: ŞENOCAK (1998): S. 40.
111 Äußerst markant und konstitutiv ist der Einsatz von amerikanischer Musik von Jazz bis Rock 'n' Roll auch in den deutschen Filmen NACH FÜNF IM URWALD und DAS LEBEN IST EINE BAUSTELLE. In Hans-Christian Schmids erstgenanntem Film schenkt die jugendliche Protagonistin Anna (Franka Potente), die aufgrund eines Familienkonflikts eine ganze Nacht unerlaubt in München unterwegs ist, am Ende des Films ihrem Vater eine seltene Schallplatte des afroamerikanischen Jazzers Thelonious Monk. Auf der Party zu ihrem 17. Geburtstag zu Hause, mit der der Film einsetzt und die völlig außer Kontrolle gerät, zerstört einer der jugendlichen Gäste diese Platte von Monk, was den Vater sehr wütend macht. In Wolfgang Beckers Film DAS LEBEN IST EINE BAUSTELLE ist Jans bester Freund, den er bei seiner Arbeit im Schlachthof kennenlernt, ein Musiker, der ausschließlich amerikanische Musik spielt und singt. Er ist zwar Deutscher, trägt jedoch eine amerikanische Haartolle und sein Rufname lautet Buddy. Dieser starke Amerikabezug in den deutschen Filmen der 1990er Jahre wird in keiner Besprechung oder Kritik erwähnt. Vielmehr steht beispielsweise Beckers DAS LEBEN IST EINE BAUSTELLE für einen »Hunger auf Gegenwart« und als ein Beweis dafür, dass das Leben wirklich eine Baustelle sei. Siehe hierzu: WEINGARTEN, Susanne (1997): »Was nun, Jan? ›Das Leben ist eine Baustelle‹, behauptet Wolfgang Beckers Berliner Beziehungspuzzle – und beweist es auch«. In: *DER SPIEGEL*, 12/1997, S. 216–217. Siehe hierzu auch: NICODEMUS, Katja (2004): »Film der Neunziger Jahre. Neues Sein und altes Bewußtsein«. In: *Geschichte des deutschen Films*, hg. v. Wolfgang Jacobsen, Stuttgart, Weimar: Metzler, S. 319–357, hier S. 335. Der Ausgangspunkt in diesem Film ist eine soziale Anomie, denn »Normalos« kommen darin nicht vor. Siehe hierzu: GESPRÄCH MIT WOLFGANG BECKER (1997): »Normalos kommen nicht vor«. In: *DER SPIEGEL*, 12/1997, S. 217. Allgemein ist die Bedeutung von Musik als Zeichen von Globalität und Verknüpfung in sehr vielen Filmen der 1990er Jahre konstitutiver Bestandteil der ästhetischen Erzählungen. Besonders in deutschen Filmen verbindet sie mitunter unterschiedliche politische Generationen. In den deutsch-türkischen Filmen sind hingegen Artikulationsformen die Verbindungsglieder, die aber zugleich immer einen Bruch artikulieren, entweder gegenüber der Elterngeneration oder gegenüber Deutschen. In Arslans Film GESCHWISTER übernimmt diese Funktion beispielsweise der HipHop. Tatsächlich spielt der heute sehr bekannte deutsche Rapper Cool Savaş (Savaş Yurderi) damals als 20-jähriger eine der Hauptrollen in Arslans Film. Siehe hierzu: ARSLAN (1997). Siehe zum Konnex von Musik, Ethnizität und Hybridität bei Fatih Akın seine Filme SENSIN – DU BIST ES! (1995), KURZ UND SCHMERZLOS

Karin und Deniz in ihren zweisamen Stunden bei ihr zu Hause weder deutsche, noch türkische, sondern spanischsprachige Revolutionsmusik. Dieser musikalisch politisch erschlossene Raum verdeutlicht dabei nicht die Nähe zwischen der Deutschen und dem türkischen politischen Flüchtling, sondern die Entwicklung ihrer körperlichen Annäherung; eindrücklich ist besonders die Filmsequenz, in der Karin Deniz' von Narben gezeichneten Körper berührt.[112]

In Arslans LANGER GANG bewegen sich die körperlich behinderten Menschen in den langen Gängen des labyrinthartigen Gebäudekomplexes mit Krücken, in Rollstühlen oder auf speziell angefertigten Rädern. Daneben wird der Alltag der Akteurinnen und Akteure gezeigt, besonders ihre körperlichen Bedürfnisse – etwa nach Zigaretten, Alkohol oder Sex. So versuchen etwa zwei Spastiker Sex zu haben, wobei die Lust in Gewalt umkippt, die der Mann der Frau antut. Später wird dieser Täter von einem anderen Patienten im Fahrstuhl vergewaltigt. Wir sehen aber auch einige zärtliche Momente, wie zwischen Didi, dem »Liliputaner«, und seiner deutsch-türkischen Freundin Nesrin – eine Beziehung, die einer türkischen Rollstuhlgang im Reha-Zentrum gar nicht gefällt. Deren Mitglieder drohen Nesrin am Anfang des Films, zerren sie aus dem Rollstuhl, den sie die Treppe hinunterstoßen, doch tauchen sie im weiteren Verlauf nicht mehr auf. Wie in einigen vielen anderen bekannten deutsch-türkischen Produktionen dieser Dekade besteht die gewalttätige Gruppe aus drei Männern.[113] Und diese werden nicht als Deutsch-Türken, sondern eindeutig türkisch markiert.

(1998) und IM JULI (1999/2000). Zu den beiden letztgenannten Filmen sind jeweils die Soundtracks als Audio-CDs erschienen; ebenso zu DAS LEBEN IST EINE BAUSTELLE. Soundtracks zu Kinofilmen erfreuen sich in den 1990er Jahren einer besonderen Beliebtheit.
112 Im Casting für GEGEN DIE WAND stand für Fatih Akın der Hauptdarsteller Birol Ünel als Cahit sehr früh fest. Für ihn verkörperte er einen »echten Rebellen«, der auf alle »Normen und Traditionen scheißt«. Das, was er nicht machen durfte, machte er einfach. Obendrein war er auch noch ein »Deutsch-Türke«, also ein »echter Typ«. Siehe hierzu: AKIN, Fatih/ZIEGLER, Helmut (2004): »Ich will kein Sonntagskind sein! Ein Gespräch«. In: ders.: *Gegen die Wand. Das Buch zum Film*, Köln: Kiepenheuer & Witsch, S. 238–243, hier S. 240. Siehe auch: AKIN, Fatih/ZAIMOĞLU, Feridun (2004): »Der Regisseur Fatih Akın. Ein Gespräch mit Feridun Zaimoğlu«. In: ders.: *Gegen die Wand. Das Buch zum Film*, Köln: Kiepenheuer & Witsch, S. 233–237, hier S. 233. Im Drehbuch zu GEGEN DIE WAND wird Cahit als ein »abgefuckter Typ mit graubraunen Haaren, unrasiert und in dunklen Klamotten« eingeführt. »Er hat viele Narben im Gesicht (und auch welche in der Seele) und traurige, kaputte Augen.« Akın beschreibt Cahit aber auch als jemanden, der einen »ganz eigenen Stil« hat. AKIN, Fatih (2004): *Gegen die Wand. Das Buch zum Film*, Köln: Kiepenheuer & Witsch, S. 18. Selim Özdoğan wählt für seinen ersten Roman von 1995 das Zitat von Rolf Dieter Brinkmann: »Wisst ihr, daß Wörter nur Brandblasen der Seele sind?«. Siehe hierzu: ÖZDOĞAN (1995): S. 5.
113 Siehe hierzu auch *Die Brücke vom Goldenen Horn* von Emine Sevgi Özdamar (1998), AUSLANDSTOURNEE von Ayşe Polat (1999) und GEGEN DIE WAND von Fatih Akın (2003). In LOLA UND

Wie Ayhan Salars Kurzfilm DER TOTENTRAUM beginnt auch LANGER GANG mit nackten Füßen, mit denen von Didi, dem armlosen »Liliputaner«. Er zerreißt mit seinen Füßen zuerst eine Schwarzweiß-Aufnahme des Rehabilitationszentrum und dreht sich daraufhin mit den Zehen eine Zigarette. Seinen Kopf sehen wir erst, nachdem die Zigarette fertig gedreht ist und er sie sich in den Mund steckt.[114] Die Einrichtung, also das Reha-Zentrum, in dem der gesamte Film von Yilmaz Arslan stattfindet, wird als geschlossenes Bild zerissen, für nichtig erklärt und damit zu einem unwirklichen Ort. Filmtechnisch gesprochen wird erneut ein *establishing shot* vermieden.

Der kurze Einblick in die zentralen Charakteristika der genannten Produktionen lässt uns zu Beginn dieses Kapitels über die 1990er Jahre aus integrationstheoretischer Perspektive bereits folgende Beobachtung festhalten: Während in den 1970er und 1980er Jahren bei Ören, Sanders-Brahms, Başer, Bohm und Tekinay Phänomene der Migration im Wirkungsfeld von wechselseitigen Assimilationsvorstellungen standen, wird das Verhältnis von Migration, Binnenmigration bei Özdamar, transnationale Migration bei Şenocak, Kurt, Demirkan und Pazarkaya und die Bewegung im Raum bei Thomas und Yilmaz Arslan, Akın, Alakuş und Yavuz von assimilatorischen Integrationsvorstellungen losgelöst. Diesen Wandel von Assimilation zu Migration als Mobilität beschreiben wissenschaftliche Publikationen seit dem Ende der 1990er Jahre als einen Übergang von subnationalen zu transnationalen Konstellationen. Als Nachweis für diese Transformation dienen neben der Mobilität etwa Beobachtungen, dass Filme wie LOLA UND BILIDIKID global vertrieben und nicht nur auf migrationsspezifischen Festivals gezeigt wurden;[115] oder musikalische Verweise auf Rap oder Hiphop oder Verweise auf berühmte Persönlichkeiten wie Muhammad Ali, Malcolm X, Al Pacino oder Bruce Lee.[116] Für Leslie Adelson hat sich Zafer Şenocak mit *Gefährliche Verwandtschaft* irritierend produktiv über die Transnationalisierung des Tabuthemas Genozid in die deutsche Kulturgeschichte eingeschrieben.[117]

Diese Befunde sind zwar richtig, behandeln aber nur die eine Seite dieser Texte und Filme. Denn entgegen dieser positiven Positionsbestimmungen finden

---

BILIDKID von Kutlu Ataman (1998) haben wir es mit einer deutschen rechtsradikalen Dreiergruppe zu tun.
114 ARSLAN, Yilmaz (1992): *Langer Gang*, Spielfilm, Deutsche Kinemathek für Film und Fernsehen, Deutschland.
115 Siehe hierzu: GÖKTÜRK (2000): S. 341.
116 Siehe hierzu: MENNEL, Barbara (2002): »Bruce Lee in Kreuzberg and Scarface in Altona: Transnational Auteurism and Ghettocentrism in Thomas Arslan's BROTHERS AND SISTERS and Fatih Akıns SHORT SHARP SHOCK«. In: *New German Critique*, 87, S. 133–156, S. 144.
117 ADELSON, Leslie (2005): *The Turkish Turn in Contemporary German Literature. Toward a New Critical Grammar of Migration*, New York: Palgrave Macmillan, S. 79–122.

wir in den genannten und hier zu analysierenden Werken keine Formen dauernder Befreiungen, keine Bilder des Ankommens oder der Öffnung, weder in einem individuellen noch in einem sozialen Sinne. Ihre Grundstruktur ist von individuell artikulierten und versprachlichten, aber ungelösten Konflikten bestimmt. Die Akteurinnen und Akteure bleiben in Bewegung. Dort, wo globale Verbindungen gezeigt werden, regen sie zwar die Vorstellung von neuen sozialen Gemeinschaften an. Im Nahbereich scheitern die sozialen Bindungen allerdings. Im Vordergrund stehen eine performative Intervention, der Bruch mit bisherigen Regeln sowie die Produktion irritierender Zeichen, die vom Fokus auf neue mögliche soziale Verhandlungen zeugt. Deshalb möchte ich für die Produktionen der 1990er Jahre in Abgrenzung von der bisherigen Forschung nicht von »transnationalen Gemeinschaften« sprechen, sondern von »vorgestellten transnationalen Verbindungen«. Denn die Forschung hat bislang mit ihrem Fokus auf das hybride Subjekt, mit ihm auf eine spezifische Globalisierungseuphorie und den damit einhergehenden Transnationalismus übersehen, dass sich mit dem Wechsel von Integration/Assimilation auf Migration auch der Wechsel von Heimat zum Wohnen in jeglicher Form vollzogen hat, das nun besonders auf der Straße und im Körper der Akteurinnen und Akteure stattfindet.[118] Dieses Wohnen ist im Kern von unterschiedlichen Graden der Lautstärke, der Stille und der intensiven Körperlichkeit von Kämpfen in Sprache und Bildern bestimmt, weniger von einer globalen Kommunikation und viel weniger noch von einem stabilen sozialen Austausch. Die globale Verknüpfung ist in den Filmen gegeben und wird gesetzt, aber nicht ausbuchstabiert.

Die Akteurinnen und Akteure halten sich im Unterschied zu den 1980er Jahren überwiegend draußen im öffentlichen Raum auf, wo sie dynamisch selbstbestimmend auftreten. Dabei entstehen häufig Konflikte. Die Interaktionen finden nicht an bestimmten Orten wie in Schulen, in Schwimmbädern oder anderen öffentlichen Einrichtungen statt, an denen bestimmte Verhaltensregeln und mitunter Hausordnungen gelten; sondern auf Straßen, an Straßenecken, in Einkaufspassagen, Parks oder ganz ‚unbenutzten' Orten, wo die Regeln informeller Natur sind. In keiner Aufnahme lässt sich ein Straßenname erkennen. Mit dem Ethnologen Marc Augé gesprochen dominieren hier anthropologische Nicht-Orte.[119] Diese Diskrepanz zwischen selbstbewusstem Auftreten und öffentlicher Unbestimmtheit ist deshalb von besonderem Interesse, weil die zwei äußerst erfolgreichen

---

[118] Die weibliche Hauptdarstellerin für GEGEN DIE WAND zu finden, war für Fatih Akın äußerst schwierig. »Als wir gemerkt haben, es gibt keine Schauspielerin dafür, haben wir angefangen, auf der Straße nach ihr zu suchen«, erzählt Akın. Sibel Kekilli setzte sich gegen insgesamt 350 Laiendarstellerinnen durch. Siehe hierzu: AKIN/ZAIMOĞLU (2004): S. 234.
[119] Siehe hierzu: AUGE, Marc (1994): *Nicht-Orte*, Frankfurt a. M.: Fischer.

theoretischen Konzepte der 1990er Jahre, nämlich Hybridität und Dissemination nach Bhabha und Transnationalität im weitesten Sinne von Arjun Appadurai bis Nina Glick-Schiller, diese umgehen. Ihre Theorien verweisen wie Literatur und Film deutlich auf ein Jenseits der Gegenwart, der Darstellung und ihrer Bedingungen.[120] Auch ihre Anrufung ist eine Anrufung nach dem Menschsein.

> Im Bereich des darüber Hinausgehenden zu sein heißt [...], einen Zwischenraum zu bewohnen. Aber im ›Darüber Hinaus‹ zu wohnen heißt auch, wie ich gezeigt habe, an einer re-visionären Zeit teilzuhaben, an einer Rückkehr zur Gegenwart, um unsere kulturelle Gleichzeitigkeit neu zu beschreiben; um unsere menschliche, geschichtliche Gemeinsamkeit neu einzuschreiben; die Zukunft auf der uns zugewandten Seite zu berühren. In diesem Sinne wird also der Zwischenraum des ›Darüber Hinaus‹ zu einem Raum der Intervention im Hier und Jetzt.[121]

Die Gleichzeitigkeit, die menschliche und geschichtliche Gemeinsamkeit, letztlich die Rede von einer einzigen Kultur, lässt sich immer nur als eine medial geschaffene denken. »[W]e are living in an increasingly global media environment«, konstatiert Hamid Naficy Mitte der 1990er über den Film hinaus und bestimmt die »transnational media« als die Grundlagen der Kritik nationalkutlureller Zuschreibungen. Von nun an ist im Sinne Arjun Appadurais »Imagination [...] social practice«.[122]

---

120 Vgl. BHABHA, Homi (2000): *Verortung der Kultur*, Tübingen: Stauffenburg, S. 10. Der Verweis auf ein Jenseits ist auch deshalb interessant, weil Film und Literatur der 1990er Jahre neben der bereits erwähnten Volksreligiosität häufig auf Gott oder auf Engel Bezug nehmen. In seinem Roman *Mehr*, in dessen Zentrum das kompromisslose Leben eines Deutsch-Türken der zweiten Generation zwischen Deutschland und Türkei steht und in dem Religion explizit überhaupt keine Rolle spielt, dankt Selim Özdoğan am Ende dieses Textes erst Gott, dann seinem Vater und zuletzt seiner Mutter. Am Ende von KURZ UND SCHMERZLOS beten Vater und Sohn zusammen; Fatih Akın dankt im Abspann Gott und Martin Scorsese. In Aras Örens Roman *Berlin, Savignyplatz* von 1995 tauchen im Restaurant »Zwiebelfisch« »zwei dicke Engel auf, die aus den Biergläsern trinken«. Sie schweben über allen Anwesenden, die dadurch zu einer zusammengehörenden Gemeinschaft werden. Als sie jedoch in die Berliner Nacht hinausgehen, ist die deutsche Wiedervereinigung in vollem Gange, und der Artikel über diese transnationalen Bohemians aus dem »Zwiebelfisch«, den Jürgen B. verfasst hatte, wird nicht gedruckt. In Ayşe Polats Film AUSLANDSTOURNEE erscheint Zeki, als er von drei türkischen Nationalisten auf der Straße zusammengeschlagen wird, seine kleine Begleiterin Şenay »wie ein Engel«. Denn die Schläger fliehen, als das kleine Mädchen vor ihnen steht. Selbst in Zaimoğlus *Kanak Sprak* beziehen sich die ›Kanaken‹, die Drogen konsumieren, Sex haben und Gesetze brechen, häufig auf Gott. Siehe hierzu: ÖZDOĞAN, Selim (1999): *Mehr*, Berlin: Rütten & Loening, S. 244; AKIN (1998); ÖREN (1995): S. 172; ZAIMOĞLU (1995); POLAT (1998).
121 BHABHA (2000): S. 12.
122 NAFICY, Hamid (1996): »Phobic Spaces and Liminal Panics. Independent Transnational Film Genre«. In: *Global/Local. Cultural Production and the Transnational Imaginary*, Durham: Duke University Press, S. 119–144, hier S. 119.

Dass die Umgebung nun mehr global als lokal sei und deshalb jede Form von Nationalität oder kultureller Prägung keine Bedeutung mehr habe, ist ein fataler intellektueller Fehlschluss der 1990er Jahre. Denn in den bekannten und weniger bekannten Produktionen deutsch-türkischer Provenienz spielen dafür Konflikte und der Gebrauch spezifisch kultureller Marker eine viel größere Rolle als die Vorstellung neuer transnationaler Gemeinschaften. Das »transnationale Wir«, das Bhaba und viele andere beschwören, ist prekär. Die Deutsch-Türken können sprachlich und modisch so deutsch und global in den Filmen auftreten wie sie wollen, die kulturellen Marker bleiben mitbestimmend. Woran das liegt, werde ich besonders anhand der Analysen der Texte von Zafer Şenocak und den Filmen von Fatih Akın und Thomas Arslan aufzeigen.

Im Folgenden werden wir sehen, wie immanent und nicht imaginär-transzendent das vielfältige Verhältnis zwischen den Ebenen des öffentlichen Raums, der Körperlichkeit, der Selbstbeschreibungen und Individualisierungen in Literatur und Film ist. Es gibt kein stabiles Jenseits in diesen Texten und Filmen der 1990er Jahre, das auf eine reale (ob nun individuelle oder kollektive) Zukunft verweisen könnte. Vielmehr haben neben den spezifischen kulturellen die gesetzten globalen Marker die Funktion eines Stauraums, der zur Entdramatisierung der Konflikte beiträgt. »Welt« ist im Unterschied zu »Nation« oder »Monokultur« in den 1990er Jahren positiv besetzt und kann daher diese Stauraum-Funktion einnehmen. Die Konflikte finden hingegen in Auseinandersetzung mit den Kategorien »Nation« und »Kultur« statt. Nicht das Globale im Lokalen ist dabei Ort der Austragung. Weil konkrete Orte fehlen, organisieren die Körper der Akteurinnen und Akteure, der Gruppen und Vereine ihre kulturellen Entortungen, die sie ebenfalls körperlich kommunizieren. Dabei korrespondieren sie auffallend mit Debatten zur Integration, mit Theorien zu Migration, Integration und zur Multikulturalität.[123] Denn produktive kulturelle Entortungen, die viele Forschungsbeiträge zu Film und Literatur der 1990er Jahre aufgezeigt haben – Bhabhas Hybriditätstheorie baut auch auf Analysen der Literaturen von Salman Rushdie, Nadine Gordimer und Toni Morrison –, finden keinesfalls nur in den kulturellen Produkten der Zeit statt. Sie sind ebenfalls tief in andere kulturwissenschaftliche Theorien und der Publizistik zur Migration in einer Dekade eingelagert, die von einer neuen »Unübersichtlichkeit« heimgesucht wird.[124]

---

123 Vgl. VOGL, Joseph (Hg.) (1994): *Gemeinschaften. Positionen einer Philosophie des Politischen*, Frankfurt a. M.: Suhrkamp. Siehe auch: RÖDEL, Ulrich (Hg.) (1990): *Autonome Gesellschaft und libertäre Demokratie*, Frankfurt a. M.: Suhrkamp.
124 Siehe hierzu: HERBERT, Ulrich (2014): *Geschichte Deutschlands im 20. Jahrhundert*, München: Beck, S. 1137–1207.

Im Zentrum vieler solcher Schriften steht die Frage des kulturellen »Überlebens« durch Anerkennung. Während von den 1970ern zu den 1980ern der Übergang von einer Arbeitergesellschaft zu einer Kommunikationsgesellschaft stattgefunden hat, zeigt sich im Übergang zu den 1990er Jahren erneut eine Abwendung von den organisierenden Kategorien »Klasse« und »Geschlecht« der 1960er und 1970er. Diesmal geht es jedoch nicht um die Frage der interaktiven oder intersubjektiven Kommunikation, wie auf der Zugfahrt Aysel Özakıns Anfang der 1980er Jahre. An die Stelle dieser Begegnungsstruktur, die auf das Verstehen des Anderen zielte, tritt nun eine »bewusste Wahrnehmung der Positionen des Subjekts«[125]. Es geht nun um die Umformung des artikulatorischen Prozesses, die die Spannung von symbolischer Aufladung und Formlosigkeit der 1980er Jahre, das Nicht-Sprechen-können, entlädt. Zafer Şenocak beschwört in dieser Hinsicht für seine Literatur der 1990er Jahre eine »negative Hermeneutik«, um wieder ins Gespräch zu kommen: »Nicht mehr das vermeintlich Verstandene, sondern das, was nicht verstanden wird, sollte in den Blick gerückt werden, das Unverdauliche, das, was aufstößt, Tabus und Grenzen verletzt«.[126] So habe auch Emine Sevgi Özdamar *Das Leben ist eine Karawanserei* »absichtlich in einem Sprachdadaismus geschrieben, wo die Sprache nicht sofort zu verstehen ist«. Dies sei ihre »große Absicht [gewesen], weil die Begegnung ja erst stattfindet, wenn die Fremdheit wahrgenommen wird«.[127] Auch in Başers LEBEWOHL, FREMDE versteht Karin kein einziges Wort von Deniz.[128] Allein diese Grundlagen, dieses Nicht-Verstehen in deutsch-türkischer Literatur und Film zeigen, dass es sich hier keineswegs um lediglich selbstreferenzielle Poetologien handelt und schon gar nicht um bereits verwirklichte transnationale Gemeinschaften. Im Kern dieser Überlegungen steht vielmehr, dass jegliche Form von Realität künstlich ist und dass sie nur wirklich ist, wenn sie die Teilhabenden, das Gegenüber irritiert. Auch Homi Bhabha hält in seinem vielzitierten und programmatischen Text *Dissemination* fest, dass es ihm gar nicht darum gegangen sei, eine allgemeine Theorie zu entwerfen. Er habe – fast wie im Sinne der Kanak Sprak – eine »productive tension of the perplexity of language in various locations of living« erzeugen wollen.[129] Und der Ethnologe Werner Schiffauer konstatiert im Unterschied zu seinen Arbeiten Ende der 1970er und Anfang der 1980er Jahre, die noch auf ein Verstehen ausgerichtet waren, in seiner Essaysammlung *Fremde*

---

125 BHABHA (2000): S. 2.
126 ŞENOCAK, Zafer (1994): *War Hitler Araber?*, München: Babel, S. 28.
127 Zitiert nach: KONUK, Kader (1997): »Das Leben ist eine Karawanserei. Heimat bei Emine Sevgi Özdamar«. In: *Kein Land in Sicht. Heimat – weiblich?*, hg. v. Gisela Ecker, München: Fink, S. 143–158, hier S. 151.
128 Siehe: BAŞER (1991).
129 BHABHA (1994): S. 170.

in der Stadt von 1997, dass selbst das Ziel der Kulturanalyse darin bestehe, beide involvierten Seiten zu verunsichern und zu irritieren.[130]

Diese Praxis der Irritation soll das soziale Feld für eine Begegnungsstruktur erschließen helfen, die der eigentlichen kulturellen Realität, nämlich ihrer Hybridität, gerecht wird. Dieser ästhetisch-politische Prozess positioniert sich dabei vermeintlich im Gegensatz zur Kultur, wie sie in den Leitmedien in der Bundesrepublik in den 1990er Jahren besprochen und verhandelt wird. Das behauptet die Theorie. Wir werden aber sehen, dass es sich nicht um ein kontradiktorisches Verhältnis handelt, sondern dass es darum geht, miteinander zu kommunizieren – ein Verhältnis also, das vom Weitersprechen bestimmt ist. Denn die Fragen des Hinauskommens, Überlebens und der Mobilität sind nicht nur im *Karawanserei*-Roman zentral, sondern auch in den heute viel kritisierten Texten und Debatten zur Integration, zum Multikulturalismus und Transnationalismus der 1990er Jahre.

4.2 Kultur als eine Frage des »Wohnens«

Viele der genannten Autoren und Filmemacher sprechen in ihren unterschiedlichsten ästhetischen Sprachen und Bildern von der surrealen Poesie (Özdamar, Kurt) über die Sachlichkeit der Berliner Schule (Arslan), spezifische sprachliche Verfremdungen wie die Kanak Sprak (Zaimoğlu) bis hin zum physischen Kino (Akın, Yavuz, Polat), immer wieder selbst von einem »neuen Realismus« oder wurden oft dahingehend interpretiert. Dieser Realismus findet sich auch im Kern der Debatten und Theorien in den 1990er Jahren.[131] Alle genannten Autoren und Filmemacher beschreiben eine untrennbare Verschränkung des Türkischen und Deutschen auf unterschiedlichsten Ebenen wie Sprache, Körper und Raum; ein Großteil der genannten Produktionen trägt dabei autobiografische Züge.[132] Die 1990er Jahre sind besonders aus der Perspektive der zweiten, mitunter aber auch der ersten Migranten-Generation die Geburtsstunde der Bindestrich-Identität: Ob sie sie nun kritisieren oder bestätigen, auf jeden Fall setzt man sich mit dieser Realität des Deutschen und Türkischen auseinander. In den 1990er Jahren machen sich sehr viele »Schriftsteller, Wissenschaftler und Publizisten stark

---

130 Siehe hierzu: SCHIFFAUER, Werner (1997a): *Fremde in der Stadt*, Frankfurt a. M.: Suhrkamp, S. 10.
131 Für viele siehe hierzu: ADELSON (2005): S. 99. Siehe auch HOFMANN (2005): S. 206.
132 Siehe hierzu: ALKIN, Ömer/TRONNIER, Claudia (2017): »Ein Interview, ein Rückblick und eine Filmographie. Die Redaktionsleiterin des ›Kleinen Fernsehspiels‹ Claudia Tonnier zum deutsch-türkischen Kino«. In: *Deutsch-Türkische Filmkultur im Migrationskontext*, hg. v. Ömer Alkın, Wiesbaden: Springer VS, S. 383–406.

dafür, daß man Deutscher oder Deutsche werden und Türke oder Türkin bleiben kann«.[133] Diese identitätspolitische sowohl-als-auch-Struktur spiegelt auch den Kern transnationaler und transkultureller Theorien, wenn es dort beispielsweise heißt, Identität ist »diverse, more fluid, more ad hoc, more provisional, less coherent, less organized, and simply less implicated in the comparative advantages of the nation state«.[134]

Im Zentrum vieler Sachbücher und Debattenbeiträge in den 1990er Jahren steht jenseits der biografischen die Anerkennung der gewordenen multikulturellen Realität der bundesrepublikanischen Gesellschaft.[135] Dieser sich als politische Intervention begreifende Publizistik und der zuvor eingeführten literarischen und filmischen Produktionen scheint auf den ersten Blick der Gesetzesänderung des deutschen Ausländerrechts zu widersprechen. Das deutsche Ausländerrecht wird nach 1965 erst wieder 1990 geändert. Nach der wenig erfolgreichen Geschichte des Rückkehrförderungsgesetzes von 1983 leuchtete auch der Bundesregierung ein, dass man den Status von Ausländern, die schon lange in Deutschland lebten und bleiben würden, rechtlich durch eine Gesetzesänderung verstetigen müsse.[136] Insgesamt sollte die Gesetzesnovellierung nichts an den Grundprinzipien der deutschen Ausländerpolitik ändern, »wonach Deutschland kein Einwanderungsland und der Aufenthalt der Ausländer im wesentlichen vorübergehender Natur sei«.[137]

Das Gesetz, das am 1. Juli 1990 erlassen und am 1. Januar 1991 nach der Wiedervereinigung für West- und Ostdeutschland, rechtskräftig wurde, ermöglichte ein erleichtertes Verfahren der Annahme der deutschen Staatsbürgerschaft für

---

133 LEGGEWIE, Claus/ŞENOCAK, Zafer (Hg.) (1993): *Deutsche Türken – Türk Almanlar. Das Ende der Geduld. Sabrın Sonu*, Reinbek bei Hamburg: Rowohlt, S. 8.
134 APPADURAI, Arjun (1996): *Modernity al Large. Cultural Dimensions of Globalization*, Minneapolis, London: University of Minnesota Press, S. 168.
135 Siehe hierzu: LEGGEWIE, Claus (1990): *Multikulti. Spielregeln für den Vielvölkerstaat*, Berlin: Rotbuch; COHN-BENDIT, Daniel/SCHMID, Thomas (1992): *Heimat Babylon. Das Wagnis der multikulturellen Demokratie*, Hamburg: Hoffmann und Campe. Auch Homi Bhabha konstatiert in seiner *Location of Culture*, dass der aus der »kulturellen Entortung« entstehende »third space« nur dann politisch auch wirkmächtig sein könne, wenn auf seinen produktiven »Akt des Darüberhinausgehens«, über monokulturelle Zuschreibungen, eine Rückkehr zur »Gegenwart« folgt. Siehe hierzu: BHABHA (2000): S. 5.
136 HERBERT, Ulrich (2001): *Geschichte der Ausländerpolitik in Deutschland. Saisonarbeiter, Zwangsarbeiter, Gastarbeiter, Flüchtlinge*, München: Beck, S. 281. Siehe hierzu auch: HUNN, Karin (2005): *»Nächstes Jahr kehren wir zurück«. Die Geschichte der türkischen Gastarbeiter in der Bundesrepublik*, Göttingen: Wallstein, S. 549. THYM, Daniel (2017): »Migrationsfolgenrecht«. In: *Veröffentlichungen der Vereinigung Deutscher Staatsrechtslehrer 76*, Berlin: De Gruyter, S. 169–216, hier S. 186f.
137 HERBERT (2001): S. 284.

Ausländer der ersten und zweiten Generation. Die Novellierung räumte Ausländern der ersten Generation, die länger als 15 Jahre in Deutschland lebten, die Möglichkeit ein, die deutsche Staatsbürgerschaft anzunehmen. Für in Deutschland geborene Kinder gilt diese Novellierung schon nach acht Jahren Aufenthalt in der Bundesrepublik.[138] Trotz der Novellierung hält das Staatsbürgerschaftsrecht weiter am Abstammungsprinzip (*ius sanguinis*) fest,[139] das eine mehrstaatliche Zugehörigkeit ausschließt. Jeder Türke, der Deutscher werden will, muss weiterhin seine türkische Staatsbürgerschaft aufgeben. Die Novellierung erlaubt ausländischen Bürgern aus Nicht-EWG-Staaten außerdem nicht, kommunal zu wählen. Dieses Recht ist EWG-Bürgern in Deutschland vorbehalten. Damit stellt das neue Ausländergesetz aber auch fest, dass der- oder diejenige, der oder die die deutsche Staatsbürgerschaft nicht annimmt, sich identitätspolitisch auf einer »Zwischenstufe« befindet. »Ausländer werden – anders als im klassischen Fremdenrecht – nicht länger dem Heimatstaat zugeordnet, sondern gleichsam als halbe Inländer behandelt.«[140] Auch wenn jemand in der Bundesrepublik lebt, gehört er oder sie nicht ganz dazu. Neben der bereits erwähnten und erläuterten migrationssoziologischen und politischen Bestimmung der Denizenship hat auch die juristische Fachliteratur Anfang der 1990er Jahre diese juristische Figur eingeführt,[141] der konkret eine Wirtschafts- und Sozialbürgerschaft ohne Wahlrecht meint. Die Rechtsgleichheit auf soziostruktureller und wirtschaftlicher Ebene folgt, »wenn sich der Aufenthalt verfestigt«.[142] Sozioökonomische Gleichstellung ist gegeben, aber keine politische Teilhabe, wenn der ausländische Mitbürger seine Staatsangehörigkeit nicht wechselt. Zafer Şenocak interpretiert diese Gesetzesnovellierung als einen politischen Akt, der seine und die Realität anderer Deutsch-Türken, besonders der zweiten Generation »missachtet«. Für Şenocak gilt in Deutschland

---

138 Siehe: *Deutsches Ausländerrecht. 19. Auflage 2005*, München: dtv, S. 272–276.
139 Siehe hierzu: https://www.bundesregierung.de/Content/DE/Lexikon/IB/I/ius-sanguinis.html. Diesem Abstammungsprinzip steht das *ius soli* (wörtlich: »Recht des Bodens«) entgegen – wie es beispielsweise in Frankreich praktiziert wird, dem gemäß der Erwerb einer Staatsangehörigkeit an den Geburtsort des Kindes gebunden ist. Seit dem 1. Januar 2000 gilt das *ius soli* neben dem Abstammungsprinzip auch in Deutschland. Allerdings muss sich nach der Gesetzesänderung von 2000 das Kind mit dem Eintritt in die Volljährigkeit für eine Staatsbürgerschaft, beispielsweise die deutsche oder türkische, entscheiden. Siehe hierzu: https://www.bundesregierung.de/Content/DE/Lexikon/IB/I/ius-soli.html.
140 Thym (2017): »Migrationsfolgenrecht«, S. 19.
141 Siehe hierzu: Hammar, Tomas (1990): *Democracy and the Nation State. Aliens, Denizens and Citizens in a World of international Migration*, Aldershot: Avebury. Der Begriff »Denizenship« ist dem britischen Common Law entlehnt, wo er sich auf nichtbritische Bürger des Commonwealth bezieht.
142 Thym (2017): S. 187.

daher immer noch das Prinzip der Assimilation, das die Aufgabe der Herkunftskultur zur Grundlage gelingender Integration erklärt.[143] Und integrationstheoretisch könnte man meinen, dass hier weiterhin das Prinzip der Assimilation greift, da es immer noch darum geht, die Herkunftskultur aufzugeben. In praktischer und symbolischer Hinsicht ist dies aber keineswegs der Fall. Erstens setzte der Einbürgerungsanspruch nicht einmal deutsche Sprachkenntnisse voraus, und zweitens wurde einfach das bestehende »sozialstaatliche Gleichheitsversprechen auf die Ausländer« ausgeweitet, die länger im Land lebten. Damit war die Denizenship »eine Nebenfolge des sozialen Wohlfahrtsstaats und des liberalen Rechtsstaats, die man auf Ausländer erweiterte, ohne zu thematisieren, wie die Gesellschaft sich grundsätzlich zur Migration verhalten solle«.[144] Im Kern ging es wohl darum, Geschichte und Folgen der Migration durch das Konzept der Denizenship zu verdecken. Diese Verschleierungspraxis lässt sich, ein wenig anders gelagert, auch in der deutsch-türkischen Literatur und im Film feststellen.

Erst vor diesem Hintergrund wird verständlich, warum die Novellierung des Ausländergesetzes aus der Perspektive des »Chefdenkers« des damaligen Innenministers Wolfgang Schäuble, Eckart Schiffer, als ein Zeichen der Integration zu verstehen ist. In einem ausführlichen Beitrag zum *Spiegel* mit dem Titelthema *Hass. Gewalt gegen Fremde* von Ende September 1991 spricht Schiffer sich für diese Konstruktion des modifizierten Staatsbürgerschaftsrechts aus, die Integration statt öffentlicher multikultureller Gesellschaft ermöglicht. Denn das überarbeitete Gesetz respektiere und schütze die Herkunftskultur der Ausländer »im personalen Bereich [...], ohne deshalb von der Kultur des Aufnahmestaates rezipiert zu werden (Integration)«.[145] Der Garant für diese Trennung von privat und öffentlich ist für Schiffer die Staatsbürgerschaft, die den Begriff der Nation nicht in Widerspruch zu menschenrechtlichen Vorstellungen bringe. Denn »im privaten Bereich« könne man sich nach seinem Geschmack benehmen.[146] Eine multikulturelle Gesellschaft würde im Gegensatz »Gleichberechtigung aller Herkunftskulturen von Eingewanderten mit der überkommenen deutschen Kultur auf dem deutschen Territorium bedeuten«.[147] Warum diese Politik einen Schritt

---

143 Ebd.
144 THYM, Daniel (2018): »Vom ›Fremdenrecht‹ über die ›Denizenship‹ zur ›Bürgerschaft‹. Gewandeltes Selbstverständnis im deutschen Migrationsrecht«. In: *Der Staat*, Zeitschrift für Staatslehre und Verfassungsgeschichte, Deutsches und Europäisches Öffentliches Recht, Berlin: Duncker & Humblot, S. 77–117, S. 97.
145 SCHIFFER, Eckart (1991): »Der Koran ist nicht Gesetz«. In: *DER SPIEGEL* 40/1991, S. 53–59, hier S. 55.
146 Ebd., S. 57.
147 Ebd.

nach vorne und zwei Schritte zurück machte, lässt sich eindrücklich an der politischen und gesellschaftlichen Konstellation Ende der 1980er und Anfang der 1990er ablesen, die von einer semantischen Konfusion des Ausländerbegriffs und des »Deutschseins« in der Bundesrepublik geprägt ist.

Hintergrund der Novellierung des Ausländergesetzes und auch der späteren Änderung des Asylrechts 1993 (»Asylkompromiss«) ist ein erneuter bevölkerungspolitischer Wandel in der Bundesrepublik, der sich vor allem zwischen 1988 und 1992 ereignet. In diesem Zeitraum wandern in der Folge der Ausbrüche der jugoslawischen Bürgerkriege (1991–1995) und des Zusammenbruchs der Sowjetunion 3,5 Millionen Menschen, Asylbewerber, Bürger anderer Staaten und Spätaussiedler in die Bundesrepublik ein.[148] Zwei Drittel dieser Einwanderer sind Spätaussiedler, die als »Herkunftsdeutsche« gelten. Auf einen politischen Grundsatzbeschluss von 1957 zurückgehend, ist der »Herkunftsdeutsche« als ein »Volkszugehöriger« anzusehen, wenn er »sich in seiner Heimat zum Deutschsein bekannt hat«.[149] Damit wurden die Spätaussiedler Ende der 1980er Jahre rechtlich mit den deutschen Vertriebenen des Zweiten Weltkriegs gleichgestellt.

Trotz dieser identitätspolitischen Rahmung in Debatten zur Einwanderung aus der ehemaligen Sowjetunion nach Deutschland in den 1990er Jahren werden die Spätaussiedler in der Bevölkerung aber kaum als »Volkszugehörige« begriffen oder wahrgenommen,[150] sondern als Fremde, als Ausländer. Zu dieser Spannungslage zwischen politischem Willen und sozialer Wirklichkeit gesellt sich die Debatte um bosnische und albanische Asylbewerber. Insgesamt führt diese Zunahme von Fremdheitserfahrungen zu einem beachtlichen Stimmenzuwachs rechter Parteien.[151] Wahlanalysen Ende der 1980er und Anfang der 1990er Jahre zeigen auf, dass der Zuwachs an Mitgliedern und Stimmen für die rechtsextremen Republikaner beispielsweise nicht an erster Stelle auf die Abwehr von Ausländern und Asylbewerbern zurückzuführen war, sondern auf eine »Konfusion des Ausländerbegriffs«.[152] Deutsch war nun auch, wer überhaupt kein Deutsch sprach, während Menschen, die schon lange in der Bundesrepublik lebten und Deutsch mit oder ohne Akzent sprachen, keine Deutschen waren.

Hinzu kam, dass man die deutsch-deutsche Einheit auch als eine ethnisch-integrative Herausforderung ansah. Der Historiker Rudolf von Thadden hält Anfang

---

148 Siehe hierzu: COHN-BENDIT/SCHMID (1992): S. 340.
149 DEUTSCHES AUSLÄNDERRECHT (2005): S. 284. Siehe auch: MÜNZ, Rainer/SEIFERT, Wolfgang/ULRICH, Ralf (1999): *Zuwanderung nach Deutschland. Strukturen, Wirkungen, Perspektiven*, Frankfurt a. M.: Campus, S. 23.
150 Siehe hierzu: HERBERT (2001): S. 276f.
151 Ebd., S. 277.
152 Ebd., S. 280.

der 1990er fest, dass nach der Vereinigung »die beiden Teile Deutschlands [...] zusammenwachsen [müssten]«. Im Unterschied zu den Einwanderern »geschieht diese Eingliederung im Namen der ethnischen Zusammengehörigkeit. Auf der anderen Seite kann die Integration der Einwanderer jedoch nicht im Namen einer ethnischen Nation vollzogen werden«.[153] Womit sie gelingen kann, bleibt unerwähnt. Der Historiker Ulrich Herbert verwendet zeitdiagnostisch für die Anfänge der 1990er Jahre den schon oben zitierten Begriff der Unübersichtlichkeit, den er nicht allein auf den Wandel der Arbeiter- zur Kommunikationsgesellschaft wie Habermas Anfang der 1980er beschränkt.[154] Durch eine spezifische identitätspolitische Konstellation rücken Ende der 1980er und Anfang der 1990er Jahre Konflikt- und Verhandlungsformen des Kulturellen im öffentlichen Raum weitaus stärker in den Fokus.[155] Erschreckenderweise geschieht dies mitunter auch ganz ohne Verhandlung, wie die Angriffe auf Flüchtlingsheime in Hoyerswerda im September 1991, das mehrere Tage andauernde Pogrom in Rostock-Lichtenhagen im August 1992 und die Brandanschläge Ende 1992 in Mölln und in Solingen im Mai 1993 mit neun Toten zeigen. Besonders mit dem Anschlag in Mölln sei eine neue Stufe des Ausländerhasses erreicht, titelt die *Frankfurter Allgemeine Zeitung*.[156] Dies habe nicht nur damit zu tun, dass 19- und 25-jährige deutsche Täter die Tat kühl kalkuliert hätten. Eckhard Fuhr sieht diese Stufe vor allem darin, dass das Ziel nicht Asylbewerberheime waren, die »Konflikte der Zuwanderung verdichten«, sondern Wohnhäuser, »in denen seit langem in Deutschland türkische Familien leben. Der Angriff richtete sich also gegen die Integration, gegen das friedliche Miteinanderauskommen von Ausländern und Deutschen«. Stefan Kornelius konstatiert, dass die Zeitrechnung der Türken in Deutschland nun in Vor-Mölln und Nach-Mölln eingeteilt sei. Deutschland sei den Türken eigentlich »ein Stück Heimat geworden«; Kornelius zitiert einen Türken, der meint, sie, die Türken, hätten sich in Deutschland »eingewurzelt«. »Gerade haben wir gedacht, wir sind in unserem Land, alles lief so gut. [...] Aber patsch, jetzt ist alles im Wasser, jetzt ist alles kaputt.«[157] In diesem Zusammenhang schreibt Yüksel Pazarkaya, dass er nach Hoyerswerda, Rostock, Mölln, Solingen und Magdeburg überlegt habe, seine »spitze Feder [...] aus der Hand« zu legen. Denn wieder einmal sei er vertrieben worden, von einer Kälte zur nächsten. Die Wiedervereinigung habe

---

153 Zitiert nach: DIRKE, Sabine (1994): »Multikulti. The German Debate on Multiculturalism«. In: *German Studies Review 17*, S. 513–536, hier S. 532.
154 Siehe hierzu: HERBERT (2017): S. 1171–1180.
155 Vgl. BOMMES, Michael (1991): »Der Gebrauchswert von Selbst- und Fremdethnisierung in Strukturen sozialer Ungleichheit«. In: *Prokla 21*, Heft 83, S. 291–316.
156 Aus: Hunn, Karin.
157 Zitiert nach: Ebd., S. 556.

neue politische Prioritäten gesetzt. Doch er legte seine »Feder gegen Gewalt« dann doch nicht aus der Hand.[158]

Im Zusammenhang des Brandanschlags in Solingen sind drei Punkte äußerst bemerkenswert. Erstens folgte daraus keine Rückkehr der Türken in die Türkei[159]; zweitens reagierten die Türken mit Protesten und mitunter auch Ausschreitungen in Solingen.[160] Obwohl Wut und die große Angst vor neuen Anschlägen überwogen, artikulierte sich drittens seitens der Türken keine allgemeine Zuschreibung, dass alle Deutschen Rassisten seien. Die deutsch-türkische Journalistin Dilek Zaptcıoğlu hat in dieser Zeit viele Interviews mit Türken und anderen, die zu »Ausländern gemacht werden«, geführt. »Sie sind in ihrer Wut vereint. Aber sie verteufeln nicht ›die Deutschen‹, von denen sie wissen, daß es sie nicht gibt.«[161] So empfand etwa der Bruder des Überlebenden des Anschlags, Kamil Genç, als er dem Gerichtsprozess zum Solinger Brandanschlag beiwohnte und 125 Tage den Tätern gegenübersaß deren »Haß wie heißes Wasser« auf seinem Körper.[162] Die Überlebenden der Familie Genç in Solingen nahmen nach diesem furchtbaren Brandanschlag, bei dem drei Mädchen und zwei Frauen ihrer Familie starben, die deutsche Staatsbürgerschaft an und legten die türkische ab.[163] Allein diese dramatische Konstellation zeigt bereits Anfang der 1990er Jahre, dass das Deutsche vom Türkischen und das Türkische vom Deutschen nicht mehr zu trennen sind, selbst wenn keine staatliche Entsprechung dieser lebenswirklichen Bindung in Form einer doppelten Staatsbürgerschaft existiert. Die Überlebenden der Familie Genç nahmen die deutsche Staatsbürgerschaft als ein Zeichen »gegen Fremdenhaß und für ein friedvolles Miteinander« an.[164] Austragungsort der Darstellung und Medium dieser Bindung ist nicht mehr die Wohnung des Ausländers, sondern der eigene Körper und der öffentliche Raum.

---

158 PAZARKAYA (2000): S. 112 u. 116f. Siehe hierzu auch: KURT (1998).
159 Fatih Akın macht diesen Punkt in seinen filmbiografischen Reflexionen auch stark, wenn er in *Im Clinch* konstatiert, dass seine Eltern trotz Mölln und Solingen in Deutschland geblieben sind. Siehe hierzu: AKIN (2011): S. 11.
160 GÜR, Metin/TURHAN, Alaverdi (1996): *Die Solingen-Akte*, Düsseldorf: Patmos, S. 14.
161 ZAPTCIOĞLU, Dilek (1993): »Leben in zwei Welten«. In: *Der Weltspiegel*, 20.04.1993:
162 Siehe hierzu: LOOSE, Hans-Werner (1998): »Vom endlosen Leiden des Bekir Genç«. In: *Die Welt*, 27.05.1998, https://www.welt.de/print-welt/article619562/Vom-endlosen-Leiden-des-Bekir-Genc.html (08.06.2017).
163 Siehe hierzu: GÜR/TURHAN (1996): S. 8.
164 Ebd. Zwanzig Jahre später sieht es jedoch bei der Gedenkveranstaltung zum Brandanschlag in Mölln ganz anders aus. Ort und Veranstaltung sind 2012 zum »Kampfplatz gegen rechts« geworden. Siehe hierzu: PERGANDE, Frank (2012): »Mölln. Die Hoheit über das Gedenken«. In: *FRANKFURTER ALLGEMEINE ZEITUNG*, 23.11.2012, https://www.faz.net/aktuell/politik/inland/moelln-die-hoheit-ueber-das-gedenken-11967418.html (zuletzt 22.01.2019).

In diesem Zusammenhang steht auch die wissenschaftliche, politisch-interventionistische Veröffentlichung von *Das Manifest der 60*, die ebenfalls auf die »Unübersichtlichkeit der neuen Einwanderungssituation« reagiert.[165] Nach Ansicht der 60 Unterzeichner des Manifests würde nach dem »verlorenen Jahrzehnt der 1980er Jahre«[166] eine weitere Vernachlässigung der politischen Herausforderung »im Problemfeld Migration« den »inneren Frieden und die kulturelle Toleranz in Deutschland« gefährden.[167] Aufgrund »widerspenstiger« und »unübersichtlicher Entwicklungen« konstatiert auch der Konfliktforscher Wilhelm Heitmeyer in einer vergleichbar dramatischen Diktion, dass »vieles darauf hindeutet, dass Desintegration zu einem Schlüsselbegriff zukünftiger gesellschaftlicher Entwicklungen avancieren wird«.[168] Am Ende des 20. Jahrhunderts stecke die Bundesrepublik in einer elementaren Identitätskrise. Und im Unterschied etwa zu den USA reagieren Schiffauer gemäß europäische Staaten »nach dem Zusammenbruch der Weltordnung« weitaus »empfindlicher« und »gewalttätiger« auf den Migrationsstrom der 1990er Jahre.[169] Die Reaktionen in Deutschland hängen für ihn mit »einer schwach ausgeprägten *civilité* zusammen«.[170]

Der Intellektuelle Lothar Baier führte diese Gewalttätigkeit hingegen auf die Angst vor Armut zurück und darauf, dass der bedürftige Fremde »den Stolz auf die zivilsatorische Allmacht« kränke. Der Fremde mache folglich die Grenzen des Westens erkennbar, letztlich seine »Begrenztheit der eigenen Macht«.[171] Ihr

---

165 BADE, Klaus (1994): *Das Manifest der 60. Deutschland und die Einwanderung*, München: Beck; TAYLOR, Charles (1993): *Multikulturalismus und die Politik der Anerkennung*, Frankfurt a. M.: Suhrkamp. S. 18.
166 BADE (1994): S. 19.
167 Ebd., S. 14.
168 HEITMEYER, Wilhelm (1997): *Was treibt die Gesellschaft auseinander? Bundesrepublik Deutschland: Auf dem Weg von der Konsens- zur Konfliktgesellschaft*, Frankfurt a. M.: Suhrkamp, S. 9.
169 SCHIFFAUER, Werner (1997): »Die ›civil society‹ und der Fremde. Grenzmarkierungen in vier politischen Kulturen«. In: *Fremde in der Stadt*, von Werner Schiffauer, Frankfurt a. M.: Suhrkamp, S. 35–49, hier S. 35.
170 Ebd., S. 48, Hervorhebung im Original. Mit der bürgerlichen Kraft und Kompetenz der *civilité*, die von freiheitlichem Austausch und von der Fähigkeit bestimmt ist, Verantwortung zu tragen, wird Kultur nicht als »ein geschlossenes Konzept, sondern als ein offenes Diskursfeld« begriffen. Ausgangspunkt der *civilité* ist dabei nicht, was man miteinander teilt, sondern worüber man sich auseinandersetzen und streiten kann. Siehe hierzu: SCHIFFAUER (1997). Diese Definition korreliert aufs Engste mit den Beschreibungen zur Denizenship nach Soysal und Hammar, nach der nicht die gemeinsame Vergangeheit oder gemeinsame Ortsbindung im Zentrum steht, sondern einfach die Präsenz.
171 BAIER, Lothar (1993): »Die Gnade der richtigen Geburt«. In: *Transit Deutschland. Debatten zu Nation und Migration*, hg. v. Deniz Göktürk, David Gramling u. a., Konstanz: Konstanz University Press, S. 169–172, hier S. 171.

»Anblick« bringe schon »in kleinen Dosen unsere Zivilisation aus dem Gleichgewicht«.[172] Dieser Zugang, der die zuvor klar getrennte Verteilung von Macht und Ohnmacht auf Alteingesessene, Einwanderer und Flüchtlinge mitunter ins Wanken bringt, zeigt sich besonders am Bild des Türken, der nicht nur als Opfer von Mölln und Solingen, sondern als Unterdrücker der kurdischen Minderheit in der Türkei medial präsent war.[173] Hinzu kommt, dass man in diesem Zusammenhang offen den Medienkonsum der Türken kritisierte. Der Einfluss der türkischen Medien in Deutschland sei so groß, dass ihn auch die Doppelstaatsbürgerschaft nicht brechen könnte. Türken seien »konservativ und manipuliert«. Beispielsweise könnten sie überhaupt nicht verstehen, warum »[deutsche] Kinder und Jugendliche [...] aus den Wohnungen der Eltern ausziehen«, hält die Bundesvorsitzende der Gesellschaft für bedrohte Völker (GfbV), Irina Wiessner, im Jahr 1994 fest.[174] Auch in diesem Fall bedeutet das Auf-der-Straße-sein statt in der türkischen Wohnung in der Bundesrepublik eine politische Aussage.

Unter diesen neuen, sehr aufgeheizten gesellschaftspolitischen Umständen hat besonders der Begriff des Multikulturalismus Hochkonjunktur. Zu seinen bekanntesten Verfechtern gehören Claus Leggewie, Daniel Cohn-Bendit, Thomas Schmid, Klaus Bade, Heiner Geißler und nicht zuletzt Jürgen Habermas mit seinem Kommentar zu Charles Taylors bekanntem Essay *Multiculturalism and the Politics of Recognition* von 1992.[175] Alle genannten Autoren fordern, dass es die neue multikulturelle Wirklichkeit der Gesellschaft anzuerkennen und ausländer- und integrationspolitisch zu gestalten sei.[176] Fremdheit sei dabei nicht nur eine Kategorie für den Anderen, sondern ebenso wichtiger Bestandteil der Geschichte der Mehrheitsgesellschaften selbst.[177] So argumentieren etwa Cohn-Bendit und Schmid in ihrer gesellschaftspolitisch wirkmächtigen Publikation *Heimat Babylon*. Darin analysieren sie zwar vorwiegend die aktuelle migrationsbedingte gesellschaftspolitische Disposition in Deutschland – besonders der Türken. Doch ist ihr Ausgangspunkt mit der

---

172 Ebd., S. 172.
173 Zitiert nach: HUNN (2005): S. 559. Heute erinnert man vor allem an die Ausschreitungen in Rostock-Lichtenhagen 1992 und die Brandanschläge gegen türkische Familien in Mölln (1992) und Solingen (1993). Der erste Film, der den Angriff auf das Asylbewerberheim in Rostock-Lichtenhagen am 24. August 1992 minutios aufbereitet, ist Burhan Qurbanis *Wir sind jung. Wir sind stark* von 2015. Siehe: Qurbani, Burhan (2015): *Wir sind jung. Wir sind stark*, Spielfilm, Good Movies/Zorro, Deutschland.
174 WIESSNER, Irina (1994): »Konservativ und manipuliert«. In: tageszeitung, 15.10.1994, S. 18–19, hier S. 18.
175 Siehe hierzu: LEGGEWIE (1990); COHN-BENDIT/SCHMID (1992); BADE (1994); TAYLOR (1993).
176 Siehe hierzu für viele: BADE (1994): S. 14.
177 Vgl. ebd., S. 18f.

neuen globalpolitischen Situation nach dem Zusammenbruch der Sowjetunion (1991) und den Jugoslawienkriegen, kein europäischer oder nationaler mehr, sondern nun ein weltpolitischer. Das Buch selbst beginnt mit einer weltpolitischen Rahmung seines Themas, der multikulturellen Gesellschaft in Deutschland. Die Kategorie des Fremden und der Fremdheit sei weitreichend, heißt es etwa. An vielen Stellen weisen Cohn-Bendit und Schmid auch auf die Auswanderungsgeschichten heutiger Mehrheitsgesellschaften hin, beispielsweise die deutsche Auswanderung in die USA, die ebenfalls von Verfremdungen und Konflikten geprägt sei.[178] Die Geschichte von Einwanderungsgesellschaften ist dabei auch immer eine Geschichte innerer Fremdheiten.

Beide Autoren betonen aber nicht nur Überseemigrationen, sondern auch die regen Binnenmigrationen im Deutschland des 19. Jahrhunderts.[179] Das Verhältnis von Territorium und Bevölkerung ist ein kurzzeitiges und fragiles. Garanten der Interaktion sind also nicht prozessentbundene kulturelle Einheiten, sondern die Resistenz einzelner Personen und Gruppen. Insgesamt zeichnen Cohn-Bendit und Schmid ein Bild des deutschen Migranten, der durch seine Zähheit die Chancen der Integration genutzt hat, selbst dort, wo sie sich kaum boten. Der Deutsche hat sozusagen immer eine zweite Tür gefunden, wo es eigentlich keine gab. Ähnlich begreifen die Autoren die Türken als äußerst anpassungsfähige Einwanderer in der Bundesrepublik, die sich trotz denkbar schlechter Bedingungen integriert hätten wie früher die Deutschen im Ausland.[180] Dies beweise eindeutig die Zahl der exorbitanten Zunahme der türkischen Einwanderer in Deutschland im Dienstleistungsbereich. Türken seien beruflich weit risikofreudiger als die Alteingesessenen. Die Zahl der Selbstständigen war bei ihnen Anfang der 1990er Jahre doppelt so hoch als bei den Deutschen.[181] Die Risikofreude der »deutschen Ausländer« ist ein wichtiger Integrationsmarker für Cohn-Bendit und Schmid. Auch ihre Berufs- und Familienkonstellationen hätten sich grundlegend gewandelt und den modernen deutschen Lebensformen angepasst, beispielsweise was die Anzahl der Kinder und die Arbeit von Frauen betreffe.[182] Die Zahl »aufnahmelandorientierter Organisationsgründungen« türkischer Vereinigungen ist in dieser Zeit ebenfalls angestiegen.[183] Der bekannteste Verein, der Mitte der 1990er

---

178 COHN-BENDIT/SCHMID (1992): S. 190. Siehe hierzu auch: GEISSLER, Heiner (1993): »Auf Zuwanderung angewiesen«. In: *DER SPIEGEL*, 3/1993, S. 40–47, hier S. 40.
179 Ebd., S. 221f.
180 COHN-BENDIT/SCHMID (1992): S. 170.
181 Ebd., S. 129f.
182 Ebd., S. 163–169.
183 CETINKAYA, Handan (2000): »Türkische Selbstorganisationen in Deutschland. Neuer Pragmatismus nach der ideologischen Selbstzerfleischung«. In: *Einwanderer-Netzwerke und ihre*

Jahre als »aufnahmelandorientierte Organisation« gegründet wird, ist die Türkische Gemeinde Deutschlands (TGD), die bis heute eine äußerst öffentlichkeitswirksame Funktion ausübt.[184]

Allerdings kommen die Autoren am Ende zu dem Ergebnis, dass im öffentlichen Diskurs eine Anerkennung dieser Anpassungsleistungen der Türken und ihres Risikobewusstseins gänzlich fehle. Während die Minderheiten sich anpassten, würde die Mehrheit ihnen kaum Schutz und Rechte als gleichberechtigte Bürger zugestehen.[185] Sie seien Fremde in einer Welt, die der Mehrheit eigentlich »weit weniger fremd ist«. Deshalb seien sie auch benachteiligt.[186] Auf der anderen Seite ist der Migrant – trotz seiner Leistungen – »auf Durchzug eingestellt«. Obwohl er sich anpasst, will er in der Fremde nicht ankommen und sie auch nicht anerkennen.[187] Dafür würden zwei Zahlen sprechen: zum einen die weiterhin äußerst geringe Einbürgerungsquote türkischer Mitbürger.[188] Erst gegen Ende der 1990er Jahre steigt die Zahl der Einbürgerungen erheblich, weil rechtliche Reformen in der Türkei es in dieser Zeit den Auslandstürken ermöglichen, bei Aufgabe der türkischen Staatsbürgerschaft »in erb-, eigentums-, und aufenthaltsrechtlicher Hinsicht wie türkische Staatsbürger behandelt« zu werden.[189] Zum anderen sprechen vergleichende Zahlen zum Kauf von Wohnungen und Häusern in der BRD eine eindeutige Sprache. Nach einer Statistik von 1998 haben im Unterschied zu Deutschen über 90 % der Türken keine Wohnungen oder Häuser als Eigentum in Deutschland erworben und wohnen zur Miete. Lediglich 6,5 % leben in eigenen Häusern oder Wohnungen in Deutschland. Unter Deutschen besitzen 1998 55 % ein Eigenheim und 43 % wohnen zur Miete.[190] Nach Cohn-Bendit und Schmid stimmt deshalb »für den Einheimischen die Welt nicht mehr: Die dableiben und doch gehen wollten, müssen Eindringlinge sein«.[191] In diesem durch und durch widersprüchlichen Szenario wird Integration letztlich zum Glücksfall.[192]

Integrationsqualität in Deutschland und Israel, hrg. von Dietrich Thränhardt und Uwe Hunger, Münster: LIT, S. 83–109, hier S. 95f.
184 Siehe hierzu allgemein: RAUER, Valentin (2008): *Die öffentliche Dimension von Integration. Migrationspolitische Dachverbände in Deutschland*, Bielefeld: transcript.
185 COHN-BENDIT (1992): S. 169–173.
186 Ebd., S. 170.
187 Ebd., S. 74.
188 GEISSLER (1993): S. 44.
189 HUNN (2005): S. 551.
190 HERBERT (2001): S. 294.
191 Ebd.
192 Siehe hierzu: COHN-BENDIT/SCHMID (1992): S. 74. Interessanterweise ist der Befund, dass Integration in den 1990er Jahren auf Umwegen und über Zufälle stattfinde, keine Seltenheit. Aufstiegsgeschichten verdanken sich oft Begegnungen einzelner Einheimischer mit Ausländern,

Trotz dieses allgemeinen Tenors unterschlagen die Autoren von *Heimat Babylon* nicht, dass wiederum viele der türkischen Arbeiter und ihre Kinder entgegen ihrer Anpassungsleistungen sich nicht zur deutschen Gesellschaft bekennen wollen. Die andere Seite der Rechteverweigerung ist also eine Gesellschaftsverweigerung. Cohn-Bendit und Schmid hoffen, dass eine Angleichung der Rechte auch eine Identifikation mit der multikulturellen Gesellschaft nach sich zieht. Bemerkenswert ist im Vergleich zum früheren in jedem Fall zum alten Narrativ, dass eine Viktimisierung der Migranten vermieden wird – schon allein deshalb, um sie in die Pflicht nehmen zu können.[193]

Aber auch in den soziologischen und explizit integrationstheoretischen Überlegungen in den 1990er Jahren sind die Kategorien »Fremdheit«, »Kontingenz« und ein hohes Maß an Komplexität als Grundlagen theoretischer Reflexionen wie in der Publizistik weit verbreitet.[194] Sie spiegeln sich auch in der zuneh-

---

vor allem der zweiten Generation, die ein Potential in Kindern und Heranwachsenden sehen. Siehe hierzu: AKIN, Fatih (2011): *Im Clinch. Die Geschichte meiner Filme*, Reinbek bei Hamburg: Rowohlt, S. 38. Siehe auch: BOTA, Alice/PHAM, Khuê/TOPÇU, Özlem (2012): *Wir neuen Deutschen. Wer wir sind, was wir wollen*, Reinbek bei Hamburg: Rowohlt. Zu diesem Befund gehört auch, dass Diskriminierungen auf dem Gebiet der Berufswahl und -suche zu einem immer wichtigeren Forschungsthema in den 1990er Jahren avancieren. Äußerst aufschlussreich ist in diesem Zusammenhang die Arbeit *Ethnizität und Raum im Aufstiegsprozess. Eine Untersuchung zum Bildungsaufstieg in der zweiten türkischen Migrantengeneration* von Andreas Pott. In den Beschreibungen der Jugendlichen und Heranwachsenden, die Pott analysiert, spielt der Bezug darauf, dass man Glück gehabt habe, eine ausnehmend wichtige Rolle, so dass dieser Verweis fast schon als eine Kategorie betrachtet werden muss. Siehe hierzu: POTT, Andreas (2002): *Ethnizität und Raum im Aufstiegsprozess. Eine Untersuchung zum Bildungsaufstieg in der zweiten türkischen Migrantengeneration*, Wiesbaden: Verlag für Sozialwissenschaften.

193 Diese Konstellation macht sich in Literatur und Film besonders dadurch bemerkbar, dass die Akteurinnen und Akteure entweder sich selbst diskriminieren oder aber auf Diskriminierungen souverän reagieren. In Dörries HAPPY BIRTHDAY TÜRKE findet die Form der Diskriminierung als Autokommunikation statt, die zugleich aus einer souveränen Position heraus geschieht. Als der türkeistämmige Privatdetektiv Kemal Kayankaya zu Beginn des Films in sein Büro kommt, fällt sein Blick auf das verunstaltete Namensschild: Kemal ist mit Kamel überschrieben. Ohne davon irritiert zu sein, wischt Kayankaya das Gekritzel einfach weg. Er betritt sein Büro, legt seine Jacke nicht ab und zelebriert mit einem Yes-Kuchen und einer Kerze darauf seinen Geburtstag. Und bevor er sie auspustet, sagt er zu sich selbst allein im Raum mit einem ironischen Unterton: »Herzlichen Glückwunsch, Du kleines Arschloch«. Siehe hierzu: DÖRRIE (1992). Äußerst souverän gehen auch der deutsch-türkische homosexuelle Nachtclubsänger Zeki (Hilmi Sözer) in Ayşe Polats Film AUSLANDSTOURNEE und homo- und transsexuelle Türken in Hussi Kutlucans Film LOLA UND BILDIKID mit Diskriminierungen um. Siehe hierzu: POLAT (1999). KUTLUCAN (1998).

194 Für Schiffauer ist neben der Frage nach Fremden auch die nach der Großstadt in seinen Arbeiten der 1990er zentral. Siehe: SCHIFFAUER, Werner (1997): S. 8.

menden Popularität postmoderner Theorien oder der Luhmann'schen Systemtheorie wieder. Der Soziologe Rudolf Stichweh hebt beispielsweise den Aspekt der Fremdheit bei der Unterscheidung von Mehrheit und Minderheit besonders hervor. In seinem großen Projekt der 1990er Jahre versucht er, anhand der Figur des Fremden die Evolution der Weltgesellschaft als eine Inklusionsgeschichte nachzuzeichnen.[195] In modernen Gesellschaften, die zugleich von funktionaler Ausdifferenzierung und zunehmender Individualisierung geprägt seien, stelle der Fremde eine besondere Signatur neben den Status Freund und Feind dar. Da für Stichweh die Dauer von Interaktionen zwischen unterschiedlichen Personen durch technische Errungenschaften und berufliche Diversifikation im Laufe der Geschichte abgenommen hat und weiter abnimmt, »tritt die Kompaktheit einer Person in all ihren beunruhigenden Aspekten hinter das Interaktionsgeschehen zurück«.[196] Kommunikation wird hier vor allem in ihrer Funktionalität begriffen: Sie sichert Abläufe. Der Schlüssel zur Integration ist dabei nicht mehr die Assimilation, der Wandel der ganzen Person, sondern die Inklusion, die für das Gelingen von Interaktionen und spezifischen Funktionsabläufen die ganze Person nicht braucht; funktionierende Kommunikation reicht dafür schon aus.[197] Die Welt und die Kulturen sind viel zu komplex und ihre Geschichte viel zu sehr von Auseinandersetzungen geprägt als dass sie in kurzen Interaktionen, von einzelnen Akteuren oder Gruppen verhandelt und verstanden werden könnten. Stattdessen soll die Inklusion Komplexität reduzieren und muss dafür mit einem bestimmten Wert an Fremdheit, an Nicht-Verstehen arbeiten – das hatte Şenocak bereits als Bedarf an einer negativen Hermeneutik erläutert. Das Nicht-Verstehen ist hier die Grundlage der Kommunikation, und die andere Seite der Inklusion ist die Exklusion. Im Zentrum steht bei diesen Überlegungen, dass die Gesellschaft als funktional differenzierte Einheit eine paradoxe Form hat. Gesellschaften und Gemeinschaften lassen sich nicht mehr darstellen.[198] Integration ist nicht mehr eine Frage der Entwicklung, des modern-werdens, sondern eine Frage der Zeit als Dauer.

---

195 Siehe hierzu: http://www.uni-bielefeld.de/soz/personen/stichweh_5.htm (14.06.2018). STICHWEH, Rudolf (1997): »Der Fremde. Zur Soziologie der Indifferenz«. In: *Furcht und Faszination. Facetten der Fremdheit*, hg. v. Herfried Münkler, Berlin: Akademie, S. 45–64, hier S. 47.
196 Ebd., S. 56.
197 Tatsächlich finden in den deutsch-türkischen Filmen der 1990er Jahre viele Szenen in Telefonzellen statt, die das Hier mit dem Dort verbinden, wobei die Gespräche regelmäßig im Streit enden. Siehe hierzu: Dörrie (1991); AKIN (1998); POLAT (1999).
198 Siehe hierzu: NANCY, Jean-Luc (1988): *Die undarstellbare Gemeinschaft*, Stuttgart: Edition Schwarz.

Dieser Ausgangspunkt bildet auch die Grundlage der integrationstheoretischen Überlegungen von Armin Nassehi. Die moderne Gesellschaft zeichnet sich darin nicht mehr durch solidarisches Verhalten oder rechtlichen Vertrag aus, sondern sie besteht aus disparat differenzierten Teilen, »die zugleich hochgradig unabhängig und hochgradig abhängig voneinander sind«.[199] Nicht mehr Integration ist jetzt der Normalzustand, sondern – wie bei Heitmeyer – die Desintegration, letztlich die Fremdheit. Für systemtheoretisch beeinflusste Theoretiker der Folgen der Migration hat die Modernisierung zu einem »Exklusionsbereich« in modernen Gesellschaften geführt, den der Nationalismus nur »temporär kompensieren konnte«.[200] Partizipation am gesellschaftlichen Geschehen könne kaum mehr noch durch »fremdreferentielle Beobachtung« gesichert werden. An ihre Stelle treten Selbstbeschreibungen und Selbstbeobachtungen, die den Exklusionsbereich in modernen Gesellschaften füllen.[201] Dort, wo einst das soziale Kollektiv, das ausbeuterische System oder der Nationalismus ihren Ort hatten, steht nun das Selbst, das sich positiv aus sich heraus entwerfen, gestalten oder negativ sich selbst verschwenden und an der Wucht der Realität und Gegenwärtigkeit scheitern und zerbrechen kann. Gesellschaftliche Dynamiken, die in einzelnen Funktionssystemen nicht ausagiert werden, gelangen auf diese Weise in die »Exklusionsindividualität«.[202] Nach Bhabha erfordert die Beschreibung der multikulturellen Gesellschaft auch »eine Person, die aus sich selbst heraustreten kann, um wirklich zu sehen, was sie gerade tut«.[203] Und tatsächlich nimmt das Individuum in den Integrationstheorien der 1990er Jahre eine besondere Position ein.[204] Sie gilt nach Heitmeyer sogar als »kulturelle Norm« für alle.[205]

---

199 NASSEHI, Armin (1997): »Inklusion, Exklusion – Integration, Desintegration. Die Theorie funktionaler Differenzierung und die Desintegrationsthese«. in: *Bundesrepublik Deutschland. Auf dem Weg von der Konsens- zur Konfliktgesellschaft – Band 2*, hg. v. Wilhelm Heitmeyer, Frankfurt a. M.: Suhrkamp 1997, S. 113–148, hier S. 118.
200 Ebd., S. 139.
201 Nach Niklas Luhmanns Systemtheorie, auf die sich Nassehi bezieht, musste in vormodernen (stratifizierten) Gesellschaften Individualität nicht thematisiert werden, da man Menschen immer als zugehöriger Teil von Familien, Haushalten, Klöstern oder Zünften verstand. Siehe: LUHMANN, Niklas (1999): »Inklusion und Exklusion«. In: ders.: *Die Gesellschaft der Gesellschaft* Bd. 2, Frankfurt a. M.: Suhrkamp, S. 618–633.
202 NASSEHI (1997): S. 130.
203 BHABHA (2000): S. 4.
204 Vgl. FAIST (2000).
205 HEITMEYER (1997): S. 11. Auch Verteidiger des Asylkompromisses vom Dezember 1992, der durch Drittstaatenregelung und Bestimmung von sicheren Herkunftsländern eine restriktive Änderung des Artikels 16 des Grundgesetzes mit sich brachte, argumentieren, dass der individuelle Antrag eines politisch Verfolgten weiterhin möglich sei. Für den Autor Günter Grass war der Asylkompromiss, der im Bundestag am 6. Dezember 1992 verabschiedet wurde, umgekehrt Grund

Der kanadische Philosoph Charles Taylor versucht diese Verschiebung der Verbindung von Integration und Desintegration in seiner bekannten Schrift zum Ist-Zustand moderner multikultureller Gesellschaften mit dem »Bedürfnis, zuweilen auch mit der Forderung nach Anerkennung« einzelner Akteure und kultureller Minderheiten einzufangen.[206] Neu ist das Bedürfnis nach Anerkennung natürlich nicht. Im Unterschied zu früheren Vorstellungen beruht sie nun nicht mehr allein auf gesellschaftlichen Kategorien wie Beruf und Stand, sondern begründet sich aus dem Inneren einer unverwechselbaren persönlichen Identität, die nicht ohne Weiteres Anerkennung genießt. Sie entsteht aus Interaktionen heraus und ist fragil, muss verhandelt werden und kann scheitern.[207] So ist ein anderer Begriff, der in Taylors Reflexionen zu multikulturellen Gesellschaften eine herausragende Rolle spielt, nicht der des Respekts, sondern der des »Überlebens« (*survivance*) kultureller Selbstbeschreibung von Individuen und Gruppen. Ort der Austragung ist politisch mehr denn je die öffentliche Sphäre.[208] Auch Bhabha spricht zu jener Zeit vom »Überleben«, wenn es um das Leben und Bewohnen des »Zwischenraums« geht.[209]

Dieser Fokus auf das Selbst und das »Überleben« zeigt sich im Zusammenhang integrationstheoretischer Überlegungen besonders im deutschsprachigen Kontext. Denn zur Anerkennung der individuellen kulturellen Identität als

---

dafür, seine SPD-Mitgliedschaft zu kündigen. Denn die Grundlage des Artikel 16 von 1949 waren die Erfahrungen deutscher politischer Flüchtlinge während der NS-Zeit. LUFT, Stefan/SCHIMANY, Peter (2014): »Asylpolitik im Wandel«. In: *20 Jahre Asylkompromiss. Bilanz und Perspektiven*, hg. v. dens., Bielefeld: transcript, S. 11–32. Letztlich artikuliert sich im Asylkompromiss ebenfalls das Individuum als kulturelle Norm, nur dass wir im politischen Zusammenhang der Änderung des Artikel 16 von einer »individualistischen Zersplitterung« sprechen müssten, denn nur derjenige, der resilient und schlau genug ist, kommt durch; nur der, dem es gelingt, eine überzeugende Erzählung zu entwickeln. In Ayşe Polats Film EN GARDE rät eine Pädagogin einem jungen Flüchtlingsmädchen, dass sie erzählen solle, sie hätte den Bus von der Türkei nach Deutschland kein einziges Mal verlassen. Selbst wenn sie auf der Toilette einer Raststätte in Österreich gewesen sei, sollte sie das den Behörden gegenüber nicht erwähnen. Siehe hierzu: POLAT, Ayşe (2003/2004): *En Garde*, Berlin: X Filme Creative Pool GmbH. Eine »individualistische Zersplitterung« attestiert die Filmkritikerin Katja Nicodemus auch dem deutschen Film der 1990er Jahre. Im Unterschied zum Neuen Deutschen Film der 1960er und 1970er Jahre, der die Verdrängungsstrategien des deutschen Nachkriegskinos der 1950er Jahre »entlarvte und gleichzeitig Spuren der Geschichte in der deutschen Gegenwart suchte und entdeckte«, bot nach Nicodemus die gesellschaftliche Wirklichkeit in den 1990er Jahren dem deutschen Kino keine »vergleichbare Angriffsfläche«. Siehe hierzu: NICODEMUS (2003): S. 319.

206 TAYLOR (1993): S. 13.
207 Ebd., S. 24.
208 Ebd., S. 27.
209 Vgl. BHABHA (2000): S. 1 u. 10.

wichtiger Integrationsmotor gehört für Taylor auch die Anerkennung kultureller Minderheiten mittels Erlassung von Sonderrechten – weil »heute immer mehr Gesellschaften multikulturell werden, insofern sie mehr als eine kulturelle Gemeinschaft umfassen, die überleben will«.[210] Taylor empfiehlt diesbezüglich eine gesetzliche Erweiterung liberaler Demokratien, um über Gesetze auf die entstandene kulturelle Komplexitätssteigerung reagieren und sie gestalten zu können. Für Habermas würde dies eine Erweiterung der Anerkennungspolitik bedeuten, ein Gegenmodell, das er nicht für tragfähig hält, da es sich dabei nicht um eine Form des »administrativen Artenschutzes« handeln könne.[211] Zudem könnten Minderheitenrechte als Sonderrechte die Individualrechte beschneiden, die in liberalen Demokratien Grundrechte seien. An diesem Punkt verkenne, so Habermas weiter, Taylor, dessen Ansatz der Anerkennung differenter kultureller Identität über das Individuum er absolut teilt, die »Gleichursprünglichkeit von privater und öffentlicher Autonomie«. Nach Habermas »bedarf es keines Gegenmodells, das den individualistischen Zuschnitt des Systems der Rechte durch andere normative Gesichtspunkte korrigierte«. Vielmehr müssten diese Rechte verwirklicht werden, was jedoch »ohne soziale Bewegungen und politische Kämpfe« schwer zu realisieren sei.[212]

Dieser kurz skizzierten Differenz zwischen Taylor und Habermas liegt eine grundsätzlich unterschiedliche Auffassung von Kultur zugrunde, die für unsere Analysen der Literatur, der Filme und der Publizistik besonders auch im Zusammenhang mit den soziologischen, postkolonialen und philosophischen Theorien der 1990er Jahre interessant ist. Bei Habermas ist Kultur vor allem politische Kultur, die durch die Kommunikation und Verhandlung subjektiver Interessen im öffentlichen Raum entsteht. Sie ist das Ergebnis demokratischer Auseinandersetzung, Produkt von Konflikten und zwingt zu öffentlicher Partizipation, wenn es um die Frage der Rechte geht. Taylor geht hingegen weniger von einem Kampf als vielmehr von einer dialogisch-sozialen Grundstruktur aus, in dessen Zentrum das Erkennen des Potentials der anderen Kultur steht. »Als Annahme formuliert«, lautet Taylors Zugang, »dass alle menschlichen Kulturen, die ganze Gesellschaften über längere Zeiträume mit Leben erfüllt haben, allen Menschen etwas Wichtiges zu sagen haben«.[213] Die vorhandene Gestaltungs- und Überlebenskraft von gegenwärtigen oder vergangenen Kulturen verweist auf ein inhärentes Potential, das zugleich universell ver-

---

210 TAYLOR (1993): S. 56.
211 HABERMAS, Jürgen (1993): »Kommentar«. In: TAYLOR (1993): S. 173.
212 Ebd. S. 154. Im *Manifest der 60* verweisen die Autoren darauf, dass nach dem Zweiten Weltkrieg »Gruppenrechte« zugunsten von »Individualrechten« zurückgegangen seien. Siehe hierzu: BADE (1994): S. 50.
213 TAYLOR (1993): S. 63.

bindlich ist: Kultur hat demnach allen Menschen etwas zu sagen.[214] Dies ist Taylors Ausgangspunkt, Anrufung und seine Vorstellung von Verbundenheit, wenn es in liberalen multikulturellen Gesellschaften darum geht, den Anderen oder die andere Kultur zu studieren. Für Taylor existiert also trotz aller Differenzen ein gemeinsamer Boden. Bei Habermas und Cohn-Bendit stehen der Kampf, die Auseinandersetzung um Anerkennung im öffentlichen Raum und die Resilienz einzelner Individuen am Anfang. Erst der Türke oder die Türkin, die nach draußen gelangt sind bzw. sich dorthin gekämpft haben, haben das Potential zur Integration und sind dadurch bereits integriert. In diesem Prozess darf am Ende die Kultur kein Differenzmarker mehr sein. Das Potential für die gemeinsame Zivilgesellschaft liegt an erster Stelle nicht an oder in ihrer Kultur oder auf einem gemeinsamen Boden, sondern sie hat sich an den Akteuren und durch sie zu behaupten, indem sie Heterogenes wie Nationalität und Unversalität über das Menschsein zusammenführen. Intergation ist so eine Form der öffentlichen Inkorporation. Ebenso steht für Habermas der Verfassungspatriotismus, den Dolf Sternberger Anfang der 1980er Jahre als eine innerdeutsche Angelegenheit adressierte, für eine Form politischer Integration, die die deutsche Gesellschaft mit den universellen Menschenrechten untrennbar zusammenführt. Der liberale Rechtsstaat ist dabei für Habermas eine politische Regierungsform, die die politische von der ethnisch-kulturellen Integration eindeutig trennt.[215]

Die Grundlage dieser politischen multikulturellen und transnationalen Prozesse, die im Kern eher ökonomisch und politisch als kulturell sind und an deren Ende die Anerkennung steht, ist jedoch ohne die Verwirklichung gleicher Rechte, ohne ihre Verwirklichungskanäle nicht möglich. Diese Rechte bestehen

---

214 Interessant ist in diesem Zusammenhang, dass wissenschaftliche, populärwissenschaftliche und belletristische neue und wieder veröffentlichte Arbeiten, die die Aufgeklärtheit und Toleranzkraft der islamischen Religion in ihrer Geschichte oder in ihrem Mystizismus in den Vordergrund ihrer Untersuchungen stellen, in den 1990er prominent sind. Siehe hierzu: SCHULZE, Reinhard (1996): »Was ist islamische Aufklärung?«. In: *Die Welt des Islam* 36 (1996), S. 276–325. HUNKE, Sigrid (1997): *Allahs Sonne über dem Abendland*, Frankfurt a. M.: Fischer. SCHIMMEL, Annemarie (1993): *Wanderungen mit Yunus Emre*, Köln: Önel; dies. (1992): *Mystische Dimensionen des Islam*, München: Diederichs. MOLINA, Muñoz (1994): *Stadt der Kalifen. Historische Streifzüge durch Cordoba*, Reinbek bei Hamburg: Rowohlt. GORDON, Noah (1990): *Der Medicus*, München: Droemer.
215 15 Jahre später wird Habermas im historischen und gesellschaftspolitischen Zusammenhang von deutschen Integrationsgipfeln und Islamkonferenzen (2005; 2006–2009) feststellen, dass die muslimischen Einwanderer nicht gegen, sondern nur mit ihrer Religion »in eine westliche Gesellschaft integriert werden« können. Doch dann wird es primär nicht mehr darum gehen, wie es sich im öffentlichen Raum in der eigenen Haut lebt, sondern darum, was man lebt. Siehe zu Habermas: HABERMAS, Jürgen (2008): »Die Dialektik der Säkularisierung«. In: *Blätter für deutsche und internationale Politik*, April 2008, S. 33–46, hier S. 41. Siehe hierzu auch: Vgl. LÖFFLER, Bertold (2010): *Integration in Deutschland*, Berlin: Oldenbourg, S. 201.

für Deutsche und seit 1993 für EU-Bürger, aber nicht für Menschen außerhalb dieser Zugehörigkeitsräume, selbst wenn sie in Deutschland geboren wurden. Und genau an diesem Punkt ist die hier kurz skizzierte philosophisch-multikulturelle Debatte der 1990er Jahre Taylor'scher aber auch Habermas'scher Prägung auf den bundesrepublikanischen Alltag nicht so recht zu übertragen. Der Vorrang und die Anrufung – »invocation«[216] – einer »universal personhood« gegenüber einer nationalen Staatsbürgerschaft, wie sie auch in Literatur und Film anvisiert und erprobt wird, erweist sich dort, wo vermeintlich alle Freiheiten herrschen, als instabil. Die mit ihr einhergehende Globalisierungseuphorie ist präsent, doch erzählerisch brüchig. Mediale Verknüpfungen können keine sozialen Bindungen und notwendige territoriale Verhältnisse ersetzen. Dennoch waren diese theoretischen Zugänge und Beschreibungen diskursiv äußerst wirkmächtig, weil sie von der Fiktion einer gemeinsam geteilten Welt und der Idee einer allgemeinen Gleichheit aller Menschen ausgingen. Auch die postnationale Bestimmung der Denizenship bei Yasemin Soysal fußt auf diesen Überlegungen, die im Zusammenhang der Entwicklungen in Europa nach dem Fall der Berliner Mauer entstanden.[217] Allerdings ist dieser Widerspruch zwischen dem Sprechen über Migration und Integration und ihrer Praxis in den 1990er Jahren nie zu Ende gedacht worden. Zum einen deshalb, weil das Sprechen oft über eine Kritik systemischer Politik, im Besonderen die Kritik der Novellierung des Ausländergesetzes und der Kritik am Asylkompromiss, nicht hinausging. Zum anderen, weil das hybride Subjekt an anderen theoretischen Stellen zwischen den Kulturen als ein grundlegend internationales adressiert wurde, für eine zukünftige postnationale Zeit. Darüber hinaus begriff man die 1990er Jahre auf dem Weg der voranschreitenden Europäisierung, mit der Konjunktur des Begriffs »Weltgesellschaft« und der deutschen Einheit besonders aus migrationssoziologischer Perspektive als ein Übergangsjahrzehnt.[218] Dabei ist der Aspekt des Überlebens, was die Frage der Praxis betrifft und wie unsere anfänglichen kurzen Einblendungen in Literatur und Film gezeigt haben, sehr wohl in Debatte, Theorie, Literatur und Film übersetzbar. Auch wenn es in den 1990er Jahren eine Aufspaltung zwischen Sprechen und Praxis gibt, ist das Motiv des existenziellen »Überlebens« in Literatur und Film auch immer ein kulturelles Überleben. Denn kulturelle Identität »steht hier für das Bedürfnis nach Anerkennungsverhältnissen, die nicht nur materielle Absicherung ermöglichen, sondern die Versprechung beinhalten, individuelle

---

216 Siehe hierzu: SOYSAL (1994): S. 7f.
217 Siehe hierzu: SOYSAL, Yasemin (1994): »Toward a Postnational Model of Membership«. In: dies.: *Limits of Citizenship. Migrants and Postnational Membership in Europe*, Chicago: University of Chicago Press, S. 136–162.
218 Siehe hierzu: BADE (1994): S. 50.

Lebenspraxis in verbindliche Zusammenhänge einzubetten und so die prekäre Zumutung individueller Lebenskonstruktion zu minimieren«.[219] Das Modell der Denizenship der 1990er Jahre kollidierte damals mit einer identitätspolitischen Bedürfnisstruktur, die beispielsweise in den 1970er Jahren nicht bestand.[220] Tatsächlich entsprang die Denizenship in der Bundesrepublik keineswegs einem postnationalen Konzept, das sie auch nicht anvisierte. Vielmehr ging es darum, mit der nicht mehr zu ignorierenden Dauerpräsenz besonders der türkischen Mitbürger sinnvoll und praktisch umzugehen. Man war auf eine Gleichstellung aus, die die symbolische und politische Zugehörigkeit der Ausländer weiterhin in ihren vier Wänden verortet wissen wollte.

Selbst Eckart Schiffer, der die stark kritisierte Novellierung des Ausländergesetzes mit auf den Weg gebracht hat, konstatiert, dass Heimat »vertraute Umwelt« ist, besonders »im Hinblick auf die Kürze des Lebens«. Daher sollte sie »so etwas wie ein kollektives Menschenrecht« sein.[221] Davon ist im Ausländergesetz zwar nicht die Rede, doch ist die »vertraute Umwelt« der Ausländer ja nach Schiffer nicht der öffentliche, sondern ihr privater Raum, in dem sie sich »nach ihrem Geschmack benehmen können«.[222] Wir wissen allerdings spätestens nach dem Befund der vorliegenden Kulturgeschichte, dass schon in den 1980er Jahren der private Raum für die zweite, aber auch für die erste Generation der Türken zu eng, zu klein, mit Identitätsstress[223] verbunden und letztlich keine Grundlage für stabile Identifikationen sein kann. So leidet die migrationsbedingte Vergesellschaftungsgeschichte seit den 1960er Jahren in der Bundesrepublik als ein Teil ihrer eigenen Geschichte auch in den 1990er Jahren weiterhin an ihrer nicht repräsentativen und anzuerkennenden Sichtbarkeit, wobei Debatte,

---

219 BOMMES/SCHERR (1991): S. 305.
220 Das Phänomen der Denizenship war in der BRD auch 1973 juristisch schon eine Beschreibungskategorie, die damals jedoch in einem ganz anderen Zusammenhang stand. Denn politische Teilhabe in Form einer Identitätspolitik war zu jener Zeit kein Anliegen der Gastarbeiter und das Narrativ der Rückkehr noch nicht rein imaginär. Siehe zur Verwendung des Begriffs »Denizenship« in den 1970 Jahren: THYM (2018): S. 17f.
221 SCHIFFER (1991): S. 57.
222 Ebd.
223 Dies hält auch Metin Gür in seiner Dokumentation *Meine fremde Heimat* aus der Mitte der 1980er Jahre fest, in der es um die Frage geht, wie es sich als Türke in Bergkamen lebt. Er gibt repräsentativ für viele eine Antwort aus einem Interview wieder, in der ein Gastarbeiter beschreibt, wie er sich in den eigenen vier Wänden an einem normalen Wochenende fühlt: »Besonders samstags und sonntags, wenn mich ein Gedanke nicht losläßt, kann ich es im Zimmer nicht mehr aushalten. In der frischen Luft spazierengehen, beruhigt mich etwas. Außerdem bin ich sehr vergeßlich. Wenn ich an meine Kinder und an die Freizeit denke, vergesse ich alles, was ich weiß. Die Freizeit nimmt mich sehr mit.« Siehe hierzu: GÜR, Metin (1987): *Meine fremde Heimat. Türkische Arbeiterfamilien in der BRD*, Köln: Weltkreis, S. 96.

Reflexion und Realität, besonders nach 1992, von Differenz durchzogen sind.[224] Nach Habermas wird der Kampf um Anerkennung, nach Cohn-Bendit die anerkannte Resilienz der »ausländischen Deutschen«, ihr berufliche Selbstständigkeit zu dieser Sichtbarkeit führen.

Dass aber dieser Prozess, deutsch zu werden, der sich am Behaupten misst, mit Berufen wie Kutscher, Prostituierte, Dealer usw., also aus einer sozialen Anomie heraus, äußerst schwierig ist, liegt auf der Hand. Zumal die Berufe der Protagonistinnen und Protagonisten in Literatur und Film der 1990er Jahre auch keinen sozialstrukturellen Aufstieg versprechen. Die Austragungen subjektiver oder kollektiver Interessen finden zwar im Unterschied zu den 1980ern im öffentlichen Raum statt. Doch sind es periphere und unbestimmte, nicht zentrale und konkrete Orte, die mit bestimmten Verhaltensweisen codiert sind. Wie bereits angedeutet, gehören dazu Straßen, Straßenecken, Übergänge zwischen Haus, Wohnung und Straße. Hier sind die Akteure der zweiten Generation beheimatet. Sie gehören dazu, aber ihnen gehören die Orte nicht, die kaum benannt sind und keine Adressen haben.[225] Ob sie in diesen »Zwischenräumen« wirklich wohnen können, wie Bhabha behauptet, oder ob sie das Denken über die Heimat, wie in den 1980er Jahren, in ein Denken des Wohnens in den 1990ern werden übersetzen können, möchte ich an dieser Stelle noch offen lassen.[226] Letztlich stellt sich auch hier die Frage, ob man ohne Eigentum und Zugehörigkeit angemessen leben kann.

Zu Beginn der 1990er Jahre erlebte die zweite Generation der Einwanderer in Deutschland nach einer kulturellen Entortung eine neue politische Phase der Globalisierung, die den Prozess funktionaler Differenzierung überall verortete, und am Horizont vermeintlich eine in Kommunikation stehende Weltgesell-

---

224 In den 1990er Jahren kommt es zu äußerst vielsagenden neuen Begriffsbildungen wie »Bildungsinländer« und »Fußballdeutscher«. So ist es für Heranwachsende, die Kinder von Arbeitsmigranten sind, in Deutschland geboren wurden, Kindergarten und Schule besucht haben, ihre Eltern über fünf Jahre Steuern bezahlt haben, durch die identifizierende Kategorie des »Bildungsinländers« möglich, für ihre Weiterbildung BAföG zu beantragen. Nach der Logik dieses Terminus teilt sich der Alltag des Bildungsinländers wie folgt: in den Tageszeiten, in denen sich die Person weiterbildet, gehört sie zum Inland. Wenn sie aber in der gleichen Räumlichkeit frühstückt oder zu Abend isst, gehört sie zum Ausland. Das Gleiche gilt für den wunderbaren Begriff des »Fußballdeutschen«, den die DFB Anfang der 1990er Jahre kreierte, weil nicht mehr als vier ausländische Spieler in einem Stammaufgebot spielen durften. Siehe hierzu: COHN-BENDIT (1992): S. 77. Allein diese Begriffsbildungen dokumentieren eindrücklich die Verschleierung der Folgen der Migration in diskursiven Zusammenhängen.
225 Diese schwierige topografische Konstellation findet sich auch in vielen deutschen Spielfilmen der 1990er Jahre. Sie erstreckt sich von DER BEWEGTE MANN (1994), LOLA RENNT (1998), über DER CAMPUS (1998) bis hin zu NACHTGESTALTEN (1999).
226 Siehe zur Unterscheidung von Heimat und Wohnung: FLUSSER (2007): S. 27.

schaft aufscheinen ließ, die alle zu Fremden und Gleichen machte. Unter diesen Umständen ist es zunächst der individuelle Körper, der als einziger Ort der Auseinandersetzungen und Verhandlungen zurückbleibt. Danach, ob der Körper eines Individuums dazu in der Lage ist, fragt das folgende Kapitel. Denn diese Frage wird im Zusammenhang mit soziologischen, postkolonialen und philosophischen Theorien kaum gestellt. In diesen Theorien ist das hybride Subjekt eines, das diese Spannung schafft und aushält, weil es sich bei ihm in Wirklichkeit um ein universelles Subjekt handelt. Denn im Lokalen steckt vermeintlich immer das Globale. Allerdings steht das Subjekt im Raum einer nicht funktionierenden öffentlichen Kommunikation, die sich aus dem Widerspruch zwischen Sprechen und Praxis in unserer Geschichte für die 1990er Jahre ergibt. Dass man an diesem Widerspruch auch scheitern kann, werden uns die Analysen der Filme und Texte dieser Dekade zeigen. Obwohl deutsch-türkische Literatur und Film der 1990er Jahre hinsichtlich ihrer Rezeption eine Erfolgsgeschichte erzählen, muss man von einem Scheitern sprechen. Das liegt daran, dass Opfer und Täter nicht mehr voneinander getrennt werden, sondern in einzelnen Figuren kulminieren. Dieser These steht ein Forschungsaufkommen entgegen, das in den Produktionen der 1990er Jahre mehr Selbstermächtigung oder »celebrity of hybridity« sieht.

Meinem Zugang und meinen analytischen Ergebnissen zu den 1990er Jahren entsprechen mehr die theoretischen Überlegungen Niklas Luhmanns aus der Mitte und dem Ende der 1990er Jahre zur Gleichzeitigkeit und zum asymmetrischen Verhältnis zwischen Inklusion und Exklusion. Auch wenn seine Systemtheorie auf Talcott Parsons strukturalistischer Systemtheorie der Gesellschaft aus den 1960er Jahren aufbaut, sieht er die Inklusion weitaus kritischer als Parsons. Zwar meint auch Luhmann, dass Inklusionsprozesse Personen Plätze im Gesellschaftssystem zuweisen, »in deren Rahmen sie erwartungskomplementär handeln können«. Und er fügt hinzu, dass man diesen Prozess romantisch auch als ein »heimisch fühlen können« der Individuen beschreiben könne. Milton Gordons »feel comfortable« im öffentlichen Raum, das ebenso wie Parsons Theorie auf der Möglichkeit der gesellschaftlichen Solidarität aufbaut, ist bei Luhmann aber nur noch ein romantisches Zitat. Sein Fokus liegt nicht auf dem sozialen Handeln, nicht auf veränderbaren sich ähnlicher werdenden Handlungsmustern, wie in Parsons Theorie der 1960er Jahre, sondern auf Kommunikation und Differenz. Mitunter deshalb können Inklusionen nicht einfach vorhergehende Exklusionen ablösen oder sie in spezifischen Handlungssituationen aufheben, wie es sich Talcott Parsons im Rahmen einer »wider solidary social system« vorgestellt hatte. Für Luhmann gibt es Inklusion nur, wenn auch Exklusion möglich ist. Beide sind zwei Seiten einer Kommunikationsform. Denn erst die Existenz nichtintegrierbarer Personen oder Gruppen lässt soziale Kohäsion sichtbar werden und macht es möglich, Bedingungen der Inklusion dafür zu spezifizieren.[227] Da es für ihn kein Teilsystem wie Recht, Wirtschaft, Erziehung oder sogar Politik gibt, das anderen Systemen werteorientiert vorschreiben könnte, wie man zu beobachten und zu handeln habe, versteht Luhmann »Gesellschaft« nicht als »wider solidary system«, sondern als eine paradoxe Einheit.

Luhmann entwirft die Systemtheorie Ende der 1970er Jahre. Tatsächlich setzen, wie in der vorliegenden Kulturgeschichte bereits gezeigt, mit den 1980er Jahren erstmals in Deutschland, Frankreich aber auch in den Vereinigten Staaten Debatten und Politiken ein, die an die zentrale Stelle der verbindlichen Zivilgesellschaft, der Gesellschaft als einer sich endogen entwickelnden Einheit, die Kulturen von Mehrheiten und Minderheiten als nationale Zugehörigkeiten rücken. Diesen Wandel hat wahrscheinlich keine Aussage so sehr auf den Punkt gebracht, wie die der ehemaligen britischen Premierministerin Margaret Thatcher, dass es nämlich so etwas wie Gesellschaft überhaupt nicht gebe.[228] Wie bereits gezeigt, werden die Türken in den 1980er Jahren, die zu diesem Zeitpunkt bereits zwischen 10 und 20 Jahren in Deutschland mit ihren dort geborenen Kindern leben, also »praktisch« Einwanderer sind, diese gesellschaftliche Realität ignorierend als eine ausländische Minderheit bestimmt, und zwar als eine Minderheit, die nicht integrationswillig ist, weil sie einer anderen Kultur angehört. Diese politik- und debattenbezogene Rhetorik und Überzeugung ist wichtig, wenn auf der deutschen Seite soziale Kohäsion entstehen soll. Tatsächlich werden in der Bundesrepublik in den 1980er Jahren die Begriffe »Nation« und »Kultur« für die eigene Selbstbeschreibung äußerst beliebt, wie die Politik der regierenden CDU eindrücklich dokumentiert. Es gibt also keine Inklusion ohne die Möglichkeit der Exklusion. Doch das Verhältnis zwischen Inklusion und Exklusion ist asymmetrisch. Denn mit Luhmanns Worten ist das zentrale Problem bei diesen zeitgleichen In- und Exklusionen, dass Exklusionen in Inklusionsprozessen lediglich als warnende Beispiele fungieren und »nicht als Teil der gesellschaftlichen Wirklichkeit mit entsprechender Sorgfalt beschrieben werden«.[229] Wenn also ein türkischer Vater, der seit zwei Jahrzehnten in Deutschland lebt, seine Tochter in Deutschland tötet, kann es sich dabei nur um das Inkrafttreten eines rückständigen und barbarischen Ehrenkodex handeln, aber nicht um eine individuelle psychosoziale Disposition. Letzterer Zugang wäre problematisch, weil sie an der Asymmetrie zwischen In- und Exklusion rühren würde und den türkischen Gastarbeiter in ein vergleichbares Verhältnis mit dem Deutschen brächte.

---

227 Luhmann (1999): S. 621.
228 Diese Aussage stammt aus einem Interview mit dem Magazin *Women's Own*. Siehe hierzu: http://www.margaretthatcher.org/document/106689 (30.11.2017).
229 Luhmann (1999): S. 627.

In den 1980ern hat man dieses Problem umgangen, indem man auf die Türkei als Territorium und als Herkunft verwies und sich auf diese Weise das Narrativ des »Wie lebt es sich als Türke in Deutschland?« in der gezeigten Breite zwischen Bestätigung und Kritik von Skandalisierungen, diskursiven Aussagen, über Werner Schiffauers Analysen bis zur Literatur Aysel Özakıns entfalten konnte. Doch Ende der 1980er und zu Beginn der 1990er war dieses Narrativ der Türkei als Herkunft, als Rückkehr und letztlich als ein Territorium, auf das man sich bezog, nicht mehr aufrechtzuerhalten. Das lag mitunter daran, dass sich durch den anhaltenden Daueraufenthalt der Türken in der Bundesrepublik die entstandene »sedentäre Konstellation sich zunehmend ins Inland« verlagerte und sich dort auch nicht mehr verbergen ließ.[230] Sprich, der eigentliche Anstoß für die Änderung des Ausländergesetzes von 1990 war, dass nun selbst die Türken der ersten Generation, nun schon länger in der Bundesrepublik lebten als sie in der Türkei gelebt hatten, nicht mehr länger zu ignorieren war. Dass man sich nicht mehr auf die Türkei als Territorium bezog, wie noch in Hark Bohms Film YASEMIN, führte zu einer anders gearteten Gleichzeitigkeit von Inklusion und Exklusion. Nach dem Anschlag von Mölln (1992) begründete ein Betroffener seine tiefe Verunsicherung sowie seinen Wunsch, dennoch in Deutschland bleiben zu wollen damit, dass sie, die Türken, sich in Deutschland nun »eingewurzelt« hätten.[231] Die sich daraus ergebenden neuen Beschreibungsformate von Inklusion und Exklusion müssen und können nur andere sein als in den 1980er Jahren.

> Während im Inklusionsbereich Menschen als Personen zählen, scheint es im Exklusionsbereich fast nur auf ihre Körper anzukommen. Die symbolischen Mechanismen der Kommunikationsmedien verlieren ihre spezifische Zuordnung. Physische Gewalt, Sexualität und elementare, triebhafte Bedürfnisbefriedigung werden freigesetzt und unmittelbar relevant, ohne durch symbolische Rekursionen zivilisiert zu sein. Voraussetzungsvollere soziale Erwartungen lassen sich dann nicht mehr anschließen. Man orientiert sich an kurzfristigen Zeithorizonten, an der Unmittelbarkeit der Situationen, an der Beobachtung von Körpern.[232]

Die Deutsch-Türken sind in den 1990er Jahren inkludiert und exkludiert zugleich. Sie sind Person und Nicht-Person, Täter und Opfer, hier und dort; eine paradoxe Einheit, die ein selbstverständliches Deutsch- und Türkischsein erschwert. Wie ich anhand der deutsch-türkischen Literatur und des Films zeigen möchte, ist die kulturelle Frage in den 1990er Jahren auf den ersten Blick vielleicht eine der kulturellen Hybridität, eine des »Darüber-hinaus«-Verweisens. Dies suggerieren

---

230 Siehe hierzu: THYM, Daniel (2017): »Migrationsfolgenrecht«. In: *Veröffentlichungen der Vereinigung der Deutschen Staatslehrer*, 76, 2017, Berlin: De Gruyter, S. 169–216.
231 Zitiert nach: HUNN (2005): S. 556.
232 LUHMANN (1998): S. 633.

postkoloniale und transnationale Theorien, die auch in der ästhetischen Bearbeitung ein gelingendes Sich-Hinauskämpfen sehen. Aufgrund der beschriebenen Trennung funktioniert diese Bewegung aber nicht. Wir werden sehen, dass die Protagonistinnen und Protagonisten der Filme und der Literatur in den 1990er Jahren scheitern. Denn ihr Blick über die Gegenwart hinaus hat im Übergang von 1980ern zu den 1990ern nicht mit der Leitfrage zu tun, wie es sich zwischen den Kulturen oder in den »Zwischenräumen« lebt, sie wird vielmehr aus einer existenziellen Situation heraus gestellt. Ihre Frage, die eine Kultur der Auseinandersetzungen schaffen wird, lautet: »Wie lebt es sich in Deiner Haut?« Bereits im Prolog der Einleitung habe ich Zaimoğlus Antwort auf die Frage zitiert, warum er Schriftsteller geworden sei: »Ich war nicht zwischen zwei Kulturen, sondern ich habe zuhause Dinge erlebt und erfahren und gesprochen und ich wollte draußen weitersprechen«.[233] Das Weitersprechen im Übergang von innen nach außen ist hier keine Befreiung, sondern macht erneut auf eine nicht funktionierende Öffentlichkeit aufmerksam, in der nicht gehört wird, was man sagt. Um ein Hören zu erzwingen, wenden Autoren und Filmemacher ästhetische Verfahren an, die es im Folgenden anhand der Werke Emine Sevgi Özdamars, Zafer Şenocaks, Feridun Zaimoğlus, der Filme von Thomas Arslan, Fatih Akın, Yüksel Yavuz und Buket Alakuş im Detail zu analysieren gilt.

Diese einleitenden Einblicke in Literatur, Theorie, Publizistik und Politik zeigen, dass wir es in den 1990er Jahren mit einer neuen Konstellation von eigen und fremd zu tun haben. Positiv gewendet sollen beide Bestimmungen nun Teil einer gemeinsamen Welt werden. Im Zentrum dieser neuen Konstellation von Migration und Integration steht eine Deplatzierung von öffentlich und privat, die sich nicht nur in Literatur, Film und Theorie abspielt, sondern auch im Kern der Entwicklung des türkischen Islams in Deutschland.[234] Wir werden in diesem Zusammenhang sehen, dass in Literatur und Film volksreligiöse und mystisch-islamische Zugänge in die Herkunftskultur anstelle eines orthodoxen Islams favorisiert und bisweilen gegen letzteren ausgespielt werden. Auch wenn volksliterarische, volksreligiöse und mystische Autoren, Texte und Gedichte gegen religiöse Fundamentalisten und türkische Nationalisten in Stellung gebracht werden, entspringen beide Ausrichtungen einer neuen Grundlage des Auftretens und der Begegnung im

---

233 Zitiert nach: BRUNNER, Maria (2004): »»Migration ist eine Hinreise. Es gibt kein ›Zuhause‹, zu dem man zurück kann‹. Der Migrationsdiskurs in deutschen Schulbüchern und in Romanen deutsch-türkischer Autorinnen der neunziger Jahre«. In: *Die andere deutsche Literatur*, hg. v. Manfred Durzak, Würzburg: Königshausen & Neumann, S. 71–90, S. 85.
234 NÖKEL, Sigrid (2001): »Personal Identity and Public Spaces. Micropolitics of Muslim Women in Germany«. In: *Jahrbuch 2000/2001*, Kulturwissenschaftliches Institut Essen, S. 113–147, S. 145.

privaten wie im öffentlichen Raum, die ebenfalls den »selbstbewussten« Auftritt der Muslime der zweiten Generation im öffentlichen Raum in den 1990er Jahren bestimmt. Wenn beispielsweise das Kopftuch in den 1980er Jahren als Ausdruck einer rückständigen, traditionell-religiösen Lebensauffassung begriffen wurde und dadurch Fortschrittlichkeit und Rückständigkeit voneinander trennte, arbeitet die Forschung in den 1990er und beginnenden 2000er Jahren neue Selbstbeschreibungen und neue Lesarten dieses Kleidungsstücks heraus. In ihren theoretischen und empirischen Arbeiten verstehen Nilüfer Göle, Gritt Klinkhammer und Sigrid Nökel das Kopftuch im öffentlichen Raum nicht mehr als ein Zeichen für Verdrängung, sondern für die Artikulation von »Selbstbewusstsein« und »Modernität«.[235] Beliebte Bilder und Figuren sind für diese neue identitätspolitische Konstellation kopftuchtragende Frauen mit Abitur, im Studium, oder noch provokativer die kopftuchtragende Frau mit Jeans oder im Umgang mit den neuesten Telekommunikationsmedien. Und auch wenn Tomas Hammar bei seinem Konzept des Denizens von den Gastarbeitern ausgeht, die geblieben sind, skizziert er den Denizen als jemanden der sozialstrukturell angekommen ist. Denn sie stellen eine neue Kategorie des »foreign citizen« dar, »who hold such an honoured position as scientists, artist or sportsmen«.[236] Auch in diesen Vorstellungen, die soziologische und publizistische Beiträge in den Vordergrund rücken, greift die Logik einer vorgestellten Verbundenheit mit der Welt, weil es um sozialstrukturelle Ähnlichkeiten geht. Doch als Grundlage steht auch erneut der öffentliche Raum, in dem sich die zweite Migranten-Generation artikuliert und durch eigenes erworbenes Wissen über ihre Religion selbst bestimmt, was sie ist. Dabei gilt als öffentlicher Raum alles, was nicht privat ist (Schule, Arbeitsplatz, öffentliche Plätze).[237] Inwieweit diese unterschiedlichen Formen des Auftretens und der Anrufung in Literatur, Film und alltäglicher Praxis tatsächlich »gleichursprünglich autonom« (eine Grundlage des liberalen Rechtsstaats) sind, was den öffentlichen und privaten Raum betrifft, oder ob nicht vielmehr umgekehrt beide Räume von einem »displacement« durchzogen sind, das den einen Raum ohne den anderen nicht denken lässt, sind mitunter wichtige Leitfragen des gesamten Analyseteils des folgenden vierten Kapitels. In jedem Fall resultiert die kreative Explosion, wie sie in der deutsch-türkischen Lite-

---

[235] Siehe hierzu: GÖLE, Nilüfer (1995): *Republik und Schleier. Die muslimische Frau in der modernen Türkei*, Berlin: Babel. KLINKHAMMER, Grit (2000): *Moderne Formen islamischer Lebensführung. Eine qualitativ-empirische Untersuchung zur Religiosität sunnitisch geprägter Frauen der zweiten Generation in Deutschland*, Marburg: diagonal. NÖKEL, Sigrid (2002): *Die Töchter der Gastarbeiter und der Islam. Zur Soziologie alltagsweltlicher Anerkennungspolitiken. Eine Fallstudie*, Bielefeld: transcript.
[236] HAMMAR (1990): S. 13.
[237] Siehe hierzu: NÖKEL (2011).

ratur und im Film in den 1990er Jahren stattfindet, nicht nur aus einer gesteigerten kulturellen Kompetenz, die sich darauf zurückführen ließe, dass ihre Regisseure und Autoren in Deutschland studiert und wie die Akteurinnen und Akteure des neuen »modernen« Islam deutsche säkulare Bildungsinstitutionen durchlaufen haben.[238] Der Vorrang der Fiktion, der modischen, literarischen und filmischen Ästhetik vor der Dokumentation, hat mit dem Faktum einer »sedentären Bias« zu tun, damit, dass sie territorial zugleich dazu- und nicht dazugehören. Genau diese kontradiktorische Konstellation muss tatsächlich auch als eine nichtdargestellte soziale Wirklichkeit dieser Produktionen wahrgenommen worden sein. Nur so lässt sich erklären, warum mitunter surreale und offensichtlich überzogene Geschichten als Artikulationen der türkischen Community in der Bundesrepublik als die eigentlichen Wirklichkeiten begriffen werden konnten. So gibt es in den 1990er Jahren gegen die asymmetrische Gleichzeitigkeit von Inklusion und Exklusion nur die eine Möglichkeit der Integration, der Bindung von öffentlich und privat, von Person und Körper, von Innen und Straße, nämlich ausschließlich durch eine fiktionale Erzählung, die wirklicher ist als die Realität. Ihr Austragungsort und Umschlagplatz ist die ‚Türschwelle'.

4.3 Vom Hören und Lachen in der multikulturellen Gesellschaft

»›Mutter, es ist Lüge, aber ich erzähle es dir.‹ Meine Mutter hörte mir zu, lachte und sagte: ›Wie kannst du so viel Lügen aus dir herausholen. Oder liegt die auf der Straße?‹«[239] Tatsächlich entstehen die Geschichten, die die namenlose Ich-Erzählerin in Emine Sevgi Özdamars Roman *Das Leben ist eine Karawanserei* von 1992 erfindet, draußen, und nicht zu Hause. Jedes Mal, wenn sie in Stadtbussen unterwegs ist, vermisst sie ihre Mutter und erfindet dabei Geschichten, mit denen sie sie, wenn sie nach Hause kommt, zum Lachen bringen kann.[240] Doch es geht nicht allein um die Unterhaltung und um die Aufmerksamkeit der Mutter, sondern auch um die Form der Begegnung zwischen Mutter und Tochter. Denn die Tochter will andere Interaktionen tunlichst vermeiden. Eines Tages öffnet die Mutter mit einer aufgeschlagenen Zeitung in der Hand und begrüßt ihre Tochter nicht einmal. Oder aber – und das ist die zweite Begegnungsvariante – sie ruft: »›Hey, meine Tochter ist da‹« und übersät sie dabei mit Küssen. Beides gefällt der von draußen kommenden Tochter nicht, die sich daraufhin beide Male in der

---

[238] Siehe hierzu: TIESLER, Nina (2006): *Muslime in Europa. Religion und Identitätspolitiken unter veränderten gesellschaftlichen Bedingungen*, Münster: LIT, S. 212.
[239] ÖZDAMAR (1992): S. 334.
[240] Ebd., S. 333.

Toilette einschließt. Sie ist auf einen Umgang aus, der vom Hören und Lachen bestimmt ist, von einem gemeinsamen Teilen der Situation.[241] Letztlich geht es um eine Form der Geselligkeit, um eine Form der Soziabilität, die dem anderen, »dasjenige Maximum an geselligen Werten (von Freude, Entlastung, Lebendigkeit) [gewährt], das mit dem Maximum der von ihm selbst *empfangenen* Werte vereinbar ist«.[242] Doch dafür muss sie alltagsfern entweder unerhört auftreten oder Unerhörtes erzählen.

Dass dieses Mitteilungsverlangen der Protagonistin und der Fokus auf Begegnungs- und Schwellensituationen, sich nicht allein auf die Mutter beschränken, zeigen viele Situationen im Roman: etwa Interaktionen mit den Nachbarn auf der Straße oder mit der Großmutter, die sich beispielsweise sehr um die Kinder und um die Frau Robinson Crusoes besorgt zeigt, als ihr die Enkelin *Robinson Crusoe* vorliest. Da sie glaubt, ihre Enkelin würde wichtige Teile der Geschichte weglassen, fragt sie nach, was denn die Kinder und die Frau von Robinson machen würden und wie sie vor allem überlebten. Was haben sie gegessen? Wer hat sie beschützt und was haben sie gemacht während Robinsons Abwesenheit? Auch wenn es in Defoes Geschichte entgegen der großmütterlichen Vermutung keine Beschreibungen dieser Art gibt, erzählt die Enkelin, was Frau und Kinder gegessen, getrunken, wer sie beschützt und wie sie dadurch alle überlebt hätten.[243]

---

241 ÖZDAMAR (1992): S. 334.
242 SIMMEL (2019): S. 58.
243 ÖZDAMAR, Emine Sevgi (1992): *Das Leben ist eine Karawanserei*, Köln: Kiepenheuer & Witsch, S. 117. Norbert Mecklenburg interpretiert diese Szene als eine Form der Kulturkomik. Siehe hierzu: MECKLENBURG, Norbert (2008): »Interkulturalität und Komik bei Emine Sevgi Özdamar«. In: *Das Mädchen aus der Fremde. Germanistik als interkulturelle Literaturwissenschaft*, hg. v. Norbert Mecklenburg, München: iudicium, S. 506–535, hier S. 518. Dass es hier und in vielen anderen Szenen des Romans nicht nur um Unterhaltung, sondern in erster Linie um einen glücklichen Umgang miteinander geht, erkennt Mecklenburg ebenso wenig wie andere Forscher, die sich mit Özdamars Komik beschäftigt haben. Denn Großmutter und Mutter erkennen diese Art der Ich-Erzählerin, Geschichten zu erfinden und sie »gewitzt« zu erzählen, als besondere Fähigkeit an. Auch in der pädagogischen Forschung zur Sprachkompetenz von Migranten und ihren Kindern beginnt sich in den 1990er Jahren die Erkenntnis durchzusetzen, dass sich bei Äußerungen nicht allein die Frage stellt, »ob sie wahr oder falsch sind; sondern vielmehr, ob sie glücken oder nicht glücken«. Dieses »Glücken« ist nicht allein eine Frage der Wahrheit oder der »technischen Sprachkompetenz«. Sie ist im Besonderen auch eine Frage von Intelligenz und Witz. Siehe zur pädagogischen Forschung: DIRIM, Inci/MECHERIL, Paul (2010): *Migrationspädagogik*, Weinheim: Beltz, S. 102. Den Aspekt des gewitzten Erzählens als ein elementares narratives Mittel in Özdamars Karawanserei-Roman hat Julia Boog in ihrer Dissertation *Anderssprechen. Vom Witz der Differenz in Werken von Emine Sevgi Özdamar, Felicitas Hoppe und Yōko Tawada* überzeugend herausgearbeitet. Sieh hierzu: BOOG, Julia (2017): *Anderssprechen. Vom Witz der Differenz in Werken von Emine Sevgi Özdamar, Felicitas Hoppe und Yōko Tawada*, Würzburg: Königshausen & Neumann, S. 96–113.

Aufgrund einer Vielzahl solcher Situationen bezeichnen Mutter und Großmutter unsere Erzählerin im Laufe des Romans manchmal belustigt, manchmal besorgt, als eine »Mundhure«: eine Person, »die mit der Zunge Hure ist«.²⁴⁴ Diese Zuschreibung gefällt der namenlosen Erzählerin, die im Übrigen auch über die interpersonalen Verhältnisse im Roman hinaus alles Mögliche erfindet, denn selbst wir als Leser wollen ihr ebenso wenig glauben, dass sie sich bis in ihre Zeit als Fötus im Mutterleib zurückerinnern kann; oder dass sie als fünf Tage alter Säugling uns auf dem Friedhof volksreligiöse Grabsteininschriften vorzulesen vermag. Auch bei diesen Erfindungen geht es nicht um eine verschönerte oder einfach nur verzerrte Darstellung einer Wirklichkeit zwischen zwei Kulturen, sondern um die Möglichkeit einer anderen Begegnung, auch zwischen Autorin und Lesepublikum, also zwischen Autorin und deutschsprachiger Öffentlichkeit.

Trotz dieser fiktionalen Besonderheit hat man *Das Leben ist eine Karawanserei* in Besprechungen und Aufsätzen der 1990er Jahre häufig als Özdamars Autobiografie gelesen oder als eine exemplarische Repräsentation einer türkischen Biografie in den 1950er und 1960er Jahren.²⁴⁵ An anderen Stellen wird der Roman als ein Bildungsroman begriffen, der die Vorgeschichte einer türkischen Gastarbeiterin erzählt oder als eine Auseinandersetzung zwischen Tradition und Moderne.²⁴⁶ Im Feuilleton hat man Özdamar attestiert, dass ihr Roman eine »gelungene

---

244 ÖZDAMAR (1992): S. 117.
245 Siehe hierzu: KONUK, Kader (1997): »Das Leben ist eine Karawanserei. Heimat bei Emine Sevgi Özdamar«. In: *Kein Land in Sicht. Heimat – weiblich?*, hg. v. Gisela Ecker, München: Fink, S. 143-158, S. 153-155. Dies zeigt nicht zuletzt der Urheberrechtsstreit um Feridun Zaimoğlus Roman *Leyla* dreizehn Jahre nach Veröffentlichung von Özdamars Roman. In seinem vielbeachteten Roman erzählt Zaimoğlu auf Grundlage der Lebensgeschichte seiner Mutter eine vergleichbare Geschichte wie *Das Leben ist eine Karawanserei*. Ein besonderer Streitpunkt während der Affäre 2006 war, wem diese Geschichte der türkischen Migration vor der Migration nach Deutschland eigentlich gehöre: Emine Sevgi Özdamar oder Feridun Zaimoğlus Mutter. Siehe hierzu: PFLITSCH, Andreas (2009): »Fiktive Migration und migrierende Fiktion. Zu den Lebensgeschichten von Emine, Leyla und Gül«. In: *Wider den Kulturenzwang. Migration, Kulturalisierung und Weltliteratur*, hg. v. Özkan Ezli, Dorothee Kimmich, Annette Werberger, Bielefeld: transcript, S. 231-252. Ausgangspunkt des Plagiatsstreits war der Aufsatz »Kulturelle Differenzen und Identifikationsräume in Feridun Zaimoğlus Roman ›Leyla‹ und Emine Sevgi Özdamars ›Das Leben ist eine Karawanserei‹«. Darin zeigt die Autorin anhand von 160 Beispielen Überschneidungen an Motiven und Bildern zwischen den Romanen. Siehe: BRUNNER, Maria E. (2009): »Kulturelle Differenzen und Identifikationsräume in Feridun Zaimoğlus Roman ›Leyla‹ und Emine Sevgi Özdamars ›Das Leben ist eine Karawanserei‹«. In: *Der deutschsprachige Roman im 20. Jahrhundert aus interkultureller Sicht*, hg. v. László Szabo, Gabriella Rácz, Veszprem: Praesens, S. 31-52.
246 Siehe hierzu: JANKOWSKY, Karen (1997): »›German‹ Literature Contested. The 1991 Ingeborg-Bachmann-Prize Debate. ›Cultural Diversity‹ and Emine Sevgi Özdamar«. In: *The German Quarterly* Vol. 70, No. 3, S. 261-276. HORROCKS, David/KOLINSKY, Eva (1996): »Living and Writing

Mischung aus Naivität und Intellekt, orientalischem Märchen und abendländischem Bewußtsein« sei.²⁴⁷ Inwieweit ein Fötus über Selbstbewusstsein verfügt oder man diesen Zustand zumindest erinnern kann, war vor über zwanzig Jahren und ist bis heute eine ungeklärte Frage. Annette Wierschke hat befunden, dass Özdamars Roman in »einer Zeit immenser politischer und ökonomischer Umwälzungen bewußtseinsbildend« wirke, respektive »in der Auseinandersetzung mit Deutschlands faktischer multikultureller und multiethnischer Realität Entwürfe ›anderer Realitäten‹« aufzeige.²⁴⁸

Inwieweit diese Formen zeitnaher Interpretationen zumindest der poetischsurrealen Diktion von Özdamars Text und ihrem verfremdenden Stil gerecht geworden sind oder nicht, hat die neuere Forschung bereits eindrücklich gezeigt.²⁴⁹ Erste und viel zitierte Arbeiten, in denen vor allem die Poetologie Özdamars im Vordergrund steht und nicht die Frage nach der Repräsentation des Orients, haben Kader Konuk, Ottmar Ette und Hansjörg Bay vorgelegt. Mit ihrem Karawanserei-Roman dekonstruiere Özdamar die Vorstellung einer starren Heimat und Kultur durch ihre verfremdende Poetologie und setze an ihre Stelle eine Hybridität, die nicht einfach für eine Vermischung der Kulturen steht. Vielmehr ebnet nach Konuk ihr Erzählen einen Weg für den Leser, der »Polariäten, bzw. dualistische Prinzipien wie das der Heimat versus Fremde bzw. eingeboren versus eingewandert (oder Selbst versus Andere) auflöst«.²⁵⁰ Für den Romanisten Ottmar Ette steht Özdamars Roman zum einen für eine besondere Spielform des Literarischen, zum anderen ist sie zugleich ein Wissensspeicher für neuere Formen transkulturellen Lebens.²⁵¹ Und für den Germanisten Hansjörg Bay praktiziert Özdamar in ihrem Karawansereiroman ein

---

in Germany«. In: *Turkish Culture in German Society Today*, hg. v. David Horrocks, Eva Kolinsky, Oxford: Berghahn Books, S. 45–54.
247 BRÖCKERS, Mathias (1991): »Irgendwohin. Irgendwoher. Wir nicht. Zum diesjährigen Ingeborg-Bachmann-Wettbewerb in Klagenfurt«. In: die tageszeitung, 03.07.1991, S. 15.
248 WIERSCHKE, Annette (1996): »Auf den Schnittstellen kultureller Grenzen tanzend. Aysel Özakın und Emine Sevgi Özdamar«. In: *Denn du tanzt auf einem Seil. Positionen deutschsprachiger MigrantInnenliteratur*, hg. v. Sabine Fischer, Moray Mcgowan, Tübingen: Stauffenberg, S. 179–194, hier S. 190.
249 Siehe hierzu: KONUK (1998); BAY (1999); MAGUIRE, Nora (2013): »Reading and Writing the Child's Voice in Emine Sevgi Özdamar's ›Das Leben ist eine Karawanserei hat zwei Türen aus einer kam ich rein aus der anderen ging ich raus‹ (1992)«. In: *Forum for Modern Language Studies* Vol. 49, No. 2, S. 213–220. KAISER, Birgit Mara (2014): »A new German, singularly Turkish. Reading Emine Sevgi Özdamar with Derrida's ›Monolingualism oft he Other‹«. In: *Textual Practice* Vol. 28, No. 6, S. 969–987.
250 KONUK, Kader (1998): »Das Leben ist eine Karawanserei. Heimat bei Emine Sevgi Özdamar«. In: *Kein Land in Sicht. Heimat – weiblich?*, hg. v. Gisela Erker, München, S. 143–158, S. 158.
251 Siehe hierzu: ETTE, Ottmar (2004): *ÜberLebenswissen. Die Aufgabe der Philologie*, Berlin: Kadmos, S. 227–252.

Erzählen, indem »die Grenze zwischen Wahrheit und Lüge, Realismus und parodistischem Spiel, ›echter‹ Übersetzung und bloßem Sprachwitz nicht auszumachen« ist.[252] Und wer in der Rezeption in ihrer Literatur eindeutige Fremdheit oder gar den Orient meint zu sehen, »verfällt [...] dem exotischen Klischee der fremden Fülle«.[253]

Mich interessiert weniger, diese Lesarten erneut literaturwissenschaftlich zur Disposition zu stellen, als vielmehr an dieser Stelle zunächst festzuhalten, dass mit Özdamars Roman Anfang der 1990er Jahre eine besondere Konstellation von Fiktion und Wahrheit, von Sprechen und Hören deutsch-türkischer Provenienz, also eine neue Form der Verhandlung der Migration und ihrer Folgen in Literatur und Film ins Spiel kommt. Sie steht nicht nur für eine komplexe und hybride Poetisierung von Migration und Integration, wie viele Forschungsarbeiten von den 1990ern bis heute meinen. In ihrem Zentrum stehen mit der Ich-Erzählerin und der Autorin die Einsicht und Praxis, dass das Erzählen als Erfindung selbst die Grundlage jeder Partizipation, allen weitersprechens ist und nicht das gleichgültige oder liebevolle Empfangen auf der Schwelle. Letzteres ist den Begegnungen der 1980er Jahre eigen.[254] Dieser besondere Akzent auf der Erzählung ist im Zusammenhang der Bearbeitung der deutsch-türkischen Migration neu und verlangt eine bestimmte Form der Kommunikation und Rahmung.

In Sten Nadolnys Roman *Selim oder die Gabe der Rede* von 1989 ist diese Struktur ebenfalls zu erkennen. Darin konstruiert der türkische Protagonist Selim, der wie Özdamars Erzählerin zur ersten Gastarbeitergeneration gehört, die Wahrheit durch sein Erzähltalent selbst. Zur Grundlage seiner Fabulier- und Erfindungskunst gehört, folgt man dem deutschen Erzähler Alexander, dass Selim in der Türkei ein erfolgreicher Ringer war. Mit solch einer Verbindung von körperlicher und kreativer Virtuosität kann der deutsche Protagonist und Erzähler nicht aufwarten. Er möchte aber das Reden lernen und erklärt in der erzählten Zeit des Romans Anfang 1970er Jahre Selim zu seinem Lehrer.[255] Beide hatten sich auf einer Zugfahrt in Deutschland kennengelernt, ohne ein Wort miteinander gewechselt zu haben. Später treffen sich beide wieder, werden Freunde und Alexander beginnt, einen Roman über Selim zu schreiben und dabei zugleich von ihm die Redekunst zu erlernen. Gegen Ende des zweiten Drittels des Romans kehrt Selim nach einer abgesessenen Haftstrafe in Deutschland in den 1980er

---

252 BAY (2001): S. 45.
253 Ebd., S. 42.
254 Siehe in diesem Zusammenhang zum Film in den 1980er Jahren: HICKETHIER, Knut (1995): »Zwischen Abwehr und Umarmung. Die Konstruktion des anderen in Filmen«. In: ›Getürkte Bilder‹. Zur Inszenierung von Fremden im Film, hg. v. Ernst Zapf, Marburg: Schüren, S. 21–40.
255 NADOLNY (1989): *Selim oder die Gabe der Rede*, München: Piper, S. 9.

Jahren in die Türkei zurück. Im letzten Teil des Romans sterben Selim und sein Sohn bei einem Autounfall, sie waren unterwegs zum Flughafen, um Alexander abzuholen, der zur Hochzeit von Selims Schwester eingeladen ist. Alexander lässt ihn jedoch als Romanfigur weiterleben und die Hochzeit findet statt. Denn der Erzähler stellte im Laufe seiner Biografie und der deutschen Geschichte, genauer in den 1980er Jahren, fest, dass Selim ein Phantom war, das Alexander »mehr erdacht als verstanden« hatte. »Das stört mich nicht. Der Irrtum war vielleicht besser als die Wahrheit«, räsoniert Alexander.[256] Reden, Erzählen und Erfinden tragen maßgeblich zum Gelingen einer Geschichte in Nadolnys Roman bei. Zugleich ermöglicht dieser Zugang aber auch, deutsche Geschichte und eine gesellschaftliche Wirklichkeit zu erfassen. Als Nadolnys Erzähler Alexander in den 1960er Jahren in sich hineinhorcht, hört er »nur Gefasel«, das er nicht herauslässt. Auch in seinem Studium während der 1960er und 1970er Jahre sei es nur um die »Verklemmungen der Gesellschaft« gegangen.[257] Wenn in den Seminaren »einer etwas sagen wollte, mußte er energisch ›Direkt dazu!‹ rufen, sonst kam er nicht durch. Was er dann lieferte, war meist nicht direkt, sondern so verzwickt, daß er auch wieder zu den Hosen paßte«, die der Sprecher trug.[258] Der Erzähler liest damals Jürgen Habermas' Buch über den *Strukturwandel der Öffentlichkeit*. Worin dieser Strukturwandel besteht, gibt der Erzähler selbst nicht wieder. Vielmehr merkt er sich, dass diese Zeit aufgrund ihrer mangelnden Unmittelbarkeit dafür verantwortlich ist, dass er kein Erzähler ist. Als er sich eine Weile mit Selim über Politik unterhält, erkennt Alexander: »[D]ieser Mann hatte einiges, was ihm selbst fehlte«.[259] Mit Selim entdeckt er, dass Konsens nur möglich ist, wenn man weiß, dass es ihn eigentlich gar nicht gibt. So entdeckt Alexander das Erzählen als die Substanz aller Rede, die er zu Beginn der 1960er Jahre an deutschen Universitäten und bei der deutschen Bundeswehr zu erlernen suchte. Die Universitäten waren zu verquast, und beim Bund hörte er nur von anderen deutschen Soldaten, dass es nach Adolf Hitler keinen deutschen Redner mehr geben könne. »Er war nämlich der beste darin.«[260] So ist Nadolnys Roman »nicht nur eine 500 Seiten starke Liebeserklärung an den Titelhelden [Selim, Ö.E.], sondern auch ein Zeitroman über ein Vierteljahrhundert deutscher Geschichte, der bis in die unmittelbare Gegenwart führt«.[261] Das Gelingen dieser Geschichte ist wesentlich

---

[256] Nadolny (1989): S. 9.
[257] Ebd., S. 31.
[258] Ebd., S. 200.
[259] Ebd., S. 204.
[260] Ebd., S. 93.
[261] Traub, Rainer (1990): »Ein türkischer Winnetou«. In: *Der Spiegel*, 2/1990, S. 153–155, hier S. 154.

davon abhängig, dass Alexander zu reden, zu erzählen und zu erfinden lernt. Denn über den Türken Selim habe er erfahren, wie er ein anderer werden könne. Während des Rückflugs aus der Türkei nach Deutschland besteht für kurze Zeit die Gefahr eines Flugzeugabsturzes. Alexander fragt sich in diesem Moment, wie Selim in dieser Situation reagieren würde.[262] Ein von Selim oft angebrachte türkische Redewendung kommt ihm in den Sinn: »takma kafana tokadan başka birşey«. Dieser fremde Satz beruhigt ihn so sehr, dass er ihn auch den anderen Passagieren mitteilt, die er damit ebenfalls beruhigt. Wörtlich übersetzt bedeutet die Redewendung, dass man sich nichts an den Kopf stecken sollte außer einer Haarspange. Alex übersetzt sich selbst diesen Satz mit dem englischen »never mind«, weiß aber genau, dass das nicht stimmt. Dass dieser Gedanke ihn und die anderen Passagieren dennoch beruhigt, zeigt ihm, dass er noch nicht alles über sich weiß und dass dieser Umstand eine Chance für sein zukünftiges Leben und indirekt auch allgemein für die Bundesrepublik bedeutet.[263] Diese Chance speist sich daraus, dass im anderen das Eigene steckt und im eigenen das Andere. Man muss diesen Gedanken nicht verstehen, sondern ihn sich nur vorstellen können.

In den besprochenen Romanen von Nadolny und Özdamar begegnet uns eine besondere Form der Verständigung. Sie zeigt, dass mit Lebensläufen und Kulturen etwas passiert, wenn sie in einer Zeit erzählt und zu Gehör gebracht werden, deren Kommunikationszusammenhang sich immer wieder verschoben hat – wie in der Geschichte der Deutschen, aber auch der Türken in der BRD. In den 1990er Jahren werden die türkische Migration nach Deutschland und ihre Folgen besonders energisch thematisiert. Özdamars Roman sowie andere Texte und Filme legen dabei nahe, dass die Unterscheidung zwischen wahr und falsch für die Lebenswirklichkeit der Migranten in Deutschland nicht mehr greift. Diese Verschiebung ist mir einer Kritik und einem spezifischen Mangel an Repräsentation verbunden. Denn mit dem Beginn der 1990er Jahre wird das bisherige Leitmotiv der türkischen Migranten, »Nächstes Jahr kehren wir zurück«, als wichtige Kategorie der Identitätsbestimmung äußerst fragil. Obwohl die Rückkehr zur Illusion wird, bleibt das Verhältnis zur Türkei konstitutiv – es ist nur von der lebenswirklichen Ebene auf eine poetisch-narrative gerutscht.[264]

---

262 Ebd., S. 474.
263 Ebd., S. 494–497.
264 Auf diese besondere Einwanderungssituation der Türken in Deutschland machen viele Publikationen und Aufsätze aufmerksam. Siehe etwa: MIHCIYAZGAN, Ursula (1989): »Rückkehr als Metapher. Die Bedeutung der Rückkehr in der Lebensplanung und -praxis türkischer Migrantinnen«. In: *Informationsdienst zur Ausländerarbeit*, H. 4. 1989, S. 39–42. Siehe auch: PAGENSTECHER, Cord (1996): »Die ›Illusion‹ der Rückkehr. Zur Mentalitätsgeschichte von ›Gastarbeit‹ und Einwanderung«. In: *Soziale Welt*, 47 (2), S. 149–179, S. 168. Siehe auch: SCHIFFAUER (2004).

Dieser Neuerung, die Deutsch und Türkisch nicht mehr voneinander trennt, sondern miteinander verbindet, wovon auch Nadolnys Roman handelt, fehlt wiederum integrationsbedingt eine Entsprechung im öffentlichen Raum. Die politisch repräsentative sowohl türkische als auch deutsche Seite hält diese Trennung aber weiter aufrecht; das zeigt sich schon in der Änderung des Ausländergesetzes. In den öffentlichen Debatten ist zwar von multikultureller Gesellschaft und Anerkennung die Rede, was aber genau anerkannt werden soll und um was für eine Kultur es sich dabei handelt, ist im Unterschied zu den 1980er Jahren theoretisch offen, weil diese Frage nicht mehr in die Vergangenheit, sondern in die Zukunft gestellt wird. Diese Ungenauigkeit und Offenheit ist auch in der Interpretation künstlerischer und dokumentarischer Werke deutsch-türkischer Provenienz zu erkennen.

Mich interessiert in den folgenden Analysen dieses Kapitel also erneut die Frage, warum deutsch-türkische Literatur und Film, die in den 1990er Jahren interessant bis sehr anspruchsvoll und in der Darstellung unterschiedlicher Kulturen ungemein irritierend sind und bewusst ›unerhört‹ auftreten, als Produktionen eines Kulturdialogs auf unterschiedlichsten Ebenen gelesen werden; warum etwa in Buchbesprechungen von »westlichem Bewusstsein« oder »orientalischem Märchen« die Rede ist; oder warum man meint, das in Özdamars Roman deutsch geschrieben, aber türkisch empfunden werde oder dieser Roman über das türkische Volk und seine Lebensart ein besseres Zeugnis ablege als jede ethnologische Forschung, obwohl der Text augenscheinlich durchgehend mit surrealen Beschreibungen und »verfremdenden Übertreibungen« arbeitet.[265] Schon die ersten fünf Seiten in Özdamars Roman strafen diese kurz dargestellten zeitnahen Reaktionen auf *Das Leben ist eine Karawanserei* Lügen. Das übersetzbare Verhältnis, das wir zwischen Hark Bohms Film YASEMIN und der ethnologischen Forschung von Werner Schiffauer in den 1980er Jahren ausfindig machen konnten, scheint hier kein wechselseitiges mehr zu sein. Ohne Fiktion scheint es keine kulturelle ›Wahrheit‹ mehr zu geben. Dass die kurz skizzierten Interpretationen keine Ausnahmen sind, zeige ich an den Interpretationen der Literatur Zafer Şenocaks und den Filmen Fatih Akıns und Thomas Arslans.

---

265 Siehe hierzu: AYTAÇ, Gürsel (1997): »Sprache als Spiegel der Kultur. Zu Emine Sevgi Özdamars Roman *Das ist eine Karawanserei*«. In: *Interkulturelle Konfigurationen. Zur deutschsprachigen Erzählliteratur von Autoren nichtdeutscher Herkunft*, hg. v. Mary Howard, München: iudicium, S. 171–177, hier S. 175 u. S. 176. BÜSLER, Bettine (1992): »Ihr Deutsch klingt wie Türkisch«. In: BERNER ZEITUNG, 30.10.1992, zitiert nach: AYTAÇ (1997): S. 175. BACHMANN, Angela (1992): »Scheherezades Schwester«. In: Augsburger Allgemeine Zeitung, 02.02.1992, zitiert nach: AYTAÇ (1997): S. 175.

Diesen Fokus auf die Übersetzung finden wir auch in den poetischen Reflexionen Yüksel Pazarkayas zu seinen Gedichten aus den 1990er Jahren. Er bezieht sich dabei besonders auf Walter Benjamins Text »Die Aufgabe des Übersetzers«, in dessen Zentrum die These steht, dass die Sprache sich selbst mit-teile, aber nicht wirklich etwas repräsentiere.[266] Übersetzen und Sprechen vermitteln also nicht Gegebenes, sondern das Gegebene und Vorliegende ist der Akt der Mit-Teilung selbst.[267] Denn was vermeintlich gegeben ist, scheinen ja alle genau zu wissen, nämlich wo die Grenzen zwischen Orient und Okzident verlaufen. Es geht nicht mehr darum, wie Spivak in den 1980er Jahren noch festgehalten hat, dem Individuum eine Stimme zu verleihen und ihm Gehör zu verschaffen, weil es etwas Vermittelndes von a nach b gibt.[268]

In jedem Fall führt die besondere Konstellation von Fiktion und Wahrheit zu einer neuen Rahmung der Begegnung von eigen und fremd. So hält etwa die Autorin Renan Demirkan in ihrem zeitgleich entstandenen Roman *Schwarzer Tee mit drei Stück Zucker* fest, nichts mehr »unausgesprochen zu lassen«[269]. Diese neue Konstellation ist Ausdruck einer neuen Struktur von Authentizität, die auf »verfremdende Übertreibung«[270] und Fiktion angewiesen ist. Im Widerspruch zu Multikulturalismus- und postkolonialen Theorien ist das Subjekt hier nicht Fix-, sondern Ausgangspunkt für einen Prozess sich verändernder Identifikationen.[271] Vergleichbar konstatiert Yüksel Pazarkaya, dass es in der Sprache nichts gebe, das »nicht veränderbar« wäre.[272] Man ist nur authentisch, wenn man offenkundig lügt, erfindet, Regeln bricht und übersetzt. Selbst die nationale Kollektivierung eines Phänomens wie der Muttersprache wird unter dieser Perspektive zu einem »Willkürakt«, denn Muttersprache könne nur »individuell bedeutungsvoll sein«.[273] Denn das Verlangen nach einer neuen Begegnungsstruktur

---

266 Siehe hierzu: PAZARKAYA (2000): S. 22; BENJAMIN, Walter (1972): »Die Aufgabe des Übersetzers«. In: ders., *Gesammelte Schriften Bd. IV/I*, Frankfurt a. M.: Suhrkamp, S. 9–21.
267 Siehe hierzu: NANCY, Jean-Luc (1994): »Das gemeinsame Erscheinen. Von der Existenz des ›Kommunismus‹ zur Gemeinschaftlichkeit der ›Existenz‹. In: *Gemeinschaften. Positionen des Politischen*, hg. v. Joseph Vogl, Frankfurt a. M.: Suhrkamp, S. 167–204, hier S. 192.
268 Siehe hierzu: SPIVAK (2007): S. 53.
269 DEMIRKAN (1991): S. 35.
270 BAY (1999): S. 44.
271 Vgl. KAISER, Birgit Mara (2014): »A new German, singularly Turkish. Reading Emine Sevgi Özdamar with Derrida's ›Monolingualism of the Other‹«. In: *Textual Practice Vol. 28*, No. 6, S. 969–987, S. 973. Siehe hierzu programmatisch auch: Hall, Stuart (1996): »Who needs ›Identity‹?«. In: *Questions of Cultural Identity*, London: Sage, S. 1–17.
272 PAZARKAYA (2000): S. 45.
273 Ebd., S. 40. Die Literaturwissenschaftlerin Mary Howard hält in diesem Zusammenhang fest, dass nicht mehr der »Akt der Migration« oder die migrierenden Akteure im Zentrum stehen,

gilt in unserem einleitenden Beispiel nicht nur der Mutter gegenüber, sondern der Begegnung, dem Lesen und Hören an sich. Diese neue Konstellation ist mit unterschiedlichen künstlerischen Herangehensweisen, die sich jedoch alle auf den Körper des Migranten konzentrieren, in Literatur und Film der 1990er Jahre ausschlaggebend.[274] Dabei hat sie nicht nur mit einer neuen Künstler-Generation zu tun; sie findet sich etwa in den zu besprechenden Texten von Emine Sevgi Özdamar (* 1946) und Zafer Şenocak (* 1961). Vor der Materialanalyse möchte ich kurz den Inhalt des Romans *Das Leben ist eine Karawanserei* zusammenfassen.

Die erzählte Zeit des Romans erstreckt sich vom Sein als Embryo der Protagonistin und Ich-Erzählerin des Romans Mitte der 1940er Jahre in der türkischen Provinz bis zu ihrem 19. Lebensjahr, als sie von Istanbul in die Bundesrepublik aufbricht, wo sie als Gastarbeiterin arbeiten möchte. Dazwischen erzählt Özdamar eine Migrationsgeschichte innerhalb der Türkei, die

---

»sondern die Folgen des Übergangs in eine fremde Situation werden gezeigt, in der das erzählte Subjekt sich und die Welt in veränderter Sicht wahrnimmt«. Siehe hierzu: HOWARD, Mary (1997): »Einleitung«. In: *Interkulturelle Konfigurationen. Zur deutschsprachigen Erzählliteratur von Autoren nichtdeutscher Herkunft*, hg. v. Mary Howard, München: iudicium, S. 7–15, S. 11.

274 Interessanterweise gibt es auch in den 1990er Jahren außer Sinan Çetins BERLIN IN BERLIN (der bekanntesten türkischen Reflexion jener Zeit) und zwei tatsächlich kaum nennenswerten Filmen im Unterschied zwischen den 1960er und 1980er Jahren keine türkische künstlerische Auseinandersetzung mit der türkischen Migration nach Deutschland und ihren Folgen. Neben BERLIN IN BERLIN handelt es sich dabei um die Filme BIR UMUT UĞRUNA (Für eine Hoffnung, 1991) und KADERSIZ DOĞMUŞUM (Ohne Schicksal wurde ich geboren, 1991). Erst mit der Komödie BERLIN KAPLANI von 2012 ist türkische Migration nach Deutschland und ihre Folgen für das türkische Fernsehen und Kino wieder ein Thema. Obwohl Integration und Multikulturalismus in den 1990er Jahren in der Bundesrepublik äußerst virulent waren, führt Ersel Kayaoğlu als Hauptgrund für das fehlende türkische Interesse in den 1990er und 2000er Jahren an, dass das türkische Kino in den 1990ern komplexere Erzählformen entwickelt habe, »die das Heranziehen der Deutschlandmigration als bloßen Ausgangspunkt, als Auslösemechanismus für ein tragisches Ende bzw. als Dramatisierungsmittel nicht mehr zulassen«. Siehe hierzu: KAYAOĞLU, Ersel (2012): »Figurationen der Migration im türkischen Film«. In: *51 Jahre türkische Gastarbeitermigration nach Deutschland*, Türkisch-Deutsche Studien, Jahrbuch 2012, hg. v. Şeyda Ozil, Michael Hofmann, Yasemin Dayıoğlu-Yücel, Göttingen: V&R unipress, S. 81–104, hier S. 101. Ich denke, dass der zentrale Grund eher darin liegt, dass die Kategorie der territorialen Herkunft in der Thematisierung von Migration in den 1990er Jahren obsolet wird und genau dieser Umstand für das türkische Desinteresse verantwortlich ist. Um der Bindung des Türkischen und Deutschen in den 1990er Jahren gerecht zu werden, müssen diese Reflexionen, wie in den deutsch-türkischen Film vor Ort in der Bundesrepublik stattfinden. Tatsächlich spielen auch die drei einzigen türkischen Filme zu Beginn der 1990er Jahre ausschließlich in Deutschland. Interessant an allen drei Filmen ist, dass sie sich wie in den 1980ern als zentrale Austragungsorte auf geschlossene Räume konzentrieren und nicht wie die Werke von Fatih Akın, Yüksel Yavuz oder Ayşe Polat auf den Straßen spielen.

zeitlich die 1950er und 1960er Jahre umfasst. Denn die Familie der Ich-Erzählerin muss immer wieder umziehen, weil der Vater oft den Job verliert und immer von Neuem sein Glück und das der Familie suchen muss.[275] Der erste Umzug führt die Familie von Istanbul in eine Kleinstadt, aus einem säkularen Umfeld in eine »religiöse Straße«. Die Erzählerin staunt darüber, dass die Mutter nun auf der Straße oder wenn sie zu Hause Besuch empfangen, ein Kopftuch trägt.[276] Innerhalb dieser Stadt zieht die Familie erneut um, diesmal in ein Bürokratenviertel. Dort legt die Mutter das Kopftuch im öffentlichen wie privaten Raum wieder ab, da die Menschen, die hier leben, kemalistisch geprägte Laizisten sind.[277] Als der Vater seinen Job als Bauingenieur verliert, zieht es die Familie Anfang der 1950er Jahre nach Bursa, die erste Hauptstadt des Osmanischen Reiches. Dort lebt sie länger, sodass hier ein Großteil der Sozialisation der Ich-Erzählerin stattfindet – insbesondere auf den Straßen des neuen Viertels. Dieser Abschnitt im Migrationsleben der Familie nimmt mehr als ein Drittel der Erzählzeit des Romans ein. Darauf folgt ein erneut arbeitsbedingter Umzug der Familie in das steppenhafte Umland der Landeshauptstadt Ankara, wo sie nicht lange bleiben, sondern sich in der Stadt niederlassen, in einer Wohnung in der »unbarmherzige[n] Grabmalstraße zwischen Erdgeschoss und Keller«.[278] Schon der Straßenname prophezeit, dass die Zeit in Ankara unglücklich verlaufen wird: Mutter und Erzählerin werden krank, beide unternehmen Selbstmordversuche. Nach einem neuen kurzen Arbeitsverhältnis des Vaters im äußersten Osten der Türkei zieht die Familie dann schließlich von Ankara zurück nach Istanbul in eine neue Wohnung, wo die Ich-Erzählerin dann erst beschließt, als Arbeiterin nach Deutschland zu gehen.

Zwei Aspekte des Romans fallen nun besonders auf: Binnenmigration und sozial-kulturelle Heterogenität.[279] Interessant ist, wie expansiv und übergreifend Migration diesen Roman bestimmt und wie sie dargestellt wird. Allein die Umzüge der Familie von Stadtteil zu Stadtteil und von Stadt zu Stadt erfolgen für die Ich-Erzählerin, die Leserin und den Leser des Romans unvorbereitet und abrupt. Als sie von Istanbul in eine »religiöse Straße« ziehen, reden Eltern und Tochter noch über einen Kinobesuch, im nächsten Absatz kommt der Vater mit einem Taxi nach Hause und sie ziehen schon wieder um. Im Taxi fällt die Erzählerin »mit Benzingeruch in den Schlaf«, und sie wacht »in einem anderen Holzhaus

---

275 Vgl. MECKLENBURG (2008): S. 516.
276 Siehe: ÖZDAMAR (1992): S. 33.
277 Ebd., S. 42.
278 Ebd., S. 318.
279 Siehe hierzu auch: BAY (1999): S. 39.

in der Kleinstadt auf«.²⁸⁰ Kommentiert und begleitet wird dieser Umzug während der Taxifahrt, der auf einer knappen Seite beschrieben wird, in hier noch widersprüchlichen Aussagen der Großmutter. Sie sei an dem Ort, den sie nun verlassen, nur »einmal gestorben«, in der Fremde werde sie aber »jetzt tausendmal sterben«. Sofort relativiert sie diese »schweren Sätze«: »Ach, was weiß ich, was ist der Mensch? Der Mensch ist ein Vogel, machst du die Augen auf, bist du da, machst du die Augen zu, bist du dort«.²⁸¹ Auch beim nächsten Umzug werden die Augen einmal geschlossen, wieder geöffnet und der Umzug ist bereits vollzogen: »Ich bin wach geworden in einer Gasse in Bursa, im dritten Stock eines Steinhauses.«²⁸²

Diese schlagartigen Szenenwechsel werden durch die Erzählweise und die Mobilität der Akteure zu fluiden Übergängen im Roman, die die ganze Familie betreffen. Sie bestimmen auch lange das Verhältnis der Ich-Erzählerin zum öffentlichen Raum. Sie hält sich entweder selbst oft auf den Straßen ihres Wohnviertels auf, beobachtet die Nachbarn, spricht mit ihnen, oder sie besucht mit ihrer Mutter und Großmutter die Grabstätten muslimischer Heiliger bzw. in Ankara das Mausoleum Atatürks. Die republikanisch-nationale Bestattung ist anders als die der Sultane. Die Räume und Zimmer der Sultane »waren wie für Nomaden gemacht. Wenn sie gestorben waren, standen ihre Särge einfach in einem Zimmer, mit sehr schönen grünen Tüchern bedeckt«.²⁸³ Atatürk bekam hingegen ein Mausoleum. Das regelrechte Ablaufen alltäglicher und zugleich historischer Topografien zeigt, dass auch Kulturen und Nationen sterben können oder wie die Protagonistin in einem Überlebenskampf stehen.²⁸⁴

Ausgangspunkt dieser kulturellen Fließbewegung ist, dass nicht nur Räume und Orte durchlässig und von Ambiguität geprägt sind, sondern auch die Körper der Akteure.²⁸⁵ In Özdamars Kunstsprache, die viele Begriffe aus der türkischen Alltagssprache – etwa Redewendungen – entlehnt, sagen die Frauen, sie würden »sich die Würmer« ausschütteln oder sich »lüften«, wenn sie nach draußen

---

280 ÖZDAMAR (1992): S. 65.
281 Ebd.
282 Ebd., S. 115.
283 Ebd., S. 315.
284 Tatsächlich kündigen in den 1990er Jahren viele Publikationen im Kontext von »Postmoderne« oder einer »Zweiten Moderne« das Ende des Nationalstaats an. Siehe für viele hierzu: ZÜRN, Michael (1998): *Regieren jenseits des Nationalstaates*, Frankfurt a. M.: Suhrkamp. Der »finite Charakter« des Nationalstaats ist auch in Bhabas Hybriditätstheorie konstitutiv. Siehe hierzu: BHABHA (2000): S. 225.
285 Siehe hierzu auch: BAY (1999): S. 33. In der Analyse der Ambiguität der Orte konzentriert Bay sich auf die Badehausszenen in Özdamars Roman.

gehen.²⁸⁶ Als die Ich-Erzählerin am Ende des Romans nach Deutschland aufbricht, beruhigt die Großmutter die besorgte Mutter, dass sie »sich in Alamania ein bißchen lüften« und danach wieder zurückkehren werde.²⁸⁷ Deutschland scheint dabei nicht weiter entfernt zu sein wie eine in der Nähe liegende türkische Stadt, in die man rasch umziehen könnte. An anderer Stelle meinen ältere Frauen, dass die Ich-Erzählerin in der Pubertät zu unbekümmert mit ihrer »Schachtel« spazieren gehe.²⁸⁸ In diese Phase fällt auch die Beschreibung der Mutter über ihre Tochter, dass sie glaubt, einen Jungen und nicht eine Tochter in die Welt gesetzt zu haben. »Sie hat nur eins im Kopf: die Straße.«²⁸⁹ Dass die Lebenspraxis der Protagonistin ihrer biologischen Identität vermeintlich widerspricht, spielt in wesentlichem Maße auch bei den Protagonistinnen und Protagonisten in *Der Mann im Unterhemd* (1995), *Abschaum* (1997), in GESCHWISTER (1997), *Der Erottomane* (1999), AUSLANDTOURNEE (1999), LOLA UND BILIDIKID (1999) sowie GEGEN DIE WAND (2003) der Autoren und Regisseure Zafer Şenocak, Feridun Zaimoğlu, Thomas Arslan, Ayşe Polat, Kutlu Ataman und Fatih Akın eine entscheidende Rolle.²⁹⁰

Neben den Straßen, Gassen und Plätzen, die auf fast jeder Seite entweder als Begriff oder als Setting des beschriebenen Geschehens stehen, nehmen auch Schwellenbereiche wie die Wohnungs- oder Haustür, viele Brücken oder aber die Position der Erzählerin am Fenster wichtige topografische Funktionen ein.²⁹¹ Sitzend beschreibt sie ihrer Großmutter, die sich innerhalb der Wohnung befindet, und letztlich dem Leser, was sie draußen in der »steinigen« und »seelenlosen Gasse« in Bursa sieht. Was Özdamar dabei entfaltet, ist in surreal-poetischer Diktion ein Kaleidoskop einer widersprüchlichen türkischen Alltagswelt. Sie

---

286 Sich »die Würmer ausschütteln«, türkisch *kurtlarını dökmek*, heißt so viel wie »sich vergnügen«. Die sprichwörtliche Übersetzung von »lüften gehen« geht auf die Wendung »hava almak« zurück, was so viel bedeutet wie »hinausgehen« oder wortwörtlich »Luft zu sich nehmen«. Die wortwörtlichen und Lehnübersetzungen Özdamars in ihrem *Karawanserei*-Roman haben dazu geführt, dass die Reaktion türkischer Leser auf die türkische Übersetzung aus dem Deutschen enttäuschend ausgefallen ist; der Verfremdungseffekt fehlte. In der erzählerischen Praxis wie auch in der unterschiedlichen Rezeption zeigt sich eindeutig, dass der Ort der Auseinandersetzung und der Selbstverhandlung die deutsche Sprache ist, sozusagen die Ankunftsgesellschaft. Siehe hierzu: KURUYAZICI, Nilüfer (1997): »Emine Sevgi Özdamars *Das Leben ist eine Karawanserei* im Prozess der interkulturellen Kommunikation«. In: *Interkulturelle Konfiguration. Zur deutschsprachigen Erzählliteratur von Autoren nichtdeutscher Herkunft*, hg. v. Mary Howard, München: iudicium, S. 179–188, S. 184. Siehe auch AYTAÇ (1997).
287 ÖZDAMAR (1992): S. 371.
288 Ebd., S. 220. Mit »Schachtel« ist die Vagina gemeint.
289 Ebd., S. 218.
290 Siehe hierzu: POLAT (1999). ŞENOCAK (1995, 1998, 1999). KUTLUCAN (1998). AKIN (2003/2004).
291 In APRILKINDER sehen wir sehr oft eines der Geschwister die Wohnung verlassen. Die Schwelle ist auch bei Sinan Çetin konstitutiv. Siehe hierzu: ÇETIN (1993); YAVUZ (1998).

beobachtet muslimisch-konservative Frauen, die »kiloweiße wie Blei schwere« weiße Mäntel tragen, die sie nach ein »paar Schritten bis zum gegenüberliegenden Steinhaus zum Schwitzen« bringen. Auch wenn sie schon in ihren Häusern wieder verschwunden sind, bleiben »ihre Rockschatten, ihre langsamen Bewegungen, [...] vor meinen Augen auf der steinigen Gasse wie schlecht abgewischte Kreidezeichen«.[292] Langsam und schwer tragen sie auch an den »sehr großen Wassermelonen in ihren Händen«. Dabei tragen sie ihre Einkäufe so, »daß die anderen Menschen das sehen und denken, wie schwer es für diese Frauen ist, diese Wassermelonen zu tragen«. Der Vater der Erzählerin meint, dies seien Frauen, die beim Sitzen »ihre Hände in ihren Händen und beide Hände über ihren Schachteln« halten.[293] Die Erzählerin sitzt am Fenster und stellt sich vor: Wenn ein Schiff kommen würde, das »diese Frauen in sich aufnimmt und wegfährt, werden diese Frauen den Kapitän [...] nicht fragen, wohin«.[294]

Angekommen sind hingegen die »verrückten« Frauen in den Gassen Bursas. Sie treten im Unterschied zu den verschleierten Frauen freizügig und mit Eigennamen auf. Unter ihnen sind die »verrückte Saniye«, eine Emigrantin aus Jugoslawien, die »deli Ayten«[295] und Tante Sıdıka, der es »ein bisschen besser geht als einem Schwiegersohn, der bei seinen Eltern leben muss«.[296] Sie stehen der existenziellen Traurigkeit des Kollektivs der mit Kleidung und Einkäufen schwer beladenen Frauen entgegen. Die verrückte Saniye ist häufig lautstark zwischen der »steinernen« und »seelenlosen Gasse« unterwegs, und besonders in der »seelenlosen Gasse« zeigt sie den Reichen mit der Hand über dem Kopf als eine Geste des sich

---

292 ÖZDAMAR (1992): S. 120.
293 Ebd., S. 119.
294 Ebd. Das Herauskommen aus den gegebenen Lebensbedingungen ist eine Bewegung, die sich durch viele Texte und Filme der 1990er Jahre – ob deutsch-türkisch oder deutsch – zieht. In Akıns KURZ UND SCHMERZLOS von 1998 möchte der deutsch-türkische Protagonist Hamburg verlassen. Obwohl er sich dort sicher und zugehörig im öffentlichen Raum bewegt, will er in der Türkei ein Strandcafé eröffnen. Von Paris an den Strand von Goa möchten in einer ähnlich widersprüchlichen integrativen Konstellation wie in Akıns Film auch die Protagonistinnen im französischen Film L'HONNEUR DE MA FAMILLE (dt. DIE EHRE MEINER FAMILIE), der ebenfalls 1998 in die Kinos kam. Und auch im deutschen Komödienhit LAMMBOCK von 2001 träumen die Protagonisten von einem Strandcafé im Süden. Doch keiner der Akteurinnen und Akteure landet in den drei Filmen dort, wo sie es sich vorgestellt haben. Sie bleiben bis zum Schluss wie die Protagonistin in Özdamars Roman, unterwegs zwischen Städten oder unterwegs in einer Stadt. Siehe hierzu: AKIN (1998); BOUCHAREB, Rachid (1996): L'honneur de ma famille, Frankreich: La Sept ARTE.
295 Deli bedeutet auf Türkisch »verrückt«; Ayten ist ein weiblicher, türkischer Vorname.
296 Ebd., S. 122 und 260.

Schützens, was für einen Käse sie gekauft hat.[297] Die »deli Ayten« fasst, nachdem sie einem Mann lasziv eine Zigarette abgerungen hat, in einer der Gassen »sein Ding an«, reckt ihm ihren Mund zu und sagt: »Lass mich dich einmal küssen«.[298] Der Mann ist von dieser Situation eindeutig überfordert und ergreift die Flucht.[299] Tante Sıdıka schließlich bohrt jeden Tag mit ihrem Zeigefinger »ein Loch in die Zeitung, wo das Bild von dem Ministerpräsidenten der Demokratischen Partei [Adnan Menderes, Ö.E.] abgedruckt ist«, und geht damit mit der Hand über ihrem Kopf in den Gassen spazieren, wie dieses Mal die Mutter der Ich-Erzählerin berichtet.[300]

Die Großmutter sieht diese »verrückten«, Grenzen überschreitenden Frauen der Straße als gerettet an, denn sie hätten unter »Allahs Flügeln« Asyl gefunden.[301] Die anderen, schwer beladenen Frauen lösen zwar orientalische Assoziationen aus. Doch ihnen entgegen gesetzt sind nicht etwa modern gekleidete bürgerliche Frauen, die öffentlich von ihrer Vernunft Gebrauch machen würden und eine bestimmte Position im öffentlichen Raum innehätten. Den vermeintlich typisch muslimischen Frauen werden hier selbstbewusste, leicht bekleidete, aber zugleich »ver-rückte«[302], widerständige und die öffentliche Ordnung störende Frauen gegenübergestellt.[303] So orientieren sich die Beobachtungen der Ich-Erzählerin, ob die Frauen sich »unterdrückt« durch die Schwere ihre Kleidung fühlen oder »frei« durch ihren erleichterten Körper werden, nicht an der großen unbestimmten Unterscheidung zwischen Orient und Okzident, sondern an der Frage, wie es sich in ihren Mänteln oder Häuten wohl lebt. Wie die Antwort auf diese Frage ausfällt, hängt sehr vom öffentlichen Auftritt der Frauen ab. Sind ihre Köpfe und Schultern gesenkt, wie bei den schwer beladenen Frauen oder nicht?

---

297 ÖZDAMAR (1992): S. 170. Auch in Demirkans Romanen der 1990er binden die Protagonistinnen in öffentlichen Räumen durch ihr Sprechen und Handeln anfangs unbeteiligte Akteure in die jeweilige Situation ein. Siehe hierzu: DEMIRKAN (1991): S. 34–36.
298 In Rachid Boucharebs L'HONNEUR DE MA FAMILLE hat die Freundin der algerischstämmigen Protagonistin Nora zu Beginn des Films Sex beim Tanz mitten in einer Diskothek. Nora und ihre Freundin arbeiten heimlich in einer belgischen Diskothek, in die sie an Wochenenden immer fahren. Ihre Eltern denken, sie würden als Krankenschwestern in einem Pariser Krankenhaus arbeiten. Auch wenn es sich in Boucharebs Film um eine Komödie handelt, erzählt er doch von Identitätsstress. Die Protagonistin ist oft gereizt und fühlt sich am wohlsten im Bad ihrer Freundin. Siehe hierzu: BOUCHAREB (1996).
299 Ebd.
300 ÖZDAMAR (1992): S. 170.
301 Ebd., S. 136.
302 Siehe allgemein zu »verrückt« in Özdamars Roman BAY (1999).
303 In Andreas Dresens Film NACHTGESTALTEN sind die Protagonisten ebenfalls randständige Figuren: Obdachlose, sich prostituierende drogenabhängige Jugendliche, ein farbiges Flüchtlingskind und ein von seinem Chef geplagter älterer deutscher Angestellter. Siehe hierzu: DRESEN (1999).

Der lässige, coole oder außergewöhnliche Auftritt, den die »verrückten« Frauen bei Özdamar hinlegen, ist auch für die Darstellungsweise der kulturellen Bestimmung der Protagonistinnen und Protagonisten in den Filmen der 1990er Jahre elementar.[304]

Der Fokus auf den Körper sowie eine surreale Wahrnehmung der Realität bestimmen auch so manche Wege der Ich-Erzählerin, besonders in der Nähe von Brücken. »Als ich über die heilige Brücke in Richtung unserer steilen Gasse lief, gehörten meine Beine nicht mehr mir, ich hielt mich beim Gehen am Brückengitter fest, ich dachte, sonst werden meine Beine von der Erde fliegen und ich falle in den Bach.«[305] Die Unterscheidung zwischen schweren und leichten Körpern fällt auf. Konstitutiv ist auch, dass weder der eine noch der andere körperliche Zustand für ein Gleichgewicht oder einen Ausgleich zwischen Innen und Außen sorgen würde. Schwer wird die Protagonistin beispielsweise, wenn sie krank ist – und sie erkrankt bei fast jedem Umzug. Fast jedes Mal ist unklar, ob sie überleben wird. Wenn sie sich erholt, dann verlässt der Tod das Haus.[306] Für die amerikanische Germanistin Nora Macguire zerschlagen die Krankheiten »the child's corporeal and subjective wholeness«, die »repeatedly collapses into fragmentary or plural states«.[307]

Eine andere wichtige Facette des Körperlichen ist in Özdamars Roman das Thema Sexualität, das von der Sprache über sexuellen Missbrauch bis zur isla-

---

304 Siehe hierzu exemplarisch folgende Filme von Fatih Akın, Matthieu Kassowitz, Thomas Arslan und die Romane von Feridun Zaimoğlu und Zafer Şenocak: AKIN (1998, 2003/4); KASSOWITZ (1995); ARSLAN (1997, 1999); ZAIMOĞLU (1995, 1997, 1998); ŞENOCAK (1995, 1998).
305 ÖZDAMAR (1992): S. 207.
306 Siehe hierzu: Ebd., S. 113 u. S. 353.
307 MACGUIRE, Nora (2013): »Reading and Writing the Child's Voice in Emine Sevgi Özdamar's ›Das Leben ist eine Karawanserei Hat zwei Türen Aus einer kam ich rein Aus der anderen ging ich raus‹«. In: *Forum for Modern Language Studies* Vol. 49, No. 2, S. 213–220. Auch in Polats Film AUSLANDSTOURNEE sind körperliche Dispositionen wie Menstruation und Krankheit der elfjährigen Protagonistin Şenay besondere Marker. Als sie mit ihrem »falschen« Onkel, dem homosexuellen Nachtclubsänger Zeki, auf der Suche nach ihrer »falschen« Tante Çiçek, Zekis Kollegin aus den 1980er Jahren, ist, bekommt sie in Paris ihre erste Menstruation. Sie glaubt zu sterben. Zeki organisiert daraufhin in Paris eine Prostituierte, die vor Şenay eine Ärztin spielt und ihr erklärt, was es mit der Menstruation auf sich hat. Als sie am Ende des Films in Istanbul Çiçek finden, die eigentlich Şenays Mutter ist, erkrankt Şenay im Hotel. Als Zuschauer haben wir Angst, sie könnte sterben, da auch ihre Mutter sich nicht um sie kümmern will. Doch Şenay genest und nachdem auch Zeki mit seiner Mutter, die er auf den Prinzeninseln besucht, keinen Frieden findet, machen sich Zeki und Şenay gemeinsam wieder auf den Weg nach Deutschland. Siehe hierzu: POLAT (1999).

mischen Geschlechterordnung entfaltet wird.[308] Sogar die Ich-Erzählerin möchte einmal in ihrem Leben Prostituierte sein.[309] Dieser Berufswunsch ist vollkommen anders motiviert als etwa Sibels Aussage in Fatih Akıns Film GEGEN DIE WAND, dass sie mit so vielen Männern wie möglich »ficken« wolle.[310] Im Gegenteil reizt sie die Beachtung und Anerkennung, die einer Prostituierten im Frauenbad, einem »Mösenplanet«, zuteil wird, in einem Alter, als sie noch nicht wissen kann, was es eigentlich bedeutet, eine Prostituierte zu sein.

> Alle Frauen gingen hinter dieser Hure wieder in den Waschraum rein, setzten sich um den runden Marmorstein und schauten auf diese Hure, die sich in der Mitte des Marmorsteins legte und sich von zwei Badehausdienerinnen waschen ließ. Weder die Dienerinnen wurden satt sie zu waschen, noch die anderen Frauen, auf sie zu gucken. Wir gingen als lange Schlange hinter dieser Hure her aus dem Badehaus. Sie stieg in eine Kutsche, ohne Schleier, und der Kutschwagen spritzte Straßenschmutz auf uns Verschleierte, und ich schwor mir, eines Tages so wie diese Hure zu werden.[311]

---

308 Sex und Sexualität spielen auch in den Filmen und Texten LEBEWOHL, FREMDE, KURZ UND SCHMERZLOS, GEGEN DIE WAND, L'HONNEUR DE MA FAMILLE, DER BEWEGTE MANN, LAMMBOCK, NACHTGESTALTEN, DAS LEBEN IST EINE BAUSTELLE, *Kanak Sprak, Abschaum, Die Prärie, Der Erottomane* und vielen anderen eine wesentliche Rolle.
309 Deutsch-türkische, türkische und deutsche Prostituierte sind in vielen deutsch-türkischen Produktionen der 1990er Jahre positiv konnotiert. Nicht selten identifizieren die Protagonistinnen und Protagonisten sich mit ihnen. In Zaimoğlus Roman *Abschaum* (1997) bringt der Protagonist Ertan Ongun einer türkischen Prostituierten in Kiel Respekt entgegen, weil er sich in ihrer resilienten Art selbst gespiegelt sieht. Siehe hierzu: ZAIMOĞLU (1997): S. 34–39. Zafer Şenocaks Erzähler beschäftigt sich in mehreren Erzählungen in *Der Mann im Unterhemd* mit der deutschen Prostituierten Lisa, deren Mutter und Großmutter auch schon Prostituierte waren. Die Geschichte ihrer Profession geht bis in die Weimarer Zeit zurück. Der Erzähler, ein Privatdetektiv, sollte erst eine Türkin aufspüren – nun soll er Lisa finden. Für den Erzähler ist sie voller Geheimnisse, denn sie ist die erste Frau, die sich »mit Männern den Männern« entzieht, ein »weiblicher Mohammed«. Siehe hierzu: ŞENOCAK (1995): S. 54. In Yüksel Yavuz' Film APRILKINDER verliebt sich der deutsch-türkische Protagonist Cem (Erdal Yıldız) auf den ersten Blick in die deutsche Prostituierte Kim (Inga Busch). Und er fühlt sich auch nur bei ihr wirklich wohl. Doch seine Eltern verlangen, dass er seine Cousine aus der Türkei heiratet, damit sie nach Deutschland kommen und Asyl beantragen kann. Denn ihr Leben als Kurdin ist in der osttürkischen Bürgerkriegsregion gefährdet. Die Eltern erfahren erst am Schluss des Films von Kim. Siehe hierzu: YAVUZ (1998). Einer vergleichbaren Konstellation zwischen Prostitution und Identifikation begegnen wir in Kutlu Atamans Film LOLA UND BILIDIKID (1999). Siehe hierzu: ATAMAN (1999).
310 Siehe hierzu: AKIN (2004): S. 39.
311 ÖZDAMAR (1992): S. 52.

Während Elif in Tevfik Başers Film ABSCHIED VOM FALSCHEN PARADIES noch Busfahrerin werden will,[312] zielt der Berufswunsch von Özdamars namenloser Protagonistin nicht auf gesellschaftliche Integration, sondern auf unerhörte Weise auf Aufmerksamkeit, Provokation und Anerkennung. Diese drei Aspekte sind Wirklichkeit und Ressource.[313] So dominiert in Özdamars Roman auch nicht die Beschreibung von Geschlechtsverkehr, sondern vielmehr der häufige Gebrauch des Verbs »ficken«. Eine Verschiebung erfährt dieses Verhältnis in ihrem zweiten Roman, wobei das Verhältnis zwischen dem Gebrauch der ordinär sexualisierten Sprache und der Beschreibung sexueller Praxis weiterhin asymmetrisch bleibt. In *Die Brücke vom Goldenen Horn*, Emine Sevgi Özdamars zweitem Roman, versucht die Ich-Erzählerin unbedingt ihren »Diamanten« zu verlieren, denn ohne seinen Verlust kann sie – nach ihrer eigenen Einschätzung und der des sozialistischen türkischen Heimleiters des Berliner »Frauenwonayms« – keine richtig gute Schauspielerin werden.[314] »Ficken« ist neben »Straße« und »Gasse« das

---

312 Im türkischen Film POSTACI (DER POSTBOTE) von 1984 ist es ein Postbote, der es mit dem türkischen Gastarbeiter Latif aus Deutschland aufnimmt. Letzterer möchte seine Schwester dem türkischen Postboten nicht zur Frau geben, weil er weder Haus noch Land besitzt. Siehe hierzu: ÜN, Memduh (1984): *Postacı*, Türkiye: Uğur Film.
313 Nachdem die Mutter der Protagonistin In Boucharebs Film von 1996 erfahren hat, dass sie in Wirklichkeit in einer belgischen Diskothek arbeitet, bezeichnet sie ihre Tochter scherzhaft immer wieder als Prostituierte. Wie in Özdamars Roman stört auch hier die Protagonistin diese Zuschreibung nicht. In Ayşe Polats deutsch-türkischem Film AUSLANDSTOURNEE wird der Begriff *Orospu* (»Prostituierte«) zum Großteil eher positiv als negativ verwendet. Dort ist der Protagonist, Zeki, gespielt von Hilmi Sözer, ein homosexueller Nachtclub-Sänger, der versucht die Mutter der Tochter seines Kollegen Mahmut zu finden. Siehe hierzu: POLAT (2000).
314 Siehe hierzu: ÖZDAMAR, Emine Sevgi (1998): *Die Brücke vom Goldenen Horn*, Köln: Kiepenheuer & Witsch, S. 108, 122, 128, 138, 152, 163, 165. Die Ich-Erzählerin ist in diesem zweiten Roman, anders als im ersten, über Ländergrenzen hinweg unterwegs: in Deutschland, Frankreich und der Türkei. Beschriebenen Sex hat sie aber nur mit türkischen Männern, einmal mit einem jungen Nationalisten und ein anderes Mal mit einem älteren Sozialisten. Einem ähnlich asymmetrischen Verhältnis hinsichtlich der Nationalität der Sexpartner werden wir in GEGEN DIE WAND begegnen. In keiner Szene schläft die Protagonistin mit einem Nicht-Türken, obwohl sie davon redet und sie sie auch ‚abschleppt'. Gezeigt wird gegen Ende allerdings, wie sie mit dem Türken Cahit schläft, was zugleich ein Liebesakt ist. Auch in *Abschaum* hat der türkische Protagonist Ertan Ongun ausgiebig Sex mit einer türkischen Prostituierten. Siehe hierzu: ZAIMOĞLU (1997): S. 34–39. Yavuz' Film APRILKINDER stellt in dieser Hinsicht eine Ausnahme dar. Doch ist Kim, die deutsche Akteurin in dem Film, wiederum eine professionelle Prostituierte, mit der eine Ehe per se ausgeschlossen ist, zumal Cem mit ihrem Beruf auch nicht mehr klarkommt, nachdem er sich in sie verliebt hat. Die ersten Filme, in denen Sex einer Deutsch-Türkin oder Türkin mit einem Deutschen gezeigt werden, sind die Komödien MEINE VERRÜCKTE TÜRKISCHE HOCHZEIT und EVET, ICH WILL von 2006 und 2009. In beiden Filmen sind die Sexpartner allerdings auch die späteren Ehepartner.

meistverwendete Wort in Özdamars Roman.[315] Dabei lehnt sich die Autorin an die türkische Vulgärsprache an, in der das Verb sehr häufig fällt. An einer Stelle wird sogar aufgelistet, dass es im Türkischen unendlich viele Synonyme für »Penis« gibt, mit »am« und »Schachtel« aber nur zwei für »Vagina«.[316]

Aber es gibt nicht nur ein Missverhältnis zwischen Sprechen und dargestellter Praxis, sondern auch ein sexuell missbräuchliches Verhalten älterer Männer gegenüber Mädchen. Kurz bevor unsere Erzählerin mit der Aussage nach Hause kommt, dass sie ihrer Mutter gleich eine Lüge erzählen werde, wird sie in einem Bus sexuell belästigt. »Es gab in den Bussen auch Männer, die meine Hüften zwickten und ihre Körper hinter mir an mir rieben.«[317] Auch ihr Vater hat Vorbehalte gegenüber fremden türkischen Männern. Als er einmal mit ihr in den Kinofilm PORKY AND BES gehen möchte, aber nur Karten für voneinander getrennte Sitzplätze bekommt, sagt er den gemeinsamen Kinobesuch ab. Denn er könne sie »nicht allein zwischen den hungrigen Wölfen sitzen lassen«.[318] Die »Wölfe« gibt es aber nicht nur außerhalb der Familie. Selbst ihr Großvater, der die Familie nach zehn Jahren wieder besucht, macht die offensichtlich pubertäre Ich-Erzählerin darauf aufmerksam, dass sie beim Laufen zu Hause nicht so fest auftreten solle. Dabei wackelt »dein Schmuck, das gibt den Männern Wollust«.[319] Großvater Ahmet verweist dabei auf die Verse zur Verschleierung im Koran und macht auf ihre Entstehung aufmerksam.

Interessant an dieser Unterweisung über das Geschlechterverhalten und die islamische Geschlechterordnung in Özdamars Roman ist, dass das spezifische Verhalten der Frau aus dem Koranvers nur gegenüber Männern ohne familiäre Blutsbande gilt und deshalb besonders im öffentlichen Raum einzuhalten ist, jedoch nicht in den eigenen vier Wänden.[320] Und der Großvater selbst schiebt diese Interpretation zwar auch nach, doch zu Hause »sollte ich trotzdem auf die Erde nicht so fest mit meinen Füßen treten, daß mein Schmuck wackelt«.[321] Offenbar ist sexuelle Erregung nicht nur auf der Straße ein Problem, sondern auch zu Hause. In vergleichbarer Diktion empfiehlt später die Großmutter der Mutter, dass sie ihre Tochter bald verheiraten sollte, weil sie »unbändig« geworden sei. »Ihr

---

315 Dasselbe gilt für den Roman *Abschaum* von Feridun Zaimoğlu und den Film GEGEN DIE WAND von Fatih Akın.
316 ÖZDAMAR (1992): S. 178f.
317 Ebd., S. 334.
318 Ebd., S. 351.
319 Ebd., S. 309.
320 *Der Koran*, Übersetzung von Adel Theodor Khoury (unter Mitwirkung von Muhammad Salim Abdullah), Gütersloher Verlagshaus 1987, S. 267.
321 ÖZDAMAR (1992): S. 310.

Feuer sollte jemand löschen, vielleicht der Neffe des Obstladenbesitzers«.[322] Und wie die Erzählerin beschreibt, hat zuvor tatsächlich ihre »Schachtel« zwischen ihren Beinen »wie der Körper des von Staatshand vergifteten Straßenhundes in Bursa« gezuckt.[323] Das Verhältnis zwischen Drinnen und Draußen ist in Özdamars Roman sozial (Familie), kulturell (Religion) und besonders körperlich (Sexualität) ephemer. Dadurch gehören Gassen, Straßen und öffentliche Plätze zum Zuhausesein dazu. Wie bei der rechtlichen und politischen Figur des Denizens geht es hier um eine Praxis und zugleich um eine Form der Platzierung, die weder eindeutig formell noch eindeutig privat ist. Eine Sowohl-als-auch-Zugehörigkeit, die jedoch nicht von Ruhe, sondern im Gegenteil von Unruhe geprägt ist. Jede Form der Inklusion aktualisiert zeitgleich unter diesen Umständen Exklusion.

So ist Fremdheit nicht einfach eine kulturelle Kategorie, die vom Eigenen getrennt betrachtet werden kann und zwischenmenschliche Begegnungen bestimmt. Sie ist in besonderem Maße eine medial erst hervorgebrachte Kategorie. Sie verfremdet Herkunft, Ursprung, Ankunft und den »legal act of naturalisation« und wirkt daher deterritorialisierend.[324] Durch die unruhigen Körper und die Schwelle als zentrale Topografie des Romans reicht das, was in den Gassen und Straßen sich ereignet bis ins eigene Heim.[325] Integrationstheoretisch im Sinne der 1990er Jahre gesprochen, sind Desintegrationsdynamik und Exklusionsbereich in diesem Roman, wie auch in den Filmen APRILKINDER und BERLIN IN BERLIN sehr deutlich ausformuliert. Diese intensive Austauschzone der Verfremdung erstreckt sich bis in die verwendete Alltagssprache und selbst in die Wiedergabe der Geschichte der Türkei in Özdamars Roman.

Gleich zu Anfang des Romans versteht die Erzählerin die Worte nicht, die die Großmutter auf dem Friedhof spricht. Es handelt sich um die erste Sure, al-Fatiha (›Die Eröffnende‹), aus dem Koran, die die Großmutter auf Arabisch rezitiert. Im Buch lesen wir die latinisierte und transkribierte Version als Zitat und kursiv gesetzt – wie die volksreligiöse Grabsteinschrift zu Beginn des Romans – und

---

322 Ebd., S. 330.
323 ÖZDAMAR (1992): S. 330.
324 Eine identische deterritorialisierende Funktion übt nach Soysal die Anrufung der universellen Menschenrechte in nationalstaatlichen Politiken und Ordnungen aus. Siehe hierzu: SOYSAL (1994): S. 3 u. S. 157.
325 Wir werden in der Analyse von Zafer Şenocaks Tetralogie sehen, dass darin die Schwelle ebenfalls konstitutiv ist. Wie in den Filmen APRILKINDER und BERLIN IN BERLIN finden die meisten Aktivitäten zwischen Wohnung und Straße statt. In Yavuz' Film sehen wir häufig eines der Geschwister die Wohnung verlassen, während die Eltern nie auf die Straße gehen. In BERLIN IN BERLIN entscheidet schließlich der Bereich zwischen Wohnung und Treppenhaus sogar über Leben und Tod des deutschen Protagonisten Thomas (Armin Block). Siehe hierzu: YAVUZ (1998); ÇETIN (1993).

können sie nur mit einer arabistischen Ausbildung verstehen. Dieses Nicht-Verstehen gilt aber ebenso sehr für den potentiellen türkischen Leser des Romans.[326] Selbst die eigene Enkelin versteht kein Wort. Diese sprachlich-kulturelle Spaltung und identitätspolitische Spannung wird mit der von Özdamar gewählten Literatursprache, nämlich dem Deutschen, um eine weitere Sprache ergänzt und befremdlich gespalten: »Indem Özdamars Geschichten eine dreigespaltene Zunge in den Diskurs einführen, machen sie die herkömmliche Sicht unmöglich.«[327] So ist auch die Geschichte der Türkei von Fremdheit geprägt. Diese erzählt der Großvater auf äußerst surreal-poetische Weise Soldaten im Zug, als er mit seiner Enkelin während ihrer ersten Schulsommerferien von Istanbul wieder unterwegs in die Provinz nach Malatya ist. Unsere Protagonistin begegnet zwar wie auf ihrer ersten Zugfahrt erneut Soldaten. Dieses Mal hat sie es dabei allerdings gemütlicher: Sie ist nicht mit Eisenstangen im Bauch der Mutter umzäunt. Sie sitzt wohlig warm in einem Gepäcknetz, hört dem Großvater zu und beobachtet die Soldaten.[328] Er erzählt den Übergang vom Untergang des Osmanischen Reiches zur Neuordnung der türkischen Republik, indem er einen Teppich webt: »Großvater sprach, und sein unrasierter Bart wuchs auf seinem Gesicht, und der Bart fing an, einen Teppich zu weben. Die Soldaten machten Feuer, um die Bilder des Teppichs zu sehen.«[329] Eine Geschichte erzählt er wie folgt.

> Bismarck schleppte alle Steine aus der Stadt Pergamon nach Berlin, dann kam Bismarck wieder zum Teppich und brachte deutsche Eimer, mit denen er das Öl von Bagdad mit nach Hause schleppen wollte. Die Engländer und Franzosen und Italiener hörten es und kamen mit ihren eigenen Eimern in die Türkei. Deutsche, Engländer, Franzosen, Italiener kehrten ihre Eimer um, setzten die Eimer als Helme auf ihre Köpfe, zogen ihre Handgranaten und Waffen aus ihren Hosentaschen, und in der Türkei fand der Öleimerkrieg statt.[330]

---

326 Siehe hierzu auch: BAŞER (1990); ZAIMOĞLU (1995, 1998); ŞENOCAK (1998). Ähnlich werden auch in Sinan Çetins Film BERLIN IN BERLIN von 1993 der deutsche wie auch der türkische Rezipient an manchen Stellen im Film bewusst im Unklaren gelassen. Doch irritiert diese Technik der Auslassung nicht die Erzählung selbst, denn der Film arbeitet insgesamt mit sehr vielen und unterschiedlichen Geräuschquellen. Diese Besonderheit zeigt auch in diesem Film, dass es mehr um das Hören als um das Verstehen geht. Lapidar und zugleich mehrdeutig hält Zafer Şenocak zeitnah in einem Interview Anfang der 1990er Jahre fest, dass es für die Integration besser sei, wenn man nicht alles verstehe, was die Türken in Deutschland sagten, denn dies würde die Deutschen »gänzlich überfordern«. Siehe hierzu: ŞENOCAK, Zafer (1993): *Atlas des tropischen Deutschland*, Berlin: Babel, S. 89.
327 BOA, Elisabeth (1997): »Sprachenverkehr. Hybrides Schreiben in Werken von Özdamar, Özakın und Demirkan«. In: *Interkulturelle Konfigurationen*, hg. v. Mary Howard, München: iudicium, S. 115–137, hier S. 122.
328 Siehe hierzu: MAGUIRE (2013): S. 218.
329 ÖZDAMAR (1992): S. 38.
330 Ebd., S. 39.

Die Anfänge der türkischen Republik werden in derselben Diktion weitererzählt, muten aber nicht als heroische Ursprungserzählung an, wie sie beispielsweise in den türkischen Grundschulbüchern zum türkischen Unabhängigkeitskrieg (1919–1922) zu finden ist. Dieser Mangel an emotionaler und kultureller Bindung – Steine, Eimer und Öl sind in ethnisch-kultureller Hinsicht keine besonderen Gegenstände –, zeigt sich auch darin, dass die Großonkel der Protagonistin die arabische Schrift lesen können, aber nicht die türkische, die wiederum sie lesen kann. So schlägt ihr Vater im Roman zwar des Öfteren den Koran auf, kann ihn aber nicht lesen. Er ist schon in der türkischen Republik aufgewachsen. Die Geschichte, die der Großvater den Soldaten erzählt, handelt nicht von der Wiederherstellung einer verloren geglaubten sozial-kulturellen Einheit, wie sie beispielsweise die Sprachpolitik Mustafa Kemals ab den 1930er Jahren anvisierte.[331] Es ist vielmehr die Geschichte eines Bruchs, die sich im Roman an den unterschiedlichen Sprachen Türkisch und Arabisch und ihren Verwendungsweisen zeigt, die die verschiedenen Generationen in ihrem Alltag und in ihrer Lebenspraxis voneinander trennt.

Von Brüchen, Widersprüchen und Verfremdungen ist aber nicht nur die national-kulturelle Identifikation in *Das Leben ist eine Karawanserei* geprägt, sondern auch die soziale Praxis. Man denke nur an die Prostituierte im Frauenbad, im »Mösenplanet«, die die meiste Aufmerksamkeit auf sich zieht und Anerkennung erntet. In einer islamischen und auch konservativ-moralischen Auffassung sozialer Ordnung ist dies eigentlich unerhört. Bemerkenswert ist in dieser Hinsicht auch, dass der Vater fremde, unanständige Männer im Kino befürchtet und die Großmutter und andere Frauen sich um die sexuelle »Unbändigkeit« der Protagonistin sorgen, sie jedoch am Ende des Romans Enkelin und Tochter

---

[331] Siehe hierzu: LAUT, Jens-Peter (2000): *Das Türkische als Ursprache? Sprachwissenschaftliche Studien in der Zeit des erwachenden Nationalismus*, Wiesbaden: Harrassowitz. Dagegen tauchen in Özdamars Text an mehreren Stellen transnationale Verweise auf, die im Zentrum der Analysen von Azade Seyhan und Cornelia Zierau stehen. Mitunter stellt Seyhan anhand von Özdamars Roman ein Schreiben »outside the national canon« fest: Die Migrationsliteratur arbeite mit inter-, paranationalen und globalen Bezüge, nicht mit nationalen. Siehe hierzu: SEYHAN, Azade (2000): »Writing outside the Nation«. In: dies.: *Writing outside the Nation*, Princeton: Princeton University Press, S. 125–150. Siehe hierzu auch: ZIERAU, Cornelia (2004): »Story and History – ›Nation-Writing‹ in Emine Sevgi Özdamars Roman *Das Leben ist eine Karawanserei*«. In: *Die andere Deutsche Literatur. Istanbuler Vorträge*, hg. v. Manfred Durzak, Nilüfer Kuruyazıcı, Würzburg: Königshausen & Neumann 2004, S. 166–173. Der Turkologe Jens-Peter Laut zeigt in seiner Arbeit, wie sehr das nationalidentitätspolitische Konstrukt und die Idee, Türkisch sei die Ursprache der Menschen, über die »Sonnensprachtheorie« von europäischen Gedanken des 19. und 20. Jahrhunderts beeinflußt war. Eine herausragende Rolle spielten nach Lauts Forschung hierbei die Arbeiten des Wiener Orientalisten H. F. Kvergic.

einer Prostituierten, Tante Pakize, anvertrauen, die ebenfalls als Gastarbeiterin nach Deutschland reisen will. Dies geschieht, weil Mutter und Vater die Huren als die eigentlichen »Prophetinnen« der Menschen verehren.[332] Das ständige Unterwegs-Sein der Familie ist keinesfalls immer nur positiv konnotiert. Die Großmutter, »die eine leitende Funktion in der Familie hat«[333], meint, dass das Böse in die Welt nur daher komme, dass der Mensch »in einem Zimmer nicht auf seinen Knien ruhig sitzen kann«.[334] Sich andeutende Oppositionen, wie die Trennung von Mann und Frau, die die Entstehung erogener Zonen verhindern soll, von schweren und leichten Körpern, in diesen gefangen oder durch sie befreit, von Bewegung, Begegnung und Stillstand, werden im öffentlichen Raum in konkrete Verhältnisse und Zusammenhänge gebracht, die ihre vermeintlich stabilen Positionen unterlaufen und die Ordnung der öffentlichen Repräsentation auf den Kopf stellen.[335]

Emine Sevgi Özdamars Roman ist hinsichtlich der sozialen Ordnung von Widersprüchen, mitunter Spaltungen und einer Unsicherheit der Akteure geprägt, die sich bisweilen über das interkulturelle Verhältnis zwischen deutsch und türkisch hinaus erstreckt. Sie wirkt sich auch auf den Bezug zu Amerika aus, mit dem wir unsere Kulturgeschichte begonnen hatten – als es noch hieß: »Wir wollten alle Amerikaner werden«. Die soziale Ordnung hat sich geändert, an die Stelle der Fabrikbesitzer sind Politiker getreten. Wenn auf der mikropolitischen Ebene viele Akteurinnen und Akteure die Verhaltensweisen von amerikanischen Schauspielern wie »Humprey Pockart«, »Pürt Lancester« und »Ava Kartener« in ihren Alltag übersetzen und sie gerne nachahmen, immer wieder ins Kino gehen, um amerikanische Filme zu sehen, die Kinder am liebsten die Comics von »Tom Mix« und »Jane Kalemiti« lesen, wird auf der makropolitischen Ebene das ökonomische Abhängigkeitsverhältnis zu Amerika von denselben Akteuren scharf kritisiert.[336] Die demokratische Partei des türkischen Ministerpräsidenten der 1950er Jahre, Adnan Menderes, habe »das Land, ohne unsere Mütter zu fragen, Amerika in einer Nacht als Nutte serviert, auf dem Tablett«.[337] Oder man

---

332 ÖZDAMAR (1992): S. 375. Als Şenay und Zeki am Ende von AUSLANDSTOURNEE ihre Mütter nicht finden bzw. nicht gewollt werden, verlassen sie am nächsten Morgen ihr Hotel in Istanbul und steigen in ein Taxi. Zeki sagt Şenay auf Türkisch, dass sie nun gemeinsam zu den türkischen Huren Zübeyde und Naciye in Deutschland zurückkehren, bei denen Zeki Şenay abgeholt hatte, als sie sich auf die Suche nach ihrer Mutter machten. Siehe hierzu: POLAT (1999).
333 KURUYAZICI (1997): S. 181.
334 ÖZDAMAR (1992): S. 54.
335 Siehe hierzu auch: BAY (1999): S. 33.
336 Siehe hierzu: ebd., S. 28, S. 181 und 187f.
337 Siehe hierzu: NEUMANN/KREISER (2009): S. 426f.

4.3 Vom Hören und Lachen in der multikulturellen Gesellschaft — 387

hört auf den Straßen rufen: »Kinder, eure Ärsche bereithalten, es wird alles von Amerika gefickt«.[338]

Wie gelingt es Özdamar, die dargestellten nationalen, sozialen und kulturellen Widersprüche zu greifen und sie in einen Zusammenhang zu bringen? Kann ihr Roman politisch sein, wo doch der Politik als System misstraut und sie ausgeschlossen wird? Schafft ihre Form der Erzählung einen Ort, mit dem vielfältige Lebensentwürfe koordiniert und ihre Diskurse und Handlungen mit einem Rahmen versehen werden können? Vollzieht ihre Erzählung einen Prozess, »durch den eine menschliche Gruppierung, die als solche eine bloße ›Bevölkerung‹ darstellt, allmählich das Aussehen einer wirklichen Gemeinschaft annimmt«.[339] Özdamars Vorgehen besteht aus vier Elementen. An erster Stelle steht ihr surrealistisch geprägter Stil, der jegliche vorhergehende Vorstellung einer geordneten Realität des Lesers unterminiert:[340] So beginnt nicht nur die Erzählerin bereits im Mutterbauch zu beobachten und zu sprechen, sondern auch Züge und Schiffe scheinen Bewusstsein zu haben, denn sie »schreien« aus Ungeduld und lassen Dampf ab.[341] Eine Abendstimmung wird folgendermaßen in Worte gefasst: »die Welt starb, aus der nur eine kurz weinende Babystimme und der Abendezan aus den Minaretten wie die letzten Wörter der Sterbenden in unsere Zimmer kamen und wieder weggingen. Die Welt schrumpfte zu einer Walnussschale, das war unser Zimmer.«[342] Hier verbinden sich Ästhetik und ein Sein-in-der-Gemeinschaft.[343]

Eng mit dem surrealistischen Zugang und der Erfindung ihrer Geschichten verbunden ist die Vorstellung, dass eine multikulturelle Gesellschaft besser funktioniert, wenn man sich nicht richtig, sondern am besten sogar falsch versteht und Geräusche macht. Nach dem Besuch eines öffentlichen türkischen Schattenspiels erklärt die Mutter der Erzählerin:

---

338 ÖZDAMAR (1992): S. 171.
339 ROSANVALLON, Pierre (2011/2012): »Für eine Begriffs- und Problemgeschichte des Politischen. Antrittsvorlesung am Collège der France«. In: *Mittelweg 36*, S. 43–65, hier S. 46.
340 Den französischen Surrealismus lernte Özdamar über türkische Studenten kennen. Sein Einfluss zeigt sich in ihrem zweiten Roman *Die Brücke vom Goldenen Horn*. Siehe hierzu: ÖZDAMAR (1998): S. 200.
341 ÖZDAMAR (1992): S. 15.
342 Ebd., S. 125.
343 Siehe hierzu: NANCY, Jean-Luc (1988): *Die undarstellbare Gemeinschaft*, Stuttgart: Edition Patricia Schwarz. Ein Gefühl von einem Sein-in-der-Gemeinschaft vermitteln auch die Kneipenabende in Aras Örens *Berlin Savignyplatz* in der »Paris-Bar«, »Zur dicken Wirtin« und am Ende des Romans im »Zwiebelfisch«. Dieses Sein-in-der-Gemeinschaft findet jedoch nicht öffentlich als Teil der deutschen Wiedervereinigung statt. Siehe hierzu: ÖREN (1995).

> Diese Männer im Schattenspiel heißen auch Karagöz und Hacivat. Karagöz ist ein Zigeuner oder Bauer, Hacivat ist ein Stadtmann, Lehrer vielleicht, und sie sprechen und verstehen sich immer falsch. Dann lachen die Menschen. Im Schattenspiel gibt es Juden, Griechen, Armenier, Halbstarke, Nutten, jeder spricht einen anderen Dialekt, jeder ist ein anderes Musikinstrument, redet nach seiner eigenen Zunge und versteht die anderen nicht, jeder macht an sich tın, tın, tın. Das ist unser Land [...][344]

Soziale Interaktionen aus der türkischen Volksliteratur, zu der das Schattenspiel gehört, finden sich an vielen Stellen des Romans als Gegenentwurf zu einer orthodoxen gesetzestreuen Lebensweise. Wie wir später noch sehen werden, nehmen das türkische Schattenspieltheater und andere osmanisch-türkische Theaterfiguren, wie beispielsweise die Zenne[345] in Zafer Şenocaks letztem Band seiner Tetralogie oder der Schattenspieler Mahmut in Ayse Polats Film AUSLANDSTOURNEE wichtige Rollen und Funktionen ein.[346] In Özdamars Roman stehen sie als dritte Form neben den laizistisch-bürokratischen Figuren, deren Frauen kein Kopftuch tragen, und den bekennenden Religiösen, die an ihrer schweren Kleidung zu erkennen sind. Auch das Leitmotiv des Romans, dass das Leben zwei Türen hat, man durch eine hineinkam und aus der anderen wieder heraustritt, entstammt der Feder eines türkischen Volksdichters. Mit derlei Anleihen will Özdamar mehr veranschaulichen als nur einen innertürkischen Konflikt. 1996 erläutert die Autorin, dass sie mit ihrem ersten Roman vor allem gegen die damals geläufige Ethnisierung der Herkunft Ende der 1980er und Anfang der 1990er in der Bundesrepublik habe anschreiben wollen. Das im Diskurs des Multikulturalismus gesellschaftlich und wissenschaftlich aufkommende Thema der Ethnie sei in dieser Zeit für sie

---

[344] Ebd., S. 157.
[345] Die Zenne ist im türkischen Volkstheater (*Orta Oyunu*) die weibliche Hauptfigur, die von einem Mann gespielt wird.
[346] Siehe hierzu: ŞENOCAK (1999). Äußerst bemerkenswert ist, dass in den Filmen AUSLANDSTOURNEE und APRILKINDER die bekannten und sehr beliebten türkischen Sänger Zeki Müren und Bülent Ersoy gewissermaßen identitätskonstitutive Rollen spielen. Müren trat oft mit Glitzeranzügen, besonderen Bühnenkostümen, Plateaustiefeln, Minikleidern und Netzstrümpfen auf, wurde jedoch von seinen türkischen Anhängern, die sozialstrukturell aus allen Schichten kamen, mit dem maskulin konnotierten Titel »Pascha« bedacht. Dieses besondere Phänomen spiegelt sich auch in Yavuz' Film APRILKINDER wieder. Dort kleidet sich der türkisch-kurdische Sänger und Bordellbesitzer Palla wie Zeki Müren und versucht auch, wie dieser aufzutreten. In seinem Zimmer hängt auch ein großes Plakat von ihm. Pallas kriminelle Machenschaften widersprechen jedoch vollkommen der medialen Darstellung von Mürens Figur, der stets höflich und dezent gezeigt wurde. In Polats Auslandstournee tragt der Protagonist sogar den Namen Zeki und ist ein homosexueller Varietesänger. Siehe hierzu: POLAT, Ayşe (1999): Auslandstournee. Siehe zu Müren: ASAN, Emine (2003): *Rakipsiz Sanatkar Zeki Müren*, Boyut Yayın Grubu.

ein ausgesprochen »deformierender Moment« gewesen.[347] Als sie in den 1960er Jahren nach Deutschland gekommen sei, habe die ethnische Zugehörigkeit überhaupt keine Rolle gespielt. Diesen Punkt habe sie in ihrem Roman verdeutlichen wollen, und das haben uns bereits die in dieser Kulturgeschichte analysierten Texte und Filme der 1960er und 1970er Jahre gezeigt; allerdings mit einer ganz anderen Diktion, nämlich einer Mischung aus Dokumentation und Fiktion, deren Ziel es war, Realität abzubilden und damit die herrschenden gesellschaftlichen Mechanismen aufzuzeigen. Doch nicht nur der surrealistisch-poetische Stil Özdamars steht mit seiner inhaltlich volksliterarischen Grundierung im Kontrast zu den Reflexionen und Produktionen der 1960er und 1970er Jahre, sondern auch die Verwendung ironischer und komischer Stilmittel in *Das Leben ist eine Karawanserei*.

Neben ihrem surrealistischen Stil und dem gewollten Nicht-Verstehen ist Özdamars Einsatz von Ironie und Komik als das dritte Kennzeichen ihres Romans anzusehen: als Bearbeitungsmodus sozialer und kultureller Differenz im Kleinen (die Begegnung mit der Mutter auf der Türschwelle), und in großen sozialen Zusammenhängen.[348] Man denke nur an die Erfindungen im Zusammenhang mit Robinson Crusoe. Einmal schwört der Vater auf den Koran, dieser solle ihm den Mund schief machen, wenn er seine Frau betrügt. Am Abend hat er einen schiefen Mund, den seine Mutter mit aller Kraft wieder gerade zu biegen versucht.[349]

Für den tschechischen Philosoph Vilém Flusser ist die Entscheidung für Ironie eine Bewegung der Emigration, der Auswanderung, wie er in seiner Essaysammlung *Von der Freiheit des Migranten* Anfang der 1990er Jahre festhält. Mit dieser »Auswanderungsbewegung« geht eine Empörung über die gegebenen Bedingungen und Umständen einher. »Wenn sich der Mensch in die Ironie stellt, kann er seine Bedingung überblicken.«[350] Wichtig für die Freiheit des Migranten ist nach Flusser jedoch die Bewegung aus der Ironie, aus der geschaffenen Distanz wieder hinaus, die er als eine Bewegung der Immigration, der Einwanderung begreift. Diese zweite Bewegung sei engagiert, weil der Mensch »in seine Bedingung zurückkehrt, um sie zu ändern«.[351] Diese zweite Bewegung der Migration – die

---

347 Zitiert nach: ZIERAU, Cornelia (2009): *Wenn Wörter auf Wanderschaft gehen ... Aspekte kultureller, nationaler und geschlechtsspezifischer Differenzen in deutschsprachiger Migrationsliteratur*, Tübingen: Stauffenburg, S. 186.
348 Siehe hierzu: MECKLENBURG (2008); SEYHAN, Azade (1996): »Lost in Translation. Re-Membering the Mother Tongue in Emine Sevgi Özdamar's ›Das Leben ist eine Karawanserei‹. In: *The German Quarterly* Vol. 69, No. 4, Special Issue on Culture Studies, S. 414–426, hier S. 424.
349 ÖZDAMAR (1992): S. 30.
350 FLUSSER (2007): S. 31.
351 Ebd., S. 32.

Einwanderung – zeigt sich bei Özdamar besonders im vierten Kennzeichen ihres Romans, das über den gelingenden Multikulturalismus des Nicht-Verstehen-müssens noch hinausgeht. Die Bedingungen, über die Özdamar sich mit ironischen Mitteln empört, sind nicht der Multikulturalismus des Nicht-Verstehens, sondern seine Zerschlagung, für die im Roman der Militärputsch vom 27. Mai 1960 in der Türkei steht. Völlig unerwartet wird der Leser mit einer politischen Gewalterfahrung konfrontiert, die das ästhetisch-politische Credo herausfordert, das sie in der früheren Erzählung *Mutterzunge* entfaltet hatte.[352]

Der erste von vier Militärputschen erfolgt in der jungen Geschichte der türkischen Republik am 27. Mai 1960, als die Streitkräfte die Verwaltung des Landes übernehmen.[353] 15 Todesurteile werden ausgesprochen, eines davon über den damaligen Ministerpräsidenten Adnan Menderes, der am 17. September 1961 erhängt wird. Folgt man der Interpretation des Romans, dann steht dieser Putsch in enger Korrelation zum widersprüchlichen Verhältnis zwischen gewollter Nachahmung und Ablehnung der Vereinigten Staaten von Amerika. Eine besondere Stellung nimmt der Militärputsch in Özdamars Roman deshalb ein, weil alle genannten erzählerischen und sozialen Elemente nach dem Putsch verschwunden sind: Allen geht es »schlecht, ihre Gesichter lachen nicht«.[354] Und wenn dieser Roman bis zu diesem Punkt vom surreal komisch-ironischen Einsatz von Aberglaube, Volksreligiosität und Gebeten geprägt war, so verlassen nun die Geister die Menschen und auch ihre Häuser.[355] Selbst die Tiere und die Dinge ziehen sich zurück, sprechen nicht mehr, und die Zeit steht still:

> Keine Spinnen gingen an den Wänden zu ihren Häusern, keine Fliegen flogen über das Gesicht dieses Abends, das Holz knarrte nicht, sprach nicht mit dem anderen Holz. Der Tag ist ein Dienstag, der Abend ist ein Juliabend, es wird ein paar Jahre Dienstagabend bleiben. Hier. Die Armut hat diesen Juliabend gut erzogen. Er hat keine Zunge im Mund.[356]

Das Erzählen stockt, die sozialen Bindungen verlieren ihre Kraft, weil der öffentliche Raum für die Bürger nun verschlossen ist. Das Militär beginnt das öffentliche Leben zu bestimmen und nicht mehr das Mädchen, die verschleierten und »verrückten« Frauen.[357] Der Militärputsch schlägt einen Bogen zurück zum ersten

---

352 ÖZDAMAR, Emine Sevgi (1990): *Mutterzunge*, Berlin: Rotbuch, S. 9.
353 Siehe hierzu: KREISER/NEUMANN (2009): S. 428f. Siehe auch: AHMAD, Feroz (1977): *The Turkish Experiment in Democracy 1950–1975*, London: C. Hurst & Company, S. 147–176.
354 ÖZDAMAR (1992): S. 285.
355 Ebd., S. 288.
356 ÖZDAMAR (1992): S. 289.
357 Für eine feministische Interpretation des *Karawanserei*-Romans siehe: GHAUSSY, Sohelia (1999): »Das Vaterland verlassen: Nomadic Language and ›Feminine Writing‹ in Emine Sevgi

Satz des Romans zurück, wo Soldaten das erste waren, das die Ich-Erzählerin aus dem Bauch ihrer Mutter heraus sah. Doch ist diesem spannungsgeladenen ver- und entfremdenden Anfang im Roman auch ein Ausweg eingeschrieben, den die Mutter der Protagonistin im Roman später weist – in Form von Sätzen, die die Familie nach der Geburt des Kindes hätten sprechen und ins Ohr des Säuglings hätten flüstern können. Stattdessen legten sie ihn in ein frischausgehobenes Grab, weil er ohne Unterlass schrie. Spät geben Mutter und Großmutter der Protagonistin Sätze mit auf den Weg, deren Gültigkeit sie bis dahin selbst schon auf der Straße erfahren hat.

> ›Siehst du, meine Tochter, siehst du, das ist die Welt. Denke dir, dass die Welt ein offener Platz ist, alle Menschen stehen dort und waschen sich und sprechen miteinander.‹ Dann sagte sie wie meine Großmutter: ›Das Fleisch von Menschen kann man nicht essen, die Haut von Menschen kann man nicht anziehen. Hat ein Mensch mehr als seine süße Zunge?‹ Dann sagte sie: ›Aber der Himmel hat kein Gewölbe, deswegen vergessen die Menschen, daß sie nackt von ihren Müttern geboren sind.‹[358]

Die Welt steht nach oben offen und kann erst dadurch für die Protagonistin zu einer Art Wohnung werden. Dies zeigt sich für die Ich-Erzählerin in dem Moment, als sie in der Republikshauptstadt Ankara auf einem öffentlichen Platz die Straßen Bursas, der ersten osmanischen Hauptstadt, wiederentdeckt.[359] Ihre Beschreibung ähnelt den Worten der Mutter und Großmutter sehr und deren

---

Özdamar's *Das Leben ist eine Karawanserei«*. In: *The German Quarterly* 72.1, S. 1–16.
358 Ebd., S. 263f. Der Verweis auf den Himmel ist in den Erzählungen der 1990er Jahre äußerst prominent. In Doris Dörries Film KEINER LIEBT MICH kommunizieren gleich mehrere Akteure auf dem Dach eines Hochhauses über Tanz und Beschwörungsformeln mit dem Himmel. Auch Andreas Dresens NACHTGESTALTEN endet mit einem Blick zum blauen Himmel, wobei der Film zuvor ausschließlich nachts in Berlin spielt. In Tevfik Başers einzigem Film aus den 1990er Jahren ist die Kamera ebenfalls häufig auf den Himmel ausgerichtet. Hussi Kutlucans Film ICH CHEF, DU TURNSCHUH endet, obwohl der armenische Flüchtling Dudi am Ende abgeschoben wird, mit einer Himmelsaufnahme. Siehe hierzu: BAŞER (1991); DÖRRIE (1994); DRESEN (1998); KUTLUCAN, Hussi (1998): *Ich Chef, Du Turnschuh*, Berlin: Margarita Waskanian Filmproduktion. Und last but not least trägt die Literatur-Anthologie von Deniz Göktürk und Zafer Şenocak von 1991, in der dem deutschsprachigen Leser mit Übersetzungen türkischer Erzählungen die vielfältige Kultur der Türkei zugänglich gemacht werden soll, den Titel *Jedem Wort gehört ein Himmel*. Siehe hierzu: GÖKTÜRK, Deniz/ŞENOCAK, Zafer (1991): *Jedem Wort gehört ein Himmel*, Berlin: Babel.
359 Es ist bezeichnend, dass viele Akteurinnen und Akteure in Film und Literatur der 1990er Jahre zu den Folgen der Migration, die größte Ruhe ausströmen, wenn sie sich wechselseitig als nackt wahrnehmen und es mitunter auch sind. Siehe hierzu die deutsch-türkischen Filme APRILKINDER, GEGEN DIE WAND und den französisch-maghrebinischen Film DIE EHRE MEINER FAMILIE.

Interpretation des türkischen Schattenspiels. Wenn die Welt wieder offensteht, bringt sie alle zum Sprechen, die der Putsch verstummen ließ.

> Es waren die ersten Menschen, die ich nach Bursas Menschen sah. Ich wußte, daß wir in der Republikshauptstadt Ankara sind, aber dieser Luna-Park war für mich Bursa. Diese mit dem Riesenrad hopphochgehenden Herzen, hoppruntergehenden Herzen, diese wie aus einer schönen Nacht heruntergekommenen Sterne, die aufgeregt dort laufenden Menschen, diese alten Frauen mit ihren Strickjacken über ihren Schultern, diese Kinder, die im Chor Kürbiskerne aßen, cit cit cit cit, dieser Teegeruch aus den Samowaren der Cafés, diese kleinen Jungen, die auf ihre älteren Schwestern aufpaßten, die singenden Stimmen aus den Casinos, die aus ihren Körpern mit so tiefer Schwermut die Sehnsucht rausholten, das war für mich Bursa.[360]

Interessant an der Beschreibung dieser öffentlichen Szenerie ist, dass auch hier die Verhältnisse zwischen Innen und Außen, zwischen Körper und Platz – wie so oft in diesem Roman – durchlässig sind. Diese Menschen scheinen weniger aus ihrer Kultur als vielmehr aus ihren Herzen und Häuten Energie zu beziehen, denn »der Himmel hat kein Gewölbe«; für Zafer Şenocak findet in den 1990er Jahren die Auseinandersetzung nicht zwischen differenten Kulturen, sondern zwischen Herz und Haut statt – vor allem, weil die Kategorie »Gesellschaft« paradox geworden ist.[361] Soziale Interaktionen – dafür steht der offene Himmel – geschehen nicht unter einer schützenden Haube, sondern nur an einem Ort, der aufgrund des fehlenden Rahmens unspezifisch wird. Die Anrufung und Beschreibung des Menschseins mit Sprache, Herz und Haut sind hier die bindenden Aspekte.

Die Verbindung von Endlichkeit und Gemeinschaft, wie sie in den letzten beiden Zeilen und dem Schattenspiel-Zitat aufscheint, setzt kein vorgängiges, gemeinsames ›Wesen‹ der Akteurinnen und Akteure voraus. Vielmehr steht die Mit-Teilbarkeit auf artikulatorischer (Sprechen, Singen) und körperlicher (Herzen, Essen, Aufregung) Ebene im Vordergrund. Der Gebrauch der Ironie erfüllt dabei im Sinne von Paul de Man eine performative Funktion: »Ironie wird dadurch zu einer ästhetischen Trope *par excellence*: Sie gibt der ästhetischen Erfahrung eine ›Wendung‹ ins Unbestimmte, ja, Unbestimmbare, widersetzt sich jedem abschließenden Verständnis«.[362] Auf eine vergleichbar performative Verhandlung der Migration und ihrer Folgen macht Yüksel Pazarkaya hinsichtlich seiner Literatur der 1990er Jahre aufmerksam. Auch für ihn teilt sich darin die Sprache selbst mit.[363]

---

360 ÖZDAMAR (1992): S. 292.
361 NASSEHI (1997): S. 135.
362 WIRTH, Uwe (2017): »Ironie«. In: ders.: *Komik. Ein interdisziplinäres Handbuch*, Stuttgart: Metzler, S. 16–20, hier S. 17.
363 PAZARKAYA (2000): S. 22.

Während seine Literatur der 1980er Jahre noch von Diskriminierungen durch die anderen bestimmt war – Ende der 1970er Jahre konstatiert er noch, dass die Fremde dort sei, wo man gekränkt wird –, steht nun weniger »der Sachverhalt an sich, als vielmehr der Prozess des Schreibens« im Zentrum.[364] Für gewöhnlich versteht man Integration als die Wiederherstellung einer verloren geglaubten Einheit. Hier wird sie vielmehr im und durch den Akt des Schreibens generiert, durch das sichtbar und hörbar machen einer gemeinsamen Gegenwart. Dies geschieht in Situationen und Szenen, die ganz klein in eine »Walnussschale« passen oder sich auf Straßen oder Luna-Parks entfalten. »Ich liebte [...] diese Frauen, die ich am Fenster sah, die mich immer fragten, wie es meiner Mutter ging.«[365] Gerade diese Topografie und Struktur der Präsenz in Özdamars Roman, von der Walnussschale über den Tür- und Fensterbereich bis zum offenen Platz in der Welt, führt voneinander getrennte Menschen wieder zusammen, weil alle »ursprünglich« aus einem geteilten Körper gekommen sind. Beispielsweise teilen sich von Anfang an Mutter und Tochter einen Körper. Das Volk ist in kultureller und sozialstruktureller Hinsicht ebenfalls geteilt; auch die Türkei. Umso wichtiger werden dadurch der öffentliche Raum und das Erzählen, weil sie Verbindungen und Bindungen ermöglichen. Der Motor der Erzählung ist die Vorstellung einer Verbundenheit, einer gemeinsamen Gegenwart.

Die individuelle und soziale Spaltung hat nicht nur mit der Reihe von Widersprüchen und Unsicherheiten zwischen den Akteurinnen und Akteuren zu tun, die Özdamar aufzeigt. Sie rührt auch daher, dass die Autorin die Begriffe »Türkei« und »türkisch« im Gegensatz zu den 1980er Jahren überhaupt nicht verwendet. Es gibt zwar Emigranten aus Jugoslawien und Albanien, und Jugoslawien wird im letzten Satz des Romans als erste Etappe der Zugfahrt nach Deutschland genannt. Ferner wird die Ich-Erzählerin wegen ihres kurdischen Akzents in der Schule in Istanbul diskriminiert. Insgesamt lässt sich jedoch keine wirksame nationale oder ethnische Kategorie ausmachen, die das ganze heterogene soziale Panorama in Özdamars Roman rahmt. Diskriminierungen sind ohnehin nebensächlich; auf sie wird mit einer erzählerischen Haltung und mit einem Möglichkeits- und Fantasiesinn reagiert. Viele türkische und deutsch-türkische Figuren reagieren in den 1990er Jahren souverän auf Diskriminierungen und unterminieren damit das Verhältnis zwischen Täter und Opfer. Dabei sind die Akteurinnen und Akteure keineswegs psychisch oder physisch unversehrt. Die Ursachen und Herkünfte ihrer Verletzungen werden nur nicht mehr so genau wie in den 1980er Jahren beschrieben, sondern bleiben eher unbestimmt bzw. werden am Körper, durch

---

364 Ebd., S. 19.
365 ÖZDAMAR (1992): S. 168.

Narben oder hyperaktives Auftreten sichtbar.[366] So ist die nächstgrößere vereinheitlichende Referenz neben den häufig auftauchenden Topografien wie Gasse, Straße und Stadt nicht die Nation, die eine klare Grundlage und Erklärung für negative wie auch positive Diskriminierungen geben könnte, sondern die Welt. Hier sammelt sich alles und wendet sich zugleich ins Unbestimmte. Letztlich sind es Ironie, Körper und Plätze, die die Spaltungen und Trennungen in einen Dialog miteinander bringen.

Den universellen, transnationalen und globalen Zugang zur multikulturellen Demokratie und Gesellschaft, wie ich ihn Publizistik und Theorie aufgezeigt habe, finden wir auch in Özdamars Roman. Das heißt, nicht nur dort werden national-gesellschaftliche Geschichten in inhärente Migrationsgeschichten uminterpretiert, die von inneren Fremdheiten, Verfremdungen und von Transnationalismus geprägt sind. Auch Özdamar vollzieht diese Bewegung und erzählt sie surreal gebrochen mit Steinen, Eimer und Öl für die Türkei, die Türken und die Gastarbeiter.[367] Dasselbe gilt für eine gelingende und funktionierende multikulturelle Gesellschaft, die anhand der Resilienz, der Durchsetzungsfähigkeit von Akteuren oder am Überlebens- und Gestaltungspotential von Kulturen aktuell oder in der Vergangenheit gemessen wird: Am Anfang als Säugling, später wenn sie erkrankt, die Gefahren des Militärputsches und schließlich, als sie sogar versucht, an sich selbst Hand anzulegen, weil der Vater ihr den Kinobesuch verweigert. Doch sie überlebt, ist beharrlich und zäh.[368] Diese beiden poetischen Verfahren, die Verfremdung des Eigenen und die unterschiedlichen Formen des »Überlebens«, minimieren die Prägekraft einer sich kausal entwickelnden Geschichte. An die Oberfläche dringt die Situation als konkrete Begegnung im öffentlichen Raum. Die Aufhebung der Geschichte macht diese Situationen unberührt und unbelastet. Mit Şenocak gesprochen, wird es bei der Integration

---

366 Siehe hierzu: BAŞER (1991); DÖRRIE (1992); AKIN (1998); KUTLUCAN (1998); DRESEN (1998); POLAT (1999); AKIN (2003).
367 Für Homi Bhabha und Charles Taylor sind individuelles und kulturelles »Überleben« zentrale Themen des Multikulturalismus. Einen »Öleimerkrieg« gab es während der Entstehung von Özdamars Roman 1991: den Krieg zwischen den Vereinigten Staaten von Amerika und dem Irak, der als Zweiter Golfkrieg in die Geschichte einging. Sadam Hussein marschierte in Kuwait ein, woraufhin die Vereinigten Staaten als Verbündete Kuwaits militärisch eingriffen. Hans Magnus Enzensberger verglich damals Sadam Hussein mit Adolf Hitler, worauf mitunter Zafer Şenocak kritisch-polemisch mit seinem Essayband *War Hitler Araber?* reagierte. Siehe hierzu: ENZENSBERGER, Hans Magnus (1991): »Hitlers Wiedergänger«. In: DER SPIEGEL, 04.02.1991, 6/1991, S. 26–28. ŞENOCAK, Zafer (1994): *War Hitler Araber*, München: Babel.
368 Siehe zum Motiv der Beharrlichkeit in Özdamars Roman: JOHNSON (2001): S. 43f.

nicht darauf ankommen, ob die Türken und Deutschen sich werden verstehen, sondern, ob sie sich werden berühren können.[369]

Von der Idee eines gemeinschaftlichen Neuanfangs ist Özdamars zweiter Roman *Die Brücke vom Goldenen Horn* von 1998 geprägt. Darin erzählt sie die Geschichte der Ich-Erzählerin aus der *Karawanserei* weiter, wie sie nun in Deutschland arbeitet, dort andere Gastarbeiterinnen, Gastarbeiter, aber auch Studentinnen und Studenten kennenlernt. Nach zwei Jahren kehrt sie für vier Jahre in die Türkei zurück, weil angeblich ihre Mutter erkrankt ist. Dort stellt sie fest, dass sie nicht mehr zu ihrer Familie, zu Istanbul und zur Türkei gehört, sondern nach Berlin. Zwei Jahre in Deutschland haben ihr für diese Erkenntnis und die neue Zugehörigkeit ausgereicht.[370] Im weiteren Verlauf des Romans erklärt sie die linke und intellektuelle Community in der Türkei und in der Bundesrepublik zu ihrer Gemeinschaft; Gemeinschaften, die sich ähnlich sind. Mit der Aufhebung spezifischer Geschichten und spezifischer kultureller Prägungen geht auch die Bedeutung der Eltern verloren, was bereits im *Karawanserei*-Roman so angelegt war.[371]

---

369 Siehe hierzu: ŞENOCAK, Zafer (1993): *Atlas des tropischen Deutschland*, Berlin: Babel, S. 14. Die Protagonisten Thomas und Dilber geben sich in der letzten Einstellung von Çetins Film BERLIN IN BERLIN gegenseitig auf der Straße die Hände. Sie berühren sich hier das erste Mal körperlich, obwohl sie vorher über Wochen gemeinsam in einer Wohnung lebten. Der Film beginnt damit, dass Thomas Dilber auf einer Baustelle, auf der ihr Mann arbeitet, mehrmals heimlich fotografiert. Es sind allesamt Portraitaufnahmen. In der letzten Einstellung des Films sehen wir beide hingegen von hinten, nicht ihre Gesichter. Auch hier geht es nicht mehr darum, nach draußen zu gelangen, sondern darum, dass Körper zu sich und zueinander finden. Siehe hierzu: ÇETIN (1993). Eine vergleichbare ›Berührungskultur‹ scheint auch Andreas Dresen in seinem Film NACHTGESTALTEN zu pflegen. Denn Peschke, ein älterer Herr, nimmt wider Willen ein afrikanisches Flüchtlingskind auf. Lange bleibt das Verhältnis zwischen beiden distanziert, mitunter weil Peschke sehr viele Vorurteile gegenüber Flüchtlingen und Ausländern hat. Doch widersprechen seine immer fürsorglicheren Handlungen seinen Sprechweisen, so dass am Ende, als er den für das afrikanische Kind verantwortlichen Verwandten in Berlin findet, der Junge Peschke umarmt. Siehe hierzu: DRESEN (1999).
370 In Metin Gürs, Dursun Akçams, Jeanine Meerapfels und Paul Geiersbachs Dokumentationen leben die Türken bereits seit zwischen 10 und 15 Jahren in Deutschland, doch hält keiner und keine unter ihnen eine ansatzweise vergleichbare Nähe zu den Deutschen fest wie in Özdamars Literatur.
371 In fast jedem literarischen Text und in jedem Film der 1990er Jahre sind es immer nichtfamiliäre Angehörige, die den Protagonisten helfen, und obwohl sie keine Familienangehörigen sind, werden sie in den Filmen von Polat, Akın und auch Yavuz mit verwandtschaftlichen Bezeichnungen wie »Bruder« und »Onkel« angesprochen. Der bekannteste ist sicher der falsche Onkel Şeref in Akıns GEGEN DIE WAND, der mit Cahit um die Hand Sibels anhält. Später ist er auch derjenige, der es Cahit finanziell ermöglicht, nach seiner Haftstrafe, nach Istanbul zu Sibel zu fliegen. Interessant an dieser Gesamtkonstellation ist, dass es nicht die eigentlichen Familienangehörigen sind, die für Gemeinschaft und Verantwortung stehen, sondern Fremde. Siehe hierzu:

Für diese neu zu rahmende Begegnung zwischen Deutschen und Türken ist ein weiterer Aspekt entscheidend. Denn im Unterschied zu vielen Interpreten der Literatur von Özdamar, aber auch von Werken anderer Deutsch-Türken in den 1990er Jahren, sehe ich darin nicht nur das Potential für neue transnationale und transkulturelle Gemeinschaften[372] oder Bereicherungen der Nationalliteratur.[373] Özdamars Werke und die der folgenden Autoren und Filmemacher sind von sozialen und kulturellen Konflikten durchsetzt, die sie zu lösen versuchen, was in der Regel durch »verfremdende Übertreibungen« und mit einem »Witz der Differenz« auch gelingt.[374]

Während in den 1960er und 1970er Jahren der Konsumkapitalismus ein System ist, das Integration nicht möglich macht und in den 1980er Jahren an dessen Stelle die Herkunfts- oder Ankunftskultur rückt, ist in den 1990er Jahren das Individuum mit der Austragung sozialer und kultureller Konflikte auf sich allein gestellt. Als der Vater der Ich-Erzählerin im *Karawanserei*-Roman den Kinobesuch verbietet, gibt sie weder ihm noch der puristischen Vorstellung einer islamischen Geschlechterordnung im öffentlichen Raum die Schuld dafür. In den 1980er Jahren wäre das eine klare Sache gewesen: Der Vater ist das Medium und Schuld ist die Kultur dahinter. Bei Özdamar scheint sich die Protagonistin selbst schuldig zu fühlen: Zumindest reagiert sie darauf völlig überzogen mit einem Selbstmordversuch. Diese Nichtadressierbarkeit der Verantwortung an sozialen und kulturellen Konflikten wird uns in diesem Kapitel immer wieder beschäftigen. Beispielsweise hält auch der deutsch-türkisch-jüdische Protagonist in Zafer Şenocaks Tetralogie fest, dass er für seine Existenz zwischen den Kulturen keinem anderen die Schuld zuschieben könne als sich selbst.[375] Der Protagonist wird sich zwar durchweg fremd in Deutschland fühlen, besonders nach der deutschen Wiedervereinigung, wie Şenocak in die *Gefährliche Verwandtschaft* zeigt.[376] Er kann

---

AKIN (2003). Der homosexuelle Zeki nimmt in Polats Film AUSLANDSTOURNEE eine vergleichbare fürsorgliche Funktion als falscher Onkel ein. Siehe hierzu: POLAT (1999).

372 Siehe hierzu: SEYHAN, Azade (2001): *Writing outside the Nation*, New Jersey: Princeton University Press, S. 14. KAISER, Birgit Mara (2014): »A new German, singularly Turkish. Reading Emine Sevgi Özdamar with Derrida's *Monolingualism of the Other*«. In: *Textual Practice*, Vol. 28, No. 6, S. 969–987, S. 973; ZIERAU (2009): S. 184.

373 Siehe hierzu: HOFMANN, Michael (2006): *Interkulturelle Literaturwissenschaft*, München: Fink, S. 213. ADELSON, Leslie (2005): *The Turkish Turn in Contemporary German Literature*, New York: Palgrave Macmillan, S. 24.

374 Siehe hierzu: BOOG (2017).

375 ŞENOCAK, Zafer (1997): *Die Prärie*, Hamburg: Rotbuch, S. 5.

376 Diese identitätspolitische Konstellation entwirft auch der Roman *Berlin Savingyplatz* von Aras Ören. Obwohl der Platz konkret bezeichnet ist, gibt sich der Roman insgesamt labyrinthartig. Zwar ist der Erzähler in den Straßen Berlins unterwegs, wie so viele Akteure in den 1990er

sich jedoch für seinen heimatlosen Zustand bei niemandem beklagen und niemanden anklagen.

Die Schuld an Konflikten nicht mehr zuweisen zu können, ist ein äußerst häufig auftretendes und konstitutives Element der Akteurinnen und Akteure in Erzählungen und Filmen in dieser Dekade. Auch Fatih Akın konstatiert für seinen deutsch-türkischen Hauptakteur Gabriel in seinem ersten abendfüllenden Spielfilm KURZ UND SCHMERZLOS von 1998, dass er sich mit der Idee, der Held »fühlt sich immer schuldig«, sehr gut identifizieren könne.[377] Die Protagonisten sind Verursacher und Opfer der Konflikte, wie es auch der verbreitete Akt des selbstverschuldeten Todes oder des Selbstmords nahelegt.

Nicht zuletzt aufgrund dieser hier kurz angerissenen Schuldfrage gibt es trotz der Überschneidungen von theoretischen und künstlerischen Verfahren von Multikulturalismustheorien und deutsch-türkischer Ästhetik, zwei entscheidende Unterschiede. Sie betreffen zum einen offensichtlich die Verbindung von Kultur und Gesellschaft, zum anderen weniger offensichtlich die Frage nach der eigenen Ökonomie. Zunächst ist evident, dass in *Das Leben ist eine Karawanserei* das multikulturelle Setting der Türkei weitaus existenzieller und körperlicher beschrieben wird, als in den im Kern kulturell-ökonomisch (Cohn-Bendit), politisch-repräsentativ (Habermas) und schließlich kulturdialogisch (Taylor) ausgerichteten Theorien. Während der politische Ausgangspunkt in den Multikulturalismustheorien lautet, mögen sie sich an ein Kollektiv oder an ein Individuum richten, wie man es mit der Kultur als Gruppe oder als Subjekt hält, stellt sich die Ausgangsfrage in Özdamars Roman mit unserer Leitfrage für die 1990er, »wie lebt es sich in Deiner Haut?«, nach dem »bloßen« Leben. Während Cohn-Bendit mit den selbstständigen und zähen Akteuren Kultur und Ökonomie, während Habermas mit dem Individuum Kultur und Politik und während Taylor Kultur und Anerkennung verbindet, führen Özdamar und andere Autoren und Filmemacher deutsch-türkischer Herkunft in ihren Produktionen der 1990er Jahre kulturelle Eigenheiten mit der Existenz zusammen. Mit dieser Verbindung steht nicht die Frage nach der Organisation multikultureller Gesellschaften durch die Verwirklichung spezifischer

---

Jahren. Doch ist es weniger der Savignyplatz als vielmehr das Gemeinsam-Sein in den Kneipen und Restaurants mit Freunden, das dem romantischen Gefühl des Wohlseins nahekommt. Dieses Gefühl stellt sich aber an keiner Stelle im Roman ein. Entweder liegt es daran, dass die Liebesbeziehungen des Erzählers zu deutschen Frauen nicht gelingen, oder aber seine eigene literarische Figur, der Gastarbeiter Ali Itir, sucht ihn heim. Am Ende stirbt Ali in diesem Roman erneut. Von seinem Tod berichtet dieses Mal nur eine Zeitungsmeldung im Roman. Im Unterschied zur Ali Itir-Figur aus *Bitte nix Polizei* trägt hier niemand die Schuld für seinen Tod. Siehe hierzu: ÖREN (1995).

377 BEHRENS, Volker/TÖTEBERG, Michael (2011): *Fatih Akın. Im Clinch – Die Geschichte meiner Filme*, Reinbek bei Hamburg: Rowohlt, S. 65.

Rechte im Vordergrund. Wenn man Kultur mit Existenz verbindet, dann geht es in der Kulturanalyse nicht in erster Linie um die Gesellschaft, sondern um die politische Gemeinschaft.[378]

Genau an dieser Stelle zeigt sich auch, dass die Bearbeitung der Migration und ihrer Folgen im ästhetisch-politischen Zusammenhang jenseits der Frage der Integration im klassischen Sinn erfolgt. Die Protagonistinnen und Protagonisten sind Arbeitslose, Prostituierte, Kleinkriminelle oder Taxifahrer, wie wir noch oft in diesem Kapitel sehen werden. Mit einem möglichen beruflichen Aufstieg ist keine ihrer Arbeiten verbunden. Dennoch sind die Akteure alles andere als passiv oder depressiv, sondern bis zur körperlichen Erschöpfung im öffentlichen Raum äußerst aktiv. Dieses hohe Maß an Aktivität stellt die Frage nach einer neuen Begegnung und Gemeinschaft, die interessanterweise auch im Mittelpunkt einer politischen Philosophie steht, die Ende der 1980er und Anfang der 1990er Jahre zeitgleich mit dem Multikulturalismus eine Konjunktur erfährt. Im Kern dieser politischen Philosophie, die sich von der Politik als System und Verfahren grundlegend unterscheidet, steht die Frage nach neuen möglichen Gemeinschaften. Zu ihren wichtigsten Publikationen gehört zunächst die Arbeit *La communauté désœvrée* (1986, *Die undarstellbare Gemeinschaft*, dt. 1988) des französischen Philosophen Jean-Luc Nancy. Darin geht es darum, nach dem Ende des systemischen Kommunismus durch ein »Zusammen-Erscheinen« der Menschen ohne soziale Unterschiede wieder einen Ort für die Gemeinschaft zu finden.[379] Um diesen Ort durch ein »gemeinsames Erscheinen« zu schaffen, sei es notwendig, von der Existenz des »Kommunismus« zur Gemeinschaftlichkeit der »Existenz« zu finden. Eine Politik, die

> ihren Kosmopolitismus nicht im Weltmarkt der Welt-Bürger, sondern in der Gemeinsamkeit all der Fremden, der Flüchtlinge, Heimatlosen, Immigranten und Asylanten aufsucht; einer Politik schließlich, die in kein gemeinsames – deutsches, europäisches, westliches – Haus einziehen will, sondern sich als Instandsbesetzung einer bloßen Baustelle versteht.[380]

---

378 Auch wenn ein Großteil der deutschen Filme der 1990er Jahre, die unter der Bezeichnung des »Konsens-Kinos« in der Filmwissenschaft firmieren, keiner explizit politischen Rhetorik folgt, ist ihnen die soziale Form der Gemeinschaft ohne Gesellschaft sehr wichtig. Man erkennt sie etwa in ABGESCHMINKT (1990), GO TRABI GO (1991), DER BEWEGTE MANN (1994) über ZUGVÖGEL, EINMAL NACH INARI (1998) bis DER CAMPUS (1998). Siehe hierzu: DÖRRIE (1991, 1994); GARNIER (1991); SCHMID (1995); BECKER (1955–1997); DRESEN (1998).
379 Siehe hierzu: NANCY, Jean-Luc (1988): *Die undarstellbare Gemeinschaft*, Stuttgart: Edition Patricia Schwarz, S. 11.
380 VOGL, Joseph (1994): S. 25. Die Baustelle taucht in den literarischen und filmischen Erzählungen deutsch-türkischer wie auch deutscher Herkunft dieser Jahre häufig auf. Siehe hierzu: KLIER (1991); ÇETIN (1993); DÖRRIE (1994); BECKER (1995–1997); KUTLUCAN (1998).

Der Ausgangspunkt ist hier – nach einer sehr nationalistisch geprägten Dekade in den 1980ern und mit dem Zusammenbruch des Kommunismus – die Frage, wie »kann man die politische Dichotomie zwischen ursprünglicher Gemeinschaft und organisierter Gesellschaft unterlaufen?« Und weiter: Wie lässt sich nach dem faktischen Ende des Kommunismus politisch wieder soziale Wärme herstellen, die in Opposition zu »machtgestützten Rituale[n] politisch-sozialer Identitätsstiftungen« steht?[381] Nach Ansicht der Theoretiker Michel Foucault, Jean-Luc Nancy, Gilles Deleuze und Giorgio Agamben ist dies nicht von der Mitte oder aus einem bestimmten System, wie dem der Ökonomie oder einer repräsentativen Partei, möglich, sondern nur vom äußersten Rand der Gesellschaft. Dort, wo der Einsatz, den jeder erbringt, das Leben selbst ist.[382]

Ein politisches Leben lässt sich allerdings nie nur als »bloßes Leben« denken, das plötzlich von »Gewalt, Fremdheit, Krankheit und Unfall« bedroht werden kann. Denn auf dieser Grundlage und »in seinem Namen« regiert »der unsichtbare Souverän hinter [...] stumpfsinnigen Masken der Mächtigen«.[383] Tatsächlich brechen sämtliche Gefahren in Özdamars Roman und den anderen bislang genannten Werken sehr unvermittelt über die Körper der Protagonisten herein: Umzüge, sexuelle Nötigung im Bus, Krankheiten, Selbstmordversuch oder Militärputsch. Vor diesen Gefahren für das »bloße« Leben schützen weder Staat noch Gesellschaft einen, sondern das »gemeinsame Erscheinen« im öffentlichen Raum und die erfundenen Geschichten gegenüber der Mutter, Großmutter und dem Leser. Leb- und verhandelbar werden existenzielle Unsicherheiten durch Ästhetik, Ironie und Humor. Oder wie sie es in ihrem zweiten großen Roman *Die Brücke über dem goldenen Horn* programmatisch festhält, ist ihr zentrales Anliegen, ihr passives Leben durch ein poetisches zu aktivieren.[384] Auch in diesem Text Özdamars ist das »gemeinsame Erscheinen« zentral. Der Unterschied hier ist, dass Özdamar mit der Bundesrepublik und der Türkei ähnlich politisierte Länder und multikulturelle Gesellschaften in den 1960er Jahren wiederum aus einer exis-

---

381 Zu diesen Ritualen gehört auch das selbstbestimmte souveräne Individuum, wie es beispielsweise Charles Taylor oder Jürgen Habermas als Grundlage für ihre Multikulturalismustheorien beschreiben.
382 AGAMBEN, Giorgio (1994): »Lebens-Form«. In: *Gemeinschaften. Positionen zu einer Philosophie des Politischen*, hg. v. Joseph Vogl, Frankfurt a. M.: Suhrkamp, S. 251–258, hier S. 253.
383 Ebd.
384 Siehe hierzu: ÖZDAMAR (1998): S. 200. Das erzählerische Aktivieren des Politischen ist in *Die Brücken vom Goldenen Horn* deshalb auch notwendig, weil der Militärputsch von 1970 das städtisch-öffentliche Alltagsleben lahmgelegt hat. Am 12. März 1970 reißt das türkische Militär, dieses Mal durch ein Referendum, die Staatsmacht für zwei Jahre an sich. Linksgerichtete Studierende werden inhaftiert und verfolgt. Wie im *Karawanserei*-Roman setzen erneut die Grundlagen des Erzählens aus. Siehe hierzu: ebd., S. 309–329.

tenziellen Perspektive aufzeigt. Die erste Hälfte des Romans spielt in Berlin und kurze Zeit in Paris, die zweite in Istanbul und in der türkischen Provinz.

Trotz dieser topografischen Unterschiede ist in beiden Romanen die Frage der Integration keine nationale oder kulturelle, sondern eine Frage der öffentlichen Teilhabe. Denn auch hier gilt, dass es jenseits des Existierens nichts gibt. Eine Existenz, die sich durch das Zwischen im öffentlichen Raum konstituiert.[385] Nach den Reflexionen Linda Hutcheons zu Beginn der 1990er Jahre ist dieses »Zwischen« genau der Ort, wo »irony ›happens‹« und sie ist in ihrer Praxis »always different – other than and more than the said«.[386] Und um dieses Existieren zu betonen, gilt es im ersten Schritt Grenzen zu überschreiten und vor allem Regeln zu brechen. Im zweiten Schritt neue mögliche Bindungen aufzuzeigen. Die Mit-teilung, die auch Yüksel Pazarkaya für seine ästhetischen Reflexionen und Schreibpraxis in den Vordergrund rückt[387], ist hier eine »doppelte Bewegung von Assoziieren und Dissoziieren, die das ›Soziieren‹ begründet«.[388] Dadurch entsteht ein »inkonsistentes ›Wir‹«[389], das nicht von einer gemeinsamen Kultur, sondern von einem gemeinsamen Teilen bestimmt ist. Es geht dabei um eine Gemeinschaft, die ihre eigene Grundlage ausschließt.

Im Kern dieses nicht-systemischen politischen Verfahrens taucht nach Nancy eine doppelte Kernfrage auf: »Wie ausschließen, ohne Figuren zu bilden? Und wie Figuren bilden, ohne auszuschließen? Ausschließen, ohne Figuren zu bilden, heißt, das Fehlen eines Grundes oder einer Voraussetzung des Seins-in-der-Gemeinschaft anzuerkennen«.[390] Es fehlen gewollt Zeichen zur Bezeichnung eines kulturellen Kerns und es ist der körperlich-energetische Überschuss in beiden Romanen Özdamars, denen die Zeichen und mit ihnen die Definitionen nicht nachkommen. Und es ist gerade dieser Überschuss an Bewegung und Körperlichkeit, die das »Unerhörte [...] nicht nur wieder möglich, sondern in irgendeiner Weise Gewißheit« werden lässt.[391] Dass dieser Überschuss aber nicht ziellos agiert und um sich schlägt, liegt besonders auch am Willen und am »gewitzten« Erzählen,[392] die Mutter zum Lachen, die Großmutter und den deutschsprachigen Leser zum Staunen bringen zu wollen und dadurch Bedingungen für ein Weiter-

---

385 NANCY (1994): S. 194.
386 Zitiert nach: WIRTH (2017): S. 19. Siehe hierzu auch: HUTCHEON, Linda (1994): *Irony's Edge. The Theory and Politics Irony*, New York: Routledge, S. 12 u. 19.
387 Siehe hierzu: PAZARKAYA (2000): S. 22.
388 Ebd., S. 195.
389 VOGL (1994): S. 21.
390 NANCY (1994): S. 195.
391 Ebd., S. 196.
392 BOOG (2017).

sprechen und eine besondere Form der Integration schaffen. Darin zeigt sich ein »politisches Leben, das sich an der Idee der Glückseligkeit orientiert und versucht eine Lebens-Form«[393] mit künstlerischen Mitteln zu entwickeln. »Ich will poetisch leben«, antwortet die Ich-Erzählerin in Özdamars *Die Brücke vom Goldenen Horn* auf die Frage, warum sie Schauspielerin werden möchte. In der Erzählzeit des Romans befinden wir uns in der hochpolitischen Phase linker Bewegungen in der Türkei Ende der 1960er Jahre.

Allerdings braucht die Gemeinschaft mehr als nur die passenden Umstände, mehr als das Wissen, das sie keinen gemeinsamen Ursprung hat, und mehr als eine erwachte Intelligenz, wenn sie überleben will. Das hohe Maß an körperlicher Energie und Bewegung in Özdamars Romanen der 1990er Jahre verweist auf eine Lebens-Form, in der das Leben als Möglichkeit entworfen ist, die es erst noch umzusetzen gilt. Die Frage nach der sozialen Konstellation drängt sich in der Analyse von Özdamars Literatur deshalb auf, weil das Subjekt darin immer in verschiedenen Beziehungen steht. Es ist einzigartig, kann aber nur im Beisein von anderen sichtbar werden.[394] Inklusion bedeutet bei Özdamar zugleich Exklusion. Ähnlich beschreibt Armin Nassehi in Anlehnung an Luhmann die Grundlagen der Inklusion: Interaktionen von Akteuren, ihre Teilhabe am gesellschaftlichen Geschehen, lassen sich nicht mehr durch eine »fremdreferentielle Beobachtung« sichern. Dieser paradoxe Zustand des drinnen und zugleich draußen Seins, konterkariert die von Habermas vorausgesetzte »Gleichursprünglichkeit privater und öffentlicher Autonomie«. Er gibt auch die beschriebene Beobachtungsposition der Ich-Erzählerin vom anfänglichen Erzählen aus dem Mutterbauch bis zur topografischen Struktur des Romans wieder und zeigt sich ebenso in der Spannung, die sich aus einem Erzählen im Präteritum des Romans bei gleichzeitiger Dominanz der erlebten Rede ergibt. Es gibt kaum auktoriale Erzählerpositionen.[395] Diese besondere Bindung von Vergangenheit und Gegenwart, von Distanz und unbedingter Nähe wird uns auch in Zafer Şenocaks Roman *Gefährliche Verwandtschaft* wieder begegnen.

Um die Verbindung von Kultur und Existenz zu stabilisieren, sind Stilmittel und ästhetische Verfahren nur die eine Seite. Auf der anderen Seite hat in Özdamars ersten beiden Romanen ein zentraler Kategorienwechsel stattgefunden, der die klassischen Integrationstheorien, die bis in die späten 1980er Jahre hinein äußerst wirkmächtig waren, aus den Angeln hebt. Ihre Literatur hat an die Stelle der Herkunft und Ankunft, an die Stellen der Assimilation und Binneninte-

---

393 AGAMBEN (1994): S. 254.
394 Siehe hierzu: KAISER (2014): S. 972.
395 Siehe hierzu: BAY (1999): S. 36.

gration das Wohnen gesetzt – und das nur mit der Begründung, dass man ohne eine Heimat sehr wohl leben könne, aber nicht ohne eine Wohnung im weitesten Sinne:[396] »Die Pariser Clochards wohnen unter Brücken, die Zigeuner in Karawanen, die brasilianischen Landarbeiter in Hütten, und so entsetzlich es klingen mag, man wohnte in Auschwitz. Denn ohne Wohnung kommt man buchstäblich um.«[397] Und es ist diese besondere Verschiebung der Perspektive vom Ankommen zum Überleben, die über sozialstrukturelle Fragen hinaus die Literatur und den Film der 1990er inhaltlich und konzeptionell bestimmt. Das macht aus der Frage nach der alten und neuen Identität eine Frage der Identifikation. Diese Verschiebung steht in enger Korrelation zum verblassten Narrativ der Rückkehr in die vermeintliche Heimat. Sie ist ebenfalls eng verbunden mit der Wohnsituation der Türken in Deutschland: In Deutschland lebten sie vor allem zur Miete, kauften aber Wohnungen und Sommerhäuser in der Türkei, die sie bis heute nur in den Sommerferien benutzen, weil sie weiterhin in Deutschland leben. Das Wohnen ohne Heimat ist also die alltägliche Praxis.

Heimatlosigkeit in dieser Zeit, die nicht mehr als solche erzählt wird, zeigt den Migranten als Migranten, nicht als Arbeiter, nicht als Türken, nicht als Mitbürger und schon gar nicht als Einwanderer. Zumindest, was die Türken in Deutschland betrifft, gehen Migration und Integration in den 1990er Jahren getrennte Wege. Integration kann unter diesen Bedingungen ohne Gesellschaft, wie in der »Paris-Bar« von Ören, nur ein Sein-in-der-Gemeinschaft sein.[398] Ein Sein, in das der Gastarbeiter der ersten Generation nicht hineinpasst, denn dafür bräuchte es einen aufrufbaren Verweis auf eine Gesellschaft. Aus diesen analytisch wie auch theoretisch zusammen getragenen Erkenntnissen, wundert es nicht, dass die erste Generation, sozusagen die Eltern-Generation, keine bestimmende performative Funktion in den meisten ästhetischen Produktionen der 1990er Jahre hat.

Wenn nach Flusser Heimat eine von Geheimnissen umwobene Wohnung ist, dann ist der Migrant geheimnislos. Er lebt nicht in einem Geheimnis, sondern in der Evidenz.[399] Und gibt es eine überzeugendere Evidenz, als wenn offen erfunden wird? Die Frage der Integration ist in den 1990er Jahren keine sozialstrukturelle,

---

396 Interessanterweise wird die Frage des Wohnens auch in den bekannten deutschen Filmen der 1990er Jahre wie DER BEWEGTE MANN (1994), NACHTGESTALTEN (1999), LOLA RENNT (1998) und DAS LEBEN IST EINE BAUSTELLE (1998) behandelt.
397 FLUSSER (1994): S. 27.
398 Nicht zufällig beginnt die Erfolgsgeschichte der Vorsilbe »Trans« im Zusammenhang mit kulturellen und nationalen Thematisierungen in dieser Zeit. Siehe zu transnationalen und transstaatlichen Theorien zu Migration und Integration: GLICK-SCHILLER (1994) und FAIST (2000).
399 Siehe hierzu: FLUSSER: S. 30.

sondern eine formal-konstitutive Frage, eine Frage der Erzählung und des Weitersprechens. Diese scheint eine geteilte, aber eine unausgesprochene Erkenntnis in den 1990er Jahren gewesen zu sein. Denn wie sonst konnten übertriebene Geschichten und Sprachen als multikulturelle Realität wahrgenommen werden? Doch nur, wenn diese Erkenntnis vom Narrativ bestimmt war, dass die einzige gültige Frage an die deutsch-türkischen Migranten der 1990er Jahre nur noch die sein konnte, nicht mehr nach ihrer Heimat oder nach ihrer Ankunft in Deutschland zu fragen, sondern nur noch, wie es sich nach dieser ganzen Geschichte in der Bundesrepublik in ihrer Haut lebt.

Ihre Antwort ist, folgen wir zunächst Özdamar, eine ironische. Eine Ironie, die sich mit Humor über die multikulturellen Bedingungen in der Bundesrepublik empört, dass man Ethnien zugewiesen wird, gleich wo man seit Dekaden schon wohnt. Auch bei Hammer und Soysal ist die Grundlage der Denizenship weder eine kulturelle Identität noch die Staatsbürgerschaft, sondern vielmehr das Faktum ihres Wohnens und Daseins im öffentlichen Raum. Jedoch ist dieses Wohnen und die öffentliche Präsenz der Akteure in Özdamars Literatur nicht auf Dauer zu stellen.[400] Sie ist ohne das unterwegs sein, nicht zu denken. So endet auch ihr zweiter Roman *Die Brücke vom Goldenen Horn* wie auch der erste mit einer erneuten Zugfahrt nach Deutschland, diesmal wegen dem zweiten Militärputsch in der Türkei 1971. Und auch hier trifft sie wieder einen Fremden im Zug, den sie um eine Zigarette bittet.[401] Am Ende des Karawanserei-Romans ist es ihr Vater, mit dem sie eine Zigarette raucht, bevor sie nach Deutschland migriert. Im zweiten Band ist es ein Fremder.

Wir begegnen im Kern von Özdamars Literatur dem Überleben, dem Wohnen und der Integration als Erzählung und all diese Komponenten zusammen irritieren den Multikulturalismus der 1990er Jahre in seinen Grundlagen. Sie heben die Prägekraft kultureller Hintergründe durch Verfremdungen auf. Dabei bleibt die Frage nach dem Zusammenleben touchiert, aber nicht ausbuchstabiert. Denn die verfremdende Ästhetik bedarf eines hohen Aufwands, wenn es darum geht, den Wunschvorstellungen der Gemeinschaft der Ich-Erzählerin durch Beschreibungen von öffentlichen Plätze, auf denen wir Akteurinnen und Akteure in ihren

---

400 Dies gilt interessanterweise auch für das Konzept der Denizenship. Nach Daniel Thym haben die Reflexionen zur Denizenship über die Zeit an Breite nicht gewinnen können, weil es nach seiner Interpretation an einer diskursiven Verbreitung mangelte. Siehe hierzu: THYM (2018). Ich denke jedoch, dass das Problem der Denizenship vielmehr wahr, dass mit den Folgen des 11. September, die Anrufung der universellen Menschenrechte nicht mehr genügt, um ein auf Sicherheit abgestelltes gemeinsames Leben und Wohnen zu gewährleisten.
401 ÖZDAMAR (1998): S. 330.

körperlichen Bedingungen und dem Schlagen ihrer Herzen begegnen, Grundlagen zu geben, die keiner zuvor vorgestellten Identität entspricht. Wie diese sich aber verhalten, welche Interaktionen stattfinden und was auf die gezeigte körperlich-innere Wärme, auf die Begegnungen, auf dieses »Zusammen-Erscheinen« als Praktiken, Handlungen und welche geregelten Sprechweisen folgen können und sollen, sehen und ahnen wir nicht. Einen Prozess zu einer inklusiven (Parsons) oder zu einer sozialen Verflechtungsordnung (Elias) sehen wir hier nicht angebahnt, jedoch die Erzählung einer gemeinsamen Gegenwart, deren Ziel es mitunter ist, die Unterscheidung der Fort- und Rückschrittlichkeit zu unterminieren. Der Fokus wiederum auf soziale Handlungen, dann als Praktiken, wird hingegen erst mit dem Narrativ »Was lebst Du?« mit der Literatur und den Filmen ab den 2000er Jahren folgen. Da wird mit den Debatten um das Zusammenleben in einem Einwanderungsland ein Narrativ an die Oberfläche steigen, das die Bewegungen der Migration und Integration wieder enger, jedoch anders als zuvor, zusammenführen wird. Aber auch da wird es zu neuen desintegrativen Dynamiken kommen. Neben diesem Wandel findet auch Anfang der 2000er Jahre ebenfalls ein markanter Wechsel in der Politik statt, was Fragen der Integration der Türken in Deutschland betrifft.

Bevor wir uns diesem Wandel in der vorliegenden Kulturgeschichte zuwenden, gilt es im nächsten Schritt zunächst durch die Literatur und Essayistik von Zafer Şenocak und der Kanak Sprak von Feridun Zaimoğlu die Breite der Wirkung und der Varianz unseres Narrativs »Wie lebt es sich in Deiner Haut?« aus zu buchstabieren. Anhand von Filmanalysen zum Werk von Fatih Akın, von Thomas Arslan, Ayşe Polat und Yüksel Yavuz werden wir sehen, welche neuen bewegten Bilder dieses Narrativ ermöglichen wird und wo sie aber auch ihre Grenzen zieht. Die folgende Analyse der Tetralogie Şenocaks wird uns zeigen, dass unser Narrativ nur vordergründig für eine Kritik am Orientalismus oder am Multikulturalismus steht. In Wirklichkeit ist sie eine Kritik an der Integration in einem weitaus allgemeineren Sinne, die die Migration von der Integration trennt. Die Intensität der Trennung ist bei Şenocak zwischen dem Sozialen und Ästhetischen so vehement, dass die soziale Frage in seiner Literatur regelrecht an den Rand gedrängt wird. Noch stärker als bei Özdamar stehen bei ihm das Problem, Infragestellung der Identität und der Konnex von Mobilität und Subjektivität im Vordergrund. So ist Zafer Şenocak noch mehr ein Autor, dessen Werke in den 1990er Jahren vieles von dem nicht lieferten, was die deutsche Rezeption als Multikulturalismus oder als Orientalismus erwartete und verlangte.

In der Forschung wird gerne zwischen der Literatur Emine Sevgi Özdamars und Zafer Şenocaks unterschieden, besonders was den Umgang und die Verhandlung des Orientalismus betrifft. Zwar wird beiden Autoren attestiert, dass sie den Orientalismus in Frage stellen[402], doch wird mitunter für Özdamars Literatur zugleich auch konstatiert, dass sie den Orientalismus umgekehrt mit Gebrauch türkischer und islamischer Marker in Alltagszusammenhängen in ihrer Literatur wieder reterritorialisiert habe.[403] Auf den ersten Blick kann bei einem Vergleich der Texte dieser beiden Autoren dieser Eindruck entstehen. Jedoch greift diese Interpretation, wie ich zeigen werde, zu kurz. Nicht allein deshalb, weil in Özdamars Literatur der gezeigte Kategorienwechsel von Heimat und Ankommen zum Überleben und Wohnen stattgefunden hat. Sondern besonders deshalb, weil die Literatur Şenocaks diesen in den 1990er Jahren ebenfalls vollzieht. Denn auch er rückt in seiner Literatur wie Özdamar an die Stelle der Heimat, der Zugehörigkeit das Wohnen und den Körper. Und auch bei ihm ist die Frage der Integration eine Frage der Erzählung, die den Protagonisten seiner Tetralogie, Sascha Muhtesem, umtreibt. Im Unterschied zu allen Figuren bei Özdamar, auch zu denen in Zaimoğlus Literatur und in Akıns Filmen bis GEGEN DIE WAND, hat Sascha Muhtesem überhaupt keine finanziellen Probleme. Er ist in deutscher Sprache Journalist, Detektiv, Romanautor und tritt in *Gefährliche Verwandtschaft* ein Erbe an, das ihn existenziell absichert. Was Sprache und Finanzen betrifft, müsste er als ein Angekommener oder als Integrierter beschrieben werden. Doch ist Sascha Muhtesem das Gegenteil davon. Und nicht einfach deshalb, weil er mehrere Identitäten hat. Vielmehr stehen auch hier am Anfang und am Ende ein deplatziertes Verhältnis zwischen öffentlichem, privatem Raum, ein asymmetrisches zwischen Inklusion und Exklusion und ein Problem der Kommunikation, wie in Özdamars Karawanserei-Roman.

4.4 »Nicht aus der Haut kommen können« oder die Unmöglichkeit des »third space«

Es gebe Tage, da schwebe man »vor der eigenen Haustür und traut sich nicht hinein«, meint der Erzähler am Anfang von Zafer Şenocaks Roman *Die Prärie* (1997). Man bilde sich ein, »drinnen habe sich alles verändert«, und weil man dies glaube, sei jetzt kein »Zutritt [...] mehr möglich«. Aber eigentlich »ist dort alles genau so, wie es immer gewesen ist, alles an seinem Platz, nur man selbst

---

[402] Siehe hierzu: KONUK (1998). BAY (1999).
[403] CHEESMAN, Tom (2007): *Novels of Turkish-German Settlement. Cosmopolite Fictions*, Columbia: Camden House, S. 100. Diesem orientalisierenden Gebrauch versucht sich Zaimoğlu in der *Kanak Sprak* ebenfalls zu widersetzen, in dem er übliche alltägliche Verwendungsweisen von türkischen Begriffen wie *Gözüm* (»Mein Auge«, »mein Augenlicht«) oder *Canım* (»mein Herz«, »meine Seele«) vermeidet. Siehe hierzu: ZAIMOĞLU (1995): S. 14.

ist sonstwo, schwebt ortlos vor der eigenen vertrauten Welt«.[404] Dies mögen der Protagonist und der Erzähler zwar einsehen, sie beide werden aber über alle vier Bände der Tetralogie hinweg dennoch kein Vertrauen zu den Räumen aufbauen, die sie real und imaginär bewohnen. Das verkehrte Verhältnis zwischen öffentlichem und privatem Raum – draußen ist es sicher, drinnen unsicher – fällt nicht nur im zweiten Band von Şenocaks Tetralogie auf. Bereits im ersten Band *Der Mann im Unterhemd* (1995) steht der Erzähler draußen vor der Tür. Dieses Mal tut er jedoch so, »als würde ich das Haus von außen betreten, als säße ich nicht hier, hinter meinen Fenstern im Verborgenen, sondern wäre einer, der hereinkommt, für jeden im Haus sichtbar«. Diese Sichtbarkeit liefert den Erzähler wie jeden anderen, der ein unbekanntes Gebäude betritt, den Blicken der Bewohner aus, heißt es im nächsten Satz.[405] Und der letzte Band der Tetralogie, *Der Erottomane* (1999), beginnt mit der Beschreibung eines Schwellenbereichs, der hier jedoch überschritten wird: »Ich bin aus unserer Wohngemeinschaft ausgezogen. Man kann nicht auf Dauer mit zwei Frauen zusammenleben«, lautet der erste Satz.[406]

Unwohlsein, weil die eigene Wohnung sich verändert haben könnte im zweiten, weil die anderen einen anschauen, im ersten, oder weil das gemischtgeschlechtliche Zusammenleben zu dritt in einer Wohnung nicht gelingt, im vierten Band, stehen jeweils nicht am Ende, sondern am Anfang, als Ausgangspunkte für die Ich-Erzähler.[407] Den vermeintlich unwohnlichen Zustand in *Gefährliche Verwandtschaft*, dem dritten Band der Tetralogie, werde ich später noch ausführlich analysieren. Während die deutsche, die öffentliche Seite in den 1980er Jahren noch als ein getrennter, unbeteiligter und konturloser Dritter dargestellt wurde – wie in der Zwei-Zimmer-Wohnung von Dursun und Turna in 40 QM DEUTSCHLAND oder in Uwes Figur in YASEMIN –, zeigen uns diese ersten Sätze in den 1990ern schon, dass man sich nun selbst als unbekannter Beobachter von draußen wahrnimmt. Wenn der Ort der Begegnung zwischen Deutschen und Türken in den

---

404 ŞENOCAK (1997): S. 5.
405 ŞENOCAK, Zafer (1995): »Das Haus«. In: ders.: *Der Mann im Unterhemd*, Berlin: Babel, S. 23–30, hier S. 23. Auch in Sinan Çetins Film BERLIN IN BERLIN gibt es keinen Akteur, der nicht beobachtet wird. Siehe hierzu: ÇETIN (1993).
406 ŞENOCAK (1999): S. 5.
407 Auch am Anfang von Michael Kliers Film OSTKREUZ von 1991 sind eine Mutter und eine Tochter im Jahr der Wiedervereinigung zu Fuß auf Wohnungssuche. Sie sind aus der DDR über Ungarn nach Westdeutschland geflohen und wohnen zunächst in der Nähe einer Baustelle in einem Berliner Randgebiet in einem Container. In Sönke Wortmanns äußerst erfolgreicher Komödie DER BEWEGTE MANN sucht der Protagonist Axel (Til Schweiger) im ersten Drittel des Films ebenfalls eine Wohnung. Siehe hierzu: KLIER, Michael (1991): *Ostkreuz*, Spielfilm, Michael Klier Film, Deutschland. WORTMANN, Sönke (1994): *Der bewegte Mann*, Spielfilm, Neue Constantin Film Produktion, Deutschland.

4.4 »Nicht aus der Haut kommen können« oder die Unmöglichkeit des »third space«   407

1980er Jahren geschlossene Räume waren, haben wir es nun mit einer Verschränkung im öffentlichen Raum zu tun.

Zentraler Bestandteil von Şenocaks Erzählungen sowie seiner Thematisierung der Folgen der türkischen Migration nach Deutschland ist wie auch bei Özdamar die Türschwelle. Sie ist auch in Sinan Çetins Film BERLIN IN BERLIN von 1993 heiß umkämpft. In diesem Film lebt der Deutsche Thomas im Flur einer türkischen Familie in Berlin, deren Verwandten er aus Versehen auf einer Baustelle tötete. Als er aus großem Reueempfinden sich bei der Frau des Getöteten auf der Straße vor der Wohnung der türkischen Familie entschuldigen möchte, flieht er vor Mürtüz, dem Bruder des Getöten, aus Versehen in deren Wohnung. Dort wird er dann von den Eltern des Getöten, weil für sie jeder flüchtende Mensch ein von Gott geschickter Gast ist (»Tanrı Misafiri«), vor ihren nach Rache sühnenden Kindern beschützt, solange er ihre Wohnung, ihr Domizil in Berlin nicht verlässt. Die Türschwelle entscheidet hier über den Täter (Mürtüz) und das Opfer (Thomas).[408] Die Betonung der Schwelle macht die Begegnung ausschlaggebend – bei Özdamar, Çetin und auch bei Şenocak. Doch zugleich sind die Akteure oft in Bewegung. Dieser Zusammenhang erfordert einen hohen narrativen Aufwand. So bestimmen auf der einen Seite topografische Komponenten wie Wohnungen, Schwellen, Hotelzimmer, Autos, Straßenbahnen, Busse und öffentliche Räume die Tetralogie und die anderen Erzählungen.[409] Auf der anderen Seite gibt es einen Ich-Erzähler, dessen Wünsche im Widerspruch zu seiner Präsenz als Erzähler stehen.

Gleich in der ersten Erzählung »Fliegen« im ersten Band *Der Mann im Unterhemd* interessiert sich der Ich-Erzähler sehr für das Unsichtbar-Werden.[410] Von Beruf ist er Journalist und Detektiv für multikulturelle Kriminalität;[411] Er soll Menschen mit mehreren Identitäten aufspüren. Eine in Frankfurt verschwundene Deutsch-Türkin wird etwa in Istanbul vermutet:[412] Ihr säkular-laizistisch geprägter Vater glaubt, dass sie von islamischen Fundamentalisten verführt und dorthin gebracht worden ist. Die Recherchen des Erzählers vor Ort sind erfolglos. Zufällig

---

408 Siehe hierzu: ÇETIN, Sinan (1993): *Berlin in Berlin*, Türkei: Plato Film Production.
409 Dieser Wandel von Topografien bestimmt auch den Film AUSLANDSTOURNEE von Ayşe Polat. Denn Zeki und Şenay sind zu Fuß, im Taxi, im Zug, im Auto, auf dem Dampfer, mit dem Pferdewagen unterwegs und bewegen sich dabei in Städten wie Paris, Wuppertal, Stuttgart, München, Istanbul, wo sie sich in den unterschiedlichsten Hotelzimmern, Nachtclubs oder auf den Prinzeninseln in Istanbul aufhalten. Siehe: POLAT (1999).
410 ŞENOCAK, Zafer (1995b): »Fliegen«. In: *Der Mann im Unterhemd*, München: Babel, S. 9.
411 Ebd., S. 11. Auch Doris Dörries Kemal Kayankaya in HAPPY BIRTHDAY TÜRKE ist Privatdetektiv. Siehe hierzu: DÖRRIE (1992).
412 Kayankaya wird in Dörries Film ebenfalls von einer deutsch-türkischen Familie beauftragt, ein verschwundenes Familienmitglied aufzuspüren. Siehe hierzu: DÖRRIE (1992).

erkennt er die Vermisste auf seinem Rückflug nach Deutschland: Sie arbeitet als Flugbegleiterin und wäre, wie der Erzähler selbst, am liebsten unsichtbar, um der kulturellen Enge zu entkommen und sich im Gegenteil nicht noch mehr in sie zu verstricken, wie ihr Vater befürchtet hatte.[413] Ihr Beruf sei dafür ideal. Anders formuliert, entspricht ihr Beruf unserem Befund der vorgestellten Verbundenheit: Viele Städte der Welt werden miteinander verbunden, es stellt sich aber kein längerer Aufenthalt an diesen Orten ein. Im zweiten Band der Tetralogie, *Die Prärie*, verschwindet der in diesem Band als Schriftsteller gewordene Erzähler Sascha (es ist derselbe wie im ersten Band). Denn gegen Ende des Bandes tritt ein neuer Erzähler auf, der sagt, dass Sascha sich einfach so »selbstständig« gemacht habe. »Er hat sich davongeschlichen, ungefragt, ohne ein Wort zu hinterlassen. Er war eine Figur im Zentrum. Jetzt ist er an der Peripherie.«[414] In *Gefährliche Verwandtschaft* ist Sascha wieder der Erzähler der Geschichte und in diesem Roman möchte er endlich seiner »wurzellosen« Existenz ein Ende setzen.[415] Eine zentrale Rolle nimmt bei dieser Suche die Übersetzung der Tagebücher seines türkischen Großvaters ein, die jedoch in einer Mischung aus Arabisch, Türkisch und Osmanisch-Türkisch verfasst sind. Weder er noch ein professioneller Übersetzer können die Tagebücher verständlich übersetzen.[416] Der Großvater war am Genozid der Türken an den Armeniern von 1915 beteiligt. Da die autobiografischen Texte des türkischen Großvaters für Sascha kaum übersetzbar sind, wählt er für die Darstellung des Lebens seines Großvaters nicht eine lückenlose, rein faktuale Dokumentation, sondern – wie der Erzähler Alexander in Nadolnys *Selim oder die Gabe der Rede* als Zugang zu Selim – einen Roman im Roman. »Kann man heute überhaupt irgendetwas finden, was nicht erfunden ist?«, fragt sich der Ich-Erzähler selbst.[417] Die Fakten folgen hier den Erzählungen nach. Wie bereits erwähnt, wird auch in keinem Film der 1990er Jahre das gefunden, wonach man eigentlich gesucht hat. Dass man mit einem derart inhaltsbezogenen Blick auf die hier behandelten Werke nicht weiterkommt, hat damit zu tun, dass stets die Erzählform am wichtigsten ist; ein Auseinanderklaffen von Inhalt und Form, das erneut die Entkopplung der Integration von der Migration in diesem Jahrzehnt verdeutlicht.

Sascha wird erst am Ende von *Gefährliche Verwandtschaft*, auf den letzten zwei Seiten, anfangen, den Roman im Roman zu schreiben, von dem er sich Wurzeln erhofft. Im nachfolgenden Band *Der Erottomane*, der auf die *Gefährliche*

---

413 ŞENOCAK (1995b): S. 16.
414 ŞENOCAK (1997): S. 98.
415 ŞENOCAK (2009): S. 118.
416 ŞENOCAK (2009): S. 118.
417 Ebd., S. 21.

Verwandtschaft folgt, wird dieser Roman im Roman allerdings nicht fortgesetzt. Denn darin geht es nicht um eine einzige Geschichte, sondern um mehrere sich abwechselnde fiktionale historische Zugänge, die am Ende nicht zu ihm selbst, sondern zu einer Inszenierung des Selbstmords des Erzählers führen.[418] Zu Anfang, in der Mitte und am Ende der Tetralogie möchte der Erzähler verschwinden oder sich selbst finden, unsichtbar sein oder tot. Doch trotz dieser Widersprüche bleibt er in der Erzählung. Erzähltheoretisch und mit der Großmutter von Özdamars Ich-Erzählerin könnte man fragen: Was hält ihn denn noch in der Erzählung und wie überlebt er eigentlich?

Mit Aras Örens *Berlin Savignyplatz* und Kemal Kurts *Der Chinese von Schöneberg* gehört Şenocaks Werk aus den 1990er Jahren sicherlich zu den komplexesten Fiktionen deutsch-türkischer Herkunft. Obwohl seine Figur Sascha Muhtesem gewissermaßen der unzuverlässigste Erzähler von allen ist, ziehen sich die erzählerischen Komponenten des Erzählens im und durch das Ich, des Wohnens, der Schwelle und der Begegnung durch alle vier Prosabände. Wie bereits erwähnt, zieht der Erzähler in *Der Erottomane* schon im ersten Satz aus einer WG mit zwei Frauen aus. Daran wird bereits deutlich, wie wichtig ihm Begegnungen mit Frauen sind.[419] Im Unterschied zu Özdamar und Ören ist die Frage der Gemeinschaft in Şenocaks Literatur etwas anders gelagert. Dort, wo sich Akteure im Sinne einer Sozialität verbinden könnten, sind die Beziehungen viel komplizierter und fragiler.[420] Zuerst sollen in unserer Analyse jedoch die ersten beiden Bände der Tetralogie im Mittelpunkt stehen.

Der in *Die Prärie* wie Özdamars Erzählerin zunächst namenlos eingeführte Ich-Erzähler stellt sich nach einem Drittel des Romans das erste Mal mit Namen, Alter und finanzieller Situation vor; er hat viele Beziehungen mit Frauen hintereinander. Bevor wir ihn namentlich kennenlernen, wissen wir schon, dass er

---

418 ŞENOCAK (1999): S. 115. Auch Kemal Kurt äußert in der Erzählung »Die Lösung« über seinen Erzähler, dass er das aristotelische Grundprinzip der Erzählung (Anfang, Mitte, Ende) vergessen habe. Die Figuren in der Erzählung sind froh darüber, dass ihr Erzähler nicht damit betraut wurde, die Brandanschläge von Mölln und Solingen aufzuklären. Siehe hierzu: KURT, Kemal (2000): »Die Lösung«. In: ders., *Der Chinese von Schöneberg*, Berlin: Hitit, S. 27–31, S. 31.
419 In Aras Örens Roman *Berlin Savignyplatz* erinnert sich der Erzähler zwar an seine Romanfigur Ali Itir aus der Kriminalerzählung »Bitte nix Polizei« von 1981 und lässt ihn in diesem Roman gewissermaßen über- und weiterleben. Doch stehen neben diesen Erinnerungen an Ali Itir, mit dem er sich auf komplizierte Art und Weise identifiziert, auch die Beziehungen des türkischen Erzählers zu den deutschen Frauen, Elfie und Maria, im Vordergrund des Romangeschehens. Siehe hierzu: ÖREN (1995).
420 Siehe hierzu auch: DOLLINGER, Roland (2003): »Stolpersteine. Zafer Şenocaks Romane der 1990er Jahre«. In: *Multikultur. Gegenwartsliteratur. Ein germanistisches Jahrbuch. A German Studies Yearbook*, hg. v. Paul Michael Lützeler, Stephan K. Schindler, S. 1–28, hier S. 6f.

Schriftsteller ist, Essays für Zeitungen verfasst, den türkischen Pass hat und ohne Abschluss von der Schule abgegangen ist, um die Frauen zu studieren. Anfangs »nur so zum Spaß, dann für Geld, später als Partner, darin nur mit mäßigem Erfolg«. Er hat sogar ein Buch über seine Freundin Veronika geschrieben, die wir am Anfang von *Die Prärie* kennenlernen. Bis dahin ist er bereits dreimal geschieden worden.[421] Aber auch die Beziehung mit Veronika hält nicht an: entweder, weil sich »hinter ihren gekünstelten Formulierungen nichts anderes verbirgt als ihre Impotenz«, oder weil ihr schlanker Körper keinen Platz für Sentimentalitäten habe; sicher ist sich der Erzähler da selbst nicht.[422] Dabei sei gerade er für Sentimentalitäten anfällig, »wie alle Menschen, die ihre Herkunft leugnen« – und andernfalls zynisch würden.[423] Denn zynisch werde man dann, wenn man nicht mehr wissen wolle, woher man kommt.[424]

Die nächste Frau, die unser Erzähler trifft, lernt er in der Straßenbahn kennen.[425] Sie spricht ihn an. Er verbringt die Nacht mit ihr und verlässt das Haus im Morgengrauen, weil er Abschiedsszenen »nach einer solchen Nacht hasst«. Danach läuft er »meistens [...] in der Stadt herum, bis die Geschäfte aufmachen« und deckt »sich dann mit neuen Klamotten ein«.[426] Wie schon der Ich-Erzähler im ersten Band, *Der Mann im Unterhemd*, festhält, ist sein »Körper« sein »Haus«, sein »Fahrzeug« und sein »Geräteschuppen«.[427] Denn das »Leben gründet sich auf weiterleben«.[428] Erst nach diesen Beschreibungen stellt sich unser Erzähler als der 35-jährige Sascha Muhtesem vor. Durchschnittlich an ihm ist nicht nur sein Alter. »Auf was bin ich stolz? Ich habe keine Schulden, keinen Beruf und keine Frau.«[429] Auf der nächsten Seite lernt er schon Klara, die nächste Frau

---

421 ŞENOCAK (1997): S. 9.
422 Ebd., S. 10.
423 Ebd., S. 11.
424 Ebd.
425 Zur Bedeutung der Verkehrsmittel in Şenocaks Literatur der 1990er Jahre siehe auch: DOLLINGER (2003): S. 8.
426 ŞENOCAK (1997): S. 19.
427 ŞENOCAK, Zafer (1995c): »Betrachtungen eines Müßiggängers«. In: ders.: *Der Mann im Unterhemd*, Berlin: Babel, S. 71–74, hier S. 74. Doris Dörries Film HAPPY BIRTHDAY, TÜRKE! beginnt auch mit einer Sequenz, in der der Protagonist des Films Kemal Kayankaya (Hansa Cypionka), ein türkeistämmiger Detektiv, der kaum noch Türkisch spricht, seinen One Night Stand am nächsten Morgen loswerden möchte. Kayankaya stellt sich schlafend, als die Frau sich anzieht. Siehe hierzu: DÖRRIE (1992).
428 ŞENOCAK, Zafer (1995d): »Die Erzählerin«. In: ders.: *Der Mann im Unterhemd*, Berlin: Babel, S. 79–84, hier S. 79.
429 ŞENOCAK (1997): S. 37. Leslie Adelson macht in *The Turkish Turn in Contemporary German Literature* darauf aufmerksam, dass die Figuren in Şenocaks Literatur in ihrer komplexen Konstruktionsstruktur bewusst jeglicher realistischer Grundlage entbehren. Sie repräsentieren nicht

kennen, die »es gewagt hat«, ihn in der U-Bahn anzusprechen.[430] Danach sind sie »monatelang [...] unterwegs, obwohl sie ein hochverschuldetes Brautkleidergeschäft übernommen hatte, das ihre Zeit sehr in Anspruch nahm. [...] An mich verschwendete sie nicht nur ihre Mittel, sondern sich selbst«.[431] Aber auch diese im Buch sich auf 1,5 Seiten erstreckende Beziehung geht auseinander. Am Ende verlässt sie ihn, weil sie sich im Büro »den Arsch aufreiße«, während er den ganzen Tag seinen »Pimmel« rubbele. Das sind Klaras letzte Worte, und sie knallt die Haustür zu. So schnell könne der »Kaffee kalt werden«, kommentiert der Ich-Erzähler diese Trennung lapidar und teilnahmslos. Gleich darauf fragt er sich, wie lange wohl eine »lebenslange Bindung« dauere: eine Woche, drei Monate, ein Jahr, sieben Jahre oder vielleicht doch »lebenslang«.[432] Bis er diese Frage beantwortet habe, werde seine Tür jedem offen stehen; auch denen, die kommen, um bei ihm »ihren seelischen Sondermüll endzulagern«. Nach neuesten wissenschaftlichen Erkenntnissen helfe gegen Trauer Geschlechtsverkehr, weil er das Gedächtnis schwäche. »Wenn eine Frau zu mir kommt, um sich auszuweinen, wird sie natürlich in dieses Geheimnis eingeweiht.«[433] Frauen, die auf diese »Einweihung« empört reagieren, versteht er nicht. Am liebsten würde er über diese »Ungereimtheiten« ein Buch schreiben.

Aber das Thema, über das er schreiben soll, ist der Islam:[434] einen Text zur Fatwa gegen Salman Rushdie.[435] Was ihn dazu prädestiniert, ist seiner Einsicht

---

und sind ausschließlich als Figurationen und textuelle Zeichen zu sehen. Siehe hierzu: ADELSON (2005): S. 77.

430 In Thomas Arslans Film GESCHWISTER lernen sich der türkische Vater und die deutsche Mutter der Geschwister auch in einer Straßenbahn kennen. Siehe: ARSLAN (1997).

431 ŞENOCAK (1997): S. 38.

432 Ebd., S. 39. Auch die Protagonistin in Özdamars zweitem Roman *Die Brücke vom Goldenen Horn* wechselt ohne einen nennenswerten emotionalen Aufwand die männlichen Partner, nachdem sie, wie oben erwähnt, in Paris die Unschuld verloren hat. Siehe hierzu: ÖZDAMAR (1998): S. 169.

433 ŞENOCAK (1997): S. 40.

434 Ebd.

435 Am 14. Februar 1989 erließ der damalige iranische Ayatollah, Ruhollah Khomeini, eine Fatwa zum satirischen Roman *Die satanischen Verse* von Salman Rushdie, den er darin der Apostasie bezichtigte und ein Kopfgeld für seine Tötung aussprach, da sich der Roman gegen den Propheten, gegen den Islam und den Koran richte. Die Figur Mahound (alias Mohammed) wird in Rushdies Buch zum *businessman*. Er wird im Roman durchgehend als Mahound, der Geschäftsmann, bezeichnet. Der Koran ist nicht Gottes Wort, sondern die Erfindung eines umtriebigen, lüsternen und herrschsüchtigen arabischen Geschäftsmannes. Vgl. RUSHDIE, Salman (1989): *Die satanischen Verse*, Artikel 19 Verlag, S. 368f. Ende der 1980er Jahre begreift Rushdie diese Figur explizit als eine fiktive und nicht etwa als Darstellung oder Dokumentation der tatsächlichen historischen Person. Damit impliziert sein Roman allgemein die Aussage, dass jede Religion vom

nach weder ein Studium der Islamwissenschaft noch eine andere Form des Spezialwissens, sondern sein türkischer Pass und sein Großvater, der Muslim war.[436] Auf Anfrage der Redaktion schreibt er den Rushdie-Artikel; davon, dass er eigentlich ein Experte in Frauenfragen ist, wissen die Kollegen nichts. In der Redaktion sitzen »zu viele gehemmte Nachkommen prüder Protestanten, die lieber den Islam zum Thema machen wollen als die interkulturelle Geilheit«.[437] Die interkulturelle Spannung besteht für ihn nicht zwischen den Kulturen, sondern zwischen Mann und Frau, auch wenn heute niemand mehr über das andere Geschlecht schreiben möchte: »Heute schreibt jeder über sein eigenes Geschlecht, als handelte es sich dabei um das Vaterland, dessen Verteidigung ansteht. Ein obskurer Geschlechtspatriotismus macht sich breit«.[438] Zwischen Mann und Frau gibt es eine Differenz, die fernab einer national codierten körperlichen Identität oder eines Dialogs der Kulturen den Menschen sehen oder nicht sehen lässt: »Durch die Haut einer Frau schimmert ihr Inneres. [...] Die Männer haben mindestens

---

Menschen erfunden ist. Knapp 30 Jahre später skizziert Abdelhamad Samad ein vergleichbares Bild von Mohammed. Im Unterschied zu Rushdie geht es ihm aber dabei keineswegs darum, eine allgemeine Aussage über die Entstehung von Religionen zu fällen. Im Zentrum seiner Publikation steht, den Islam in seinen Anfängen und in seiner Gegenwart als eine mitunter mafiös und faschistoid strukturierte Religion zu beschreiben, die auf die psychopathische Person ihres Begründers Mohammed zurückgeht. Siehe hierzu: HAMAD, Abdel-Samad (2015): *Mohamed. Eine Abrechnung*, München: Droemer Knaur.
436 Ebd.
437 ŞENOCAK (1997): S. 42.
438 Ebd., S. 9. Şenocak nennt weder Beispiele für diese Konjunktur noch entfaltet er sie argumentativ. Doch tatsächlich wird seit den 1990ern im Bereich des deutschen Films die Frage von Geschlecht und Zugehörigkeit, besonders im Unterhaltungskino, dem in der Forschung so genannten »Konsenskino«, postfeministisch verhandelt. Hierzu gehören Filme wie EIN MANN FÜR JEDE TONART (1992), FRAUEN SIND WAS WUNDERBARES (1993), ABGESCHMINKT (1993), DER BEWEGTE MANN (1994), IRREN IST MÄNNLICH (1995), STADTGESPRÄCH (1995) und DAS SUPERWEIB (1996). Im Gegensatz zum »Neuen deutschen Film« der 1960er und 1970er Jahre wird hier auf einen »profitablen Kompromiss zwischen künstlerischen und kommerziellen Interessen« gesetzt. Siehe hierzu: HAKE, Sabine (2004): *Film in Deutschland. Geschichte und Geschichten seit 1895*, Reinbek bei Hamburg: Rowohlt, S. 311. Katja Nicodemus konstatiert, dass der deutsche Film der 1990er Jahre im Unterschied zum »Neuen Deutschen Film« weder ein Manifest hervorgebracht noch eine vergleichbare gesellschaftliche »Angriffsfläche« vorgefunden habe. Der ›Neue deutsche Film‹ habe die gesellschaftlichen Verdrängungsstrategien von »Papas Kino« der 1950 und 1960er Jahre aufgezeigt – und damit auch die Spuren der Vergangenheit in der Gegenwart. Im deutschen Film der 1990er Jahre erkennt Nicodemus hingegen eine Verbindung von Kommerz und Kunst, die sich zwischen gefälligem »Konsenskino« und kreativen Neuentwicklungen, wie beispielsweise der Entstehung der *Creative X Pool* bewegt. Siehe hierzu: NICODEMUS (2004): S. 359.

4.4 »Nicht aus der Haut kommen können« oder die Unmöglichkeit des »third space«

zwei Häute, manche stecken sogar in Kapseln. Die Frauen dagegen sind transparent. Man muß nur den Blick für ihre Transparenz haben.«[439]

Im Binnenroman *Veronika* beschäftigt den Autor die zwischengeschlechtliche Frage, wo die Liebe beginnt. Es ist bereits zu spät, darauf eine »gehaltvolle, bleibende, dem Thema angemessene und allseits zufriedenstellende Antwort zu geben«.[440] Zugleich ist für den Erzähler des Rahmenromans aber genau dieses Verlangen, das Rätsel um die Liebe lösen zu wollen, das eigentliche Problem. Denn man wolle »gerade aufgrund seiner Rätsel« geliebt werden. Sascha wundert sich selbst darüber, »daß Menschen überhaupt noch zur Liebe fähig sind, obwohl sie sich permanent enträtseln«. Trotz dieser Erkenntnis, dass man eine »eigene Sprache« brauche, die »ohne Verständnis auskommt und dabei unvergeßlich« und individuell bleibt, ist es der Autor selbst, der nach diesen Reflexionen das Scheitern seiner nächsten Beziehung sehr trocken kommentiert. Bei Elvira, Veronikas Nachfolgerin, die er auf dem Markt kennenlernt, stellt er ebenfalls nüchtern fest, dass er sie wahrscheinlich zu sehr mit seiner »Geilheit genervt habe«.[441] Woher diese kommen könnte, führt er in einem Zeitungsartikel aus. Sein Großvater habe einmal gesagt, dass seine Familie schon immer »unersättlich« gewesen sei. Diese Unersättlichkeit habe Tradition und gelte wahrscheinlich für das ganze Volk. »Wie hätte es sich sonst über drei Kontinente ausbreiten können. Doch nur, weil es unersättlicher war als alle anderen Unersättlichen.«[442]

Der Ich-Erzähler beschließt, »diese Welt zu verlassen« und geht nach Amerika, um sich zu verändern. Ob dies individuell-beziehungstechnische Gründe hat oder an den nervenden Anfragen aus der deutschen Redaktion liegt, ist an dieser Stelle des Romans nicht klar. Beide Themen sind von Widersprüchen aus unterschiedlichen Richtungen geprägt. Die intimen Beziehungen, die am besten von Geheimnissen umwoben bleiben sollten, dabei aber immer an der »Geilheit« oder am Drang des Protagonisten, Geheimnisse preiszugeben, scheitern, stehen im eklatanten Widerspruch zu den Anfragen von draußen. Beide Erzählstränge werden in dieser beziehungslosen Bindung auch im weiteren Verlauf des Romans fortgeführt. Auf der individuellen Ebene merkt der Erzähler etwa an, dass er in die USA geht, um sich zu verändern. Dabei nimmt er direkten Bezug zur deutschen Kulturgeschichte, indem er darauf verweist, dass man früher nach Italien

---

[439] ŞENOCAK (1997): S. 10.
[440] ŞENOCAK (1997): S. 27.
[441] Ebd., S. 52. Auch in den Filmen LOLA UND BILIDIKID (1998) und AUSLANDSTOURNEE (1999) sind die Protagonisten häufig sexuell erregt; das gilt auch für die erfolgreichen deutschen Filme DAS LEBEN IST EINE BAUSTELLE, DER CAMPUS, LAMMBOCK, DER BEWEGTE MANN und viele weitere.
[442] ŞENOCAK (1997): S. 55.

gegangen sei, um sich zu verändern. »Heute geht man nach Amerika.«[443] Wie es die Verstrickung zwischen Zuschreibung und Selbstbeschreibung schon andeutet, ist die erwünschte Veränderung alles andere als einfach. So zieht es ihn auch nicht einfach in eine bestimmte Metropole wie New York oder Los Angeles, sondern in die Prärie, wo es nur »Bäume und meilenweit unbebaute Erde« gibt. Wenn man sich verändern will, »muß man erst einmal die Orientierung verlieren«.[444] Später wird Sascha präziser, warum er gerade in Amerika die Orientierung verlieren müsse. Begriffe wie »Inländer« und »Ausländer« treffen für die Türken in der Bundesrepublik für die 1990er Jahre einfach nicht mehr zu. Sie haben kein Territorium, das ihnen gehört oder zu dem sie gehören. Wie bereits erwähnt, verläuft die Grenze zwischen dem Deutschen und Türkischen nicht mehr außen und sondern innen, durch den eigenen Körper. Und es sind politische Ereignisse und die mediale Berichterstattung darüber, die die Wirkmächtigkeit und Kommunikation dieser innen liegenden Grenzen steigern. Die Migration nach Amerika erfolgt auch, um dieser inneren Spannung zu entkommen.

> In Amerika konnten mich die Ereignisse nicht mehr einholen. In der Türkei, ich hatte es auch dort einmal versucht, war mir die Flucht mißlungen, da die Türkei, wie Italien, ein unbedeutender Ort in Deutschland ist. Täglich werden die Grenzen zwischen der Türkei und Deutschland von Tausenden von Menschen aufgehoben. Bei diesen Aktivitäten zwischen zwei Ländern verlagern sich die Grenzen nach innen. In jedem menschlichen Körper gibt es einen Grenzverlauf, der mit den Staatsgrenzen korrespondiert. Diese Grenzen werden dort für immer aufgehoben. Man wird sie weder durch Staatsverträge noch durch Gedächtnisschwund los. Wenn Sie Deutschland meiden wollen, müssen Sie die Türkei loswerden und umgekehrt.[445]

Sie kommunizieren miteinander, doch ihre Form der Kommunikation ist nicht kompatibel mit den Anfragen aus den Redaktionen, wenn sie auch in Beziehung zu ihnen steht. Würde der Erzähler gebeten, über »interkulturelle Geilheit« zu berichten, müsste er vielleicht gar nicht in die amerikanische Prärie auswandern. Wie im ersten analytischen Kapitel dieses Buches geht es wieder nicht darum, wirklich Amerikaner werden zu wollen, wenngleich die Vereinigten Staaten hier als Orientierung erneut ins Spiel kommen. Es geht aber auch nicht darum, Amerika in sozialstruktureller oder konsumistischer Form nachzuahmen, wie

---

443 Ebd., S. 68.
444 Ebd., S. 69.
445 Ebd., S. 73. Retrospektiv fügt der Erzähler im dritten Band der Tetralogie einen weiteren Grund hinzu, der die implizite kulturelle Spannung um eine narrative ergänzt: Er sei nach Amerika gegangen, weil Deutschland »ein Land von Märchenerzählern und Bittstellern geworden« sei. Im Unterschied zu anderen erfolgreichen Kollegen könne er sich zudem an seine eigene Herkunft nicht gut erinnern. Siehe hierzu: ŞENOCAK (1998): S. 129.

es noch Örens Niyazi in den 1970ern tat. Denn für Şenocaks Ich-Erzähler ist die amerikanische Prärie ein Raum ohne Ort, von dem er sich erhofft, sich dort selbst jenseits des Türkischen und Deutschen begegnen zu können.

Während in den 1970er Jahren durch Waren und Produkte wie Auto, Fernseher und echten Whiskey die kulturelle Koordination klar markiert ist, steht im Zentrum von Şenocaks Text die Kommunikation, nach innen wie nach außen, die ganz ohne soziale Beziehungen natürlich nicht möglich ist. In *Der Mann ohne Unterhemd* hält der Erzähler am Ende zum eigenen Lebenslauf fest, dass er mit sieben Jahren zusammen mit vielen anderen gebetet habe. In der Moschee war es »laut, staubig« und es »roch nach Schweiß«. Zu dieser Zeit las er Robinson Crusoe und »wunderte [sich] darüber, wie dieser Mann es ganz einsam auf einer Insel ausgehalten hatte, ohne zu sterben«.[446] Doch ist er in den USA auch nicht wirklich allein. Dort lernt er die Kneipenwirtin Sue kennen, mit der er eine sexuelle Beziehung eingeht, für die er ihr manchmal sogar Geld gibt.

Sein eigenes Geld verdient er als *writer in residence* irgendwo im Norden der USA. Außerdem lehrt er amerikanischen Studierenden deutsche Literatur und deutsche Sprache. Dabei fragt er sich, wofür amerikanische Studierende in dieser Prärie eigentlich Deutsch lernen. Er weiß wenig über Sue, verliebt sich aber trotzdem in sie, weil die Distanz zwischen ihnen stimmt und sie seinem Körper Luft zum Atmen gibt: »Sie hat Stellen an mir entdeckt, die mir unbekannt waren. Ich spüre ihren Atem, wie er sich mit meinem vermischt, ohne daß einer von uns erstickt.«[447] Zwischen ihm, Sue und den anderen Amerikanern entsteht eine Zone, in der es dem Erzähler gut geht. »Die Gelassenheit hier bedeutet mir sehr viel. In Deutschland habe ich nichts so sehr vermißt, wie diese gelassene Art.«[448] Eine Gelassenheit, sich in Gegenwart unterschiedlicher Menschen wohlzufühlen.[449] Trotz dieses Wohlbefindens unternimmt der Erzähler mit einem türkischen Bekannten aus New York und Sue eine Reise nach Istanbul, um seinen Vater zu

---

446 ŞENOCAK (1995): S. 137.
447 ŞENOCAK (1997): S. 84f. Ähnlich schildert der Autor Selim Özdoğan den Sex seines deutsch-türkischen Ich-Erzählers mit seiner deutschen Freundin in seinem Roman *Mehr* (1999): »Später war ich völlig außer Atem, mein Hals war trocken, wahrscheinlich hatte ich doch noch geschrien, wir lagen da und kamen langsam wieder zur Besinnung. Haut an Haut, angenehm ineinander verknotet, mit pochenden Herzen, die sich langsam beruhigten, unsere Gerüche, die sich zu einem vereint hatten.« Siehe hierzu: ÖZDOĞAN, Selim (1999): *Mehr*, Berlin: Aufbau, S. 20. Genauso wirkt es auf den Zuschauer, wenn Cem aus APRILKINDER das erste Mal mit der deutschen Prostituierten Kim in ihrem Zimmer im Bordell sexuell verkehrt. Siehe hierzu: YAVUZ (1998).
448 Ebd., S. 80f.
449 Siehe hierzu: GORDON, Milton (1964): *Assimilation in American Life*, Oxford: Routledge, S. 69.

besuchen. Der Ich-Erzähler hält davon nur einen einzigen Dialog mit Sue fest. Sue findet die Stadt so furchtbar wie Los Angeles, wobei Istanbul noch etwas »dunstiger« sei. Er ärgert sich darüber, wie sie eine zweitausend Jahre alte Stadt derart mit L.A. vergleichen könne. »L.A. ist eine Mißbildung. Kann man in L.A. vielleicht so gut träumen wie hier?« Sue entgegnet, dass sie abreisen werde. Er komme »natürlich mit«, ohne sie bleibe er nicht hier, »ich weiß gar nicht, warum ich hier bin«. Weder seine türkische Staatsbürgerschaft noch sein Vater, der Grund für die Reise, spielen in diesem Dialog eine Rolle.

Warum? Die Antwort des Erzählers ist verwirrend. Denn kaum ist er zurück in den USA angekommen, wacht er aus einem Traum auf. Hinsichtlich der Beschreibungsfolge wird zwischen Realität und Traum nicht unterschieden, und auch die nachfolgenden Sätze liefern keine Anhaltspunkte. Wenn wir davon ausgehen, dass der Istanbul-Trip ein Traum war, wirkt dieser doch so sehr nach, als sei der Ich-Erzähler wirklich weg gewesen. Was Traum ist, was Einbildung und was äußere Realität, ist in diesen Passagen nicht zu entscheiden. Auf jeden Fall braucht der Erzähler eine Weile, um sich wieder an den alltäglichen Rhythmus in den USA zu gewöhnen – an die Gelassenheit.[450] Doch selbst als er sie wiedergefunden hat, ist er irritiert. Auf dem Nachhauseweg vom College fragt sich der Ich-Erzähler, »was mir hier fehlt, um mich hier zu Hause zu fühlen. Mut, Trieb, Lebenswille?« Obwohl das Leben in der eigenen Haut mit Sue gut war und ist, habe er sich dafür doch das »Jagen abgewöhnt«. »Vielleicht sollte ich jetzt zu den Tieren, um meine verlorenen Instinkte wiederzuerlangen.«[451] Sein deutscher Redakteur ruft an und fragt, ob er nicht Türken in den USA zu Mölln interviewen könne. Er gibt dem Redakteur eine *unerhörte* Antwort, woraufhin dieser auflegt. Nach Niklas Luhmann ist der Exklusionsbereich in einer Gesellschaft »vor allem an der Unterbrechung von Reziprozitätserwartungen zu erkennen«.[452]

Sascha wird trotzdem nach Deutschland zurückkehren. Diese letzte widersprüchliche Konstellation erzählt aber nicht mehr er selbst, sondern sein amerikanischer Autor, der sich erst gegen Ende des Romans dem Leser zu erkennen gibt, weil er ein Problem mit seiner Erzählung bekommt, denn »Sascha hat sich selbstständig gemacht«.[453] Er befürchtet, dass Sascha, mitunter weil er die »langweilige« deutsche Sprachwissenschaftlerin Marianne in der Bibliothek kennenlernt, mit ihr nach Deutschland zurückkehren wird. Dabei wähle man gerade deshalb einen amerikanischen Autor, um Identitätskonflikte zu vermeiden, wie der neue Erzähler konstatiert. Denn jeder, der wie Sascha »hierherkommt, trägt

---

450 ŞENOCAK (1997): S. 82.
451 Ebd., S. 85.
452 LUHMANN (1998): S. 623.
453 ŞENOCAK (1997): S. 93.

eine unerträgliche Spannung in sich«.⁴⁵⁴ Trotz der integrativen Gelassenheit und Soziabilität, die Sascha in der amerikanischen Provinz und Prärie kennenlernt, entgleitet er seinem Erzähler. »Saschas Glanz und Elend als Figur hing früher von seiner Zugehörigkeit ab. Seit er sich abgesetzt hat, hat er niemanden mehr um sich, der seiner Sprache vertraut.«⁴⁵⁵ Dem amerikanischen Autor fehlt der Schluss: »Sascha lässt sich irgendwie nicht beenden«.⁴⁵⁶

Im letzten Kapitel »Der Übersetzer« aus *Die Prärie* stellt der amerikanische Autor einen Kollegen mit dem Kürzel A. C. vor, der kreatives Schreiben am College unterrichte. Da ihm seine Gedichte so gut gefielen, habe er ein Kapitel aus dessen Gedichtband *Holzwege* übersetzt. Das letzte Gedicht handelt vom Traum eines Jungen, der sich in seinem Zimmer eingesperrt hat und die Wand anstarrt.

> Dort hat er die Weltkarte aufgehängt
> und wartet darauf,
> daß sich jemand verläuft
> zu ihm.⁴⁵⁷

Während *Die Prärie* damit begann, dass der Erzähler nicht mehr in seine Wohnung kommt, endet der Roman damit, dass jemand mit einer Weltkarte an der Wand auf einen Fremden wartet.⁴⁵⁸ Wie in Özdamars Romanen, in Çetins Film und vielen anderen Erzählungen dieser Dekade kommen hier der Schwelle und der Referenz »Welt« Schlüsselpositionen zu. Es geht um einen neuen Kontakt, um eine neue Form der Soziabilität jenseits kultureller Zuschreibungen und um die Skizzierung

---

454 Ebd., S. 102. Von dieser Spannung berichtet auch der Erzähler in Örens Roman *Berlin Savingyplatz*: Er erkennt sie für sich und seine fiktive Figur Ali Itir ebenfalls. Denn beide versichern ihren wechselnden deutschen Gegenübern von Dr. Anders bis Elfie, dass sie nicht die seien, die sie in ihnen sähen. Nach diesem Bruch der Reziprozität, leitet Ören seinen Roman mit den rätselhaften Sätzen ein, dass er (wer auch immer) den Mut aufgebracht habe, »die Bedeutung der geheimen, undankbaren Aufgabe [...] unzweifelhaft« auf sich zu nehmen. Doch trotz einer Aufgabe »war sein Verhalten dadurch nicht ruhiger, sondern eher hektisch geworden«. Siehe hierzu: ÖREN (1995): S. 11.
455 ŞENOCAK (1997): 98.
456 Ebd., S. 103. Vgl. ZAIMOĞLU (1997); AKIN (2003).
457 ŞENOCAK (1997): 112.
458 Interessanterweise stellt sich auch Martin Heidegger 1950 in seiner Textsammlung *Holzwege*, auf die Şenocak implizit Bezug nimmt, für die Öffnung seiner Theorie den Gegenwartsfragen der Technik und Globalisierung. Der Begriff und Titel der Sammlung steht nach dem Autor selbst für neue Wege, die im sprichwörtlichen Sinne zwar in die Irre führen, »aber sie verirren sich nicht«, sie führen zu einer Begegnung. Siehe hierzu: HEIDEGGER, Martin (1950): *Holzwege*, Frankfurt a. M.: Klostermann. Siehe auch: DER SPIEGEL (1950): »Philosophie – Heidegger. Rückfall ins Gestell«. In: DER SPIEGEL, 06.04.1050, S. 35f.

eines neuen postnationalen Bürgers. Mit dem Konnex von Türschwelle und Welt wird hier gegen nationale und kulturelle Fixierungen das Menschsein angerufen, die auf den Bedarf einer »intensified world-level interaction« verweist. Diese ist zugleich auch die Grundlage für die Reflexionen Soysals für eine »postnational membership«.[459]

In seinem 1994 veröffentlichten Essayband *War Hitler Araber?* erläutert Zafer Şenocak anhand einer Passage aus Salman Rushdies *Die Satanischen Verse*, wie sich das multikulturelle Leben verwirklichen lässt. Rushdie skizziert in seinem Roman ein von Migration geprägtes London, in dem sich neuartige Kontakte ergeben. »Freunde fangen an, einander spontan zu besuchen ohne sich vorher anzukündigen. Seniorenheime werden geschlossen, die Großfamilie gefördert. Schärfer gewürzte Speisen kommen auf den Tisch. In englischen Toiletten wird sowohl Wasser als auch Papier benutzt.«[460] Die Übernahme familiärer und freundschaftlicher Verhaltensweisen, mitunter auch die körperhygienischen Praktiken von Zugewanderten werden in den 1990er Jahren immer wieder thematisiert.[461] Außerdem sehen die damaligen Integrationstheorien, ob transnational oder multikulturell, Integration als einen global vernetzten oder wechselseitigen Prozess an, der sich von den Ansprüchen und Erwartungen der Assimilation gelöst hat

---

459 SOYSAL (1994): S. 144.
460 ŞENOCAK, Zafer (1994): *War Hitler Araber? Irreführungen an der Rand Europas*, München: Babel, S. 25.
461 Siehe hierzu: HUNN (2005): S. 546. Beispielsweise schreibt die Journalistin Dilek Zaptcıoğlu, die zwischen den Jahren 1988 und 1998 Deutschlandkorrespondentin der türkischen Tageszeitung *Cumhuriyet* war, dass »zu hoffen [ist], dass manche menschlichen Werte der vorkapitalistischen Welt, die [die Türken] [...] mitgebracht und ihren Kindern weitergegeben haben, wie Gastfreundschaft und Respekt vor den Älteren, wie Solidarität mit den Schwachen und Benachteiligten [...] nicht verloren gehe«. ZAPTCIOĞLU, Dilek, in: *Der Tagesspiegel*, 20.06.1993, zitiert nach ebd. Einem vergleichbaren Credo folgten auch die Interkulturellen Wochen in den 1990er Jahren. Im Zentrum der Wochen stand beispielsweise in Jena und in Erfurt der Gedanke, über dargestellte und beim Essen, tanzen und Fußball spielen gelebte Multikulturalität die Stadt und seine Bevölkerung »weltoffener« zu machen. Paradigmatisch dafür ist vielleicht die Aussage der Erfurter Märchenerzählerin Gisela Zimmermann, die in den 1990er Jahren bei den Interkulturellen Wochen auf dem Erfurter Anger Märchen aus aller Welt in einer Straßenbahn erzählte. Sie verband damit einen besonderen kulturellen Auftrag. »Das Wahrnehmen der Elemente um uns herum ist so heilsam. Leider geht die Fähigkeit hierzu in der zivilisierten Welt mehr und mehr verloren. Die Afrikaner können das noch. Darum brauchen wir diese Kultur, um wieder heil zu werden.« Siehe hierzu: LANDESBEAUFTRAGTE FÜR AUSLÄNDERFRAGEN DES FREISTAATS THÜRINGEN (1995): *... und sie feierten vierzig Tage und vierzig Nächte lang. Märchen aus aller Welt in einer Straßenbahn auf dem Erfurter Anger erzählt*, In: Offene Grenzen. Offener Sinn. Fünf Jahre der ausländischen Mitbürger in Thüringen, dokumentiert von Elisabeth Garbe, Stadt Erfurt, S. 122–123.

4.4 »Nicht aus der Haut kommen können« oder die Unmöglichkeit des »third space«

– dessen klare gesellschaftliche Rahmungen dadurch jedoch auch verloren gegangen sind. So gibt es für die Transnationalisten und Multikulturalisten auf die zentrale Frage der Integration (wohinein integrieren?) schon allein deshalb keine Antwort, weil die globalisierte Welt von einem gleichzeitigen Hier und Dort geprägt ist.[462] Ein Konzept, das nur auf der Verbindung von Hier und Dort oder auf einer Logik des Sowohl-als-auch basiert, ist letztlich unbrauchbar.[463] Wie in Özdamars Literatur fungiert hier die Ironie als Trope, durch die mit einer immer wieder eintretenden Verstellung (*dissimilatio*) auf ästhetischem Weg eine ›Wendung‹ ins Unbestimmte erreicht werden soll. Diese Unbestimmtheit ergreift auch konkrete soziale Interaktionen: Bei Rushdie heißt es zwar, dass schärfere Speisen im multikulturellen London auf den Tisch kommen, aber wie in vielen anderen Produktionen der 1990er Jahre wird das gemeinsame Essen dann nicht beschrieben; oder es wird begonnen, aber nicht beendet. Das Beisammensitzen am Tisch ist in den 1990er Jahren niemals frei von Störung.

Wie in Zafer Şenocaks Romanen der 1990er wird auch in Emine Sevgi Özdamars *Das Leben ist eine Karawanserei* nicht drinnen gewohnt. Bei beiden Autoren gibt es zwei Türen, die von außen nach innen und von innen nach außen führen. Und beide entkoppeln auf eine spezifische Art die Migration von der Integration und unterminieren die Unterscheidung von Fiktion und Realität. Dies soll ein »Fiktivitätsbewusstsein« dafür schaffen, dass die Realität eigentlich anders ist als man meint oder sie wahrnimmt.[464] Grundlage ist bei beiden Autoren eine unbestimmbare, sich entziehende Erzählerfigur. Es ist ebenso unmöglich, vor die Geburt zu treten, wie in Şenocaks Roman den eigentlichen Erzähler auszumachen: Ist es Sascha, ist es der amerikanische Autor oder ist es am Ende der Auftragnehmer eines deutschen Chefredakteurs? Einen »unmarked space«, von dem aus alles beobachtet werden kann, was geschieht, gibt es nicht. Bevor der amerikanische Autor auftritt, hält einer der Erzähler in Şenocaks Roman fest, dass er von einem Versteck aus alles beschreibe und »keiner geregelten Arbeit«[465] nachgehe. Die Großmutter aus Özdamars Roman würde an dieser Stelle fragen, wie er es denn schaffe, ohne geregelte Arbeit zu überleben. Doch sozialstrukturelle Fragen spielen bei Şenocak kaum eine Rolle. Vielmehr geht es in seiner insgesamt erzählerisch labyrinthartigen Tetralogie – mit Ausnahme von *Gefährliche Verwandtschaft* – mit den zentralen Themen der Körperlichkeit, der Beziehung

---

[462] Siehe hierzu: GLICK-SCHILLER (1994) und FAIST (2000).
[463] Siehe hierzu: LANGENOHL/RAUER (2011): S. 10.
[464] Siehe hierzu: WIRTH (2017): S. 18.
[465] Ebd., S. 91.

zwischen den Menschen, besonders zwischen Mann und Frau, um die universell-menschliche Rahmung seiner kulturellen Unbestimmtheit.[466]

Niklas Luhmann hat die moderne Gesellschaft als ein Labyrinth beschrieben, in dem ein Beobachter nur beobachten kann, was der andere beobachtet. Auf ganz ähnliche Weise wechseln in Şenocaks Roman die Erzählerpositionen, nur dass dabei die Differenz zwischen einer Beobachtung erster und zweiter Ordnung fehlt. Dasselbe passiert in *Berlin Savignyplatz* von Aras Ören, in dem eine alte Figur anders neu erzählt wird und der Ich-Erzähler selbst viele Positionswechsel vornimmt, ohne dabei wirklich aus seiner Haut herauszukommen. Denn Ali bleibt ihm bis zum Schluss auf den Fersen, so wie das Türkische und Deutsche bei Sascha stets im Spiel bleiben. So ist das Beobachten der Beobachtung bei Şenocak von einem Spiel geprägt, das unklar werden lässt, was genau passiert. Trotz der Dominanz des öffentlichen Raums, der Schwelle und der Mobilität gibt es in der *Prärie* keine realistische Passage, weil sich die Akteurinnen und Akteure nie lange dort aufhalten. Bei Şenocak, Özdamars Romanen der 1990er Jahren und in Örens *Berlin Savignyplatz* üben Sprache und Literatur eine verfremdende, verstellende und performative Funktion aus. Sie sammeln Wörter und Sätze und stellen den Schreibprozess in den Vordergrund.[467] Die Heimat oder die verlässlichste Referenz von Şenocaks Erzähler ist kein Haus, keine Wohnung, kein Land, keine Straße, keine Frau, sondern ein Notizheft, das er von Veronika geschenkt bekommen hat: »Meine Gedanken haben jetzt ein Zuhause. Da macht es mir nicht mehr so viel aus, daß ich selbst kein Zuhause habe«.[468] Um den Mangel an verlässlichen Referenzen[469] auszugleichen, setzt Şenocaks wie Özdamars Poetologie auf das Surreale. In Özdamars erstem Roman spricht die Großmutter den Leitsatz der öffentlichen Begegnung aus; das poetologische Konzept Şenocaks wird mit den Worten des türkischen Großvaters wiedergegeben.[470] Es zeugt von einem Misstrauen gegenüber gesichertem, positivistischem Wissen und gegenüber dem, was man »alltägliche Realität« nennt:

> Von meinem Großvater, dem ich meinen türkischen Nachnamen und somit meinen Status als Islamkenner verdanke, wird folgender Gedanke überliefert: »Wenn man ein Wort nicht kennt, soll man nicht nur in ein Lexikon schauen, sondern auch aus dem Fenster, besser

---

466 Darum geht es auch in Örens *Berlin Savignyplatz*. Siehe hierzu: ÖREN (1995).
467 Siehe hierzu auch: PAZARKAYA (2000): S. 19.
468 ŞENOCAK (1997): S. 10.
469 Leslie Adelson nennt dies in Bezug auf Şenocaks Literatur auch »riddle of referentiality«. ADELSON (2005): S. 88.
470 Auch in Selim Özdoğans Roman *Mehr* spielt der türkische Großvater im Unterschied zu den Eltern eine besondere Rolle. Siehe hierzu: ÖZDOĞAN, Selim (1999): S. 9. Siehe auch: ÖZDAMAR, Emine Sevgi (1991): »Großvaterzunge«. In: dies.: *Mutterzunge*, Köln: Kiepenheuer & Witsch.

noch, man soll sich das Wort vor dem Schlafengehen dreimal aufsagen, denn im Lexikon steht nur seine lexikalische Bedeutung und nicht sein Lebenssinn, draußen kann man schon eher enträtseln, wozu ein bestimmtes Wort existieren darf, die endgültige Entschlüsselung von Sinn und Bedeutung aber liegt im Traum verborgen.«[471]

Sowohl Özdamar als auch Şenocak haben einen verfremdenden surrealen Zugang zum Multikulturellen gewählt, der versucht, eine andere Wirklichkeit aufzuzeigen, als die in den Debatten verhandelte multikulturelle Gesellschaft, die es womöglich nur in der Theorie gibt. Dieser Zugang ist besonders in Zeiten beliebt, in denen nach Ansicht vieler Autoren »the State takes reality into its own hands, and sets about distorting it«. Nach Salman Rushdie, auf den sich Şenocak in seinen Essays häufig bezieht, müsse man gegen die vom Staat erzeugte Realität »alternative realities of art« setzen, die in diesem Zusammenhang unbedingt als politische zu verstehen sind.[472] Wie eng die Ästhetik mit Fragen der Integration und Desintegration in Şenocaks Literatur zusammenhängt, zeigt sich bereits in der zweiten Erzählung »Das Haus« des ersten Bandes seiner Tetralogie *Der Mann im Unterhemd* (1995).

Die kurze programmatische Erzählung spielt in einem Haus, in dem alteingesessene Deutsche, unser Erzähler und eine Deutsch-Türkin wohnen. Der Ich-Erzähler unterhält sich oft mit der Deutsch-Türkin im Treppenhaus, die ihm allerdings unheimlich ist, weil sie sich vollkommen assimiliert hat. Das sei sie auch deshalb, weil sie ihre Eltern verlassen habe, obwohl diese »verhältnismäßig liberal« seien und ihr etwa eine Beziehung mit jedem Mann außer einem Deutschen zugestanden hätten. Doch im Fokus der Literatur und des Films stehen in den 1990er Jahren das Handeln gegen Vorstellungen, das Brechen von Regeln und Erwartungen und das Überschreiten von Grenzen.

> Melike brach die Lehre ab, zog vom Elternhaus hierher in die Donaustraße. Es war eine ungeheure Provokation, dass sie nur ein paar hundert Meter weiter zog, ohne das Viertel zu wechseln, in Atem- und Augennähe zu den Eltern, zu Verwandten und Bekannten. Sie war die erste, die von einem deutschen Freund verlassen wurde und aus Rache zwei deutsche Freunde verließ, die sich tödlich in sie verliebt hatten. Sie begann zu studieren. Da hatte sie schon die deutsche Staatsbürgerschaft angenommen und den Namen gewechselt.[473]

---

[471] ŞENOCAK (1997): S. 41.
[472] RUSHDIE, Salman (2010): *Imaginery Homelands. Essays and Criticism 1981–1991*, London: Vintage, S. 14.
[473] ŞENOCAK (1995a): S. 25. Tatsächlich ist die Einstellung der türkischen Eltern zum Auszug ihrer Töchter auch in den Debatten Anfang der 1990er Jahre ein Thema. Siehe hierzu: WIESSNER, Irina (1994): »Konservativ und manipuliert. Viele türkische Einwanderer können sich mit der deutschen Gesellschaft nicht identifizieren, der Einfluß der staatstreuen Medien ist groß. Plädoyer für nur eine Staatsbürgerschaft«. In: *taz*, 15.10.1994, http://www.taz.de/!1538443/ (11.07.2018).

Melike heißt nun Michaela, ist eine »Superdeutsche«, eine »unerträgliche Identität«.[474] Trotz des Konflikts zwischen Ich-Erzähler und Michaela, der sich am Assimiliert- oder Nicht-Assimiliert-Sein entzündet, sind sich beide hinsichtlich ihrer neuen Nachbarn, einer Gruppe von drei Männern, einig: Es sind »finstere Gestalten«, die unzivilisiert wirken.[475]

Sie kommen aus dem Osten des Landes, das sie beide vergessen möchten. Weder Michaela noch der Ich-Erzähler beschreiben, worin die neuen Nachbarn in Wirklichkeit unzivilisiert sind. Im Treppenhaus sagen sie nur: »›Das ist so üblich, dort wo die herkommen.‹ Wir streiten über den Namen der Provinz, wo keiner von uns war und von deren Menschen wir so viel wissen, oder sollte ich besser sagen: ahnen.«[476] Wenn einen Moment zuvor sich der Ich-Erzähler noch von Michaela distanzierte, fühlen sie sich angesichts der drei neuen Nachbarn einander zugehörig – weil ihre Eltern aus demselben Land eingewandert sind.

Treppenhäuser kommen auch in Fassbinders Filmen vor, besonders im oben besprochenen ANGST ESSEN SEELE AUF. Die Unterschiede zu Şenocaks Treppenhausszene sind bemerkenswert. Auf den ersten Blick fällt auf: Wenn in Fassbinders Film alteingesessene deutsche Frauen als Teil einer Mehrheitsgesellschaft über Frau Kutzer und ihren neuen marokkanischen Freund im Treppenhaus reden und beide sich beobachten, so sind es bei Şenocak nun die Minderheiten selbst, die diese Grenzen ziehen. Noch zwei weitere Unterschiede fallen auf: Fassbinder markiert die alteingesessenen deutschen Frauen Emmi gegenüber als kalt und unzivilisiert. Solche Szenen der Diskriminierung sind als Kritik an der bestehenden gesellschaftlichen Sozialstruktur zu verstehen. Treppenhäuser spiegeln bei Fassbinder gewissermaßen die Gesellschaft, von oben und unten.

In Şenocaks Treppenhaus gibt es keine Unterscheidung zwischen oben und unten oder zwischen Besitz und Nicht-Besitz. Wie in *Die Prärie* geht es auch hier um ein deplatziertes Verhältnis zwischen Innen und Außen, um die eigene Positionierung, die sich durch die Spiegelung in der assimilierten Deutsch-Türkin und den neuen türkischen unzivilisierten Nachbarn ergibt. Aspekte des Verhaltens und der Sozialstruktur treten zugunsten von ästhetischer Verfremdung, Vorstellung, Artikulation, Position und »unerhörtem« Erzählen oder Tun in den Hintergrund. Dennoch wird auch in Şenocaks Treppenhaus Kritik geübt. Er unterscheidet in dieser Passage – ähnlich wie damalige Theorien – zwischen Assimilation und individueller Desintegration und zeigt, dass selbst die ›überintegrierte‹ Akteurin

---

474 Ebd.
475 Als Motiv begegnet uns dieses gefährliche türkische Dreier-Kollektiv, das die deutsch-türkischen Individuen bedroht, auch in Emine Sevgi Özdamars Roman *Die Brücke vom Goldenen Horn* und in Fatih Akıns Spielfilm GEGEN DIE WAND.
476 ŞENOCAK (1995a): S. 30.

4.4 »Nicht aus der Haut kommen können« oder die Unmöglichkeit des »third space«

keineswegs frei von verallgemeinernden und diskriminierenden Aussagen ist. In seinem Hauptwerk *Die Gesellschaft der Gesellschaft* konstatiert Luhmann hinsichtlich Exklusion und Inklusion Ende der 1990er Jahre, dass heute Situationen typisch seien,

> in denen man erklären muß, wer man ist; in denen man Testsignale aussenden muß, um zu sehen, wie weit andere in der Lage sind, richtig einzuschätzen, mit wem sie es zu tun haben. Deshalb wird »Identität«, wird »Selbstverwirklichung« ein Problem. Deshalb unterscheidet die Literatur körperlich-psychische Existenz und »soziale Identität«. Deshalb kann man nicht eigentlich *wissen*, wer man ist, sondern muß herausfinden, ob eigene Projektionen Anerkennung finden.[477]

In dieser Konstellation ist die türkische Minderheit heterogen und widersprüchlich, die mit ihr verbundenen Akteure sind gemäß unterschiedlicher Vorstellungen Opfer und Täter zugleich. Dieses kritisch-differenzierende Potential in Şenocaks Treppenhaus-Szene wird noch deutlicher, wenn wir sie mit Bhabhas Treppenhausmetapher in *Location of Culture* von 1994 vergleichen. Denn Bhabha hält das Treppenhaus für die Grundlage der Entstehung des von ihm positiv besetzten »third space«.[478]

Das Treppenhaus als Metapher ist nach Bhabha eine »interstitial passage«, eine Zwischenräume bildende Einheit aus fixen Identitäten, die »opens up the possibility of a cultural hybridity that entertains difference without an assumed or imposed hierarchy«.[479] Die Begegnung im Treppenhaus versinnbildlicht für ihn weder soziale Hierarchie noch neue komplexe Grenzziehungen oder Bedrohungen, sondern die Möglichkeit des »Hin- und Hergehens« der Bewohner. Sie sind nicht auf ein Schwarz- oder Weiß-sein fixiert, sondern in Bewegung.[480] Der Raum, die Bewegung und die Begegnungen im Treppenhaus ermöglichen ein »beyond of fixed identities« und verhelfen auf diese Weise hybriden Identitäten zum Ausdruck. Diese Möglichkeit deutet Şenocak im *Der Mann ohne Unterhemd* und in *Die Prärie* nicht an. Denn seine Akteure sind zwar auch in Bewegung und gehen hin und her, doch stehen sie dabei auch oft vor verschlossenen Türen und Räumen, in die sie nicht hinein- oder herauskommen, werden beobachtet und mitunter von »politischen Ereignissen« und Zuschreibungen »eingefangen«. Zudem werden sie selbst zu Tätern und Opfern von Diskriminierungen, die in Form einer Autokommunikation geschehen.

---

[477] LUHMANN (1999): S. 627, Hervorhebung im Original.
[478] Siehe hierzu: BHABHA (1994): S. 5.
[479] Ebd., S. 4.
[480] Ebd., S. 5.

Nicht nach »drinnen« oder nach »draußen« zu gelangen, führt bei Şenocak und Özdamar dazu, dass ihre Protagonisten nicht aus ihrer eigenen Haut herauskommen. Auch der Ich-Erzähler in Örens *Berlin Savignyplatz* verlässt in Erinnerung an Ali Itir die »Paris Bar« mit den Worten, dass er »staunend, schutzlos und neugierig hinaus in einen Raum [geht], in dem ich ein Fremder bin und dennoch nicht fremd«. Er wechselt dabei mühelos aus »Ali Itirs Zeit in eine andere Zeit«.[481] Tatsächlich verlässt er die Bar gar nicht – wie Şenocaks Erzähler auch womöglich gar nicht nach Istanbul gereist ist. Denn es folgt ein Gespräch mit seinem Bekannten Max, bei dem er den Eindruck hat, dass er ihm gar nicht zuhört.

Die Erzähler, Akteure und Akteurinnen der 1990er Jahre vermischen sich nicht, sie bilden kein stabiles Kollektiv hybrider Identitäten. Ören und Ali Itir sind getrennt, bleiben aber bezogen aufeinander. Melike (Michaela) und Şenocaks Ich-Erzähler beziehen sich auf- und trennen sich zugleich voneinander. Beide unterscheiden sich zudem von den neu zugezogenen Türken. Der Ich-Erzähler wendet sich nach der Erzählung »Das Haus« auch von Melike/Michaela ab und widmet sich in mehreren folgenden Erzählungen in *Der Mann im Unterhemd* der deutschen Figur Laura. Nicht die Konvertiten, die Assimilierten oder die vermeintlich Integrierten interessieren ihn, sondern die, die wie er selbst in ihrer Haut stecken bleiben. Lisa ist wie ihre Mutter und Großmutter eine deutsche Prostituierte, doch grenzt sie der Erzähler klar von ihren deutschen Vorfahren ab. Auch Feridun Zaimoğlu grenzt die ›Kanaken‹ in der *Kanak Sprak* und im Roman *Abschaum* vom »Schmuse-Ali« der ersten Generation ab, der sich vermeintlich angepasst hatte und immer still war, und vom integrierten »Abi-Türken« der zweiten Generation ab.[482] Die ›Kanaken‹, die Bastarde, die weder über Vaterland noch »Mutter Erde« verfügen, bilden für ihn die Grundlage einer ernstzunehmenden Integration. »Erst die Existenz nichtintegrierbarer Personen oder Gruppen läßt soziale Kohäsion sichtbar werden und macht es möglich, Bedingungen dafür zu spezifizieren.«[483] Der Ausgangspunkt für die Bestimmung der eigenen Position ist in den 1990er Jahren die Desidentifikation mit der gesellschaftlich zugeschriebenen eigenen Herkunft, um aus dieser Abspaltung heraus eine eigene Form der Identifikation und des Sozialen zu setzen. Dieses Anliegen und diese poetische Praxis stehen im Missverhältnis zu multikulturellen, transnationalen Theorien und zu Integrationsdebatten der 1990er Jahre, die Kultur oder internationale Mehrfachzugehörigkeiten einfach voraussetzen und nach den Grundlagen und Bedingungen

---

481 ÖREN (1995): S. 55f.
482 Siehe hierzu: ZAIMOĞLU (1997): S. 14.
483 LUHMANN (1999): S. 621.

ihres Überlebens fragen. In den ersten beiden Bänden von Şenocaks Tetralogie wird dies zunächst nur als Problem angezeigt. Man muss dieses Missverhältnis aber entfaltend aufzeigen, um darauf bauend zwischen eigen und fremd übersetzen zu können. Es ist für den öffentlichen Diskurs notwendig, aber auch für den Erzähler, Sascha Muhtesem, der sich in den Vereinigten Staaten von Amerika in seiner Haut zwar wohlfühlt, aber aus ihr auch nicht herauskommt und sich deshalb auch nicht integriert. So wie er sich zwischen der assimilierten Türkin und den Türken als Kollektiv nicht positionieren kann, braucht er eine über die eigene Haut hinausgehende integrierende ästhetische Erzählung, an der er sich mit dem dritten Band der Tetralogie *Gefährliche Verwandtschaft* versucht.

4.5 Anrufung der Welt statt *transcultural community*

In *Die Prärie* lebt ein Mann gewissermaßen auf der Schwelle, weil er sich nicht in seine Wohnung traut. Özdamars Protagonisten ergeht es ganz ähnlich; die besprochenen Romane beginnen und enden mitten in Zugfahrten. In Sinan Çetins BERLIN IN BERLIN ist die Schwelle, der Wohnungsflur der Türken in der neuen deutschen Hauptstadt, der Ort der Begegnung und des Überlebens zugleich. Und Yüksel Pazarkaya hält in seinen poetologischen Reflexionen *Odyssee ohne Ankunft* als seinen Ausgangspunkt fest, dass er von »nirgendsher gekommen« sei und »nirgendshin zurückkehren«[484] könne. Doch in eben dieser »Zwickmühle« besinnen sich das lyrische und epische Ich »auf einmal [ihrer] alten Jurte, die nichts anderes als Odyssee bedeutet. Der Weg als Zuhause? Das Zuhause des Nomaden ist der Weg.«[485]

Die Prärie in Amerika wird in Şenocaks Roman nicht zum dauerhaften Wohnort, obwohl sie den Erzähler weder an Deutschland noch an die Türkei erinnert. Daher bleibt die Frage des Wohnens im bisher bekanntesten Roman von Zafer Şenocak *Gefährliche Verwandtschaft* weiter ein wichtiges Motiv. Zu ihr gesellt sich aber als weiteres Motiv die Bedeutung der Übersetzung. Denn damit Spaltungen nicht bestehen bleiben, muss das im Inneren nicht zu lösende deutsch-türkische Verhältnis übersetzt werden. Durch diese Form der Übersetzung erweitert sich auch das surreal-poetologische Konzept. Zum Übersetzer wird nun der Ich-Erzähler selbst, während der amerikanische Erzähler, der die innere Spannung des türkeistämmigen Deutschen hätte aufheben sollen, verschwindet. Sascha

---

[484] PAZARKAYA (2000): S. 95.
[485] Ebd., S. 122.

definiert nun selbst den Sinn und die Funktion der Übersetzung im letzten Drittel von *Gefährliche Verwandtschaft*. Dabei muss er, wenn er

> eine Wahrheit erkennt, die nicht der Wahrheit der anderen entspricht, [...] sie für sich behalten. Gäbe er diese Wahrheit preis, würden sich die anderen nur über den schlechten Übersetzer ärgern. Ohne den Übersetzer würde die Welt an vielen Stellen auseinanderfallen. Durch ihn werden viele Nähte unsichtbar. Nur die, die zu nahe an den Nähten sind, spüren den Schmerz, das Jucken und Brennen an der Naht.[486]

Der Übersetzer reagiert also auf eine desintegrierte Welt, weil ein jeder seiner eigenen Wahrheit oder der seiner Gruppe nachgeht. Auch Wilhelm Heitmeyer geht in seinen Schriften zur Integration ab Mitte der 1990er Jahre von der Desintegration aus. Dort jedoch, wo Heitmeyer gegen das Bedrohungsszenario der Desintegration auf Integration, auf die Gesellschaft in einem größeren Zusammenhang setzt,[487] liegt für Şenocak die einzige mögliche Form der Bearbeitung von Differenz und der Entstehung sozialer Bindungen, von Soziabilität, in der Praxis der Übersetzung. Şenocaks Beschreibung sowie die Funktion der Übersetzung und des Übersetzers erinnern an die erfundenen Geschichten von der Straße der kleinen Ich-Erzählerin in Özdamars Roman.[488] Diese spezifisch ironisch gewendete Form der Authentizität macht deutlich, dass es je nach Perspektive und Gruppe unterschiedliche Wahrheiten gibt. Und der Erzähler muss erfinden, wenn er ein Weitersprechen unterschiedlicher Welten und Systeme für alle Beteiligten jeglicher Herkunft aufrechterhalten und nicht als Lügner vor dem einen oder anderen dastehen will.

Das Geheimnis dieses Übersetzungsprozesses liegt darin, dass er nicht genau das wiedergeben kann, was er gesehen oder gehört hat; und das muss der Übersetzer eigentlich für sich behalten. Doch gibt Sascha entgegen dieses Codex in der *Gefährlichen Verwandtschaft* dies nicht nur theoretisch zu, sondern Seiten später auch praktisch, indem er seine Operation sichtbar macht. Als er mit seiner neuen deutschen Freundin Marie[489] aus den USA zurückgekehrt ist, erhält Sascha Muhtesem wieder eine Anfrage aus einer Zeitungsredaktion. Dieses Mal soll er eine Reportage über die muslimischen Gebetshäuser in Berlin schreiben. Anders als noch in der Prärie lehnt der Erzähler diese Anfrage nun nicht ab. Und anders

---

486 ŞENOCAK (2009): S. 95.
487 Siehe hierzu: HEITMEYER, Wilhelm (1997): »Gesellschaftliche Integration, Anomie und ethnisch-kulturelle Konflikte«. In: *Was treibt die Gesellschaft auseinander?*, hg. v. dems., Frankfurt a. M.: Suhrkamp, S. 629–653.
488 Emine Sevgi Özdamars Ich-Erzählerin in ihrem zweiten Roman wird ebenfalls zu einer Übersetzerin: im Berliner Frauenwohnheim. Dort muss sie nicht nur zwischen Deutschen und Türken übersetzen, sondern auch zwischen Türken und Türken. Siehe hierzu: ÖZDAMAR (1998): S. 115.
489 Im Roman *Die Prärie* trägt die deutsche Freundin aus den USA den Namen Marianne.

als in der Prärie stellt er seine Eignung für diesen Auftrag nicht mehr in Frage. Ganz im Gegenteil sieht er es jetzt als seine Aufgabe an, »die Welt der Migranten, der Randgänger« zu beschreiben. »In der Welt, die ich zu beschreiben habe, ist man auf Instinkte angewiesen. [...] Meine Aufgabe besteht darin, diese Logik zu übersetzen.«[490] Es handelt sich also um keine gewöhnliche Übersetzung, die der Erzähler hier leisten will.

Sein persönlicher Eindruck der Berliner Moscheen ist, dass der Islam, wie er sich dort zeigt, »eine perfekte Glaubensgemeinschaft für Männer [sei], die ihr Leben lang nur Fußgeruch, Bärte und Sperma produzieren«.[491] Doch seine Reportage schlägt einen ganz anderen Ton an und eine ganz andere Richtung ein: Er fasst darin zusammen, dass die Moscheen in der Großstadt Berlin sich aus Gebetshäusern zu sozialen Einrichtungen entwickelt hätten. Sein Fazit lautet daher: Die Moscheen »sind muslimische Häuser und deutsche Vereine zugleich. Sie beanspruchen einen Platz in der Mitte dieser Gesellschaft«.[492] Seinen eigenen Titelvorschlag »›Freitags zum Beten, Sonntags zum Tischtennis‹« ändert die Redaktion zwar in »›Bedrohen Muslime den Kiez?‹« und setzt als Hintergrundbild fälschlicherweise die Kuppel der Berliner Synagoge, doch der Inhalt bleibt so, wie er ist. Was genau die Reportage über die Entwicklung und das Soziale im Leben der Moschee und der Türken in Berlin berichtet, erfahren wir als Leser des Romans *Gefährliche Verwandtschaft* nicht.[493] Wir wissen über den Übersetzer und die Redaktion nur, dass unterschiedliche heterogene Vorstellungen über den Islam bestehen: für den Übersetzer ist er eine Religion für Männer; für die deutsche Redaktion eine Gefahr für die Gesellschaft. Auch der Verweis darauf,

---

490 ŞENOCAK (2009): S. 94.
491 Ebd., S. 110.
492 Ebd., S. 112.
493 Im Zentrum der Arbeiten zur Entwicklung des Islam in Deutschland stehen von Mitte der 1990er bis Anfang der 2000er Jahre zum einen die Entstehung und Entwicklung islamischer Vereine in der Bundesrepublik, zum anderen und sehr prominent die individuelle Interpretation der Religion. Zum zweiten Punkt merkt Levent Tezcan an, »dass die Thematisierung des Islam weitgehend im Rahmen der Fragestellung erfolgt, wie er im Verhältnis zur Moderne zu positionieren ist«. Siehe hierzu: TEZCAN, Levent (2003): »Das Islamische in den Studien zu Muslimen in Deutschland«. In: *Zeitschrift für Soziologie*, Jg. 32, Heft 3, Juni 2003, S. 237–261, hier S. 237. Siehe zu den Analysen der Vereine: SCHIFFAUER, Werner (2000): *Die Gottesmänner. Eine Studie zur Herstellung religiöser Evidenz*, Frankfurt a. M.: Suhrkamp. JONKER, Gerdien (2002): *Eine Wellenlänge zu Gott. Der ›Verband der islamischen Kulturzentren in Europa‹*, Bielefeld: transcript. SEUFERT, Günter (1999): »Die ›Türkisch-Islamische Union‹ (DITIB) der türkischen Religionsbehörde. Zwischen Integration und Isolation«. In: *Turkish Islam and Europe. Türkischer Islam und Europa*, hg. v. Günter Seufert, Jacques Waardenburg, Stuttgart: Steiner, S. 261–265.

dass die Moschee für einen sozialen Ort steht, wirkt in diesem Zusammenhang wie eine weitere Zuschreibung, wie eine weitere referenzlose Konstruktion, denn die Beschaffenheit und die Bedingungen dieses Ortes werden nicht näher ausgeführt. Im Vordergrund dieser literarischen Einbettung einer gesellschaftspolitischen Kommunikation steht eine ironische Reaktion. Einzig, dass es sich bei der Moschee um einen eingetragenen Verein handelt, lässt sie Assoziationen aufkommen, dass neben dem Gebet dort wahrscheinlich auch Tischtennis gespielt wird.

Indem die Reportage von der Religion zum Verein wechselt, vermittelt sie zwischen den beteiligten Parteien, zwischen Türken und Deutschen, was sich auch als Übersetzungsleistung deuten lässt. Damit verweist der Autor Sascha auf eine postnationale Citizenship, auf die bereits skizzierte Denizenship, die Soysal ins Zentrum ihrer These der Integration als Inkorporation Anfang der 1990er Jahre gestellt hatte.[494] Die nationale Staatsbürgerschaft gehört nun der Vergangenheit an. Maßgeblich für die Integration sind nun transnationale Verbindungen in Form von Körperschaften. Doch ist dies nur die eine Seite der Übersetzung. Die andere schafft eine »unerhörte« Verbindung zwischen spermaproduzierenden Männern und sozialer Einrichtung. Da fragt sich der nach Authentizität und Identifikation verlangende Leser doch, warum nicht erklärt wird, warum gerade der Islam eine Religion für Bärte und Sperma produzierende Männer ist. Nach Saschas eigenem, oben dargelegtem Verständnis wäre er ein »schlechter Übersetzer« würde er diese »Wahrheit« preisgeben. Seine Einschätzung des Islam würde den multikulturellen Erwartungen der Mehrheit zuwiderlaufen und die Grenzen von Religion und Kultur auf Fragen von Geschlecht und Körper reduzieren. Aus Inklusion würde Exklusion werden. Denn wo es auf die Körper ankommt, verlieren »symbolische Mechanismen [...] ihre spezifische Zuordnung«.[495] Bedürfnisbefriedigungen würden freigesetzt und »unmittelbar relevant werden«. Aber genau auf diesem Wege, über den Körper werden in Literatur und Film der 1990er Jahre der Inklusions- und Exklusionsbereich der Gesellschaft als heterogene Ordnungen zusammengebracht. Die Übersetzung ermöglicht das Weitersprechen als Bindung von innen und außen, so prekär ihre Bedingungen auch sein mögen.

Hätte sich der Erzähler in *Gefährliche Verwandtschaft* dazu entschlossen, seinen persönlichen Eindruck mitzuteilen und ihn anhand von sozialen Praktiken auszubuchstabieren, hätte er eine transkulturelle Pointe gesetzt, die die Idee der postnationalen Bürgerschaft tatsächlich in eine a-nationale Konstellation überführt hätte. Denn nicht nur türkische Männer produzieren Sperma, Fußgeruch und Bärte, sondern auch deutsche, jüdische und alle anderen Männer auf dieser

---

[494] SOYSAL (1994): S. 3.
[495] LUHMANN (1997): S. 633.

Welt. Religion wäre dann eine allgemeine Körper- und Geschmacksfrage. Für Pierre Bourdieu zeigt gerade der Geschmack die kulturelle Integration in eine Gesellschaft an.[496] Şenocaks Sascha deutet eine solche Bindung von Körpern unterschiedlicher nationaler Herkunft über die Kategorie des Geschmacks natürlich nur an, er führt sie nicht aus. Geschmack und Praktiken interessieren Sascha nicht, sondern der ästhetische Bruch und die damit einhergehende produktive – ein Weitersprechen initiierende – Provokation, wie sie für viele ästhetische Produktionen der 1990er Jahre gilt. So verbindet Sascha etwa das Deutsche mit dem Türkischen über das Jüdische bzw. das Thema des Genozids.

In den 1980ern kam die Autorin Aysel Özakın in ihrer Literatur auf ihren Lesereisen einfach nicht dazu, als Literatin aufzutreten und ihre Texte als solche vorzutragen. Immer musste sie über die vermeintlich kulturelle Realität der Türken und der türkischen Frau in Deutschland sprechen. Es waren mitunter diese Umstände, die zu ihrer Emigration von Deutschland nach England Ende der 1980er führten, wo sie bis heute lebt. Bei Şenocak ist die Abfolge umgekehrt.[497] Viel erfahren wir über seinen literarischen und theoretischen Zugang, viel über unterschiedliche Vorstellungen oder von Reflexionen, was Übersetzung ist, doch kaum etwas über die soziale Disposition der türkischen und der deutschen Seite.[498] Sie wird mit dem Titel *Beten und Tischtennis-Spielen* als soziale Praktiken nur angedeutet.

Die lose Kopplung von biologischen und abstrakten Körpern (Vereinen) lädt jedoch zu einer zugleich existenziellen und allgemeinen Beobachtung von Integration ein, die das Ziel des Übersetzers schlechthin ist, um die oben zitierten Nähte der Welt unsichtbar zu machen. Saschas Fokus auf den Körper ermöglicht uns, eine solche Perspektive auf diese allgemeineren Fragen einzunehmen. Neben Religion und Mehrheitsgesellschaft wird der Körper in den 1990er Jahren zur dritten Kategorie der Integration. Diese Überführung von einer dichotomischen Zweier- zu einer Dreierkonstellation ist das eigentliche Sujet in *Gefährli-*

---

496 Siehe hierzu: BOURDIEU, Pierre (1982): *Die feinen Unterschiede. Kritik der gesellschaftlichen Urteilskraft*, Frankfurt a. M.: Suhrkamp.
497 Die Umstände unter denen Aysel Özakın in Deutschland geschrieben und ihre Lesereisen unternommen hat, haben sie nach eigener Aussage dazu gebracht, die Bundesrepublik Ende der 1980er Jahre Richtung England zu verlassen, zur gleichen Zeit als die fiktive Figur in Şenocaks Tetralogie Deutschland nach Amerika in die Prärie geht. Özakın ist im Unterschied zu Şenocaks fiktiver Figur Sascha Muhtesem nicht mehr zurückgekehrt. Siehe hierzu: WIERSCHKE (1996): S. 142.
498 Auch Selim Özdoğan skizziert seinen Erzähler, einen Endzwanziger mit türkischem Hintergrund, in seinem Roman *Mehr* als jemanden, der »aufs Schreiben verfallen« ist, »weil er keine Lust [hatte] zu arbeiten und ein nützliches Mitglied dieser [der deutschen] Gesellschaft zur werden«. Siehe hierzu: ÖZDOGAN (1999): S. 31.

che Verwandtschaft. Denn für Sascha liegt die eigentliche Frage der Integration in der Bundesrepublik nicht im Verhältnis zwischen Islam und Ankunftsgesellschaft, wie es in den 1990er Jahren national und international zunehmend unter die Lupe genommen wird. Nilüfer Göle, Reinhard Schulze, Sigrid Nökel, Werner Schiffauer, Günter Seufert und Gritt Klinkhammer interpretieren in den 1990er und beginnenden 2000er Jahren – im Unterschied zu Wilhelm Heitmeyer – den neu entstehenden Islam der zweiten Generation in Deutschland oder der gleichaltrigen Generation von Türkinnen und Türken in der Türkei als eine emanzipatorische moderne Bewegung.[499] Grundlage ist nach den Forschern dafür der öffentliche Raum, in dem sich die zweite Migranten-Generation artikuliert und anhand von selbst erworbenem Wissen über ihre Religion selbst bestimmt, was sie ist. Dabei gilt als öffentlicher Raum alles, was nicht privat ist (Schule, Arbeitsplatz, öffentliche Plätze). Interessanterweise wollen diese Forschungen auch Privates und Öffentlichkeit verschieben,[500] wobei sie sich dabei ausschließlich auf die Individuen und nicht auf die veränderten sozialen Strukturen konzentrieren.[501] Diese Perspektive soll die integrationsspezifische Unterscheidung zwischen Mehrheit und Minderheit auflockern und die eigentlich gemeinsame Kultur hervorheben. Ein bestimmtes Verhältnis zwischen Mehrheiten und Minderheiten hat auch Şenocaks Übersetzer nicht im Sinn, denn sonst hätte er seine Form der Übersetzung nicht offengelegt. Für ihn verfestigt die Unterscheidung von Mehrheit und Minderheit, von Religion und Gesellschaft, dichotomische Zuschreibungen und Wahrheitsansprüche.

Wie Homi Bhabha versucht auch Şenocaks Übersetzer fixierte, bipolar zueinander ausgerichtete Identitäten aufzubrechen und Kultur auf eine allgemeine Ebene zu heben. An einer Stelle hält Şenocak fest, dass es in ästhetisch-kultureller Hinsicht in Wirklichkeit nur eine einzige Kultur gebe – die jedoch erschrie-

---

[499] Siehe hierzu: GÖLE (1995); HEITMEYER (1996); SCHULZE (1996); SEUFERT (1999); NÖKEL (2001); SCHIFFAUER (2002).

[500] Siehe hierzu: NÖKEL, Sigrid (2001): S. 145.

[501] Tatsächlich ist die »Stimme« eine wichtige Kategorie in der Verschiebung von öffentlichen und privaten Verhältnissen in der politikwissenschaftlichen Theorie. In seinem instruktiven Aufsatz *The Theory and Politics of the Public/Private Distinction* von 1997 konstatiert Jeff Weintraub, dass es die importierte Kategorie der »Stimme« der Bürgerinnen und Bürger war, die das vorbereitete, was sich als Zivilgesellschaft, als »Public sphere« in den 1980er und 1990er Jahren durchsetzt. Davor ist die Öffentlichkeitsstruktur der 1960er und 1970er Jahre als eine der Unterscheidung zwischen öffentlichem Bereich als Staat und privatem Bereich als Wirtschaft aufgeteilt. Siehe hierzu: WEINTRAUB, Jeff (1997): »The Theory and Politics of Public/Private Distinction«. In: *Public and Private in Thought and Practice. Perspectives on a Grand Dichotomy*, hg. V. Jeff Weintraub und Kirshan Kumar, Chicago/London: The University of Chicago Press, S. 1–42, S. 10.

4.5 Anrufung der Welt statt *transcultural community* — 431

ben werden müsse.[502] Dies gelingt wiederum nicht einfach, wenn man sich einen neuen, aus Zwischenräumen entstehenden, dritten Raum denkt. Stattdessen müssen neue identitätspolitische Verhältnisse und Sprechweisen in Deutschland entwickelt werden. Die Lösung liegt für Şenocak also weder in einem Dialog zwischen Deutschen und Türken noch in einem neuen Raum, den selbst die amerikanische Prärie nicht eröffnen konnte. Nötig ist vielmehr ein dritter Akteur, der die Logik der zwei Seiten eines Dialogs unterläuft.[503] Für Sascha besteht ein solcher anerkennender Trialog zwischen Deutschen, Juden und Türken. Davon würden alle Parteien profitieren und sich von ihren traumatischen Erfahrungen lösen. Voraussetzung dafür wäre, dass die Deutschen und die Juden in der BRD zuerst »die Türken in ihre Sphäre aufnehmen«.

> Und die Türken in Deutschland müßten ihrerseits die Existenz der Juden entdecken, nicht nur als ein Teil der deutschen Vergangenheit, an der sie nicht mehr teilhaben können, sondern als Teil der Gegenwart, in der sie leben. Ohne die Juden stehen die Türken in einer dichotomischen Beziehung zu den Deutschen. Sie treten in die Fußstapfen der deutschen Juden einst. Solche Phantasien habe ich nur, wenn ich gut gelaunt bin. Die Wirklichkeit gibt mir keinen Anlaß zu solch konkreten optimistischen Überlegungen.[504]

Die Wirklichkeit trennt weiterhin Identitäten und behandelt sie getrennt voneinander. Dagegen setzt Şenocak mit dem türkischen, deutschen und jüdischen Hintergrund seines Protagonisten und Ich-Erzählers Sascha Muhtesem, der erst im dritten Band der Tetralogie bekannt wird, eine erzählte biografische und individuelle Wirklichkeit. Doch dieser Hintergrund ist alles andere als stabil und soll es auch nicht sein.

Der Ich-Erzähler in *Gefährliche Verwandtschaft* wird aber zunächst im Unterschied zu *Die Prärie* mit weitaus mehr biografischen und körperlichen Koordinaten

---

502 Siehe hierzu: Konzett, Matthias (2003): »Zafer Şenocak im Gespräch«. In: *The German Quarterly*, Vol. 76, No. 2 (spring, 2003), S. 131–139, hier S. 135.
503 Diese Erfahrung macht auch der Erzähler in Aras Örens *Berlin Savignyplatz* auf unterschiedlichen Ebenen: Zum einen scheitert seine Beziehung zu Elfie, als der Spanier Franco nicht mehr da ist. Er war, so stellt er fest, paradoxerweise sein Konkurrent um Elfie und zugleich die Grundlage für seine Beziehung mit ihr. Dasselbe gilt für sein Verhältnis zu Ali Itir. Gäbe es seine Freunde vom Savignyplatz nicht, die ihn ironisch als den »großen Türken« bezeichnen, hätte er nicht unbedingt eine Verbindung zur Gastarbeitergeneration. Siehe hierzu: Ören (1995).
504 Şenocak (2009): S. 90. Zwanzig Jahre nach *Die Gefährliche Verwandtschaft* ist für Zafer Şenocak jedoch nicht mehr die geteilte gemeinsame Gegenwart integrativ, sondern im Gegenteil das Aufarbeiten einer gemeinsamen kulturellen Herkunft. Siehe hierzu: Şenocak, Zafer (2018): *Das Fremde das in jedem wohnt. Wie Unterschiede unsere Gesellschaft zusammenhalten*, Hamburg: Koerber Stiftung, S. 175.

eingeführt.[505] Er ist blond und blauäugig.[506] In einem Nebensatz erfahren wir, dass er in Istanbul gezeugt, aber in München geboren wurde.[507] Angedeutet, aber nicht ausgeführt wie bei Özdamar, ist der Ich-Erzähler im Bauch der Mutter von Istanbul aus unterwegs im Zug. Neben der Geburt steht auch die Frage des Überlebens ganz am Anfang des Romans. Dabei spinnt Şenocak die Ununterscheidbarkeit zwischen Traum und Realität aus *Die Prärie* noch weiter. Der erste Satz in *Gefährliche Verwandtschaft* lautet: »Als ich aufwachte, hatte ich im Gesicht an der Stelle, wo mich die Kugel getroffen hatte, einen Pickel«.[508] Darauf schildert der Ich-Erzähler realistisch und eindrücklich die Fahrt in einem Bus, der überfallen wird.[509] Ihn trifft ein tödlicher Schuss. »Aber statt zu sterben bin ich aufgewacht. Als erstes fiel mir auf, wie ordentlich das Zimmer war.«[510]

Dieser bewegungsreiche, rätselhafte und mitreißende Einstieg in Şenocaks Roman zwischen Bus, Kopfschuss und Hotelzimmer, der den Leser in ähnlichem Maße irritiert wie Özdamars Einstieg ähnlich irritiert, bleibt nicht, wie es in *Die Prärie* der Fall war, allein auf die Gegenwart bezogen. Denn der Ich-Erzähler hält sich in München in einem Hotel auf, weil er einen Termin beim Notar hat. Seine Eltern sind bei einem Autounfall ums Leben gekommen, und er ist der einzige Erbe. Ihm werden ein Haus in München-Grünwald, mehrere Wohnungen und viele Aktien vermacht.[511] Wie in *Die Prärie* ist der Erzähler also finanziell unabhängig. Doch neben dem ganzen materiellen Besitz erbt er auch einen silbernen Kasten mit Tagebüchern seines türkischen Großvaters. An diesen individuell-familiären Besitz schließt Sascha Muhtesem gleich großkollektivistische Überlegungen zum Zusammenhang von Geld, Zugehörigkeit und Selbstbewusstsein an, geht also rasch vom »Ich« zum »man« über. Denn in dem Land, in dem er geboren wurde (Deutschland), stehe »Geld zwar im Zentrum aller Dinge«, doch spreche man nicht darüber. Wer es hat, gehört dazu, wer nicht, der nicht. Deshalb machten es die »gescheiten Einwanderer« in Deutschland richtig, wenn sie sich nicht mit »wertlosen Dingen« wie dem deutschen Pass, sondern sich mit der deutschen

---

505 Er bleibt auch bis zum Schluss der Erzähler der eigenen Geschichte. Am Ende scheint er darauf aufbauend, sogar der Erzähler einer anderen Figur werden zu können.
506 Vgl. HALL, Katharina (2003): »›Bekanntlich sind Dreiecksbeziehungen am kompliziertesten‹. Turkish, Jewish and German Identity in Zafer Şenocak's *Gefährliche Verwandtschaft*«. In: *German Life and Letters 56:1*, S. 72–88, S. 73. Siehe hierzu auch: CHEESMAN, Tom (2006): S. 102.
507 ŞENOCAK (2009): S. 11.
508 ŞENOCAK (2009): S. 8.
509 Zur äußerst realistischen Schilderung dieser Traumsequenz im Roman siehe: CHEESMAN (2007): »In Quarantine: Zafer Şenocak«. In: ders.: *Novels of Turkish German Settlement. Cosmopolite Fictions*, New York: Camden House, S. 98–112.
510 Ebd.
511 Ebd., S. 11.

Mark beschäftigten. Und tatsächlich erfolgte mit dem Ausländergesetz von 1990, das am 1. Januar 1991 in Kraft trat, eine gleichzeitige aufenthalts- und sozialrechtliche Gleichstellung, die aber die Frage der Zugehörigkeit außen vor ließ. Zynisch ergänzt der Erzähler, dass in Deutschland die deutsche Mark die Frage der Zugehörigkeit regele, die hier eine »Existenzfrage«[512] sei.

Ganz anders sieht es im Land des Großvaters aus. Dort redet man nur über das Geld, weil es zu viel davon gibt und es durch die hohe Inflation kaum noch etwas wert ist. Bei seinen kurzen Türkeiaufenthalten, die mehr »touristischen als familiären Charakter hatten«, war es seiner Ansicht nach den Menschen dort anzumerken, »daß mit dem dahinschwindenden Wert ihres Geldes auch ihr Selbstbewusstsein schwand«.[513] Das Geld mag zwar gesellschaftliche Zugehörigkeit regeln, die Identität regelt sie, wie in *Die Prärie* und auch im dritten Roman *Gefährliche Verwandtschaft* der Tetralogie, jedoch nicht. Dafür sind nun die Tagebücher des Großvaters konstitutiv. Leider kann sie der Übersetzer nicht lesen. Denn der Großvater hat seine Tagebücher zwischen den Jahren 1916 und 1936 in zum Großteil arabischer und zu einem geringen Teil kyrillischer Schrift und Sprache verfasst. Der Erbe spricht nur bruchstückhaft Türkisch und gar kein Arabisch. Dennoch wird die Dechiffrierung der Tagebücher im Laufe des Romans für ihn zu einer existenziell identitätspolitischen Aufgabe, da er aus früheren Andeutungen seines Vaters weiß, dass sein türkischer Großvater am Völkermord an den Armeniern beteiligt war und später, 1936, Selbstmord beging. Im Unterschied zum Erzähler in *Die Prärie* will Sascha Muhtesem im dritten Band nicht mehr »wurzellos« leben, nicht unverantwortlich für alles sein, »was länger als zwanzig Jahre her war«. So scheint plötzlich das Geheimnis seines Großvaters zwischen ihm und seiner Herkunft zu stehen: »Ich mußte sein Geheimnis lüften, um zu mir selbst zu kommen«.[514] Nach Weintraub sind zwei Überlegungen zentral, um dem multiplen und mehrdeutigen Charakter der Unterscheidung öffentlich/privat nachkommen zu können. Erstens geht es darum, »what is hidden or withdrawn versus what is open, revealed, or accessible«. Zweitens geht es um die Frage, was ist individuell, »or pertains only to an individual, versus what is collective, or affects the interests of a collectivity of individuals«.[515] Wie in Weintraubs-Konzept finden wir die Verschränkung von öffentlich und privat, von Visibilität und Kollektivität auch in Şenocaks Literatur.

---

512 Ebd., S. 12.
513 Ebd. Dass die zweite Migranten-Generation das Herkunftsland der Eltern und Großeltern nun als Tourist bereist, taucht als Motiv in vielen Filmen, literarischen Texten der 1990er Jahre auf. Siehe hierzu: AKIN (1998); ders. (1999); KURT (1995); ÖZDOĞAN (1999); ZAIMOĞLU (1999).
514 ŞENOCAK (2009): S. 118.
515 WEINTRAUB (1997): S. 5.

Denn Zeitgeschichte und individuelle Biografie führt Şenocak in der weiteren Erzählung mit der Mobilität, Rätselhaftigkeit des Anfangs und der Zerbrechlichkeit sozialer und intimer Bindungen wieder zusammen. Denn so, wie die Eltern des Erzählers in den 1960er Jahren aus der Türkei nach Deutschland migrierten, waren zuvor schon seine deutsch-jüdischen Großeltern mütterlicherseits aus dem faschistischen Deutschland in den 1930er Jahren in die Türkei migriert. Dort lernt die Mutter seinen Vater kennen, der Türke ist. Doch nach der Geburt des Erzählers trennen sich seine Eltern in Deutschland, und sein Vater, der ebenfalls »nicht an Geldmangel litt«, lebt daraufhin seine Ungebundenheit aus. »Er stieg in den besten Hotels ab, lebte aus dem Koffer, reiste einmal um den Globus. Am Ende landete er in Istanbul.«[516] An ein Treffen mit seinem Vater in Istanbul kann sich der Erzähler erinnern. Bei dieser Gelegenheit erfuhr er, dass sein Großvater sich von 1919 bis 1920 unter falschem Namen in Istanbul versteckte und überlebte. So wie jetzt der Vater habe auch der Großvater niemandem vertrauen können. Istanbul war zwischen 1918 und 1923 von Briten, Franzosen und Italienern besetzt. Warum sich der Vater des Erzählers ebenfalls in Istanbul verstecken muss, ist nicht klar – anders die Gründe des Großvaters: Da er im Jahr 1915 Namenslisten zur Deportation von Armeniern zusammenstellte, war er als Täter in den Genozid involviert. Da war er 25 Jahre alt. Zehn Jahre danach und fünf, sechs Jahre nach dem Leben im Istanbuler Untergrund kandidiert er als Bürgermeister in der türkischen Republik Mustafa Kemal Atatürks. Er ist ein Mann, kommentiert sein Enkel, »den seine Schuld mächtig gemacht hat«.[517]

Während also der Großvater väterlicherseits beim Genozid an den Armeniern mithalf, fiel seine jüdische Familie mütterlicherseits dem Holocaust zum Opfer. Diesen Teil seiner Familiengeschichte hält seine Mutter geheim, denn sie fürchtet, dass das Wissen darum, was die Deutschen der Familie antaten, der Integration des Sohnes in die deutsche Gesellschaft im Wege stehen könnte. Der einzige Weg der Integration, den sie für ihren Sohn sah, war die Assimilation. Obwohl uns der Erzähler über diese familiengeschichtlichen Zusammenhänge aufklärt, erfahren wir Leser letztlich nur wenig über diese Vergangenheiten. Dieser Weg ist ihm selbst versperrt, und er vermag nur zu begreifen, dass er »ein Enkel von Opfern und Tätern« ist.[518]

Der Ich-Erzähler entscheidet mit Marie von München nach Berlin zu ziehen, wo er einen Roman über seinen Großvater schreiben möchte. In diese Suchbewegung des Ich-Erzählers ziehen auch Eindrücke von der Gemütslage deutscher

---

516 Ebd., S. 25.
517 Ebd.
518 ŞENOCAK (2009): S. 40.

Bürger nach der Wiedervereinigung ein. Sascha und Marie kehren im Jahr 1992, also nach dem Fall der Mauer, aus den USA nach Deutschland zurück. Zu dieser Zeit konnte man in Berlin »überall [...] auf unsichtbare Mauern stoßen, die nach dem Fall der Mauer errichtet worden waren. Die Welt war komplizierter geworden, die Wege labyrinthischer«.[519] Früh erkennt der Ich-Erzähler, dass er das Leben seines Großvaters – in Form eines Romans – erfinden muss. Das liegt einerseits an seinen eigenen sprachlichen Mängeln. Weder Sprachkurse in Türkisch und Arabisch noch ein engagierter Orientalist helfen ihm bei der Übersetzung der Tagebücher seines Großvaters weiter, der außerdem hin und wieder in einer Geheimschrift schrieb. Andererseits meint Sascha, dass man nichts finden könne, das nicht schon erfunden sei – wie auch Salman Rushdie festhält, dass es keine »precisely description« mehr gebe, sondern nur noch die Form der »create fiction«.[520] Saschas Glaube an die Ästhetik reicht weit. Denn für ihn hätte der »große Führer« Mustafa Kemal Atatürk besser auch ein Stück oder einen Roman wie den *Mann ohne Eigenschaften* von Musil verfasst, um sein Volk zu zivilisieren und damit zu retten. Hinterlassen hat er aber nur die ›Marathonrede‹ *Nutuk*.[521] So sieht Sascha auch das Filmprojekt seiner deutschen Freundin Marie, einen Dokumentarfilm und keinen Spielfilm zu Talat Paşa zu drehen, äußerst kritisch.[522]

---

519 ŞENOCAK (2009): 47. Michael Kliers Spielfilm OSTKREUZ spiegelt diese politische Wende und Stimmung in Berlin eindrücklich wieder. Seine Aufnahmen wirken tatsächlich äußerst labyrinthisch. Es gibt keinen zentralen Platz, die Protagonistin ist in unterschiedlichen öffentlichen Räumen wie Baustellen, Nebenstraßen, wenig besuchten, halbdunklen Kneipen, verlassenen Plätzen, nicht fertig gebauten Häusern und nicht mehr im Betrieb stehenden Bahnhöfen im Osten Berlins unterwegs. Siehe hierzu: KLIER (1991). Und obwohl sich Örens Roman von 1995 nur um Orte und Straßen um und am Savignyplatz dreht, verlieren wir schnell die Orientierung, wo wir eigentlich genau sind. Dies liegt vor allem an der unzuverlässigen Erzählweise: Waren wir an einer Stelle noch mit dem Erzähler in einer Kneipe, bringt uns die Erzählung mit Ali Itir unvorbereitet in das Wartezimmer von Dr. Anders und von dort auf eine türkische Hochzeit, auf der sich der Doktor und Ali Itir unterhalten. Orientieren kann man sich letztlich nur anhand der Figuren. Siehe hierzu: ÖREN (1995): S. 108–118.
520 RUSHDIE (1991): S. 10.
521 Bei der *Nutuk* handelt es sich um eine Rede, die Mustafa Kemal Paşa (Atatürk) vor den Delegierten seiner Republikanischen Partei (CHP) zwischen dem 15. und 20. Oktober 1927 im damaligen Angora, heute Ankara, hielt. Sie hat zwei Abschnitte: Im ersten geht es um den Befreiungskampf von 1919 bis 1920, den Weg in die republikanische Unabhängigkeit und im zweiten um die Zukunft der jungen Republik. Die Rede dauerte über 36 Stunden. Die etwa 900 Buchseiten umfassende *Nutuk* wurde mehrfach veröffentlicht, übersetzt und wird bis heute jährlich neu aufgelegt, insbesondere im Jubiläumsjahr 2017. Siehe hierzu: ATATÜRK, Mustafa Kemal (2015): *Nutuk*. *1927*, Istanbul: Yapı Kredi Yayınları. Siehe für die deutsche Version: http://menadoc.bibliothek.uni-halle.de/landau/content/titleinfo/214006 (20.12.2017).
522 Talat Paşa, bürgerlich Mehmed Talaat Bey, lebte von 1874 bis 1921 und war zwischen den Jahren 1909 und 1917 bis zur Besetzung Istanbuls Großwesir und Innenminister im Osmanischen

Die Dokumentation orientalisiere.[523] Auf ähnliche Weise kritisiert Dr. Anders in Örens *Berlin Savignyplatz*, dass wir alle in Klischees denken würden, »aber in der modernen Gesellschaft gibt es dazu noch keine Alternative«.[524]

Nach Sascha lassen sich mittels Fiktion neue Beziehungen knüpfen und Heterogenes verbinden. »Nicht theoretische oder praktische Ausführungen machen das Multikulturelle erfahrbar, sondern literarische Werke [...], die die persönlichen und subjektiven Erfahrungen von Grenzüberschreitungen in Sprache formen.«[525] So basiert Saschas Erzählung seiner Familiengeschichte, die ebenso nationale Geschichten von Schuld erzählt, nicht etwa auf Dokumenten oder Berichten zu den Genoziden, sondern auf einer Liebesgeschichte zwischen seinem Großvater und einer Armenierin – deren Name auf einer Deportationsliste durchgestrichen war. Zugleich ist dieses das einzige Dokument, welches für Sascha verifizierbar ist. Von dieser Beziehung erfährt Sascha in einem Brief, den sein Großvater von dieser Armenierin erhalten hat. Darin fragt sie ihn vor allem danach, wie er nach dem, was passiert sei, noch weiterleben könne. Saschas Großvater begeht als türkischer Sportattaché bei den Olympischen Spielen 1936 in Berlin Selbstmord. Ob dieser Brief oder sein schlechtes Gewissen ausschlaggebend waren, bleibt offen.

Reich. Er ordnete am 24. April 1915 unter dem Vorwand eines Aufstandes in einer osttürkischen Provinz die Verhaftung von 235 armenischen Intellektuellen in Istanbul an. Diese Verhaftungswelle gilt allgemein als der Beginn des Völkermords an den Armeniern. Am 15. März 1921 wurde Mehmet Talat Paşa in Berlin auf offener Straße von dem Armenier Salomon Teilirian erschossen. Siehe hierzu: AKÇAM, Taner (2004): *Armenien und der Völkermord. Die Istanbuler Prozesse und die türkische Nationalbewegung*, Hamburg: Hamburger Edition, S. 52–76. Siehe auch: GUST, Wolfgang (1993): *Der Völkermord an den Armeniern*, München: Hanser, S. 18–25.

523 In seinem Essayband *War Hitler Araber? Irreführungen an den Rand Europas* kritisiert Zafer Şenocak an mehreren Stellen die deutsche Orientalistik und die mit dem ersten Irakkrieg sich neu formierende Expertenkultur in den Medien. Bei den Interpretationen dieser Experten sieht er einen positivistischen Orientalismus am Werk, der den Orient als eine fixierbare homogene Einheit begreift. Auch islamische Fundamentalisten würden sich durch einen positivistischen Zugang zur Welt und zur Religion auszeichnen. Dem stünde eine mystisch geprägte Volksreligiosität entgegen, die es für den Westen, aber auch für die Türken in Deutschland, neu zu entdecken gelte. Denn der »orthodoxe Islam räumt der Fiktion keinen Raum ein, begreift nicht einmal ihre Notwendigkeit«. Zafer Şenocak übersetzte selbst Gedichte des bekannten türkischen Volksdichters und Derwischs Yunus Emre, der für ihn einen aufgeklärten Islam repräsentiert. Siehe zu beidem: ŞENOCAK (1994): S. 9, 18, 39, 50 u. 72; EMRE, Yunus (1986): *Das Kummerrad/Dertli Dolap*, übers. v. Zafer Şenocak, Frankfurt a. M.: Dağyeli, S. 90. Eine vergleichbare Kritik äußert auch Werner Schiffauer in *Fremde in der Stadt*. Siehe hierzu: SCHIFFAUER (1997): S. 33. Siehe hierzu auch: SCHULZE (1996).

524 ÖREN (1995): S. 108.

525 ŞENOCAK, Zafer (1994a): »Der Dichter und die Deserteure«. In: ders.: *War Hitler Araber? Irreführungen am Rand Europas*, München: Babel, S. 21–29, hier S. 27.

Dass es in seiner Kultur – hier identifiziert er sich offensichtlich mit der türkischen Kultur – keinen Begriff von Schuld gebe, merkt Sascha in diesem Zusammenhang kulturvergleichend nur an: »Wir kennen nur die Sünde. Sie umreißt unsere Verantwortung einem göttlichen Wesen gegenüber. Aber wir haben keine Verantwortung vor uns selbst. Schuld ist eine persönliche Frage. Man ist mit seiner Schuld immer allein. Wir sind es nicht gewohnt, allein zu sein.«[526] Aufgrund dieses äußerst individuellen und bedarfsorientierten Einsatzes von Kultur ist Şenocaks Roman unter anderem mit dem aphoristischen und mitunter glossenartigen Stil von Alfred Polgar verglichen worden.[527] *Gefährliche Verwandtschaft* umfasst nur 144 Seiten, auf denen er so wichtige Themen der Geschichte wie den Genozid an den Juden und an den Armeniern in einer Figur als eine Frage des Opfers und der Schuld zusammenbringt. Und trotz des literarischen Zugangs zu diesen Themen fühlt sich der Erzähler erst ganz am Ende von *Gefährliche Verwandtschaft* dazu bereit, einen Roman über seinen Großvater, der am Genozid an den Armeniern beteiligt war, zu schreiben. Als Person hat er sich dabei noch nicht gefunden, vielmehr seine Position, aus der heraus er schreiben möchte. Er hofft, während des Schreibprozesses und indem er das Geheimnis seines Großvaters lüftet, zu sich selbst zu finden – aus der Exklusion in die Inklusion. Warum hier die Person der Position nachfolgen muss, zeigt uns der Schluss des Romans. Denn um diese Geschichte zu schreiben oder sie »so zu erzählen, wie sie sich ereignet hat«, bedarf es noch einer weiteren Grundlage. Sascha musste zuerst in eine »leere Wohnung ziehen«. Bisher hatte er noch nie in seinem Leben »eine eigene Wohnung bewohnt«.[528] Bis dahin ist Sascha jemand, der den öffentlichen Raum zwar bewohnt und mit seinem türkisch-jüdischen Hintergrund auch auf die Dauer seiner Existenz in der Bundesrepublik verweist. Doch seine trans- oder postnationale Identität ist und bleibt bis zum Ende der Erzählung ortlos.

Anders interpretiert Leslie Adelson Şenocaks *Gefährliche Verwandtschaft*. Hinsichtlich der Zusammenführung von »cultural contact and historical narrative« markiert dieser Roman für sie nicht nur einen besonderen Moment in der deutsch-türkischen Literatur, sondern auch in der zeitgenössischen deutschen Literatur.[529] Andernorts heißt es, er sei ein deutschsprachiger Wenderoman,[530] in dem auch die Türken in Deutschland nun Teil dieser deutschen Geschichte seien und würden. Oder man konstatiert umgekehrt, dass Şenocaks Roman eine sehr wichtige und notwendige Kritik am Prozess der deutschen Wiedervereinigung

---

526 ŞENOCAK (2009): S. 119.
527 Siehe hierzu: POLGAR, Alfred (2004): *Das große Lesebuch*, Reinbek: Rowohlt.
528 Ebd., S. 137.
529 ADELSON (2005): S. 100.
530 HOFMANN (2005): S. 208.

darstelle.⁵³¹ In Sachen »Multikulturalismus« setze er an die Stelle einer konfusen multiethnischen Genealogie transkulturelle Kompetenz.⁵³² In jedem Fall spielen in diesen unterschiedlichen Einschätzungen die Begriffe des Transnationalen und Kosmopolitischen eine größere Rolle als das Multikulturelle. Besonders betont wird der Befund, dass durch die individuelle Verstrickung des deutschen Genozids an den Juden mit dem türkischen Genozid an den Armeniern eine Transnationalisierung des Holocausts erfolgt sei. Die Erfahrung des Holocaust erzeugt hier eine neue Form der Solidarität jenseits jeglicher Grenzen. Dass seine deutsche Freundin Marie bei den Dreharbeiten zur Dokumentation über Talat Paşa in Thessaloniki sich sehr überrascht zeigt, als sie vom griechischen Antisemitismus erfährt, kommentiert Sascha ironisch distanziert.⁵³³ Zafer Şenocak schreibt sich mit seinem Roman, wie Adelson richtig anmerkt, in das in den 1990er Jahren und Anfang der 2000er allseits beliebte Themenfeld der kulturellen Erinnerung, des kulturellen Gedächtnisses, ein.⁵³⁴

Theorien des kulturellen Gedächtnisses gehen davon aus, dass Realität relational entsteht und die Erzählung, etwa in Form eines Rituals, also letztlich die Art des Gedenkens, das Bewusstsein bestimmt und die Erinnerung prägt. Identität ist nur zeitweise möglich und kann sich nur in der erzählten Zeit stabilisieren.⁵³⁵ Auf dieser besonderen Stellung der Fiktion beruht auch das poetologische Konzept der Übersetzung in *Gefährliche Verwandtschaft*. Wie in *Der Mann im Unterhemd*, in *Die Prärie*, in Örens *Berlin Savignyplatz* und in Özdamars Literatur wird auch in *Gefährliche Verwandtschaft* »die epistemologische Sicherheit [des Lesers] über die Grenzen von Realität und Fiktion« unterminiert.⁵³⁶ Auch wenn die Vergangenheit dabei eine Rolle spielen kann, steht im Fokus eine Verlebendigung der Gegenwart, wie sie auch Bhaba als ein Anliegen postkolonialer Kritik äußert. Diese »Suche nach der Gegenwart« findet auch in Örens Romanen *Berlin Savignyplatz* und *Sehnsucht nach Hollywood* statt.⁵³⁷ Mit Blick auf dieses Ziel einer Verlebendigung der Gegenwart wird Saschas Vorschlag, Integration für alle Beteiligten durch einen Trialog zwischen Deutschen, Juden und Türken in Deutschland zu ermöglichen, plausibel. Denn im Unterschied zu den Deutschen können die

---

531 LITTLER, Margret (2013): »Guilt, Victimhood, and Identity in Zafer Şenocaks ›Gefährliche Verwandtschaft‹«. In: *The German Quarterly Vol. 78*, No. 3, S. 357–373, S. 359.
532 CHEESMAN (2007): S. 107.
533 ŞENOCAK (2009): S 73.
534 Siehe hierzu: ASSMANN, Aleida (1999): *Erinnerungsräume. Formen und Wandlungen des kulturellen Gedächtnisses*, München: Beck.
535 Siehe hierzu: ADELSON (2005): S. 30. Als ebenso temporär begreifen Nassehi und Stichweh die Integration in den 1990er Jahren, die auf der Systemtheorie Niklas Luhmanns beruht.
536 DOLLINGER (2003): S. 3.
537 Siehe hierzu: ÖREN (1995); ders. (1999): *Sehnsucht nach Hollywood*, Berlin: Espresso.

Türken keine Schuld gegenüber den Juden weitertradieren. Ein Verhältnis dazu ist nur über einen Vergleich möglich, mit dem Genozid als *tertium comparationis*.

Diese Transkulturalisierung des Genozids schafft auf allen Seiten »halbe Inländer«, postnationale Zustände. Als Modell integrativer Zustände entspricht sie dem Integrationsmodell der Inklusion, wie es etwa Rudolf Stichweh und Armin Nassehi formuliert haben. Die Verfremdung des Eigenen ist dafür eine notwendige Voraussetzung. Dass Integration wie Erinnerung und Anerkennung nur zeitweise gelingen kann, verdeutlicht Sascha Muhtesem in *Gefährliche Verwandtschaft*, wenn er meint, dass er nichts »Ganzes sei« und auch nicht ein Teil einer »Schicksalsgemeinschaft« sein wolle. Als »halber Inländer« wie der »Denizen« würde er sich auch nicht wohlfühlen.[538] »Ich ersetze die fehlende Hälfte mit einer prothesenartigen Identität, etwas Geborgtem«, wozu die Geschichte des Großvaters und mit ihm das Thema des Genozids gehört. In *Entliehene Erinnerung. Geschichtsbilder junger Migranten in Deutschland* untersucht die Erziehungswissenschaftlerin Viola Georgi, wie junge Migranten in der Bundesrepublik ihr Verhältnis und ihre Position zur deutschen Geschichte und besonders zum Holocaust beschreiben. Wie in der Literatur von Özdamar, Ören und Şenocak steht auch in dieser Studie die spezifische »Geschichtsaneignung einzelner Subjekte« im Mittelpunkt von elf ausgewählten Fallstudien.[539] Georgi hat insgesamt 55 Interviews geführt. Die eigene Selbstverortung hängt für sie mit der historischen Selbstreflexion Einzelner sowie mit einer sozialgruppenspezifischen Bestimmung zusammen. Denn ein wesentliches Motiv dafür, sich mit der deutschen Geschichte intensiver auseinanderzusetzen, sei die Teilhabe am kommunikativen Gedächtnis der deutschen Gesellschaft,[540] also am öffentlichen Raum, die bei Şenocak gerade nicht gegeben ist. Denn »im Innersten« empfindet Sascha »gegen jede Art von Solidarität« Abneigung.[541] Identifikationen mit einer ethnischen Gruppe oder der Mehrheitsgesellschaft sind nicht nur hier in der Literatur, sondern auch im Film, wie wir sehen werden, äußerst zerbrechliche Angelegenheiten. Nicht zuletzt stehen derartigen sozialen Bestimmungen und Positionierungen, wie in Selim Özdoğans Literatur und den bereits genannten deutsch-türkischen Filmen der 1990er Jahre, die körperlichen Triebe und Verausgabungen im Wege.

Die auffallend körperliche Dimension von Şenocaks und Zaimoğlus Literaturen hat Adelson dazu geführt, dass in ihnen deutsche und türkische Geschichten gewissermaßen körperlich, nicht interkulturell, miteinander kommunizieren.

---

538 ŞENOCAK (2009): S. 121.
539 GEORGI, Viola B. (2003): *Entliehene Erinnerung. Geschichtsbilder junger Migranten in Deutschland*, Hamburg: Hamburger Edition, S. 63.
540 Ebd., S. 302.
541 Ebd.

Getragen würden diese Geschichten und letztlich der »Turkish Turn in German Literature« nach Adelson vom Subjekt, das in *Gefährliche Verwandtschaft* zu verstehen sei als »figure of historical accountability that speaks to us from a dark hole where breath resonates«.[542] Dass hinsichtlich dieser Kontaktaufnahme zumindest bei Şenocak Geschichte und soziale Interaktion kaum eine Rolle spielen, und dass aufgrund dessen eine stabile Bindung zwischen einem »dark hole« und einer »historical accountability« kaum möglich erscheint, hat in der Forschung bislang keine Berücksichtigung gefunden.

Adelsons Sprung aus einem »schwarzen Loch« hin zur »historischen Rechenschaftspflicht« erinnert an den Sprung, den Şenocak in *Die Prärie* vom »ich« zum »man« vollführt, ohne ein »Du« oder ein »Wir« dazwischen zu setzen. Oder daran, wie Soysal allein mit der Anrufung des Menschseins und der universellen Menschenrechte eine neue Form des Sozialen, nämlich eine transnationale im Gegensatz zu einer nationalen aufkommen und entstehen wird. Der Grund dafür mag darin liegen, dass besonders Adelson und Şenocak gegen eine positivistische Soziologie Stellung beziehen wollen – eine Soziologie, die nach Ansicht von Wissenschaftlern wie Adelson, Göktürk und Malik, Film, Literatur und die Reflexion darüber in den 1970er und 1980er Jahren bestimmt hat.[543] Auch Zafer Şenocak thematisiert die 1980er Jahre in *Gefährliche Verwandtschaft* dahingehend: Helmut Kohl habe für seinen Protagonisten 1982 eine »geistig-moralische Wende« eingeleitet, die den antiautoritären Trend der 1970er »begradigte«, der den Autor, als er 1970 in Deutschland ankam, wie Kemal Kurt, so beeindruckt hatte.[544] Mit dem Regierungswechsel wurden Grenzen gezogen, anhand derer nun genau bestimmt werden sollte, wer wohin gehört.[545] Anfang der 1980er Jahre bekommt Sascha die Anthologie *Als Fremder in Deutschland* mit dem Kommentar, dass das ein Buch für ihn sei, von einem Freund geschenkt. Der sehr an einer Reflexion über »Fremdheit« interessierte Erzähler ist von der Anthologie enttäuscht. Denn darin stehen ausschließlich Berichte, Erzählungen und Gedichte von Ausländern aus einer Perspektive, die nur sie als die Fremden markiert. Es war ein »Angebot an die Fremden, ihre Fremdheit zu akzeptieren«. Er konnte dieses Buch nicht ernstnehmen, weil auch keiner der Beiträge eine ästhetische Qualität besaß. Später

---

542 ADELSON (2005): S. 100.
543 ADELSON (2003); GÖKTÜRK (2000, 2003); MALIK (1996). Dass diese Positionen aber selbst in den 1980er Jahren nicht so einfach waren, habe ich im dritten Kapitel dieses Buches gezeigt.
544 An dieser Stelle geraten Saschas biografische Koordinaten mit denen Şenocaks aneinander. Denn Sascha muss nach der Logik der Erzählung 1960 im Bauch seiner Mutter nach Deutschland gekommen sein, während Zafer Şenocaks Eltern 1970 von Ankara mit ihm als Neunjährigem nach München zogen; dorthin also, wo auch Sascha geboren wird.
545 ŞENOCAK (2009): S. 108.

4.5 Anrufung der Welt statt *transcultural community* — 441

muss er feststellen, dass dieses Buch hinsichtlich seiner Positionsbestimmung wegweisend war.[546] Das lag wohl daran, dass die Deutschen wie in Başers und Bohms Filmen sowie den Büchern von Dikmen und Tekinay kein aktiver Kommunikationspartner waren, sondern nur als unbeobachtete Beobachter auftauchten. In der narrativen Struktur von *Gefährliche Verwandtschaft* folgt auf diese Reflexionen die erwähnte Anfrage an den Erzähler, ob er nicht eine Reportage zu den Berliner Moscheen schreiben möchte.

Wie die Völkermorde wird auch der Umgang mit der Geschichte der Migration in nur wenigen Sätzen beschrieben. Emine Sevgi Özdamars narrativer Zugang zu Migration, Politik und Geschichte in der Türkei zeichnet sich ebenfalls durch einzelne Sätze, genauer türkische Redewendungen, aus, die sie eins zu eins in die deutsche Sprache übersetzt. Die Verfremdungseffekte, das Problem und die Irritation in Zafer Şenocaks und Emine Sevgi Özdamars Werken der 1990er Jahre haben also in erster Linie weder mit der Zeitgeschichte noch mit dem Individuum zu tun. Beide bemühen sich kaum um historische Quellen, ihre Aufbereitung und Interpretation. Aras Örens Erzähler begegnet Ali Itir in *Berlin, Savignyplatz* nur auf der Straße, in Kneipen oder bei einer türkischen Beschneidungsfeier.[547] Es geht hier nicht darum, »turkish thoughts« durch »touching tales« in die deutsche Geschichte einzubringen oder subnationale Verhältnisse in transnationale umzuschreiben. Vielmehr schreiben sich die Autoren in das fragile Gebilde der *civil society* der Bundesrepublik Deutschland der 1990er Jahre ein. Wohnen, Beziehungsprobleme und Konflikte bestimmen schließlich auch das deutsche kommerzielle und das anspruchsvollere Kino jener Zeit.[548] Doch besonders die deutsch-türkischen literarischen und filmischen Werke stellen etablierte Vorstellungen vom Eigenen und Fremden in Frage, gerade nicht die Praktiken des gesellschaftlichen Anstands. Anders als bei Başer, Tekinay und Bohm werden hier nicht die eigene Modernität oder Fortschrittlichkeit nachgewiesen. So lasen wir bei Aysel Özakın, dass sie Französisch spreche und schon zivilisiert gewesen sei, bevor sie nach Deutschland kam. Daher führen die sichtbaren Marker der Integration wie Sprachkompetenz (Melek/Michaela), alleine Wohnen, unabhängig Sein (Michaela; Sascha) und beruflicher Aufstieg (Sascha) nicht zu Entspannung

---

546 Ebd. Ich selbst habe im Jahr 2000 während meines Studiums der Islamwissenschaften an der Universität Freiburg in einem Seminar von einem damaligen deutschen Kommilitonen das gleiche Buch *Als Fremder in Deutschland* (1982) mit der identischen Aussage geschenkt bekommen, dass es ein Buch für mich sei. Heute sitzt der ehemalige Kommilitone der Islamwissenschaft nach den Landstagswahlen von 2016 im sächsischen Landtag als Abgeordneter für die *Alternative für Deutschland* (AfD).
547 Siehe hierzu: ÖREN (1995).
548 Siehe hierzu die Filme: KLIER (1991); DÖRRIE (1994); BECKER (1995–1997); DRESEN (1998).

oder Zufriedenheit. Spivaks Frage des Sprechens und Re-Präsentieren-Könnens bzw. die Vorstellung einer weiterentwickelten Kultur, die ein Für-, Gegen- oder Nichtsprechen als Orientierung evoziert, rücken in den Hintergrund. Stattdessen hat die kulturelle Gemengelage die äußeren Grenzen in Grenzen im Körperinneren verwandelt. Die Akteurinnen und Akteure konservieren diese innere Spannung, die in jedem von ihnen zu erkennen ist und sich nicht entladen lässt. Der zu erreichende Ort oder der *unmarked space*, wie er sich in den Produktionen der 1980er zeigte, ist nicht mehr die deutsche Mehrheitsgesellschaft, sondern der Raum der Übersetzung.

Diese Praxis der Übersetzung ist nicht mehr auf ein Verstehen aus, sondern auf Verunsicherung und Irritation.[549] Für Werner Schiffauer gerät die *civil society*, nicht nur in Deutschland, sondern auch in Frankreich, Großbritannien und in den USA mit dem Beginn der 1990er Jahre in Schwierigkeiten. Das Konzept der Zivilgesellschaft sei zwar »bemerkenswert effizient, aber auch eine sehr schwierige Form der Vergesellschaftung«. Dies gelte in besonderem Maße für Deutschland, wo man das Verhältnis von Individuellem und Allgemeinem nicht zwischen den Individuen ausagiere, sondern es »tendenziell in das Individuum verlagert«.[550] Doch auch über die BRD hinaus wird die zivilgesellschaftliche Vergesellschaftungsform seit Beginn der 1990er Jahre zum Problem und die alltägliche multikulturelle Praxis von Debatten eingeholt und gestört. Den Anfang bildeten Affären um das Kopftuch im französischen Creil 1989.[551] Die Debatte stellte die strikte Trennung von Religion und Öffentlichkeit in Frankreich in Frage und damit auch das zentrale französische Vergesellschaftungsprinzip der Gleichheit. In Großbritannien war es die Rushdie-Affäre, die das Prinzip der Unantastbarkeit der Person grundlegend irritierte.[552] In den Vereinigten Staaten hat der Fall einer Vergewaltigung einer erfolgreichen jungen Investment-Bankerin im New Yorker Central Park

---

549 Siehe hierzu: SCHIFFAUER, Werner (1997a): *Fremde in der Stadt*, Frankfurt a. M.: Suhrkamp, S. 10.
550 SCHIFFAUER, Werner (1997b): »Die ›civil society‹ und der Fremde. ›Grenzmarkierungen in vier politischen Kulturen‹«. In: ders.: *Fremde in der Stadt*, Frankfurt a. M.: Suhrkamp, S. 35–49, hier S. 47.
551 Sie gilt als »die Mutter aller Kopftuchaffären«. In der Kleinstadt Creil weigerten sich damals drei Schülerinnen maghrebinischer Herkunft, das Kopftuch in der Schule abzulegen. Sie wurden der Schule verwiesen. Siehe hierzu: JOPPKE, Christian (2009): *Veil. Mirror of Identity*, Cambridge: Polity Press, S. 27. Siehe auch: PIOCH, Roswitha/ROTHER, Stefan/HUNGER, Uwe (2014): *Migrations- und Integrationspolitiken im europäischen Vergleich*, Berlin: LIT, S. 235f.; KORTEWEG, Anna C./YURDAKUL, Gökce (2016): »Republikanismus, *Laïcité* und Geschlechtergerechtigkeit. Das Kopftuchverbot in Frankreich«. In: dies.: *Kopftuchdebatten in Europa. Konflikte um Zugehörigkeit in nationalen Narrativen*, Bielefeld: transcript, S. 35–88.
552 SCHIFFAUER (1997b): S. 41.

am 19. April 1989 durch fünf Jugendliche afroamerikanischer und hispanischer Abstammung besonders in New York zu gesellschaftlichen Spaltungen geführt, das sich in seinem »Selbstverständnis angegriffen fühlte«.[553]

Ein Vorbild zeigt sich für Schiffauer in keinem dieser Länder, da selbst das vielversprechende amerikanische Modell der individuellen Assimilation, die nur ihre Zeit brauche, keine Zeit mehr habe:[554] »[D]as Spannungsverhältnis von Heterogenität und Einheit [wurde] zeitlich aufgelöst. Die kollektive Integration von nationalen Gruppen war möglich, weil sie mit dem Versprechen der individuellen Assimilation in der zweiten, besonders aber der dritten Generation verbunden war«.[555] Allerdings stiegen die später immigrierten Ostasiaten sozialstrukturell schneller auf als die Afro- und Hispanoamerikaner und machten ihnen dadurch Platz und Position streitig. In Deutschland sei die *civilité* zu »schwach ausgeprägt«, weshalb eine Kultur vorherrsche, »in der die Identifikation mit dem Ganzen als Voraussetzung für gesellschaftliche Partizipation gewertet wird«. Der Fremde hat es sehr schwer, weil gleich nach seiner Ankunft »Aufrichtigkeit« von ihm gefordert wird.

> Kann man demjenigen, der in einer anderen Kultur aufgewachsen ist, diese innere (und deshalb unsichtbare) Bejahung abnehmen? Identifiziert sich ›der Fremde‹ vielleicht doch nur äußerlich, fühlt er sich wirklich dem Gemeinwesen verpflichtet? Der nationalsozialistische antisemitische Diskurs scheint mir gerade auch dadurch gekennzeichnet, daß für ihn noch der ›assimilierteste‹ Jude im ›Inneren‹ Kosmopolit, vaterlandsloser Geselle etc. war.[556]

Welcher kulturwissenschaftliche Zugang vermag diese deutsche »Realitätsblindheit« zu irritieren? Schiffauer setzt wie Şenocaks Erzähler auf den Prozess der Übersetzung. Selbst seine Ausgangsbedingungen sind mit denen von Şenocak, Ören und Özdamar vergleichbar: Kultur lässt sich weder als System noch als Struktur begreifen, weil derartige Vorstellungen zu identitätspolitischen Festschreibungen führen. Kultur ist »ein offenes Diskursfeld«, in dem nicht das im Vordergrund steht, »was ihre Angehörigen miteinander teilen, sondern das, worüber sie sich auseinandersetzen und streiten«. Es geht nicht um Normen und Werte, sondern um Konflikte, Debatten und Deutungen.[557]

---

553 Siehe hierzu: DIDION, Joan (1991): *Überfall im Central Park. Eine Reportage*, München Hanser. 2002 stellte sich heraus, dass die zu langjähriger Haft verurteilten Jugendlichen unschuldig waren.
554 Vgl. SCHIFFAUER (1997b): S. 44f.
555 Ebd., S. 44.
556 SCHIFFAUER (1997b): S. 48.
557 Siehe hierzu auch: COHN-BENDIT (1993). Für den Soziologen Albert O. Hirschman besteht der Unterschied zwischen einem Streit und einem Konflikt darin, dass es beim Streit (etwa beim

Diese Form der Kultur soll »Latentes« und »Unhinterfragtes« hervorbringen, so wie Zafer Şenocak in *Gefährliche Verwandtschaft* neben den »spermaproduzierenden« Körper die identitätspolitische Festschreibung in Form eines religiösen Vereins stellt. Dieser Ansatz richtet sich besonders gegen sozialstrukturelle Erklärungsmodelle. Denn nach Schiffauer entstehen Krisen hauptsächlich nicht aus einer bestimmten materiellen Situation heraus, sondern erst, »wenn die Verschiedenheit der Parameter [...] durch einen definitorischen Akt ›auf den Punkt‹ gebracht ist«. Erst danach wird »eine Konstruktion als Ursache genommen«. Aufgrund dieses Befunds schlägt Schiffauer vor, den sozialstrukturellen Erklärungsversuch umzudrehen. »Der Verweis auf Sozialstruktur erklärt nicht die Krise – sondern umgekehrt, in und durch die Krise wird Sozialstruktur geschaffen, weil Klassen und Beziehungen im Akt der Mobilisierung definiert werden.«[558] Dass der Erzählung, der Form vor Fakten und sozialstruktureller Realität der Vorrang gewährt wird, kennzeichnet die Literatur und den Film, aber auch ihre Analysen in der literatur- und filmwissenschaftlichen Forschung. Diese Vorrangstellung von Erzählung und Irritation ist die Grundlage für den Paradigmenwechsel von der Integration in eine Nation zu einer Trans- oder Postnation, für die Einschreibung in die deutsche Geschichte oder Erzählung eines *empowerment* von subnationalen zu transnationalen Beschreibungen und Selbstbeschreibungen. Auch Salman Rushdie hält für die gelingende Erzählung der Migration ein paradoxes Verhältnis zwischen der Form und dem Inhalt der Erzählung fest. Am Beispiel seiner eigenen Texte beschreibt er, dass ihr Inhalt oft von Verzweiflung bestimmt sei, aber ihre Akteure und Erzähler dafür äußerst resistent seien und Talent hätten für eine nicht endende Selbstregeneration. Die Erzählung produziere neue Geschichten, indem sie ›strotze‹.[559]

So wird auch im vierten Band der Tetralogie *Der Erottomane* von Zafer Şenocak die Krise nicht beseitigt. Dabei hätte man am Ende von *Gefährliche Verwandtschaft* mit dem Einzug in die eigene Wohnung, der mit dem Beginn des Romans im Roman zusammenfällt, glauben können, dass jetzt die Erzählung tatsächlich zu einer Geschichte werde, zu einem konsisten Zusammenhang von Form und Inhalt. Doch am Anfang von *Der Erottomane* steht erneut ein deplatziertes Verhältnis von Innen und Außen. Wie schon erwähnt, zieht der Erzähler aus einer

---

Tarifstreit) darum geht, am Ende eine teilbare Ressource oder teilbare Werte zu haben. Auch Georg Simmel hat in seiner Schrift zum Streit diesen vergesellschaftenden Aspekt hervorgehoben. Beim Konflikt hingegen gehe es gerade um nicht teilbare Ressourcen und Werte, die in teilbare übersetzt werden müssten. HIRSCHMAN, Albert O. (1994): »Wieviel Gemeinsinn braucht die liberale Gesellschaft?«. In: *Leviathan*, Vol. 22, No. 2, S. 293–304.
558 SCHIFFAUER (1997a): S. 20.
559 RUSHDIE (1991): S. 16.

WG aus.⁵⁶⁰ Wohin er von dort umzieht, bleibt bis zum Schluss des vierten Bandes der Tetralogie unbeantwortet. Stattdessen träumt er gleich nach dem Auszug aus der WG, wie zu Beginn des ersten Bandes der Tetralogie *Der Mann im Unterhemd*, »vom Wegkommen, vom Sichselbstverlieren, vom Verwischen der eigenen Spuren«, die er – nicht als Tourist – mit einer »großen Reise« schaffen möchte.⁵⁶¹ Doch wird dieser Roman damit nicht enden, sondern mit einem Gewaltakt gegen den eigenen Körper. Vom anfänglichen Traum der Selbstauflösung bringen den Erzähler etwa eine Zeitungsmeldung und der Anruf eines Staatsanwalts ab. Der Staatsanwalt heißt Tom, trug früher den türkischen Namen Tayfun und streitet sich immer wieder mit dem Erzähler zu Beginn von Şenocaks Roman *Der Erottomane*.⁵⁶² Wie die Deutsch-Türkin in *Der Mann im Unterhemd* macht Tom auch keine »halben Sachen«. In der erwähnten Zeitungsnachricht steht, dass aus dem Berliner Landwehrkanal eine Leiche geborgen wurde.⁵⁶³ Man vermutet, dass der Tote von einer Prostituierten ermordet wurde.

Der Erzähler trifft sich mit Tom, der ihm den Anfang einer von ihm selbst verfassten Erzählung über eine männliche Figur zu lesen gibt, die das gleiche Schicksal ereilt, wie den Toten aus der Zeitung. Wie in Şenocaks gesamten prosaischen Werk kehrt sich auch die Unterscheidung zwischen Fiktion und Realität um.⁵⁶⁴ Tom hat noch mehr Geschichten über die Figur geschrieben, die sich in der Erzählung selbst als »Erottomanen« bezeichnet, weil er eine »unabschüttelbare Herkunft« und ein »verwegenes Schicksal« habe. »Den anarchischen Zustand seines Körpers hatte er als miniaturhafte Abbildung des anarchischen Zustandes der Gesellschaft wahrgenommen, ohne daß ihm dabei das Wort Freiheit in den Sinn gekommen wäre.«⁵⁶⁵ Der lesende Ich-Erzähler versieht den Text des Staatsanwaltes ebenfalls mit dem Titel *Der Erottomane. Ein Findelbuch*. In den weiteren zueinander sehr heterogen stehenden Geschichten, die durch »verfremdende

---

560 Auch Aras Örens Roman *Berlin Savignyplatz* beginnt mit einem Unbehagen zu Hause; wir werden dem Ich-Erzähler nur noch in der »Paris Bar«, dem Gasthaus »Zur dicken Wirtin« oder auf der Straße begegnen. Siehe hierzu: ÖREN (1995).
561 ŞENOCAK (1999): S. 7.
562 Ebd., S. 8.
563 Der Landwehrkanal spielt auch in Örens *Berlin Savignyplatz* eine wichtige Rolle. Doch im Unterschied zu seiner Kriminalerzählung *Bitte nix Polizei* nicht als eine wirkliche Lokalität, sondern als Erinnerungsraum für Ali Itir, der im Roman von 1995 weiterlebt. Siehe: ÖREN (1995).
564 Ören gibt in *Berlin, Savignyplatz* auch ein Gespräch in einer Kneipe wieder, das der Erzähler später als eines bezeichnet, das er nicht in der Kneipe geführt habe, sondern aus einem Theaterstück kenne. Siehe hierzu: ÖREN (1995): S. 37.
565 ŞENOCAK (1999): S. 11.

und widerständige Details«[566] zusammengehalten werden, entwirft Şenocak ein Kaleidoskop von der Suche nach dem Ich und dem Körper. Am Ende übernimmt wieder der Rahmenerzähler und berichtet davon, dass Tom seinen eigenen Ritualmord in Auftrag gegeben habe.

Davor erzählt aber erst einmal Toms erste Erzählung mit dem Titel »Der Antiquar« die Geschichte des Erottomanen. Dieser ist, ganz dem Wunsch des Rahmenerzählers entsprechend, auf Reisen und landet in einer Hafenstadt, in der er einen Buchladen erwirbt, um damit die »Zeiten« und »die Geschichte [...] in Ordnung [zu] bringen«. Der einzige Ort, an dem ein solches Vorhaben für ihn möglich ist, ist dieser Buchladen. Er will, »daß das Mittelalter die Antike ablöst und die Neuzeit das Mittelalter, und [...] daß die Uhren überall auf der Welt richtig gehen. Deshalb reise ich durch alle Länder und kümmere mich um die Zeit«.[567] Doch wird in der Erzählung an nur drei Stellen kurz etwas Geografisches, Soziales und Historisches eingefügt: Die Stadt liegt am Meer, mit seinem eigentlichen Monatsgehalt würden die Menschen in dieser Stadt ein ganzes Jahr leben können, und im Jahr 1913 »war die Stadt voll mit Flüchtlingen«.[568] Kurz darauf will der Erottomane nicht mehr die Zeiten oder die Geschichte ordnen, sondern sein eigenes Leben. »Wenn ich nebenbei auch das Leben dieser Stadt ordnen werde, so ist das nur ein willkommener Nebeneffekt meiner eigentlichen Absicht.«[569] Als aber eine Frau den Laden betritt und ein für ihn unverkäufliches Buch erwerben möchte, passiert das, was er eigentlich vermeiden wollte. Seinem Ordnungswillen kommt der »Geschlechtstrieb [...] in die Quere«, der die Ordnung des eigenen Selbst in Frage stellt.[570] Wenn Integration für gewöhnlich die Wiederherstellung einer Ordnung meint, so hindert den Erzähler eine attraktive Frau daran, die Ordnung im historischen oder autobiografischen Sinn zu gewinnen. In Sinan Çetins BERLIN IN BERLIN zieht die ebenfalls attraktive, hier kopftuchtragende Protagonistin Dilber, gespielt von Hülya Avşar, die beiden männlichen Hauptakteure Thomas und ihren Schwager Mürtüz in ihren Bann. Diese Anziehungskraft scheint sich dadurch noch zu steigern, dass sie beim Masturbieren gezeigt wird – wobei Mürtüz sie heimlich beobachtet.[571]

---

566 KOSCHORKE, Albrecht (2012): *Wahrheit und Erfindung. Grundzüge einer allgemeinen Erzähltheorie*, Frankfurt a. M.: Suhrkamp, S. 53.
567 ŞENOCAK (1999): S. 23.
568 Ebd., S. 29.
569 Ebd., S. 32.
570 Ebd., S. 37.
571 In der türkischen Presse wurde zu diesem Film besonders diese Sequenz hervorgehoben. Siehe hierzu: KAYAOĞLU, Ersel (2012): »Figurationen der Migration im türkischen Film«. In: *51 Jahre türkische Gastarbeitermigration in Deutschland*, hg. v. Şeyda Ozil, Yasemin Dayıoğlu-Yücel und Michael Hofmann, S. 81–104, hier S. 99.

4.5 Anrufung der Welt statt *transcultural community* — **447**

In Şenocaks Roman beendet der Erzähler nach dem erwähnten Anflug des sexuellen Begehrens sein Projekt und begibt sich auf eine imaginäre Reise über Konstanza nach Odessa und Batumi. Wie in der *Prärie* nach dem Geschlechtsverkehr empfindet er auch hier nach jedem Ankommen in einer neuen Stadt den Zwang, sich neu einkleiden zu müssen.[572] Die Reise endet in Baku, wo Nazim Hikmets erstes Buch *Das Buch der Sonnentrinker* erschien. Wie in vielen literarischen und filmischen Erzählungen der 1990er Jahre herrschen schlechte Lichtverhältnisse. Die Sonne scheint kaum und »[m]odriger Geruch« dringt »aus dem ölverpesteten Meer«.[573] Während bisher Bewegung in Form einer Reise thematisch und erzählerisch die heterogen strukturierte Erzählung bestimmte, ist von nun an, der Körper des Protagonisten zentraler Ausgangspunkt von Reflexion und Erzählung. Denn der Erottomane stellt fest, dass er eine Zenne ist. Die Zenne ist im klassischen türkischen Volkstheater (*Orta Oyun*) der männliche Schauspieler, der Frauenrollen spielt, weil Frauen selbst nicht auf der Bühne stehen durften. Beim Auftritt ist die Figur nun Mann und Frau zugleich, vergleichbar mit der Aussage der Mutter der Erzählerin in Özdamars Roman, die nicht mehr genau weiß, ob sie ein Mädchen oder einen Jungen in die Welt gesetzt hat. Şenocaks Erzähler fühlt sich auf jeden Fall gehäutet.[574] In der auf die »Zenne« folgenden Erzählung »Durst« lernt er bei einer Autopanne Isabella kennen. Er fragt sie, ob in ihrem Herzen ein Mann wohne, und wenn nicht, dann würde er einziehen.[575]

Auf »Durst« folgt mit »Tom und Robert« die nach »Der Antiquar« längste Binnenerzählung in *Der Erottomane*; eine Geschichte, die vermeintlich von zwei Männern erzählt, sich am Ende aber als eine entpuppt, in der es nur um eine Person geht. Während Tom rational ist und sich nachts gewissermaßen den Tag vom Leib schreibt, glaubt Robert an den Schmerz.[576] Robert setzt sich für eine Weile durch und lernt Alexandra kennen, mit der er eine sadomasochistische Beziehung eingeht. Alexandra schreibt ihre Gedanken, die nur er lesen kann, auf Roberts Körper. Er bemitleidet die anderen für ihren Analphabetismus. Alexandra nennt Robert den Erottomanen. Er überlegt, ob das an dem roten Ottomanen – der einzigen Sitzgelegenheit in einem dunklen Zimmer – oder an

---

572 Siehe hierzu: Şenocak (1997): S. 23.
573 ŞENOCAK (1999): S. 44.
574 ŞENOCAK (1999): S. 47.
575 Eine ähnliche Hoffnung hegt Örens Erzähler in *Berlin Savignyplatz*, als Franco, der Spanier und Konkurrent im Buhlen um Elfie, sich eine Weile in Frankreich herumtreiben will. Der Erzähler freut sich über sein Verschwinden »in der sternlosen Dunkelheit der kalten Nacht«. Wider Erwarten bedeutet das Verschwinden des Konkurrenten nicht den Beginn der wahren Liebe zwischen Elfie und dem Erzähler: »[O]bwohl wir uns von Angesicht zu Angesicht anblickten, sah sie mich auch jetzt nicht«. Siehe hierzu: ÖREN (1995): S. 71–75.
576 Ebd., S. 60f.

seiner Herkunft liegt. Was ihn jedoch am meisten fasziniert, ist, dass sie ihn von hinten »fickt«. »Er glaubt, vor Schmerzen das Bewusstsein zu verlieren. Sie hatte die Festung des Erottomanen erobert.«[577] Tom, der abends schreibt und tagsüber seinen Arbeitsterminen nachgeht, versucht Robert von Alexandra abzubringen, doch ohne Erfolg. Am Ende gesteht der Erzähler dieser Geschichte, dass Tom und Robert identisch seien. Warum der Erottomane derart aufgespalten ist, gibt die letzte Binnenerzählung »Fährtenleser« des Staatsanwalts Tom preis. Darin freunden sich zwei Männer auf Reisen an. Sie haben ihre Ängste und mitunter Feindschaft in »körperliche Nähe und geistige Verschmelzung« umgewandelt. Eines Tages stößt ein unbekannter Reporter zu ihnen, der ihre abgeschiedene Zweisamkeit stört: »Durch den Dritten [...] hatten sie das Gefühl, einander durch einen Filter zu sehen. Dieser Filter verwandelte sie. Er stellte sie nach außen hin ruhig, konnte aber die innere Unruhe, die beide erfasst hatte, nicht besänftigen«.[578]

Hier endet das Manuskript, das der Staatsanwalt Tom dem Rahmenerzähler gegeben hatte, der nun anmerkt, dass er von Anfang an geahnt habe, »daß Tom Robert war und es Robert nie gegeben hat«.[579] Tom hieß früher, wie zu Beginn des Romans *Der Erottomane* festgehalten, noch Tayfun und hatte einen türkischen Pass. Am Ende von *Der Erottomane* übergibt der Rahmenerzähler Sascha nun dem Binnenerzähler Tom die ersten beiden Kapitel seines neuen Romans. Im ersten Kapitel stirbt ein Schriftsteller, der keine nennenswerten Publikationen vorzuweisen hat, aber eine Eigentumswohnung besitzt, bei einem sexuellen Ritualmord, den er angeblich selbst inszeniert hat. Der Erzähler beschreibt zwar, dass der besagte Autor eine Domina aufsucht und sich auf einem Tisch fesseln lässt. Vom plötzlichen Auftritt einiger Männer, die ihn mit Hilfe der Frau hinrichten, ist er jedoch äußerst überrascht. Es kommt zur Gerichtsverhandlung, bei der der Richter der Prostituierten abnimmt, dass es sich bei diesem Tod um eine »Art Selbstaufgabe« gehandelt habe. Schon vor zwanzig Jahren habe sich das Opfer einbürgern und »einen anderen Namen geben lassen«. Vor Gericht wird kommentiert, dass dies jedem zustehe, »der die deutsche Staatsbürgerschaft annimmt und keine

---

577 ŞENOCAK (1999): S. 65. Am Ende des Films APRILKINDER verliert der Protagonist das Bewusstsein, weil es für seine identitätspolitische Position ebenfalls keinen Ort gibt. Siehe hierzu: YAVUZ (1998).
578 Ebd., S. 104.
579 Dieser Plot um die erzählende Person erinnert sehr an den des im gleichen Jahr erschienenen Kinofilms FIGHT CLUB von David Fincher. Auch dort sind die eigentlich antagonistischen Akteure, deren Präsenz sich ebenfalls in ein Nacht- und ein Tagleben aufteilt, eine einzige Person. Und auch dort erfahren wir dies erst am Ende der Erzählung. Siehe hierzu: FINCHER, David (1999): *Fight Club*, USA. Siehe ähnliche Plotstruktur in THE SIXTH SENSE. SHYAMALAN, M. Night (1999): *The Sixth Sense*, USA.

halben Sachen mag«. In der einen Person verbergen sich also gewissermaßen zwei Personen, in etwa so, wie in Örens Erzähler auch Ali Itir steckt.[580]

Nach der Gerichtsverhandlung fragt der Erzähler weiter, ob »Selbstzerstörer in unserer Gesellschaft nicht auch aggressiv« seien. »Was wäre, wenn einer sich in der Öffentlichkeit in die Luft sprengt, etwa in einem Hochhaus?« Das Opfer hier folge aber keiner Ideologie. »Im Mittelpunkt seines Lebens stand die Inszenierung des eigenen Todes.«[581] Der Nachlass des verstorbenen Autors fällt an einen Professor, der sich auf Schriftsteller dieser Art spezialisiert hat. Diesem Professor fällt auf, dass der Autor seine Texte nicht datiert hat. Daher müsse er sich an Figuren orientieren, »die immer wieder auftauchen. Es sind dieselben Figuren, wenn auch mit unterschiedlichen Namen, Berufen, Lebensorten und Situationen«.[582] Zum Schluss trifft der Professor sich mit seiner Hilfskraft zum Abendessen in einem Restaurant, um »wieder über das Opfer zu sprechen«. Sie freuen sich über das neue »gemeinsame Thema«.[583]

Weder historische noch sozioökonomische Motive treiben die Erzählung in Şenocaks gesamter Tetralogie von 1995 bis 1999 an. Vielmehr ist das erzählerische Konzept geprägt von Spiegelungen, Identifikationen und deren Zerschlagung als eine kulturell gebrochene und deshalb eine nie zu abschließende Transformation. Diesen Zugang erläutert uns der Autor sogar selbst anhand der Kurzinterpretation des Professors am Ende des Romans. Allerdings handelt es sich bei Sascha Muhtesem nicht um ein Opfer. Stattdessen liegt hier eine enge Kopplung von Subjekt und Objekt, von Täter und Opfer in einer Figur vor, die die Grundlage unseres Narrativs in diesem vierten Kapitel bildet; eine Gleichzeitigkeit von Person und Nicht-Person, Inklusion und Exklusion. Inklusion ist nicht möglich, wenn sich keine nicht-integrierbare Gruppe bestimmen lässt. Und Exklusion kann nicht geschehen, wenn die mit sich in Einklang stehenden Personen fehlen.[584] Beide Bewegungen werden in Form der inneren Spannung ihres Erzählers zusammengeführt, aber nicht nach außen entladen.

---

580 Siehe: ÖREN (1995): S. 76.
581 Ebd., S. 120.
582 Ebd., S. 123. Einen vergleichbaren Erzählmodus finden wir in Aras Örens *Berlin Savignyplatz*. Siehe hierzu: ÖREN (1995).
583 ŞENOCAK (1999): S. 124.
584 Vergleichbar lose und fragil sind auch die Beziehungen zwischen Elfie, Franco, Maria und Örens Erzähler in *Berlin Savignyplatz*. Als sich der Spanier Franco, wie bereits erwähnt, nach Frankreich absetzt, verliert die Beziehung des Erzählers zu einer deutschen Frau ihr Geheimnis. Nur über den Nicht-Türken und Nicht-Deutschen war diese Beziehung am Leben, über ein gewisses Verbundenheitsgefühl. Sobald sich dieses auflöst, zerfällt auch das soziale Gefüge. Siehe hierzu: ÖREN (1995). Eine vergleichbare Beziehungskonstellation finden wir in Emine Sevgi Özdamars zweitem Roman *Die Brücke vom goldenen Horn*. Insgesamt durchzieht alle literarischen

Ein gutes Beispiel hierfür ist, als Sascha über eine Dekade später denjenigen Bekannten trifft, der ihm die Anthologie *Als Fremder in Deutschland* geschenkt hatte. Beide haben sich verändert. Während Sascha nun davon überzeugt ist, dass Grenzen notwendig seien, ist der deutsche Bekannte überrascht, dass er selbst einmal so gedacht hat. Es bleibt also eine nicht entladbare und nicht kommunizierbare innere Spannung bestehen, die der Frage nach der möglichen oder unmöglichen Repräsentation eine andere Stoßrichtung gibt, wie sie sich noch Gayatri Spivak in den 1980ern vorstellte. Wenn es bei ihr vor allem um die Fragen der Darstellung und Vertretung ging, stehen nun Vorstellungen bei der Arbeit der Übersetzung im Mittelpunkt. Der Blick der anderen ist immer Bestandteil der eigenen Wahrnehmung. Als ein Autor dieser Dekade hält auch Mark Terkessidis mit seiner Lektüre von Franz Fanons *Die Verdammten dieser Erde* für die 1990er fest, dass Darstellung und Vertretung von der Vorstellung umschlossen seien. Vertretung und Darstellung haben sich auf »komplizierte Weise in das Feld des Imaginären verwickelt«. »Tatsächlich ist der ›Gegner‹ der antirassistischen Kämpfe nicht einfach außen, sondern das scheinbare Gegenüber ist in die Konstruktion der eigenen Identität verwickelt.«[585]

Aufgrund der Dominanz der Rede von Mehrheitsgesellschaften und Minderheiten in Reflexion und Argumentation und des Bemühens, diese Unterscheidung über postkoloniale Unterschiede zum Verschwinden zu bringen, hat man häufig übersehen, dass es nicht immer die Mehrheit sein muss, die diskriminiert. Diskriminierung kann es auch innerhalb von vermeintlich homogenen Minderheitengruppen geben. Diese Form der gewissermaßen internen Diskriminierung sind wir schon bei Şenocak begegnet. Im Film dieser Zeit ist sie noch weitaus stärker und intensiver vorhanden: äußerst prominent und eindringlich etwa durch Cahit in Akıns GEGEN DIE WAND oder durch die türkischstämmige Jugendgruppe in Thomas Arslans Film GESCHWISTER. Als der Protagonist beispielsweise in GEGEN DIE WAND ein halbes Jahr nach der Hochzeit, der Scheinehe mit Sibel, seine Schwiegereltern besucht, äußert er sehr gereizt und laut während der Autofahrt dorthin, dass er »auf diesen Kanakenfilm« – gemeint ist der Besuch der Schwiegereltern – »keinen Bock« habe.[586] Dort provoziert er Sibels Bruder

---

und filmischen Erzählungen der 1990er Jahre ein internationales und transnationales Setting, das weniger als eine »social practice« beschrieben werden kann, denn als ein Verbundenheitsgefühl.
585 TERKESSIDIS, Mark (2011): »Vertretung, Darstellung, Vorstellung. Der Kampf der MigrantInnen um Repräsentation«. In: *Transit Deutschland. Debatten zu Nation und Migration*, hg. v. Deniz Göktürk, David Gramling, Anton Kaes, Andreas Langenohl, Konstanz: Konstanz University Press, S. 667–670, hier S. 670.
586 AKIN (2003).

und seine Freunde, als diese darüber reden wieder »in den Puff« zu gehen. Er fragt sie, was sie dort verloren hätten und warum sie nicht »ihre eigenen Frauen ficken« würden.[587] Als Cahit sich schließlich immer mehr in Sibel verliebt, wird er in einer türkischen Disko von anderen Türken brutal zusammengeschlagen, weil er sie vor ihnen verteidigte. Während Sibel ihn verarztet, kommentiert er den Vorfall damit, dass diese Typen »Scheiß Kanaken« gewesen seien. »Du bist doch selber einer«, erwidert Sibel.[588] In Arslans Film GESCHWISTER wird der deutsch-türkische Protagonist Erol von seinen türkischstämmigen Freunden als Bastard beschimpft und er kein bisschen besser als ein Asylant sei. Zuvor hat sich Erol im Beisein seiner Freunde über Asylanten aufgeregt, dass die das letzte seien.[589] Wie in Akıns Film wird auch hier die Sequenz in einer Mischung aus Tragischem und Komischem dargestellt, die die Frage der Form auch hier in den Vordergrund rückt als allein die inhatliche Ebene der Sequenz.

Als Dursun Mitte der 1980er Jahre in 40 QM DEUTSCHLAND seine Wutrede an ein nicht anwesendes Gegenüber richtete, hat er nicht mit sich selbst gesprochen, denn der adressierte Andere hatte einen bestimmten Ort in der Gesellschaft. So benennt Dursun auch ganz konkrete Akteure wie die deutsche Bürokratie, deutsche Frauenvereine und deutsche Männer, die ihm seine Frau wegnähmen, wenn er sie aus der Tür ließe.[590] Ebenso wenig spielt die Vorstellung bei Spivak Gayatri eine besondere Rolle, vielmehr die Frage, ob man als Subalterner sprechen und in Kommunikation treten kann. Fragen, die latent auch Tevfik Başer bewegten, als er einen so umständlichen Weg wählte, um eine türkische Frau auf eine

---

587 Ebd.
588 Ebd.
589 Siehe hierzu: ARSLAN, Thomas (1997): *Geschwister*, Mainz: Zweites Deutsches Fernsehen.
590 Wie Ali Itir in Örens Erzählung von 1981 sucht auch der Erzähler, der sich an Ali erinnert, in *Berlin Savignyplatz* nach »Persönlichkeit«. Doch die Suchbewegungen der 1990er Jahre unterscheiden sich wesentlich von denen der 1980er. Ali Itirs unbedingtes Ziel war die Arbeits- und Aufenthaltserlaubnis: »Wenn ich erst einmal Arbeiter bin, dann werde ich euch zeigen, wie man in Deutschland eine Persönlichkeit wird, wie Ali Itir zu einem geachteten Mann wird, an dem ihr euch alle ein Beispiel nehmen könnt«, heißt es in der Erzählung von 1981. Eine Dekade später ist von dieser Form persönlicher Entwicklung und dem dazugehörigen Selbstbewusstsein Vorbild für die anderen nicht mehr die Rede. In *Berlin Savignyplatz* schreibt Ören, dass Ali unbedingt eine »Persönlichkeit« aus Untertänigkeit und ökonomischen Nutzen habe werden wollen. »Deutschland war für ihn ein stetiger Dienst. ›Ich leiste diesen Dienst für mich selbst und für die Sachen, die ich kaufen werde‹, dachte er.« Dabei beschäftigt auch den Erzähler im Roman aus den 1990ern das Thema »Persönlichkeit«, allerdings jenseits von Entwicklung und Ökonomie. »Das Thema, eine ›Persönlichkeit‹ zu werden, beschäftigte mich unentwegt; diese unberechenbare Obsession bereitete mir schlaflose Nächte und endlose Tage, stürzte mich in Delirien, Halluzinationen, Krankheiten und stellte mir unglaubliche Fallen«. Zitate aus ÖREN (1981): S. 27; ÖREN (1995): S. 23 u. S. 60.

deutsche Straße zu schicken. Diese Fragen der Repräsentation und Nichtrepräsentation werden in den 1990er Jahren nicht mehr diskutiert, sondern der Bruch von Repräsentation durch Artikulation, durch Lautstärke, durch Stille, durch Körperlichkeit, durch Erzählung und besonders durch Bewegungen und mitunter nicht enden wollenden, weil die gefühlte und vorgestellte Wirklichkeit nicht die wirkliche Wirklichkeit ist.

Diese Verwicklung im Inneren sorgt auch im öffentlichen Raum dafür, dass der Migrant selbst außerhalb der eigenen vier Wände nicht nach draußen kommt, weil er nicht aus seiner Haut kann.[591] Der öffentliche Raum ist von Bewegungen geprägt, nicht von Verortungen. Wie in Thomas Arslans Film GESCHWISTER fühlen sich die ›Kanaken‹ in Zaimoğlus Roman *Abschaum* auf der Straße immer angesprochen,[592] egal wo und wann. Jeder Blick der vermeintlich Anderen (besonders *der Deutschen*), versucht sie nach ihrer eigenen Wahrnehmung als die Türken zu fixieren. Dabei sind sie in der Regel fast immer unter sich.[593] Sie treffen sich oft an ihrem Stand auf dem Flohmarkt, verweilen dort aber nie. Sie sind in Bars, Kneipen, Imbissbuden, in Bordellen oder am Flughafen. Einen einzigen Ort für sich alle haben sie nicht.[594] In der eigenen Wohnung steht Ertan Ongun, der Protagonist in *Abschaum*, oft unter Drogen. Er isst dort nie etwas, und als Leser bekommen wir kaum einen Einblick, wie es darin aussieht oder wie er lebt. Ähnliche Erfahrungen machen wir als Leser auch in den oben besprochenen Romanen von Zafer Şenocak. Der Unterschied zwischen Innen- und Außenräumen ist nicht nur in Özdamars, Şenocaks, Örens und Zaimoğlus Literatur der 1990er Jahre ausschlaggebend. Wir werden sehen, dass die Filme zur Migration in dieser Zeit ebenfalls davon bestimmt sind. Die Akteurinnen und Akteure sind fast immer draußen, bewegen sich jedoch kaum koordiniert.

Wie gezeigt, ist das Schreiben und Arbeiten gegen etablierte Vorstellungen ein Leitmotiv in der Literatur. Diese Vorstellungen sind dabei aber in einem selbst verankert und nicht mehr, wie in den 1980er Jahren, ausschließlich in ältere deutsche Frauen oder türkische Väter und Männer ausgelagert. Dass diese erste Generation keine entscheidende Rolle mehr spielt, werden wir auch in den Filmen sehen. Sie geben, wie die zeitgleich entstehende Literatur, Aufschluss darüber,

---

591 Siehe hierzu auch: ÖZDOĞAN (1999): S. 23.
592 ZAIMOĞLU, Feridun (1997): S. 23.
593 Siehe hierzu: ZAIMOĞLU (1998): S. 43 u. S. 71.
594 In Paul C. P. Sius Studie aus den 1950er Jahren zu den chinesischen Migranten der 1920er Jahre in New York spielt dagegen die Wäscherei als integrativer Ort eine äußert konstitutive Rolle. Bestimmend für die chinesischen Arbeitsmigranten war auch, dass sie irgendwann in ihr Herkunftsland zurückkehren. Sie stellten für Siu die klassischen Gastarbeiter dar. Siehe hierzu: SIU (1954): S. 294–303.

welchen Aufwand es kostet, diese komplexe Gemengelage zu erzählen, um damit kulturelle Zuschreibungen zu unterminieren, und wie wenig Kraft und Energie für Beziehungen und sozialen Aufbau bleiben. Dabei sind letztere Formen der Soziabilität das eigentliche Ziel der Akteure. Bemerkenswerterweise widmen sich in dieser ›Dekade der Vorstellungen‹ vor allem die Filme dem Thema der Migration. Die deutsche Kritik sieht diese Filme als besonders authentisch an, weil sie bis auf ganz wenige Ausnahmen ausschließlich von deutsch-türkischen Regisseuren stammen. In der Türkei entstehen zur selben Zeit lediglich drei Filme zur Thematik, von denen wiederum nur der schon mehrfach genannte Film BERLIN IN BERLIN von Sinan Çetin nennenswert ist. In den beiden anderen, BIR UMUT UĞRUNA (»Für eine Hoffnung«) und KADERSIZ DOĞMUŞUM (»Mein dunkles Schicksal«) von 1991, stehen vor allem die Arabesk-Sänger Ceylan AVCI und Gökhan Güney im Vordergrund.[595] In den 1990er Jahren und 2000er Jahren interessiert man sich in der Türkei kaum noch für die Folgen der türkischen Migration nach Deutschland. Anders formuliert wirken die neueren deutsch-türkischen Filme dort oft irritierend, wobei ihr Erfolg auf Anerkennung stößt.[596] Der türkische Film, der sich nach BERLIN IN BERLIN explizit mit den Folgen der türkischen Migration in der Bundesrepublik auseinandersetzt, ist die Komödie BERLIN KAPLANI von Hakan Algül aus dem Jahre 2012.[597] Die deutsch-türkischen Filme der 1990er Jahre werden als das neue deutsche Kino verhandelt.[598] Dabei spielen deutsche Figuren in Literatur und Film der 1990er kaum noch eine Rolle; anders als in den 1970er und 1980er Jahren, wie wir an Frau Kutzer, Emmi Kurowski oder Jan in YASEMIN gesehen haben. Alle Protagonisten zeichnen sich nun durch eine Bindestrich-Identität aus.

Bei der aufwendigen Recherche für seinen Film GESCHWISTER von 1997 ist Thomas Arslan bei der zweiten Einwanderer-Generation eine äußerst spannende Kombination aufgefallen. Bei all den Interviews, die er mit deutsch-türkischen Jugendlichen und Heranwachsenden für den Film geführt hat, ist ihm trotz aller Differenzen zwischen ihnen eine Gemeinsamkeit aufgefallen: ein enger Zusammenhang von Lebhaftigkeit und Fatalismus. Die Jugendlichen sind äußerst agil,

---

595 Siehe hierzu: GÜNEY, Gökhan (1991): *Bir Umut uğruna*, Spielfilm, Em-Ra Film, Türkei; GÖZEN, Oğuz (1991): *Kadersiz doğmuşum*, Spielfilm, As Film, Türkei.
596 Auf einer Tagung der Bilkent University in Ankara vom 22. bis 24. März 2009 erfuhr ich, dass türkische Intellektuelle besonders die Filme der 1970er und 1980er Jahre als repräsentativ einschätzen; nicht diejenigen, die in den 1990er und 2000er Jahren in Deutschland entstanden.
597 Siehe hierzu: KAYAOĞLU (2012): S. 101.
598 Siehe hierzu: LEWEKE, Anke (1998): »Der neue deutsche Film ist da!«. In: *TIP-Magazin Berlin* 22 (1998). Siehe auch: KULAOĞLU, Tuncay (1999): »Der neue ›deutsche‹ Film ›türkisch‹?. Eine neue Generation bringt Leben in die Filmlandschaft«. In: *Filmforum* 16 (Feb./März 1999), S. 8–11.

voller Energie und Sprachwitz, doch haben sie alle nach seinem Eindruck eine fatalistische Einstellung zum Leben. Sie können sich bemühen wie sie wollen, nur wenn sie Glück haben, werden sie ankommen. Dieser Kombination sind wir auch in Şenocaks Tetralogie, in Zaimoğlus *Kanak Sprak*, in Örens *Berlin Savignyplatz* und in den Romanen Özdamars begegnet. Sie ist auch deshalb interessant, weil sie auf besondere Weise mit Saids Orientalismusnarrativ bricht, es aber nicht vollkommen unterminiert. Passivität, Fatalismus und Mangel an individuellem Bewusstsein der Orientalen sind nach Said zentrale Elemente des Orientalismus, die er in seinem wirkmächtigen Buch vom beginnenden 19. Jahrhundert bis in die zweite Hälfte des 20. Jahrhunderts als politische Erzählung in der englischen und amerikanischen Wissenschaft und Literatur über den Orient ausmacht.[599] Lebhaftigkeit und die Darstellungen innerer Spannungen als Selbstbeschreibungen widersprechen diesem Bild, wobei der Fatalismus, wie ihn Arslan ins Spiel bringt, dazu verleiten mag, von einem neuen Orientalismus zu sprechen. Doch ist der Orientalismus, wie ihn Said beschreibt, ohne eine von Entwicklung und Wachstum geprägte Geschichte gar nicht möglich. Bei einem derart verstandenen Orient muss der Westen umgekehrt diszipliniert, modern, selbstbewusst und aufgeklärt sein, und er muss für sozialstrukturellen Aufstieg, Entwicklung, Freiheit, Konsum und Selbstbewusstsein stehen. Diese Einheiten und Aspekte moderner Integration, die in den 1960er und 1970er Jahren Gastarbeiter aus den südlichen europäischen Ländern zur Assimilation reizten, sind in keiner der bislang behandelten deutsch-türkischen oder deutschen Produktion der 1990er zu erkennen.

Amerikaner sind in *Das Leben ist eine Karawanserei* höchstens noch in Form von Schauspielern im Fernsehen vorhanden, die man im eigenen Alltag nachahmt. Die Verbindung von amerikanischem Kino, seinen Helden und ihre Nachahmung spielt auch in den Filmen der 1990er eine besondere Rolle. Doch sind ziellose Nachahmungen ohne einen Wandel der Identifikationen ein schwieriges Unterfangen, wenn der eigene Ort sich immer wieder verschiebt. Dasselbe gilt für Entwicklungen, ob zu, mit oder postkolonial gegen den Westen. Die Verbindung und Verschmelzung von Ost und West bleibt auf diese Weise eine innere Angelegenheit; sie versetzen die Akteure in Film und Literatur in Spannung und in Bewegung. Diese Bewegung führt aber nicht einfach in den transnationalen oder kosmpolitischen Raum, wie es unzählige Forschungsbeiträge zum deutsch-türkischen Film vom Ende der 1990er bis heute konstatieren oder es sich so wünschen.[600] Denn weder ist jemand wirklich frei am Ende der Spielfilme noch kommt der eine oder die andere irgendwo an. Dasselbe gilt für die deutschen Filme HAPPY BIRTH-

---

[599] SAID, Edward (2011): *Orientalismus*, Frankfurt a. M.: Fischer, S. 274.
[600] Für viele: GÖKTÜRK (2000, 2003); MENNEL (2004); BURNS (2006).

DAY, TÜRKE (1991) von Doris Dörrie und Lars Beckers KANAK ATTAK (2000) über Deutsch-Türken in Deutschland. Auch wenn auf einen dritten Raum verwiesen wird, stellt er nicht die eigentliche Grundlage des deutsch-türkischen Kinos der 1990er Jahre dar. Im Zentrum steht wie in der Literatur jener Zeit das Verhältnis von innerer Spannung und Mobilität. Natürlich sind Filmemacher wie Thomas Arslan oder Fatih Akın vom italienischen Neorealismus, vom französischen Kino der Nouvelle Vague oder vom amerikanischen Gangsterkino à la Martin Scorsese und Brian De Palma geprägt.[601] In ihren und anderen Filmen sind nationale und kulturelle Vermischungen im Einsatz der Musik, der Sprachen, der Orte und der Auswahl ihrer Figuren evident. Diese Einheiten stehen in einer globalen Kommunikation. Doch symbolisieren diese Verknüpfungen nicht einfach den Übergang von einem vermeintlichen »cinema of duty« zu einem »pleasure of hybridity«, wie Sarita Malik und Deniz Göktürk zu jener Zeit konstatieren.[602] Identitätspolitische Spannungen lösen sich nicht einfach auf, wenn man Kulturen miteinander vermischt. Durch ihre kulturelle Unbestimmtheit zeigen sie vielmehr den existenziellen Grad der Konflikte auf. In diese Richtung weist auch die Relektüre des Gastarbeiters Ali Itir in Örens *Berlin Savignyplatz*: »Gewißheit herrscht nur über die Existenz einer Person names Ali Itir, deren wahre Identität unbekannt ist. [...] Ali Itir ist also eine existierende Person, die es nicht gibt, oder das Gegenteil davon: eine nichtexistente Person, die es dennoch gibt«.[603] Diesen Konflikt als eine positive »imagination as social practice« zu lesen, die für eine neue Form der Verbundenheit, der Zusammengehörigkeit und für eine neue globale Ordnung steht oder stehen wird, wie es einige Forscher in der Folge der Arbeiten von Arjun Appadurai tun, ist eine grobe Verkürzung und zeugt von einer blinden Globalisierungseuphorie.[604]

---

601 Siehe hierzu: LÖSER, Claus (2004): »Berlin am Bosporus. Zum Erfolg Fatih Akıns und anderer türkischstämmiger Regisseure in der deutschen Filmlandschaft«. In: *Apropos: Film. Das Jahrbuch der DEFA-Stiftung*, Berlin, S. 129–147, hier S. 129f.
602 Siehe hierzu: MALIK (1996); GÖKTÜRK (2000b).
603 ÖREN (1995): S. 30.
604 Siehe hierzu: APPADURAI, Arjun (2005): »Die Kraft der Imagination«. In: *Projekt Migration*, hg. v. Dokumentationszentrum und Museen über die Migration in Deutschland e.V., Köln: Dumont, S. 794–796, hier S. 795. In einer vergleichbaren Globalisierungseuphorie hält der Schweizer Intellektuelle Roger De Weck für die doppelte Staatsbürgerschaft in Deutschland fest, dass es in 20 Jahren selbstverständlich und politisch alltäglich sein würde, wenn ein Politiker von Paris nach Berlin wechsele, wie es heute keinen irritiere, wenn einer vom Landtag in Schleswig-Holstein zu dem in Nordrhein-Westfalen wechsele. Siehe hierzu: DE WECK, Roger (1999): »Pro: Zwei Pässe«. In: *DIE ZEIT*, 7. Januar 1999. Siehe hierzu auch: GÖKTÜRK u. a. (2010): S. 234–235, hier S. 235.

Dass in den Filmen hingegen mehr Auseinandersetzung, Kampf und Konflikte stecken als einfach nur transnationale Verweise, Referenzen und Mobilität, zeigt allein die Tatsache, dass Fatih Akın für seinen ersten abendfüllenden Spielfilm KURZ UND SCHMERZLOS sich wie Sylvester Stallone in ROCKY eine eigene Hauptrolle schreiben wollte; nicht weil er Amerikaner werden, sondern weil er wie Şenocak für die deutschen Zeitungen nicht mehr länger »›Der Türke vom Dienst‹« in den Fernsehkrimis sein wollte.[605] In der ersten Hälfte der 1990er Jahre haben einige der genannten deutsch-türkischen Regisseurinnen und Regisseure Film und Regie studiert, waren als Schauspielerinnen und Schauspieler in Nebenrollen aktiv, haben Kurzfilme und ihre Abschlussfilme an den Filmhochschulen gedreht. So wurden in den ersten Jahren dieser Dekade die Voraussetzungen für eine Entwicklung geschaffen, die mitunter zum *Goldenen Bären* für GEGEN DIE WAND im Jahre 2004 führte.[606] Dass es Akın bei dieser Entwicklung um mehr als nur um die Adaption von bereits vorhandenen erfolgreichen und populären Filmfiguren und Imaginationen geht, macht eine Szene in seinem ersten Film KURZ UND SCHMERZLOS besonders deutlich. Am Anfang wird einer der drei Protagonisten aus dem Gefängnis entlassen. Auf der Hochzeit seines älteren Bruders stellt sein enger Freund Bobby ihn seiner neuen Freundin vor: »Vergiss die ganzen Motherfucker aus dem Fernsehen. Das hier, Alice, ist die Legende. Der Mohammed Ali von Altona«.[607] Um was für eine besondere Form der Nachahmung es sich dabei handelt, erläutert Akın selbst. Im Audiokommentar hält er fest, dass seine Schauspieler Aleksander Jovanovič (Bobby) und Oscar Ortega Sanchez (1. Waffendealer) zwar alle Fans von Tony Montana in SCARFACE (1983) seien, sie aber nicht direkt seinen Habitus in diesem Film nachahmten. Vielmehr ahmten sie die Kriminellen aus Altona nach, die wiederum Al Pacino als Tony Montana nachahmten.[608] Diese spezifische Form der Übersetzung, eine kämpferische Auseinandersetzung vor Ort mit dem eigenen Körper, steht im Vordergrund der Filme aus den 1990er Jahren.[609] Es ist eine Form der Übersetzung, die wie bei Şenocak nah an der »Naht« vollzogen wird. Auch das Verhältnis von Örens Erzähler in *Berlin Savignyplatz* zu seiner fiktiven Gastarbeiterfigur ist eines an der »Naht«.

---

605 BEHRENS/TÖTEBERG (2011): S. 36.
606 LÖSER (2004): S. 134.
607 Auch das erste von zwei Kapiteln in *Berlin Savignyplatz* führt den Begriff »Legende« im Titel: »Die Legende von Ali Itir«. Siehe ÖREN (1995): S. 8–123.
608 AKIN, Fatih (1997/98): »Audiokommentar zu ›Kurz und schmerzlos‹«. In: *Kurz und schmerzlos*, Universal Germany GmbH, Deutschland, DVD.
609 So werden in Şenocaks letztem Band der Tetralogie sehr viele Orte erwähnt, die von einer langen und bewegten Reise berichten, obwohl die Erzählung ausschließlich in Berlin spielt. Siehe: ŞENOCAK (1999).

So stehen Mohammad Ali oder Al Pacino in Kurz und Schmerzlos, Bruce Lee in GESCHWISTER von Thomas Arslan, Ali Itir in *Berlin Savignyplatz* und Kemal Kayankaya in HAPPY BIRTHDAY, TÜRKE! in erster Linie nicht für eine andere erwünschte Identität oder ein Vorbild für eine andere idealisierte Community, sondern für ein hohes Maß an Resilienz, an Selbstbehauptung, an dem Wunsch, anerkannt zu werden, an Selbstständigkeit, für körperliche Energie und für einen besonderen Auftritt und Bewegung im naheliegenden öffentlichen Raum. Auch in Örens *Berlin Savignyplatz* steht die Zugehörigkeit des Erzählers zu einem Berliner Stadtteil im Zentrum; eine Gegenwärtigkeit, zu der jedoch auch die fiktionale Figur Ali Itir gehört.

Es geht in den 1990ern also nicht darum, erfolgreiche Aufstiegsgeschichten oder, negativ gewendet, die Unsichtbarkeit der türkischen Gastarbeiter in der BRD zu kopieren oder zu wiederholen. Stattdessen will man zeigen, wie man selbst, ohne soziale oder kulturelle Stützen, Teil der Gegenwart ist. Man tritt also genau so auf, wie man es für Akteure aus der türkischen Kultur nicht für möglich halten würde, weil sie doch nach Edward Said zwischen den Kulturen stehen und ihre Herkunftskultur mehr von Phlegma als von Aktivität bestimmt ist.[610] Darin ähneln sie den positiv beschriebenen Selbstständigen aus Daniel Cohn-Bendits *Heimat Babylon* auf türkischer Seite wie auf deutscher Seite in ihren jeweiligen Geschichten der Migration. Sie haben sich aus ihren kulturellen Kontexten gelöst und müssen sich selbst um ihre Integration kümmern.

Diese vermeintliche Unabhängigkeit hat in der Literatur und für die deutschtürkischen Figuren im Film einen besonderen Preis, nämlich den, dass immer wieder die Exklusion einbricht. Dies rührt nicht zuletzt daher, dass die Integration der Türken zu Beginn der 1990er Jahre im Unterschied zu den neuen Bürgern aus dem Osten Deutschlands »nicht im Namen einer ethnischen Nation vollzogen werden« kann.[611] Wie und mithilfe welches Narrativs sie vollzogen werden kann, sind Fragen, die nicht nur der Historiker Rudolf von Thadden nicht stellt und nicht beantwortet. Auch Publizistik, Literatur und Film setzen sich nicht mit der Geschichte der Migration in der Bundesrepublik auseinander, in die sowohl Türken als auch Deutsche verwoben sind. Eine Schlussfolgerung aus diesem Umstand könnte lauten: Wenn sie es nicht schaffen, sich zu integrieren, sind sie selbst schuld. Genau das sagt sich diese Generation selbst, um ihre Selbstständigkeit trotz schwerer Bedingungen zu wahren. Wie Zafer Şenocaks Erzähler setzt sich die 1 ½. und 2. Generation auf der einen Seite dabei von kulturellen Kollektiven, zu denen ihre Figuren vermeintlich gehören, beleidigend und dis-

---

610 Zu diesem Aspekt des Orientalismus siehe: SAID (2011): S. 237.
611 Zitiert nach: DIRKE (1994): S. 532.

kriminierend ab, während sie auf der anderen Seite vom Modell der Assimilation an die deutsche Gesellschaft geprägt sind.[612] Aus dieser Zwischenposition ergibt sich eine andere Frage des Überlebens, der Widerstandskraft, die sich sowohl vom gesellschaftlichen (Deutsche Einheit) als auch vom multikulturellen (»Türke sein in Deutschland«) Überleben unterscheidet, allerdings nicht ohne Bezüge zum Multikulturalismus oder zur Assimilation artikuliert werden kann. Dieses vielschichtige Kommunikationsgeflecht zeigt sich vor allem in den Filmen der Migration. Und weil die Kommunikation als Verknüpfung, Verbindung, als Verknüpft-Sein und Verbunden-Sein in unterschiedlichsten Varianten thematisiert wird, tritt das Verstehen als Koordinate des Kulturellen zurück, aber nicht die soziale Interaktion, das Verlangen nach Soziabilität. Die besonderen Stärken der Literatur und der Filme der 1990er Jahre liegen darin, dass sie sehr viele Grenzen überschreiten, Regeln brechen, auf Ästhetik und Körperlichkeit setzen, jedoch als einzigen Kanal für diese Artikulationsformen, und das ist ihre besondere Schwäche, nur auf die Kommunikation, auf eine rein imaginierte Verbundenheit über die Anrufung des Menschseins setzen. Anders und negativ formuliert lassen sich anhand der deutsch-türkischen Produktionen dieser Dekade die besonderen Folgen der deutschen Einheit ablesen: dass nämlich die Türken keine Türken mehr sind, aber auch keine Deutschen. Ebenso wenig existiert ein postnationales Konzept, obwohl kulturelle Marker im Spiel bleiben. Es handelt sich dabei jedoch um ein ernstes Spiel zwischen Komödie und Tragödie, weil die Übersetzungsarbeit unter den geschilderten gesellschaftspolitischen Bedingungen viel Kraft und viel Aufwand erfordert, um die zwei Seiten in einen Dialog zu bringen, der aufrechtzuerhalten ist. Die zentralen konstitutiven identitätspolitischen Aspekte in den 1990er Jahren sind nicht die »Gesellschaft« oder »Welt«, sondern das Weitersprechen, sich Weiterbewegen und Weitermachen.

Aysel Özakın wollte in den 1980er Jahren mit ihrem Auftritt und ihrer Literatur als Türkin zeigen, auch wenn es ihr eigentlich lächerlich vorkam, dass sie wie die gebildete Schicht in der Türkei und in Deutschland Teil des Westens ist. Diese Form der Repräsentation gibt es in den 1990er Jahren nicht mehr. Denn die »kulturelle Verschmelzung«, die der Publizist und Filmkritiker Georg Seeßlen in seinem vielzitierten Artikel zum deutsch-türkischen Kino der 1990er Jahre nennt, sei unumkehrbar.[613] Auch wenn es Seeßlen selbst so nicht intendiert hat, ist der Begriff der Verschmelzung in den klassischen Assimilationstheorien der 1960er

---

612 Mit der 1 ½ Generation sind im Unterschied zur zweiten Generation, die Personen gemeint, die im Herkunftsland geboren wurden, aber die schulischen Einrichtungen des Ankunftslandes durchlaufen haben. Zu ihnen gehören Zafer Şenocak, Feridun Zaimoğlu und Thomas Arslan.
613 SEESSLEN, Georg (2000): »Das Kino der doppelten Kulturen. Erster Streifzug durch ein unbekanntes Kino-Terrain«. In: *epd Film* 12 (2000), S. 22–29, hier S. 25.

Jahre zentral.[614] Wie in den obigen Literaturanalysen ist zwar auch im Film das Türkische vom Deutschen nicht zu trennen. Doch die ästhetische Ausbuchstabierung dieser spezifischen Bindung, deren Ort ausschließlich der Körper der Akteure ist, erfolgt weder sozial endogen wie in den 1960er und 1970er Jahren, wo Kultur nicht Teil der Auseinandersetzung war, noch kulturell emisch wie in den 1980er Jahren, wo Kultur zum ersten Mal als eingegrenzte absolute Entität auftritt. Auf diese Geschichte folgend ist die Überschreitung von Grenzen der Artikulationsmodus der 1990er Jahre. Und aufgrund der entwickelten und entstandenen Vorstellungen von und über Kultur und den kulturellen Markern in der multikulturellen Realität der deutschen Gesellschaft ist das Überleben in Literatur und im Film ein existenzielles und zugleich auch kulturelles. In den 1990er Jahre steht die Frage des Überlebens am Anfang. Kultur und Existenz sind sowohl getrennt als auch zusammen – verbunden über einen globalen Rahmen mit einem jenseitigen Bezug durch eine Praxis der Anrufung des Menschseins.

4.6 Vom Überleben im Film

»Da war eben so ein junger Typ und hat ein Drehbuch abgegeben. Er macht einen ziemlich energetischen Eindruck«, meint Stefan Schubert, der Geschäftsführer der Filmproduktionsgesellschaft Wüste Film, im November 1993 zu seinem Kollegen und Gesellschafter der Firma Ralph Schwingel und übergibt ihm die erste Fassung des Drehbuchs von KURZ UND SCHMERZLOS. Schwingel findet den Titel des Films »verquast«, aber auch »toll«. Er entdeckt im Drehbuch viele Szenen, die »kaum umsetzbar waren«. Aber eine dieser Szenen hat ihn »umgehauen«. Am Ende des Drehbuchs liegt ein »angeschossener Albaner blutend auf der Straße«. Zwei andere Jungs, ein Türke und ein Grieche, »streiten sich, der eine sterbend, der andere rettend. Bis der ebenfalls sterbende Albaner fragt: ›Wie geht es denn jetzt weiter?‹«.[615]

Tatsächlich wird diese Schlusssequenz vier bis fünf Jahre später auch anders gedreht, als Fatih Akın sie in der ersten Drehbuch-Fassung vorgesehen hatte,

---

614 RAUER, Valentin (2014): »Assimilation«. In: *Das neue Deutschland. Von Migration und Vielfalt*, hg. v. Özkan Ezli, Gisela Staupe, Konstanz: Konstanz University Press, S. 203–205, hier S. 203.
615 AKIN, Fatih/BEHRENS, Volker/TÖTEBERG, Michael (2011): *Im Clinch. Die Geschichte meiner Filme*, Reinbek: Rowohlt, S. 38. Auch in Ayşe Polats Film AUSLANDSTOURNEE von 1999 steht der Tod des Schattenspielers Mahmut im Zentrum, der Anfang der 1980er Jahre mit einem türkischen Varieté-Ensemble in die Bundesrepublik gekommen war. Sein homosexueller Kollege und Travestiekünstler Zeki übernimmt die Aufgabe und Verantwortung, Mahmuds Tochter zu ihrer Mutter, der Dritten im Bunde des Ensembles, zu bringen. Siehe hierzu: POLAT (1999).

wobei Sterben und Überleben zentral bleiben.⁶¹⁶ Die von Schubert wahrgenommene körperliche Energie des Regisseurs bestimmt auch den gesamten Film. Am stärksten ausgeprägt ist das Motiv des Überlebens in Akıns bislang bekanntestem und erfolgreichstem Film GEGEN DIE WAND, auf den später noch genauer einzugehen sein wird. Zunächst ist noch eine andere Ausgangsgeschichte zu KURZ UND SCHMERZLOS zu erwähnen, die es nach Jahren der Überarbeitung ebenfalls nicht in den Film geschafft hat, aber ebenso wie die oben genannte Sequenz die Grundstruktur des Films mitbestimmt.

KURZ UND SCHMERZLOS aus dem Jahr 1998 erzählt die Geschichte von drei engsten Freunden: dem Türken Gabriel, dem Serben Bobby und dem Griechen Costa. Alle sprechen reinstes Hamburger Kiez-Deutsch, wie die Protagonisten in Yüksel Yavuz' Film APRILKINDER. Gabriel wird am Anfang von KURZ UND SCHMERZLOS aus dem Gefängnis entlassen und möchte mit Taxifahren »ein wenig Geld bunkern und dann ab in die Türkei«. Dort sieht er sich als Strandcafébesitzer mit einem Bootsverleih am Meer.⁶¹⁷ Bobby will hingegen bei der albanischen Mafia einsteigen und bezeichnet diesen Wunsch als das heutige Multi-Kulti in Deutschland. Costa ist ein Dieb und hat ein Beziehungsproblem mit seiner Freundin Ceyda, Gabriels Schwester. Im weiteren Verlauf des Films wird sie sich von ihm trennen und Bobby wird bei den Albanern einsteigen. Gabriel wird Taxi fahren und sich in Bobbys deutsche Freundin verlieben. Bobby und Costa scheitern an einem Waffendeal für den Albaner Muharem, dessen Rache sowie Gabriels Rache an ihm zur oben beschriebenen Schlusssequenz des Films führen.

Zwölf Jahre nach dem Kinostart des Films hält Fatih Akın trotz des Erfolgs, der Preise und der positiven Resonanz in Kritik und Forschung zu diesem Film fest,

---

616 In Hussi Kutlucans anarchischer Komödie ICH CHEF, DU TURNSCHUH von 1998 wird die deutsche Frau, mit der der armenischstämmige Asylant und Protagonist des Films Dudie eine Scheinehe eingeht, von ihrem deutschen Exmann ermordet. Dudie kümmert sich als nicht-biologischer Vater um den 11-jährigen Sohn der Frau. Sie schlafen anfangs auf öffentlichen Plätzen oder in Parks, bis sie einer alten deutschen Dame vorgaukeln, dass die Berliner Ausländerbehörde sie zu ihr geschickt habe, da sie als alleinlebende Frau genug Platz in ihrer Wohnung habe, ihn und seinen Sohn als Asylanten aufzunehmen. Am Anfang noch fremdenfeindlich fügt sich die alte Dame der vermeintlichen Order der Stadt und nimmt die beiden auf. Mit der Zeit entwickeln sie sich zu einer sich respektierenden und solidarischen Gemeinschaft, die sogar in die Hochzeit von Dudie und der alten Dame mündet. Doch dazu kommt es nicht, weil die Betrüger von einer Nachbarin bei der Polizei angezeigt werden. ICH CHEF, DU TURNSCHUH endet mit der Ausweisung von Dudie und seinem Wahlsohn, weil dieser, um von Dudie nicht getrennt zu werden, so tut, als sei er wirklich ein Flüchtlingsjunge. Sie hierzu: KUTLUCAN (1998).
617 Den gleichen Traum haben die Protagonisten im erfolgreichen deutschen Film LAMMBOCK. ALLES IN HANDARBEIT (2001) von Christian Zübert. Auch in Rachid Boucharebs Film L'HONNEUR DE MA FAMILLE ist der Wunsch, irgendwo anders als in Frankreich am Strand zu leben, sehr präsent.

dass er ihn hätte anders machen sollen. KURZ UND SCHMERZLOS erhält 1998 beim Filmfestival Locarno den Spezialpreis Bestes Darstellerensemble, im gleichen Jahr den Adolf-Grimme-Preis und 1999 den Bayrischen Filmpreis.[618] Dennoch meint Akın im Jahr 2010, ein gescheiterter Waffendeal gehöre in eine »Vorabendserie«, sei »Möchtegern-Hollywood«.[619] Er hätte lieber die reale Geschichte erzählen sollen, auf der die Idee zu diesem Film basiert: Akın, Adam Bousdoukos (Costa im Film) und Tommy (Bobby) sind Anfang der 1990er Jahre beste Freunde und besuchen dieselbe Schule in Hamburg-Altona. Adam bleibt sitzen und kommt in die Klasse von Tommy. Letzterer wollte wie die Figur Bobbys im Film ein Gangster werden, wie in den italienisch-amerikanischen Filmen SCARFACE oder DER PATE. Statussymbole waren ihm wichtig. An einem Tag, so erinnert sich Akın, wurde ihm seine teure »Versace-Jacke« auf einer »Jugo-Party [...] abgezockt«. Tommy wollte seine Jacke zurückhaben und wendete sich an »Geldeintreiber«, um die Jacke zurückzubekommen. Die brachten sie ihm zerfetzt zurück und verlangten danach von Tommy noch mehr Geld, »um ihn zu beschützen«. Denn der andere, der die Jacke gestohlen hatte, überlebte und war nun hinter Tommy her. Tommy flieht darauf nach Belgrad und als ein Jahr später die Jugoslawien-Kriege (1991–1995) beginnen, wird er zum serbischen Militär eingezogen. 1998 kehrte er nach Deutschland, nach Hamburg zurück. Zur Premiere von KURZ UND SCHMERZLOS ist er da und Akın erinnert sich, dass er »erst einmal ziemlich beeindruckt [war], dass sein Leben verfilmt wurde«. Doch nach dem Film war er »sauer« auf Akın, »weil er meinte, dass er nicht sonderlich gut wegkommt im Film«.[620] Realistisch wäre es nach Fatih Akın also gewesen, »wenn es um die Versace-Jacke von Tommy gegangen wäre«. Und genau so würde er den Film heute drehen, schließt Akın seine Erinnerungen an die Entstehung des Films. Ein junger Mann, der wegen einer Jacke, die ihm »abgezogen wird«, nach Jugoslawien flieht und als »Cetnik«[621] zurückkommt.[622]

Wäre ein solcher Film von der deutschen Filmkritik und den deutschen Feuilletons in den 1990er Jahren wirklich als realistisch wahrgenommen worden? Eine Geschichte um eine geklaute Jacke, in die Türken, Serben, Griechen und Albaner verstrickt sind? Wenn es in solch einem Film einen Konflikt gibt, dann

---

618 Siehe hierzu: https://www.filmportal.de/film/kurz-und-schmerzlos_1e65902d2d3a4b66b35 95422503dc303 (zuletzt 15.05.2021).
619 BEHRENS/TÖTEBERG (2011): S. 66.
620 Ebd., S. 36f.
621 Während des Jugoslawienkriegs nannte man »Cetnik« die Soldaten serbischer Militärgruppen. Ihnen werden die genozidalen Kriegsverbrechen während des Bürgerkriegs angelastet. Die Verwendung des Begriffs geht bis in die Mitte des 19. Jahrhunderts zurück.
622 BEHRENS/TÖTEBERG (2011): S. 66f.

hätte es doch um die verletzte kulturelle Ehre eines seiner Akteure gehen müssen. Kurz gesagt: Wie mit der ersten Fassung der Sterbesequenz am Ende des Drehbuchs hätte es auch mit der Jackengeschichte ein Übersetzungsproblem gegeben. Denn es wäre schwierig gewesen, die Komik der Situationen zu unterdrücken, in der beispielsweise ein sterbender albanischer Krimineller einen schwer verwundeten und ebenfalls sterbenden Griechen fragt, wie es denn jetzt weitergehe; und das alles am Ende nur wegen einer Jacke. Entgegen Akıns eigener Einschätzung, dass sein erster abendfüllender Spielfilm unrealistisch sei, sah die Filmkritik vor zwölf Jahren und mitunter auch die Forschung in ihm eine realistische Sicht auf das multikulturelle Milieu Altonas dargestellt, während man ihn andernorts als das MEAN STREETS von Hamburg-Altona beschrieb.[623] Ist diese Mischung aus Realität, Fiktion und Verbundenheitsgefühl als »Realität von heute« nun eine Fehleinschätzung? Mitnichten. KURZ UND SCHMERZLOS musste sich wie viele andere Filme der 1990er Jahre mit bestimmten Vorstellungen von Multikulturalität und Wirklichkeit auseinandersetzen. So äußert auch Thomas Arslan zur Entstehungszeit von Akıns Film: »[W]enn es schon nicht möglich ist, völlig an den Klischees vorbeizugehen, dann kann man vielleicht versuchen, durch sie hindurchzugehen, d. h. von ihnen auszugehen, sie zu benutzen, um sie dann nach und nach aufzulösen, so daß etwas anderes sichtbar werden kann«.[624] Auch Dr. Anders bringt in Örens Berlin Savignyplatz auf den Punkt, dass man in modernen Gesellschaften ohne Klischees nicht leben könne. Um einen Umkehrprozess einzuleiten, war es für Arslan daher wichtig, »bei der Darstellung der Personen türkischer Herkunft auf jedes folkloristische Detail, auf jede Behauptung oder Problematisierung einer ›Fremdartigkeit‹ zu verzichten«.[625] »Wirklichkeit« ist sozusagen nicht nur auf der begrifflichen Ebene dehnbar, sondern rückt auch inhaltlich das »fait social« in ein anderes Licht.

Feridun Zaimoğlu versucht Mitte der 1990er Jahre ebenfalls durch seine »Nachdichtung« der Sprache der »Kanak Kids« der »Folklore-Falle« zu entgehen: »Weil sich die Kanak Kids in den Straßen bewegen, sprechen sie einen sich laufend weiterentwickelnden symbolischen Jargon, der häufig als blumige Orientalsprache mißverstanden wird.« Daher hat Zaimoğlu beispielsweise die unter Freunden üblichen türkischen Anreden wie *gözüm* (»mein Auge«) oder *gözümün*

---

[623] VOIGT, Claudia (1998): »Es war einmal in Altona«. In: DER SPIEGEL, 43/1998, S. 260–262, S. 260. Siehe auch: Stern, 14.02.2004. BEYER, Tom (1998): »Kurz und Schmerzlos«. In: Schnitt. Das Filmmagazin, Nr. 12 April 1998. HAMDORF, Wolfgang M. (1999): »Die neue Alltäglichkeit. Multikultureller Realismus im jungen deutschen Kinofilm«. In: Film-Dienst, fd 12/1999. MEAN STREETS (dt. HEXENKESSEL) ist ein Gangsterfilm von Martin Scorsese aus dem Jahr 1973.
[624] Filmheft zu DEALER.
[625] Ebd.

nuru (»mein Augenlicht«) in das weniger blumige »Bruder« übersetzt.[626] In seiner »Nachdichtung« geht er dennoch von Klischee und Differenz aus; zum einen, um den Erwartungen des Lesepublikums zu entsprechen, diese aber zugleich auch zu unterminieren, da die neue Generation weder Opfer noch Türke ist. Weiter geht es mit der Kanaksprak um eine spezifische Form der Übersetzung, die ein unerwartetes Potential dieser Generation sichtbar macht. »Ich kann es nicht mehr hören, dass von sprachdefizitären Jugendlichen gesprochen wird. Diese sind einfach multimedial. Die Youngster können Denglish, sie können Kanak Sprak, sie können Video-Clip-Deutsch, und sie können wunderbares Deutsch.«[627] Mit der Wut der zweiten Generation klingt ihre Sprache wie folgt:

> Der Kanake sagt, wörtlich übersetzt, »Haßhand teilt gerne aus, bricht sich aber viele Knochen« und meint »wer von Haß erfüllt ist, greift ohne Rücksicht auf Verluste zur Gewalt«. Der Kanake sagt »Gott fickt jede Lahmgöre« und meint »wenn man weiterkommen will, muß man sein Schicksal selbst in die Hand nehmen«.[628]

Vor dem Hintergrund dieser dekonstruktiven Arbeit mit Vorurteilen und Differenzen wäre es weder plausibel noch leserwartungskonform tatsächlich die Sprache der türkischstämmigen Jugendlichen wieder zu geben oder von einer gestohlenen Jacke auszugehen, um die multikulturelle Wirklichkeit in Deutschland für den deutschen Zuschauer zu übersetzen. Das Gleiche gilt für Şenocaks Ausgangspunkt, dass der Islam eine ideale Religion für Männer sei, die Bärte, Sperma und Fußgeruch produzieren.

In solchen alternativen Zugängen verbirgt sich eine existenziell körperliche Form von Transnationalität und Transkulturalität, die nicht in das multikulturelle Narrativ der 1990er Jahre passt, weil ihnen das Kulturspezifische bzw. der Akt der kulturellen Grenzüberschreitung fehlt. Um die eigene Versace-Jacke als Statussymbol würde wahrscheinlich jeder streiten und unter Umständen sogar kämpfen. Wie macht man diesen allgemeinen Konflikt um Besitz anschlussfähig und erzählbar in einer Gesellschaft, die sich immer mehr als einen Teil der Welt und Multikultur als Problem oder als Bereicherung begreift? Ohne einen spezifischen kulturellen Einsatz ist dies nicht möglich. In Akıns Film hat dieser Einsatz nicht einfach mit einer marktstrategischen Kalkulation oder der Kompatibilität

---

626 ZAIMOĞLU (1995): S. 14. Heute bezeichnen sich männliche und weibliche Salafisten auf Arabisch als Brüder und Schwestern. Siehe hierzu: MANSOUR, Ahmad (2015): *Generation Allah. Warum wir im Kampf gegen religiösen Extremismus umdenken müssen*, Frankfurt a. M.: Fischer, S. 22.
627 »Existentielle Geschichten aus einer dunklen Welt«, Feridun Zaimoğlu interviewt von Erker-Mitherausgeber Frank Lingnau. in: https://amerker.de/int46.php (zuletzt 15.05.2021).
628 Ebd.

mit dem Zeitgeist zu tun. Schon die Filme der 1970er und 1980er Jahre haben nicht einfach nur die Erwartungen der Mehrheitsgesellschaft bedient und erfüllt. Wie bereits erwähnt wollte Akın mit KURZ UND SCHMERZLOS und besonders mit GEGEN DIE WAND – wie Zaimoğlu mit der Kanak Sprak und Zafer Şenocak mit seiner Literatur und seinen essayistischen Texten – einfach nicht mehr »der Türke vom Dienst« sein. Und um dies zu artikulieren, sind bei Akın, Zaimoğlu aber auch bei Şenocak die Positionsbestimmungen der Akteure stets zentral. Sie bewegen sich immer zwischen Exklusion und Inklusion im Niemandsland der Integration der 1990er Jahre, zwischen ethnischem Kollektiv und Assimilation. Die einzig bleibenden stabilen Referenzen für die Integration sind Auftritt, Artikulation und Körper der Protagonisten. Im Zentrum steht nicht die Repräsentation von Verhältnissen, sondern eine *Umformung* des Ablaufs des artikulatorischen Prozesses[629], weil die politische Sprache über den ausländischen Mitbürger oder über die multikulturelle Gesellschaft die Wirklichkeit nicht wiedergeben kann. Deshalb bestimmen trotz der Kritik am deutschen Multikulturalismus-Diskurs Assoziationen, die eine Jacke hervorruft (wie Körperlichkeit, Schutz und öffentlicher Raum), weitaus mehr die Struktur von Akıns Filmen, die Sprechweise der Kanak Sprak und vielen anderen als kulturspezifische oder transnationale Einheiten.

Interessanterweise taucht die Jacke als unterschwelliges Motiv auch an vielen anderen Stellen in Literatur, Film und Forschung der 1990er Jahre auf. Sie steht für eine Form des Schutzes, der Verteidigung des eigenen Körpers. Sie tritt an die Stelle der »zweiten Haut«, des Türkischseins in Deutschland der 1980er Jahre. In Zaimoğlus *Abschaum* löst beispielsweise die Jacke eine intensive Auseinandersetzung zwischen einer Clique und einem Türsteher (»Rausschmeißer«) aus, der von den ›Kanaken‹ verlangt, dass sie ihre Jacken ausziehen müssten, um eingelassen zu werden.[630] In Kutlu Atamans vielbesprochenem Film LOLA UND BILIDIKID bestimmt die schwarze Lederjacke des Protagonisten Bili dessen Identität. Eine ähnliche schwarze Lederjacke tragen die Protagonisten Erol (Tamer Yiğit) in Arslans Film GESCHWISTER, Ertan Ongun (Luk Piyes) in Lars Beckers Verfilmung KANAK ATTAK (2000) nach Zaimoğlus Roman *Abschaum* und nicht zuletzt der männliche Protagonist Cahit in Akıns GEGEN DIE WAND (2004). Es gibt draußen keine Szene, in der er sie sie nicht tragen, d. h. sie gehört zu ihrem Auftritt dazu.[631] Als Zivilpolizisten in GESCHWISTER in einem Billard-Café Erols Clique

---

[629] Siehe hierzu: BHABHA (1994): S. 162.
[630] ZAIMOĞLU (1997): S. 24.
[631] Interessanterweise spielen auch im deutschen Kino der 1990er Jahre Kleidung und Jacken wichtige Rollen. Entweder schenkt ein in Deutschland stationierter amerikanischer Soldat, den wir im ganzen Film nur in Zivilkleidung sehen, seiner neuen deutschen Freundin Frenzy (Katja Riemann) in Katja von Garniers Film ABGESCHMINKT seine Jacke oder fast alle Akteurinnen und

auf Drogen durchsuchen, mahnt ein Freund Erols einen von ihnen an, dass er gefälligst aufpassen solle, wie er mit seiner neuen Jacke umgehe. Der zeitgleich entstandene Roman *Die Brücke vom Goldnenen Horn* von Emine Sevgi Özdamar sieht einen Rückgang linker Solidarität in der Türkei und in Deutschland, weil Genossen andere Genossen nicht mehr darauf aufmerksam machten, wenn sie ihre Jacken irgendwo vergessen.[632] Ferner zeigt die wissenschaftliche Studie *Turkish Power Boys. Ethnographie einer Jugendbande* von Hermann Tertilt, die die Entstehung einer türkischen Jugendgang im Frankfurter Stadtteil Seckbach Anfang der 1990er Jahre analysiert, dass der Jackenklau (»Jacken-Tokat«) und die schwarze Bomberjacke als Markenzeichen in höchstem Maße gruppenkonstitutiv seien.[633] In unterschiedlichen Aneignungs- und Gebrauchsformen ist die Jacke hier ein weiteres Indiz für die Wirkmächtigkeit des Narrativs »Wie lebt es sich in Deiner Haut?«, das ich für die 1990er Jahre herausgearbeitet habe. Im Folgenden werde ich die deutsch-türkischen Filmen KURZ UND SCHMERZLOS von Akın sowie GESCHWISTER und DEALER von Thomas Arslan analysieren. Filmkritik und Forschung haben insbesondere an diesen Filmen Ende der 1990er Jahre eine neue Bewegung im Film zu erkennen geglaubt.[634] Antworten auf die Frage »Wie lebt es sich in Deiner Haut?« geben auch APRILKINDER von Yüksel Yavuz, AUSLANDTOURNEE von Ayşe Polat und LOLA UND BILIDIKID von Kutlu Ataman sowie schließlich GEGEN DIE WAND von Fatih Akın, deren Betrachtung in die Analyse miteinfließen werden.

Zum Bundesstart von KURZ UND SCHMERZLOS hält die Filmkritikerin Claudia Voigt fest, das darin und in den Filmen von Thomas Arslan und Yüksel Yavuz die deutschen Zuschauer »verblüffende Einblicke [...] in das Leben jener rund zwei Millionen Türken im Land [bekommen], die viele Deutsche nur als Besitzer von Gemüseläden und als Frauen mit Kopftüchern kennen«. Ihre Filme machten auf eine zweite Generation aufmerksam, »die zwar in Deutschland groß geworden ist, deren Eltern aber zu Hause in Hamburg, Berlin oder Essen die türkischen und kurdischen Traditionen aufrecht erhalten haben«.[635] Hätte Frau Voigt schon das Bonusmaterial der später erschienenen DVD gekannt, wäre ihr Befund womög-

---

Akteure in Dorris Döries KEINER LIEBT MICH definieren sich über ihre Kleidung. Siehe hierzu: GARNIER (1992); DÖRRIE (1994).
632 »Manchmal vergaßen die Mitglieder ihre Jacken oder Taschen, wenn sie nach Hause gingen. Aber wenn eine Jacke auf dem ersten Fraktionsstuhl hing, rief keiner von der zweiten Fraktion hinter dem Besitzer der Jacke her.« Siehe hierzu: ÖZDAMAR (1998): S. 293. Zur Bedeutung der Jacke bei Özdamar siehe auch ebd., S. 37 u. 253.
633 Siehe hierzu: TERTILT, Hermann (1996): *Turkish Power Boys. Ethnographie einer Jugendbande*, Frankfurt a. M.: Suhrkamp, S. 30–43.
634 Siehe hierzu: LÖSER (2004); MENNEL (2003); GÖKTÜRK (2000b); HAMDORF (1999).
635 VOIGT (1998): S. 260.

lich anders ausgefallen. Denn ihrer Einschätzung, dass KURZ UND SCHMERZLOS ethnische »Kolonien« in Deutschland widerspiegele, stehen die Interpretationen der Schauspieler und des Regisseurs des Films gegenüber. Beispielsweise meint Adam Bousdoukus, dass es in diesem Film allgemein um das große und universelle Thema der Freundschaft gehe.[636] Aleksander Jovanovic, der den Serben Bobby spielt, sieht den Kern der Geschichte im Verhältnis zwischen Mann und Frau und darin, wie alles aus den Fugen geraten kann, wenn das intime Privatleben nicht mehr stimmt.[637] Wie für Şenocak in *Die Prärie* und für Ören in *Berlin Savignyplatz* ist für Jovanovic das eigentliche Thema der Multikultur die »interkulturelle Geilheit«. Und schließlich hält Fatih Akın selbst fest, das mit dem Label des deutsch-türkischen Films durch Kritik und Presse die Geschichte eines großen Missverständnisses begonnen habe.[638]

Diese gegenläufigen Innen- und Außeninterpretationen des Films scheinen sich durch die Nennung seiner Vorbilder und Paten wie Martin Scorseses MEAN STREETS (1973), Viscontis ROCCO UND SEINE BRÜDER (1960) oder nacheinander genannte reale und fiktive Figuren wie Rocky (fiktiv), Tony Montana (fiktiv), Al Pacino (real) und Muhammad Ali (real) noch mehr zu widersprechen. Wie zuvor bei Özdamar, Ören und Şenocak ist auch hier die globale Referenz auf solche Figuren und die Wirkmächtigkeit über den deutsch-türkischen Kontext hinaus sehr wichtig für die beteiligten Akteure und ihre Erfinder, die Autoren und Regisseure. In Atamans Film ist diese Referenz schon im Titel LOLA UND BILIDIKID evident; er verweist sowohl auf Tom Tykwers Film LOLA RENNT als auch auf die amerikanische Kulturgeschichte (Billy the Kid). Die beiden deutsch-türkischen Protagonisten nennen sich selbst und werden auch so gerufen, obwohl ihre amtlichen Namen andere sind, die wir im Film allerdings nicht erfahren.

Ein spezifisch ethnischer Zugang ist trotz der Anrufung allgemein-menschlicher Themen wie Liebe, Freundschaft und Sexualität dennoch keineswegs von der Hand zu weisen. Beispielsweise sehen wir am Anfang von LOLA UND BILIDIKID das von homosexuellen Türken dargebotene Varieté *Die Gastarbeiterinnen*. Der beleibte, ebenfalls homosexuelle Entertainer Zeki steht in Ayşe Polats Film AUSLANDSTOURNEE eindeutig für einen »radikalen Bruch mit der mythischen

---

636 Diese allgemeinen und universellen Themen stehen für den Regisseur Kutlu Ataman und seine Schauspieler Gandi Mukli (Lola) und Erdal Yıldız (Bilidikid) ebenfalls im Vordergrund. Auch wenn es in diesem Film explizit um die homo- und transsexuelle türkische Szene in Berlin geht, ist das Anliegen nicht das einer Minderheitenpolitik, sondern ein existenzielles und zugleich globales.
637 Siehe hierzu: AKIN, Fatih (1998): »Interviews«. In: *Kurz und Schmerzlos* (DVD).
638 Dieses Missverständnis reicht für ihn so weit, dass er GEGEN DIE WAND bei der Pressekonferenz explizit als einen Nicht-Gastarbeiterfilm ausgewiesen hat. Siehe hierzu: http://www.mme-ansmovie.de/wand.html (27.07.2018).

Figur des sprachlosen Türken«.[639] Selbst nach über 20 Jahren Leben in der Bundesrepublik orientiert er sich noch immer an der Türkei. Er tritt nur in türkischen Bars in Deutschland, Holland und Paris auf, und sein großes Vorbild ist weder ein amerikanischer noch ein deutscher Travestiekünstler, sondern die türkische Diva Bülent Ersoy und der homosexuelle Sänger Zeki Müren, deren Liedtexte ihm auch persönlich wichtig sind. Die Welt, die in Film und Literatur kommuniziert wird, hat wie bei Özdamar und Şenocak ihre inneren und äußeren Grenzen und ihre spezifischen Reichweiten. Diesem vielfältigen globalen Bezugsraum von Freundschaft, Geschlecht, Einflüssen anderer Regisseure und Filme steht der Einsatz spezifischer kultureller Marker entgegen. Zudem kann von einem gleichberechtigten Umgang und Gebrauch von türkischen und deutschen Kennzeichen nicht die Rede sein. In Polats Film reisen die Protagonistinnen zwar etwa von Hamburg über Paris, Wuppertal, München bis Istanbul durch Europa, doch sind fast alle Orte von Türken oder der Türkei bestimmt.[640] In Hamburg sind es die Geschwister des verstorbenen Schattenspielers Mahmud, in Paris ein türkischer Nachtlokalbesitzer, der in seinem Etablissement ausschließlich türkische Gäste hat. Und in München besucht der homosexuelle Zeki eine vergangene türkische Liebschaft, die einen türkischen Krämerladen führt und auf seine Briefe nicht reagiert hat.[641] Identisches gilt für den Film LOLA UND BILIDIKID, der jedoch im Unterschied zu AUSLANDSTOURNEE in Berlin spielt. Ebenso spielen die Filme HAPPY BIRTHDAY, TÜRKE! (1991), BERLIN IN BERLIN (1993) und GEGEN DIE WAND (2004) zwar alle in deutschen Städten, vor allem in Hamburg, Frankfurt und Berlin; deutsche Figuren spielen dabei aber keine wesentlichen Rollen. Sie sind – wie in der deutsch-türkischen Literatur der Zeit – kein wesentlicher Bestandteil der multikulturellen Gesellschaft in Deutschland. Bobbys deutsche Freundin Alice (Regula Grauweiler) aus KURZ UND SCHMERZLOS musste Akın im Unterschied zu den anderen Hauptrollen erst erfinden.[642] Die einzige wichtige deutsche Rolle in diesem Film war für ihn auch am schwersten zu besetzen. Alle anderen tragenden Rollen hatten ihr Vorbild in der Realität: Costa, der Grieche, wird von seinem deutsch-griechischen Pendant Adam Bousdoukus selbst gespielt. Die Eltern und der Bruder von Gabriel im Film sind im wahren Leben Eltern und Bruder von Fatih Akın. Nach seinem Gefängnisaufenthalt will Gabriel weder an der Nordsee noch an der ame-

---

639 PRIESSNER, Martina (2017): »›Im Schwebezustand reisen‹. Auslandstournee von Ayşe Polat«. In: *Deutsch-Türkische Filmkultur im Migrationskontext*, hg. v. Ömer Alkın, Wiesbaden: Springer, S. 317–334, hier S. 324.
640 Siehe hierzu: POLAT (1999).
641 Ebd.
642 Siehe hierzu: AKIN, Fatih (1998): »Audiokommentar zu ›Kurz und Schmerzlos‹«. In: *Kurz und Schmerzlos* (DVD).

rikanischen West- oder Ostküste ein Strandcafé eröffnen, sondern unbedingt in der Türkei. Das erzählt er dreimal im Film. Auch der äußerst maskulin auftretende homosexuelle Bilidikid in Atamans Film träumt von einem Strandleben in der Türkei – allerdings müsste sich sein Freund Lola dafür einer Geschlechtsumwandlung unterziehen, weil sie als schwules Ehepaar in der Türkei nicht leben dürften. In *Berlin Savignyplatz* tritt an die Stelle der interkulturellen Intimität zwischen dem Ich-Erzähler, der Deutschen Elfie, dem Spanier Franco und der Deutschen Maria im Laufe der Erzählung immer mehr die Figur Ali Itir. Im zweiten und letzten Kapitel des Romans hat sie sogar vollkommen die Macht über das Geschehen übernommen.[643] In KURZ UND SCHMERLOS erwidert Gabriel auf Alice' Frage, warum er in der Türkei ein Strandcafé eröffnen wolle, dass ihm das im Gefängnis eingefallen sei. Dort bestimme keiner, was man wann zu machen habe und man sei nie allein. In der deutschen oder westlichen Gesellschaft vereinsame man, in der türkischen lebe man in einer Gemeinschaft. Im Audiokommentar hält Akın an dieser Stelle des Films fest, dass alle ihm bekannten Türken so reden und denken würden.[644]

Interessant im Zusammenhang der vorliegenden Kulturgeschichte der Migration in Deutschland ist zum einen Gabriels Berufswunsch, sich selbstständig zu machen, den in den 1990er Jahren viele Türkeistämmige in Deutschland hegen.[645] Zum anderen ist Gabriels touristische Wahrnehmung der Türkei sowie die Kontaktpflege mit Touristen bemerkenswert: nahe am Meer, nicht im Zentrum des Landes, nicht repräsentativ sein, ungebunden arbeiten, aber dafür sein eigener Chef sein. Hier bündeln sich viele Motive, die wir bereits aus Şenocaks *Gefährliche Verwandtschaft* und *Der Erottomane* oder aus Kemal Kurt *Was ist die Mehrzahl von Heimat?* kennen und finden.[646] Die deutsch-türkischen Protagonisten begreifen sich im Herkunftsland ihrer Eltern stets als Touristen.[647]

Eine weiteres türkisch-orientalisches Kennzeichen unter vielen anderen, ist, dass Akın den Namen des Ladens, den Alice als Kunstschmiedin in Hamburg Ottensen betreibt, von seinem ursprünglichen spanischen Namen in das vielsagende türkische »Kismet« (dt. »Schicksal«) umbenennt. Und ebenso oft wie

---

643 Siehe hierzu: ÖREN, Aras (1995): »Nacht«. In: ders.: *Berlin Savignyplatz*, Berlin: Elefanten Press, S. 124–173.
644 Siehe hierzu: AKIN (1998): »Audiokommentar«.
645 Es gibt keinen Film und keine Literatur deutsch-türkischer Herkunft in den 1990er Jahren, in denen die fiktiven deutsch-türkischen Figuren Angestellte des Öffentlichen Dienstes sind.
646 Zur Selbstständigkeit der Türken in Deutschland siehe: COHN-BENDIT/SCHMID (1992): S. 129f. u. S. 170.
647 Diese Konstellation findet sich auch in den Romanen von Feridun Zaimoğlu und Selim Özdoğan *Liebesmale, scharlachrot* und *Mehr* von 2000 und 2001.

Gabriel im Film seinen Wunsch äußert, in die Türkei zurückzukehren, fragt ihn sein Vater, ob er denn nicht mit ihm das muslimische Morgengebet verrichten möchte. Erst ganz am Ende des Films wird er gemeinsam mit ihm beten, jedoch nicht um ihm einen Gefallen zu tun, sondern weil Bobby von Muhamer getötet wurde und Costa noch um sein Leben ringt. Nach eigener Aussage hat Costa sehr viel Schuld an dieser Tragödie, weil sie »immer Scheiße bauen«.[648] In KURZ UND SCHMERZLOS bestehen zwar Bindungen in den deutschen und globalen westlichen Raum, die sich als in Kommunikation stehende Einheiten begreifen lassen, doch sind sie narrativ immer im türkischen Raum verankert. Dabei lösen diese Zusammenhänge weder ein ›Wieder-Türke-Werden-Wollen‹ aus, noch generieren sie ein spezifisches Narrativ des ›Amerikaner-Werden-Wollens‹. Diesen Bewegungen und Bindungen wirkt ein gewisser Stillstand entgegen, der sich von den inneren Spannungen der Akteure über die türkische Community vor Ort, Aufnahmen von Gesprächen und Konflikten in parkenden und geschlossenen Autos – vornehmlich in Gabriels Taxi – erstrecken.

Die Kritiken zum Film bezeichnen ihn meist entweder als Multikulti-Thriller oder Gangsterfilm.[649] In der Forschung hält Barbara Mennel fest, dass es sich bei KURZ UND SCHMERZLOS um einen Ghetto-Film handle, der im Zusammenhang eines globalen Migrationskinos zu sehen sei.[650] Dasselbe hält sie für Arslans GESCHWISTER fest.[651] Sicher treffen diese Genrebezeichnungen für beide Filme zu, doch ist der Verweis, dass sie auf der einen Seite Einblicke in ethnisch anders geprägte Parallelgesellschaften ermöglichen und auf der anderen Seite in einem globalen Zusammenhang stehen, aufgrund des auffallend asymmetrischen Gebrauchs deutscher und türkischer Marker zu oberflächlich. Zafer Şenocaks Protagonist hat zwar in Amerika seine Herkunft, so gut es ging, nicht thematisiert, ist am Ende in München und in Berlin aber doch wieder zum Deutsch-Türken geworden – und hat wieder auf Anfragen von Zeitungsredaktionen reagiert; allerdings mit einer ironischen Wendung und einem parodistischen Ton. Ironie und Parodie greifen auch in Atamans und Polats Filmen LOLA UND BILIDIKID und AUSLANDSTOURNEE, wenn beispielsweise homosexuelle Türken Gastarbeiterin-

---

648 Das tun nach eigener Aussage auch die Protagonistinnen in L'HONNEUR DE MA FAMILLE. Siehe: BOUCHAREB (1996).
649 Siehe hierzu: SCHIFFERLE, Hans (1998): »Kurz und schmerzlos«. In: *epd Film*, Nr. 10, Oktober 1998; BEYER, Tom (1998): »Kurz und schmerzlos«. In: *Schnitt. Das Filmmagazin*, Nr. 12, April 1998. Siehe auch: VOIGT (1998).
650 Siehe hierzu: MENNEL (2003): S. 156.
651 Siehe hierzu: MENNEL, Barbara (2008): »Globales Migrationskino, der Ghetto-Flâneur und Thomas Arslans ›Geschwister‹«. In: *Mann wird Man. Geschlechtliche Identitäten im Spannungsfeld von Migration und Islam*, hg. v. Lydia Potts, Jan Kühnemund, Bielefeld: transcript, S. 53–64.

nen und Gastarbeiter spielen. Doch erschöpfen sich diese Produktionen keineswegs in der Darstellung von Gegensätzen (*inversio*) oder von Verstellungen (*dissimilatio*). Denn zum einen sind die Grenzen zwischen der Türkei und Deutschland nicht mehr nur geografische, die physisch überschritten werden könnten, sondern sie verlaufen durch die Figuren hindurch. Zum anderen, war Sascha, im Falle Şenocaks, auch in Amerika nicht vor den Debatten zu Türken in Deutschland gefeit. In Akıns Film arbeitet schließlich, wie in den anderen genannten, eine Gleichzeitigkeit von Inklusion (Welt) und Exklusion (Türke-Sein), eine »innere Spannung«, die auch hier durch Ästhetik, Ironie und einem *displacement* zwischen Innenräumen und öffentlichen Räumen, zwischen dem Eigenen und Anderen aufgelöst wird.

Wie Özdamars Erzählerin, Şenocaks Sascha, Örens Erzähler in *Berlin Savignyplatz* und den noch lebenden Ali Itir begegnen wir auch den Protagonisten von Polat, Ataman, Cetin, Yavuz und Akın häufig auf der Straße.[652] Sie sind ein sichtbarer Teil des öffentlichen Raums, der ihre Privatheit, ihr Deutsch-Türkischsein mit einschließt. Ihre Präsenz im Raum zeigt, dass sie dazugehören, auch wenn sie keine deutschen Staatsbürger sind. Wie bei den Reflexionen zur Denizenship und zur postnationalen Membership bestimmt das Wohnen, die Dauer und Präsenz in einem Land die Identität, denn die Herkunft. Deshalb ist ihre Präsenz auch mit der Darstellung eines bestimmten Verhältnisses zur Herkunft bestimmt. Die drei Freunde treffen sich nach Gabriels Haftstrafe das erste Mal wieder auf der hinsichtlich Musik, Tanz und Getränken traditionell türkisch ausgerichteten Hochzeit von Gabriels Bruder Cenk (Cem Akın). Auf der Stelle kommt es zu Streit und Missverständnissen. Costa erscheint mit einer Bomberjacke, während Gabriel und Bobby dem Anlass entsprechend Anzüge tragen. Gabriel knöpft sich Costa vor, zieht ihn vor den Augen der anderen Hochzeitsgäste in eine Abstellkammer und fragt ihn, was er sich dabei denke, mit so einer Jacke auf Cenks Hochzeit aufzutauchen.[653] Ceyda, Gabriels Schwester und zu Beginn des Films noch Costas

---

652 In Yavuz' und Cetins' Filmen kommt wie in Özdamars Karawanserei-Roman der Türschwelle eine besondere Bedeutung zu. In APRILKINDER gibt es sehr viele Szenen, in denen eines der Geschwister die Wohnung verlässt. Wie viele andere Filme der 1990er Jahre beginnt auch dieser mit einer Straßenaufnahme. Siehe hierzu: YAVUZ (1998).
653 Yavuz' APRILKINDER beginnt auch mit einem Streit. »Hast Du'n Knall oder was?! Heb' das wieder auf«, fährt Mehmet seine Schwester Dilan an. Dilan deckt gerade den Esstisch für die Familie und hört dabei mit ihrem Walkman laut den türkischen Popsong Şıkıdım des türkischen Sängers Tarkan. Weil Dilan Mehmet deshalb nicht hört, greift er fest nach ihrem Arm, tut ihr weh und wiederholt seinen Befehl. Sie zieht ihren Arm weg und beschwert sich bei ihm. Warum Mehmet sich so aufregt, erfährt der Zuschauer nicht. Man muss den Ton dieser ersten Sequenz des Films sehr laut stellen, um zu hören, dass eine Zeitschrift auf den Boden gefallen ist, als Dilan den Tisch deckt. Da aber der Regisseur dies selbst nicht deutlich macht, will er vor allem zeigen,

Freundin, stößt wütend zu ihnen und schlägt Costa mit einer schweren Tüte, in der sich ein Anzug für Costa befindet, auf den Kopf. Dieser eine Schlag wird in *short cuts* zweimal gezeigt, was ihn noch intensiver wirken lässt.[654] Zuvor hatte Gabriel Costa versichert, dass er heute Abend für ihn bürge. Der »Haufen«, den er da draußen sehe, »geiert nur rum«, und sie kämen dann zu ihm, beschwerten sich über seinen Auftritt, weil er mit so einer Jacke gekommen sei. Gabriels Verwendung des Begriffs »Bürgen« verdeutlicht, dass Costa und er zusammengehören und nicht der »türkische Haufen« und er. Gleich nach dieser Auseinandersetzung umarmen sie sich und küssen sich auf die Wangen.

Überhaupt küsst und umarmt man sich häufig in dieser Eröffnungssequenz des Films, der türkischen Hochzeit in Deutschland. Später wird Gabriel wieder auf diesen türkischen »Haufen« Bezug nehmen, um sich zu positionieren. Ceyda hat sich von Costa getrennt, und seine beiden Freunde versuchen ihn zu trösten. Noch am gleichen Tag sehen sie alle drei, wie Ceyda ihren neuen deutschen Freund Sven in Altona öffentlich küsst. Bobby und Costa fangen eine Schlägerei an, haben gegen Sven aber keine Chance, so dass Gabriel einschreitet, »der Muhammad Ali von Altona«. Gabriel schlägt Sven mit vielen harten Schlägen K.O. und tritt noch auf ihn ein, als er am Boden liegt.[655] Als Ceyda und Gabriel

---

dass seine Akteurinnen und Akteure von Beginn an gereizt sind. Siehe hierzu: YAVUZ (1998). Auch AUSLANDSTOURNEE beginnt mit einem Streit. In der ersten Sequenz des Films von Ayşe Polat schließt ein Mann um die Vierzig eine Haustür und verlässt das Haus. In derselben Einstellung sehen wir links neben ihm ein junges Mädchen, das mit einem Koffer und einer Tasche auf ihn wartet. Er läuft an einem gelben Briefkasten und an dem Mädchen vorbei, ohne ein Wort zu sagen. Er wirkt angespannt und genervt. Dann geht er in eine gelbe Telefonzelle. Das Mädchen, das eine ebenfalls gelbe Jacke trägt, folgt ihm und wartet draußen auf ihn. Er telefoniert auf Türkisch mit einer Frau namens Çiçek (»Blume«), fragt sehr herzlich, wie es ihr geht und sagt, dass er ihre Telefonnumer von ihren Nachmietern erhalten habe. Danach sagt er, dass alles in Ordnung sei und Çiçek legt auf die Antwort schlagartig auf. Der Mann ruft ihr in den Hörer erregt noch hinterher, doch vergebens. Er flucht heftig. Er geht aus der Zelle und sagt dem Mädchen, dass sie Çiçek nun endlich gefunden hätten. Siehe hierzu: POLAT (1999).

654 Ebenfalls in Form von *short cuts* wird später gezeigt, wie Gabriel seinen Freund Bobby in einer Videothek ins Gesicht schlägt, weil der sich eine Waffe gekauft hat.

655 Beim Dreh dieser Sequenz wollten viele der Crewmitglieder des Films, dass Gabriel nicht so häufig auf den am Boden liegenden Sven eintritt, weil das die Hauptfigur zu unsympathisch machen würde. Akın hingegen war es wichtig, dass die Gewalt auf diese Weise herausbricht. Beim Versuch, seine Freunde aus den Fängen der albanischen Mafia zu befreien, wird Gabriel später selbst äußerst brutal zusammengeschlagen. Danach sehen wir ihn mit blutüberströmtem Gesicht auf dem Boden liegen. In GEGEN DIE WAND wird auf den Protagonisten Cahit ebenfalls eingetreten und eingeschlagen, als er schon auf dem Boden einer türkischen Disco in Hamburg liegt. Zu Anfang des Films ist es hingegen Cahit selbst, der in einer Hamburger Kneipe einen Gast auf den Boden wirft und ihn mit Füßen tritt. Eine ähnliche Sequenz finden wir in Polats AUSLANDSTOURNEE. Dort wird der homosexuelle Varieté-Sänger Zeki von deutsch-türkischen

sich später in Gabriels Zimmer über diesen Vorfall streiten, hält er ihr vor, dass sie gefälligst nicht in Altona mit ihrem neuen Freund »rummachen« solle, sondern in Eppendorf oder Wansberg, aber eben nicht hier. Das gehe ihn gar nichts an, wo sie mit wem rumknutsche, erwidert Ceyda. Er habe sie immer vor ihren Eltern beschützt, hält Gabriel dagegen. »Du kannst nachts so lange wegbleiben, wie Du willst. Welche Türkin kann das, zeig mir die?«[656] Er habe sie bisher immer respektiert und vor den anderen verteidigt.[657] Mit den »anderen« meint er die Türken von Altona. Wie Sascha und Michaela in Şenocaks erstem Band seiner Tetralogie grenzen sich Gabriel und Ceyda in Akıns Film von einem türkischen Kollektiv ab, zu dem auch ihre Eltern gehören, leben aber, anders als bei Şenocak, noch zuhause.[658] Wie die Skizze dieser Sequenzen zeigt, liegt Akıns Fokus ebenfalls auf den Figuren und ihrem Verhältnis zu Freunden und Kollektiven. Dies spiegelt sich auch in dem sehr aufwendigen Casting wider.[659]

Wie Gabriel wird auch Bobby im Film als nicht mehr zur vermeintlich eigenen Community dazugehörender eingeführt. Auch hier ist die erste Interaktion ein Konflikt. Denn sein serbischer Onkel hat erfahren, dass er bei der albanischen Mafia einsteigen möchte, bei den Erzfeinden – nicht nur auf dem Hamburger Kiez. Der Onkel wirft ihn brutal aus dem serbischen Restaurant auf die Straße. »Bei deiner toten Mutter. Ich breche dir alle Knochen«, ruft er seinem Neffen noch hinterher, bevor er sich in sein Billard-Café zurückzieht. Im Vordergrund liegt Bobby, sein Kopf erhebt sich in Nahaufnahme vom Boden, und er schaut aus dem Bild heraus. Dieses Bild wird für zwei, drei Sekunden eingefroren und ein schreibmaschineller Schriftzug mit den Worten »Bobby, Serbe« wird eingeblendet, dass Bobby auf der Straße sein Glück suchen muss.[660] Auf dieselbe Weise werden die beiden anderen Protagonisten Costa und Gabriel eingeführt,

---

Machos in Wuppertal nach einem Konzert in einem türkischen Nachtclub auf dem Boden liegend mit Füßen und Fäusten blutig geschlagen. Siehe hierzu: Akın (1998); Akın (2004); Polat (1999). Überhaupt gibt es einige Filme in den 1990er Jahren, die an prominenten Stellen vom Boden aus ganze Sequenzen filmen. Siehe hierzu für viele die Einstiegssequenzen der Filme Happy Birthday Türke und Nachtgestalten: Dörrie (1991); Dresen (1998).

656 Akın (1998).
657 Auch der deutsch-türkische Protagonist Serdar in Feridun Zaimoğlus Roman *Liebesmale, scharlachrot* von 2000, der seinem Freund Hakan in Kiel aus der Türkei Briefe nach Deutschland schreibt, konstatiert als eine für ihn wichtige Erkenntnis während seines Türkeiaufenthalts, dass »Respekt vor dem Passanten zivilisiertes Verhalten« sei. Siehe hierzu: Zaimoğlu (2000): S. 32.
658 In Yüksel Yavuz' Aprilkinder versuchen die verliebten Figuren Dilan und Arif, sich an belebten Orten zu treffen. Da aber die anderen Türken reden und Dilans Familie davon erfahren würde, treffen sie sich auf dem Friedhof. Siehe hierzu: Yavuz (1998).
659 Siehe hierzu: Akın (2011): S. 55–60.
660 Vgl. Terkessidis (1999): S. 249.

als sie sich in ähnlich brisanten Situationen befinden: »Costa, der Grieche«, zerschlägt ein Autofenster, um einen Laptop zu klauen. »Gabriel, der Türke«, wird gezeigt, als er aus dem Gefängnis entlassen und von seinem Vater zur Begrüßung erst geschlagen und dann umarmt wird. Konflikt, national-kulturelle Zuschreibung, Gewalt und öffentlicher Raum sind als zusammengehörige Einheit die Ausgangsposition in KURZ UND SCHMERZLOS. Sie macht aus dem Innen als Raum (Wohnung) oder als Psyche eine unbehagliche, von Unruhe geprägte Behausung. Daher kommen in deutsch-türkischen Filmen der 1990er Jahre wohl auch kaum *establishing shots* vor. Wie können stattdessen einzelne Akteurinnen und Akteure einen *overall space* bestimmen?

Filmtechnisch könnte man diese Aufnahmen zu Beginn des Films durchaus als eine besondere Form des *establishing shot* beschreiben, besteht dessen Funktion doch darin, den Raum zu definieren, in dem das darauffolgende filmische Geschehen stattfindet. Sie beschreiben den oben genannten »overall space« und dienen dem Zuschauer als Orientierung. Für eine Klassenzimmersequenz wäre ein klassischer *establishing shot* etwa die Aufnahme einer Schule von außen.[661] In Yavuz' AUSLANDSTOURNEE wird die erste Sequenz, der oben beschriebene Konflikt zwischen den Geschwistern Mehmet und Dilan, ebenfalls nicht mit einem *establishing shot* durch den Vorspann des Films eingeführt. Im Vorspann, in dem der Titel des Films eingeblendet wird, sehen wir eine Straße in einem Wohngebiet. Es ist Abendstimmung, wir sehen Fahrräder vorbeifahren, man denkt an eine ruhige Straße in einer deutschen Stadt. Ein Straßenname ist, wie in den anderen besprochenen Filmen, nicht zu erkennen. Wie in vielen deutsch-türkischen Produktionen wird auch in APRILKINDER nur natürliches Licht eingesetzt. Ein Gebäude in dieser Straße sieht von außen wie ein Wirtshaus aus, doch können wir nicht lesen, was auf der Leuchtreklame am Eingang steht. Dafür hören wir sehr genau aus dem Off, irgendwo von der Straße, das klassische türkische Klagelied *Ölürsem Kabrime gelme istemem* (»Falls ich sterbe, komme nicht an mein Grab«) in einer arabesken Version. In der anschließenden Einstellung sehen wir wie Dilan, vielleicht in einem der zuvor gesehenen Häuser, den Tisch deckt. Doch auch hier sind weniger Straße und Küche miteinander verbunden, sondern es ist vielmehr die Musik, die eine Verbindung schafft, indem die arabesken Klänge aus dem Vorspann in die türkische Popmusik von Tarkan übergeht, die wir aus Dilans Kopfhörern mithören.[662]

---

661 In der äußerst erfolgreichen Serie TÜRKISCH FÜR ANFÄNGER, die zwischen den Jahren 2006 und 2009 produziert und im deutschen öffentlichen Fernsehen ausgestrahlt wird, gibt es kaum eine Sequenz, der ein *establishing shot* nicht vorausgeht. Siehe hierzu: DAĞTEKIN, Bora (2009): *Türkisch für Anfänger*, Fernsehserie, Hofmann & Voges Entertainment, Deutschland.
662 Tarkan ist der international bekannteste türkische Popsänger. Er wurde 1972 im rheinhessischen Alzey geboren. Sein bürgerlicher Name ist Tarkan Tevetoğlu. Die Familie Tetvetoğlu kehrte

Dieser orientalisierende Anstrich zu Beginn des Films wird durch Mehmets unhöflichen und aggressiven deutschen Straßen-Slang gebrochen.

Die Orientierungsfunktion, die in Yavuz' Film der Übergang von der elegischen türkischen Musik zum energischen Popsong einnimmt, ein Übergang, der zugleich die deutschen Straßen mit der türkischen Wohnung verbindet, erfüllen in Akıns Kurz und Schmerzlos meiner Ansicht nach die oben beschriebenen Einführungen der Protagonisten zu Beginn des Films. Sie sind schon allein deshalb die »delineations of overall space«[663], weil Akın kaum eine Innen- oder Außenaufnahme im Film mit *establishing shots* einführt. Dabei gibt es in Kurz und Schmerzlos unterschiedliche Innen- und Außenaufnahmen, die allerdings kaum definiert oder markiert werden – im Gegensatz zu den Akteuren. Von der türkischen Hochzeitsfeier über Wohnungen, über Restaurants, Bars bis hin zu unbestimmten Strandplätzen, Straßen und Sackgassen weiß man als Zuschauer dieses Filmes nicht, wo man sich genau befindet. Dasselbe gilt für die Filme von Polat und Yavuz. Die Akteurinnen und Akteure sind darin zwar viel unterwegs, doch wir können immer nur schwer bestimmen, in welcher Stadt wir uns befinden oder in welcher Straße. In Akıns Film sind zudem die Innenräume nicht eindeutig bestimmt. Man weiß z. B. nicht, in wessen Wohnung die Freunde sich gerade treffen oder wo genau sie bei Außenaufnahmen in Hamburg-Altona sind. Der Zuschauer ist immer gleich mittendrin. Man kann immer nur unterscheiden, ob man gerade draußen oder drinnen ist. Durch diese Unbestimmtheit wird nicht der Ort, sondern die Unterscheidung zwischen drinnen und draußen zur Leitunterscheidung.[664] Die Filme der 1990er Jahre leben sehr stark davon, Raum zu schaffen, sich aber in diesem Prozess nicht klar zu positionieren. Der Verweis auf Globalisierungszusammenhänge, ein Verbundenheitsgefühl nimmt dabei eine besondere Funktion ein. Beispielsweise hängen in Mehmets Zimmer in Aprilkinder Poster von Bruce Lee. In Dilans Zimmer hängen Poster von Tarkan, der in den 1990er Jahren wegen seines Tanzstils in der Türkei auch als der türkische Michael Jackson gefeiert wurde.[665] Wie bei Bhabha ist der Ort, hier Dilans Zimmer, natio-

---

1986 in die Türkei zurück. Mit seinen äußerst erfolgreichen Musikalben *Aacayapsin* von 1994 und *Ölürüm sana* von 1997 wurde er in der Türkei und unter den Deutschländern überaus bekannt. Der Song Şımarık aus der LP *Ölürüm sana* machte ihn weltweit berühmt, für den er auch 1999 den World Music Award in Monaco erhielt.

663 Siehe hierzu: Bordwell/Thompson (2010): S. 235.

664 Diese topografische und filmtechnische Konstellation finden wir auch in den Filmen Ostkreuz (1990), Lebewohl, Fremde (1991), Happy Birthday Türke (1991), Geschwister (1997), Aprilkinder (1998), Auslandstournee (1999) und Lola und Bilidikid (1999).

665 Takvim (2009): »Michael'e benzemek için 50 bin € harcadı«. In: *Takvim*, 25.07.2009, https://www.takvim.com.tr/saklambac/2009/07/25/michaele_benzemek_icin_50_bin__harcadi (zuletzt 06.02.2019).

nal codiert.⁶⁶⁶ Wir wissen, sie lebt mit ihrer Familie in Deutschland. Und die Akteurinnen und Akteure schaffen durch ihre Bewegungen zwar Räume, generieren jedoch keinen spezifischen Ort. Es gibt also keine Instanz, die die soziale Frage irgendwie koordinieren würde.

Diese Interpretation stützen besonders zwei weitere Aufnahmetechniken in KURZ UND SCHMERZLOS. Aufnahmen in die Tiefe des Raums kommen meist nur draußen, im öffentlichen Raum vor, nicht in Innenräumen wie Wohnungen. Dort wird oft vor Wänden fotografiert, und die Aufnahmen sind im Unterschied zu den Außenaufnahmen flach. Der einzige Ort, der neben den kurzen Figurenskizzen des Films mit *establishing shots* eingeführt wird, ist Gabriels Taxi. Es ist ein halb-öffentlicher Raum, der innen und außen bündelt und die Akteure wie eine Jacke schützt.⁶⁶⁷ Meist wird erst das parkende Taxi von außen gezeigt, danach folgen Gespräche im Innenraum, die im Schuss- Gegenschuss-Verfahren aufgenommen sind. Bobby erzählt Gabriel im Taxi, wie er sich in Alice verliebt hat. Alle drei Freunde unterhalten sich im Taxi über Costas Beziehung zu Ceyda. Auch Gabriel und Alice führen ihren romantischsten Dialog im Taxi. In diesem Taxi, in diesem halb-öffentlichen mobilen Raum, äußern die Akteurinnen und Akteure ihre wahren Gefühle.⁶⁶⁸ Dass Fatih Akıns erster abendfüllender Kinofilm bei solch einer Konstellation aus Öffentlichkeit und Privatheit am Ende des Films sprichwörtlich in einer Sackgasse irgendwo in Altona enden muss, ist nicht nur dem Genre des Gangsterfilms geschuldet, sondern liegt auch an der Unbestimmtheit der Innen- und Außenräume, dem unbestimmten Dazwischen.⁶⁶⁹ Aus ihm resultiert die Ausweglosigkeit der Protagonisten, in die sie sich auch selbst hinein manövrieren. Dass dabei sie selbst schuld sind, nicht die Aufnahmegesellschaft, nicht die Herkunftskultur und auch nicht die Eltern, hat zum einen damit zu tun, dass sie sich von all diesen Kategorien emanzipieren wollen.

Die Einsamkeit der Akteure hat zum anderen damit zu tun, dass sie sich, anders als in den 1980er Jahren draußen aufhalten. Draußen existiert kein Ort, der »als eine momentane Konstellation von festen Punkten [...] einen Hinweis

---

666 BHABHA (2000): S. 251.
667 In einer ähnlichen Verschränkung beschreibt auch Jeff Weintraub Mitte der 1990er Jahre die Aspekte des Öffentllichen und Privaten in der Verwendung dieser großen Unterscheidung von öffentlich/privat. Auch bei ihm ist das Private im Öffentlichen wie auch andersherum. Siehe hierzu: WEINTRAUB (1997).
668 In Kutlu Atamans Film LOLA UND BILDIKID hat das Taxi des Bruders des Protagonisten eine ähnliche Funktion.
669 In Örens *Berlin Savignyplatz* verschwimmen ebenfalls die Grenzen. Oft können wir nicht sagen, ob wir uns in den Beschreibungen noch in der Kneipe, auf dem Savignyplatz, in der Wohnung des Erzählers oder in der Vergangenheit oder Gegenwart von Ali Itir befinden. Siehe hierzu: ÖREN (1995).

auf eine mögliche Stabilität« erlauben würde.[670] Daraus ergibt sich eine Unbestimmtheit des öffentlichen Raums, die seine Regeln invisibilisiert. Wenn Regeln im Spiel sind, dann sind es kulturell-spezifische und nicht allgemeine: Sprache, der Wechsel vom Deutschen ins Türkische und Normen wie die, dass man mit einer Bomberjacke nicht zu einer türkischen Hochzeit kommt und als türkische Frau nicht einen deutschen Mann in der Öffentlichkeit küsst. Diese Codes beherrschen die Akteure, während sie mit ihren starken Emotionen, Wünschen und ihrer Körperlichkeit nicht umgehen können. In Yavuz' APRILKINDER wird dies eindrücklich, als Cem und Kim kurz vor dessen Hochzeit mit seiner Cousine aus der Türkei im Treppenhaus der Eltern von Cem halböffentlich Sex haben; ein Akt, der ihre endgültige Trennung zur Folge hat. Es geht immer wieder um Energien und Potentiale, die beispielsweise Bobby davon träumen lassen, ein Mann wie Al Pacino oder Tony Montana zu sein oder Gabriel beim ersten Kontakt in Alice verlieben lassen, obwohl sie die »wahre Liebe« seines besten Freundes ist. Wie Şenocaks Protagonist Sascha und Örens Erzähler verliebt sich auch Gabriel im Modus »Liebe auf den ersten Blick« sehr schnell.[671] Ein derartiger Impuls bringt auch Gabriel dazu, auf den am Boden liegenden Sven einzutreten. Dazu ertönt die Musik, die wir bereits aus der Kampfszene im Vorspann kennen.[672]

Woher dieses hohe Maß an Gewalt, Energie und Körperlichkeit kommt, diese große innere Unausgeglichenheit, bleibt ungeklärt. Es bricht einfach aus – wie die »interkulturelle Geilheit« zwischen Alice und Gabriel. In der Hochzeitssequenz lassen sich drei Spannungsfelder erkennen: die Verwandtschaft zwischen ethnischem Kollektiv und Assimilation, die Bürgschaft der Freunde füreinander und die sich anbahnende Liebesgeschichte zwischen Alice und Gabriel. Auf diesen Grundlagen basiert der Plot von KURZ UND SCHMERZLOS. Er verschränkt sie derart, dass die Tragödie am Ende als eine selbstverschuldete erkennbar wird. Hinzu kommt, dass weder die Eltern noch der Staat in repräsentativen Formen, beispielsweise durch Behörden oder Beamte, auftreten, somit auch nicht die

---

670 DE CERTEAU, MICHEL (2006): »Praktiken im Raum«. In: *Raumtheorie. Grundlagentexte aus Philosophie und Kulturwissenschaften*, hg. v. Jörg Dünne, Stephan Günzel, Frankfurt a. M.: Suhrkamp, S. 343–353, hier S. 345.
671 Cem hatte sich auch bereits beim ersten Kontakt in die deutsche Prostituierte Kim verliebt, und in Polats AUSLANDSTOURNEE verliebt sich die elfjährige Protagonistin Şenay ebenfalls bei der ersten Begegnung in den deutschen Pagen eines Hotels in Wuppertal. Siehe hierzu: POLAT (1999).
672 In Çetins Film BERLIN IN BERLIN (1993) kämpfen Mürtüz und Thomas auch oft miteinander. Mehrmals unternimmt Mürtüz den Versuch, Thomas mit Gewalt aus der Wohnung zu drängen. Da er in den Augen seiner Eltern ein »Gast Gottes« (*Tanrı Misafiri*) ist, kann er ihn nur außerhalb der Wohnung töten. Siehe hierzu: ÇETIN (1993).

Regeln der Ankunftsgesellschaft. Die spezifische Verbindung von Erzählung und Schuld verdeckt das »displacement« zwischen privaten und öffentlichen Räumen, das den Film in struktureller Hinsicht prägt.

Genau dasselbe *displacement*, das ebenfalls mit einer bemerkenswert hohen körperlichen Energie einhergeht, bringt Feridun Zaimoğlu mit viel Kampf und Ironie in seinem Protagonisten Ertan Ongun in Abschaum auf den Punkt. Denn die ›Kanaken‹ kämpfen nur für ein »Pseudoterritorium«, das kein Teil von ihnen ist.[673] Die politische Aussage, dass sich der Multikulturalismus im privaten, aber nicht im öffentlichen Raum ausbreiten könne, weist in dieselbe Richtung.[674] Aus dieser widersprüchlichen Konstellation heraus wird verständlich, warum Bobby und Gabriel sich wünschen, wie Tony Montana zu sein oder ein Strandcafé in der Türkei zu eröffnen.

Wo kämen sie identitätspolitisch denn auch sonst unter, wenn nicht in einem türkischen Exportgeschäft, einem türkischen Café, einem türkischen Imbiss oder in einer türkischen Moschee in Deutschland? Als in Arslans Film GESCHWISTER Erol (Tamer Yiğit) seinen Bruder Ahmed (Savaş Yurderi) wieder einmal um Geld bittet, erwidert dieser, er solle doch mal arbeiten gehen. Erol fragt, ob er wirklich wolle, dass er etwa in einer Dönerbude Fleischstreifen vom Spieß schneide. Zu diesem »Fleisch schneidenden« Kollektiv gehört Erol nicht, und will das offensichtlich auch nicht. Obwohl er durch und durch Berliner ist, sieht er einen Ausweg allein beim türkischen Militär. Diese Abgrenzung und Ortlosigkeit, die kulturell und zugleich sozialstrukturell codiert sind, sind in KURZ UND SCHMERZLOS und GESCHWISTER noch deutlicher. Die Akteure treten in Hamburg-Altona oder Berlin-Kreuzberg so selbstsicher auf, als würden die entsprechenden Orte zu ihnen gehören und sie zu diesen – obwohl die staatsbürgerliche Neuregelung von 1990 sie nur als »halbe Inländer« zu adressieren vermag und die Orte selbst unbestimmt bleiben. Wenn Identifikation nach Stuart Hall ein Prozess der Artikulation und nicht der Territorialisierung ist, so ist in den 1990er Jahren eine spezifische Verbindung von Politik, Ästhetik und Performanz nötig, von Erzählung und Integration als gleichzeitige Exklusion und Inklusion, um sprechen zu können. Dieser Zusammenhang spiegelt sich auch in der Kernaussage des Manifests der Bewegung der »Kanak Attack« von 1998:

> Wir treten an, eine neue Haltung von Migranten aller Generationen auf die Bühne zu bringen, eigenständig, ohne Anbiederung und Konformismus. Wer glaubt, daß wir ein Potpourri aus Ghetto-Hiphop und anderen Klischees zelebrieren, wird sich wundern. Wir

---

673 ZAIMOĞLU (1998): S. 65.
674 Sie stammt von Eckart Schiffer, dem »Chefdenker« des damaligen Bundesinnenministers Wolfgang Schäuble. Siehe: »Der Koran ist nicht Gesetz«. In: *DER SPIEGEL* Nr. 40 (1991).

sampeln ganz selbstverständlich verschiedene politische und kulturelle Drifts, die allesamt aus einer oppositionellen Haltung heraus operieren. Wir greifen auf einen Mix aus Theorie, Politik und künstlerischer Praxis zurück. Kanak Attack sinniert nicht über Kulturkonflikte, lamentiert nicht über fehlende Toleranz. Wir äußern uns: mit Brain, fetten Beats, Kanak-Lit, audio-visuellen Arbeiten und vielem mehr. Dieser Song gehört uns.[675]

Die Lage hat sich geändert: In Şerif Görens Film ACI VATAN ALMANYA von 1979 verbindet noch ein vom Gastarbeiter Mahmud gesungenes türkisches Volkslied die heterogene Gruppe der türkischen Arbeiterinnen und Arbeiter miteinander. Anstelle von Markern einer klar bestimmbaren Herkunft, die in den 1980er Jahren wichtiger Bezugspunkt ist, sind es nun Auftritt, Körper, Stil und Artikulation als eine Verbindung von Körper und Ästhetik, die ohne eine spezifische historische Referenz auskommt. Diese Einheiten verschaffen der ortlosen Zugehörigkeit eine Art Besitzverhältnis, das jedoch wesentlich fragil bleibt. Inwieweit Sprechen und Auftreten der ›Kanaken‹ tatsächlich »Handlungsfähigkeit« belegt, ist nach KURZ UND SCHMERZLOS zumindest eine offene Frage. So selbstbewusst cool und individuell die Protagonisten in Akıns erstem Film auch auftreten und dargestellt werden, fügen sie sich doch in hohem Maße dem, was sie als ihren Pakt, als ihr Schicksal bezeichnen.[676] Das gilt auch für Cem in APRILKINDER, der sich am Ende dem Wunsch seiner Eltern beugt und seine Cousine heiratet. Selbst in GEGEN DIE WAND flieht die Tochter nicht einfach aus ihrem verhassten Leben in der türkischen Familie. Sie hat Geld angespart, um damit irgendwann eine türkische Hochzeit zu finanzieren.[677]

Diese Spannung und dieser Widerstreit zwischen Individuum, Kollektiv und körperlicher und fiskalischer Ökonomie, zwischen Selbstbestimmung und Schicksal, spiegeln sich auch in den unterschiedlichen Lesarten von KURZ UND SCHMERZLOS. Nicht nur die kulturellen Zuschreibungen und die dazu konträr stehenden Selbstbeschreibungen von der multikulturellen Realität über die »interkulturelle Geilheit« bis hin zum universellen Thema Freundschaft,[678] sondern auch der Schluss von KURZ UND SCHMERZLOS sind unterschiedlich wahrgenommen worden. Am Ende singt Costa in KURZ UND SCHMERZLOS ein griechisches Lied und stirbt nicht. Dass Costa überlebt, obwohl viele Zuschauer vom Gegenteil ausgehen, ist

---

675 Siehe hierzu: http://www.kanak-attak.de/ka/about/manif_deu.html (06.08.2018).
676 Auch in Fatih Akıns Film IM JULI spielt das Motiv des Schicksals eine herausragende Rolle. Siehe hierzu: AKIN, Fatih (1999/2000): *Im Juli*, Spielfilm, Wüste Film Produktion, Deutschland.
677 Siehe hierzu: AKIN (2004).
678 Auch wenn beispielsweise der Film LOLA UND BILIDIKID von 1998 die Szene der homosexuellen Türken zweiter Generation in Berlin ausleuchtet, stehen nach Aussagen und Intentionen von Regisseur und Schauspielern die allgemeinen und universellen Themen der Liebe und Freundschaft im Vordergrund. Siehe hierzu: ATAMAN (1998).

Akın sehr wichtig, wie er im Audiokommentar betont. Fünf Jahre nach der ersten Drehbuchfassung beantwortet der Regisseur die Frage des Albaners am Ende des Films, wie es denn nun weitergehe, aus dem Off damit, dass es weitergehe und das weder im Diesseits noch im Jenseits eine Ankunft zu erwarten sei. Vor diesem Hintergrund sind die Protagonisten keine Opfer. Ein Ende ist nur in Sicht, wenn die Erzählung oder das Bewegt-Sein aufhören. Şenocaks Frage der Integration ist hier eher eine Frage der Erzählung und des eigenen Körpers als der eigentlichen Heimat.[679]

Was in den Positionsbestimmungen der Akteure im Manifest der *Kanak Attak* und in Akıns Film besonders auffällt, ist die Rolle der Eltern. Im Unterschied zu den 1980ern treten sie weder als fördernde noch als unterdrückende Figuren auf. Außerdem halten sie sich in fast allen Filmen der 1990er Jahre nur zuhause auf.[680] Ihre Anwesenheit im privaten und Abwesenheit im öffentlichen Raum akzentuieren auf besondere Weise das insgesamt unausgeglichene Verhältnis zwischen innen und außen, das Film und Literatur jener Zeit auszeichnet. Die Kinder müssen sich draußen allein behaupten, und wenn Post von Anwälten, Gerichten, Stadtverwaltungen und Banken auf Deutsch bei den Eltern eingehen, sind sie es, die sie für ihre Eltern übersetzen. In der Anthologie *Kanaksta* beschreibt Zaimoğlu, wie er seinen Vater oft auf der Couch im Wohnzimmer müde liegend gesehen habe und wie dieser dabei immer sagte, dass die deutschen Behörden »seine Ehre mit Füßen treten« würden.[681] Die Außenwelt ist derart Teil der Innenwelt. Im Briefroman *Liebesmale, scharlachrot* definiert der Erzähler den Respekt als eine angenehme Begegnung im öffentlichen Raum.

Obwohl so schöne und große Themen wie Freundschaft, Familie und Liebe vermeintlich im Vordergrund der Erzählungen und Filme stehen, wie wir auch in den folgenden Filmanalysen sehen werden, sind ihre Akteure für deren Gelingen viel zu gereizt und unausgeglichen. Denn die Umsetzungen dieser großen Themen sind als Übersetzungen im Sinne Şenocaks, Özdamars und Örens zu verstehen. Sie finden an Nahtstellen statt, die wehtun, wenn man ihnen zu nahe kommt und selbst der Übersetzer ist. Schmerz und Naht werden in Fatih Akıns

---

679 Siehe hierzu: ŞENOCAK (2009): S. 57.
680 Auch in Michael Kliers Film OSTKREUZ von 1991 ist die 15-jährige Tochter und Hauptdarstellerin des Films mehr auf der Straße als anderswo. Die Mutter ist dagegen vor allem in den Wohnzimmern aufgenommen. Und wie in Özdamars Roman, in der *Kanak Sprak* und in den genannten deutsch-türkischen Filmen ist die Tochter auch hier stärker als die Mutter. Sie ist es auch, die illegal, aber selbstständig versucht, Geld zu verdienen, damit Mutter und Tochter aus der Containersiedlung ausziehen können. Siehe hierzu: KLIER (1991).
681 ZAIMOĞLU, Feridun (1999): »Eure Coolness ist gigaout«. In: *Kanaksta. Geschichten von deutschen und anderen Ausländern*, hg. v. Joachim Lottmann, Berlin: Quadriga, S. 23–32, hier S. 25.

großem Erfolg GEGEN DIE WAND sogar visualisiert. Nach dem zweiten Selbstmordversuch der Protagonistin Sibel sehen wir, wie ihre aufgeschnittenen Pulsadern genäht werden und sie überlebt. Auf ganz ähnliche Weise beschreibt Stuart Hall kulturelle Identitäten als umkämpfte, als »instabile Identifikationspunkte und Nahtstellen«, »die innerhalb der Diskurse über Geschichte und Kultur gebildet werden«.[682] Und es ist spätestens in GEGEN DIE WAND dieser zweite Selbstmordversuch der Protagonistin, die die Schuld für ihre schwierige Situation nicht mehr bei Ihren Eltern sieht. Kurz nach dem Schnitt beginnt sie nämlich, sich selbst ins Gesicht zu schlagen, vor Wut über die maßlose Dummheit, die sie wieder begangen hat. Interessanterweise beschreibt Stuart Hall die Arbeit an der Naht auch als eine Beziehung, »wie die Beziehung des Kindes zur Mutter [...] ›nach der Trennung‹ [...]. Sie wird immer durch Erinnerung, Phantasie, Erzählungen und Mythen konstruiert«.[683] Aras Ören spricht in *Berlin Savignyplatz* passenderweise von der »Legende« um Ali Itir.[684]

In meinen Analysen geht es allerdings nicht um die Verarbeitung von Mythen, sondern darum, wie in Literatur und Film ein hohes Maß an körperlicher und sozialpsychologischer Energie soziale Bindungen wie die Beziehung zwischen Mann und Frau, Freundschaft, Familie und Liebe in ihrem Kern zerrüttet werden und möglichen Kohäsionen im Wege stehen. Mich interessiert vor allem der Zusammenhang zwischen realen, materiellen und symbolischen Effekten. Denn genauso wichtig wie der Raum, den das deutsch-türkische Kino und die Literatur der 1990er für die deutsch-türkische Beziehung schafft, ist auch der Ort, an dem sich Emotionen und Bedürfnisse versammeln und verdichten können. Dieser Ort ist z. B. das Strandcafé an der türkischen Westküste. In der Logik der 1990er Jahre bleibt er aber nur Vorstellung und wird nicht Realität.

Thomas Arslans erster Kinofilm GESCHWISTER ist von einem Rückkehrmotiv getragen, das nie in eine reale Rückkehr mündet. Eines der deutsch-türkischen Geschwister in Arslans Film hat sich zu Beginn des Films dazu entschlossen, seinen Militärdienst in der Türkei zu leisten. Der Junge spricht im Film fast durchgehend perfektes Kiezdeutsch, wenig Türkisch und erscheint als jemand, der einfach nach Berlin gehört. Warum er dennoch zum Militär in die Türkei will, darauf gibt der Film viele mögliche Antworten, von denen aber keine für sich allein bestehen kann. Erneut ist der Ausgangspunkt die spürbare und evidente Unruhe in der Wohnung und in den Akteuren selbst. Auch wenn die Filmkritik Akın und Arslan als sehr unterschiedliche Regisseure behandelt, deren formale

---

[682] HALL, Stuart (1994): »Kulturelle Identität und Diaspora«. In: ders.: *Rassismus und kulturelle Identität. Ausgewählte Schriften 2*, Hamburg: Argument, S. 26–43, hier S. 30.
[683] Ebd., S. 30.
[684] ÖREN (1995): S. 7.

Sprachen gegensätzlich seien, sind KURZ UND SCHMERZLOS und GESCHWISTER von denselben inhaltlichen Komponenten und körperlich-psychischen Stimmungslagen ihrer Akteurinnen und Akteure bestimmt.

4.7 Koordinationen, Befindlichkeiten und Zugehörigkeiten im Film

»Man darf hier überhaupt nichts mehr sagen«, ärgert sich der türkische Vater in Thomas Arslans GESCHWISTER.[685] Bei einem abendlichen Familienessen will er von seinem Dienst beim türkischen Militär erzählen, weil sein ältester Sohn Erol am Vormittag den Einberufungsbescheid vom türkischen Militär erhalten hat: In vier Wochen soll Erol seinen Dienst in der Nähe von Istanbul antreten. Vor allem die »Mutti«, wie der Vater seine deutsche Frau hier nennt – Arslan hat den Eltern keine Namen gegeben –, möchte nicht schon wieder davon hören. Sie will nämlich nicht, dass ihr ältester Sohn die türkische Wehrpflicht erfüllt. Die Mutter hat Angst, dass er im Krieg zwischen dem türkischen Militär und der vebotenen kurdischen Arbeiterpartei PKK im Osten der Türkei eingesetzt werden könnte. Der jüngere Sohn Ahmed kommentiert Erols Entschluss mit einem lakonischen »selber Schuld«. Erol besteht darauf, dass dies seine eigene Entscheidung sei, die niemanden etwas angehe. Mit dem jüngsten ihrer Kinder, der Tochter Leyla, geraten die Eltern in dieser Szene ebenfalls aneinander. Auf ihre Frage, ob sie wieder bei ihrer Freundin Sevim übernachten dürfe, entgegnet der Vater: »Du bist ja mittlerweile mehr bei Sevim als bei Deiner eignen Familie, als wenn Du kein eigenen Zuhause hättest«. Das habe damit nichts zu tun, erwidert sie, und es heiße »eigenes Zuhause und nicht eigenen Zuhause«. Er lebe und arbeite nicht seit über zwanzig Jahren in Deutschland, um sich nun von seiner Tochter belehren zu lassen, antwortet der Vater verärgert. Ahmed steht auf der Seite seines Vaters, wenn er meint, dass sie doch gleich zu Sevim ziehen solle, wenn es ihr hier nicht passe.[686]

Der Vater versucht die Lage zu entspannen, indem er mit allen am Tisch auf den zukünftigen Soldaten anstoßen will. Was in den deutschen Medien über die Türkei stehe, sei alles »Propaganda«. Das Land habe sich entwickelt und sie sollten wieder einmal dort hingehen. Statt von der Türkei zu schwärmen, hätte er sich lieber mehr darum gekümmert, dass sein ältester Sohn die Schule abschließt und eine Lehre beginnt, kontert die Mutter, bevor sie noch aggressiver hinzufügt,

---

685 ARSLAN, Thomas (1997): *Geschwister*, Spielfilm, Mainz: Zweites Deutsches Fernsehen.
686 Ebd.

dass sie nicht wieder die Geschichte von seiner Militärzeit hören will. Der Vater verlässt mit der oben zitierten Aussage, dass man hier nichts mehr sagen dürfe, den Esstisch, zieht sich in das Wohnzimmer zurück und schaltet den Fernseher ein, in dem eine türkische Talkshow läuft.[687] Diese letzte Einstellung und die Bewegung des Vaters durch die Wohnung bis vor den Fernseher kommt ohne Schnitt aus. Die Stimme des türkischen Moderators dringt in den derart geschaffenen Raum ein. Im Vordergrund sehen wir die anderen Familienmitglieder weiter am Tisch sitzen und schweigen.[688] In diese spannungsgeladene Ruhe wiederholt die 17-jährige Leyla ihre Frage, ob sie denn nun bei Sevim übernachten dürfe. »Von mir aus. Hier macht ja sowieso jeder, was er will«, meint die Mutter. Es ist zugleich das Ende dieser Sequenz, in der alle Familienmitglieder im Bild zu sehen sind. Niemand hat etwas gegessen.[689]

In der nächsten Sequenz ist Erol beim Kickboxtraining. Sein Freund Tayfun boxt auf einen Boxsack ein. Dass auf die Familienszene ohne Übergang oder *establishing shot* das Kickboxtraining von Erols Clique Erols folgt, mag auf den ersten Blick wie eine beliebige Abfolge wirken. Genauer betrachtet verschiebt und übersetzt sie aber die ungelöste gereizte Atmosphäre und Spannung beim Abendessen, als niemand so richtig zu Hause sein will, in eine körperliche Aktivität.[690] Diese komplexe Vermischung von individuellen und kollektiven Rahmungen wie »Nation« und »Familie« ist nicht nur an den Aussagen der Akteure und Arslans Aufnahmetechnik zu erkennen. Auch der narrative Verlauf des Films gibt diese Spannung bis zum Schluss wieder. Denn der beschriebenen Sequenz am Esstisch geht kein Konflikt voraus.

Bevor Erol und sein Vater mit Pizzen für das Abendessen nach Hause kommen, decken Leyla, Ahmed und die Mutter gemeinsam den Tisch. Leyla fragt die Mutter, wie sich die Eltern kennengelernt hätten; in der Straßenbahn,

---

[687] In den Filmen der 1990er Jahre sitzt man oft am Esstisch, isst aber kaum. Vielmehr bieten diese Sequenzen in der Regel das Setting für einen Konflikt. Siehe hierzu: BAŞER (1991); GARNIER (1992); DÖRRIE (1992/1994); BECKER (1995–1997); AKIN (1998, 1999, 2004); POLAT (1999); YAVUZ (1998).
[688] Die Verstärkung der Verbindung von türkisch und deutsch durch türkisches Fernsehen in Wohnungen in der Bundesrepublik finden wir in vielen Filmen der 1990er Jahre; auch in Kutlu Atamans LOLA UND BILIDIKID und in Akins GEGEN DIE WAND. In Cetins BERLIN IN BERLIN ist es noch umgekehrt. Dort wird in der Wohnung vor allem Türkisch gesprochen, nur das Fernsehprogramm ist deutsch. Auch in den 1980ern wird zuhause nur Türkisch gesprochen.
[689] Siehe hierzu: YAVUZ (1998).
[690] Auch Yüksel Yavuz' Film APRILKINDER beginnt mit einem Streit am Essenstisch, ohne dass einer der Beteiligten was isst. Auf diesen Streit folgt direkt eine Sequenz ohne establishing shot am Arbeitsplatz des deutsch-türkischen Protagonisten, einem deutschen Schlachthof. Siehe hierzu: YAVUZ (1998).

antwortet die Mutter.[691] Ein Jahr lang haben sie sich dort immer wieder gegrüßt, bis sie sich dann einmal verabredet haben. »Dein Vater sah sehr gut aus, ist als Student nach Deutschland gekommen, konnte sehr schlecht Deutsch und war schüchtern«, erinnert die Mutter ihren jetzigen Ehemann. Auf Ahmeds Frage, ob sie damals gut Türkisch sprechen konnte, erzählt die Mutter von ihrer gemeinsamen Zeit in Istanbul, als Erol und Ahmed noch sehr klein waren, und sie sich mit ihren Türkischkenntnissen immerhin habe verständigen können. In dieser Zeit sei sie oft mit den Kindern alleine zu Hause gewesen, während der Vater mit Verwandten unterwegs gewesen sei. Mehr erfahren wir in Arslans Film nicht über die Vergangenheit der Eltern oder die der Kinder.

Auch Ahmeds scheinbar empathielose Aussage, dass sein älterer Bruder selber schuld sei, wenn er den Militärdienst in der Türkei antreten wolle, rückt in ein anderes Licht, wenn man frühere Szenen hinzuzieht: Beide Brüder sitzen draußen irgendwo in Kreuzberg auf einer Bank, hinter ihnen eine Wand mit Graffitis. Sie reden über Erols Entscheidung, von der Ahmed ihn abzubringen versucht. Er fragt ihn, ob er das wirklich machen wolle. Er habe es doch nicht nötig, nur Idioten gingen dorthin: »Sie werden Deine Haare abrasieren, Dich in eine Uniform stecken und wie einen Trottel aussehen lassen.« Und Türkisch spreche er ja auch nicht. Natürlich spreche er Türkisch, und was er hier machen solle, fragt Erol energisch zurück. Seine Freunde seien doch auch hier und er könne doch hier viel machen, meint Ahmed. Welche Freunde, reagiert Erol wütend, »es gibt doch keiner einen Fick auf mich«. »Ey, wenn Du keinen Fick auf die anderen gibst, dann geben die auch keinen Fick auf Dich. Denkst Du, die rennen Dir alle hinterher?«, kontert Ahmed. Was er denn jetzt hier machen solle, »kannst Du mir diese scheiß Frage beantworten«, fragt Erol erneut. Vielleicht bringe ihm das Militär ja etwas. »Willst Du hart werden oder was?«, fragt Ahmed. »Ey, verarsch' mich nicht, okay. Ich kann im Moment nicht gebrauchen, dass Du mich verarschst«, antwortet Erol. »Ich verarsch' Dich nicht. Denkst Du bist mir egal oder was? Wenn ich mir keine Sorgen machen würde, würde ich nicht versuchen, Dich vom Gegenteil zu überzeugen«, entgegnet Ahmed. »Du verstehst das nicht. Meine Entscheidung steht fest. Vergiss' es Alter«, beendet Erol das Gespräch.[692]

---

691 ARSLAN (1997). Siehe hierzu auch: ŞENOCAK (1995): S. 19.
692 Siehe hierzu: ARSLAN (1997). Bemerkenswert ist, dass Arslan nicht die Option ins Spiel bringt, die jeder Deutsch-Türke der zweiten Generation hatte: sich nämlich vom türkischen Militär freizukaufen. Gegen eine Gebühr von damals 5000 DM war es möglich, eine verkürzte Militärzeit von 3 Monaten zu absolvieren statt der vorgesehenen zwölf Monate. In der Regel verbrachten Deutsch-Türken der zweiten Generation, die von diesem Recht Gebrauch machten, ihre drei Monate Militärzeit in der türkischen Stadt Burdur. Aufgrund ihrer mangelnden Erfahrung wurden sie nicht in Krisen- oder Kriegsgebiete entsandt.

Ähnlich wie beim Abendessen löst Arslan dieses Gespräch mit wenigen Schnitten und nicht mit klassischen Schuss- Gegenschussaufnahmen auf. In jedem Redeabschnitt sehen wir beide Brüder aus der jeweils anderen, der zuhörenden Perspektive. Vor diesem Gespräch am Nachmittag hat Erol mit seiner Mutter über den anstehenden Wehrdienst gesprochen, nachdem die anderen Kinder in die Schule (Ahmed) bzw. zur Lehre (Leyla) gegangen sind. Anders als am Abend und am Nachmittag begründet Erol im Gespräch mit seiner Mutter seine Entscheidung damit, dass er Türke und der Militärdienst daher dann nun einmal seine Pflicht sei. Die Unterhaltung wird genauso gefilmt wie die am Nachmittag mit dem Bruder.

Erol wechselt also zwischen unterschiedlichen Begründungen für seine Entscheidung, die sozialkulturell von äußerst differenten Kategorien wie subjektiver, kollektiver Identifikation bis zur existenziellen Perspektivlosigkeit reichen. Diesen Motiven fügt Arslan lose zwei weitere hinzu, die nichtdiskursiv sind und auch nicht den jeweiligen Dialogpartnern angepasst werden können. Kurz nach dem ebenfalls erhitzten Gespräch mit der Mutter sehen wir Erol auf den Straßen Kreuzbergs. Wie die Kamera Ahmed zur Schule begleitet hat, ist sie nun an Erols Seite. Während Ahmed sich gelassen mit herunterhängenden Armen und den Händen in den Hosentaschen durch die unbenannten Straßen bewegt, tritt Erol anders auf. Mit seiner schwarzen Lederjacke wirft er »die Schultern beim Gehen wie ein Rapper hin und her«[693] und macht seinen Körper breiter. Dennoch wirkt sein Auftreten nur bis zu einem gewissen Grad künstlich oder kopiert. Denn in seinen Bewegungen liegen zudem eine Nervosität und Gereiztheit, die im Laufe des Films oft ausbrechen.[694] Dies hat mehrere Gründe.

---

693 Nicodemus, Katja (1997): »Cruising Kreuzberg«. In: *TIP Magazin* Nr. 25 (1997).
694 In seiner programmatischen Einleitung zu *Kanak Sprak* macht Feridun Zaimoğlu darauf aufmerksam, dass die Körpersprache ein zentrales Artikulationsorgan der Befindlichkeit der zweiten Generation sei. Heute wirken die Beschreibungen in dieser Einleitung, was ein Kanake meint, wenn er sich so und so bewegt, unfreiwillig komisch. Das liegt mitunter daran, dass der Kanake der 1990er Jahre in den 2000er Jahren in vielen Kabarett- und Comedy-Formaten karikiert wird. Den Anfang machte Kaya Yanar mit seiner sehr erfolgreichen Sendung WAS GUCKST DU?!, die in 120 Folgen zwischen 2001 und 2005 auf Sat 1 ausgestrahlt wurde. Nur drei Jahre zuvor gab es diese Form der Karikierung noch nicht. Eindrücklich zeigt sich dies in der Talkshow III NACH NEUN vom 8. Mai 1998, in der die Moderatorin Gaby Hauptmann, die Politiker Heide Simonis, Norbert Blüm, der Journalist Giovanni di Lorenzo und viele andere auf die Literatur der Kanak Sprak im Beisein von Feridun Zaimoğlu reagieren. Die Kategorien »deutsch« und »türkisch« ließen sich damals in der Semantik der Öffentlichkeit offenbar nicht zusammendenken. Die Sendung ist in zwei Teilen auf YouTube einsehbar: https://www.youtube.com/watch?v=wr-V7adgbcMc (06.12.2017). In Tom Cheesemans vielzitiertem Buch *Novels of Turkish Settlement* von 2006 bildet die Analyse dieser Sendung sogar den Ausgangspunkt seiner wissenschaftlichen Arbeit. Ähnlich wie Leslie Adelson vertritt Cheesman die These, dass die Türken mit der Literatur

Zum einen fühlt Erol sich wie die ›Kanaken‹ in Zaimoğlus Texten auf der Straße »immer angesprochen«. Er überreagiert in vielen Situationen und versucht, »seine körperliche Überlegenheit zu beweisen«.[695] Er lädt Blicke, »Handlungen und Äußerungen anderer projektiv« auf.[696] Zum anderen ist er hoch verschuldet. Kurz nachdem wir ihn am Kottbusser Tor gesehen haben (der einzige Hinweis im ganzen Film, dass wir uns in Berlin-Kreuzberg befinden), wird Erol gleich zu Anfang des Films von deutschen Geldeintreibern verfolgt, denen er Geld schuldet. Da sie im Auto sitzen, kann er durch Einkaufspassagen entkommen. In der nächsten Sequenz findet das oben geschilderte Gespräch mit Ahmed statt. Dieselben Geldeintreiber tauchen gegen Ende des Films wieder auf. Dann werden sie ihn erwischen und ihm ein letztes Mal drohen: Wenn er in einer Woche seine Schulden nicht begleiche, werde es für ihn sehr unschön werden. Am nächsten Morgen fliegt Erol zum Militärdienst in die Türkei. Erol hat nicht nur bei Kriminellen Schulden, sondern auch bei Freunden. So versteckt er sich plötzlich in einem Hauseingang vor jemandem, dem er Geld schuldet. Sein Bruder kommentiert dies genervt mit den Sätzen, bei wem er denn in der Stadt keine Schulden hätte.[697]

---

in Deutschland angekommen seien. Siehe hierzu: CHEESEMAN, Tom (2007): »Prelude in the Television Studio«. In: ders.: *Novels of Turkish Settlement*, New York: Camden House, S. 1–11. Gegen das Ernstnehmen dieses übertrieben körperlichen Auftritts spricht sich auf der anderen Seite etwa Vera in Wolfgang Beckers Film DAS LEBEN IST EINE BAUSTELLE aus, die sich darüber lustig macht, wie »machomäßig« Jan sich bewegt. Auch die Protagonisten dieses Films sind häufig in der Stadt unterwegs. Die Figur von Jan Nebel bezeichnet Katja Nicodemus in ihren zeitnahen Reflexionen zum Film der 1990er Jahre als den melancholischen Leinwandhelden dieser Dekade, der einen »Paradigmenwechsel« eingeleitet habe: »Die Leinwand öffnete sich wieder für Figuren und Milieus, die jahrelang weder im Kino noch im gesellschaftlichen Diskurs eine Rolle gespielt haben«. Siehe hierzu: NICODEMUS (2005): S. 335.

695 Neubauer (2011): S. 295.
696 Ebd., S. 299.
697 Finanzielle Schulden spielen in sehr vielen Filmen der 1990er Jahre eine wichtige Rolle. In DAS LEBEN IST EINE BAUSTELLE schlägt Jan bei einer 1. Mai-Demo unbeabsichtigt einen Polizisten nieder. Er wird mit einer Kaution von 5000 DM auf Bewährung freigelassen, muss dieses Geld aber in kurzer Zeit aufbringen. In Tom Tykwers bekanntem Film LOLA RENNT unternimmt Lola mehrere Anläufe, um ihrem Freund Manni so schnell wie möglich 100 000 DM zu besorgen, der sonst wahrscheinlich umgebracht wird. In Michael Kliers Film OSTKREUZ ist es die Kaution von 3000 DM für eine Wohnung, die die junge Elfie (Laura Tonke) für sich und ihre Mutter (Susanne von Borsody) aufbringen will, damit beide endlich aus der Containersiedlung ausziehen können. In Andreas Dresens NACHTGESTALTEN sind 100 DM als eine Gabe von oben den gesamten Film über im Umlauf, die die vielen Akteurinnen und Akteure zusammenbringt. Zu Anfang des Films bekommt eine Obdachlose hundert Mark von jemandem, den weder wir noch sie gesehen haben. Am gleichen Tag ist in Berlin der Papst zu Besuch. Bei aller Ähnlichkeit hinsichtlich der Geldfrage gibt es einen zentralen Unterschied zwischen den deutschen und den deutsch-türki-

Erol wird seine Schulden nicht zurückzahlen können. Denn kaum hat er etwas Geld, kauft er sich neue teure Markenturnschuhe,[698] worüber sich sein Freund Tayfun, dem er ebenfalls Geld schuldet, sehr aufregt. Die Verbindung von Schulden, Geldeintreibern, Statussymbolen und dem daran anschließenden Flug in die Türkei zum türkischen Militär erinnern an das eigentliche Sujet von Fatih Akıns KURZ UND SCHMERZLOS: Tommi flieht vor Geldeintreibern nach Serbien zum Militär. Dass dies auch Erols Entscheidung motiviert haben könnte, deutet Arslan zwar an – lässt dieses Motiv aber keineswegs alleinstehen. Die eigene Entscheidung, nationale Pflicht, Perspektivlosigkeit vor Ort, nicht zu begleichende Schulden (auch die Familie hat finanzielle Probleme), sind im gesamten Verlauf des Films assemblageartig miteinander verknüpft. Letztlich bleibt es offen, warum genau sich Erol nun für das türkische Militär entscheidet. In jedem Fall sind beide Themen im Film gleichwertig präsent.[699]

Während die Erklärung dafür, warum Erol zum Militär geht, heterogen und unbestimmt ist und bleibt, ist Arslans Film in der Darstellung des Alltags, der Bewegungen und der Physis deutsch-türkischer Akteure der zweiten Generation äußerst präzise.[700] Erol und Ahmed gehören dem öffentlichen Raum an, so wie der Erzähler in Örens Roman zum Berliner Savignyplatz gehört, auch wenn seine Freunde ihn den »großen Türken« nennen.[701] Diese Spannung zeigt sich auch

---

schen Filmen. In den deutschen Produktionen wird Geld entweder wie in OSTKREUZ oder in LOLA RENNT aufgebracht, es zirkuliert und stiftet soziale Verbindungen wie in NACHTGESTALTEN, oder aber Vera schenkt Jan ihr Herz, weil eigentlich sie für die Verstrickung von Jan in die 1. Mai-Demonstration verantwortlich ist. Diese Formen des ökonomischen und emotionalen Ausgleichs finden in den deutsch-türkischen Produktionen nicht statt. Interessanterweise ist das Geld in Filmen von Rainer Werner Fassbinder, besonders in KATZELMACHER und ANGST ESSEN SEELE, das Gegenteil der guten Gefühle. Im Unterschied zu den Filmen der 1990er Jahre macht es laut Emmi aus ANGST ESSEN SEELE AUF »alles kaputt«. Siehe hierzu: EZLI, Özkan (2012): »Peripherien zwischen Repräsentation und Individuation. Die Körper der Minderheiten in Fassbinders KATZELMACHER und ANGST ESSEN SEELE AUF«. In: *Prekäre Obsessionen. Minoritäten im Werk von Rainer Werner Fassbinder*, Bielefeld: transcript, S. 93–124.
698 NEUBAUER (2011): S. 294.
699 Auch Şenocak hält in *Gefährliche Verwandschaft* fest, dass die Türken genau wüssten, worum es in Deutschland gehe: um das Geld. Deshalb kümmerten sie sich auch nicht um so »wertlose Dinge« wie den deutschen Pass. Siehe hierzu: ŞENOCAK (1998): S. 12.
700 In Besprechungen zu Yavuz' Film APRILKINDER heißt es beispielsweise auch, dass es diesem Film überzeugend gelinge, präzise eine rauhe Stimmung auf deutschen Straßen zu schaffen. Siehe hierzu: REINECKE, Stefan (1999): »Aprilkinder«. In: *epd Film*, Nr. 2, Februar. http://www.filmportal.de/node/3995/material/687652 (15.12.2017).
701 Der Erzähler gehört beispielsweise in der Berliner Kneipe »Florian« zu den Stammgästen, die von der Inhaberin Gerti persönlich begrüßt werden. Doch als wir Zeuge dieser Vertrautheit des Türken in Berlin werden, hat sich Ali Itir als seine fiktive Gastarbeiterfigur ebenfalls Zugang zu dieser Kneipe verschafft. Der Erzähler bezeichnet ihn am Ende seines Romans als seinen »Ver-

darin, dass Erol, das Kind einer Deutschen und eines Türken ist, obwohl er sich selbst ausschließlich als Türken ansieht. Er redet fast nur Deutsch. Als er seiner Mutter auf Berliner Kiezdeutsch genervt antwortet, es sei seine Entscheidung und er mache dies, weil er ein Türke sei,[702] setzt diese Szene durch diesen Widerstreit und Widerspruch so viel in Bewegung, dass Erols anschließender öffentlicher Auftritt und seine Schulden als eigentliche Beweggründe erscheinen.[703] Erol beharrt immer wieder darauf, dass es seine eigene Entscheidung sei, die auch nichts mit seinem Vater zu tun habe, was tatsächlich nur ihn selbst als Träger dieser Schuld übrig bleiben lässt, wie ja auch Ahmed feststellt: »selber schuld«. Würde Erol beide Elternteile einbeziehen, dann müsste er zwischen die Kulturen treten. Einen solchen Ort gibt es für die zweite Generation in den 1990er Jahren aber nicht. Ihr eigenes Ich, ihr Selbst und ihr Körper müssen unterschiedlichste Facetten zusammenfügen. Sie können nicht einfach einem Beruf nachgehen und sich als integriert ausweisen oder mit klarer kultureller Positionierung und Identifikation in eine Moschee gehen. Sie müssen die Uneinheitlichkeiten, die real wirkenden Widersprüche irgendwie kommunizieren, weil der öffentliche Diskurs und die Politik dies nicht tun. Geht es hier wirklich um eine multikulturelle Artikulation und Kommunikation, wie Charles Taylor und Jürgen Habermas sie sich vorstellen und mitunter wünschen? Handelt es sich dabei wirklich um Artikulationen, die aus dem tiefsten Inneren dieser Akteure kommen? Weitaus dringlicher als diese individuelle Artikulation scheint die Frage nach den Schulden und der Schuld in Literatur und Film zu sein.

---

folger«. ÖREN (1995): S. 155f. Ein Freund des Erzählers, Manfred Kohlhaas, versucht Ali davon zu überzeugen, dass er »ein Recht darauf hat, sich schuldig zu machen«. Doch dieser will nur beweisen, »daß er nicht ›Er‹ ist«; dass er nicht die Person und zugleich der Tote ist, die/den Brigitte am Ende von *Bitte nix Polizei*, als ihren Vergewaltiger identifizierte. Siehe: ÖREN (1995): S. 157; ÖREN (1981): S. 116.
702 ARSLAN (1997).
703 In Kutlu Atmans Film LOLA UND BILDIKID sind Schuld und Schulden ebenfalls ineinander verwoben. Lola ist von seiner türkischen Familie, genauer von seinem eigenen älteren Bruder verstoßen worden, weil er sich geschminkt in Frauenkleidern der Familie zeigte. Als Lola nach Jahren wiederauftaucht, um ihren jüngeren Bruder zu sich zu holen, weist der ältere Bruder, der große Angst davor hat, dass der jüngere Bruder die Familie verlassen könnte, harsch Lola erneut im Treppenhaus aus dem Haus. Dabei schimpft er auf Lola, dass sie nicht seine Familie seien und er auch kein Geld kriegen werde, das ihm eigentlich zusteht. Am Ende des Films erfahren wir, dass der ältere Bruder Lola sexuell mißbrauchte und nach dem Coming-out von ihr/ihm vor der Familie große Angst hatte, es könnte herauskommen, dass er homosexuell ist. Er spielt in Atamans Film einen äußerst maskulin auftretenden und harschen türkischen Bruder, der seinen jüngeren Bruder immer wieder dazu bringen, ja zwingen will, dass er mit Frauen schläft. Wie in den 1990er Jahren üblich, geht er hierfür mit seinem Bruder zu den Prostituierten. Siehe hierzu: ATAMAN (1999).

Die Frage der Schuld als Teil der Selbstbeschreibung war uns bereits in den Werken von Özdamar und Şenocak begegnet. Wie Sibel in GEGEN DIE WAND versucht Özdamars Protagonistin im *Karawanserei*-Roman zweimal, sich das Leben zu nehmen und zumindest bei einem Versuch trägt ihr Vater eine Mitschuld. Doch stellt der Roman dies anders dar. Die Kultur ist, anders als in den Beobachtungen der 1980er, ebenfalls nicht schuld. Übrig bleiben nur die Akteurinnen und Akteure, die Übersetzerinnen und Übersetzer selbst. Auch für Fatih Akın ist der Aspekt der Schuld für seinen Protagonisten Gabriel und für die Entstehung von KURZ UND SCHMERZLOS zentral: »Der Held fühlt sich immer schuldig, damit konnte ich mich wunderbar identifizieren«.[704] Trotz dieses sehr komplexen Zusammenhangs zwischen Nation und Schuld, Multikultur, Verwandtschaft und Schuld sind die Akteure keine Opfer. Das hat damit zu tun, dass sie sich artikulieren, wenn es zu Diskriminierungen kommt, dass sie selbst diskriminieren und so den Verlauf der Erzählungen bestimmen:[705] Sie erfinden, sind laut oder bewegen sich ganz körperlich von innen nach draußen. Letzteres zeigt sich in Arslans GESCHWISTER am deutlichsten. Die besondere Verstrickung von Innen und Außen erklärt das Unbehagen zu Hause und zeigt, welche wesentliche Bedeutung der allgemeine öffentliche Raum für die zweite Generation hat. Denn auch wenn ich den Film GESCHWISTER bislang anhand von Dialogen beschrieben habe, ist er durch und durch ein Film der Bewegung, der Mobilität seiner Akteure im öffentlichen Raum.

Die Filmkritikerin Katja Nicodemus hat Arslans Film als ein »Roadmovie ohne Autos« beschrieben.[706] Wie schon öfter festgestellt, sind in den 1990er Jahren sehr viele filmische Akteurinnen und Akteure unterwegs: zu Fuß, mit dem Auto oder in der Bahn.[707] In GESCHWISTER sind die Akteure ausschließlich zu Fuß unterwegs; vor allem Erol. Alle Schauspieler werden stets in Augenhöhe gefilmt, so dass wir meist ihren ganzen Körper sehen. Jahre später hält Arslan fest, dass die Geschwister »organisch« zur Stadt Berlin gehörten, auch wenn einer von ihnen seine türkische Herkunft stark thematisieren mag.[708] Diese geradezu physische Zusammengehörigkeit zu verdeutlichen, gelingt Arslan, indem

---

704 AKIN (2011): S. 65.
705 Aus diesem Grund empfindet man auch keine Empathie oder Mitleid mit den Akteuren, selbst wenn Lola von ihrem älteren Bruder getötet wird, oder wenn Cem die nicht gewollte Ehe mit seiner Cousine für seine Familie eingeht.
706 NICODEMUS (1997).
707 Selbst im Spielfilm LEBEWOHL FREMDE von Tevfik Başer, der auf einer norddeutschen Hallig spielt, sind die Akteure oft mit einem Auto, mit Fahrrädern oder der Fähre unterwegs. Die vier Flüchtlinge sind in einem Wohnwagen untergebracht. Die Hallig selbst ist für so viel Bewegung eigentlich zu klein. Siehe hierzu: BAŞER (1991).
708 Siehe hierzu: ARSLAN, Thomas (2008): Kommentar zu seiner Berlin-Trilogie. In: ARSLAN (2008): *Geschwister*, Berlin: Filmgalerie 451.

er das Gehen der Akteure »in ganz wenigen Straßen, die auch ganz bewußt immer wiederkehren«, gedreht hat. Wie für die deutschen Filme der 1990er Jahre war die »Totale keine Einstellung für Berlin«.[709] Arslan will statt einer umfassenden Perspektive zeigen, dass das »doch recht kleine Umfeld, in dem sich die Geschwister und ihre Freunde bewegen, Tag für Tag, möglichst präzise abgesteckt wird. Es ist wichtig, daß sie gerade über dieses Gehen dann auch den Raum miterzählen können.«[710] Verstärkt wird diese »Präzision« durch die besondere Tonspur in diesem Film, die den sehr lauten Verkehrslärm oder beispielsweise das Rattern der Nähmaschinen in der Ausbildungsstätte von Leyla und Sevim wiedergibt. Die vor Ort aufgenommenen Geräusche wollte er nachträglich »nicht mehr modifizieren oder glätten«. Es war Arslan wichtig, »daß man Kamera und den Ton dem ausliefert, was man vorfindet, und das dann auch als Einheit behandelt«.[711] Nach Barbara Mennel ist in Arslans GESCHWISTER deshalb auch die Location wichtiger als die Narration.[712] Doch ist dieser Befund nur bedingt richtig. Denn die vermeintliche Einheit wird immer wieder durch die besondere Verschränkung von Innen- und Außenräumen auf unterschiedlichsten Ebenen unterminiert. Darauf deuten im Besonderen die fehlenden *establishing shots* hin, deren Funktion gerade darin besteht, zu präzisieren worin oder wo genau etwas stattfindet. Hier sind es vielmehr die Akteure selbst, in denen mit ihren Gereiztheiten und durch ihre Verhaltensweisen etwas stattfindet. Sie verweisen damit auf die verschränkte Konstellation des Öffentlichen und Privaten, des privat-intimen wie auch kollektiv-zugänglichen. Es handelt sich dabei um eine Verschränkung, die auch in all den anderen bislang genannten und analysierten Filmen der 1990er Jahre vorkommt, because they »carry their wound inside them«.[713]

Dies zeigt nicht nur die Sequenz beim Abendessen eindrücklich, sondern auch eine bereits erwähnte Sequenz in der Mitte des Films, die alle von mir gezeigten Themen und aufgegriffenen Kategorien miteinander verbindet. Erol steht mit seinen Freunden vor einer türkischen Imbissbude und regt sich über zwei gleichaltrige Dunkelhäutige wie er selbst auf, denen sie zuvor begegnet waren. »Habt ihr gesehen, wie die uns angeschaut haben? Zigeuner und Asylanten. Die sind das Letzte«, meint Erol. »Glaubst Du, Du bist was Besseres? Es gibt auch türkische

---

709 NICODEMUS (2004): S. 338.
710 Zitiert nach ebd.
711 Zitiert nach: NICODEMUS (1997). In Cetins BERLIN IN BERLIN wird in vielen Sequenzen die Lautstärke von Geräuschquellen wie Fernsehern oder Autos signifikant heruntergedreht. Siehe: CETIN (1993).
712 MENNEL (2002): S. 144.
713 Ebd., S. 154.

Asylanten«, kontert ein Freund. »Das ist was anderes«, erwidert Erol. Tayfun, ein anderer Freund, gibt zu bedenken, dass Erol doch gar kein richtiger Türke sei. Darauf reagiert Erol sehr gereizt, doch Tayfun weist sachlich darauf hin, dass er der Sohn eines Türken und einer Deutschen sei. Mit einem »hab keinen Bock auf das hier« lässt Erol seine Freunde genervt stehen.[714] Anschließend sehen wir, mit einer Handkamera aufgenommen, wie er wütend nachts durch Berlin läuft. Lichtquellen sind nur Straßenlaternen und das Scheinwerferlicht der vorbeifahrenden Autos,[715] bestimmend ist auch der Straßenlärm. Bei diesen Aufnahmen laufen wir Erol gewissermaßen hinterher, sehen auf seinen Rücken, der wieder in der schwarzen Lederjacke steckt. Irgendwann bleibt er stehen, lehnt sich an eine Straßenwand und blickt auf die vielbefahrene Straße. Eine solche Sequenz gibt es auch in Akıns KURZ UND SCHMERZLOS. Der Deutsch-Grieche, der kurz zuvor erfahren hat, dass Bobby gestorben ist, wird ebenfalls von hinten gefilmt, hat eine Bomberjacke an und ist ebenso wütend wie Erol nachts in der Stadt unterwegs.

Dass Erol in der beschriebenen Sequenz einfach irgendwo in der Stadt stehenbleibt, ist kennzeichnend für die Grundstruktur der Gehsequenzen in diesem Film. Denn von keinem Akteur wissen wir, wohin er geht; mitunter auch, weil niemand davon spricht, wohin er will. Nur ein einziges Mal sehen wir in diesem Film, wie jemand einen Ort verlässt und an einem anderen ankommt: als Ahmed in die Schule geht (die wir wiederum kein einziges Mal von innen zu Gesicht bekommen). Die einzige abgeschlossene Bewegungsabfolge in GESCHWISTER führt zugleich neben dem Militärdienst das zweite wichtige Thema des Films ein: die Schule, zu der die beiden Brüder Ahmed und Erol in einem gegensätzlichen Verhältnis stehen.

Ahmed geht aufs Gymnasium und wird Abitur machen. Erol hat die Schule abgebrochen. Trotz dieser Differenz stehen sich die Brüder sehr nahe: räumlich, körperlich und geistig. Sie teilen sich wie Cem und Mehmet in APRILKINDER ein Zimmer und wir sehen sie oft nebeneinander durch die Kreuzberger Straßen gehen und miteinander reden, ohne sich dabei anzusehen. Auch beim Abendessen sitzen sie nebeneinander. Im Gegensatz zu dieser körperlichen Nähe stehen ihre unterschiedlichen Ansichten. Auch wenn sie Brüder sind, bezeichnet sich Ahmed im Unterschied zu Erol an keiner Stelle im Film als Türken (aber auch nicht als Deutschen). In einer der wenigen Sequenzen innerhalb der Wohnung schaut sich Erol, gelangweilt auf dem Bett liegend, einen Bruce Lee-Film an. Über

---

714 ARSLAN (1997).
715 Auch Yavuz, Polat und Akın nutzen kaum zusätzliche Lichtquellen. Dort, wo sie zum Einsatz kommen, stehen sie für eine besondere Form der Verstellung oder der Ironie.

seinem Bett hängt ein Bruce Lee-Plakat.[716] Ahmed hingegen liest ein Buch. Er verlangt von Erol, dass er diesen »Scheiß« ausschalten solle, weil er lesen müsse; er verstehe nicht, wie man hundertmal denselben Film anschauen könne. Erol fragt genervt zurück, was mit ihm los sei. Bevor der Film zu Ende ist, schläft Erol ein und Ahmed deckt ihn zu. Zwar setzt Arslan die Distinktion Bildung und Nicht-Bildung als Differenz zwischen den Brüdern bewusst ein, doch sehen wir Ahmed nur dieses einzige Mal ein Buch lesen. Viel markanter als sein Bildungsweg – er weiß ja noch nicht, was er später einmal werden möchte –, ist sein Versuch, das Thema »Herkunft« zu vermeiden.[717] Als ein Onkel von ihnen erkrankt und Erol dies Ahmed gegenüber erwähnt, erwidert dieser nur, dass es ihm recht geschehe, weil er sie früher immer genervt habe. Erol ist empört, da der türkische Onkel doch zur Familie gehöre. Hatte Ahmed etwa vergessen, dass er einen türkischen Namen trage?[718]

Für Barbara Mennel verkörpern die Brüder Erol und Ahmed zwei unterschiedliche Migrationstypen: »the foregrounding of body culture versus a humanist, universalist emphasis on education«.[719] Im Unterschied zu Erol habe Ahmed die Assimilation gewählt.[720] Die derart konstruierte Opposition zwischen einem Schulabbrecher, der sich einer anderen Kultur zugehörig fühlt und einem, der das Abitur machen will und sich im Hier und Jetzt verortet, verleiten Mennel wohl zu der Feststellung, dass Ahmed assimiliert und in Deutschland angekommen sei. Einer gelungenen Form von Assimilation widerspricht allerdings zum einen, dass Ahmed nicht über seine Herkunft als etwas bewusst Aufgegebenem sprechen will. Zum anderen bezeichnet er sich, wie gesagt, an keiner Stelle als einen Deutschen und sieht sich erst recht nicht als jemanden an, der für einen »universalist emphasis on education« steht. Außer auf seinem einmaligen Schulweg zu Beginn des Films sehen wir ihn auch meist ähnlich wie Erol einfach abhängen. Kurz gesagt, ist Ahmed nicht der Geist, der dem Körper Erols fehlen würde. Denn Ahmed ist mit Ausnahme einer Sequenz ebenfalls vorwiegend performativ und körperlich angelegt. Auch in sozialer Hinsicht kann Ahmed nicht als ein Paradebeispiel der Assimilation gelten. Sicher hat Erol in Arslans Film mehr Identitätsstress als Ahmed, doch ist Letzterer umgekehrt kein Garant sozialer Kohäsionen, wie es sich Ezra Park oder Milton Gordon vorgestellt haben. Auch eine Inklusionstheorie, die von dem Faktum der gleichzeitigen Exklusion ausgeht, von der Tren-

---

716 Auch in Yüksel Yavuz' APRILKINDER hängen in einem ebenfalls von zwei ungleichen Brüdern geteilten Zimmer Bruce Lee-Plakate an den Wänden.
717 Siehe hierzu: NEUBAUER (2011): S. 315.
718 Siehe hierzu: ARSLAN (1997).
719 Mennel (2002): S. 145.
720 Siehe hierzu: Ebd., S. 148.

nung von Person und Körper, greift hier nicht.[721] Ahmed und Erol sind einander nicht eindeutig entgegengesetzt.

Im Gegenteil teilen sie den nach Milton Gordon sehr wichtigen Integrationsmarker, das »feel comfortable« oder sich »als Individuen heimisch fühlen können« (Luhmann).[722] Denn beide zeichnen sich durch ihr Gereizt-Sein aus, dessen Quellen Arslan zwischen Identifikation, Desidentifikation und Sozialstruktur ansiedelt, aber vage lässt. So ist auch der Unterschied, den Erol selbst zwischen sich und seinem Bruder festmacht, integrationstheoretisch kaum zu messen. Gegen Ende des Films fragt Erol sich und seinen Bruder, warum bei ihm selbst alles schieflaufe und bei Ahmed alles klappen würde. Ahmed habe einfach Glück gehabt und er nicht, beendet Erol das Gespräch. Ahmed und Erol stehen nicht für zwei unterschiedliche Integrationstypen, sondern antworten vielmehr unterschiedlich auf die Frage: »Wie lebt es sich in Deiner Haut?« Der eine hält es insgesamt in seiner Haut gut aus, weil er sich selbst keine Fragen stellt und einfach etwas macht. Dieses Aktiv-Sein eröffnet ihm Möglichkeiten, auch wenn diese nicht beschrieben werden. Allein die Aussicht auf das Abitur und seine deutschen Partnerinnen deuten Möglichkeiten in der Mehrheitsgesellschaft an. Katja Nicodemus schildert Ahmed in dieser assimilatorischen Unbestimmtheit als jemanden, »der seinen Weg schon gehen wird«. Der andere hingegen hofft, dass ihm dieser Weg woanders, in der Türkei, gelingen wird. Das unterschiedliche Gefühl in der eigenen Haut zeigt eindrücklich, wie verschieden sie sich durch die nicht benannten Straßen Kreuzbergs bewegen. Wie für Şenocaks Protagonist sind für Erol und Ahmed weder die Türkei noch die Bundesrepublik noch Kreuzberg ihre eigentliche Heimat, sondern ihre Körper. Die Stadt, in der GESCHWISTER spielt, könnte also auch eine ganz andere sein.

In Hark Bohms Film YASEMIN ist die weibliche Protagonistin auch auf dem Weg, Abitur zu machen. Im Unterschied zu Ahmed hat sie aber bereits konkrete Berufspläne, sie will Kinderärztin werden. Ein weiterer zentraler Unterschied ist, dass eine deutsche Lehrerin ihr dabei helfen und auch ihren Vater davon überzeugen möchte. Der inhaftierten Figur Elif, in Başers zweitem Spielfilm ABSCHIED VOM FALSCHEN PARADIES aus den 1980er Jahren, hilft ebenfalls jemand bei ihrem Integrationsprozess: eine Sozialarbeiterin. Elif möchte nach der Haftstrafe Busfahrerin werden. Waren in den 1980ern Folgen der Migration als Kulturkonflikte und Integration in filmischen und literarischen Erzählungen eng miteinander verknüpft, gehören sie in GESCHWISTER nicht mehr zusammen. Denn Arslan weist Ahmed und Erol mit ihrer Sprachkompetenz und ihrem Auftritt im öffentlichen

---

[721] Siehe hierzu: LUHMANN (1998): S. 621 u. S. 633.
[722] Ebd., S. 621.

Raum als ihrer städtischen Umgebung zugehörige aus. Dabei geben sie sich autonom, benutzen kaum öffentliche Verkehrsmittel, sondern erlaufen die Stadt. Sie laufen einfach, die Räume, zu denen sie gehören. Diesem »cruising« durch die Stadt und der Zugehörigkeit, die dadurch entsteht, sind das Forcieren identifikatorischer Konflikte oder deren Vermeidung als Immobilitäten entgegengesetzt. Auch Ahmed wirkt, selbst wenn es ihm in seiner Haut etwas besser geht als Erol, auf seine Art rastlos.

Die einzige Figur in GESCHWISTER, die genauer zu wissen scheint, was sie will, ist Leyla, also wiederum eine Frau. Aus einem Gespräch zwischen ihr und ihrer besten Freundin erfahren wir, dass beide nach ihrer Ausbildung zur Schneiderin ihre Elternhäuser verlassen und zusammenziehen wollen. Leyla setzt sich außerdem vom türkischen Vater am stärksten ab. Als er ihr im letzten Drittel des Films nicht erlaubt wird, dass sie mit einem türkischen Jungen allein von Berlin nach Hamburg fährt, beschimpft sie ihren Vater als einen »Vollidioten«, den sie auch einfach damit hätte belügen können, dass sie mit einer Freundin zusammen nach Hamburg fährt. Leyla möchte ähnlich wie Michaela (Melek) in Şenocaks Erzählung *Das Haus* nicht mehr mit ihren Eltern und Brüdern zusammenleben. So endet der Film GESCHWISTER nicht etwa damit, dass Erol die Grenze am Flughafen passiert oder damit, dass Ahmed nun allein in seinem Zimmer sitzt. Die letzte Einstellung des Films gehört Leyla und ihrer Freundin Sevim. Wir sehen sie bei Sonnenschein auf einer belebten Straße in Berlin-Kreuzberg gehen.

Arslans GESCHWISTER dokumentiert für Deniz Göktürk den Übergang von einem pflichtbewussten Migrationskino der 1980er Jahre zu einem Kino »der Freuden der Hybridität« in den 1990 Jahren. Sie bemüht für diese Interpretation besonders die Schlusssequenz mit Leyla und Sevim.[723] Knapp sechs Jahre später hält Jessica Gallagher dagegen fest, dass es zwar richtig sei, dass die Akteure in den Filmen der 1990er Jahre aus den verschlossenen Wohnungen und Gefängnissen heraustreten, doch sei der eroberte öffentliche Raum eingeschränkt. In Arslans ersten beiden Filmen seiner Berlin-Trilogie zeige sich für sie eindrücklich, dass an die Stelle der Gefängnisse der Innenräume der 1980er nun der öffentliche Raum als Gefängnis getreten sei.[724] Diese Verschiebung vom Gefängnis in den eigenen vier Wänden zum öffentlichen Raum als Gefängnis konnte ich anhand der Analysen von Aysel Özakıns Literatur und den Dokumentarfilmen von Hans-Dieter Grabe und Jeanine Meerapfel bereits für die 1980er Jahre nachweisen. Im Gegen-

---

[723] Siehe hierzu: GÖKTÜRK, Deniz (2000b): »Migration und Kino. Subnationale Mitleidskultur oder transnationale Rollenspiele?«. In: *Interkulturelle Literatur in Deutschland. Ein Handbuch*, hg. v. Carmine Chiellino, Stuttgart, Weimar: Metzler, S. 329–347, hier S. 333.
[724] Siehe hierzu: GALLAGHER, Jessica (2006): »The Limitation of Urban Space in Thomas Arslan's *Berlin Trilogy*. In: *Seminar* Nr. 42 (3), S. 337–352, hier S. 343f.

teil leidet der öffentliche Raum in den 1990er Jahren nicht an hochgezogenen Mauern und unsichtbaren Grenzziehungen, sondern an seiner Unbestimmtheit, daran, dass ihm Orte fehlen. Vielmehr sind es die Akteure selbst, in denen das Öffentliche und das Private ineinander verschränkt sind und durch ihre Artikulationen diese Vernahtung sichtbar wird. Zwei Jahre nach Gallaghers Interpretation konstatiert Barbara Mennel in ihrer zweiten Analyse von Arslans Film, dass er ein Ghetto-Film in einem globalen Migrationsrahmen sei. Sie bezeichnet die Akteure im Film auch als »Ghetto-Flaneure«. Ihre These beruht auf zwei Grundlagen: Zum einen werde der Bezirk Berlin-Kreuzberg »dokumentarisch anhand von Straßennamen und U-Bahnstationen markiert«. Zum Ghettocharakter trage außerdem bei, dass »weder die Figuren noch die Kamera Kreuzberg« verlassen, schließlich sei »die Bewegung der Figuren durch den Bezirk charakterisiert«.[725] Den komplexen Zusammenhang von Mobilität und Immobilität, zwischen Körper in Bewegung, Lokalität und Identitätspolitik, wie ihn Arslan in seinem Film auf unterschiedlichsten Ebenen ausführt, kann weder mit den »Freuden der Hybridität« noch umgekehrt mit dem Befund, dass nun der öffentliche Raum das Gefängnis sei, noch mit der filmischen Gattung des Ghetto-Films oder mit der Benjamin'schen Figur des Flaneurs analytisch sinnvoll gerahmt und begriffen werden.[726]

Erstens sieht man kaum Freude in diesem und anderen Filmen der 1990er Jahre. Stattdessen dominieren Konflikte. Zweitens ist der Übergang vom eingeschränkten öffentlichen Raum zum Gefängnis für Arslans Film nicht tragbar, allein weil der Regisseur mit seiner Kamera keine sichtbaren Grenzen zeigt oder sichtbare Mauern aufzieht. Vielmehr kann am Ende einer der Protagonisten ohne Probleme die Grenze am Flughafen überqueren. Aus diesen Gründen und schon allein aus der Tatsache heraus, dass im Gegenteil zur Beschreibung des Berliner Ghettos im ganzen Film kein einziger Straßenname abgefilmt wird oder auf eine andere Art ein konkreter topografischer Anhaltspunkt auftaucht, gibt auch die Bezeichnung »Ghetto-Film« die eigentliche Grundlage der Spannung und der Widersprüche in diesem Film nicht wieder. In Fatih Akıns KURZ UND SCHMERZLOS sehen wir nur ein einziges Mal am Ende des Films ein Schild, auf dem »Altona« steht. Dass sowohl Arslan als auch Akın keine topografischen *establishing shots* einsetzen, widerspricht den Zugängen, die sich auf Gefängnis und Bezirk konzentrieren. Es entstehen keine Orte, die Grenzen und fixe Koordinaten haben.

---

725 MENNEL (2008): S. 55f.
726 Benjamins Flaneur ist ein einsames und verschlossenes Subjekt. Die Deutsch-Türken der zweiten Einwanderer-Generation, die die deutschen Straßen bewohnen, stehen hingegen immer in Kontakt, wovon auch ihre Körper Zeugnis ablegen. Benjamins Flaneur ist von Distanz geprägt, die Figuren Arslans, Akıns, Yavuz' und Polats von körperlicher Nähe.

Arslan schafft Räume im Sinne Michel de Certeaus, indem er die Menschen mit den Orten etwas machen lässt. »So wird zum Beispiel die Straße, die der Urbanismus geometrisch festlegt, durch die Gehenden in einen Raum verwandelt.«[727] Es sind nach de Certeau Erzählungen, die Orte in Räume verwandeln. Doch müssen sie auch umgekehrt die Räume wieder in Orte verwandeln können.[728]

Eine vergleichbare Doppelbewegung zeichnet auch Vilém Flusser nach, wenn er fordert, dass auf die Ironie, die die Migration für ihn eigentlich erst einführt, das Engagement als zweite Bewegung folgen müsse. Da die Orte als Raum unbestimmt bleiben, geht es in Arslans und Akıns Filmen nicht um diese Rück- oder zweite Übersetzung. Beide rücken die Akteure in den Vordergrund, ihre Bewegungen, Sprechweisen, das, was sie nachahmen und nicht nachahmen.[729] Sie zeigen ihren Gang, wie sie sich bewegen. In den behandelten filmischen und literarischen Werken ist eine spezifische Verbindung von Innen und Außen zu erkennen, die auch Tragisches und Komisches untrennbar miteinander verschränkt. Besonders eindrücklich ist, als Erols Freunde ihn als Bastard beschimpfen, er überhaupt nicht besser sei als ein Asylant. Bevor die Auseinandersetzung zwischen den Freunden gewalttätig wird, ist das Gespräch, das sie kurz davor führen, von einer Komik geprägt, die ab den 2000er Jahren die Kabarettbühnen erobern wird. Die Freunde streiten darüber, ob gewisse Passanten »Zigeuner« gewesen seien oder Albaner oder Griechen. Der eine ist sich sicher, dass es Zigeuner sind. Der andere erwidert, es könnten auch Albaner, Griechen oder Jugoslawen sein. Darauf der andere: »Jugoslawien gibt es nicht, guckst Du kein Fernsehen, oder was?« Vielleicht seien es auch »Alabaner« gewesen, korrigiert sich nun der, der sich sicher war, dass es sich um »Zigeuner« handelte. Der andere verbessert ihn erneut: Es heiße »Albaner« und nicht »Alabaner«. Dass diese Sequenz trotzdem ernst bleibt und nicht zu einem Auslachen der anderen Ausländer führt, liegt am Setting. Es ist dunkel, nur Straßenlaternen und die Leuchtreklame aus dem türkischen Imbiss geben Licht. Außerdem folgt darauf die bereits erwähnte Auseinandersetzung, dass Erol sich gar nicht über Asylanten beschweren dürfe, weil er selbst ja nicht einmal ein »richtiger« Türke sei, sondern ein »Bastard«.[730]

---

727 De Certeau (2006): S. 345.
728 Ebd., S. 346.
729 Diesen Fokus auf Kleidung, Sprechweisen und Bewegungen im öffentlichen Raum und weniger auf Orte, wo Menschen oder Figuren stehen und von wo aus sie sprechen, finden wir auch in den Studien von Sigrid Nökel, Grit Klinkhammer, Günter Seufert und Hans-Ludwig Frese. Siehe hierzu: FRESE, Hans-Ludwig (2002): »*Den Islam ausleben*«. *Konzepte authentischer Lebensführung junger türkischer Muslime in der Diaspora*, Bielefeld: transcript.
730 ARSLAN (1997).

Zu Arslans (aber auch Akıns) Fokus auf die Akteure passt die aufwendige Recherche und das langwierige Casting für GESCHWISTER. Arslan und sein Team haben »fast alle Jugendzentren in Berlin und viele Schulen abgeklappert«. Es gab auch einen Aufruf über das Radio, dass in Deutschland geborene deutschtürkische Jugendliche zwischen 16 und 20 Jahren für einen Spielfilm gesucht würden, in dem es um den Alltag der Jugendlichen gehe.[731] Das Casting selbst bestand aus drei Runden. Danach habe sich das Drehbuch komplett geändert, konstatiert Arslan rückblickend.[732] Ausgangspunkt waren für Arslan wie für Akın zunächst die eigenen Erfahrungen. Zum einen spiegelt sich in dieser deutschtürkischen Elternkonstellation von GESCHWISTER Arslans eigene Biografie. Er selbst ist Sohn eines türkischen Vaters und einer deutschen Mutter. Er wurde 1962 in Braunschweig geboren, wuchs in Essen auf, verbrachte aber seine Grundschulzeit mit seinen Eltern in Ankara. Seine persönlichen Erfahrungen in Essen und in Berlin liegen der gesamten Trilogie zugrunde. Arslan wollte genauer wissen, was sich eigentlich vor seiner Haustür im Alltag abspielt. In der Aufnahme und Darstellung dieses Lebens wollte Arslan auch einer diskursiv-medialen Realität etwas entgegenstellen, weil sie nicht dem entsprach, was er sah.

> Das Verhältnis von Deutschen und Türken wird auf einen alles durchdringenden Gegensatz von Moderne und Traditionalismus verengt. Hier das moderne, aufgeklärte Deutschland, dort eine archaischen Traditionen verhaftete Türkei. Hierbei werden die Heterogenitäten der als fremd eingestuften Kultur unterschlagen und gleichzeitig die Vermischungen und das Gewordene der eigenen (deutschen) Kultur verschwiegen oder verschleiert.[733]

Während die Unterscheidung von Moderne und Tradition, von Deutschland und Türkei Aysel Özakın in den 1980er Jahren noch dazu gebracht hatte, als eine selbstbestimmte, zivilisierte Türkin aufzutreten, weisen die Akteurinnen und Akteure in Literatur und Film der 1990er Jahre auf eine Vermischung und Verschränkung dieser Kategorien hin: Durch Sprache und Auftritt ist eine Körperlichkeit entstanden, die beide Pole vereint. In der Regel sind die deutsch-türkischen Figuren dieser Zeit selbstbewusst und anti-modern zugleich.

In diesem diskursiven Zusammenhang stehen Akıns Filme und Arslans GESCHWISTER; aus ihm lösen sich zunehmend die beiden anderen Filme von Arslans Trilogie: DEALER und DER SCHÖNE TAG. Für die kulturelle Positionierung seiner weiblichen Protagonistin im letzten Teil der Trilogie konstatiert Arslan, dass die »vielbeschworene Zerrissenheit zwischen zwei Kulturen« ihren

---

[731] ARSLAN, Thomas (2011): »Thomas Arslan über Geschwister«. In: ders.: *Geschwister*, DVD, Berlin: Filmgalerie 451.
[732] Ebd.
[733] ARSLAN, Thomas (2001): *Presseheft zu »Geschwister«*.

Lebenserfahrungen nicht entspreche. Im Unterschied zu Erol und Ahmed läuft sie weder lässig noch breitschultrig durch die Stadt. Sie wirkt ausgeglichen und nicht gereizt. »Sie bewegt sich mit Selbstverständlichkeit durch die Umgebung, in der sie lebt.«[734] Zwischen beiden Filmen, dem ersten und dritten Teil der Trilogie, steht Arslans Erkenntnis, dass, gleich wie unterschiedlich sich die deutsch-türkischen Jugendlichen und Heranwachsenden untereinander zum Deutschen und Türkischen positionieren, eine Gemeinsamkeit sie alle verbindet: der äußerst enge und zugleich widersprüchlich wirkende Zusammenhang aus Vitalität und Fatalismus. Er ist auch in Akıns Film vorhanden. In GESCHWISTER zeigt er sich darin, dass Erol trotz mangelnder identifikatorischer Plausbilität in die Türkei zum Militär fliegt. Vor diesem Horizont ist auch Erols Einschätzung zu sehen, dass sein Bruder einfach Glück gehabt habe und er nicht.[735]

Auch in Emine Sevgi Özdamars *Karawanserei*-Roman gibt es einen gewissen fatalistischen Grundton, der sich schon im Titel widerspiegelt. Dieser Fatalismus leitet sich allerdings nicht aus der höheren Ordnung eines Schicksals ab – mag es sich dabei um Gott, Gesellschaft oder um ein anderes Abstraktum handeln. Stattdessen regieren Zufall und Glück. Was vielmehr unabtrennbar zu sein scheint und sich in die Körper der Akteurinnen und Akteure eingeschrieben hat, ist die Verknotung von Deutsch und Türkisch. Sie zeigt sich vor allem darin, wie sich die Akteure bewegen und wohin. Selbst wenn man sozialökonomisch abgesichert ist, entkommt man dieser Bestimmung in Literatur und Film der 1990er Jahre nicht. Şenocaks Erzähler Sascha Muhtesem kann weder in der amerikanischen Prärie noch in der amerikanischen Metropole bleiben, weil die Grenze zwischen dem Deutschen und Türkischen von außen nach innen vorgedrungen ist. Sie ist einfach keine Tür, durch die man hindurchgehen kann, sondern eine Zone, die es physisch wie im Gebrauch kultureller Marker zwischen zwei Türen abzulaufen gilt. Daher sind alle Akteure so körperlich aktiv. Der Zusammenhang von Vitalität und Fatalismus ist vielleicht die eindrücklichste Antwort auf das Narrativ der 1990er Jahre »Wie lebt es sich in Deiner Haut?«. Außerhalb der eigenen Person existieren weder Koordination noch Orientierung, die anleiten und führen könnten, obwohl die Akteure selbst viel in Bewegung sind.

---

[734] Filmportal (2009): »Sowohl als auch: Das ›deutsch-türkische‹ Kino heute«. In: *Filmportal*, 01.01.2009, http://www.filmportal.de/thema/sowohl-als-auch-das-deutsch-tuerkische-kino-heute (19.04.2017).

[735] Nicht Glück, aber Zufall erwähnt der Migrationsforscher Andreas Pott häufig in seiner Studie, in deren Zentrum die Frage sozialstruktureller Mobilität und des beruflichen Aufstiegs der Deutsch-Türken der zweiten Generation steht. Siehe hierzu: POTT, Andreas (2002): *Ethnizität und Raum im Aufstiegsprozess. Eine Untersuchung zum Bildungsaufstieg in der zweiten türkischen Migrantengeneration*, Heidelberg: Springer.

Sehr klar zeigt sich diese dilemmatische Konstellation in Thomas Arslans zweitem Film seiner Berlin-Trilogie. DEALER erzählt die Geschichte des kleinkriminellen Dealers Can, der eine Freundin und eine kleine Tochter hat. Seine Freundin drängt ihn, mit dem Dealen aufzuhören und einer legalen Arbeit nachzugehen. Can dealt zwar gekonnt, aber insgesamt unmotiviert. Als sein Drogenzulieferer und Chef (Hussi Kutlucan) erfährt, dass er aufhören möchte, verspricht er Can die Geschäftsführung eines gastronomischen Lokals. Bis es soweit sei, müsse er noch weiter für ihn dealen. Diese Berufsperspektive ist nur vorgeschoben, um Can nicht zu verlieren. Dieser glaubt jedoch an das Versprechen oder möchte es glauben – solange, bis sein Chef auf offener Straße vor seinen Augen erschossen wird. Während seiner Zeit als Dealer hatte ihm ein deutsch-türkischer Freund angeboten, in einem türkischen Imbiss zu arbeiten. Doch nach dem Mord an seinem Zulieferer nimmt er eine Stelle in der Küche eines deutschen Restaurants an. Er gibt sie aber bald wieder auf, weil er diese Arbeit erniedrigend und furchtbar findet. Can beginnt wieder zu dealen und wird am Ende des Films mit Drogen erwischt. Dabei meint es ein deutsch-türkischer Polizist gut mit ihm und versucht durch gutes Zureden ihn davon abzubringen – vergeblich: Am Ende des Films landet Can im Gefängnis. Seine Freundin besucht ihn dort einmal, ohne Kind. Der Film endet jedoch nicht mit diesem Besuch, sondern mit stillebenhaften Aufnahmen der *locations* des Films, ohne Akteure. Aus dem Off kommentiert Can diese Bilder in einem distanzierten Ton mit dem Satz, »wie schnell sich doch alles ändert«. Für diese Passivität hat Arslan mitten im Film eindrückliche Aufnahmen gefunden. Denn insgesamt wird der einfache Plot von DEALER von inneren Zuständen und Affekten überlagert.[736] Wir sehen den Protagonisten in mehreren Nahaufnahmen abends in der Stadt bewegungslos irgendwo hinschauen, im Hintergrund unscharfe Autoscheinwerfer. Im Unterschied zu GESCHWISTER setzt Arslan bei derartigen Einstellungen keine Straßengeräusche ein, sondern bringt sparsame elektronische Musik. Solche Einstellungen kennzeichnen Can als einen handlungs- und entscheidungsschwachen Akteur.[737] Der Regisseur ist insgesamt weniger an der sozialen Handlung als daran interessiert, die Frage zu beantworten, wie es sich in der Haut eines Deutsch-Türken lebt. Im Unterschied zu den 1980er Jahren bricht Kultur hier nicht von außen ein, sondern ist Teil der inneren Kommunikation. Zugleich folgt Arslan weiterhin seiner konzeptionellen Überlegung, dass, wenn es schon nicht möglich ist, den Klischees auszuweichen, man durch sie hindurchgehen müsse. Er muss sie »benutzen, um sie dann nach

---

736 Siehe hierzu auch: DEHN, Moritz (1999): »Die Türken vom Dienst. ›Dealer‹ von Thomas Arslan oder ein weiterer Schritt heraus aus der Schublade ›deutsch-türkisches‹ Kino«, https://www.freitag.de/autoren/der-freitag/die-turken-vom-dienst (17.05.2017).
737 Siehe hierzu auch: Neubauer (2011): S. 210.

und nach aufzulösen, so daß etwas anderes sichtbar werden kann«.[738] Doch wird dieses Andere nicht wirklich sichtbar. Denn die innere Disposition überlagert die Stadt, ohne einen Ort außerhalb des Selbst zu generieren. Es gibt ein Bewusstsein der Heterogenität, aber keine Umwelt.

Sowohl Erzählung als auch die individuelle Disposition der Akteure changieren zwischen Aktivität und Passivität. Diese Konstellation findet sich auch in Texten und Filmen wie KURZ UND SCHMERZLOS, GESCHWISTER, APRILKINDER von Yüksel Yavuz, AUSLANDSTOURNEE von Ayşe Polat, LOLA UND BILIDIKID von Kutlu Ataman, ICH CHEF, DU TURNSCHUH von Hussi Kutlucan und ANAM von Buket Alakuş. Ein Großteil der Forschungen befindet, dass diese Filme im Kern auf eine neue Wirklichkeit in der Bundesrepublik aufmerksam machen, dabei nationale Grenzen überschreiten und auf die Möglichkeit transnationaler und transkultureller Gemeinschaften verweisen würden. Dass es bei Andeutungen bleibt, wollte ich anhand der vorliegenden Filmanalysen zeigen. Denn das Ziel der Bewegung bleibt auch in den zuletzt genannten Filmen unbestimmt; eine Unbestimmtheit, die sich sogar in den Theorien des Transnationalismus oder des Multikulturalismus widerspiegelt.[739] Ein hybrides Subjekt allein reicht also nicht aus, um das Dazwischen präzise beschreiben zu können. Die plurilokalen Verortungen müssen koordiniert sein. Im Zentrum der Koordination stehen die sozialen Strukturen des Dazwischen. Der Soziologe Ludger Pries macht einen Vorschlag, wie eine derartige Präzisierung des transnationalen Raums aussehen könnte. Orientieren sich nach ihm

> Migranten vor allem an der Herkunftskultur, handelt es sich nicht um ›transnationale soziale Räume‹, sondern um ›Diaspora‹. Wenn sich die Migranten hingegen ganz der Kultur des Ankunftslandes zuwenden, so handelt es sich nicht um ›Transmigranten‹, sondern um Einwanderer. Erst wenn die räumlichen Positionierungen verschiedenen Lokalisierungen übergreifen, ist es sinnvoll, von transnationaler Migration zu sprechen.[740]

Diese Konzeption bringt es mit sich, die Koordination als eine Form der Homogenisierung zu begreifen, da der transnationale Raum nicht nur grenzüberschreitend, sondern im Unterschied zu Diaspora und Einwanderung begrenzt ist. Die Räume, die die Akteurinnen und Akteure mit ihren Bewegungen hervorbringen, umschließen oder schaffen keinen spezifischen Ort, der bei der Orientierung helfen würde. Selbst in Taylors Multikulturalismus-Modell steht das Individuum im Vordergrund, von dessen Aussage und Artikulation er

---

738 Filmheft zu Dealer.
739 Siehe hierzu: LEGGEWIE, Claus (1991): *Multikulti. Spielregeln für die Vielvölkerrepublik*, Berlin: Rotbuch, S. 9–20.
740 Ebd., S. 71.

annimmt, dass sie aus seinem Inneren kommen. Charles Taylors Selbstpositionierung ist ebenfalls von einer individuellen Fatalität geprägt: »Ich bin aufgerufen, mein Leben auf diese Weise zu leben. [...] Mir selbst treu zu sein, bedeutet, meiner Originalität treu zu sein.«[741] Wen hier Taylor »aufruft«, bleibt unbestimmt.

Obwohl Jürgen Habermas die Frage des kulturellen Kollektivs anders angeht, argumentiert er hinsichtlich der Frage der Individualität wie Taylor. Seine Grundlage ist keine kulturelle und kann es Anfang der 1990er Jahre kurz nach der deutschen Einheit auch gar nicht sein. Vielmehr ist sie politisch-öffentlich und baut darauf, dass es eine »Gleichursprünglichkeit zwischen privater und öffentlicher Autonomie« gibt. Eine solche »Gleichursprünglichkeit« existiert in Literatur und Film dieser Zeit nicht; ganz im Gegenteil sind öffentlich und privat über den Code der Schwelle untrennbar miteinander verschränkt. Obwohl die Dreier-Personenkonstellationen sehr prominent sind, haben wir es außerdem nicht mit kollektiven Akteuren zu tun, die in das multikulturelle Gefüge Taylors passen würden. Sie sind aber auch nicht doppelt in Bhabhas Sinne. Sie sind körperlich aktiv, fühlen sich zu Hause nicht wohl und bringen mit ihrem Weiterreden und ihrem sich drinnen und draußen bewegen Intimität und Öffentlichkeit in eine besondere Relation. Ihr Ausgangspunkt sind nicht Akteurinnen und Akteure, die ähnliche Bedürfnisse haben oder unterschiedlichen Kulturen und Nationen entstammen. Ihre Grundlage ist eine Art globales Verbundenheitsgefühl; der Glaube, Teil einer Kultur zu sein, die jedoch keine besondere Versammlungsform zur Verfügung stellt, um sich auf einer sozialen Ebene in der Realität wiederzufinden. Ihre Performanz besteht vor allem darin, Disparates wie Jeans und Kopftuch, wie den Genozid an den Juden und an den Armeniern, Türkei, deutsche Stadt und deutsche Sprache zu verbinden. Die daraus resultierende Heterogenität und das Bewusstsein für sie führen nach Bhaba zu einer gespaltenen Nation. Und diese Spaltung ist nach postkolonialen Theorien positiv, weil sie Vorstellungen von homogenen Nationen und Gesellschaften, von Mehrheiten und Minderheiten in Frage stellt. Nur wohin und wohinein diese Spaltungen führen sollen, wohin sich die Akteurinnen und Akteure letztlich bewegen und wozu, skizzieren weder Film und Literatur noch die Theorien.

---

[741] TAYLOR (1994): S. 17.

4.8 Fazit zu »Wie lebt es sich in Deiner Haut?«

Wenn sich in den 1980er Jahren metaphorisch ein Berg zwischen Wohnung und Straße schob und das Geschehen und die Beschreibungen von eigen und fremd bestimmte, tritt in den 1990er Jahren an seine Stelle die Schwelle, die für postmoderne und postkoloniale Theoretiker der Ort ist, an dem neue kulturelle Beschreibungsformen entstehen. Es geht daher nicht mehr um die Darstellung von »Verpflanzungen«, die etwa Tevfik Başer im Sinn hatte, wenn er vom Eingewurzelt-Sein vor Ort sprach – sondern die Frage der gemeinsamen Gegenwart. Sie wird auch jenseits jeder explizit ästhetischen Sprache von vielen Betroffenen nach den Brandanschlägen in Mölln und Solingen (1992/1993) ins Spiel gebracht. Dass Deutsch-Türken nach den Anschlägen die Bundesrepublik nicht verlassen haben, sondern im Gegenteil auf den Straßen ihren Protest bekundeten, zeigt, wie sehr sie in Deutschland verwurzelt sind, auch wenn sie sich selbst nicht als Deutsche beschreiben konnten oder wollten.[742] Denn spätestens in den 1990er Jahren hatten die Türken der ersten Generation schon mindestens die Hälfte ihres Lebens und die zweite Generation sogar ihr ganzes Leben in der Bundesrepublik verbracht. Diese disparaten Ordnungen, das Türkischsein auf deutschem Boden, bringen sie zum Ausdruck.

Auch aus diesem Grund erfolgen in den 1990er Jahren keine Verinnerlichungen der deutschen Gesellschaft und Kultur etwa in Form der Annahme der deutschen Staatsbürgerschaft oder einer Mitgliedschaft in deutschen Vereinen. Diese Übersetzungen sind kaum zu leisten. Körper und Verkörperungen verbinden Hier und Dort auf eine neue Weise. An die Stelle politischer Gruppen, religiöser Vereine und türkischer Kaffeehäuser mit expliziter Türkeiorientierung treten immer mehr Kulturvereine muslimischer oder türkischer Provenienz, die vom Leben in Deutschland bestimmt sind. Ein vermeintlich einfaches »Türkisch-Sein« wie in den 1980er Jahren ist nicht mehr möglich. In vielen Vereinen vollzieht sich ab Mitte der 1990er Jahre in diesem Zusammenhang eine Orientierung am Inland.[743] Werner Schiffauer weist sie beispielsweise beim Verband der Milli Görüş bei der

---

742 GRUMBACH, Detlef (1999): *Nich wien aleman sein! Feridun Zaimoğlu zwischen »Abitur-Türken« und »Kanakstern«*, Feature vom 01.06.1999, Köln: Deutschlandfunk.
743 Auch im Begleitbuch der ersten großen Ausstellung zur türkischen Migration nach Deutschland *Fremde Heimat. Yaban Silan Olur* von 1998 im Ruhrlandmuseum steht als eine zentrale Aussage der Ausstellung, dass die ehemaligen »Gastarbeiter« und ihre Kindeskinder nun zu »Inländern« geworden seien. Dies gelte es explizit festzuhalten, da besonders die bundesrepublikanische Politik seit der Deutschen Einheit weiterhin eine sei, die diese Wirklichkeit noch nicht wahrhaben wolle. Dabei ist es nach Ansicht der Ausstellungsmacher eben kein Widerspruch mehr zu sagen, dass man Türke ist und zugleich Duisburger und Berliner. Siehe hierzu: ERYILMAZ, Aytac/JAMIN, Mathilde (Hg.) (1998): *Fremde Heimat. Yaban Silan Olur*, Essen: Klartext.

zweiten Generation seiner Mitglieder nach.[744] Diese komplexe Bindung führt er zwar nicht näher aus, doch hält der Politikwissenschaftler und Mitbegründer des Vereins der säkularen *Türkischen Gemeinde Deutschland* Hakkı Keskin fest, dass die nun eingeschlagene Richtung entscheidend sei und diese nur Deutschland sein könne. Von der Politik der 1980er sich absetzend hält Keskin fest, dass »das bisherige Jammern und Klagen der Betroffenen nichts verändert hat und auch nichts ändern [wird], solange diese selbst nicht bereit sind, engagiert für ihre Interessen einzutreten«.[745] Für Keskin ist wie für viele andere, von denen in diesem Kapitel die Rede war, klar: Die heterogene Verbindung von Türkei, Kultur und deutscher Stadt wird gelingen, wenn Akteure selbstbewusst auftreten, sich so auch artikulieren und wissen, was sie wollen. Wirksam wird eine derartige Politik der Performanz als Intervention, die koppelt, aber nicht zusammenführt. So bindet das Bewusstsein für Heterogenität in einem realen, aber unbestimmten »Draußen« nicht einfach, sondern spaltet auch.

Daher ist die Kopplung von heterogenen nicht-gegenständlichen und gegenständlichen Einheiten wie Nation und Stadt keineswegs einfach, besonders wenn diese nicht als selbstverständlich und nicht als zugehörig, sondern als fremdartig im öffentlichen Raum wahrgenommen werden. In Debatten und Reden über »die Ausländer in Deutschland« wurde dieses Spannungsfeld nicht zu Ende gedacht; vor allem nicht, was seine psychischen, körperlichen und erzählerischen Aspekte betrifft. Hinzu kommt, dass in den 1990er Jahren trotz allem Sprechen über Multikulturalität nie eine multikulturelle Politik verfolgt wurde. Die politische Integration in den 1990ern ist in der Praxis keine kulturelle Frage. Zehn Jahre nach Dolf Sternberger, der wie die deutsch-türkischen Filme und Bücher von dem Gedanken als Bewegung von innen nach außen beseelt war, dass die »Gelegenheit« und der »Wille sich fänden, dass auch die Verfassungsfreunde einmal auf die Straße gingen«[746], bringt Jürgen Habermas dessen Verfassungspatriotismus in einen abstrakt-universalistischen Mobilisierungszusammenhang. Der Verfassungspatriotismus sei der einzig legitime Patriotismus, der die Bundesrepublik vom »Westen nicht entfremdet«. Dabei müsse jede »ethische Integration von Gruppen und Subkulturen mit je eigener kollektiver Identität [...] also von der Ebene der abstrakten, alle Staatsbürger gleichmäßig

---

744 SCHIFFAUER (2004): S. 364f.
745 KESKIN, Hakkı (1998): »Die Richtung ist entscheidend. Belirleyici olan yöndür«. In: *Fremde Heimat*, S. 19–22.
746 STERNBERGER, Dolf (1982): »Verfassungspatriotismus«. In: *Grundfragen der Demokratie. Schriftenreihe der Niedersächsischen Landeszentrale für Politische Bildung. Folge 3*, hg. v. der Niedersächsischen Landeszentrale für Politische Bildung 1982, S. 7.

erfassenden politischen Integration entkoppelt werden«.[747] Die Türken könnten ja wie Muslime leben, doch sollten sie wie Universalisten denken und sprechen. Auch Habermas agiert wie die deutsch-türkischen Autorinnen und Autoren und Filmemacher von der Schwelle aus, imaginiert Verbundenheit und Universalität, nur dass er sich im Unterschied zu den Figuren der Texte und Filme auf der anderen Seite, der der Inklusion, befindet. Auf der Exklusionsseite und weil politische und kulturelle Integration voneinander getrennt sind, kann die Grenze und Differenz zwischen Deutsch und Türkisch weder territorial noch topografisch verlaufen. Sie verläuft in den Körpern und in den kulturellen Verkörperungen der 1990er Jahre. Daraus ergibt sich eine Konstellation aus Hier und Dort, in deren Zentrum nicht sozialstrukturelle Ähnlichkeit oder kulturelle Differenz, sondern eine existenzielle Körperlichkeit und ein globales Verbundenheitsgefühl stehen. Dabei werden soziale Handlungen in Film und Literatur als Einheiten kaum zu Ende ausgeführt. Es gibt beispielsweise keine einzige Essenssequenz in der gegessen wird und wir wissen auch nie, wohin die Akteure gehen, wenn sie unterwegs sind. Es ist zum Beispiel kaum möglich, Emine Sevgi Özdamars, Zafer Şenocaks Romane und Thomas Arslan, Yüksel Yavuz' und Ayşe Polats Filme der 1990er Jahre mit Beschreibungen alltäglicher sozialer Praktiken wiederzugeben oder darin das Hauptaugenmerk dieser ästhetischen Reflexionen zu sehen. Auch für einen Kenner der Türkei ist es unmöglich, aus Emine Sevgi Özdamars Beschreibungen darauf zu schließen, in welcher Stadt gerade die Familie ihrer Ich-Erzählerin wohnt. In ihnen dominiert vielmehr der Bruch von Mechanismen und erwartbaren sozialen Handlungen. Ziel ist es vielmehr, mit Plakaten an der Wand und einem bestimmten Auftritt im öffentlichen Raum an die Stelle des Ortes Räume zu setzen. Denn im Raum gibt es nach Certeau im Unterschied zum Ort »weder eine Eindeutigkeit noch die Stabilität von etwas ›Eigenem‹«. Dadurch wird aber möglich, dass zwei unterschiedliche Dinge an ein und demselben Ort sein können.[748] Deshalb wird präzise in Film, Literatur und in der Publizistik gezeigt, dass das Dort zugleich ein Hier geworden ist. Der Übergang von einer Entweder-oder-Logik – für Aysel Özakın beispielsweise ist man entweder Teil der Zivilisation, der Moderne oder nicht – zu einer Sowohl-als-auch-Logik wird möglich, weil an die Stelle der Unterscheidung von Innen und Außen, durch den Körper, der als letztes Territorium verblieben ist, etwas »Zwischenhaftes« gerückt ist.

---

[747] Zitiert nach: LÖFFLER, Berthold (2011): *Integration in Deutschland*, München: Oldenbourg, S. 200.
[748] Siehe hierzu: CERTEAU (2006): S. 345.

Vielen Wissenschaftlerinnen reicht es zu sehen, dass die Deutsch-Türken Plakate von Bruce Lee an ihren Wänden hängen haben oder seine Filme ansehen, um das Dargestellte als Transkulturalität und Hybridität zu interpretieren. Oder es reicht, wenn Zafer Şenocak über das Thema des Genozids die deutsche und türkische Seite in einer Figur verbindet, ohne dabei tatsächlich zu beschreiben, welche grausamen und barbarischen Verbrechen auf deutscher wie auf türkischer Seite begangen wurden. Diese Form der Bearbeitung gehört bei Şenocak zum Konzept seiner »negativen Hermeneutik«. In diesem Zusammenhang kann es sich bei Şenocaks Roman höchstens um ein »Hinzufügen« zur deutschen Geschichte handeln, um ein Supplement, statt um eine »Einschreibung« oder »Vervollständigung« dieser Geschichte. Şenocaks *Gefährliche Verwandtschaft* ist ein supplementärer Einsatz, der bricht und irritiert, aber nicht erklärt. Es geht um die Vorstellung einer zukünftigen, noch nicht vorhandenen, sondern erst herzustellenden Verbindung. Ob sie tatsächlich zu realisieren ist, ist nach Ansicht von Şenocaks Protagonistem fragwürdig. So ist die Reaktion deutsch-türkischer Kulturproduktionen auf die multikulturelle Realität der Bundesrepublik in den 1990er Jahren eine traumartige. Dieses Explizitmachen der Erzählung machen Literatur und Film zu angemessenen Ersatzhandlungen, die die reaktiven Kräfte, Gefühle des Diskriminiertseins nicht obsiegen lassen. Die Erzählung ist hier eine Aktivität, die die reaktiven Kräfte ausagieren lässt und somit eine Form der sozialen Interaktion zwischen Mehrheit und Minderheit. Dabei sind die kulturellen Marker zentrale Bestandteile der Erzählungen.

Es ist also nicht die deutsche Geschichte allein, die hier zur Disposition steht. Der Genozid an den Juden steht in den 1990er Jahren auf den Lehrplänen der deutschen Schulen. Was aber bis heute nicht gelehrt wird, ist die Geschichte der Migration in die Bundesrepublik und ihre Folgen. Eindrücklich zeigt sich dies in Arbeiten der bekannten Historiker und Politikwissenschaftler zur deutschen Geschichte als System oder als eine Kulturgeschichte, die ab Mitte der 2000er Jahre entstehen.[749] Was darin überhaupt keine Berücksichtigung erfahren hat, ist das Material und der Verlauf der vorliegenden Kulturgeschichte, in deren Produktionen der 1990er Jahre direkt oder indirekt immer wieder Bezug auf die Folgen der deutschen Wiedervereinigung genommen wird. Denn der Grund dafür, dass Şenocak und andere sich so präzise auf ihre Akteure, auf ihren Auftritt im öffentlichen Raum, auf ihre Körper als ihre eigentliche Heimat konzentrieren und als

---

749 Siehe hierzu: SCHMIDT, Manfred (2008): *Das politische System Deutschlands*, München: Beck. WEHLER, Hans-Ulrich (2008): *Deutsche Gesellschaftsgeschichte (1949–1990)*, München: Beck. SCHILDT, Axel (2009): *Deutsche Kulturgeschichte. Die Bundesrepublik von 1945 bis zur Gegenwart*, München: Hanser. WOLFRUM, Edgar (2006): *Die geglückte Demokratie. Geschichte der Bundesrepublik von ihren Anfängen bis heute*, Stuttgart: Klett-Cotta.

Ort der Austragung begreifen, liegt daran, dass die körperlich gewordene Verbindung von Türkisch und Deutsch weder im öffentlichen noch im privaten Raum selbstverständlich ist.[750] Sie muss mit viel Aufwand, nicht zuletzt mit einem erzählerischen, hergestellt werden, wobei neben dem Körper das Brechen von Kommunikationsregeln und die vorgestellte Verbundenheit die eigentlich zentralen Funktionen einnehmen. Mag es der Mutterbauch, die islamische Geschlechterordnung, mögen es die Jacken der Akteurinnen und Akteure sein, ihre Narben im Gesicht, das Aufschneiden der Pulsadern, das »Ficken« in der Sprache oder in der Praxis: der offene Körper ist die Metapher der Migration in den 1990er Jahren. Sie steht für eine Trennung der Kultur von der Existenz, die aber selbst ohne kulturelle Marker nicht vollzogen und nicht sichtbar werden kann.

Was diese paradoxe Operation erzählbar macht, ist der Einsatz kultureller Kategorien, die eine vermeintliche Weltverbundenheit markieren. Sie zeigen zugleich, dass wir es nun mit anderen Politiken der Performanz zu tun haben als noch in den 1970er Jahren. Wir sehen aber auch, welche äußerst wichtige Funktion hier die Fiktion einnimmt, die wir im Großteil der Rezeption der literarischen und filmischen Erzählungen der 1990er Jahre nachweisen konnten. Sie zeigt sich darin, dass Özdamars surreale Texte oder Zaimoğlus überzogene *Kanak Sprak* als Spiegelungen der bundesrepublikanischen Realität und als Sprachrohre der türkischen Minderheit in der Bundesrepublik gelesen und gesehen wurden, was sicher auch daran liegt, dass weder Debatte noch Theorie in den 1990er Jahren etwas Vergleichbares artikulierten. Daher ist vielleicht Zaimoğlus Sprecherrolle mit der Figur der Ich-Erzählerin in Özdamars *Karawanserei*-Roman vergleichbar. Sie erfindet und findet Geschichten auf der Straße, um gehört zu werden, um mit ihrer Mutter in einem Modus des Weitersprechens, letztlich in einem der Geselligkeit in Kontakt zu kommen.[751] Die Ziele von Özdamars und Zaimoğlus Texten

---

750 Von den wenigen Türken, die in den 1990er Jahren in die Türkei zurückgekehrt sind, sind mittlerweile viele von ihnen innerhalb der Türkei in eingezäunte Wohnanlagen, in gated communities, gezogen. Einige dieser Rückkehrer hat die Dokumentarfilmerin Aysun Bademsoy Mitte der 2000er Jahre in Mersin, im Süden der Türkei interviewt. Die meisten von ihnen machen darauf aufmerksam, wie die Literaten auch, dass die deutsche Einheit und seine Folgen, sie nochmals aus dem Land ausgeschlossen hätten. Davor ging es ihnen eigentlich gut, doch nach dem Fall der Mauer häuften sich wieder die Aussagen, wann sie denn endlich in die Türkei wieder zurückkehren würden. Siehe hierzu: BADEMSOY, Aysun (2006): *Am Rand der Städte*, Berlin: Harun Farocki Filmproduktion.

751 Ein programmatischer Aufsatz zu deutsch-türkischen Produktionen der 1980er Jahre von 1995 hat den vielsprechenden Titel *Zwischen Abwehr und Umarmung. Die Konstruktion des anderen in Filmen*. Siehe hierzu: HICKETHIER, Knut (1995): »Zwischen Abwehr und Umarmung. Die Konstruktion des anderen in Filmen«. In: *»Getürkte Bilder«. Zur Inszenierung von Fremden im Film*, hg. v. Ernst Kapf, Doron Kiesel und Karsten Visarius, Marburg: Schüren, S. 21–40.

in den 1990er Jahren waren mit ihren Ästhetiken schließlich, eine Soziabilität zwischen eigen und fremd, zwischen Mehr- und Minderheiten in der Bundesrepublik zu generieren. Von einer vergleichbaren Rolle und Funktion der Fiktion, der ästhetischen Produktion ist auch die Rezeption von Fatih Akıns Film GEGEN DIE WAND bestimmt.

Dass sich eine Türkin nie so verhalten würde, urteilte die türkische Presse über den Film SHIRINS HOCHZEIT aus dem Jahre 1976. Die türkische Regierung wie auch die türkischen Medien protestierten gegen diesen Film.[752] GEGEN DIE WAND wurde hingegen gefeiert. Obwohl Shirin von den Umständen und Bedingungen in der Bundesrepublik zur Prostitution getrieben wird, ist sie keine repräsentative Türkin. Die Schauspielerin Ayten Erten wurde sogar als Vaterlandsverräterin beschimpft.[753] Auch Alda und Hoppa in Paul Geiersbachs Dokumentation *Bruder, muß zusammen Zwiebel und Wasser essen* von 1982 fanden den Schluss des Films »überhaupt nicht gut«.[754] Während in SHIRINS HOCHZEIT die äußeren Zwänge, die Mechanismen gesellschaftlicher Unterdrückung eindrücklich zeigen, dass Shirin nur mittels Prostitution ihre arme türkische Familie finanziell zu unterstützen vermag und diese Mechanismen nichts an ihrem guten und reinen Charakter ändern, will die Protagonistin am Anfang von GEGEN DIE WAND ausdrücklich leben und mit so vielen Männern wie möglich »ficken«.[755] Dabei haben wir bis zu dieser Aussage über das unterdrückte Leben von ihr kaum etwas erfahren. Man sieht hier sehr schön, dass in der Rezeption die informelle Geschichte der Migration in der Bundesrepublik wirkt: Denn die Zuschauer nehmen Sibel die Unterdrückung ohne Weiteres ab. Aras Ören, Helma Sanders-Brahms, Rainer

---

752 Im türkischen Parlament wurde am 01.05.1976 über eine Stunde über Sanders-Brahms Film debattiert. Ein Jahr zuvor hatte sie auch auf Vorlage des Drehbuchs keine Drehgenehmigung für die Türkei erhalten. Die Dorfsequenzen in SHIRINS HOCHZEIT hat Sanders-Brahms dann in der Eifel gedreht. Siehe hierzu: SANDERS, Helma (1980): *Shirins Hochzeit*, Panta Rhei Filmverlag.
753 In Ratgebern wie *Işçi olarak Almanyaya nasıl gidilir?* (»Wie geht man als Arbeiter nach Deutschland?«) oder *Türk, öğün, çalış ve güven* (»Türke, sei von nun an fleißig und zuversichtlich«) der Türkischen Anstalt für Arbeit und Arbeitsvermittlung, der IIBK, von 1963 wird von türkischen Gastarbeitern verlangt, dass sie der Falle des Kommunismus durch Geld und Frauen nicht erliegen sollen. Der türkische Arbeiter und die Arbeiterin sollen fleißig und ehrenvoll wie die Deutschen werden. Siehe hierzu: TÜRKISCHE ANSTALT FÜR ARBEIT UND ARBEITSVERMITTLUNG (2011): »Wie der türkische Arbeiter sich in einem fremden Land verhalten und seine Identität wahren soll«. In: *Geteilte Heimat. 50 Jahre Migration aus der Türkei. Paylaşılan Yurt*, hg. v. Aytaç Eryilmaz, Cordula Lissner im Auftrag von DOMID, Essen: Klartext, S. 81–82, hier S. 81.
754 Siehe hierzu: GEIERSBACH, Paul (1982): *Bruder, muss zusammen Zwiebel und Wasser essen*, Berlin: Dietz, S. 172.
755 In GEGEN DIE WAND weist nur eine Aussage auf den Zwang hin, dem sie in der türkischen Familie ausgesetzt war: als nämlich Sibel Cahit erzählt, dass ihr Bruder ihr die Nase gebrochen habe, als er sie das erste Mal mit einem anderen »Typen« Hand in Hand gesehen habe.

Werner Fassbinder und selbst Günter Wallraff haben im Unterschied dazu die Mechanismen der Unterdrückung und Diskriminierung erst aufdecken, explizit, sicht- und nachvollziehbar machen müssen.

So gegensätzlich in unserem Beispiel Shirin und Sibel als Figuren zueinander stehen, so anders nimmt sich, wie gesagt, auch die Reaktion auf GEGEN DIE WAND in der türkischen Presse aus. Nach der Verleihung des Goldenen Bären feierte selbst die konservativ-religiöse Zeitung ZAMAN Akıns Film und ignorierte dabei etwa die Tatsache, dass die Hauptdarstellerin Sibel Kekilli im wirklichen Leben als Pornodarstellerin gearbeitet hatte. Der damalige türkische Kultur- und Tourismusminister Uğur Mumcu meinte in der türkischen Tageszeitung *Hürriyet* dazu, dass ein »Politiker [...] zur Verantwortung gezogen werden kann, aber den Erfolg eines Künstlers berühren solche Fehler seiner Vergangenheit nicht«. Die nationalistische Zeitung *Türkiye* feierte, dass endlich – 40 Jahre nach SUSUZ YAZ (»Trockener Sommer«, 1964) – wieder ein türkischer Film den Goldenen Bären der Berlinale bekommen habe: »Was zählt, ist der Preis«.[756]

In seiner Multikulturalismustheorie stellte Charles Taylor die Aspekte der Anerkennung und der Individualität kultureller Aussagen ins Zentrum. Genau dieser Aspekt macht Akıns Film für die türkische Seite so kompatibel. Das Mädchen hat zwar Probleme mit ihren Eltern, aber weder die Eltern noch die Kultur sind direkt daran schuld, sondern die Akteure selbst – ohne dabei sich selbst zum Opfer zu machen. Mitunter deshalb löste die pornodarstellerische Vergangenheit weder in einer nationalistischen, liberal-konservativen noch einer konservativ-religiösen türkischen Zeitung einen Skandal aus. Es war die deutsche *Bildzeitung*, die einen Tag nach der Preisverleihung titelte: »Film-Diva in Wahrheit ein Porno-Star«. Tatsächlich erfuhren die Eltern von Sibel Kekilli erst dadurch von der heiklen Vergangenheit ihrer Tochter und brachen daraufhin den Kontakt zu ihr ab. In GEGEN DIE WAND erfährt die Familie von Sibel ebenfalls aus einer Zeitung, dass sie mit einem Deutschen fremdgegangen ist und ihr Mann, Cahit, den Deutschen getötet hat.[757]

Was sich wie ein türkischer Ehrenmord lesen lässt, ist in der filmischen Erzählung ein Totschlag aus Liebe. Zwei kulturell vermeintlich gegensätzliche Motive, Liebe und Ehre, werden hier zusammengeführt. Genau diese Kopplung von vermeintlich nicht Zusammengehörigem, von – überspitzt formuliert – Moderne und Tradition macht die Erzählungen in den 1990er Jahren aus. Nico beleidigt Cahit aufs Schlimmste, als er in seiner Kneipe schreiend von ihm verlangt, dass

---

[756] AKIN, Fatih (2004): *Gegen die Wand. Das Buch zum Film mit Dokumenten, Materialien, Interviews*, Köln: Kiepenheuer & Witsch, S. 219.
[757] Siehe hierzu: AKIN (2004).

er seine türkische Hure »griechisch, von hinten, ficken« möchte.[758] Auf diese Provokation hin greift Cahit spontan nach einem Aschenbecher und schlägt so stark auf Nico ein, dass er stirbt. Stunden zuvor hatte Sibel Nico auf der Straße abblitzen lassen. Nico sagt ihr nach der ersten gemeinsamen Nacht, dass er sich »voll« in sie »verknallt« habe. Sibel meint aber, dass diese Nacht ein Fehler gewesen sei. Sie habe einfach wissen wollen, wie er im Bett sei. »Jetzt weiß ich's, und das Ding ist durch. Geh du mir aus dem Weg, und ich geh dir aus'm Weg, okay?«, reagiert Sibel selbstbewusst und kühl auf Nicos Drängen. »Wie redest du mit mir?«, entgegnet Nico und hält sie am Arm fest. Sibel wird wütend und schreit Nico an: »Ich bin 'ne verheiratete Frau. Ich bin 'ne verheiratete türkische Frau, und wenn du mir zu nahekommst, bringt mein Mann dich um, verstehst du!?«[759]

Interessant an dieser Szene ist nicht nur die Verbindung zwischen der selbstbewussten und der »verheirateten türkischen« Frau, sondern auch die wandelnde Mimik und Gestik der Protagonistin. Zunächst gibt sie Nico cool einen Korb. Als sie sich dann belästigt fühlt, reagiert sie emotional und aggressiv. Beide Dimensionen gehören zu einer Person. Das ›Andere‹ wird nicht auf Distanz gehalten, in einer anderen Person verkörpert oder es bricht als andere Kultur von oben herein, sondern wird miteinbezogen. Dieser Schlagabtausch steht exemplarisch für weitere Szenen im Film, an denen deutlich wird, dass durch die Protagonisten disparate Ordnungen kommunizieren, die sich nicht repräsentieren lassen, sondern nur intensiv dargestellt werden können. Cahit diskriminiert etwa die Türken als Kollektiv, tanzt aber auf seiner türkischen Hochzeit, geht in eine türkische Disco und fährt am Ende des Films sogar in seine türkische Geburtsstadt Mersin. Ob er dort noch Familie hat, wissen wir nicht. Wir wissen nur, dass seine Eltern in Deutschland gestorben sind und er zu seiner einzigen Schwester, die in Frankfurt lebt, keinen Kontakt mehr hat. Sein Geburtsort und seine Familie sind wie in Özdamars erstem Roman kein Teil der Diegese, sondern müssen mitgedacht werden. Fest steht nur, dass er ein Mensch ist. Dies antwortet er seinem Kollegen Şeref, als dieser ihn dazu überreden will, statt dauernd Bier doch Wasser zu trinken. Er sei doch kein Tier, sondern ein Mensch, erwidert Cahit. Es ist sein erster Satz in Akıns Film;[760] ein Mensch, der in der folgenden Sequenz versucht, sich das Leben zu nehmen.[761]

---

[758] Ebd.
[759] Ebd.
[760] Siehe hierzu: AKIN (2003/2004).
[761] Mit einer ähnlichen Rahmung setzt auch Emine Sevgi Özdamars Roman ein, wenn zu Beginn die »Baumwolltante« der schwangeren Frau im Zug hinterherruft, dass sie sich keine Sorgen machen solle, denn schließlich würden alle Menschen »rauskommen«. Ihr Leben ist ebenfalls

Diese inhaltlich einfache, aber ästhetisch äußerst intensive und aufwendige Kommunikationsform, die die pure Existenz in den Vordergrund rückt, hat wie Salman Rushdies erzählerische Diktion für die *imaginary homelands* zum Ziel, möglichst viele Menschen anzusprechen. Die Differenz zwischen Inhalt und Form als Grundlagen der Reichweite dokumentieren die Reaktionen der türkischen und der deutschen Presse zu GEGEN DIE WAND eindrücklich. In der deutschen Presse ist er ein deutscher Film, in der türkischen ein türkischer.[762] Zudem beweist der anschließende Siegeszug von GEGEN DIE WAND – neben dem Goldenen Bären erhält der Film im gleichen Jahr den Europäischen Filmpreis als Bester Europäischer Film und ein Jahr darauf den Preis des Verbands der amerikanischen Filmkritiker –, dass er auch international sehr gut funktioniert.[763] Auch haben nach der Preisverleihung konservative wie auch nicht konservative Deutsch-Türken auf den Straßen Berlins die Prämierung des Films gefeiert.[764] Allein dieses Beispiel veranschaulicht, wie Formsprachen in den 1990er Jahren Realitätseffekte auslösen und die Fakten den Fiktionen folgen.[765]

Dieser Form der Erzählung, wie ich sie nun für die 1990er Jahre bis GEGEN DIE WAND aufgezeigt habe, war keine lange Dauer beschieden.[766] Das lag an zwei Problemen. Zum einen wollte man hinsichtlich der Frage der Anerkennung endlich jede Art homogener Vorstellung von Identität durch eine explizit erzählerische Politik der Differenz brechen. Cahit, Sibel, Zeki, Lola, Sascha, Melek und wie sie alle heißen, bewegen sich über ihre Körperlichkeit und Sexualität als existenzi-

---

von Beginn an gefährdet; einen Selbstmordversuch wird auch sie begehen. Siehe hierzu: ÖZDAMAR, Emine Sevgi (1992): *Das Leben ist eine Karawanserei*, Köln: Kiepenheuer & Witsch, S. 11.
762 Auch auf den großen Welterfolg *Sexbomb* (gesungen von Tom Jones) des deutsch-türkischen Musikproduzenten Mousse T. reagierten deutsche wie türkische Medien, dass es sich bei diesem Erfolg um einen deutschen und um einen türkischen handelt. Siehe hierzu: CELIK, Neco (2007): *Ganz oben. Deutsch – Türkisch – Erfolgreich*, Mainz: ZDF.
763 Siehe hierzu: https://www.filmportal.de/film/gegen-die-wand_060306a55a8c405488a066 bb947509ba (27.03.2018). Dasselbe gilt für Özdamars Roman *Das Leben ist eine Karawanserei*. Siehe hierzu: GOYTISOLO, Juan (1994): »On Emine Sevgi Özdamar«. In: *Times Literary Supplement 12 (International Book of the Year)*, 02.12.1994.
764 Siehe hierzu: LÖSER, Claus (2004): »Berlin am Bosporus. Zum Erfolg Fatih Akıns und anderer türkischstämmiger Regisseure in der deutschen Filmlandschaft«. In: *Apropos: Film. Das Jahrbuch der DEFA-Stiftung*, Berlin, S. 129–147, S. 130.
765 Siehe hierzu: KOSCHORKE, Albrecht (2012): *Wahrheit und Erfindung. Grundzüge einer Allgemeinen Erzähltheorie*, Frankfurt a. M.: Fischer, S. 25.
766 Auf der Pressekonferenz zu GEGEN DIE WAND bemerkte Akın, dass er zum ersten Mal in seinem Filmschaffen nun nicht mehr wisse, was er anschließend erzählen solle. Zuvor sei ihm beim Abschluss eines Projektes immer klar gewesen, was als nächstes folgte. Siehe hierzu: https://www.berlinale.de/de/archiv/jahresarchive/2004/06_streaming_2004/06_streaming_listing_2004.php?item=26446&navi=2 (20.04.2018).

elle Figuren jenseits kultureller Stereotype, begehen aber dennoch Ehrenmorde, haben türkische Sängerinnen und Sänger als Vorbilder oder wollen in der Türkei am Strand leben. Auf Ironie, Komik und Tragödie folgt kein Engagement, auf die Vorstellung eines neuen globalen Raums nicht seine reale Verortung. Wir haben es hier mit Grenzüberschreitungen ohne Landnahmen zu tun. In den analysierten Texten und Filmen der 1990er Jahre kommt niemand irgendwo an – weder tatsächlich noch im übertragenen Sinn. Diese spannungsgeladene und widersprüchliche Assemblage von Unbestimmtheit, existenzieller Notwendigkeit und selbstverständlichem Auftritt hat ihre Grundlage in der Nichtselbstverständlichkeit des öffentlichen Raums als Ort für die Akteure. So ist die Unsichtbarkeit von Straßennamen, obwohl die Akteure dauernd draußen sind, kein Zufall, sondern konstitutiver Bestandteil dieser Erzählungen. Wie in den behandelten Theorien bewegen wir uns auch in den filmischen und literarischen Erzählungen dieser Dekade zwischen gespaltenen Subjekten und gespaltenen Nationen als Orte der Ambivalenz; Orten, an denen keine sozialen Auseinandersetzungen mehr stattfinden. Diese Eigenheiten sind nur dann die Grundlage für eine stabile hybride Identität, wenn sie letztlich „draußen" auch so anerkannt werden; wenn sie letztlich als »Baustellen«, als Transitbereiche verstanden werden, die eine neue Globalität, neue transkulturelle und transnationale Gemeinschaften ankündigen. So ließ sich Akıns Film zugleich als deutscher und als türkischer Film wahrnehmen. Doch sind diese Erzählungen eines globalen Verbundenheitsgefühls in höchstem Maße kontingent und fragil. Die Kette raumschaffender Handlungen durch Bewegung, Auftritt und A-soziation markiert keine Bezugspunkte, »die auf das hinweisen, was sie produziert (eine Vorstellung von Orten) oder was sie beinhaltet (eine lokale Ordnung)«.[767] Und äußerst ausschlaggebend kommt hinzu, dass keiner der Protagonisten in den 1990er Jahren einem Beruf nachgeht, der ihn oder sie auf Dauer über Wasser halten könnte.

Knapp 15 Jahre später ist Fatih Akıns GEGEN DIE WAND der Lieblingsfilm der Ich-Erzählerin Hazal aus dem Berliner Wedding in Fatma Aydemirs Roman *Ellbogen* von 2017. Sie lässt den Film von ihren Nachbarn auf CD brennen und schaut ihn sich mit ihrer Mutter an. Danach ist sie »wie aufgeputscht« und hat »zum ersten Mal das Gefühl«, nicht mehr »unsichtbar« zu sein. Ihre Mutter findet ihn dagegen absolut »unrealistisch«, denn »keine Türkin würde so Sachen machen wie die«.[768] Sie meint, der Film sei nur gemacht worden, »damit wir Türken schlecht dastehen«.[769] Dass den Film ein Türke wie sie gedreht hat, bleibt

---

[767] CERTEAU (2006): S. 349.
[768] AYDEMIR, Fatma (2017): *Ellbogen*, München: Roman Hanser, S. 78.
[769] Ebd., S. 79.

unerwähnt. Auch die Ich-Erzählerin ist weder mit Sibel noch mit Cahit zu vergleichen.[770] Zwischen ihr und ihren Eltern besteht noch ein größerer Graben als zwischen Sibel und ihren Eltern. Weder ist Fatma Aydemirs Protagonistin wie Sibel vom Wunsch nach Freiheit und Sexualität bestimmt, noch verletzt sie sich selbst. Sie muss vielmehr auf einer emotionalen Ebene vom Film und seinen Protagonisten berührt sein. Denn im Gegensatz zu den äußerst individuellen Figuren steht in diesem Roman eine deutsch-türkische Mädchengang im Vordergrund. Und im Unterschied zu Sibel und Cahit ist ihre Wut weitaus unkontrollierter. Die Ich-Erzählerin Hazal und ihre beiden Freundinnen sind wütend auf die deutsche Mehrheitsgesellschaft und besonders auf die »Privilegierten« in ihr.[771] Ihre Wut entlädt sich in der Mitte des Romans im spontanen Totschlag eines ihnen gänzlich unbekannten deutschen Studenten nachts an der Berliner U-Bahnhaltestelle Friedrichstraße. Zuvor wurde den Mädchen der Einlass in eine beliebte Berliner Diskothek verweigert, weil an diesem Abend nur Stammgäste Zutritt bekämen. »Wären wir aus Polen oder Spanien oder so, und hätten wir so dreckige Turnschuhe an, wären wir bestimmt reingekommen. Diese Bastarde!«, regt sich eine der Freundinnen auf.[772] Doch löst diese wahrgenommene und empfundene Diskriminierung nicht die Tat aus. Es ist vielmehr eine Wut, deren Ursache im Roman unerklärt bleibt. Hazal hält nur fest, ihre Wut sei so groß, »dass sie nicht mehr in mich hineinpasst«.[773] Im Unterschied zu den Akteuren aus GEGEN DIE WAND kann keine Akteurin hier in einem vergleichbar körperlichen Maße genießen wie in Akins Film. Aus anderen Gründen als in den 1980er Jahren spielen nationale Kategorien nun wieder eine Rolle. Nicht einmal als Deutsch-Türken bezeichnen sich Hazal, ihre Freundinnen und ihre Verwandten, obwohl sie nun bereits seit drei Generationen in der Bundesrepublik leben. Der Roman beginnt damit, dass die Protagonistin wegen eines Ladendiebstahls ihr einziges Geld für ihren achtzehnten Geburtstag dem Ladendetektiv, der sie beim Klau erwischte, übergeben muss, um einer polizeilichen Anzeige zu entgehen. Sie arbeitet für ein Taschengeld in der Bäckerei ihres Onkels und später im Roman erfahren wir, dass sie eigentlich Ärztin werden wollte.[774]

Auch die im Veröffentlichungsjahr von Aydemirs Roman stattfindende Demonstration von Deutsch-Türken auf Berliner Straßen ist mit der zum Gewinn des Goldenen Bären für GEGEN DIE WAND nicht mehr zu vergleichen. Im April 2017 geht es nicht mehr darum, einen prämierten Film zu feiern, der die deut-

---

770 Ebd.
771 Ebd., S. 244.
772 Ebd., S. 110.
773 Ebd., S. 114.
774 Siehe hierzu: Ebd., S. 231.

sche und türkische Seite als untrennbare und zusammengehörende paradoxe Einheit zeigt. Im Gegenteil wird im Frühjahr 2017 das Abstimmungsergebnis des türkischen Verfassungsreferendums gefeiert, dessen Ergebnis die Türkei mit dem Westen als Ort der repräsentativen Demokratie nicht mehr zusammenführt, sondern im Gegenteil von ihm trennt.[775] Dabei ist im Unterschied zu den 1980er und 1990er Jahren von vornherein klar, dass selbst die Erdoğan-Wähler für immer in Deutschland bleiben werden.[776] Dieser Auftritt ist ebenso wenig mit dem »Eingewurzelt-sein« der 1990er Jahre in Einklang zu bringen. Nach Ludger Pries haben wir es hier mit einer Konstellation zu tun, in der räumliche Positionen sich mit unterschiedlichen Verortungen überlagern.[777] Sie greifen über die Struktur eines globalen Verbundenheitsgefühls hinaus. An die Stelle raumbildender Handlungen treten verstärkt Orte, die nun den Eindruck einer Ordnung wecken.

Inwiefern das Abstimmungsverhalten der Deutsch-Türken beim Referendum mit dem neu entstehenden Narrativ »Was lebst Du?« der 2000er Jahre zusammenhängt und inwiefern die Wut der Ich-Erzählerin in Aydemirs Roman wird ein Thema des letzten Kapitels sein. Es geht nun nicht mehr um Fragen des angemessenen repräsentativen Verhaltens oder der Angleichung von »patterns of action« in einem Prozess endogenen sozialen Wandels, wie noch in den 1960er und beginnenden 1970er Jahren. Um Anerkennung oder um das Anhören des Anderen geht es ebenfalls nicht mehr. Vielmehr wird es darum gehen, welche Zugehörigkeit sich über die Performanz artikuliert und zu welcher Ordnung diese gehört. In der Integrationsdebatte der 2000er Jahre wird dabei in der Regel auf das deutsche Grundgesetz, die Verfassung, auf die mit ihr verbundenen Werte unterschiedlichster politischer Positionierungen referiert.[778]

---

775 DIE WELT (2017): »Presse zu Erdogans Sieg: ›Die Türkei ist nicht länger Europa‹«. In: *Die Welt*, 17.04.2017, https://www.welt.de/politik/ausland/article163753003/Die-Tuerkei-ist-nicht-laenger-Europa.html (27.03.2018).
776 Siehe hierzu: USLUCAN, Hacı-Halil (2017): »Türkeistämmige in Deutschland. Heimatlos oder überall zuhause?«. In: *Aus Politik und Zeitgeschichte*, Jahrgang 2017, Fremd in der Heimat?, http://www.bpb.de/apuz/243864/tuerkeistaemmige-in-deutschland-heimatlos-oder-ueberall-zuhause (zuletzt 03.01.2019).
777 Aus: LANGENOHL, Andreas/RAUER, Valentin (2011): »Reden an die Transnation. Eine Analyse der öffentlichen Reaktionen auf die Reden von Erdoğan und Wulff in Deutschland«. In: *Sociologia internationalis 2011*, Bd. 49, 1, S. 69–102, hier S. 72.
778 Siehe hierzu: KELEK, Necla (2005): *Die fremde Braut. Ein Bericht aus dem Inneren des türkischen Lebens in Deutschland*, Köln: Kiepenheuer & Witsch, S. 12f. Siehe hierzu auch die Website des größten muslimischen Dachverbands in der Bundesrepublik. Die DITIB (Türkisch Islamische Union der Anstalt für Religion e. V.), wirbt auf ihrer Homepage damit, dass ihre Ziele »ausschließlich mit dem Grundgesetz der Bundesrepublik Deutschland im Einklang stehen«. http://www.ditib.de/default1.php?id=5&sid=9&lang=de (14.01.2018).

4.8 Fazit zu »Wie lebt es sich in Deiner Haut?« — 513

Während in den 1990er Jahren die Performanz der zweiten Generation auf deutschen Straßen eine irritierende Intervention darstellt und eine Infragestellung kultureller Zuschreibungen und Selbstbeschreibungen, verschiebt sich in den 2000er Jahren die Struktur der Performanz in Richtung einer Veränderung der gesellschaftlichen Ordnung. In einer Arbeitsgrundlage für die Zuwanderungskommission der CDU, der ersten überhaupt in der bundesrepublikanischen Geschichte, heißt es im Herbst 2000, dass mit Integration nicht die »Aufgabe der eigenen kulturellen und religiösen Prägungen [gemeint sei], aber die Bejahung und Einordnung in den bei uns für das Zusammenleben geltenden Werte- und Ordnungsrahmen«.[779] Damit wird betont, dass Integration nicht Assimilation meint. Doch korrespondiert diese Aussage auch nicht mit einer Trennung der Kultur vom öffentlichen Raum wie noch in den 1990er Jahren. Vielmehr stehen beide Ebenen, Kultur und Öffentlichkeit, in einem neuen Verhältnis zueinander, und es scheint klar zu sein, dass kein Bereich autonom für sich existieren kann. Dieser Wandel verändert zugleich das Verhältnis von privat und öffentlich.

Außerdem basiert dieser Wandel wiederum auf einer erzählerischen und widersprüchlichen Operation. Denn nach über vierzig Jahren Migrationsgeschichte in der Bundesrepublik werden die Türken in der Integrationspolitik der 2000er Jahre nun als Angekommene angesehen und auch symbolisch so empfangen. Nicht zuletzt aufgrund dieser neuen integrationspolitischen Konstellation, wie sie mit der Änderung des Staatsbürgerschaftsrechts von 2000, der Einführung des *ius soli*, den Zuwanderungskommissionen 2000,[780] der Verabschiedung des Zuwanderungsgesetzes 2005, des Allgemeinen Gleichbehandlungsgesetzes (Antidiskriminierungsgesetz) und mit den Integrationsgipfeln, Islamkonferenzen 2006 und der Verabschiedung eines Nationalen Integrationplans 2007 in den 2000ern einsetzt und fortsetzt, war die Politik weder auf einen endogenen sozialen Wandel noch auf eine emische Form der Selbstfindung aus. Im Zentrum dieser Maßnahmen steht die Kompatibilität der Lebensformen im öffentlichen Raum. Dieses Anliegen erklärt sich auch daraus, dass der Terroranschlag vom 11. September 2001 in den Vereinigten Staaten, die Morde am Rechtspopulisten Pim Fortuyn 2002 und am Filmemacher Theo von Gogh 2004 in den Niederlanden, die terroristischen Anschläge in London und Madrid 2005 und der Karikaturenstreit Anfang 2006 in dieser Dekade der neuen Migrationspolitik eine besondere Dringlichkeit und dramatische Schärfe geben. Neben »Integration« avanciert in den 2000er Jahren das »Zusammenleben« zum zentralen Begriff. Die

---

[779] Aus: GÖKTÜRK et al. (2010): S. 249.
[780] Neben der sehr bekannt gewordenen Süssmuth-Kommission *Zuwanderung gestalten – Integration fördern* (2000–2001) gab es im gleichen Zeitraum auch eine Zuwanderungskommission unter der Leitung von Peter Müller.

Frage, die Film, Literatur, Theorien und Debatten in dieser Zeit umtreibt, lautet nicht mehr, »Wie lebt es sich in Deiner Haut?«, sondern »Was lebst Du?«, also: wofür steht, was Du lebst, was du im öffentlichen Raum machst? Diese Frage beschwört das Vorhandensein einer identitätspolitischen Ordnung, die Zugehörigkeit, Integration und Desintegration durch und an den Praktiken der Akteure misst, als an ihrer Artikulation und weltverbundener Hybridität. Eine Antwort auf diese neue Frage finden wir beispielsweise im Titel *So wie ich will. Mein Leben zwischen Moschee und Minirock* von Melda Akbaşs Autobiografie.[781] Die Verbindung von Ort und entgegengesetztem Kleidungsstück (und damit auch: Lebensstil) verlangt nun eine spezifische Ordnung. Dass es diese jedoch genauso wenig wie in den 1990er Jahren gibt, macht die Arbeit an ihr umso dringlicher – auch, weil der Wert der Fiktion als wichtiges Element der Darstellung von Wirklichkeit rapide abnimmt.

Daher ist auch jenseits des Zusammenhangs von Politik, Religion und Integration die Verknotung von Kultur und Person im öffentlichen Raum in den filmischen und literarischen Erzählungen konstitutiv. Diese Verbindung wird jedoch um eine besondere ökonomische Ebene ergänzt. Denn Kultur wird in den 2000er Jahren zu einer bedeutenden Ressource. Explizit ökonomisch dokumentiert dies nicht zuletzt die *Charta der Vielfalt. Für Diversity in der Arbeitswelt*, die 2006 von vier deutschen Unternehmen ins Leben gerufen wird.[782] Kultur, oder genauer der Migrationshintergrund, wird identitätspolitisch aber auch karrieretechnisch ebenfalls zu einer Ressource. In der bereits erwähnten großangelegten Studie *Viele Welten leben. Lebenslagen von Mädchen und jungen Frauen mit griechischem, italienischem, jugoslawischem, türkischem und Aussiedlerhintergrund* (2004) von Ursula Boos-Nünning und Yasemin Karakaşoğlu wird die Religion

---

[781] AKBAŞ, Melda (2010): *So wie ich will. Mein Leben zwischen Moschee und Minirock*, München: C. Bertelsmann.

[782] Siehe hierzu: https://www.charta-der-vielfalt.de/ueber-uns/ueber-die-initiative/ (zuletzt 15. 04.2019). Ab den 2000er Jahren ist auch bei der Interkulturellen Woche das zentrale Ziel, eine „Kultur der Zugehörigkeit" vor Ort zu schaffen. Die Begriffe Multikulturalität, Anerkennung, Fremdheit und Welt werden nun abgelöst durch Vielfalt, Integration, Zusammenleben und Stadt. Dabei zeigen sich unter der Koordination und Moderation der Integrationsbeauftragten in den Städten in unterschiedlichen Graden eine bewußte Distanzierung von kulturalisierender Folklore und eine Verortung von Integrations- und Zugehörigkeitsfragen. Bei diesen Verortungsprozessen avanciert die Stadt zum zentralen Identifikationsmarker, der mit Perspektivierungen, Individualisierungen und Historisierungen der Migration gestärkt und bespielt wird. Siehe hierzu: EZLI (2020). Siehe auch: SACHVERSTÄNDIGENRAT FÜR INTEGRATION UND MIGRATION (2021): *Normalfall Diversität? Wie das Einwanderungsland Deutschland mit Vielfalt umgeht?*, Jahresgutachten 2021, S. 95. https://www.svr-migration.de/wp-content/uploads/2021/05/SVR_Jahresgutachten_2021.pdf (zuletzt 15.05.2021).

ebenfalls als eine »identitätskonstitutive Ressource« begriffen.[783] Jedoch in erster Linie nicht mehr als ein Nachweis von Modernität in Abgrenzung zu einem traditionellen Islam. Vielmehr als eine Ressource, als ein Potential für den Alltag und die Integration in der Bundesrepublik.[784] Und die bekannte Theaterindentantin des Ballhaus Naunynstraße in Berlin, Shermin Langhoff, die den Begriff »Postmigration« mit dem postmigrantischen Theater Ende der 2000er Jahre populär macht, konstatiert, dass für sie jeder biographische Bruch ein Potential berge. Von Brüchen sind die Erzählungen der 1990er Jahre – wie gezeigt – durchweg geprägt, doch verweisen sie in keinem Fall auf ein brachliegendes Potential. Im Gegenteil verschwenden sich die Akteurinnen und Akteure der 1990er Jahre aus einer ökonomischen Perspektive, und ihr Leben ist andauernd in Gefahr.[785] Und genau in dieser Verschränkung liegt auch ihr Potential gesellschaftlicher Kritik. In Langhoffs Aussage und Verbindung von Bruch und Potential hingegen lässt sich die Grundlage eines Narrativs erkennen, das Performanz und Politik der 2000er bestimmen wird. Schon Anfang der 2000er hält Zaimoğlu fest, dass der kulturelle Diskurs für ihn wie für andere nun einen »Markt der Möglichkeiten« darstelle. Doch bevor die Bindung von Ressource, Potential, Markt und Migra-

---

783 Siehe hierzu: Boss-Nünning, Ursula/Karakaşoğlu, Yasemin (2004): *Viele Welten leben. Lebenslagen von Mädchen und jungen Frauen mit griechischem, italienischem, jugoslawischem, türkischem und Aussiedlerhintergrund*, https://www.bmfsfj.de/blob/84598/2094d4132e37142394 5367fdf3d967f3/viele-welten-lang-data.pdf (zuletzt 16.03.2018), S. 483–486.

784 Interessanterweise vertritt diesen Befund Necla Kelek in ihrer Dissertation von 2003 *Islam und Alltag* ebenfalls, der in Gegensatz zu ihrem Befund in *Die fremde Braut* steht. In *Islam und Alltag. Islamische Religiosität und ihre Bedeutung in der Lebenswelt von Schülerinnen und Schülern türkischer Herkunft* zeigt sie auf, dass die muslimische Religiosität kein Integrationshindernis darstellt. Im Gegenteil passen sie dort nach Kelek ihre religiösen Bedürfnisse differenziert, individuell und pragmatisch an die deutschen Lebensumstände an. Sie beschreibt sie als »Experten ihrer Lebenswelt«. Siehe hierzu: Kelek, Necla (2002): *Islam und Alltag. Islamische Religiosität und ihre Bedeutung in der Lebenswelt von Schülerinnen und Schülern türkischer Herkunft*, Münster: Waxmann, S. 94. Zwei Jahre später beschreibt sie in *Die fremde Braut* die zuvor als selbstbewusst im öffentlichen Raum charakterisierten Muslime nun als an die muslimische Umma überangepasste und nicht mehr als Akteure, die Innen und Außen in einen schonenden und praktikablen Ausgleich bringen. Das Kopftuch ist nun kein Integrationsmedium mehr, das deutschen Alltag und Religion in einen Zusammenhang bringt, sondern stellt nun in der Schule klar ein Integrationshindernis dar. Die Ressource der Integration ist nun nicht mehr die individuelle Übersetzung der Religion in den Alltag, sondern die Kompatibilität der Praktiken mit dem deutschen Grundgesetz. Siehe hierz: Kelek (2005): S. 258f.

785 Hierfür sind allein die Akteure wie Erol in Arslans Film Geschwister, wie Cem in Yavuz Film Aprilkinder, wie Ertan in Zaimoğlus Roman *Abschaum* und nicht zuletzt Gabriel, Costa, Bobby in Kurz und Schmerzlos und Sibel und Cahit in Gegen die Wand stellvertretend. Sie akkumulieren nicht, sondern verausgaben sich körperlich und ökonomisch.

tion stabil wird, müssen die Migranten erst einmal ankommen. Da in den 2000er Jahren die Bundesregierung erstmals aktiv die Integration der eingewanderten Menschen, besonders der Nachfolgegenerationen gestaltet, beginnt das letzte Kapitel der vorliegenden Kulturgeschichte mit der Darstellung dieser politischen Konstellation.

5 »Was lebst Du?«: Narrative der Ankunft und Integration

5.1 Kultur als Ressource und die Ankunft in der Mehrheitsgesellschaft

> Die Sprachlosigkeit und Distanz, die es in unserem Land lange zwischen der einheimischen Bevölkerung und den so genannten Gastarbeitern und ihren in Deutschland geborenen Kindern gegeben hat, ist überwunden. Ihre Eltern kamen meist in übervollen Zügen aus ihrer Heimat hier in Deutschland an. Heute, in diesem besonderen, der Kultur gewidmeten Bahnhofsgebäude können wir sagen: Sie sind bei uns, sie sind in unserer Mitte angekommen. In der neuen Heimat. Und gehören dazu.[1]

Mit diesen Worten schließt der damalige Innenminister Wolfgang Schäuble am 25. Juni 2009 seine Eröffnungsrede zur letzten Plenarsitzung der ersten Phase der Deutschen Islam Konferenz (DIK) im Museum Hamburger Bahnhof Berlin. Man könnte Schäubles Rekurs auf den Zug und das damit verbundene Narrativ der Ankunft auch so verstehen, dass die türkischen Migranten der ersten und zweiten Generation nach einer 50-jährigen Fahrt nun als deutsche Muslime aus dem Zug gestiegen sind. Ich selbst habe die Kapitel der vorliegenden Kulturgeschichte der Migration in der Bundesrepublik jeweils mit einer Zugfahrt und unterschiedlichen Formen der Begegnung beginnen lassen. Allerdings könnte man meinen, dass die Südländer und Gastarbeiter der 1960er und 1970er Jahre, die Türken der 1980er Jahre, die ›Kanaken‹ der 1990er Jahre trotz aller Bewegungen, selbstbewussten Auftretens und Grenzüberschreitungen bis heute gerade nicht angekommen sind. Man könnte weiter argumentieren, dass erst eine Politik von ganz oben Integration wirklich gelingen ließe. Und tatsächlich mahnt der ehemalige Bundespräsident Johannes Rau in seiner vielbeachteten »Berliner Rede« anlässlich der Ausstellung *Heimat* im Haus der Kulturen der Welt neun Jahre vor Schäubles Befund, dass man die Integration nicht dem »Zufall überlassen darf«.[2] Beide Reden stehen hinsichtlich Ort und Praxis in

---

[1] SCHÄUBLE, Wolfgang (2009): *Rede von Bundesminister Dr. Wolfgang Schäuble zur Eröffnung der 4. Plenarsitzung der Deutschen Islam Konferenz (DIK) am 25. Juni 2009 in Berlin.* In: http://www.deutsche-islam-konferenz.de/SharedDocs/Anlagen/DIK/DE/Downloads/Sonstiges/schaeuble-plenum4.pdf?__blob=publicationFile (07.02.2018).

[2] RAU, Johannes (2000): »Ohne Angst und ohne Träumereien. Gemeinsam in Deutschland leben«. In: *Berliner Rede 2000 von Bundespräsident Johannes Rau*, Haus der Kulturen der Welt, Berlin, 12. Mai 2000, http://www.bundespraesident.de/SharedDocs/Reden/DE/Johannes-Rau/Reden/2000/05/20000512_Rede2.html (19.09.2018).

Open Access. © 2022 Özkan Ezli, publiziert von De Gruyter. [CC BY-NC-ND] Dieses Werk ist lizenziert unter einer Creative Commons Namensnennung - Nicht-kommerziell - Keine Bearbeitung 4.0 International Lizenz.
https://doi.org/10.1515/9783110731347-005

einem kulturellen Zusammenhang, worauf die Redner selbst verweisen und sich damit verorten. Daher geht es in beiden Reden nicht einfach um kulturelle Veranstaltungen. Vielmehr ist Kultur hier rhetorisch wie praktisch der Ausgangspunkt für die »schlichte Tatsache«, dass »Menschen unterschiedlicher Herkunft und Kultur in unserem Land zusammenleben« und die Integration nun »aktiv und systematisch« gefördert werden muss.[3]

Dazu passt, dass während der rot-grünen Regierung (1998–2005) unter Bundeskanzler Gerhard Schröder eine Änderung im Staatsangehörigkeitsrecht in Kraft tritt, die es den Kindern der Gastarbeiter ermöglicht, bis zum Ende ihres 21. Lebensjahrs beide Staatsbürgerschaften zu haben.[4] Diese neue Regelung gilt ab 2001 und nur für Kinder, die ab 2000 in Deutschland geboren wurden. Bis Ende 2000 haben ausländische Kinder (Nicht-EU-Bürger), die seit über 8 Jahren in der Bundesrepublik leben und das zehnte Lebensjahr noch nicht vollendet haben, noch die Möglichkeit, den deutschen Pass zusätzlich zu ihrem ausländischen zu erhalten.[5] Trotz der bestehenden Optionspflicht, sich mit Vollendung des 21. Lebensjahres für eine Nationalität zu entscheiden, verabschiedet das deutsche Recht damit die Denizenship. »Die Bürgerschaft lenkt den Blick jenseits des Rechts auf die gesellschaftlichen Selbstverständigungsdiskurse, die ausgeklammert zu haben ein zentrales Kennzeichen der rechtlichen Gleichstellung der Denizenship-Epoche gewesen war.«[6] Damit löst sich die deutsche Gesellschaft »von ihrem tradierten Verständnis, Zugehörigkeit zu und Integration in die politische Gemeinschaft von primordialen Bindungen abhängig zu machen«.[7] Neben dieser Gesetzesänderung aus dem Jahr 2000 wird im Sommer 2004 im Bundestag das Zuwanderungsgesetz verabschiedet, das am 1. Januar 2005 in Kraft tritt.[8]

---

3 Ebd.
4 Siehe hierzu: § 29 [Wahl zwischen deutscher und ausländischer Staatsangehörigkeit bei Volljährigkeit] im Staatsangehörigkeitsgesetz (StAG), in: *Ausländerrecht (2015)*, München: dtv, S. 534.
5 Ebd., § 40 b [Einbürgerung ausländischer Kinder], S. 539.
6 THYM, Daniel (2018): »Vom ›Fremdenrecht‹ über die ›Denizenship‹ zur ›Bürgerschaft‹. Gewandeltes Selbstverständnis im deutschen Migrationsrecht«. In: *Der Staat*, 57 (2018), Berlin: Duncker & Humblot, S. 77–117, S. 100.
7 EDER, Klaus/RAUER, Valentin/SCHMIDTKE, Oliver (2004): *Die Einhegung des Anderen. Türkische, polnische und russlanddeutsche Einwanderer in Deutschland*, Wiesbaden: VS Verlag für Sozialwissenschaften, S. 13.
8 Leider ist in Zeitungsartikeln und anderen Texten zu diesem Gesetz nicht selten die Rede von einem »Einwanderungsgesetz«, wofür weder seine Bezeichnung »Zuwanderungsgesetz« noch seine inhaltliche Definition spricht. Siehe hierzu für viele: ŞENOCAK, Zafer (2011): *Deutschsein. Eine Aufklärungsschrift*, Hamburg: Edition Körber Stiftung, S. 36. Das Zuwanderungsgesetz steuert per definitionem die Zuwanderung, motiviert aber Nicht-EU-Bürger nicht zur Einwanderung in die Bundesrepublik. Im Zentrum des Gesetzes steht die Verpflichtung zu Sprach- und Integrationskursen, die sich vornehmlich auf die bereits vollzogene Migration nach Deutschland

2006 folgen Integrationsgipfel und DIK.[9] Entgegen Schäubles Erzählung hat die vorliegende Kulturgeschichte gezeigt, dass in allen hier beschriebenen und kulturanalytisch aufbereiteten Dekaden weder von einer Sprachlosigkeit noch ausschließlich von Desintegration die Rede sein kann. Unter ganz spezifischen Bedingungen war in jeder Phase möglich, Migration nach Deutschland und ihre Folgen zu thematisieren. In jedem Abschnitt gab es auf bestimmte Art und Weise ein Weitersprechen, ein Erzählen der Migration und Integration, Artikulationen einer informellen Geschichte der Migration und ihrer Folgen in der Bundesrepublik. Die Grundlagen des Erzählens wandeln sich mit den topografischen, körperlichen und zwischenmenschlichen Veränderungen von »Deutschen« und »Türken« seit den 1960ern bis heute. In allen Dekaden haben die filmischen und literarischen Erzählungen eine Analyse von Konflikten ermöglicht. Darüber hinaus waren alle bisher dargestellten Phasen von einer gestörten Kommunikation zwischen Innen und Außen bestimmt. Bereits die Analyse von Zaimoğlus Antwort auf die Frage, warum er Schriftsteller geworden sei, hat uns am Ausgang der vorliegenden Kulturgeschichte gezeigt, dass nicht klar ist, wer draußen zuhört und was dieses Draußen als Ort genau ist.

Schäuble greift zwar als Grundlage und Ziel der Islam Konferenz erneut den Aspekt des Zuhörens auf. Die Bedingung für die DIK liegt für ihn jedoch nicht in einem passiven Zuhören oder einem irritierten, aber wohlmeinenden Aufhorchen wie in den 1990ern. Es geht jetzt vielmehr darum, eine gemeinsame »Kultur des Zuhörens« zu entwickeln, wie er prononciert festhält; es ist also weder hermeneutisch wie in den 1980ern noch existenziell wie in den 1990ern konnotiert, sondern verlangt eine öffentliche und zugleich alltägliche Praxis. Denn eine weitere Bedingung zu Beginn der DIK ist es, sich endlich »gemeinsam an einen Tisch zu setzen und [...] zu sprechen«.[10] Nur, wie spricht man mit jemandem, der faktisch schon lange da ist, aber symbolisch erst jetzt wirklich angekommen ist und aufgenommen wird?[11] So gleicht beispielsweise

---

seit den 1950er Jahren konzentrieren – etwa Sprach- und Integrationskurse für nachziehende Ehegatten und für Imame aus der Türkei.
9 Siehe zu Integrationsgipfel 2006: DER SPIEGEL (2006): »Integrationsgipfel. ›Ein fast historisches Ereignis‹«. In: DER SPIEGEL, http://www.spiegel.de/politik/deutschland/integrationsgipfel-ein-fast-historisches-ereignis-a-426823.html (19.09.2018). Siehe zu Islamkonferenz 2006 http://www.deutsche-islam-konferenz.de/DIK/DE/DIK/1UeberDIK/DIK06-09/dik06-09-node.html (19.09.2018).
10 SCHÄUBLE, Wolfgang (2006): »Muslime in Deutschland«. In: FRANKFURTER ALLGEMEINE ZEITUNG, 27.09.2006.
11 Der Religionssoziologe Levent Tezcan hat an der DIK teilgenommen. Obwohl die Sitzordnung am Tisch nicht vorgegeben war, habe sich eine solche schnell etabliert. Mitglieder der islamischen Verbände wie ZM, IRD, DITIB und VIKZ saßen als Verhandlungspartner »exakt gegenüber

für Zafer Şenocak der Einwanderungsprozess in Deutschland, auf den die Integrationspolitik in den 2000er Jahren endlich reagiert, einem »Einschleichen« in dieses Land.[12] Wenn das Zuhören um einen Tisch ergänzt wird, ist das nicht banal. Im Gegensatz zu den 1990ern sitzt man in Film und Literatur der 2000er Jahre sehr häufig gemeinsam am Tisch, um zu reden oder zu essen. Das Spektrum reicht dabei von Streit bis zu Feierlichkeiten. Damit aus dieser Geschichte des »Einschleichens« am Ende eine Geschichte der Integration oder Desintegration wird, stellen viele Filme, literarische und publizistische Texte dar, wie Türken in Deutschland leben, was sie kochen, wie sie Deutsch sprechen, ihrem Beruf nachgehen, wie sie kulturelle Marker einsetzen und sich an Gesetze halten. Insgesamt spielen Dinge, Orte und der bewusste Einsatz kultureller Marker eine wesentliche Rolle in der Verhandlung von Migration; also ganz anders als noch in den 1990er Jahren.

Im Jahr 2000 plädiert Johannes Rau dafür, sich »ohne Angst und Träumereien« einzugestehen, dass die Bundesrepublik ein Einwanderungsland sei.[13] Was heißt das – vor allem hinsichtlich des bisherigen Umgangs von Deutschen, Deutsch-Türken und Türken mit Migration? Für Klaus Bade und Rainer Münz heißt das, dass sich nun »im Ansatz eine positive Migrationsdiskussion« abzeichnen müsse, die sie ihrerseits für die Bundesrepublik aktuell auch feststellen. Sie machen aber zugleich darauf aufmerksam, dass diese neue positive Wendung mit einer neuen ökonomischen und demografischen Bedarfslage in der Bundesrepublik einhergeht und zusammenhängt. Eindrücklich zeigt sich diese Konstellation etwa in den Ergebnissen der Süssmuth-Zuwanderungskommission von 2001, die die Fachkräftezuwanderung als alternativlos für den deutschen Arbeitsmarkt erklärte.[14] Tatsächlich fehlen Ende der 1990er Jahre und Anfang der 2000er auf-

---

der Diskussionsleitung aus dem Innenministerium und dem BAMF«. Die anderen Teilnehmer hätten sich hingegen verteilt. Siehe hierzu: TEZCAN, Levent (2012): »Das strittige Kollektiv im Kontext eines Repräsentationsregimes«. In: *Die Integrationsdebatte zwischen Assimilation und Diversität. Grenzziehungen in Theorie, Kunst und Gesellschaft*, hg. v. Özkan Ezli, Andreas Langenohl, Valentin Rauer, Claudia Marion Voigtmann, Bielefeld: transcript, S. 159–188, hier S. 182.

12 ŞENOCAK (2011): S. 125. Ich selbst habe mich 2010 einbürgern lassen und dafür die türkische Staatsbürgerschaft aufgegeben. Obwohl ich in Deutschland geboren wurde und immer hier gelebt habe, bekam ich bei den Fragen im Ausländeramt der Stadt Bielefeld das Gefühl, mich in dieses Land eingeschlichen zu haben. Denn ich musste trotz Abitur, Hochschulstudium und Promotion im Fach Germanistik an der Universität Tübingen die mittlere Reife nachweisen, um nicht die erforderlichen Sprach- und Landeskundetests absolvieren zu müssen. Glücklicherweise hatten meine Eltern dieses Dokument aufbewahrt.

13 RAU (2000).

14 Siehe hierzu: DER SPIEGEL (2001): »Süssmuth-Kommission: Pläne für 50.000 Einwanderer pro Jahr. Die von der Bundesregierung eingesetzte Zuwanderungskommission empfiehlt Medienberichten zufolge die Aufnahme von 50.000 ausländischen Arbeitskräften pro Jahr. Und das soll

grund des rasanten Technologiewandels besonders im IT-Bereich Arbeitskräfte. Die Bundesregierung unter Gerhard Schröder reagiert darauf mit der »Greencard«-Initiative für IT-Fachkräfte.[15]

Bevölkerungsrückgang sowie »demografische Alterung« der deutschen Gesellschaft sind zu Beginn der 2000er Jahre drängende Probleme. In *Szenarien zur Entwicklung des Arbeitskräftepotentials in Deutschland* konstatiert Bernd Hof, dass ohne die Zuwanderung in die Bundesrepublik die Einwohnerzahlen schon seit 1972 rückläufig wären. Die Bundesrepublik sei einwanderungserfahren. »Aber sie muss sich vom alten Gastarbeiterkonzept nach dem Prinzip des Kommens und Gehens abwenden und sich klar und entschieden dem Konzept des Neubürgers mit konkreten Bleibe-Angeboten zuwenden.«[16] Gegen diese Umwertungsvorschläge und die Initiativen der rot-grünen Bundesregierung setzt der CDU-Politiker Jürgen Rüttgers im Wahlkampf in Nordrhein-Westfalen im Frühling 2000 seinen Wahlspruch »Kinder statt Inder«.[17] Einsetzen müsse, so der Migrationsreport aus demselben Jahr, eine »diskursive Entstörung und pragmatische Normalisierung des Verhältnisses von Politik zu den Themen von Migration und Integration«, die den »gesellschaftlichen Tatsachen Rechnung tragen«.[18] Zwei Jahre später hält der Bundespräsident im zweiten Band des Migrationsreports fest, dass es »immer gut ist, wenn Tatsachen anerkannt werden und wenn ideologisch begründende Vorurteile nicht mehr den Blick auf die Wirklichkeit verstellen«.[19] Und er schließt seinen Text mit den Worten, dass die Wissenschaftler selber am besten wüssten, »daß Migration und Integration letzten Endes eine Sache alltäglicher Praxis sind«.[20]

---

nur der Anfang sein«. In: DER SPIEGEL, 29.06.2001, http://www.spiegel.de/politik/deutschland/suessmuth-kommission-plaene-fuer-50-000-einwanderer-pro-jahr-a-142315.html (05.09.2018).
15 ASTHEIMER, Sven (2010): »Geburtsstunde der Greencard. Als Einwanderung wieder als Gewinn galt«. In: FRANKFURTER ALLGEMEINE ZEITUNG, 01.03.2010, http://www.faz.net/aktuell/technik-motor/cebit-2010/geburtsstunde-der-greencard-als-einwanderung-wieder-als-gewinn-galt-1941918.html (25.03.2018).
16 HOF, Bernd (2001): »Szenarien zur Entwicklung des Arbeitskräftepotentials in Deutschland«. In: *Aus Politik und Zeitgeschichte*, B 8/2001, S. 20–30, hier S. 26.
17 DER SPIEGEL (2000): »›Kinder statt Inder‹. Rüttgers verteidigt verbalen Ausrutscher«. In: DER SPIEGEL, 09.03.2000, http://www.spiegel.de/politik/deutschland/kinder-statt-inder-ruettgers-verteidigt-verbalen-ausrutscher-a-68369.html (25.03.2018).
18 BADE, Klaus J./MÜNZ, Rainer (2000): »Migration und Integration. Herausforderungen für Deutschland«. In: *Migrationsreport 2000. Fakten – Analysen – Perspektiven*, hg. v. dens., Frankfurt a. M.: Campus, S. 7–23, hier S. 19.
19 RAU, Johannes (2002): »Geleitwort«. In: *Migrationsreport 2002. Fakten – Analysen – Perspektiven*, hg. v. Klaus J. Bade, Rainer Münz, Frankfurt a. M.: Campus, S. 7–9, hier S. 7.
20 Ebd., S. 8.

Für den Politik- und Sozialwissenschaftler Bertold Löffler ersetzt zu Beginn der 2000er Jahre das wirtschaftliche Sachzwangargument die These von der »Unvermeidbarkeit der multikulturellen Gesellschaft« der 1990er Jahre, wie letztere auch Bade, Cohn-Bendit, Habermas und Taylor publizistisch und wissenschaftlich formulierten.[21] In Literatur und Film standen Artikulationen von ›Kanaken‹ oder Individuen im Vordergrund, oder der für Özdamar und Şenocak erforderliche Traum, die »negative Hermeneutik«, um die Wirklichkeit gegen die Ablehnung der Folgen der Migration in den westlichen Mehrheitsgesellschaften darzustellen. Nun sind es – das gilt, wie wir sehen werden, für Theorie, Literatur und Film in den 2000er Jahren gleichermaßen – Verhaltensweisen und Lebensstile. Die Wende führt vom Narrativ »Wie lebt es sich in Deiner Haut?«, das dem Surrealen und Imaginären freien Lauf ließ, die es möglich machten Wut und Ungeduld der 1990er Jahre zu verarbeiten, zur Frage »Was lebst Du?«, die den konkreten und realen Alltag in den Blick nimmt. Selbst in anspruchsvollen und komplexen Romanen wie *Der Pavillon* von Zafer Şenocak von 2009 nähert sich der Traum dem Alltag des Protagonisten, ohne diesen wie noch in den 1990er Jahren zu verfremden: Seit der Musikstudent Hamit Ende der 1950er Jahre aus der Türkei nach Deutschland gekommen war, hatte sich seine »Beziehung zu Träumen geändert«. Beim Aufwachen »erinnerte er sich an manche Schauplätze, die er im Traum gesehen hatte, und die Träume gingen mit dem Ort, an dem er lebte, eine engere Verbindung ein. Es war, als ob die Träume ihr Aroma verloren hätten. Sie waren nun nicht länger ein Teil des Reichs der Phantasie, sondern ein Teil des Lebens«.[22] Diese neue Konstellation von Traum und Wirklichkeit erlaubt es Şenocaks Akteuren, sich zu verorten. Selbst wenn sie sich nur als »Stäubchen« begreifen, können sie sich mit ihren Praktiken in Deutschland oder der Türkei als »Teil einer bestimmten Gegend begreifen«, beispielsweise im Englischen Garten in München oder in einem Pavillon in Istanbul.[23] Es geht in dieser Reihenfolge um Orte, um das Auftreten und darum, wofür bestimmte Handlungen stehen. In öffentlicher Debatte, Film, Literatur und Theorie rückt so auf besondere Weise eine realistische Darstellung der Gegenwart in den Vordergrund, selbst wenn sie sich, wie in den bekannten Romanen *Leyla*, *Die Tochter des Schmieds* und *Der Pavillon* von Feridun Zaimoğlu, Selim Özdoğan und Zafer Şenocak auf die Zeit vor der Arbeitsmigration in der Türkei konzentrieren. Zaimoğlu hat mehrere Monate in einem türkischen Dorf verbracht, bevor er seinen Roman *Leyla* schrieb. Er wollte den Ort, das soziale Gefüge und den Ton der Sprechweisen der Frauen studieren.[24] Der Musikstudent Hamit sammelt hingegen, weil er ein unglaublich gutes

---

21 Siehe hierzu: LÖFFLER, Bertold (2010): *Integration in Deutschland*, München: Oldenbourg, S. 189.
22 ŞENOCAK, Zafer (2009): *Der Pavillon*, Berlin: Dağyeli, S. 39.
23 Ebd., S. 31 u. S. 57.
24 Siehe hierzu: EZLI (2006): S. 70.

Gehör hat, Töne von lebendigen wie leblosen Dingen wie Kühlschränken oder Ventilatoren. In den 1990er Jahren kämpfen unterschiedliche Vorstellungen gegeneinander. Nun rückt die Frage der Darstellung als Vertretung in den Vordergrund.

Wie in Schäubles Rede prominent festgehalten, enden auch die Romane mit der Ankunft ihrer Protagonistinnen in der Bundesrepublik Deutschland. In *Der Pavillon* kommt Hamit in München, aber auch in Istanbul im Alltag an. Wichtig ist ihm, dass er kleine Ereignisse ebenso sehr wertschätzt wie die großen. Denn »wenn Du nicht imstande bist bei großen Geschehnissen eine Distanz zu dir selbst herzustellen, kannst du nicht verstehen, was sich um dich herum abspielt«.[25] Es sind ebenfalls Orte und Dinge, die die Protagonisten in Fatih Akıns Film AUF DER ANDEREN SEITE von 2006 als Angekommene ausweisen.[26] In den Romanen *Mein Name ist Revolution* von Imran Ayata und *Der Mond ist unsere Sonne* von Nuran David Calış – beide von 2011 – werden Zugehörigkeitsfragen ebenfalls über Orte und soziale Bindungen geklärt.[27] In Hatice Akyüns Roman *Hans mit scharfer Soße* von 2005, dem deutsch-türkischen Bestseller der 2000er Jahre, sind es die Industriehochöfen von Duisburg, ihre »vielen, steilen Türme und der weiße Rauch, der in den Himmel« steigt, die in der Ich-Erzählerin nach dem alljährlich obligatorischen Türkeiurlaub mit der Familie Heimatgefühle auslösen.[28] Auf das Kapitel »Reise in die Türkei« folgt »Duisburg, ich hänge an Dir«.[29] Aber auch Necla Kelek erwähnt mehrmals in ihrer Autobiografie *Die fremde Braut* (2005), dem deutsch-türkischen Sachbuchbestseller der 2000er Jahre, dass sie nun in Deutschland angekommen sei, weil sie sich von der repressiven türkisch-islamischen Kultur emanzipiert habe.[30] Diese Emanzipation wünscht sie auch den »türkischen Importbräuten«, die aus Zwang oder arrangiert von türkischen Familien nach Deutschland gelotst werden, um dort regelrecht als Haushaltssklavinnen zu arbeiten.[31] Doch im Vordergrund ihres sehr bekannten, viel prämierten und zugleich sehr umstrittenen Buches steht ihre eigene Biografie. Die unterdrückte türkische Frau wünscht sie sich nicht einfach rebellisch, selbstbewusst und mitunter irrational wie in den 1990er Jahren, sondern vielmehr als eine Frau, deren Lebensstil mit dem modernen deutschen Leben kompatibel ist. Letzteres schließt ein selbstbewusstes und rebellisches Auftreten nicht aus, doch geht es Necla Kelek nicht um einen Bruch, sondern letztlich

---

25 ŞENOCAK (2009): S. 57.
26 Siehe hierzu: AKIN, Fatih (2006/2007): *Auf der anderen Seite*, Spielfilm, Deutschland.
27 Siehe: AYATA, Imran (2011): *Mein Name ist Revolution*, Berlin: Verbrecher. CALIŞ, Nuran David (2011): *Der Mond ist unsere Sonne*, Frankfurt a. M.: Fischer.
28 AKYÜN, Hatice (2005): *Hans mit scharfer Soße*, München: Goldmann, S. 60.
29 Ebd., S. 69.
30 KELEK, Necla (2005): *Die fremde Braut*, Köln: Kiepenheuer & Witsch, S. 281. Siehe hierzu auch: ebd., S. 25, 65 u. 184.
31 Siehe hierzu: ebd., S. 11 u. 244.

um ein Leben, das die freiheitliche Verfassung der Bundesrepublik verteidigt und sichtbar macht.[32] Gebrochen werden soll aber das patriarchalische unterdrückerische System, das im privaten Raum in der Bundesrepublik entstanden ist. Freiheit und Repression gehören nun gleichermaßen zu Deutschland. So ist Kelek selber auch nicht mit ihren Eltern in den 1960er Jahren in der Bundesrepublik angekommen, sondern erst, nachdem sie sich aus »unterdrückerischen« türkischen Verhältnissen in Deutschland emanzipiert hat. Wie in Schäubles Zug-Narrativ findet das Ankommen nicht in den 1960ern statt, sondern knapp 50 Jahre später unter postmigrantischen Bedingungen. Identität und Zugehörigkeit sind rein öffentliche Angelegenheiten geworden.

Die besondere Verbindung von Anfang und Ende, von Innen und Außen materialisiert sich zwei Jahre nach Schäubles Rede eindrücklich: Im Spätherbst 2011 fährt anlässlich des Festakts zu »50 Jahre türkische Gastarbeitermigration nach Deutschland« ein Sonderzug von Istanbul nach München; an Bord: Migranten der ersten Generation und Politiker.[33] In der zeitnah entstandenen, bekannten und erfolgreichen Familienkomödie ALMANYA. WILLKOMMEN IN DEUTSCHLAND der Şamdereli-Schwestern spielt die Ankunft des Gastarbeiters Hüseyin 1964 in der Bundesrepublik ebenfalls eine besondere Rolle. Er hatte, wie wir noch sehen werden, dem einmillionsten Gastarbeiter Armando Rodriguez de Sá den Vortritt bei der Registrierung gelassen.[34] Im Unterschied zu KURZ UND SCHMERZLOS und GEGEN DIE WAND kommt in Akins Film AUF DER ANDEREN SEITE von 2007 der Protagonist Nejat im Laufe des Films an der türkischen Schwarzmeerküste an. Retrospektiv konstatiert Akın, dass mit dem Film AUF DER ANDEREN SEITE die Suche seiner Figuren zu einem Ende gekommen sei. Jetzt laufen sie nicht mehr weg, sondern verteidigen wie im zwei Jahre später entstandenen Film SOUL KITCHEN, was ihnen in der Bundesrepublik gehört und wozu sie gehören.[35] In SOUL KITCHEN

---

32 Kelek leitet die erste Taschenbuchausgabe von *Die fremde Braut* mit der Ermordung der Deutsch-Türkin Hatun Sürücü durch ihren Bruder am 7. Februar 2005 ein. Sie habe »wie eine Deutsche leben« wollen, stellt Kelek gleich zu Beginn ihres Buches fest. Und dieser Umstand sei ihr zum »Verhängnis« geworden. Die Schüsse hätten nicht nur Hatun Sürücü gegolten, sondern mit Fokus auf ihre Lebensweise auch der deutschen Gesellschaft. Siehe hierzu: KELEK (2005): S. 9–11.
33 Siehe hierzu: BILDZEITUNG (2011): *Sonderzug aus Istanbul erinnert an 50 Jahre Migration*, 26.10.2011. Siehe auch: TAZ (2011): *Sonderzug aus Istanbul. Vor 50 Jahren begann die Einwanderung türkischer Gastarbeiter nach Deutschland*, 27.10.2011. Von dort ist auch Bekir Yıldız 1962 aufgebrochen, wie er es in seinem Roman *Türkler Almanyada* beschreibt. Siehe hierzu: YILDIZ, Bekir (1966): *Türkler Almanyada*, Istanbul: Selbstverlag, S. 7.
34 Siehe hierzu: ŞAMDERELI (2011).
35 AKIN, Fatih/BORCHOLTE, Andreas (2009): »Ich hatte Bock zu lachen«. In: DER SPIEGEL, 23.12.2009, http://www.spiegel.de/kultur/kino/soul-kitchen-regisseur-fatih-akin-ich-hatte-bock-zu-lachen-a-668682.html (27.03.2018).

geht es um ein Restaurant im Hamburger Gängeviertel. Tatsächlich beginnt dieser Film auch damit, wie der Protagonist Zinos Kazantsakis mit einem kleinen Transporter angefahren kommt und sein Restaurant eröffnet, in dem der Film auch endet.[36] In Kemal Kurts Jugendroman *Die Sonnentrinker* von 2002 kehren beide Motive aus den genannten Filmen wieder. Der deutsch-türkische Jugendliche Hakan aus dem Berliner Wedding sucht wie Nejat in AUF DER ANDEREN SEITE ab der Mitte des Romans am Tag des Zuckerfestes seinen Vater in Berlin, der einen Abend davor nicht nach Hause zurückgekehrt ist. Gegen Ende des Romans findet er seinen Vater. Der Roman endet damit, dass sie zu Hause in der Wohnung zum Festessen ankommen.[37] Hakan und seine Freunde haben den großen Wunsch, ein Kulturcafé im Berliner Wedding zu eröffnen. Hakan ist in Berlin unterwegs, um anzukommen. Sein Vater hingegen ist unterwegs, um »nirgendwo sein zu müssen«.[38] Hakan sieht zu, »wie sein Vater läuft, bis der Akku leer ist«.[39]

Ähnlich aktiv ist der deutsch-türkische Protagonist in Yadé Karas 2004 mit dem Deutschen Buchpreis prämierten Roman *Selam Berlin*.[40] Auch er will ankommen. Der Roman beginnt mit dem Mauerfall 1989, den der Protagonist mit seinen Eltern in Istanbul im Fernsehen verfolgt. Er war in Berlin aufgewachsen und geht nun wieder dorthin zurück. Auch in dieser Erzählung gibt es ein Ankommen am Ende des Romans.[41] Die Protagonistin in Emine Sevgi Özdamars drittem Roman *Seltsame Sterne starren zur Erde* von 2004 kommt am Ende des Romans im Unterschied zu *Das Leben ist eine Karawanserei* (1992) und *Die Brücke vom Goldenen Horn* (1998) mit dem Zug an – im Zentrum der europäischen Kultur, in Paris. Zuvor hatte sie an der Volksbühne bei Benno Besson, der sie am Ende des Romans als Assistentin mit nach Paris nimmt, in Ostberlin gearbeitet und zwischen 1974 und 1976 abwechselnd in West- und Ostberlin gewohnt. Özdamars Romane der 1990er Jahre enden dagegen jeweils mit dem Beginn einer Zugfahrt.[42] Erzählerisch unterscheidet sich dieser dritte Roman ebenfalls grundlegend von den beiden ersten aus den 1990er Jahren. Es geht nicht mehr um ein

---

36 AKIN, Fatih (2009): *Soul Kitchen*, Spielfilm, Deutschland.
37 Auch Akins Film beginnt mit dem muslimischen Opferfest.
38 KURT, Kemal (2002): *Die Sonnentrinker*, Frankfurt a. M.: Baumhaus, S. 30.
39 Ebd., S. 84. In Abdellatif Kechiches mehrfach prämierten französischen Spielfilm LE GRAINE ET LE MULET (dt. COUSCOUS MIT FISCH) von 2007 ist ebenfalls in der Mitte des Films sehr lange ein Vater und Gastarbeiter der ersten Generation in Frankreich ohne Ziel zu Fuß unterwegs, bis er körperlich nicht mehr kann. Siehe hierzu: KECHICHE, Abdellatif (2007): *Couscous mit Fisch*, Spielfilm, Frankreich.
40 KARA, Yade (2004): *Selam Berlin*, Zürich: Diogenes, S. 381.
41 Ebd.
42 Siehe hierzu: ÖZDAMAR, Emine Sevgi (1992): *Das Leben ist eine Karawanserei*, Köln: Kiepenheuer & Witsch, S. 380; dies. (1998): *Die Brücke vom Goldenen Horn*, Köln: Kiepenheuer & Witsch, S. 330.

Wohnen auf der Straße, sondern um das Wohnen in vier Wänden und um den beruflichen Ein- und Aufstieg im Theater. Selbst wenn sich die Ich-Erzählerin in *Seltsame Sterne starren zur Erde* im Laufe des Romans in den Amerikaner Steve verliebt, der sie heiraten und mit nach Amerika nehmen möchte, bleibt sie Benno Besson und der Arbeit im Theater treu.[43] An die Stelle surrealistischer Ästhetik tritt wieder eine realistische Beschreibung des Zusammenlebens und Arbeitens in Berlin. Dieser neuen Koordination im Raum liegt ein zentraler Wandel in den Erzählungen zugrunde. Denn im Unterschied zu den Erzählungen aus den 1990er Jahren ist die Schwelle, nach Bhabha der Ort der Hybridität, in den 2000er Jahren kein behaglicher Ort mehr. Eindrücklich finden wir diesen Zustand in Nuran David Caliş' Roman *Der Mond ist unsere Sonne* beschrieben: Von spät nachts bis in den frühen Morgen bietet Alen als Türsteher in einer Bielefelder Disko jedem die Stirn. »21 Stufen runter in den Club, vor der ersten Stufe stehe ich, Alen, ich bin nicht drinnen und nicht draußen, mein Arsch zeigt nach innen, meine Stirn nach außen.«[44] In diesem unbehaglichen Schwellenzustand befindet sich Alen jedoch nicht nur bei der Ausübung seines Berufs; er fühlt sich auch generell als in ihm verhaftet.[45] Auch Sprachen miteinander zu vermischen, steht nun für ein Unbehagen, nicht mehr für Weltverbundenheit. 2010 schreibt Zafer Şenocak:

> Der Niedergang in einer Gesellschaft beginnt mit der Verwahrlosung der Sprache. Wenn ich heute auf den Straßen oder in der U-Bahn Jugendliche höre, die Deutsch, Arabisch, Türkisch miteinander vermischen, keiner der Sprachen wirklich zuhörend, keiner zugehörig, fühle ich eine tiefe Verletzung in mir. [...] Diese zerstückelten Sprachen sind für mich der Ausdruck einer Unbehaustheit.[46]

In Nurkan Erpulats vielbesprochenem und sehr erfolgreichem Theaterstück *Verrücktes Blut*, ebenfalls von 2010, zeugt die Kanak Sprak auch nicht mehr von der Gestaltung hybrider Identität und Existenz, sondern vielmehr von andauernder Beleidigung und Verletzung.[47] Die Sprache selbst hat nichts mehr zu tun mit künstlerischem Ausdruck und Selbstpositionierung. *Verrücktes Blut* spielt in einer Klasse aus Schülern mit türkischem, arabischem und kurdischem Migrationshintergrund. Im Fazit dieses Kapitels werde ich ausführlich auf das Stück zu sprechen kommen. Zunächst will ich skizzieren, inwiefern die Debatten und

---

43 ÖZDAMAR, Emine Sevgi (2003): *Seltsame Sterne starren zur Erde*, Köln: Kiepenheuer & Witsch, S. 180.
44 CALIŞ (2011): S. 30.
45 Ebd., S. 146, 185 u. 193.
46 ŞENOCAK (2011): S. 19.
47 ERPULAT, Nurkan/HILLJE, Jens (2012): *Verrücktes Blut*, Berlin: Theater Edition.

theoretischen Reflexionen zu Migration und ihren Folgen sich im Unterschied zu den 1990er Jahren verändert haben.

»Zusammenleben« ist ein zentraler Begriff in den Debatten der 2000er Jahre. Er ist von Beginn an mit einer neuen Frage nach Öffentlichkeit, Zugehörigkeit und Identifikation verbunden. Ausgangspunkt ist die Änderung des Staatsbürgerschaftsrechts, der Übergang vom *ius sanguinis* (Abstammungsprinzip) zum *ius soli* (Geburtsortprinzip). Sie lockerte den Zusammenhang zwischen Ethnie und Staatsbürgerschaft und zielte mehr auf die »Übereinstimmung von Staatsvolk und Bevölkerung« ab.[48] Türken der zweiten und dritten Generation konnten jetzt, wie oben bereits dargelegt, offiziell für eine bestimmte Zeit formell Deutsche und Türken zugleich sein. Begleitet wurde dieser Übergang in der Bundesrepublik mit der ersten Leitkultur-Debatte, die der CDU-Politiker Friedrich Merz im Herbst 2000 entfachte. In seinem Beitrag in *Die Welt* »Einwanderung und Identität. Zur Diskussion um die ›freiheitliche deutsche Leitkultur‹« geht es ihm vor allem um die Regeln des Zusammenlebens in Deutschland: »Ich habe diese Regeln als die ›freiheitliche deutsche Leitkultur‹ bezeichnet«.[49] Mit dem Adjektiv »deutsch« stellt Merz sich dem Multikulturalismus der 1980er und 1990er Jahre entgegen. Aber selbst bekannte Kritiker dieser Leitkulturdebatte, wie der Rechtswissenschaftler Ulrich Preuss, sehen Anfang der 2000er Jahre »Multikulti« nur noch als Illusion an. So konstatiert Preuss in *Die Zeit* vom 31. Mai 2001, dass »wir [...] die durch Zuwanderung bereits entstandene, gewissermaßen bloß sinnlich-physische *Anwesenheit* der Fremden in den Tatbestand ihrer Zugehörigkeit zu unserer Gesellschaft verwandeln [müssen]«.[50] Linken und Liberalen hält Preuss vor, dass die Einbürgerung keineswegs die alleinige Lösung sein könne. Das Hauptproblem im Multikulturalismus sei vielmehr gewesen, das hatte auch Frank-Olaf Radtke Anfang der 1990er Jahre festgestellt,[51] dass die Kultur der Anderen zwar anerkannt wurde, doch alle besonderen Merkmale wie Herkunft, Religion, Hautfarbe, Sprache, Sitten und Gebräuche, »die in dem abstrakten Menschen erst das kon-

---

48 RITA SÜSSMUTH ET AL. (2011): »Zuwanderung gestalten. Integration fördern. Bericht der Unabhängigen Kommission ›Zuwanderung‹«. In: *Transit Deutschland. Debatten zu Nation und Migration*, hg. v. Deniz Göktürk u. a., Konstanz: Konstanz University Press, S. 250–252, hier S. 252. Siehe hierzu auch: EDER, Klaus/RAUER, Valentin/SCHMIDTKE, Oliver (2004): *Die Einhegung des Anderen. Türkische, polnische und russlanddeutsche Einwanderer in Deutschland*, Wiesbaden: VS Verlag, S. 13.
49 MERZ, Friedrich (2000): »Einwanderung und Identität«. In: *Die Welt*, 25.10.2000, https://www.welt.de/print-welt/article540438/Einwanderung-und-Identitaet.html (09.03.2018).
50 PREUSS, Ulrich K. (2011): »Multikulti ist nur eine Illusion«. In: *Transit Deutschland*, S. 480–484, hier S. 480, Hervorhebung im Original.
51 RADTKE, Frank-Olaf (1998): »Lob der Gleich-Gültigkeit. Die Konstruktion des Fremden im Diskurs des Multikulturalismus«. In: *Das Eigene und das Fremde. Neuer Rassismus in der Alten Welt?*, hg. v. Ulrich Bielefeld, Hamburg: Hamburger Edition, S. 79–98, hier S. 92.

krete Individuum erkennen lassen, [...] aus der öffentlichen Sphäre ferngehalten und in den privaten Bereich verbannt« werden mussten.[52] Dabei sei der befreiende Impuls verdrängt worden, der in der »Entdeckung der eigenen ethnischen Besonderheit liegen kann«. So ist nach Preuss eine Einwanderungspolitik, »die auf menschenrechtlich-universalistischen Prinzipien ruht, zwiespältig«.[53] Bemerkenswert ist, dass Preuss die Kultur des Anderen nicht über den Verweis oder über die Anrufung eines universellen Menschseins ableitet, sondern explizit auf das Besondere und Spezifische zu sprechen kommt: Sexualität, Religion oder Hautfarbe. In der bereits erwähnten, großangelegten Studie wird Religion ebenfalls als eine »identitätskonstitutive Ressource« für den Alltag in der Bundesrepublik begriffen.[54]

Auf diese konkrete, praxeologische Ebene bezieht sich auch Talal Asad in seiner bekannten Schrift *Formations of the Secular. Christianity, Islam, Modernity* von 2003, in der die Folgen der Migration besonders in Europa eine wichtige Rolle spielen. Dabei geht er davon aus, dass heute der Übergang oder die Entwicklung vom Religiösen zum Säkularen, vom Traditionellen zum Modernen, nicht mehr möglich sei. In Europa, so Asad, leben zwar Muslime. Sie gehören aber nicht zu Europa, sind also inkludiert und exkludiert zugleich.[55] Dieses Paradox der Integration gilt vor allem in den 1990er Jahren und wird von der Mehrheitsgesell-

---

52 Ebd., S. 482.
53 PREUSS (2011): S. 482.
54 Siehe hierzu: BOSS-NÜNNING, Ursula/KARAKAŞOĞLU, Yasemin (2004): *Viele Welten leben. Lebenslagen von Mädchen und jungen Frauen mit griechischem, italienischem, jugoslawischem, türkischem und Aussiedlerhintergrund*, https://www.bmfsfj.de/blob/84598/2094d4132e371423945367fd-f3d967f3/viele-welten-lang-data.pdf (16.03.2018), S. 483–486. Interessanterweise kommt Necla Kelek in ihrer Dissertation ebenfalls zu diesem Befund, der doch demjenigen in *Die fremde Braut* widerspricht. In *Islam und Alltag. Islamische Religiosität und ihre Bedeutung in der Lebenswelt von Schülerinnen und Schülern türkischer Herkunft* zeigt Kelek auf, dass die muslimische Religiosität kein Integrationshindernis darstelle. Im Gegenteil passen die Schüler ihre religiösen Bedürfnisse differenziert, individuell und pragmatisch an die deutschen Lebensumstände an. Sie beschreibt sie als »Experten ihrer Lebenswelt«. Siehe hierzu: KELEK, Necla (2002): *Islam und Alltag. Islamische Religiosität und ihre Bedeutung in der Lebenswelt von Schülerinnen und Schülern türkischer Herkunft*, Münster: Waxmann, S. 94. Zwei Jahre später beschreibt Kelek in *Die fremde Braut*, die zuvor als selbstbewusst im öffentlichen Raum charakterisierten Muslime, nun als an die muslimische Umma überangepasste Akteure, die Innen und Außen nicht mehr in einen schonenden und praktikablen Ausgleich bringen. Das Kopftuch ist kein Integrationsmedium mehr, das deutschen Alltag und Religion in einen Zusammenhang bringt, sondern stellt nun in der Schule eindeutig ein Integrationshindernis dar. Die Ressource der Integration ist nun nicht mehr die individuelle Übersetzung der Religion in den Alltag, sondern die Kompatibilität der Praktiken mit dem deutschen Grundgesetz. Siehe hierz: KELEK (2005): S. 258f.
55 ASAD, Talal (2017): *Die Ordnung des Säkularen. Christentum, Islam, Moderne*, Konstanz: Konstanz University Press, S. 203.

schaft insofern ignoriert, weil sie Europa nach Asad als einen homogenen und allgemeinen Raum denkt.[56] Doch die europäische Öffentlichkeit ist, wie die amerikanische, entgegen jedem Homogenitätsnarrativ ein komplexer Raum, der sich aus den Praktiken der Vielfalt ergibt.[57]

Eine Reaktion auf diesen gesellschaftspolitischen Wandel besteht auch in der Gründung der Deutschen Islam Konferenz, in deren Zusammenhang Wolfgang Schäuble festhielt, dass der Islam ein Teil von Deutschland sei und er sich auf der Grundlage des Grundgesetzes als Werteordnung deutsche Muslime wünsche.[58] Vier Jahre später wiederholt der damalige Bundespräsident Christian Wulff in seiner Rede am Tag der Deutschen Einheit, dass der Islam »inzwischen« auch zu Deutschland gehöre.[59] Die Reaktion darauf ist gespalten. Neben der Zustimmung muslimischer Verbände und Einrichtungen kommt viel Kritik besonders aus CDU und CSU. Der Tenor der Kritik lautet, dass die Muslime zwar zu Deutschland gehörten, aber nicht der Islam. Im Kern geht es hier um Werte: »Unsere Werteordnung, zu der auch die Religionsfreiheit gehört, müssen wir erhalten. Der Islam kann diese Werteordnung nicht bestimmen«, meint Volker Kauder fünf Tage nach Wulffs Rede.[60] Nicht als Kritik oder als Reaktion, sondern als Befund hält der neue Innen- und Heimatminister Horst Seehofer im Jahr 2018 fest, dass der Islam nicht zu Deutschland gehöre, aber die »bei uns lebenden Muslime gehören selbstverständlich zu Deutschland«.[61] Bundeskanzlerin Angela Merkel entgegnete, dass mit den Muslimen auch ihre Religion zu Deutschland gehöre. In all diesen Fällen geht es um Zugehörigkeitsfragen, die in den 1990er Jahren weder von deutscher noch von türkischer Seite auf diese Weise verhandelt wurden.[62] Bereits an dieser Debatte wird deutlich, dass in den

---

56 Siehe hierzu: WEHLER, Hans-Ulrich (2002): »Das Türkenproblem«. In: DIE ZEIT, 12.09.2002, http://www.zeit.de/2002/38/200238_tuerkei.contra.xml (27.03.2018).
57 Ebd., S. 220–222.
58 DIE WELT (2006): »Schäuble: Islam in Teil Deutschlands«. In: Die Welt, https://www.welt.de/politik/article156022/Schaeuble-Islam-ist-Teil-Deutschlands.html (16.03.2018).
59 WULFF, Christian (2010): »Vielfalt schätzen. Zusammenhalt fördern«. In: http://www.bundespraesident.de/SharedDocs/Reden/DE/Christian-Wulff/Reden/2010/10/20101003_Rede.html (27.03.2018).
60 DER SPIEGEL (2010): »Kritik an Wulffs Islam-Thesen. Unionsfraktionschef Kauder legt nach«. In: DER SPIEGEL, http://www.spiegel.de/politik/deutschland/kritik-an-wulffs-islam-thesen-unionsfraktionschef-kauder-legt-nach-a-722155.html (16.03.2018).
61 FRANKFURTER ALLGEMEINE ZEITUNG (2018): »Seehofer: ›Der Islam gehört nicht zu Deutschland‹«. In: FRANKFURTER ALLGEMEINE ZEITUNG, http://www.faz.net/aktuell/politik/inland/horst-seehofer-islam-gehoert-doch-nicht-zu-deutschland-15496891.html (16.03.2018).
62 Wolfgang Schäuble selbst hat als Bundestagspräsident am 18. März 2018 in einem Interview seine Aussage, dass der Islam ein Teil Deutschlands sei, erneut bekräftigt. Siehe hierzu: WOLFGANG SCHÄUBLE IM GESPRÄCH MIT STEPHAN DETJEN (2018): »Bundestagspräsident Wolfgang Schäuble. ›Wir fangen ja jetzt erst mit dem Normalbetrieb an‹«. In: Kulturfragen – Deutschlandfunk, 18.03.2018.

2000er Jahren eine Verschiebung stattgefunden hat. Das Private, die kulturelle Eigenart, ist vom allgemeinen Öffentlichen nicht mehr zu trennen.

Auch Jürgen Habermas revidiert seinen Zugang zu politischer und kultureller Integration sowie zur Verknüpfung von Öffentlichkeit und Einwanderungsgesellschaft aus den 1990er Jahren. Wie viele andere Studien aus dieser Zeit begreift auch er Religion als eine sinnstiftende Ressource für den öffentlichen Raum.[63] Entgegen seiner früheren Trennung von politischer und kultureller Integration hält er in *Dialektik der Säkularisierung* nun fest, dass die muslimischen Einwanderer nicht gegen »ihre Religion, sondern nur mit ihr in eine westliche Gesellschaft integriert werden« könnten.[64] Mit Blick auf aktuelle europäische Integrationspolitiken stellt er außerdem einen bestimmten staatlichen Denk- und Konstitutionsfehler in der langen Geschichte der europäischen Säkularisierung und Modernisierung fest: Religion als Partizipations- und Sinnstifter aus dem öffentlich-politischen Raum ausgeschlossen zu haben.[65]

Den Anfang nahm dieser Ausschluss nach Habermas mit den Konfliktschlichtungen nach den europäischen Konfessionskriegen im 16. und 17. Jahrhundert, in denen Staatsgewalt zu »weltanschaulich neutralem« Handeln genötigt war. Die streitenden Parteien mussten entwaffnet und ein Arrangement für ein friedliches Zusammenleben der verfeindeten Konfessionen musste gefunden werden, so dass die Regierung das prekäre Nebeneinander beobachten konnte. Daraus folgte nach Habermas, dass in »der Gesellschaft sich die gegnerischen Subkulturen dann so einnisten [konnten], dass sie *füreinander* Fremde blieben«.[66] Diese Lebensweise überdauerte auch die grundlegend säkularistische Neuordnung des Staates in Europa im späten 18. Jahrhundert und hat mitunter dazu geführt, dass die katholische Kirche sich »bekanntlich erst mit dem zweiten Vaticanum im Jahre 1965 zu Liberalismus und Demokratie bekannt hat«.[67]

Dieses Nebeneinander und das »Einnisten-lassen« zeige sich auch im »falsch verstandenen« Multikulturalismus der 1980er und 1990er Jahre, in dem man von einer »›Inkommensurabilität‹ von Weltbildern, Diskursen oder Begriffsschemata« ausgegangen sei.[68] Für eine erfolgreiche Integrationspolitik sei ein anderes Verhältnis von demokratischem Staat, Zivilgesellschaft und subkultureller Eigenstän-

---

63 Siehe hierzu: Boss-Nünning/Karakaşoğlu (2004).
64 Habermas, Jürgen (2008): »Die Dialektik der Säkularisierung«: In: *Blätter für deutsche und internationale Politik*, Einzelheft 04/2008, S. 33–46, S. 41.
65 Dasselbe kritisiert auch Asad. Er kommt dazu besonders in Auseinandersetzung mit Charles Taylors Definition von säkular-liberal bestimmten Gesellschaften. Siehe hierzu: Asad, Talal (2017): *Die Ordnungen des Säkularen. Christentum, Islam, Moderne*, Konstanz: Konstanz University Press, S. 11.
66 Habermas (2008): S. 39, Hervorhebung im Original.
67 Ebd., S. 44.
68 Ebd., S. 42.

digkeit nötig. Dafür müssten die »Kulturen ihre individuellen Mitglieder aus der Umklammerung entlassen, damit diese sich in der Zielgesellschaft gegenseitig als [...] Träger und Mitglieder desselben politischen Gemeinwesens anerkennen können«.[69] Es geht also um eine Bindung von Staats- und Gesellschaftsbürger, die den alteingesessenen Deutschen und muslimischen Zuwanderern erlaubt, das Verhältnis von Glauben und Wissen selbst zu interpretieren, was in der Folge »ein selbstreflexiv aufgeklärtes Miteinander möglich macht«.[70] Habermas hofft darauf, dass eine erweiterte Selbstreflexion die Strukturen von Parallelgesellschaften aufzubrechen vermag. Diese Selbstreflexion sei jedoch in einer postsäkularen Zeit ohne Religion nicht mehr zu denken. Für Talal Asad steckt in diesem Umstand eine »unaufgelöste Spannung«. Er fragt: »Wie kann Respekt gegenüber Individuen sichergestellt und *zugleich* begünstigt werden, dass Zustände herrschen, in denen kollektive ›Lebensweisen‹ aufrechterhalten werden können?«[71] Wie Habermas geht es Asad dabei nicht mehr um Fragen der Anerkennung, »nicht bloß darum, dass man die Möglichkeit haben sollte, sich als Angehöriger einer Gruppe zu erkennen zu geben und von anderen in dieser Zugehörigkeit bestärkt und geachtet zu werden«.[72] Denn im öffentlichen Raum haben wir es mit den Praktiken als »verkörperte Erinnerungen« zu tun, »die sich zu Traditionen verdichtet haben«. Im Kern geht es nicht mehr darum, wie Identitäten ausgehandelt und anerkannt werden, sondern darum, »was erforderlich dafür ist, dass bestimmte Lebensweisen kontinuierlich, kooperativ und unbefangen gelebt werden können«.[73] Nicht Kulturen als Einheiten interessieren Asad, sondern vielmehr die Produktion von Kategorien »des Säkularen und des Religiösen, die vorgeben, wie modernes Leben sich zu gestalten hat, und die zugleich nicht-moderne Völker dazu herausfordern, ihre Eignung für ein solches Leben abzuschätzen«.[74] Das ist etwas anderes als die Vorstellung einer Entwicklung aus einem traditionellen Leben in ein modernes hinein. Man fragt vielmehr, wozu man mit seinem gelebten Leben gehört und wie aus dieser Verortung heraus kulturelle Kompromisse und Kompatibilitäten entstehen können. Bedingung dafür ist nach Asad, dass die Muslime sich in Europa verorten können.

Diese neue Ordnungspolitik verbindet privaten und öffentlichen Raum und setzt sie zugleich in ein neues Verhältnis. Wenn beispielsweise politische und kulturelle Integration über die Modi der Anerkennung und des kulturellen Überlebens in den 1990er Jahren getrennt voneinander behandelt wurden, werden sie nun über

---

69 Ebd., S. 39.
70 Ebd., S. 46.
71 ASAD (2017): S. 219.
72 ASAD (2017): S. 219, Hervorhebung im Original.
73 Ebd.
74 Ebd. S. 22.

die Praktiken, also über Integration und Kultur, aufs Engste zusammengeführt. Dieser Wandel hat besonders im Kontext der Deutschen Islam Konferenz zu gewissen politischen Verengungen geführt. Der bereits zitierte Levent Tezcan hält fest, dass die DIK in ihren Effekten tatsächlich insofern performativ gewesen sei, als ihr Ziel die Fabrikation des kritischen und aufgeklärten Muslims gewesen sei. Personen sowie Gruppen, »die sich nie über die Religion definierten, [mussten] sich auf den Diskurs ›Dialog mit Muslimen‹ einlassen«. Individualisten hätten keine Islamkonferenz veranstaltet. »Ihr Glaube zielt nicht auf Repräsentation: sie pflegen eine Version von Islam, die eben ohne Repräsentation auskommt.«[75] Gerhard Schröders integrationspolitischer Imperativ von 2000, »Verfassung achten, die Gesetze befolgen und die Landessprache beherrschen«, genügt hier nicht mehr.[76] Die DIK und die Debatten nach dem 11. September 2001 rücken neben den sozialdemokratisch geprägten wohlfahrtsstaatlichen Diskursen über Ausländerintegration den von der CDU geführten Islam-Diskurs in den Vordergrund.

> Auch auf der Objektseite dieser Diskurse lässt sich eine Verschiebung beobachten. Nicht der Gastarbeiter oder Ausländer zwischen den Stühlen, dem man noch mit ökonomischen und pädagogischen Mitteln zur Integration verhelfen konnte, sondern der Muslim mit einer spezifischen Lebensform ist der Gegenstand politischer Sorge.[77]

Dabei geht es darum, die »Berechenbarkeit, Kompatibilität einer Bevölkerungsgruppe und ihrer Wertorientierungen«[78] sicherzustellen. Dass es kulturell grundsätzlich inkompatible Ebenen geben könnte, wie im Multikulturalismus behauptet, steht hier nicht zur Debatte. Denn Ziel des Diskurses ist es, »die friedlichen Muslime als Gegner des islamistischen Extremismus zu gewinnen«.[79] Diese spezifische Form der Integrationspolitik macht der Religionssoziologe Bryan S. Turner zu Beginn und Mitte der 2000er Jahre für den westeuropäischen Raum insgesamt aus. Den Islam teilt er dabei auf in *upgrading* (»moderate Muslims«) und *enclaving Islam* (»extremist Muslims«). Den kritischen und kompatiblen Islam gilt es zu fördern, den potentiell fundamentalistischen und extremistischen über Präventionsmaßnahmen zu fixieren und einzuschließen.[80] In dieser staatspolitischen Richtung hält Tibi im Sommer 2002 im *Tagesspiegel* bereits fest, dass seit dem

---

75 Tezcan (2012): S. 183.
76 Löffler (2011): S. 182.
77 Tezcan, Levent (2012a): *Das muslimische Subjekt. Verfangen im Dialog der Deutschen Islam Konferenz*, Konstanz: Konstanz University Press, S. 163f.
78 Ebd., S. 165.
79 Ebd., S. 167.
80 Siehe hierzu: Turner, Bryan S. (2007): »Managing Religions. State Responses to religious Diversity«. In: *Content Islam*, 2007/1, S. 123–137.

11. September 2001 eines feststehen würde: »dass das Erlernen der Sprache allein noch kein Indikator für eine gelungene Integration ist«. Muhammad Ata sprach perfekt Deutsch.[81] Gegen eine solche Politik der Durchleuchtung und die »fieberhafte Suche des Westens nach dem ›gemäßigten Muslim‹« wendet sich Amartya Sen in seiner bekannten und vielzitierten Publikation *Die Identitätsfalle*. Man verwechsle in dieser Angelegenheit die »Mäßigung in den politischen Anschauungen« mit der »Gemäßigtheit« des religiösen Glaubens. Denn jemand »kann einen starken – islamischen oder anderen – religiösen Glauben und zugleich eine tolerante politische Einstellung haben«.[82] Diese Gleichberechtigung von Inkompatiblem steht in den 2000er Jahren nicht mehr zur Disposition. Ein ordnungs- und verfassungsnahes Leben geht auch mit toleranten Positionierungen einher.

Daher geht auch der Kulturbegriff in den 2000er Jahren über die integrationspolitische Ebene hinaus. Kultur wird zu einem allgemeinen Beobachtungsschema von Praktiken. Kulturwissenschaftlich vertritt diese Position Dirk Baecker in seiner bekannten Publikation *Wozu Kultur?* von 2003. An die Stelle der interkulturellen Kompetenz, die hilft, auf Vorurteilen basierende Asymmetrien abzubauen und ein Verstehen oder ein Anerkennen des Anderen zu entwickeln, setzt er auf die kulturelle Kompetenz, mit der alle möglichen Praktiken und Verhaltensweisen verglichen werden könnten.[83] Baecker will ein Beobachtungsverfahren entwickeln, das Kultur nicht anhand von Herkunft und Gesetzen beschreibt, sondern als einen Möglichkeitsraum, durch den sie von der Ankunft her gedacht wird. Diese Idee findet sich auch in politischen, literarischen und filmischen Erzählungen der Migration der Zeit.[84] Allen geht es darum, unterschiedliche

---

81 TIBI, Bassam (2002): »Zwischen den Welten. Wir müssen den hier praktizierten Islam verwestlichen, so wie Deutschland nach 1945 verwestlicht worden ist«. In: *Transit Deutschland*, S. 303–307, hier S. 305. Auch Zafer Şenocak begreift die Funktion der Sprache Mitte der 2000er anders als noch in den 1990er Jahren. Die Übersetzung diente beispielsweise in *Gefährliche Verwandtschaft* dazu, mit literarischen Mitteln Inkompatibilität herzustellen; Şenocak wollte mit dem öffentlich machen der Herstellung von Inkompatibilität zeigen, dass es an sich keine Trennung der Kulturen gibt. Am 20. Juli 2005 schreibt er hingegen in *Die Welt*, dass antipodisch zueinander stehende Welten eine »übersetzende Kraft« bräuchten. Der Zweck der Übersetzung liege dabei »nicht in der Nivellierung von Unterschieden, wohl aber im Transfer von unterschiedlichen Deutungen«. Jede Übersetzung ist für Şenocak nun »eine Deutung, die Beleuchtung eines Begriffs aus unterschiedlichen Perspektiven. Wenn die Leuchtkraft abnimmt, bleibt vieles im Dunkeln. Aus dem Dunkeln wachsen Ängste und Aggressionen.« Siehe hierzu: ŞENOCAK, Zafer (2005): »Die Hilflosigkeit des religiösen Dialogs«. In: *Die Welt*, https://www.welt.de/print-welt/article683574/Die-Hilflosigkeit-des-religioesen-Dialogs.html (09.03.2018).
82 SEN, Amartya (2007): *Die Identitätsfalle. Warum es keinen Krieg der Kulturen gibt*, München: Beck, S. 31.
83 Siehe hierzu: BAECKER, Dirk (2003): *Wozu Kultur?*, Berlin: Kadmos.
84 Siehe hierzu: Ebd., S. 31.

Praktiken zu vergleichen. Das heißt aber auch, dass sich der Möglichkeitsraum von Kultur zuvorderst aus neuen Praktiken und nicht aus neuen Sprechweisen oder neuen Verstehenszusammenhängen ergibt. Die Sichtbarkeit im öffentlichen Raum ist ausschlaggebend.[85]

Für die bekannten Soziologen und Ethnologen Andreas Wimmer und Rogers Brubaker stehen ethnische Gruppenbezeichnungen und Identitätsbestimmungen ebenfalls am Ende von sozialen Prozessen, nicht an deren Anfang. »Kultur« begreift Wimmer weder als »Setzung« noch als einen »anonymen Diskurs« oder einen »Kontraktersatz«.[86] Einem klassischen und postmodernen Kulturbegriff entgegengesetzt, mit dem sich intrakulturelle Varianzen analytisch nicht beschreiben ließen, definiert Wimmer 2005 Kultur als »einen offenen und instabilen Prozeß des Aushandelns von Bedeutungen, der im Falle einer Kompromissbildung zur Abschließung sozialer Gruppen führt«.[87] Wie Asad geht auch Wimmer von der im Akteur verinnerlichten Kultur aus. Er bedient sich für seine Theorie der Grenzziehungen eines modifizierten Habitusbegriffs, der »zwischen einer Theorie zweckrationalen Handelns und dem Modell normativ-kultureller Prägung vermitteln« soll.[88] Am Ende des Prozesses zwischen Innen und Außen, zwischen Prägung, Interessen und den Prägungen und Interessen des Anderen

---

[85] Der Historiker und Kulturwissenschaftler Jörn Rüsen möchte zur selben Zeit wie Dirk Baecker einen Zugang zu Geschichte und Erinnerung entwickeln, der »den Sinn der Geschichte von einer Zukunft her erschließt«. Der Weg zur Geschichte als kulturelle Orientierungsressource setze zunächst »schlicht und einfach durch Erzählen« ein, durch das Sichtbarwerden dessen, was geschehen sei. Der »vor Augen gerückte Schrecken muß als Erfahrung so durchgearbeitet werden, daß er zur Handlungsmotivation für sein Gegenteil wird, d. h. sich als Schubkraft für Sinnbildung auswirkt«. Bedingung für diese Arbeit an der Vergangenheit ist für Rüsen, dass die historische Analyse im Gegensatz zur traditionellen Geschichtsforschung auf die Zukunft ausgerichtet ist und nicht auf Herkunft und Ursprünge. RÜSEN, Jörn (2002): *Kann gestern besser werden? Essays zum Bedenken der Geschichte*, Berlin: Kadmos, S. 20; S. 42 u. S. 44. Tatsächlich spielt die Geschichte der Migration in den filmischen und literarischen Erzählungen der 2000er Jahre, vor allem als soziales Gedächtnis, eine herausragende Rolle, wie noch zu zeigen sein wird. »Soziales Gedächtnis« ist nach Aleida Assmann abhängig von Interaktionen und Erinnerung der Akteure, die es weitergeben. »Mit dem Tode der lebendigen Träger löst sich ein soziales Gedächtnis immer wieder auf.« Von dieser Form des Gedächtnisses unterscheidet Assmann das kollektive Gedächtnis, das sich in der Regel durch staatstragende Rituale konstituiert und historische Ereignisse lediglich aus einer einzigen und spezifisch interessierten Perspektive wahrnimmt. Im Unterschied zum sozialen Gedächtnis erlaubt es keine Mehrdeutigkeit der Ereignisse und »reduziert sie auf mythische Archetypen«. Siehe hierzu: ASSMANN, Aleida (2007): *Geschichte im Gedächtnis. Von der individuellen Erfahrung zur öffentlichen Inszenierung*, München: Beck, S. 19.
[86] WIMMER, Andreas (2005): *Kultur als Prozess. Zur Dynamik des Aushandelns von Bedeutungen*, Wiesbaden: Verlag für Sozialwissenschaften, S. 13.
[87] Ebd., S. 32.
[88] Ebd., S. 34.

steht bei Wimmer ein »kultureller Kompromiss«, auf den erst der Akt der sozialen Schließung folgt und mit ihm die ethnische Selbstbeschreibung. Dieser Form kultureller Verhandlungen durch Interaktionen gehen historische Transformationen und Diffusionen kultureller Ordnung voraus. Der »Strukturzyklus« von Prägung, Aushandlung und Kompromiss gelangt zu seinem Höhepunkt, wenn dieser Prozess ein »Maximum an Gestaltungskraft und Ausdifferenzierung erreicht«. Da aber Kultur Prozess bleibt, mündet dieser Zustand dann wieder in »eine Phase konfliktiver Auseinandersetzungen, welche wiederum den Boden für einen neuformulierten und rekonstruierten kulturellen Kompromiß bereiten«.[89]

Der am Ende genannte Verweis auf den »Boden« fällt nicht zufällig, denn nach Wimmer ist für einen gelingenden Aushandlungsprozess ein »neues Verhältnis zur Territorialität« nötig. Individuen können auch einzeln auf »Wanderschaft« gehen, schreibt Wimmer weiter, »weil sie eine reflexive Distanz zu den eigenen kulturellen Prägungen [einnehmen] und diese kreativ neu zu interpretieren vermögen«.[90] Dies bezeichnet Wimmer als »Pragmatik der kulturellen Produktion«. Diese Koordination im Raum und auf Territorien ist in Filmen und literarischen Texten jener Zeit ebenfalls konstitutiv. Wir werden noch sehen, welch besondere Bedeutung Landschaften, Orte, Straßen und Dinge in Relation mit kulturellen Markern in den Erzählungen einnehmen. Anders als in den 1990ern wissen wir als Zuschauer und Leser fast immer, wohin die Akteure gehen und aus welchem Grund. Dieses Wissen rahmt die erzählten Geschehnisse. Die Erzählungen entwickeln zwar eine reflexive Distanz zu kulturellen Markern, doch ohne diese, wie in den 1990er Jahren, in Frage zu stellen oder zu unterlaufen.[91] Die Perspektive ist vielmehr vom Umgang mit kulturellen Unterscheidungsmerkmalen bestimmt.

Wie Andreas Wimmer schlägt auch Rogers Brubaker vor, ethnische Gruppenbezeichnungen als Ergebnisse sozialer Prozesse zu verstehen. Die »machtvolle Kristallisation des Gruppengefühls« resultiere aus einer »Praxis der Verdinglichung«.[92] So könnten Ethnizität, Rasse oder Nation »nicht auf wesenhafte Gruppen oder Gebilde bezogen« werden. Auch hier sind es »praktische Kategorien, situatives Handeln, kulturelle Redensarten, kognitive Schemata, diskursive Deutungsmuster, organisatorische Routine, institutionelle Formen, politische Projekte und zufällige Ereignisse«, die bestimmen, was Ethnizität und Kultur sind. Brubaker geht so weit zu behaupten, dass Ethnizität bereits Kognition sei,

---

89 Ebd., S. 47.
90 Ebd., S. 48.
91 Siehe hierzu: EZLI, Özkan (2006): »Von der Identitätskrise zu einer ethnografischen Poetik. Migration in der deutsch-türkischen Literatur«. In: *Literatur und Migration*, Sonderband edition text+kritik, München, S. 61–73.
92 Ebd., S. 21.

also die Wahrnehmung, das Sehen von etwas. Nach Brubaker lässt sich aus dieser Perspektive zeigen, wie identitätspolitische Zu- und Selbstbeschreibungen konstruiert werden – statt im Sinne einer postmodernen Logik einfach zu behaupten, dass sie konstruiert sind.[93] Für ihn ist wichtig zu beobachten, nicht wie Gruppen funktionieren, sondern wie mit Kategorien umgegangen und gearbeitet wird. Oft würden Kategorien mit Gruppen verwechselt und dabei der Alltagskontext vernachlässigt. »Deshalb ist es wichtig, um zu begreifen, wie Ethnizität funktioniert, [...] nicht mit den ›Rumänen‹ und den ›Ungarn‹ anzufangen, sondern mit ›rumänisch‹ und ›ungarisch‹ als Kategorien«, die immer im Verwendungszusammenhang auftauchen, nicht nur sprachlich, sondern auch praktisch.[94] Kategorien brauchen nach Brubaker »Biotope mit Artenschutz, in denen sie überleben und gedeihen können«.[95] Ähnlich wie Asad und Wimmer geht es auch in dieser Theorie um neue Verhältnisse: zur Territorialität, zur Praxis und zum Gebrauch der Marker, die kulturelle und politische Integration zusammenführen, und um eine neue Sichtbarkeit von Kultur.

Nach Amartya Sen darf es nicht mehr ausschließlich darum gehen, hybride Identitäten anzuerkennen; wichtig sei die Art und Weise des Umgangs mit einer Vielzahl von Identitäten. Denn die Akteure sind mehr als hybride Identitäten: Sie sind Mitglieder einer Vielzahl von Gruppen über die »Staatsangehörigkeit, Wohnort, geografische Herkunft, Geschlecht, Klassenzugehörigkeit, politische Ansichten, Beruf, Arbeit, Eßgewohnheiten, sportliche Interessen, Musikgeschmack, soziale Engagements usw.«.[96] Trotz der Vielfalt dieser Zugehörigkeiten gilt nach Sen: »Wenn man als Araber oder Muslim wahrgenommen wird, muß man immer noch entscheiden, welche Bedeutung man dieser Identität im Vergleich zu den anderen Kategorien beimißt, denen man ebenfalls angehört.«[97] Kultur oder die Entdeckung kultureller Eigenheiten ist für Sen keine Schicksals-, sondern eine Entscheidungsfrage.[98] Entscheidungen beruhen dabei nicht immer auf der freien Wahl zwischen Positionen, sondern darauf, dass trotz einer belasteten Position oder Identität, wie Muslim zu sein, »Wahlmöglichkeiten« bestehen.[99] Im Sinne der Verhandlung bei Wimmer verlangt die Wahl also nicht, »daß wir aus dem Nichts irgendwohin springen, aber sie kann dazu führen, daß wir uns

---

93 Ebd., S. 32.
94 Ebd., S. 37.
95 Ebd., S. 44. Siehe hierzu auch: EDER u. a. (2004): S. 15.
96 SEN (2006): S. 20.
97 Ebd., S. 22.
98 Ebd., S. 53. Siehe hierzu auch: GRAY, John (2002): *Two Faces of Liberalism*, New York: New Press, S. 121.
99 SEN (2006): S. 49.

von einer Stelle zur anderen bewegen«.[100] Für diese Bewegungen, die andere sind als in den 1990er Jahren – dort ging es vor allem darum, zunächst eine Position überhaupt zu finden, muss nun eine Ordnung sichtbar gemacht, müssen Straßen benannt und Orte bestimmt werden. Ihr Medium ist in den 2000er Jahren das Verhandeln von Werten und ihre darauffolgende Bewahrung.

Steven Vertovec stellt die Diversität ebenfalls in einen Verortungszusammenhang. Wie viele andere verabschiedet er sich wissenschaftlich vom Begriff des Multikulturalismus »because of its ›catch all‹ and confusing quality«.[101] Die Abkehr hat aber noch weitere Gründe: In den Debatten, die auf den 11. September 2001, auf den Mord an Theo van Gogh, die Anschläge in Madrid und London, auf die Straßenschlachten 2005 in den Banlieues in Paris und auf den Karikaturenstreit folgen, wird der Multikulturalismus der 1990er Jahre als zentrale Ursache für diese Konflikte gesehen. Er habe, wie in Habermas' Interpretation, die Gruppen voneinander getrennt statt sie zusammenzuführen. Das Konzept lehne gemeinsame Werte ab, verleugne Probleme, unterstütze respektlose, beleidigende und *unerhörte* Praktiken und sei letztendlich der »heaven for terrorists«.[102] In diesem Zusammenhang konstatiert der Soziologe Christian Joppke, dass in den Einwanderungsländern Großbritannien, den Niederlanden und Australien ein Übergang vom Multikulturalismus zu »civic integration« eingesetzt habe.[103] Man spreche sich nun für einen neuen Realismus (»new realism«) aus. Dessen Grundlage sei Kultur als Diversität; Besonderheiten und Spezifika rücken in den Vordergrund.

Dass Fragen der Integration zunehmend kulturell codiert werden, zeigt sich in England beispielsweise am Übergang von der »social cohesion« zur »community cohesion«, die als neue Maxime der Integrationspolitik firmiert.[104] Der Begriff »diversity« wird beispielsweise im Strategiepapier *Improving Opportunities, Strengthening Society* der britischen Regierung von 2005 auf 54 Seiten 34 Mal genannt; im Nationalen Integrationsplan der deutschen Bundesregierung von 2007 lesen wir »Diversität« auf 202 Seiten 84 Mal.[105] Diese politischen Maßnahmen verdeutlichen wie die öffentlichen Debatten der 2000er Jahre insgesamt, wie sehr die Folgen der Migration in den europäischen Einwanderungsländern, und besonders in Deutschland, über den Begriff der Diversität bzw. Vielfalt mit der

---

100 Ebd.
101 VERTOVEC, Steven/WESSENDORF, Susanne (2010): »Introduction. Assessing the backlash against multiculturalism in Europe«. In: *The Multiculturalism Backlash. European Discourses, Policies, and Practices*, London: Routledge, S. 1–31, hier S. 14.
102 Ebd., S. 13.
103 JOPPKE, Christian (2004): »The retreat of multiculturalism in the liberal state: theory and policy«. In: *The British Journal of Sociology*, 2004 Volume 55 Issue 2, S. 239–257, S. 243.
104 Ebd., S. 18.
105 Ebd., S. 18.

Integration verknüpft, ja fast unlösbar mit ihr verschränkt werden. Wenn in den 1990er Jahren mit den Thesen und Annahmen des Multikulturalismus Integration weder auf die Herstellung einer kulturellen Homogenität zielen, noch andere kulturell bedingte Prägungen ausschließen durfte, ist der Zusammenhang von Vielfalt und Integration nach dem 11. September ein anderer.

Das Ziel dieses politischen Umdenkens ist eine Präventionspolitik, die vor den Gefahren des islamistischen Terrorismus schützen soll. Im Zentrum steht dabei der Gedanke, dass es nicht einfach ausreicht, sich zum Grundgesetz zu bekennen, sondern es gilt, dieses sichtbar zu leben. Säkulare und kritische Muslime fordern dies selbst ein. Im Zusammenhang der DIK konstatieren die Aleviten, dass sie nicht nur rechtstreu seien, »sondern auf dem Boden der demokratisch-freiheitlichen Grundordnung« stünden. Diese Verbindung von Innen, Außen, Praxis und dem Boden, auf dem man steht, veranschaulicht den Zusammenhang von Integration und den Folgen der Migration in den 2000er Jahren. Folglich setzen die genannten Theorien zur Diversität (Vertovec, Asad, Wimmer) auf Praktiken. Die Zeit sei gekommen, so Vertovec, »to re-valuate […] the nature of contemporary diversity«.[106] Dazu gehöre der komplexe Zusammenhang zwischen Integration und Transnationalismus; und zugleich, dass »new immigrants clearly are getting on with developing a new life, livelihood, social ties and political interests in their places of settlement«.[107] Auf der Basis dieser Bindung zwischen Transnationalismus, und Aneignung und des sich am Ort der Ankunft orientierenden Lebens, erfindet Vertovec den Begriff der Superdiversität: »Social cohesion and national identity can coexist with valuing diversity in the public sphere, as well as offering programmes to recognise and support cultural traditions, and institutional structures to provide ethnic minority community representation – all without reference to the M-word«.[108]

Der Integrationstheoretiker Hartmut Esser, der sie bis dahin durchweg vernachlässigte, greift ab Mitte der 2000er Jahre ebenfalls auf die Kategorie der Kultur zurück. Vorher hatte es für ihn nur zwei Enden des Assimilationsprozesses gegeben: entweder die Assimilation als Aufstieg in die Mittelschichten der Aufnahmegesellschaft oder die ethnische Schichtung als dauerhafter Abstieg und als »Mobilitätsfalle«. Nun spricht er von »selektiver Akkulturation«.[109] Damit

---

106 VERTOVEC, Steven (2010): »Towards Postmulticulturalism? Changing Communities, conditions and contexts of diversity«. In: *International Social Science Journal*, Volume 61, Issue 199, March 2010, S. 83–95, hier S. 86.
107 Ebd., S. 90.
108 Ebd., S. 94.
109 ESSER, Hartmut (2008): »Assimilation, ethnische Schichtung oder selektive Akkulturation? Neuere Theorien der Eingliederung von Migranten und das Modell der intergenerationalen Inte-

sei »unter Nutzung und Beibehaltung der ethnischen Ressourcen und Identitäten ohne Aufgabe der ethnischen Identität« ein sozialer Aufstieg möglich.[110] Sozialer Aufstieg und »eine starke ethnische Einbettung und Orientierung« widersprechen sich also nicht mehr.[111] Eine herausragende Rolle spielt dabei für Esser der Übergang von einem »boundary crossing«, wie es die klassische Assimilationstheorie auszeichnete, zu einem »boundary blurring«, das den veränderten Gebrauch kultureller Marker oder den Prozess ihrer Auflösung genauer beschreibbar macht.[112] Letzteres kann etwa dazu führen, dass sich die kulturelle Auffälligkeit (,Salienz') auf andere Gruppen verlagert, wie sich beispielsweise am kritischen und aufgeklärten Islam zeigt. Um diese Prozesse und die Mechanismen hinter diesen Vorgängen präzise beschreiben und dadurch womöglich wieder eine allgemeine Theorie der Integration entwickeln zu können, schlägt Esser vor, den Weg einer »intergenerationalen Integration« zu gehen, d. h. sich genauer die Familiengeschichten im Kontext der Folgen der Migration anzusehen.[113] Spannenderweise spielt das Thema der Familie als intergenerationale Konstellation im Unterschied zu den 1990er Jahren in allen literarischen und filmischen Erzählungen der 2000er Jahre eine zentrale Rolle.[114] Esser geht es, das sei abschließend festgehalten, nicht um die logische Entwicklung einer modernen und ausdiffe-

---

gration«. In: *Kölner Zeitschrift für für Soziologie und Sozialpsychologie*, Heft Sonderheft, S. 81–107, hier S. 82.
110 Ebd.
111 Ebd., S. 103.
112 Ebd., S. 86.
113 Diesen intergenerationalen Zugang hält auch Andreas Wimmer für vielversprechend, um die Verschiebung kultureller Grenzziehungen als Ergebnisse und nicht als Enden zu begreifen. »Das bestmögliche Forschungsdesign wäre wohl eine Panelstudie, die Immigranten aus demselben Herkunftsland (oder -dorf/-region) über mehrere Dekaden, idealerweise Generationen hinweg verfolgt.« Siehe hierzu: WIMMER, Andreas (2008): »Ethnische Grenzziehungen in der Immigrationsgesellschaft. Jenseits des Herderschen Commonsense«. In: *Kölner Zeitschrift für für Soziologie und Sozialpsychologie*, Special Issue 48, S. 57–80, hier S. 74.
114 Auch publizistische und dokumentarische Arbeiten nehmen die erste Generation und das Verhältnis zwischen erster und zweiter Generation eingehend in den Blick. Siehe hierzu: AKIN, Fatih (2000): *Wir haben vergessen zurückzukehren*, Dokumentarfilm, Deutschland, Bayrischer Rundfunk. VETTER, Marcus Attila (2005/06): MEIN VATER DER TÜRKE, Dokumentarfilm, Deutschland, SWR. BADEMSOY, Aysun (2005): *Am Rande der Städte*, Dokumentarfilm, Deutschland; PRIESSNER, Martina (2010): *Wir sitzen im Süden*, Dokumentarfilm, Deutschland. CIL, Hasan (2003): *Anfänge einer Epoche. Bir Dönemin Başlangçları*, Berlin: Hans Schiler. SPOHN, Margret (2002): *Türkische Männer in Deutschland. Familie und Identität. Migranten der ersten Generation erzählen ihre Geschichte*, Bielefeld: transcript. RICHTER, Michael (2004): *gekommen und geblieben. Deutsch-türkische Lebensgeschichten*, Hamburg: Edition Koerber Stiftung. GODDAR, Jeannette/HUNEKE, Dorte (2011): *Auf Zeit. Für immer. Zuwanderer aus der Türkei erinnern sich*, Köln: Kiepenheuer & Witsch.

renzierten Gesellschaft oder die rationale Anpassung an ein Mehrheitssystem.[115] Auch wenn er in seiner theoretischen Neuausrichtung am Assimilationsbegriff festhält, geht er wie die anderen Wissenschaftler der Zeit von der Alltagspraxis aus. Nicht mehr ein System gibt die sozialen Gesetzmäßigkeiten vor, sondern nun sind es »die Gesetzmäßigkeiten des situationsorientierten Handelns der menschlichen Akteure«.[116]

Diese Spannung zwischen dem Wunsch, eine allgemeine soziale Theorie zu entwerfen, und der situationsbezogenen Alltagspraxis resultiert aus der Vielfalt, die sich in den vergangenen 50 Jahren in der Bundesrepublik entwickelt hat und die nun als allgemeines Faktum angenommen wird. Dieser allgemeine Befund ist mit einem gesellschaftlichen Stillstand gekoppelt, der eine Projektion der Entwicklung auf ein bestimmtes Ziel sehr erschwert, ja fast unmöglich macht. Vielfalt wirkt dadurch wie eine neue Art und Weise der Homogenisierung. Denn aus dem Besonderen soll nun das Allgemeine entworfen werden. Dass damit zugleich ein schwacher Gesellschaftsbegriff verbunden ist, zeigt sich auch an den Überlegungen von Nina Glick-Schiller. Die Transnationalismusforscherin führt etwa den Begriff der *incorporation* ein. Damit will sie, wie Hartmut Esser, »analytisch die eher kleinteiligen Verbindungen zwischen Personen, Netzwerken und Institutionen, die alltäglich zu beobachten sind«, erschließen.[117] Auch in der aktuellen »reflexiven Wende der Migrationsforschung« steht nicht mehr die Kultur einer ethnischen Gruppe im Mittelpunkt. Es geht vielmehr darum, »die Konstruktion sozialer Realität als Zusammenspiel von sozialer Praxis und kulturellen Wissensbeständen zu rekonstruieren«. Denn die Gesellschaft lässt sich nicht mehr mit Adjektiven wie ›integriert‹, ›zentriert‹ und ›homogen‹ beschreiben, eher als ›fragmentiert‹, ›dezentriert‹ und ›differenziert‹«.[118]

Die theoretischen Texte, die im Umfeld des Begriffs »Postmigration« Ende der 2000er Jahre entstehen, konstatieren eine Differenz zwischen der öffentlichen Semantik von Migration und Integration in der Bundesrepublik und der All-

---

115 Siehe hierzu: ESSER, Hartmut (1980): *Aspekte der Wanderungssoziologie. Assimilation und Integration von Wanderern, ethnischen Gruppen und Minderheiten – eine handlungstheoretische Analyse*, Darmstadt: Luchterhand.
116 ESSER (2008): S. 104.
117 GLICK SCHILLER, Nina/BASCH, Linda/BLANC-SZANTON, Cristina (2014): »Transnationalismus. Ein neuer analytischer Rahmen zum Verständnis von Migration«. In: *Transkulturalität. Klassische Texte*, hg. v. Andreas Langenohl, Ralph Poole und Manfred Weinberg, Bielefeld: transcript, S. 139–154, S. 144.
118 NIESWAND, Boris/DROTBOHM, Heike (2014): »Einleitung. Die reflexive Wende in der Migrationsforschung«. In: *Kultur, Gesellschaft, Migration. Die reflexive Wende in der Migrationsforschung*, Heidelberg: Springer, S. 1–37, S. 13. Dieser Zugang wird als »methodologischer Kulturalismus« beschrieben. Seine Analysemittel sind die der narrativen Deskription und der Praxeologie.

tagspraxis der Akteure mit Zuwanderungsgeschichte und Migrationshintergrund. Besonders nach der Sarrazin-Debatte weist man darauf immer wieder hin.[119] Wie in der Publikation zur »reflexiven Wende in der Migrationsforschung« steht die produktive Krise der Unterscheidung Ausländer/Einheimischer, des Gesellschafts- und zugleich Kulturbegriffs, den die Migrationsforschung bisher selbst geprägt und auch mitbestimmt hat, im Vordergrund.[120] Auch Theoretiker der Postmigration wollen folglich die Migrationsforschung aus ihrer bisherigen Sonderrolle herauslösen und sie als Gesellschaftsanalyse etablieren. Damit hängt erneut ein schwacher Gesellschaftsbegriff zusammen. So begreift etwa Regina Römhild Migration vielmehr als Perspektive und nicht mehr als Gegenstand[121] – ähnlich wie der oben genannte Brubaker Ethnizität nicht mehr als Gegenstand, sondern als Kognition begreift. Auch Postmigration bezieht sich demnach auf Zwischenräume, »in denen weltweite Querverbindungen zusammenlaufen und sich zu Alltagskontexten verdichten«.[122] Dieser Zugang zur Migration bestimmt auch die große Ausstellung *Projekt Migration*, die anlässlich von 50 Jahren Arbeitsmigration nach Deutschland im Jahr 2005 in Köln stattfand. Die Kuratoren und Herausgeber des voluminösen Begleitkatalogs haben vor, den »nationalen Blick umzukehren«. Denn nach ihrer Ansicht »gebraucht« die Nation den Anderen, »um sich selbst ins Zentrum zu setzen«. Dieser Einsatz sei die Grundlage der »Erzählung von der Mehrheit und ihren Minderheiten«. Es ist die Form »des Nationalstaats: die geschlossene Container-Gesellschaft, in der die Herkunft über Zugehörigkeit und Partizipation entscheidet«. Die Ausstellung und das Buch *Projekt Migration* stehen folglich für »den Versuch, zu einer neuen Einschätzung und Bewertung zu kommen: den nationalen Blick umzukehren und Migration selbst als eine zentrale Kraft gesellschaftlicher Veränderung sichtbar zu machen«.[123]

---

119 Thilo Sarrazin arbeitet in seiner aufsehenerregenden Publikation *Deutschland schafft sich ab* aus dem Jahr 2010 mit den Mitteln der Entortung und Verortung im Kontext der Migration. Das siebte Kapitel in seinem Buch, das sich ausschließlich um Einwanderung dreht, beginnt er mit den Worten, dass der Mensch ein »territorial orientiertes Wesen« sei. Doch gerade die Muslime, die bedingt durch Migration seit 50 Jahren in Deutschland leben, scheinen keinen Ort zu haben. Siehe hierzu: Ezli (2010).
120 Nieswand/Drothbohm (2014): S. 3.
121 Siehe hierzu: Yıldız, Erol (2014): »Postmigrantische Perspektiven«. In: *Nach der Migration. Postmigrantische Perspektiven jenseits der Parallelgesellschaft*, hg. v. Erol Yıldız, Marc Hill, Bielefeld: transcript, S. 19–48.
122 Ebd., S. 24.
123 Frangenberg, Frank (2005): *Projekt Migration. Ausstellungskatalog des »Projektes Migration« im Kölnischen Kunstverein vom 29. September bis 15. Januar 2006*, Köln: Dumont, S. 16. Der *Zeit*-Autor Ulrich Deuter hält fest: wo die »gedanklichen und migrationsfreundlichen Positionen« der Autoren im Buch »denkbar« seien, sei die Ausstellung, »wo sie Geschichte dokumentiert, ordentlich, wo sie künstlerischen Standpunkten Raum gibt, hingegen oft mut- und einfallslos«.

Dies stellt einen wesentlichen Unterschied dar zum Weltverbundenheitsgefühl der 1990er Jahre. In Akıns und Arslans Filmen, in Zaimoğlus Kanak Sprak und Özdamars surrealer Poetik hängen Bruce-Lee-Plakate an der Wand, und der Konsum dieser und anderer Filme, der Bruch mit der Sprache und mit den Bildern führten zu der Vorstellung, dass man mit der Welt verbunden sei. In den 2000er Jahren wird diese Globalisierung vorausgesetzt und in den nun eigentlich wichtigen Beobachtungsgegenstand, in den Alltag, in die Praktiken zurückgeführt. Die Welt stand in den 1990er Jahren für neue Räume; in den 2000ern wird sie im Alltag verortet. An die Stelle des Raumes tritt also der Ort, der nicht unbedingt bindet oder neue Bewegungen freisetzt, sondern zunächst einmal nach der Ordnung fragt. Dazu passt, dass postmigrantische Forscher verlangen, dass die Zahl der Beschäftigten im Öffentlichen Dienst, der Journalisten, Räte deutscher Städte und Beschäftigter in Führungspositionen deutscher Stiftungen mit Migrationshintergrund steigen muss, wenn sich im System der Bundesrepublik die Bevölkerung spiegeln soll.[124] Dies hat in den 1990er Jahren kaum ein Befürworter des Multikulturalismus verlangt. Aber auch das Ziel der Akteure in Film und Lite-

---

Zum Gesamteindruck der Ausstellung resümiert er: »Fotografien von Türken im öffentlichen und im privaten Raum (Candida Höfer, Brigitte Kraemer) von Tauschwirtschaft auf Berliner Polenmärkten (Wolfgang Tillmans) sind ästhetisch hochwertige Produkte, verblassen jedoch auf nicht verdiente Weise angesichts des realen Lebens in der Migrationsgesellschaft direkt draußen vor der Tür – es hätten viel mehr sein müssen, um das fremde Leben mit den Mitteln der Fotokunst zu nobilitieren, aus der ›Schwemme‹ Individuen zu machen«. Siehe hierzu: DEUTER, Ulrich (2005): »Das Projekt Migration in Köln«. In: *DIE ZEIT*, 05.11.2005. Siehe auch: http://www.kulturwest.de/kulturpolitik/detailseite/artikel/transit-europa/ (19.09.2018). Eine ähnliche Kritik an der Ausstellung findet sich in: WOLBERT, Barbara (2010): »›Studio of Realism‹. On the need for Art in Exhibitions on Migration History«. In: *Forum: Qualitative Social Research. Sozialforschung*, http://www.qualitative-research.net/index.php/fqs/article/view/1483/2996 (19.09.2018). Bemerkenswert ist im Zusammenhang des Ausstellens von Migration und ihrer Geschichte in der Bundesrepublik, dass in Kadir Sözens Film ZEIT DER WÜNSCHE von 2004 der Protagonist, ein Gastarbeiter der ersten Stunde in der Bundesrepublik, erst in einer Zeche arbeitet, dann Fotograf wird und in der Erzählung des zweiteiligen Fernsehfilms zwei Ausstellungen zur türkischen Migration nach Deutschland realisiert. Siehe hierzu: SÖZEN (2004). Doch im Unterschied zu den »echten« Dokumentaristen der Migration wie Candida Höfer, Brigitte Kramer, Wolfgang Tillmanns und Vlassis Caniaris macht Sözens Fotograf vorwiegend Portraitaufnahmen. Bei den ersteren Fotografen stehen die Einwanderer der ersten Stunde in Interaktionszusammenhängen oder es werden die Dinge, die sie gebraucht haben und brauchen, abgelichtet. Siehe hierzu: SÖZEN (2004). Siehe auch: CANIARIS, Vlassis (1974): *Gastarbeiter – Fremdarbeiter*, Berlin: Neue Gesellschaft für Bildende Kunst Realismusstudio. Siehe hierzu auch die Fotografien von türkischen Gastarbeitern in: HÖFER, Candida (2013): *Düsseldorf*, Düsseldorf: Richter.
124 Siehe hierzu: FOROUTAN, Naika (2015): »Die postmigrantische Gesellschaft«. In: *Bundeszentrale für politische Bildung*, 20.04.2015, http://www.bpb.de/gesellschaft/migration/kurzdossiers/205190/die-postmigrantische-gesellschaft (27.03.2018).

ratur war nicht, sozialstrukturell aufzusteigen oder einen Aufstieg zu projezieren, sondern sich auszudrücken, zu behaupten und zu positionieren.

Mit der Perspektive der Postmigration wird bis heute nicht zwischen Raum (Möglichkeit) und Ort (Ordnung) unterschieden. So werden die drei zentralen Aspekte der Postmigration nebeneinandergestellt, ohne ihre spezifischen Konstellationen zu berücksichtigen. Diese Aspekte sind nach Erol Yıldız erstens die Notwendigkeit einer »Neuerzählung der Geschichte der Gastarbeiter«, zweitens die Aufarbeitung der unterschiedlichen Gegenstrategien der Nachfolgegenerationen gegen hegemoniale Bezeichnungspraktiken und drittens der soziale Aufstieg, der »auf eigene Rechnung« als Selbstständige oder über »transnationale Umwege« erfolgt sei.[125] Wie diese sehr unterschiedlichen kulturellen und ökonomischen Konstellationen zusammenhängen, warum und wie sie aufeinander folgen, bleibt leider unerwähnt und wird an keiner Stelle erläutert. Die Klammer, die bei Yıldız, aber auch bei Paul Mecheril alles zusammenhält, ist Bhabhas postkoloniale Theorie, in der »Brüche, Diskontinuitäten und Umwege eher den Regelfall darstellen als die Ausnahme« und als Potential deklariert werden.[126] Geht man davon für alle drei genannten Aspekte aus, dann versteht man »Selbstethnisierung« als eine Reaktion auf hegemoniale Benennungspraktiken. Zugleich ließen sich damit erfahrene Diskriminierungen verarbeiten, denen »Selbstethnisierungen« eine Gestalt zu geben vermögen.[127] Das Besondere an der Selbstethnisierung hier ist, dass die ethische Zugehörigkeit nicht von außen zugeschrieben oder von einer Gruppe oder Elite vorherbestimmt und vorgeschrieben wird. Sie entsteht im bewussten Einsatz kultureller Marker zur Selbstpositionierung in spannungsgeladenen Interaktionen. In der Essaysammlung *Eure Heimat ist unser Albtraum* hält die Dramatikerin Sasha Marianna Salzmann in ihrem Beitrag *Sichtbar* programmatisch fest, dass der »einzige Weg, der verhindert, dass das, was man ist, gegen einen verwendet wird«, das Sprechen über sich sei, »bevor es andere tun«.[128]

Im Spielfilm MEINE VERRÜCKTE TÜRKISCHE HOCHZEIT von 2007 wird die türkische Protagonistin Aylin von zwei deutschen Autorinnen, eine hat ein Buch mit dem Titel *Happy Single* veröffentlicht und die andere schreibt aktuell ein Buch zu Ehrenmorden und Zwangsehen in Berlin Kreuzberg, auf einer öffentlichen Veranstaltung gefragt, warum sich die türkischen Frauen das alles überhaupt gefal-

---

[125] YILDIZ, Erol (2014): »Postmigrantische Perspektiven«. In: *Nach der Migration. Postmigrantische Perspektiven jenseits der Parallelgesellschaft*, hg. v. Erol Yıldız und Marc Hill, Bielefeld: transcript, S. 19–48, S. 22.
[126] YILDIZ (2014): S. 30.
[127] Ebd., S. 31.
[128] SALZMANN, Sasha Marianna (2019): »Sichtbar«. In: *Eure Heimat ist unser Albtraum*, Berlin: Ullstein, S. 13–26, S. 13.

len ließen. Aylin selbst trägt kein Kopftuch, betet nicht, spricht perfekt deutsch, studiert Jura, lässt sich auch nicht zur Ehe zwingen und ist mit einem Deutschen zusammen. Sie kann also unmöglich die Adressatin der Fragen der deutschen Frauen sein. Dennoch erwidert sie wütend in einem beleidigten und zugleich ironischen Ton, dass sie zwar kein »happy Single«, aber dafür ein »happy Muslim« sei. Fast tweetartig hilft ihr hier der kulturelle Distinktionsmarker, nicht eine den sozialen Tatsachen aber ihren Gefühlen entsprechende Gegenposition einzunehmen. Auch ALMANYA. WILLKOMMEN IN DEUTSCHLAND, *Selam Berlin* und *Das Geheimnis meiner türkischen Großmutter* sind von einer solchen Mischung aus Wut und Ironie gekennzeichnet. Vor diesem Hintergrund wird klar, dass der Begriff der Postmigration die Funktion einer Kampfvokabel einnimmt. Mit ihm werden insbesondere Menschen mit Migrationshintergrund aber ohne eigene Migrationserfahrung angesprochen.[129] Der Kampf und Umgang mit Diskriminierungen unterscheidet sich dabei von denen der 1990er Jahre. Wenn man damals in einem Akt der Antidiskriminierung jegliche ethnische Zuschreibung, ob deutsch oder türkisch, in Frage stellte, gehört die Ethnie nun wesentlich zum Kampfeinsatz dazu.[130] Erst vor dem Hintergrund dieses Wandels von Raum zu Ort, von Ironie zu Ernst und Wut lässt sich begreifen, warum eine der bekanntesten Fürsprecherinnen der Postmigration, Naika Foroutan, im Jahr 2018 davon spricht, dass wir »unser Land« gegen die neue rechte Gefahr verteidigen müssten.[131] Auch wenn es nicht gleich zu setzen ist, war eine solche Rhetorik in den 1980er Jahren noch den konservativen Monokulturalisten vorbehalten.

So zeigt bereits der Unterschied in der Bearbeitung von Diskriminierungen zwischen den 1990ern und seit den 2000ern, dass die Geschichte der Diskriminierung in der Bundesrepublik weitaus komplizierter ist, als die Verkürzung auf die Negativerfahrungen mit einem postkolonialen Vokabular suggeriert. Arbeit, kulturelle Selbstbehauptung und sozialstruktureller Aufstieg können schon für sich genommen in ihren jeweiligen historischen und sozialpolitischen Konstellationen nicht so behandelt werden. Denn es gibt nicht nur eine narrative und biografische Differenz zwischen den Sätzen »Wir wollten alle Amerikaner werden«, »Wie lebt es sich als Türke in Deutschland«, »Wie lebt es sich in Deiner Haut?«

---

129 FOROUTAN, Naika (2010): »Neue Deutsche, Postmigranten und Bindungsidentitäten. Wer gehört zum neuen Deutschland?«. In: *Bundeszentrale für politische Bildung*, 08.11.2010, http://www.bpb.de/apuz/32367/neue-deutsche-postmigranten-und-bindungs-identitaeten-wer-gehoert-zum-neuen-deutschland?p=all (zuletzt 07.02.2019).
130 HOLTZ, Stefan (2007): »Bonusmaterial zu ›Meine verrückte türkische Hochzeit‹«. In: *Meine verrückte türkische Hochzeit*, DVD, Münster: Tubine Medien.
131 FOROUTAN, Naika (2018): »Es ist unser Land. Verteidigen wir es gemeinsam«. In: *Der Tagesspiegel*, 22.07.2018, https://www.tagesspiegel.de/politik/migrationsforscherin-naika-foroutan-es-ist-unser-land-verteidigen-wir-es-gemeinsam/22830476.html (19.09.2018).

und »Was lebst Du?«. Paradoxerweise führt der Fokus auf den Bruch, auf das Dezentrierte, der alle Aspekte der Postmigration anscheinend zusammenführt, nicht zu einer Gesellschaft, die sie alle rahmt, sondern zur Konstitution einander entgegengesetzter Gruppen.

Shermin Langhoff, von 2008 bis 2013 künstlerische Leiterin des von ihr so genannten »postmigrantischen Theaters« im *Ballhaus Naunynstraße* und seit 2013 Intendantin des Maxim-Gorki-Theaters, befand, dass in jeder gebrochenen Biografie Potential stecke. Wer den Bruch als Potential begreift[132], ökonomisiert ihn und bewegt sich zugleich weg von einer allgemeinen gesellschaftlichen Rahmung. Da stellt sich die Frage, was mit »ungebrochenen« Biografien gemeint ist? Und wann ist eine biografische Zäsur überhaupt ein Bruch? Wenn man den Eltern nicht genügen kann, weil sie schon als Professoren, Manager oder Ärzte sozialstrukturell ganz oben stehen oder wenn man eigentlich nur gewinnen kann, weil die Eltern seit jeher in Schicht- oder Reinigungsarbeit ihr Leben fristen? In den filmischen und literarischen Erzählungen der 2000er Jahre dient der Bruch keineswegs der Verarbeitung von Migration und ihren Folgen. Vielmehr haben wir es mit einem *übersetzten* und kompatibel gewordenen Bruch zu tun. Brüche sind Teil des neuen Marktes und der neuen Möglichkeiten. In den Erzählungen der 2000er Jahre sind es Praktiken, also Lebensweisen und Verhalten, die eine bindende und integrative Funktion erfüllen. Dass Praktiken, Zusammenleben und Alltag verstärkt in den Blick von Debatten, Theorien, Film und Literatur rücken, hängt mit dem bereits genannten Wandel vom Raum zum Ort zusammen.

Räume entstehen nach Michel de Certeau mit dem Gehen der Akteure. Räume bestimmen sich daher durch »Richtungsvektoren«, über Verweise und aus »Geschwindigkeitsgrößen«. Diese mobile Anlage mit der Verweiskraft des Raums lässt es zu, dass zwei unterschiedliche Dinge an ein und derselben Stelle sein können. Ein plastisches Beispiel hierfür ist, wie Sibel in Fatih Akıns Film GEGEN DIE WAND auf die Frage des Deutschen Nico, ob sie jetzt zusammen seien oder nicht, in einer einzelnen Sequenz als »moderne Deutsche« und als »traditionelle Türkin« reagieren und somit auch die ganze Spannung deutsch-türkischer Bindung entladen kann. Oder dass Bildikid in Atamans Film türkischer Macho und zugleich schwul ist. Gegen diese sowohl-als-auch-Struktur des Raums ist nach Certeau der Ort eine »momentane Konstellation von festen Punkten«. Im Unterschied zum Raum geht die Entstehung von Orten vom Sehen einer Ordnung aus, die in der Regel eine »aufgezwungene Ordnung« ist;[133] eine Ordnung, »nach

---

132 Aus: Yıldız, Erol (2019): »Postmigrantische Lebensentwürfe jenseits der Parallelgesellschaft«. In: *Migration bewegt und bildet. Kontrapunktische Betrachtungen*, hg. Alexandra Böttcher, Marc Hill und andere, Innsbruck: Innsbruck University Press, 13–28, S. 22.
133 Ebd., S. 352.

der Elemente in Koexistenzbeziehungen aufgeteilt werden«.[134] Nach dieser ist es nicht mehr möglich, »daß sich zwei Dinge an derselben Stelle befinden«.[135] Die Ordnung eines Ortes lässt auch nicht mehr offen, ob Erol aus Arslans GESCHWISTER nun aus patriotischen Gefühlen oder aufgrund seiner Schulden den Militärdienst in der Türkei antritt. Gerade in diesem Zusammenschluss von Inkompatiblem, der im eigenen Körper verortet war, lag der universale und politische Anspruch des Leitsatzes »Wie lebt es dich in Deiner Haut?«. In solch einer Konstellation konnte die Anrufung des Menschseins überzeugen. Doch an diese Stelle rückt nun die Frage, was man lebt und wofür das steht, was man tut. Schon dies führt dazu, dass Orten und Verortungen besondere Funktionen zukommen. Für Bhabha steht allerdings die Konzeption des Ortes diametral zum postkolonialen Zwischenraum. Dort, wo dieser Zwischenraum auf eine gemeinsame Gegenwart verweist, trennt der Ort die Akteure durch Fragen nach Zugehörigkeit und Besitz voneinander, unterscheidet sie dann beispielsweise in moderne und nichtmoderne Akteure.[136] Wir werden sehen, dass eine Bhabha'sche Analyse und Abwertung des Sichtbarmachens von Orten nicht mehr ausreichen, wenn Unterscheidungen wie modern und traditionell analytisch kaum noch greifen. Ein weiterer Grund liegt darin, dass Orte auch verräumlicht, in Bewegung gebracht werden können, wenn durch und mit ihnen gehandelt wird. Wir werden sehen, dass sich in den 2000er Jahren die Politik als System und das Politische als Feld genau auf dieser Achse bewegen: mit und an den Orten wird etwas gemacht bzw. werden Orte unsichtbar gehalten, mit dem politischen Ziel, die potentiellen Gefährder von den ungefährlichen, den kritischen, Muslimen unterscheiden zu können. Letztlich dominiert das politische System bis heute die Frage, wie man es durch die Kultur mit der Kultur hält, wie man mit den kulturellen und identitätspolitischen Markern umgeht. Anders formuliert interessiert nicht, was die Muslime an ihren Orten (den Moscheen) machen, sondern was sie dort sagen. Dabei wird übersehen, dass Predigt und Alltagspraxis in einem Gotteshaus diametral zueinanderstehen können, dass sozusagen auch nicht unbedingt streng religiöse oder gar nicht religiöse Menschen aus sozialer Gewohnheit in die Moschee gehen; die Verbindung solcher Inkompatibilitäten steht hier nicht mehr zur Disposition. Wer in die Moschee geht, ist religiös. Im Blick steht die sichtbare öffentliche Identität. Einige Filme und Texte nehmen diese Perspektive ein, andere stellen sie in Frage.

Film und Literatur wollen kein globales Weltverbundenheitsgefühl mehr darstellen, sondern fragen vielmehr danach, ob Kultur über bestimmte Formen verhandelbar ist oder nicht. In Züli Aladağs WUT ist sie beispielsweise nicht verhan-

---

134 Ebd., S. 347
135 Ebd.
136 BHABHA (2000), S. 219 u. 248.

delbar. Die titelgebende Wut des deutsch-türkischen Protagonisten Can auf den Wohlstand einer deutschen Familie und sein Empfinden, er werde immer noch als der kleine Türke gesehen, führt in dieser Erzählung zur Katastrophe.[137] Dabei tritt Can keineswegs als Opfer auf, sondern fühlt sich von anderen diskriminiert, die ihn tatsächlich gar nicht diskriminieren. Sein Auftritt ist im Unterschied zu dem der ›Kanaken‹ in den 1990ern frei von Ironie. So hält auch der deutsch-türkische Regisseur des Films fest, dass er zwar die Wut seines jungen deutsch-türkischen Protagonisten im Film verstehe, seine eigenen Wertvorstellungen aber mit denen des deutschen Vaters identisch seien.[138] Der Regisseur ist tolerant und bewegt sich in derselben Ordnung wie die dargestellte deutsche Familie; er teilt deren Werte. Frei von Ironie und Komik sind auch die zeitnah entstandenen Filme CHIKO. WENN DU DER BESTE SEIN WILLST, MUSST DU RESPEKT KRIEGEN. WENN DU RESPEKT KRIEGEN WILLST, DARFST DU KEINEM RESPEKT ZEIGEN! (2008) von Özgür Yıldırım und KNALLHART (2005) von Detlef Buck; ganz anders also noch KURZ UND SCHMERZLOS, AUSLANDSTOURNEE, APRILKINDER und GEGEN DIE WAND.

Umgekehrt erleben Ethno-Comedy und Multikulti-Komödien im Film in den 2000er Jahren einen besonderen Boom. Integrationspolitisch werden sie zum beliebten Verhandlungsraum. Denn im Komischen können im Unterschied zum Tragischen »Ambivalenzen und einander widersprechende Vorstellungen vereint werden«.[139] Hinzu kommt, dass Komik sehr gut mit dem politischen Bedürfnis nach Ordnung der 2000er Jahre zusammenpasst, also kompatibel ist. Denn nach Peter Berger macht Komik den »Widerspruch zwischen Ordnung und Unordnung« verhandel- und verortbar und »insofern zwischen dem Menschen, der stets nach Ordnung sucht, und den unordentlichen Realitäten der empirischen Welt«.[140] Für den Komik-Theoretiker Uwe Wirth bewegt sich Komik nicht außer-

---

137 Tatsächlich wurde der Film Aladağs äußerst kontrovers diskutiert und löste nach starken Protesten von Jugendschützern eine Debatte aus. Die ARD reagierte auf diesen öffentlichen Unmut, indem sie den Sendetermin des Films in den späten Abend verschob. Siehe hierzu: DER SPIEGEL (2006): »Umstrittener TV-Film. ARD zeigt ›Wut‹ später«. In: *DER SPIEGEL*, 22.09.2006, http://www.spiegel.de/kultur/gesellschaft/umstrittener-tv-film-ard-zeigt-wut-spaeter-a-438700.html (zuletzt 07.02.2019). Siehe hierzu: LULEY, Peter (2010): »›Wut‹ aus dem Migrantenmilieu«. In: *Die Süddeutsche*, 19.05.2010, https://www.sueddeutsche.de/kultur/ard-verlegt-thriller-wut-aus-dem-migrantenmilieu-1.897372 (zuletzt 07.02.2019).
138 Siehe hierzu: ALADAĞ, Züli (2007): »Interview mit Züli Aladağ«. In: ders.: *Wut*, Spielfilm, DVD, Hamburg: Mondo Entertainment. Feridun Zaimoğlu, Ayşe Polat und Yüksel Yavuz haben sich hingegen in ihren Produktionen der 1990er Jahre sehr wohl mit ihren Protagonisten identifiziert.
139 KOTTHOFF, Helga/JASHARI, Shpresa/KLINGENBERG, Darja (2013): *Komik (in) der Migrationsgesellschaft*, Konstanz: UVK, S. 17. Siehe hierzu auch: EZLI, Özkan/GÖKTÜRK, Deniz/WIRTH, Uwe (2019): *Komik der Integration. Grenzpraktiken und Identifikationen des Sozialen*, Bielefeld: Aisthesis.
140 BERGER, Peter (1998): *Erlösendes Lachen. Das Komische in der menschlichen Erfahrung*, Berlin: De Gruyter, S. 43.

halb gesellschaftlicher Grenzen: »Genau genommen entsteht Komik nur dann, wenn unausgesprochene Regeln – also *implizit* vorausgesetzte – Regeln verletzt werden. […] Somit macht Komik die implizit vorausgesetzten Rahmen und Regeln spürbar und damit in ihrer Wirksamkeit überhaupt erst erkennbar«.[141] Der weiterhin anhaltende Boom der Ethno-Comedy zeigt, dass dieser Bereich auch ökonomisch eine besondere Verhandlungsform kultureller Marker darstellt. Wenn in Filmen und Texten der 1990er Jahre Dramatisches und Komisches wie in *Das Leben ist eine Karawanserei*, *Abschaum*, *Die Prärie*, Kurz und Schmerzlos, Lola und Bildikid, Geschwister und Ich Chef, Du Turnschuh zusammengehören, gehen diese beiden Formen künstlerischer Aushandlung in den 2000er Jahre in der Regel getrennte Wege. Inwiefern diese Trennung mit Orten und Verortungen, mit der Unterscheidung von Ordnung und Unordnung zusammenhängt, werden die nachfolgenden Analysen zeigen.

Die in den 2000er Jahren immer wieder kehrenden spezifischen Orte, die durch Straßennamen, Moscheen, durch Wohnungen, Geschäfte bis hin zu Schulen markiert werden, verweisen auf eine Globalisierung, die nicht mehr jenseits verortet und nur vorgestellt wird, sondern im konkreten Alltag stattfindet. Dass diese Perspektiven von Ordnung und Rahmung in Film und Literatur auch in enger sozialstruktureller Verbindung stehen, zeigen schon die Berufe der jeweiligen Protagonisten: Sie sind Polizisten, Radiomoderatoren, Ärzte, Studenten, Selbstständige oder Filmemacher, die für sozialen Aufstieg und bestimmte Positionen in der Gesellschaft stehen. Vergleichbare Aufstiegsgeschichten erzählen Mitte der 2000er Jahre auch der Dokumentarfilm Ganz oben von Neco Celik und die Publikationen *Zehn für Deutschland. Gespräche mit türkeistämmigen Abgeordneten*, *Mitten in Deutschland. Deutsch-Türkische Erfolgsgeschichten*. Der nun folgende Überblick über die filmischen, literarischen und dokumentarischen Werke von 2000 bis 2011 zu den Folgen der Migration wird einen Einblick gewähren, wie darin Orte und Verortungen eingesetzt werden. Sie sind der Rahmen, innerhalb dessen sich die Praktiken und die kulturelle Authentizität der Akteure analysieren und sehen lassen. Zudem zeigen sie, dass Kultur einen Einsatz von Symbolen und Markern darstellt, die nicht von außen einbrechen und dabei maßgeblich die Handlungen der Akteure deterministisch bestimmen. Ebenso wenig stellen sie über Weltverbundenheit Monokulturalität in Frage. In den 2000er Jahren, im Jahrzehnt der Integration, sind kulturelle Marker oder Kategorien, wie Türkisch-Sein, Teil der Akteure und treten mit ihnen von innen nach außen. Dabei geht es nicht mehr um ein »Eingewurzelt-sein«

---

141 Wirth, Uwe (2019): »Komik der Integration, Komik der Nicht-Integration«. In: *Komik der Integration. Grenzpraktiken der Gemeinschaft*, hg. v. Özkan Ezli, Deniz Göktürk, Uwe Wirth, Bielefeld: Aisthesis, S. 19–43, hier S. 25.

auf Straßen, sondern um eines in Kontexten, Landschaften, genau beschriebenen Stadtteilen und letztlich der Verbindung von öffentlichen und privaten Räumen.

5.2 Ankommen in filmischen und literarischen Erzählungen

Kadir Sözen produzierte im Jahr 2004 den zweiteiligen Fernsehfilm ZEIT DER WÜNSCHE. Das Drehbuch schrieb Tevfik Başer, Regie führte Rolf Schübel. In der ersten Einstellung sehen wir in Nahaufnahme ein Ölgemälde eines Dorfes. Die Kamera schwenkt nach links auf einen Baum im Gemälde, der auf den ersten Teil des Films »Der Wunschbaum« verweist. Die Kamera bewegt sich über den Rahmen des Bildes und die Wand, an der es hängt, bis wir erkennen, dass wir uns im Flur einer Wohnung befinden. Die Kamera bewegt sich weiter vorbei an einem Wecker (es ist 7:29 Uhr morgens), einem Familienfoto und filmt über eine Türschwelle eine attraktive Frau, die gerade das Frühstück zubereitet und in akzentfreiem Deutsch ihre Kinder Hasan und Mine mahnt, sich zu beeilen, da der Schulbus bald fahre. Sie frühstücken schnell gemeinsam am Tisch, gehen danach gemeinsam durch das Treppenhaus auf die Straße, und die Mutter gibt den Kindern noch ihr Pausenbrot mit. Am bayrischen Akzent des Busfahrers und der Zielhaltestelle des Buses erkennen wir, dass die Sequenz in München spielt.[142]

Am Ende dieser Einstiegssequenz des Films wird ihr Ehemann Yaşar auf seine Frau, die Protagonistin und Ich-Erzählerin des Films, mit einer Pistole schießen. Von der Pistole ihres Mannes getroffen wird Melike auf der Straße liegend aus dem Off beginnen, ihre Geschichte zu erzählen.[143] Diese beginnt in einem türkischen Dorf in den 1960er Jahren, das auf dem eingangs gezeigten Ölgemälde zu sehen war. So wird gewissermaßen aus Fiktion, Bild und Vorstellung Realität. Im Mittelpunkt steht die sich unglücklich entwickelnde Liebesgeschichte zwischen Melike und Mustafa, das Leben und die Ausbreitung des »Deutschlandfiebers« im Dorf. Der zweite Teil des Films spielt in der Bundesrepublik und zeigt neben den Beziehungen Melikes zu Mustafa und Yaşar das Leben der Gastarbeiterinnen und Gastarbeiter. Zugleich wird anhand von Mustafas Freund Kadir ein Wandel im Leben der türkischen Gastarbei-

---

142 Siehe hierzu: SCHÜBEL (2004).
143 Auch Necla Kelek beginnt die Taschenbuchausgabe ihres Buchs *Die fremde Braut* mit der Beschreibung der Ermordung einer Deutsch-Türkin. Hatun Sürücü wurde am 7. Februar 2005 von ihrem Bruder nach einem Streit auf dem Weg zur Bushaltestelle an der Tempelhofer Oberlandstraße erschossen. Vor Gericht gab die Familie an, dass Hatuns Lebensweise die Ehre der Familie verletzt habe. Zur Tat bekannte sich der jüngste Bruder, der minderjährig war. Siehe hierzu: KELEK (2005): S. 9. Im Unterschied zu Kadir Sözen erzählt Necla Kelek nicht die Geschichte der Ermordeten, sondern ihre eigene. Sie ist wie Hatun Sürücü eine Türkin, die sich für die deutsche Lebensweise entschieden hat.

ter gegen Ende der 1970er Jahre in der Bundesrepublik skizziert. Mustafa und Kadir hatten beide als erste das Dorf in Richtung Deutschland verlassen. Der Schluss des Films wird mit der zuvor beschriebenen Einstiegssequenz des Films eingeleitet.[144] Am Ende erfahren wir, dass Melike, die Erzählerin der Geschichte, auf der Straße in München stirbt und dass die beiden Freunde, Mustafa und Kadir, die sich in Deutschland voneinander entfremdet hatten, wieder als Freunde zusammenkommen. Ersterer ist ein anerkannter Künstler geworden, letzterer ein erzkonservativer Muslim mit einem Krämerladen. Die Erzählerin schließt auch mit den Worten den Film, dass wenn ihr Tod einen Sinn gehabt hat, dann den, dass alte Freunde wieder zusammengekommen sind.[145] Daher ist die im ersten Teil des Films dargestellte Form des Dorflebens in der Türkei nicht die tatsächliche Grundlage für die Tötung der Erzählerin. Obwohl dem Mord an der Erzählerin in Deutschland die Beschreibung des Dorflebens in der Türkei vorausgeht, hat die Tat weder mit ihrem Lebenswandel noch mit der Ehrenrettung ihres Mannes Yaşar zu tun, wie es noch in den wissenschaftlichen, filmischen und literarischen Erzählungen der 1980er Jahre gewesen wäre. Yaşar begeht den Mord aus egoistischen Motiven und niederen Instinkten.[146] Noch im türkischen Dorf ist ihm zuvor auf unlautere Weise gelungen, Melikes Ehemann zu werden: Er hat die Liebesbriefe Mustafas aus Deutschland an Melike abgefangen und Melikes Briefe umgekehrt nicht nach Deutschland versenden lassen.[147] So steht im Zentrum des Films nicht die Darstellung und Erklärung des Phänomens des Ehrenmords als ein von oben befohlene Tat, sondern vielmehr die Frage, wie sich bedingt durch Migration unterschiedlich entwickelte Lebensweisen in einen gesellschaftlichen Lebenszusammenhang gebracht werden können. Diese Klarheit der Erzählung ist auch ein Resultat ihrer Rahmenerzählung.

Eine derartig erzählerische Rahmenstruktur von Anfang und Ende der Erzählung finden wir auch in Fatih Akıns Film AUF DER ANDEREN SEITE. Dort beginnt der Film ebenfalls mit einer ruhigen, malerisch wirkenden Einstellung. Auch hier bewegt sich zunächst niemand. Wie in ZEIT DER WÜNSCHE gibt es einen deutschen und einen türkischen Teil des Films. Am Anfang sehen wir einen malerischen Ort in der Türkei, eine einstöckige weiße Hütte im Sonnenschein. Die Kamera schwenkt nach rechts, bis sie an den Zapfsäulen an einer Tankstelle

---

144 Siehe hierzu: SCHÜBEL (2004).
145 Siehe hierzu: ebd.
146 SCHÜBEL, Ralf (2004): *Zeit der Wünsche*, Spielfilm, Deutschland.
147 Yaşar ist Inhaber des einzigen Krämerladens im Dorf, in dem er auch die angekommene Post an die Dorfbewohner verteilt und zu versendende an die türkische Post übergibt. Siehe hierzu: SÖZEN (2004).

mit der Aufschrift »Petrol« anhält.[148] Wir hören dabei leise türkische Musik aus einem Radio. Entgegengesetzt zur Kamera-Bewegung fährt nun von rechts ein Auto an die Zapfsäule ins Bild. Einer der Protagonisten des Films, Nejat, steigt aus, wünscht Tankwart und Besitzer der Tankstelle ein schönes muslimisches Opferfest, lässt tanken, holt sich etwas zu essen, führt ein kurzes Gespräch mit dem Besitzer der Tankstelle und fährt weiter.[149] Im Gegensatz zu Sözens Film wird Türkisch gesprochen, das deutsch untertitelt ist. Wie in ZEIT DER WÜNSCHE gibt es keine Vermischung der Sprachen in der Weise, dass man beim Sprechen zwischen beiden hin- und herwechseln würde. Entweder wird Deutsch, Türkisch oder Englisch gesprochen. Wie in ZEIT DER WÜNSCHE scheint auch in diesem Film oft die Sonne. Bei Ausblendungen werden die Titel der Teile des Films eingeblendet. Als etwa Nejat kurz nach dem Tanken durch einen Tunnel fährt, erscheint der Schriftzug »Yeters Tod« im Bild. In der nächsten Einstellung wird in Bremen der zweite Protagonist eingeführt. Ali ist ein Gastarbeiter der ersten Stunde und beobachtet an einem sonnigen Tag auf dem Weg ins Bordell eine 1. Mai-Demo. Er ist also nicht wie Niyazi über dreißig Jahre zuvor unterwegs zur Nachtschicht in eine Fabrik, während seine deutsche Nachbarin im kalten Bett keinen Schlaf findet.[150] Nach dem Sex wird Ali die türkeistämmige Prostituierte Yeter darum bitten, für Geld mit ihm zusammen zu leben. Sie willigt ein. Später sehen wir, wie Ali sie im Streit unbeabsichtigt totschlägt.[151]

Während das anfangs gezeigte orientalische Postkartenidyll aus GEGEN DIE WAND mit dem grellen Scheinwerferlicht aus *Die Fabrik* in Hamburg kontrastiert wurde, entsprechen sich in lichtdramaturgischer Hinsicht die ersten Einstellungen in AUF DER ANDEREN SEITE in der Türkei und in Deutschland, sie sind gewissermaßen kompatibel. Wie die Einstiegssequenz in ZEIT DER WÜNSCHE werden wir die Tankstelle in AUF DER ANDEREN SEITE gegen Ende des Films als Ort der Motivbündelung erneut zu sehen bekommen. Außerdem sehen wir eine türkische Version der 1.-Mai-Demo in Istanbul.[152] Während Gehen und Sprechen Leitkategorien der filmischen und literarischen Erzählungen der 1990er Jahre

---

148 Siehe hierzu: GÖKTÜRK, Deniz (2010): »Mobilität und Stillstand im Weltkino digital«. In: *Kultur als Ereignis. Fatih Akıns Auf der anderen Seite als transkulturelle Narration*, hg. v. Özkan Ezli, Bielefeld: transcript, S. 15–46, hier S. 19. Siehe auch: GÜNELI, Berna (2014): »The Sound of Fatih Akın's Cinema. Polyphony and the Aesthetics of Heterogeneity in *The Edge of Heaven*«. In: *German Studies Review*, Volume 37, Number 2, May 2014, S. 337–356.
149 Siehe hierzu: AKIN, Fatih (2007): *Auf der anderen Seite*, Spielfilm, Deutschland.
150 Siehe hierzu: ÖREN, Aras (1973): *Was will Niyazi in der Naunynstraße*, Berlin: Rotbuch, S. 9.
151 Siehe hierzu: AKIN, Fatih (2007).
152 Ebd. In Deniz Göktürks Analyse der Einstiegssequenz dient der Aspekt der Verortung der Beschreibung der digitalen Revolution im DVD-Bereich, die die Rezeption von Filmen wie AUF DER ANDEREN SEITE bestimme. Siehe hierzu: GÖKTÜRK (2010).

waren, geht es nun um Entscheiden, Handeln und vor allem um das Sehen: das Sehen geografischer, topografischer, stereotyper und ethischer Ordnungen, die durch lebensgeschichtlich bestimmte Kontexte zwischen Ähnlichkeit und Differenz pendeln.[153] Wie bei Römhild und Brubaker sind Migration und Ethnizität keine eindeutig bestimmbaren Untersuchungsgegenstände, sondern Fragen der Perspektive und Kognition. Eindrücklich zeigt sich diese Verschiebung auch in den mehrfach prämierten und sehr erfolgreichen Filmen DIE FREMDE (2010) und ALMANYA. WILLKOMMEN IN DEUTSCHLAND (2011). Die Ich-Erzählerin aus Emine Sevgi Özdamars Erzählband *Der Hof im Spiegel* (2001) bewegt sich ebenfalls weniger als in den früheren Romanen. Die meiste Zeit beschreibt sie beim Telefonat mit ihrer Mutter oder beim morgendlichen Aufstehen, wie sie in ihrem großen Spiegel, ohne selbst gesehen zu werden und ohne sich selbst zu sehen, sieht, was im Hof des Mehrparteienhauses und in den Wohnungen der Nachbarn passiert: »Wenn ich aufwachte, schaute ich nicht vom Balkon aus auf den Hof, sondern schaute in den Spiegel. Ich kochte Kaffee oder schrieb oder putzte und konnte immer wieder den Hof und meine Nachbarn in meinen Zimmern sehen.«[154]

Dieser Verschiebung der Perspektive begegnen wir auch in Feridun Zaimoğlus Erzählband *Zwölf Gramm Glück* von 2004. Gleich in der ersten von zwölf Erzählungen nimmt der Ich-Erzähler einen Platz ein, der ihm ein distanziertes Sehen ermöglicht. Er beobachtet aus seinem »Krähennest«, seiner Wohnung, eine »eskalierende Situation«, eine Demonstration einer linken Gruppierung in Kiel.[155] Er selbst möchte sich nicht mehr an Auseinandersetzungen auf Straßen beteiligen, ihm reicht »die Zimmerwärme und die Schreibmaschine im Rücken«.[156] Von dort aus kann er genau beobachten, wie in der »Hauptstraße«, oder »zwischen der Julius- und Eifflerstraße [...] eine Yuppiesanierung« sich breit gemacht hat. Etwas, das »jedem linkskulturellen Milieu blüht: auf der rechten Straßenseite wechseln sich Fischrestaurants, portugiesische Stehcafes, Goldschmuckläden und Nostalgiemöbelmärkte ab«.[157]

---

153 Siehe hierzu: ELSÄSSER, Thomas (2011): »Vom Tod als Experiment im Leben zum Kino der ethischen Handlungsmacht. Fatih Akın und die ›Ethische Wende‹«. In: *Kino in Bewegung. Perspektiven des deutschen Gegenwartsfilms*, hg. v. Thomas Schick, Tobias Ebbrecht, Wiesbaden: Springer, S. 61–62. Siehe auch: TEZCAN, Levent (2010): »Der Tod diesseits von Kultur. Wie Fatih Akın in ›Auf der anderen Seite‹ den großen Kulturdialog umgeht«. In: *Kultur als Ereignis*, S. 45–70.
154 ÖZDAMAR, Emine Sevgi (2001): *Der Hof im Spiegel*, Köln: Kiepenheuer & Witsch, S. 28.
155 ZAIMOĞLU, Feridun (2004): »Fünf klopfende Herzen, wenn die Liebe springt«. In: ders: *Zwölf Gramm Glück*, Köln: Kiepenheuer & Witsch, S. 11–32, hier S. 20.
156 Ebd.
157 Ebd., S. 13. Dieser Übergang von der Straße in die Wohnung und der damit einhergehenden präziseren Beschreibung der Umgebung vor Ort dokumentiert auch der Dokumentarfilm von Susan Tratz: FERIDUN ZAIMOĞLU. MEIN LEBEN (2010). Siehe hierzu: TRATZ/ZAIMOĞLU (2010).

Vergleichbar präzise beschreibt Zaimoğlu in »Häute« aus demselben Band das Leben in einem archaisch wirkenden Dorf.[158] Wie der Protagonist in Akıns Film spricht auch hier der Ich-Erzähler die Sprache der Dorfbewohner, doch seine langen Haare und sein Verhalten weisen ihn als jemanden aus, der nicht zum Dorf gehört.[159] Aus der ersten Erzählung wissen wir bereits, dass er eigentlich in Kiel lebt. Und wie die bereits genannten beiden Filme ist auch der Erzählband *Zwölf Gramm Glück* in territorialer Hinsicht in zwei Hälften geteilt: Sieben der zwölf Erzählungen spielen unter dem Obertitel »Diesseits« in Deutschland; die anderen fünf »Jenseits« in der Türkei.[160] Der Theaterregisseur Nuran David Calış schreibt seinen autobiografisch grundierten Roman *Der Mond ist unsere Sonne* (2011) ebenfalls aus einer bestimmten Perspektive, die mit einer identitätspolitischen Erkenntnis einhergeht. Der Protagonist des Romans Alen hat einen armenisch-türkisch-jüdischen Hintergrund und wurde in Bielefeld geboren. Er ist mit seinem Onkel im Osten der Türkei auf der Suche nach ihrer Herkunft. Zu Beginn des Romans sitzt er auf einem Felsvorsprung und blickt auf den Berg Ararat. Er erkennt, dass sein Vater vielleicht hierher gehört, er selbst aber nicht. Der Ort, an dem für ihn alles anfing, liegt 5000 km vom Ararat entfernt im Stadtteil Baumheide in Bielefeld.[161]

Hasan, der Protagonist in Yadé Karas mit dem Deutschen Buchpreis prämierten Roman *Selam Berlin* (2004), nimmt ebenfalls zu Beginn der Erzählung in topografischer wie kultureller Hinsicht eine bestimmte Position ein. Mit seinen Eltern sieht er im Fernsehen in Istanbul, wie im Jahr 1989 die Berliner Mauer fällt. Er sieht, wie plötzlich »Straßen, Plätze und Orte« seiner Kindheit »im Interesse des Weltgeschehens« stehen.[162] Sein erster Impuls – »Kanake her, Almanci hin« – ist, nach Berlin zurückzukehren, wo er aufgewachsen ist.[163] Bisher war alles transit in seinem Leben, »das sollte sich aber ändern«.[164] Sehen und zu wissen, wohin man gehört, fallen hier zusammen. In Berlin angekommen, möchte er aus seinem Leben etwas machen und setzt seinen türkischen Hintergrund ein, um in der Filmbranche als Schauspieler arbeiten zu können. Auch wenn er sich explizit als Berliner begreift und dort Abitur gemacht hat, spielt er in einem Film einen dealenden ›Kanaken‹. Den Türken zu türken, ist hier Teil der Berufsfin-

---

158 Siehe hierzu: ZAIMOĞLU, Feridun (2004): »Häute«. In: ders.: *Zwölf Gramm Glück*, S. 105–121. 2003 wurde diese Erzählung mit dem Ingeborg-Bachmann-Preis ausgezeichnet.
159 Eine ähnliche Beobachtung hält Deniz Göktürk für den Protagonisten Nejat in AUF DER ANDEREN SEITE fest. Siehe hierzu: GÖKTÜRK (2010): S. 20.
160 Siehe hierzu: ZAIMOĞLU, Feridun (2004): *Zwölf Gramm Glück*, Köln: Kiepenheuer & Witsch.
161 CALIŞ, Nuran David (2011): *Der Mond ist unsere Sonne*, Frankfurt a. M.: Fischer, S. 5–11.
162 KARA, Yadé (2004): *Selam Berlin*, Zürich: Diogenes, S. 9.
163 Ebd., S. 5.
164 Ebd., S. 17.

dung, die in Karas Roman zugleich für die Selbstfindung, für ein Ankommen in Deutschland steht.[165] Die Stadt Berlin beschreibt Hasan detailliert von Straße zu Straße, Haltestelle zu Haltestelle. Diese immer wieder stattfindenden Verortungen in *Selam Berlin* weisen Hasan als kundigen Berliner aus, der zu der Stadt gehört, in der er lebt, sie kennt und in ihr seinen Platz sucht. Mit Letzterem ist vor allem seine Berufssuche gemeint, für die Hasan seinen türkischen Hintergrund bewusst einsetzt. Ähnlich präzise wie in *Selam Berlin* werden Stadtteile und Orte in *Mein Name ist Revolution* (2011) von Imran Ayata und im bereits erwähnten *Der Mond ist unsere Sonne* beschrieben. Bei Calış steht das Viertel Baumheide im Vordergrund; ein Bielefelder Stadtteil, der eigentlich weder physisch noch emotional ein Ankommen in der Stadt und in der Gesellschaft ermöglicht. Denn

> wie soll einer, der in Baumheide gelandet ist, seinen Beitrag leisten, überhaupt, was soll der Beitrag von jemandem sein, der nicht hier ankommen darf, und wie soll einer seinen Beitrag leisten, wenn es nur eine Buslinie gibt, die die Siedlung mit dem Zentrum verbindet, ein Bus, der nur zweimal in der Stunde fährt, und um 20 Uhr ist Schluss, und der Bus kostet 4 Euro hin und zurück, und das ist die Hälfte des dir am Tag zur Verfügung stehenden Budgets bei dem momentanen Hartz-IV-Satz.[166]

Alen möchte aber ankommen, und er wird sich dafür »die Haut abziehen, wenn sie sich nicht von alleine lösen will«. Seine Mutter und seine Freunde werden ihn nicht mehr verstehen, aber dafür wird er ankommen. »Dann werde ich endlich dabei sein und dazugehören. Nicht am Rand sein. Nicht mehr außen vor sein.« Nicht wie sein Onkel, der neben ihm am Ararat »auf seiner Heimat-Scheiße hängengeblieben ist«.[167]

Kemal Kurts Jugendroman *Sonnentrinker*, sein letzter Prosatext, beginnt ebenfalls mit Platzierung und Orientierung. Der erste Satz definiert, was Glück heißt: wenn die Bruchstücke des Lebens an ihre Plätze fallen und ein Ganzes ergeben. Dabei bleibt »kein Teilchen übrig, kein Zwischenraum wird verschenkt. Alles passt zusammen«, ist kompatibel.[168] Anschließend wird der Protagonist Hakan von seinen Freunden per Handy zu einem bestimmten Ort manövriert. Dabei können wir als Leser anhand der Straßennamen genau mitverfolgen, wie Hakan sich durch den

---

[165] In der Komödie SÜPERSEKS mimt der deutsch-türkische Protagonist Elviz einen »Prolltürken«, um bei einer attraktiven Frau anzukommen, die einen türkischen Vater, der ein erfolgreicher Arzt ist, und eine deutsche Mutter hat. Er hat nämlich erfahren, dass sie ihren Vater mit einem »Prolltürken« schockieren will, der eine gute deutsche Partie für sie im Auge hat. Siehe hierzu: WACKER, Torsten (2004): *Süperseks*, Hamburg: Magnolia Filmproduktion GmbH.
[166] CALIŞ (2011) S. 120f.
[167] Ebd., S. 16.
[168] KURT, Kemal (2002): *Die Sonnentrinker*, Berlin: Altberliner Verlag, S. 7.

Berliner Wedding bewegt und wo er ankommt.[169] Mit einem Ankommen an einem bestimmten Ort, der Wohnung seiner türkischen Familie, endet auch der Roman.[170] Dazwischen suchen die Familienmitglieder Kneipen, Moscheen und öffentliche Plätze ab, um Hakans Vater zu finden, der am Tag des muslimischen Opferfestes verschwunden ist.[171] In der erzählten Zeit des Romans fällt der erste Tag des muslimischen Opferfestes mit dem christlichen Heiligen Abend zusammen. Wie in AUF DER ANDEREN SEITE rahmen Ort und Religion die Erzählung, und die Sonne scheint häufig. Stadt-, Ortsbeschreibungen, Lichtverhältnisse und der Einsatz kultureller Marker sind in den Texten und Filmen der 2000er Jahre einander sehr ähnlich.

In Detlef Bucks intensivem Film KNALLHART von 2005, in dem es um den Zusammenprall der Kulturen in Berlin-Neukölln geht, ist der Zusammenhang von Ort und Erzählung ebenfalls konstitutiv. Die Erzählung beginnt an einem spezifischen Ort. Im Vorspann ohne Titelei sehen wir einen etwas aufgelösten blonden Jungen, der unterwegs ist auf einem Fußweg zwischen zwei stark befahrenen Berliner Straßen. Im Unterschied zu den Filmen der 1990er Jahre sehen wir in der nächsten Einstellung, dass seine Bewegung ein klares Ziel hat, die Polizeistation in Berlin-Neukölln. Er betritt das Gebäude und wartet, bis der Kommissar eintrifft. Sie duzen einander, kennen sich also bereits. Der Kommissar sieht Blut an den weißen Turnschuhen des Jungen und verlangt von ihm, alles zu erzählen, von Anfang an.[172] Nicht nur der Polizist braucht die Erzählung. Wir als Zuschauer brauchen sie ebenfalls, um zu erfahren und einordnen zu können, was passiert ist.

Auch in Züli Aladağs mehrfach prämierten und zugleich äußerst kontrovers diskutierten Film WUT spielt ein bestimmter Ort am Anfang und am Ende eine herausragende Rolle. Am Anfang kommt der deutsche Protagonist Felix ohne Schuhe aus der Schule nach Hause. Die Barfüßigkeit steht hier nicht für die existenzielle Disposition der Akteure wie in Ayhan Salars Kurzfilm TOTENTRAUM von 1994, indem ein türkischer Gastarbeiter barfuß nachts aus einem Zugwaggon aussteigt.[173] Can, sein Mitschüler und zugleich türkischer Protagonist im Film, hat Felix die Schuhe abgenommen. Sein Vater erfährt daraufhin, dass sein Sohn schon länger von Can »abgezogen« wird.[174] Im Laufe des Films wird Can Felix und seine wohlhabenden Eltern immer mehr terrorisieren, dabei wird ihr luxuriöses Haus eine konstitutive Rolle spielen, wo der Film auch tragisch enden wird.[175]

---

169 Siehe hierzu: Ebd., S. 14–21.
170 Ebd., S. 221.
171 Ebd., S. 89–202.
172 Siehe hierzu: BUCK, Detlef (2005): *Knallhart*, Spielfilm, Deutschland.
173 Siehe hierzu: http://www.salarfilm.de/salarfilm/films.html (20.09.2018).
174 ALADAĞ, Züli (2005): *Wut*, TV-Spielfilm, Köln: Colonia Media Filmproduktions GmbH.
175 Ebd.

Felix' Vater und Can fechten in Aladağs Film einen territorialen Kampf aus. Im Laufe des Films dringen sie wechselseitig immer stärker in die Territorien des anderen ein, bis am Ende als Austragungsort des Konflikts nur noch das Haus der reichen deutschen Familie übrig bleibt, wo der deutsche Vater seine universalistischen von den 68ern und von der Aufklärung geprägten Werte mit der Tötung Cans verrät.[176] Auch in Necla Keleks Autobiografie sind die Orte als Verweise auf eine Ordnung konstitutiv: zum einen das türkische Dorf mit seinen rückständigen Regeln, aber auch die Moschee in Hamburg, in der sie ihre Interviewpartner immer wieder trifft. Interessanterweise hat auch sie ihren Text in einen türkischen und einen deutschen Bereich aufgeteilt, die zusammengeführt und ineinander verschränkt werden. Zaimoğlus wichtiger Roman *Leyla* beginnt ebenfalls mit der Verortung der Familie in einem Haus in einem türkischen Dorf. Die Protagonistin und Erzählerin ist Tochter einer armenischen Mutter und eines tscherkessischen Vaters. Am Abend erwarten alle mit großer Furcht den tyrannischen Vater, der nach der Arbeit die Familie terrorisiert. Leyla lernt, selbstbewusst mit dieser Situation umzugehen und migriert am Ende des Romans nach Deutschland.[177]

Eine vergleichbare Verschränkung der Territorien bestimmt auch den erfolgreichen Film DIE FREMDE von Feo Aladağ. Er beginnt in der Peripherie Istanbuls, in der die neue türkische Familie der eingeheirateten Deutsch-Türkin Umay lebt. Da sie es mit ihrem gewalttätigen Ehemann und seiner unterdrückerischen Familie nicht mehr aushält, flieht sie mit dem gemeinsamen Kind zurück nach Deutschland zu ihren Eltern. Aus Sorge vor dem Gerede der anderen Türken in der deutschen Nachbarschaft fliegt Vater Kader ratsuchend in ein türkisches Dorf.[178] Er besucht dort, ein ebenfalls malerisch wirkendes Dorf, ein bestimmtes Haus, indem ein Mann auf einem Divan schläft. An diesem Ort wird nicht geredet.[179] Wie in ZEIT DER WÜNSCHE steht am Ende des Films ein Mord, der als Ergebnis eines sehr schwierigen Aushandlungsprozesses gezeigt wird. Im Unterschied zu Sözens Film sind es hier nicht egoistische oder niedere Instinkte, die zur Tat führen, sondern der soziale Druck der türkischen Community in Berlin.

Die besondere Bedeutung spezifischer Orte, von Sichtbarkeit, Ordnungen und dem selbstgewählten Einsatz kultureller Marker finden wir auch in den

---

176 Siehe hierzu: PRAGER, Brad (2012): »›Only the Wounded Honour Fights‹. Züli Aladağs *Rage* and the Drama of the Turkish German Perspective«. In: *Turkish German Cinema in the New Millennium. Sites, Sounds, and Screens*, hg. v. Sabine Hake, Barbara Mennel, New York: Berghahn Books, S. 109–122.
177 Siehe hierzu: ZAIMOĞLU, Feridun (2006): *Leyla*, Köln: Kiepenheuer & Witsch, S. 9f.
178 ALADAĞ, Feo (2010): *Die Fremde*, Berlin: Independent Artists Filmproduktion.
179 Siehe hierzu: GRAMLING, David (2012): »The Oblivion of Influence. Mythical Realism in Feo Aladağs *When we leave*«. In: *Turkish German Cinema in the New Millennium. Sites, Sound, and Screens*, hg. v. Sabine Hake, Barbara Mennel, New York: Berghahn Books, S. 32–43.

Culture-Clash-Komödien, die in den 2000er Jahren eine besondere Konjunktur erfahren. Anno Sauls KEBAB CONNECTION von 2005 beginnt mit einem Werbefilm für einen Dönerimbiss im Hamburger Schanzenviertel, wo am Ende des Films die Protagonisten Ibo und Titzi heiraten.[180] Das Drehbuch zu diesem Film verfasste Fatih Akın. In Torsten Wackers SÜPERSEKS von 2004 muss der Protagonist Elviz seine Schulden bei seinem Onkel Cengiz zurückzahlen, der andernfalls das Haus seiner Mutter Gülbahar (gespielt von Emine Sevgi Özdamar) in der Türkei abreißen und dort einen riesigen Hotelkomplex errichten will. Elviz kommt auf die Idee, eine Sexhotline für Türken einzurichten. So etwas gibt es in Deutschland nämlich noch nicht.[181] Und auch wenn der Deutsch-Türke Elviz als Rufnamen einen bekannten amerikanischen Namen trägt, verweist nichts an und um ihn herum auf den amerikanischen Musiker. Vielmehr mimt er den ›Kanaken‹ oder halbsprachigen Türken, wenn es die Situation erfordert. In dem mehrfach prämierten Film MEINE VERRÜCKTE TÜRKISCHE HOCHZEIT von 2006, der sich an die äußerst erfolgreiche amerikanisch-griechische Komödie MY BIG FAT GREEK WEDDING (2002) anlehnt, steht am Anfang ein Plattenladen, in dem am Ende die besagte Hochzeit stattfindet.[182] Durch die Aneignung bestimmter Praktiken wird sich der deutsche Protagonist Götz im Laufe des Films zu einem türkischen Mann entwickeln. Indem Ort und Perspektive an die Stelle des Subjekts rücken, verschiebt sich der Fokus von der Artikulation und Bewegung der Akteure auf ihre Lebensweisen; darauf, welchen Platz sie einnehmen und was sie in und mit ihrer Umgebung machen.

Wir werden noch sehen, dass Praktiken den Ausschlag für Integration oder Desintegration geben. Genau in dieser Wende von der Artikulation zur Praxis, vom Gehen zum Sehen, wie ich sie für den Übergang von den 1990ern zu den 2000ern feststelle, liegt auch der besondere Reiz, Komödien zu wählen, um Konflikte und ihre Verhandlungen zu thematisieren. Denn die Komödie setzt nach Robert Pfaller eine »einfache, ernüchternde Position des Materialismus voraus: Sie anerkennt die grundlegende Dezentrierung der Individuen, die sich mit Notwendigkeit immer für Subjekte, für Zentren halten«.[183] Doch gilt diese Dezentrierung keineswegs allein für die Culture-Clash-Komödien. Sie gilt für die meisten Filme und Texte der Zeit: ZEIT DER WÜNSCHE, WUT, AUF DER ANDEREN SEITE, DIE FREMDE, ALMANYA. WILLKOMMEN IN DEUTSCHLAND, MEINE VERRÜCKTE TÜRKISCHE HOCHZEIT, *Zwölf Gramm Glück, Selam. Berlin, Seltsame Sterne starren zur Erde, Mein Name ist Revolution, Der Mond ist unsere Sonne* und *Leyla*. All diese Werke haben

---

180 SAUL, Anno (2004): *Kebab Connection*, Spielfilm, Deutschland.
181 WACKER, Torsten (2004): *Süperseks*, Spielfilm, Deutschland.
182 HOLTZ (2007).
183 PFALLER, Robert (2015): *Wofür es sich zu leben lohnt*, Frankfurt a. M.: Fischer, S. 72.

Preise bekommen. Bei MEINE VERRÜCKTE TÜRKISCHE HOCHZEIT, der 2007 den Grimme-Preis erhielt, war das auschlaggebende Argument, dass es dieser Multikulti-Komödie gelungen sei, alle möglichen Klischees über türkische Familien zusammenzubringen und gekonnt mit ihnen umzugehen. Vor allem die Figur des Vaters habe das Ernste der Thematik ins überspitzt Komische überführt.[184]

Besondere Aufmerksamkeit und Popularität erlangte die Serie TÜRKISCH FÜR ANFÄNGER, indem Orte auch eine herausragende Funktion einnehmen. So gibt es in den 52 Folgen der 3 Staffeln von TÜRKISCH FÜR ANFÄNGER des Drehbuchautors Bora Dağtekin kaum eine Sequenz, die nicht mit einem *establishing shot* einsetzt; eine Aufnahme, die bestimmt, worin das Folgende stattfindet, und die in den 1990er Jahren kaum vorkam. Besonders Szenen im gemeinsamen Wohnhaus, das die Familien Öztürk und Schneider zu Beginn der Serie in Berlin-Neukölln beziehen, werden immer mit *establishing shots* eingeführt. Das gilt auch für fast jede Sequenz in der Schule, die mit einer Außenaufnahme des Gebäudes eingeleitet wird.[185] Dadurch konzentriert sich die Beobachtung auf die Handlungen der Akteure. In der Diktion der Serie heißt das aber auch, dass durch diese Verortungen jedes soziale und kulturelle Problem gelöst werden kann. Beispielsweise teilen sich die Töchter von Doris und Metin, Lena und Yağmur, in TÜRKISCH FÜR ANFÄNGER ungewollt ein großes Zimmer. Lena begreift und inszeniert sich selbst als aufgeklärtes, emanzipiertes und cooles Mädchen, Yağmur hingegen nimmt die Regeln ihrer Religion sehr ernst. Wie der Umgang mit diesen Inkompatibilitäten hier und an anderen Stellen der Serie gelöst, d. h. kompatibel gemacht wird, das trotz der Differenz der Lebensweisen und Konflikte über den gemeinsamen Alltag im Haus ein Zusammenlebenwollen entsteht, ist eine Verhandlungsform, die in den 2000er Jahren zur Disposition steht. Ihre Grundlage ist, dass trotz aller Befindlichkeiten die Akteure ihre Gefühle und den Einsatz der kulturellen Marker unter Kontrolle haben.

In Sinan Akkuş' Komödie EVET, ICH WILL! ist es ein Hochhaus in Berlin, das immer wieder fotografiert wird. Darin leben Türken, Kurden, Deutsche, Alt-Achtundsechziger und Homosexuelle. Berlin ist hier die multikulturelle Hauptstadt, in deren Zentrum das Zusammenleben und das Zusammenkommen der genannten Gruppen stehen. Doch geht es keineswegs um die Gruppen selbst, vielmehr um ihre einzelnen Akteure, um ihre grenzüberschreitende Liebe und besonders um ihren Umgang mit und beherrschbaren Einsatz von kulturellen Markern und

---

[184] Siehe hierzu: GRIMME PREIS (2007): »Meine verrückte türkische Hochzeit (ProSieben)«. In: *Grimme Preis*, http://www.grimme-preis.de/archiv/2007/preistraeger/p/d/meine-verrueckte-tuerkische-hochzeit-prosieben/ (29.03.2018).

[185] DAĞTEKIN, Bora (2006–2009): *Türkisch für Anfänger 1, 2 & 3*, TV-Serie, Deutschland, Universum Film GmbH.

Erwartungen. Vielfalt ist hier Programm, ihr Konfliktpotential löst sich durch besondere Umgangsweisen auf.[186] Ähnliches gilt für ALMANYA. WILLKOMMEN IN DEUTSCHLAND. In dieser Tragikomödie leben intergenerational alle Familienmitglieder in dem Haus, das Großvater Hüseyin, der einmillionen und erster Gastarbeiter in der Bundesrepublik, kurz nachdem er seine Familie in Deutschland zusammengeführt hat, gekauft hat. Auch hier wird das Haus mit einem *establishing shot* eingeführt, bevor sich alle Mitglieder zum Mittagessen bei Hüseyin und seiner Frau Fatma einfinden.[187]

In TÜRKISCH FÜR ANFÄNGER, EVET, ICH WILL! und in ALMANYA ist der Zuschauer durchweg im Bilde darüber, wo etwas stattfindet. Äußerst prominent sind Tischsequenzen.[188] Damit setzt auch die Erzählung in der Erzählung im Film der Şamdereli-Schwestern ein, die den Ausgang zur Frage bildet, ob man Türke oder Deutscher sei, zur gemeinsamen Reise in die Türkei, zu einem Haus, das der Vater gekauft hat. Es ist nach dem deutschen Haus, das zweite, das Hüseyin 40 Jahre später kauft. Der Hauptgrund für diesen Kauf ist nicht wie in den 1980er Jahren die Rückkehr in eine Heimat, sondern vielmehr eine gemeinsame letzte Reise der ganzen Familie in die Türkei. Auf dieser Reise wird wie in Akkuşs Film die Vielfalt innerhalb der Familie verhandelt. Auf der Reise stirbt auch der Protagonist Hüseyin. Das Haus in der Türkei stellt sich am Ende als ein Ort heraus, an dem noch gebaut werden muss. Zurück bleibt der Sohn, der in Deutschland arbeitslos ist und nun das Haus bauen will. Alle anderen Familienmitglieder kehren in die Bundesrepublik zurück, ob aus beruflichen Gründen oder heimatlichen Gefühlen, bleibt unklar. Der Film endet jedenfalls mit dem Auftritt von Hüseyins Enkel Cem, der eine Rede bei den Feierlichkeiten zum 50-jährigen Jubiläum der türkischen Gastarbeitermigration nach Deutschland in Berlin hält. Anfangs war Hüseyin selbst mit einem Schreiben der deutschen Kanzlerin zu den Feierlichkeiten der Bundesregierung »Deutschland sagt Danke« als Redner eingeladen.[189]

---

186 AKKUŞ, Sinan (2008): *Evet, ich will!*, Spielfilm, Deutschland.
187 ŞAMDERELI, Yasemin (2011): *Almanya. Willkommen in Deutschland*, Spielfilm, Deutschland.
188 Siehe hierzu auch: HOLTZ (2007); ALADAĞ (2010); AKIN (2007). Der amerikanische Literaturwissenschaftler David Gramling macht ebenfalls auf die zentrale und konstitutive Bedeutung von Tischsequenzen beim Essen, miteinander Sprechen und Schweigen in Feo Aladağs Film DIE FREMDE aufmerksam. Siehe hierzu: GRAMLING, David (2012): »The Oblivion of Influence: Mythical Realism in Feo Aladağ's *When We Leave*«. In: *Turkish German Cinema in the New Millennium. Sites, Sounds, and Screens*, New York: Berghahn, S. 32–43, S. 37.
189 Ebd. Am 1. Oktober 2008 würdigte die Bundeskanzlerin Angela Merkel unter dem Motto »Deutschland sagt Danke« die Aufbauleistung der ehemaligen Gastarbeiter für die Bundesrepublik. Eingeladen waren in das Bundeskanzleramt 200 Arbeitnehmerinnen und Arbeitnehmer der ersten Generation von Gast- und Vertragsarbeitern. Siehe hierzu: https://www.bundesregierung.de/Content/DE/Artikel/IB/Artikel/Geschichte/2008-09-23-deutschland-sagt-danke.html (01.05.2018).

In den 2000er Jahren boomte nicht nur die Ethno-Comedy, sondern auch die Programme deutsch-türkischer Comedians, die bis heute erfolgreich sind: Kaya Yanar, Bülent Ceylan, Murat Topal, Fatih Cevikkollu, Django Asül und Serdar Somuncu. Auch bei ihnen stehen Orte und Verortungen im Zentrum des Geschehens. Beispielsweise gehören zu den ersten Sketchen, die Kaya Yanar in seiner Fernsehsendung *Was guckst Du?* (2001–2005) zeigt, Aufnahmen in bestimmten Lokalitäten, die auch als solche markiert werden: das türkische Barbiergeschäft in Berlin-Neukölln, türkische Brotfabriken in Köln oder Export- und Importgeschäfte in anderen deutschen Städten.[190] Alle diese Sequenzen setzen mit *establishing shots* ein. Später und darauf bauend entwickelt Yanar seine bekannten Figuren: Hakan, den ›Kanaken‹, Ranjid, den Inder mit seiner Kuh, Franceso, Yıldırım, Olga, Mr. Sirtaki, Dr. Achmed Rashad und Peter von Frusta, die über sein Fernsehprogramm WAS GUCKST DU?! in den 2000er Jahren bekannt werden.

---

190 YANAR, Kaya (2004): *Best of »Was guckst Du!?«*, Hamburg: WVG Medien GmbH. Dieser Zugang ist auch in der Familienserie DIE ÖZDAGS aus dem Jahre 2007 des WDR bestimmend. Es handelt sich dabei um eine türkische Familie in Köln-Mühlheim, die mittlerweile in der dritten Generation eine Konditorei betreibt. Diese »wahre Familienserie«, wie ihre Schöpferin, die Journalistin Ute Diehl sie nennt, skizziert mehr durch Nah- als durch halbtotale und totale Aufnahmen den »hektischen und lauten Alltag« der Großfamilie Özdağ, die aus 14 Personen besteht. Siehe hierzu: WEBER, Martin (2007): »Die ganz normale Familie Özdag«. In: *Kölner Stadt-Anzeiger*, https://www.ksta.de/kultur/tv-tipp-die-ganz-normale-familie-oezdag-4700102 (13.04.2018). In der sehr gelungenen Dokumentation BERLIN – ECKE BUNDESPLATZ: DER YILMAZ-CLAN von 2008 wird der berufliche und gesellschaftliche Aufstieg einer türkischen Familie von den 1990er Jahren bis Mitte der 2000er Jahre geschildert. Als einfache Putzkräfte fangen die Yılmaz-Brüder in den 1990er Jahren an und gründen in den 2000er Jahren ein eigenes Reinigungsunternehmen. Inzwischen leben 25 Mitglieder der Familie in Berlin. Auch hier ist die Verbindung von Arbeit in Form eines beruflichen Aufstiegs mit dem Alltag und Orten der Arbeit und des Wohnens konstitutiv – ebenso wie die Bedeutung der Ökonomie. Konstitutiv im Sinne, dass die Familie mit ihrer Arbeit, ihrer Aufstiegsgeschichte von den 1990ern bis heute und ihr Alltagsleben zu Berlin, Ecke Bundesplatz gehören. Diese Konstellation zeigt sich auch im Dokumentarfilm GANZ OBEN von Neco Celik. Siehe hierzu: ULRICH, Hans-Georg (2009): *Berlin – Ecke Bundesplatz. Der Yılmaz-Clan*, Dokumentation, Deutschland, WDR; CELIK, Neco (2007): *Ganz oben. Türkisch. Deutsch. Erfolgreich*, Dokumentarfilm, Deutschland, AVE Gesellschaft für Fernsehproduktion. Eindrücklich zeigt sich der berufliche Aufstiegsgedanke in krimineller Form in Özgür Yıldırıms Film CHIKO von 2008. In diesem Gangsterdrama in einem Hamburger Arbeiterviertel möchte Chiko als Drogendealer aufsteigen. Als Orientierung dient ihm sein Leitsatz, der auch der Untertitel des Films ist: »Wenn Du der Beste ein willst, musst Du Respekt kriegen. Wenn Du Respekt kriegen willst, dann darfst Du zu keinem anderen Respekt zeigen!« Anders als Bobby in KURZ UND SCHMERZLOS von Fatih Akın ahmt er dabei weder Tony Montana noch Mohamed Ali nach, und die Geschichte ist auch nicht darauf angelegt, eine globale zu sein. Vielmehr steht die Frage der Loyalität zwischen Freund und finanziellem Aufstieg und besonders eine bestimmte Form des Handelns im Zentrum der Erzählung, die die eigene Identität bestimmt. Chiko hat beispielsweise auf seinen rechten Arm sehr deutlich seinen Rufnamen tätowiert. Seinen eigentlichen Namen erfahren wir im Film nicht. Siehe hierzu: YILDIRIM (2008).

Die Kabarettisten verorten sich aber auch selbst. Wenn sich Yanar beispielsweise in seiner Show MADE IN GERMANY[191] von 2006 sehr oft als Frankfurter ausweist und nicht selten auf Frankfurter Stadtteile und Frankfurter Verhaltensweisen eingeht, treiben diese Praxis der Verortung Kabarettisten und Comedians wie Django Asül, Fatih Cevikkollu und Bülent Ceylan mit ihren bayrischen, rheinländischen und kurpfälzischen Dialekten auf die Spitze. So oft, wie Bülent Ceylan auf die mannheimische Sprechweise und auf Mannheim als Ort seiner eigenen Identität Bezug nimmt, so oft hat kein Deutscher und kein Türke in den 1980er Jahren auf das Land Bezug genommen, in dem er lebt oder in das er zurückkehren will.[192] Vielfalt ist in diesen Veranstaltungen Programm. In Shows wie HALB GETÜRKT (2005), KEBABBEL NET (2007) und GANZ SCHÖN TÜRBÜLENT! (2009) sitzen Ceylans Eltern oft im Publikum, worauf er auch immer aufmerksam macht. Bereits aus dieser Übersicht wird deutlich, dass neben den Verortungspraktiken eine weitere tragende erzählerische Kategorie der Reflexionen zu den Folgen der Migration in der Bundesrepublik in Literatur und Film der 2000er Jahre eine Rolle spielt: die Familie.

Die Rahmung der Folgen der Migration in die Bundesrepublik durch spezifische Orte und Familienkonstellationen ist darüber hinaus in den vielen Dokumentarfilmen der Dekade auffällig. In Bettina Brauns mehrfach prämiertem Dokumentarfilm WAS LEBST DU? ist das Kölner Jugendzentrum »Klingelpütz« für ihre Protagonisten Ali, Ertan, Kais und Alban der soziale Treffpunkt.[193] Mehrfach wird dieser Ort mit *establishing shots* eingeführt. Dabei sehen wir die jugendlichen Protagonisten oft in den »Klingelpütz« gehen, worauf Aufnahmen folgen, in denen sie eigene Rapsongs am Tisch in der Küche dichten oder sich im Gemeinschaftsraum über Bewerbungsschreiben austauschen. Kais möchte zum Beispiel ein bekannter Rapper mit Abitur werden. Warum dieser Ort so wichtig ist, zeigt Bettina Braun auch. Denn zu Hause in den Wohnungen haben die Jungs zwar kein grundlegendes Problem mit den Eltern oder Geschwistern, aber ihnen fehlen dort definitiv Raum und Ort für gemeinsame Unternehmungen. So steht der »Klingelpütz« für eine besondere Verschränkung und Verhandlung von innen und außen.[194] Dabei ist das Verhältnis zu den Eltern immer wieder Thema. In Bettina Blümners Dokumentarfilm PRINZESSINNENBAD von 2007 hat das »Prinzenbad« in Berlin-Kreuzberg eine ähnliche Funktion. In dieser Langzeitdokumentation begleitet Blümner den Alltag der jungen Frauen Klara, Mina und Tanutscha. Es geht um Eltern, um Jungs,

---

191 Siehe hierzu: YANAR, Kaya (2007): *Kaya Yanar. Made in Germany*, TV-Serie, Deutschland, Sony Music Entertainment Germany. Als »made in Germany« bezeichnet sich auch die Erzählerin Canan zu Beginn von ALMANYA. Siehe hierzu: ŞAMDERELI (2011).
192 Siehe hierzu: CEYLAN, Bülent (2008): *Halb getürkt*, TV-Serie, Deutschland, tonpool Medien.
193 BRAUN, Bettina (2004): *Was lebst Du?*, Dokumentarfilm, Deutschland, Icon Film.
194 Ebd.

um Schule und vor allem darum, wie die Protagonistinnen mit diesen Themen umgehen und sich zu ihnen verhalten. Verhandlungs- und Mitteilungsort ist oft das Bad, wenngleich auch häufig die Wohnungen der Akteure gefilmt werden.[195]

Der Zusammenhang von Ort und Auftreten bzw. Lebensweise steht auch in den Dokumentarfilmen MEIN VATER, DER TÜRKE (2005), AM RANDE DER STÄDTE (2006), AUS DER FERNE (2006) und WIR SITZEN IM SÜDEN (2010) der Regisseurinnen und Regisseure Marcus Vetter, Aysun Bademsoy, Thomas Arslan und Martina Priessner im Vordergrund. Vetter hat seinen autobiografischen Dokumentarfilm ausschließlich in dem türkischen Dorf gedreht, aus dem sein Vater stammt. In den 1960er Jahren arbeitete er als Koch in Deutschland, kehrte ein paar Jahre später in die Türkei zurück und ließ seine deutsche Frau schwanger in Hamburg sitzen. Er hat bereits zwei Kinder in der Türkei. Im Alter von 38 Jahren beschließt Regisseur Vetter, seinen Vater in der Türkei aufzusuchen und ihn überhaupt kennenzulernen.[196]

Bademsoys Dokumentarfilm AM RANDE DER STÄDTE zeigt eine Siedlung an der Peripherie der Küstenstadt Mersin im Süden der Türkei. Dort leben vorwiegend »Almancıs«, Rückkehrer aus Deutschland. Der Film zeigt eindrücklich, dass die Protagonisten in dieser Dokumentation physisch zwar in der Türkei angekommen sind, psychisch aber nicht. Dabei ist diese Zerrissenheit nicht der eigentliche Befund und auch nicht das, was Bademsoys Film zeigt. Vielmehr interessiert die Regisseurin und ihre Akteure, womit und vor allem wie sie leben. Sie beobachtet, wie die Almancıs das Paradox des Angekommen- und zugleich Nicht-Angekommen-Seins in ihrem Alltag leben. Dieser Fokus gelingt, weil Bademsoy die Peripherie, die Stadt und die nahe Umgebung der Akteure als Rahmungen verwendet, also mit vielen *establishing shots* arbeitet. Die Praxis wird hierbei zu einem *Sehen* der Realität, das sich von Folklore und zerrissener Moderne abgrenzt. Dabei ist auch dieser Film autobiografisch grundiert, denn Bademsoy und ihre Familie stammen selbst aus Mersin. »Wenn man nach Mersin hineinfährt«, erläutert die Regisseurin zu ihrem Dokumentarfilm,

> steht da ein Schild – das ist den Amerikanern abgeschaut –, auf dem die Einwohnerzahl der Stadt angegeben ist; irgendetwas mit zweihunderttausend. Mersin hat aber heute mehr als eineinhalb Millionen Einwohner. Die Stadt ist ungeheuer gewachsen, ganz planlos. Die Dinge, an die ich mich erinnere, sind fast ausnahmslos verschwunden. Deshalb geht es mir tatsächlich wie den Menschen in meinem Film. Male ich ein Paradies, das ich verlassen musste? – Gleichzeitig ist es gerade das ganz Unparadiesische, das mir an Mersin gefällt. Da ist nichts Folkloristisches, wie in Kreuzberg. Die Ghetto-Attitüde dort, das Komplexe, Moderne, Zerrissene – das ist ja auch Folklore. Was mir gefällt, ist, zu beobachten und zu

---

[195] BLÜMNER, Bettina (2007): *Prinzessinnenbad*, Dokumentarfilm, Deutschland, Reverse Angel Factory.
[196] VETTER, Marcus (2005/2006): *Mein Vater, der Türke*, Dokumentarfilm, Deutschland, SWR.

erleben, wie die Menschen damit zurechtkommen, dass ihre Familien zerfallen, wie sie versuchen, Entwicklungen aufzuhalten oder den Fortschritt im Gegenteil beschleunigen wollen.[197]

Ein vergleichbares Interesse an der Türkei, am Land und am Leben der Menschen muss auch Thomas Arslan bewegt haben. Denn in seinem zeitgleich entstandenen Dokumentarfilm AUS DER FERNE (2005–2006), dessen Aufnahmen von Istanbul über Ankara nach Gaziantep und weiter in den Osten der Türkei bis an die iranische Grenze reichen, rahmen unterschiedlichste Städte und Landschaften das Leben der Menschen. Die Kamera ist dabei distanziert, es dominieren, wie in Akıns AUF DER ANDEREN SEITE, halbtotale Einstellungen, Nahaufnahmen gibt es kaum. Auch Akıns Spielfilm ist von besonderen autobiografischen Aspekten bestimmt. Nejats Reise an die Schwarzmeerküste hat für Regisseur und Hauptdarsteller »familienhistorische Bezüge«. Aus Camburnu kommen deren Eltern und Großeltern.[198] Sowohl Akıns Spielfilm als auch Arslans Dokumentarfilm wollen weder ein modernes noch ein traditionelles Land zeigen, sondern vielmehr dessen Alltäglichkeit darstellen bzw. einfangen.[199] Ähnlich wie in Asads Abhandlung führt der Fokus auf die Praktiken und die dazugehörigen Orte dazu, dass es keine Grenze und keine Übergänge mehr zwischen Tradition und Moderne gibt. Wenn doch Überschreitungen stattfinden, dann sind sie die Grundlage von neuen Grenzziehungen und Verortungen. Im Sinne von Harmut Esser und der New Assimilation Theory (NAT) aus den 2000er Jahren ist, wie oben bereits ausgeführt, an die Stelle des *boundary crossing* das *boundary blurring* getreten. Zugleich handelt es sich aber in allen genannten Fällen auch um persönliche Filme. So besucht denn auch Arslan in der Mitte der Dokumentation seinen Onkel in Ankara.[200]

In Martina Priessners Dokumentation WIR SITZEN IM SÜDEN (2010) geht es wie in Bademsoys Film um Rückkehrer aus Deutschland, um »Almancıs« in Istanbul, die dort in Call-Centern für Neckermann oder für Lufthansa gegen geringen Lohn arbeiten. Sie melden sich mit Namen wie Ralf Becker oder Ilona Manzke, sprechen süddeutschen Dialekt und auf Fragen der Kunden, wo sie denn arbeiten, antworten sie, dass sie im Süden säßen.[201] Die meisten von ihnen sehnen

---

[197] Siehe hierzu: http://peripherfilm.de/fsk-kino/archiv/amrandederstaedte.html (30.03.2018).
[198] GÖKTÜRK (2010): S. 25.
[199] ARSLAN, Thomas (2005/2006): *Aus der Ferne*, Dokumentarfilm, Deutschland, Pickpocket Filmproduktion.
[200] Thomas Arslan ist zwar 1962 in Braunschweig geboren und wuchs bis 1967 in Essen auf, besuchte aber zwischen 1967 und 1971 eine Grundschule in Ankara, bevor seine Eltern und er wieder nach Essen zurückkehrten. Siehe hierzu: https://www.filmportal.de/person/thomas-arslan_c01d5dfb9a3c45698d2d3840ed0b14f0 (20.09.2018).
[201] PRIESSNER, Martina (2010): *Wir sitzen im Süden*, Dokumentarfilm, Deutschland.

sich nach Deutschland zurück und entwickeln in ihrem Alltag in Istanbul ein »Ersatz-Deutschland«. Es sind Akteure unter ihnen, die abgeschoben oder von ihren Eltern gezwungen wurden, zurück in die Türkei zu gehen. Erneut ist die Darstellung ihrer Arbeitsweise und vor allem ihres Alltags zentral. Viele von ihnen treffen sich wöchentlich zu einem selbst initiierten deutschen Stammtisch.[202]

Der thematische und territoriale Bezug auf die Türkei oder Deutschland, wie er sich in diesen Dokumentarfilmen zeigt, begegnet uns auch in den bereits erwähnten Romanen *Leyla* (2006) von Feridun Zaimoğlu und *Die Tochter des Schmieds* (2005) von Selim Özdoğan; in den Romanen *Alman Terbiyesi* (»Deutsche Erziehung«, 2006), *Yolculuk nereye* (»Wohin geht die Reise«, 2007) und *Köşk* (»Der Pavillon«, 2008) von Zafer Şenocak, die er alle auf Türkisch geschrieben hat; in *Mein Name ist Revolution* (2010); *Der Mond ist unsere Sonne* (2011) und Dilek Güngörs Roman *Das Geheimnis meiner türkischen Großmutter* (2008). Güngörs Ich-Erzählerin ist wie die Autorin Journalistin in Deutschland. Als die türkische Großmutter schwer erkrankt, fliegt sie mit ihren Eltern in die Türkei und besucht das Dorf, aus dem ihre Eltern stammen. Das Dorfleben mit seinen Regeln wird regelrecht dokumentiert. Die Ich-Erzählerin entwickelt während dieser Zeit ein besonders enges Verhältnis zu ihrer Großmutter, die sie zuvor nicht kannte, weil sie nur hin und wieder mit ihr telefoniert hatte. Die meisten fiktiven und dokumentarischen Reflexionen in den 2000er Jahren handeln von solchen intergenerationalen Verhältnisbestimmungen, wie Theorien zu Migration und Integration sie vorschlagen, um wieder eine allgemeine Theorie des Sozialen und der Integration entwickeln zu können.[203] Diese hatte der sogenannte »Race-Relation-Cycle« in den klassischen Integrationstheorien lediglich anvisiert, konnte sie aber aufgrund des Mangels an Material analytisch nicht weiter verfolgen. Die bislang genannten Elemente werden uns in den Materialanalysen von Film und Literatur in dieser Zeit beschäftigen. Sie sind auch deshalb interessant, weil aktuellere Produktionen wie WEISSBROTMUSIK (2011) von Marianne Salzmann, LUKS GLÜCK (2012) von Ayşe Polat, *Die Ungehaltenen* (2015) von Deniz Utlu, *Siebentürmeviertel* (2015) von Feridun Zaimoğlu, *Ellbogen* (2017) von Fatma Aydemir, AUSSER SICH (2017) von Marianne Sasha Salzmann, Fatih Akıns AUS DEM NICHTS (2017) und Dilek Güngörs *Ich bin Özlem* (2019) das Verhältnis zu Orten, Alltag und sozialen Bindungen aus unterschiedlichsten Gründen aufzulösen beginnen.

Nachfolgend analysiere ich vor allem MEINE VERRÜCKTE TÜRKISCHE HOCHZEIT, AUF DER ANDEREN SEITE, ZEIT DER WÜNSCHE, DIE FREMDE und schließlich ALMANYA, binde aber auch die Komödien KEBAB CONNECTION, SÜPERSEKS, EVET,

---

202 Ebd.
203 Siehe hierzu: ESSER (2009); WIMMER (2005).

ICH WILL!, SOUL KITCHEN, die Serie TÜRKISCH FÜR ANFÄNGER und die zeitgleich entstandenen Tragödien WUT, KNALLHART und CHIKO mit ein und verweise auf die Dokumentarfilme MEIN VATER, DER TÜRKE, AM RANDE DER STÄDTE, WIR SITZEN IM SÜDEN und WAS LEBST DU? in den Kapiteln *Der Kulturdialog zwischen Kampf und gemeinschaftlichem Erzählen* und *Entscheidungen und Integration*. Im darauf folgenden und abschließenden Kapitel *Die Praxis der Kultur in der Literatur* werde ich die Literatur auf die Wirkmächtigkeit unseres Leitsatzes befragen. Und wie die Analysen zuvor wird auch dieses Kapitel zu den 2000er Jahren mit einem Fazit abgeschlossen. Mit dem Schluß und Ausblick der vorliegenden Kulturgeschichte werden aktuelle filmische, literarische und dokumentarische Produktionen in Augenschein genommen. Der ausblickartige Einblick in rezente Veröffentlichungen wird zeigen, warum eine Kulturgeschichte der Migration, wie sie hier vorgelegt wird, notwendig ist, um wieder ins Gespräch zu kommen.

5.3 Der Kulturdialog zwischen Kampf und gemeinschaftlichem Erzählen

»Aylin, mal angenommen, ich würde tun, was alle Türken tun, würdest du dann auch tun, was alle Türken tun?«, fragt der deutsche Götz seine türkische Freundin Aylin in MEINE VERRÜCKTE TÜRKISCHE HOCHZEIT. Aylin hatte das Gespräch damit begonnen, dass ihr Vater »sein Gesicht«, seine Ehre verloren habe – weil Aylin und Götz auf der Beschneidungsfeier ihres Bruders beim Liebesspiel ertappt worden waren. Wie ein Türke zu handeln, schließt ein, einen Heiratsantrag zu stellen, und Aylin würde ebenfalls wie eine Türkin handeln, wenn sie ihn annehmen würde. So bittet denn auch Horst in der nächsten Sequenz stellvertretend für einen deutschen Familienangehörigen[204] in kaum verständlichem Türkisch im Namen Gottes und seines Propheten Muhammad für seinen Freund Götz um Aylins Hand.[205]

---

204 Götz' Mutter Helena kommt hierfür nicht in Frage, weil sie als Alt-68erin gegen die Ehe ist. Sie schreibt außerdem feministische Bücher. Zu ihren »Hobbys« gehöre, wie Götz etwas despektierlich äußert, »mit Männern Schluss zu machen«. Siehe hierzu: HOLTZ (2005). In Sinan Akkuş' Film EVET, ICH WILL! repräsentieren die Eltern von Dirk, der die Deutsch-Türkin Özlem heiraten möchte, ebenfalls die Alt-68er-Generation. Sie sind aus Überzeugung nicht verheiratet, das Anliegen des Sohnes ist ihnen fremd. Auf Drängen von Dirk halten sie dennoch in türkischer Tradition um die Hand von Özlem für ihren Sohn bei deren Eltern an. Siehe hierzu: AKKUŞ (2008). In Bora Dağtekins sehr erfolgreicher TV-Serie TÜRKISCH FÜR ANFÄNGER heiratet die deutsche überzeugte Alt-68erin Doris ihren türkischen Freund Metin auch erst in der dritten Staffel. Siehe hierzu: DAĞTEKIN (2006–2009).
205 Der türkische Heiratsantrag wird eingeleitet mit den Worten »Allahın emri ve peygamberimizin kavli ile kızınızı (Name) oğlumuz (Name) istiyoriz« (»Mit dem Befehl Gottes und der Zu-

Aylins Familie lehnt den Antrag ab, weil Götz kein Muslim ist.[206] Das erläutert Aylins ältester Bruder Yusuf: Ein Muslim könne zwar eine Ungläubige heiraten, nicht aber eine Muslima einen Ungläubigen, weil in diesem Fall der Islam aussterben würde, da die Kinder in der Religion der Väter erzogen werden. Was würden außerdem die Nachbarn in Kreuzberg dazu sagen, wenn Aylin einen Ungläubigen heiratet? Während das Überleben einer Kultur in den 1990er Jahren in Theorie, Film und Literatur von Artikulation und Selbstbeschreibung abhing, sind es nun Erziehung und das dementsprechende Leben. Es reicht also nicht aus, dass Götz zum Türken wird (indem er sich so verhält); er muss zum Muslim werden. Und tatsächlich will Götz zum Islam konvertieren, was Aylins Vater Süleyman damit kommentiert, dass eher bin Laden Weihnachtsmann werde.[207] Götz fragt, warum Süleyman gegen diese Ehe sei: »Süleyman, sag doch einfach, ist es, weil ich kein Moslem bin oder weil du mich nicht magst?«. Dieser antwortet darauf gelassen: »Nein, keine private Problem, aber so sind Spielregeln«. Ohne nationale oder religiöse Rahmung hatte bereits zu Beginn des Films der türkische Gemüsehändler um die Ecke Götz eingeschärft, wenn er bei Aylin landen wolle,

---

stimmung unseres Propheten möchten wir um die Hand eurer Tochter [Name] für unseren Sohn [Name] anhalten«). In MEINE VERRÜCKTE TÜRKISCHE HOCHZEIT ist es der einzige türkische Satz, der gesprochen wird. In Akkuş' Film EVET, ICH WILL! spielt dieser Satz ebenfalls eine markante Rolle, den Dirks Vater hier auf Deutsch ausspricht und an die Stelle »und der Zustimmung unseres Propheten« bewusst von »eurem Propheten« spricht. Siehe hierzu: AKKUŞ (2008). In Hatice Akyüns erfolgreichem Roman *Einmal Hans mit scharfer Soße* ist der türkische Heiratsantrag ebenfalls prominent. Ein ganzes Kapitel widmet Akyün der Darstellung dieses Rituals, bei dem sie als türkische Tochter mitwirkt, weil sonst ihre Eltern wochenlang nicht mit ihr reden würden. Siehe hierzu: AKYÜN (2005): S. 108–123. Der Heiratsantrag in Akins GEGEN DIE WAND hatte hingegen eine andere Funktion: Während es dort darum ging, bestehende Rahmen zu brechen, etabliert man in den 2000er Jahren Rahmungen, um Kompatibilität zu gewährleisten. Siehe hierzu: AKIN, Fatih (2003): *Gegen die Wand*, Spielfilm, Deutschland.
206 Auch Hatice Akyün erläutert in *Hans mit scharfer Soße*, wie die türkische Tochter den türkischen Vater von ihrem Zukünftigen überzeugt: »Man liebte sich zunächst heimlich, und wenn es ernster wurde, brachte man den Eltern schonend bei, dass man gedenke zu heiraten. Das bedeutete keineswegs zwangsläufig, dass man Ärger mit den Vätern oder Brüdern bekam. Wichtig war das Versprechen, dass der zukünftige Ehemann zum islamischen Glauben übertreten werde.« Siehe hierzu: AKYÜN (2005): S. 153. In Akkuş' EVET, ICH WILL! gibt Dirk zunächst nur vor, zum Islam zu konvertieren. Da Dirk seine Vorhaut behalten möchte, fotografiert er den Penis eines Türken und legt dieses »getürkte Bild« Özlems Eltern als Beweis seiner Konversion vor. Am Ende lassen sich sowohl Dirk als auch sein Vater beschneiden. Siehe hierzu: AKKUŞ (2008).
207 Im Türkischen lautet die Redewendung, wenn man etwas ausdrücken will, das man nicht für möglich hält, dass der Papst eher Muslim wird (»Papa Müslüman olur«), bevor eintritt, was versprochen wird. Siehe hierzu: ÜN, Memduh (1983): *Kılıbık*, Spielfilm, Türkei.

müsse er wie ein »taşfırın erkek«, wie ein »Steinofenmann«, auftreten, der weiß, was er will und bestimmend ist.[208]

Auf den rituell in türkischer Sprache gehaltenen Antrag, der in den 1980er Jahren von einer türkischen Familie mit Freude angenommen worden wäre, reagiert die türkische Familie in Holtz' Film sehr unwirsch – weil Götz eben kein Muslim ist. Obgleich damit auch ein Leben nach den islamischen Regeln verbunden ist, drängt sich im weiteren Verlauf des Films die transkulturelle Kategorie in den Vordergrund, sich wie ein Mann zu behaupten. Denn Muslim wird man in MEINE VERRÜCKTE TÜRKISCHE HOCHZEIT nur, wenn man ein »Steinofenmann« ist und den Ramadan übersteht. Ob man dabei wirklich glaubt oder nicht, ist hier weniger wichtig. Die türkische Familie wird ganz anders als in den 1980ern auch keineswegs gastfreundlich dargestellt.[209] Götz bekommt beispielsweise außer beim Fastenbrechen niemals etwas angeboten. Zum Fastenbrechen ist er dann das erste Mal richtig bei Aylins Familie eingeladen. Das Sichtbare zählt. Diese kulturell mehrdeutige, irritierende und unruhige Erzählstruktur betrifft nicht nur die Abfolge unterschiedlicher Auftrittsformen vom Türkischen über die muslimische Praxis bis zu einer sich rüde selbst behauptenden Männlichkeit.

Schon Götz' Aussage irritiert, dass er und Aylin türkisch handeln sollten, um zusammenzukommen, weil Aylin selbst Türkin ist und sich als eine solche in akzentfreiem Deutsch im Film auch immer wieder behauptet. Auch Süleymans Behauptung, er habe »kein privates Problem« mit Götz, ist nicht einsichtig, da die Verheiratung der eigenen Tochter doch sehr intim ist. Diese intime Frage wird in MEINE VERRÜCKTE TÜRKISCHE HOCHZEIT nicht als eine persönliche, sondern als eine kulturelle und öffentliche Frage behandelt, als eine, in der es darum geht, kulturelle Regeln zu befolgen. Während die Regel »nur ein Muslim darf eine Nicht-Muslima heiraten, aber nicht eine Muslima einen Nicht-Muslim«, einzuhalten ist, werden an anderer Stelle islamische Regeln entweder nicht eingehalten oder gebrochen. Aylin trägt etwa kein Kopftuch. Außerdem haben Götz und Aylin schon vor dem Heiratsantrag Sex miteinander.[210] Und zu Beginn des Films isst Aylin einfach aus Neugier eine Currywurst aus Schweinefleisch. Dennoch kann sie kurze Zeit später von Götz verlangen, dass es auf jeden Fall kulturell zwischen

---

208 »Taşfırın erkek« ist neben dem Antrag und dem einmaligen Gebrauch des Wortes »sik« (»Schwanz«) die einzige türkische Formulierung in diesem Film.
209 Siehe hierzu: PAZARKAYA, Yüksel (1983): *Unsere Nachbarn, die Baltas*, hg. v. Adolf-Grimme-Institut: *Begleitheft zur Fernsehserie im Medienverbund AUSLÄNDER – INLÄNDER*, Marl: Deutscher Volkshochschul-Verband e.V.
210 Ähnliches lesen wir bei Hatice Akyün, wenn sie schreibt, dass sie kein Kopftuch trage, 35 Jahre alt und immer noch nicht verheiratet sei, Alkohol trinke und bestätigen könne, »dass es tatsächlich Türkinnen gibt, die Sex vor der Ehe haben«. Siehe hierzu: AKYÜN (2005): S. 185.

ihnen beiden passen müsse. Für Yasemin hatte es in den 1980er Jahren noch ausgereicht, dass Jan die türkische Sprache lernt, um sich noch mehr in ihn zu verlieben. Für sie war wie für viele Deutsch-Türken der zweiten Generation das Türkisch-Sein eine zweite Haut, die nicht ihre wirkliche Identität »zwischen zwei Stühlen« repräsentierte. Bei Aylin und anderen Akteuren sieht es in den 2000er Jahren anders aus.[211]

Das Phänomen, einen Türken zu spielen, besonders von Türken selbst, oder anders formuliert einen Türken zu türken,[212] ist in Film, Literatur und Kabarett der 2000er Jahre sehr verbreitet, ja sogar entscheidend für die Verhandlung der Folgen der Migration. In der Komödie SÜPERSEKS spielt Elviz, der eigentlich fließend Deutsch spricht, einen Türken mit gebrochenem Deutsch, um an seine Traumfrau heranzukommen. In Yade Karas Roman *Selam Berlin* lernt Protagonist Hasan den Deutsch-Türken und Schauspieler Kazim kennen. Dieser konnte alles:

> schauspielern, Taxi fahren, relaxen. [...] Er war locker. [...] Er erfand Leute, ließ sie ein paar Minuten leben und sprach dann von etwas anderem, als habe es sie nie gegeben. Er verwandelte sich in den Gastarbeiter Ali mit Kassettenrekorder und Bayernhut, oder er stand vor einem imaginären Telefon, dabei plapperte er wie ein Papagei. Es war wie ein Film im Film.[213]

Und Hasan, der perfekt Deutsch spricht und ein deutsches Abitur hat, wird später ebenfalls einen kriminellen ›Kanaken‹ spielen, um in Berlin anzukommen. Doch dieses Spiel im Spiel gilt nicht nur für Gebildete, für Abi-Türken. In *Sonnentrinker* beschreibt Hakan die Unzufriedenheit und Enttäuschung eines Freundes seines Vaters über Deutschland auch bei der zweiten Generation in Brennpunktviertelschulen: »Sogar in der Schule machte sich diese Unzufriedenheit bemerkbar. Wenn die Lehrer sie etwas fragten, antworteten die türkischen Kids manchmal absichtlich in gebrochenem Deutsch. Mit geprobtem Akzent«.[214] Der Kabarettist und Berufspolizist Murat Topal leitet sein Programm *Getürkte Fälle. Ein Cop packt aus!* (2005) damit ein, dass Berliner Türken im Flur der Kreuzberger Polizeidirektion noch astrein berlinern, aber im direkten Kontakt zum Kommissar sofort in ein Ausländerdeutsch à la »ich Türke, nix verstehn« übergehen

---

211 Siehe zu den 1980er Jahren: BOHM (1988); HÜBNER, Irene (1985): »... *wie eine zweite Haut«. Ausländerinnen in Deutschland*, Weinheim: Beltz; STRAUBE, Hanne/KÖNIG, Karin (1982): *Zuhause bin ich »die aus Deutschland«. Ausländerinnen erzählen*, Ravensburg: Mayer.
212 Siehe hierzu auch: El-Hissy, Maha (2012): *Getürkte Türken. Karnevaleske Stilmittel im Theater, Kabarett und Film deutsch-türkischer Künstlerinnen und Künstler*, Bielefeld: transcript.
213 KARA (2003): S. 206.
214 KURT (2002): S. 153.

würden.²¹⁵ Genauso schnell wechselt Cem Öztürk (Elyas M'Barek) in *Türkisch für Anfänger* zwischen Kanakendeutsch und akzentfreiem Deutsch.²¹⁶ Und in *Hans mit scharfer Soße* schreibt Hatice über ihren Bruder, dass er sich weigere, ordentlich Deutsch zu sprechen. Er begründet das wie folgt: »Schiwesta, bin ich Türke, hab isch türkisch Bulut, ist Schiprache von türkisch Kollege und mir«. Einen Abschnitt zuvor hatte sie ihn als jemanden beschrieben, dessen Heimat Duisburg ist, dessen Familie und Freunde in Deutschland leben und er nur den deutschen Pass hat. »Er liebt seinen 3er-BMW, Käsebrötchen und seine aktuelle deutsche Freundin.«²¹⁷ Mustafa habe allerdings etwas geschafft, das keinem assimilierten Türken gelungen sei: »Er fühlt sich wohl in seiner Welt, weil er nicht zwanghaft versucht, alles Türkische aus seinem Leben zu verbannen«.²¹⁸ Dass er aber umgekehrt geradezu zwanghaft das Türkische produziert, lässt Akyün unkommentiert. Wie in MEINE VERRÜCKTE TÜRKISCHE HOCHZEIT ist in diesen kurz skizzierten Passagen das Verhältnis zwischen Diskriminierung, Wohlbefinden und Angekommen-Sein unausgewogen. Dennoch ist *Hans mit scharfer Soße* der meistverkaufte deutsch-türkische Roman überhaupt.

Ähnlich erfolgreich ist MEINE VERRÜCKTE TÜRKISCHE HOCHZEIT: In den Jahren 2005 und 2006 von Pro 7 produziert, erstmals 2006 ausgestrahlt, erhält der Film den Grimme-Preis, den Preis der deutschen Akademie der darstellenden Künste, wird Gewinner des 3sat-Zuschauerpreises und erhält sowohl den Deutschen als auch den Bayerischen Fernsehpreis.²¹⁹ In der Begründung des Grimme-Preises wird besonders hervorgehoben, dass kulturelle Klischees in diesem Film »hervorgekehrt«, explizit gemacht werden, »um sie vergnüglich – mal mit feiner Ironie, mal in derben Späßen – auf die Schippe zu nehmen«. Genau darin liegt sein besonderer Wert. Über erzählerische Mittel der Überspitzung wird das Ernste dieser Thematik ins Komische überführt. Dasselbe gilt für EVET, ICH WILL!, *Hans mit scharfer Soße* und TÜRKISCH FÜR ANFÄNGER.

Doch was ist genau damit gemeint? Was ist letztlich Komik? Und kann sie überhaupt politisch sein, wie die Jury in der Begründung für den Grimme-Preis annahm? Die Forschung zur Gattung der Komödie meint, Komik oder das Komische als konstitutives Element der Erzählung könne nur dann greifen, wenn ihr

---

215 TOPAL, Murat (2005): *Getürkte Fälle. Ein Cop packt aus!*, Audio-CD, Berlin: Silberblick-Musikproduktion.
216 DAĞTEKIN (2006–2009).
217 AKYÜN (2005): S. 129.
218 Ebd.
219 Siehe hierzu: https://www.kino.de/film/meine-verrueckte-tuerkische-hochzeit-2006/ (zuletzt 30.04.2018). Siehe auch: https://www.filmportal.de/film/meine-verrueckte-tuerkische-hochzeit_d72313ab5ff240a0ad9275d1ec41b745 (30.04.2018).

eine feste Ordnung und Normen vorausgehen, die sie explizit macht und überschreitet.[220] Besonders in »kolonialen, postkolonialen oder neokolonialen ›Kontaktzonen‹« komme nach Göktürk der »Komik als Taktik zur Destabilisierung von Machtverhältnissen« eine bestimmte Rolle zu.[221] Uwe Wirth stellt fest, dass Komik »genau genommen nur dann entsteht, wenn unausgesprochene – als *implizit* vorausgesetzte – Regeln verletzt werden«.[222] Da fragt man sich, ob in MEINE VERRÜCKTE TÜRKISCHE HOCHZEIT eine vorhergehende Ordnung in Frage gestellt oder umgekehrt bestätigt wird. Die kurz skizzierten Widersprüche zwischen Innenleben und Auftritt der Subjekte, der Familien, die untrennbare Verschränkung von privat und öffentlich (Intimität und Regeln) sowie die Abfolge von türkischem zu muslimischem und zu männlichem Handeln machen in Holtz' Film vielmehr auf ein Bedürfnis und die Notwendigkeit einer Ordnung aufmerksam als dass sie in erster Linie eine bestehende Ordnung bloßstellen würden. Anders gesagt verlangt der Film nach einer öffentlichen Arbeit an einer sozialen Ordnung. Denn was soll Götz nun werden, ein Muslim, ein Türke, »echter« Mann oder alles zugleich?

Wie bei der 2006 gegründeten Deutschen Islam Konferenz ist der Islam auch in MEINE VERRÜCKTE TÜRKISCHE HOCHZEIT entscheidend, indem er als Kategorie zugleich bestätigt und gebrochen wird. Dass die Arbeit an einer integrativen Ordnung mit dem Islam auch anders aussehen kann, zeigt Fatih Akıns zeitnah entstandener Film AUF DER ANDEREN SEITE. Auf jeden Fall gelingt Komik und mit ihr ein Umgang mit Klischees nur dann, wenn das der Komik »Entgegenstehende nicht vernichtet wird«, sprich die soziale öffentliche Ordnung, und damit der eigentliche Referenzrahmen zur Bearbeitung kultureller Ähnlichkeit und Differenz einer komplexen und heterogenen Gesellschaft.[223] Dafür müsse man unbedingt, so Wirth, das »Spielmoment« starkmachen.[224] Anders ließen sich vorgeprägte Schemata nicht in Frage stellen oder in einen Verhandlungsprozess überführen. Die zentrale Frage ist letztlich, ob die soziale Ordnung, die den hier behandelten Filmen zugrunde liegt, die einer Einwanderungsgesellschaft ist oder ob sie umgekehrt erst als eine solche erzählt werden muss. Sind es nur der Islam und die ›Mannwerdung‹ von Götz, die die Grundlagen der Einwanderungsgesellschaft in MEINE VERRÜCKTE TÜRKISCHE HOCHZEIT ausmachen oder gibt es noch

---

220 Siehe hierzu: WIRTH (2019).
221 GÖKTÜRK, Deniz (2019): »Reisen nach Jerusalem. Mit Dr. Freud im Eisenbahnabteil«. In: *Komik der Integration. Grenzpraktiken und Identifikationen des Sozialen*, hg. v. Özkan Ezli, Deniz Göktürk und Uwe Wirth, Bielefeld: Aisthesis, S. 43–64, hier S. 56.
222 WIRTH (2019): S. 25, Hervorhebung im Original.
223 Siehe hierzu: GREINER, Bernard (2017): »Komödie/Tragödie«. In: *Komik. Ein interdisziplinäres Handbuch*, hg. v. Uwe Wirth, Stuttgart: Metzler, S. 30–34, hier S. 31.
224 Ebd.

eine weitere Vergesellschaftungsform, die darüber hinausweist? Nach Ansicht der Jury ist das Besondere dieses Films, dass er das Private politisch mache. Das erinnert an die »Multikulturalisten«, denen es darum ging, die Ethnizität des Anderen als Anderssein zu verstehen und anzuerkennen. Diese Anerkennung dürfe im sozialen Prozess jedoch nicht als »Ressource der Unterscheidung (d. h. der Diskriminierung)« gebraucht werden, meinte Frank-Olaf Radtke.[225] Auch aufgrund dieser Trennung von Privatheit und Öffentlichkeit ließen sich in den Filmen der 1990er Jahre Klischees und Stereotypen nicht »hervorkehren«, sondern man musste durch sie hindurchgehen, um nach draußen zu gelangen und um auf etwas anderes verweisen zu können, das jenseits des Türkischen und Deutschen lag.[226] Die politische Konstellation in den 2000er Jahren ist, wie zu Beginn dieses Kapitels gezeigt, eine andere. Die Einwanderungsgesellschaft wird als soziales Faktum angenommen, und öffentlich und privat sind eng miteinander verschränkt. Daher wird uns im Folgenden etwa die Frage beschäftigen, worauf die Filme der 2000er Jahre verweisen. Doch bevor wir im ersten Analyseteil dieses Kapitels zu diesem vorhandenen oder nicht vorhandenen Referenzrahmen zunächst in MEINE VERRÜCKTE TÜRKISCHE HOCHZEIT, später in AUF DER ANDEREN SEITE, kommen, kurz die Synopse vom ersten Film:

Der Protagonist Götz Schinkel besitzt mit seinem Freund Horst zusammen einen Plattenladen im von Türken dominierten Berlin-Kreuzberg. Der Erzähler im Film stellt Götz als jemanden vor, der zu gut für diese Welt sei. Das zeigt sich etwa daran, dass Götz zweimal vom selben Türken angegriffen wird: einmal, als er einem türkischen Jungen helfen will und das zweite Mal, als sich eine Menschentraube von Leuten um Götz' Plattenladen bildet, weil das Fenster des Geschäfts eingeschlagen wurde und er schlichtend eingreifen will – denn Horst hatte die Türken als islamistische Terroristen beschimpft, woraufhin die Situation eskalierte. Götz liegt Nase blutend am Boden, als die schöne Türkin Aylin hervortritt und ihm hilft. Götz verliebt sich sofort in sie. Aber auch andere Türken, »liberale Muslime«, helfen den Ladenbesitzern beim Einbau eines neuen Fensters.

Das vermeintlich interkulturelle Gefüge setzt sich zusammen aus Stadtteil, Nachbarschaft, Religion, Konflikt, Gewalt, Liebe und Hilfsbereitschaft und bildet

---

225 Vgl. RADTKE, Frank-Olaf (1998): »Lob der Gleich-Gültigkeit. Die Konstruktion des Fremden im Diskurs des Multikulturalismus«. In: *Das Eigene und das Fremde. Neuer Rassismus in der Alten Welt?*, hg. v. Ulrich Bielefeld, Hamburg: Hamburger Edition, S. 79–98, hier S. 92.
226 Interessanterweise lautet die Begründung für die Verleihung des Grimme-Preises an Züli Aladağs WUT im Jahr 2007 ganz ähnlich. Erneut sieht man die »Offenlegung« als besonderen Verdienst an. Siehe hierzu: http://www.grimme-preis.de/archiv/2007/preistraeger/p/d/wut-ard-wdr/ (13.05.2018).

die Grundlage von MEINE VERRÜCKTE TÜRKISCHE HOCHZEIT. Was den Verlauf der Erzählung betrifft, wird in diesem Film eine umgekehrte Integrationsgeschichte erzählt. Denn ein Mitglied der Mehrheitsgesellschaft wie Götz passt sich der Kultur einer Minderheit an. Obwohl Aylin schon seit einem Jahr mit ihrem Cousin Tarkan verlobt ist – einem Muslim, der als Arzt einen finanziell sicheren und gesellschaftlich angesehenen Beruf ausübt –, verliebt sie sich in Götz, der wie gesagt für sie zum Islam konvertiert.[227] Während dieses Übergangs entwickelt sich Götz von einem zu guten zu einem fordernden und teilweise gewalttätigen Deutschen. Dieser dramaturgische Verlauf wird zwar immer wieder durch die Form der Komödie konterkariert, die auch die Charaktere überzeichnet wirken lässt. Hinzu kommt, dass der Film mit der Hochzeit ein Happy End hat.[228] Was aber nicht zur Disposition der Umkehrung in diesem Film steht, ist die Rolle und Funktion des Islam und seines Regelwerks, das trotz abweichender Praktiken keiner Kritik unterzogen wird. Warum? Einerseits weisen die islamischen Regeln Götz einen Weg, von Aylins Familie anerkannt zu werden. Andererseits bestimmt der Islam auch die inneren Befindlichkeiten der Akteure. Beide Aspekte sind in MEINE VERRÜCKTE TÜRKISCHE HOCHZEIT der Komik, aber auch den sozialen Praktiken entzogen.

Auf der ersten, integrativen Ebene erfüllt Götz alle Auflagen. Er ist integrationswillig und zeigt sich am Ende als starker und ernst zu nehmender Mann. Dass die Unterscheidung zwischen stark und schwach eine Leitkategorie der Integration darstellt, zeigt sich besonders am Ende des Films: Als die Verlobung zwischen Götz und Aylin im Haus von Götz' Mutter Helena (Katrin Sass) eskaliert, weil sie dagegen ist, dass die Kinder ihres Sohnes im islamischen Glauben erzogen werden – bis zu dieser Szene weiß Helena nicht, dass ihr Sohn zum Islam konvertiert ist –, kippt der Film in einen Kulturkampf. Er beschreibt die zweite Ebene des Films. Für Götz' Mutter ist der Islam eine Religion, »die Millionen von Frauen durch Zwangsehen unterdrückt«.[229] Während sie das sagt, wirft sie eine

---

[227] Nach islamischer Regel genügt es, wenn beim Aufsagen des Einheitsbekenntnisses auf Arabisch (»Ich bezeuge, es gibt keinen Gott außer Gott und Mohammed ist sein Gesandter«) zwei Muslime als Zeugen zugegen sind. Der Ort spielt dabei keine Rolle. Siehe hierzu: BUHĀRĪ (1997): *Nachrichten von Taten und Aussprüchen des Propheten Muhammad*, Stuttgart: Reclam, S. 44. In MEINE VERRÜCKTE TÜRKISCHE HOCHZEIT erfolgt diese Prozedur in einer Moschee in Berlin in Anwesenheit der gesamten Familie. In Joel Zwicks MY BIG FAT GREEK WEDDING von 2002 konvertiert der Amerikaner Ian Miller für seine griechische Freundin Tuola Portokalos auf Wunsch ihrer Familie zum orthodoxen Christentum in einer orthodoxen Kirche im Beisein der griechischen Großfamilie. Siehe hierzu: ZWICK, Joel (2002): *My Big Fat Greek Wedding*, Spielfilm, USA.
[228] Nach Bernard Greiner ist das gute Ende das Entscheidende an einer Komödie. Siehe hierzu: GREINER, Bernard (2017): »Komödie/Tragödie«. In: *Komik*, S. 30–34, hier S. 31.
[229] Helena ist eine feministische Alt-68erin, die für »verstaubte Ideale« des individuellen und freien Glücks steht. Sie hat im Film keinen Partner, und es erschließt sich auch nicht, ob sie

Handvoll Zeitschriftenausgaben auf den Esstisch. Darunter ist ein Artikel, den sie kürzlich redigiert habe und der aufzeige, wie in Kreuzberg türkische Frauen von ihren Männern unterdrückt würden.[230] Gegenseitige Beleidigungen führen in dieser Sequenz dazu, dass Aylins Familie das Haus verlässt. Götz beschwichtigt darauf seine Mutter, beide fahren der türkischen Familie hinterher, und es folgt die dramatischste Sequenz des Films, die nicht irgendwo im Privaten, sondern mitten auf der Straße in Kreuzberg stattfindet.

Vor ihrer Wohnung erreicht Götz die türkische Familie und will über das Geschehene reden. Yusuf reagiert mit einem Faustschlag in Götz' Magengrube. Er sei an allem schuld. Der türkische Mann, der Götz zu Anfang des Films eine Kopfnuss verpasst hatte, eilt herbei, da Yusuf Götz auf sein parkendes Auto stößt. Er verlangt Schadensersatz von Götz, der sein Portemonnaie zückt und Geld auf den Boden wirft. Nun hätten sie sein Geld, beginnt er seine Wutrede, seine Religion, seine Vorhaut und was sie denn sonst noch alles wollten. Diese Szene wird immer intensiver und beleidigender für beide Seiten. Götz wird vorgeworfen, dass er »Schiss« habe, kein richtiger Mann sei und jetzt alles »hinschmeißen« wolle. Er entgegnet, dass die Türken Schiss hätten und sich hinter ihrer »verfickten Ehre« und Religion verstecken würden und sie »Scheißtürken« und »Rassisten« seien. Die Szene endet damit, dass Götz Aylin sagt, dass sie in Wirklichkeit Angst habe, er sie aber trotzdem liebe. Sie wendet sich mit einem »vergiss es« ab und zieht

---

jemals verheiratet war. Götz' biologischer Vater wird jedenfalls mit keinem Satz erwähnt. Fragile deutsche familiäre Konstellationen sind in vielen Produktionen der 2000er Jahre, die die Folgen der Migration in der Bundesrepublik thematisieren, bestimmend. Siehe hierzu: SAUL (2005); ALADAĞ (2006); AKIN (2007); BUCK (2005); DAĞTEKIN (2006–2009).

230 Die Metapher des Tischs verwendet auch Necla Kelek in ihrer Replik auf ihre Kritiker in der *Zeit* vom 8. Februar 2006. Sie reagiert darin auf eine Petition von 60 prominenten Forschern und Aktivisten, die besonders ihr Buch *Die fremde Braut* kritisierten. Sie machen auf den Widerspruch der Interpretationen Keleks zwischen ihrer Dissertation *Islam im Alltag* von 2003 und ihrer Publikation *Die fremde Braut* von 2005 aufmerksam. Denn die Ergebnisse ihrer wissenschaftlichen Arbeit decken sich mit vielen anderen wissenschaftlichen Ergebnissen, jedoch nicht mit ihrem zweiten Buch. Wenn sie in dieser Petition aus ihrer ersten Arbeit mit den Worten zitiert wird, dass das »Bekenntnis zum Muslim-Sein« unter den Türken zweiter Generation »im Regelfall nicht als traditionelle Selbstverortung missverstanden werden darf«, greifen sie dagegen eine zentrale Aussage aus *Die fremde Baut* auf, dass die muslimischen Werte mit den westlichen nichts gemein hätten. Und es seien die muslimischen Werte, die das »Handeln der muslimischen Migranten in Deutschland bis in den letzten Winkel ihres Alltags« bestimmten. In ihrer Entgegnung geht Kelek nicht auf den vorgebrachten Widerspruch zwischen ihren beiden Arbeiten ein, verlangt aber, dass die erwähnten Forschungen, die auf »rationale Weise« zeigten, dass der Islam der jüngeren Generationen kompatibler mit den Werten der Ankunftsgesellschaften sei, auf »den Tisch sollen«. Siehe hierzu: KARAKAŞOĞLU, Yasemin (2006): »Gerechtigkeit für die Muslime!«. In: *Transit Deutschland*, S. 317–320, hier S. 318; KELEK, Necla (2006): »Entgegnung«. In: *Transit Deutschland*, S. 320–321.

sich mit ihrer Familie zurück. Nun soll Tarkan wieder der Auserwählte sein. Götz schlägt mit einem Besen aus Süleymans Trödelgeschäft mitten auf der Straße auf Tarkans Auto ein. Süleyman ist beeindruckt und rät Götz, Aylin wieder zurückzugewinnen: »Götz, holst Du Frau zurück«. Götz folgt Süleymans Rat und am Ende findet die Trauung statt.[231]

Der TV-Sender Pro 7, der diesen Film produzierte, bewarb ihn 2006 als eine *romantic comedy*. Und man muss sicher zugeben, dass es sich insgesamt um eine Multikulti-Komödie handelt – allerdings nicht um eine Feelgood-Comedy wie MY BIG FAT GREEK WEDDING (2002), mit dem MEINE VERRÜCKTE TÜRKISCHE HOCHZEIT verglichen wurde.[232] Vielmehr begegnen wir in diesem Film auch der politischen Disposition der deutschen Migrationsgesellschaft zu Beginn des 21. Jahrhunderts, die sich zwischen Skandalisierung und Integration mit und durch den Islam ergeben hat.[233] Die Türken, die vor fünfzig Jahren aus der Türkei nach Deutschland emigrierten, ihre Kinder und Enkel sind nun in der Mitte der Gesellschaft angekommen – nicht als Südländer, nicht als Orientalen, nicht als ›Kanaken‹ und auch nicht als Europäer, sondern als Muslime. Daher sind auch

---

231 Der Tag spielt als eine erzählerische Einheit in vielen Texten und Filmen der 2000er Jahre eine zentrale Rolle. Emine Sevgi Özdamars Roman *Seltsame Sterne starren zur Erde* beginnt mit einer Nacht, in der die Ich-Erzählerin nicht schlafen kann, weil ein Hund die ganze Nacht bellt. Am nächsten Morgen wird sie sich an der Volksbühne in Berlin vorstellen. Und der Roman endet damit, wie sie abends in Paris in der Metro an der Schulter von Benno Besson einschläft, der sie dorthin als Assistentin mitgenommen hat. Siehe hierzu: ÖZDAMAR (2003): S. 9 und S. 247. Fatih Akıns AUF DER ANDEREN SEITE beginnt morgens bei hellichtem Sonnenschein an einer Tankstelle in der Türkei. Er endet an einem Strandabschnitt an der Schwarzmeerküste, als die Abenddämmerung einbricht. Siehe hierzu: AKIN (2006). Die Grundstruktur des Romans *Die Tochter des Schmieds* von Selim Özdoğan folgt dem Verlauf der Gezeiten (Frühling, Sommer, Herbst und Winter) und dem Beginn und Ende eines Tages. Letzteres gilt ebenso durchgehend für Dilek Güngörs Roman *Das Geheimnis meiner türkischen Großmutter*. Die 15 Kapitel im Roman beginnen jeweils morgens und enden abends. Und Aladağs Skandalfilm WUT beginnt hell vormittags und endet nachts mit dem tödlichen Ausgang des Kampfes zwischen Simon, Felix' Vater und Can, dem deutsch-türkischen Protagonisten. Siehe hierzu: ÖZDOĞAN (2005); GÜNGÖR (2007); ALADAĞ (2005).
232 Siehe hierzu: BERGHAHN, Daniela (2012): »My Big Fat Turkish Wedding. From Culture Clash to Romcom«. In: *Turkish German Cinema in The New Millennium. Sites, Sounds, and Screens*, hg. v. Sabine Hake, Barbara Mennel, New York: Berghahn Books, S. 19–31.
233 Besonders der Themenkomplex der Zwangsehe wird mit den Publikationen von Ayan Hirsi Ali in den Niederlanden, von Seyran Ateş und von Necla Kelek in der Bundesrepublik Anfang und Mitte der 2000er Jahre gesellschaftspolitisch sehr relevant. In Folge des 11. September 2001, dem Mord an Theo van Gogh sowie den Anschlägen in Spanien und in England setzt sich in den 2000er Jahren eine Rhetorik durch, die eine grundlegende Kritik am Multikulturalismus verlangt und nicht selten mit den Worten eingeleitet wird, »dass man dies doch noch werde sagen dürfen«. Siehe hierzu: BUTTERWEGGE, Christoph (2007): »Zuwanderer im Zerrspiegel der Medien. Migrationsberichterstattung als Stimmungsmache«. In: *Transit Deutschland*, S. 200–204; KELEK (2006).

die deutsch-türkischen Akteure in *Meine türkische Hochzeit* trotz aller ersichtlichen Widersprüche vom Islam nicht zu trennen. Als sich Helena und Aylin das erste Mal bei einer Buchpräsentation von Helena begegnen, kommt es zu einer Kette von Diskriminierungen. Helena glaubt etwa, die hübsche junge Frau an der Seite ihres Sohnes sei eine Angestellte und reicht ihr ihr Sektglas, das sie wieder füllen soll.[234] Aylin lässt das leere Glas auf den Boden fallen, es zerbricht, Helena dreht sich überrascht zu ihr um und Götz klärt auf, dass Aylin seine Freundin sei. Woher sie denn komme, fragt Helena. »Aus Berlin«, antwortet Aylin. »Nein, ich meine ursprünglich«, fragt Helena weiter nach. »Ich bin Türkin«, antwortet Aylin. »Türkin« wiederholt Helena und bittet darauf ihre Freundin Gitte zu ihrem Gespräch, die gerade ein Buch schreibt über Türken, Zwangsehen und Ehrenmorde in Kreuzberg. Gitte fragt umgehend und überheblich, warum die türkischen Mädchen sich das alles gefallen ließen. Aylin entgegnet wütend und zugleich in der komödiantischen Diktion des Films: »Ach, das ist ganz normal. Wir türkischen Mädchen sind ein bisschen doof, weil wir in den Koranschulen nur kochen, putzen und beten lernen, und bei diesen ganzen Schlägen auf den Kopf. Aber ich habe mir heute zum ersten Mal eine Monatskarte gekauft und Götz bringt mir gerade das S-Bahn fahren bei. Extrem aufregend«.[235] Götz ergänzt, dass Aylin Jura studiere. Helena will die peinliche Situation auflösen, indem sie Aylin ein volles Sektglas reicht und ihr ihr Buch »Happy Single« mit einer Widmung schenkt. Götz erklärt, dass Aylin als Muslima keinen Alkohol trinke, während Aylin wütend und gar nicht mehr selbstironisch meint, sie zwar kein Happy Single, dafür aber ein »Happy Muslim«.[236]

Diese Szene einer kulturellen Diskriminierung beginnt mit einer sozialstrukturellen Ausschließung. Denn Helena gibt Aylin das Sektglas, weil sie glaubt, Aylin gehöre zum Service-Personal. Erst als Götz ihren Namen nennt, beginnen die kulturellen Marker wirkmächtig zu werden. Außerdem wird diese Szene eingeleitet mit einem Gespräch zwischen Götz und Aylin im Auto. Aylin fragt Götz, ob seine Mutter denn wirklich Single sei. Götz bejaht dies und ergänzt, dass Schlussmachen ihr Hobby sei, Aylin sich aber keine Sorgen machen müsse, denn sie hätte nichts gegen Türken, sie wähle schließlich grün. Die fragile Bindung

---

234 Eine ganz ähnliche diskriminierende Sequenz findet sich in der dritten Folge der dritten und letzten Staffel von Bora Dağtekins TÜRKISCH FÜR ANFÄNGER, als Metin dem deutschen Polizeichef seinen Sohn Cem vorstellen möchte. Cem möchte nämlich Polizist werden, aber der Polizeichef spricht ihn als Putzkraft an. Siehe hierzu: DAĞTEKIN (2006–2009).
235 HOLTZ (2007). In einer identischen Diktion und ähnlichem Wortlaut reagiert in ALMANYA. WILLKOMMEN IN DEUTSCHLAND Canan in Berlin in der U-Bahn auf diskriminierende Aussagen einer älteren deutschen Frau, die nicht an sie, sondern an Ausländer mit vielen Kindern im Abteil gerichtet sind. Siehe hierzu: ŞAMDERELI (2011).
236 HOLTZ (2007).

von Sozialstruktur und kultureller Diskriminierung wiederholt sich in der Begegnung von Aylin und Helena, als letztere zweimal nach der Herkunft der ersteren fragt. Dass genau diese Stelle im Film für kulturelle Diskriminierung steht, steht im Einklang mit den Theorien zur Postmigration, die zeitnah beginnen, die Multikulturalismustheorien zu ersetzen. Sie meinen, dass die Frage und Bedeutung nach der vermeintlich eigentlichen Herkunft von zugewanderten Menschen nach 50 Jahren Migrationsgeschichte in der Bundesrepublik einen Akt der Diskriminierung darstelle.[237] Aylin wehrt sich dagegen auch gar nicht, indem sie etwa ihre hybride Existenz als Deutsch-Türkin betont. Sie sagt nicht nur, dass sie Türkin, sondern auch ein »Happy Muslim« sei.[238]

---

237 Wie sehr dieser Gedanke mittlerweile Teil der Migrationsdebatten im Internet und in den sozialen Medien geworden ist, und nicht mehr als realphysische Interaktionsform zwischen zwei oder mehreren Menschen, zeigt beispielsweise auch die MeTwo-Debatte über Alltagsrassismus in Deutschland aus dem Jahr 2018. In vielen Beschreibungen zu Diskriminierung wird auch die Frage nach der eigentlichen Herkunft immer wieder genannt, ohne dass dabei die andere Seite mit einer Form der Schlichtung reagieren könnte. In MEINE VERRÜCKTE TÜRKISCHE HOCHZEIT schenkt Helena Aylin im Bewusstsein, dass sie sich falsch verhalten hat, am Ende der Sequenz Aylin ihr Buch. Solch eine Verhandlung ist im Netz nicht mehr möglich. Siehe zur MeTwo-Debatte: REINSCH, Melanie (2018): »›MeTwo‹ Ein Hashtag gegen Alltagsrassismus«. In: BERLINER ZEITUNG, 27.07.2018, https://www.berliner-zeitung.de/politik/-metwo--ein-hashtag-gegen-alltagsrassismus-31025882 (08.09.2018). FLEISCHHAUER, Jan (2018): »Hauptsache ihr, favt meine Tweets. Die #MeTwo-Debatte ist deshalb so interessant, weil sie so reich an Paradoxien ist. Eine davon: Die Stärke der Bewegung ist gleichzeitig ihre Schwäche – die rührende Selbstbezogenheit«. In: DER SPIEGEL, 02.08.2018, http://www.spiegel.de/politik/deutschland/metwo-debatte-hauptsache-ihr-favt-meine-tweets-a-1221348.html (08.09.2018).

238 Die kulturell bestimmte Aktion und Reaktion auf eine allgemeine Form der Ausschließung (hier: Gast/Bedienung) wirkt so, als ob die kulturellen Marker auf eine vielfach stattfindende Diskriminierung einfach aufgesetzt würden. Die Lösung könnte auch anders sein. Doch der spezifische Einsatz kultureller Marker als »Aufsatz« ist in den Produktionen der 2000er Jahre äußerst konstitutiv. Eindrücklich zeigt sich dies etwa im von der Rezeption sehr positiv aufgenommenen Erzählband *Hürriyet Love Express* von Imran Ayata. In der zweiten Erzählung »Liebe ist mächtiger als Tito« geht es um die Clique von Deniz, Hürşad und dem namenlosen Ich-Erzähler. Als explizit »arabesken Zustand« beschreibt der Ich-Erzähler den folgenden: »Deniz verliebt sich immer wieder. [...] Er begegnete einer Frau, die attraktiv war, eine unglaubliche Ausstrahlung besaß, in einer Beziehung steckte, Deniz aber sehr nett fand, seine Freundschaft suchte, aber keine Liebe für ihn empfand und schon gar keinen Sex mit ihm haben wollte. Mit diesem arabesken Zustand hatte sich Deniz arrangiert.« Die kulturelle Spezifizierung eines nicht kulturspezifischen Zustands wird in der Erzählung noch weiter getrieben. Ich-Erzähler und Hürşad empfehlen ihrem Freund Deniz, es wie im türkischen Popsong *Gül döktüm Yollarına* des bekannten türkischen Sängers Tarkan zu machen. Er solle seiner Angebeteten ihren Weg und ihre Wohnung mit Rosen bedecken. Siehe hierzu: AYATA, Imran (2005): »Liebe ist mächtiger als Tito«. In: ders., *Hürriyet Love Express*, Köln Kiepenheuer & Witsch, S. 21–45, hier S. 22–28. Außerdem taucht in der Erzählung Emre auf, der als Strategie »um bei Frauen zu landen, [...] wahlweise sich als Türke, Kurde oder Armenier ausgibt«

Wie Yasemin in Hark Bohms gleichnamigem Film aus dem Jahr 1988 trägt Aylin kein Kopftuch, ist modern gekleidet und wäre auf kognitiver, struktureller und sozialer Ebene als assimiliert zu bezeichnen. Allerdings ist Aylin weder mit der Mehrheitsgesellschaft verschmolzen noch ein Happy Single. Ihre Identifikation teilt die kulturelle Kontaktzone nicht in Individuen, sondern erneut in Gruppen ein. So unterscheidet sich Aylin von Yasemin auch eindrücklich darin, dass sie ihre Eltern an keiner Stelle als »anatolische Bauern« bezeichnet und sie als traditionell im Gegensatz zu modernem Leben begreift,[239] sondern im Gegenteil wie ihre Eltern von Götz verlangt, dass er sich an sie anpasst. Diese Form der kollektiven Identifikation gepaart mit einem selbstbewussten individuellen Auftreten, die auf Kompatibilität mit den Eltern zielt und sowohl die türkische als auch die deutsche Seite in MEINE VERRÜCKTE TÜRKISCHE HOCHZEIT betrifft, zeigt sich besonders an den dargestellten Sequenzen, die diese Multikulti-Komödie ins Dramatische und Beleidigende kippen lassen. Wenn nämlich der Islam auf der einen Seite oder die Freiheit auf der anderen Seite verbal verletzt werden, fühlen sich die jeweiligen Akteure persönlich verletzt. Auch Helena wird von den türkischen Muslima verlacht und beleidigt, worauf sie entsprechend reagiert.[240]

Insgesamt kann kein Akteur in diesem Film auf eine Beleidigung souverän reagieren, indem das Gesagte in Frage gestellt wird, entweder weil es nicht richtig ist oder weil das Gesagte mit einer vorhandenen islamischen Ethik nicht übereinstimmt. Zu sehr dominieren hier die Abstrakta und Nomen wie »Islam«, »Muslim«, »Türke«, »Deutscher« sowie ihre materiellen Repräsentationen »Moschee«, »Kopftuch«, »Beschneidung« und »Koran«. Zu sehr sind die Akteure in ihrem eigenen Auftreten gefangen. Das Potential des Komischen erschöpft sich in diesem Film darin, diese Abstrakta umzukehren, nicht sie einzubetten oder eine heterogene Sozialordnung anzuvisieren. Die Akteure lachen immer *über* die anderen, nicht *mit* ihnen. Bei dieser Art der Komik muss nach Umberto Eco immer der Verlachte den Preis zahlen. Er ist in der Regel der »Barbar«, der sich nicht angemessen zu verhalten weiß.[241] In MEINE VERRÜCKTE TÜRKISCHE HOCHZEIT gilt dies für beide Seiten, so dass bis zum Schluss an keiner Stelle gemeinsam gelacht wird. Im Unterschied zu Bohms und Başers Filmen aus den 1980ern bricht so auch kein kulturelles Gesetz in diesen Film ein, das eine vorhandene soziale Fluidität irritieren würde. In Bohms Film YASEMIN reden ältere Frauen in der Hochzeitsnacht von Yasemins Schwester

---

und dabei in unterschiedlichen Varianten eine Opfergeschichte zum Besten gibt. Dazu bekocht er seine »Auserwählte mit seinem Standardgericht Ali Nazik, einer Spezialität mal aus der Türkei, dann aus Kurdistan oder Armenien«. Siehe hierzu: Ebd., S. 37 f.
239 BOHM (1988).
240 Siehe hierzu: HOLTZ (2006).
241 Zitiert nach: WIRTH (2019): S. 19 u. S. 39.

vor ihrem Schlafzimmer darüber, wie ein frisches Paar den Nachweis der Jungfräulichkeit, falls das Mädchen nicht mehr Jungfrau sein sollte, umgehen kann, wie das Paar einfach die Regeln aushebeln kann. Für die türkischen Frauen in Film und Literatur der 1980er sind Regeln auch dafür da, dass sie umgangen werden. Solche Reaktionen, solch eine Fluidität bleiben in Holz' Film aus, weil weder der Islam, die Freiheit als Abstraktum oder die Personen als vielschichtige und mehrdimensionale Entitäten oder Akteure gezeigt werden. In MEINE VERRÜCKTE TÜRKISCHE HOCHZEIT ziehen die Grenzen die Akteure von Beginn an selbst. In der Erzählung »Gottesanrufung 1« aus Zaimoğlus Erzählband *Zwölf Gramm Glück* wird dem Ich-Erzähler, der für eine gläubige Deutsch-Türkin einen angemessenen Mann suchen soll, von ihrem Cousin erklärt, dass seine Cousine besonderen Wert darauf lege, dass er dem potentiellen Jungen »eine wichtige Regel klarmacht: Sie ist unberührbar, bis sie auf den richtigen Mann trifft«.[242]

Kulturelle Marker gehören zu den Handlungen der Akteure, werden ihnen sogar visuell und auditiv vorangestellt. Diese Abfolge erschwert die soziale Fluidität. MEINE VERRÜCKTE TÜRKISCHE HOCHZEIT beginnt mit dem muslimischen Gebetsruf als *voice-over*. Zugleich sehen wir den Fernsehturm am Berliner Alexanderplatz. Darauf folgt von hinten aufgenommen eine Frau mit Kopftuch, ein Minarett und mit dem Berliner Bären ein weiteres Berliner Wahrzeichen. Auf der Tonspur geht dabei der muslimische Gebetsruf in Fatboy Slims Song *Praise you* über. Die Bilder sind digital aufgelöst und auffallend scharf.[243] Wie in Akıns Film AUF DER ANDEREN SEITE und Kurts Roman *Sonnentrinker* scheint die Sonne. Sprich, wir sehen alles, worum es geht. Es gibt zu dem Sichtbaren nichts weiter zu interpretieren. Nun übernimmt der Erzähler des Films, Götz' Freund Horst, und führt Berlin-Kreuzberg als »Little Istanbul« ein, das absolut in türkischer Hand sei. Die Verbindung von Islam und deutschem Territorium bestimmt als Rahmung das Thema dieses Films, den Kulturdialog, von Beginn an mit. Aufgrund dieser Rahmung können nur noch die Akteure in Verhandlung treten und eine soziale Fluidität generieren, aber nicht die religiösen und nationalen Bestimmungen. Diese sind gesetzt, stehen fest und treten als verkörperte Erinnerungen zutage, die sich zu Traditionen verdichtet haben. An prominenter Stelle bezeichnet der Religionssoziologe Talal Asad diese Form des Auftritts als eine »verkörperte Praktik«.[244]

Soziale Fluidität und Regelbruch haben allein die Akteure in der Hand. Aylin isst Currywurst, hat Sex vor der Ehe, trägt kein Kopftuch, betet nicht, trinkt

---

[242] Siehe hierzu: ZAIMOĞLU, Feridun (2004): »Gottesanrufung 1«. In: ders., *Zwölf Gramm Glück*, Köln: Kiepenheuer & Witsch, S. 82–91, S. 87.
[243] Siehe hierzu: HOLTZ (2006).
[244] ASAD (2017): S. 221f.

aber keinen Alkohol und bezeichnet sich offensiv als »Happy Muslim«, wenn es darauf ankommt. Da sie durchgehend akzentfrei und ausschließlich Deutsch spricht, ist sie eher als eine deutsche denn als eine türkische Muslima zu bezeichnen. Zum Vergleich schreibt etwa die Ich-Erzählerin in Hatice Akyüns autobiografisch grundiertem Roman *Einmal Hans mit scharfer Soße*, dass ihr »akzentfreies Deutsch [...] schon lange nicht mehr auf [ihre] Herkunft schließen« lasse. »Manchmal fühle ich mich monatelang nicht ein einziges Mal türkisch. Erst wenn ich neue Menschen kennenlerne, die mich fragen, woher ich komme, reißen sie mich aus meiner deutschen Welt.«[245] Dennoch meinen Forscher, dass ihr Roman kulturelle Vermischung verhandle.[246] Für die ›Kanaken‹ der 1990er Jahre wäre Aylins Sprache in MEINE VERRÜCKTE TÜRKISCHE HOCHZEIT auf jeden Fall »zu deutsch« und ihre besondere Bindung zu ihren Eltern im Unterschied zu den Figuren Yasemin in YASEMIN, zu Leyla in Thomas Arslans GESCHWISTER und zu Sibel in GEGEN DIE WAND zu konservativ.[247] Das Ignorieren von Regeln, das sie vollzieht, führt hier nicht zu einem gemeinsamen Verbundenheitsgefühl von Deutschen und Türken, sondern zur Distinktion; zur Aktualisierung von unbeweglichen Selbstbestimmungen im Modus eines Kampfes. Ihre spannungsgeladene Zwischenlage lässt sich vielleicht mit dem Titel von Melda Akbaş' Buch *So wie ich will. Mein Leben zwischen Moschee und Minirock* beschreiben.[248] Da dieser kaum aufzulösende Widerspruch zwischen Moschee und Minirock die Diktion des Films bestimmt, erzeugt die narrative Dichte und Folge von Komik, Gewalt, Liebe

---

245 AKYÜN (2005): S. 180.
246 Siehe hierzu: YEŞILADA, Karin (2011): »›Nette Türkinnen von nebenan‹. Die neue deutsch-türkische Harmlosigkeit als literarischer Trend«. In: *Von der nationalen zur internationalen Literatur. Transkulturelle deutschsprachige Literatur und Kultur im Zeitalter globaler Migration*, hg. v. Helmut Schmitz, Amsterdam: Rodopi, S. 117–142, hier S. 131f.
247 Dasselbe gilt für die Figur Hatice in der literarischen Vorlage von *Hans mit scharfer Soße* und in ihrer filmischen Umsetzung durch die Regisseurin Buket Alakuş. ALAKUŞ (2013).
248 Siehe hierzu: AKBAŞ, Melda (2010): *So wie ich will. Mein Leben zwischen Minirock und Moschee*, München: C. Bertelsmann. Im zweiteiligen Fernsehfilm ZEIT DER WÜNSCHE finden wir diese Konstellation zwischen Moschee und Minirock ebenfalls. Kadirs Tochter, die in Deutschland auf die Welt kommt, trägt zu Hause und im Umgang mit konservativen Türken ein Kopftuch, geht aber zugleich mit Freunden im Bikini im Schwimmbad schwimmen. Auch Hatice in *Einmal Hans mit scharfer Soße* zieht sich jedes Mal, wenn sie von Hamburg nach Salzgitter zu ihren Eltern fährt, immer an derselben Autobahn-Raststätte auf der Strecke um. Dort wechselt sie ihren Minirock mit einem über die Knie reichenden »Vaterrock«, wie sie ihn nennt. Im Film sehen wir diese Sequenz ganze viermal. Siehe hierzu: ALAKUŞ (2013). In Hark Bohms Film YASEMIN verlängert die Protagonistin ihren Rock erst, als sie im öffentlichen Raum ihren Bruder sieht, der auf sie aufpassen soll. In MEINE VERRÜCKTE TÜRKISCHE HOCHZEIT und *Einmal Hans mit scharfer Soße* entscheiden zwar die Akteure aus sich selbst heraus, wann und wo sie den »Vaterrock« anziehen, doch sind sie insgesamt auf Kompatibilität und nicht auf Überschreitung aus.

und Beleidigung, auch wenn die darin liegenden Auseinandersetzungen immer wieder karikiert werden, ein gewisses Unbehagen, das sich zwar in den dramatischen Sequenzen entlädt, aber nicht aufgefangen wird. Ein Problem der Ankunft gibt es hier nicht. In MEINE VERRÜCKTE TÜRKISCHE HOCHZEIT sind die Türken als Muslime, wie in der politischen Diktion der 2000er, angekommen, letztlich auch als deutsche Muslime. Das Problem ist vielmehr eines der Aufnahme, die ein sozial fluides und zugleich stabiles Verhältnis zwischen Akteur und Religion ermöglichen könnte – ein Verhältnis, das in folgender Haltung kulminieren könnte: Nicht alles, was über den Islam oder den Westen und ihre Freiheit gesagt wird, löst Identifikation oder Betroffenheit aus.[249] Aufgrund ihrer Komik reichen die Entdramatisierungen über die jeweiligen Sequenzen nicht hinaus. Dies liegt nicht allein an der vermeintlichen Unbeweglichkeit des Islam, sondern auch am expliziten Hervorkehren der Freiheit, wie Helena sie praktiziert.[250]

So gibt es in MEINE VERRÜCKTE TÜRKISCHE HOCHZEIT keinen Innenraum, keine Privatheit, die einem die Kraft und Gelassenheit geben könnte, öffentlich anders zu reagieren. Da dieser Raum und diese Technik der Entdramatisierung und Verhandlung fehlt, ist man am Ende des Films bei der Hochzeit auch nicht erleichtert. Die Erzählweise und das, was der insgesamt sehr hell aufgenommene Film alles zeigt, fragen vielmehr danach, was man lebt und letztlich, ob diese Lebensweisen mit einem muslimischen oder westlichen Modell wirklich in Einklang zu bringen sind. Zwanzig Jahre vor MEINE VERRÜCKTE TÜRKISCHE HOCHZEIT hatte sich beim Schluss von Hark Bohms YASEMIN und von Jeanine Meerapfels DIE KÜMMELTÜRKIN GEHT ebenfalls keine Erleichterung oder Freude eingestellt. Damals fragte man sich allerdings, wohin die fiktiven und realen Akteure mit ihrer erkämpften Freiheit denn hin sollten, welcher Raum sie aufnehmen würde. In beiden Fällen gab es einen solchen Raum weder in der Türkei noch in Deutschland. Am Ende von MEINE VERRÜCKTE TÜRKISCHE HOCHZEIT fragen wir uns hingegen, wie lange es denn überhaupt gutgehen wird, bis es zum nächsten Streit kommt, bis sich wieder jemand beleidigt fühlt. Damit hat MEINE VERRÜCKTE TÜRKISCHE HOCHZEIT kein richtiges Happy End. Ein gelungener Einsatz von Komik hätte dies ändern können. Besonders für die Komödie gilt: einfache Charaktere lösen ein Verlachen aus, komplexe Charaktere ein

---

249 Tatsächlich entfachte der Karikaturenstreit um die Mohammed-Abbildungen Anfang 2006 eine Debatte und eine sich daraus ergebende Logik, dass nur diejenigen als echte Muslime bezeichnet werden könnten, die sich von den Karikaturen auch beleidigt und verletzt fühlten. Siehe hierzu: MALIK, Kenan (2017): *Das Unbehagen in den Kulturen. Eine Kritik des Multikulturalismus und seiner Gegner*, Berlin: Novo Argumente, S. 93.
250 Siehe hierzu: HOLTZ (2007).

Mitlachen.²⁵¹ Doch lachen Deutsche und Türken erst am Ende in der letzten Sequenz des Films gemeinsam, wenn Aylin und Götz vor und in seinem Plattenladen ihre Hochzeit feiern. Und selbst dieses gemeinsame Lachen wird nicht gehört, da es vom türkischen Popsong *Isyankar* (Rebell) des Sängers Mustafa Sandal übertönt wird.

Obwohl MEINE VERRÜCKTE TÜRKISCHE HOCHZEIT vor allem vom Zusammenleben von Deutschen und türkischen Muslimen handelt, liegt das zentrale Problem im Gebrauch deutscher und türkischer Kennzeichen darin, dass in die Performanz- und Erzählstruktur des Films der Islam und eine bestimmte Form der Freiheit als Regel- und als ordnungsstiftende Systeme, als Normen und als Substantive und als Teile der öffentlichen Debatten so sehr eingeschrieben sind, dass sie andere mögliche Praktiken der Integration ausschließen und die Form der Komödie am Ende nicht die Oberhand gewinnen lassen. Der Weg der Integration verläuft hier wie auf der Islamkonferenz sowie den Ausführungen von Jürgen Habermas und den anderen genannten Wissenschaftlern nur entlang der engen Schiene der Religion und darüber, was als freiheitliche Gesellschaftsordnung verstanden wird. Dass sich Religion aber tatsächlich als Teil einer gesellschaftlichen Ordnung in MEINE VERRÜCKTE TÜRKISCHE HOCHZEIT beschreiben lässt, stellen der häufige Wechsel zwischen komischen Situationen und Beleidigungen sowie die Dominanz des Verlachens (statt Mitlachen) in Frage. Religion und Freiheit sind hier keine persönlichen Angelegenheiten oder kulturelle Entitäten, die entwickelt oder entdeckt werden können. Sie sind hier umgekehrt von Beginn an gesetzt. Letztlich ist MEINE VERRÜCKTE TÜRKISCHE HOCHZEIT eher von Integrations- und Ordnungsfragen als von Fragen nach sozialen und intimen Beziehungen bestimmt. Diese Fragen beantwortet AUF DER ANDEREN SEITE von Fatih Akın auf andere Art und Weise. Im Gegensatz zu MEINE VERRÜCKTE TÜRKISCHE HOCHZEIT rückt er an die Stelle der Ordnung die soziale und intime Beziehung.

Welchen Ort und welchen Stellenwert der Islam einnehmen sollte, musste sich Mitte der 2000er Jahre aber auch Fatih Akın fragen. Denn er war wie viele andere »säkulare Muslime« zur Deutschen Islam Konferenz eingeladen worden – neben etwa Necla Kelek, Feridun Zaimoğlu, Seyran Ateş und Navid Kermani. Im Unterschied zu den eingeladenen Verbandsvertretern der DITIB, dem Zentralrat der Muslime, sollten sie die »nicht-organisierten Muslime«, die schweigende Mehrheit der Muslime vertreten.²⁵² Für Akın persönlich stellte sich jedoch schnell

---

251 Siehe hierzu: GREINER (2017): S. 33.
252 Siehe hierzu: TEZCAN (2013): S. 169. Auf der Islam Konferenz wollte sich die Regierung nicht allein mit muslimischen Verbänden beraten, sondern besonders mit den nicht-organisierten »Individualisten«. Durch diese Vielfalt der Stimmen über und um den Islam entstand das Problem,

heraus, dass die Art, wie der Islam auf der DIK verhandelt wurde, mit seinen Vorstellungen und Erfahrungen nicht übereinstimmte, weshalb er in der Folge der Konferenz fernblieb.²⁵³ Nach Tezcan war die Vertretungsfunktion der »nicht-organisierten Muslime« auf der Konferenz tatsächlich von einem Paradox bestimmt, das Seyran Ateş auf dem vierten Plenum wie folgt auf den Punkt gebracht habe: Der Glaube sei für die »nicht-organisierten« bzw. »säkularen Muslime«

> etwas sehr Persönliches. Das [über die DIK, Ö.E.] zu organisieren, gar zu institutionalisieren bedeutet für viele Muslime und Musliminnen, ihre Religion zu politisieren. Sie wollen ihren Glauben nicht wie ein Schild vor sich herschieben und zeigen. Das wollen sehr viele Muslime nicht. Sie werden die schweigende Mehrheit genannt.²⁵⁴

Zur Zeit der Entwicklung dieser identitätspolitischen Konstellation, die das Private, wie in MEINE VERRÜCKTE TÜRKISCHE HOCHZEIT zum Politischen erklärt,²⁵⁵ ist Fatih Akıns AUF DER ANDEREN SEITE entstanden.²⁵⁶ AUF DER ANDEREN SEITE

---

dass die nicht-organisierten Muslime nun selbst beginnen mussten, sich zu organisieren oder zumindest ihr Verhältnis zur Religion zu erklären. Für Tezcan, der selbst an der DIK teilnahm, hatte das Vorhaben der Regierung, mit den Individualisten die »schweigende Mehrheit« zu berücksichtigen, eine verstärkte »Politisierung der Religion« zur Folge. Siehe hierzu ebd., S. 170f. Tatsächlich sind in der Folge 2008 ein »Zentralrat der Ex-Muslime« und 2011 sogar eine »Alternative Islamkonferenz« ins Leben gerufen worden. Siehe hierzu: https://alternativeislamkonferenz.wordpress.com/ (01.05.2018); http://exmuslime.com/ (01.05. 2018).

253 Kurze Zeit darauf blieb auch der Autor Feridun Zaimoğlu der DIK fern, die er anfangs sehr gelobt hatte. Für ihn fehlte eine Vertretung individuell gläubiger Muslime. Damit hatte er recht: Von den nicht-organisierten Muslima trug keine ein Kopftuch. Siehe hierzu: ISLAMISCHE ZEITUNG (2007): »Interview: Autor Feridun Zaimoğlu über seinen Ausstieg aus der Islamkonferenz«. In: ISLAMISCHE ZEITUNG, 24.04.2007, https://www.islamische-zeitung.de/interview-autor-feridun-zaimoglu-ueber-seinen-ausstieg-aus-der-islam-konferenz/ (04.05.2018).

254 Zitiert nach: TEZCAN (2012a): S. 91f. Wie wichtig in der DIK die Performanz, ihre Produktion und das sichtbare Auftreten war, zeigt sich eindrücklich in der Gründung der liberalen Ibn-Rushd-Goethe Moschee von Seyran Ateş im Sommer 2017 in Berlin-Moabit. Siehe hierzu: DOBRINSKI, Matthias (2017): »Ein Gebetshaus namens Goethe«. In: SÜDDEUTSCHE ZEITUNG, 19.06.2017 (http://www.sueddeutsche.de/panorama/islam-in-deutschland-eingebetshaus-namens-goethe-1.3546306).

255 Dazu gehört auch, dass Fatih Cevikkollu sich von dem islamischen Terrorismus distanzieren musste, obwohl er dazu als Muslim überhaupt keinen Bezug hat. Einen Umgang mit dieser paradoxen Konstellation war für ihn möglich, indem er diese Demonstration bewusst ins Komische wendete. Er distanzierte sich nämlich nicht nur als Muslim von der islamistischen terroristischen Gewalt, sondern er distanzierte sich auch als Mann von der Gewalt gegenüber Frauen und als Wassertrinker von Nestlé. Siehe hierzu: PFAHLER, Lena (2017): »Deutsch-Türkischer Komiker distanziert sich vom Terror – Doch dann legt er richtig los«. In: *Huffpost*, 18.06.2017, http://www.huffingtonpost.de/2017/06/18/cevikkollu-friedensmarsch_n_17190556.html (20.09.2018).

256 In Feridun Zaimoğlus und Günter Senkels Theaterstück *Schwarze Jungfrauen* von 2006 steht ebenfalls der individuelle Einsatz der Religion im Vordergrund. Das monologisch aufgebaute und

5.3 Der Kulturdialog zwischen Kampf und gemeinschaftlichem Erzählen — **583**

erzählt Geschichten von sechs Figuren, die zugleich sechs Handlungsstränge auslösen. Dabei erstreckt sich der kulturelle und nationale Hintergrund der Protagonisten vom Deutsch-Türkischen (Ali, Yeter [1. Generation], Nejat [2. Generation, Alis Sohn]) über das Türkische (Ayten [Linksaktivistin, Yeters Tochter]) bis zum Deutschen (Susanne [Alt-68erin]) und Lotte [Susannes Tochter]). Nejat ist ein zurückgezogen lebender Germanistikprofessor in Hamburg, sein Vater Ali ein verwitweter, einsamer Mann, der in Bremen lebt. Nejat sieht das Zusammenleben seines Vaters mit einer türkischen Prostituierten sehr skeptisch, bis er Yeter näher kennenlernt, die ihrer Tochter Ayten in Istanbul regelmäßig Geld schickt. Als Ali Yeter unabsichtlich tötet, macht sich Nejat, der mit seinem Vater wegen des Totschlags bricht, auf die Suche nach Ayten. Diese ist aber längst in Deutschland, eine linke politische Aktivistin auf der Flucht vor der türkischen Polizei. Sie lernt die deutsche Studentin Lotte kennen und lieben, was wiederum deren Mutter Susanne nicht gutheißt. Durch ein Missgeschick landet Ayten in Abschiebehaft und wird nach einem erfolglosen Asylverfahren in die Türkei abgeschoben. Lotte reist ihr nach und kommt dabei in Istanbul unerwartet durch Straßenkinder ums Leben, die mit einer Pistole spielen, die Ayten Lotte zur Aufbewahrung gegeben hatte. Damit ist Ayten für Lottes tragischen Tod mitverantwortlich. Davor, als Lotte auf einen Gerichtsprozess wartet, sucht Nejat weiter nach Ayten. Er übernimmt während seiner Zeit in Istanbul einen deutschen Buchladen, in dem er auch Lotte begegnet, die zur Untermiete bei ihm einzieht. Nach ihrem plötzlichen Tod reist ihre Mutter Susanne nach Istanbul, um mit den Menschen Kontakt aufzunehmen, die Lotte zuletzt kannten. Zur gleichen Zeit wird Nejats Vater Ali in die Türkei abgeschoben. Ohne seinen Sohn zu besuchen, reist er an seinen Herkunftsort am Schwarzen Meer. Gegen Ende des Films sehen wir Nejat zu seinem Vater fahren, was zugleich die Anfangssequenz des Films war.[257]

Trotz Fatih Akıns Unbehagen auf der Deutschen Islam Konferenz übt Religion in AUF DER ANDEREN SEITE ebenfalls, wie in MEINE VERRÜCKTE TÜRKISCHE HOCHZEIT, erzählerisch eine organisierende Funktion aus: Sie rahmt Anfang und Ende beider Filme. Wie bereits erwähnt, ist der erste gesprochene Satz in AUF DER ANDEREN SEITE ein Glückwunsch zum muslimischen Opferfest: »Bayramınız kutlu olsun«.[258] Diese Anfangssequenz, die sich am Ende wiederholt, hat inhalt-

---

strukturierte Stück gibt Einblick in das Leben von 10 kopftuchtragenden jungen muslimischen Frauen. Es wurde am 17. März 2006 in Hebbel am Ufer in Berlin uraufgeführt und entstand als Auftragsarbeit unter der Kuration von Shermin Langhoff für das Theaterfestival *beyond belonging. Migration hoch zwei*. Siehe hierzu: https://gorki.de/de/schwarze-jungfrauen (20.09.2018). Regie führte der Film- und Theaterregisseur Neco Celik.
257 AKIN (2007).
258 Ebd.

lich und formal eine integrative Funktion. Obwohl es auch in MEINE VERRÜCKTE TÜRKISCHE HOCHZEIT offensichtlich um Integration geht, könnte der Umgang mit Religion in beiden Filmen nicht unterschiedlicher sein. In Holtz' Film ertönt zu Straßenbildern aus Kreuzberg der Gebetsruf als *voice-over*, und Horst erklärt, dass der Stadtteil den Türken gehöre. In Akıns Film sehen wir in der ersten Einstellung hingegen einen verwahrlosten Schuppen mit einem Straßenhund davor sowie einen Mann, der mit seinem Auto an eine Tankstelle fährt und eine religiöse Grußformel ausspricht. Religion ist hier Teil eines unbestimmten öffentlichen Raums und des alltäglichen öffentlichen Lebens. Der muslimische Gebetsruf, die Minarette und Moschee-Besucher werden auch in AUF DER ANDEREN SEITE noch folgen, nur an einem anderen Ort und an anderer Stelle. Neben der Rahmung ist der Einsatz von Religion in AUF DER ANDEREN SEITE im Gegensatz zu MEINE VERRÜCKTE TÜRKISCHE HOCHZEIT daher tiefenstrukturell eingebettet. Denn Gebetsruf, Minarette und Moschee-Besucher folgen im dritten Teil des Films, der als Schlüsselstelle der Erzählung den Wendepunkt von Akıns Film einleitet: ein Gespräch zwischen Susanne und Nejat über das muslimische Opferfest. Allein diese mehrdimensionale Einbindung der Religion macht deutlich, dass es in AUF DER ANDEREN SEITE im Unterschied zu MEINE VERRÜCKTE TÜRKISCHE HOCHZEIT nicht um die Befolgung kultureller Regeln geht, sondern um ihre Eingebundenheit in den konkreten Alltag. Doch trotz dieser bestimmten Verortung der Religion wird umgekehrt weder die Modernität oder Säkularität der Akteure thematisiert. Denn durch die Einbindung der Religion ist ein Überschreiten ihrer Grenzen und Regeln nicht nötig. Die Akteure vollziehen also nach klassischen Integrationstheorien kein »boundary crossing«. Auch in AUF DER ANDEREN SEITE stehen, wie in MEINE VERRÜCKTE TÜRKISCHE HOCHZEIT, die alltäglichen Praktiken der Akteure im Vordergrund des Geschehens und schaffen eine Zone des »boundary blurring«.[259]

Auch wenn das interkulturelle und das binationale biografische Gefüge sowie die Bewegung der Akteure auf den ersten Blick bestimmend wirken, stehen die Figuren in Akıns Film weder als Individuen noch ihre Bewegungen als eine Form des »Aus-der-Haut-kommen-wollens« im Zentrum. Sie suchen nicht Freiheit oder Emanzipation, sondern den Anderen.[260] Akteure und ihre Bewegungen sind Ele-

---

[259] Siehe zu boundary blurring: ESSER (2008): S. 86.

[260] Diese Suche oder das Bedürfnis nach dem Anderen statt Freiheit und Emanzipation begegnet uns auch in den Filmen DER SCHÖNE TAG (2001) von Thomas Arslan, EINE ANDERE LIGA (2005) von Buket Alakuş und EN GARDE (2004) von Ayşe Polat. Im Unterschied zu den beiden letztgenannten findet in Arslans Film die Protagonistin den Anderen nicht. Siehe hierzu: ARSLAN, Thomas (2011): *Der schöne Tag*, Spielfilm, Deutschland; ALAKUŞ, Buket (2005): *Eine andere Liga*, Spielfilm, Deutschland; POLAT, Ayşe (2004): *En Garde*, Spielfilm, Deutschland.

mente eines Settings, anhand dessen die Bedürfnisse, Beziehungen und Lebensweisen der Protagonisten dargestellt werden. Im Zentrum der Erzählung stehen die »Notwendigkeit einer Beziehung«[261] und das Zusammenleben.

Interessant sind hierbei die Platzierung und der Einsatz der religiösen und kulturell unterschiedlichen Marker. Sie stehen für Inhalt und Form zugleich. So leitet etwa der Gastarbeiter Ali seine Frage an die türkische Prostituierte Yeter, ob sie mit ihm zusammenleben möchte, auf Türkisch mit den Worten ein, dass er allein lebe, Witwer sei und als Rentner kein schlechtes Einkommen habe. Später wird er noch hinzufügen, dass er einen Sohn habe, der Professor sei und ihnen auch finanziell aushelfen könne. Er beendet die Darstellung seiner Lebenssituation mit einem fragenden Verweis auf den gemeinsamen türkisch-muslimischen Hintergrund: »Eh, ne demişler?« (»Und wie heißt es so schön?«). Yeter antwortet: »Yalnızlık Allaha mahsus« (»Die Einsamkeit steht nur Gott zu«). Der Einsatz religiöser Formeln dient dazu, die eigene Situation auf den Punkt zu bringen, ohne ihn ausführlich erklären zu müssen. Wenn in der religiösen Volksweisheit die Einsamkeit nur Gott zusteht und der Mensch als ein im Kern der sozialen Beziehung und des Zusammenlebens bedürftiges Wesen beschrieben wird, ist Religion in AUF DER ANDEREN SEITE gegen Ende des Films nicht mehr nur verbal, sondern auch materiell und symbolisch in die eigene Lebenserzählung eingebettet. Besonders eindrücklich ist diese Konstellation in der bereits erwähnten Schlüsselstelle des Films im dritten Kapitel »Auf der anderen Seite«.

Nach Lottes Tod in Istanbul und der Überführung ihrer Leiche nach Deutschland reist Susanne in die Türkei, um, wie schon erwähnt, die Menschen kennenzulernen, mit denen Lotte zuletzt zu tun hatte. Sie zieht bei Nejat in Lottes Zimmer ein und besucht Ayten im Gefängnis. Sie will ihr helfen, weil ihre Tochter genau das vorhatte. Susanne vergibt Ayten und bietet ihr ihre Hilfe an. Im Zentrum steht allerdings ein Gespräch zwischen Susanne und Nejat am ersten Tag des Opferfestes. In den ersten drei Einstellungen sehen wir Aufnahmen von Minaretten und eines Kirchturms in Istanbuler Stadtteilen. Dabei sind die Türme der Gotteshäuser, die beide die Funktion haben, zum Gebet zu rufen, umgeben von Wohnhäusern, die ihnen wiederum keine eindeutige Bedeutung verleihen. Man muss beispielsweise in der dritten Einstellung genau hinsehen, um zu erkennen, dass neben einem Minarett auch eine Kirche steht. Als *voiceover* hören wir zu diesen Aufnahmen den muslimischen Gebetsruf, denn es ist der Tag des Opferfestes.[262]

---

261 Siehe hierzu: ELSÄSSER (2011): S. 63.
262 Siehe hierzu: AKIN (2007).

Diese Zusammenführung wird mit der nächsten Einstellung weitererzählt, in der wir sehen, wie Menschen allein und paarweise die Straße, in der Nejat wohnt, entlanglaufen. Wenn man diese Aufnahme genau betrachtet, sieht man im oberen linken Viertel des Bildes, wie Susanne langsam an das geöffnete Fenster tritt und schaut, wohin die Menschen gehen. Erst danach sehen wir Susanne in einer halbtotalen Einstellung, wie sie aus ihrem Zimmer heraus auf die Straße blickt. Von hinten sehen wir dabei Nejat aus seinem Zimmer in ihr Zimmer kommen. Als er dann neben ihr steht, fragt ihn Susanne, wohin denn all diese Menschen gehen. Nejat antwortet, dass sie in die Moschee gehen, denn heute beginne »Bayram«, das dreitägige Opferfest. Susanne fragt, was denn da eigentlich genau geopfert werde und Nejat erzählt:

> Gott wollte von Ibrahim [Abraham, Ö.E.] wissen, wie stark sein Glaube ist. Deshalb befahl er ihm, seinen Sohn zu opfern. Ibrahim führte seinen Sohn Ismail auf den Opferberg, aber in dem Moment, in dem er zustechen wollte, war das Messer stumpf geworden. Gott war zufrieden und schickte Ibrahim ein Schaf. Er sollte es anstelle des Kindes opfern.

Nejats Blick wandert dabei langsam zu Susanne, die Nejat ansieht und erwidert, dass es diese Geschichte »auch bei uns gibt«.[263] Ein Kulturdialog scheint sich anzudeuten, doch geht das Gespräch anders weiter.

Auf die Aussage, dass es diese Geschichte auch bei »uns«, also im Christentum gebe, reagiert Nejat mit einer unwillkürlich einsetzenden Erinnerung aus seiner Kindheit, einer *memoire involontaire* im Proust'schen Sinne. »Ich weiß noch, wie ich meinen Vater fragte, ob er mich auch opfern würde«, sagt Nejat zu Susanne. Bis hierin sind beide Protagonisten in einer Halbtotalen, in einem Bild aufgenommen. Erst jetzt folgt ein Schnitt, der uns nun Nejat über die rechte Schulter von Susanne von der Seite zeigt. Er wendet seinen Kopf zu Susanne und führt weiter aus, dass er früher große Angst vor dieser Geschichte gehabt hätte, denn seine Mutter sei früh verstorben. Nach dieser Aussage sehen wir über Nejats Schulter hinweg Susanne in Großaufnahme, die ihn betroffen anblickt. Sie fragt Nejat, was sein Vater geantwortet habe. Darauf sehen wir wieder Nejat von der Seite in Großaufnahme über Susannes Schulter hinweg. Er blickt sich erinnernd und ergriffen an ihr vorbei und antwortet: »Er sagte, er würde sich sogar Gott zum Feind machen, um mich zu beschützen«.[264] Susanne ist sichtlich gerührt und beeindruckt von dieser Antwort und fragt, ob sein Vater noch lebe. Nejat antwortet leise »ja«, und in der nächsten Einstellung sehen wir wieder Menschen auf der Straße in die Moschee laufen. Die Kamera nimmt dabei nun einen älteren

---

263 Ebd.
264 AKIN (2007).

Mann mit Takke auf.²⁶⁵ Darauf folgt wieder eine Einstellung über Susannes Schulter hinweg auf Nejat und er fragt sie erfreut, ob sie für ein paar Tage seine Buchhandlung beaufsichtigen könne. Die Kamera nimmt nun beide von hinten auf, sie sehen sich und wir sehen hinter ihnen die Menschen die Straße zur Moschee entlanglaufen. Es folgt ein Schnitt, und die nächste Einstellung ist die leicht modifizierte Eröffnungssequenz des Films. Nun wissen wir, dass Nejat in der ersten Sequenz des Films, am ersten Tag des Opferfestes, unterwegs zu seinem Vater ist, um sich mit ihm zu versöhnen. Tatsächlich ist eine der sozialen Grundfunktionen des muslimischen Opferfestes nach islamischen Ritus die Versöhnung unter Familienangehörigen und Freunden.²⁶⁶ Auch der Gang der Menschen in die Moschee, ihr Weg, der im Wechsel mit der Entstehung der kulturellen Erzählgemeinschaft zwischen Susanne und Nejat konstituiert wird, zeigt die Verschränkung von Inhalt und Form in diesem Film.

Religion rahmt nicht nur die Geschichte in AUF DER ANDEREN SEITE, sondern bestimmt sie auch tiefenstrukturell. Dabei geht es gar nicht darum, dass die Akteure ihre Regeln befolgen. Sie ist Teil der Erzählung und Anlass für ein gemeinsames Gespräch.²⁶⁷ Ihr Einsatz kultureller Marker dient hier eher als ein »thematischer Ansatz einer offenen Kommunikation, als dass sie den Kern eines Dialogs« bildet.²⁶⁸ Erneut geht es nicht darum, Grenzen zu ziehen oder zu überschreiten (*boundary crossing*), sondern sie zu verwischen (*boundary blurring*). So ergänzt Susanne Nejats Geschichte nicht etwa damit, dass Abrahams Sohn in der christlichen Version Isaak heißt. Vivien Silvey und Roger Hillmann interpretieren Susannes Zurückhaltung an dieser Stelle dahingehend, dass für sie die »confluence of narratives« relevant sei und nicht die exakte Bestimmung und Markierung von Eigenem und Fremdem.²⁶⁹ Diese Interpretation lässt sich vor allem durch die Abfolge des Dialogs stützen. Denn bevor sich Susanne und Nejat über das muslimische Opferfest austauschen, sehen wir die Symbole der Religion eingebettet in den Lebensalltag der Menschen: als Häuser neben anderen Häusern. Im Gespräch wird genau diese Einbindung wiederholt. Die Symbole werden nicht isoliert und getrennt nach außen gekehrt wie die Klischees in MEINE VERRÜCKTE

---

265 Die Takke ist ein kippaähnliches Scheitelkäppchen, das in der Regel beim rituellen Gebet von Männern oder Jugendlichen in der Moschee getragen wird.
266 Später wird sich zeigen, dass in Feo Aladağs Spielfilm DIE FREMDE diese traditionelle integrative Funktion des muslimischen Festes in ihr Gegenteil verkehrt ist.
267 TEZCAN (2010): S. 62.
268 Ebd.
269 Siehe hierzu: HILLMANN, Roger/SILVEY, Vivien (2010): »Akin's ›Auf der anderen Seite‹ (The Edge of Heaven) and the widening periphery«. In: *German as Foreign Language*, No 3/2010, S. 99–116, hier S. 104. Susanne sagt im Film: »Diese Geschichte gibt es bei uns auch«. Siehe hierzu: AKIN (2007).

TÜRKISCHE HOCHZEIT. Religion ist ein kultureller Marker oder eine Kategorie, keine unveränderliche Essenz.

Diese Übersetzung und Dialogizität gelingen in AUF DER ANDEREN SEITE besonders deshalb, weil uns die Lichtverhältnisse und Perspektiven sehr viel sehen lassen. Trotz der vielen Charaktere, Biografien, Beziehungen und Bindungen, die der Film thematisiert, werden wir von den Geschehnissen nicht überrumpelt. Die Kamera bewegt sich kaum; wichtiger ist das Einfangen von Beziehungen und Bindungen. Im Gegensatz zu Filmen der 1990er Jahre ist der Film viel ruhiger geschnitten. Dies gilt hinsichtlich des immerwährenden Wechsels zwischen Komik und Konflikt auch für MEINE VERRÜCKTE TÜRKISCHE HOCHZEIT. Außerdem sind beide Filme, wie bereits erwähnt, im Gegensatz zu den 1990er Jahren von hell fotografierten Einstellungen bestimmt. Der entscheidende Unterschied liegt darin, dass in AUF DER ANDEREN SEITE in der Regel halbtotale Einstellungen auf totale folgen. In MEINE VERRÜCKTE TÜRKISCHE HOCHZEIT wechseln hingegen Halbtotale und Nahaufnahmen, wobei letztere insgesamt dominieren; ebenso wie Interieur-Aufnahmen. Diese Nähe zum türkischen Leben in Deutschland zeigt in MEINE VERRÜCKTE TÜRKISCHE HOCHZEIT allerdings keine Privatheit. Jedes persönliche Anliegen ist integrationspolitisch ein öffentliches, was natürlich an die Arbeiten von Necla Kelek und Seyran Ateş erinnert. Auch wenn sich eine kopftuchtragende Frau noch so selbstbewusst im öffentlichen Raum zeigt und bewegt, gilt sie nicht als integriert und modern, meint Kelek. Denn ihr Auftritt stehe immer für die Einhaltung des muslimischen Gesetzes, nie für die Repräsentation eines modernen Lebens. Dieses Gesetz geht auf ein privates Empfinden des islamischen Propheten Mohammed zurück:[270]

---

[270] Was die Verschleierung betrifft, gibt es im Koran zwei zentrale Stellen: Vers 31 in der Sure 24 (Das Licht ›al-Nur‹) und die Sure 33 (Die Parteien ›al-Ahzab‹) der Vers 59. Beim ersten Vers geht es explizit um die Frage des sittlichen Verhaltens. Dort heißt es: »Und sprich zu den gläubigen Frauen, sie sollen ihre Blicke senken und ihre Scham bewahren, ihren Schmuck nicht offen zeigen, mit Ausnahme dessen, was sonst sichtbar ist. Sie sollen ihre(n) Tücher/Schleier um ihre Busen schlagen und ihren Schmuck nicht offen zeigen, es sei denn ihren Ehegatten, ihren Vätern, den Vätern ihrer Ehegatten, ihren Söhnen ihrer Brüder und den Söhnen ihrer Schwestern, ihren Frauen, denen, die ihre rechte Hand besitzt, den männlichen Gefolgsleuten, die keinen Trieb mehr haben, den Kindern, die die Blöße der Frauen nicht beachten. Sie sollen ihre Füße nicht aneinanderschlagen, damit man gewahr wird, was für einen Schmuck sie verborgen tragen.« Durch sittliches Verhalten soll die Frau ihre Scham (`awra) bewahren und vermieden werden, dass erogene Atmosphären und Zonen zwischen gläubigen Frauen und Männern, die nicht zur Familie gehören, im öffentlichen Raum entstehen. Verhaltensweisen wie »Blicke senken«, nicht prahlend den Schmuck, die eigene Zierde und die »Blöße« zeigen, stehen im Vordergrund. Dass es zentral um die Vermeidung erogener Atmosphären geht, zeigt auch Vers 60 in Sure 24, wo es heißt, dass es kein Vergehen sei, wenn Frauen, »die sich zur Ruhe gesetzt haben und nicht mehr zu heiraten hoffen [...] ihre Kleider ablegen«. Im zweiten Vers geht es um Schutz. »O Prophet,

5.3 Der Kulturdialog zwischen Kampf und gemeinschaftlichem Erzählen — 589

Aus dem relativ harmlosen Vorgang, dass Mohammed sich in seiner Privatsphäre eingeschränkt fühlte und sich mit einem Vorhang schützte, ist die nachdrückliche Bestimmung der Stellung der Frau im Islam, die Trennung der islamischen Gemeinschaft in die Männer- und Frauenwelt geworden. Und daraus erwuchs eine Tradition, die bis heute das Leben von Millionen Frauen bestimmt.[271]

Demgegenüber lebe eine zivile Gesellschaft »nicht von Verboten, sondern von Normen und Werten, über die ein gesellschaftlicher Konsens erzielt worden ist und die verinnerlicht wurden«.[272] Erst wenn man das Kopftuch im öffentlichen Raum weglässt, wird Selbstbestimmung, Verinnerlichung des modernen Lebens sichtbar. Während Kelek einer derartigen Repräsentationslogik anhängt, die das Innere nach außen kehrt, verhandelt AUF DER ANDEREN SEITE die Beziehungen der Akteure untereinander und ihre Verhältnisse und Positionen zu Orten, Dingen und in Räumen.[273] So folgt auf die Eröffnungssequenz eine Fahrt durch die türkische Provinz, die die Dinge und die Landschaft hell ausleuchtet mit einbezieht. Das sich darin bewegende Subjekt, der Germanistikprofessor Nejat, ist in die Umgebung eingebunden.[274] Er ist auf der Fahrt zu seinem Vater an die Schwarzmeerküste, was zugleich die zweite Bindungslogik in diesem Film aufzeigt: die Familie. Gebunden werden diese beiden Ebenen, Verortung der Akteure im Raum und ihre familiären Bindungen, durch die Bewegungen der Protagonisten von a nach b, die zwischen Bremen, Hamburg, Istanbul und Schwarzmeer-

---

sag deinen Gattinnen und deinen Töchtern und den Frauen der Gläubigen, sie sollen etwas von ihrem Überwurf über sich herunterziehen. Das bewirkt eher, dass sie erkannt werden und dass sie nicht belästigt werden.« Diese Anweisung soll auf die Begebenheit zurückgehen, dass Gäste des Propheten Mohammad über die zeitliche Gebühr hinaus seine Gastfreundschaft an einem Abend beansprucht und dies an der Schönheit seiner Frauen gelegen haben soll. Siehe zu den Koranversen: *Der Koran*, Übersetzung von Adel Theodor Khoury (unter Mitwirkung von Muhammad Salim Abdullah), Gütersloher Verlagshaus 1987, S. 267, S. 270 u. 323f.
271 KELEK (2005): S. 174.
272 Ebd., S. 238.
273 Siehe hierzu: CHA, Kyung-Ho (2010): »Erzählte Globalisierung. Gabentausch und Identitätskonstruktion in Fatih Akıns ›Auf der anderen Seite‹«. In: *Kultur als Ereignis*, S. 135–150.
274 So vertraut wie Nejat sich in der zweiten Hälfte des Films durch die Türkei bewegt, war er im ersten Teil des Films zwischen Hamburg, seiner Arbeitsstelle, und Bremen, dem Wohnort seines Vaters in Deutschland unterwegs. Ähnliche Zustände in der Türkei und in Deutschland berichtet die Ich-Erzählerin in *Hans mit scharfer Soße*. »Als wir in Deutschland losfuhren, verließ ich meine Heimat. Aber jetzt nach drei Tagen verspürte ich wieder Vertrautheit um mich herum.« Das Dorf Akpınar (im Film von 2013 heißt es Tepeciköy) war ein Ort »zwischen Vertrautheit und Fremdheit, irgendwo zwischen Niemandsland und Heimatland. [...] Ich würde die nächsten Wochen Heimweh nach Deutschland haben, aber dennoch nicht von hier wegwollen. Ich war mit allem einverstanden, ohne zu wissen, worauf dieses Einverständnis eigentlich beruhte.« Siehe hierzu: AKYÜN (2005): S. 53 u. 56.

küste auf der Suche nicht nach sich selbst, sondern nach alter und neuer Familie und Geborgenheit sind. Was die Figuren miteinander in Beziehung treten lässt, sind die Tode von Yeter und Lotte. Die Bindungen zwischen Landschaft, Orten, Familie und Protagonisten werden in vielen Sequenzen sichtbar aktualisiert.[275]

So sehen wir etwa Lotte in einer Telefonzelle im Hotel in Istanbul mit ihrer Mutter telefonieren. In dem Telefonat geht es vor allem darum, wann Lotte denn nun endlich nach Deutschland zurückkehrt, um ihr Studium fortzusetzen. Lotte antwortet genervt, dass es noch ein halbes Jahr dauern könne und dass sie zum ersten Mal in ihrem Leben das Gefühl habe, etwas Richtiges zu machen. Während dieser Diskussion sitzt Lotte in einer embryonalen Haltung auf dem Boden. Die Position der Kamera ist distanziert: eine Totale, die genau diese Haltung einfängt, die repräsentativ gesehen im Gegensatz zum verhandelten Inhalt, einem kleinen Familienstreit, steht. Am Ende bricht nicht Lotte das Gespräch ab, sondern ihre Mutter, die Lotte in der besagten Haltung unsicher und ängstlich wie ein Kleinkind zurücklässt.

Wiederholt wird diese Szene in umgekehrter Richtung nach Lottes Tod. Wir sehen Susanne in Lottes Zimmer in Istanbul das Tagebuch ihrer Tochter lesen, das sie während ihrer Zeit in Istanbul verfasst hatte. In der mit Lottes Stimme vorgelesenen Passage, vergleicht die Tochter ihre politische Odyssee in die Türkei mit der ihrer Mutter als diese in den 1960er Jahren nach Indien aufgebrochen war.

> Diese Schritte, ... meine Schritte
> Möchte ich kraftvoll gehen, beherzten Schrittes.
> Auch wenn Mama das manchmal nicht so richtig begreift,
> was ich wirklich erstaunlich finde. Sie selbst war doch genauso, beziehungsweise
> ich gehe unabhängig von ihrer Geschichte, die ich ja erst nach und nach erfahren habe,
> verblüffend ähnliche Wege wie sie.
> Vielleicht ist es das. Sie sieht sich selbst in mir.[276]

In der nächsten Szene verlässt Susanne das Haus und grüßt auf der gegenüberliegenden Straßenseite zwei Backgammon-(Tavla-)Spieler mit der gleichen Hand-

---

[275] Auch Zafer Şenocaks Protagonist Hamit aus *Pavillon*, der 1957 wegen seines Studiums nach Wien und dann weiter nach München zieht, fühlt sich innerhalb kurzer Zeit in München wohl: »Wenn man im Zentrum der Stadt anfing und bis an den nördlichen Rand gelangte, so war der Englische Garten der Ort, den er am häufigsten aufsuchte. Sobald er das entdeckt hatte, besuchte er ihn – ohnehin nicht weit weg von seinem Zuhause – regelmäßig. [...] Auch wenn er nur ein Stäubchen darin gewesen wäre, so fühlte er sich doch als ein Teil dieser Gegend.« Und als Hamit gemeinsam mit seiner deutschen Freundin Hilde Istanbul besucht, fühlt er sich auch dort, trotz des Militärputschs von 1961, wohl. Siehe hierzu: ŞENOCAK (2009): S. 31 u. 57.
[276] AKIN (2007).

bewegung wie zuvor ihre Tochter. Wie Nejat werden weder Lotte noch Susanne als Touristen in der Türkei dargestellt.[277] Das Verhalten tritt an die Stelle der Artikulation. Denn die Gespräche zwischen Mutter und Tochter darüber, dass Lotte Ayten helfen muss, enden in Deutschland immer im Streit. Hinsichtlich ihres Verhaltens ähneln die beiden aber einander. Ein vergleichbares Bindungsverhältnis, das über den Dialog hinausreicht, macht Akın auch für Nejat und seinen Vater Ali sichtbar. Auch hier sind es körperliche Handlungen, denen filmtechnisch derselbe Stellenwert wie dem Sprechen eingeräumt wird. Dieser Zusammenhang verwandelt Orte in Räume, die die intimen Beziehungen sowie den Umgang mit Kultur prägen. Denn die Akteure machen etwas mit den eingefangenen Orten und verändern so ihre Ordnungen. Ein weiteres plastisches Beispiel für die Verwandlung eines Ortes, einer Ordnung in einen Raum, in eine mehrdeutige Ordnungsstruktur, zeigt uns die Analyse folgender Sequenz.

»Eh, sen şimdi kimi diş ediysin?« (»Wen bumst Du zur Zeit?«), fragt Ali mit lasischem Akzent seinen Sohn Nejat. Sie sitzen Eis essend vor dem Bremer Bahnhof auf einer Parkbank. Die Kamera nimmt sie mit einer Totalen auf. Verdutzt hebt Nejat den Kopf, hört auf, sein Eis zu essen und blickt in Richtung Kamera. Sein Vater rückt näher an ihn heran und wiederholt die Frage mit einer ausholenden Handbewegung: »Kimi bum bum ediysin, da?« (»Wen Du bumst, meine ich?«) Nejat antwortet ihm: »Baba, gentlemen adam böyle birşey konuşmaz«. (»Baba, ein Gentleman spricht nicht über so was«). Ali wendet seinem Sohn ein wenig beleidigt den Rücken zu und antwortet in einer Art Gastarbeiterdeutsch: »Ach so, das wusste ich nicht«, fügt aber auf Türkisch hinzu: »Seninle de birşey konuşulmaz ki!« (»Mit Dir kann man aber auch über nichts reden!«) Nejat isst wie sein Vater sein Eis auf, klopft seinem Vater zum Abschied auf den Rücken und empfiehlt ihm, das Buch zu lesen, das er ihm geschenkt hat. Sein Vater grummelt auf Türkisch zurück, dass er es »verfickt nochmal lesen werde« (»okuruz, amına koyum«).[278]

Die ganze Szene lebt von einer Einstellung, die beide auf einer Parkbank vor dem Bremer Bahnhof zeigt. Keine Schuss- und Gegenschuss-Aufnahme trennt Vater und Sohn voneinander. Selbst der Gesprächsverlauf und sein Inhalt reißen

---

[277] Siehe hierzu: Göktürk (2010): S. 20; Silvey/Hillman (2010): S. 111.
[278] Akın (2007). In dieser Sequenz zeigt sich wie in vielen anderen Szenen in den 2000er Jahren, dass bei Verwendung beider Sprachen keine Mischung innerhalb eines Satzes geschieht. Es entsteht also kein hybrides Sprachkonstrukt wie die *Kanak Sprak*. Siehe hierzu auch die Analysen und Ergebnisse von Helga Kotthoff zur Ethno-Comedy in den 2000er Jahren: Kotthoff, Helga (2013): *Komik (in) der Migrationsgesellschaft*, Konstanz: UVK; dies. (2019): »Ethno-Comedy zwischen Inklusion und Exklusion. Komische Hypertypen und ihre komischen Praktiken«. In: *Komik der Integration*, hg. Özkan Ezli, Deniz Göktürk und Uwe Wirth, Bielefeld: Aisthesis, S. 48–84, hier S. 57 u. S. 61.

die beiden nicht auseinander. Vielmehr kommentieren die zu Ende geführten Handlungen das Gespräch diametral und verwandeln den Ort am Bahnhof in einen Raum, was einer nicht-sprachlichen Übersetzung gleichkommt, die durch die Körper erfolgt, denn beide essen ihr Eis weiter wie vorher, und Nejat entsorgt sogar die Eisbecher. So entsteht ein Raum zwischen Nejat und Ali. Nejat wird sich später im Film zwar von Ali lösen, weil ein Mörder nicht sein Vater sein könne. Dennoch bleibt der anfangs entstandene Raum bestehen und erfährt sogar noch eine deutliche Ausdehnung durch die bereits beschriebene bemerkenswerte Kopplung an das religiöse Narrativ der Opfergeschichte Abrahams. Kurz davor sehen wir, wie Ali in Istanbul auf einem öffentlichen Platz das von Nejat geschenkte Buch sichtbar gerührt zu Ende liest.[279] Die Bahnhofsequenz zwischen Nejat und Ali ähnelt dem Gespräch über das Opfer zwischen Nejat und Susanne insofern, als beide Sequenzen als Handlungen zu Ende geführt werden und dadurch eine Einheit darstellen. Diese Aufnahmeform, die Inhalt und Form eng verknüpft, finden wir auch in den Dokumentarfilmen AM RANDE DER STÄDTE und WIR SITZEN IM SÜDEN. Mag es das Gebet von Fikrets Mutter in Bademsoys Film sein oder dass ihr Sohn auf der Langhalslaute ein Stück (zumal eines über die Migration und ihre Folgen[280]) spielt – im Unterschied zu Film und Literatur in den 1990er Jahren sind in den 2000er Jahren Inhalt und Form viel enger und intensiver miteinander verschränkt.

Zu Beginn des ersten Kapitels »Yeters Tod« besucht Nejat seinen Vater in Bremen und bringt ihm den Roman von Selim Özdoğan als Geschenk mit. Währenddessen bereitet Ali für seinen Sohn ein Fischgericht vor. Später werden sie erneut Fisch essen, dann mit Yeter.[281] Nach Yeters Tod erwirbt Nejat auf der Suche nach Yeters Tochter in Istanbul einen deutschen Buchladen. Im letzten Teil des

---

[279] Dabei handelt es sich um den Roman *Die Tochter des Schmieds* des deutsch-türkischen Autors Selim Özdoğan. Er erzählt darin eine türkische Familiengeschichte zwischen den vierziger und sechziger Jahren in der türkischen Provinz. Die letzten Seiten des Romans sind der Arbeitsmigration der Protagonistin Gül nach Deutschland gewidmet. Ähnlich wie bei Akın spielen in diesem Roman Dinge, Landschaften und Alltag eine besondere Rolle. Das Subjekt ist ebenso eingebunden und in Beziehungen verwoben. Letztlich ist Alis Lektüreerfahrung insofern mit derjenigen von Susanne vergleichbar, als bei letzterer Lotte auf die Jugend ihrer Mutter verweist, während Özdoğans Buch auf die erste Gastarbeitergeneration, zu der Ali gehört, anspielt. Das erklärt auch seine sichtbare Rührung. Interessant ist außerdem, dass es bis zum Dreh des Films noch keine türkische Ausgabe von *Die Tochter des Schmieds* gab, die Ali im Film jedoch liest. Dafür wurde einfach das deutsche Buchcover mit dem türkischen Titel *Demircinin Kızı* versehen. Siehe hierzu: ÖZDOĞAN, Selim (2005): *Die Tochter des Schmieds*, Berlin: Aufbau. Siehe auch: AKIN (2007).
[280] BADEMSOY (2005).
[281] Während Ali in Akıns Film deutlich zu Fisch in Bezug gesetzt wird, ist es in Hatice Akyüns Roman kaum möglich, sich ihren Vater Ismail ohne Grill vorzustellen. »Soweit es draußen zwei

Films fährt Ali an seinen Herkunftsort, um zu fischen. Diese Verdopplungen, Fischgericht/fischen, Buch/Buchladen wirken verbindend und verdeutlichen die Bindungslogik in diesem Film.

So werden auch Landschaften, Städte und die mit ihnen verbundenen Akteure erst durch sich wiederholende Ortsaufnahmen und Übergangsräume eingeführt. Viele Analysen von AUF DER ANDEREN SEITE halten fest, dass sich kein Akteur hinsichtlich seiner Verhaltensweisen als Tourist bezeichnen lasse; ebenso wenig aber auch als Alteingesessener in einem der Länder. Dieser Eindruck von Vertrautheit und Fremdheit zugleich entsteht durch die filmische Erzählung, indem wiederkehrende Orte und Ziele die Bewegungen der Akteure rahmen und dadurch koordinieren.[282] Im ersten Teil sehen wir eine 1. Mai-Demo in Bremen, im zweiten Teil eine weitaus gewalttätigere 1. Mai-Demo in Istanbul. Gegen Ende des ersten Teils sehen wir Ali im Gefängnis in Deutschland, gegen Ende des zweiten Teils Ayten in einem türkischen Gefängnis. In Bremen sehen wir mehrmals den Bahnhofsplatz, in Istanbul den Taksimplatz. Aytens Bewegung in Bremen über den Bahnhofsplatz ist identisch mit derjenigen Lottes in Istanbul über den Taksimplatz. Nach Barbara Mennel spiegeln die »Verdopplungen und Überschneidungen [...] den Wandel der familiären, aber auch der zeitlichen und räumlichen Verhältnisse [...] unter den Bedingungen der Globalisierung wider«.[283] Mit den Orten expandiert aber auch der an diesen Orten anhand sozialer und Beziehungen zu den Dingen (Buch, Fisch, Schuhe und Waffe) angelegte Raum vom ersten Teil über den zweiten bis zum dritten Teil, der denselben Titel trägt wie der Film: »Auf der anderen Seite«.

In Bremen und Hamburg sehen wir vor allem geschlossene Räume wie Alis Wohnung mit ihrem recht geschlossen wirkenden Garten, Nejats Wohnung und der Hörsaal an der Uni in Hamburg, die geschlossenen Züge und Busse, die die Protagonisten benutzen. In Istanbul und an der Schwarzmeerküste dominieren hingegen Außenaufnahmen. Eindrücklich wird diese Ausdehnung des Raums

---

Grad über null hat, stellt mein Vater seinen Grill im Garten auf«, schreibt sie. Siehe hierzu: AKYÜN (2005): S. 31f.

282 Özdamar beschreibt die Berliner Straßen in *Seltsame Sterne starren zur Erde*, auf denen sie zum Theater unterwegs ist, weder als neues fremdes Territorium noch als Orte, die sie bald wieder verlassen wird, wie im *Karawanserei*-Roman. In ihrem Roman von 2003 sind die Straßen und Viertel nicht fremd: »Als ich zum Grenzübergang Friedrichstraße zurückging, wurde mir leichter und leichter, meine Arme waren Flügel geworden, ich war ein Vogel, der über Ostberlin fliegen würde, der sich alle Straßen, über die Brecht und Besson gelaufen sind, anschauen und vor Freude lachen wird«. Siehe hierzu: ÖZDAMAR (2003): S. 34.

283 MENNEL, Barbara (2010): »Überkreuzungen in globaler Zeit und globalem Raum in Fatih Akıns Auf der anderen Seite«, In: *Kultur als Ereignis*, hg. v. Özkan Ezli, Bielefeld: transcript, S. 95–118, S. 103.

in den letzten Sequenzen, der Fahrt an die Schwarzmeerküste und der letzten Einstellung mit Blick auf das Meer. Nejat sitzt leicht von der Mitte nach links dezentriert am Strand und wartet auf seinen Vater. Diese letzte Aufnahme wurde auch für das Kinoplakat und das Cover der DVD verwendet.[284] Sie macht deutlich, welchen privilegierten Stellenwert das Sehen für die Protagonisten und die Rezipienten des Films einnimmt.[285] Daher ist auch die Expansion des Raums durch die Verdopplung von Orten, von politischen Ordnungen und von Handlungsmustern nicht als die Entstehung eines Repräsentationsraumes und dem Vollzug einer Emanzipations- oder Integrationsbewegung zu verstehen, sondern vielmehr als Aktualisierung eines biografisch-historisch vorhandenen Verhandlungsraums, beispielsweise zwischen Lotte und ihrer Mutter, zwischen Nejat und seinem Vater.[286]

Die Grundlage dieser Expansion des Raums sind aktives Sehen und Handeln. Mit »aktivem Sehen« ist gemeint, dass die Kamera mit einer durchgehenden Alternanz von Halbtotalen und Totalen, beispielsweise im Unterschied zu Kurz und schmerzlos, in die Tiefe aufnimmt.[287] Dass die Geschichten des Sorgetragens um den Anderen zwischen den Akteuren Räume schaffen, die über das Verstehen und Nicht-Verstehen, über die Sprache hinausgehen, lässt sich als »aktives Handeln« begreifen. Denn die Bewegungen der Akteure von einem Ort zum nächsten implizieren nicht Versuche, sich selbst, den Anderen, seine eigene und die andere Kultur zu verstehen oder innere Verwundungen und Diskriminierungen zu versprachlichen. Sie sind vielmehr als körperliche Handlungen zu verstehen, denen filmsprachlich, wie bereits erwähnt, derselbe Stellenwert eingeräumt wird wie dem Sprechen. Sie verwandeln Orte in Räume, die wiederum

---

284 Siehe hierzu: Akin (2007).
285 Auch Aysun Bademsoy wirft in ihrem Dokumentarfilm über zurückgekehrte Almancis in Am Rande der Städte einen besonderen Blick darauf, worin und wie deren Leben generationenübergreifend stattfindet. Nachdem sie in kurzen Einzelinterviews ihre Probanden an bestimmten Orten vorgestellt hat, folgt eine Autofahrt, bei der wir mehrere *gated communities* von außen sehen. Am Ende dieser Fahrt landen wir wieder bei der geschlossenen Wohnanlage, von der aus die Fahrt begonnen hatte. Es folgen Aufnahmen von Kränen der Gartenanlage und des gemeinschaftlichen Swimming Pools, die beide auch von den Bewohnern genutzt werden. Bademsoy unternimmt dann später weitere Fahrten ins Zentrum der Stadt Mersin, anhand derer sie dann auch die Wohnanlagen am Rand der Stadt erneut rahmt und verortet. Siehe hierzu: Bademsoy (2005).
286 In Bademsoys Dokumentarfilm erfolgt aus den Erzählungen der Interviewten ebenfalls eine historische Aktualisierung ihrer Migrationserfahrungen; die deutsche Rindswurst oder Knödel, die Pınar Keskin sehr vermisst oder die deutschen Musikerfreunde, mit denen Fikret Cember in Mannheim oft unterwegs war. Siehe hierzu: Bademsoy (2005); siehe auch *Interview mit der Regisseurin*, In: http://peripherfilm.de/fsk-kino/archiv/amrandederstaedte.html (11.09.2018).
287 Diese Aufnahmeform bestimmt auch die Dokumentarfilme Am Rande der Städte, Mein Vater der Türke und Wir sitzen im Süden.

die intimen Beziehungen und den Umgang mit Kultur und mit politischen Ordnungen prägen. Lottes Tod und Susannes Hilfe, die sie Ayten trotz des Todes ihrer Tochter anbietet, bringen Ayten dazu, ihrem linken Kampf gegen den türkischen Staat abzuschwören.[288] Und Nejats Verurteilung des Totschlages seines Vaters weicht der Erinnerung daran, wie dieser sich sogar Gott zum Feind erklärt hätte, um ihn zu beschützen. Nach Thomas Elsässer deutet sich damit ein neues ethisches Kino an, das als eine »Art Platzhalter für eine noch ausstehende Politik« dient.[289] Akıns Film führe im positiven Sinne »zurück zur Einsamkeit der ethischen Entscheidung, die stets nur singulär sein kann, allerdings Folgen für die Gemeinschaft haben muss, um eine Ethik herzustellen, d. h. einer höheren Ordnung genüge zu tun«.[290]

Dieser Idee folgt auch *Der Pavillon* von Zafer Şenocak. Drei Wochen nach Hamits und Hildes Ankunft in Istanbul putscht das türkische Militär die Regierung von Adnan Menderes. Davon berichten nur wenige Sätze wie die, dass Hamit versuche, im dritten Stock des Pavillons zu verarbeiten, »was er vor ein paar Tagen gesehen hatte« und dies »in seinem Kopf wieder in eine Ordnung zu bringen«.[291] Hamit und sein Autor vertreten dabei folgende Ansicht: Wenn man die kleinen Ereignisse nicht für wichtig erachtet, geht man bei den großen Ereignissen unter. Hamit fühlt sich dem Pavillon zugehörig, wie zuvor dem Englischen Garten in München. Ein Putsch oder ein bestimmtes politisches Programm, das versucht, »die Revolution auf den Körper des Menschen, auf die Familienordnung« zu übertragen, »betrachtet die Politik nicht als Ort der Bewegung in Richtung irgendwelcher tiefgründiger Veränderungen«. Politisch wäre für Hamit hingegen, wenn in die Geschichte jedes einzelnen Individuums Veränderungen eingingen, die in Handlungen und sozialen Zusammenhängen sichtbar gemacht würden. Wie Susanne beispielsweise in AUF DER ANDEREN SEITE Ayten hilft, obwohl Letztere auch mitverantwortlich für den Tod ihrer Tochter ist. Doch berührt die aktuelle politische Geschichte ihrer Tochter vor ihrem Tod auch ihre politische Vergangenheit. Durch ihre Hilfe für Ayten, ihre politische Praxis, wird diese Veränderung in ihrem Inneren sichtbar.[292]

Ein Großteil der Filme von Regisseuren mit Migrationshintergrund aus den 2000er Jahren hat nach Ansicht einiger Wissenschaftler »our understanding of European identity as constructed and narrated in European national cinemas«

---

[288] Siehe hierzu auch: ELSÄSSER (2011): S. 60.
[289] Ebd., S. 45.
[290] Ebd., S. 60.
[291] ŞENOCAK (2009): S. 51.
[292] Siehe hierzu: AKIN (2007).

neu definiert.²⁹³ Es wird vor allem darauf aufmerksam gemacht, dass die Globalisierung dabei neu gerahmt wird. Berna Güneli konstatiert beispielsweise, dass Akıns multiethnisches Europa in AUF DER ANDEREN SEITE »is presented to the viewer as lived experience of his protagonists«. Und Vivien Silvey und Roger Hillmann finden, dass Akıns Film sowie viele andere jener Zeit, etwa von Michael Haneke, Paul Thomas Anderson und Alejandro Gonzales Iñárritu »fractal narratives« seien, die besonders den »cultural impact« der Globalisierung re-präsentierten.²⁹⁴ Die erzählerischen Strukturen dieser Filme seien »multistrand, temporally jumbled, and at first chaotic yet in the end fatefully coincidental«. Nach dem Konzept der fraktalen Geometrie aus der Chaostheorie stellten diese Filme Welten dar, »in which borders are perforated and, as in The Edge of Heaven, significantly questioned«.²⁹⁵ Globale Themen würden dabei in den filmeigenen und erzählerischen Rahmungen situiert.²⁹⁶ In ihrer Analyse von Akıns »nicht-linearer Erzählweise« in AUF DER ANDEREN SEITE macht Barbara Mennel eine filmische Poetik ausfindig, bei der die Darstellung der Gleichzeitigkeit von transnationaler Mobilität und regionaler Bindung weder der globalen noch der regionalen Ebene eine definitorische und, damit verbunden, auch keine identifikatorische Hoheit zuspricht.²⁹⁷ In diesem Zusammenhang ändere sich auch die Bedeutung und Funktion von Regisseur oder Autor,²⁹⁸ Fragen nach repräsentativen Strategien und der Wahl künstlerischer Mittel stehen im Zentrum der Beobachtungen vieler Forscher, die sie nicht mehr an ihren globalen Reichweiten messen, sondern an der erzählerischen Stärke ihrer Rahmungen. Dabei gehen sie davon aus, dass Autoren und Regisseure der zweiten und dritten Generation zwar zwischen der »migrant« und »diasporic experience« unterscheiden, beide Erfahrungen jedoch intergenerational in ihren Erzählungen wieder zusammenführen.²⁹⁹

Tatsächlich ist bei den bisher erwähnten und analysierten Filmen die Kompatibilität und nicht der Bruch zwischen den Generationen entscheidend. Würde

---

293 BERGHAHN, Daniela/STERNBERG, Claudia (2010): »Locating Migrant and Diasporic Cinema in Contemporary Europe«. In: *European Cinema in Motion. Migrant and Diasporic Film in Contemporary Europe*, hg. v. Daniela Berghahn, Claudia Sternberg, London: Palgrave Macmillan, S. 12–49, hier S. 12.
294 SILVEY/HILLMAN (2010): S. 106.
295 Ebd.
296 Ebd., S. 12.
297 Siehe hierzu: MENNEL (2010): S. 99 u. 103.
298 So konstatiert etwa Monika Straňáková, dass diese Autoren mit ihrer Literatur nun definierten, was Europa ist. Siehe hierzu: STRAŇÁKOVÁ, Monika (2009): *Literarische Grenzüberschreitungen. Fremdheits- und Europa-Diskurs in den Werken von Barbara Frischmuth, Dževad Karahasan und Zafer Şenocak*, Tübingen: Stauffenburg, S. 9 u. S. 27.
299 Siehe hierzu: BERGHAHN/STERNBERG (2010): S. 44.

man sie einfach abstrakt als europäische oder als globale Geschichten rahmen, dann würde man aus dem Blick verlieren, wie unterschiedlich Integration in einer Einwanderungsgesellschaft verlaufen und ausgehandelt werden kann. Am Ende von MEINE VERRÜCKTE TÜRKISCHE HOCHZEIT bekommt man als Zuschauer den Eindruck, wenn der Film weitergehen würde, dass es trotz Hochzeit am Schluss des Films sehr schnell wieder Beleidigungen, Verletzungen und Gewaltausbrüche sich einstellen würden. Das gilt für AUF DER ANDEREN SEITE nicht. Hier vermutet man eher, dass Ali, Susanne, Nejat und Ayten, die Überlebenden also, eine neue Familie bilden. Das Prinzip der Erzählgemeinschaft verdeutlicht in AUF DER ANDEREN SEITE also nicht, dass die Kultur oder die Kulturen überleben, sondern die Menschen und mit ihnen Formen sozialer Einheit wie die Familie.

Bereits hingewiesen habe ich auf den unterschiedlichen Einsatz von Religion in MEINE VERRÜCKTE TÜRKISCHE HOCHZEIT und AUF DER ANDEREN SEITE. Während der Islam im ersten Film die Integrationsgeschichte von Götz rahmt und normiert, ist er im zweiten ein inhaltlicher Anlass, um weiter miteinander zu sprechen. Dass er dabei überraschenderweise im ersten weniger grundsätzlich als im zweiten Film verhandelt wird, liegt vor allem daran, dass Öffentliches und Privates jeweils unterschiedlich verschränkt werden. Während die Expansion des Raums in AUF DER ANDEREN SEITE erzählerisch über den Zusammenhang von Dingen, Personen, Orten und Bedürfnissen sowie filmästhetisch durch Aufnahmen in die Tiefe gelingt, bleibt in MEINE VERRÜCKTE TÜRKISCHE HOCHZEIT als einziger Ort für die Hochzeitsfeier Götz' Plattenladen übrig. Denn in allen anderen Räumen wurde zuvor schon ohne Unterlass gestritten, entweder weil der Islam dies und das verlange oder weil er die Frauen unterdrücke. Anders formuliert: In MEINE VERRÜCKTE TÜRKISCHE HOCHZEIT machen die Akteure nichts aus den Orten, sondern wollen vor allen Dingen eine bestimmte Ordnung sichtbar machen. Dies tun sie, weil sie so handeln wollen, wie Türken eben handeln. Dieses Vorhaben ist nicht nur deshalb fragwürdig, weil Götz selbst Aylin ihr Türkischsein abspricht, indem er sie darum bittet, wie eine Türkin zu handeln.[300] Fragwürdig ist ebenso, dass die Türken an sich getürkt werden, denn sie sprechen nur Deutsch und verlassen nie ihren Berliner Kiez. Diese Spannung lässt sich kaum mit der einfachen Identitätspolitik lösen, die der Film zwischen Deutsch und Türkisch anbietet.

Wir werden sehen, wie sehr dieses neu entstehende Spannungsfeld zwischen Deutsch und Türkisch, nach einer Dekade der Infragestellung beider Zuschreibungen in den 1990er Jahren, im Positiven wie im Negativen Film und Literatur

---

[300] Der ausdrückliche Hinweis auf das Türkische ist in den Romanen und Erzählbänden *Selam Berlin*, *Hürriyet Love Express* und *Mein Name ist Revolution* erzählerisch ebenfalls äußerst wichtig.

der 2000er Jahre entweder personal, sprachlich oder territorial durchzieht. Denn bemerkenswert ist trotz der Differenzen zwischen MEINE VERRÜCKTE TÜRKISCHE HOCHZEIT und AUF DER ANDEREN SEITE, dass alle Akteure in beiden Filmen ihre Kulturen verinnerlicht haben und sie in ihrem Alltag verhandeln. Hierin stimmen sie mit den oben skizzierten Kultur- und Integrationstheorien von Andreas Wimmer und Rogers Brubaker überein, in denen die »verinnerlichte Kultur« den Ausgangspunkt des Aushandelns im öffentlichen Raum bildet. Es geht also nicht um die individualpsychologische und zugleich philosophische Frage, wie man wird, was man ist. Was man ist, ist hier bereits der Ausgangspunkt. Wir wissen von Beginn an, dass Nejat Muslim ist und wir wissen auch, dass Kreuzberg in MEINE VERRÜCKTE TÜRKISCHE HOCHZEIT der Kiez der Türken ist, in den Götz sich integrieren muss. Es geht also nur um die Frage, was man daraus macht, wofür man sich durch die eigene Lebensweise entscheidet. Integrationspolitisch geht es um die Initiierung des Prozesses, die »sinnlich-physische Anwesenheit in den Tatbestand ihrer Zugehörigkeit zur Gesellschaft zu verwandeln«.[301] Und in diesem Prozess ist die Frage ausschlaggebend, wofür man sich entscheidet und in welcher Beziehung diese Entscheidung mit dem eigenen und gesellschaftlich kompatiblen Verhalten steht. Unter diesen Bedingungen kann die Frage des Zusammenlebens zu einer integrationspolitischen Frage avancieren: »social cohesion and national identity can coexist with valuing diversity in the public sphere«.[302] In MEINE VERRÜCKTE TÜRKISCHE HOCHZEIT steht dieser Prozess nur Götz zu, in AUF DER ANDEREN SEITE allen Akteuren. Bereits diese unterschiedlichen Prozesswege zwischen einem Individuum auf der einen Seite und einer sich entwickelnden Erzählgemeinschaft auf der anderen Seite in diesen beiden erfolgreichen Filmen zeigen, dass es in den 2000er Jahren die Akteure sind, die entscheiden, welcher Wert kulturellen Markern wie der Religion zukommt. Daher zeigt sich Integration mehr an Lebensweisen und Entscheidungen statt an dem, was sie sagen. Außerdem sind wir über die Erzählformen und Kameraeinstellungen oft im Bilde, d. h. wissen, wo und worin etwas stattfindet oder endet. Die Akteure sind in den Erzählungen von Beginn an Angekommene. Es stellt sich nicht die Frage, ob sie integriert sind oder nicht, sondern was sie daraus machen oder welche Entscheidungen sie aus desintegrierten Zuständen heraus treffen. ALMANYA. WILLKOMMEN IN DEUTSCHLAND beginnt beispielsweise damit, dass die ehemaligen Gastarbeiter Hüseyin und Fatma die deutsche Staatsbürgerschaft annehmen und die türkische ablegen. Feo Aladağs Film DIE FREMDE setzt damit

---

301 PREUSS (2011): S. 480.
302 VERTOVEC, Steven (2010): »Towards Postmulticulturalism? Changing Communities, Conditions and Contexts of Diversity«. In: *International Social Science Journal*, Volume 61, Issue 199, March 2010, S. 83–95, hier S. 94.

ein, dass die türkeistämmige Protagonistin Umay von Istanbul in ihre Heimat Berlin zurückkehrt. Trotz dieser jeweils eindeutigen Zugehörigkeit verhandeln beide Filme Integration sehr unterschiedlich.

5.4 Entscheidungen und Integration

»Was sind wir denn nun? Deutsche oder Türken?«, fragt der achtjährige Cenk beim gemeinsamen großfamiliären Mittagessen bei seinen türkischen Großeltern in Dortmund. Zuvor hatte sein Großvater Hüseyin vor der versammelten Familie am Tisch verkündet, dass er der Familie etwas zu sagen habe, »eine Überraschung«.[303] Seine Frau Fatma glaubt zu wissen, was ihr Mann meint, und verkündet allen hocherfreut, dass sie nun endlich Deutsche geworden seien und zeigt allen die deutschen Pässe. Doch Hüseyin greift harsch ein und winkt ab. »Nein, das nicht Überraschung. Überraschung ist, ich habe Haus gekauft. In Türkei. Im Dorf. In Heimat.« Sein ältester Sohn Veli fragt irritiert: »Warum das denn? Wollt ihr zurückkehren oder was?« Fatma erschrickt, denn wie die anderen wusste sie nichts von diesem Hauskauf. Hüseyin antwortet nicht, zeigt seinem Enkel Cenk aber ein altes Foto, auf dem nur eine Landschaft zu sehen ist, die in ihrer Unbestimmtheit ein wenig an die Hütte am Anfang von AUF DER ANDEREN SEITE erinnert. Und wie in ZEIT DER WÜNSCHE ist die Herkunft als Foto ein Teil der deutschen Wohnung. »Da kommen wir her«, sagt der Großvater zu Cenk. Cenk sieht das Bild an und fragt irritiert: »Da kommen wir her?«[304] Hüseyin, der Mann, Vater und Großvater in dieser Runde, wünscht sich, dass die gesamte Familie in den nächsten Ferien dorthin fährt. Das löst eine Diskussion aus, einige können nicht, andere sehen darin keinen großen Sinn, woraufhin der Großvater versucht, sie darauf zu verpflichten, dass sie doch eine Familie seien etc. In diese Auseinandersetzung hinein stellt Cenk laut die oben zitierte Frage. Sein Vater Ali und seine Mutter Gabi machen die Sache noch komplizierter. Er sagt, er sei ein Türke, sie sagt, er sei ein Deutscher. Diese Antwort frustriert Cenk noch mehr. Daraufhin setzt sich seine 22-jährige Cousine Canan zu Cenk und beginnt, ihm die Geschichte der Familie zu erzählen. Im Verlauf dieser Geschichte und der Reise der Familie in die Türkei wird sich Cenks Frage erübrigen. Eine klare Antwort ist nicht mehr nötig. Stattdessen gibt der Film am Ende eine allgemeine Antwort darauf, was Identität ist: all das, »was es nicht gäbe, wenn man nicht gelebt hätte«.[305] Man ist also das, was

---

303 ŞAMDERELI (2011).
304 Siehe hierzu: ŞAMDERELI (2011).
305 Ebd. Siehe hierzu auch: MARTENSTEIN, Harald (2011): »Identitätsfragen. Die deutsch-türkische Komödie ›Almanya‹ wirkt wie eine direkte Reaktion auf die Thesen von Thilo Sarrazin. Es

man lebt. ALMANYA. WILLKOMMEN IN DEUTSCHLAND war ein äußerst erfolgreicher Film. Mehr als 1,4 Millionen Kinobesucher haben ihn gesehen und er erhielt 2011 den Deutschen Filmpreis, den Bernhard-Wicki-Filmpreis, den Gilde-Filmpreis sowie ein Jahr später den Preis des Verbands der deutschen Filmkritik.[306]

Feo Aladağs Film DIE FREMDE von 2010 war mit 137.336 Zuschauern an den Kinokassen nicht annähernd so erfolgreich, erhielt jedoch weitaus mehr Auszeichnungen als ALMANYA, besonders auf internationalen Festivals. Im Unterschied zu Şamderelis Film wird die Frage, ob man Türke oder Deutscher sei, nicht gestellt. Und auch wenn Religion überwiegend außen vor bleibt, so spielt doch das muslimische Opferfest wie in Akıns Film oder der Festtag zum Ende des Fastenmonats Ramadan in Kemal Kurts Roman *Sonnentrinker* ebenfalls eine wesentliche Rolle. Außerdem greift der Film auf der inhaltlichen Ebene auf das türkischste Thema in der Historie der Migration in der Bundesrepublik zurück: DIE FREMDE erzählt nämlich anhand einer Familiengeschichte die Geschichte eines Ehrenmords.[307] Damit widmet er sich auch eines der aktuellen Themen, die seinerzeit Debatten, politische Beiträge und Gesetze zu arrangierten und Zwangsehen beschäftigen.[308] Wie in ALMANYA stehen in dieser Erzählung ein kleiner Junge und die türkische Familie im Zentrum. Es gibt wenige Sequenzen in Aladağs Film, in denen der Junge als Beobachter nicht dabei ist.[309] Er spricht kaum, aber wir sehen, dass er alles registriert. In der folgenden vergleichenden Analyse werde ich zeigen, wie sehr sich DIE FREMDE und ALMANYA in ihrer politischen Aussage ähneln, obwohl sie sich in ihrer Gattung und Thematik sehr unterscheiden. In der Frage der Ehre stehen sie sogar konträr zueinander. Wie in MEINE VERRÜCKTE TÜRKISCHE HOCHZEIT und AUF DER ANDEREN SEITE stärken sich Form und Inhalt der Erzählungen wechselseitig. Und auch hier geht es weniger darum, was gesagt wird, sondern darum, was man sieht.

Der Wendepunkt in Aladağs Film DIE FREMDE ereignet sich wie in AUF DER ANDEREN SEITE am muslimischen Opferfest.[310] Umay (Sibel Kekilli), die Protago-

---

ist eine überzeugende Antwort, weil einfach nur eine Familiengeschichte erzählt wird«. In: *Der Tagesspiegel*, 15.02.2011 (https://www.tagesspiegel.de/kultur/harald-martenstein-4-identitaetsfragen/3815106.html) (16.05.2018).
306 Siehe hierzu: https://www.filmportal.de/film/almanya-willkommen-in-deutschland_49beb1344dff4076bb582a03262f15c8 (16.05.2018).
307 ALADAĞ (2010).
308 Siehe hierzu: BUTTERWEGGE (2007).
309 Siehe hierzu: GRAMLING (2012): S. 36.
310 Beim Opferfest (Kurban Bayramı, tr.; Id al-Adha, ar.) wird an Abraham, den Stammvater der Buchreligionen Judentum, Christentum und Islam gedacht. Es ist mit dem Ende des Ramadans das wichtigste islamische Fest. Im Zentrum dieses Festes stehen das Gottvertrauen Abrahams und das Thema der Familie. Denn Gott fordert Abraham in seinen Träumen auf, für ihn seinen

nistin des Films, will mit ihrem Sohn Cem am ersten Tag des Opferfestes ihre Eltern besuchen. Sie wünscht sich vor allem, dass ihr Vater ihr vergibt. Er lässt sie nicht über die Türschwelle in die Wohnung, sagt ihr, dass sie sein Herz zutiefst gebrochen habe und dass sie für sein Versagen als Vater stünde. Außerdem kann er sie nicht hereinbitten, weil er türkischen Besuch hat. Umay geht, ihr Vater kehrt zurück zu den Gästen. Seine Frau fragt ihn, wer an der Tür gewesen sei. Er antwortet: ein Fremder. Er läuft ans Fenster und beobachtet, wie ein blonder junger Mann auf seine Tochter und seinen Enkelsohn wartet und sie herzlich empfängt. Dann folgt der letzte Teil des Films, der auf das zusteuert, was der Zuschauer von Beginn an erwartet. Denn in der Eröffnungssequenz des Films, die wie bei Akın ohne Vorspann einsetzt, sehen wir Umay und ihren Sohn von hinten in Kopfhöhe aufgenommen einen Bürgersteig entlanglaufen. Zu ihnen gesellt sich ein junger Mann; Umay dreht sich um zu ihm, lächelt ihn an, kennt ihn. Er richtet aber eine Waffe auf sie. Ihr Blick erstarrt. Dann folgt ein Schnitt, und wir sehen den jungen Mann aufgelöst wegrennen, in einen Bus einsteigen, darin bis zum Ende des Ganges laufen. Von dort schaut er erschrocken aus dem Fenster, während der Bus seiner Blickrichtung entgegengesetzt weiterfährt. Es folgt ein Schnitt, und der Film beginnt. Die geschilderte Sequenz wird sich am Ende des Films wiederholen – wie in AUF DER ANDEREN SEITE und in ZEIT DER WÜNSCHE die Anfangssequenz auch am Ende vorkam. Dann werden wir wissen, warum es zu diesem Mordversuch kommt und wie die Geschichte endet.[311]

Während die Tankstellensequenz am ersten Tag des muslimischen Opferfestes in AUF DER ANDEREN SEITE erzählerisch und inhaltlich integrativ wirkt, steht die Privilegierung der Eröffnungssequenz hier mit dem mutmaßlichen Ehrenmord und seinem Täter zwar für eine erzählerische Integration, aber zugleich

---

liebsten Sohn Ismail zu opfern. Nach jüdischer und christlicher Tradition geht es um seinen anderen Sohn Isaak. Dennoch ist diese Geschichte eine wichtige Erzählung in den drei Buchreligionen. Nach dem Islamischen Narrativ wird das Messer stumpf als Abraham nach lange währendem inneren Kampf, sich entscheidet seinem Gott zu vertrauen. Dieses Vertrauen wird belohnt, indem Abraham nun anstelle seines Sohnes ein Tier opfern soll. Daher ist es für jeden Muslim oder jede Muslima, die es sich leisten können, verpflichtend zum Id al-Adha ein Tier, in der Regel ein Hammel oder ein Schaf, zu opfern. Verpflichtend für jeden Muslim ist auch deshalb, am Morgen des Opferfestes an der Predigt und am gemeinsamen Gebet in der Moschee teilzunehmen. Das zweite Thema Familie spiegelt sich auch in der Praxis der Festivitäten wieder, da der gegenseitige Austausch und Besuch von Verwandten nach dem Moscheebesuch ebenfalls im Zentrum des Opferfestes stehen. Es ist ein Fest, das public sociability und das Familienleben ins Zentrum des gottgefälligen Lebens rückt. Siehe hierzu: KREISER, Klaus/WIELANDT, Rotraud (1992): *Lexikon der islamischen Welt*, Stuttgart: Kohlhammer.
311 Mit dem Thema des Ehrenmords beginnt und endet auch der Film ZEIT DER WÜNSCHE. Siehe hierzu: SÖZEN (2005).

für eine familiäre und gesellschaftliche Desintegration. Im Unterschied zu den Widersprüchen zwischen Inhalt und Form in den Erzählungen der 1990er Jahre ist die inhaltliche Seite des Films, die Entwicklung der Handlung bis hin zum Ehrenmord, hier entscheidend. Doch bevor ich dieses Verhältnis genauer analysiere, skizziere ich kurz den Plot des Films.

Nach der Einstiegssequenz von DIE FREMDE sehen wir Umay in einem türkischen Krankenhaus bei einer Abtreibung. Es wird kaum geredet, von Arzt und Krankenschwester sehen wir keine Gesichter. Danach ist Umay mit einem Türban[312] unterwegs in die Peripherie Istanbuls, zu einem Neubaugebiet. An der Bushaltestelle wird sie von einer Frau ohne Kopfbedeckung und von ihrem achtjährigen Sohn abgeholt. In der nächsten Sequenz sitzt Umay mit einer türkischen Großfamilie beim Essen am Tisch.[313] Auch hier wird wenig gesprochen. Von der Abtreibung scheint Umays Mann Kemal nichts zu wissen. Als Cem auf Türkisch verrät, dass sie gar nicht zu Besuch bei einer Freundin waren, reagiert Kemal äußerst gereizt. Er schleudert Umay gegen eine Wand und sperrt Sohn und Ehefrau in verschiedenen Zimmern ein. Tage später verlässt Umay mit ihrem Sohn heimlich ihren Mann und seine Familie und kehrt zu ihren Eltern nach Berlin zurück. Ihre Herkunftsfamilie dort – ihr älterer Bruder Mehmet, der jüngere Bruder Acar, die jüngere Schwester Rana sowie die Eltern Halime und Kader –, nimmt sie anfangs sehr erfreut wieder auf. Außer Mehmet. Als sich recht bald herausstellt, das Umay nicht mehr zurückkehren und nicht mehr mit Kemal und seiner Familie zusammenleben möchte, stellt das die türkische Familie in Deutschland vor eine große Herausforderung. Sie versucht, sie davon zu überzeugen, zu ihrem Ehemann zurückzukehren. Vor allem Mehmet warnt, dass sie Cem zum »Bastard« mache, »wenn er nicht bei Kemal bleibt«.[314] Trotz des verbalen und psychischen Drucks, den die Familie immer mehr auf Umay ausübt, zeigt Aladağ sie, d. h. vor allem den Vater und die jüngeren Geschwister, als Per-

---

312 Der »Türban« unterscheidet sich grundlegend vom Kopftuch. Der bekannte türkische *Hürriyet*-Kolumnist Ahmet Hakan listet 12 Unterschiede zwischen Türban und Kopftuch (»Başörtü«) auf. Am wichtigsten ist, dass ersterer eine städtische und neue Erscheinung ist, für einen selbstbewussten und modernen Islam stehe. Letzterer stehe für den traditionellen und dörflichen Islam. Das Kopftuch wird zudem lose am Kopf getragen, während der Türban mit Haarklammern und einer besonderen Falttechnik sehr eng an Kopf und Hals der Frau befestigt wird. Der Türban ist erst mit dem Aufstieg der Refah-Partei zu einer Koalitionspartei Mitte der 1990er Jahre aufgekommen und wurde während der Regierungszeit der AKP bis heute zu einem Emblem dieser politischen Bewegung. Siehe hierzu: HAKAN, Ahmet (2007): »Türban ile başörtüsü arasındaki 12 fark« (Die zwölf Unterschiede zwischen einem Türban und einem Kopftuch). In: Hürriyet, 05.12.2007, http://www.hurriyet.com.tr/turban-ile-basortusu-arasindaki-12-fark-7812960 (07.06.2018).
313 ALADAĞ (2010).
314 Ebd.

sonen, die Umay auch lieben. Dennoch planen Mehmet und Kader, Cem zurück zu seinem Vater in die Türkei zu bringen. Als Umay in diesem Zusammenhang zufällig ein Gespräch zwischen Kader und Mehmet mitbekommt, ruft sie nachts die Polizei, die Umay und ihren Sohn in einem Frauenhaus unterbringt. Von weiteren Versuchen der Familie, besonders der Mutter, sie zur Rückkehr zu bewegen, lässt sich Umay nicht überzeugen.[315] Schließlich möchte auch ihre Mutter nichts mehr mit ihr zu tun haben. Denn Umays Geschichte hat unter ihren türkischen Bekannten in Berlin schon die Runde gemacht. Und die bereits geplante Hochzeit zwischen ihrer jüngsten Tochter Rana und einem türkischen Jungen aus Berlin, wird nun von der Familie des Bräutigams in Frage gestellt. Und als Umays Eltern zudem erfahren, dass Rana von diesem Jungen schwanger ist, wird diese Heirat noch wichtiger. Kader bietet der Familie des Jungen Geld an, um sie umzustimmen – mit Erfolg. Damit könnte die Geschichte schon zu Ende sein. Umay könnte wegziehen und mit ihrem Sohn woanders weiterleben. Und wäre Umay die Sibel aus GEGEN DIE WAND oder die Yasemin aus Hark Bohms gleichnamigem Film von 1987/88 würde sie sicher nicht zurückkehren, und der Film könnte tatsächlich hier enden. Doch Umay kann sich von ihrer Herkunftsfamilie nicht trennen, auch wenn sie unter Polizeischutz aus deren Wohnung ausgezogen ist. Sie kommt mit ihrem Sohn zur Hochzeit ihrer Schwester und bittet ihre Eltern vor allen Hochzeitsgästen um Vergebung. Daraufhin wirft Mehmet sie rabiat hinaus. Er macht ihr klar, selber darunter leidend, dass sie nicht mehr zurückkommen und aus ihrem Leben verschwinden soll.

Umay beginnt, in der Küche einer Kantine zu arbeiten.[316] Diesen Job vermittelt ihr ihre beste Freundin Atife, von der wir nicht so recht wissen, ob sie eine Türkin oder Deutsche ist. Sie spricht nur Deutsch, ist blond und groß, hat aber einen türkischen Vornamen. In der Kantinenküche lernt Umay Stipe kennen, der sich in sie verliebt. Er wird Umay beim Umzug in eine Wohnung helfen, nachdem ihre Brüder von einem anderen Türken erfahren haben, in welchem Frauenhaus sie lebt und dort randalieren. Umay ist nun so frei, wie es sich beispielsweise Sevim in Thomas Arslans Film GESCHWISTER wünschte. Doch Umay geht es nicht um Freiheit und Emanzipation, sondern um Zugehörigkeit. Für sie bedeutet die eigene Wohnung keinen Zusammenhang von Freiheit und Verortung. Verortung heißt für sie, auch eine Zugehörigkeit zu haben – so wie Cenk wissen möchte, ob

---

[315] Umgekehrt kann aber auch ihre Mutter nicht den Mut aufbringen, die Entscheidung ihrer Tochter zu akzeptieren, obwohl sie in einer Sequenz im Bad am Rücken von Umay die Spuren von Kemals Gewalttätigkeit sieht. Siehe hierzu: Ebd.
[316] Zu Anfang des Films erfahren wir, dass Umay mit Kemal in der Türkei eine Kantine führte. Siehe hierzu: ALADAĞ (2010).

er Türke oder Deutscher ist, oder so wie in AUF DER ANDEREN SEITE die Akteure über die Fürsorge für den Anderen zugehörig werden.[317]

Nach der dramatischen Hochzeitssequenz fühlt sich die türkeistämmige Kantinenchefin Gül für Umay verantwortlich. Sie spricht bei ihren Eltern vor und erklärt ihnen, dass Umay sie liebe und zurückkehren möchte, sie aber zugleich Angst vor ihnen habe. Warum sollte sie Angst vor uns haben, erwidert der Vater auf Türkisch. Sie seien doch ihre Familie. Gül mahnt, dass er das Vorbild der Familie, auch für seine Söhne sei. Und er wolle doch sicher nicht ein weiteres Kind verlieren. Obwohl Gül die Möglichkeit des Ehrenmords hier nicht direkt anspricht, ist klar, was sie meint. Am Ende der Sequenz wendet sich Kader an der Türschwelle mit der religiösen Verabschiedungsformel »Allaha emanet olun« (»Vertrauen sie in Gott«) an Gül. »Gott hat mit dieser Angelegenheit rein gar nichts zu tun«, erwidert Gül auf Türkisch. »Bringen Sie ihn mit diesem Problem bitte nicht in Verbindung«, redet sie weiter auf Türkisch auf Kader ein.[318] Dieser akzeptiert ihren Einwand schweigend. In der nächsten Sequenz will Gül wissen, warum Umay denn unbedingt zu ihrer Familie zurückkehren möchte. Auf Deutsch sagt sie ihr, »wenn sie sich zwischen Dir und der Gesellschaft entscheiden müssen, werden sie sich nicht für Dich entscheiden«.[319] Doch Umay hofft darauf, dass ihre Familie sich für sie entscheidet, irgendwann.

Auf diese Sequenz folgt die oben beschriebene am ersten Tag des muslimischen Opferfestes. Erst nachdem Mehmet und Kader sie in ihrem Viertel in Umarmung mit dem Deutschen gesehen haben, setzt die Logik ein, die den Film zu seinem Ende führen wird. Der Vater reist anschließend in die Türkei. Wir sehen ihn irgendwann im Bus durch eine südliche Landschaft fahren, in einem verlassenen Dorf ankommen und ein Steinhaus betreten, in dessen einzigem Raum mit offenem Fenster ein Mann auf einem Divan schläft. Kader wartet, bis er aufwacht. In der nächsten Sequenz sitzen sich beide Männer schweigend gegenüber. Kader tritt aus dem Haus, schaut sich die Landschaft an und denkt nach. Zurück in Deutschland wird ebenfalls schweigend zwischen Kader, Mehmet und Acar über Blicke entschieden, wer die Tat zu begehen hat. Kurz danach erleidet Kader einen Herzinfarkt und wird ins Krankenhaus eingeliefert. Umay besucht ihn dort und erzählt, dass sie jetzt anfange, auf eigenen Beinen zu stehen, Abitur machen und studieren möchte.[320] Kader bricht zusammen, weil ihm bewusst wird, dass er einen großen Fehler begangen hat. Er bittet seine Tochter, die gar nicht weiß,

---

317 Siehe hierzu: ŞAMDERELI (2011); AKIN (2007); ALADAĞ (2010).
318 Siehe hierzu: ALADAĞ (2010).
319 ALADAĞ (2010).
320 Einige Filme und Texte der 2000er Jahre verweisen auf Abitur und Studium. Im Unterschied zu den 1990er Jahren gilt man mit Abitur und Studium nicht mehr als ein Assimilierter oder als

worum es geht, um Vergebung. Umay verlässt das Krankenzimmer und ihre Mutter umarmt sie auf dem Flur. Sie scheint vom geplanten Ehrenmord nichts zu wissen. Danach folgt mit der Wiederholung der Eröffnungssequenz der Schluss des Films, der dann aufklärt, dass Acar zwar eine Pistole auf Umay richtet, sie aber nicht zu töten vermag. Er läuft weg und lässt die Waffe fallen. Von hinten kommt nun Mehmet mit einem Messer in der Hand und möchte auf Umay einstechen. Doch weil sie sich zu ihm umdreht, trifft Mehmet aus Versehen seinen Neffen Cem, der an dem Messerstich stirbt. Mehmet verschwindet in Tränen aufgelöst. Nun sehen auch wir, was Acar erschrocken vom Bus aus beobachtet und wissen, dass das Opfer des Ehrenmords Cem ist. Mit der Tötung des Kindes symbolisiert der Ehrenmord hier das Auslöschen einer Zukunft und zugleich die Unbarmherzigkeit des Menschen im Unterschied zur Barmherzigkeit Gottes, der Abraham als Vertrauensbeweis das Tier als Opfer schickte.

In der Jurybegründung für die Verleihung des Filmpreises des ersten Kirchlichen Filmfestivals Recklinghausen heißt es, Feo Aladağ »zwingt uns [...] genau hinzusehen«. Denn nicht die Entscheidung zwischen »Freiheit hier« und »Sklaverei dort« werde in diesem Film verhandelt und zur Disposition gestellt, sondern »die Entscheidung zwischen zwei Einsamkeiten, einem Leben ohne die geliebte Familie oder dem Leben ohne Selbstentfaltung«. Auch andere Kritiken betonen das genaue Hinsehen.[321] Tatsächlich haben wir es in Aladağs Film mit einer oft ruhenden Kamera zu tun, die mit wenigen Nahaufnahmen, dafür mit vielen Halbtotalen und in den Interieuraufnahmen häufig mit Aufnahmen in die Tiefe arbeitet. Wir sehen die Akteure oft in Bezug zueinander, etwa am Esstisch oder als Gül und Umay über Gesellschaft und Familie sprechen. Bei Tisch werden häufig Konflikte angesprochen.[322] »Beim Essen entzünden sich die Konflikte, weil beim Essen die Familie zusammen ist und die Konfliktlinien durch die Familie laufen. Beim Essen wird Kemal grob zu seinem Sohn. Beim Essen erzählt Umay ihrer Familie, dass sie zu Kemal nicht zurückkehren wird.«[323] Dies gilt für die Auf-

---

ein »Abi-Türke«, sondern als jemand, der beginnt, auf eigenen Beinen zu stehen. Siehe hierzu: HOLTZ (2005); DAĞTEKIN (2006–2009); AKKUŞ (2008).

321 Siehe hierzu: KURZ, Joachim (2010): »Die Fremde«. In: Kino-Zeit, 22.03.2010, https://www.kino-zeit.de/film-kritiken-trailer/die-fremde (18.05.2018).

322 Das gemeinsame Essen am Tisch erfüllt in AUF DER ANDEREN SEITE und ALMANYA die gegensätzliche Funktion. Seine soziale Dimension reicht von der Schlichtung über das Kennenlernen bis zum gemeinsamen Genießen. Im Unterschied zu den 1990er Jahren wird in den Filmen der 2000er Jahre in allen mir bekannten Filmen auch tatsächlich gegessen; selbst in den Problem- und Skandalfilmen WUT, KNALLHART und CHIKO.

323 DELL, Matthias (2010): »Kritik zu ›Die Fremde‹«. In: epd Film, 01.03.2010, https://www.epd-film.de/filmkritiken/die-fremde (18.05.2018). Das Essen spielt auch eine wichtige Rolle in Selam Berlin, AUF DER ANDEREN SEITE, SOUL KITCHEN und Hans mit scharfer Soße. In Yadé Karas Roman

nahmen in der Trabantensiedlung an der Peripherie von Istanbul ebenso wie in den Wohnungen in Berlin. Wie in Akıns Film werden die Beziehungen zwischen Umay und Kader, zwischen ihr und ihrer Mutter und ihren Geschwistern deutlich. Zugleich entsteht über die Kameraperspektive ein intimer Zugang, der einen Einblick geben soll in das türkische Leben in der Bundesrepublik. Interessanterweise sehen manche Interpreten diese Intimität an als eine dekulturalisierende Lesart des Ehrenmord-Konflikts. Aladağs Perspektive lote demnach die »psychosoziale Mechanik« eines Ehrenmordvorhabens aus und verzichte dabei »auf die übliche Verschleierungsfolklore«.[324] Der Film funktioniere »deshalb, weil er in der Welt junger Türken spielt, die man ›integriert‹ bezeichnet. Kein Islamist weit und breit.«[325] Die psychosoziale Ebene bemühen auch andere Rezensenten, die das Thema des Ehrenmords in DIE FREMDE um »die Ebene der Emotionalität« erweitert sehen.[326] Zudem zeige der Aushandlungsprozess des Ehrenmords die Akteure nicht wie willenlose Täter eines unmenschlichen Systems, sondern mit »menschlichen Zügen«.[327] Dadurch halte der Film bis zum Schluss die Möglichkeit offen, dass »Liebe und Zuneigung« sich gegen kulturelle Zwänge stellen könn-

---

wird insgesamt viel gegessen. Als Hasan einmal kocht, räsoniert er, dass darin sogar die Lösung aller Integrationsprobleme liege: »Beim Kochen war alles möglich. Was Politiker nicht an einem Tisch zusammenbrachten, das schaffte ich in meiner Küche. Deutsche, türkische, chinesische und französische Küche vermischte ich miteinander und zauberte Deftiges auf den Tisch«. Siehe hierzu: KARA (2004): S. 256. In Akıns AUF DER ANDEREN SEITE fragt Nejat Susanne mehrmals, ob sie schon gegessen habe. Nach ein paar Tagen der Trauer um Lotte hat sie wieder Hunger. Sie gehen gemeinsam essen und stoßen auf den Tod an. In dieser Sequenz wird der Esstisch von oben gefilmt wie in ALMANYA. Siehe hierzu: AKIN (2006). In *Hans mit scharfer Soße* definiert sich neben Hatices Vater auch ihre Mutter über das Kochen und Essen als Türkin. Der große Esstisch zu Hause ist das wichtigste Möbelstück in der Wohnung. »Den Mittelpunkt in unserem Wohnzimmer beschreibt ein Holztisch mit zahlreichen Stühlen, den meine Eltern aus der Türkei mitgebracht haben. Es haben locker zwölf Personen an ihm und ein ganzes gebratenes Lamm auf ihm Platz. Er war schon immer Dreh- und Angelpunkt unseres Lebens, und bis heute hat sich nichts daran geändert.« Siehe hierzu: AKYÜN (2005): S. 142. In Fatma Aydemirs Roman *Ellbogen* von 2017 und in Dilek Güngörs Roman *Ich bin Özlem* von 2019 gibt es diese geselligen Szenen am Tisch nicht mehr. Siehe: AYDEMIR (2017); GÜNGÖR (2019).
324 Darauf, dass das Leben der Rückkehrer am Stadtrand von Mersin in *gated communities* ebenfalls frei von jeder Folklore sei, macht die Dokumentarfilmerin aufmerksam. Siehe hierzu: Siehe hierzu: *Interview mit der Regisseurin*, In: http://peripherfilm.de/fsk-kino/archiv/amranderstaedte.html (11.09.2018).
325 BUSS, Christian (2010): »Ehrenmord-Drama ›Die Fremde‹. Schrecken, ganz ohne Schleier«. In: DER SPIEGEL, 10.03.2010, http://www.spiegel.de/kultur/kino/ehrenmord-drama-die-fremde-schrecken-ganz-ohne-schleier-a-682504.html (18.05.2018).
326 KURZ (2010).
327 MUTSCHLECHNER, Lorenz (2010): »Die Fremde«. In: *Film-Rezensionen*, 09.10.2010, https://www.film-rezensionen.de/2010/09/die-fremde/ (18.05.2018).

ten.³²⁸ Tatsächlich sehen wir im Film, dass Kader einmal seine Tochter und ihren Sohn zudeckt, wie Tochter und Vater einen schönen Fernsehabend miteinander verbringen und gemeinsam lachen, und wir sehen am Ende des Films, wie Kader Umay um Vergebung bittet.

In der Forschung fällt die Beurteilung von Aladağs Film kritischer aus. Ganz im Gegensatz zu den Filmkritiken sieht Canan Turan eine Viktimisierung der Protagonistin auf »kulturalistische Weise«. Darauf deute Umays »mangelnde Fähigkeit« hin, über sich selbst zu bestimmen. Dies zeige der Film durch sein dramaturgisches Schema, das mit vier Phasen aus »Wiederholungen und kreisförmigen« Bewegungen bestehe. »Erstens: Die Protagonistin wird von ihrer Familie schlecht behandelt. Zweitens: Sie wehrt sich dagegen. Drittens: Sie sucht trotzdem den Kontakt zu ihren Unterdrücker_innen. Viertens: Ihre Familie lehnt sie ab.«³²⁹ Dem Verlangen nach Freiheit stelle der Film auf diese Art die »kulturell bedingte« Unfreiheit entgegen. Außerdem repräsentiere Gül, die Leiterin der deutschen Kantine, im Film den säkularen Islam als richtigen Islam, den nach Bryan S. Turner die europäischen Integrationspolitiken seit dem 11. September 2001 fördern.³³⁰ Durch diese Positionierung erhalte der »anti-muslimische Rassismus des Films durch die vermeintliche säkulare kulturelle Insiderin Gül eine höhere Legitimation, da sie die Unvereinbarkeit von individueller Freiheit und Islam quasi personifiziert«. Daher begreift Turan Aladağs Film in postkolonialer Diktion als einen »special Agent of Western power«.³³¹

Der amerikanische Literaturwissenschaftler David Gramling sieht in DIE FREMDE hingegen weniger eine ideologische als eine semiotische Signatur am Werk.³³² Als narrative Kernstruktur des Films identifiziert er Bildwiederholungen, »image doubling«.³³³ Diese reichten diegetisch von der Wiederholung identischer Esstischsequenzen in der Türkei und Deutschland über die extradiegetische Wiederholung des Ehrenmords an Hatun Sürücü vom Februar 2005 in Berlin bis zur Rezeption von DIE FREMDE im türkischen Feuilleton. Letztere zitiert Gramling mit dem Artikel »Sibel Kekilli türbana girdi« (»Sibel Kekilli hat den Türban übergezogen«), der den aktuellen Film und Umay im Verhältnis zu

---

328 KURZ (2010).
329 TURAN, Canan (2016): »›Darf die Subalterne lachen?‹ Ehrenmord in *Die Fremde* (2010) versus tragikomisches Generationentreffen in *Almanya – Willkommen in Deutschland* (2011)«. In: *Deutsch-Türkische Filmkultur im Migrationskontext*, hg. v. Ömer Alkın, Wiesbaden: Springer, S. 335–360, hier S. 346.
330 Siehe hierzu: TURNER, Bryan (2007): »Managing Religions. State Responses to Religious Diversity«. In: *Contemporary Islam*, August 2007, Volume 1, Issue 2, S. 123–137. S. 125.
331 Ebd., S. 348.
332 GRAMLING (2012): S. 41.
333 Ebd., S. 38.

Kekillis Rolle in GEGEN DIE WAND, aber auch im Verhältnis zu ihrer pornografischen Vergangenheit hin liest; eine Vergangenheit, die zu Zeiten von GEGEN DIE WAND von der türkischen Presse kaum bemüht wurde.[334] Aber auch andere Darsteller, wie Tamer Yiğit, der Umays Bruder Mehmet spielt, brechen für Gramling ihre Rollen aus der Vergangenheit, mit denen sie bekannt wurden. Er spielte in Thomas Arslans Film GESCHWISTER Erol, der sich für die Ehre seiner Schwester überhaupt nicht interessiert. Im Gegenteil versuchen Erol und Ahmed in der analysierten Tischsequenz aus GESCHWISTER, bei der nicht gegessen wird, obwohl alle Hunger haben, ihren Vater davon zu überzeugen, dass ihre Schwester Sevim ausziehen sollte, weil sie dann ja schon mehr Platz hätten.[335] Für Gramling evoziert Aladağs Film eine spezifische Form der Migrationsgeschichte in der BRD, wobei er den Unterschied zu früheren Verhandlungsformen nicht darstellt. Vielmehr markiert DIE FREMDE für ihn eine »transformation from anti-identarian rupture to neobaroque cultural fetishism«.[336] Auch wenn der Verweis auf den Barock etwas opak wirkt, teile ich mit Gramling den Befund der Evokation von Migrationsgeschichte in der Bundesrepublik ohne Herleitung oder Erklärung von deren Genese. Allerdings erschöpft sich der Hauptstrang nicht einfach in der Wiederholung von Bildern oder dem Zitieren alter Rollen, Ehrenmorde und alter Filmsequenzen. Stattdessen sehe ich auch in Aladağs Film den identitätspolitischen Satz »Was lebst Du?« aushandeln, der sich gerade aus einer noch nicht erzählten Geschichte ableitet. Wie in MEINE VERRÜCKTE TÜRKISCHE HOCHZEIT und AUF DER ANDEREN SEITE und in der Identitätspolitik der Bundesregierung in den 2000er Jahren ist eine Sache klar: Die Türken sind in Deutschland angekommen und sie gehören hierher. Dies markiert der Film von Beginn an, wenn Umay aus der Türkei zu ihrer Herkunftsfamilie nach Deutschland zurückkehrt. In den zeitnah entstandenen Romanen wie *Mein Name ist Revolution* und *Der Mond ist unsere Sonne* kehren die Protagonisten ebenfalls nach Bielefeld und Berlin zurück, weil sie erkennen, dass sie in diese Städte, Stadtteile und Straßen gehören.[337] Ob aus dieser territorialen Konstellation in den Erzählungen und Bearbeitungen der Migration nun neue Räume, neue soziale Bindungen entstehen, oder Orte manifestiert werden, die wie in MEINE VERRÜCKTE TÜRKISCHE HOCHZEIT in einem Kampfmodus ausgetragen werden, ist auch in Aladağs Film die entscheidende Frage. Die Regisseurin meinte in einigen Interviews, sie wolle das Universelle im Spezifischen ausfindig machen. Der Alltag führt also nicht zum

---

334 Ebd., S. 41.
335 ARSLAN, Thomas (1997): *Geschwister*, Spielfilm, Deutschland.
336 GRAMLING (2012): S. 42.
337 Siehe hierzu: AYATA (2011); CALIŞ (2011).

Verständnis des Universellen, das stattdessen in den alltäglichen Interaktionen selbst schon vorhanden ist. Im Gegensatz zum Prozess der Entortung, wie die Soziologen Dany Levi und Natan Sznaider den allgemeinen Mechanismus der Globalisierung Ende der 1990er Jahre skizzieren[338], geht es in DIE FREMDE und AUF DER ANDEREN SEITE um einen Prozess der Verortung. Akteure und kulturelle Marker sind erneut ineinander verschränkt.

Ich frage mich, ob die Perspektive in DIE FREMDE wirklich so »intim« ist und die Akteure wirklich so menschlich dargestellt werden, wie die Rezensenten behaupten. In den 1980er Jahren versuchten Autorinnen wie Saliha Scheinhardt, Aysel Özakın, Alev Tekinay und Regisseure wie Tevfik Başer, Hark Bohm, Jeanine Meerapfel und Hans-Dietrich Grabe in unterschiedlichen Konstellationen vom Innenleben der Türken in Deutschland zu berichten.[339] Başer selbst wies darauf hin, dass die Deutschen bis zu seinen Filmen in den 1980er Jahren nur um das Thema herum erzählt hätten, es aber keine Erzählung »von innen heraus« gäbe.[340] Konstitutiv für das türkische Sprechen in Başers Filmen, Dikmens Satire, Meerapfels und Grabes Filmen war in den 1980er Jahren, dass ein unbekannter und nicht eingeladener Deutscher anwesend war, der sie zum Sprechen brachte. Bei Grabe und Meerapfel ist dies mitunter ihrer Einstellung geschuldet, dass man als Deutscher nur zuhören dürfe und darf, aber nicht eingreifen.[341] Da diese Begegnung nicht draußen stattfand, wurden die Türken auch nicht von allen gehört. In den Filmen und Texten der 2000er Jahre sind die Deutschen aber eingeladen, was sich bereits daran zeigt, dass zum Großteil Deutsch gesprochen wird oder türkische Aussagen sofort übersetzt werden.[342] Kultur kann hier nicht von außen einbre-

---

338 Siehe hierzu: LEVY, Daniel (1999): »The Future of the Past. Historiographical Disputes and Competing Memories in Germany and Israel«. In: *History and Theory. Studies in the Philosophy of History*, 38 (1), February 1999, S. 51–66. Siehe hierzu auch: LEVY, Daniel/SZNAIDER, Natan (2002): »Memory Unbound. The Holocaust and the Formation of Cosmopolitan Memory«. In: *European Journal of Social Theory*, 5 (1), S. 87–106. Dies. (2007): *Erinnerung im globalen Zeitalter. Der Holocaust*, Frankfurt a. M.: Suhrkamp.
339 Siehe hierzu: SCHEINHARDT, Saliha (1983): *Frauen, die sterben, ohne dass sie gelebt hätten*, Freiburg: Herder. ÖZAKIN, Aysel (1983): *Die Leidenschaft der Anderen*, Frankfurt a. M.: Luchterhand; ÖZAKIN, Aysel (1988): *Die Blaue Maske*, Frankfurt a. M.: Luchterhand; TEKINAY, Alev (1986): *Über alle Grenzen. Erzählungen*, Hamburg: Buntbuch. Siehe auch: TEKINAY, Alev (1988): *Die Deutschprüfung*, Frankfurt a. M.: Brandes & Apsel; BAŞER (1986, 1988); BOHM (1988); MEERAPFEL (1985); GRABE (1986).
340 Siehe hierzu: Siehe: PÜTZ, Anke/SCHOLTEN, Frank (1988): *40 m² Deutschland. Materialien für einen Film von Tevfik Baser, Begleitheft zum Film*, Duisburg: Atlas Film, S. 18.
341 Siehe hierzu: ACKERMANN/WEINRICH (Hg.) (1986): S. 9f.
342 Resümierend hält Karen Yeşilada für *Einmal Hans mit scharfer Soße* von Hatice Akyün, *Candlelight-Döner. Geschichten über meine deutsch-türkische Familie* von Aslı Sevindim und *Das Geheimnis meiner türkischen Großmutter* von Dilek Güngör fest, dass diese Autorinnen mit ihren

chen, wie es noch in den Arbeiten und Reflexionen der 1980er Jahre geschehen war. Es gibt keinen unbekannten Deutschen, sondern alle Akteure kommunizieren entweder verbal oder mit Blicken, meist sogar schweigend miteinander; insgesamt wird wenig gesprochen. Gewissermaßen geht es hier nicht um ein rationales Verstehen, denn der Vater handelt so, wie er handelt, weil er glaubt, nicht anders zu können und nicht weil die Kultur genau das von ihm verlangt.

Werner Schiffauers Probanden aus *Die Gewalt der Ehre*, Dursun, Abdullah und Ali aus den Filmen 40 QM DEUTSCHLAND, ABDULLAH YAKUPOĞLU. WARUM HABE ICH MEINE TOCHTER GETÖTET und YASEMIN konnten hingegen nur so handeln, wie es ihnen die Gesetze aus ihren Herkunftsdörfern vorschrieben.[343] Eine solche Erklärung des Ehrenmordversuchs greift in DIE FREMDE nicht. Schon die ersten Sequenzen könnten in jedem Neubaugebiet nahe einer südländischen Metropole spielen, und auch die Darstellung des Dorfes, mit einem schlafenden Mann in einem Zimmer, ohne ein gesprochenes Wort, ist geradezu mythisch, dass sie jeder realen Referenz entbehrt.[344] In Aladağs Film geht es nicht um einen Raum außerhalb der Bundesrepublik, sondern ganz konkret um den gezeigten Ort und um die Ordnung vor Ort. Denn das eigentliche Problem der Familie ist das Zusammenleben mit den Türken in Berlin. Sie sind die Beobachter, die Gesellschaft, von der Gül und Umay sprechen. Dieser Fokus auf die Umgebung und die Anwesenden wird besonders daran deutlich, dass Umays Familie letztlich damit leben könnte, wenn Umay bei ihr leben, ihr Sohn jedoch bei seinem Vater aufwachsen würde: Zweimal unternimmt die Familie den Versuch, Cem in die Türkei zu seinem Vater zu bringen. Würde der Junge in Deutschland bleiben, wäre er immer der lebende Beweis für eine gescheiterte Familie. Dieses Mitspracherecht der Öffentlichkeit in Umays Familie wird im Unterschied zu den 1980er Jahren im Film auch explizit, als etwa Kader dem künftigen Schwiegervater seiner Tochter Rana eine beträchtliche Geldsumme zahlt, damit die Hochzeit stattfindet. Dabei sehen wir nur, wie Kader einer Person Geld im Auto überreicht, die selbst nicht spricht. Mehmet und Acar schnappen in einer Disko etwas Unbestimmtes auf und sind sich sicher, dass zwei andere Deutsch-Türken schlecht über Umay gesprochen hätten. Was das gewesen sein soll, hören wir als Zuschauer nicht. Es folgt eine Schlägerei.[345] Von dem Türken, der Umay auf der Straße wiedererkennt und ihr nachläuft, um zu erfahren, in welchem Frauenhaus sie untergebracht ist,

---

Texten einladen, harmoniesüchtig und »schön anzuschauende Paradebeispiele ›gelungener Integration‹« seien, »bereitwillig ihre Tür öffnen« und »zeigen, was sie kochen«. Siehe hierzu: YEŞILADA (2011): S. 134.
343 Siehe hierzu: SCHIFFAUER (1983); BAŞER (1986); GRABE (1986).
344 ALADAĞ (2010).
345 ALADAĞ (2010).

erfahren wir auch nichts. Wir schließen nur, dass er Mehmet und Acar darüber informiert haben muss. Überspitzt formuliert könnte man sagen, dass die Position und Rolle der Deutschen als nicht sprechende Anwsende aus den 1980er Jahren die Türken in den 2000er Jahren nun selbst eingenommen haben.

Als geschulte Zuschauer von SHIRINS HOCHZEIT in den 1970er Jahren über die vermeintlichen Problemfilme der 1980er Jahre bis GEGEN DIE WAND denken wir zu wissen, das Problem ist die türkische Community, die Parallelgesellschaft. Aber auch Şerif Görens türkische Filme wie ALMANYA, ACI VATAN von 1979 und POLIZEI von 1988 machen auf den Einfluss der türkischen Gemeinschaft vor Ort aufmerksam.[346] Im letztgenannten Film haben wir gesehen, wie zwei zeitunglesende Türken in Berlin den Müllmann Ali Ekber schon durch ihr Sprechen über die Ehre der türkischen Mädchen von der Gefährdung der Ehre überzeugen. Dabei ist Ali Ekber eigentlich ein freundlicher und sympathischer Akteur.[347] Von dieser Konstellation eigentlich freundlich und nett, aber mit dem kulturellen Zwang der Ehre im Nacken, mit ihren eigenen Regeln und Gesetzen, ist auch die Theorie Werner Schiffauers bestimmt, der in seiner Arbeit *Die Gewalt der Ehre* das Einwirken der Dorfstruktur aus der Türkei auf die Türken in Deutschland als Grundlage des Ehrenkodexes in der Diaspora begreift.[348] Barbara John betont in den 1980er Jahren »die Gastfreundschaft in türkischen Familien«.[349] Solche sozialen und kulturellen Praktiken setzt Aladağs Film nicht voraus. Zum einen gibt es keinen stabilen Verweis auf ein Außen, das auf das angekommene Innenleben einwirken würde. Zum anderen sind die ersten Türken, die wir in Aladağs Film sehen, Familienmitglieder von Umays Mann Kemal, alles andere als sympathisch. Wir haben es mit einer Art Autokommunikation – von innen nach innen – zu tun. Das zeigt sich am deutlichsten am Verhalten des Vaters während der Hochzeit.

Als Umay ihn vor allen anderen türkischen Hochzeitsgästen um Vergebung bittet, ist dieser anfangs sichtlich ergriffen. Er weiß nicht, ob er seiner Tochter nachgehen soll, nachdem Mehmet sie und seinen Enkel vor die Tür gesetzt hat. Zugleich nimmt er aber in dieser sichtbar gemachten inneren Bewegung wahr, wie ihn die anderen beobachten. Als Zuschauer sehen wir allerdings nicht, ob sie das wirklich tun. Auf jeden Fall beobachtet er selbst, wie die anderen ihn wahrscheinlich beobachten. Die im Film zu sehende Sequenz steht interessanterweise genau an diesem Punkt im Widerspruch zu ihrer Entstehung, an der

---

346 Siehe hierzu: GÖREN, Şerif (1979): *Almanya, Acı Vatan*, Spielfilm, Türkei; ders. (1988): *Polizei*, Spielfilm, Türkei.
347 Siehe hierzu: GÖREN (1988).
348 Siehe hierzu: SCHIFFAUER (1983).
349 JOHN (1982): S. 365.

türkeistämmige Statisten beteiligt waren. Sibel Kekilli hielt in einem Interview fest, dass viele türkische Frauen um sie herum geweint hätten, als sie ihren Vater im Film um Vergebung bat. Eine Dame habe ihr sogar ein Taschentuch gereicht. All das sehen wir im Film nicht, nur der Vater Kader, der sich dabei beobachtet, wie er von den Anderen beobachtet wird. Gemessen an diesen Aufnahmebedingungen und den Reaktionen der türkeistämmigen Statisten auf Umays Rede hätte Kader seiner Tochter und seinem Enkelsohn ohne Weiteres nachlaufen können.

Zum Höhepunkt gelangt diese besondere selbstbezügliche Struktur in DIE FREMDE, als Umay am ersten Tag des Opferfestes ihre Familie ein weiteres Mal um Vergebung bittet. Als Kader aus dem Fenster sieht, wie Umay einen Deutschen umarmt, der dann auch noch Cem auf den Arm nimmt, erstarren seine Gesichtszüge und er wirkt zugleich entschlossen. Es folgt die Reise in die Türkei, die insofern imaginär wirkt, als niemand spricht. Den Rat, aufgrund dessen er offensichtlich die Reise antrat, bekommt er auch nicht. Stattdessen fällt Kader seine Entscheidung ganz allein. Nachdem die Wahl des Täters gefallen ist, sehen wir, wie Acar, der jüngste Bruder Umays, in seinem Zimmer auf dem Boden sitzt und weinend auf seinen Computer einschlägt.[350]

Als Hans-Dieter Grabe in seinem Dokumentarfilm ABDULLAH YAKUPOĞLU. WARUM HABE ICH MEINE TOCHTER GETÖTET von 1986 herausfinden und nachvollziehbar machen wollte, war ihm am wichtigsten, Abdullah ohne seine Intervention sprechen zu lassen. Abdullah erzählte viel vom türkischen Dorf und dass er wegen einer fehlenden Brücke über den Fluss nicht die Möglichkeit gehabt habe, die staatliche Grundschule zu besuchen. So sei er gezwungen gewesen, in die Koranschule zu gehen. Das habe sein Weltbild entscheidend geprägt.[351] Mehrmals macht Abdullah darauf aufmerksam, dass seine Herkunftsgesellschaft, das türkische Dorf, noch nicht bereit sei für ein modernes Leben. Er selbst wäre gerne modern, wenn er es denn könnte. Dass es aber auch eine andere Türkei gibt, die von Staatlichkeit und Säkularität geprägt ist und von der etwa Aysel Özakın erzählt, verschweigen sowohl Abdullah als auch Grabe. Außerdem wird in Grabes Film deutlich, dass Abdullah nicht ausschließlich am Widerspruch zwischen Tra-

---

350 Necla Kelek skizziert ein anderes Bild der Familien, die unehrenhafte Töchter von den unter 18-jährigen männlichen Familienmitgliedern töten lassen. In *Die fremde Braut* schreibt sie zum Prozess zur Ermordung von Hatun Sürücü, dass sich die Familie es sich »ganz gut zurechtgelegt« habe, indem sie den jüngsten Bruder als Täter wählte, der die Tat aus eigener Motivation begangen habe, um die Ehre seiner Eltern wiederherzustellen. Siehe hierzu: KELEK (2006): S. 10.
351 Siehe hierzu: GRABE, Hans-Dieter (1986): »Abdullah Yakupoğlu. ›Warum habe ich meine Tochter getötet‹«. In: ders: *Hans-Dieter Grabe. Dokumentarist im Fernsehen*, Berlin: Absolut Medien 2009.

dition und Moderne leidet. Der deutsche Freund seiner Tochter Perihan bezeichnet ihn auch als einen psychisch immens verstörten Mann.[352]

Başers 40 QM DEUTSCHLAND und Bohms YASEMIN sind ebenfalls durch diese Konstellation von Säkularität (Atatürk), Tradition (Koran) und dem psychischen Unbehagen bezüglich des öffentlichen deutschen Raums gerahmt. Keiner dieser Aspekte taucht als Erklärung in DIE FREMDE auf: Weder wird Kaders Lebensweise als rückständig dargestellt – er könnte auch anders handeln, noch sehen wir als Gegenmodell ein modernes deutsches Leben. Der öffentliche deutsche Raum ist nicht nur kein Problem, sondern wird nicht einmal thematisiert. Wie in MEINE VERRÜCKTE TÜRKISCHE HOCHZEIT ist der Stadtteil, in dem die türkischstämmigen Akteure wohnen, auch hier ihr Kiez.[353] Aladağs Film konzentriert sich stattdessen auf die Frage, wofür sich die Akteure entscheiden und wie sie mit diesen Entscheidungen leben. Trotz des schon zu Beginn angekündigten Endes begegnen wir vielen Situationen, in denen die Akteure auch hätten anders handeln können. Dabei scheint nicht der Islam das eigentliche Problem zu sein, sondern eher der Umgang mit ihm. An wichtigen muslimischen Feiertagen wie dem Opferfest ist das Aufsuchen und Zusammenkommen von Verwandten zentral – wie auch in AUF DER ANDEREN SEITE dargestellt. Eigentlich ist es ein Regelverstoß, an solch einem Tag den um Vergebung bittenden Besuch abzuweisen – vor allem, wenn es sich dabei um die nächsten Verwandten handelt. Wie also gehen Aladağs, aber auch Akins Akteure mit den kulturellen und gesellschaftlichen Formen, religiösen Ritualen und Fragestellungen um? Denn Gül macht klar, dass man entweder zur Gemeinschaft der Unterdrücker, aber zugleich familiären Lebens oder zur Gesellschaft des selbstbestimmten Lebens gehört. Die Zugehörigkeit ergibt sich über die eigenen Entscheidungen und das eigene Verhalten.

Keiner der dargestellten Türken will in die Türkei zurückkehren. Vielmehr steht die türkische Gesellschaft in Deutschland zur Disposition. Genau diese Verortung – als Türke in Deutschland zu leben – zwingt die Akteure in DIE FREMDE mitunter dazu, auch wie Türken zu handeln. Wenn sie selbst sehen könnten, dass sie in Wirklichkeit gar nicht in der Weise unter Beobachtung stehen, wie sie sich selbst beobachten, wären andere Entscheidungen, Identifikationen und Verhaltensweisen möglich. Wäre ihnen bewusst, warum und wie sie ihre Entscheidungen treffen, wovon sie ein Teil sind oder nicht – was Kader erst nach dem Herzinfarkt im Krankenbett gelingt –, würden sie erkennen, dass sie selbst entscheiden, was sie leben. Diese Interpretation zwingt uns der Film regelrecht auf, der nicht mehr präzise nach dem Kodex einer Kultur fragt, sondern danach,

---

[352] Siehe hierzu: GRABE (1986).
[353] Siehe hierzu: HOLTZ (2006).

wie die Personen handeln. Mit Jürgen Habermas gesprochen wird der Ehrenmord in den 2000er Jahren weniger aus einer kulturellen Verpflichtung denn aus einer subkulturellen Eigenständigkeit heraus begangen.[354] Kultur ist kein Schicksal, sondern eine Frage der Entscheidung.[355] Bezeichnend ist in diesem Zusammenhang auch Aladağs Namenswahl für Umays Vater, denn Kader heißt auf Türkisch »Schicksal«.

Das Territorium und die damit einhergehende Verortung werden auch in ALMANYA. WILLKOMMEN IN DEUTSCHLAND verhandelt. Denn nach seiner Frage, ob die Familie nun deutsch oder türkisch sei, fragt Cenk weiter, warum sie in Deutschland lebten, wo sie doch Türken seien.[356] Warum Cenk diese Fragen so sehr beschäftigen, wird schon vorher geklärt. Im Unterricht möchte Cenks Lehrerin die Orte der Herkunft ihrer Schüler und deren Eltern mit Steckfähnchen auf einer Europakarte markieren. Sie fragt Cenk, wo sie denn sein Fähnchen hinstecken solle. Dieser antwortet in einem fragenden Unterton sofort: »Deutschland«? Die Lehrerin entgegnet: »Ja, ja, das stimmt schon. Aber wie heißt das schöne Land, woher Dein Vater kommt?« – »Anatolien«.[357] Später erfahren wir, dass auch Cenks Vater in Deutschland geboren wurde. Da die Europakarte aber bei Istanbul endet, muss die Lehrerin sein Fähnchen an die kahle Wand stecken. Die Eltern seines türkischen Klassenkameraden Engin kommen aus dem europäischen Teil Istanbuls, der gerade noch auf der Karte verzeichnet ist. Im Unterschied zu Engin spricht Cenk kein Türkisch. Das wird später thematisiert, als im Sportunterricht Deutschland gegen die Türkei spielen soll und Cenk mit den Worten »der kann ja gar nix. [...] nicht mal Türkisch«[358] in die deutsche Mannschaft geschubst wird.[359] Für Cenks Dazwischen-Sein gibt es keine Mannschaft, keinen Raum. Cenks Frage nach der nationalen Identität seiner Familie stellt sich auch aufgrund solcher Erfahrungen in der Schule. Erneut sind öffentlicher und privater Raum auf besondere Weise miteinander verschränkt. Doch ist die Schwelle kein Austragungsort mehr für diese Verschränkung. Im Folgenden werden wir sehen, dass ALMANYA einen Zugang zur Verarbeitung der Migrationsfolgen anbietet, der in der Forschung in den 2000er Jahren an Breite gewinnt. Über eine Mischung aus Fiktion

---

354 Siehe hierzu: HABERMAS (2008): S. 39.
355 Siehe hierzu: SEN (2006): S. 20.
356 ŞAMDERELI (2011).
357 Siehe hierzu: ŞAMDERELI (2011).
358 Ebd.
359 Ebd.

und historischem Archiv zur türkischen Migration rückt der Film die Historie der Migration in den Blickpunkt.[360]

Filme wie DIE FREMDE seien »natürlich wichtig«, äußert die Regisseurin Yasemin Şamdereli in einem Interview zu ALMANYA. Sie habe mit ihrer Schwester Nesrin Şamdereli[361] aber ein »Gegenbeispiel« zeigen wollen; Leute wie ihre Familie, die in Deutschland »sehr gut leben«.[362] Diese Intention und Rahmung spiegeln sich in den Kritiken und Besprechungen des Films wider, besonders was die Frage der Integration betrifft. Die Redaktion von *Kino Vision* überzeugt beispielsweise die »unaufdringliche Art, mit der das Thema Integration bearbeitet wird«.[363] In der Filmzeitschrift *epd-Film* heißt es, dass Yasemin und Nesrin Şamdereli mit ihrem Film den aktuellsten Beitrag zur Integrationsdebatte liefern und Angela Merkels Befund »Multikulti ist in Deutschland gescheitert« in Frage stellten.[364] Harald Martenstein konstatiert im *Tagesspiegel*, dass ALMANYA eine »überzeugende Antwort« auf die Thesen von Thilo Sarrazin sei, weil er »einfach nur eine Familiengeschichte [...] leichtfüßig und intelligent«[365] erzähle. Andere Stimmen meinen hingegen, dass jedem deutsch-türkischen, deutschen und türkischen Akteur in diesem Film »die Integrationsproblematik wesentlich fremder

---

[360] In den 2000er Jahren richten den Blick auf die Geschichte der Migration in der Bundesrepublik die wichtigen Arbeiten von Ulrich Herbert, Karin Hunn, Karen Schönwälder und Rita Chin. Auf dem 44. Deutschen Historikertag im Jahr 2002 machte der damalige Bundespräsident Johannes Rau in seiner Eröffnungsrede im Rahmen der deutschen Einwanderungsgesellschaft darauf aufmerksam, dass die Geschichte eine besondere Quelle der Identifikation und Identität in einer Gesellschaft sei. Migration und Integration seien in der Bundesrepublik dabei bisher nie berücksichtigt worden, was sich in Zukunft aber ändern müsse. Siehe hierzu: MOTTE, Jan/ OHLIGER, Rainer (2004): »Geschichte und Gedächtnis in der Einwanderungsgesellschaft. Einführende Betrachtungen«. In: *Geschichte und Gedächtnis in der Einwanderungsgesellschaft*, hg. v. Jan Motte, Rainer Ohliger, Essen: Klartext, S. 7–16, hier S. 9f.

[361] Regie führte Yasemin Şamdereli, das Drehbuch verfassten Yasemin und Nesrin Şamdereli gemeinsam. Siehe hierzu: https://www.filmportal.de/film/almanya-willkommen-in-deutschland_49beb1344dff4076bb582a03262f15c8 (13.06.2018).

[362] https://www.kinofenster.de/filme/archiv-film-des-monats/kf1103/yasemin-samdereli-kf1103/ (zuletzt 16.05.2021).

[363] HELBIG, Björn (2010): *Almanya. Willkommen in Deutschland*, 30.12.2010, https://www.visionkino.de/filmtipps/filmtipp/movies/show/Movies/all/almanya-willkommen-in-deutschland/ (13.06.2018).

[364] SIEMS, David (2011): »Kritik zu Almanya. Willkommen in Deutschland«. In: *epd Film. Mehr Wissen. Mehr Sehen*, 01.03.2011, https://www.epd-film.de/filmkritiken/almanya-willkommen-deutschland (13.06.2018).

[365] MARTENSTEIN, Harald (2011): »Identitätsfragen. Die deutsch-türkische Komödie ›Almanya‹ wirkt wie eine direkte Reaktion auf die Thesen von Thilo Sarrazin«. In: *Der Tagesspiegel*, 15.02.2011, https://www.tagesspiegel.de/kultur/harald-martenstein-4-identitaetsfragen/3815106.html (13.06.2018).

ist als Sauerkraut«, ja dieser Film sogar jenseits der Integration stattfinde[366] – obwohl wir am Ende Cenks Rede im Bundeskanzleramt hören und sehen, wie ihn die Kanzlerin umarmt.[367] Während MEINE VERRÜCKTE TÜRKISCHE HOCHZEIT, AUF DER ANDEREN SEITE und DIE FREMDE auf unterschiedlichste Art und Weise das Thema der Integration wie gezeigt im Hinblick auf Form, Debatten und Sachfragen bearbeiten, geht es in ALMANYA um die Entfaltung des Widerspruchs zwischen Integration und Nicht-Integration. Und ich werde zeigen, dass auch hier ein besonderes Verhältnis zwischen Öffentlichkeit und Intimität zum Tragen kommt, das wie in den anderen Filmen das Innen (das Persönliche) zum Außen (zum Politischen) erklärt.

Dieses Verhältnis zeigt sich bereits in der Titelsequenz. Diese beginnt mit Fotos der Familie und Worten der Erzählerin aus dem Off: Das erste Foto zeigt sie und ihren Großvater im Jahr 1987, das letzte die gesamte Familie »heute«.[368] Kurz nach dieser Aufnahme habe sich alles verändert. Während weitere Fotos eingeblendet werden, reflektiert die Erzählerin darüber, wie ihr Leben wohl verlaufen sei, wenn sie nicht in Deutschland, sondern in der Türkei geboren wäre. Dass sie »made in Germany« sei, verdanke sie dem deutschen Wirtschaftswunder.[369] Auf diese Aussage erscheint in goldenen Buchstaben der Titel des Films: ALMANYA. WILLKOMMEN IN DEUTSCHLAND. Auf die begleitenden orientalisch-mediterran wirkenden Klänge folgt nun der bekannte Wirtschaftswundersong »Konjunktur Cha-Cha« von 1961 (»Gehen Sie mit der Konjunktur«). Dann werden Fotos und Werbefilme aus der Wirtschaftswunderzeit eingeblendet; ein Originalfilmbeitrag, der die Anwerbung von Gastarbeitern mit Aufnahmen vom Gesundheitscheck als eine Prozedur »wie auf dem Viehmarkt« beschreibt; das Titelblatt des Spiegels *Gastarbeiter in Deutschland*; und zuletzt der damalige Arbeitsminister Theodor Blank in einem Interview. Er erklärt, warum türkische Facharbeiter

---

[366] VAHABZADEH, Susan (2011): »Leitkultur sachte verbogen«. In: SÜDDEUTSCHE ZEITUNG, 11.03.2011, http://www.sueddeutsche.de/kultur/im-kino-almanya-leitkultur-sachte-verbogen-1.1070351 (13.06.2018).
[367] ŞAMDERELI (2011).
[368] Ein gerahmtes Bild steht auch am Anfang von Kadir Sözens ZEIT DER WÜNSCHE. Siehe hierzu: SÖZEN (2005).
[369] »Made in Germany« hieß auch das Live-Programm von Kaya Yanar, mit dem er 2006 durch Deutschland tourte. Siehe hierzu: YANAR, Kaya (2007): *Made in Germany*, DVD, Berlin: Sonic Music Entertainment. Neco Celiks Dokumentarfilm GANZ OBEN über fünf erfolgreiche Deutsch-Türken in Deutschland, darunter der Autor Feridun Zaimoğlu, der Musikproduzent Mousse T. und der Sternekoch Ali Güngörmüş, endet mit der Aussage Zaimoğlus, dass Deutschland solche »Vögel wie mich möglich gemacht« hätte, und er frei heraussagen könne, dass er »made in Germany« sei. Siehe hierzu: CELIK, Neco (2007): *Ganz oben. Türkisch – Deutsch – Erfolgreich*, Dokumentarfilm, Deutschland, Mainz: ZDF/3Sat.

nach Deutschland geholt werden.[370] Anschließend sehen wir einen Zug in einen Bahnhof einfahren, aus dem ein südländisch aussehender Mann aussteigt. Die Erzählerin fährt nun fort und berichtet, dass am 10. September 1964 ein Gastarbeiter deutsche Geschichte geschrieben habe. Das Filmbild ändert sich von schwarzweiß zu Farbe und wir sehen Hüseyin, den Gastarbeiter, am Bahnhof Köln-Deutz ankommen und seine Koffer suchen. Wir sind sicher, dass der Film nun beginnt. Doch der Gastarbeiter, der an diesem Tag deutsche Geschichte schreiben wird, ist nicht Hüseyin, der Großvater der Erzählerin, sondern der Portugiese Armando Rodriguez de Sá, der als einmillionster Gastarbeiter an diesem Datum in Köln ein Moped geschenkt bekommt. Er wird neben Hüseyin eingeblendet und wir erkennen ihn daran, dass er genauso gekleidet ist wie auf dem zur Ikone gewordenen historischen Bild auf dem Moped.[371] Hüseyins individuelle Geschichte in Deutschland wird also mit echten Archivaufnahmen verbunden. In dieser spielerischen Zusammenführung von Fiktion und Archiv sehen wir, dass Hüseyin aus Höflichkeit Armando Rodriguez bei der Registrierung den Vortritt lässt und somit nicht selbst der einmillionste Gastarbeiter wird, der an diesem Tag Geschichte schreibt und ein Geschenk bekommt. Aber heute, 45 Jahre nach diesem historischen Moment am Bahnhof in Köln-Deutz, so die Erzählerin, erzählen wir die Geschichte des einmillionen-und-ersten Gastarbeiters. ALMANYA bearbeitet die Folgen der Migration nach Deutschland, indem Vergangenheit und Gegenwart erzählerisch vergleichzeitigt werden.

Im weiteren Verlauf des Films wird dieser Beginn der Migration in drei voneinander getrennten Erzählabschnitten wiedergegeben. Hüseyin migriert nach Deutschland, weil er mit seiner Arbeit im türkischen Dorf eine fünfköpfige Familie nicht mehr ernähren kann. Genau aus diesem Grund migriert auch Melek in Ralf Schübels und Kadir Sözens Film ZEIT DER WÜNSCHE von 2005 aus einem türkischen Dorf nach Deutschland. Und wie in Bekir Yıldız' autobiografischem Roman *Türkler Almanyada* von 1966 lässt auch Hüseyin in ALMANYA nach ein paar Jahren seine Familie nach Deutschland nachziehen. Im Unterschied zu Bekir Yıldız jedoch, der seine Frau nachziehen lässt, damit beide in Deutschland schneller mehr Geld verdienen, führt Hüseyin seine Familie zusammen, weil er nach Jahren ihrer Vaterlosigkeit erkennen muss, dass es seinen Kindern an Disziplin mangelt: Bei seinem ersten Urlaub in der Türkei erfährt Hüseyin, dass sein älterer Sohn Veli unentschuldigt 21 Tage in der Schule gefehlt hat. Er beschließt, seine Kinder und

---

370 ŞAMDERELI (2011).
371 Die amerikanische Historikerin Rita Chin geht in ihrer historischen Studie zur Geschichte der Gastarbeiter in der Bundesrepublik ebenfalls von dieser Fotografie aus, die sie als Ikone der Migration in die Bundesrepublik Deutschland bezeichnet. Siehe hierzu: CHIN, Rita (2007): *The Guest Worker Question in postwar Germany*, Cambridge: Cambridge University Press, S. 1–30.

seine Frau mit nach Deutschland zu nehmen, denn eines könnten die Deutschen sehr gut: diszipliniert sein und Disziplin beibringen.[372] Jahre später stellt Hüseyin fest, wie sich seine Kinder durch die neue Sprache, durch neue Feste wie Weihnachten und durch den Wunsch seiner Tochter, er solle seinen Schnurbart abrasieren und wie die Deutschen aussehen, von der eigenen Kultur entfremden. Bei einem weiteren Urlaub in der Türkei entscheidet Hüseyin, nicht wie geplant, in der Türkei ein Haus zu kaufen, sondern in Deutschland. In der Türkei würden nämlich alle nur noch ans Geld denken und im Dorf fällt immer wieder der Strom aus.[373] Mit dem Blick der Familie auf das in Deutschland gekaufte Haus endet die Geschichte der ersten Generation in Deutschland, die Canan ihrem Neffen Cenk erzählt.

Vor allem diese gegenwartsbezogene Rahmung der von Canan erzählten Geschichte stellt ein besonderes Verhältnis her zwischen Vergangenheit und Gegenwart, das auch in Bezug steht mit dem Kurzschluss von Anfang und Ende der Migration, wie ihn Wolfgang Schäuble in seiner Rede auf der vierten Islam Konferenz skizziert hatte. Denn nachdem Hüseyin Armando Rodriguez den Vortritt gelassen hatte, meint die Erzählerin, dass ihrem Großvater eine helle Zukunft bevorstehe. Dabei sehen wir ihn einen Flur betreten. Das Bild wird unscharf, wir hören aus dem Off eine ältere Frauenstimme seinen Namen rufen, es wird hell und Hüseyin steht nun als alter Mann auf einer am Ausgang eines Supermarktes und wartet auf seine Frau. Sie kommt mit einem vollen Einkaufswagen aus einem »Market«. »Market« ist der türkische Begriff für »Supermarkt«. Da alle Produktwerbungen an den Außenwänden auf Deutsch sind, ist klar, dass wir uns in Deutschland befinden. Der besondere *establishing shot* schließt den Supermarkt von heute mit dem Kölner Bahnhof von gestern kurz und überspringt 45 Jahre Leben in Deutschland.[374] Hüseyins erster Satz im Film lautet, dass er es sich lange überlegt habe und nun doch nicht Deutscher werden möchte. Seine Frau Fatma ist darüber sehr verärgert und sagt, dass sie sehr wohl Deutsche würden und morgen ihre Pässe abholen.[375]

Gemäß Staatsbürgerschaftsgesetz müssen Fatma und Hüseyin für die deutsche Staatsbürgerschaft die türkische aufgeben. Dadurch, dass die Ehepartner diesbezüglich gleich am Anfang des Films unterschiedlicher Meinung sind, könnte man

---

[372] ŞAMDERELI (2011).
[373] Ein wichtiger Grund für die Migration aus dem türkischen Dorf ist in Feridun Zaimoğlus Roman *Leyla*, dass sich die gleichnamige Protagonistin ein »elektrisches Leben« wünscht. Siehe hierzu: ZAIMOĞLU (2005): S. 234.
[374] ŞAMDERELI (2011).
[375] Aus einer vergleichbaren Situation heraus beschreibt Nuran David Calış die Position seines Protagonisten im Roman *Der Mond ist unsere Sonne* als einen unbehaglichen Zwischenzustand. Siehe hierzu: CALIŞ (2011): S. 30.

meinen, das Identitätsproblem sei insgesamt zentral. Diesen Eindruck berichtigt die Erzählerin allerdings gleich: »Wenn meine Großeltern dachten, sie hätten ein Problem, hatte ich selbst tatsächlich eines«.[376] Denn die Erzählerin Canan ist von ihrem englischen Freund David schwanger. Wie oben schon angedeutet, lässt sich kein Zwischenzustand lange aushalten. Auch aus diesem Grund bringt den Großvater Engins Aussage, dass Cenk »kein richtiger Türke« sei, auf die Palme. Denn sie alle seien eine »richtige türkische Familie«.[377] Als Hüseyin vom gemeinsamen Türkei-Urlaub spricht, sind die Angesprochenen weder hocherfreut noch halten sie explizit dagegen, dass ihre Heimat nun die Bundesrepublik sei. Die meisten haben einfach keine Zeit; Canan muss etwa auf ihre Prüfungen lernen. Hüseyin wird wieder wütend. Auf Türkisch wettert er, dass sie sich schämen sollten; er habe noch nie etwas von ihnen verlangt; wann würden sie denn alle jemals wieder gemeinsam einen Urlaub machen können; zudem seien sie eine Familie. Er erhebt sich vom Esstisch und ergänzt auf Deutsch, dass sie eine türkische Familie seien.[378] In diese aufgeheizte Diskussion fragt Cenk hinein, ob sie nun Türken oder Deutsche seien. Cenks Eltern geben sich widersprechende Antworten auf seine Frage. »Türken« antwortet ihm sein Vater Ali, »Deutsche« seine Mutter Gabi. Beide schauen sich verwirrt an und Gabi erklärt Cenk, das »Dede [Großvater] und Nene [Großmutter]« jetzt den deutschen Pass hätten. Doch winkt Hüseyin ab und meint, das sei doch nur ein Stück Papier. »Wir sind immer noch Türken«, befindet Hüseyin und meint wieder zu Cenk: »und du auch«. Canan schlägt Cenk daraufhin vor, dass man doch beides sein könne. »Nein«, entgegnet Cenk entschieden: »entweder die eine Mannschaft oder die andere Mannschaft«.[379]

Canan erzählt in drei Teilen bis zum letzten Drittel des Films die erste Phase der Migration nach Deutschland von Hüseyin und seiner Familie. Der erste Teil endet damit, wie die Familie in Deutschland aus dem Flieger steigt

---

376 ŞAMDERELI (2011).
377 Ebd.
378 Dass die erste Migranten-Generation ihr Türkisch-Sein so sehr betont, begegnet uns auch in *Selam Berlin* von Yadé Kara. Als Hasan und seine Mutter nach dem Fall der Mauer erfahren, dass sein Vater, ihr Mann, in Ostberlin eine Geliebte und sogar ein Kind mit ihr hatte, denkt der Sohn: »Rosa paßte nicht zu Baba. Sie war zu zackig und hektisch und bevormundete Baba. Ich fand, das war zuviel. Schließlich war Baba, trotz seiner sozialistisch-marxistischen Gesinnung, ein Orientale. Mit Rosa konnte es nicht gutgehen – jedenfalls wünschte ich mir das.« Siehe hierzu: KARA (2004): S. 314. Auch Devrims deutsch-türkische Freundin Rüya in Imran Ayatas Roman *Mein Name ist Revolution* empfiehlt ihm, die Herkunftsstadt seiner türkischen Eltern zu besuchen, wo er sehr lange nicht mehr war: »›Du wirst es bestimmt nicht bereuen. Wenn du dort warst, wirst du mich besser verstehen. Es wird dir klar werden, wie viel Dersim [Gebiet in der Türkei, Ö.E.] du in dir hast, auch wenn du das abstreitest.‹« Siehe hierzu: AYATA (2011): S. 137.
379 ŞAMDERELI (2011).

und Muhammed sagt, dass es hier ganz anders aussehe als bei ihnen. Wir sehen jedoch nicht, was er sieht, also woran er dies festmacht. Der Film wechselt an dieser Stelle wieder in die Erzählgegenwart. Es ist spät geworden, und die Familienangehörigen brechen nach dem Essen und der Erzählung auf. Cenk hingegen fragt aufgeregt: »Was war denn ganz anders?« »Das wirst Du sehen, wenn wir in der Türkei sind«, erwidert sein Großvater. Den zweiten Teil der Geschichte wird Canan Cenk am Flughafen erzählen, als ihm langweilig ist. Mit der Geburt von Cenks Vater Ali in Deutschland endet der zweite Teil der von Canan erzählten Geschichte. In der Gegenwart sind sie dann gerade in der Türkei angekommen.

Derartige Ankunftsszenen am Flughafen sehen wir in den Filmen der 2000er Jahre häufig, etwa im Dokumentarfilm WIR SITZEN IM SÜDEN von Martina Priessner oder Fatih Akıns AUF DER ANDEREN SEITE.[380] Den letzten Teil der Geschichte erzählt Canan Cenk im kleinen Bus, den Hüseyin für die Familie gemietet hat. Er endet mit Hüseyins Hauskauf in den 1970er Jahren in Deutschland, und mit der Einstellung, wie die Familie vor diesem Haus steht. Cenk erfährt dann, dass dies das Haus ist, in dem sie alle wohnen und von wo aus auch die Geschichte in der Geschichte ihren Ausgang genommen hat. Als auf dem Weg zum eigenen Haus in der Türkei Cenk dann wissen möchte, warum Opa und Oma so schlecht Deutsch sprechen, bemerken alle plötzlich, dass Hüseyin im Schlaf gestorben ist. Eine entsetzliche Trauer ergreift die Familie, die die Nacht in einem Hotel verbringt. Dort erfahren Leyla und Fatma von Canans Schwangerschaft, die zerstrittenen Brüder Veli und Muhamed kommen sich näher und Ali erklärt seinem Sohn, dass der Tod zum Leben gehöre und sein Großvater immer noch bei ihnen sei.[381] Hüseyin dann in der Türkei zu beerdigen, stellt sich als große Herausforderung heraus. Da er kein Türke mehr ist, muss er auf dem Ausländerfriedhof, der sehr abseits liegt, begraben werden. Die Familie reagiert empört und meint, dass ihr Vater schon immer Türke gewesen und geblieben sei.[382] Der Krankenhausangestellte macht der Familie darauf das Angebot, Hüseyin für zehntausend Euro auf dem Friedhof für Türken beizusetzen. Doch die Familie entscheidet sich dafür,

---

380 Siehe hierzu: PRIESSNER (2010); AKIN (2006).
381 Der Tod ist, wie gesehen, nicht nur in AUF DER ANDEREN SEITE ein zentrales Thema. Auch in Zafer Şenocaks Roman *Der Pavillon* ist er zentral. Denn der Roman endet mit dem Tod und der anschließenden Beerdigung des Vaters eines Nachbarn Hamits, des Protagonisten. Hamit, der Musiker, der glaubt, dass alle politischen Revolutionen mit Veränderungen in der Musik beginnen, komponiert am Ende des Romans ein kleines Stück auf der Violine für den verstorbenen Vater seines Nachbarn. Siehe hierzu: ŞENOCAK (2009): S. 173.
382 Wie in Akıns AUF DER ANDEREN SEITE zeigt sich, welche Folgen das deutsche Staatsbürgerschaftsrecht insbesondere für die erste Generation hat. In Akıns Film wird Ali nach dem Totschlag von Yeter in die Türkei abgeschoben, weil er nur die türkische Staatsbürgerschaft hat.

Hüseyin illegal auf dem eigenen Stück Land im Dorf zu bestatten. Während der Beerdigung sieht der kleine Cenk neben Veli den kleinen Veli, neben Muhamed den kleinen Muhamed und neben seiner Oma Fatma die junge Fatma. So wie es sein Vater gesagt hat, verlassen uns die Sterbenden nicht wirklich. Nach der Beerdigung muss die Familie feststellen, dass das Haus, das Hüseyin gekauft hat, eine Ruine ist. Hinter der vorderen Hausfassade mit der Eingangstüre ist außer ein paar kleinen Steinmauerresten nur die schöne Dorflandschaft zu sehen. Dort findet dann ein gemeinsames Essen mit den Dorfbewohnern statt. Als die Familie sich aufmacht, nach Deutschland zurückzukehren, entscheidet sich Muhamed, im Dorf zu bleiben und das Haus aufzubauen. Der Rest der Familie kehrt zurück nach Deutschland. In der nächsten Sequenz sehen wir die Veranstaltung »Deutschland sagt Danke« im Kanzleramt der deutschen Regierung, zu der Hüseyin als Redner eingeladen war. Cenk wird für ihn sprechen, da er die Rede mit seinem Großvater geübt hatte. Cenk beginnt damit, dass er nun seit 45 Jahren in Deutschland lebe, und dass es in dieser Zeit gute wie auch weniger gute Zeiten gegeben habe. Der Film endet mit einem Picknick in einer Landschaft, die an das Bild zu Anfang des Films erinnert; an den Ort, von dem Hüseyin meint, dass sie dort herkämen. Canan läuft auf ihren Großvater zu. Die Kamera bewegt sich von beiden weg und wir sehen, wie auf einer Picknickdecke Hüseyins Familie aus den 1960er und 1970er Jahren gemeinsam isst und weiter hinten die Familie von heute. Der alte Hüseyin vom hinteren Teil des Bildes bewegt sich auf den jungen Hüseyin zu. Sie begrüßen sich wie alte Bekannte, umarmen sich, setzen sich nieder und beginnen miteinander zu sprechen.[383] Die Kamera nimmt dabei beide von unten auf. Aus dem Off hören wir Canan sagen, dass

> ein kluger Mann einmal auf die Frage, wer oder was wir sind, antwortete: Wir sind die Summe all dessen, was vor uns geschah, all dessen, was unter unseren Augen getan wurde, all dessen was uns angetan wurde. Wir sind jeder Mensch und jedes Ding, dessen Dasein uns beeinflusste oder von unserem beeinflusst wurde. Wir sind alles, was geschieht, nachdem wir nicht mehr sind und was nicht geschähe, wenn wir nicht gekommen wären.[384]

Vor dem Abspann des Films wird das berühmte Zitat von Max Frisch eingeblendet: »Wir haben Arbeitskräfte gerufen, und es kamen Menschen«. Kontrastiert wird es mit dem Ende des Interviews mit Arbeitsminister Blank Mitte der 1960er Jahre, das wir aus dem Vorspann kennen. Wenn man noch einmal vor der Wahl stünde, würde man nur türkische Facharbeiter rufen, prophezeit Blank. Im Abspann wird

---

383 ŞAMDERELI (2011).
384 Ebd.

dann ein noch nicht geklärtes Verortungsproblem gelöst: Mit einer Türkeikarte in der Hand geht Cenk auf seine Lehrerin zu. Er möchte, dass sie diese an die Europakarte anfügt, was auch geschieht. Sein Herkunftsfähnchen steckt sie in den Osten Anatoliens. Und Engin, der ihm zu Beginn des Films im Sportunterricht ein blaues Auge verpasst hatte und ihn aus seiner Fußballmannschaft ausschloss, da er kein richtiger Türke sei, gesteht, dass er ursprünglich auch aus Anatolien komme, nämlich aus dem Dorf Ovacık und nicht aus Istanbul, woraufhin die Lehrerin sein Fähnchen neben das von Cenk pinnt.[385]

Die Verschränkung von Zugehörigkeit und Verortung, von Karte, Ort und Verhalten ist wie in den Filmen zuvor auch in ALMANYA wesentlich. Identität ist stets dargestellt als ein Resultat aus Verhaltensweisen und einer gewissen Dauer, wie bei Wimmer und Sen ein Ergebnis aus Verhandlungen; eine bereits vollzogene Inkorporation. Weitaus wichtiger als die Antwort auf die Frage, was man denn sei, ist diejenige, aufgrund welcher Entscheidungen man wie und was lebt und welche Zugehörigkeit sich dadurch ausdrückt: Sowohl Hüseyin als auch Cenk haben am Ende ihren Platz gefunden. Vor allem diese spezifischen Ortsbezüge rücken im Laufe des Films das Leben und Geschichten in den Vordergrund und die Identitätsfrage in den Hintergrund. Doch sind die kulturellen Marker auch in diesem Film so sehr Teil der Akteure, dass bei der nächsten sozialen Irritation und Deplatzierung erneut verhandelt werden müsste, wohin sie gehören und wozu man selbst gehört.[386] Im Unterschied

---

385 Ebd.

386 Als die Şamdereli-Schwestern gerade ihren Film fertigstellten, fand am 8. Oktober 2010 im Berliner Olympiastadion das EM-Qualifikationsspiel zwischen Deutschland und der Türkei statt. Das Spiel gewann die deutsche Nationalmannschaft mit 3:0. Der türkeistämmige deutsche Spieler Mesut Özil wurde von den türkischen Fans so lange ausgepfiffen, bis er das zweite Tor schoss. Im Unterschied zu den türkischen und türkeistämmigen Fans konnte der damalige türkische Ministerpräsident Recep Tayyip Erdoğan Özils Entscheidung, für die deutsche Nationalmannschaft zu spielen, sehr gut verstehen. Er sah sich das Spiel mit Bundeskanzlerin Angela Merkel im Stadion an. Siehe hierzu: DIE WELT (2010): »Mulitkulti-Nationalelf. Mesut Özil. Ein Tor gegen die Pfiffe«. In: *Die Welt*, 09.10.2010, https://www.welt.de/sport/fussball/article10167870/Mesut-Oezil-Ein-Tor-gegen-die-Pfiffe.html (16.07.2018). Acht Jahre später lassen sich Ilkay Gündoğan und Mesut Özil kurz vor Beginn der Fußballweltmeisterschaft in Russland gemeinsam dann mit dem türkischen Präsidenten Recep Tayyib Erdoğan ablichten. Als Reaktion werden beide bei den Testspielen gegen Österreich und Saudi-Arabien nun von den deutschen Fans ausgepfiffen. In den sozialen Medien und nach dem Ausscheiden der deutschen Nationalmannschaft auch in Presse, Funk und Fernsehen werden Stimmen laut, die fordern, dass vor allem Mesut Özil die deutsche Nationalmannschaft verlassen solle. Siehe hierzu: BERG, Daniel/MEYN, Jörn (2018): »Zu viele Attacken. Mesut Özil steht vor dem DFB-Rücktritt«. In: *Der Westen*, 29.06.2018, https://www.derwesten.de/sport/wm2018/mesut-oezil-ruecktritt-wm-2018-dfb-nationalmannschaft-id214715431.html (20.07.2018); WINKLER, Pierre (2018): »Nach Treffen mit Erdoğan. Özil und

zu MEINE VERRÜCKTE TÜRKISCHE HOCHZEIT und zu DIE FREMDE ist es hier die Praxis des Erzählens und Weitersprechens in der Erzählung, die identitätspolitischen Beleidigungen und Betrachtungen keinen Raum gibt. Denn die Lösung am Ende von ALMANYA lautet nicht, dass die Familienmitglieder Deutsch-Türken, Deutsche oder Türken sind, sondern vielmehr, dass alle zusammenleben. So trifft der Befund der Filmkritikerin Susan Vahabzadeh in ihrem Artikel *Leit-*

Gündoğan nie mehr für Deutschland? Wer das fordert, ist verlogen«. In: *FOCUS ONLINE*, 15.05.2018, https://www.focus.de/sport/fussball/wm-2018/nach-treffen-mit-erdogan-oezil-und-guendogan-raus-aus-der-nationalelf-warum-das-unfug-ist_id_8931334.html (20.07.2018). Özils zehn Jahre zuvor getroffene Entscheidung, für die deutsche und nicht für die türkische Nationalmannschaft zu spielen, wurde damals als Zeichen für Integration gelesen: Özil erhielt einen Monat nach dem Spiel gegen die Türkei den Bambi für Integration. Siehe hierzu: DIE ZEIT (2010): »Özil erhält ›Bambi‹-Preis für ›Integration‹«. In: *DIE ZEIT*, 10.11.2010, https://www.zeit.de/sport-newsticker/2010/11/10/260045xml (16.07.2018). Der DFB hatte sich zwar noch kurz vor der WM in Russland hinter Özil und Gündoğan gestellt und man besuchte gemeinsam den deutschen Bundespräsidenten Frank-Walter Steinmeier. Doch entzündeten Oliver Bierhoff, der Teammanager der deutschen Nationalmannschaft, und Reinhard Grindel, der Präsident des DFB, kurz nach dem deutschen WM-Aus die Debatte um Özil von Neuem, indem sie seine Nominierung für die WM in Russland im Nachhinein in Frage stellten. Siehe hierzu: GARTENSCHLÄGER, Lars (2018): »Aufbau der neuen DFB-Elf. Auch am Umgang mit Mesut Özil wird Löw jetzt gemessen«. In: *Die Welt*, 04.07. 2018, https://www.welt.de/sport/fussball/wm-2018/article178695448/DFB-Nationalmannschaft-Auch-am-Umgang-mit-Oezil-wird-Loew-nun-gemessen.html (16.07.2018). Die deutsch-türkische Kabarettistin Idil Baydar alias Jilet Ayşe reagierte auf die Debatte um Özil mit einem YouTube-Video und dem Hashtag #Wir sind alle Özil#bokumuye. Sie kritisierte das Foto mit Erdoğan als ein sehr hässliches und beschrieb die Reaktion der Deutschen darauf als eine absolute Undankbarkeit. An dem Tag, als der DFB Özil und Gündoğan so an den Pranger stellte, seien die Deutschen für sie gestorben und sie sei wieder zu einer Türkin geworden. Siehe hierzu: https://www.youtube.com/watch?v=r0Mz2Iz1ZEE (16.07.2018). Özil selbst reagierte erst 60 Tage nach den Bildern mit Erdoğan und zog sich aus der deutschen Fußball-Nationalmannschaft zurück. In einem Schreiben, das er über Facebook und Instagram veröffentlichte, warf er dem DFB-Präsidenten Reinhard Grindel Rassismus vor und sagte, dass in seiner Brust zwei Herzen schlügen. Aufgrund der Passage aus Özils Erklärung, dass er immer nur dann als Deutscher wahrgenommen werde, wenn er Erfolg habe und gute Leistungen bringe, er aber gleich wieder zum Türken werde, wenn beides nicht mehr gegeben sei, stieß der deutsch-türkische Blogger Ali Can die MeTwo-Debatte in den Deutschland an, bei der es darum geht, im Internet die eigenen Diskriminierungserfahrungen zu schildern. Siehe hierzu: LAUCK, Dominik (2018): »*#MeTwo*. Das Netz diskutiert Alltagsrassismus«. In: *Tagesschau.de*, https://www.tagesschau.de/inland/me-two-101.html (12.09.2018). Siehe hierzu auch: INTERVIEW MIT ÖZKAN EZLI (2018): »Özil ist Opfer, aber auch Täter«. In: *SÜDDEUTSCHE ZEITUNG*, 24.07.2018, https://www.sueddeutsche.de/kultur/oezil-rassismus-interview-1.4066925 (21.09.2018); PAPSCH, Gregor (2018): »Das Spiel mit der Integration. Özils Rücktritt und die Folgen«. In: *SWR2 Forum*, 24.07.2018, https://www.swr.de/swr2/programm/sendungen/swr2-forum/das-spiel-mit-der-integration-oezils-ruecktritt-und-die-folgen/-/id=660214/did=22127614/nid=660214/142umba/index.html (21.09.2018).

kultur, sachte verbogen die identitätspolitisch fragile Konstellation des Films sehr gut. Denn ob Cenk jetzt Deutscher, Türke oder Deutsch-Türke ist, »wird in Almanya dann doch nicht geklärt«. Aber aufgrund der erzählten und erlebten Geschichte frage er im Film auch nicht mehr danach. Und wenn »er Glück hat, ist es ihm egal«.[387] Identität ist zu einer kurzzeitigen Frage der Identifikation und gesellschaftlichen Platzierung geworden.[388]

Ausgangspunkt der Irritationen, die Fragen nach der eigenen Identität auslösen, sind in den Erzählungen der 2000er Jahre das Hinterfragen und Sichtbarmachen kultureller Regeln und Gesetze. Lösungen werden anhand von sozialer Kompatibilität geschaffen, von individuellen Entscheidungen, die für Integration stehen. Dabei handelt es sich um Prozesse, die das Innen zum Außen machen. Prägungen werden in diesem Prozess in Verhandlungen gebracht und im Idealfall in neue Formen überführt. Diese Prozesse des Herausstülpens bestimmen auch die Gestaltung der Folgen der Migration in vielen Filmen und Texten, die von der Komödie über skandalträchtige Bücher bis hin zu einfacher oder komplexer Literatur reichen. Dies gilt im Besonderen für die in der Forschung etwas stiefmütterlich behandelten Werke der Journalistinnen Hatice Akyün, Asli Sevindim und Dilek Güngör.[389] Karin E. Yeşilada bezeichnet die Romane und Texte dieser Autorinnen wie *Einmal Hans mit scharfer Soße. Leben in zwei Welten, Candlelight Döner. Geschichten über meine deutsch-türkische Familie* und *Das Geheimnis meiner türkischen Großmutter* als »Chik-Lit alla Turca«.[390] Auffällig ist in jedem Fall, dass der Aspekt des Selbstgesprächs sowohl in anspruchsvollen als auch weniger anspruchsvollen Erzählungen in unterschiedlichen Ausprägungen zum Tragen kommt. Während Hüseyin in ALMANYA am Ende mit sich selber spricht, mit seinem

---

[387] VAHABZADEH, Susan (2011): »Leitkultur, sachte verbogen«. In: *SÜDDEUTSCHE ZEITUNG*, 11.03.2011, http://www.sueddeutsche.de/kultur/im-kino-almanya-leitkultur-sachte-verbogen-1.1070351 (11.07.2018).
[388] »Platzierung« ist auch tatsächlich ein Begriff, den Hartmut Esser Ende der 2000er Jahre in seine modifizierte Integrationstheorie neben der »Kulturation« aufnimmt. Wenn die zentralen Aspekte einer »multiplen Inklusion« das Erlernen der Sprache, die Aufnahme sozialer Beziehungen, die emotionale Hinwendung zu einer Gruppe seien, sei mit diesen Prozessen gleichzeitig »die Besetzung einer Position« verbunden. Siehe hierzu: ESSER, Hartmut (2009): »Pluralisierung oder Assimilation? Effekte der multiplen Inklusion auf die Integration von Migranten«. In: *Zeitschrift für Soziologie*, Jg. 38, Heft 5, Oktober 2009, S. 358–378, hier S. 359.
[389] AKYÜN (2005); SEVINDIM (2007); GÜNGÖR (2008).
[390] YEŞILADA, Karen E. (2009): »›Nette Türkinnen von nebenan‹. Die neue deutsch-türkische Harmlosigkeit als literarischer Trend«. In: *Von der nationalen zur internationalen Literatur. Transkulturelle deutschsprachige Literatur und Kultur im Zeitalter globaler Migration*, hg. v. Helmut Schmitz, Amsterdam: Rodopi, S. 117–142.

vergangenen Ich, konfrontiert sich Umays Vater damit, wie ihn die anderen Türken vermeintlich sehen. Sie lassen Umays Vater nicht so handeln, wie er eigentlich handeln will. Dennoch ist seine Figur mit den Vätern der 1980er Jahre nicht zu vergleichen. Wir sehen ihn nicht wie Abdullah das Haus nicht verlassen, weil er »sein Gesicht verloren hat«.[391] Denn das territoriale Verhältnis zu Deutschland ist bei Umays Vater und bei vielen anderen Akteuren in den 2000er Jahren ein ganz anderes als noch zwei Jahrzehnte zuvor. Die Differenz zwischen den 2000ern und den 1980ern lässt sich anschaulich an einer vermeintlichen Gegenfigur zu Kader veranschaulichen. Im Film EINMAL HANS MIT SCHARFER SOSSE führt eine peinliche Begebenheit für Hatices Familie dazu, dass ihr Vater Ismail für eine bestimmte Zeit nicht mehr in die Moschee im niedersächsischen Salzgitter gehen mag.[392] Was war passiert? Nachdem sich Ismail damit abgefunden hatte, dass seine Tochter Hatice weder einen Mann aus seinem Dorf Tepecik, noch einen Türken, noch einen Muslim ehelichen will, sondern den deutschen Hans, tauchen auf der Hochzeit ihrer Verwandten in Hamburg, auf der sie Hans endlich kennenlernen möchten, plötzlich »zwei deutsche Hans« als Hatices Zukünftige auf. Hatice musste einen falschen »Hans« mitbringen, weil der echte wegen eines sehr wichtigen Basketballturniers nicht kommen konnte, was wiederum Hatices Eltern niemals verstanden hätten. Doch kommt Stefan, der richtige Hans, dann doch noch auf die Hochzeit, und es wird klar, dass Hatice den Eltern etwas vorgespielt hat, zu dem sie sich gezwungen sah. Dieser Umstand spricht sich, allein nach Aussagen der Familie, in Salzgitter unter den Türken herum.[393] Die Lösung dieses Problems ist vielsagend. Denn sowohl Hatice als auch ihr Vater führen Selbstgespräche, die jedoch keineswegs in einem für niemanden zugänglichen psychologischen Inneren vonstattengehen. Die Selbstgespräche finden in beiden Fällen mit kleinen fiktiven türkischen Dorfmännchen statt, die für ihr sichtbar gemachtes Gewissen im Film stehen. Beispielsweise tauchen diese Männchen immer mahnend auf, wenn Hatice einen kurzen Rock anzieht, während sie den über die Knie reichenden »Vaterrock« mit Applaus gutheißen. Als Hatice eine Nacht mit Stefan verbringt, wirft sie diese Männchen aus ihrer Wohnung. Nach dem Eklat auf der Hochzeit lässt sie die Männchen wieder herein und berät sich mit ihnen. Anschließend fährt sie zu ihrem Vater, um sich mit ihm zu versöhnen. Sie versichert ihm, nie wieder zu lügen. Davor hatten die Dorfmännchen Ismail erfolgreich von seiner Sturheit abgebracht.[394] Wie bereits in Kadir Sözens ZEIT

---

391 Siehe hierzu: GRABE (1986).
392 ALAKUŞ (2013).
393 Ebd.
394 Siehe hierzu: ALAKUŞ (2013).

DER WÜNSCHE deutlich wurde, sind die kulturellen Marker Teil der Akteure und die Frage ist nicht, was die Kultur mit ihnen macht, sondern was sie mit der Kultur machen. Der Film beginnt mit einem gerahmten fiktiven Dorfbild in einer Wohnung in München, das immer wieder auftaucht und mit dem Dorf in der Türkei auch in die Realität übersetzt wird. Diese Konstellation begegnet uns auch in den Romanen *Leyla, Tochter des Schmieds* und *Das Geheimnis meiner türkischen Großmutter*, und sie ist daran zu erkennen, dass implizite Ordnungen und Gesetze explizit gemacht werden, indem das Private in ein öffentliches politisches Anliegen übersetzt wird. Nicht mehr das Brechen eingefahrener, mitunter orientalistischer kultureller Vorstellungen und Marker wie in der Literatur und den Filmen der 1990er Jahre und der Verweis auf eine gemeinsame Weltverbundenheit und Schwelle beschäftigen Film und Literatur in den 2000er Jahren. Es geht stattdessen darum, wie mit den kulturellen Markern in und durch die Geschichte der Migration in der Bundesrepublik von Türken, Deutschen, von Deutsch-Türken, in Arbeitsplätzen, zu Hause, durch Medien wie Zeitungen und Filmen, von Institutionen wie Schulen, Kulturvereinen, Moscheen, politischen Initiativen und nicht zuletzt durch Gesetze auf türkischer wie auf deutscher Seite umgegangen wird und wie sie durch das Narrativ „Was lebst Du?" produziert werden.

5.5 Kultur als Praxis oder die Produktion von Vielfalt

»Das ist meine Sohn, meine Löwe!«, ruft Mehmet, Taxifahrer und Gastarbeiter der ersten Stunde, beim Frühstück mit seiner Familie in den Raum. Am Tisch sitzen seine Frau Hatice, seine Tochter Ayla und ihm gegenüber sein Sohn Ibo. Während seines Ausrufs faltet er eine türkischsprachige Zeitung zusammen, klatscht mit ihr auf seine linken Handfläche und meint zu seiner Frau: »Hatice, ruf mal die Türkei an und erzähl allen: Ibo steht bei uns in *Hürriyet*«.[395] Auf der Rückseite der Zeitung lesen wir tatsächlich in großen Buchstaben: »Süper Star Ibo«. Der Untertitel des Artikels lautet »›Iki el dolusu döner için‹. Döner dükkanının Reklam Spot'u bu cümleyle son buluyor« (»›Für zwei Hand voll Döner‹. Mit diesem Satz endet der Spot für einen Dönerladen«). Diese Frühstücksszene stammt aus der Culture-Clash-Komödie KEBAB CONNECTION, die auch genau mit dem in *Hür-*

---

[395] SAUL, Anno (2005): *Kebab Connection*, Spielfilm, Deutschland. Tatsächlich unterscheiden sich die Ausgaben von *Hürriyet* in der Türkei und in Deutschland. Seit 1965 erscheint die deutsche Ausgabe. Siehe hierzu: KARACABEY, Makfi (1996): *Türkische Tageszeitungen in der BRD. Rolle, Einfluß, Funktionen. Eine Untersuchung zum Integrationsverständnis türkischer Tageszeitungen in der BRD*, Univ.-Diss., Frankfurt a. M.

riyet genannten Werbefilm beginnt, den der Protagonist des Films Ibo für den Dönerimbiss »King of Kebab« seines Onkels Ahmet gedreht hat. Zwei Kung-Fu-Kämpfer duellieren sich darin um den letzten Döner im »King of Kebab«. Etwas später erfahren wir dann auch, dass Ibo den großen Wunsch hegt, Filmregisseur zu werden und den ersten deutschen Kung-Fu-Film zu drehen. Jedenfalls läuft der Spot in einem Kino in Hamburg-Altona, wo er so gut ankommt, dass nach dem Kinobesuch knapp hundert Leute Onkel Ahmets Imbiss aufsuchen. Obwohl er den Werbefilm eigentlich furchtbar findet, ist Ahmet so froh über diesen Zuspruch, dass er sich mit seinem Neffen in seinem Laden von einem *Hürriyet*-Reporter ablichten lässt. Davor hatte er seinen Neffen noch enterben wollen, weil der sein Geld für einen so schrecklichen Werbefilm verprasst hatte. Wie gesehen, ist auch Ibos Vater Mehmet sehr stolz. Er zwinkert Ibo am Frühstückstisch mit den Worten zu: »Die Tochter des Adanalı Burhan möchte dich kennenlernen«.[396] Adana ist eine bekannte Metropole im Süden der Türkei. Ibo muss bei diesem Verkupplungsversuch schlucken. Der Vater bemerkt die Sorge seines Sohnes und fragt ihn etwas gereizt: »Was ist los mit Dir, he?«. Ibo nimmt seinen ganzen Mut zusammen und wendet sich an ein Familienmitglied nach dem anderen: »Baba, Du wirst Opa, Mama, Du wirst Oma und Du Ayla wirst Tante«. Ibo beendet die Aufzählung damit, dass seine deutsche Freundin Titzi schwanger sei. Seine Schwester ist begeistert von dieser frohen Botschaft; Mehmet ist entsetzt. Sein Teegläschen zerspringt ihm in der Hand, und er schreit seinen Sohn nun mit rotem Kopf an: »Was?! Was sage ich Dir seit Geburt von Dir?«. Ibo schaut ihn erschrocken und irritiert an und zieht unwissend die Schultern hoch. Mehmet wiederholt seine Frage und Ibo antwortet nun fragend: »Mach einen Taxischein?«. Auf diese Antwort gibt er Ibo eine Ohrfeige und wiederholt die Frage zum dritten Mal. Die nächste Szene ist eine Rückblende, in der Mehmet als junger Vater versucht, seinem achtjährigen Sohn die besagte Regel einzubläuen. Mit demselben Akzent und hochgerecktem Zeigefinger sagt Mehmet: »Du kannst mit einem deutschen Mädchen ausgehen, Du kannst mit einem deutschen Mädchen einschlafen. Du kannst mit einem deutschen Mädchen auch aufwachen. Aber du darfst sie niemals, niemals, niemals ...«. Dann folgt ein Schnitt, und wir sehen Ibo als kleinen Jungen auf dem Boden sitzend den Satz seines Vaters mit dem Wort »schwängern« abschließen.[397] Knapp zwei Jahrzehnte später wird am Frühstückstisch klar, dass Ibo diese Regel, das Hausgesetz gebrochen hat. Mehmet wirft Ibo deshalb aus der Wohnung; er wird bis zum Happy End dieser Komödie nicht mehr bei seinen Eltern wohnen.

---

396 Ebd.
397 Ebd.

So dramatisch diese Frühstückssequenz auch wirken mag, wird sie darstellerisch als Komödie aufgelöst. Dazu trägt nicht nur der Akzent des Vaters oder das zerbrochene Teeglas, nicht allein die Kosenamen der Protagonisten oder die Umwertung der ernst gemeinten Frage des Vaters durch Ibos Antwort bei, er solle einen Taxischein machen. Es sind vor allem die darstellerischen Fähigkeiten der Akteure und ihre Verhaltensweisen, die das Spielerische hervorkehren,[398] später besonders im öffentlichen Raum. Übrigens ist auch Titzis Mutter keineswegs glücklich darüber, dass ihre Tochter von Ibo schwanger ist. »Hast Du jemals einen Türken einen Kinderwagen schieben sehen?«, fragt sie ihre Tochter.[399] Titzi stellt Ibo dahingehend auf die Probe, der tatsächlich ein Problem damit hat, einen Kinderwagen durch die Öffentlichkeit zu schieben. Er fürchtet, andere Türken oder seine Freunde könnten ihn dabei sehen. Am Ende des Films wird er jedoch selbst einen futuristischen Kinderwagen für seine junge Familie bauen.[400] Dadurch schon angekündigt, endet der Film gut, wie es sich für eine Komödie gehört. Die beschriebene Frühstückssequenz, die zwischen Komik und Konflikt pendelt, ist insgesamt zentral. Sie verschiebt nämlich das Thema der Selbstverwirklichung ihrer Akteure, Regisseur (Ibo) oder Theaterschauspielerin (Titzi) zu werden, hin zu familien- und integrationspolitischen Fragen, wobei Vater Mehmet eine herausragende Bedeutung zukommt.[401] Als Titzi und Ibo Streit haben, ist es am Ende des Films interessanterweise Mehmet, der die beiden wieder zusammenführt, mitunter weil Titzi ihn an die stolzen und mutigen Frauen aus seinem türkischen Dorf erinnert. Er erklärt, anders gesagt, das oben genannte Hausgesetz für ungültig. Integrationswillig zeigt er öffentlich, dass er und seine Familie auch anders leben, nämlich die eigenen Regeln brechen können. In MEINE VERRÜCKTE TÜRKISCHE HOCHZEIT ist es ebenfalls der Vater, der Aylin und Götz wieder zusammenbringt, obwohl nach islamischem Gesetz, so der Bruder Aylins, eine Muslima einen Nicht-Muslim nicht heiraten darf.[402] Aylins Vater bricht eine kulturelle Regel, zumal er am Ende zu Götz auch sagt, dass es besser ist, wenn er kein Muslim wird.[403]

Als in Deutschland zu Beginn der 2000er Jahre die Integrationspolitik aufkommt, erleben besonders Culture-Clash-Komödien eine Konjunktur, in deren

---

398 Siehe hierzu: GREINER (2017): S. 31.
399 SAUL (2005).
400 Ebd.
401 Derselben Konstellation begegnen wir in der dritten Staffel von TÜRKISCH FÜR ANFÄNGER. Dort wird Lena im Verlauf der drei Staffeln verantwortungsbewusst werden und eine mögliche Karriere als Mode-Redakteurin zugunsten des mit Cenk anstehenden Familienlebens hintanstellen. Siehe hierzu: DAĞTEKIN (2006–2009).
402 Siehe hierzu: HOLTZ (2005).
403 Siehe hierzu: Ebd.

Zentrum die deutsch-türkische Ehe steht. Ein Jahr vor KEBAB CONNECTION und zwei Jahre vor MEINE VERRÜCKTE TÜRKISCHE HOCHZEIT läuft SÜPERSEKS von Thorsten Wacker in den deutschen Kinos. Zwischen den Jahren 2006 und 2009 realisiert Bora Dağtekin die bereits mehrfach erwähnte Serie TÜRKISCH FÜR ANFÄNGER. 2008 legt Sinan Akkuş mit EVET, ICH WILL! eine Culture-Clash-Komödie vor, in der auch deutsch-türkische Homosexuelle zu den drei heiratswilligen Paaren gehören. 2013 folgen von Buket Alakuş die Komödie EINMAL HANS MIT SCHARFER SOSSE und 300 WORTE DEUTSCH von Züli Aladağ.[404] Dass die Vielzahl deutsch-türkischer Eheschließungen im Film mit der Hochphase deutscher Integrationspolitik einhergeht, ist bemerkenswert.[405]

Die oben ausgeführten Definitionen von Komik haben verdeutlicht, dass besonders in postkolonialen Zusammenhängen eine ihrer zentralen Funktionen in der Destabilisierung von Machtverhältnissen liegt.[406] Dafür ist die Frühstückssequenz in KEBAB CONNECTION ein Paradebeispiel: Die vom Vater aufgestellte Regel wird durch Titzis Schwangerschaft von seinem Sohn gebrochen, explizit und wird verhandelt. Entgegen der Mehrheitsgesellschaft steht hier der türkische Vater mit seinen Hausgesetzen. Dasselbe gilt für MEINE VERRÜCKTE TÜRKISCHE HOCHZEIT und Feridun Zaimoğlus *Leyla*. Eine bestimmte Lebensweise destabilisiert zunächst die Position des Vaters, des Regel aufstellenden Gesetzgebers. Im weiteren Verlauf von KEBAB CONNECTION werden sich Ibo, Titzi und Mehmet fast nur noch im öffentlichen Raum sehen und treffen, was für die Schlichtung des Konflikts und der Verhandlung neuer Regeln äußerst wichtig ist.[407] In Filmen und Literatur der 1990er Jahre treffen wir die Eltern kaum auf Straßen, öffentlichen Plätzen oder in öffentlichen Einrichtungen.[408] Interessanterweise fällt im Zusammenhang mit dieser neuen erzählerischen Bearbeitung und Rahmung der Folgen

---

[404] ALADAĞ, Züli (2013): *300 Worte Deutsch*, Grünwald: sperl productions GmbH.
[405] Eine Umfrage zu binationalen Ehen in Deutschland ergab 2013, dass sich die Anzahl deutsch-türkischer Ehen in den letzten Jahren verdoppelt habe. Insgesamt gab es in Deutschland 2,3 Millionen national gemischte Ehepaare und Deutsche heirateten am liebsten Türken. Allerdings dominieren weiterhin die rein deutschen oder rein türkischen Ehen mit jeweils über 85 Prozent der geschlossenen Ehen. Siehe hierzu: KUL, Ismail (2014): »Zahl der deutsch-türkischen Ehen fast verdoppelt«. In: *Deutsch-Türkisches Journal*, 07.02.2014, https://dtj-online.de/mischehen-deutsche-tuerken-interview-sarah-carol-19712 (09.07.2018). Siehe hierzu auch: FOCUS ONLINE (2015): »2,3 Millionen Ausländer-Paare«. In: *FOCUS ONLINE*, 19.02.2015, https://www.focus.de/politik/deutschland/bundesamt-fuer-statistik-deutsche-heiraten-am-liebsten-deutsche-oder-tuerken_id_4487355.html (09.07.2018).
[406] Siehe hierzu: GÖKTÜRK (2019): S. 59f.
[407] SAUL (2005).
[408] Siehe hierzu: ÖZDAMAR (1992); ZAIMOĞLU (1995); ARSLAN (1997); AKIN (1998); YAVUZ (1998).

der Migration auch das Aufkommen des Merkmals »Migrationshintergrund«.[409] Dieser erzählerische Wandel in den 2000er Jahren hängt mit einer Praxis der Verortung zusammen: Die Akteure gehören zu Deutschland, was natürlich auch eine ordnungsstabilisierende Funktion hat. Der Einsatz von Komik kann im Gegensatz zur Destabilisierung von Machtverhältnissen und von Grenzüberschreitungen ebenfalls die Ordnung stärken. Dass Komik, wie gesehen, vorausgesetzte, implizite Regeln explizit macht und verletzt, hält auch Umberto Eco fest: »the broken frame must be presupposed, but never spelled out«.[410] In diesem Zusammenhang spitzt Uwe Wirth Ecos Gedanken zu, dass die Komik gesellschaftliche Regeln überhaupt erst sichtbar macht.[411] Letztlich handelt es sich dabei um einen Mechanismus, der die Ordnung für die Dauer des Konflikts und des Lachens aussetzt, sie aber keineswegs insgesamt aufhebt. Die Ordnung ist in unseren Beispielen die Integration. Sie zeigt, wie man zur neuen Gemeinschaft dazugehören kann – in KEBAB CONNECTION verdeutlicht dies der Seitenwechsel des Vaters.[412] Integration führt in einen Prozess der Aufhebung des Regelbruchs, den wir in allen genannten Komödien der 2000er Jahre beobachten können. In MEINE VERRÜCKTE TÜRKISCHE HOCHZEIT werden Beleidigungen und Diskriminierungen mit der Hochzeit zwischen Ayten und Götz für eine kurze Zeit aufgehoben. Und in TÜRKISCH FÜR ANFÄNGER werden alle diskriminierenden Aussagen von und gegen Machotürken, von und gegen fanatische Muslime, linken wie Nazideutschen und Griechen immer wieder durch schlichtende Praktiken und nicht explizit verbal aufgehoben. Wenn Lena sich in den ersten beiden Folgen der Serie über die strenge Religiosität Yağmurs lustig macht, sind sie in der dritten Folge bereits schon fast Freundinnen. Vermittelt durch Lenas Mutter Doris, nimmt Lena Yağmur mit in die Diskothek und Yağmur geht, weil Lena es will, ohne ihr dies explizit zu sagen.[413]

In den Programmen der deutsch-türkischen Kabarettisten Şinasi Dikmen und Muhsin Omurca ging es Mitte bis Ende der 1980er Jahre darum, multikulturell gesinnte Deutsche über nicht multikulturell gesinnte, oder gar ausländerfeindli-

---

[409] Das Merkmal Migrationshintergrund wird seit 2005 im Mikrozensus erfasst. Dieses bezieht sich auf Menschen, deren Eltern oder Großeltern nach 1949 in die Bundesrepublik eingewandert sind. Während in den 1980er und besonders in den 1990er Jahren die zweite Migranten-Generation im Fokus von wissenschaftlicher Forschung, Film und Literatur stand, findet mit dem Begriff des Migrationshintergrunds ein »Wechsel der Beleuchtung« statt, der sich über eine Generation hinweg auf die Geschichte einer Familie erstreckt. Siehe PFALLER, Robert (2015): *Wofür es sich zu leben lohnt*, Frankfurt a. M.: Fischer, S. 15.
[410] Zitiert nach: WIRTH (2019): S. 27.
[411] Ebd.
[412] In MEINE VERRÜCKTE TÜRKISCHE HOCHZEIT lachen erst ganz am Ende alle gemeinsam. Siehe hierzu: HOLTZ (2005).
[413] Siehe hierzu: DAĞTEKIN (2006–2009).

che Deutsche zum Lachen zu bringen. Im Lauf der 2000er Jahre werden die Gegenstände des Lachens weitaus komplexer. Das liegt zum einen daran, dass nun Integration mit komödiantischen Mitteln bearbeitet wird. Zum anderen machen nicht nur Comedy und Kabarett implizite Regeln und Gesetze sichtbar, sondern auch Publikationen wie die von Ayan Hirsi Ali, Seyran Ateş und nicht zuletzt von Necla Kelek, die in der Folge des 11. September 2001 allesamt nachhaltig Integrationsdebatten entfacht haben. Beispielsweise haben Verlag und Autorin das Buch *Die fremde Braut* mit den Worten beworben, dass darin ein lang gehütetes Gesetz und Geheimnis der türkischen Familien in Deutschland explizit und öffentlich gemacht werde:[414] türkische Bräute aus der Türkei zu holen (»Importbräute«), um sich auf keinen Fall nicht mit der einheimischen deutschen Bevölkerung zu vermischen.[415] Auch Mehmet aus KEBAB CONNECTION hatte für seinen Sohn eine arrangierte Ehe mit der Tochter eines Kollegen aus Adana im Sinn.[416] Würde Ibo am Ende doch noch eine Türkin heiraten oder Aylin am Ende von MEINE VERRÜCKTE TÜRKISCHE HOCHZEIT statt Götz den Türken Tarkan, dann wären beide Filme Tragödien. Da aber die türkischen Väter im Unterschied zu DIE FREMDE hier die richtigen Entscheidungen treffen, was sie gemäß der Logik der Filme auch aus freien Stücken tun, ist das Ende ein gutes, integratives. Das Gefühl, alles könnte noch gut werden, stellt sich nach der Lektüre von Keleks Buch *Die fremde Braut* nicht ein. Denn im Unterschied zu den genannten Filmemachern traut sie der türkischen Elterngeneration keinen Gesinnungswandel zu. Für Kelek sind die Migranten der ersten Stunde Türken geblieben und dann Muslime geworden.[417] Zu ihrem Alltag gehören Zwangsverehelichungen und arrangierte Ehen, die man vor dem Hintergrund der eigenen demokratischen Verfassung und der Menschenrechte eigentlich verbieten müsste.[418] Ihr geht es darum, das türkisch-muslimische Patriarchat durch den Staat in Deutschland zu unterbinden und zu brechen. Das

---

414 Siehe hierzu: https://www.kiwi-verlag.de/buch/die-fremde-braut/978-3-462-03469-1/ (20.07.2018).
415 KELEK (2005): S. 11f.
416 Die Unterscheidung zwischen arrangierter Ehe und Zwangsehe wird in den 2000er Jahren vor allem als politischer Konflikt ausgetragen. Die meisten Islamkritiker machen überhaupt keinen Unterschied, weil beide Formen dem Willen der Eltern nachkämen und der zweiten Migranten-Generation jede Möglichkeit der Selbstbestimmung nähmen. Nach einer Studie von Gaby Straßburger schließen sich familienorientierte Eheschließungen und Individualisierungsprozesse jedoch keineswegs aus. Töchter, die die Meinung ihrer Eltern einholen, seien nicht weniger autonom als ihre deutschen Altersgenossen. Siehe hierzu: STRASSBURGER, Gaby (2003): *Heiratsverhalten und Partnerwahl im Einwanderungskontext. Eheschließungen der zweiten Migrantengeneration türkischer Herkunft*, Baden-Baden: Ergon. Hilal Sezgin bestätigt Straßburgers Ergebnisse in: SEZGIN, Hilal (2006): *Typisch Türkin? Portrait einer neuen Generation*, Freiburg i. Br.: Herder, S. 44.
417 Ebd., S. 275.
418 Ebd., S. 237.

Verhältnis von Staat, Gesetz und Patriarchat steht auch im Zentrum von Feridun Zaimoğlus Roman *Leyla*, der in der Kritik als Epos der türkischen Migration nach Deutschland und als *der* Roman zur Debatte im Frühjahr 2006 gefeiert wurde; gewissermaßen das literarische Pendant zu Keleks *Die fremde Braut*.

Obwohl Zaimoğlus Roman weder in der aktuellen Gegenwart noch in Deutschland, sondern in der südtürkischen Provinz von Malatya und in Istanbul in den 1950er und 1960er Jahren spielt, erzählt er keine »alte Geschichte«, führt der Prolog aus.[419] Mit einer deutlichen Verbindung von Vergangenheit und Gegenwart der Migration in die Bundesrepublik, wie wir sie aus Schäubles Abschlussrede der Islam Konferenz 2009 und den bislang analysierten Filmen der 2000er Jahre kennen, leitet auch Feridun Zaimoğlu seinen Roman *Leyla* ein, der, so heißt es im Prolog, seinen Autor im deutschen Kulturbetrieb habe ankommen lassen.[420] Knapp zwei Jahre zuvor hatte der Literaturkritiker Hubert Winkels über *Zwölf Gramm Glück* noch geschrieben, dass Zaimoğlu mit den zwölf enthaltenen Erzählungen den »Höhenkamm der Literatur erreicht, ja, zumindest touchiert« habe.[421]

Ich werde zeigen, dass ein Ankommen wie in KEBAB CONNECTION und *Die fremde Braut* damit zusammenhängt, dass beide verborgene, implizite Ordnungen sichtbar machen. Diese Formen der Visibilisierung sind die Träger und Garanten für ein Leben zwischen Moschee und Freiheit. Nur der kritische Muslim ist ein moderater Muslim, der als integriert gilt.[422] Für den amerikanischen Soziologen und Politologen Jeff Weintraub ist der Prozess des Sichtbarmachens eine der zentralen Formen der Veröffentlichung und des öffentlich-Machens in westlichen Zivilgesellschaften überhaupt.[423] Diesen Prozess und den Zusammenhang von Subjekt und Kultur verhandelt auch Zaimoğlus Roman. Auch hier werden im Privaten und im Haus geltende Regeln und ihr Brüche sichtbar gemacht. Es geht darum, sich wie ein Türke zu verhalten, um am Ende doch keiner zu sein, weil sich in den Erzählungen immer wieder andere Handlungsmöglichkeiten ergeben. Interessant ist außerdem, dass im Sommer 2006 eine Germanistin eine sechs Wochen andauernde Plagiatsaffäre lostrat, bei der es darum ging, ob Zaimoğlu von Özdamars *Karawanserei*-Ro-

---

419 ZAIMOĞLU (2007): S. 7.
420 Siehe hierzu: LÜDKE, Martin (2006): »Nicht ohne meine Tochter zu schlagen«. In: *DIE ZEIT*, 16.03.2006, Literaturbeilage, https://www.zeit.de/2006/12/L-Zaimoglu-TAB (09.07.2018). Siehe auch: VOIGT, Claudia (2006): »Wörter wie Silberringe«. In: *DER SPIEGEL*, 13/2006, S. 165–166, hier S. 165.
421 WINKELS, Hubert (2004): »Der Dreck und das Heilige. Feridun Zaimoğlu will ein richtiger Dichter werden«. In: *DIE ZEIT*, 25.03.2004, https://www.zeit.de/2004/14/L-Zaimoglu (12.07.2018).
422 Vgl. hierzu: TURNER (2007).
423 WEINTRAUB (1999): S. 5.

man abgeschrieben hat.⁴²⁴ Die Affäre selbst verlief und versandete im Konjunktiv,⁴²⁵ zumal Özdamar auch keine Anklage erhob.⁴²⁶ Mit Ausnahme einiger frappierender Ähnlichkeiten sind beide Romane besonders hinsichtlich der Verhandlung von Integration und Migration vollkommen verschieden. Während in *Das Leben ist eine Karawanserei*, wie in vielen Produktionen der 1990er Jahre, etwa die Schwelle dominiert, stehen in Zaimoğlus Roman spezifische Orte wie Wohnung, Haus und Klassenzimmer sowie die mit ihnen verbundenen Regeln und Gesetze im Vordergrund.

In *Leyla* erzählt Zaimoğlu die Geschichte einer Frau aus der südanatolischen Provinz Malatya und Istanbul, deren erzählte Zeit biografisch von deren 5. bis 19. Lebensjahr und zeithistorisch vom Koreakrieg (1950–1953) bis zur ersten Hochphase der Migration der Türken Mitte der 1960er Jahre nach Deutschland reicht. Am Ende des Romans migriert Leyla mit ihrem Sohn und ihrer Schwiegermutter zu ihrem Mann, dem Gastarbeiter Metin, im Kontext der Familienzusammenführung nach Deutschland. In dieser Geschichte erleben wir Leyla zunächst als kleines Mädchen beim Spiel auf der Straße, in Gärten und zu Hause⁴²⁷, etwas später in der Schule⁴²⁸. Bereits auf den ersten Seiten zeigt sich, dass Leyla nicht nur sehr aktiv ist – sie holt etwa den Vater aus dem Kaffeehaus nach Hause oder geht von zu Hause in die Schule, ins Kino oder zu ihrer Freundin Fulya – , sondern auch ihre Umgebung genau beobachtet. In Özdamars Roman hingegen wissen wir nie, wo die Protagonistin hingeht, wenn sie die Wohnung verlässt; in *Leyla* sind Gehen, Sehen und Ankommen spezifische Koordinaten der Erzählung. Später erfahren wir von Leylas erster Menstruation und dass sie sich daraufhin von Männern fernhalten soll.⁴²⁹ Kurz darauf wird der »Mann meiner Mutter«, ihr Vater, wegen Drogenhandels inhaftiert. In der Mitte des Romans verlebt Leyla ihre schönsten Tage auf einem längeren Schulausflug bei den Eltern ihrer kurdischen Freundin Manolya, die Großgrundbesitzer in einem Dorf am Euphrat sind.⁴³⁰ Kurze Zeit

---

424 Siehe hierzu: WEIDERMANN, Volker (2006b): »Abgeschrieben? Streit um den Roman ›Leyla‹«. In: *FRANKFURTER ALLGEMEINE ZEITUNG*, 01.06.2006, http://www.faz.net/aktuell/feuilleton/buecher/abgeschrieben-streit-um-den-roman-leyla-oezdamar-gegen-zaimoglu-1327374.html (20.07.2018).
425 Siehe hierzu: PFLITSCH, Andreas (2009): »Fiktive Migration und migrierende Fiktion. Zu den Lebensgeschichten von Emine, Leyla und Gül«. In: *Wider den Kulturenzwang. Migration, Kulturalisierung und Weltliteratur*, Bielefeld: transcript, S. 231–252, hier S. 231.
426 Siehe hierzu: BREITFELD, Arndt (2006): »Özdamar dementiert Plagiatsvorwurf«. In: *DER SPIEGEL*, http://www.spiegel.de/kultur/literatur/zaimoglu-roman-oezdamar-dementiert-plagiatsvorwurf-a-420334.html (30.07.2018).
427 ZAIMOĞLU (2006): S. 18f.
428 Ebd., S. 99.
429 Ebd., S. 113.
430 Ebd., S. 220–254.

darauf bricht Leylas Familie nach Istanbul auf, weil Leylas ältere Brüder dort studieren wollen und Leylas Vater Arbeit sucht. Zunächst wohnen sie bei einer Großtante. In Istanbul lernt Leyla ihren zukünftigen Ehemann Metin kennen. Ihr älterer Bruder Djengis wird das Studium abbrechen, auf das Drängen seines Vaters heiraten. Und der Vater selbst wird ein Geschäft eröffnen und nach einer Weile in ein eigenes Haus mit der Familie ziehen. Da aber auch Halids neues Geschäft, wie zuvor das alte im Dorf, die Familie in den Ruin führt,[431] nötigt das Familienoberhaupt seine zwei älteren Töchter, Yasemin und Selda, als Gastarbeiterinnen nach Deutschland zu gehen und für die Familie Geld zu verdienen.[432] Zu dieser Zeit lebt Leyla bereits bei der Familie ihres Ehemanns, der aus zwei Gründen ebenfalls als Gastarbeiter nach Deutschland gehen will: Zum einen erhält er ein Stipendium für ein Praktikum bei einer Ledergerberei in Deutschland; zum anderen empfindet er das Leben in der Türkei als »Hölle«. Der entscheidende Unterschied zwischen beiden Ländern liegt für Metin nicht einfach im Wohlstand, sondern darin, dass in Deutschland die Regeln wichtig seien: »Jeder hält sich an die Regeln. Das ist der Unterschied.«[433] Während Metins erstem Jahr in Deutschland bekommt Leyla ihr gemeinsames Kind. Ihre Schwestern schicken ihr Geschenke. Sie wohnen in Deutschland in einem Frauenwohnheim und möchten bald wieder in die Türkei, weil sie finden, sie seien »nicht dafür gemacht, mit Männern am Fließband zu arbeiten«.[434] Kurze Zeit darauf stirbt das Familienoberhaupt Halid, und Leyla empfindet keine Trauer. Sie »weiß nur, dass sich unsere Sippe zerstreuen wird«. Für die älteste Tochter Yasemin ist der Todestag des Vaters ein Segen, denn an diesem Tag habe sich der »Teufel sein Hinterbein [gebrochen]«.[435] Gemeinsam mit

---

431 Ebd., S. 443.
432 Als in Kadir Sözens Film Zeit der Wünsche aufgrund der zweiten Migrationswelle kaum noch Menschen im Dorf leben und Yaşar mit seinem Dorfcafé und dem Krämerladen kaum noch Geld verdient, nötigt seine Mutter ihn dazu, seine Frau nach Deutschland zum Arbeiten und Geldverdienen zu schicken. Zu dieser Zeit werden in der Bundesrepublik für feinmotorische Arbeiten beispielsweise im Bereich der Elektronik vor allem Frauen als Arbeitskräfte gesucht. In dieser Zeit, Mitte der 1960er Jahre, kam auch Emine Sevgi Özdamar nach Berlin. Dort arbeitete sie bei Telefunken und fertigte Radiolampen. In Zeit der Wünsche arbeitet Melike in einer Pralinenfabrik in Köln. Siehe hierzu: Sözen (2005). Jähner, Harald (2012): »Wörter ziehen uns voran. Laudatio auf Emine Sevgi Özdamar, der am Sonnabend der Alice-Salomon-Poetik-Preis verliehen wurde«. In: Frankfurter Rundschau, 15.01.2012, http://www.fr.de/kultur/ehrung-woerter-ziehen-uns-voran-a-871973 (13.09.2018). Siehe zu Gastarbeiterinnen in der Bundesrepublik zwischen den 1950er und 1970er Jahren: Mattes, Monika (2005): ›Gastarbeiterinnen‹ in der Bundesrepublik, Frankfurt a. M.: Campus.
433 Ebd., S. 446f. Hüseyin aus Almanya ist vor allem von der Disziplin der Deutschen angetan. Davon ist in der Literatur jener Zeit kaum die Rede. Siehe: Şamdereli (2011).
434 Zaimoğlu (2006): S. 516.
435 Ebd., S. 520.

ihrem Sohn und ihrer Mutter reist Leyla im Rahmen der Familienzusammenführung nach Deutschland zu ihrem Mann Metin. Der Roman endet mit ihrer Ankunft am Münchener Hauptbahnhof.[436]

So linear der Plot hier auch wirken mag, ist die Geschichte ästhetisch ganz anders gestaltet. Leylas Entschluss, mit Mutter und Kind nach Deutschland zu gehen, ist für den Leser eher überraschend als erwartbar. Denn bis zum Tod des Vaters sprechen weder Metin noch Leyla über eine mögliche Familienzusammenführung.[437] Erst der Tod des Vaters lässt die Akteurin gewissermaßen frei. Mitunter ist es auch Halids Figur, seine Aussagen, seine Verhaltensweisen und Repräsentanz, die diese Geschichte »aus der alten Zeit«, wie es im Prolog heißt, aktuell machen.

Um Bedeutung und Vorrangstellung der Lebensweisen in diesem Roman zu ergründen, lohnt schon, sich die Wirkung und die Verwendung des Begriffs »Gesetz« näher anzusehen. Schon auf den ersten Seiten des Romans beschwert sich Halid, dass die »Hunderasse«, so bezeichnet er seine Familie, sich nicht um sein »Hausgesetz« schere, sobald er das Haus verlasse.[438] Eine andere Situation: Halid versucht, Orangen in der Stadt zu verkaufen. Hasan Bey kann sich selbst nach der Verkostung einer Orange nicht zum Kauf entschließen, verlangt jedoch von Halid, er solle ihm zwei Orangen als Geschenk vor die Haustür legen. Halid ist brüskiert, weil er kein Geschäft machen kann, und will Hasan keine Orangen schenken. Hasan entgegnet darauf, dass er vielleicht ein »Bergfürst« sei, aber kein »Geschäftsmann«, und er sich jetzt mit seinen »zwei Lustknaben«, die die Orangen von Haus zu Haus tragen, verziehen solle. Hasan Bey hat damit nicht das »Hausgesetz«, sondern das »Ehrengesetz« verletzt, weshalb Halid außer sich vor Wut nun »mit seinen Kriegerreiterstiefeln [Hasan Beys] Tür eintreten« will. Die Orangen-Träger halten ihn davon ab; wenn er den »Hausfrieden dieses Gottlosen« breche, hetze der doch die Gendarmerie auf sie.[439] Die Wiederherstellung der Ehre würde also mit einem anderen Gesetz kollidieren, und so entlädt Halid seine aufgestaute Wut zu Hause, indem er Frau und Kinder schlägt, weil sie sich angeblich nicht an sein Hausgesetz halten. Nachdem er sich derart abreagiert hat, schlägt er den Koran auf und verkündet:

---

436 Ebd., S. 525.
437 In ALMANYA stellt Hüseyin den Antrag auf Familienzusammenführung, ohne seine Frau oder seine Kinder zu fragen oder sie überhaupt davon in Kenntnis zu setzen. Sie erfahren davon erst, als Hüseyin die Bewilligung seines Antrags erhält. Siehe: ŞAMDERELI (2011).
438 Ebd., S. 12.
439 Ebd., S. 28f.

> Hier steht es, schreit er, ihr seid meine Untergebenen. Der Schlüssel zum Paradies ist in meinen Händen, ihr Hundebrut! Nicht ich habe die Regeln aufgestellt, sondern der Erhabene, dessen Namen ihr nicht in den Mund nehmen dürft, so schmutzig seid ihr [...] Hier, an dieser Stelle, lese ich: Ihr Frauen tut den Feinden Gottes einen großen Gefallen, wenn ihr eure Vorderseiten von fremden Männern aufreißen laßt. Der Vater ist der Herr des Weibes und der Kinder ... Der Vater ist euer Fürst! Der Vater ist euer Bollwerk gegen den Bolschewisten! [...] Das steht alles im Koran, ihr Dämonenbrut![440]

Frau und Kinder seien selbst dann noch sein »Besitz«, wenn sie verheiratet und aus dem Haus wären.[441] So tyrannisch Halid auch im eigenen Haus herrscht, so wenig wirkt sein »Hausgesetz« im öffentlichen Raum, wie bereits die Szene mit Hasan zum »Ehrengesetz« gezeigt hat. Als er seine jüngste Tochter Leyla nicht mehr in die Schule gehen lässt, damit sie die Hausarbeit übernimmt und ihm in seinem Geschäft hilft, greifen Rektor, Lehrer und Gendarmerie ein: Mit Staatsgewalt zwingen sie ihn in seiner Wohnung, die Tochter wieder zur Schule zu schicken. Dabei droht ihm der Gendarm, dass er ihm im Falle einer Weigerung am Bahnhof vor Augen aller verhaften würde.[442] Als Halid seiner Tochter später einen Schulausflug ins südliche Kurdengebiet am Euphrat verbieten will, klärt ihn der Rektor der Schule auf, dass das »Staatsrecht das Verwandtschaftsrecht bricht«; wenn Halid sich dagegen stelle, könne er im Gefängnis landen.[443] Halid entgegnet wütend, dass Rektor und Kommissar eine »Erpresserbande« seien und ihm das Kind wegnähmen.[444]

Bis zu dieser Stelle in der Mitte des Romans war mehrfach von »Hausgesetz«, »Ehrengesetz« und »Staatsgesetz« sowie deren negativen wie positiven Kon-

---

440 ZAIMOĞLU (2006): S. 82.
441 Yeter aus AUF DER ANDEREN SEITE hat einmal keine Lust auf Oralverkehr mit Ali und meint genervt, sie sei nicht sein Besitz. »Natürlich bist du mein Besitz«, antwortet Ali, »ich versorge dich doch«. Siehe hierzu: AKIN (2007). Neben »der Mann meiner Mutter« nennt Leyla ihren Vater auch »Nährvater«. Siehe hierzu: ZAIMOĞLU (2006): S. 227 u. S. 262.
442 Siehe hierzu: ZAIMOĞLU (2006): S. 98f.
443 In vielen Beiträgen zur Integrationsdebatte der 2000er Jahre werden Fälle genannt, in denen Eltern ihren Töchtern aus religiösen Gründen nicht erlauben, am Schwimmunterricht in der Schule oder an Klassenfahrten teilzunehmen. Im Unterschied zu den 1980er und 1990er Jahren stehen die Wünsche der Eltern nun im Konflikt mit dem Grundgesetz. Siehe hierzu für viele: PREUSS (2001): S. 482. Auch Kelek beleuchtet im Kontext dieser Debatte ihre Vergangenheit in der Bundesrepublik. Zu Hause sei ein Gefängnis gewesen, und die deutsche Schule sei zu ihrem Leben geworden. Sie lernte innerhalb von einem halben Jahr Deutsch. Doch kümmerte es aus ihrer Rückschau die deutschen Lehrer auf dem Gymnasium nicht, »dass ich an keiner Aktivität teilnahm und dass meine Eltern nie zum Elternabend erschienen. Mein Ausschluss vom Sport- und Schwimmunterricht wurde als individuelle Entscheidung akzeptiert. Nie hat mich jemand gefragt, was ich selbst denn wollte«. Siehe hierzu: KELEK (2005): S. 121.
444 Ebd., S. 214.

notationen die Rede. Doch es tauchen noch zwei weitere normative Dimensionen auf:[445] das Gesetz, an das sich die Kurden am Euphrat halten und das vom Großgrundbesitzer, dem Ağa, stammt. Die Bauern dort »leben von der Gnade des Fürsten, sie berufen sich auf eherne Gesetze«. Der Vater von Leylas Freundin Manolya hat einen »unsichtbaren Kreis um das Dorf gezogen und wer unberechtigterweise hinaustritt, [...] gilt als Gesetzesbrecher«. Doch im großen Unterschied zu Leylas »Nährvater« lieben die Bauern ihren Ağa. »Er steckt in einem westlichen Anzug, ich hätte erwartet, daß er auf seinem eigenen Grund und Boden Traditionstracht trüge.«[446] Leylas Vater argumentierte hingegen ständig mit der Tradition. Ein letztes Mal ist explizit von Regeln und Gesetzen die Rede, als Metin seiner Frau Leyla von Deutschland vorschwärmt. Der Unterschied zwischen Deutschland und der Türkei liegt nicht im technischen Fortschritt, sondern darin, dass die Deutschen nach öffentlichen für alle verbindlichen Regeln leben. Das Leben in Istanbul folge hingegen keiner solch allgemeinen Ordnung.[447] Das Leben Halids ist allein ein Beispiel hierfür.

Die Regel- und Gesetzestreue der Deutschen wird in den Texten und Filmen der 1960er und 1970er Jahre nicht reflektiert. In Bekir Yıldız' autobiografischem Gastarbeiterroman *Türkler Almanyada* von 1966, in Türkan Şorays Film DÖNÜŞ (RÜCKKEHR) von 1972 und in Aras Örens Poem *Was will Niyazi in der Naunynstraße* von 1973 verspricht Deutschland zwar zivilisatorischen Fortschritt, Entwicklung und Solidarität, birgt aber auch die Gefahren des Konsums und der Verführung. So führen Autoliebe bzw. eine regelrechte Autosucht der türkischen Gastarbeiter bei Yıldız und Şoray zum Tod der Akteure.[448] Dass die Deutschen nach ihren Regeln lebten, was besonders nachahmenswert sei, ist in den 1960er und 1970er Jahren wenig verbreitet. Hinzu kommt, dass der Ağa, der Großgrundbesitzer, in Film und Literatur der 1960er und 1970er Jahre für ein unterdrückerisches, amoralisches und kapitalistisches System steht.[449] Das Verhältnis der Akteure zu Ordnungen ist im Roman *Leyla* anders und vielfältiger als in Büchern und Filmen der

---

445 Ähnlich dominant ist die deutsche Verfassung in Keleks *Die fremde Braut*. Siehe hierzu: KELEK (2005): S. 21, 28, 264, 271 u. 281f. Im Zentrum steht dabei der Gedanke, dass die Verfassung nicht einfach befolgt werden solle, sondern verinnerlicht werden müsse. Siehe hierzu: KELEK (2005): S. 16.
446 ZAIMOĞLU (2006): S. 227.
447 Ebd., S. 446.
448 Siehe hierzu: YILDIZ, Bekir (1966): *Türkler Almanyada*, Istanbul: Selbstverlag. ŞORAY, Türkan (1972): *Dönüş*, Istanbul: Akün Film. ÖREN, Aras (1973): *Was will Niyazi in der Naunynstraße*, Berlin: Rotbuch.
449 Siehe hierzu auch: BAYKURT, Fakir (1966): *Die Rache der Schlangen*, Stuttgart: Europäischer Buchklub. Die türkische Originalversion dieses Romans erschien 1958. BAYKURT, Fatih (2016): *Yılanların Öcü*, Istanbul: Literatür Yayıncılık.

1960er und 1970er Jahre. Erst in der Abfolge und in der Logik des Romans von Zaimoğlu, von Haus- und Ehrengesetz über das Gesetz des Großgrundbesitzers bis zum Staatsgesetz, wird Metins positive Assoziation mit Menschen, die nach Regeln leben, plausibel. Attraktiv wird die Regeltreue der Deutschen in *Leyla* außerdem, weil kaum eine Regel oder ein Gesetz wirklich erklärt oder ausformuliert wird. Von den immer wieder genannten »Hausgesetzen« erfahren wir nur indirekt, wenn es etwa heißt, es zeuge »von Hochmut, wenn eine Frau gepreßte Kleider trägt«.[450] An anderer Stelle wird Leyla als kleines Mädchen bestraft, weil sie keine Unterhose trägt. Ungläubig fragt sie, ob Unterhosen tragen ein Gesetz sei.[451] Leylas Mutter dreht immer die Spiegel im Haus um, wenn ein Gast kommt. Denn ein »schlechter Mensch, der in den Spiegel des Hauses schaut, hinterläßt den Abdruck seiner Bosheit, und das Böse strahlt auf die Hausbewohner und verleitet sie zur Niedertracht«.[452] Was sich wie eine abergläubische Tradition anhört, wird nicht als ein Aberglaube verhandelt, sondern als Gesetz begriffen und von Zaimoğlu auch so dargestellt. Von den staatlichen Gesetzen erfahren wir ebenso wenig, nur dass die Ordnung des öffentlichen Raums auch das Privatleben bestimmt. Wenn auf der einen Seite Schule und Gendarmerie den Bildungsauftrag des Staates gegen Halids »Hausgesetz« durchsetzen, lesen wir später, wie auf der anderen Seite der Polizeichef der Provinzstadt gemeinsam mit Halid im Drogenhandel aktiv ist.[453] Von den »ehernen Gesetzen«, denen die Kurden folgen und den Regeln, nach denen die Deutschen leben, erfahren wir ebenfalls nichts Genaues. Wie die Ich-Erzählerin sehen wir nur bestimmte Lebensweisen. Am Ende des Romans vermutet Leyla, dass alle Familienmitglieder nur ihre eigenen Interessen verfolgen.

> Sie [Leylas Familienmitglieder, Ö.E.] machen sich weis, daß sie nach dem Gesetz handeln, doch in Wirklichkeit leben sie nach ihren eigenen Regeln. Ich habe zwanzig Jahre meines Lebens verschlafen, das ist die Wahrheit. Ich bin nichts weiter als ein dummes sentimentales Mädchen, eine junge linkische Person, die Großtante hat recht. Ich werde die Armut nicht als mein Schicksal ansehen. Ich werde die Gesetze der Männer nicht als Gottes gesprochenes Wort begreifen.[454]

Und auch wenn der Roman die Gesetze und die eigenen Regeln kaum erklärt, teilt der Erzähler mit Leyla die Erkenntnis über ihre Sippe, weil das Verhältnis zwischen Haus, Ehre und Staat und zur eigenen Geschichte nicht von Gesellig-

---

450 Zaimoğlu (2006): S. 38.
451 Ebd., S. 42.
452 Ebd., S. 86.
453 Ebd., S. 159.
454 Ebd., S. 445.

keit, von sociability, bestimmt ist, sondern ausschließlich von egoistischen Interessen und individuellem Eigensinn.[455] Interessanterweise liegt genau in dieser Haltung der Erzählung die Kompatibilität dieser Geschichte aus der alten Zeit mit der Gegenwart, mit den Debatten in Deutschland. So konstatiert der Rechts- und Politikwissenschaftler Ulrich K. Preuss Anfang der 2000er Jahre, dass »wir [...] die durch Zuwanderung bereits entstandene, gewissermaßen bloß sinnlich-physische *Anwesenheit* der Fremden in den Tatbestand ihrer Zugehörigkeit zu unserer Gesellschaft verwandeln [müssen]«.[456] Wie die Deutsch-Türken in den 2000er Jahren in Deutschland hat auch Halids Familie einen »Migrationshintergrund«. Für diese narrative Kompatibilität mit den Debatten der Integration gibt es zwei Gründe, die uns in den Kern dieses Romans führen. Zum einen haben wir es wie im Film von Feo Aladağ mit einer mythischen Art der Verhandlung der Migration zu tun. So meint der Leser, die Formulierung, dass es von Hochmut zeuge, wenn Frauen aufreizende Kleider tragen, sei eine islamische Regel. Und tatsächlich ist das Thema Hochmut in einem Koran-Vers, der die Verschleierung behandelt, eng mit der Frage des sittlichen Verhaltens verbunden.[457]

Dies muss Zaimoğlu in seinem Roman nicht ausführen; nicht weil alle diesen Vers genauestens kennen würden, sondern weil man weiß, dass im Islam die Frau besonders unterdrückerischen Regeln zu folgen hat. Dass hinter Halids repressivem Verhalten jedoch nicht nur der Islam steht, halten viele Rezensenten des Romans fest.[458] Weidermann von der *Frankfurter Allgemeinen Zeitung* konzentriert sich ausschließlich auf Halids Verhalten; Iris Alanyalı schreibt, dass Zaimoğlus Roman zeige, »wie wenig haarsträubende moralische Vorstellungen mit dem Islam zu tun haben müssen«.[459] Dennoch sind sich alle Rezensenten einig, dass sehr

---

455 Siehe zu sociability: WEINTRAUB (1997): S. 16–25.
456 PREUSS (2011): S. 480. Auch Gerhard Schröders Imperativ aus dem Jahr 2000 – »Verfassung achten, die Gesetze befolgen und die Landessprache beherrschen« – wird nach dem 11. September 2001 und mit den Integrations- und Islamkonferenzen fragwürdig. Denn die Achtung des Grundgesetzes reicht für eine Integration nicht mehr aus. Es gilt die Verfassug zu leben, so dass zu ihr konkurrierend stehende Ordnungen gebrochen werden. Siehe zur Schröder'schen Diktion: LÖFFLER (2011): S. 182.
457 DER KORAN, Übersetzung von Adel Theodor Khoury (unter Mitwirkung von Muhammad Salim Abdullah), Gütersloh: Gütersloher Verlagshaus, S. 267.
458 Siehe hierzu: ALANYALI, Iris (2006): »Die Flucht vor dem Mann im Pyjama«. In: *Die Welt*, 26.04.2006, https://www.welt.de/print-welt/article209366/Die-Flucht-vor-dem-Mann-im-Pyjama.html (13.07.2018). Siehe auch: RÜDENAUER, Ulrich (2006): »Sich herausnehmen, was sonst nur Jungs tun«. In: *FRANKFURTER RUNDSCHAU*, 15.03.2006, http://www.fr.de/kultur/literatur/ulrich-ruedenauer-sich-herausnehmen-was-sonst-nur-jungs-tun-a-1196569 (13.07.2018); LÜDKE, Martin (2006): »Nicht ohne meine Tochter zu schlagen«. In: *DIE ZEIT*. Literaturbeilage, 16.03.2006, https://www.zeit.de/2006/12/L-Zaimoglu-TAB (13.07.2018).
459 Ebd.

wohl so tyrannische Väter unter den muslimischstämmigen Menschen in Deutschland existieren. Zaimoğlus Darstellung mache nach Iris Alanyalı diese Menschen vor Ort nach all dem, was wir »jetzt über sie wissen, uns noch fremder als zuvor«.[460] Daran schließen sich folgende Fragen an: Welches Wissen verarbeitet Zaimoğlu in *Leyla*, wie bereitet er es auf und wie gelingt es ihm, den Islam zugleich ein- und auszuschließen? Wie im Beispiel mit dem Hochmut werden ein Wissensreservoir und ein bestimmtes Erfahrungssubstrat nur angedeutet: die Trennung des Mannes von der Frau im öffentlichen Raum und die Sexualisierung des weiblichen Körpers.

Der Einsatz und Gebrauch von Mythen gehören nach Aleida Assmann und Peter Novick in gesellschaftlichen Selbstverständigungsdiskursen zur öffentlichen Praxis des »kollektiven Gedächtnisses«, das im Unterschied zum sozialen Gedächtnis viel stärker geformt ist: »Es sieht die Ereignisse aus einer einzigen, interessierten Perspektive«, erlaubt keine Mehrdeutigkeit und »reduziert die Ereignisse auf mythische Archetypen«. Dabei werden »mentale Bilder zu Ikonen und Erzählungen zu Mythen, deren wichtigste Eigenschaft ihre Überzeugungskraft und affektive Wirkmacht ist«.[461] Der Gebrauch solcher Bilder und Mythen führt in *Leyla* aber nicht zu einer eindeutigen Interpretation und Zuordnung mit dem Islam. Dies liegt besonders an dem, was Halid lebt. In den wenigsten Fällen können wir nämlich sagen, wann er wirklich ein Gesetz verletzt. Sein Verweis auf den Koran, der sein Handeln legitimiere, ist dabei vieldeutig. Dass er als Mann und Vater der Familie und seiner Frau vorsteht, steht zwar im Koran, aber sicher nicht, dass die Männer Fürsten seien.[462] Welchen Einfluss der Koran tatsächlich auf die Verhaltensweisen des Vaters nimmt, ist nicht zu klären. Es geht aber auch gar nicht um die Interpretation des Korans, sondern vielmehr darum, wie der Vater sich verhält, wie er den Koran zu seinen eigenen Zwecken einsetzt und sich dabei selbst als gesetzestreuen Muslim begreift.

Kritik, Bestätigung oder Bruch hinsichtlich des Verhältnisses zwischen System und Akteur gibt es hier nicht – ganz anders als in den 1960er Jahren bis heute. Der Roman rückt, wie die zuvor besprochenen Filme, Lebensweisen und Handlungen der Akteure in den Vordergrund. Halid und der Koran gehören zum Haus und irgendwie auch zueinander, aber die zentrale Frage ist hier nicht, ob

---

460 ALANYALI (2006).
461 NOVICK, Peter (2003): *Nach dem Holocaust. Der Umgang mit dem Massenmord*, München: dtv, S. 14. Siehe hierzu auch: ASSMANN, Aleida (2007): *Geschichte im Gedächtnis. Von der individuellen Erfahrung zur öffentlichen Inszenierung*, München: Beck, S. 25–30.
462 Dass der Mann der Frau im Koran vorsteht, interpretiert beispielsweise der Islamwissenschaftler Nasr Hamid Abu Zaid nicht im Zusammenhang der Macht, sondern der Verantwortung für die Familie. Siehe hierzu: ABU ZAID, Nasr Hamid (2001): *Ein Leben mit dem Islam. Erzählt von Navid Kermani*, Freiburg: Herder, S. 86ff.

sein Verhalten ein adäquat islamisches ist, sondern durch welches Verhalten er sich und seine kulturellen Bindungen in den privaten und öffentlichen Raum übersetzt. Der »Kurdenfürst« und die Deutschen werden nicht geliebt, weil sie Gesetze und Regeln haben, sondern aufgrund eines bestimmten Lebensstils.

Halid selbst hält sich offensichtlich überhaupt nicht an Regeln. Er begeht nicht nur Ehebruch, sondern vergeht sich sexuell sogar an seiner ältesten Tochter Yasemin.[463] Als Geschäftsmann handelt er mit Orangen und Opium. Seinen ältesten Sohn Djengis zwingt er, ein unansehnliches und äußerst schwieriges Istanbuler Mädchen zu heiraten, weil dessen Familie wohlhabend ist. Seine Triebhaftigkeit und sein Egoismus werden am deutlichsten, als seine Tochter Leyla Metin ehelicht und Halid sie daraufhin wüst beschimpft, dass sie damit die Ehre der Familie beschmutze. Tatsächlich fehlt ihm durch die Hochzeit nur eine weitere Kraft im Haus, die Geld verdient. Darauf deutet auch die Tatsache hin, dass er seine beiden älteren Töchter nach Deutschland schickt, um Geld für die Familie zu verdienen.[464] In Özdamars Roman *Das Leben ist eine Karawanserei* wollte die Familie die Tochter unter die Haube bringen, weil ihr Körper ein sexuelles Verlangen entwickelt hatte und es besser wäre, sie mit einem Mann zusammenzubringen, bevor sie ihre Scham verliere und damit die Ehre der Familie verletze.[465] Hier geht es tatsächlich darum, der muslimischen Regel folgend, den sexuellen Trieb der eigenen Tochter oder des eigenen Sohnes gesellschaftlich zu kontrollieren.[466] Auch Werner Schiffauers Ausführungen zur Ehre im türkischen Dorf aus den 1980er Jahren widersprechen Halids Verhaltensweisen.[467] Denn das

---

463 Siehe hierzu: ZAIMOĞLU (2006): S. 121.
464 Bei einer genauen Lektüre von Keleks Buch *Die fremde Braut* wird trotz der Verweise auf den Islam und auf Mohammed deutlich, dass die eigentlich ausschlaggebenden Kategorien für die Importbräutekultur der Türken in Deutschland Egoismus und Kapitalismus sind. An vielen Stellen beschreibt Kelek, wie die Familien aus Deutschland die jungen Frauen aus der Türkei damit locken, dass sie dort ein freies, von Konsum bestimmtes Leben würden führen können. Tatsächlich werden sie fast wie Sklavinnen gehalten: Sie verrichten die Hausarbeit, kaufen ein und kümmern sich um die Kinder; im Endeffekt sollen sie das Leben der türkischen Familie in Deutschland erleichtern. Ihre Freiheit beschränkt sich nach Kelek auf den Weg aus der Wohnung in die Moschee und wieder zurück. Siehe hierzu exemplarisch das Kapitel »Brautpreis Deutschland. Oder Geschichten von den Importbräuten«. In: KELEK (2006): S. 182–226.
465 Siehe hierzu: ÖZDAMAR (1992): S. 330.
466 Siehe hierzu: EZLI, Özkan (2015): »Kulturelle Ungleichgewichte. Der Burkini im öffentlichen Bad als Kennzeichen und Praxis der Ambivalenz«. In: *Religion als Prozess. Begriffe – Zuschreiben – Motive – Grenzen*, hg. v. Thomas Kirsch, Dorothea Weltecke, Rudolf Schlögl, Paderborn: Schöningh, S. 91–112.
467 Nach Schiffauer weist besonders die Funktion und der Begriff der Ehre jedem Mann »einen Bereich persönlicher Integrität und Würde [zu], der die eigene körperliche Unversehrtheit wie die der Familienangehörigen umfasst«. So ist ein ehrenhafter Mann jemand, »der seine Frau zu

Verhältnis zwischen privatem und öffentlichem Raum ist in Zaimoğlus Roman stets gebrochen. So gibt es beispielsweise keine einzige Szene, in der Halid seine Familie öffentlich züchtigt. Vielmehr ist der öffentliche Raum für ihn äußerst problematisch, weil dessen Gesetze mit seinen eigenen kollidieren. Quelle seiner unendlichen Wut ist keineswegs der Staat allein. Halids Familie migrierte einst vom Kaukasus in den Süden der Türkei, weil im südrussischen Kaukasus Krieg herrschte. Um welchen Krieg es dort ging, erfahren wir aus Zaimoğlus Roman nicht. So folgen auf Halids Wutausbruch zu Hause nicht nur der Verweis auf den Koran, sondern auch Träume von der Vertreibung aus dem Kaukasus:

> Meine Mutter schläft. Meine Schwestern und Brüder schlafen. Er liegt auf dem Rücken, er stößt laut Luft durch den offenen Mund aus. Über dem Kopfende der Ehematratze hängt an einem krummen Nagel das Heilige Buch, worin er in seltenen Stunden der Muße blättert: die Kraft überträgt sich auf seine Zunge, auf seine Arme und Beine. Die Verse gehen in einen Traum, der ihn in den Nächten des Frühjahrs und in den Nächten des Winters heimsucht. Der Kaukasus, für eine kleine Ewigkeit verloren, eine Öde jenseits der bolschewistischen Schranke, erscheint ihm, dem Vertriebenen, als ein weites Land, das von den Leichen, der Totgeschlagenen bedeckt ist. Er versetzt ihn in Unruhe, dieser Traum, er läßt seine Wimpern zittern, dieser Traum.[468]

Die Gründe für die Migration in die Türkei sind noch tiefer in die Familiengeschichte eingeschrieben. Oft beschimpft Halid seine Frau als eine »Hurenjungfer«, die froh sein könne, dass er sie überhaupt geheiratet habe. Am Ende des Romans erzählt er auf dem Sterbebett allen anwesenden Familienangehörigen, dass seine Frau von mehreren bolschewistischen Soldaten vergewaltigt worden sei und er diese Tat aus einem Versteck heraus beobachtet habe.[469] Trotzdem habe er sie geheiratet. Wut und Bösartigkeit des Vaters gehen nicht auf Traditionen, Regeln und Gesetze, letztlich nicht auf eine transzendentale Ordnung zurück. Ihr Ursprung liegt in einer nicht verarbeiteten äußerst gewalttätigen weltlichen Vergangenheit. Anders als Hüseyin aus ALMANYA gelingt es Halid nicht, ein Gespräch mit seinem alten Selbst zu führen. Sein Verhältnis zu sich selbst ist bestimmt von Krieg, Vergewaltigung und Vertreibung. Halids Verhältnis zur Öffentlichkeit ist sowohl in der Provinz als auch in der Metropole vollkommen gestört. Dennoch stellt Zaimoğlu ihn nicht als Opfer dar, sondern als Täter.[470] Halid ist eine Figur, die ganz anders ist als die Väter in Yüksel Pazarkayas Serie UNSERE NACHBARN, DIE BALTAS von 1983, in Hark

---

verteidigen vermag, der Stärke und Selbstbewusstsein zeigt«. Siehe hierzu: SCHIFFAUER, Werner (1983): *Gewalt der Ehre*, Frankfurt a. M.: Suhrkamp, S. 70 u. S. 74.
468 ZAIMOĞLU (2006): S. 30.
469 Ebd., S. 518f.
470 Das gilt auch für die Figur Can in Züli Aladağs Film WUT. In Interviews erläuterte Aladağ, warum Can so gewalttätig und böse sei, dass er befürchte, mit seinem Film nicht politisch kor-

Bohms Film YASEMIN, in Grabes Dokumentarfilm oder Özdamars *Das Leben ist eine Karawanserei*. Im Gegensatz zu diesen Werken greift bei *Leyla* auch die Unterscheidung zwischen Moderne und Tradition nicht. Der Unterschied zwischen Provinz, Stadt und Deutschland ist der technische Fortschritt, ein »elektrisches« und nach Regeln geordnetes Leben, das das Zusammenleben sichert. Das ist das moderne Leben. Dabei rebellieren Halid – und Leyla. Denn obwohl Leyla ein »elektrisches Leben« führen will, sie also konsumorientiert ist, wird sie im Zusammenhang ihrer Familie als rebellisch dargestellt. Mehrmals betont sie, dass sie den Gesetzen des Mannes ihrer Mutter entkommen möchte.[471] Doch Leyla durchläuft keine Emanzipation im klassischen Sinne, denn sie selbst sagt zu sich, wie bereits zitiert, dass sie zwanzig Jahre ihres Lebens verschlafen habe.[472] Wie Umay in Feo Aladağs DIE FREMDE vermag sie es trotz Migration nach Deutschland – in die »Freiheit« – nicht, sich von der Familie zu lösen. Als sie sich durch die Heirat mit Metin von ihrer Herkunftsfamilie befreit hat, zeigt sich bei einem Arztbesuch, wie tief sich die Regeln der Scham in sie eingeschrieben haben. Die Augen des Arztes würden sie entehren, ruft sie aus.[473] Er erwidert, dass sie sich »wie ein Weib aus dem Gesindehaus« verhalte.[474] Und als Metin sie am Bahnhof in München »am Ohrläppchen fasst«, fühlt Leyla Scham vor ihrer Mutter, denn das »gehört sich nicht in ihrer Gegenwart«. Umgekehrt ist das erste, was ihr am Münchener Bahnhof auffällt, dass dort Frauen ohne männliche Begleitung »in der Bahnhofshalle unterwegs sind«. Sie laufen »auf hohen Absätzen voran, als kannten sie ihr Ziel genau. [...] Sie gehen an den Männern achtlos vorbei, die Männer schauen ihnen nicht nach.«[475] In Istanbul hatte Leyla ganz andere Erfahrungen gemacht:

> Die Männer drängen sich auf den Bürgersteigen, und wenn ihnen eine Frau entgegenkommt, stoßen sie einander an, fangen an, vor sich hinzureden, ohne den Blick von der Frau abzuwenden. Sie bleiben stehen und lassen so viel Platz, daß ich gerade noch hindurchschlüpfen kann, ohne sie zu berühren, dabei muß ich aber die Arme eng an meinen

---

rekt zu sein. Er verstehe zwar die Wut seines Protagonisten, aber nicht sein Verhalten. Siehe hierzu: ALADAĞ (2005).
471 ZAIMOĞLU (2006): S. 87 u. S. 445.
472 Ebd., S. 445.
473 Ebd., S. 476.
474 Ebd.
475 Ebd., S. 524. In *Einmal Hans mit scharfer Soße* steht das Tragen von High Heels für eine besondere Form der Emanzipation; es erfordere Mut und Entschlossenheit: »Vielleicht finde ich High Heels so sexy, weil sie eine unwiderstehliche Mischung aus Risiko, Tollkühnheit und Eleganz darstellen«. Siehe hierzu: AKYÜN (2005): S. 101. Dass Hatice Akyün mit diesem Bekenntnis zu einem bewusst femininen Auftritt im öffentlichen Raum, der auf eine konservative und beziehungsfokussierte Emanzipation zielt, verweist implizit auf die Philosophie der Anfang der 2000er Jahre sehr erfolgreichen amerikanischen TV-Serie SEX AND THE CITY. Siehe hierzu: ebd., S. 102.

Körper pressen, und ich zwinge mich, keinen Fluch laut auszustoßen, denn sie starren mir nach, einer jungen Frau, von der sie nicht wissen, ob sie vielleicht zugänglich sei.[476]

In der türkischen Provinz war das anders. Auch dieser Unterschied zwischen Münchner Hauptbahnhof und Istanbuler Stadtteil macht Deutschland für Leyla attraktiv. Im letzten Satz des Romans äußert sie, dass sie dieses Land lieben wolle, »weil es vermißt werden will«.[477] Für die Germanistin Dorothee Kimmich spricht sich die Protagonistin an dieser Stelle des Romans auf naive Art Mut zu,[478] indem sie sagt: »Ich werde den Wolf streicheln, und er wird vielleicht die Hand nicht beißen, die ihm über das Rückenfell fährt.«[479] So verbindet der Wolf Anfang und Ende, Vergangenheit und Gegenwart, denn mit einer zeitlos wirkenden Szenerie jagender Wölfe hatte schon der Prolog begonnen.

Leyla sei der passende Roman zur aktuellen Integrationsdebatte, halten viele Rezensenten fest. Ein Beitrag in der *Frankfurter Allgemeinen Zeitung* zur Taschenbuchausgabe fragt, wie vergangen denn die Wirklichkeit sei, die Zaimoğlu beschreibt. Viele Gespräche aus diesem Roman würden heute auch in Kreuzberg stattfinden, führt der Rezensent fort, der seinen Artikel mit der Bemerkung schließt: »[W]er die Situation der Türken heute verstehen will, muss wissen, aus welchen Umständen sie gekommen sind«.[480] Martin Lüdke weist in der *Zeit* darauf hin, dass es die »türkischen Familientyrannen«, die Zaimoğlu beschreibt, auch heute »bei uns gibt«.[481] Was die Aktualität des Romans betrifft, hält Ulrich Rüdenauer in der *Frankfurter Rundschau* fest, worüber sich schon Harald Martenstein hinsichtlich ALMANYA gefreut hatte: dass es im Zusammenhang der aktuellen Integrationsdebatten gut tue, »einmal keine Statistik und Expertenanalyse vor sich zu haben, sondern die greifbare und ergreifende Geschichte eines Mädchens«.[482] Iris Alanyalı konstatiert ähnlich wie Rüdenauer und Lüdke, dass

---

476 ZAIMOĞLU (2006): S. 330.
477 Ebd., S. 525.
478 KIMMICH, Dorothee (2011): »Metamorphosen einer Biographie. Bemerkungen zu Feridun Zaimoğlus ›Leyla‹«. In: *Feridun Zaimoğlu in Schrift und Bild*, hg. v. Klára Erdei, Rüdiger Schütt, Kiel: Edition Fliehkraft, S. 57–74, hier S. 60.
479 Ebd., S. 525.
480 FRANKFURTER ALLGEMEINE ZEITUNG (2007): »Feridun Zaimoğlu. ›Leyla‹. In: FRANKFURTER ALLGEMEINE ZEITUNG, http://www.faz.net/aktuell/feuilleton/buecher/romanatlas/tuerkei-anatolien-feridun-zaimoglu-leyla-1306255.html?printPagedArticle=true#pageIndex_0 (19.07.2018).
481 LÜDKE, Martin (2006): »Nicht ohne meine Tochter zu schlagen«. In: *DIE ZEIT*. Literaturbeilage, 16.03.2006, https://www.zeit.de/2006/12/L-Zaimoglu-TAB (19.07.2018).
482 RÜDENAUER, Ulrich (2006): »Sich herausnehmen, was sonst nur Jungs tun«. In: Frankfurter Rundschau, 15.03.2006, http://www.fr.de/kultur/literatur/ulrich-ruedenauer-sich-herausnehmen-was-sonst-nur-jungs-tun-a-1196569 (19.07.2018).

Leyla »nicht als soziologisches Dokument, aber als ein Roman [...] viel von der Psyche und den Familienstrukturen einer der meisten Deutschen unbekannten Gesellschaft«, der türkischen Gesellschaft innerhalb der Bundesrepublik vermittele. Einer türkischen Gesellschaft in Deutschland begegnen wir in *Leyla* jedoch ebenso wenig wie in DIE FREMDE oder ALMANYA. Volker Weidermann meint gar, Zaimoğlu habe mit *Leyla* einen deutschen Bildungsroman geschrieben, »aus einer Welt, von der wir fast nichts wußten«.[483] Ein paar Monate später wird er in seinem zweiten Beitrag zu *Leyla*, in dem er den oben skizzierten Plagiatsverdacht thematisiert, im Gegensatz dazu schreiben, dass wir die Geschichte, die Zaimoğlu erzählt, hätten kennen müssen, denn Özdamar habe sie bereits knapp 15 Jahre zuvor auf eine andere Art erzählt.[484]

Auf der Suche nach der Antwort auf die Frage, warum ein Roman, der in der Türkei der 1950er und 1960er Jahre spielt, als *der* Roman zur aktuellen Integrationsdebatte gehandelt wird, stößt man in allen erwähnten Artikel auf dieselbe Argumentation: Zaimoğlu gelinge es, trotz Themen wie Ehre und türkische Provinz nicht in »orientalische Klischees abzudriften«, heißt es an einer Stelle.[485] Ijoma Mangold schreibt, dass der Roman zwar in einem »Märchenton« beginne, sich aber dann als eine absolut »realistische Geschichte« ausweise, vielleicht mit der »Wucht eines Melodrams«, doch »ohne jedes falsche Pathos«.[486] Auch der bereits erwähnte Weidermann attestiert dem Text einen »archaisch-schönen Märchenton, ohne kitschig zu sein«. Er sieht ihn aber auch als eine »Horrorgeschichte, ohne voyeuristisch zu sein«, und schließlich als eine »Geschichte aus der Fremde, ohne folkloristischen Zierrat«.[487] Die Folklore war auch bei den türkischen Rückkehrern am Rande von Mersin verschwunden.[488]

Die Ansicht, *Leyla* sei *der* Roman zur aktuellen Debatte, ändert sich schlagartig mit dem bereits genannten Plagiatsvorwurf. In »Abgeschrieben?«[489] bezieht

---

[483] WEIDERMANN, Volker (2006a): »Der fremde Bräutigam«. In: *FRANKFURTER ALLGEMEINE ZEITUNG*, 12.02.2006, http://www.faz.net/aktuell/feuilleton/buecher/rezensionen/belletristik/der-fremde-braeutigam-1307180-p2.html (19.07.2018).
[484] WEIDERMANN, Volker (2006b): »Abgeschrieben? Streit um den Roman ›Leyla‹«. In: *FRANKFURTER ALLGEMEINE ZEITUNG*, 01.06.2006, http://www.faz.net/aktuell/feuilleton/buecher/abgeschrieben-streit-um-den-roman-leyla-oezdamar-gegen-zaimoglu-1327374.html (19.07.2018).
[485] FRANKFURTER ALLGEMEINE ZEITUNG (2007).
[486] MANGOLD, Ijoma (2006): »Die Mitte der Sitte. Poetisch und soziologisch, nah und fern zugleich. Feridun Zaimoğlu erzählt in ›Leyla‹ vom Leben unter dem Gesetz«. In: *SZ Literaturbeilage*, 14.03.1006, S. 61.
[487] WEIDERMANN (2006a).
[488] *Interview mit der Regisseurin*, In: http://peripherfilm.de/fsk-kino/archiv/amrandederstaedte.html (11.09.2018).
[489] WEIDERMANN (2006b).

sich Volker Weidermann auf das »vielseitige Textkonvolut« einer süddeutschen Germanistin, die damals anonym bleiben wollte.⁴⁹⁰ Sie zeigt knapp 60 Parallelen zwischen *Leyla* und *Das Leben ist eine Karawanserei* auf motivischer und inhaltlicher Ebene auf. Darüber hinaus würden sich viele Konstruktionselemente überschneiden, so Weidermann, der als Fazit festhält, dass jedes aufgezeigte Detail an sich zwar harmlos sei, aber die Menge insgesamt irritiere.⁴⁹¹ Er fragt sich, ob Zaimoğlu tatsächlich die Geschichte seiner Mutter wiedergegeben habe und besucht Emine Sevgi Özdamar. Beide sitzen stundenlang über den besagten Texten. Weidermann darf keine Äußerung von diesem Treffen zitieren, schreibt jedoch, dass sich Özdamar um ihre eigene Lebensgeschichte betrogen fühle.⁴⁹² Daraufhin ruft Weidermann Zaimoğlus Mutter an und erfährt, dass diese ebenfalls finde, ihre Geschichte sei nun gestohlen worden. Abschließend fragt Weidermann, wem denn nun die Geschichte gehöre.⁴⁹³ Für Zafer Şenocak geht es dabei gar nicht darum, wem die Geschichte gehört, sondern vielmehr um eine »Prüfung der Authentizität« der Türkinnen. Denn die Romane destillierten »aus einzelnen Biografien heraus [...] eine Typisierung der Türken«, bedienten eine Politik, »die permanent Ressentiments schürt und eine Kultur des Unterschieds pflegt«. Kunst werde zum Schauplatz »gesellschaftlicher Auseinandersetzung« und die ästhetische Frage zu wenig bedacht. Doch besonders »in einem von fixen Bildern und verengten Perspektiven gezeichneten Umfeld wird die differenzierende Eigenschaft der Ästhetik in besonderem Maße herausgefordert«.⁴⁹⁴ Auch manche Beiträge, die sich auf ästhetische Fragen konzentrieren, setzen sich mit der Plagiatsfrage auseinander. In der *Neuen Züricher Zeitung* begreift etwa Sieglinde Geisel Zaimoğlus Roman als die Travestie von Özdamars Roman. Während Özdamar einen »derb-ironischen Schelmenroman« geschrieben habe, dominiere bei Zaimoğlu das Motiv der unterdrückten Frau. Ähnlich gegensätz-

---

490 Drei Jahre später gibt sie sich dadurch zu erkennen, dass sie ihr Konvolut als Aufsatz in einem Sammelband veröffentlicht. Siehe hierzu: BRUNNER, Maria E. (2009): »Parallele kulturelle Identifikationsräume in F. Zaimoglus *Leyla* und E. S. Özdamars Roman *Das Leben ist eine Karawanserei* oder Absorption von Textteilen?«. In: *Der deutschsprachige Roman aus interkultureller Sicht*, hg. v. Gabriella Rácz, László V. Szabó, Veszprém: Universitätsverlag Veszprém, S. 31–52.
491 WEIDERMANN (2006b).
492 Ebd.
493 Diese Frage stellt auch: PFLITSCH, Andreas (2009): »Fiktive Migration und migrierende Fiktion. Zu den Lebensgeschichten von Emine, Leyla und Gül«. In: *Wider den Kulturenzwang*, S. 231–252.
494 ŞENOCAK, Zafer (2006): »Authentische Türkinnen. Der Streit zwischen Feridun Zaimoğlu und Emine Sevgi Özdamar zeigt, wie sehr die so genannte Migrantenliteratur in der biografischen Falle sitzt. Sie spielt das Spiel der Typisierungen mit«. In: *taz am Wochenende*, 10.06.2006, http://www.taz.de/!421146/ (26.07.2018).

lich sähen die Vaterfiguren aus: bei Özdamar ein »liebenswürdige[r], selbstironische[r], melancholische[r] Versager«; bei Zaimoğlu ein »engstirnige[r], despotische[r], fundamentalistische[r] Familienvater, den alle fürchten – und der sich passgenau in das Islam-Bild des Westens fügt«. Geisel geht mit ihrer Verkehrung so weit, dass sie in Zaimoğlus Roman einen »literarischen Muttermord« sieht und *Leyla* insgesamt eine »politische Propaganda« unterstellt.[495]

Vergleichbar geht der deutsche Literaturwissenschaftler Norbert Mecklenburg vor: *Das Leben ist eine Karawanserei* sei eine »einzigartige Verbindung von zeitgeschichtlichem Ernst und komischer Verfremdung«, während *Leyla* eine Art »Pseudorealismus« verkörpere; eine mit Klischees durchsetzte »Geschichte eines armen türkischen Mädchens«. Sie diene im Unterschied zu Özdamars Roman der »sozialen Erbauung einer bestimmten Schicht von Gutmenschen in Deutschland«. Dabei ist nach Mecklenburg das Spiel mit der Konstruktion des Türken durch die »Reproduktion von Klischees, Stereotypen und Vorurteilen« durchaus legitim, müsse dann aber auch wieder unterlaufen werden, »Denk- und Deutungsmuster« aufbrechen, »festgefahrene Sichtweisen« konterkarieren. Dies gelinge Zaimoğlu im Unterschied zu Özdamar allerdings nicht.[496]

Ganz anders sieht es in zwei Veröffentlichungen der englische Literaturwissenschaftler Tom Cheesman. Er bezieht sich in der späteren von 2008 auf Mecklenburg, wenn er fragt, warum Zaimoğlu woanders Stoff suchen sollte, der ja doch Stereotypen eher problematisiere und unterlaufe statt sie zu bestärken, wenn doch genau Letzteres in *Leyla* stattfinde.[497] Er erkennt andere Unterschiede zwischen den beiden Werken als Mecklenburg und Geisel: Vor allem hinsichtlich des Umgangs mit sozialen Tabus würden sie sich konzeptionell unterscheiden. Özdamar stelle in ihrem Roman alle Tabus »unkommentiert benannt« und listenartig dar. Dabei sei bemerkenswert, dass der Tabubruch in *Das Leben ist eine Karawanserei* »kaum mit ernsthaft zu befürchtenden Folgen verbunden ist«.[498] Alles bewege sich im »Theoretischen«. Demgegenüber seien Tabus in *Leyla* funktionalisiert: »Hier sind die Tabus richtige Handlungsanweisungen. Alle sind mit fürchterlichen Bedrohungen verbunden, mit gewaltigen körperlichen bis tödli-

---

[495] GEISEL, Siglinde (2006): »›Leyla‹. Eine Travestie?«. In: Neue Züricher Zeitung, 24.06.2006, https://www.nzz.ch/articleE8O0G-1.41751 (26.07.2018).
[496] MECKLENBURG, Norbert (2006): »Ein türkischer Literaturskandal in Deutschland? Kritischer Kommentar zum Streit um Feridun Zaimoğlus ›Leyla‹ und Emine Sevgi Özdamars ›Das Leben ist eine Karawanserei‹«. In: *literaturkritik.de rezensionsforum*, 12.06.2006, https://literaturkritik.de/id/9610 (26.07.2018).
[497] CHEESMAN, Tom (2008): »Pseudopolitisch, pseudokorrekt: Ein deutscher Literaturskandal. Ein später Nachtrag zur Debatte um Feridun Zaimoğlus ›Leyla‹«. In: *literaturkritik.de rezensionsforum*, 29.05.2008, https://literaturkritik.de/id/11966 (26.07.2018).
[498] Ebd.

chen Sanktionen«. Mit der vorliegenden Kulturgeschichte können wir ergänzen, wenn die Spache das Medium der Verhandlung der 1990er Jahre ist, sind es die Praktiken in den 2000er Jahren. Deshalb kann Cheesman Leyla auch als eine rebellische Figur begreifen.[499] Alanyalıs Einschätzung, dass Leyla ihr Schicksal »ertrage, ohne daran zu zerbrechen«,[500] erinnert ein wenig an Umay in Feo Aladağs DIE FREMDE, denn weiter bemerkt sie, dass Leyla sich »Unmut über die herrschenden Zustände [zugesteht], sie zu verändern dagegen nie«.[501] Von diesen Überlegungen ausgehend, interessiert Cheesman nicht die Frage des Plagiats, sondern die der literarischen Repräsentation.[502] Denn Zaimoğlu bediene in *Leyla* nicht einfach Stereotypen, sondern er übertreibe sie. Ähnlich schätzt Helga Kotthof die deutsch-türkischen Kabarettisten und Comedians der 2000er Jahre ein: Sie seien über das lediglich Stereotypenhafte hinaus »überspitzt«. Die Technik der »Überspitzung« sei insofern ambivalent, als sie ein Mitlachen oder ein Auslachen auslösen könne. Für Cheesman ist das »overfilling« der Stereotypen in *Leyla* hingegen zugleich ein Unterlaufen:

> Halid's futile, Gothic revolt against humane conventions invokes ancient cultural traditions – the mythology of Islam – against the modernity that denies him a place. His excessive and self-defeating barbarism dramatizes the violence of superimposed class and ethnic divides not only in his own society, where he is an unwelcome immigrant, but also by implication on other societies.[503]

---

499 Ebd.
500 Auch wenn es sich in Selim Özdoğans Buch *Die Tochter des Schmieds* um ein ganz anderes Vater-Tochter-Verhältnis handelt, wird die Protagonistin Gül in der Rezeption, in der Forschung und auch vom auktorialen Erzähler selbst als Frau beschrieben, die ihr Schicksal ertragen könne. Siehe hierzu: ÖZDOĞAN (2006). Siehe hierzu auch: CHEESEMAN, Tom (2007): »Postscripts: Astronauts in Search of a Planet«. In: ders.: *Novels of Turkish German Settlement. Cosmopolite Fictions*, New York: Camden House, S. 183–196, S. 185. Siehe auch: HOFMANN, Michael (2013): »Güls Welt. Erzählen und Modernisierung in Selim Özdoğans Roman *Die Tochter des Schmieds*«. In: ders.: *Deutsch-türkische Literaturwissenschaft*, Würzburg: Königshausen & Neumann, S. 120–132. Ähnliches gilt für Özlem aus Dilek Güngörs Roman *Das Geheimnis meiner türkischen Großmutter*. Hier wird die Kraft, sein Schicksal zu ertragen, mit dem Durchhaltevermögen der ersten Gastarbeitergeneration gleichgesetzt. Siehe hierzu: GÜNGÖR (2008): S. 92. Eine Kraft, die die Protagonisten aus den aktuellen Romanen von Fatma Aydemir und Dilek Göngör nicht mehr aufbringen können. Siehe hierzu: AYDEMIR (2017); GÜNGÖR (2019).
501 ALANYALI, Iris (2006): »Die Flucht vor dem Mann im Pyjama«. In: *Die Welt*, 08.04.2006, https://www.welt.de/print-welt/article209366/Die-Flucht-vor-dem-Mann-im-Pyjama.html (zuletzt 26.07.2018).
502 Siehe hierzu: CHEESMAN (2007): S. 192.
503 Ebd., S. 195.

Man habe es mit einer neuen Form der literarischen Repräsentation in der deutsch-türkischen Literatur zu tun, die helfe, Deutschland zu kosmopolitisieren.[504] Diese Einschätzung halte ich für problematisch, weil z. B. Halid, nach Leyla der wichtigste Akteur, aufgrund seines Verhaltens gar kein Teil einer kosmopolitischen Welt sein kann. Er definiert sich nur durch Gewalt und ein immerwährendes Unbehagen an allem, was ihn umgibt und in Beziehung zu ihm steht. Figuren wie Yusuf oder Yakup aus YASEMIN und ABDULLAH YAKUPOĞLU der 1980er Jahre hätten hingegen an einer kosmopolitischen demokratischen Welt teilhaben können, hätten sie nur entsprechende Bildungs- und Aufstiegschancen bekommen.[505] Denn Schuld an dem Vergehen gegen ihre Töchter waren die Umstände ihrer Geschichte und eine Kultur, eine Norm, die von außen über sie hereinbrach und der sie gewissermaßen ausgeliefert waren. Dieses Außen gibt es bei Halid nicht. Seine Handlungen sind Ergebnisse verkörperter Traditionen, über deren Einsatz und Umgang er selbst entscheidet. Can aus Züli Aladağs WUT, der eine wohlhabende deutsche Familie terrorisiert, kann ebenfalls unmöglich Teil einer kosmopolitischen Welt sein.[506] Wenn es einen Kosmopolitismus in diesen Werken gibt, dann produziert er keinen Raum und keine Möglichkeiten, sondern stellt Ordnungen auf, die aufgrund der Entscheidungsfreiheit eine neue kulturelle Trennung herbeiführen mag.

Im Zusammenhang mit Zaimoğlus Literatur aus den 2000er Jahren stellt Dorothee Kimmich fest, dass Literatur zu dieser Zeit das Medium zur Darstellung von Missverständnissen und Kommunikationshindernissen im »transkulturellen Dialog« sei. Literatur sei dabei »nicht das Resultat einer vollends globalisierten weltweiten Kommunikation, sondern markiert vielmehr die Brüche und die Übersetzungsfehler«.[507] Ein solcher Bruch sei etwa in Zaimoğlus Erzählung *Häute* daran zu erkennen, dass die Unterscheidung von Moderne und Tradition aufgehoben sei. Denn am Ende gehe es darum, ob der Protagonist die Tochter eines türkischen Dorfladenbesitzers als Frau mit nach Deutschland nimmt. Zuvor wurde ständig um Waren gefeilscht, so dass noch unklar sei, ob es hier um einen archaischen Frauentausch gehe oder um einen »auf die Spitze getriebenen Kapitalismus«.[508] *Leyla* ist für Kimmich ein »Protokoll einer ungewöhnlichen Krisenerfahrung«, eine »Geschichte der Angst«, die sich nur mit der semiauto-

---

504 Ebd., S. 196.
505 Siehe hierzu: GRABE (1986); BOHM (1988).
506 Siehe hierzu: ALADAĞ (2006).
507 KIMMICH, Dorothee (2009): »Öde Landschaften und die Nomaden in der eigenen Sprache. Bemerkungen zu Franz Kafka, Feridun Zaimoğlu und der Weltliteratur als ›littérature mineure‹«. In: *Wider den Kulturenzwang*, S. 297–316, hier S. 300.
508 Ebd., S. 312.

biografischen Stimme des Sohnes erzählen lasse. Nur »in dieser Überkreuzung der Geschlechter und der Generationen« sei es möglich, diese Geschichte der Angst aufzubewahren und zu rahmen.[509] Tatsächlich ist der Ausgangspunkt des Romans, wie ihn Feridun Zaimoğlu zumindest im Rahmen seiner Tübinger Poetikdozentur festhält, die Bitte seiner Mutter, er solle ihre Lebensgeschichte aufschreiben.[510] Die ersten Beschreibungen aus ihrer Vergangenheit handeln zudem, wie gesehen, von Wölfen und »ihrer Hungersucht«. Dem entgegnet der Sohn, dass dies »eine Geschichte aus der alten Zeit, aber keine alte Geschichte sei«.[511] Die Mutter von Zaimoğlu und Özdamar wurden beide in Malatya geboren; erstere 1941, letztere 1946. In dieser Stadt hat Güzin Cecen, Zaimoğlus Mutter, sechzehn Jahre ihres Lebens verbracht. Ihr Vater war ein »glückloser Mann, ein tschetschenischer Heimatvertriebener aus dem Kaukasus, den nicht die Sehnsucht, aber das Pech plagte«. Er hatte den Beschreibungen der Tochter gemäß »keinen Geschäftssinn«.[512]

Neben biografischen Splittern macht Zaimoğlu in seiner Poetikvorlesung vor allem zwei Aspekte publik: die Haltung seiner Mutter zu dem, was man »türkische Tradition« nennen könnte, und die Frage der Übersetzung der Geschichte und ihre erzählerische Gestaltung für den Autor, den Sohn, also ihn selbst. Cecens Haltung macht Zaimoğlu anhand eines längeren Wutausbruchs seiner Mutter deutlich, der zugleich eine Kernaussage des Romans wiedergibt. Gegen die Gesetze des gelebten Glaubens, der Ahnen, das Ehrengesetz der Männer, »die es geltend machten, wenn es darum ging, einer Frau die Grenzen des Anstands aufzuzeigen«, wettert die Mutter:

> Was ist das für ein gottverfluchter Anstand, [...], was ist das für eine Kultur der Gewalt, der Scham und der Schande?! Die Frauen werden ohnmächtig, und die Männer treiben sich auf den Straßen herum und schwätzen von ihrer Ehre, und sie fallen beim kleinsten Anlaß übereinander her, und dann erfährt man von der Nachbarin, daß wieder einmal ein Idiot am Ende eines Messerkampfes in seiner Blutlache verendet ist, wofür denn, in Gottes Namen? Die Ehre ist Geschwätz, ist sie das Gewebe im Herzbeutel, ist sie ein Knoten im Unterleib, ist sie ein Geschwulst hinter den Augen? Die Männer vergruben in uralten Zeiten ihre Töchter, wenn der Mann nach der Zahl seiner Kinder gefragt wird, erwähnt er nur stolz

---

509 KIMMICH (2011): S. 63.
510 ZAIMOĞLU, Feridun (2008): »Feridun Zaimoğlu. Leyla: Zweite Vorlesung«. In: *Feridun Zaimoğlu/Ilija Trojanow. Ferne Nähe*, hg. v. Dorothee Kimmich, Philipp Ostrowicz, Künzelsau: Swiridoff, S. 27–46, hier S. 30.
511 Ebd. Feridun Zaimoğlus Eltern leben an der türkischen Westküste in einer Sommerhaussiedlung nahe der Kleinstadt Burhaniye, die zwischen Izmir und Canakkale liegt. Interessanterweise bezeichnet eine der Protagonistinnen aus AM RANDE DER STÄDTE die Türken in der Siedlung ebenfalls als »hungrige Wölfe« (»ac kurtlar«). Siehe hierzu: BADEMSOY (2005).
512 ZAIMOĞLU (2008): S. 32.

seine Söhne. Diesen kranken Stolz muss man diesen Idioten austreiben wie einem Schwein den ungesunden Geist.[513]

Für den Sohn ist die Mutter eine Frau, die viel erlebt hat und viel weiß. Sie steht, besonders mit der oben zitierten Wutrede, für die Verkörperung einer Tradition, die sich nicht aus Interpretation ergeben hat, sondern aus der Darstellung der Verhaltensweisen und »Stimmen«, wie er es nennt.[514] Die Frage, wie er die Geschichte seiner Mutter aufschreiben könne, hat Zaimoğlu lange beschäftigt. Nach einem dreimonatigen Rechercheaufenthalt in der Türkei begann er, aus seiner Perspektive zu erzählen, vermochte dabei aber nicht, das wiederzugeben, was seine Mutter ihm erzählt hatte. Nach einem längeren Findungsprozess, besonders mehrmaligem Anhören der Tonbandaufnahmen mit der Stimme und den Erzählungen seiner Mutter, entschied er sich, die Geschichte aus der Perspektive einer Frau zu schreiben. Es kam ihm »falsch vor, in die Rolle des Vaters oder eines Bruders [seiner] Mutter zu schlüpfen, [er] wäre dem Widerstand ausgewichen«, dem Widerstand seiner Mutter.[515]

Wieder in Deutschland sprach er mit den Müttern deutsch-türkischer Bekannter und Freunde. Seine Fragen waren ganz andere als diejenigen, die er in den 1990er Jahren den ›Kanaken‹ gestellt hatte: wie es sich denn in ihrer Haut lebe. Nun interessierten ihn der Tagesablauf, der Alltag der Frauen in der Türkei, bevor sie nach Deutschland als Gastarbeiterinnen migrierten.[516] Dieser dokumentarische Zugang zur Vorgeschichte der Migration nach Deutschland spiegelt sich auch in der Verarbeitung der aufgenommenen Interviews mit seiner Mutter: »Ich ließ die Kassette laufen und hörte die Stimme meiner Mutter über den Kopfhörer, ich übersetzte ihre Geschichten Satz für Satz simultan ins Deutsche«.[517] Im Vorwort zu *Kanak Sprak* hatte Zaimoğlu Mitte der 1990er noch programmatisch betont, dass er die aufgenommenen Interviews ummodelliert und eine Schablone darübergelegt habe, um einer bestimmten Orientalisierung vorzubeugen.[518] Wie Zafer Şenocak, der Mitte der 2000er Jahre die Aufgabe der Übersetzung neu konzeptualisierte, will nun auch Zaimoğlu alles Innere nach außen stülpen. Vielsagend

---

513 Ebd., S. 33.
514 So beschreibt auch Hatice Akyün ihren Vater in *Hans mit scharfer Soße*: »Mein Vater ist ein Gefühlsmensch. Obwohl er kaum lesen und schreiben kann, ist er ein kluger Mann, der Weisheit und Bauchgefühl miteinander verbindet. Das Leben hat ihm beigebracht, was gut ist. Dabei ist es ihm egal, in welchem kulturellen Kreis er sich gerade aufhält, wenn er seine Entscheidungen trifft.« Siehe hierzu: Akyün (2005): S. 189.
515 Ebd., S. 37.
516 Ebd.
517 Zaimoğlu (2008): S. 40.
518 Zaimoğlu (1995): S. 13.

ist dabei folgende Begebenheit: Cecen bittet ihren Sohn gleich zu Beginn des Interviews, die Fenster zu schließen, weil die Nachbarn nicht hören sollen, was sie erzählt. Ihr Sohn entgegnet überrascht und irritiert, dass in Deutschland Tausende lesen würden, was sie ihm jetzt erzähle.[519]

In diesem Zusammenhang sollten wir einen letzten Blick auf die Plagiatsaffäre werfen. Maria E. Brunner hat Zaimoğlu nicht nur vorgeworfen, abgeschrieben zu haben. Zudem werde in *Leyla* das »Erzählen selbst [...] nie einer Prüfung unterzogen«,[520] d. h. es werde nie darüber reflektiert, dass das Erzählte eine Konstruktion ist. Im Unterschied dazu sei Özdamars Text »überstrukturiert«.[521] Er »inszeniert Märchen, Mythen, Bilder und Erzählungen der moslemischen Alltagskultur, deren Authentizitätskultur damit untergraben wird«. Auf ähnliche Weise untergräbt Zafer Şenocak eine spezifische kulturelle Authentizität in *Gefährliche Verwandtschaft*, wenn sein Erzähler nach dem Besuch einer Berliner Moschee den Islam als eine Religion beschreibt, die ideal sei für Männer, die Fußgeruch, Sperma und Bärte produzieren.[522] Das ähnelt wiederum dem Konzept der *Kanak Sprak*, das Türkische und Türkeispezifische entweder in Frage zu stellen oder außen vor zu lassen, weil die Wirklichkeit transkulturell sei. Man müsse, so Thomas Arslan, durch die Klischees und Stereotypen hindurchgehen, wenn man auf etwas anderes, auf etwas Gemeinsames verweisen wolle.[523] Ohne Bruch, Subversion, Überkonstruktion und Verleugnung ist in den 1990er Jahren keine Repräsentation möglich bzw. genauer: eine Verschiebung der herrschenden Repräsentation, wie sie Anfang der 1990er Jahre Stuart Hall mit Blick auf den britischen Film der 1980er Jahre dargestellt hatte.[524] Genau in dieser postkolonialistischen Logik macht Brunner in ihrem Vergleich von Özdamars und Zaimoğlus Romanen auf Bhabhas Modell der Mimikry aufmerksam: Die Repräsentation einer Differenz müsse auch immer eine Verleugnung und Verschiebung enthalten.[525] Das ist die eine Seite der kulturellen Übersetzung in Literatur und Film der 1990er Jahre. Kulturelle Repräsentation war in den 1990er Jahren jedoch weder möglich noch erwünscht, dass Handlungen oder soziale Interaktionen der Akteure und wofür diese stehen in den Blick kamen. Im Vordergrund standen Intensität und Präsenz von Aussagen und Körpern. Außerdem blockierten damals Reflexionen

---

519 SEZGIN, Hilal (2006): »Eine Stimme. Ein Unschuldsbeweis«. In: *DIE ZEIT*, 22.06.2006, https://www.zeit.de/2006/26/L-Zaimoglu-Interview (01.08.2018).
520 BRUNNER (2009): S. 50.
521 Ebd., S. 46.
522 ŞENOCAK, Zafer (1998): S. 110.
523 ARSLAN, Thomas (1998): *Filmheft zu Dealer*, Berlin: Peripher.
524 Siehe hierzu: HALL, Stuart (2008): »Neue Ethnizitäten«. In: *Kulturwissenschaft. Eine Auswahl grundlegender Texte*, Frankfurt a. M.: Suhrkamp, S. 505–516, hier S. 512.
525 Ebd., S. 33.

zum Multikulturalismus den Zusammenhang von Kultur und sozialer Praxis im öffentlichen Raum, weil die politische und theoretische Doktrin vorgab, dass die Ethnizität des Anderen zwar als Anderssein verstanden werden sollte, sie aber nicht als »Ressource der Unterscheidung« eingesetzt werden durfte.[526] Folgerichtig ist es auch wirklich schwer, wie oben gezeigt, aus Özdamars Roman einen realistischen Alltag in den 1950er und 1960er Jahren der Türkei herauszulesen und nachzuvollziehen.

Ganz anders bei *Leyla*: Wir können uns denken und wissen oft, wo Halid sich befindet, wenn er nicht zu Hause ist; entweder macht er am Bahnhof Geschäfte, sitzt im Kaffeehaus und schlägt die Zeit tot oder vergnügt sich im Kino mit der freizügigen Ipek Hanım. Eine solche Darstellung der sozialen Welt finden wir in keinem Film und keinem Text der 1990er Jahre. Das hat damit zu tun, dass die politischen Bedingungen damals andere waren, das Private vom Öffentlichen noch getrennt war und als Folge die Schwelle zum privilegierten Ort der Erzählung wurde. Wenn in den 2000er Jahren nun hinsichtlich Integration »alles auf den Tisch« kommen soll und »man ja wohl noch wird sagen dürfen«, ist das nicht mehr möglich. Genau diese Verschiebung hat Brunner wie viele andere übersehen. Es ist richtig, dass Zaimoğlu im Unterschied zu Özdamar weitaus ethnologischer vorgeht und die türkische Kultur sogar vorführt. Doch muss man genauer hinsehen. Denn was er vorführt, ist das Hausgesetz des Vaters und die damit verbundene Tyrannei, die insofern mit dem Koran zu tun hat, als der Vater ihn für seine Zwecke einsetzt. Ob die Handlungen sich jedoch genau daraus ableiten lassen, ist niemals eindeutig. Vielmehr kollidieren sie mit anderen Handlungsnormen, wie denen des Staates, die ihre Repräsentationskraft stark einschränken.

Sehr wahrscheinlich wäre die Plagiatsdebatte weniger skandalös verlaufen, wenn man die Romane *Die Tochter des Schmieds* und *Das Geheimnis meiner türkischen Großmutter* von Selim Özdoğan und Dilek Güngör hinzugezogen hätte, die zur selben Zeit entstanden sind wie *Leyla*. Denn im Vergleich zu *Das Leben ist eine Karawanserei* weisen sie die gleichen Unterschiede auf wie *Leyla*. So ist der Austragungsort in beiden Romanen die türkische Provinz. Im Kern geht es ebenfalls nicht um Sprechweisen, Artikulationen, Mobilität oder die Schwelle wie bei Özdamar, sondern um spezifische Orte, Gesetzmäßigkeiten und nicht zuletzt die Lebensweisen der Akteure und ihre Entscheidungen.

Wie *Leyla* für Zaimoğlu stellt auch *Die Tochter des Schmieds* für Özdoğan einen einschneidenden Wandel im bisherigen Erzählkonzept des Autors dar. In

---

526 Vgl. RADTKE, Frank-Olaf (1998): »Lob der Gleich-Gültigkeit. Die Konstruktion des Fremden im Diskurs des Multikulturalismus«. In: *Das Eigene und das Fremde. Neuer Rassismus in der Alten Welt?*, hg. v. Ulrich Bielefeld, Hamburg: Hamburger Edition, S. 79–98, hier S. 92.

Özdoğans früheren, popliterarisch anmutenden Romanen und Erzählungen wie *Es ist so einsam auf dem Sattel seit das Pferd tot ist* (1995), *Nirgendwo & Hormone* (1996) und *Ein gutes Leben ist die beste Rache* (1998) steht das Lebensgefühl einer Generation im Vordergrund, »die den Sinn des Lebens im Genuss findet, für die hic et nunc das Wesentliche ist«.[527] Zugleich hat Özdoğan in seinen Texten der 1990er Jahre Migration und türkische Themen durchweg vermieden, wenn nicht gar verleugnet.[528] Wie Ahmed aus GESCHWISTER hat er seinen türkischen Hintergrund nicht thematisiert.[529] Ahmed hatte aus guten Gründen nicht begreifen können, warum sein Bruder Erol zum türkischen Militär wollte, obwohl ihr gemeinsamer Vater Türke war. Özdoğans Roman *Die Tochter des Schmieds* erzählt im Jahr 2005 hingegen eine türkische Familiengeschichte aus der türkischen Provinz, deren Protagonistin schließlich als Gastarbeiterin nach Deutschland migriert. Den Danksagungen am Ende des Buches entnehmen wir, dass Selim Özdoğan wie Feridun Zaimoğlu mit vielen Familienangehörigen Gespräche über die Türkei der 1950er und 1960er Jahre geführt hat.[530] Auch seine Hauptfigur Gül ist biografisch geprägt. In seiner Kindheit habe er schon seine Zeit zu Hause »am liebsten in Gegenwart der türkischen Frauen verbracht«.[531] Ihre Geschichte hat Özdoğan in den Romanen *Heimstraße 52* (2011) und *Wo noch Licht brennt* (2017) weitererzählt.[532]

---

[527] KARAKUŞ, Mahmut (2012): »Selim Özdoğans ›Die Tochter der Schmieds‹. Möglichkeiten der Selbstverwirklichung der Frauen«. In: *Alman Dili ve Edebiyat Dergisi* 0 (19), S. 139–154, hier S. 140. Lars Beckers Verfilmung KANAK ATTACK von Feridun Zaimoğlus Roman *Abschaum* setzt nach dem Vorspann, in dem drei »Kanaken« vorgestellt werden, mit den Worten des Ich-Erzählers aus dem Off ein, dass ihre Geschichte ebenfalls eine Geschichte ohne Anfang und Ende sei; ein »Ausnahmezustand« im »hier und jetzt«. Siehe hierzu: BECKER, Lars (1999/2000): *Kanak Attack*, Spielfilm, Deutschland.
[528] Siehe hierzu PFLITSCH (2009): S. 238.
[529] ARSLAN (1996). Auf Özdoğans Gesinnungswandel machen einige Forschungsbeiträge aufmerksam. Siehe hierzu: PFLITSCH (2009): S. 238; HOFMANN, Michael (2013): »Güls Welt. Erzählen und Modernisierung in Selim Özdoğans ›Die Tochter des Schmieds‹«. In: ders.: *Deutsch-Türkische Literaturwissenschaft*, Würzburg: Königshausen & Neumann, S. 120; KARAKUŞ (2012).
[530] ÖZDOĞAN, Selim (2005): *Die Tochter des Schmieds*, Berlin: Aufbau.
[531] Auch Nuran David Calış hält für seinen Protagonisten in *Der Mond ist unsere Sonne* fest: »Ab und zu schnappte ich etwas auf [...] beim Familienessen [...] die Mutter erzählte jedoch kaum etwas, sie war wie ein schwarzes Loch [...] Mir zuliebe, meinte sie, wolle sie nichts erzählen. Ich solle nach vorne schauen und nicht zurück. So sampelte ich mir unsere Vergangenheit zusammen, von Familientreffen zu Familientreffen und von Fernsehabend zu Fernsehabend. Während die anderen spielten, saß ich die meiste Zeit am Tisch und hörte zu. Stellte keine Fragen, nahm an keiner Diskussion teil, stattdessen spitzte ich meine Ohren, und mein Kopf nahm jede Information wie ein Schwamm auf.« Siehe hierzu: CALIŞ (2011): S. 73.
[532] ÖZDOĞAN, Selim (2011): *Heimstraße 52*, Berlin: Aufbau; ders. (2017): *Wo noch Licht brennt*, Innsbruck: Haymon.

Die Familie des Schmieds Timur lebt in Anatolien am südlichen Rand von Kappadokien in der Provinz Niğde. Die Geschichte ist in zwei Kapitel unterteilt, wobei das Letztere nur zwei Seiten umfasst – was hinsichtlich des Erzählkonzepts sehr aussagekräftig ist. Das erste Kapitel ist in der dritten, das zweite in der ersten Person erzählt, wobei dieser Wechsel der Erzählperspektive überraschenderweise fließend geschieht. Er verdeutlicht, dass bereits die Perspektive der ersten 310 Seiten eine personale war und dass es auch in diesem Roman um das Herausstülpen einer inneren Welt geht. Doch zunächst möchte ich kurz auf den Inhalt des Romans eingehen.

Obwohl Rezensionen und wissenschaftliche Beiträge dem Roman attestieren, dass er jegliche Art von Orientalisierungen und Folklore vermeide, könnte er nicht stereotypischer beginnen. »Mach meinen Mann nicht zum Mörder«[533], lautet der erste Satz. Ihn spricht eine Frau auf dem Rücksitz eines Autos, die dessen Fahrer zum Anhalten bringen möchte. Kurz zuvor hatte er ihren Mann darum gebeten, sein stehengebliebenes Auto anzuschieben, ließ ihn dann aber stehen und fuhr mit seiner Frau weiter. Auf deren Drängen hält er tatsächlich an, statt sich, wie wohl geplant, an ihr zu vergehen. Ihr Mann Timur ist froh, dass er mit dieser Frau verheiratet ist: Sie sei »in das Buch seines Lebens eingeschrieben worden«. Bis zu ihrem Tod nennt er sie sein »Stück vom Mond«. Dabei hat ihm seine Mutter diese Frau ausgesucht: »Es war nicht das erste Mal, das seine Mutter jemanden vorgeschlagen hatte, aber dieses Mal hatte er ja gesagt«.[534] Formulierungen wie »Stück vom Mond«, Themen wie Schicksal, Endlichkeit und Ehre tauchen in Özdoğans Roman immer wieder auf und sind für die Erzählung insgesamt konstitutiv. Trotzdem wirft kein Rezensent Özdoğan Orientalismus vor. Das liegt vor allem daran, weil für die Erzählungen nicht die Sprache oder Metaphern im Zentrum des Dargestellten stehen, sondern wie in der Einstiegsszene gesehen, bestimmte Handlungen und Entscheidungen. Sie lassen die lediglich sprachlich aufgegriffenen Orientalismen nicht essenzialistisch werden. Sie finden vielmehr als Kategorien Verwendung, denn tatsächlich für eine andere Welt wie den Orient zu stehen. In diesem Zusammenhang ist Güls Verhältnis zu Gesetzen und Normen ausschlaggebend. Anders als in *Leyla* ist hier nicht ständig von Gesetzen die Rede. Sie kommen aber zum Tragen, wenn Gül Entscheidungen trifft.

Auf den ersten Blick fällt in *Die Tochter des Schmieds* auf, wie detailliert der Erzähler das Leben von Timurs Familie in der türkischen Provinz beschreibt: seine Arbeit als Schmied, die Arbeit im Haus, das Heranwachsen seiner drei Töchter Gül, Melike und Sibel, und dass dieses Leben vom Wechsel der Jahres-

---

533 ÖZDOĞAN (2005): S. 7.
534 Ebd., S. 14.

zeiten bestimmt ist. In einer Kritik aus der *Süddeutschen Zeitung* heißt es dazu treffend, dass Özdoğan »handlungsreich und schnörkellos« erzähle:

> Da wird die eine Sache nicht viel ausführlicher beschrieben als die andere, egal, ob hier jemand ein Kind zur Welt bringt oder sich dort jemand das Nasenbein bricht. Das hat etwas von epischer Einfachheit. Erzählen kommt von Aufzählen. Hat jemand etwas vor, ist es im nächsten Satz getan.⁵³⁵

Neben diesem Fokus auf Handlungen und dem interaktiven Zusammenhang von Erzählung und Erzähltem wissen wir in der Regel auch, wo die Familie sich in den jeweiligen Erzählabschnitten befindet und weshalb. Im Sommer wohnt die Familie in der Stadt, im Winter im Dorf, weil es im Stadthaus keine Heizung gibt. Von der historischen Zeit erfahren wir wie in Zaimoğlus Roman durch politische Ereignisse wie den Militärputsch in der Türkei 1961, durch die Meldung von der Ermordung Kennedys, durch den Kauf eines Radios oder den Einzug der Elektrizität in die Provinzstädte und in die Dörfer.⁵³⁶ Auch hier ist das moderne Leben elektrisch.

Bevor jedoch diese Form des modernen Lebens Einzug in das provinzielle türkische Dorf hält, lesen wir besonders nach dem Tod von Timurs erster Frau Fatma die Schilderung von Güls Leben. Die älteste Tochter meint, nach dem Tod der Mutter deren Rolle übernehmen zu müssen. Da ist sie gerade einmal sechs Jahre alt.

> Menschen laufen hin und her, Gül weiß nicht, wo Melike und Sibel sind, sie sieht Tante Hülya und Onkel Yücel, sie sieht Nachbarn und auch Menschen, die sie noch nie vorher gesehen hat. Sie hat aufgehört zu weinen und denkt: Ich muß ein großes Mädchen sein, ich muß auf Melike und Sibel achtgeben.⁵³⁷

Für das Wohl der Töchter heiratet Timur ein zweites Mal, eine neue Frau namens Arzu, die ihrer neuen Verantwortung mehr pflichtbewusst als liebevoll nachkommt, da ihr selbst stets bewusst ist, dass sie Fatma nie ersetzen kann. Im völligen Gegensatz zu Halid aus *Leyla* ist Timur eine dankbare Person. Er habe, heißt es einmal, ein so ein großes Herz, dass selbst sein Widersacher Tufan darin Platz finde.⁵³⁸ Ein anderes Mal bejaht Timur die Frage, ob er Arzu gegen Fatma eintauschen würde, ist aber trotzdem zufrieden, weil seine Töchter gesund sind

---

535 WIEGANDT, Kai (2005): »Das Gewicht der einfachen Dinge«. In: SÜDDEUTSCHE ZEITUNG, 06.07.2005, https://www.buecher.de/shop/buecher/die-tochter-des-schmieds/oezdogan-selim/products_products/detail/prod_id/13273664/#reviews (03.08.2018).
536 Siehe hierzu: ÖZDOĞAN (2005): S. 156 u. S. 273.
537 ÖZDOĞAN (2005): S. 60.
538 Ebd., S. 49 u. S. 171.

und er arbeiten kann.⁵³⁹ Diese besondere Perspektive vermitteln uns vor allem Güls Beobachtungen. Wie in *Leyla* und anders als in Özdamars Roman wissen auch wir hier immer, wohin jemand geht oder wo jemand ankommt.⁵⁴⁰ Die Schule spielt in beiden Romanen eine wichtige Rolle. Für Gül mag sie ein Ausgleich sein zur anstrengenden Arbeit zu Hause. Sie hat aber auch ihre Klassenkameraden und die Lehrerin sehr gern.

Auch wenn an keiner Stelle explizit von Gesetzen und Normen die Rede ist, spielt das Verhältnis von Lebensweise und wie man sich zu verhalten habe, in Özdoğans Roman eine herausragende Rolle. Dieses Verhältnis wird noch um eine erzählerische Dimension ergänzt, die über die Beobachtungen und das Leben von Gül hinausgeht. Geradezu ethnologisch beschreibt der Erzähler aus einer sachlichen Distanz in der dritten Person etwa, wie am Opferfest geschächtet wird.⁵⁴¹ Oder er klärt uns darüber auf, dass das von Tufan eingeschlagene Fenster bedeutet, dass

---

539 Ebd., S. 171.
540 Siehe hierzu auch: WIEGANDT (2005). Folgende drei literarische Beispiele zeigen, welche identitätspolitische Relevanz Richtungsvorgaben und -vektoren in den 2000er Jahren haben. Am Ende von Yadé Karas Roman *Selam Berlin* heißt es: »Ich liebte Berlin nach einem Regen und lief Richtung Potsdamer Platz. Die Lichter der Stadt spiegelten sich auf den nassen Pflastersteinen, die Straßen hatten mehr Raum, mehr Weite. Alles war heller und klarer, und die ganze Stadt gewann an Glanz. [...] Von weitem hörte ich Raketenschüsse. Sie kamen aus der Richtung vom Reichstag. Und ich wußte: In diesem Moment wurde die Freiheitsglocke geläutet und die Flagge gehißt. Und aus zwei deutschen Staaten wurde um Mitternacht wieder ein Deutschland. Ich wärmte mich an der Kippe und wußte plötzlich, wo es langgeht in meinem Leben ... Ha!« KARA (2004): S. 381f. Wie sehr die Akteure kulturelle Orientierung im Unterschied zu den 1990er Jahren verinnerlicht haben, zeigt auch der Schluss von Zaimoğlus *Häute*. Nachdem dem Ich-Erzähler anstelle des antiken Jungfernbluttuches die Tochter der Geschäftsinhaberin angeboten wird, betritt ein dem Mädchen versprochener junger Mann den Raum, der den Fremden, der die Sprache der Dörfler beherrscht, mit einer Rasierklinge bedroht. »›Du Geschminkter, wirst jetzt sofort aufbrechen‹, sagt der Steinbrecher, ›du hast den Weg in unser Dorf gefunden, du wirst auch wieder rausfinden. Oder sollen wir dich begleiten?‹ ›Ist nicht nötig‹, sage ich, ich trete aus dem Laden und verlasse mich auf meinen inneren Kompaß, der meine Schritte zum Ortsausgang leiten wird, und wie ich mein Glück an solchen Tagen kenne, wird mich kein Stein aus einer Zwille treffen noch ein Hund anfallen.« ZAIMOĞLU (2004): S. 121. Imran Ayatas erste Erzählung »Pokerci Ali« aus dem Erzählband *Hürriyet Love Express* beginnt in einem Stadtteil in Istanbul, in dem »Pokerci Ali« bekannt ist, und endet, nachdem er sich dafür entscheidet, der größte Pokerspieler in Deutschland zu werden und deshalb migriert, mit Alis Ankunft auf einer Baustelle in Pforzheim. Hier ist es der Leser, der nur zu gut weiß, dass Ali nicht in Baden-Baden im Spielcasino landen wird, sondern an einer Arbeitsstelle als Gastarbeiter. Erneut ist die Ankunft an einem bestimmten Ort symbolisch aufgeladen. »Und was sah Pokerci Ali? Da, wo das große Casino stehen sollte, war eine riesige Baustelle und sonst nichts. Das Casino, in dem Pokerci Ali Geschichte schreiben wollte, war noch nicht gebaut.« Siehe hierzu: AYATA, Imran (2005): »Pokerci Ali«. In: *Hürriyet Love Express*, Köln: Kiepenheuer & Witsch, S. 14–20, hier S. 20.
541 ÖZDOĞAN (2005): S. 119.

dieser »ein Auge auf seine [Timurs, Ö.E.] Frau geworfen hat«.[542] Später erfahren wir, dass man Toten »ein Tuch um das Kinn« bindet, »damit der Mund nicht offensteht, wenn die Leiche steif wird«; oder dass man nicht vor seinen Eltern rauchen darf, »weil es eine Respektlosigkeit ist, sich im Beisein der Älteren einem Genuß hinzugeben«.[543] Ebenso eingehend wird der genaue Ablauf von Heiratsanträgen beschrieben.[544] Bei der standesamtlichen Vermählung muss der Mann z. B. auf den Fuß der Frau treten, wenn er im Eheleben »die Hosen anbehalten« will.[545] Und hier zeigt sich eine weitere konstitutive Ebene des Romans, der sich nicht allein in der Darstellung von Lebensweisen erschöpft, sondern auch in sprachlicher Hinsicht dieselbe Übersetzungsleistung erbringt wie Zaimoğlus *Leyla*. Auch Özdoğan übersetzt nämlich türkische Formulierungen und Redewendungen eins zu eins ins Deutsche, gleich wie übertrieben kitschig sie auf Deutsch auch klingen mögen.[546]

Neben »Teil vom Mond« lesen wir als Timurs Antwort auf die Frage, ob er lieber einen Sohn oder eine Tochter hätte: »Die Hände und Füße sollen an den richtigen Stellen sein«, die exakte Übersetzung der türkischen Redewendung »eli ayağı düzgün olsun«. Seine Tochter Gül nennt der Schmied »meine Rose« (»Gülüm«) oder »Glanz meiner Augen« (»Gözümün ışığı«).[547] Im Unterschied zu Özdamars Roman sollen die Übersetzungen nun nicht mehr kulturelle Zuschreibungen und Vorstellungen verfremden oder unterlaufen. Sie sind genau platziert, um soziale Praktiken zu beschreiben, sie verstärken also gewissermaßen das, was geschieht. Doch weitaus entscheidender ist, dass sie sich gegen einen klassischen Orienta-

---

542 Ebd., S. 73.
543 Ebd., S. 221. In Buket Alakuş' Verfilmung von Hatice Akyüns Roman *Einmal Hans mit scharfer Soße* und in Imran Ayatas Roman *Mein Name ist Revolution* ist das Küssen oder Händchenhalten mit der Freundin oder dem Freund vor den Eltern schon respektlos.
544 Die türkische-muslimische Art des Handanhaltens ist in den bereits genannten CultureClash-Komödien der 2000er Jahre sehr wichtig. Auch hier werden die Handlungen bis zum Schluss ausgeführt. Siehe hierzu: HOLTZ (2005); WACKER (2004); AKKUŞ (2008); ALAKUŞ (2013). Sie wird in *Einmal Hans mit scharfer Soße* ausführlich beschrieben. In allen genannten Werken dominiert dabei das Spiel mit dieser Interaktion, nicht die Identifikation mit einem kulturellen Code.
545 Ebd. Auch Murat Topal macht in *Getürkte Fälle. Ein Cop packt aus* darauf aufmerksam. Siehe hierzu: TOPAL (2005).
546 Siehe hierzu: BRANCO, Carla (2005): »Ein Becher Meer«. In: FRANKFURTER ALLGEMEINE ZEITUNG, 31.10.2005, https://www.buecher.de/shop/buecher/die-tochter-des-schmieds/oezdoganselim/products_products/detail/prod_id/13273664/#reviews (03.08.2018). Siehe auch: DREISTLER (2011).
547 In *Einmal Hans mit scharfer Soße* gibt es kaum eine Seite, auf der nicht steht: »im Türkischen heißt das so«, uns also ebenfalls viele wörtliche Übersetzungen aus dem Türkischen begegnen. Allerdings spielt die erzählte Geschichte fast ausschließlich in Deutschland. *Einmal Hans mit scharfer Soße* verkaufte sich 300 000 Mal und gehört mit Necla Keleks *Die fremde Braut* zu den deutsch-türkischen Bestsellern der 2000er Jahre.

lismus stellen und für die Frage der Integration in den 2000er Jahren stehen, die Entscheidungen der Akteure, besonders von Gül.

Dies wird mitunter daran deutlich, dass Güls Schwestern Melike und Sibel andere Wege gehen als sie. Wenn Gül beispielsweise die ersten Heiratsanträge ablehnt, um bei ihrer Familie zu bleiben, will Melike die Provinz auf jeden Fall verlassen und in Istanbul oder Ankara leben. Denn »da heißt es bestimmt nicht dauernd, wir werden zum Gespött der Leute«. Sie möchte in der Stadt »schöne Kleider tragen und Nylonstrümpfe« und sie »möchte Volleyball spielen, ohne dass mir jemand sagt, dass junge Frauen das nicht dürfen«.[548] Sie besteht die Aufnahmeprüfungen für die staatliche Oberschule, besucht ein Internat und wird später sogar ihren zukünftigen Mann mit ins Dorf bringen und ihn ihren Eltern und Geschwistern vorstellen.[549] Die jüngste Schwester Sibel, die klügste und begabteste von den Dreien, wird Kunstlehrerin, zieht mit ihrem Mann in die Stadt und bleibt kinderlos.[550] Gül trifft andere Entscheidungen. Sie scheint die sozialen Normen und Regeln im Dorf so sehr verinnerlicht zu haben, dass sie niemand darauf aufmerksam machen muss, wie sie sich zu verhalten hat. Warum dies so ist, wird nicht eindeutig erklärt. Sie scheint einfach zu wissen, dass sie z. B. nach dem Tod der Mutter als ältestes Kind deren Rolle einnehmen muss. Niemand sagt ihr das. Doch sie führt zur eigenen Selbstvergewisserung häufig Selbstgespräche – etwa, als sie Fuats zweiten Heiratsantrag annimmt:

> Als Gül am nächsten Morgen aufwacht, will sie immer noch. Möglicherweise ist es ihr vorherbestimmt. Deshalb ist Fuat zweimal gekommen. [...] Fuat ist kein Fremder, er gehört ja zur Familie. Früher oder später wird sie ja doch heiraten. Was sollte sie auch sonst tun. Früher oder später heiraten alle. Oder sie vertrocknen zu Hause und werden schief angesehen. Schicksal. Sie hat aus irgendeinem Grund ja gesagt, gestern Abend hat sie aus irgendeinem Grund ja gesagt. Und es hat sich richtig angefühlt. Oder etwa nicht?[551]

Interessant an diesem Passus ist, wie sehr Erzähler und Gül narrativ miteinander verwoben sind. Man beobachtet Reflexion, Beobachtende und Agierende zugleich. Nach Karakuş hat man als Leser von *Die Tochter des Schmieds* den Eindruck, »dass die betreffende Figur das Geschehen beobachten und erzählen würde, so dass die Innenwelt der betreffenden Figur zum Vorschein kommt«. Der Leser habe dadurch die Möglichkeit, »nach innen zu schauen, aber zugleich zu sehen, wie sie das Geschehen sieht und betrachtet«.[552] Diese besondere performative Struktur zeichnet den Roman insgesamt aus. Sie führt dazu, dass etwa der Zweifel an der Zustim-

---

548 ÖZDOĞAN (2005): S. 192.
549 Ebd., S. 242 u. 260.
550 Ebd., S. 195.
551 Ebd., S. 210.
552 KARAKUŞ (2009): S. 147.

mung zu Fuats Heiratsantrag nicht wirklich irritiert. Auf eine besondere Art und Weise wird auch in diesem Roman das Innen zum Außen gemacht. Dass Özdoğans Roman im Unterschied zu Özdamars *Karawanserei* und zu Zaimoğlus *Leyla* sich weder durch »spektakuläre Handlungsmomente wie Rebellion oder durch brutale Unterdrückung« auszeichnet, liegt zum einen an der Figur Gül selbst, die von sich sagt, dass ihre Fähigkeit vor allem darin liege, erdulden zu können; im Unterschied zu ihrer Schwester Melike, die liebend gern kämpft.[553] Zum anderen spielt, wie in *Leyla*, auch die Figur des Vaters eine wichtige Rolle. Wie im Vergleich der Filme DIE FREMDE und ALMANYA begegnet uns in Halid und Timur ein gegensätzliches Paar: Während der eine nur an sich denkt, seine Frau als eine »Beschmutzte« und seine Familie als »Hundebrut« beschimpft, bezeichnet der andere seine erste Frau als »Teil vom Mond« und seine älteste Tochter als »das Licht seines Auges«. Ähnlich freundlich und gelassen reagierte Hüseyin in ALMANYA, als er von seiner Enkelin Canan erfährt, dass sie von einem Engländer schwanger ist.[554] So hat man Özdoğans Roman zugute gehalten, identisch wie in den Besprechungen zum Spielfilm ALMANYA, dass er den gesellschaftspolitisch überhitzten Debatten um Ehrenmord und Zwangsehe eine »Normalisierung« entgegensetze.[555] Wenn wir bei *Leyla* darauf hoffen, dass die Ich-Erzählerin endlich der autokratischen Unterdrückung entkommt, erscheint uns die Emanzipation in Özdoğans Roman weniger notwendig. Vielmehr wird verständlich, welch eine Erleichterung ein »elektrisches Leben« mit sich bringen könnte, ist doch der Arbeitsalltag im Dorf ohne technische Geräte sehr beschwerlich.[556] Dieses Bedürfnis ist allerdings nicht der Kern der Erzählung, die zwar »unmerklich [...] Sehnsüchte nach einem leichteren Alltag wach[ruft]«, doch zugleich zeigt, dass das Leben dadurch auch »schwerer werden kann«.[557] Damit unterscheidet er sich von der klassischen Botschaft der Migration, dass am Anfang der Wunsch stehe, anders und besser zu leben,[558] wie ihn Bekir Yıldız, Aras Ören oder Helma Sanders-Brahms in ihren Reflexionen zur Migration in den 1960er und 1970er Jahren dargestellt haben. *Die Tochter des Schmieds* macht stattdessen deutlich, dass das Fehlen sozialer Teilhabe den

---

553 ÖZDOĞAN (2005): S. 192.
554 Siehe hierzu: ŞAMDERELI (2011). In Sinan Akkuş' Komödie EVET, ICH WILL! ist es ein Afro-Amerikaner, der heimlich mit der Türkin Nursel zusammen ist, die eigentlich mit dem homosexuellen Türken Emrah verkuppelt werden soll. Siehe hierzu: AKKUŞ (2008).
555 HOFMANN (2013): S. 123.
556 So beschreibt auch Dilek Güngör in *Das Geheimnis meiner türkischen Großmutter* den Alltag der in die Familie eingeheirateten Özlem im türkischen Dorf. Siehe hierzu: GÜNGÖR (2008): S. 130.
557 Siehe hierzu: https://opac.stadt.wuerzburg.de/opax/ftitle.C?LANG=de&FUNC=full&SORTX=13&509143=YES (03.08.2018).
558 EZLI, Özkan/STAUPE, Gisela (2014): »Vielfalt als soziale Utopie«. In: dies.: *Das neue Deutschland*, S. 6–11, hier S. 8.

Menschen einsam macht.[559] Ein im Roman verhandeltes Thema ist also Partizipation. Eine andere These lautet, dass kulturelle Unterdrückung auf den eigenen und nicht auf systemischen oder gesellschaftlichen Entscheidungen basiert. Gül hätte wahrscheinlich eine weitergehende Schule besuchen können, hätte sie das gewollt, ausgesprochen und durchgesetzt. Doch um Artikulation, wie sie sich Homi Bhabha, Stuart Hall und Gayatri Spivak noch gewünscht hatten, geht es in den 2000er Jahre nicht mehr – sondern darum, was man tut und wofür man sich entscheidet.

Alle besprochenen Filme und Bücher berichten aus dem Innenleben der Türken. Im Unterschied zu MEINE VERRÜCKTE TÜRKISCHE HOCHZEIT, DIE FREMDE, *Leyla* und *Die fremde Braut* werden Regeln in *Die Tochter des Schmieds* nicht gebrochen, sondern befolgt. Dafür werden sie aber ebenfalls sichtbar gemacht und nach außen gekehrt. Obwohl die Unterscheidung zwischen Moderne und Tradition natürlich mitschwingt, ist sie in den Erzählungen der 2000er Jahre nicht so entscheidend wie in den 1980er und 1990er Jahren. Özdoğan stellt etwa keine der Schwestern freier oder besser dar oder unterscheidet wertend zwischen Progressiven und Traditionellen. Gesellschaft ist außerdem keine abstrakte Kategorie. Sie ist zwar über Regeln und Normen im Spiel, aber zugleich nur »Kulisse«.[560] Denn im Zentrum der Verhandlung von Kultur steht in den 2000ern, wie schon öfter betont, die Frage danach, was man lebt und auf welchen Entscheidungen dieses Leben beruht, nicht die klassische Frage der Integration, ob man sich wird anpassen können oder wie man die eigene Herkunftskultur in der Ankunftsgesellschaft am Leben hält. Auf die Erfahrung seiner Leser, dass sie Gül am liebsten »durchschütteln« würden, entgegnet Özdoğan, dass eine solche Reaktion auf seine Figur »einem anderen Denken geschuldet« sei:

> Das ist einfach die Welt, in der sie lebt, das ist eine schöne Form für einen Roman, so eine Emanzipationsgeschichte, aber das ist nicht das, was mich interessiert hat. Es ist einfach nicht ihr Charakter, deswegen möchte ich sie auch nicht schütteln.[561]

In den 2000er Jahren entfalten literarisches und filmisches Erzählen verkörperte Traditionen und korrelieren darin mit dem Zusammenhang von Migration und Integration in der bundesrepublikanischen Politik der Zeit. In allen Bereichen geht es nicht um Einsicht (von draußen nach innen), Entwicklung oder Brüche, sondern um eine Abbildung politischer und ökonomischer Zustände. Dazu gehören Veröffentlichungen und Brüche von kulturell bedingten Familiengesetzen. Auch Dilek

---

559 ÖZDOĞAN (2005): S. 144.
560 KARAKUŞ (2009): S. 152.
561 Zitiert nach: DREISSLER (2011).

Güngörs Roman *Das Geheimnis meiner türkischen Großmutter* von 2007, dem ich mich nun abschließend widmen werde, verbindet türkische Vergangenheit und deutsche Gegenwart so, dass das Leben von Kultur in den Vordergrund rückt.

Das Geheimnis meiner türkischen Großmutter erzählt vom mehrwöchigen Aufenthalt einer deutsch-türkischen Familie in ihrem türkischen Herkunftsdorf nahe der syrischen Grenze. Die Ich-Erzählerin Zeynep ist 32 Jahre alt und kündigt zu Beginn des Romans als Journalistin bei einer Zeitungsredaktion, mit deren Chefredakteur Stefan sie liiert war. Sie wird am Ende des Romans wieder eine Stelle als Journalistin und Redakteurin antreten, wie auch Devrim aus *Mein Name ist Revolution* am Ende wieder als Radiomoderator arbeiten wird.[562] Doch davor zieht Zeynep von Berlin wieder zu ihren Eltern in die deutsche Provinz, wo die Nachricht eintrifft, dass ihre Großmutter, die Mutter ihres Vaters, todkrank ist. Die Familie fliegt in die Türkei, um die Großmutter beim Sterben zu begleiten. Wie viele literarische, filmische, aber auch politische Thematisierungen der Migration und Integration in den 2000er Jahren beginnt auch dieser Roman mit dem Bild und dem Gefühl einer Ankunft. Die Erzählerin erinnert sich, wie sie mit ihrer deutsch-türkischen Familie im Auto bei ihrer Großmutter ankommt.[563] In dieser Erinnerung ist sie noch ein kleines Mädchen, das von der Großmutter in den Arm genommen wird. Dass die Großmutter am Hals »nach saurem Joghurt« riecht, ist die »erste Erinnerung« der Erzählerin an sie.[564] Der Roman endet nicht mit der Rückreise der Familie nach Deutschland. Zeynep wird alleine zurückreisen. Sie kam nicht in die Türkei, um die Großmutter in den Tod zu begleiten, sondern um sie in erster Linie überhaupt kennenzulernen.[565] Denn auch wenn sie anfangs lieber zu Hause in Deutschland geblieben wäre, fühlt sie sich mit dem angekündigten Tod der Großmutter auf einmal in das Leben ihrer Eltern hineingezogen.[566]

---

562 Devrim wird im ersten Drittel des Romans *Mein Name ist Revolution* gekündigt, weil er bei einem nächtlichen Live-Talk einen erfolgreichen deutsch-türkischen Schauspieler, der gerade den Golden Globe gewonnen hatte, nicht energisch genug unterbrochen hatte, als er über all das in Deutschland herzog, was hier rassistisch sei. Die Zuhörer zeigten sich über »Ayhan Akhans Nazi-Ausfall zutiefst enttäuscht. [...] Wenn Menschen wie er, deren Weg in Deutschland immer nach oben zeige, sich zu solchen Taktlosigkeiten hinreißen ließen, brauche man sich nicht zu wundern, wenn immer mehr Jugendliche aus Einwandererfamilien die Sprache der Gewalt wählten«. Siehe hierzu: AYATA (2011): S. 317.
563 ALMANYA bereichert den Aufbruch der Familie in die Türkei mit Archivaufnahmen von dieser Strecke, von Gastarbeitern mit ihren Familien in langen Autostaus oder beim Picknicken in Raststätten. Siehe hierzu: ŞAMDERELI (2011).
564 GÜNGÖR, Dilek (2008): *Das Geheimnis meiner türkischen Großmutter*, München: Piper, S. 5.
565 Ebd., S. 54.
566 Ebd., S. 21.

> Ich hatte mich nie besonders dafür interessiert und auch nie so recht etwas damit zu tun haben wollen, aber ich hatte das Gefühl, dass ich mich jetzt mit ihrem türkischen Leben befassen musste, ob ich wollte oder nicht. Die Mutter meines Vaters lag im Sterben, ich konnte nicht so tun, als ginge mich das nichts an.[567]

Der Roman endet nicht etwa damit, dass Zeynep ein Jahr nach deren Tod nun die Großmutter und die türkische Kultur kenne, sondern mit ihrem Gedanken, dass sie als unabhängige Frau in Deutschland zu einer Minderheit gehöre – denn hier sei nur jede vierte Frau finanziell unabhängig. Als Journalistin mit kürzlich erfolgreich abgeschlossener Probezeit und einer eigenen Wohnung kann sie »tun und lassen, was [sie] will«. »Niemand schreibt mir etwas vor, außer bei der Arbeit natürlich. Ich bin gern allein. Ich brauche keinen Mann an meiner Seite. Vielleicht später einmal.«[568] Inwieweit dieser überraschende Schluss des Romans mit den Erfahrungen der Ich-Erzählerin im türkischen Dorf, mit ihrer Herkunftsfamilie zusammenhängt, entwickelt sich sukzessive zum Schwerpunkt von *Das Geheimnis meiner türkischen Großmutter*. Wesentlich ist, dass Ich-Erzählerin Zeynep und Autorin Dilek Güngör ein implizites Gesetz der Familie öffentlich machen, das sie zur Frage der Lebensführung und Entscheidung führt. Zunächst werde ich kurz den Inhalt des Romans zusammenfassen.

Ähnlich wie Zaimoğlu in *Leyla* und Özdoğan in *Die Tochter des Schmieds* erzählt Güngör die Geschichte linear. Nach dem ersten von vierzehn Kapiteln steht bereits fest, dass die Familie in die Türkei fliegen wird. Darauf folgen zwei Kapitel der Ankunft in der Türkei, in denen viele Vorstellungen und Erinnerungen dargelegt werden. Im alten Haus der Familie starb etwa der jüngste Bruder ihres Vaters, Onkel Yusuf, nach einer Schießerei. Die anschließende Fehde führte zur Aufspaltung der Familie. Zeynep erinnert aber auch Sinnliches und Schönes, wie das Waschen in der Küche: »Wenn sich jemand einseifte, schwammen kleine Schaumflöckchen quer durch die Küche und verschwanden in der Wand am anderen Ende«.[569]

Auf der Fahrt vom Flughafen zum Dorf im dritten Kapitel fühlt sich Zeyneps Vater neben seinem Bruder sichtlich unwohl. Wir erfahren erst später, dass dies mit einem Familiengeheimnis zu tun hat. Die weiteren Kapitel enden oft mit dem Ende eines Tages oder beginnen mit dem Anfang eines neuen Tages – wie die Romane von Özdoğan und Zaimoğlu. Zugleich ist trotz der Nähe der Protagonistin zu den anderen Akteuren eine ethnologische Perspektive zu erkennen. Oft

---

[567] Güngör (2008): S. 21.
[568] Ebd., S. 207. Eine ganz ähnliche Einschätzung steht am Ende von *Einmal Hans mit scharfer Soße*: »Ich stelle das Bild einer traditionellen Türkin ganz schön auf den Knopf. Ich bin eine Singlefrau, eine Großstädterin, die sich manchmal als Türkin verkleidet, wenn sie mit einem Kopftuch ihr anatolisches Dorf besucht.« Akyün (2005): S. 190.
[569] Güngör (2008): S. 26.

beschreibt Zeynep etwa, wie und warum sich Männer und Frauen im türkischen Dorf auf eine bestimmte Weise verhalten. Als neunjähriges Kind hatte sie schon auf der Trauerfeier zu Yusufs Tod beobachtet, wie die Frauen sich die Kopftücher vom Kopf zogen, sich weinend und klagend mit der flachen Hand auf die Brust schlugen.[570] Die Männer hielten sich in einem anderen Raum des Hauses auf. Dort weinte oder schrie niemand.[571]

Erneut beschränkt sich die Übersetzung des türkischen Lebens im Dorf nicht nur auf die Beschreibung des Alltags. Wie schon zuvor häufiger beobachtet, begegnen wir auch hier wörtlichen Übersetzungen aus dem Türkischen, wobei offensichtlich keine Sorge darüber besteht, dass dies orientalisierend wirken könnte. Die Übersetzungen stehen hier direkt nach den türkischen Sätzen. Die Großmutter begrüßt die erwachsene Zeynep etwa mit den Worten: »*Kurban olayım sana, nenesinin canı!* Großmutters Liebling, mein Leben würde ich für dich geben«.[572] Als es ihr kurzzeitig wieder besser geht, meinen die Verwandten: »*Allaha bin şükür*, dem Allmächtigen sei tausend Dank«.[573] Diese Ausleuchtung der türkischen Kultur und ihr Explizitmachen geschehen nicht nur auf der sprachlichen Ebene, sondern werden auch auf der praktischen Ebene verhandelt. Das zeigt sich vor allem an den Frauenfiguren:

> Ich mochte Özlem [Zeyneps Cousine, Ö.E.], mir gefiel ihre Einstellung, sie beklagte sich nicht und bemitleidete sich nicht selbst. Sie wusste, sie würde eines Tages ein Leben mit ihrem Mann und ihren Kindern führen, ohne die bettlägerige Großmutter und den Schwiegervater am Bein. Vielleicht rührte daher ihr Durchhaltevermögen. Wenn heute in Deutschland türkische Arbeiter gesucht würden, wäre Özlem eine der Ersten, die sich darum beworben hätte, da war ich mir ganz sicher.[574]

An einer Stelle wirft Özlem Zeynep sogar vor, dass sie sich nicht durchsetzen könne. Was war vorgefallen? Zeynep hatte anfangs vor, ihre Großmutter und das

---

[570] Ein vergleichbares Trauerritual beschreibt Imran Ayata in *Mein Name ist Revolution*: »Eine Frau trauert und singt und schlägt sich auf die Brust. [...] Vor meinen Augen spielten sich Szenen der Beerdigung von Tante Güls Cousine Aylin auf dem islamischen Friedhof in Tempelhof ab. Es war die erste Beerdigung meines Lebens gewesen. Auch dort waren Traueroden gesungen worden. Frauen knieten am Grab und wünschten sich laut weinend Aylin zurück.« Genauso verhält sich seine türkische Freundin Rüya, als ihr Vater stirbt: »Irgendwann fing sie an, wie die Frauen am Flughafen eine Trauerode anzustimmen. [...] Dieses Mal wusste ich, wovon sie handelten. Ich hielt Rüyas Hand und streichelte ihre pechschwarzen Haare«. AYATA (2011): S. 140f. u. S. 298.
[571] Ebd., S. 24f.
[572] Ebd., S. 37.
[573] GÜNGÖR (2008): S. 42.
[574] Ebd., S. 92.

Leben im Dorf filmisch zu dokumentieren.[575] Für den Kauf einer Kamera hätte ihr Onkel Mehmet in die Stadt fahren müssen, was er aber nicht tat. Zeynep war es irgendwann egal, während Özlem ihr den obigen Vorwurf machte. Dass ein bestimmtes Bild von Männlichkeit das Leben im türkischen Dorf bestimmt, wird an einer anderen Stelle noch deutlicher. Zeynep besucht die von der Familie ausgeschlossene Döndü, die Schwiegertochter ihrer Großmutter, im alten Haus. Ihr wird nachgesagt, dass sie die Kinder ihres verstorbenen Mannes gegen seine Familie aufgehetzt habe.[576] Von ihr erfährt Zeynep, dass der Mord an ihrem Mann auf eine lange Blutsfehde zurückging: Zuerst wurde der Bruder von Zeyneps Großvater väterlicherseits von einer fremden Familie getötet. Um seinen Tod zu rächen, zwangen Zeyneps Großvater und besonders ihre Großmutter ihren Sohn Mehmet, Zeyneps Onkel, dazu, ein Familienmitglied der verfeindeten Familie zu töten. Das hatte sie von ihrem Mann Yusuf erfahren, denn sie hatte einen großen Einfluss auf ihn. Er sollte das tun, wofür ihr Mann selbst nicht Manns genug war: »›Mehmet hat einen der Söhne des Mannes erschossen, der den Bruder deines Großvaters getötet hatte. So macht man das hier im Dorf. Jeder rächt seinen Toten selbst.‹ Sie verzog das Gesicht zu einer sarkastischen Grimasse.«[577] Döndü ergänzt, dass Mehmets Vater ein »furchtbarer Tyrann« gewesen sei, »dominant« und »rücksichtslos«. Dennoch sei er nicht in der Lage gewesen, die Tötung seines Bruders selbst zu rächen. Mehmet musste der Mann sein, der sein Vater nie war.[578]

Nach dem Besuch bei Döndü war Zeynep nun klar, warum ihre Mutter das Dorf, ihren Schwager und ihre Schwiegermutter hasste. Ihr Vater nahm »seine Herkunftsfamilie nie in Schutz«, machte ihr aber auch keine Vorwürfe. Nach Deutschland floh er vor der Tradition, und vor der damit zusammenhängenden Verantwortung. Mehmet büßte seine Tat mit mehreren Jahren im Gefängnis. Zurück in Deutschland ist Zeynep unendlich froh, dass sie hier lebt.[579] Özlem wird Zeynep im neuen Haus ebenfalls erzählen, dass der Großvater ein »Tyrann,

---

575 Als der ehemalige Radiomoderator Devrim in Ayatas Roman *Mein Name ist Revolution* ein Gespräch über die alten Zeiten zwischen seinem Onkel und seinem türkischen Bruder in einem Dorf nahe Dersim verfolgt, bereut er es auch zutiefst, dass er kein Aufnahmegerät mitgenommen hat, um ihre Erinnerungen an die 1960er in der Osttürkei zu dokumentieren. Siehe hierzu: AYATA (2011): S. 205.
576 GÜNGÖR (2008): S. 103.
577 Ebd., S. 143.
578 Ebd., S. 144.
579 Ebd., S. 147. Dasselbe empfindet Feridun Zaimoğlu, als er von seiner ersten Recherchereise zu *Leyla* nach Deutschland zurückkehrt: »Fast hätte ich den deutschen Boden geküsst, meinen Freunden und Bekannten war mein Verhalten sehr peinlich, und sie ermahnten mich, es mit meiner Deutschlandliebe nicht zu übertreiben«. ZAIMOĞLU (2008): S. 36.

ein richtiges Ekel« gewesen sei: »Wenn ihm nicht schmeckte, was ich gekocht hatte, hat er seinen Teller gegen die Wand geschleudert«.[580]

Zeynep, die Großmutter und Großvater in guter und zärtlicher Erinnerung hat, ist äußerst irritiert über das, was sie aus unterschiedlichen Quellen über ihre Herkunftsfamilie erfährt. Für sie ist nicht die Tradition oder eine Kultur an der Familientragödie schuld, sondern die Akteure selbst: »Ob Onkel Mehmet nun von seinen Eltern dazu gezwungen worden war oder nicht: der Mann hatte jemanden getötet, und niemand in der Familie schien ihm das ernsthaft vorzuwerfen. Nicht einmal meine Eltern.«[581] Wie habe der Großvater nur »nicht in der Lage [sein können], sich gegen diese grausame Tradition durchzusetzen«.[582]

Dennoch bleibt Zeynep bis zum Tod der Großmutter in der Türkei und hat dabei das Gefühl, als habe sie die »Seiten gewechselt«. In einem Gespräch kommen Großmutter und Enkelin erneut auf den Großvater zu sprechen:

> »Hat er [der Großvater, Ö.E.] Dir nicht gefallen?«
> Jetzt war es mir auch egal.
> »Einen, der seinen Sohn zu einem Mord angestiftet hat, den er nicht begehen wollte.«
> »*Allah kahretsin seni*, verdammtes Biest. Du sprichst nicht so über deinen Großvater, hast du das von deiner Mutter?« Sie sah mich drohend an. »Geh raus, lass dich nicht mehr an meinem Bett blicken. *Geberesice*, verrecke, wie viel Zeit und Mühe habe ich verwendet, damit du mir das ins Gesicht spuckst? Geh zurück zu ihm [ihrem Freund Stefan, Ö.E.] und lebe dein Leben, sinnlos wie bisher. Ich will dich nicht mehr sehen, verschwinde.«[583]

Vor lauter Wut krächzt sich die kranke Großmutter ganz heiser – als ob ihre Geschichte und Vergangenheit aus ihrer Haut nach draußen drängten. Anfangs war die Großmutterfigur fremd, auch weil sie bei den seltenen Telefonaten zwischen der Türkei und Deutschland immer danach fragte, wann Zeynep denn endlich heiraten würde. Später wird sie zu einer Freundin, mit der Zeynep über alles, vor allem über ihren Partner Stefan, reden kann. Der emotionale und körperliche Ausbruch am Ende des Romans steht dazu nicht im Gegensatz: Die Großmutter entschuldigt sich zutiefst bei ihrer Enkelin; sie sei so wütend gewesen, weil sie nicht möchte, dass Zeynep sich wegen eines Mannes ins Unglück stürze.[584] Kurze Zeit später stirbt die Großmutter. Zeynep kehrt zurück nach Deutschland und entscheidet sich dafür, finanziell unabhängig ohne Mann glücklich zu werden – was selbst in Deutschland eine Seltenheit ist. Dabei hat

---

580 GÜNGÖR (2008): S. 160.
581 Ebd., S. 150.
582 Ebd., S. 187.
583 Ebd., S. 194.
584 Ebd., S. 195.

sie sich die emanzipierte Haltung nicht in Deutschland, sondern im türkischen Dorf angeeignet; dort, wo die Frauen an den Konsequenzen ihrer falschen Entscheidungen litten. Die Autorin hatte den Roman ursprünglich *Am falschen Ort* nennen wollen, was den konstitutiven Zusammenhang von Ort, Praktiken und Entscheidungen noch besser verdeutlicht hätte als der vom Verlag durchgesetzte Titel *Das Geheimnis meiner türkischen Großmutter*.[585]

In einem längeren Interview in der *Frankfurter Rundschau* zur Erstveröffentlichung des Romans antwortete die Autorin Dilek Güngör auf die Frage, ob sie mit ihrer Blutrache-Geschichte nicht befürchte, Vorurteile gegenüber Immigranten zu nähren, dass ihr diese Gefahr bewusst sei, man sich ihr aber nicht beugen dürfe. »Man muss offen über die Dinge reden«, konstatiert Güngör. Sie habe ja nur aufgeschrieben, was sie verstanden habe.[586] Das Dorf habe beispielsweise ihre Mutter, die dort aufgewachsen sei, nicht daran gehindert, »sich ihre eigenen Gedanken zu machen und schon gar nicht daran gehindert, anderen zuzugestehen, dass sie anders leben wollen, als sie es getan hat«.[587] Wie in den anderen besprochenen Romanen und Filmen setzt Güngörs Roman den Fokus auf Handlungen, die wiederum historisch, örtlich und räumlich spezifisch gerahmt sind. Auch hier ist von anderen Türken und Deutschen die Rede, denen wir aber ebenfalls kaum begegnen. Gesellschaft ist auch hier nur Kulisse. Es geht ein weiteres Mal darum, was die Akteure in ihrem Alltag leben. Für die Sichtbarmachung und diesen Schwerpunkt wird erneut ein Hausgesetz geltend gemacht, das in einer modernen, vom Staat gelenkten Gesellschaft nicht mehr gelten darf. Um dies zu verdeutlichen, habe sich Güngör für den Begriff »Familienfehde« entschieden statt für »Blutrache«. Denn über den ersteren könne man im Vergleich zum letzteren »noch reden«: »Da gibt es ein Für und Wider, die Möglichkeit einer Auseinandersetzung. Das Urteil steht noch nicht fest«.[588] Wie bereits festgestellt, ist Kultur in den 2000er Jahren ein Material und ein Ensemble von Kategorien, aber nicht von unbeweglichen Essenzialismen. Es geht um die Frage, welche Bedeutung man ihr gibt und wie man sich entscheidet. Um dieses Verhältnis zwischen Kultur und Akteur in den 2000er Jahren ausleuchten zu können, ist eine ethnologische Übersetzungsarbeit unerlässlich.

---

585 INTERVIEW MIT DILEK GÜNGÖR (2007): »Wir sind alle Hinterwäldler. Die Schriftstellerin Dilek Güngör über ihren ersten Roman Das Geheimnis meiner türkischen Großmutter«. In: *FRANKFURTER RUNDSCHAU*, 15.03.2007, http://www.fr.de/kultur/literatur/schriftstellerin-dilek-guengoer-wir-sind-alle-hinterwaeldler-a-1195060 (08.08.2018).
586 Ebd.
587 Ebd. Diese Einschätzung der eigenen Eltern, die keine nennenswerte Bildung genossen haben, finden wir auch bei Hatice Akyün und Feridun Zaimoğlu, wenn erstere von ihrem Vater und letzterer von seiner Mutter erzählt. Siehe hierzu: AKYÜN (2005): S. 189; ZAIMOĞLU (2007): S. 34.
588 INTERVIEW MIT DILEK GÜNGÖR (2007).

Die durchweg positiven Rezensionen von Dilek Güngörs Roman ähneln denen von Zaimoğlus *Leyla* und Özdoğans *Die Tochter des Schmieds*. Mit »literarischer Ruhe«, »schlichtem poetischen Erzählen« gelingen Güngör »hervorragende Alltagsbeschreibungen«. Obwohl die Erzählung – wie bei Zaimoğlu und Özdoğan – in der türkischen Provinz stattfindet, schafft es Güngör, beide Welten – das Türkische und das Deutsche – zusammenzuführen, indem sie sie in die deutsche Gegenwart übersetzt und am Ende in Deutschland ankommt.[589] Zehn Jahre später stellt die Autorin diese Form der Migrationserzählung wieder in Frage; das Narrativ scheint nicht mehr zu funktionieren. Auch die Bindung von Vergangenheit und Gegenwart als Verweis auf eine handlungsorientierte Zukunft in Deutschland mit türkischem und muslimischem Hintergrund verliert ihren stabilen erzählerischen Rahmen – einen Rahmen, den auch die Deutsche Islam Konferenz anbieten wollte.

In vorab veröffentlichten Szenen aus einem längeren Text von Dilek Güngör in der *Berliner Zeitung* beschreibt die Erzählerin von einem Erlebnis, das sie überraschenderweise tief verletzte. In einem Berliner Bioladen, in dem sie seit mehr als 15 Jahren einkauft, legt sie Kiwis und Gurken aufs Band. Vor ihr hatte eine Gruppe Bauarbeiter eingekauft, und die eine Kassiererin klärt die andere auf: »Die sind von der Baustelle drüben, alles Ausländer«. Anstatt sich zu wehren wie Aylin aus MEINE VERRÜCKTE TÜRKISCHE HOCHZEIT oder Canan aus ALMANYA,[590] merkt die Erzählerin »mit einem Mal, wie mir die Tränen kommen, wie ich richtig wütend werde, während ich meinen Bio-Scheiß da aufs Band lege«. Die Kassiererin fragt, was sie denn habe. Die betroffene Erzählerin erwidert: »Warum sagt sie das?« – »Was denn?«, fragt die Kassiererin zurück. »Wie lange müssen wir uns das noch anhören, dass wir Ausländer sind?«. Erst danach wendet sie sich wütend an die andere Kassiererin und hält ihr vor, dass sie jede Woche hier einkaufe und Geld dalasse. »Wann ist es denn endlich gut?«; wie lange sollten sie

---

[589] Laut Karen E. Yeşilada folgt Güngörs Roman einem aktuellen Trend der Migrationsliteratur der zweiten Generation, demgemäß »die eigene Migrationsgeschichte zum Gegenstand literarischen Schreibens« werde. Wie viele andere Autorinnen der 2000er Jahre komme Güngör dabei dem Verlangen des deutschen Publikums nach mustergültig integrierten türkischen Frauen nach. Diese lehnen sich nicht auf wie die ›Kanaken‹ der 1990er Jahre, sondern sind »schön anzuschauende Paradebeispiele einer ›gelungenen Integration‹«. Siehe hierzu: YEŞILADA (2009): S. 134.

[590] Canan fährt einer älteren deutschen Dame in der Dortmunder U-Bahn über den Mund, die sie als Nicht-Deutsche beleidigt. Ähnlich wie sie reagiert auch Hatice Akyüns Ich-Erzählerin in *Einmal Hans mit scharfer Soße* auf Diskriminierung. Als ihre Mutter bei einem Einkauf von einer deutschen Kassiererin mit den Worten »Du nix anfassen« zurechtgewiesen wird, meint die Tochter: »Ich frage die Verkäuferin höflich, ob sie den Satz bitte noch einmal grammatikalisch korrekt formulieren könnte, mache sie darauf aufmerksam, dass ihr Benehmen ausländerfeindlich sei, und fordere sie auf, sich bei meiner Mutter zu entschuldigen«. Siehe hierzu: AKYÜN (2005): S. 169.

sich denn noch »beschimpfen« lassen? Sie habe ihr doch gar nichts getan, wehrt sich die Angesprochene. Die Kollegin pflichtet ihr bei, dass sie das gar nicht so gemeint hätte. Außerdem hätten die Männer ihren Müll fallenlassen und seien angetrunken gewesen. »Wenn die da ihren Müll hinwerfen, dann nicht, weil sie Ausländer, sondern weil es vielleicht Idioten sind«, ruft die Erzählerin. Die Kassiererin erwidert, dass sie nicht wisse, was sie von ihr wolle. »Ja, das kenne ich, dich meinen wir nicht, wir meinen die anderen Ausländer, seit 44 Jahren geht das so.« Wieder auf der Straße denkt die Erzählerin darüber nach, dass sie eigentlich nicht jemand sei, der »aus dem Haus [geht], um Ungerechtigkeiten aufzustöbern. Sie passieren mir, aber plötzlich regt sich etwas in mir, ich weiß gar nicht, was passiert ist«.[591]

Zehn Jahre zuvor hatte ihre Protagonistin Zeynep noch beherrscht auf Diskriminierungen reagieren können. Nach der Trennung von Stefan schlägt sie dessen Bitte ab, für seine Zeitung einen Artikel über muslimische Frauen in Berlin zu schreiben. Als Stefan sie später oft in der Türkei anruft, sagt sie ihm, dass er das nicht tun solle, weil ihr Onkel etwas dagegen habe. Stefan lacht und macht sich darüber lustig, dass das aber ein ganz schön »böser, böser Onkel sein muss«. Am liebsten hätte Zeynep aufgelegt, doch diese Zeiten waren vorbei. Zafer Şenocaks Protagonist Sascha Muhteşem konnte in *Die Prärie* aus den 1990er Jahren noch provokativ auflegen oder »falsch« übersetzen, wenn deutsche Chefredakteure von ihm Artikel zu Türken in den USA und Muslimen in Berlin verlangten. Dilek Güngörs, Yade Karas und Hatice Akgüns Protagonisten beherrschen sich Mitte der 2000er hingegen und wollen letztlich vermitteln. »Ich versuchte, mich zusammenzureißen«[592], sagt Zeynep. Allerdings fragt sie sich dabei: Wenn »dumme Sprüche« über Onkel Mehmet sie »auf die Palme bringen konnten, wie hätte ich erst reagiert, wenn er einen Witz über Anatolier, Rachemorde und ›deine Kultur‹ gemacht hätte«.[593]

Zehn Jahre später vermag Güngör Diskriminierungen nicht mehr individuell zu kontern bzw. sie auch nicht zu kontextualisieren. Dadurch geht die Möglichkeit verloren, einen kulturellen Kompromiss auszuhandeln, und es wird deutlich, dass selbst die Zeit der Integration in der Bundesrepublik nur eine Phase war. So stellen Güngörs Artikel seit 2016 die eigene Integration in Frage.[594] Mit Menschen,

---

591 GÜNGÖR, Dilek (2016): »Ich habe es satt, immer den Kopf einzuziehen«. In: *BERLINER ZEITUNG*, 03.10.2016, https://www.berliner-zeitung.de/berlin/dilek-guengoer-ich-habe-es-so-satt--immer-den-kopf-einzuziehen-24831704 (09.08.2018).
592 GÜNGÖR (2008): S. 202.
593 Ebd., S. 203f.
594 Siehe hierzu: GÜNGÖR, Dilek (2016): »Anderssein ist kein Widerspruch«. In: *DIE ZEIT*, 31.10.2016, https://www.zeit.de/kultur/2016-08/anderssein-schule-schwaben-jugend-kindheit-

die sie nicht kennt und die wahrscheinlich nicht einmal einen türkischen Hintergrund haben, fühlt sie sich auf einmal verbunden, weil die deutsche Kassiererin diese Männer als »Ausländer« bezeichnet, wobei Güngör doch Deutsche geworden war. Während sie sich zuvor als Individuum über ihre Lebensweise beschrieben und als ein Teil von Umgebungen, Orten und Kontexten begriffen hat, wird sie in diesem Erlebnis zu einem Teil eines unbestimmten Kollektivs, das nicht mehr ihren Verstand, sondern einzig und allein ihr Gefühl anspricht, nun schon seit Jahrzehnten als Ausländerin vermeintlich diskriminiert worden zu sein. Dabei geht es nicht um die Bauarbeiter selbst, denn diese scheinen sich wirklich nicht angemessen zu verhalten, sondern vielmehr darum, was der Gebrauch des Begriffs Ausländer auslöst, was er aus der Geschichte Güngörs hervorholt und ausbrechen lässt. Im Roman *Ich bin Özlem* von 2019, der mitunter auf der Supermarktszene aufbaut, bestimmt dieser Vorrang des Affektiven, einer negativen Identität, die gesamte Erzählung.[595] Auch Hatice Akyün verliert durch die Sarrazin-Debatte[596] von 2010 und ihren Folgen ihren Humor, ihre Reaktionsfähigkeit und überlegt, mit ihrer Tochter in die Türkei auszuwandern. Auch hier treten an die Stelle von humorvoller und kontrollierter Reaktion Affekte, die ein Unbehagen auslösen. Denn die Stimmung in Deutschland nach der Debatte mache ihr Angst.[597] Tatsächlich schildert Akyüns anschließende Veröffentlichung *Ich küss Dich, Kismet. Eine Deutsche am Bosporus* (2013) den Versuch, mit der Tochter für immer in die Türkei zurückzukehren. Sarrazin habe ihr das Türkische aufgedrängt, während sie in der Türkei erfahren musste, dass sie Deutsche sei, aber

---

zugehoerigkeit-10nach8 (09.08.2018). Siehe auch: »Warten auf den Moment, in dem es auffliegt«. In: *DIE ZEIT*, 16.07.2018, https://www.zeit.de/kultur/2018-07/hochstapler-syndrom-gesellschaftliche-minderheiten-psychologie (09.08.2018).
595 Siehe hierzu: GÜNGÖR (2019).
596 In einem *Lettre*-Interview von 2009 und in seinem Buch *Deutschland schafft sich ab* von 2010 verknüpft der damalige Berliner Finanzsenator Thilo Sarrazin die Zukunftsfähigkeit Deutschlands mit der Integrierbarkeit oder Nicht-Integrierbarkeit der unproduktiven, von Transferleistungen lebenden Unterschicht. In einer biologistisch-kapitalistischen Diktion zwischen brauchbarem Genpool und gesellschaftlichem Kosten-Nutzen-Verhältnis stellte im Zusammenhang von Prekariat und Gesellschaft insbesondere der Muslim ein erweitertes Gefahrenpotential für die deutsche Gesellschaft dar. Wenn die deutsch-deutsche Unterschicht durch spezifische Anreize wieder in den Arbeitsmarkt geführt und so eine »Verdummung« Deutschlands noch verhindert werden könne, so sei dieser Prozess der Integration bei Muslimen nicht möglich, weil sie aufgrund ihrer Religion nicht modern sein könnten und zudem gefährlich seien. Siehe hierzu: SARRAZIN, Thilo (2010): *Deutschland schafft sich ab. Wie wir unser Land aufs Spiel setzen*, München: Deutsche Verlags-Anstalt, S. 260–281. Diese Thesen lösten die bislang längste Integrationsdebatte in der Geschichte der Bundesrepublik aus.
597 Siehe hierzu: AKYÜN, Hatice (2011): »Wir stehen wieder bei null«. In: *Migazin*, 08.11.2011, http://www.migazin.de/2011/02/08/hatice_akyun-wir-stehen-wieder-bei-null/ (18.09.2018).

die Türkei auch nicht lassen könnte. Mit dem »Hier komme ich her« ist zugleich die Erkenntnis verbunden, dass sie »hierher« nicht mehr will.[598] Neben der Sarrazin-Debatte ist dafür auch die Politik des türkischen Präsidenten Erdoğan und die Reaktion des Staates auf die Geziproteste 2013 in Istanbul verantwortlich. Eine neue Form der Unbehaustheit und des kulturellen Unbehagens macht sich breit, die im Unterschied zu den Konstellationen zuvor (»Wir wollten alle Amerikaner werden«, »Wie lebt es sich als Türke in Deutschland?«, »Wie lebt es sich in Deiner Haut?« und »Was lebst Du?«) keine Projektion wie Zivilisation, kulturelle Tradition, Weltverbundenheit und kulturellen Lifestyle anbietet, mit der man sich identifizieren konnte. Was sich aber eindeutig zeigt, ist die Entscheidung für das Land, in dem man leben will – wobei die Gefühle für die dazugehörige Gesellschaft wieder ambivalent werden. Da im Unterschied zu den 1990er Jahren die filmischen und literarischen Erzählungen der 2000er Jahre weitaus mehr Türkisches und Muslimisches produzieren, obwohl der Begriff des Multikulturalismus damals prägend war, will ich im nachfolgenden Fazit die besprochenen Werke mit den Überlegungen zum Multikulturalismus abgleichen. Daran wird nachvollziehbar, um welche Art der Produktion von Vielfalt, ihrer Formen der Verhandlung, des Gesprächs es sich in der Phase der Integration in der Bundesrepublik überhaupt handelt und wie diese einerseits die Grundlagen aktueller Texte und Filme sind, andererseits letztere zugleich ihre Formen der Soziabilität suspendieren, weil sie sich diskriminiert fühlen.

5.6 Fazit zu »Was lebst Du?«

Mitte der 1990er Jahre konstatiert der kanadische Multikulturalismusforscher Will Kymlicka, dass es richtig und angemessen sei, wenn sich der Charakter einer Kultur – gemeint sind westliche Einwanderungsgesellschaften – durch die Entscheidungen ihrer Angehörigen verändere. Die Mitglieder einer bestimmten Kultur innerhalb einer Mehrheitsgesellschaft sollten die Möglichkeit haben zu entscheiden, was sie aus ihrer eigenen Kultur mit dem Erstrebens- und Bewundernswerten der anderen Kultur verbinden wollen.[599] Bewundert und gewollt wurde in den 1960er und 1970er Jahren das Leben der Amerikaner, wobei diese

---

[598] AKYÜN, Hatice (2015): »Mein kleines Dorf«. In: dies.: *Ich küss dich, Kismet*, Köln: Kiepenheuer & Witsch, S. 184–202. Siehe auch: STERNBERG, Jan (2013): »Deutschland, du wirst mich nicht los«. In: *Kultur im Norden*, 04.09.2018. Siehe hierzu auch: AKYÜN, Hatice (2013): *Ich küss dich, Kismet. Eine Deutsche am Bosporus*, Köln: Kiepenheuer & Witsch.
[599] KYMLICKA, Will (1995): *Multicultural Citizenship. A liberal theory of Minority Rights*, Oxford: Oxford University Press, S. 105.

Sehnsucht das Türkisch-Sein nicht tangierte. Denn wie ein Amerikaner konnte man auch im Istanbuler Stadtteil Bebek oder in Deutschland leben. Auch in Milton Gordons Assimilationstheorie von 1964 konnte man Amerikaner werden und sein und zugleich ethnisch einer anderen Gruppe angehören. In den 1980er Jahren gehörte man hingegen erst dann zum Westen, wenn man kein Teil des Ostens mehr war. Kymlickas Unterscheidung zwischen »eigen« und »fremd« aus den 1990er Jahren plädiert hingegen dafür, kulturelle Eigenarten und Kompatibilitäten aus einem geschützten Raum in eine kulturell anders gelagerte Mehrheitsgesellschaft hineinzutragen, also zu veröffentlichen. Die Kultur der Mehrheitsgesellschaft beschreibt er als die bestimmende »societal culture« im öffentlichen Raum, als Ort der Aushandlung und Begegnung, der sich durch ein alltägliches Vokabular des sozialen Lebens ergebe, welches über Praktiken im öffentlichen Raum alle Bereiche menschlicher Aktivitäten abdeckt.[600] Jede Kultur wird in einer Gesellschaft, die nicht Teil dieser »societal culture« ist oder wird, immer stärker marginalisiert werden. So ist nach Kymlicka für gelingende Integrationsprozesse der Zugang der Minderheiten-Kultur zu dieser »societal culture« der Mehrheit zentral. Doch muss bei diesem Prozess, über den die Mitglieder der Mehrheit entscheiden, neben dem Zugang zur Mehrheit noch eine wesentliche Grundlage erfüllt sein. Denn die Basis für diesen auf Wechselseitigkeit gründenden Integrationsprozess zwischen Minderheiten und der Mehrheitsgesellschaft sei,[601] dass das Leben der Mitglieder von innen (»from the inside«) mit Glaubensgrundsätzen und Werten geführt und gelebt wird. Aber auch für Andreas Wimmer ist Mitte der 2000er Jahre der »kulturelle Kompromiß« ein sich wechselseitig beeinflussendes Wechselspiel von innerer kultureller Prägung, öffentlichen Interpretamenten und Handlungen.[602]

Wie in diesem Kapitel gezeigt, bewegen sich die Akteure koordiniert oft von innen nach außen, aber auch von außen nach innen. Beide Bereiche sind zugänglich – anders, als in den 1990er Jahren, als der Fokus noch auf der Schwelle lag. Melek aus ZEIT DER WÜNSCHE (2005) geht z. B. gemeinsam mit ihren Kindern aus der Wohnung auf die Straße, Felix aus WUT (2006) steigt aus dem Schulbus, wird dort von Can ausgenommen, und der Film endet zuhause. In den behandelten Texten und Filmen haben aber auch die zentralen Elemente der »societal culture«, die Grundlagen eines »embodied social life« – nach Kymlicka: »schools, media, economy, government« –, ebenfalls eine herausragende Bedeutung. In ALMANYA, WUT, TÜRKISCH FÜR ANFÄNGER, *Leyla*, *Die Tochter des Schmieds*, in Murat Topals Kabarett *Getürkte Fälle*, in Kaya Yanars *Made in Germany* und im

---

600 Siehe hierzu: Ebd., S. 96.
601 Ebd., S. 96.
602 Siehe hierzu: WIMMER (2005): S. 34.

Theaterstück *Verrücktes Blut* von 2010 werden die Schule, die Berufe der Protagonisten thematisiert bzw. in ALMANYA sogar die Bundeskanzlerin Angela Merkel selbst gezeigt. In EVET, ICH WILL!, *Das Geheimnis meiner türkischen Großmutter*, EINMAL HANS MIT SCHARFER SOSSE, *Mein Name ist Revolution* sind die Ausbildungen und Berufe der Protagonisten für die Erzählungen ebenfalls entscheidend; alle arbeiten in der Medienbranche der Mehrheitsgesellschaft.[603]

Doch selbst wenn die Zugänge und die Grundlagen der öffentlichen Gesellschaft einer Multikulturalismustheorie aus den 1990er Jahren mit den Filmen der 2000er Jahre übereinzustimmen scheinen, unterscheiden sich die filmischen und literarischen Erzählungen von der Theorie in einem wesentlichen Punkt. Denn im vielbeschworenen Verhältnis von innen und außen, der Privatheit und Öffentlichkeit in Kymlickas Theorie, muss die Kultur im Privaten auch die Angelegenheit ihrer Mitglieder sein und nicht die einer *societal culture*. Sie darf seiner Ansicht nach für ein Gelingen der Integration nicht ausgeleuchtet bzw. »veröffentlicht« oder herausgestülpt werden. Die Verhandlung der Migration und ihrer Folgen basiert in den 2000er Jahren aber genau auf der Ausleuchtung und Darstellung der privaten Ebene. In ZEIT DER WÜNSCHE ist es das Bild vom Dorf in der Wohnung, das in den Akteuren steckt – und das uns in heller Belichtung übersetzt wird. Aber auch Zaimoğlu, Şenocak, Kelek und viele andere leuchten diesen Innenraum aus, übersetzen ihn und verbinden ihn mit bestimmten Orten und öffentlichen Räumen. Als Gründe für seine Unterscheidung von innen und außen und ihrer Vermittlung über Zugänge gibt Kymlicka zwei Grundlagen seiner Migrations- und Integrationstheorie an: Als Gegner von Assimilationstheorien ist er davon überzeugt, dass jedes Mitglied einer Gesellschaft eng mit seiner kulturellen Herkunft verbunden ist. Sie kann gerade nicht, wie im klassischen assimilatorischen Modell, im Laufe der Zeit und über Generationen abgelegt werden. Aufgrund dieser Vorannahme und Vorentscheidung wird die Frage des Zugangs zum öffentlichen Raum, seinen Orten und Institutionen entscheidend für die Entwicklung eines gemeinsamen »everyday vocabulary of social life«. Denn die eingewanderten Menschen haben zwar ihre Sprache und ihre historischen Erzählungen mitgebracht, aber »they have left behind the set of institutionalized practices, conducted in their mother tongue«.[604] Letztlich geht es für Kymlicka darum, Sprache und Geschichte als Teile der eigenen kulturellen Intimität dauerhaft mit der Praxis im öffentlichen Raum zu verbinden, ohne dabei die Intimität zu verletzen. Das klingt schön, ist aber nicht frei von Widersprüchen.

---

603 Siehe hierzu: AKYÜN (2005); GÜNGÖR (2007); AKKUŞ (2008); AYATA (2011).
604 Ebd., S. 77.

Denn als Kymlicka seine Theorie zum *Multicultural Citizenship* in den 1990er Jahren entwickelt, sind sowohl Kanada als auch die Vereinigten Staaten von Amerika schon lange Einwanderungsgesellschaften. Er geht aber mit der Annahme, was Einwanderer mitgebracht und was sie verloren hätten, von einem Ankunftsnarrativ aus, das sehr an Wolfgang Schäubles oben zitierte Rede zum Abschluss der ersten Phase der Islam Konferenz erinnert. Auch die Bundesrepublik ist damals bereits seit über 50 Jahren von Einwanderung und Migration geprägt. Die Türken seien nun als Muslime angekommen. Der große Unterschied zwischen den widersprüchlichen Annahmen von Schäuble und Kymlicka oder zwischen den 1990er und den 2000er Jahren ist, dass bei Kymlicka die Mitglieder der Minderheitenkultur von ihrem Zuhause aus an solchen Begegnungen teilnehmen. Bei Schäuble hingegen sind sie gerade aus dem Zug ausgestiegen und sofort Teil des öffentlichen Raums.[605] Es geht umgehend darum, gemeinsam am Tisch zu bestimmen, was der deutsche Islam sein könnte, ja, was er sogar sein müsste. Bundeskanzler Gerhard Schröder konnte im Jahr 2000 noch als Voraussetzung für Integration bestimmen: »Verfassung achten, die Gesetze befolgen und die Landessprache beherrschen«. Diese integrationspolitische Ausrichtung, die die Privatheit von der Öffentlichkeit trennt, ist nach dem 11. September 2001 nicht mehr haltbar, denn die Terroristen haben in Deutschland studiert, sich dort an die gesellschaftliche Ordnung gehalten und zudem perfektes Deutsch gesprochen.[606]

So drückt sich in den politischen Initiativen für die Integration in den 2000er Jahren auch eine Verschiebung der Innen/Außen-Relation aus, denen wir ebenfalls in den filmischen, literarischen und theoretischen Erzählungen begegnen. Die Muslime sollten ihre Religion so organisieren oder praktizieren, dass sie zur öffentlichen Ordnung, zur deutschen Verfassung passt. Das war das Ziel der Deutschen Islam Konferenz – Stichwort: Minirock und Moschee. Das Ankommen in den Texten und Filmen ist interessanterweise meist auch ein Ankommen in der Mitte der Gesellschaft. Politische Ordnungsfragen des öffentlichen Raums sind auch in den Privaträumen präsent. Von Zaimoğlus Leyla wissen wir von Beginn an, dass sie gegen die Hausgesetze des Vaters ist, die aber auch den Regeln des öffentlichen Raums widersprechen. Daher ist ihre Ankunft in Deutschland zugleich die Ankunft in einer neuen und anderen gesellschaftlichen Ordnung. Der Humanist und Germanistikprofessor Nejat kann Ali nicht mehr als seinen Vater ansehen, weil er keinen Mörder zum Vater haben will. Züli Aladağ versteht die Wut seines Protagonisten Can, kann aber nicht auf seiner Seite stehen oder auch nur eine Zwischenposition einnehmen. Kader und seine Familie aus DIE

---

605 Siehe hierzu: SCHÄUBLE (2009).
606 Siehe hierzu: TIBI (2002): S. 305.

FREMDE können nur Teil der Gesellschaft sein und eine Zukunft darin haben, wenn sie sich gegen die Ordnung der türkisch-muslimischen Community, die ein freies Leben unterdrückt, und für ihre Tochter entscheiden. Aber auch in den besprochenen Komödien werden die Gesetze zu Hause für das Zusammenleben in der Gesellschaft gebrochen. Wie über die Integrationsinitiativen der 2000er Jahre mit Integrationsgipfeln, Islamkonferenzen, dem Zuwanderungsgesetz und dem Nationalen Integrationsfahrplan von 2007 geschehen, muss die Einwanderungsgesellschaft erst politisch, juristisch und ästhetisch gerahmt und sichtbar gemacht werden.

Zu diesem Prozess des Sichtbarmachens gehört eine besondere Produktion der kulturellen Marker, die entweder zu immer wieder entstehenden Beleidigungen und Konflikten wie in MEINE VERRÜCKTE TÜRKISCHE HOCHZEIT führen kann oder aber der Prozess der Vervielfältigung wird beispielsweise durch die Überführung der Religion in den Alltag zur Grundlage für ein gemeinsames Weitererzählen und Weitersprechen wie in AUF DER ANDEREN SEITE. Im ersten Film wird die Geschichte der türkischen Migration nach Deutschland und ihren Folgen als Aneinanderreihung wiedergegeben: Heiratsantrag auf Türkisch, deutscher Muslim werden, Einheitsbekenntnis sprechen, fasten, Beschneidung – und am Ende doch ein Macho sein. Dabei geht es nicht um die Darstellung von Stereotypen, sondern um die spezifischen Lebensweisen der Akteure, auch im öffentlichen Raum. Woher sie jeweils kommen und warum es sie immer noch gibt, wird nicht geklärt. Durch diesen Prozess der Aneinanderreihung von Abstrakta vergrößert sich gewissermaßen die Oberfläche der Identität, die verletzt und beleidigt werden kann. Der Film bietet folgenden Ausweg: Türkisches und Deutsches über das eigene Verhalten kompatibel zu machen, indem man sich z. B. mit einem vergangenen Ich berät oder mit türkischen Beobachtern. Kein Akteur in MEINE VERRÜCKTE TÜRKISCHE HOCHZEIT vermag individuell auf Beleidigungen zu reagieren, weil ein kulturell heterogener Alltag weder gezeigt noch dokumentiert wird. Abstrakta und Nomen wie Islam, Muslim, Türke, Deutscher bestimmen mit ihren materiellen Repräsentationen wie Moschee, Kopftuch, Beschneidung und Koran den Film. Man könnte auch sagen: Die Kultur, die auch Kymlicka innen verorten würde, ist längst zum Teil der Außenwelt, des öffentlichen Raums geworden.

Im Gegensatz dazu sind in AUF DER ANDEREN SEITE die unterschiedlichen kulturellen Marker wie Gebetsruf oder bestimmte Regeln für Interaktionsformen von Beginn an miteinander verwoben: Religiöse Begrüßungsformeln, bekannte tradierte Sätze sind Teil der Bedürfnisstruktur der Akteurinnen und Akteure. Im Finale des Films, dem Gespräch zwischen Susanne und Nejat, werden sie wiederholt. Zunächst wird auch hier eine sichtbare Struktur aufgebaut, die der Religion ihre Funktion, ihre Zeit und ihren Ort zuweist. Dadurch wird sie zu einem Bestandteil des Lebens, den die Akteure selbst gestalten können. Auch wenn

Religion bei Süleyman aus MEINE VERÜCKTE TÜRKISCHE HOCHZEIT und Kader aus DIE FREMDE eher im Weg steht, wird in allen genannten filmischen und literarischen Erzählungen die Entscheidung, die durch die informelle Geschichte der Migration in der Bundesrepublik entstandenen türkischen, muslimischen und deutschen kulturellen Marker in einen kompatiblen, d. h. auslebbaren Zusammenhang zu bringen, den Protagonisten selbst überlassen. Sie können sich dabei auf keine kulturellen Kodizes beziehen, wie sie in den Multikulturalismustheorien der 1990er Jahre noch zentral waren. Man ging damals davon aus, »daß alle menschlichen Kulturen, die ganze Gesellschaften über längere Zeiträume mit Leben erfüllt haben, allen Menschen etwas Wichtiges zu sagen haben«.[607] Um auf diese Ebene der Aufnahme kommen zu können, müsste man aber erst mal wieder hören, was Kulturen überhaupt sagen. Wenn Leylas Vater nach dem Koran greift und mit seiner Wutrede ansetzt, bringt er zwar einen mächtigen kulturellen Marker ins Spiel, setzt ihn aber dafür ein, das eigene Unbehagen und die eigene Wut zu artikulieren, ihr eine Form zu geben. Viel weniger geht es darum, tatsächlich zu ergründen, ob sein Verhalten mit den Lehren des Koran übereinstimmt oder nicht. Eine ähnliche Kluft zwischen Norm und Verhalten tut sich auch in DIE FREMDE auf. Hüseyin aus ALMANYA, der auf dem Türkischsein seiner Familie beharrt, obwohl die Familienmitglieder Deutsch miteinander sprechen, erklärt ebenfalls nicht, wodurch sich dieses Türkischsein genau auszeichnet. All das ist nicht zu vergleichen mit den Bemühungen, die in den 1980er Jahren angestellt wurden, um das Türkische zu verstehen. Herkunft ist in den 2000er Jahren im normativen Sinn etwas Fremdes geworden, auf das man nur noch im öffentlichen Raum korrektiv und angemessen reagieren kann, aber nicht mehr in den eigenen vier Wänden. Oder es gelingt einem, dem eigenen Ich aus alten Tagen zu begegnen. Genau durch diese Verwendung von kulturellen Markern und Inhalten unterscheidet sich das kulturelle Innenleben von dem der 1990er Jahre und insbesondere von der Theorie des Multikulturalismus. Dass die Herkunft fremd geworden ist, man aber nur über sie Orte, Plätze und die Gesellschaft finden kann, zu der man gehört, dokumentieren eindrücklich *Der Mond ist unsere Sonne*, *Mein Name heißt Revolution*, VERRÜCKTES BLUT und LUKS GLÜCK. Im Unterschied zu AUF DER ANDEREN SEITE, *Leyla*, WUT, *Die Tochter des Schmieds*, *Das Geheimnis meiner türkischen Großmutter* und DIE FREMDE ist es in diesen Werken aus den Jahren 2010 und 2011 mitunter nicht mehr möglich, die *richtige* Entscheidung zu treffen.

Devrim, der Protagonist aus *Mein Name ist Revolution*, erzählt der »Kanakenlady« Rüya bei ihrer ersten Begegnung, dass er schon ewig nicht mehr in Dersim

---

607 TAYLOR, Charles (1993): *Multikulturalismus und die Politik der Anerkennung*, Frankfurt a. M.: Fischer, S. 63.

gewesen sei, der Stadt, aus der auch Rüyas Eltern stammen. Er müsse auf jeden Fall wieder hin, meint Rüya, denn er werde dort das finden, was in ihm stecke, und diese Stadt verbinde sie beide. Der frisch verliebte Devrim hört sich Musik aus dieser Gegend an, aber er verreist nicht gerne und hat auch kein Fernweh – ganz wie die Protagonisten in Fatih Akıns SOUL KITCHEN oder in Nuran David Calış' *Der Mond ist unsere Sonne*. In Calışs Roman möchte Alens deutsche Freundin weg, »umherziehen«, um die Welt zu entdecken. Alen hingegen ist bei seiner Arbeit als Türsteher in einer Bielefelder Diskothek »schon das ganze Rein und Raus an der Tür manchmal zu viel, all die Gesichter«.[608] Allerdings überlegt er, mit seiner deutschen Freundin nach Genua zu ziehen und dort eine Espressobar zu eröffnen.[609] Er sagt es ihr nicht, stellt aber weiter fest, dass sie »Fernweh« habe und er »Heimweh«. Seine deutsche Freundin Floh wusste schon alles über sich und wollte es vergessen. »Ich wollte wissen, wer ich bin. [...] Deshalb musste sie eine Reise nach draußen und ich eine nach drinnen machen. Ich lebte in einer fremden Welt und suchte nach einer vertrauten.«[610] Alles, was Alen umgibt, gehört nicht ihm. Ihm gehört nur, was in ihm ist.[611] Alen reist dann doch mit seinem Onkel in den Osten der Türkei, wobei diese Reise für ihn alles andere als eine Entdeckung ist. Der Onkel meinte, er sei »ein Stück Holz im Wasser« dieser deutschen Gesellschaft, das sich einfach treiben lässt, wenn er sich seiner Herkunft nicht bewusst werde.[612] Doch wir wissen schon von Beginn der Erzählung an, dass die Herkunft seiner Familie, ihre Kultur für ihn keine Entdeckung einer Ressource oder von Freiheit mehr ist, wie es die neue Vielfalts- und Integrationspolitik in den 2000er Jahren sich vorstellte. Alen kann mit seiner Herkunft nichts anfangen und entscheidet sich, ein Teil der Gesellschaft zu werden, nach der er sich sehnt. Zurück in Bielefeld nimmt er sich vor, das »Migrationswunderkind [zu] spielen«, so gut er kann.[613]

> Ich werde mich häuten. Ich werde mir die Haut abziehen, wenn sie sich nicht von alleine lösen will. Niemand wird wissen, wer ich wirklich bin. Noch nicht mal mehr ich selber. Meine Mutter wird mich nicht verstehen. Ich werde sie nicht mehr verstehen. Meine Freunde werden mich nicht mehr verstehen. Ich werde sie nicht mehr verstehen. Dafür werde ich ankommen. Dann werde ich endlich dabei sein und dazugehören. Nicht am Rand sein. Nicht mehr außen vor sein. Nicht wie der Typ neben mir. Der auf seiner Heimat-Scheiße

---

608 CALIŞ (2011): S. 132.
609 Ebd., S. 176.
610 Ebd., S. 185.
611 Ebd., S. 189.
612 Ebd., S. 179.
613 Ebd., S. 15.

hängengeblieben ist. Der Typ neben mir ist meine eigene Spiegelung. In zwanzig Jahren hänge ich genauso wie er auf diesem Trip, wenn ich jetzt nicht die Kurve kratze.[614]

Auch Devrim aus *Mein Name ist Revolution* reist mit seinem Onkel in den Osten der Türkei – und will schon nach zwei Tagen wieder zurück. Zu seiner Begrüßung schlachtete der Bruder seines Vaters ein Tier. Devrim ist aber Vegetarier. Da sein Onkel ihm geraten hat, nicht wie ein Kulturimperialist aufzutreten, isst er das Fleisch, um nicht respektlos zu erscheinen. Doch bereuen Devrim und sein Onkel kurz darauf ihr Verhalten: »Du musstest vom Opferfleisch essen, weil wir nicht damit rausgerückt sind, dass du Vegetarier bist«.[615] Devrim findet allmählich zwar einen Umgang mit dem Herkunftsort seines Vaters und seinen Verwandten, doch ist und wird ihm dieser nicht zur Quelle einer Entdeckung, zur Ressource einer Identitätsfindung, die ihn in Deutschland besser ankommen lassen würde. Vielmehr wird ihm klar, dass er für Rüya, die sich so darüber freut, dass er ihrer beider Herkunftsort aufsucht, »jemanden spielt«, der er nicht sein will.[616] Auch seine deutsch-türkische Freundesclique ist nicht mehr das, was sie mal war bzw. das, was sie sich früher zu sein vorgestellt hatte. Früher wollten sie wie viele Akteure in den 1990er Jahren gemeinsam irgendwann ein »Haus am Meer« haben, an einem Strand im Süden, und jeden Tag per Münzwurf entscheiden, ob sie schwimmen gehen oder nicht.[617] Doch Okan, der mittlerweile in Istanbul lebt und über den Berliner Kiez nur noch schlecht spricht, als Devrim ihn auf seiner Rückreise nach Berlin besucht, denkt nur noch an Geld und Ruhm.[618] Devrim ist unendlich froh, als er zurück in Berlin ist.[619] Ayatas Roman endet damit, dass Devrim wieder als Radiojournalist arbeitet.

Wie Güngörs *Das Geheimnis meiner türkischen Großmutter* endet auch *Mein Name ist Revolution* mit einer beruflichen Positionierung in der deutschen Gesellschaft. Allerdings hat die Protagonistin des ersten Romans die Herkunft ihrer Eltern und die kulturellen Folgen des Geheimnisses ihrer Großmutter gebraucht, um am Ende in Deutschland anzukommen; ein Narrativ, das in dieser Entschiedenheit weder in Calışs noch in Ayatas Roman eine Rolle spielt. Stattdessen stellt Devrim fest: »Meine Freunde, die mir eingeredet hatten, dass das Zusammensein mit einer Kanaklady anders, einfacher und besser sei, hatten sich getäuscht«.[620]

---

614 Ebd., S. 16.
615 AYATA (2011): S. 179.
616 Ebd., S. 176.
617 Ebd., S. 131.
618 Ebd., S. 228.
619 Ebd., S. 232.
620 Ebd., S. 303.

Kultur ist keine bindende und verbindende Ressource mehr. Die Unterschiede gehen noch weiter: Am Ende des Romans besucht Devrim religiös-konservative Türken, die seinen Vater Ende der 1970er Jahre aufgrund seines Lottogewinns um eine Spende für ihre zu errichtende Moschee gebeten hatten. Sein Onkel und seine ganze Verwandtschaft sind immer linkspolitische Türken gewesen. Auch diese Suche führt in ein Unbehagen. Denn die Religiösen, die die Moschee auch ohne die finanzielle Hilfe seines Vaters bauten, erwecken bei Devrim den Eindruck, dass sie »zwielichtige Personen« seien, zu allem fähig.[621] Am Ende des Romans beschreibt Devrim sich nicht als ein exkludiertes Individuum, sondern als ein »Alleiner«, der nicht mehr weiß, was er lebt.[622]

Am Ende des hoch gelobten Theaterstücks *Verrücktes Blut* von 2010 ruft der türkisch-kurdische Schüler Hasan mit einer Pistole in der Hand aus, dass die Rolle des deutsch-türkischen *Tatort*-Kommissars schon vergeben sei.[623] Wohin solle man denn da noch aufsteigen. Als der Schüler dies ausspricht, haben die anderen schon abgewunken und erklärt, sie hätten nun keine Lust mehr auf dieses Theaterstück, darauf, ›Kanaken‹ zu spielen bzw. das zu spielen, was die Deutschen in ihnen sehen wollen. Tatsächlich beginnt das Stück wie auch Selim Özdoğans Roman *Die Tochter des Schmieds* oder Holtz' Film MEINE VERRÜCKTE TÜRKISCHE HOCHZEIT mit vielen Klischees. Im Unterschied zu Özdoğans Roman, Akıns oder Şamderelis Film ermöglichen diese Klischees aber kein gemeinsames Erzählen mehr. Zu Beginn des Stücks kommen sieben Heranwachsende, zwei Frauen und fünf Männer, auf die Bühne, d. h. in ihre Schulklasse. Sie stellen sich selbstbewusst auf und spucken mehrmals ins Publikum. Nur einer von ihnen hat keinen Migrationshintergrund. Danach beginnen alle laut und in Fäkalsprache mit ihren Handys zu telefonieren, man versteht kaum mehr als »Opfer« und »Fick Dich«.[624]

---

621 Ebd., S. 309.
622 Ebd., S. 315. In diese inhaltlich ausgerichtete Erzähllogik passt, dass Altan, ein anderer Freund Devrims, seine Dissertation zur Geschichte der Türken in Deutschland abbricht und seine »Kanakenlady« sich von ihm trennt. Tatsächlich baut Imran Ayata immer wieder Erinnerungen und Lebensumstände der Türken in der Bundesrepublik von den 1970ern bis heute ein. Sie folgen allerdings eher der Logik einer informellen Geschichte im Gegensatz zu einer Geschichte, auf der ein kollektives Gedächtnis im Sinne von Aleida Assmann basieren könnte. Berufe scheinen wichtiger zu sein als eine Aufarbeitung der Geschichte der Migration in der Bundesrepublik Deutschland.
623 Tatsächlich ermittelte Mehmet Kurtuluş, der Hauptdarsteller aus KURZ UND SCHMERZLOS, von 2008 bis 2012 als Hauptkommissar Cenk Batu im Hamburger *Tatort*. Dabei arbeitete er oft als verdeckter Ermittler, spielte auch gelegentlich einen Türkeistämmigen. Die ARD beschreibt Mehmet Kurtuluş als jemanden, für den sein Hintergrund keine Rolle spielte, nur die »die anderen waren es, die darauf reagierten«. Siehe hierzu: https://www.daserste.de/unterhaltung/krimi/tatort/kommissare/mehmet-kurtulus-100.html (30.09.2018).
624 Siehe hierzu: ERPULAT/HILLJE (2012).

Die Lehrerin, die eigentlich Kehlig heißt, nennen alle »Frau Kellesch«.[625] Sie tritt auf, bittet um Ruhe und kündigt an, dass es heute um Schillers *Die Räuber* und seine *Ästhetische Erziehung* gehe. Es bleibt aber so lange laut, bis eine Pistole bei einer Rauferei aus einer Tasche auf den Boden fällt. Frau Kehlig hebt sie auf und zwingt die Schüler damit zur Probe von Schillers Stück. Mit der Waffe in der Hand erläutert sie ihren Schülern, dass in der *Ästhetischen Erziehung* die Frage zentral sei, wie der Mensch dazu gebracht werden könne, verantwortlich mit seiner Freiheit umzugehen. »Durch das Spiel«, antwortet sie selbst, denn der Mensch sei nach Schiller nur da ganz Mensch, wo er spiele.[626] Daraufhin verteilt sie die Rollen. Jeder Schüler bekommt ein gelbes Reclam-Heft und soll daraus die entsprechenden Passagen vorlesen. Am Anfang muss die Lehrerin fast jedes Wort korrigieren, weil Aussprache und alles andere bei den Schülern nicht stimmen. Dabei mutet sie – gerade auch wegen der Waffe in der Hand – in ihrem sprachlichen Purismus fundamentalistisch und kulturterroristisch zugleich an. Als die Schüler anfangen, ganze Sätze zu sprechen, ernten sie nur Demütigung: »Du kannst ja richtig Deutsch sprechen, Du Muschi«.[627]

Im Laufe des Stücks entwickeln sich die Schüler rhetorisch so weit, dass sie die Passagen aus Schillers *Räuber* auswendig und mit Inbrunst vortragen, sich mitunter sogar mit den gespielten Szenen identifizieren. Die Identifikation überrascht nicht so sehr wie der Umstand, dass sie beginnen, das Stück mit sprachlich überzeugender Performanz und Leben zu füllen. Unterbrochen wird dieses Schauspiel mehrmals durch den gemeinsamen Gesang von Lehrerin und Schülern, die ans Publikum gewandt deutsche Volkslieder wie *Heimatland ade* oder *Ich habe mich ergeben mit Herz und Hand* zum Besten geben. Am Ende erfahren die Schüler, dass Frau Kehlig/Kellesch tatsächlich aus der Türkei stammt, aber mit einem deutschen Mann verheiratet ist, dessen Nachnamen sie trägt. Hätten sie gewusst, dass sie »eine von ihnen« sei, beteuern die Schüler, hätten sie sich ihr gegenüber nie so verhalten, wie sie es getan haben. Als es darum geht, Musa zu verurteilen, weil er seinen Mitschüler Hasan, den kurdischstämmigen Deutschen, sexuell missbraucht hat, sind die Schüler gegen die von Kehlig empfohlene Todesstrafe. Wütend fragt sie: »Nerde sizin delikanlılığınız?« (»Wo ist euer feuriger jugendlicher Übereifer?«)[628] Die Schüler sind durch die Gewaltandrohung

---

[625] Keleş (ausgesprochen: Kellesch) ist ein türkischer Nachname.
[626] Ebd.
[627] Ebd.
[628] Damit nennt sie den Titel des Stückes, der – erneut – eine wörtliche Übersetzung aus dem Türkischen ist: »delikanli« heißt »verrücktes Blut«. Siehe hierzu: STEUERWALD, Karl (1993): *Türkçe Almanca Sözlük*, Istanbul: Novaprint Basım Evi, S. 210 u. S. 479.

mit der Waffe zu überzeugten Aufklärern geworden. Im letzten Drittel des Stücks wird die freie Meinungsäußerung à la Voltaire zur politischen Diktion: »Ich bin nicht Deiner Meinung, aber ich würde mein Leben dafür geben, dass Du deine Meinung äußern kannst«.[629] Als die Waffe in die Hände von Hasan gelangt, bittet er um Aufmerksamkeit. Doch seine Mitschüler haben »keinen Bock mehr auf dieses Spiel« und wollen jetzt lieber einen Döner essen. Hasan fragt dennoch, wie viele Erfolgskanaken dieses Land eigentlich noch vertrage, die Rolle des *Tatort*-Kommissars sei bereits vergeben. Auch die Lehrerin fragt nun, warum sie »diesen ganzen Scheiß hier« machen und zeigt dabei fragend auf das Publikum: »Für die hier?!« Hasan beendet das Stück mit den Worten »Herr muss ich sein, dass ich das mit Gewalt ertrotze, wozu mir die Liebeswürdigkeit gebricht«.[630] Er schießt in das Publikum und die ganze Gruppe auf der Bühne singt das Schlaflied *Schlafe mein Kindlein, schlafe auch du*. Für die Türken ergibt es keinen Sinn und macht auch keine Lust mehr, den Problemtürken oder den integrierten Türken zu spielen, denn die Möglichkeiten des Aufstiegs sind bereits vergeben.

Das Ende von VERRÜCKTES BLUT mag eine natürliche narrative Einheit suggerieren: Ein Tag beginnt morgens und endet mit dem Zubettgehen. Doch findet dieser Tag in einer Problemklasse in einer Brennpunktschule statt. Und tatsächlich waren die Regisseure nicht darauf aus, den Zuschauern die Realität aufzuzeigen, sondern wollten vielmehr ihre eigenen Vorstellungen von den Problemklassen in Brennpunktschulen vorführen. Das kämpferische Spiel im Spiel, das nicht erzieht, sollte den fiktionalen Charakter deutlich machen. Eine Transparenz von innen nach außen gibt es hier nicht.[631] Sie wird auch gar nicht benötigt, da die Geschichte der türkischen Migration nach Deutschland und ihre Folgen als kulturelles und überall erkennbares Material so gängig geworden sind, dass man kein Türke mehr sein muss, um sich wie einer zu verhalten. Götz aus MEINE VERRÜCKTE TÜRKISCHE HOCHZEIT kann deshalb Aylin fragen, ob sie sich denn

---

629 ERPULAT/HILLJE (2012).
630 Siehe hierzu: ERPULAT/HILLJE (2012).
631 Peter von Becker schreibt, dass statt »ideologischem Krampf ein spielerischer Kampf« das Stück von Erpulat auszeichne. Es werde ein Panorama der Stereotypen und Klischees mit einem Migrationsvordergrund geschaffen. »Doch im Laufe der folgenden Schulstunde werden dann alle Urteile und Vorurteile, alle vermeintlichen Sicherheiten oder als unvermeidlich geltende Unsicherheiten über den Haufen gestoßen. Das festgefügte Bild über Integration oder Desintegration in unserer Gesellschaft explodiert. Der Scherbenhaufen aber steckt voller Gedankensplitter, die in den Köpfen und Herzen der Beteiligten, auch der Zuschauer, hängen- und steckenbleiben.« Siehe hierzu: BECKER, Peter von (2012): »Verrücktes Blut. Ein spannungsstoller Sieg im Schulklassenkampf«. In: *Verrücktes Blut*, von Nurkan Erpulat und Jen Hillje, Berlin: belvedere edition GmbH.

wie eine Türkin verhalten würde, wenn er den Türken spielt. Das Türkische wird für die Türken zu einer entscheidenden Kategorie, die nicht mehr innen liegt, sondern außen produziert wurde und verteidigt werden muss. Die Produktion der Vielfalt, wie sie in den 2000er Jahren einsetzt, kommt daher ohne Herkunft aus, leitet sich jedoch aus der Teilhabe im öffentlichen Raum ab. Diese Bedingungen haben ohne die Kultur der Multikulturalisten eine politische multikulturelle Gesellschaft geschaffen, die Zusammenhalt entweder nur durch ein Weitersprechen und Weitererzählen sichern kann oder aber sich in Spaltungen, Diskriminierungen und Selbstgesprächen verliert. Es macht sich eine binäre Logik breit, die nur noch die Zustände des Verknüpftseins oder des Getrenntwerdens kennt. Bei Letzterem ist der Konnex von Diskriminierung, Trennung und Selbstgespräch, wie ich ihn bereits für die Erzählung und Reflexionen in den 1980er Jahren beschrieben habe, in den ästhetischen Produktionen der letzten Jahre ebenfalls konstitutiv. Auch die Klasse in *Verrücktes Blut* bewegt sich in einem geschlossenen und sogar schalldichten Raum und wir sehen keinen der Schüler das Zimmer verlassen.

Dieser erzählerische Zusammenhang wiederholt sich in der Geschichte der Migration in der Bundesrepublik, nur dass er sich von den türkischen Wohnungen hin zu öffentlichen Orten verschoben hat – von Berliner und Hamburger Hinterhofwohnungen in die Schulklassen. Aktuell korreliert er mit einer Rückkehr nationaler Narrative. Im Unterschied zu den 1980ern hat sich jedoch die Bedeutung, Verwendung und der Gebrauch der Historie und der kulturellen Marker verändert. In den 1980er Jahren bestimmten Deutsche wie Türken die Türkei als einen Ort der Rückkehr oder als einen Ort des Ursprungs kultureller Probleme, von Gastfreundschaft und Sinnlichkeit. Die derartige Auslagerung von Orientierungen, Wünschen und Frustrationen ermöglichte auch ein Hinausgehen, von »drinnen« nach »draußen« zu gelangen. Diese Option gibt es heute nicht mehr. Als Folge können Interaktionen und Begegnungen zwischen Deutschen und Türken weitaus belasteter sein als noch in den 1980er Jahren. Allein weil es an Ausweichmöglichkeiten mangelt: »Man kann sich nicht mehr ausweichen, steht einander gegenüber, auf einmal nicht mehr auf dem Schlachtfeld, sondern in einem Klassenzimmer mitten im öffentlichen Raum einer offenen Gesellschaft«, konstatiert Zafer Şenocak lapidar in *Das Fremde, das in jedem wohnt. Wie Unterschiede unsere Gesellschaft zusammenhalten* von 2018.[632] Daher wird die Frage nach der Geschichte vor Ort und in der Bundesrepublik und nach den Schichten im Leben der Akteure zentral; die Frage danach, ob wir es in den unterschiedli-

---

[632] ŞENOCAK, Zafer (2018): *Das Fremde, das in jedem wohnt. Wie Unterschiede unsere Gesellschaft zusammenhalten*, Hamburg: Körber Stiftung, S. 213f.

chen Begegnungskonstellationen mit einer angestauten gemeinsamen Historie oder einer zusammengewachsenen zu tun haben? Erstere Konstellation vollzieht sich in einer Form der doppelten Schließung, wie sie sich bereits in den Werken VERRÜCKTES BLUT, *Der Mond ist unsere Sonne* und *Mein Name ist Revolution* andeutet. Letztere Konstellation steht für eine Perspektive, die über das Weitersprechen den Wandel der Geschichte der Migration und ihrer Folgen sichtbar macht, die aufzeigt, in welch komplexen Verhältnissen Deutsche und Türken von den 1960er Jahren bis heute zueinandergestanden haben.

Doch ob zusammengewachsene oder angestaute Geschichte, in jedem Fall ist die kulturpolitische Konstellation – ob im Selbstgespräch oder im Weitersprechen – prekär und von einer neuen Betroffenheit bestimmt. Dies zeigen auf der einen Seite eindrücklich neuere Texte und Filme wie Feridun Zaimoğlus Migrationsepos *Siebentürmeviertel* (2015), *Ruhm und Ruin* von Imran Ayata (2015), *Wieso Heimat, ich wohne zur Miete* von Selim Özdoğan (2016), Fatma Aydemirs Roman *Ellbogen* (2017) sowie 3 TÜRKEN UND EIN BABY von Sinan Akkuş (2015), PLÖTZLICH TÜRKE von Isabel Braak (2016), Züli Aladağs Dokudrama DIE OPFER. VERGESST MICH NICHT, der zweite Teil der ARD-Trilogie MITTEN IN DEUTSCHLAND: NSU (2016), Fatih Akıns AUS DEM NICHTS (2017), Dilek Güngörs Roman *Ich bin Özlem* (2019) und die autobiografisch gefärbten Streitschriften und Studien *Ihr Scheinheiligen* (2018) von Tuba Sarıca, *Eure Heimat ist unser Albtraum* (2019) von Hengameh Yaghoobifarah und Fatma Aydemir und *Das ist auch unser Land* (2020) von Ciğdem Toprak. Auf der anderen Seite reagieren die genannten Produktionen auf und verarbeiten eine politische Entwicklung, die sich von der Sarrazin-Debatte, der Aufdeckung der NSU-Morde im November 2011 über die Gezi-Proteste in der Türkei 2013, das Aufkommen der PEGIDA im November 2014 in Dresden, die Flüchtlingskrise von 2015, den versuchten Militärputsch in der Türkei 2016 bis zum Verfassungsreferendum im Jahr 2017, die Einrichtung einer Abteilung für Heimat im deutschen Innenministerium und ihrer Umbenennung zum Bundesministerium des Inneren, für Bau und Heimat im März 2018 bis zu den Anschlägen in Halle und Hanau vom Oktober 2019 und Februar 2020 erstreckt. Allein die Auflistung der politischen Themen, die verhandelt werden, deutet eher auf eine Politik der Zusammengehörigkeit hin als auf eine der getrennten Identitäten. Allerdings handelt es sich um eine Zusammengehörigkeit, deren bindende Narrative noch ausstehen. Denn alle bisherigen Medien der Migration und Integration von der Attraktivität, der Sogkraft des Westens in den 1960er Jahren über das Verorten und Verstehenwollen der anderen Kultur in den 1980er Jahren bis hin zum körperlichen Auftritt, den symbolischen und emanzipatorischen Aneignungen im öffentlichen Raum in den 1990er Jahren und den Praktiken im öffentlichen Raum in den 2000er Jahren, sind aktuell ins Stocken geraten. Das Themenspektrum von den NSU-Morden bis zum versuchten Militärputsch in der Türkei lässt ein neues

»Zwischen den Kulturen«, zwischen den Ländern, zwischen den Gesellschaften vermuten, dessen Grundlagen, wie die vorliegende Kulturgeschichte gezeigt hat, nicht mehr verschiedene Kulturen sind und auch nicht sein können. Vielmehr hat das bisherige Fehlen einer formellen Kulturgeschichte der Migration in der Bundesrepublik dazu geführt, dass das soziale, aber auch kulturell zusammengewachsene deutsch-türkische Verhältnis ausgeblendet und getrennt wird. Aufgrund dieses nicht in der Kontinuität ihrer Geschichte wahrgenommenen Realitätsunterbaus schlägt die informelle Geschichte der Migration und Integration in der Bundesrepublik aktuell in Literatur, Film und in politischen Konflikten auf eine Art und Weise zurück, deren Medium nicht mehr ein sozialstruktureller Aufstieg oder ein in sich ruhendes Kulturbewusstsein ist. Es sind Affekte, die ein neues kulturelles Unbehagen ausdrücken. Sie treten an die Stelle der Emotionen, die für die 1980er Jahre bestimmend waren.

Nach klassischer psychoanalytischer Interpretation besteht eine enge Korrelation zwischen Affekten und Emotionen, die sich jedoch auch wesentlich unterscheiden: Affekte gehen den Emotionen voraus. Denn unter Affekt wird eine körperliche Reaktion »ohne bewusste Repräsentanz und Erleben des Affekts« verstanden.[633] Bei Emotionen geht man umgekehrt von bewussten Wahrnehmungen und Erlebnissen aus. Weil eine klare Wahrnehmung und Positionierung des Selbst, der Situation und des Anderen bei Affekten fehle, stellten sie auch »kein psychologisches Ereignis« dar.[634] Man könnte verkürzt auch sagen, Affekte sind im Unterschied zu Emotionen blind. Diesen besonderen Aspekt des Affekts hält auch der kanadische Philosoph Brian Massumi fest. Im Zentrum steht bei ihm wie bei Freud und Spinoza der Körper in »Bezug auf sein Vermögen, *zu affizieren* und *affiziert zu werden*«.[635] Zu den Primäraffekten werden Freude, Verzweiflung, Wut, Furcht, Ekel, Überraschung und Interesse gezählt; zu den Gefühlen Scham, Schuld und Verachtung, die aus einer Selbstreflexivität und Beobachtung resultieren.[636] Dagegen sind Affekte nach klassischer Lesart »körperlich begründete Reaktionssysteme«. Ihre Grundlagen sind nach Freud körperlich-motorische, die sich aus zwei Abläufen zusammensetzen. »Ein Affekt umschließt erstens

---

[633] LEXIKON DER PSYCHOLOGIE (2000): »Affekt«. In: *Spektrum Akademischer Verlag*, Heidelberg, https://www.spektrum.de/lexikon/psychologie/affekt/261 (27.03.2019).
[634] DÖLL-HENSCHKER, Susanne (2008): »Psychoanalytische Affekttheorie(n) heute. Eine historische Annäherung«. In: *Psychologie in Österreich 5. Themenschwerpunkt der Emotionen*, Wien: Österreichische Akademie für Psychologie, S. 446–455, S. 451.
[635] MASSUMI, Brian (2010): *Ontomacht. Kunst, Affekt und das Ereignis des Politischen*, Berlin: Merve, S. 27.
[636] Siehe hierzu: DÖLL-HENSCHKER (2008).

bestimmte motorische Innervationen oder Abfuhren, zweitens gewisse Empfindungen [...] zweierlei Art«; erstens die Wahrnehmung der »motorischen Aktionen« und die »direkten Lust- und Unlustempfindungen, die dem Affekt [...] den Grundton geben«.[637] Doch trotz dieser Körperlichkeit und Reaktionsbestimmtheit ist der Affekt im Kern nicht einfach eine körperliche Reaktion. Wenn wir tiefer blicken, erkennen wir nach Freud, »dass der Kern [des Affekts], welcher das genannte Ensemble zusammenhält, die Wiederholung eines bestimmten bedeutungsvollen Erlebnisses ist«. Im Unterschied zu den Trieben, die »als Kräfte des Es kontinuierlich und rhythmisch fließen, handelt es sich bei Affekten [...] um ererbte Antworten«.[638] Freud konstatiert neben der äußerst körperlichen Dimension der Affekte, dass sie der »Niederschlag einer Reminiszenz« seien, die auf eine »Vorgeschichte« zurückgehe.[639] In der Forschung werden sie zudem in drei Gruppen unterteilt: Information verarbeiten die Affekte »Interesse« und »Überraschung«. Als Bindungsaffekte gelten »Trauer« und »Freude«. Die letzte Gruppe unterbricht schließlich unerwünschte Aktivitäten, die auf den Affekten »Wut«, »Angst« und »Ekel« beruhen. Mehr als die Emotionen sind es in der aktuellen Literatur die Affekte, die darüber entscheiden, ob weiter oder nicht weitergesprochen wird, ob Interesse oder Überraschung (Information), Trauer oder Freude (Bindung) oder schließlich doch Wut, Angst und Ekel (Unterbrechung) überwiegen.[640] Dilek Güngörs Reaktion im Bioladen im Jahr 2016 ist mehr eine affektive, denn eine emotionale Reaktion. Ihr fehlt die symbolische Repräsentation, das bewusste Erleben und die Bestimmung ihrer Gefühle. Ausführlicher geht sie auf diese Konstellation in ihrem Roman *Ich bin Özlem* ein.[641] Die Begriffe »Ausländer« oder »Brennpunktschule« lösen dort den »Niederschlag einer Reminiszenz« aus und lassen die Reaktionen der Protagonistin wie eine geerbte Antwort wirken, denn sie begreift sich in einem historischen Zusammenhang – »hört es denn niemals auf« – als Teil eines Kollektivs.[642] Bei Güngör ist es eine Wut, die aus den Untiefen der deutschen Migrationsgeschichte in den Alltag vordringt. Denn sie ist jetzt wieder eine Ausländerin, der ihr bisheriges Leben als Deutsche und deutsch-

---

637 FREUD, Sigmund (2009): »Die Angst«. In: ders.: *Vorlesungen zur Einführung in die Psychoanalyse*, Frankfurt a. M.: Fischer, S. 375–392, S. 378.
638 DÖLL-HENSCHKER (2008): S. 447.
639 FREUD (2009): S. 378.
640 Auch in Massumis aktuellen Reflexionen sind Wut und Angst Affekte der Unterbrechung. Sie sind negativ, weil sie den in der Situation »stattfindenden Bedeutungsfluss [...] unterbrechen: die stattfindenden, normalisierten Wechselbeziehungen und Interaktionen und die zu erfüllenden Aufgaben«. MASSUMI (2010): S. 32.
641 Siehe hierzu: GÜNGÖR (2019).
642 Ebd., S. 95f.

sprachige Journalistin eigentlich widerspricht. Daher kann sie diesen Affekt weder mit ihrer sozialstrukturellen Aufstiegsgeschichte filtern noch durch die Tatsache, dass sie in Wirklichkeit gar nicht angesprochen wurde. Dieser Zustand verhindert Weitersprechen und Interaktion. Er setzt dagegen eine Dynamik der Schließung, die die Interaktion unterbricht und die erst im Selbstgespräch auf der Straße endet.

Auch aktuelle theoretische Reflexionen und publizistische Interventionen zu Postmigration, neuere Aufladungen und Bestimmungen des Begriffs »Integration« mit und nach der Flüchtlingskrise von 2015 schließen an die hier aufgezeigten Entwicklungen vom Weitersprechen als Verknüpfung, Verbindung zu Selbstgesprächen als Trennung und Bruch an, ohne aber dabei ihre Spannung, ihre prekäre Konstellation, ohne letztlich ihre Herkunft zu reflektieren und damit auch zu kritisieren. Die politische Hauptdiktion der Postmigration lautet: die vielfältige von Diversität geprägte Gesellschaft anzuerkennen, sie Teil beruflicher und politischer Entscheidungen werden zu lassen und schließlich sie als Ausgangspunkt zukünftiger Politik zu begreifen. Auf die Fragen aber, wie sie genau zu dieser Gesellschaft geworden ist, die sie heute ist, was ihre Grundlagen, im Besonderen die Grundlagen der Affekte sind, werden wie in den großen historischen und politischen Arbeiten zur Geschichte der Bundesrepublik und auch in rezenten Publikationen zur Postmigration oder Migrationsgesellschaft keine befriedigenden Antworten gegeben.[643] Mehr noch: das Gespräch wird mitunter verweigert oder nicht mehr weitergeführt, wenn Fragen nach der Herkunft gestellt werden.[644] Beispielsweise leitet die Kulturwissenschaftlerin und Journalistin Mithu Sanyal ihren Beitrag *Zuhause* in *Eure Heimat ist unser Albtraum* mit den Worten ein, »inzwischen sollte auch dem Letzten klar sein, dass ›Wo kommst du eigentlich her?‹ ein No-Go ist«.[645] In einem vergleichbaren Sinne konstatierte der Gestalter unserer Ausstellung *Das neue Deutschland. Von Migration und Vielfalt* im Deutschen Hygiene Museum in Dresden bei deren Eröffnung am 8. März 2014, dass Deutschland ein Einwanderungsland geworden sei und dass man über dieses Faktum nicht mehr zu sprechen brauche. Wie naiv und unbedacht diese Aussagen waren und sind, und wie wichtig es doch ist, zu verstehen, dass die ersten Migranten der 1960er Jahre (wie Deutsche damals auch) Amerikaner werden oder sie zumindest spielen wollten, sich heute aber wieder, nachdem

---

[643] Siehe hierzu: WOLFRUM (2006); WEHLER (2008); SCHILDT (2009); SCHMIDT (2011); TREIBEL (2015); MÜNKLER/MÜNKLER (2016); FOROUTAN (2019); PLAMPER (2019).
[644] Siehe hierzu: TREIBEL, Annette (2015): *Integriert euch! Plädoyer für ein selbstbewussteres Einwanderungsland*, Frankfurt a. M.: Campus, S. 11–13.
[645] SANYAL, Mithu (2019): »Zuhause«. In: *Eure Heimat ist unser Albtraum*, Berlin: Ullstein, S. 101–121, S. 101.

sie in den 2000er Jahren Deutsche wurden, wieder als Türken oder People of Color (PoC) begreifen, zeigen die aktuellen gesellschaftspolitischen Entwicklungen. Nur einen Monat nach dem Ausstellungsende im November 2014 setzten in Dresden die PEGIDA-Märsche ein. Seitdem erleben wir politische Entwicklungen, die erneut das verschieben, was gesehen und was nicht gesehen wird.

Epilog: Warum eine Kulturgeschichte der Migration notwendig ist

6.1 Eine neue Kultur der Betroffenheit

Das, was ein Individuum allein betreffe, dürfe nicht bestimmender Teil öffentlicher Anliegen sein, meint Jeff Weintraub in seinen Reflexionen zur Unterscheidung von »öffentlich« und »privat«. Das Individuelle sei letztlich zu partikular, um für die Gesellschaft stehen zu können. Doch die große Unterscheidung zwischen »öffentlich« und »privat« ist mehrdeutig und vielseitig. Wenn beispielsweise mehrere Bürger zusammenkommen und sich austauschen, wird aus einer privaten Sphäre eine öffentliche.[1] Aus diesem Grunde ist – so Weintraub – das öffentliche Leben in modernen Gesellschaften und die Unterscheidung von »öffentlich«/»privat« dafür da, durch Kommunikation und Artikulation von Interessen emotionale Überforderungen aus dem Privaten im öffentlichen Leben (»public life«) auszugleichen und ihnen Formen von Kollektivität (gemeinsame Interessen- und Meinungsbildungen) zu geben, Teil einer Gesellschaft zu sein. Die Grundlage dieses zivilgesellschaftlichen Prozesses beruht – so Weintraub weiter – auf der »sociability«, der Geselligkeit, der Soziabilität ihrer Mitglieder. So sind die drei zentralen Kriterien des öffentlichen Raums Sichtbarkeit, Kollektivität und eine beide verbindende Form der Soziabilität. Ersteres ist offen, aufgedeckt und zugänglich für alle und setzt sich ab von dem, was versteckt und heimlich ist. Das zweite berührt die Interessen eines Kollektivs von Individuen im Gegensatz zum Individuellen.[2] Dennoch sind die Konstituenten des öffentlichen Lebens, Sichtbarkeit und Kollektivität, nicht ohne ihre Gegensätze, Heimlichkeit und individuelle Betroffenheit, zu denken, ja nicht existent. Es ist die Soziabilität, nach Georg Simmel die Geselligkeit, die beide Seiten zusammenführt.[3]

Der Zusammenhang von Sichtbarkeit und Kollektivität ergibt sich daraus, dass sowohl das, was in der Öffentlichkeit gezeigt und gesehen wird und als auch was nicht gezeigt und nicht gesehen wird, jeweils wandelbar ist. Mit dem Gezeigten und Gesehenen hängt zusammen, wer und was zusammengehört oder wer oder was sich zusammengehörig fühlt. Und wichtiger noch, wer mit wem in

---

[1] WEINTRAUB, Jeff (1997): »Theory and Politics of the Public/Private Distinction«. In: *Public and Private in Thought and Practice. Perspectives on Grand Dichotomy*, Chicago: University of Chicago Press, S. 1–42, hier S. 15.
[2] Ebd., S. 5.
[3] Siehe hierzu: SIMMEL, Georg (2019): *Die Geselligkeit*, In: ders.: Grundfragen der Soziologie. Individuum und Gesellschaft, Berliner Ausgabe, S. 50–70.

Kontakt und in Austausch tritt. Im Zentrum dieses Prozesses der Veröffentlichung und Vergesellschaftung steht die Interaktion, die Begegnung mit dem Anderen. Daher nehmen kulturelle Marker als sichtbare Kennzeichen in diesem Prozess eine zentrale Funktion ein. Mit ihnen bestimmen die Formen ihrer Sichtbarmachung durch gemeinsam geteilte Räume, Übergangsbereiche, geschlossene Räume, Schwellen, offene Räume und Orte ebenfalls, was gesehen und nicht gesehen wird. Verändert man ihren Einsatz und Gebrauch, verändert sich auch die Unterscheidung zwischen »öffentlich« und »privat« in einer Einwanderungsgesellschaft und verändern sich letztlich auch die Formen ihrer Soziabilität. Wie ich zu Beginn dieser Kulturgeschichte festgehalten habe, folgt die Soziabilität dem Prinzip, dass »jeder [...] dem andern dasjenige Maximum an geselligen Werten (von Freude, Entlastung, Lebendigkeit) [*gewährt*], das mit dem Maximum der von ihm selbst *empfangenen* Werte vereinbar ist«.[4] Damit aber dieses Verhältnis seine Form wahren kann, darf weder ein Beteiligter in übertriebenem Maße seine individuellen Interessen oder Problemlagen thematisieren, noch darf der Inhalt oder das Thema des Gesprächs, des Zusammenkommens zum ausschließlichen Zweck avancieren.[5] Das heißt aber keineswegs, dass die Verhandlungen gesellschaftspolitischer Fragen und Inhalte fehlen müssen.

In der vorliegenden Kulturgeschichte bin ich davon ausgegangen, dass Literatur und Film auf der Verbindung von Sprechen und Öffentlichkeit und auf dem mehrschichtigen Verhältnis von »drinnen« und »draußen« basieren. Außerdem habe ich zu Beginn das Politische als Feld von der Politik als System unterschieden. Ich bin von dem Befund ausgegangen, dass die Bundesrepublik Deutschland eine Einwanderungsgesellschaft ist, deren Kulturgeschichte noch nicht geschrieben wurde, weil sie nie zum politischen System gehörte. Ihre Geschichte ist eine informelle und eine potenzielle, die ich über verschiedene Elemente – Orte, Kontakte, Sprechweisen, Handlungen, Auseinandersetzungen (Kämpfe) und Gestaltungen – in der und durch die Geschichte der Literatur, des Films, der Debatten und Theorien sicht- und lesbar gemacht habe. Aus einem mikrologischen Zugang, nämlich mit dem Blick auf Interaktionen, zeigte sich das Politische als ein aktives Feld, in dem Kommunikationen und Praktiken, aber auch ihre Störungen stattfanden und weiterhin stattfinden. Die Geschichte der Migration, der Begegnungen und der Interaktionen ihrer Akteure verweist in und durch ihren Wandel im Gegensatz zur aktuellen Konstellation – dem Aufkommen einer neuen Politik der Identität – auf eine dynamische Form, auf ein Feld der Möglichkeiten. Das eigentlich Politische liegt hier wie bei Weintraub,

---

4 SIMMEL (2019): S. 58.
5 Vgl. HÜTTERMANN (2018): S. 219. Vgl. auch: LANGENOHL (2015): S. 110.

Rosanvallon, Massumi und Simmel in der Konzentration auf die dynamische Form.⁶ Darin steckt ein »mehr-als« das, was subjektiv erfahren wird. Es gibt ein Gefühl, von den Anfängen bis heute in einem »größeren Kontext eingebettet zu sein«.⁷

Ich habe eine Geschichte aufgezeigt, deren Bedingungen kultureller Produktion sich immer wieder verschoben und in jeder Phase jeweils eine eigene Form der Sichtbarkeit und Kollektivität produziert haben. Die aktuelle Phase seit 2014/2015, die ich am Schluss des letzten Kapitels bereits angedeutet habe, fordert die politische Aktivität und die Soziabilität im Sinne Rosanvallons und Simmels auf eine besondere Art und Weise heraus, weil in ihr Dynamiken der Schließung, Unterbrechungen und Entkontextualisierungen dominieren. Ähnlich wie Weintraub zielen auch Rosanvallon und Massumi auf die Konstitution eines Kollektivs, das durch Kontakt im öffentlichen Raum entsteht und am Ende zu einer Form und Erzählung findet. Rosanvallon beschreibt die politische Aktivität als einen Prozess, »durch den eine menschliche Gruppierung, die als solche eine bloße ›Bevölkerung‹ darstellt, allmählich das Aussehen einer wirklichen Gemeinschaft annimmt«. Dieser Vorgang resultiere aus einem stets »umkämpften Prozess der Erarbeitung impliziter oder expliziter Regeln des kollektiv Zugänglichen und Verfügbaren«; er gebe dem »Leben des Gemeinwesens seine Gestalt«.⁸ Der aktuell zu beobachtenden Politik der Identität, die sich aus den Affekten der Angst, Ekel und Wut speist, soll so eine Politik der Zusammengehörigkeit entgegengesetzt werden. Ihre Grundlage ist der Affekt der Freude, die das Potential der Interaktion bejaht.⁹ »Grundsätzlich ist das ›Gute‹ affektiv als das definiert, was ein Maximum an Potenzial und Verbindung in die Situation bringt.« Für Weintraub, Rosanvallon und Massumi liegt der ethische Wert einer Handlung »in dem Beitrag zur Situation, darin wie sie diese verändert, wie es die Sozialität öffnet«.¹⁰ Entscheidend ist in diesem Prozess und im Zusammenhang der vorliegenden Kulturgeschichte der Migration, auf welchen Affekten die informelle Geschichte der Migration beruht. Die folgenden Ausführungen zu aktuellen publizistischen, literarischen und filmischen Arbeiten mögen veranschaulichen, warum es für den weiteren politischen Umgang mit der Migration und ihren Folgen in der Bundesrepublik notwendig und entscheidend ist, die Geschichte der Migration aufzuschreiben.

---

6 Siehe hierzu: MASSUMI (2010): S. 18.
7 Ebd., S. 30.
8 ROSANVALLON, Pierre (2011/2012): »Für eine Begriffs- und Problemgeschichte des Politischen. Antrittsvorlesung am Collège de France«. In: *Mittelweg 36*, S. 43–65, hier S. 46.
9 MASSUMI (2010): S. 19.
10 Ebd., S. 34f.

In Literatur und Film von den 1960er Jahren bis in die späten 2000er Jahre stehen bestimmte Formen der Interaktion und zugleich auch ihr Wandel im Zentrum: entweder durch Kontakt am Arbeitsplatz, in einer Kneipe, im Anliegen, eine türkische Frau aus einem türkischen Dorf auf eine deutsche Straße zu schicken, später dort »unerhört« aufzutreten oder an bestimmten Orten zu zeigen, was und wie man lebt. Demgegenüber unterbricht Güngörs individuelle Alltagserfahrung im Bioladen mit ihrer auch für sie unerwarteten hochaffektiven Reaktion unbeabsichtigt diese in der Geschichte von innen nach außen und von außen nach innen führenden Prozesse: Obwohl sie weder angesprochen wurde noch zur adressierten Gruppe gehört, macht sie eine tief in sie greifende Erfahrung der Diskriminierung.[11] Dabei deutet sie ihre individuelle Erfahrung (Wut) ohne eine Form der expliziten Auseinandersetzung und Verhandlung als eine kollektive Erfahrung. Wenn Affekte wirken, wird intuitiv Geschichte aktualisiert, ohne dabei das Subjekt, die Umstände, die Situationen oder die Perspektiven anderer Beteiligter zu berücksichtigen. Es ist auch die Plötzlichkeit und Körperlichkeit des Affekts, die ihn von den Emotionen unterscheidet, die vielmehr von der Einschätzung, von Rahmungen der eigenen Position und gegenwärtiger Situationen bestimmt sind. Aufgrund dieser Filter und Rahmungen sind Emotionen zugleich der »unvollständige Ausdruck« eines Affekts.[12]

Die besondere Bedeutung des Affekts und der plötzlichen inneren Befindlichkeit, die aus der Geschichte der Migration kommt und ausbricht, finden wir, wie bereits angedeutet, nicht nur in den Texten von Güngör oder Akyün. Auch erdoğankritische türkeistämmige deutsche Journalisten wie Hakkı Tanrıverdi von der *Süddeutschen Zeitung* fühlten sich beispielsweise von Jan Böhmermanns Erdoğan-Gedicht als Türken verletzt und diskriminiert.[13] Böhmermann mag zwar

---
11 Siehe hierzu insgesamt den Roman *Ich bin Özlem* von Dilek Güngör: GÜNGÖR (2019).
12 MASSUMI (2010): S. 28.
13 Zwei Wochen vor Böhmermanns Sendung wurde in der Satiresendung *Extra 3* der türkische Präsident mit dem Video *Erdowie, Erdowo, Erdogan* für seine repressive Politik kritisiert. Daraufhin bestellte die türkische Regierung zweimal den deutschen Botschafter in Ankara, Martin Erdmann, mit der Forderung ein, die deutsche Regierung solle das Video verbieten. In der deutschen Presse wurde dieses Vorgehen einhellig als äußerer Eingriff in die deutsche Pressefreiheit bewertet. Jan Böhmermann verlas daraufhin in seiner Sendung eine Schmähkritik an Erdoğan, um ihn darüber aufzuklären, was in Deutschland aufgrund des Artikels 5 des Grundgesetzes zur Kunstfreiheit Satire sei und was nicht. Eine Schmähkritik, die diffamierend und beleidigend sei, gehöre nicht dazu, was auch für sein vorgetragenes Gedicht gelte. Denn darin bezeichnet er den türkischen Präsidenten als »Ziegenficker« und als »Kinderschänder«. Böhmermann macht vor und während der Rezitation die Zuschauer und Erdoğan darauf aufmerksam, dass das, was er jetzt vortrage, öffentlich nicht erlaubt sei. Anschließend erklärt Böhmermann Erdoğan, dass er gegen das Gedicht Klage einreichen könne, was tatsächlich auch

zu Beginn der Sendung *Neo Magazin Royale* vom 31. März 2016 mit einem »Hülü« (turksprachige Verulkung von »Hallo«) die türkeistämmigen Deutschen angesprochen haben. Sein eigentlicher Adressat blieb jedoch Recep Tayyib Erdoğan. Tanrıverdi empfindet Böhmermanns Schmähkritik aber als »rassistisch«. Sie richte sich in Wirklichkeit nicht gegen Erdoğan, sondern gegen alle Türken. Schließlich verwende Böhmermann Begriffe wie »Ziegenficker«, mit dem man früher Türken in Deutschland diskriminierte.[14]

Auch der türkeistämmige deutsche Journalist Can Merey, der für die Deutsche Presse-Agentur (dpa) zwischen 2013 und 2018 Abteilungsleiter in Istanbul war,[15] erhält über die Auseinandersetzung mit seinem Vater einen bestimmten Einblick in die Geschichte der Migration. Can Mereys Lebenslauf ist eigentlich das Abbild einer idealen Integration, wenn nicht sogar Assimilation: Die Mutter eine Deutsche, in Deutschland geboren, er studiert und ist mit einer deutschen Frau verheiratet. Anfang der 2000er Jahre war er als Leiter des Südasienbüros der dpa einer der ersten in dieser Branche mit türkischem Hintergrund. Doch die Gespräche mit seinem Vater für das Buch *Der ewige Gast. Wie mein türkischer Vater versuchte, Deutscher zu werden* in den Jahren 2017 und 2018 führten ihn am Ende seiner Recherchen ebenfalls dazu, sich als Teil eines unbestimmten Kollektivs, sich wieder als Türke zu begreifen. Ausgangspunkt von *Der ewige Gast* ist, dass Can nicht versteht, warum sein Vater Partei ergreift für Recep Tayyip Erdoğans Politik während und nach den Gezi-Protesten 2013 und zum Verfassungsreferendum in der Türkei und in Deutschland 2017. Anders als die Gastarbeiter kam sein Vater Ende der 1950er Jahre nicht zum Arbeiten, sondern

---

passiert. Am 17. Mai erließ die Pressekammer des Landgerichts Hamburg eine einstweilige Verfügung gegen Böhmermanns Gedicht, da es in Teilen beleidigend sei und deshalb Persönlichkeitsrechtsverletzungen vorlägen. 18 von 24 Zeilen des Gedichts dürfen demnach nicht mehr öffentlich von Böhmermann vorgetragen werden. Im August 2018 bestätigte das hanseatische Oberlandesgericht dieses Urteil mit dem Zusatz, dass es der Schmähkritik an »Schöpfungshöhe« fehle, um als Kunst begriffen werden zu können. Eine Revision ließ das Gericht nicht zu, da es sich beim Inhalt des Textes um »Beschimpfungen« handele. Eine Beschwerde könne aber beim Bundesgerichtshof eingereicht werden, was der Anwalt Böhmermanns auch tat. Siehe hierzu: FRANKFURTER ALLGEMEINE ZEITUNG (2018): »Böhmermanns Erdoğan-Gedicht bleibt großteils verboten«. In: *FRANKFURTER ALLGEMEINE ZEITUNG*, 15.05.2018, https://www.faz.net/aktuell/feuilleton/medien/jan-boehmermann-hamburger-oberlandesgericht-urteil-ueber-schmaehgedicht-15591143.html (28.02.2018). Siehe auch: TAGESSCHAU (2019): »Streit um ›Schmähkritik‹. Böhmermann geht vor den BGH«. In: *Tagesschau*, 22.01.2019, https://www.tagesschau.de/kultur/boehmermann-bgh-101.html (28.02.2018).
14 TANRIVERDI, Hakan (2016): »Böhmermanns Gedicht ist rassistisch. Seine Zeilen richten sich nicht gegen Erdoğan – sondern gegen alle Türken«. In: *SÜDDEUTSCHE ZEITUNG*. Jetzt, 02.04.2016, https://www.jetzt.de/fernsehen/was-boehmermanns-gedicht-ausloest (05.12.2018).
15 Seit dem 1. Juli 2018 leitet er das dpa-Büro in Washington, D.C.

zum Studium der Betriebswirtschaftslehre nach Deutschland. Er lernte in den 1960er Jahren seine deutsche Frau kennen, Schweinebraten wurde seine Leibspeise, Bier sein Lieblingsgetränk, in den 1980er Jahren legte er die türkische Staatsbürgerschaft ab und nahm die deutsche an.[16] Auch als Vertriebsleiter der schwäbischen Telekommunikationsfirma SEL identifizierte Tosun Merey sich nie mit den türkischen Gastarbeitern. Von Günter Wallraffs Buch *Ganz unten* (1985) fühlte er sich nicht angesprochen. Er hatte nicht einmal das Bedürfnis, für die diskriminierten und unterdrückten Türken Partei zu ergreifen, obwohl er ja selbst aus der Türkei stammte. Er begreift sich damals auch aufgrund seiner Bildung zugehörig zum internationalen Westen. Eine vergleichbare Selbstbestimmung und Positionierung in den 1980er Jahren konnte ich auch in der Literatur von Aysel Özakın aufzeigen.[17] Die sozialstrukturelle Differenz trennt in beiden Fällen Welten und Kulturen voneinander. Doch diese Unterscheidung und die Umstände dieser Selbstpositionierung scheinen heute für Tosun Merey nicht mehr ausschlaggebend zu sein. Dank Erdoğan fühlt er sich nun als Türke angesprochen – und diskriminiert.[18] Warum sich ein liberal denkender und lebender Mensch von Erdoğan vertreten fühlt, ist – so Can Merey – auf Diskriminierungen durch deutsche Behörden oder deutsche Arbeitskollegen zurückzuführen, die bis in die 1980er Jahre zurückreichen. Sein Vater sei trotz der diskriminierenden Erfahrungen in den 1980er Jahren Deutscher geworden und habe die türkische Staatsbürgerschaft dafür aufgegeben, weil beide Staaten damals befreundet gewesen seien. Die deutsche Staatsbürgerschaft anzunehmen und die türkische aufzugeben, »habe sich daher nicht wie eine Entscheidung gegen eine der beiden Seiten angefühlt«. Heute würde er es dagegen als einen »großen Verrat ansehen«, seinen türkischen Pass abzugeben.[19]

---

16 Siehe hierzu: MEREY, Can (2018): *Der ewige Gast. Wie mein türkischer Vater versuchte, Deutscher zu werden*, München: Blessing, S. 41 u. S. 66. Siehe auch ebd., S. 40: »Während Gastarbeiter aus der Türkei unter Tage oder am Fließband schufteten, genoss Tosun den Luxus, tagsüber an der Universität Betriebswirtschaftslehre zu studieren und abends mit seinen Mitbewohnern über Gott und die Welt zu debattieren«.
17 Siehe hierzu: ÖZAKIN, Aysel (1983): *Die Leidenschaft der Anderen*, Hamburg: Luchterhand, S. 29.
18 Für die muslimisch-türkische Community und Parallelgesellschaft hält die Bloggerin Tuba Sarıca in ihrer Streitschrift *Ihr Scheinheiligen* fest, dass Erdoğan ihren Akteuren ermögliche, »ihren Hass gegenüber der westlichen Welt nachgeben« zu können. Siehe hierzu: SARICA (2018): S. 64. Es gehört zu Recep Tayyib Erdoğans politischer Erzählung, dass er aus ehrlichen und einfachen türkischen Verhältnissen kommt und die »schwarzen Türken« vertritt. Siehe hierzu: AKYOL, Çiğdem (2018): *Erdoğan. Eine kritische Biografie*, Freiburg i. Br.: Herder. Siehe auch: YAVUZ, Hüdaverdi (2016): *Reis*, Türkiye.
19 MEREY (2018): S. 300.

Die Gespräche der Mereys führen so weit, dass der Sohn Can damit beginnt, seine eigenen Diskriminierungserfahrungen aufzulisten, die er zuvor nicht dokumentiert hatte. Sie reichen von der Lektüreerfahrung von Günter Wallraffs Buch *Ganz Unten* in den 1980er Jahren bis zu Aussagen deutscher Parlamentarier. So attestierte eine deutsche Politikerin dem Journalisten Merey im Jahr 2015 nach einem gemeinsamen Aufenthalt in der türkischen Stadt Cizre, dass er sehr gut Deutsch spreche.[20] Es geht also gar nicht allein um den Vater in diesem Buch, sondern auch um den Erzähler. Weder am Anfang noch am Ende steht, anders als in den Reflexionen der 2000er Jahre, eine Ankunft. Die Herkunft ist nicht mehr etwas, das im öffentlichen Raum gefunden, als Material eingesetzt und damit integrativ verhandelt werden kann. Vater und Sohn sind nun durch ihre Vorgeschichte ›ewige Gäste‹, sie sind Betroffene, obwohl sie sozialstrukturell privilegierte und leitende Positionen innehatten und innehaben.[21] Mereys Buch setzt nicht etwa mit einer Diskriminierungserfahrung des Vaters ein, sondern mit einer eigenen, obwohl der Untertitel des Buches (*Wie mein Vater versuchte, Deutscher zu werden*) klar die Biografie des Vaters thematisiert.

Can Merey ist als Journalist 2010 in Afghanistan und arbeitet dort an einer Dokumentation über die deutsche Bundeswehr.[22] Als er in Nordafghanistan durch das Camp der Bundeswehr geführt wird, beschreibt ihm ein deutscher Offizier, dass man hier mit den Taliban umgehe »wie mit den Kanaken früher in der Schule. […] Immer einen auf die Mütze geben, dann lernen sie's irgendwann«.[23] Merey merkt an, dass der Offizier überhaupt nicht geahnt habe, dass er gerade einen »Kanaken« durch das Camp führte.[24]

In den 1980er Jahren reagierten Şinasi Dikmen oder Aysel Özakın auf die Vorurteile ihrer deutschen Gesprächspartner mit der Lektüre der Wochenzeitung *Die Zeit* oder mit der Betonung ihrer Bildung. Sie zeigten, dass Türken sehr wohl

---

20 Ebd., S. 135.
21 Eine vergleichbare neue Identifikation mit dem Türkischen und den Türken begegnet man auch bei dem bekannten Nebenklägeranwalt im NSU-Prozess Mehmet Daimagüler. Im Jahr 2015 schreibt er, dass er »nicht wütend sein will«. Aber er sei es. Siehe hierzu: BECKER, Lisa (2012): »Mehmet Daimagüler. Ein Traum von Integration«. In: *FRANKFURTER ALLGEMEINE ZEITUNG*, 07.05.2012, https://www.faz.net/aktuell/beruf-chance/mein-weg/mehmet-daimagueler-ein-traum-von-integration-11739004.html?printPagedArticle=true#pageIndex_0 (27.03.2019). Siehe auch: DAIMAGÜLER, Mehmet (2015): »Ich klage an. Der NSU-Prozess und meine Wut«, 12.11.2015, https://www.zeit.de/2015/44/nsu-prozess-wut (27.03.2019).
22 Siehe hierzu: MEREY, Can (2010): *Die afghanische Misere. Warum der Westen am Hindukusch zu scheitern droht*, Weinheim: Wiley-VCH.
23 MEREY (2018): S. 9.
24 Ebd.

gebildet und ein Teil des Westens sein können.²⁵ Merey reagiert anders. Er klärt den deutschen Offizier nicht darüber auf, dass aus einem ›Kanaken‹ offensichtlich ein deutschsprachiger Journalist werden kann. Er reagiert aber auch nicht wie die Gastarbeiter in den 1980er Jahren, die sich dachten, sollen die Deutschen doch sagen, was sie wollen, nächstes Jahr sind wir sowieso wieder in der Heimat. Zuletzt reagiert Can Merey aber auch nicht wie der Detektiv Cetinkaya in Dörries Film HAPPY BIRTHDAY TÜRKE!, der auf die diskriminierenden Aussagen des deutschen Hausmeisters im Jahr 1991 kontert, dass »die Putze gefälligst ihren Job machen und nicht unnötig rumlabern« solle; oder wie Zaimoğlu in der NDR-Talkshow 3NACH9 vom 8. Mai 1998. Dort wollte Gaby Hauptmann wissen, ob sie Zaimoğlu denn als »Kanake, der ein Buch geschrieben hat«, vorstellen dürfe. Er entgegnet, dass er sich selbst zwar als ›Kanaken‹ bezeichne, sie ihn aber auf keinen Fall so nennen dürfe. Denn er würde mindestens mit einem »schiefen Blick« darauf reagieren.²⁶ Zaimoğlu löste damals ein reges Gespräch zwischen Norbert Blüm, Heide Simonis und Giovanni di Lorenzo zu den Unterschieden zwischen der ersten und zweiten Generation der Einwanderer aus. Merey reagiert hingegen wie Güngör im Bioladen. Statt mit dem Offizier ins Gespräch zu kommen und weiterzusprechen, dass er selbst ein ehemaliger Kanake sei, um so Soziabilität zu genereien, hält er dieses Erlebnis Jahre später in einem Buch fest, in dem er nicht nur seinen Vater, sondern auch sich selbst als einen Betroffenen und »ewigen Gast« beschreibt: »Erst beim Schreiben ist mir bewusst geworden, wie sehr auch mein Leben von Tosuns Herkunft und von meinen türkischen Wurzeln geprägt worden ist – jenen Wurzeln, die ich einst am liebsten verdrängt hätte«.²⁷ An die Stelle der direkten Reaktion in der Situation rückt eine zwar verdrängte, aber nie vergessene Geschichte. Sowohl für Can als auch für Tosun sind schlechte Erfahrungen aus den 1980er Jahren bestimmend.²⁸ Can ist 13 Jahre alt, als er das

---

25 Siehe hierzu: DIKMEN, Şinasi (1986): »Wer ist ein Türke«. In: ders.: *Der andere Türke*, Berlin: Express-Edition, S. 7–12, S. 9. ÖZAKIN, Aysel (1983): *Die Leidenschaft der Anderen*, Hamburg: Luchterhand, S. 29.
26 Siehe hierzu: YOUTUBE (2010): »Feridun Zaimoğlu vs. Heide Simonis (1)«. In: *YouTube*, https://www.youtube.com/watch?v=wrV7adgbcMc , ab Min. 1:22 (01.03.2019).
27 MEREY (2018): S. 12.
28 Tatsächlich taucht im vielbeachteten Sammelband *Eure Heimat ist unser Albtraum* von 2019 der Verweis auf Diskriminierungserfahrungen von Großeltern, Eltern, farbigen Menschen und Ausländern in den 1980er und in den 1990er Jahren in vielen Beiträgen auf. Beispielsweise bezieht sich die Mitherausgeberin Fatma Aydemir in ihrem Text zu Arbeit paradigmatisch auf die Gedichte von Semra Ertan, die sich am 24. Mai 1982 in Hamburg aus Protest gegen den zunehmenden Rassismus öffentlich verbrannt hat. Zu ihrer eigenen Positionsbestimmung und zum Thema ihres Beitrags hält sie fest: »Migration ist immer ein Versprechen auf ein besseres Leben, einen German Dream. Der German Dream meiner Großeltern war, etwas Geld zur Seite zu legen

erste Mal auf der deutschen Schule in Kairo von seinen deutschen Mitschülern abwertend als »Kanake« bezeichnet wird. Ein *Spiegel*-Artikel aus den 1980er Jahren über einen deutschen Wirt, der Türken mit zweisprachig ausgehängten Schildern (»Bu lokala Türkler giremez. Türken dürfen dieses Lokal nicht betreten«) den Zutritt verweigert, verstärkt seine Angst vor der Stimmung in Deutschland. Eindrücklich ist auch die Beschreibung, wie den jungen Can Merey die Lektüre von Günter Wallraffs *Ganz unten* beeindruckte, er sich aber damals mit seinem Vater nicht darüber austauschen kann. Denn sein Vater war kein Gastarbeiter. Heute schreibt er zu diesen Erinnerungen:

> Jede Demütigung, jeder Angriff gegen den fiktiven Ali [in *Ganz unten*, Ö.E.] erschien mir gegen Menschen wie meinen Vater, meinen Bruder und mich gerichtet. Ich erinnere mich noch gut daran, wie ich die letzten Seiten bei einer Familienreise ins oberägyptische Luxor las, das Buch zur Seite legte und danach wie vom Donner gerührt war. Den Mut, meine Sorgen mit meinen Eltern zu besprechen, brachte ich nicht auf. Stattdessen versuchte ich, meine türkische Herkunft zu verdrängen – und begann, mich ihrer zu schämen.[29]

Wurde die Herkunft in den 1980er Jahren topografisch in türkischen Wohnungen, Cafés, Kulturvereinen, Imbissbuden und Restaurants abseits des öffentlichen Raums verortet, oder in kulturellen Formaten wie der Interkulturellen Woche in Gesellschaft und Soziabilität übersetzt[30], erfolgt nun eine komplexe Identifikation mit ihr. An die Stelle des persönlichen Gefühls der Scham tritt die Wut, an die Stelle der Wahrnehmung der Gesamtsituation tritt ein kollektiv

---

und damit in der Türkei ein Stück Land zu kaufen. Der German Dream meiner Eltern war, ihren Kindern ein Studium zu ermöglichen und ein großes deutsches Auto zu fahren. Und was ist meiner? Ganz einfach: Ich will den Deutschen ihre Arbeit wegnehmen. Ich will nicht die Jobs, die für mich vorgesehen sind, sondern die, die sie für sich reservieren wollen – mit der gleichen Bezahlung, den gleichen Konditionen und den gleichen Aufstiegschancen. Mein German Dream ist, dass wir uns alle endlich das nehmen können, was uns zusteht – und zwar ohne dass wir daran zugrunde gehen. Rest in Power, Semra Ertan«. Siehe hierzu: AYDEMIR, Fatma (2019): »Arbeit«. In: *Eure Heimat ist unser Albtraum*, hg. v. Fatma Aydemir und Hengameh Yaghoobifarah, Berlin: Ullstein, S. 27–37, S. 37. Siehe hierzu auch diese Essays: IPPOLITO, Enrico (2019): »Beleidigung«. In: *Eure Heimat ist unser Albtraum*, S. 82–100. SHEHADEH, Nadia (2019): »Gefährlich«. In: *Eure Heimat ist unser Albtraum*, S. 122–129. YUN, Vina (2019): »Essen«. In: *Eure Heimat ist unser Albtraum*, S. 140–149. Siehe zu Semra Ertan: ERTAN, Semra (2020): *Mein Name ist Ausländer. Benim Adım Yabancı*, Münster: edition assemblage, S. 10.

29 Ebd., S. 153. *DIE ZEIT*-Journalistinnen Özlem Topçu, Alica Bota und Khue Pham halten in ihrem Buch *Wir neuen Deutschen* von 2012 ebenfalls fest, dass sie sich in den 1980er Jahren für ihre Herkunft schämten und sie im öffentlichen Raum verbargen. Siehe hierzu: BOTA, Alice/PHAM, Khue/TOPÇU, Özlem (2012): *Wir neuen Deutschen. Wer wir sind, was wir wollen*, Reinbeck: Rowohlt, S. 102.

30 Siehe hierzu: EZLI (2020).

greifender Affekt, der ohne symbolische Repräsentation das Kollektiv »wir und die Anderen« schafft. Am Ende der Lektüre wissen wir nicht, ob der *Der ewige Gast* ein Buch über den Vater, über die erste Generation, oder eines über den Sohn ist. Die erste Hälfte der Biografie konzentriert sich auf den Vater, die zweite auf den Sohn.[31] Am Ende bekräftigt Can Merey Mehmet Daimagülers Aussage, dass er nicht wütend sein möchte, aber wütend sei.[32] Man hat also den Eindruck, dass es sich um ein generationenübergreifendes Buch über »Türken« handelt, deren bindende Kategorie ein Affektzustand ist, eine körperlich-motorische Reaktion als der »Niederschlag einer Reminiszenz«. Ihre Grundlage liegt in der Geschichte der Migration in der Bundesrepublik Deutschland und ihrer Folgen. Auch in dem aktuellen Essayband *Das Fremde, das in jedem wohnt* von Zafer Şenocak begegnen wir dieser Form der Kollektivbiografisierung über Diskriminierungserfahrungen aus den 1980er Jahren:

> In einer überregionalen deutschen Tageszeitung las ich Ende 1981 einen Leitartikel, der mich tief verletzte. In diesem verglich der Autor Polen, ein kommunistisches Land, in dem das Militär geputscht hatte, um die Gewerkschaftsbewegung niederzuringen, mit der Türkei, zwei Länder mit einem Militärregime. Es klang in diesem Artikel so, als wäre das im Falle der Türkei annehmbar, ja geradezu zu erwarten, schließlich sei die Türkei ja kein europäisches Land. Doch Polen sei das Herzstück Europas und die Ereignisse dort eine beispiellose Tragödie.[33]

Kurz zuvor hatte Şenocak ganz allgemein festgestellt: Man müsse begreifen, dass aktuelle Debatten um die Frage, ob der Islam zu Deutschland gehöre, einen Eingriff in die Kindheit von Menschen in Deutschland darstellten; letztlich in ihre »Erinnerungen« und »Gefühle«, »die vielen Menschen wichtig sind und einen nicht unbedeutenden Anteil an ihrem Selbstwertgefühl haben«.[34] Sein persön-

---

31 Vergleichbar verwoben sind in Şenocaks *In deinen Worten. Mutmaßungen über den Glauben meines Vaters* das Verhältnis des Vaters zum Islam und zur Migration und das des Sohnes, des Autors. Siehe hierzu: Şenocak, Zafer (2016): *In deinen Worten. Mutmaßungen über den Glauben meines Vaters*, Berlin: Babel.
32 Siehe hierzu: Merey (2018): S. 275.
33 Şenocak, Zafer (2018): *Das Fremde, das in jedem wohnt. Wie Unterschiede unsere Gesellschaft zusammenhalten*, Hamburg: Edition Körber, S. 43.
34 Ebd., S. 29. Tatsächlich ist einer der Ausgangspunkte des Essaybandes *Eure Heimat ist unser Albtraum*, die Aussage des deutschen Innenministers Horst Seehofer von 2018, dass der Islam nicht zu Deutschland gehöre. Seine zweite Aussage aber, dass die Muslime sehr wohl zu Deutschland gehören und die Tatsache, dass die Bundeskanzlerin Angela Merkel ihren Innenminister korrigierte und äußerte, dass mit den Muslimen auch der Islam zu Deutschland gehöre, findet in dem Band von Aydemir und Yaghoobifarah keinen Widerhall. Siehe hierzu: Aydemir/Yaghoobifarah (2019): »Vorwort«. In: *Eure Heimat ist unser Albtraum*, hg. v. dies., Berlin: Ullstein, S. 9–12.

liches oben zitiertes Beispiel nimmt daher eine exemplarische Funktion für allgemeine Erfahrungen ein. Herkunft spielt bei Şenocak ebenfalls eine Rolle, die sie bisher nicht hatte. Sie ist an die Stelle der Beschreibungen des Angekommenseins getreten, von denen Şenocaks Essays in *Deutschsein* (2010) noch ausgegangen waren. Demgegenüber schreibt Şenocak nun in *Das Fremde, das in jedem wohnt* explizit von seiner »doppelten Identität« als körperliche Erfahrung und thematisiert gleichermaßen sein Türkisch- und sein Deutschsein. »Manchmal denke ich, dass meine Zunge eine andere Form bekommt, spreche ich Türkisch. Diese andere Form lässt sich einfach nicht negieren.«[35] Er sei außerdem zugleich in Deutschland und in der Türkei zu Hause, denn »diese doppelte Heimat ist keineswegs weniger attraktiv, als dazwischen oder nirgendwo zu sein«.[36] Eigentlich hatte er gedacht, dass die Frage der Herkunft in seinem Körper »keine Basis mehr findet«. Er hätte alle seine »Wurzeln [...] ausgerissen«. Heute fragt er sich, ob er sie nicht doch »heimlich« aufbewahrt habe: »Auf dem Dachboden meiner Gedanken?«[37]. Zugleich ist ihm die Türkei auch fremd geworden. Als er sie im Jahr 2018 besucht, kommt er sich »wie ein Westdeutscher [vor], der die DDR besuchte«.[38] Im Unterschied zu seinen vorherigen literarischen und essayistischen Werken, besonders aus den 1990er Jahren, begreift sich Şenocak als Teil eines in der Geschichte verwurzelten Kollektivs.

Wie man mit Geschichte hier umgehen muss, um die eigenen vergangenen Diskriminierungserfahrungen zu bewältigen, d. h. die Affekte in Emotionen zu verwandeln, die durch Weitersprechen, Identifikation und Empathie teilbar werden, werde ich abschließend näher erläutern. Zuvor möchte ich jedoch kurz darauf hinweisen, welche besondere erzählerische wie inhaltliche Bedeutung und zentrale Funktion Herkunft und Betroffenheit in den fiktionalen filmischen und literarischen Erzählungen seit 2015 haben.

Siehe zu Angela Merkel: FRANKFURTER ALLGEMEINE ZEITUNG (2018): »Merkel: Auch der Islam gehört zu Deutschland«. In: *FRANKFURTER ALLGEMEINE ZEITUNG*, 16.03.2018; https://www.faz.net/aktuell/politik/inland/angela-merkel-widerspricht-horst-seehofer-aussage-zum-islam-15497171.html.
35 Ebd., S. 70.
36 Ebd., S. 107.
37 Ebd., S. 203.
38 Ebd., S. 150. Nach den Reaktionen der türkischen Regierung auf den Putschversuch von 2016 stellte der damalige deutsche Finanzminister Wolfgang Schäuble ebenfalls den Vergleich mit der DDR an, den Erdoğan brüskiert zurückwies. Siehe hierzu: SÜDDEUTSCHE ZEITUNG (2017): »Schäuble vergleicht Türkei mit der DDR«. In: *SÜDDEUTSCHE ZEITUNG*, 21.07.2017, (https://www.sueddeutsche.de/politik/tuerkei-konflikt-schaeuble-vergleicht-tuerkei-mit-der-ddr-1.3597581) (zuletzt 02.03.2019).

6.2 Der Blick in die Geschichte

Er hätte selbst ein Opfer des NSU werden können, ihn hätte es auch treffen können und genau deshalb habe er den Film Aus dem Nichts gedreht, konstatiert Fatih Akın 2017.[39] Ein Jahr später erhielt der Film einen Golden Globe. Fatih Akıns Lebenswelt ist mit derjenigen der türkeistämmigen NSU-Opfer eigentlich nicht zu vergleichen: auf der einen Seite ein weltbekannter Filmregisseur, auf der anderen Blumenhändler, Imbissbesitzer oder Änderungsschneider.[40] Akıns Betroffenheit findet allerdings Einzug in die erzählerische Grundstruktur des Films, in dessen Mittelpunkt die Perspektive der Protagonistin Katja Şekerci und Affekte wie Trauer, Verzweiflung und Wut der Betroffenen stehen. Zugleich ist der öffentliche Raum zu einem umkämpften und mitunter gefährlichen Terrain geworden. Anders als noch in den 2000er Jahren geht es in der Öffentlichkeit nicht mehr um Ankunft und kulturelle Verhandlung. Am Anfang des Films steht die Zerstörung eines Ortes, genauer des Büros für Steuerberatung und Übersetzung, das Katjas Ehemann Nuri Şekerci betreibt. Bei einem Nagelbombenanschlag kommen Nuri und der gemeinsame achtjährige Sohn Rocco ums Leben. Dieser brutale von Rechtsradikalen begangene Mord leitet das erste von drei Film-Kapiteln ein. Es trägt den Titel »Familie«. Nachdem die Polizei zunächst die türkische Drogenmafia verdächtigte, fasst sie schließlich das deutsche Neonazi-Ehepaar Edda und André Möller.[41] Diese Festnahme bringt Katja zurück ins Leben, die aufgrund ihrer großen Trauer einen Selbstmordversuch unternommen hatte. Im zweiten Teil des Films (»Gerechtigkeit«) will sie Vergeltung vor Gericht. Doch aufgrund von Restzweifeln werden die Angeklagten frei gelassen. Dazu führt unter anderem die Aussage eines rechtsradikalen griechischen Hotelbesitzers, der dem

---

39 Tageszeitung (2017): »»Rache ist nichts Ethnisches«« Fatih Akın zum Film Aus dem Nichts«. In: *taz*, 19.11.2017, http://www.taz.de/!5460666/ (zuletzt 02.01.2019).
40 Caspari, Lisa/Sundermann, Tom/Tröger, Julius (2018): »Sie sind nicht vergessen. Zehn Menschen hat der NSU laut Anklage ermordert. Sie passten nicht ins Weltbild der rechtsextremen Täter. Das sind ihre Geschichten«. In: *Die Zeit*, 11.07.2018, https://www.zeit.de/gesellschaft/zeitgeschehen/2018-07/nsu-morde-opfer-prozess (27.03.2019).
41 Die anfängliche Verdächtigung der Türkenmafia war einer von vielen Gründen, warum die NSU-Morde im Herbst 2011 so spät aufgedeckt wurden. Der erste Mord am Blumenhändler Enver Şimşek war bereits am 9. September 2000 in Nürnberg begangen worden. Es folgten bis 2007 sieben weitere Morde an türkeistämmigen beruflich Selbstständigen sowie Morde am griechischstämmigen Schneider Theodoros Boulgarides und zuletzt an der deutschen Polizistin Michèle Kiesewetter in Heilbronn. Der Nagelbombenanschlag in Akıns Film verweist auf den Nagelbombenanschlag vom 9. Juni 2004 in der Kölner Keupstraße, der ebenfalls vom NSU begangen wurde. Die Keupstraße gilt als Zentrum des türkischen Geschäftslebens in Köln. Siehe hierzu: Maus, Andreas (2016): *Der Kuaför aus der Keupstraße*, Köln/Hannover: COIN FILM GmbH.

deutschen Täterpaar ein Alibi verschafft, indem er bezeugt, Edda und André Möller seien zur Tatzeit im Urlaub bei ihm in Griechenland gewesen.⁴² Im Spielfilm wird gezeigt, wie im Gästebuch des Hotels (dem vorgebrachten Beweismittel) die Namen der Tatverdächtigen nachträglich eingetragen wurden. Katja und ihr Anwalt Danilo Fava sehen das, aber nicht die Richter oder andere Anwesende im Gerichtssaal. Als der Anwalt der Klägerin, der wie ihr Mann einen Migrationshintergrund hat, in den Saal ruft, dass man doch an der Handschrift sehen könne, dass die Namen der Angeklagten nachträglich eingetragen worden seien, stößt dies nicht auf Zuspruch. In der Erzähldiktion des Films wird hier zwischen einer schweigenden Mehrheit und einer betroffenen Minderheit unterschieden. Doch im Unterschied zu Tevfik Başers Film 40QM DEUTSCHLAND ist die Mehrheit hier sichtbar und Teil der Verhandlung. Im letzten Filmkapitel »Das Meer« rächt sich Katja Şekerci, indem sie vor dem Wohnmobil der Möllers in Griechenland mittels selbstgebastelter Bombe einen Selbstmordanschlag begeht. Der Film beginnt und endet also mit einer Explosion, die jeweils Opfer fordert.⁴³

Doch nicht nur die Zerstörung von Orten bzw. Geschäften steht im Gegensatz zu den Erzählungen der 2000er Jahre aus etwa SÜPERSEKS, MEINE VERRÜCKTE TÜRKISCH HOCHZEIT, KEBAB CONNECTION, AUF DER ANDEREN SEITE oder *Leyla* und *Die Tochter des Schmieds*. Dort haben Orte erzählerisch wie integrationspolitisch eine äußerst konstitutive Funktion eingenommen, indem sie den Auseinandersetzungen, Interaktionen und den Handlungen einen Rahmen gegeben haben. In AUS DEM NICHTS erleben wir hingegen gleich zu Beginn, dass der öffentliche Raum unbehaglich und gefährlich ist. Schon der Regen im ersten Kapitel des Films ist so stark, intensiv und laut, dass die Akteure oft Schutz suchen müssen. Er spiegelt zudem die unerträgliche Trauer der Protagonstin wider. Die Unsicherheit und Schutzlosigkeit im öffentlichen Raum dokumentiert auch die emotional positivste Sequenz in diesem Film.⁴⁴ Sie spielt im Gefängnis noch vor der Einblendung des ersten Kapitels. Dort heiratet Katja Nuri, der eine Haftstrafe wegen

---

42 Siehe hierzu: AKIN, Fatih (2017): *Aus dem Nichts*, Spielfilm, Hamburg: Bombero International GmbH.
43 Can Mereys oben behandelte Biografie zu seinem Vater schließt damit, dass Tosun sich aufgrund der zunehmenden Türkenfeindlichkeit in Deutschland große Sorgen um seine Enkelin mache. In einer E-Mail schreibt er Can, er hoffe, »dass der türkische Opa für Mia irgendwann [...] nur noch eine Fußnote sein wird«. MEREY (2018): S. 307.
44 Unter dem Titel *Wir Ungeschützten* sind am 21.02.2020 in der Süddeutschen Zeitung Statements von 15 Kulturschaffenden zum Anschlag in Hanau veröffentlicht worden, darunter von Aras Ören, Shermin Langhoff, Said, Nuran David Calis und Burhan Qurbani, die von Angst, Wut und neuen Fremdheitserfahrungen bestimmt sind. Siehe hierzu: SÜDDEUTSCHE ZEITUNG (2020): »Wir Ungeschützten«. In: *SÜDDEUTSCHE ZEITUNG*, 21.02.2020; https://www.sueddeutsche.de/kultur/anschlaege-hanau-kuenstler-intellektuelle-gastbeitrag-1.4809164.

Drogenhandels absitzt. Er wird im Gefängnis BWL studieren und nach seiner Entlassung das erwähnte Büro für Steuerberatung und Übersetzung eröffnen. Mit einer Handkamera aufgenommen, wirkt die Heirat unmittelbar, und die Sequenz verdeutlicht den eigentlichen Marker und Träger der Verhandlung von Migration und Integration in Literatur, Film aber auch in theoretischen Arbeiten: Gefühle und Affekte. Wenn Heirat, Studium im Gefängnis, Freiheit und ein Geschäft in einem zentralen und regen Hamburger Stadtteil Interaktionen fördern und Sozialität öffnen, verkehrt die Ermordung des Ehemannes und das Ausbleiben der Gerechtigkeit vor Gericht den Affektzustand von Freude über Trauer in Wut, jedoch ohne für den zuletzt genannten Zustand eine symbolische Repräsentation zu haben.[45]

Zugehörigkeiten über anfangs individuelle Betroffenheit (Angst), die in einen kollektiven Affekt (Freude) umschlägt, generiert auch Selim Özdoğans Roman *Wieso Heimat, ich wohne zur Miete* aus dem Jahr 2016. Im Prolog scheint »Puddingshop Lale« in Istanbul eine wichtige Rolle zu spielen, denn dort haben sich die Eltern des Protagonisten Mustafa Krishna, eine Deutsche und ein Türke, im Jahr 1989 kennengelernt. Nach ein paar Jahren in Istanbul ziehen sie gemeinsam nach Freiburg in den Schwarzwald, wo Mustafa aufwächst.[46] Sieben Jahre später trennen sich die Eltern und Mustafas Vater kehrt zurück in die Türkei. Mit Anfang zwanzig reist Mustafa seiner deutschen Freundin zuliebe in die Türkei. Sie meint, dass ihm seine Identität fehle, er hingegen fühlt sich vollständig. Die individuelle Suche nach einer national gerahmten Identität wird von Beginn an konterkariert: Der Protagonist leidet an »Hymnosomnie«, d. h. er reagiert körperlich auf nationalkulturelle Marker. So schläft er beispielsweise immer ein, wenn eine Nationalhymne erklingt.[47] Er ist alles andere als ein Türke: Türken sind »Füchse«, und bei Mustafa Krishna wissen die Istanbuler aufgrund seiner Unkenntnis des Türkischen und seiner naiven, aber zugleich bloßstellenden Fragen nicht, ob er eine »Kuh« oder ein »Fuchs« ist.[48] Außerdem äußert Mustafa in Istanbul jedem Türken gegenüber, dass dieser wirklich gut Türkisch spreche.

So komisch und gelungen Özdoğan kulturelle Stereotypen verhandelt, so ernst wird der Roman, sobald es um Gefühle und Affekte geht – etwa im Zusammenhang mit den Gezi-Protesten.[49] Mustafas Mitbewohnerin Esra bittet ihn dringlichst darum, niemandem zu erzählen, dass sie einen Film über die Gezi-Proteste mache. Als er nach dem Grund fragt, antwortet sie: »Wir haben alle Angst. Du hast gesehen,

---

45 Siehe hierzu: AKIN (2017).
46 ÖZDOĞAN, Selim (2016): *Wieso Heimat, ich wohne zur Miete*, Innsbruck: Haymon, S. 11.
47 Ebd., S. 53.
48 Ebd., S. 129.
49 ÖZDOĞAN, Selim (2016): *Wieso Heimat, ich wohne zur Miete*, Innsbruck: Haymon, S. 32.

auf der Istiklal ist jeden Tag mindestens ein Wasserwerfer, auch wenn dort nichts los ist. [...] Das hier ist nicht Deutschland: hab Angst«.[50] Obwohl Mustafa von seinen türkischen Mitbewohnern nicht als richtiger Türke akzeptiert wird, macht ihn seine emotionale Reaktion auf diesen Film zu einem der ihrigen.

> Ich wusste nicht, dass die Polizei Tränengas in die Wasserwerfer gefüllt hat. Ich wusste nicht, dass sie Tränengasgranaten in das Deutsche Krankenhaus hineingeschossen haben. Ich wusste nicht, wie viele Verletzte in der Dolmabahce-Moschee behandelt wurden. Und wie schwer sie verletzt waren. Bei manchen Bildern habe ich weggeschaut und mir gewünscht, sie würden eine Hymne spielen. [...]
>
> Was ich mir merken kann, ist, dass während der Gezi-Proteste in der Türkei mehr Tränengas eingesetzt wurde als sonst im ganzen Jahr weltweit.
>
> Ich könnte weinen, als der Abspann läuft, ich könnte weinen, aber gleichzeitig habe ich das Gefühl, ich müsste aufstehen und etwas tun. Als würden die Bilder, die ich gesehen habe, irgendetwas in mir bewegen, verschieben, und ich muss dann raus und die Welt geraderücken. [...] Ich will rausgehen, sage ich. Ich will irgendetwas machen. Mich bewegen. Menschen umarmen, Gesichter sehen, die Arme ausbreiten, springen ...[51]

Mustafa Krishna identifiziert sich mit den Gezi-Protesten, während er zu seinem türkischen Vater, seinem deutschen Onkel oder seiner deutschen Freundin keine derartige Beziehung aufbauen kann, wie er sie zu seiner türkischen WG in Istanbul unterhält. Aufgrund des Mangels an symbolischer Repräsentation endet der Roman mit einem Epilog, der das Erzählte und Gezeigte nicht in eine Parabel zu übersetzen vermag.[52] Wenn es in diesem urkomischen und zugleich tiefernsten Roman eine zentrale Botschaft gibt, dann würde sie lauten, dass weder das »Liken« von politischen Protesten oder ihr digitales Teilen für eine politische Teilhabe steht, sondern nur die tatsächliche Teilhabe im unsicheren öffentlichen Raum: Gezi »war ein Gedicht, geschrieben von Millionen Herzen«.[53] Mustafa Krishna kann sich mit seinen Mitbewohnern in Istanbul und sie sich mit ihm identifizieren, weil sie vermeintlich das Gleiche empfinden. Vor dem Epilog endet die Handlung des Romans damit, dass Mustafa Krishna in einem Flugzeug auf dem Weg nach Deutschland sitzt. Er kommt in der Erzählung nicht mehr an, weil es darum auch gar nicht mehr geht. Denn Mustafa wird noch etwas Zeit brauchen, um »zu verstehen, dass die Frage nach der kulturellen Identität

---

50 Ebd., S. 62.
51 Ebd., S. 133–135.
52 Im Epilog hat der »Chor der Ungläubigen« einen Kater, wahrscheinlich wegen einer durchzechten Nacht, und schafft es daher nicht mehr, »eine orientalistische Parabel zu erzählen«. Ebd., S. 243.
53 Ebd., S. 135.

eine Ausweichstrategie ist. Denn die eigentlichen Fragen lauten: Unter welchen Bedingungen lebst du dort, wo du lebst? Wie ist das Geld verteilt, wie die Chancen und wie wird das begründet?«.[54]

Feridun Zaimoğlus Epos *Siebentürmeviertel* spielt ebenfalls in Istanbul, allerdings zwischen dem Ende der 1930er Jahre (ein Jahr nach Atatürks Tod) und dem Anfang der 1950er Jahre. Ein deutscher Vater und sein Sohn Wolf müssen das Dritte Reich im Jahr 1939 verlassen, weil ersterer als Lehrer sich mehrmals über den Bart des deutschen Führers lustig gemacht hat. Sie werden von der türkischen Familie eines ehemaligen Lehrer-Kollegen im Istanbuler Siebentürmeviertel (*Yedikule*) aufgenommen. Auch auf den 800 Seiten von *Siebentürmeviertel* taucht die Identitätsfrage immer wieder auf. Und wie in *Wieso Heimat, ich wohne zur Miete* geht es auch hier nicht um einen Identifikationsprozess, an dessen Ende ein klares Ziel steht. Wolf ist sich vielmehr – wie Mustafa Krishna – von Anfang an klar darüber, wohin er gehört. Im Prolog berichtet der Ich-Erzähler Wolf, dass dieses Siebentürmeviertel sein Land sei, allerdings ein Land, das alles andere als sicher sei.[55] So beginnt der Roman auch schon mit einem Straßenkampf seiner türkischen, tscherkessischen und griechischen Freunde gegen »größere Brüder«; da ist der Protagonist gerade einmal fünf Jahre alt. Er endet mit der Ankündigung neuer Straßenkämpfe 16 Jahre später: Nach dem Tod seines »türkischen Vaters«, des größten Feindes im Viertel, kündigt der Sohn Wolf an, dass der Kampf noch lange nicht vorbei sei.[56]

Auch nach dem Ende des Krieges will Wolf in seinem Viertel bleiben. Obwohl ihn die Nachbarn, seine Straßenbrüder und die Händler des Viertels als jemanden bezeichnen, der drei Väter hat (Abdullah, den Deutschen und Hitler), kommt es an keiner Stelle im Roman dazu, dass Wolf seine emotionale Verbundenheit zum Viertel in Frage stellt. Allerdings ist *Yedikule* kein Ort der Ankunft oder der sicheren Heimat für Wolf, sondern vielmehr ein Territorium, auf dem er sich behaupten und das er sich erkämpfen muss.[57] Zaimoğlus bislang umfangreichstes Buch

---

54 Ebd., S. 242.
55 Siehe hierzu: ZAIMOĞLU, Feridun (2015): *Siebentürmeviertel*, Köln: Kiepenheuer & Witsch, S. 10.
56 Siehe hierzu: Ebd., S. 794. Wolfs deutscher (biologischer) Vater musste zu Beginn des Romans die türkische Familie verlassen, weil Abdullah Bey eine Tochter im heranwachsenden Alter hatte und die Nachbarn im Viertel das Gerücht verbreiteten, sie sei das »Arierliebchen« (ebd., S. 22) des deutschen Mannes. Im Verlauf des Romans versucht er mehrmals, seinen Sohn nach Kriegsende wieder nach Deutschland mitzunehmen. Vgl. hierzu ZAIMOĞLU (2015): S. 490 u. S. 593.
57 Siehe hierzu: Ebd., S. 793f. Einer vergleichbaren erzählerischen Struktur folgt der Film FAMILIYE. VON DER STRASSE FÜR DIE STRASSE von Kubilay Sarıkara und Sedat Kırtan, der allerdings auf der Lynarstraße in Berlin-Spandau spielt. Familien und Straßen stehen aber auch hier im

ist also kein Bildungs- und Entwicklungsroman im klassischen Sinne, an dessen Ende der Protagonist oder der Erzähler irgendwo ankommt, sondern vielmehr die Darstellung einer postmigrantischen Gesellschaft in den 1940er und 1950er Jahren in Istanbul, bei der weder Herkunft noch Ankunft zentrale Rollen spielen. Im Mittelpunkt stehen stattdessen Fragen der Verteilung, des Besitzes und der Selbstbehauptung: »Juden, Armenier, Türken, Kurden, die Jungen sind alle hier geboren und aufgewachsen. Und doch kommt es mir so vor, als wären sie erst vor kurzem eingewandert«, stellt Wolf etwa fest.[58] Prozesse der Migration und ihre Folgen sind keine Fragen der Integration mehr, sondern Fragen der Identifikation – im Besonderen der Affekte, mit denen die Praxis der Identifikation nun verbunden ist.

Der Affekt und insbesondere die Diskriminierungserfahrung kennzeichnen auch Fatma Aydemirs Roman *Ellbogen*. Erneut trägt sich die Erzählung im Stadtteil einer Millionenmetropole zu: Berlin-Wedding. Wie in AUS DEM NICHTS oder *Siebentürmeviertel* ist das Verhältnis der Akteure zur Stadt geprägt von (versperrten) Zugängen, von Diskriminierungen und von Kämpfen auf unterschiedlichsten Ebenen; ganz anders als in den 1990er Jahren, als dieses Verhältnis noch ein organisches[59] war oder in den 2000er Jahren, als die Akteure einer klaren Orientierung folgten.[60] Die einzige deutschstämmige Bekannte der Ich-Erzählerin und Protagonistin Hazal ist Desiree, zu der erstere jedoch nie vordringen konnte: »Nie habe ich Desirees Wohnung von innen gesehen, aber oft habe ich mir vorgestellt, wie es drinnen aussehen könnte«.[61] Dafür bekommen wir einen sehr genauen Einblick in Hazals Leben und in die Wohnung ihrer Familie: Hazals Vater fährt seit über zwanzig Jahren in Berlin Taxi, redet bei der Arbeit viel, während zu Hause dann sein »Laberakku leer [ist], weil alles schon gesagt ist«.[62] Hazal selbst spricht kaum mit ihm. Mit 14 Jahren hasste sie ihn sogar, da er ihr damals ihre langen Haare abschnitt, weil sie unerlaubterweise bei ihrer alevitischen Freundin Gül übernachtet hatte.[63] Der Hass scheint in der Erzählzeit des Romans vier Jahre später nachgelassen zu haben, doch ein Gespräch zwi-

---

Zentrum des Geschehens. Siehe hierzu: SARIKAYA, Kubilay/KIRTAN, Sedat (2018): *Familiye. Von der Straße für die Straße*, Europa Kino Company GmbH.
58 Siehe hierzu: Ebd., S. 461.
59 Siehe hierzu: ÖZDAMAR (1992), (1998); ZAIMOĞLU (1995), (1998); ARSLAN (1997), (1998); AKIN (1998); YAVUZ (1998).
60 Siehe hierzu: KURT (2003); ÖZDAMAR (2003); KARA (2004); AKYÜN (2005); ZAIMOĞLU (2005); ALAKUŞ (2005); AKIN (2007); AKKUŞ (2008).
61 AYDEMIR, Fatma (2017): *Ellbogen*, München: Hanser, S. 8.
62 Ebd., S. 39.
63 Siehe hierzu: Ebd.

schen beiden kommt dennoch nicht zustande.⁶⁴ Wenn der Vater spricht, dann vom türkischen Präsidenten Erdoğan, mit dem er sich identifiziert. Hazal wäre es wichtiger, darüber zu reden, warum sie als fast Volljährige »immer noch Ausreden suchen muss, um abends wegzugehen«.⁶⁵ An ihrem 18. Geburtstag darf sie bei ihrer Freundin Elma übernachten. Mit weiteren Freundinnen – nur die kopftuchtragende Ebru kommt nicht mit – macht sich Hazal alkoholisiert auf den Weg zu einer Diskothek. Dort wird ihnen der Zutritt verweigert. Gül denkt betrunken darüber nach, wo sie jetzt noch hingehen, doch kommen sie und die anderen nicht darüber hinweg, dass ihnen der Einlass in die Diskothek verwehrt wurde. Gül sagt darauf zu ihren Freundinnen, »[w]ären wir aus Polen oder Spanien oder so, und hätten wir so dreckige Turnschuhe an, wären wir bestimmt reingekommen. Diese Bastarde!«, meint Hazals Freundin Gül. Vor diesem verweigerten Zutritt hatte sich keine der jungen Frauen als Deutsch-Türkin, Türkin oder Muslima gesehen. Dennoch fühlen sie

> es, wir fühlen dasselbe. Es ist so da und es ist so heftig, dass man es fast anfassen kann. Wut. Meine ist so groß, dass sie nicht mehr in mich hineinpasst. Sie droht meine Haut zu sprengen, mich von innen aufzuessen und wieder auszuspucken und wieder aufzuessen. Meine Wut berührt Elmas Wut, kocht und wuchert gemeinsam mit ihr, lässt sich von ihr immer weiter anstacheln.⁶⁶

Kurze Zeit später töten die Freundinnen einen deutschen Studenten, der sie mit einem »dummen Spruch« angemacht hat. Den letzten, wahrscheinlich tödlichen Stoß versetzt ihm Hazal. Nach dieser Nacht flieht Hazal, ohne ein Wort mit ihren Freundinnen zu wechseln, nach Istanbul zu ihrem Facebook-Freund Mehmet, der vor Jahren in die Türkei abgeschoben wurde und dort ein äußerst tristes Leben führt.⁶⁷

Wie Aus dem Nichts ist auch diese Erzählung in drei Abschnitte aufgeteilt. Der zweite Teil beginnt damit, wie Hazal in Istanbul in der Wohnung von Mehmet und dem kurdischstämmigen Halit aufwacht.⁶⁸ Die WG ist politisch gegen Erdoğan eingestellt. Freunde von Halit werden inhaftiert, weil sie die türkische Regierung in einem offenen Brief aufgefordert haben, den Krieg gegen die Kurden in Cizre zu beenden, den sie nach den verlorenen Wahlen im Jahr 2015

---

64 Auch die Protagonistin Özlem in Güngörs Roman *Ich bin Özlem*, schreibt, dass sie und ihr Vater im Unterschied zu früher kaum noch miteinander reden. Siehe hierzu: GÜNGÖR (2019): S. 32.
65 AYDEMIR (2017): S. 32.
66 Ebd., S. 114.
67 Ebd., S. 148f.
68 Ebd., S. 131.

begonnen hatte.⁶⁹ Wie Mustafa Krishna aus Özdoğans Roman kennt Hazal die politische und kulturelle Situation in der Türkei kaum. Das zeigt sich vor allem in einem kurzen Gespräch mit Halit, das jegliche Form kultureller Kompetenz desavouiert und die angefangene Interaktion abrupt unterbricht. Hazal ist in Berlin geboren und hat mit Ausnahme von ein paar Sommerurlauben mit der Familie in der türkischen Provinz nur in Deutschland gelebt.⁷⁰ Bei einem Küchengespräch gelingt es ihr nun, fehlerfrei drei Sätze auf Türkisch zu sprechen. Für sie gebe es keinen Unterschied zwischen Kurden und Türken, weil »wir alle aus der Türkei kommen«.

> Halit sieht mich an und beginnt, laut loszulachen. Es ist kein freundliches Lachen, sondern irgendwie verbittert. Es klingt, als wäre etwas Schreckliches passiert, so schrecklich, dass man nur darüber hinwegkommt, wenn man sich kaputtlacht. Das Lachen geht durch seinen ganzen Körper, und es will nicht aufhören. Ich werde richtig starr. Ganz langsam geht mir durch den Kopf, dass ich noch besser werden muss im Wutabschütteln, denn jetzt gerade droht es, nicht zu funktionieren.⁷¹

Halit reagiert nicht, indem er Hazal etwa die Beziehung zwischen Kurden und Türken erläutert. Ebenso wenig werden wir Leser von der Erzählerin über das Verhältnis und den Konflikt zwischen Türken und Kurden in der Türkei aufgeklärt. In Aydemirs Roman sind Reaktionen immer von Affekten bestimmt, die anders als Emotionen nicht mit verhältnismäßigen Vergleichen zu anderen Situationen oder Personen einhergehen. Ihren Mord des deutschen Studenten vergleicht Hazal später mit der Tötung eines türkischen Mannes durch seine Frau. Die von ihrem Ehemann mehrfach missbrauchte Täterin Cilem Doğan verteidigte sich beim Gerichtsprozess mit den Worten: »[H]ep Kadınlar mı ölecek? Biraz da erkekler ölsün. Namusum icin öldürdüm« (»Sollen denn immer die Frauen sterben? Ein

---

69 Siehe hierzu: Ebd., S. 196. Gegen diesen Krieg sprach sich auch die sehr bekannt gewordene Initiative *Akademiker für den Frieden* vom 11. Januar 2016 aus. 1128 größtenteils türkische Akademiker unterschrieben eine Petition an die türkische Regierung gegen ihre »Vernichtungs- und Vertreibungspolitik« im Osten der Türkei. Die türkische Regierung verstand diese Petition als terroristische Propaganda und als Beleidigung des türkischen Staates. Sie ließ 27 Wissenschaftlerinnen und Wissenschaftler verhaften. Angeklagt wurden alle Unterzeichner. Die Verfahren laufen bis heute. Siehe hierzu: SÜDDEUTSCHE ZEITUNG (2016): »Erdoğan lässt Akademiker wegen Protestbrief verhaften«. In: *SÜDDEUTSCHE ZEITUNG*, 15.01.2016, https://www.sueddeutsche.de/politik/tuerkei-erdoan-laesst-akademiker-wegen-protestbrief-verhaften-1.2820435 (19.03.2019).
70 Siehe hierzu: AYDEMIR (2017): S. 27. Die Protagonistin in Güngörs Roman *Ich bin Özlem* stellt ebenfalls fest, dass sie alles, was sie über die Türkei, ihre Menschen und ihre Kultur weiß, weiß sie von »ein paar Wochen Sommerferien oder weil es [ihr] jemand anderes erzählt hat«, es sei »Wissen aus zweiter Hand«. Siehe hierzu: GÜNGÖR (2019): S. 81.
71 Ebd., S. 154.

wenig sollen auch die Männer sterben. Ich habe für meine Ehre getötet.«).[72] Hazal habe wie Cilem Doğan töten müssen, um zu überleben, obwohl ihr der deutsche Student außer einem »blöden Spruch« nichts angetan hat.[73]

Hazal bekommt Besuch von ihrer Tante Semra, einer studierten Sozialarbeiterin, von der sie erfährt, dass Gül und Elma in Untersuchungshaft sitzen. Semra will Hazal davon überzeugen, zurück nach Deutschland zu kommen. Da sie nicht vorbestraft sei und Reue zeige, habe sie in Deutschland noch eine »Perspektive«. Doch wo Semra ein Gewissen und ein Bedürfnis nach Aufstieg und Ankunft vermutet – schließlich wollte Hazal einmal Ärztin werden[74] – stößt sie nur auf eine schon lange existierende Wut. Hazal bereut die Tötung des Studenten keineswegs:

> Weil solche Typen herumrennen und meinen, die Welt gehört ihnen. Weil die sich aufführen, wie sie wollen, weil die nie um irgendetwas kämpfen mussten. [...] Ich war wütend in der Nacht und hatte Angst und habe eben zugeschlagen, will ich ihr sagen. Aber das war nicht nur wegen der Nacht oder wegen dem Studenten, ich war schon vorher wütend, die ganze Zeit.[75]

Hazal erkennt, dass die Tante mit ihren »billigen Kartoffel-Sprüchen« sie nicht verstehen kann. Durch ihr Studium der Sozialpädagogik hatte sie in der Familie einen »Scheißsonderstatus«. Nach Hazal »labert [ihre Tante] irgendwas davon, dass sie selbst es auch nicht leicht gehabt hat. Und dass meine Eltern in Deutschland auch immer nur am Kämpfen gewesen sind«. Und Hazals Kopf ist »halb am Explodieren«, als ihre Tante »tatsächlich« das Wort »Migrationshintergrund« benutzt.[76] Hazal begreift endlich, »wie die Sache läuft«. »Kein Schwanz interessiert sich für uns, sie sehen uns nur, wenn wir Scheiße bauen, dann sind sie plötzlich neugierig. Wenn wir einen Thorsten vor die U-Bahn schmeißen, wollen sie auf einmal wissen, wer wir sind.«[77] Die Welt sei »scheißungerecht«: »Doch das liegt nicht an mir. Und dass ich das weiß, wird mir vielleicht nicht helfen so im praktischen Leben. Aber es hilft meinem Herzen«.[78] Sie fühlt sich einsam wie ihre kopftuchtragende Freundin Ebru, obwohl diese als überzeugte Muslima ein ganz anderes Leben führt. Sie hatte ihren Job als Zahnarzthelferin verloren, weil sie auf die weltweite Solidaritäts-

---

72 Siehe hierzu: KARAÇALI, Fatih (2015): »Hep kadınlar mı ölecek biraz da erkekler ölsün«. In: *Milliyet*, 10.07.2015, http://www.milliyet.com.tr/-hep-kadinlar-mi-olecek-biraz-da-gundem-2085701/ (02.12.2018).
73 AYDEMIR (2017): S. 126.
74 Ebd., S. 231.
75 Ebd., S. 244 f.
76 Ebd., S. 247.
77 Ebd., S. 249.
78 Ebd., S. 250.

bekundung mit Charlie Hebdo einen Tweet mit den Worten absetzte, dass »jeder das bekommt, was er verdient #fuckcharliehebdo«. Ihr Chef, Dr. Klinger, hat das gesehen und ihr am nächsten Tag mit der Aussage, dass er sie nicht mehr länger ausbilden kann, gekündigt. »Seitdem sitzt Ebru zu Hause.« Als ihr dann die in Deutschland vollintegrierte Tante Semra gegenüber sitzt, versteht Hazal, was Ebru damit meinte, dass man Einsamkeit nicht teilen könne:

> Ich denke an sie und an Gül und an Elma, und vielleicht fühlen wir alle ja dasselbe, vielleicht bin ich doch nicht ganz allein, vielleicht sind wir irgendwie miteinander verbunden. Das ist auf jeden Fall eine schöne Idee, ein beruhigender Gedanke, dass da jemand ist, der dieselben Kämpfe wie ich kämpft, nur woanders. Und ich, ich sitze ja auch in einer Zelle wie Gül und Elma, nur dass meine viel größer ist.[79]

Während die Gezi-Proteste in Selim Özdoğans Roman *Wieso Heimat, ich wohne hier zur Miete* die Freunde in der Türkei nicht in kultureller Hinsicht zusammenführen, sondern dies mittels Komik die Affekte Angst und Freude leisten, verstrickt sich Hazal immer mehr in ihre Welt aus Wut, Ressentiment und Einsamkeit. Sie kehrt nicht mit ihrer Tante nach Deutschland zurück, Halit wird inhaftiert und auch Mehmet lässt sie hinter sich, weil sie an seinem schlurfenden Gang abliest, dass er »nicht richtig auf den Boden« im öffentlichen Raum »tritt«: »So geht doch nur jemand, der leer ist. [...] Der nur sich selbst sieht, und sonst nichts«.[80] Im letzten Teil des Romans wohnt Hazal in einem Hotel und arbeitet in einem Café, um irgendwie über die Runden zu kommen. Der Roman endet mit dem Putschversuch in der Türkei am 15. Juli 2016. Von der Terrasse des Cafés in Üsküdar aus sieht sie, wie eine Gruppe des türkischen Militärs die Bosporus-Brücke, die Europa und Asien verbindet, besetzt. Doch sie sieht nicht wirklich das Militär, sondern ein »hellblaues Neon-H, gerahmt von Zickzack-Girlanden«, das für sie, für ihren Namen steht. Es steht für Hazalia, für das Land in ihr, das letzte Rückzugsgebiet. Als sie diesen Gedanken nachhängt, verlassen alle Gäste das Café und versuchen, nach Hause zu kommen. Der öffentliche Nahverkehr steht still; nur Militärfahrzeuge fahren durch die Stadt. Hazal versteckt sich draußen in einem Gebüsch. Dort entdeckt sie in ihrer Vorgeschichte eine Form der Geborgenheit, in Bildern und Szenen aus ihrer Vergangenheit:

> Es fängt an, komisch zu riechen hier, ein bisschen wie Hazalia, wo das Messer liegt, mit dem mein Vater immer das Fleisch geschnitten hat, und meine langen schwarzen Locken, und auch der Studentenkörper und der rote See, aber wo keine Angst sein kann, weil es nämlich in Hazalia immer warm ist, als würde man ständig sich mit dem Rücken gegen die Heizung

---

79 Ebd., S. 251.
80 Ebd., S. 219.

lehnen, oder als würde einen die ganze Welt umarmen, richtig umarmen, fest und ehrlich, nicht so mit zwei Zentimetern Sicherheitsabstand wie die Deutschen. [...] Das Gebüsch raschelt im Wind. Ich öffne die Augen, sehe ein Stück Nacht und lächle mir selbst zu.[81]

Versteckt im öffentlichen Raum vollzieht sich eine vermeintliche Öffnung aus dem Inneren des Körpers und aus den Erinnerungen Hazals heraus, eine ohne Gesellschaft und Soziabilität.[82]

Einer ähnlichen, jedoch anders gelagerten Verschiebung ins Innere begegnen wir in Şenocaks Essay *Das Fremde, das in jedem wohnt. Wie Unterschiede unsere Gesellschaft zusammenhalten*. Die Orte, an denen der Autor mit seinem Vater ins Gespräch kam, sind nach dessen Tod nicht mehr draußen. »Sie sind tief in mir«, schreibt Zafer Şenocak, dort, »wo das Gefühl der Verlassenheit in ein Gefühl der Geborgenheit übergeht«. Deshalb sitzt die Identität nicht mehr »auf der Haut«, sondern »wurzelt in der Tiefe, aus der Inspiration und Atmung entsteht«. Dort besteht ein »Gespinst aus kulturellen Bezügen«, die der Person »Halt und dem Leben Sinn geben«. Wie Hazal versteckt aus einem Gebüsch in die Nacht blickt, sieht auch Şenocak nur Dunkelheit. Die deutsche Einwanderungsgesellschaft kommt ihm vor wie ein »zugewachsener« und »dunkler Wald«. Dabei ist »der Boden des Waldes durchsichtig«.[83] Für die Augen unsichtbar führen im Boden »haarfeine Leitungen« von Wurzel zu Wurzel. »Sie verbinden dauerhaft Baum mit Baum. Wenn man in der Erde gräbt, sollte man das wissen.« Diese Perspektive verdeutlicht, dass selbst Şenocak das zuletzt so spannungsreiche Verhältnis zwischen türkischer und deutscher Politik als ein zusammengewachsenes versteht. Nur diejenigen Grenzen lassen sich überschreiten, die man zuvor anerkannt hat: »So ist das zwischen den Deutschen und Türken. Die mögliche gegenseitige Abneigung ist nur eine höhere Form der Anerkennung. Darin liegt Potential«.[84] Dies betrifft auf der einen Seite Fragen der Zugehörigkeit und Zusammengehörigkeit. Auf der anderen Seite deutet das unsichtbare »Wurzelwerk« im Boden auch die Möglichkeit an, dass Venedig, Andalusien und Konstantinopel mit ihren Dichtern, Malern, Kaufleuten wiederentdeckt werden können. Der Blick nach unten in die Tiefe impliziert folglich keine Reise »in eine exotische Welt, sondern eine

---

81 Ebd., S. 270 f.
82 Nach ihren Diskriminierungserfahrungen im Supermarkt und nach dem Streit mit ihren Freundinnen und Freunden, der sie wie in einen »dicken Nebel [...] eingehüllt« hat, kommt es der Erzählerin Özlem in Dilek Güngörs Roman *Ich bin Özlem* so vor, dass sie zum ersten Mal ihre »eigene Stimme« wahrnimmt. »Ich hatte immer eine innere Stimme, aber ich hab ihr nicht getraut.« Siehe hierzu: GÜNGÖR (2019): S. 123 f.
83 Siehe hierzu: ŞENOCAK (2018): S. 90–94.
84 Ebd., S. 213 f.

zu unseren gemeinsamen Wurzeln in Europa«.[85] Es wäre nach Şenocak mitunter diese historische Arbeit, die das neue kollektive Gefühl der Verlassenheit in eines der Geborgenheit übersetzen könnte. In diesem Zusammenhang gibt die Politikwissenschaftlerin Ciğdem Toprak in ihrer essayistisch und publizistisch ausgerichteten Studie *Dies ist auch unser Land* bemerkenswerte Reaktionen ihrer Interviewpartner auf den Anschlag 2020 in Hanau wieder.

> Mich hat sehr berührt, was eine Hanauer Schülerin, selbst am Tag nach dem Anschlag, gesagt hat: ›Die Mehrheit hat uns schon akzeptiert‹. Reibungen stellen unsere Zugehörigkeit nicht mehr infrage, sie wird auf beiden Seiten von Tag zu Tag mehr als Selbstverständlichkeit empfunden. ›Es war für uns klar, dass wir einen Tag nach dem Anschlag von Hanau mit der Geschäftsführung und dem Betriebsrat zusammen eine Schweigeminute halten. Denn wir waren natürlich sehr betroffen‹, erzählt der Arbeitsdirektor Ralph Wangemann von Opel.[86]

Toprak hat alle ihre Gesprächspartner, angefangen von Shishabarbesitzern über Sneakerdesigner, Mixed-Martial-Arts-Kämpfern, Integrationsbeauftragte bis hin zu Hip-Hop-Promotorinerinnen gefragt, ob sie nach den Anschlägen jetzt Angst hätten? »Nein. Alle haben darauf mit einem großen, selbstbewussten Nein geantwortet. Denn sie wissen: Das ist auch ihr Land.«[87] Als ein Fazit für Ihre Interviews für sich selbst hält sie am Ende ihrer Studie fest, dass ihr Heimatgefühl komplex ist; »aber eines ist sicher: Wir stehen heute selbstbewusster denn je zu Deutschland«.[88] Zu diesem optimistisch stimmenden Credo wirkt der ein Jahr zuvor erschienene Essayband *Eure Heimat ist unser Albtraum* wie ein Gegentext, deren identitätspolitische Grund- und Affektlage Diskriminierungen und Ressentiments sind. In ihm positioniert sich anstelle von Praktikerinnen und Praktikern eine Gruppe von Autorinnen, Journalistinnen und Kulturwissenschaftlern mit Einwanderungsgeschichte gegen eine deutsche und weiße »privilegierte Mehrheitsgesellschaft«, die einen Teil ihrer Mitglieder als »anders« markiert, sie nach Ansicht der Autorinnen und Autoren kaum schützt und nicht wertschätzt.[89]

Für Brian Massumi sind Affekte ebenfalls in der Lage, »Hoffnung« auszudrücken;[90] nach Freud artikulieren sie ein Erbe, eine Vorgeschichte. Die aktuelle integrationstheoretische Frage müsste lauten, welches Erbe und welche Affekte sich derzeit geltend machen. Der aktuelle Verlust des Außen, dieses

---

85 ŞENOCAK (2010): S. 175.
86 TOPRAK (2019): S. 243.
87 Ebd., S. 241.
88 Ebd., S. 240.
89 AYDEMIR/YAGHOOBIFARAH (2019).
90 MASSUMI (2010): S. 27.

neue Aufkommen des Gefühls der Verlassenheit, den ich hier anhand einiger literarischer und filmischer Beispiele aus den vergangenen Jahren skizziert habe, erinnert an die 1980er Jahre, und er muss sich nicht unbedingt, wie bei Şenocak oder in Topraks Studie, in ein Gefühl der Geborgenheit oder der selbstbewussten komplexen Zusammengehörigkeit übersetzen. Dies verdeutlicht ein letzter Blick in Mereys *Der ewige Gast* und in Dilek Güngörs letztem Roman *Ich bin Özlem*. In *Der ewige Gast* artikuliert sich ein ähnliches Unbehagen in der deutschen Einwanderungsgesellschaft. Nachdem Can Mereys Eltern im Jahr 2013 ihr Hotel in der Türkei verkauft haben, leben sie abwechselnd in Bernau am Chiemsee und in Istanbul. Da er ein gutes Auskommen hat, in Bernau von den Nachbarn respektiert wird und deutsche Freunde hat, könnte Tosun »seine Sympathie mit wehenden Fahnen nach Deutschland tragen«. Das ist ihm aber nicht möglich, weil er »irgendwie« doch nicht als »gleichwertiger Mensch« behandelt wird. Dies hat nicht mit persönlichen Beleidigungen zu tun, sondern mit der allgemein vorherrschenden Meinung, die sich breit macht, wenn es um Türken geht. Diese verletze seine Würde und Tosun sagt, »echten Nazis sei er nur selten begegnet«. Doch sind nicht sie der »größte Feind«. Es sind die »rassistischen Gefühle, die unterdrückt werden, weil man weiß, dass es sich nicht schickt, rassistisch zu sein«. Tosun glaubt, »dass solche Gefühle bei einigen Deutschen vorhanden sind«.[91]

Gegen die politisch motivierte Trennung von deutsch und türkisch in den 1990er Jahren konnte man einfach vorgehen, indem man beispielsweise den diskriminierenden Gebrauch des Begriffs »Kanake« umkehrte, ihn positiv besetzte und damit markierte, dass man weder deutsch noch türkisch war. Tosun Merey ist wieder hundertprozentig Türke, obwohl er sich weder in der Türkei noch in Deutschland zu Hause fühlt; so wie Güngörs eigentlich durch und durch integrierte Protagonistin Özlem mit ihren Tränen zur Türkin wird, wenn der Begriff Ausländer an einer Supermarktkasse fällt oder in Gesprächen mit ihren deutschen Freunden der Begriff Brennpunktschule. In solchen Situationen tut sich ein Graben zwischen ihr und ihren Freunden auf, den es schon immer gegeben hat, so Özlem. »Ich bin mitten unter ihnen, aber bleibe die, die ich bin, die Andere«.[92] In Mereys Familie sind die anhaltenden Verschlechterungen der deutsch-türkischen Beziehungen kein rein politisches und öffentliches Phänomen mehr, sondern spielen innerhalb der Familie eine Rolle: Je schlechter das Verhältnis zwischen der türkischen und deutschen Politik wird, »desto schlechter ist häufig auch die Stimmung beim Abendessen«. Konflikte auf politischer Ebene bergen

---

[91] MEREY (2018): S. 289.
[92] GÜNGÖR (2019): S. 110.

»die Gefahr eines persönlichen Streits mit meinem Vater«, resümiert Can Merey.[93] Sie gefährdet die Soziabilität auch nach innen. Als Fazit und Lösung für das akute Problem der Integration konstatiert er, dass die »Deutschtürken sich in erster Linie als Deutsche und erst danach als Türken fühlen« müssten. Das gelinge allerdings nur, wenn man ihnen das Gefühl vermitteln könne, »gleichwertige Mitglieder der Gesellschaft zu sein«.[94] So sind die Fragen der Integration heutzutage nicht mehr einfach Fragen nach der Bildung, dem Zugang zum Arbeitsmarkt oder nach sozialen Kontakten, sondern mehr nach dem Gebrauch einzelner Worte, von Blicken, Begriffen, von Sprache, Kommunikation – letztlich von Affekten.[95]

Dass in den letzten genannten Werken Interaktionen unterbrochen werden, weil sich statt der bindenden Emotionen Neugier, Trauer oder Freude die Affekte Verzweiflung und Wut breit machen, nimmt den Betroffenen die Möglichkeiten zu verhandeln, d. h. über Auseinandersetzungen dem Unbehagen eine Form zu geben. Ein zentrales Problem ist dabei sicher, wie sich nun nach einer 60-jährigen Geschichte der Migration wechselseitiges Interesse und neue Neugier wecken lassen. Für eine festgefahrene politische und historische Situation sprechen einerseits die weiterhin im öffentlichen Raum zu hörenden Aussagen wie »Sie können aber gut deutsch!« oder »Wo kommen Sie denn ursprünglich her?«, andererseits aber auch die wütenden Reaktionen auf diese Aussagen, dass sie diskriminierend und rassistisch seien.[96] Nur ein kontextbezogener Blick in die Geschichte der Migration zeigt, dass genau solche Aussagen und Fragen in den 1980er Jahren Dialoge und mitunter Freundschaften ermöglicht haben. Dialoge und Freundschaften waren die antidiskriminierende Reaktion auf den auslän-

---

93 Auch Tuba Sarıca konstatiert in ihrer Streitschrift, dass sie sich mit ihrer Mutter nur noch streite, weil sie wie die Parallelgesellschaft, die sie immer in Schutz nimmt, den Westen mittlerweile hasse. Dabei hat sie es früher geliebt, italienische Gnocchi, japanischen Basamtireis, Rotkohl und Salzkartoffeln für die Familie zu kochen. Heute allerdings sage sie, dass alles, was ihre Tochter schreibe, eine Lüge sei. »Das sagte meine Mutter mir in einem Kölner Restaurant, woraufhin ich ein Glas nahm, es auf dem Boden zerdepperte und ihr sagte, sie werde mich nie wiedersehen. Ich wusste einfach nicht, wohin mit der Enttäuschung darüber, dass selbst meine Mutter zu solch einer Unwahrheit fähig war, nur um die Parallelgesellschaft in Schutz zu nehmen. Aber Erdoğan war stärker.« Siehe hierzu: SARICA (2018): S. 98 u. 210.
94 Ebd., S. 305.
95 Ebd., S. 231.
96 VU, Vanessa (2019): »Alltag Rassismus: Herkunft. Keine Antwort schuldig«. In: *Zeit Campus*, 27.02.2019, https://www.zeit.de/campus/2019-02/herkunft-identitaet-diskriminierung-rassismus-selbstbestimmung (29.03.2019). KAZIM, Hasnain (2018): »#MeTwo. ›Wo kommst du eigentlich her‹?. Viele Menschen mit dunklerer Hautfarbe beschweren sich, dass sie oft gefragt werden: ›Wo kommst du eigentlich richtig her?‹ Ist das Rassismus? Und darf man das fragen?«. In: *DER SPIEGEL*, 11.08.2018, http://www.spiegel.de/kultur/gesellschaft/metwo-wo-kommst-du-eigentlich-her-darf-man-das-fragen-a-1222620.html (29.03.2019).

derfeindlichen Slogan »Türken raus«. Darauf basieren nicht nur die Filme DIE KÜMMELTÜRKIN GEHT (1985), ABDULLAH YAKUPOĞLU. WARUM HABE ICH MEINE TOCHTER GETÖTET (1986) oder YASEMIN (1987/88), sondern auch die Arbeit der Ausländerbeauftragten Barbara John in den 1980er Jahren in Berlin, die Geschichte der Interkulturellen Woche und das bekannte Kolloquium zur *Standortbestimmung der Ausländerliteratur* von 1984.[97] Heute artikulieren die Aussagen »Sie können aber gut deutsch!« oder »Wo kommen Sie denn ursprünglich her?« ein neues kulturelles Unbehagen – Wut und Unsicherheit – auf beiden Seiten, das von Affekten, von »Niederschlägen einer Reminiszenz« bestimmt ist: Man nimmt sich aus der Geschichte nur das, was man braucht, berücksichtigt aber nicht die Folgen, ihre Grundlagen und die Geschichte ihrer Begegnungen. So verbleiben die Narrative der Migration, ihre eigentliche Ressource, eine Ressource der Soziabilität ungenutzt. Letztere ist es, die die zentralen Aspekte der Öffentlichtkeit, die Sichtbarkeit und Kollektivität mit ihren Gegenaspekten, dem Geheimnis und der betroffenen Individualität verbinden könnte.

Bessere Fragen wären sicherlich, wie man zu dem/der geworden ist, der/die man heute ist – oder im Falle von Feridun Zaimoğlu, warum er Schriftsteller wurde. Mit seiner Antwort, dass er zu Hause viel geredet habe und draußen habe weiterreden wollen, habe ich die vorliegende Kulturgeschichte begonnen. Daraus hatte sich zunächst nicht geklärt, wo und wer draußen eigentlich zuhörte. Aber es gab in den 1990ern jedenfalls ein Draußen und damit Möglichkeiten der Begegnung, des »Plauderns« oder auch des »unerhörten« Auftretens. In ihrer Unbestimmtheit war Zaimoğlus Antwort offen für viele mögliche Formen der Interaktion und des Weitersprechens und des Aufbaus einer neuen sozialen Durchlässigkeit. Zentral war aber auch, dass man mit einem bestimmten Willen von irgendwo herkam, dort gesprochen hat und draußen weitersprechen wollte. Deshalb ist die Frage, wo man eigentlich herkommt, vielleicht sogar die beste, weil die Antwort darauf auch einfach lauten kann: von zu Hause. Und was dann alles zu diesem »zu Hause« gehört und was nicht, ob es darin behaglich oder unbehaglich ist, ob darin ein nicht eingeladener Fremder steht, oder ob das zu Hause eher die Schwelle zwischen drinnen und draußen ist, und man eigentlich gerne mehr Raum hätte oder ob man sich tatsächlich an den meisten Orten, die es in einem Land gibt, wohlfühlt, oder ob man zu Hause mit seinen Eltern nicht mehr sprechen kann, ist dann eine Frage der Erzählung und letztlich eine Frage der Soziabilität.

Ein zentrales Anliegen der vorliegenden Kulturgeschichte war es, mit der Darstellung der Transformation von Begegnung und Interaktion wieder Neugier

---

[97] Siehe hierzu: ACKERMANN/WEINREICH (1986); EZLI (2020).

und Interesse auf die Geschichte der Migration zu wecken, um draußen wieder ins Gespräch zu kommen. Ob sich nun während oder am Ende dieser Gespräche eine Politik der Zusammengehörigkeit wird durchsetzen können oder vielleicht doch wieder eine Politik der Identität, wird sehr davon abhängen, wie diese Gespräche geführt werden und auf welchen Affekten sie beruhen. Die aktuellen Befindlichkeiten scheinen jedenfalls nicht einfach nur individuelle zu sein. Sie sind zum einen schon deshalb kollektiv, weil sie auf Affekten beruhen.[98] Der Übergang von den individuellen Emotionen zu den kollektiven Affekten lässt sich zum einen sicher durch die zunehmende Verbreitung digitaler sozialer Medien verstehen, mit denen Gruppen entweder voneinander unterschieden, voneinander getrennt oder sich zu neuen Gruppen zusammensetzen. Zum anderen sind sie auf der deutschen wie auf der türkischen Seite nicht mehr von Ankunft und von Rückkehr bestimmt, lassen sich also nicht mehr einfach mit Integrationsprogrammen und Projekten oder mit symbolischen Repräsentationen in Form einer Erinnerungskultur verhandeln. Begriffe wie Transkulturalität, Postmigration und Hybridität werden hier auch nicht helfen. Die Befindlichkeiten reichen tief in die Geschichte der Migration zurück, die man kennen und ins Gespräch bringen muss, will man den aktuellen politischen Spaltungen begegnen und ihnen mit bindenden sozialen Kräften entgegentreten. Nicht zuletzt, um mit dem Wissen einer Kulturgeschichte der Migration den kollektiven Grad individueller Betroffenheiten erkennen, beschreiben und rahmen zu können.

---

98 In der klassischen Psychoanalyse wie auch in aktuellen philosophischen und medientheoretischen Reflexionen sind Affekte individuellen Emotionen vorgelagert. Sie werden als ein Wahrnehmen und Empfinden verstanden, deren Wirkkräfte ohne die Kategorie »eines intentional agierenden Subjekts« auskommen. Siehe hierzu: ANGERER, Marie-Luise (2017): *Affektökologie. Intensive Milieus und zufällige Begegnungen*, Lüneburg: meson press, S. 41. Siehe hierzu auch: GREGG, Melissa/SEIGWORTH, Gregory J. (2010): *The Affect Theory Reader*, London: Duke University Press, S. 3. ANGERER, Marie-Luise/BÖSEL, Bernd/OTT, Michaela (2014): *Timing of Affect. Epistemologies, Aesthetics, Politics*, Berlin: Diaphenes.

Dank

Gerne möchte ich mich bei allen jenen herzlich bedanken, die mich während der Entstehungszeit dieser Kulturgeschichte begleitet und unterstützt haben.

Mein Dank gilt dem ehemaligen Exzellenzcluster *Kulturelle Grundlagen von Integration* der Universität Konstanz, als dessen wissenschaftlicher Mitarbeiter und Koordinator ich mich unter anderem auch dieser Arbeit widmen konnte. Der kulturwissenschaftliche interdisziplinäre Austausch mit meinen damaligen Kolleginnen und Kollegen, Freundinnen und Freunden hat die Entwicklung und Entstehung dieser Kulturgeschichte maßgeblich mitbestimmt: Aleida Assmann, Albrecht Koschorke, Andreas Langenohl, Kirsten Mahlke, Christopher Möllmann, Valentin Rauer, Alexander Schmitz, Rudolf Schlögl, Bernd Stiegler, Daniel Thym und Claudia Marion Voigtmann. Mein Dank gilt ebenso meiner ehemaligen Doktormutter, meiner langjährigen Mitstreiterin und Hauptgutachterin meiner Habilitationsschrift Dorothee Kimmich (Tübingen), für ihre Unterstützung und die vielen Diskussionen zum Themenkomplex der vorliegenden Kulturgeschichte. In diesem Zusammenhang möchte ich mich auch bei den weiteren Gutachterinnen und Gutachtern der Schrift Schamma Schahadat, Susanne Marshall und Albrecht Koschorke herzlich bedanken. Ganz herzlichen Dank an Simone Warta, die das Habilitationsmanuskript Korrektur gelesen hat.

Ein ganz besonderer Dank gebührt meinen Freunden und Kollegen Levent Tezcan, Thomas Faist und Jörg Hüttermann. Unsere Gespräche waren und sind für mich stets eine intellektuelle Bereicherung. Ein besonderer Dank gilt natürlich meiner Mutter Zeynep Ezli und meinen Geschwistern Özhan Ezli und Gülçin Ezli.

Mein größter Dank gilt jedoch meiner Frau Judith Zwick, die mir Kraft, Liebe und unendliches Verständnis in der Zeit der Entstehung der Schrift und des Buches entgegenbrachte. Und nicht zuletzt meinen Söhnen Ilya Ezli und Noah Zwick, die sich beide bis heute wundern und amüsieren, wie lange die Fertigstellung dieser Kulturgeschichte gebraucht hat.

Literaturverzeichnis

(Da Debatten, theoretische, soziologische und historische Arbeiten zu Migration und Integration in der vorliegenden Kulturgeschichte Teil des analytischen Materials sind, sind sie im Literaturverzeichnis ebenfalls Bestandteil der Primärquellen.)

Primärquellen

Literatur, Film, Biografien & Dokumentationen

AĞAOĞLU, Adalet (1976): *Fikrimin Ince Gülü*, Istanbul: Remzi Kitabevi.
AKBAŞ, Melda (2010): *So wie ich will. Mein Leben zwischen Moschee und Minirock*, München: C. Bertelsmann.
AKÇAM, Dursun (1983): *Deutsches Heim – Glück allein*, Göttingen: Lamuv.
AKIN, Fatih (1997/1998): *Kurz und schmerzlos*, Spielfilm, Hamburg: Wüste Film Produktion.
AKIN, Fatih (1997/98): »Audiokommentar zu ›Kurz und schmerzlos‹«. In: *Kurz und schmerzlos*, Universal Germany GmbH, Deutschland, DVD.
AKIN, Fatih (1999/2000): *Im Juli*, Spielfilm, Hamburg: Wüste Film Produktion.
AKIN, Fatih (2000): *Wir haben vergessen zurückzukehren*, Dokumentarfilm, München: Bayrischer Rundfunk.
AKIN, Fatih (2003): *Gegen die Wand*, Spielfilm, Hamburg: Corazón International.
AKIN, Fatih (2003): »Audiokommentar des Regisseurs zu seinem Film Gegen die Wand«. In: ders.: *Gegen die Wand*, Corazon.
AKIN, Fatih (2004): *Gegen die Wand. Das Buch zum Film mit Dokumenten, Materialien, Interviews*, Köln: Kiepenheuer & Witsch.
AKIN, Fatih (2006/2007): *Auf der anderen Seite*, Spielfilm, Hamburg: Corazón International.
AKIN, Fatih (2009): *Soul Kitchen*, Spielfilm, Hamburg: Corazón International.
AKIN, Fatih (2011): *Im Clinch. Die Geschichte meiner Filme*, Reinbek: Rowohlt.
AKIN, Fatih (2013/2014): *The Cut*, Spielfilm, Hamburg: Bombero International GmbH.
AKIN, Fatih (2017): *Aus dem Nichts*, Spielfilm, Hamburg: Bombero International GmbH.
AKKUŞ, Sinan (2008): *Evet, Ich will*, Spielfilm, Berlin: Luna Film GmbH.
AKYOL, Ciğdem (2018): *Erdoğan. Eine kritische Biografie*, Freiburg i. Br.: Herder Verlag.
AKYÜN, Hatice (2005): *Hans mit scharfer Soße*, München: Goldmann.
AKYÜN, Hatice (2011): »Wir stehen wieder bei null«. In: *Migazin*, 08.11.2011, http://www.migazin.de/2011/02/08/hatice_akyun-wir-stehen-wieder-bei-null/ (18.09.2018).
AKYÜN, Hatice (2013): *Ich küss dich, Kismet. Eine Deutsche am Bosporus*, Köln: Kiepenheuer & Witsch.
AKYÜN, Hatice (2015): »Mein kleines Dorf«. In: dies.: *Ich küss dich, Kismet*, Köln: Kiepenheuer & Witsch, S. 184–202.
ALADAĞ, Feo (2008–2010): *Die Fremde*, Spielfilm, Berlin: Independent Artists Filmproduktion.
ALADAĞ, Züli (2005): *Wut*, TV-Spielfilm, Köln: Colonia Media Filmproduktions GmbH.
ALADAĞ, Züli (2013): *300 Worte Deutsch*, Spielfilm, Grünwald: sperl productions GmbH.
ALAKUŞ, Buket (2013): *Einmal Hans mit scharfer Soße*, Spielfilm, Hamburg: Wüste Film GmbH.

ALANYALI, Iris (2007): *Die blaue Reise. Und andere Geschichten aus meiner deutsch-türkischen Familie*, Reinbek: Rowohlt.
ARSLAN, Thomas (1997): *Geschwister*, Spielfilm, Mainz: Zweites Deutsches Fernsehen.
ARSLAN, Thomas (1998): *Dealer*, Spielfilm, Berlin: Trans-Film GmbH.
ARSLAN, Thomas (1998): *Filmheft zu Dealer*, Berlin: Peripher.
ARSLAN, Thomas (2001): *Der schöne Tag*, Mainz: Zweites Deutsches Fernsehen.
ARSLAN, Thomas (2006): *Aus der Ferne*, Dokumentarfilm, Berlin: Pickpocket Filmproduktion.
ARSLAN, Thomas (2008): »Kommentar zu seiner Berlin-Trilogie«. In: ARSLAN (2008): *Geschwister*, Berlin: Filmgalerie 451, DVD.
ARSLAN, Thomas (2011): »Thomas Arslan über Geschwister«. In: ders.: *Geschwister*, DVD, Berlin: Filmgalerie 451, DVD.
ARSLAN, Yilmaz (1992): *Langer Gang*, Spielfilm, Berlin: Ö-Filmproduktion Löprich & Schlösser GmbH.
ATAMAN, Kutluğ (1997/1998): *Lola und Bilidikid*, Spielfilm, Berlin: Zero Fiction Film GmbH.
ATEŞ, Seyran (2007): *Der Multikulti-Irrtum. Wie wir in Deutschland besser zusammenleben können*, Berlin: Ullstein.
AYATA, Imran (2005): »Pokerci Ali«. In: *Hürriyet Love Express*, Köln: Kiepenheuer & Witsch, S. 14–20.
AYATA, Imran (2005): »Liebe ist mächtiger als Tito«. In: ders., *Hürriyet Love Express*, Köln Kiepenheuer & Witsch, S. 21–45.
AYATA, Imran (2011): *Mein Name ist Revolution*, Berlin: Verbrecher Verlag.
AYŞE/DEVRIM (1982): *Wo gehören wir hin? Zwei türkische Mädchen erzählen*, hg. v. Michael Kuhlmann, Alwin Meyer, Göttingen: Lamuv.
AYDEMIR, Fatma (2017): *Ellbogen*, München: Roman Hanser.
AYDEMIR, Fatma/YAGHOOBIFARAH, Hengameh (2019): *Eure Heimat ist unser Albtraum*, Berlin: Ullstein.
BADEMSOY, Aysun (2006): *Am Rand der Städte*, Dokumentarfilm, Berlin: Harun Farocki Filmproduktion.
BADEMSOY, Aysun (2008): *Ich gehe jetzt rein*, Dokumentarfilm, Berlin: Harun Farocki Filmproduktion.
BAHADINLI, Yusuf Ziya (1982): *Zwischen zwei Welten*, Berlin: Ararat.
BAŞER, Tevfik (1986): *40 qm Deutschland*, Spielfilm München: Filmverlag der Autoren GmbH & Co. Vertriebs KG.
BAŞER, Tevfik (1988): *Abschied vom falschen Paradies*, Spielfilm, Studio Hamburg ZDF.
BAŞER, Tevfik (1990/1991): *Lebewohl, Fremde*, Spielfilm, Mainz: Zweites Deutsches Fernsehen.
BAYKURT, Fakir (1966): *Die Rache der Schlangen*, Stuttgart: Europäischer Buchklub.
BAYKURT, Fatih (2016): *Yılanların Öcü*, Istanbul: Literatür Yayıncılık.
BECKER, Wolfgang (1995–1997): *Das Leben ist eine Baustelle*, Spielfilm, Berlin: X-Filme Creative Pool GmbH.
BECKER, Lars (1999/2000): *Kanak Attack*, Spielfilm, Krefeld: Becker & Häberle Filmproduktion GmbH.
BEKTAŞ, Habib (1981): *Belagerung des Lebens. Yaşamı kuşatmak. Gedichte und Geschichten*, Stuttgart: Ararat.
BLÜMNER, Bettina (2007): *Prinzessinnenbad*, Dokumentarfilm, Berlin: Reverse Angel Factory GmbH.
BOUCHAREB, Rachid (1996): *L'honneur de ma famille*, Frankreich: La Sept ARTE.
BÖLL, Heinrich (1970): *Gruppenbild mit Dame*, München: dtv.

Воим, Hark (1988), *Yasemin*, Spielfilm Zweitausendeins Edition 3, Deutschland.
Вота, Alice/Рнам, Khue/Торçu, Özlem (2012): *Wir neuen Deutschen. Wer wir sind, was wir wollen*, Reinbek: Rowohlt.
Braun, Bettina (2004): *Was lebst Du?*, Dokumentarfilm, Köln: Icon Film.
Buck, Detlef (2005): *Knallhart*, Spielfilm, Berlin: Boje Buck Produktion GmbH.
Buhārī (1997): *Nachrichten von Taten und Aussprüchen des Propheten Muhammad*, Stuttgart: Reclam.
Çakır, Sabri (1984): »Was ich nicht verstehen kann«. In: *Türken deutscher Sprache. Berichte, Erzählungen, Gedichte*, hg. v. Irmgard Ackermann, München: dtv, S. 91f.
Calış, Nuran David (2011): *Der Mond ist unsere Sonne*, Frankfurt a. M.: Fischer.
Carow, Heiner (1973): »Die Legende von Paul und Paula«. In: *Romantische Momente. Die schönsten Liebesfilme der DEFA*, DVD Kino Home Entertainment 2007.
Celik, Neco (2007): *Ganz oben. Türkisch. Deutsch. Erfolgreich*, Dokumentation, ave Filmproduktion GmbH, 3Sat.
Çetin, Sinan (1993): *Berlin in Berlin*, Istanbul: Plato Film Production.
Ceylan, Bülent (2008): *Halb getürkt*, TV-Serie, Burgwedel: tonpool Medien.
Cumart, Nevfel (1993): *Das Lachen bewahren. Gedichte aus den Jahren 1983–1993*, Düsseldorf: Grupello.
Dağtekin, Bora (2006–2009): *Türkisch für Anfänger*, TV-Serie, Universum Film GmbH, Deutschland.
Dal, Güney (1988): *Der enthaarte Affe*, München: Piper.
Demirkan, Renan (1991): *Schwarzer Tee mit drei Stück Zucker*, Köln: Kiepenheuer & Witsch.
Didion, Joan (1991): *Überfall im Central Park. Eine Reportage*, München: Hanser.
Dikmen, Şinasi (1986): »Wer ist ein Türke«. In: ders.: *Der andere Türke*, Berlin: Express-Edition.
Dörrie, Doris (1991): *Happy Birthday Türke!*, Spielfilm, Mainz: Zweites Deutsches Fernsehen.
Dresen, Andreas (1998): *Nachtgestalten*, Spielfilm, Berlin: Rommel Film e. K.
Durmaz, Betül (2009): *Döner, Machos und Migranten. Mein zartbitteres Lehrerleben*, Freiburg i. Br.: Herder.
Eckes, Nazan (2012): *Guten Morgen, Abendland. Almanya und Türkei: Eine Familiengeschichte*, Köln: Bastei Lübbe.
Edition der Filmemacher (2016): *Jeanine Meerapfel. Begleitheft*, Neue Visionen Medien.
Eğilmez, Ertem (1980): *Banker Bilo*, Spielfilm, Istanbul: Arzu Film.
Emre, Yunus (1986): *Das Kummerrad/Dertli Dolap*, übers. v. Zafer Şenocak, Frankfurt a. M.: Dağyeli.
Eribon, Didier (2016): *Rückkehr nach Reims*, Berlin: Suhrkamp.
Erpulat, Nurkan/Hillje, Jens (2012): *Verrücktes Blut*, Berlin: Theater Edition.
Fassbinder, Rainer Werner (1969): *Katzelmacher*, Spielfilm Feldkirchen: Antiteater-X-Film GmbH.
Fassbinder, Rainer Werner (1974): Angst essen Seele auf, Spielfilm, BRD, DVD Studiocanal 2007.
Fincher, David (1999): *Fight Club*, Spielfilm, USA.
Freunde der deutschen Kinemathek e.V. Berlin (1982): *Ausländer unter uns. Ein Filmkatalog*, hg. v. Senator für Arbeit und Betriebe Berlin.
Garnier, Katja von (1992): *Abgeschminkt*, Spielfilm, München: Hochschule für Film und Fernsehen.
Geiersbach, Paul (1982): *Bruder, muß zusammen Zwiebel und Wasser essen! Eine türkische Familie in Deutschland*, Berlin: Dietz.

GITMEZ, Ali (1979): *Dış Göç Öyküsü*, Ankara.
GÖREN, Şerif (1979): *Almanya, Acı Vatan*, Spielfilm, Istanbul: Gülşah Film.
GÖREN, Şerif (1988): *Polizei*, Spielfilm, Istanbul: Penta Film.
GÖZEN, Oğuz (1991): *Kadersiz doğmuşum*, Spielfilm, Istanbul: As Film.
GORDON, Noah (1990): *Der Medicus*, München: Droemer.
GRABE, Hans-Dieter (2012): »Abdullah Yakupoğlu. Warum habe ich meine Tochter getötet«. In: *Hans-Dieter Grabe. Dokumentarist im Fernsehen: 13 Filme 1970–2008*, hg. v. Deutsche Kinemathek. Museum für Film und Fernsehen.
GRABE, Hans-Dieter (2008): *Dokumentarist im Fernsehen. 13 Filme 1970–2008. Beiheft*. Berlin: absolut Medien GmbH.
GÜNEY, Gökhan (1991): *Bir Umut uğruna*, Spielfilm, Em-Ra Film, Türkei.
GÜNGÖR, Dilek (2008): *Das Geheimnis meiner türkischen Großmutter*, München: Piper.
GÜNGÖR, Dilek (2016): »Ich habe es satt, immer den Kopf einzuziehen«. In: *BERLINER ZEITUNG*, 03.10.2016, https://www.berliner-zeitung.de/berlin/dilek-guengoer-ich-habe-es-so-satt-immer-den-kopf-einzuziehen-24831704 (09.08.2018).
GÜNGÖR, Dilek (2016): »Anderssein ist kein Widerspruch«. In: *DIE ZEIT*, 31.10.2016, https://www.zeit.de/kultur/2016-08/anderssein-schule-schwaben-jugend-kindheit-zugehoerigkeit-10nach8 (09.08.2018).
GÜNGÖR, Dilek (2019): *Ich bin Özlem*, Berlin: Verbrecher.
GÜR, Metin (1987): *Meine fremde Heimat. Türkische Arbeiterfamilien in der BRD*, Essen: Neuer Weg.
HAMAD, Abdel-Samad (2015): *Mohamed. Eine Abrechnung*, München: Droemer Knaur.
HAUFF, Robert (1986): *Stammheim*, Spielfilm, München: Bioskop-Film GmbH.
HOLTZ, Stefan (2006): *Meine verrückte türkische Hochzeit*, München: Rat Pack GmbH.
HOLTZ, Stefan (2006): »Bonusmaterial zu ›Meine verrückte türkische Hochzeit‹«. In: *Meine verrückte türkische Hochzeit*, DVD, Münster: Turbine Medien.
HÜBNER, Irene (1985): » ... *wie eine zweite Haut«. Ausländerinnen in Deutschland*, Weinheim: Beltz.
KARA, Yade (2004): *Selam Berlin*, Zürich: Diogenes.
KARMAKAR, Romuald (1995): *Der Totmacher*, Spielfilm, Berlin: Pantera Film GmbH.
KARMAKAR, Romuald (1999/2000): *Das Himmler-Projekt*, Berlin: Pantera Film GmbH.
KAYA, Cem (2016): *Remake. Remix. Ripoff. Kopierkultur und türkisches Popkino*, Dokumentation, Mainz: ZDF (Das kleine Fernsehspiel).
KASSOVITZ, Mathieu (1995): *La Haine*, Spielfilm, Studiocanal, Frankreich.
KECHICHE, Abdellatif (2007): *Couscous mit Fisch*, Spielfilm, Frankreich.
KELEK, Necla (2005): *Die fremde Braut. Ein Bericht aus dem Inneren des türkischen Lebens in Deutschland*, Köln: Kiepenheuer & Witsch.
KLIER, Michael (1991): *Ostkreuz*, Spielfilm, Berlin: Michael Klier Film.
Der Koran, Übersetzung von Adel Theodor Khoury (unter Mitwirkung von Muhammad Salim Abdullah), Gütersloher Verlagshaus 1987.
KURT, Kemal (2000a): »Ungeduld«. In: ders, *Der Chinese von Schöneberg*, Berlin: Hitit.
KURT, Kemal (2000a): »Die Treppe«. In: ders.: *Der Chinese von Schöneberg*, Berlin: Hitit, S. 10–15.
KURT, Kemal (2000b): »Die Lösung«. In: ders.: *Der Chinese von Schöneberg*, Berlin: Hitit, S. 23.
KURT, Kemal (1995): *Was ist die Mehrzahl von Heimat?*, Reinbek: Rowohlt.
KURT, Kemal (2002): *Die Sonnentrinker*, Frankfurt a. M.: Baumhaus.
KUTLUCAN, Hussi (1998): *Ich Chef, Du Turnschuh*, Spielfilm, Berlin: Zero Fiction Film GmbH.

LEE, Ang (1992): *Hsi Yen – The Wedding Banquet*, Spielfilm, Central Motion Pic./Good Machine, Taiwan/USA.
MAUS, Andreas (2016): *Der Kuaför aus der Keupstraße*, Köln/Hannover: COIN FILM GmbH.
MEERAPFEL, Jeanine (1985): *Die Kümmeltürkin geht*, Dokumentation, Berlin: Neue Visionen Medien GmbH.
MEREY, Can (2018): *Der ewige Gast. Wie mein türkischer Vater versuchte, Deutscher zu werden*, München: Blessing.
MERNISSI, Fatema (Hg.) (1988): *Der Harem ist nicht die Welt. Elf Berichte aus dem Leben marokkanischer Frauen*, Frankfurt a. M.: Luchterhand.
MIHAILEANU, Radu (1998): *Zug des Lebens*, Spielfilm, Frankreich, Belgien, Niederlande, Israel, Rumänien, Tiberius Film.
NADOLNY (1989): *Selim oder die Gabe der Rede*, München: Piper.
NIZAMI (2009): *Chosrou und Shirin*, Zürich: Menasse.
ÖREN, Aras (1973): *Was will Niyazi in der Naunynstraße*, Berlin: Rotbuch.
ÖREN, Aras (1974): *Der kurze Traum von Kağıthane*, Berlin: Rotbuch.
ÖREN, Aras (1980): *Die Fremde ist auch ein Haus*, Berlin: Rotbuch.
ÖREN, Aras (1980): *Berlin Üçlemesi*, Istanbul: Remzi Kitabevi.
ÖREN, Aras (1981): *Bitte nix Polizei. Kriminalerzählung*, Frankfurt a. M.: Fischer.
ÖREN, ARAS (1999): *Sehnsucht nach Hollywood*, Berlin: Espresso.
ÖREN, Aras (1995): »Nacht«. In: ders.: *Berlin Savignyplatz*, Berlin: Elefanten Press, S. 124–173.
ÖREN, Aras (1988): *Eine verspätete Abrechnung oder der Aufstieg der Gündoğdus*, Frankfurt a. M.: Dağyeli.
ÖREN, Aras (1995): *Berlin Savignyplatz*, Berlin: Elefanten Press.
ÖZAKIN, Aysel (1975): *Gurbet Yavrum*, Istanbul: Can Yayınları.
ÖZAKIN, Aysel (1979): *Genc Kız ve Ölüm*, Istanbul: Yordam Kitap.
ÖZAKIN, Aysel (1982): *Soll ich hier alt werden? Türkin in Deutschland*, Hamburg: Buntbuch.
ÖZAKIN, Aysel (1983): *Die Leidenschaft der Anderen*, Hamburg: Luchterhand.
ÖZAKIN, Aysel (1986): *Zart erhob sie sich, bis sie flog*, Hamburg: Galgenberg.
ÖZAKIN, Aysel (1988): *Der fliegende Teppich. Auf der Spur meines Vaters*, Hamburg: Rowohlt.
ÖZAKIN, Aysel (1989): *Die Blaue Maske*, Frankfurt a. M: Luchterhand.
ÖZAKIN, Aysel (1989): *Die Preisvergabe*, Frankfurt a. M.: Luchterhand.
ÖZDAMAR, Emine Sevgi (1990): *Mutterzunge*, Köln: Kiepenheuer & Witsch.
ÖZDAMAR, Emine Sevgi (1992): *Das Leben ist eine Karawanserei. Hat zwei Türen. Aus einer kam ich rein. Aus der anderen ging ich raus*, Köln: Kiepenheuer & Witsch.
ÖZDAMAR, Emine Sevgi (1998): *Die Brücke vom Goldenen Horn*, Köln: Kiepenheuer & Witsch.
ÖZDAMAR, Emine Sevgi (2001): *Der Hof im Spiegel*, Köln: Kiepenheuer & Witsch.
ÖZDAMAR, Emine S. (2004): »Meine deutschen Wörter haben keine Kindheit«. In: dies.: *Der Hof im Spiegel*, Hamburg: Kiepenheuer & Witsch, S. 125–132.
ÖZDAMAR, Emine Sevgi (2003): *Seltsame Sterne starren zur Erde*, Köln: Kiepenheuer & Witsch.
ÖZDOĞAN, Selim (1995): *Es ist so einsam im Sattel, seit das Pferd tot ist*, Berlin: Rütten & Loening GmbH.
ÖZDOĞAN, Selim (1999): *Mehr*, Berlin: Rütten & Loening.
ÖZDOĞAN, Selim (2005): *Die Tochter des Schmieds*, Berlin: Aufbau.
ÖZDOĞAN, Selim (2011): *Heimstraße 52*, Berlin: Aufbau.
ÖZDOĞAN, Selim (2016): *Wieso Heimat, ich wohne zur Miete*, Innsbruck: Haymon.
ÖZDOĞAN, Selim (2017): *Wo noch Licht brennt*, Innsbruck: Haymon.

ÖZKAN, Hülya (2011): *Güle, Güle Süperland. Eine Reise zu meiner schrecklich netten türkischen Familie*, München: Droemer Knaur.
OKAN, Tunç (1974): *Otobüs*, Spielfilm, Istanbul: Promete Film Yapımı.
PAZARKAYA, Yüksel (1983): *Unsere Nachbarn, die Baltas*, hg. v. Adolf-Grimme-Institut: *Begleitheft zur Fernsehserie im Medienverbund AUSLÄNDER – INLÄNDER*, Marl: Deutscher Volkshochschul-Verband e.V.
PAZARKAYA, Yüksel (1989): *Rosen im Frost. Einblicke in die türkische Kultur*, Zürich: Unionsverlag.
PAZARKAYA, Yüksel (2000): *Odyssee ohne Ankunft*, Euskirchen: Thelem.
PAZARKAYA, Yüksel (2002): *Ich und die Rose*, Hamburg: Rotbuch.
POLAT, Ayşe (1999): *Auslandstournee*, Spielfilm, Mainz: ZDF – das kleine Fernsehspiel.
POLAT, Ayşe (2004): *En Garde*, Spielfilm, Deutschland.
POLGAR, Alfred (2004): *Das große Lesebuch*, Reinbek: Rowohlt.
PRIESSNER, Martina (2010): *Wir sitzen im Süden*, Dokumentarfilm, Berlin: Pangeafilm.
QURBANI, Burhan (2015): *Wir sind jung. Wir sind stark*, Spielfilm, Potsdam: UFA Fiction GmbH.
ROBBINS, Jerome (1961): *West Side Story*, Spielfilm, USA, MGM.
ROELOFS, René (2013): *Gelobte Länder*, Dokumentarfilm, Niederlande.
RUSHDIE, Salman (1989): *Die satanischen Verse*, Artikel 19 Verlag.
RUTSCHKY, Michael (1980): *Erfahrungshunger. Ein Essay über die siebziger Jahre*, Frankfurt a. M.: Fischer.
SAID (1986): »Briefe, aber an wen«. In: *Eine nicht nur deutsche Literatur. Zur Standortbestimmung der Ausländerliteratur*, hg. v. Irmgard Ackermann/Harald Weinrich, München: Piper, S. 18–21.
http://www.salarfilm.de/salarfilm/films.html (20.09.2018).
SARIKAYA, Kubilay/KIRTAN, Sedat (2018): *Familiye. Von der Straße für die Straße*, Europa Kino Company GmbH.
ŞAMDERELI, Yasemin (2010): *Almanya. Willkommen in Deutschland*, Concorde Filmverleih Gesellschaft, Deutschland.
SANDERS-BRAHMS, Helma (1970): *Angelika Urban, Verkäuferin, verlobt*, Dokumentation, BRD, Zentral Film Verleih.
SANDER-BRAHMS, Helma (1976): *Shirins Hochzeit*, Spielfilm, BRD, DVD Zweitausendeins Edition.
SANDERS, Helma (1980): *Shirins Hochzeit*, Panta Rhei Filmverlag.
SAUL, Anno (2005): *Kebab Connection*, Universum Film GmbH, Deutschland.
SCHEFFER, Paul (2013): *Land of Promise*, Dokumentation, USA, NTR Channel.
SCHEINHARDT, Saliha (1983): *Frauen, die sterben, ohne dass sie gelebt hätten*, Freiburg: Herder.
SCHLÖNDORFF, Volker (1975): *Die verlorene Ehre der Katharina Blum*, Spielfilm, Deutschland, Arthaus.
SCHMID, Hans-Christian (1995): *Nach fünf im Urwald*, Spielfilm, Claussen + Wöbke Filmproduktion, Deutschland.
SCHÜBEL, Ralf (2004): *Zeit der Wünsche*, Spielfilm, Köln: Filmfabrik Spiel- und Dokumentarfilmprodukt GmbH.
ŞENOCAK, Zafer (1985): »Doppelmann«. In: *Türken deutscher Sprache. Berichte, Erzählungen, Gedichte*, hg. v. Irmgard Ackermann, München: dtv, S. 39.
ŞENOCAK, Zafer (1993): »Deutschland – Heimat für Türken? Ein Plädoyer für die Überwindung der Krise zwischen Orient und Okzident«. In: *Atlas des tropischen Deutschland*, München: Babel, S. 9–19.

ŞENOCAK, Zafer (1993): *Atlas des tropischen Deutschland*, München: Babel.
ŞENOCAK, Zafer (1994a): »Der Dichter und die Deserteure«. In: ders.: *War Hitler Araber? Irreführungen an den Rand Europas*, München: Babel, S. 21–29.
ŞENOCAK, Zafer (1994): *War Hitler Araber? Irreführungen an den Rand Europas*, München: Babel.
ŞENOCAK, Zafer (1995): *Der Mann im Unterhemd*, München: Babel.
ŞENOCAK, Zafer (1995): »Das Haus«. In: ders.: *Der Mann im Unterhemd*, München: Babel, S. 23–30.
ŞENOCAK, Zafer (1995b): »Fliegen«. In: *Der Mann im Unterhemd*, München: Babel.
ŞENOCAK, Zafer (1995c): »Betrachtungen eines Müßiggängers«. In: ders.: *Der Mann im Unterhemd*, München: Babel, S. 71–74.
ŞENOCAK, Zafer (1995d): »Die Erzählerin«. In: ders.: *Der Mann im Unterhemd*, München: Babel, S. 79–84.
ŞENOCAK, Zafer (1997): *Die Prärie*, Hamburg: Rotbuch.
ŞENOCAK, Zafer (1998): *Gefährliche Verwandtschaft*, München: Babel.
ŞENOCAK, Zafer (1999): *Der Erottomane. Ein Findelbuch*, München: Babel.
ŞENOCAK, Zafer (2011): *Deutschsein. Eine Aufklärungsschrift*, Hamburg: Edition Körber Stiftung.
ŞENOCAK, Zafer (2016): *In deinen Worten. Mutmaßungen über den Glauben meines Vaters*, München: Babel.
ŞENOCAK, Zafer (2018): *Das Fremde, das in jedem wohnt. Wie Unterschiede unsere Gesellschaft zusammenhalten*, Hamburg: Edition Körber Stiftung.
SEVINDIM, Aslı (2005): *Candlelight Döner. Geschichten über meine deutsch-türkische Familie*, Berlin: Ullstein.
SEZGIN, Hilal (2006): *Typisch Türkin? Portrait einer neuen Generation*, Freiburg i. Br.: Herder.
SHYAMALAN, M. Night (1999): *The Sixth Sense*, USA.
SIEGFRIED-HAGENOW, Monika (2006): *Als die Gastarbeiter ins Fernsehen kamen. Collage von Archivbeiträgen des Fernsehens über Gastarbeiter in der Bundesrepublik*, Dokumentation, Deutschland, Erstes Deutsches Fernsehen.
ŞORAY, Türkan (1972): *Dönüş*, Spielfilm, Türkei, Akün Film.
STEFAN, Verena (1975): *Häutungen*, Frankfurt a. M.: Fischer.
STERNBERG, Jan (2013): »Deutschland, du wirst mich nicht los«. In: *Kultur im Norden*, 04.09.2018.
STRAUBE, Hanne/KÖNIG, Karin (1982): *Zuhause bin ich »die aus Deutschland«. Ausländerinnen erzählen*, Ravensburg: Mayer.
TANTOW, Lutz (1986): »Nachwort«. In: DIKMEN, Şinasi: *Der andere Türke*, Berlin: Express-Edition, S. 113–120.
TEKINAY, Alev (1986): *Über alle Grenzen. Erzählungen*, Hamburg: Buntbuch.
TEKINAY, Alev (1988): *Die Deutschprüfung*, Frankfurt a. M.: Brandes & Apsel.
TIBET, Kartal (1985): *Gurbetci Şaban*, Spielfilm, Istanbul: Fanatik.
TOPAL, Murat (2005): *Getürkte Fälle. Ein Cop packt aus!*, Audio-CD, Berlin: Silberblick-Musikproduktion.
TOPRAK, Ciğdem (2020): *Das ist auch unser Land. Warum Deutschsein mehr als Deutschsein ist*, Berlin: Ch. Links Verlag.
TRATZ, Susanne/ZAIMOĞLU, Feridun (2010): *Feridun Zaimoğlu – Mein Leben*, Filmportrait, ARTE/Radio Bremen.
TYKWER, Tom (1998): *Lola rennt*, Spielfilm, X-Filme Creative Pool, Deutschland.

ÜN, Memduh (1983): *Kılıbık*, Spielfilm, Istanbul: Uğur Film.
ÜN, Memduh (1984): *Postacı*, Türkiye: Uğur Film.
ÜSTÜN, Nevzat (1965): *Almanya, Almanya*, Istanbul.
ULRICH, Hans-Georg (2009): *Berlin – Ecke Bundesplatz. Der Yılmaz-Clan*, Dokumentation, Deutschland, WDR.
VETTER, Marcus Attila (2005/06): MEIN VATER DER TÜRKE, Dokumentarfilm, Deutschland, SWR.
WACKER, Torsten (2004): *Süperseks*, Hamburg: Magnolia Filmproduktion GmbH.
WALLRAFF, Günter (1985): *Ganz Unten. Mit einer Dokumentation der Folgen*, Köln: Kiepenheuer & Witsch.
WALLRAFF, Günter (2006): *Ganz Unten. 2 Cds: Mit einer Dokumentation der Folgen*, Delta Music.
»Warten auf den Moment, in dem es auffliegt«. In: DIE ZEIT, 16.07.2018, https://www.zeit.de/kultur/2018-07/hochstapler-syndrom-gesellschaftliche-minderheiten-psychologie (09.08.2018).
WEBER, Martin (2007): »Die ganz normale Familie Özdag«. In: *Kölner Stadt-Anzeiger*, https://www.ksta.de/kultur/tv-tipp-die-ganz-normale-familie-oezdag-4700102 (13.04.2018).
WORTMANN, Sönke (1994): *Der bewegte Mann*, Spielfilm, Neue Constantin Film Produktion, Deutschland.
YAGHOOBIFARAH, Hengameh (2019): »Blicke«. In: *Eure Heimat ist unser Albtraum*, hg. v. Fatma Aydemir und Hengameh Yaghoobifarah, Berlin: Ullstein, S. 69–81.
YANAR, Kaya (2004): *Best of »Was guckst Du!?«*, Hamburg: WVG Medien GmbH.
YANAR, Kaya (2007): *Kaya Yanar. Made in Germany*, TV-Serie, Deutschland, Sony Music Entertainment Germany.
YAVUZ, Hüdaverdi (2016): *Reis*, Türkiye.
YAVUZ, Yüksel (1998): *Aprilkinder*, Spielfilm, Berlin: Zero Fiction Film GmbH.
YILDIZ, Bekir (1966): *Türkler Almanyada*, Istanbul: Selbstverlag.
YILDIZ, Bekir (1983): *Südostverlies. Drei Reportagen über Anatolien*, Berlin: Harran.
YILMAZ, Atif (1978): *Kibar Feyzo*, Spielfilm, Istanbul: Arzu Film.
YILMAZ, Atif (1978): *Köşeyi dönen Adam*, Spielfilm, Istanbul: Çiçek Film.
ZAIMOĞLU, Feridun (1995): *Kanak Sprak. 24 Mißtöne vom Rande der Gesellschaft*, Berlin: Rotbuch.
ZAIMOĞLU, Feridun (1997): *Abschaum. Die wahre Geschichte von Ertan Ongun*, Hamburg: Rotbuch.
ZAIMOĞLU, Feridun (2004): »Fünf klopfende Herzen, wenn die Liebe springt«. In: ders: *Zwölf Gramm Glück*, Köln: Kiepenheuer & Witsch, S. 11–32.
ZAIMOĞLU, Feridun (2004): »Häute«. In: ders.: *Zwölf Gramm Glück*, S. 105–121.
ZAIMOĞLU, Feridun (2004): »Gottesanrufung 1«. In: ders., *Zwölf Gramm Glück*, Köln: Kiepenheuer & Witsch, S. 82–91.
ZAIMOĞLU, Feridun (2004): *Zwölf Gramm Glück*, Köln: Kiepenheuer & Witsch.
ZAIMOĞLU, Feridun (2006): *Leyla*, Köln: Kiepenheuer & Witsch.
ZAIMOĞLU, Feridun (2008): »Feridun Zaimoğlu. Leyla: Zweite Vorlesung«. In: *Feridun Zaimoğlu/ Ilija Trojanow. Ferne Nähe*, hg. v. Dorothee Kimmich, Philipp Ostrowicz, Künzelsau: Swiridoff, S. 27–46.
ZAIMOĞLU, Feridun (2015): *Siebentürmeviertel*, Köln: Kiepenheuer & Witsch.
ZWICK, Joel (2002): *My Big Fat Greek Wedding*, Spielfilm, USA.

Debatten, Publizistik & Ausstellungen

§ 29 [Wahl zwischen deutscher und ausländischer Staatsangehörigkeit bei Volljährigkeit] im Staatsangehörigkeitsgesetz (StAG), in: *Ausländerrecht (2015)*, München: dtv, S. 534.
https://alternativeislamkonferenz.wordpress.com/ (01.05.2018); http://exmuslime.com/ (01.05. 2018).
ASTHEIMER, Sven (2010): »Geburtsstunde der Greencard. Als Einwanderung wieder als Gewinn galt«. In: *FRANKFURTER ALLGEMEINE ZEITUNG*, 01.03.2010, http://www.faz.net/aktuell/technik-motor/cebit-2010/geburtsstunde-der-greencard-als-einwanderung-wieder-als-gewinn-galt-1941918.html (25.03.2018).
AUGSTEIN, Jakob (2017): »Türken rein! Türkischer Wahlkampf in Deutschland? Vergesst Verbote und Polizeieinsätze. Kümmert euch lieber um mehr Integration und schafft die doppelte Staatsbürgerschaft wieder ab«. In: *DER SPIEGEL*, 16.03.2017, http://www.spiegel.de/politik/deutschland/tuerken-rein-doppelte-staatsbuergerschaft-weg-dafuer-mehr-integration-kolumne-a-1139081.html (10.07.2017).
BADE, Klaus J. (1994) (Hg.): *Das Manifest der 60. Deutschland und die Einwanderung*, München: Beck.
BADE, Klaus J./MÜNZ, Rainer (2000): »Migration und Integration. Herausforderungen für Deutschland«. In: *Migrationsreport 2000. Fakten – Analysen – Perspektiven*, hg. v. dens., Frankfurt a. M.: Campus, S. 7–23.
BAIER, Lothar (1993): »Die Gnade der richtigen Geburt«. In: *Transit Deutschland. Debatten zu Nation und Migration*, hg. v. Deniz Göktürk, David Gramling u. a., Konstanz: Konstanz University Press, S. 169–172.
BECKER, Lisa (2012): »Mehmet Daimagüler. Ein Traum von Integration«. In: *FRANKFURTER ALLGEMEINE ZEITUNG*, 07.05.2012, https://www.faz.net/aktuell/beruf-chance/mein-weg/mehmet-daimagueler-ein-traum-von-integration-11739004.html?printPagedArticle=true#pageIndex_0 (zuletzt 27.03.2019).
BERG, Daniel/MEYN, Jörn (2018): »Zu viele Attacken. Mesut Özil steht vor dem DFB-Rücktritt«. In: *Der Westen*, 29.06.2018, https://www.derwesten.de/sport/wm2018/mesut-oezil-ruecktritt-wm-2018-dfb-nationalmannschaft-id214715431.html (20.07.2018).
BEYER, Tim (2017): »»Kölner Friedensmarsch«. Muslime in ganz Deutschland wollten in Köln ein Zeichen gegen islamistischen Terror setzen. Es kamen viel weniger als erwartet, doch ihre Botschaft kam an«. In: *DIE ZEIT*, 17.06.2017, http://www.zeit.de/gesellschaft/zeitgeschehen/2017-06/koelner-friedensmarsch-muslime-demonstration-terror-islamismus (28.06.2017).
BILDZEITUNG (2011): *Sonderzug aus Istanbul erinnert an 50 Jahre Migration*, 26.10.2011.
BLANK, Theodor: »Eine Million Gastarbeiter«. In: *Bulletin des Presse- und Informationsamtes der Bundesregierung*, 30.10.1964, Nr. 160, S. 1480.
BLÜSCHER, Wolfgang (2017): »Türkisches Gesetz verbietet explizit den Wahlkampf im Ausland«. In: *Die Welt*, 09.03.2017, https://www.welt.de/politik/deutschland/article162717184/Tuerkisches-Gesetz-verbietet-explizit-den-Wahlkampf-im-Ausland.html (21.03.2018).
http://www.bundespraesident.de/SharedDocs/Reden/DE/Johannes-Rau/Reden/2000/05/20000512_Rede2.html (19.09.2018).
BÜSLER, Bettine (1992): »Ihr Deutsch klingt wie Türkisch«. In: *BERNER ZEITUNG*, 30.10.1992.
https://www.bundesregierung.de/Content/DE/Artikel/2016/08/2016-08-05-integrationsgesetz.html (26.06.2017).

https://www.bundesregierung.de/Content/DE/Artikel/2016/05/2016-05-25-meseberg-gabriel-merkel-mittwoch.html (27.06.2017).
https://www.bundesregierung.de/Content/DE/Lexikon/IB/I/ius-sanguinis.html.
https://www.bundesregierung.de/Content/DE/Lexikon/IB/I/ius-soli.html.
Butterwegge, Christoph (2007): »Zuwanderer im Zerrspiegel der Medien. Migrationsberichterstattung als Stimmungsmache«. In: *Transit Deutschland. Debatten zu Migration und Nation*, hg. v. Deniz Göktürk, David Gramling, Anton Kaes und Andreas Langenohl, Konstanz: Konstanz University Press, S. 200–204.
Caniaris, Vlassis (1974): *Gastarbeiter – Fremdarbeiter*, Berlin: Neue Gesellschaft für Bildende Kunst Realismusstudio.
Caspari, Lisa/Sundermann, Tom/Tröger, Julius (2018): »Sie sind nicht vergessen. Zehn Menschen hat der NSU laut Anklage ermordet. Sie passten nicht ins Weltbild der rechtsextremen Täter. Das sind ihre Geschichten«. In: *Die Zeit*, 11.07.2018, https://www.zeit.de/gesellschaft/zeitgeschehen/2018-07/nsu-morde-opfer-prozess (27.03.2019).
https://causa.tagesspiegel.de/politik/doppelte-staatsbuergerschaft-wie-exklusiv-ist-deutschsein/doppelte-staatsbuergerschaft-ethnie-oder-diversitaet.html (10.07.2017).
http://www.charta-der-vielfalt.de/charta-der-vielfalt/die-charta-im-wortlaut.html (15.11.2016).
Cohn-Bendit, Daniel/Schmid, Thomas (1993): *Heimat Babylon. Das Wagnis der multikulturellen Demokratie*, Hamburg: Hoffmann und Campe.
Daimagüler, Mehmet (2015): »Ich klage an. Der NSU-Prozess und meine Wut«, 12.11.2015, https://www.zeit.de/2015/44/nsu-prozess-wut (zuletzt 27.03.2019).
https://www.daserste.de/unterhaltung/krimi/tatort/kommissare/mehmet-kurtulus-100.html (30.09.2018).
De Weck, Roger (1999): »Pro: Zwei Pässe«. In: *Die Zeit*, 7. Januar 1999. Siehe hierzu auch: Göktürk u. a. (2010): S. 234–235.
http://demokratie-statt-integration.kritnet.org/#signatories-2. (30.06.2017).
Deuter, Ulrich (2005): »Das Projekt Migration in Köln«. In: *Die Zeit*, 05.11.2005.
Deutsche-Presse Agentur (2013): »Als Kohl die Hälfte der Türken loswerden wollte«. In: *Die Welt*, 01.08.2013.
http://www.deutsche-islam-konferenz.de/DIK/DE/DIK/1UeberDIK/DIK06-09/dik06-09-node.html (19.09.2018). Schäuble, Wolfgang (2006): »Muslime in Deutschland«. In: *Frankfurter Allgemeine Zeitung*, 27.09.2006.
Die Zeit o. V. (1982): »Das Heidelberger Manifest«. In: *Die Zeit*, 05.02.1982, http://www.zeit.de/1982/06/heidelberger-manifest (20.07.2016).
Die Zeit (2010): »Özil erhält ›Bambi‹-Preis für ›Integration‹«. In: *Die Zeit*, 10.11.2010, https://www.zeit.de/sport-newsticker/2010/11/10/260045xml (16.07.2018).
Dirke, Sabine (1994): »Multikulti. The German Debate on Multiculturalism«. In: *German Studies Review 17*, S. 513–536.
Dobrinski, Matthias (2017): »Ein Gebetshaus namens Goethe«. In: *Süddeutsche Zeitung*, 19.06.2017 (http://www.sueddeutsche.de/panorama/islam-in-deutschland-eingebetshaus-namens-goethe-1.3546306).
DOMIT (2005): *Projekt Migration. Katalog zur Ausstellung im Kölner Kunstverein*, Köln: Dumont.
Eins und Eins. Adnan Maral, Schauspieler, Bayrischer Rundfunk Sendung vom 19.09.2014, nachzuhören auf: http://www.br.de/radio/bayern2/gesellschaft/eins-zu-eins-der-talk/adnan-maral-112.html (16.08.2016).
Enzensberger, Hans Magnus (1991): »Hitlers Wiedergänger«. In: *Der Spiegel*, 04.02.1991, 6/1991, S. 26–28.

ENZENSBERGER, Magnus (1993): *Die große Wanderung*, Frankfurt a. M.: Suhrkamp.
Erdoğan, Recep Tayyip (2008): »›Assimilation ist ein Verbrechen gegen Menschlichkeit‹. Seit Tagen sorgt die Kölner Rede des türkischen Tayyip Erdoğan für Kritik und Empörung. Doch was hat er genau gesagt? Sueddeutsche.de dokumentiert die Rede Erdoğans im Wortlaut«. In: *SÜDDEUTSCHE ZEITUNG*, 17.05.2010, http://www.sueddeutsche.de/politik/erdogan-rede-in-koeln-im-wortlaut-assimilation-ist-ein-verbrechen-gegen-die-menschlichkeit-1.293718 (27.11.2017).
ERYILMAZ, Aytaç (1998): »Wie geht man als Arbeiter nach Deutschland? Işçi Olarak Almanya'ya Nasıl Gidilir?«. In: *Fremde Heimat. Yaban, Sılan Olur. Eine Geschichte der Einwanderung aus der Türkei*, hg. v. Mathilde Jamin, Aytaç Eryılmaz, Essen: Klartext, S. 93–123.
ERYILMAZ, Aytac/JAMIN, Mathilde (Hg.) (1998): *Fremde Heimat. Yaban Silan Olur*, Essen: Klartext.
EZLI, Özkan (2010): »Der ortlose Muslim oder das Prekäre als Niemandsland. Ein kulturwissenschaftlicher Kommentar zu Thilo Sarrazins ›Deutschland schafft sich ab‹«. In: https://www.exzellenzcluster.uni-konstanz.de/ortlose-muslim-sarrazin.html (30.06.2017).
EZLI, Özkan/STAUPE, Gisela (2014): »Vielfalt als soziale Utopie«. In: *Das neue Deutschland*, S. 6–11.
INTERVIEW MIT ÖZKAN EZLI (2018): »Özil ist Opfer, aber auch Täter«. In: *SÜDDEUTSCHE ZEITUNG*, 24.07.2018, https://www.sueddeutsche.de/kultur/oezil-rassismus-interview-1.4066925 (21.09.2018).
FLEISCHHAUER, Jan (2018): »Hauptsache, ihr favt meine Tweets. Die #MeTwo-Debatte ist deshalb so interessant, weil sie so reich an Paradoxien ist. Eine davon: Die Stärke der Bewegung ist gleichzeitig ihre Schwäche – die rührende Selbstbezogenheit«. In: *DER SPIEGEL*, 02.08.2018, http://www.spiegel.de/politik/deutschland/metwo-debatte-hauptsache-ihr-favt-meine-tweets-a-1221348.html (08.09.2018).
FOCUS ONLINE (2015): »2,3 Millionen Ausländer-Paare«. In: *FOCUS ONLINE*, 19.02.2015, https://www.focus.de/politik/deutschland/bundesamt-fuer-statistik-deutsche-heiraten-am-liebsten-deutsche-oder-tuerken_id_4487355.html (09.07.2018).
FOROUTAN, Naika (2010): »Neue Deutsche, Postmigranten und Bindungsidentitäten. Wer gehört zum neuen Deutschland?«. In: *Bundeszentrale für politische Bildung*, 08.11.2010, http://www.bpb.de/apuz/32367/neue-deutsche-postmigranten-und-bindungs-identitaeten-wer-gehoert-zum-neuen-deutschland?p=all (zuletzt 07.02.2019).
FOROUTAN, Naika (2015): »Die postmigrantische Gesellschaft«. In: *Bundeszentrale für politische Bildung*, 20.04.2015, http://www.bpb.de/gesellschaft/migration/kurzdossiers/205190/die-postmigrantische-gesellschaft (27.03.2018).
FOROUTAN, Naika (2018): »Es ist unser Land. Verteidigen wir es gemeinsam«. In: *Der Tagesspiegel*, 22.07.2018, https://www.tagesspiegel.de/politik/migrationsforscherin-naika-foroutan-es-ist-unser-land-verteidigen-wir-es-gemeinsam/22830476.html (19.09.2018).
FRANGENBERG, Frank (2005): *Projekt Migration. Ausstellungskatalog des »Projektes Migration« im Kölnischen Kunstverein vom 29. September bis 15. Januar 2006*, Köln: Dumont.
FRANKFURTER ALLGEMEINE ZEITUNG (1955): »Hunderttausend italienische Arbeiter kommen«, 21.12.1955.
FRANKFURTER ALLGEMEINE ZEITUNG (1964): »Großer Bahnhof für Armando Sa Rodrigues«, 11.09.1964.
FRANKFURTER ALLGEMEINE ZEITUNG (2017): »Merkel verteidigt doppelte Staatsbürgerschaft«, 29.04.2017, http://www.faz.net/aktuell/politik/inland/doppelpass-merkel-verteidigt-doppelte-staatsbuergerschaft-14993080.html (10.07.2017).

FRANKFURTER ALLGEMEINE ZEITUNG (2018): »Seehofer: ›Der Islam gehört nicht zu Deutschland‹«. In: *FRANKFURTER ALLGEMEINE ZEITUNG*, http://www.faz.net/aktuell/politik/inland/horst-seehofer-islam-gehoert-doch-nicht-zu-deutschland-15496891.html (16.03.2018).

FRANKFURTER ALLGEMEINE ZEITUNG (2018): »Türkische Gemeinde beklagt ›Scherbenhaufen nach Moscheeeröffnung‹«. In: *FRANKFURTER ALLGEMEINE ZEITUNG*, 30.09.2018, http://www.faz.net/aktuell/politik/inland/scherbenhaufen-nach-moschee-eroeffnung-durch-erdogan-15814981.html (30.09.2018).

FRANKFURTER ALLGEMEINE ZEITUNG (2019): »Böhmermanns Erdoğan-Gedicht bleibt großteils verboten«. In: *FRANKFURTER ALLGEMEINE ZEITUNG*, 15.05.2018, https://www.faz.net/aktuell/feuilleton/medien/jan-boehmermann-hamburger-oberlandesgericht-urteilt-ueber-schmaehgedicht-15591143.html (zuletzt 28.02.2018).

FRISCH, Max (1970): *Öffentlichkeit als Partner*, Frankfurt a. M.: Suhrkamp.

GARTENSCHLÄGER, Lars (2018): »Aufbau der neuen DFB-Elf. Auch am Umgang mit Mesut Özil wird Löw jetzt gemessen«. In: *Die Welt*, 04.07. 2018, https://www.welt.de/sport/fussball/wm-2018/article178695448/DFB-Nationalmannschaft-Auch-am-Umgang-mit-Oezil-wird-Loew-nun-gemessen.html (16.07.2018).

GEISSLER, Heiner (1993): »Auf Zuwanderung angewiesen«. In: *DER SPIEGEL*, 3/1993, S. 40–47.

GÖKTÜRK, Deniz/GRAMLING, David/KAES, Anton/LANGENOHL, Andreas (Hg.) 2010): *Transit Deutschland. Debatten zu Nation und Migration*, Konstanz: Konstanz University Press.

https://gorki.de/de/schwarze-jungfrauen (20.09.2018).

GÜR, Metin/TURHAN, Alaverdi (1996): *Die Solingen-Akte*, Düsseldorf: Patmos.

HAKAN, Ahmet (2007): »Türban ile başörtüsü arasındaki 12 fark« (Die zwölf Unterschiede zwischen einem Türban und einem Kopftuch). In: *HÜRRIYET*, 05.12.2007, http://www.hurriyet.com.tr/turban-ile-basortusu-arasindaki-12-fark-7812960 (07.06.2018).

HECKING, Claus (2013): »Kohl wollte offenbar jeden zweiten Türken loswerden«. In: *DER SPIEGEL*, 01.08.2013.

HEIDELBERGER KREIS (1982): »Heidelberger Manifest«. In: *Transit Deutschland*, S. 155–157.

HEINE, Regina/MARX, Reinhard (1978): *Ausländergesetz mit neuem Asylverfahrensrecht*, Baden-Baden: Nomos.

HEITMEYER, Wilhelm (1997): *Was treibt die Gesellschaft auseinander? Bundesrepublik Deutschland: Auf dem Weg von der Konsens- zur Konfliktgesellschaft*, Frankfurt a. M.: Suhrkamp.

HOF, Bernd (2001): »Szenarien zur Entwicklung des Arbeitskräftepotentials in Deutschland«. In: *Aus Politik und Zeitgeschichte*, B 8/2001, S. 20–30.

HÖFER, Candida (2013): *Düsseldorf*, Düsseldorf: Richter Verlag.

IKEN, Katja (2012): »Brandanschläge in Mölln. Wenn ich Böller höre, kommt alles wieder hoch«. In: *DER SPIEGEL*, 20.11.2012, http://www.spiegel.de/einestages/brandanschlag-von-moelln-1992-ibrahim-arslan-erinnert-sich-a-947806.html (14.11.2016).

ISLAMISCHE ZEITUNG (2007): »Interview: Autor Feridun Zaimoğlu über seinen Ausstieg aus der Islamkonferenz«. In: *ISLAMISCHE ZEITUNG*, 24.04.2007, https://www.islamische-zeitung.de/interview-autor-feridun-zaimoglu-ueber-seinen-ausstieg-aus-der-islam-konferenz/ (04.05.2018).

JAMIN, Mathilde (1998): »Die deutsch-türkische Anwerbevereinbarung von 1961 und 1964«. In: *Fremde Heimat. Yaban Sılan olur*, S. 69–82.

JESSEN, Jens (2004): »Am Anfang war der Hass«. In: *DIE ZEIT* 12, 13.03.2014, http://www.zeit.de/2014/12/feridun-zaimoglu-isabel (15.11.2016).

KARAKAŞOĞLU, Yasemin (2006): »Gerechtigkeit für die Muslime!«. In: *Transit Deutschland. Debatten zu Migration und Nation*, hg. v. Deniz Göktürk, David Gramling, Anton Kaes und Andreas Langenohl, Konstanz: Konstanz University Press, S. 317–320.

KAZIM, Hasnain (2018): » #MeTwo. ›Wo kommst du eigentlich her‹?. Viele Menschen mit dunklerer Hautfarbe beschweren sich, dass sie oft gefragt werden: ›Wo kommst du eigentlich richtig her?‹ Ist das Rassismus? Und darf man das fragen?«. In: *DER SPIEGEL*, 11.08.2018, http://www.spiegel.de/kultur/gesellschaft/metwo-wo-kommst-du-eigentlich-her-darf-man-das-fragen-a-1222620.html (zuletzt 29.03.2019).

KELEK, Necla (2005): *Die fremde Braut. Ein Bericht aus dem Inneren des türkischen Lebens in Deutschland*, Köln: Kiepenheuer & Witsch.

KELEK, Necla (2006): »Entgegnung«. In: *Transit Deutschland Debatten zu Migration und Nation*, hg. v. Deniz Göktürk, David Gramling, Anton Kaes und Andreas Langenohl, Konstanz: Konstanz University Press, S. 320–321.

KESKIN, Hakkı (1998): »Die Richtung ist entscheidend. Belirleyici olan yöndür«. In: *Fremde Heimat*, S. 19–22.

»Der Koran ist nicht Gesetz«. In: *DER SPIEGEL* Nr. 40 (1991).

KOSCHNICK, Hans (1971): »Deutscher Städtetag. Hinweise zur Hilfe für ausländische Arbeitnehmer«. In: *Sozialpolitische Schriften des Deutschen Städtetags*, (Nr. 6), Köln, S. 1–5.

KROEBER-KENETH, L. (1961): »Die ausländischen Arbeitskräfte und wir«. In: *FRANKFURTER ALLGEMEINE ZEITUNG*, 03.06.1961, S. 5.

KUCHENBECKER, Astrid (1985): »Türken in der Stadt erkennen sich im Buch von Wallraff wieder«. In: *Neue Presse*, 25.10.1985.

KUL, Ismail (2014): »Zahl der deutsch-türkischen Ehen fast verdoppelt«. In: *Deutsch-Türkisches Journal*, 07.02.2014, https://dtj-online.de/mischehen-deutsche-tuerken-interview-sarah-carol-19712 (09.07.2018).

http://kulturelle-integration.de/thesen/ (06.07.2017).

LAUCK, Dominik (2018): »#MeTwo. Das Netz diskutiert Alltagsrassismus«. In: *Tagesschau.de*, https://www.tagesschau.de/inland/me-two-101.html (12.09.2018).

LEGGEWIE, Claus (1990): »Der Turmbau. Ein soziologisches Gleichnis«. In: ders, *Multikulti. Spielregeln für die Vielvölkerrepublik*, Berlin: Rotbuch, S. 9–25.

LEGGEWIE, Claus (1993): *Multi Kulti. Spielregeln für die Vielvölkerrepublik*, Berlin: Rotbuch.

LEGGEWIE, Claus/ŞENOCAK, Zafer (Hg.) (1993): *Deutsche Türken – Türk Almanlar. Das Ende der Geduld. Sabrın Sonu*, Reinbek: Rowohlt.

LETTRE INTERNATIONAL (2009): »Klasse statt Masse. Von der Hauptstadt der Transferleistungen zur Metropole der Eliten. Interview mit Thilo Sarrazin«. In: *LI 086*, Herbst 2009, S. 197–201. http://www.linksnet.de/de/artikel/27258 (24.07.2017).

LOOSE, Hans-Werner (1998): »Vom endlosen Leiden des Bekir Genç«. In: *Die Welt*, 27.05.1998, https://www.welt.de/print-welt/article619562/Vom-endlosen-Leiden-des-Bekir-Genc.html (08.06.2017).

MANSOUR, Ahmed (2017): *Generation Allah. Warum wir im Kampf gegen religiösen Extremismus umdenken müssen*, Frankfurt a. M.: Fischer.

MATURI, Giacomo (1961): »Die Eingliederung der südländischen Arbeitskräfte und ihre besonderen Anpassungsschwierigkeiten«. In: *Ausländische Arbeitskräfte in Deutschland*, hg. v. Helmuth Weiken, Düsseldorf: Econ, S. 121–127.

MECHERIL, Paul (2014): »Bildung und Migration«. In: *Das neue Deutschland. Von Migration und Vielfalt*, hg. v. Özkan Ezli, Gisela Staupe, Konstanz: Konstanz University Press, S. 70–72.

Meier-Braun, Karl-Heinz (1988): *Integration und Rückkehr? Zur Ausländerpolitik des Bundes und der Länder, insbesondere Baden-Württembergs*, Mainz: Grünewald.
Meier-Braun, Karl-Heinz (2002): *Deutschland. Einwanderungsland*, Frankfurt a. M.: Suhrkamp.
Merz, Friedrich (2000): »Einwanderung und Identität«. In: *Die Welt*, 25.10.2000, https://www.welt.de/print-welt/article540438/Einwanderung-und-Identitaet.html (09.03.2018).
http://www.migazin.de/2013/07/15/nach-cerd-ruege-bundesregierung/ (30.06.2017).
Micksch, Jürgen (1984): *Mit Einwanderern leben. Positionen evangelischer Ausländerarbeit*, Frankfurt a. M.: Lembeck.
»Miteinander – nicht gegeneinander«. In: *Transit Deutschland. Debatten zu Nation und Migration*, hg. v. Deniz Göktürk, David Gramling, Anton Kaes, Andreas Langenohl, Konstanz: Konstanz University Press, S. 364f.
Muckel, Stefan (1998): »Streit um den muslimischen Gebetsruf – Der Ruf des Muezzin im Spannungsfeld von Religionsfreiheit und einfachem Recht«. In: *Nordrhein-Westfälische Verwaltungsblätter* 1/1998.
Mitscherlich, Alexander (1965): *Die Unwirtlichkeit unserer Städte. Anstiftung zum Unfrieden*, Frankfurt a. M.: Suhrkamp, S. 10.
Oberndörfer, Dieter (1991): *Die offene Republik. Zur Zukunft Deutschlands und Europa*, Freiburg i. Br.: Herder.
Der Ökumenische Vorbereitungsausschuss (1980): »›Wir leben in der Bundesrepublik in einer multikulturellen Gesellschaft‹. Thesen vom 24. September 1980, Tag des ausländischen Mitbürgers«. In: *Transit Deutschland*, S. 361–365.
Papsch, Gregor (2018): »Das Spiel mit der Integration. Özils Rücktritt und die Folgen«. In: *SWR2 Forum*, 24.07.2018, https://www.swr.de/swr2/programm/sendungen/swr2-forum/das-spiel-mit-der-integration-oezils-ruecktritt-und-die-folgen/-/id=660214/did=22127614/nid=660214/142umba/index.html (21.09.2018).
Pergande, Frank (2012): »Mölln. Die Hoheit über das Gedenken«. In: *Frankfurter Allgemeine Zeitung*, 23.11.2012, https://www.faz.net/aktuell/politik/inland/moelln-die-hoheit-ueber-das-gedenken-11967418.html (zuletzt 22.01.2019).
Pfahler, Lena (2017): »Deutsch-Türkischer Komiker distanziert sich vom Terror – Doch dann legt er richtig los«. In: *Huffpost*, 18.06.2017, http://www.huffingtonpost.de/2017/06/18/cevikkollu-friedensmarsch_n_17190556.html (28.06.2017).
Pollack, Detlef/Müller, Olaf/Rosta, Gergely/Dieler, Anna (2016): *Integration und Religion aus der Sicht von Türkeistämmigen in Deutschland*, Repräsentative Erhebung von TNS Emnid im Auftrag des Exzellenzclusters „Religion und Politik" der Universität Münster.
Preuss, Ulrich K. (2011): »Multikulti ist nur eine Illusion«. In: *Transit Deutschland. Debatten zu Nation und Migration*, hg. v. Deniz Göktürk u. a., Konstanz: Konstanz University Press, S. 480–484.
Rau, Johannes (2000): »Ohne Angst und ohne Träumereien. Gemeinsam in Deutschland leben«. In: *Berliner Rede 2000 von Bundespräsident Johannes Rau*, Haus der Kulturen der Welt, Berlin, 12. Mai 2000.
Rau, Johannes (2002): »Geleitwort«. In: *Migrationsreport 2002. Fakten – Analysen – Perspektiven*, hg. v. Klaus J. Bade, Rainer Münz, Frankfurt a. M.: Campus, S. 7–9.
Rauer, Valentin (2014): »Assimilation«. In: *Das neue Deutschland. Von Migration und Vielfalt*, hg. v. Özkan Ezli, Gisela Staupe, Konstanz: Konstanz University Press, S. 203–205.
Reinsch, Melanie (2018): »›MeTwo‹ Ein Hashtag gegen Alltagsrassismus«. In: *Berliner Zeitung*, 27.07.2018, https://www.berliner-zeitung.de/politik/-metwo–ein-hashtag-gegen-alltagsrassismus-31025882 (08.09.2018).

Resmî Gazette (2008): *Kanun. Secimlerin Temel Hükümleri ve Seçmen Kütükleri Hakkında Kanunda Değişiklik Yapılmasına dair Kanun*, Kanun No. 5749, Sayı: 26824, 22 Mart Cumartesi 2008.
Ridderbusch, Katja (2014): »Die Aufhebung der Rassentrennung in den USA«. In: *Deutschlandfunk*, 02.07.2014. http://www.deutschlandfunk.de/50-jahre-gleichberechtigung-die-aufhebung-der.724.de.html?dram:article_id=290732 (27.11.2017).
Sarrazin, Thilo (2010): *Deutschland schafft sich ab. Wie wir unser Land aufs Spiel setzen*, Berlin: Deutsche Verlagsanstalt.
Schäuble, Wolfgang (1999): »Doppelte Staatsbürgerschaft fördert nicht die Integration, sondern behindert sie«. In: *Deutschlandfunk*, 11.01.1999, http://www.deutschlandfunk.de/doppelte-staatsbuergerschaft-foerdert-nicht-die-integration.694.de.html?dram:article_id=57477 (10.07.2017).
Schäuble, Wolfgang (2009): »Rede zur Eröffnung der 4. Plenarsitzung der Deutschen Islam Konferenz (DIK) am 25. Juni 2009«, http://www.deutsche-islamkonferenz.de/SharedDocs/Anlagen/DE/DIK/Downloads/ Sonstiges/schaeuble-plenum4,templateId0,property=publicationalFile.pdf/schaeuble-plenum4.pdf (27.07.2016).
Wolfgang Schäuble im Gespräch mit Stephan Detjen (2018): »Bundestagspräsident Wolfgang Schäuble. ›Wir fangen ja jetzt erst mit dem Normalbetrieb an‹«. In: *Kulturfragen – Deutschlandfunk*, 18.03.2018.
Schiffer, Eckart (1991): »Der Koran ist nicht Gesetz«. In: *Der Spiegel* 40/1991, S. 53–59.
Seibt, Gustav (2017): »Wo der Westen endet«. In: *Süddeutsche Zeitung*, 06.06.2017, http://www.sueddeutsche.de/politik/geschichtsphilosophie-und-geopolitik-wo-der-westen-endet-1.3527262 (28.06.2017).
Şenocak, Zafer (2005): »Die Hilflosigkeit des religiösen Dialogs«. In: *Die Welt*, 20.07.2005, https://www.welt.de/print-welt/article683574/Die-Hilflosigkeit-des-religioesen-Dialogs.html (09.03.2018).
Şenocak, Zafer (2010): *Deutschsein. Eine Aufklärungsschrift*, Hamburg: Edition Körber-Stiftung.
Der Spiegel (1950): »Philosophie – Heidegger. Rückfall ins Gestell«. In: *Der Spiegel*, 06.04.1950, S. 35f.
Der Spiegel (1970): »Komm, Komm, Komm – Geh, Geh, Geh. Spiegel-Report über sozial benachteiligte Gruppen in der Bundesrepublik (II): Gastarbeiter«. In: *Der Spiegel*, 19.10.1970, S. 51–74.
Der Spiegel (2000): »›Kinder statt Inder‹. Rüttgers verteidigt verbalen Ausrutscher«. In: *Der Spiegel*, 09.03.2000, http://www.spiegel.de/politik/deutschland/kinder-statt-inder-ruettgers-verteidigt-verbalen-ausrutscher-a-68369.html (25.03.2018).
Der Spiegel (2001): »Süssmuth-Kommission: Pläne für 50.000 Einwanderer pro Jahr. Die von der Bundesregierung eingesetzte Zuwanderungskommission empfiehlt Medienberichten zufolge die Aufnahme von 50.000 ausländischen Arbeitskräften pro Jahr. Und das soll nur der Anfang sein«. In: *Der Spiegel*, 29.06.2001, http://www.spiegel.de/politik/deutschland/suessmuth-kommission-plaene-fuer-50-000-einwanderer-pro-jahr-a-142315.html (05.09.2018).
Der Spiegel (2006): »Integrationsgipfel. ›Ein fast historisches Ereignis‹«. In: *Der Spiegel*, http://www.spiegel.de/politik/deutschland/integrationsgipfel-ein-fast-historisches-ereignis-a-426823.html (19.09.2018).
Der Spiegel (2010): »Kritik an Wulffs Islam-Thesen. Unionsfraktionschef Kauder legt nach«. In: *Der Spiegel*, http://www.spiegel.de/politik/deutschland/kritik-an-wulffs-islam-thesen-unionsfraktionschef-kauder-legt-nach-a-722155.html (16.03.2018).

STEPHAN, Günter (1969): „Einstellung und Politik der Gewerkschaften". In: *Strukturfragen der Ausländerbeschäftigung*, hg. v. Prof. Dr. Johannes Chr. Papalekas, Herford: Maximilian, S. 34–46.

STERNBERGER, Dolf (1982): »Verfassungspatriotismus«. In: *Grundfragen der Demokratie. Schriftenreihe der Niedersächsischen Landeszentrale für Politische Bildung. Folge 3*, hg. v. der Niedersächsischen Landeszentrale für Politische Bildung 1982.

SÜDDEUTSCHE ZEITUNG, 15.01.2016, https://www.sueddeutsche.de/politik/tuerkei-erğ-laesst-akademiker-wegen-protestbrief-verhaften-1.2820435 (zuletzt 19.03.2019).

SÜDDEUTSCHE ZEITUNG (2017): »Schäuble vergleicht Türkei mit der DDR«. In: *SÜDDEUTSCHE ZEITUNG*, 21.07.2017, (https://www.sueddeutsche.de/politik/tuerkei-konflikt-schaeuble-vergleicht-tuerkei-mit-der-ddr-1.3597581) (zuletzt 02.03.2019).

RITA SÜSSMUTH ET AL. (2011): »Zuwanderung gestalten. Integration fördern. Bericht der Unabhängigen Kommission ›Zuwanderung‹«. In: *Transit Deutschland. Debatten zu Nation und Migration*, hg. v. Deniz Göktürk u. a., Konstanz: Konstanz University Press, S. 250–252.

TAGESSCHAU (2019): »Streit um ›Schmähkritik‹. Böhmermann geht vor den BGH«. In: *Tagesschau*, 22.01.2019, https://www.tagesschau.de/kultur/boehmermann-bgh-101.html (zuletzt 28.02.2018).

TAGESTHEMEN vom 27.09.2018, http://mediathek.daserste.de/Tagesthemen/tagesthemen/Video?bcastId=3914&documentId=56443210 (28.09.2018).

TAKVIM (2009): »Michael'e benzemek için 50 bin € harcadı«. In: *Takvim*, 25.07.2009, https://www.takvim.com.tr/saklambac/2009/07/25/michaele_benzemek_icin_50_bin__harcadi (zuletzt 06.02.2019).

TANRIVERDI, Hakan (2016): »Böhmermanns Gedicht ist rassistisch. Seine Zeilen richten sich nicht gegen Erdoğan – sondern gegen alle Türken«. In: *SÜDDEUTSCHE ZEITUNG. JETZT*, 02.04.2016, https://www.jetzt.de/fernsehen/was-boehmermanns-gedicht-ausloest (zuletzt 05.12.2018).

TAZ (2010): »Nein zur Ausgrenzung«, 01.10.2010. http://www.taz.de/!59131/ (30.06.2017).

TAZ (2011): *Sonderzug aus Istanbul. Vor 50 Jahren begann die Einwanderung türkischer Gastarbeiter nach Deutschland*, 27.10.2011.

TAZ (2014) »Rote Rosen für Marcuse. Vor 50 Jahren erschien Marcuses ›Der eindimensionale Mensch‹. Das Buch befeuerte die sozialen Bewegungen wie kaum ein anderes«. In: *taz*, 14.01.2014. http://www.taz.de/!5050926/ (06.07.2017).

TAZ (2017): »›Rache ist nichts Ethnisches‹« Fatih Akın zum Film AUS DEM NICHTS«. In: *taz*, 19.11.2017, http://www.taz.de/!5460666/ (zuletzt 02.01.2019).

TERKESSIDIS, Mark (2011): »Vertretung, Darstellung, Vorstellung. Der Kampf der MigrantInnen um Repräsentation«. In: *Transit Deutschland. Debatten zu Nation und Migration*, hg. v. Deniz Göktürk, David Gramling, Anton Kaes, Andreas Langenohl, Konstanz: Konstanz University Press, S. 667–670.

TIBI, Bassam (2002): »Zwischen den Welten. Wir müssen den hier praktizierten Islam verwestlichen, so wie Deutschland nach 1945 verwestlicht worden ist«. In: *Transit Deutschland*, S. 303–307.

TREIBEL, Annette (2015): *Integriert euch! Plädoyer für ein selbstbewussteres Einwanderungsland*, Frankfurt a. M.: Campus.

TÜRKISCHE ANSTALT FÜR ARBEIT UND ARBEITSVERMITTLUNG (2011): »Wie der türkische Arbeiter sich in einem fremden Land verhalten und seine Identität wahren soll«. In: *Geteilte Heimat. 50 Jahre Migration aus der Türkei. Paylaşılan Yurt*, hg. v. Aytaç Eryilmaz, Cordula Lissner im Auftrag von DOMID, Essen: Klartext, S. 81–82.

Völpel, Martin (1997): *Streitpunkt Gebetsruf. Zu rechtlichen Aspekten im Zusammenhang mit dem lautsprecherunterstützten Ruf des Muezzins*. Mitteilungen der Beauftragten der Bundesregierung und die Belange der Ausländer, Bonn.
Von der Grün, Max (1975): *Leben im gelobten Land*, München: dtv.
Vu, Vanessa (2019): »Alltag Rassismus: Herkunft. Keine Antwort schuldig«. In: *Zeit Campus*, 27.02.2019, https://www.zeit.de/campus/2019-02/herkunft-identitaet-diskriminierung-rassismus-selbstbestimmung (zuletzt 29.03.2019).
Wehler, Hans-Ulrich (2002): »Das Türkenproblem«. In: *Die Zeit*, 12.09.2002, http://www.zeit.de/2002/38/200238_tuerkei.contra.xml (27.03.2018).
Die Welt (2006): »Schäuble: Islam ist Teil Deutschlands«. In: *Die Welt*, https://www.welt.de/politik/article156022/Schaeuble-Islam-ist-Teil-Deutschlands.html (16.03.2018).
Die Welt (2010): »Mulitkulti-Nationalelf. Mesut Özil. Ein Tor gegen die Pfiffe«. In: *Die Welt*, 09.10.2010, https://www.welt.de/sport/fussball/article10167870/Mesut-Oezil-Ein-Tor-gegen-die-Pfiffe.html (16.07.2018).
Die Welt (2017): »Presse zu Erdogans Sieg: ›Die Türkei ist nicht länger Europa‹«. In: *Die Welt*, 17.04.2017, https://www.welt.de/politik/ausland/article163753003/Die-Tuerkei-ist-nicht-laenger-Europa.html (27.03.2018).
Wiessner, Irina (1994): »Konservativ und manipuliert. Viele türkische Einwanderer können sich mit der deutschen Gesellschaft nicht identifizieren, der Einfluß der staatstreuen Medien ist groß. Plädoyer für nur eine Staatsbürgerschaft«. In: *taz*, 15.10.1994, http://www.taz.de/!1538443/ (11.07.2018).
Winkler, Pierre (2018): »Nach Treffen mit Erdoğan. Özil und Gündoğan nie mehr für Deutschland? Wer das fordert, ist verlogen«. In: *Focus Online*, 15.05.2018, https://www.focus.de/sport/fussball/wm-2018/nach-treffen-mit-erdogan-oezil-und-guendogan-raus-aus-der-nationalelf-warum-das-unfug-ist_id_8931334.html (20.07.2018).
Wulff, Christian (2010): »Vielfalt schätzen. Zusammenhalt fördern«. In: http://www.bundespraesident.de/SharedDocs/Reden/DE/Christian-Wulff/Reden/2010/10/20101003_Rede.html (27.03.2018).
Youtube (2010): »Feridun Zaimoğlu vs. Heide Simonis (1)«. In: *Youtube*, https://www.youtube.com/watch?v=wrV7adgbcMc, ab 1:22 (zuletzt 01.03.2019).
https://www.youtube.com/watch?v=r0Mz2Iz1ZEE (16.07.2018).
Yurdakul, Gökce/Özvatan, Özgür (2017): »Doppelte Staatsbürgerschaft. Ethnie und Diversität?«. In: *Tagesspiegel Causa*, 11.01.2017, https://causa.tagesspiegel.de/politik/doppelte-staatsbuergerschaft-wie-exklusiv-ist-deutschsein/doppelte-staatsbuergerschaft-ethnie-oder-diversitaet.html (10.07.2017).
Zaptcioğlu, Dilek (1993): »Leben in zwei Welten«. In: *Der Weltspiegel*, 20.04.1993.
Zaimoğlu, Feridun (1999): »Eure Coolness ist gigaout«. In: *Kanaksta. Geschichten von deutschen und anderen Ausländern*, hg. v. Joachim Lottmann, Berlin: Quadriga, S. 23–32.
Zaimoğlu, Feridun (2014): »Erfolg«. In: *Das neue Deutschland. Von Migration und Vielfalt*, hg. v. Özkan Ezli, Gisela Staupe, Konstanz: Konstanz University Press, S. 77–80.
Zieris, Ernst (1971): *So wohnen unsere ausländischen Mitbürger. Bericht zur Wohnungssituation ausländischer Arbeitnehmerfamilien in Nordrhein-Westfalen*, Düsseldorf.

Geschichte, Soziologie & Theorien

ADANIR, Fikret (1995): *Geschichte der türkischen Republik*, Berlin: Bibliographisches Institut.
AGAMBEN, Giorgio (1994): »Lebens-Form«. In: *Gemeinschaften. Positionen zu einer Philosophie des Politischen*, hg. v. Joseph Vogl, Frankfurt a. M.: Suhrkamp.
AHMAD, Feroz (1977): *The Turkish Experiment in Democracy 1950-1975*, London: C. Hurst & Company.
AKCAM, Taner (2004): *Armenien und der Völkermord. Die Istanbuler Prozesse und die türkische Nationalbewegung*, Hamburg: Hamburger Edition.
ALABAY, Basar (2012): *Kulturelle Aspekte der Sozialisation. Junge türkische Männer in der Bundesrepublik Deutschland*, Wiesbaden: VS Verlag.
ALBA, Richard/NEE, Victor (1997): »Rethinking Assimilation Theory for a New Era of Immigration«. In: *International Migration Review* 31:4, S. 826-874.
ALBA, Richard/NEE, Victor (2003): *Remaking the American Mainstream. Assimilation and contemporary Immigration*, Cambridge, Mass.: Harvard University Press.
ANDERSON, Benedict (2005): *Die Erfindung der Nation. Zur Karriere eines folgenreichen Konzepts*, Frankfurt a. M.: Campus.
ANGERER, Marie-Luise/BÖSEL, Bernd/OTT, Michaela (2014): *Timing of Affect. Epistemologies, Aesthetics, Politics*, Berlin: Diaphenes.
ANHEGGER, Robert (1982): »Die Deutschlanderfahrung der Türken im Spiegel ihrer Lieder. Eine ›Einstimmung‹«. In: *Gastarbeiterkinder aus der Türkei. Zwischen Eingliederung und Rückkehr*, hg. v. Helmut Birkenfeld, München: Beck, S. 9-25.
APPADURAI, Arjun (1996): *Modernity at Large. Cultural Dimensions of Globalization*, Minneapolis, London: University of Minnesota Press.
APPADURAI, Arjun (1996): »Postnational Locations«. In: ders.: *Modernity at large. Cultural Dimensions of Globalization*, Minneapolis, London: University of Minnesota Press, S. 178-200.
APPADURAI, Arjun (2005): »Die Kraft der Imagination«. In: *Projekt Migration*, hg. v. Dokumentationszentrum und Museen über die Migration in Deutschland e.v., Köln: Dumont, S. 794-796.
ARENDT, Hannah (1960): »Der Raum des Öffentlichen und der Bereich des Privaten«. In: *Raumtheorie. Grundlagentexte aus Philosophie und Kulturwissenschaften*, hg. v. Jörg Dünne, Frankfurt a. M.: Suhrkamp, S. 420-434.
ASAD, Talal (2017): *Die Ordnung des Säkularen. Christentum, Islam, Moderne*, Konstanz: Konstanz University Press.
ASSMANN, Aleida (1999): *Erinnerungsräume. Formen und Wandlungen des kulturellen Gedächtnisses*, München: Beck.
ASSMANN, Aleida (2007): *Geschichte im Gedächtnis. Von der individuellen Erfahrung zur öffentlichen Inszenierung*, München: Beck.
ATATÜRK, Mustafa Kemal (2015): *Nutuk. 1927*, Istanbul: Yapı Kredi Yayınları.
AUER, Peter/DIRIM, Inci (2004): *Türkisch sprechen nicht nur die Türken. Über die Unschärfebeziehung zwischen Sprache und Ethnie in Deutschland*, Berlin: De Gruyter.
AUGÉ, Marc (1992): *Non-Lieux. Introduction à une anthropologie de la surmodernité*, Paris: Editions du Seuil.
AUGE, Marc (1994): *Nicht-Orte*, Frankfurt a. M.: Fischer.

BADE, Klaus (1983): *Vom Auswanderungsland zum Einwanderungsland? Deutschland 1880–1980*, Berlin: Colloquium.
BADE, Klaus (1992): »Das Eigene und das Fremde. Grenzerfahrungen in Geschichte und Gegenwart«. In: ders.: *Deutsche im Ausland. Fremde in Deutschland. Migration in Geschichte und Gegenwart*, Frankfurt a. M.: Büchergilde Gutenberg, S. 15–28.
BADE, Klaus J. (2017): *Migration. Flucht. Integration. Kritische Politikbegleitung von der ›Gastarbeiterfrage‹ bis zur ›Flüchtlingskrise‹. Erinnerungen und Beiträge*, Karlsruhe: Loeper.
BAECKER, Dirk (2000): *Wozu Kultur*, Berlin: Kadmos.
BENJAMIN, Walter (1972): »Die Aufgabe des Übersetzers«. In: ders., *Gesammelte Schriften Bd. IV/I*, Frankfurt a. M.: Suhrkamp, S. 9–21.
BERGER, John/MOHR, Jean (2010): *A Seventh Man*, London, New York: Verso.
BERGER, Peter (1998): *Erlösendes Lachen. Das Komische in der menschlichen Erfahrung*, Berlin: De Gruyter.
BINGEMER, Karl/MEISTERMANN-SEEGER, Edeltrud/NEUBERT, Edgar (1970): *Leben als Gastarbeiter. Geglückte und mißglückte Integration*, Opladen: Westdeutscher Verlag.
BIESS, Frank (2019): *Republik der Angst. Eine andere Geschichte der Bundesrepublik*, Reinbek: Rowohlt.
BHABHA, Homi (1994): »Dissemination. Time, narrative and the margins of the modern nation«. In: ders.: *The Location of Culture*, New York: Routledge, S. 139–170.
BHABHA, Homi (2000): *Die Verortung der Kultur*, Tübingen: Stauffenburg.
BOMMES, Michael/SCHERR, Albert (1991): »Der Gebrauchswert von Fremd- und Selbstethnisierung in Strukturen sozialer Ungleichheit«. In: *Prokla. Zeitschrift für politische Ökonomie und sozialistische Politik*, Jg. 21:83, Nr. 2, S. 291–316.
BOMMES, Michael/THRÄNHARDT, Dietrich (2010): »Introduction: National Paradigms of Migration Research«. In: *National Paradigms of Migration Research*, hg. v. Michael Bommes, Dietrich Thränhardt, Osnabrück: Osnabrücker Universitätsverlag, S. 9–38.
BOOS-NÜNNING, Ursula (1990): *Die türkische Migration in deutschsprachigen Büchern 1961–1984. Eine annotierte Bibliographie*, Wiesbaden: Opladen.
BORDWELL, David (1997): *On the History of Film Style*, Cambridge, Mass., London: Harvard University Press.
BORDWELL, David/THOMPSON, Kristin (2012): *Film Art. An Introduction*, 10. Aufl., New York: McGraw-Hill.
BOSS-NÜNNING, Ursula/KARAKAŞOĞLU, Yasemin (2004): *Viele Welten leben. Lebenslagen von Mädchen und jungen Frauen mit griechischem, italienischem, jugoslawischem, türkischem und Aussiedlerhintergrund*, https://www.bmfsfj.de/blob/84598/2094d4132e371423945367fdf3d967f3/viele-welten-lang-data.pdf (zuletzt 16.03.2018).
BOURDIEU, Pierre (1982): *Die feinen Unterschiede. Kritik der gesellschaftlichen Urteilskraft*, Frankfurt a. M.: Suhrkamp.
BRUBAKER, Roger (2007): »Die Rückkehr der Assimilation?«. In: *Ethnizität in Gruppen*, Hamburg: Hamburger Edition, S. 166–186.
BRUBAKER, Rogers (2007): *Ethnizität ohne Gruppen*, Hamburg: Hamburger Edition.
BUKOW, Wolf-Dietrich/LLARYORA, Roberto (1988): *Mitbürger aus der Fremde. Soziogenese ethnischer Minoritäten*, Opladen: Westdeutscher Verlag.
CALAĞAN, Nesrin Z. (2010): *Türkische Presse in Deutschland. Der deutsch-türkische Medienmarkt und seine Produzenten*, Bielefeld: transcript.

CETINKAYA, Handan (2000): »Türkische Selbstorganisationen in Deutschland. Neuer Pragmatismus nach der ideologischen Selbstzerfleischung«. In: *Einwanderer-Netzwerke und ihre Integrationsqualität in Deutschland und Israel*, hrg. von Dietrich Thränhardt und Uwe Hunger, Münster: LIT, S. 83–109.

CEYLAN, Rauf (2006): »Das Café-Milieu. Zwischen Tradition und Wandel«. In: ders: *Ethnische Kolonien. Entstehung und Wandel am Beispiel türkischer Moscheen und Cafés*, Wiesbaden: Verlag für Sozialwissenschaften, S. 181–244.

CHIN, Rita (2007): *The Guest Worker Question in Postwar Germany*, New York: Cambridge University Press.

CHRISTMANN, Gabriela (2007): *Robert Ezra Park*, Konstanz: UVK.

CIL, Hasan (2003): *Anfänge einer Epoche. Bir Dönemin Başlangçları*, Berlin: Hans Schiler.

DAHRENDORF, Ralf (1966): *Gesellschaft und Demokratie in Deutschland*, München: Piper.

DAHRENDORF, Ralf (1986): *Lebenschancen. Anläufe zur sozialen und politischen Theorie*, Frankfurt a. M.: Suhrkamp.

DE CERTEAU, Michel (2006): »Praktiken im Raum«. In: *Raumtheorie. Grundlagentexte aus Philosophie und Kulturwissenschaften*, hg. v. Jörg Dünne, Stephan Günzel, Frankfurt a. M.: Suhrkamp, S. 343–353.

DE MAN, Paul (1993): »Autobiografie als Maskenspiel«. In: ders.: *Ideologie des Ästhetischen*, Frankfurt a. M.: Suhrkamp, S. 131–146.

DELEUZE, Gilles (1997): *Differenz und Wiederholung*, München: Fink.

Deutsches Ausländerrecht. 19. Auflage 2005, München: dtv.

DÖLL-HENSCHKER, Susanne (2008): »Psychoanalytische Affekttheorie(n) heute. Eine historische Annäherung«. In: *Psychologie in Österreich 5. Themenschwerpunkt der Emotionen*, Wien: Österreichische Akademie für Psychologie, S. 446–455.

DOERING-MANTEUFFEL, Anselm (2011): »Amerikanisierung und Westernisierung«. Version: 1.0, In: *Docupedia-Zeitgeschichte*, 18.01.2011, http://docupedia.de/zg/Amerikanisierung_und_Westernisierung (20.05.2016).

DURKHEIM, Emile (1992): *Über die soziale Arbeitsteilung. Studie über die Organisation höherer Gesellschaften*, Frankfurt a. M.: Suhrkamp.

EDER, Klaus/RAUER, Valentin/SCHMIDTKE, Oliver (2004): *Die Einhegung des Anderen. Türkische, polnische und russlanddeutsche Einwanderer in Deutschland*, Wiesbaden: VS Verlag für Sozialwissenschaften.

EISENSTADT, Shmuel (1954): *The Absorption of Immigrants. A comparative study based mainly on the Jewish community in Palestine and the State of Israel*, London: Routledge & Kegan Paul.

ELIAS, Norbert (1969): *Über den Prozess der Zivilisation. Soziogenetische und psychogenetische Untersuchungen – Erster Band*, Frankfurt a. M.: Suhrkamp.

ELIAS, Norbert (1990): *Die Gesellschaft der Individuen*, Frankfurt a. M.: Suhrkamp.

ELWERT, Georg (1982): »Probleme der Ausländerintegration. Gesellschaftliche Integration durch Binnenintegration«. In: *Kölner Zeitschrift für Soziologie und Sozialpsychologie 34*, S. 717–731.

Everett V. Stonequist«. In: *Schlüsselwerke der Migrationsforschung*, hg. v. Paul Mecheril, Julia Reuter, Wiesbaden: Springer VS, S. 45–60.

ESSER, Hartmut (1978): »Wanderung, Integration und die Stabilisierung komplexer Sozialsysteme«. In: *Soziale Welt* 29:2, S. 180–200.

ESSER, Hartmut (1980): *Aspekte der Wanderungssoziologie. Assimilation und Integration von Wanderern, ethnischen Gruppen und Minderheiten. Eine handlungstheoretische Analyse*, Darmstadt: Luchterhand.

Esser, Hartmut (1983): »Die fremden Mitbürger. Möglichkeiten und Grenzen der Integration von Ausländern«. In: *Die fremden Mitbürger. Möglichkeiten und Grenzen der Integration von Ausländern*, hg. v. Hartmut Esser, Düsseldorf: Patmos.

Esser, Hartmut (1983): »Multikulturelle Gesellschaft als Alternative zu Isolation und Assimilation«. In: ders.: *Die fremden Mitbürger. Möglichkeiten und Grenzen der Integration von Ausländern*, Düsseldorf: Patmos, S. 25–38.

Esser, Hartmut (2008): »Assimilation, Ethnische Schichtung oder selektive Akkulturation? Neuere Theorien der Eingliederung von Migranten und das Modell der intergenerationalen Integration«. In: *Migration und Integration*, hg. v. Frank Kalter, Wiesbaden: VS Verlag für Sozialwissenschaften, S. 81–105.

Esser, Hartmut (2009): »Pluralisierung oder Assimilation? Effekte der multiplen Inklusion auf die Integration von Migranten«. In: *Zeitschrift für Soziologie* 38:5, S. 358–378.

Ette, Ottmar (2001): *Literatur in Bewegung. Raum und Dynamik grenzüberschreitenden Schreibens in Europa und Amerika*, Paderborn: Velbrück Wissenschaft.

Ezli, Özkan (2012): *Grenzen der Kultur. Autobiographien und Reisebeschreibungen zwischen Orient und Okzident*, Konstanz: Konstanz University Press.

Ezli, Özkan/Kimmich, Dorothee/Werberger, Annette (2009): *Wider den Kulturenzwang. Migration, Kulturalisierung und Weltliteratur*, Bielefeld: transcript.

Ezli, Özkan/Langenohl, Andreas/Rauer, Valentin/Voigtmann, Claudia (2013): »Einleitung«. In: *Die Integrationsdebatte zwischen Assimilation und Diversität*, S. 9–21.

Ezli, Özkan (2015): »Kulturelle Ungleichgewichte. Der Burkini im öffentlichen Bad als Kennzeichen und Praxis der Ambivalenz«. In: *Religion als Prozess. Begriffe – Zuschreiben – Motive – Grenzen*, hg. v. Thomas Kirsch, Dorothea Weltecke, Rudolf Schlögl, Paderborn: Schöningh, S. 91–112.

Ezli, Özkan (2015): »Vom religiösen Symbol zur sozialen Funktion. Baden mit dem Burkini in öffentlichen Bädern«. In: *AB Archiv des Badewesens 04/2015*, Fachzeitschrift der Deutschen Gesellschaft für das Badewesen, S. 214–233.

Ezli, Özkan/Göktürk, Deniz/Wirth, Uwe (2019): *Komik der Integration. Grenzpraktiken und Identifikationen des Sozialen*, Bielefeld: Aisthesis.

Ezli, Özkan (2020): *Die Politik der Geselligkeit. Gegenwart und Geschichte der »Interkulturellen Woche«. Eine vergleichende kulturwissenschaftliche Untersuchung zu den Mittel- und Großstädten Gera, Jena, Konstanz und Offenbach*. Expertise im Auftrag des Sachverständigenrats deutschter Stiftungen für Integration und Migration für das Jahresgutachten *Alltag in der Einwanderungsgesellschaft* 2021, Berlin.

Faist, Thomas (2000): »Jenseits von Nation und Postnation. Eine neue Perspektive für die Integrationsforschung«. In: ders.: *Transstaatliche Räume. Politik, Wirtschaft und Kultur in und zwischen Deutschland und der Türkei*, Bielefeld: transcript, S. 339–394.

Faist, Thomas (2004): »Staatsbürgerschaft und Integration in Deutschland. Assimilation, kultureller Pluralismus und Transstaatlichkeit«. In: *Integration von Migranten. Deutsche und französische Konzepte im Vergleich*, hg. v. Yves Bizeul, Wiesbaden: Deutscher Universitätsverlag, S. 77–104.

Faist, Thomas (2013): »Kulturelle Diversität und soziale Ungleichheiten«. In: *Die Integrationsdebatte zwischen Assimilation und Diversität. Grenzziehungen in Theorie, Kunst und Gesellschaft*, hg. v. Özkan Ezli, Andreas Langenohl, Valentin Rauer, Claudia Voigtmann, Bielefeld: transcript, S. 87–118.

Flusser, Vilém (1994): *Von der Freiheit des Migranten. Einsprüche gegen den Nationalismus*, Köln: Bollmann.

FRESE, Hans-Ludwig (2002): *»Den Islam ausleben«. Konzepte authentischer Lebensführung junger türkischer Muslime in der Diaspora*, Bielefeld: transcript.
FREUD, Sigmund (2009): »Die Angst«. In: ders.: *Vorlesungen zur Einführung in die Psychoanalyse*, Frankfurt a. M.: Fischer, S. 375–392.
GEORGI, Viola B. (2003): *Entliehene Erinnerung. Geschichtsbilder junger Migranten in Deutschland*, Hamburg: Hamburger Edition.
GLICK-SCHILLER, Nina/BASCH, Linda/BLANC-SZANTON, Christina (1992): »Transnationalism: A new analytic Framework for understanding Migration. Race, Class, Ethnicity, and Nationalism reconsidered«. In: *Annals of the New York Academy of Sciences* 645, S. 1–24.
GLICK-SCHILLER, Nina (2004): »Pathways of Migrant Incorporation in Germany«. In: *Transit 1:1*, UC Berkeley Department of German, Article 50911 (16 Seiten).
GLICK SCHILLER, Nina/BASCH, Linda/BLANC-SZANTON, Cristina (2014): »Transnationalismus. Ein neuer analytischer Rahmen zum Verständnis von Migration«. In: *Transkulturalität. Klassische Texte*, hg. v. Andreas Langenohl, Ralph Poole und Manfred Weinberg, Bielefeld: transcript, S. 139–154.
GODDAR, Jeannette/HUNEKE, Dorte (2011): *Auf Zeit. Für immer. Zuwanderer aus der Türkei erinnern sich*, Köln: Kiepenheuer & Witsch.
GÖKTÜRK, Deniz (2019): »Reisen nach Jerusalem. Mit Dr. Freud im Eisenbahnabteil«. In: *Komik der Integration. Grenzpraktiken und Identifikationen des Sozialen*, hg. v. Özkan Ezli, Deniz Göktürk und Uwe Wirth, Bielefeld: Aisthesis Verlag, S. 26–48.
GÖLE, Nilüfer (1995): *Republik und Schleier. Die muslimische Frau in der modernen Türkei*, Berlin: Babel.
GOFFMAN, Erving (1982): *Das Individuum im öffentlichen Austausch. Mikrostudien zur öffentlichen Ordnung*, Frankfurt a. M.: Suhrkamp.
GORDON, Milton (1964): *Assimilation in American Life. The Role of Race, Religion, and National Origins*, New York: Oxford University Press.
GRAF, Rüdiger (2010): *Europäische Zeitgeschichte seit 1945*, Berlin: Akademie.
GRANOVETTER, Mark S. (1973): »The Strength of Weak Ties«. In: *American Journal of Sociology*, Volume 78, Issue 6, S. 1360–1380.
GRAY, John (2002): *Two Faces of Liberalism*, New York: New Press.
GREGG, Melissa/SEIGWORTH, Gregory J. (2010): *The Affect Theory Reader*, London: Duke University Press.
GREINER, Bernard (2017): »Komödie/Tragödie«. In: *Komik. Ein interdisziplinäres Handbuch*, hg. v. Uwe Wirth, Stuttgart: Metzler, S. 30–34.
GRÖBNER, Valentin (2004): *Schein der Person. Steckbrief, Ausweis und Kontrolle im Europa des Mittelalters*, München: Beck.
GRÖBNER, Valentin (2014): »Zeig mir den Vogel: Pässe und Passmagie, historisch«. In: *Das neue Deutschland. Von Migration und Vielfalt*, hg. v. Özkan Ezli und Gisela Staupe, Konstanz: Konstanz University Press, S. 108–110.
GUSDORF, Georges (1991): »Voraussetzungen und Grenzen der Autobiographie«. In: *Die Autobiographie. Zu Form und Geschichte einer literarischen Gattung*, hg. v. Günter Niggl, Darmstadt: Wissenschaftliche Buchgesellschaft, S. 120–147.
GUST, Wolfgang (1993): *Der Völkermord an den Armeniern*, München: Hanser.
HABERMAS, Jürgen (1985): »Das Zeitbewußtsein der Moderne und ihr Bedürfnis nach Selbstvergewisserung«. In: ders: *Der philosophische Diskurs der Moderne. Zwölf Vorlesungen*, Frankfurt a. M.: Suhrkamp, S. 9–33.

HABERMAS, Jürgen (1985): »Die Krise des Wohlfahrtsstaates und die Erschöpfung utopischer Energien«. In: ders.: *Die Neue Unübersichtlichkeit*, Frankfurt a. M.: Suhrkamp, S. 141–163.
HABERMAS, Jürgen (1993): »Anerkennungskämpfe im demokratischen Rechtsstaat«. In: *Multikulturalismus und die Politik der Anerkennung*, hg. v. Charles Taylor, Frankfurt a. M.: Suhrkamp, S. 147–198.
HABERMAS, Jürgen (1996): *Die Einbeziehung des Anderen*, Frankfurt a. M.: Suhrkamp.
HABERMAS, Jürgen (2008): »Die Dialektik der Säkularisierung«. In: *Blätter für deutsche und internationale Politik*, April 2008, S. 33–46.
HACKE, Jens (2009): *Die Bundesrepublik als Idee. Zur Legitimationsbedürftigkeit politischer Ordnung*, Hamburg: Hamburger Edition.
HAKE, Sabine (2004): *Film in Deutschland. Geschichte und Geschichten ab 1895*, Reinbek: Rowohlt.
HALL, Stuart (1990): »The Emergence of Cultural Studies and the Crisis of Humanities«. In: *Humanities as Social Technology*, October Vol. 53 (Summer 1990), S. 11–23.
HALL, Stuart (1994): »Neue Ethnizitäten«. In: ders.: *Rassismus und kulturelle Identität. Ausgewählte Schriften 2*, Hamburg: Argument, S. 15–24.
HALL, Stuart (1994): »Kulturelle Identität und Diaspora«. In: ders.: *Rassismus und kulturelle Identität. Ausgewählte Schriften 2*, Hamburg: Argument, S. 26–43.
HALL, Stuart (1996): »Who needs ›Identity‹?«. In: *Questions of Cultural Identity*, London: Sage, S. 1–17.
HALL, Stuart (2000): »Postmoderne und Artikulation. Ein Interview mit Stuart Hall. Zusammengestellt von Lawrence Großberg«. In: ders.: *Cultural Studies. Ein politisches Theorieprojekt*, Hamburg: Argument, S. 52–77.
HALL, Stuart (2000): »Die Bedeutung der *Neuen Zeiten*«. In: ders.: *Cultural Studies. Ein politisches Theorieprojekt. Ausgewählte Schriften*, Hamburg: Argument, S. 78–97.
HALL, Stuart (2004): »Wer braucht Identität?«. In: ders.: *Ideologie, Identität und Repräsentation*, Hamburg: Argument, S. 167–187.
HALL, Stuart (2008): »Neue Ethnizitäten«. In: *Kulturwissenschaft. Eine Auswahl grundlegender Texte*, Frankfurt a. M.: Suhrkamp, S. 505–516.
HAMMAR, Tomas (1990): *Democracy and the Nation State. Aliens, Denizens and Citizens in a World of International Migration*, Vermont: Avebury Gower Publishing Company Limited.
HEIDEGGER, Martin (1950): *Holzwege*, Frankfurt a. M.: Klostermann.
HEINS, Volker (2013): *Skandal der Vielfalt*, Frankfurt a. M.: Campus.
HEITMEYER, Wilhelm (1997): »Gesellschaftliche Integration, Anomie und ethnisch-kulturelle Konflikte«. In: *Was treibt die Gesellschaft auseinander?*, hg. v. dems., Frankfurt a. M.: Suhrkamp, S. 629–653.
HERBST, Ludolf (1986): »Die zeitgenössische Integrationstheorie und die Anfänge der europäischen Einigung 1947–1950«. In: *Vierteljahreshefte für Zeitgeschichte* 34:2, S. 161–206.
HERBERT, Ulrich/HUNN, Karin (2000): »Gastarbeiter und Gastarbeiterpolitik in der Bundesrepublik. Vom Beginn der offiziellen Anwerbung bis zum Anwerbestopp (1955–1973)«. In: *Dynamische Zeiten. Die 60er Jahre in den beiden deutschen Gesellschaften*, hg. v. Axel Schildt, Hamburg: Christians, S. 273–310.
HERBERT, Ulrich (2001): *Geschichte der Ausländerpolitik in Deutschland. Saisonarbeiter, Zwangsarbeiter, Flüchtlinge, Gastarbeiter*, München: Beck.
HERBERT, Ulrich (2014): *Geschichte Deutschlands im 20. Jahrhundert*, München: Beck.

Hess, Sabine/Moser, Johannes (Hg.) (2009): »Jenseits der Integration. Kulturwissenschaftliche Betrachtungen einer Debatte«. In: *No integration?! Kulturwissenschaftliche Beiträge zur Integrationsdebatte in Europa*, hg. v. Sabine Hess, Johannes Moser, Bielefeld: transcript, S. 11–26.

Hirschman, Albert O. (1994): »Wieviel Gemeinsinn braucht die liberale Gesellschaft?«. In: *Leviathan* 22:2, S. 293–304.

Hoffmann-Nowotny, Hans-Joachim (1973): *Soziologie des Fremdarbeiterproblems. Eine theoretische und empirische Analyse am Beispiel der Schweiz*, Stuttgart: Enke, S. 317–321.

Hüttermann, Jörg (2006): *Das Minarett. Zur politischen Kultur des Konflikts um islamische Symbole*, Weinheim/Basel: Juventa.

Hüttermann, Jörg (2009): »Zur Soziogenese einer kulturalisierten Einwanderungsgesellschaft«. In: *Wider den Kulturenzwang. Migration, Kulturalisierung und Weltliteratur*, hg. v. Özkan Ezli, Dorothee Kimmich, Annette Werberger, Bielefeld: transcript, S. 95–133.

Hüttermann, Jörg (2015): »Mit der Straßenbahn durch Duisburg. Der Beitrag indifferenzbasierter Interaktion zur Figuration urbaner Gruppen«. In: *Zeitschrift für Soziologie*, Jg. 44, Heft 1, S. 63–80.

Hüttermann, Jörg (2018): *Figurationsprozesse der Einwanderungsgesellschaft. Zum Wandel der Beziehungen zwischen Alteingesessenen und Migranten in deutschen Städten*, Bielefeld: transcript.

Hüttermann, Jörg (2018): *Urbane Marktgeselligkeit. Eine Figuration im Modus des Vorübergehens*, In: ders.: Figurationsprozesse der Einwanderungsgesellschaft. Zum Wandel der Beziehungen zwischen Alteingesessenen und Migranten in deutschen Städten, Bielefeld: transcript, S. 218–245.

Hunn, Karin (2005): *»Nächstes Jahr kehren wir zurück … «. Die Geschichte der türkischen »Gastarbeiter« in der Bundesrepublik*, Göttingen: Wallstein.

Hunke, Sigrid (1997): *Allahs Sonne über dem Abendland*, Frankfurt a. M.: Fischer.

Hunn, Karin (2011): »›Türken sind auch nur Menschen. Und zwar Menschen mit einer anderen Kultur.‹ Ursachen von Fremd- und Selbstethnisierung türkischer Migranten in der Bundesrepublik«. Vortrag im Rahmen der Tagung *Ist das Konzept der Integration überholt? Theoretische Fassungen einer aktuellen Debatte* (14.–15.07.2011), Universität Konstanz, 14.07.2014, https://streaming.uni-konstanz.de/talks-events/integrationstagung-ist-das-konzept-der-integration/tuerken-sind-auch-nur-menschen-und-zwar-menschen-mit-einer-anderen-kultur/ (05.07.2017).

Jonker, Gerdien (2002): *Eine Wellenlänge zu Gott. Der ›Verband der islamischen Kulturzentren in Europa‹*, Bielefeld: transcript.

Kaplan, Ismail (2009): *Türkiye'de Milli Eğitim İdeolojisi*, Istanbul: İletişim Yayıncılık.

Karacabey, Makfi (1996): *Türkische Tageszeitungen in der BRD. Rolle, Einfluß, Funktionen*, Dissertation Universität Frankfurt a. M.

Kelek, Necla (2002): *Islam und Alltag. Islamische Religiosität und ihre Bedeutung in der Lebenswelt von Schülerinnen und Schülern türkischer Herkunft*, Münster: Waxmann.

Kimmich, Dorothee/Schahadat, Schamma (2016): »Diskriminierung. Versuch einer Begriffsbestimmung«. In: *Diskriminierungen*, Zeitschrift für Kulturwissenschaften 2/2016, Bielefeld: transcript, S. 9–22.

Kleeberg, Bernhard/Langenohl, Andreas (2011): »Kulturalisierung. Dekulturalisierung«. In: *Zeitschrift für Kulturphilosophie* 2, S. 291–302.

KLINKHAMMER, Grit (2000): *Moderne Formen islamischer Lebensführung. Eine qualitativ-empirische Untersuchung zur Religiosität sunnitisch geprägter Frauen der zweiten Generation in Deutschland*, Marburg: diagonal.
KOSCHORKE (2004): »Codes und Narrative. Überlegungen zur Poetik der funktionalen Differenzierung«. In: *Grenzen der Germanistik. Rephilologisierung oder Erweiterung?*, hg. v. Walter Erhart, Stuttgart: Metzler, S. 174–185.
KOSCHORKE, Albrecht (2012): *Wahrheit und Erfindung. Grundzüge einer allgemeinen Erzähltheorie*, Frankfurt a. M.: Fischer.
KOTSINAS, Ulla-Britt (1998): »Language Contact in Rinkeby. An Immigrant Suburb«. In: *Jugendsprache*, hg. v. Jannis Androutsopoulos, Anno Schulz, Frankfurt a. M.: Lang, S. 125–148.
KREISER, Klaus (2008): *Atatürk. Eine Biographie*, München: Beck.
KREISER, Klaus/NEUMANN, Christoph (2009): *Kleine Geschichte der Türkei*, Stuttgart: Reclam.
KRÜTZEN, Michaela (2011): *Dramaturgie des Films. Wie Hollywood erzählt*, Frankfurt a. M.: Fischer.
KYMLICKA, Will (1995): *Multicultural Citizenship. A liberal Theory of Minority Rights*, New York: Oxford University Press.
LANGENOHL, Andreas/RAUER, Valentin (2011): »Reden an die Transnation. Eine Analyse der öffentlichen Reaktionen auf die Reden von Erdoğan und Wulff in Deutschland«. In: *Sociologia internationalis 2011*, Bd. 49, 1, S. 69–102.
LANGENOHL, Andreas (2015): *Trans-local Friendships: The Microstructures of Twinning Sociability*, In: ders.: Town Twinning, Transnational Connections and Trans-local Citizenship Practices in Europe, New York: Palgrave Macmillan, S. 108–133.
LATOUR, Bruno (2010): *Eine neue Soziologie für eine neue Gesellschaft*, Frankfurt a. M.: Suhrkamp.
LAUT, Jens-Peter (2000): *Das Türkische als Ursprache? Sprachwissenschaftliche Studien in der Zeit des erwachenden Nationalismus*, Wiesbaden: Harrassowitz.
LAURIEN, Hanna-Renate (1983): »Möglichkeiten und Grenzen kultureller Integration«. In: *Die fremden Mitbürger. Möglichkeiten und Grenzen der Integration von Ausländern*, hg. v. Hartmut Esser, Düsseldorf: Patmos, S. 39–51.
LEFEBVRE, Henri (1968): *La droit à la ville*, Paris: Anthropos.
LEFEBVRE, Henri (2006): »Die Produktion des Raums«. In: Stephan Günzel: *Raumtheorie. Grundlagentexte aus Philosophie und Kulturwissenschaften*, Frankfurt a. M.: Suhrkamp.
LEFEBVRE, Henri (2016): *Das Recht auf Stadt*, Hamburg: Edition Nautilus.
LEJEUNE, Philippe (1975): *Der autobiografische Pakt*, Frankfurt a. M.: Suhrkamp.
LEXIKON DER PSYCHOLOGIE (2000): »Affekt«. In: *Spektrum Akademischer Verlag*, Heidelberg, https://www.spektrum.de/lexikon/psychologie/affekt/261 (27.03.2019).
LEVI STRAUSS, Claude (2012): *Anthropologie in der modernen Welt*, Frankfurt a. M.: Suhrkamp.
LEVY, Daniel (1999): »The Future of the Past. Historiographical Disputes and Competing Memories in Germany and Israel«. In: *History and Theory. Studies in the Philosophy of History*, 38 (1), February 1999, S. 51–66.
LEVY, Daniel/SZNAIDER, Natan (2002): »Memory Unbound. The Holocaust and the Formation of Cosmopolitan Memory«. In: *European Journal of Social Theory*, 5 (1), S. 87–106.
LEVY, Daniel/SZNAIDER (2007): *Erinnerung im globalen Zeitalter. Der Holocaust*, Frankfurt a. M.: Suhrkamp Verlag.
LINDNER, Werner (1996): *Jugendprotest seit den fünfziger Jahren. Dissens und kultureller Eigensinn*, Opladen: Leske + Budrich.

LINDNER, Rolf (2007): *Die Entdeckung der Stadtkultur. Soziologie aus der Erfahrung der Reportage*, Frankfurt a. M.: Campus.
LOCKWOOD, David (1969): »Soziale Integration und Systemintegration«. In: *Theorien des sozialen Wandels*, hg. v. Wolfgang Zapf, Köln: Kiepenheuer & Witsch, S. 124–137.
LÖFFLER, Bertold (2011): *Integration in Deutschland*, Augsburg: Oldenbourg.
LOTMAN, Jurij (1990): »Über die Semiosphäre«. In: *Zeitschrift für Semiotik* 12:4, S. 287–305.
LOTMAN, Juri (2004): »Der Platz der Filmkunst im Mechanismus der Kultur«. In: *Juri Lotman. Das Gesicht im Film. Zeitschrift für Theorie und Geschichte audiovisueller Kommunikation 13*, Marburg: Schüren, S. 92–106.
LOTMAN, Jurij (2010): *Die Innenwelt des Denkens. Eine semiotische Theorie der Kultur*, hg. v. Susi K. Frank, Cornelia Ruhe, Alexander Schmitz, Berlin: Suhrkamp.
LOTMAN, Jurij (2010): »Die Mechanismen des Dialogs«. In: ders: *Die Innenwelt des Denkens*, S. 191–202.
LUDOLF, Herbst (1986): »Die zeitgenössische Integrationstheorie und die Anfänge der europäischen Einigung 1947–1950«. In: *Vierteljahrshefte für Zeitgeschichte* 34:2, S. 161–205.
LUFT, Stefan/SCHIMANY, Peter (2014): »Asylpolitik im Wandel«. In: *20 Jahre Asylkompromiss. Bilanz und Perspektiven*, hg. v. dens., Bielefeld: transcript, S. 11–32.
LUHMANN, Niklas (1995): »Kultur als historischer Begriff«. In: ders.: *Gesellschaftsstruktur und Semantik. Studien zur Wissenssoziologie der modernen Gesellschaft, Bd. 4*, Frankfurt a. M.: Suhrkamp, S. 31–54.
LUHMANN, Niklas (1999): »Inklusion und Exklusion«. In: ders.: *Die Gesellschaft der Gesellschaft Bd. 2*, Frankfurt a. M.: Suhrkamp, S. 618–633.
MALIK, Kenan (2017): *Das Unbehagen in den Kulturen. Eine Kritik des Multikulturalismus und seiner Gegner*, Berlin: Novo Argumente.
MARCHART, Oliver (2008): *Cultural Studies*, Konstanz: UVK.
MAKROPOULOS, Michael (2004): »Robert Ezra Park (1864–1944). Modernität zwischen Urbanität und Grenzidentität«. In: *Culture Club. Klassiker der Kulturtheorie*, hg. v. Martin Hofmann u. a., Frankfurt a. M.: Suhrkamp, S. 48–66.
MARCUSE, Herbert (1964): *One-Dimensional Man*, Boston: Beacon Press.
MARCUSE, Herbert (1967): *Der eindimensionale Mensch. Studien zur Ideologie der fortgeschrittenen Industriegesellschaft*, Neuwied: Luchterhand.
MASSUMI, Brian (2010): *Ontomacht. Kunst, Affekt und das Ereignis des Politischen*, Berlin: Merve.
MAIER, Ulrich (2012): »Türkische ›Gastarbeiterkinder‹ in den 1970er-Jahren. Verein türkischer Arbeitnehmer in Heilbronn fordert Schulklassen für türkische Gastarbeiterkinder«, http://www.landesarchiv-bw.de/sixcms/media.php/120/53803/Archivnachrichten_44_Quellen_43.pdf (19.07.2016).
MATTES, Monika (2005): *›Gastarbeiterinnen‹ in der Bundesrepublik*, Frankfurt a. M.: Campus.
MCRAE, Verena (1980): *Die Gastarbeiter: Daten. Fakten. Probleme*, München: Beck.
MECHERIL, Paul (2010): *Migrationspädagogik*, Landsberg: Beltz.
MECHERIL, Paul (2011): »Wirklichkeit schaffen. Integration als Dispositiv«. In: *Aus Politik und Zeitgeschichte*, 61. Jahrgang, Heft 43/2011, S. 49–54.
MECHERIL, Paul (2014): »Subjektbildung in der Migrationsgesellschaft«. In: *Subjektbildung. Interdisziplinäre Anlaysen der Migrationsgesellschaft*, hg. v. Paul Mecheril, Bielefeld: transcript, S. 11–28.
MECHERIL, Paul/REUTER, Julia (2015): *Einleitung zu Schlüsselwerke der Migration. Pionierstudien und Referenztheorien*, Wiesbaden: Springer VS.

MIHCIYAZGAN, Ursula (1989): »Rückkehr als Metapher. Die Bedeutung der Rückkehr in der Lebensplanung und -praxis türkischer Migrantinnen«. In: *Informationsdienst zur Ausländerarbeit*, H. 4. 1989, S. 39–42.
MOLINA, Muñoz (1994): *Stadt der Kalifen. Historische Streifzüge durch Cordoba*, Reinbek: Rowohlt.
MÖLLERS, Christoph (2019): *Das Grundgesetz. Geschichte und Inhalt*, München: Beck.
MOTTE, Jan/OHLIGER, Rainer (2004): »Geschichte und Gedächtnis in der Einwanderungsgesellschaft. Einführende Betrachtungen«. In: *Geschichte und Gedächtnis in der Einwanderungsgesellschaft*, hg. v. Jan Motte, Rainer Ohliger, Essen: Klartext.
MÜNKLER, Herfried (2015): *Macht der Mitte. Die neuen Aufgaben Deutschlands in Europa*, Hamburg: Edition Körber-Stiftung.
MÜNKLER, Herfried/MÜNKLER, Marina (2017): *Die neuen Deutschen. Ein Land vor seiner Zukunft*, Reinbek: Rowohlt Verlag.
MÜNZ, Rainer/SEIFERT, Wolfgang/ULRICH, Ralf (1999): *Zuwanderung nach Deutschland. Strukturen, Wirkungen, Perspektiven*, Frankfurt a. M.: Campus.
NANCY, Jean-Luc (1988): *Die undarstellbare Gemeinschaft*, Stuttgart: Edition Schwarz.
NANCY, Jean-Luc (1994): »Das gemeinsame Erscheinen. Von der Existenz des ›Kommunismus‹ zur Gemeinschaftlichkeit der ›Existenz‹«. In: *Gemeinschaften. Positionen des Politischen*, hg. v. Joseph Vogl, Frankfurt a. M.: Suhrkamp, S. 167–204.
NASSEHI, Armin (1997): »Inklusion, Exklusion-Integration, Desintegration. Die Theorie funktionaler Differenzierung und die Desintegrationsthese«. In: *Was hält die Gesellschaft zusammen? Bundesrepublik Deutschland: Auf dem Weg von der Konsens- zur Konfliktgesellschaft Bd. 2*, hg. v. Wilhelm Heitmeyer, Frankfurt a. M.: Suhrkamp, S. 113–148.
NÖKEL, Sigrid (2001): »Personal Identity and Public Spaces. Micropolitics of Muslim Women in Germany«. In: *Jahrbuch 2000/2001*, Kulturwissenschaftliches Institut Essen, S. 113–147.
NÖKEL, Sigrid (2002): *Die Töchter der Gastarbeiter und der Islam. Zur Soziologie alltagsweltlicher Anerkennungspolitiken. Eine Fallstudie*, Bielefeld: transcript.
NOVICK, Peter (2003): *Nach dem Holocaust. Der Umgang mit dem Massenmord*, München: dtv.
ÖLÇEN, Ali Nejat (1986): *Türken und Rückkehr. Eine Untersuchung in Duisburg über die Rückkehrneigung türkischer Arbeitnehmer als Funktion ökonomischer und sozialer Faktoren*, Frankfurt a. M.: Dağyeli.
OLTMER, Jochen (2013): *Migration im 19. und 20. Jahrhundert*, München: Oldenbourg.
OMRAN, Susanne (2004): »›Assimilation‹. Zur Physio-Logik kultureller Differenz nach 1800«. In: *Kulturelle Identität. Konstruktionen und Krisen*, hg. v. Eva Kimminich, Frankfurt a. M.: Peter Lang, S. 89–106.
OSTERHAMMEL, Jürgen (2009): »Sesshafte und Mobile«. In: ders.: *Die Verwandlung der Welt. Eine Geschichte des 19. Jahrhunderts*, München: Beck, S. 183–252.
PAGENSTECHER, Cord (1996): »Die ›Illusion‹ der Rückkehr. Zur Mentalitätsgeschichte von ›Gastarbeit‹ und Einwanderung«. In: *Soziale Welt* 47:2, S. 149–179.
PANOFSKY, Erwin (1992): »Zum Problem der historischen Zeit«. In: *Aufsätze zu Grundfragen der Kunstwissenschaft*, hg. v. Hariolf Oberer, Berlin: Spiess, S. 77–83.
PARK, Robert Ezra (1928): »Human Migration and the Marginal Man«. In: *American Journal of Sociology*, 33:6, S. 881–893.
PARK, Robert Ezra (1931): »The Problem of Cultural Differences«. In: *Race and Culture*, hg. v. Everett C. Hughes, London: The Free Press of Glencoe, S. 3–14.

PARK, Robert Ezra ([1937] 1950): »Culture and Civilization«. In: ders.: *Race and Culture*, Glencoe/IL: The Free Press, S. 15–23.
PARK, Robert Ezra (1937): »Cultural Conflict and the marginal man«. In: *The study of personality and culture conflict*, hg. v. Everett Stonequist, New York: Russel & Russel, S. XIII-XVIII, hier S. XVIIf.
PARK, Robert E./BURGESS Ernest. W. (1969): *Introduction to the Science of Sociology*, Chicago: University of Chicago.
PARSONS, Talcott (1965): »Full Citizenship for the Negro American? A Sociological Problem«. In: *Daedalus*, Vol. 94, No. 4, The Negro American (Fall, 1965), S. 1009–1054.
PFALLER, Robert (2015): *Wofür es sich zu leben lohnt*, Frankfurt a. M.: Fischer.
PORTES, Alejandro (2003): *Legacies. The Story of the Second Immigrant Generation*, University of California Press.
POTT, Andreas (2002): *Ethnizität und Raum im Aufstiegsprozess. Eine Untersuchung zum Bildungsaufstieg in der zweiten türkischen Migrantengeneration*, Wiesbaden: Verlag für Sozialwissenschaften.
QUENT, Matthias/SAALHEISER, Axel/WEBER, Dagmar (2020): »Gesellschaftlicher Zusammenhalt im Blätterwald. Auswertung und kritische Einordnung der Begriffsverwendung in Zeitungsartikeln (2014–2019)«. In: *Gesellschaftlicher Zusammenhalt. Ein interdisziplinärer Dialog*, hg. v. Nicole Deitelhoff, Olaf Groh-Samberg und Matthias Midell, Frankfurt a. M.: Campus Verlag, S. 73–87.
RADTKE, Frank-Olaf (1998): »Lob der Gleich-Gültigkeit. Die Konstruktion des Fremden im Diskurs des Multikulturalismus«. In: *Das Eigene und das Fremde. Neuer Rassismus in der Alten Welt?*, hg. v. Ulrich Bielefeld, Hamburg: Hamburger Edition, S. 79–98.
RAMPTON, Ben (1995): *Crossing language and Ethnicity among adolescents*, London: Longman.
RAUER, Valentin/SCHMIDTKE, Oliver (2001): »›Integration‹ als Exklusion? Zum medialen und alltagspraktischen Umgang mit einem umstrittenen Konzept«. In: *Berliner Journal für Soziologie* 3, S. 277–296.
RAUER, Valentin (2008): *Die öffentliche Dimension von Integration. Migrationspolitische Dachverbände in Deutschland*, Bielefeld: transcript.
RAUER, Valentin (2013): »Integrationsdebatten in der deutschen Öffentlichkeit (1947–2012)«. In: *Die Integrationsdebatte zwischen Assimilation und Diversität*, S. 51–86.
REICHHARDT, Sven (2013): *Authentizität und Gemeinschaft. Linksalternatives Leben in den siebziger und frühen achtziger Jahren*, Berlin: Suhrkamp.
RELPH, Edward (1976): *Place and Placelessness*, London: Pion Ltd.
RICHTER, Michael (2004): *gekommen und geblieben. Deutsch-türkische Lebensgeschichten*, Hamburg: Edition Koerber Stiftung.
RÖDDER, Andreas (2018): *Wer hat Angst vor Deutschland? Geschichte eines europäischen Problems*, Frankfurt a. M.: Fischer Verlag.
RÖDEL, Ulrich (Hg.) (1990): *Autonome Gesellschaft und libertäre Demokratie*, Frankfurt a. M.: Suhrkamp.
ROSANVALLON, Pierre (2011/2012): »Für eine Begriffs- und Problemgeschichte des Politischen. Antrittsvorlesung am Collège der France«. In: *Mittelweg 36*, S. 43–65.
RÜSEN, Jörn (2002): *Kann gestern besser werden? Essays zum Bedenken der Geschichte*, Berlin: Kadmos.
RUSHDIE, Salman (1991): *Homelands of Imaginary. Essays and Criticism 1981–1991*, London: Granta Books.
SAID, Edward W. (2003): *Orientalism*, London: Penguin Books.

SAID, Edward W. (2014): *Orientalismus*, Frankfurt a. M.: Fischer Verlag.
SALZBRUNN, Monika (2014): *Vielfalt / Diversität*, Bielefeld: transcript.
SCHAPBACHER, Gabriele (2007): *Topik der Referenz. Theorie der Autobiographie, die Funktion ›Gattung‹ und Roland Barthes ›Über mich Selbst‹*, Würzburg: Königshausen & Neumann.
SCHEIBE, Moritz (2002): »Auf der Suche nach der demokratischen Gesellschaft«. In: *Wandlungsprozesse in Westdeutschland. Belastung, Integration, Liberalisierung 1945–1980*, hg. v. Ulrich Herbert, Göttingen: Wallstein, S. 245–277.
SCHERR, Albert (2016): *Diskriminierung. Wie Unterschiede und Benachteiligungen gesellschaftlich hergestellt werden*, Wiesbaden: Springer.
SCHILDT, Axel (2009): *Deutsche Kulturgeschichte. Die Bundesrepublik von 1945 bis zur Gegenwart*, München: Hanser.
SCHIFFAUER, Werner (2004): »Vom Exil- zum Diaspora-Islam. Muslimische Identitäten in Europa«. In: *Soziale Welt. Zeitschrift für sozialwissenschaftliche Forschung und Praxis Jahrgang 55:4*, S. 347–368.
SCHIFFAUER, Werner (1983): *Die Gewalt der Ehre. Erklärungen zu einem türkisch-deutschen Sexualkonflikt*, Frankfurt a. M.: Suhrkamp.
SCHIFFAUER, Werner (1984): »Religion und Identität. Eine Fallstudie zum Problem der Reislamisierung bei Arbeitsmigranten«. In: *Schweizerische Zeitschrift für Soziologie*, Vol. 10, Nr. 2, S. 485–516.
SCHIFFAUER, Werner (1997): »Die ›civil society‹ und der Fremde. Grenzmarkierungen in vier politischen Kulturen«. In: *Fremde in der Stadt*, von Werner Schiffauer, Frankfurt a. M.: Suhrkamp, S. 35–49.
SCHIFFAUER, Werner (1997a): *Fremde in der Stadt*, Frankfurt a. M.: Suhrkamp.
SCHIFFAUER, Werner (2000): *Die Gottesmänner. Eine Studie zur Herstellung religiöser Evidenz*, Frankfurt a. M.: Suhrkamp.
SCHILDT, Axel (2009): *Deutsche Kulturgeschichte. Die Bundesrepublik von 1945 bis zur Gegenwart*, München: Hanser.
SCHIMMEL, Annemarie (1993): *Wanderungen mit Yunus Emre*, Köln: Önel.
SCHIMMEL, Annemarie (1992): *Mystische Dimensionen des Islam*, München: Diederichs.
SCHMIDT, Manfred (2008): *Das politische System Deutschlands*, München: Beck.
SCHÖNBACH, Peter (1970): *Sprache und Attitüden. Über den Einfluß der Bezeichnungen »Fremdarbeiter« und »Gastarbeiter« auf Einstellungen gegenüber ausländischen Arbeitern*, Stuttgart: Huber.
SCHÖNWÄLDER, Karen (1999): »›Ist nur Liberalisierung Fortschritt?‹ Zur Entstehung des ersten Ausländergesetzes der Bundesrepublik«. In: *50 Jahre Bundesrepublik. 50 Jahre Einwanderung. Nachkriegsgeschichte als Migrationsgeschichte*, Frankfurt a. M.: Campus, S. 127–144.
SCHÖNWÄLDER, Karen (2001): *Einwanderung und ethnische Pluralität. Politische Entscheidungen und öffentliche Debatten in Großbritannien und der Bundesrepublik von den 1950er bis zu den 1970er Jahren*, Essen: Klartext.
SCHÖNWÄLDER, Karen (2003): »Zukunftsblindheit oder Steuerungsversagen? Zur Ausländerpolitik der Bundesregierungen der 1960er und 1970er Jahre«. In: *Migration steuern und verwalten. Deutschland vom späten 19. Jahrhundert bis zur Gegenwart*, hg. v. Jochen Oltmer, Göttingen: Vandenhoeck & Ruprecht.
SEN, Amartya (2007): *Die Identitätsfalle. Warum es keinen Krieg der Kulturen gibt*, München: Beck.

SCHULZE, Reinhard (1996): »Was ist islamische Aufklärung?«. In: *Die Welt des Islam* 36 (1996), S. 276–325.
SEUFERT, Günter (1999): »Die ›Türkisch-Islamische Union‹ (DITIB) der türkischen Religionsbehörde. Zwischen Integration und Isolation«. In: *Turkish Islam and Europe. Türkischer Islam in Europa*, hg. v. Günter Seufert, Jacques Waardenburg, Istanbul: Orient Institut der DMG, S. 261–294.
SEYHAN, Azade (2000):»Writing outside the Nation«. In: dies.: *Writing outside the Nation*, Princeton: Princeton University Press, S. 125–150.
SIMMEL, Georg (2019): *Die Geselligkeit*, In: ders.: Grundfragen der Soziologie. Individuum und Gesellschaft, Berliner Ausgabe.
SIU, Paul C. P. (1988): *The Chinese Laundryman. A Study in Social Isolation*, New York University Press.
SMITH, Robert (1995): *Derrida and Autobiography*, Cambridge: Cambridge University Press.
SOYSAL, Yasemin Nuhoğlu (1994): »Toward a Postnational Model of Membership«. In: dies.: *Limits of Citizenship. Migrants and Postnational Membership in Europe*, Chicago: University of Chicago Press, S. 136–162.
SOYSAL, Yasemin Nuhoğlu (1994): *Limits of Citizenship. Migrants and Postnational Membership in Europe*, Chicago: University of Chicago Press.
SPIVAK, Gayatri C. (2007): *Can the Subaltern Speak? Postkolonialität und subalterne Artikulation*, Wien, Berlin: Turia + Kant.
SPOHN, Margret (2002): *Türkische Männer in Deutschland. Familie und Identität. Migranten der ersten Generation erzählen ihre Geschichte*, Bielefeld: transcript.
STEYERL, Hito (2007): »Die Gegenwart der Subalternen«. In: Gayatri Spivak C.: *Can the Subaltern Speak? Postkolonialität und subalterne Artikulation*, Wien/Berlin: Turia+Kant, S. 5–16.
STICHWEH, Rudolf (1997): »Der Fremde. Zur Soziologie der Indifferenz«. In: *Furcht und Faszination. Facetten der Fremdheit*, hg. v. Herfried Münkler, Berlin: Akademie-Verlag, S. 45–64.
STICHWEH, Rudolf (2010): »Fremde, Inklusionen und Identitäten«. In: ders.: *Der Fremde. Studien zu Soziologie und Sozialgeschichte*, Berlin: Suhrkamp, S. 148–161.
STRASSBURGER, Gaby (2003): *Heiratsverhalten und Partnerwahl im Einwanderungskontext. Eheschließungen der zweiten Migrantengeneration türkischer Herkunft*, Baden-Baden: Ergon.
TAYLOR, Charles (1993): *Multikulturalismus und die Politik der Anerkennung*, Frankfurt a. M.: Suhrkamp.
TERTILT, Hermann (1996): *Turkish Power Boys. Ethnographie einer Jugendbande*, Frankfurt a. M.: Suhrkamp.
TEZCAN, Levent (2003): *Religiöse Strategien der machbaren Gesellschaft. Verwaltete Religion und islamistische Utopie in der Türkei*, Bielefeld: transcript.
TEZCAN, Levent (2003): »Das Islamische in den Studien zu Muslimen in Deutschland«. In: *Zeitschrift für Soziologie*, Jg. 32, Heft 3, Juni 2003, S. 237–261.
TEZCAN, Levent (2011): »Spielarten der Kulturalisierung«. In: *Kulturalisierung. Zeitschrift für Kulturphilosophie 2*, S. 357–376.
TEZCAN, Levent (2012): *Das muslimische Subjekt. Verfangen im Dialog der Deutschen Islam Konferenz*, Konstanz: Konstanz University Press.
TEZCAN, Levent (2013): »Das strittige Kollektiv im Kontext eines Repräsentationsregimes. Kontroversen auf der deutschen Islamkonferenz (2006–2009)«. In: *Die Integrationsdebatte zwischen Assimilation und Diversität. Grenzziehungen in Theorie,*

Kunst und Gesellschaft, hg. v. Özkan Ezli, Andreas Langenohl u. a., Bielefeld: transcript Verlag, S. 159–188.
THOMÄ, Dieter (2004): »Der Herrenlose. Gegenfigur zu Agambens ›homo sacer‹ – Leitfigur einer anderen Theorie der Moderne«. In: *DZPhil* 52, S. 965–984.
THYM, Daniel (2017): »Migrationsfolgenrecht«. In: *Veröffentlichungen der Vereinigung Deutscher Staatsrechtslehrer 76*, Berlin: De Gruyter, S. 169–216.
THYM, Daniel (2018): »Vom Fremdenrecht über die Denizenship zur Bürgerschaft. Gewandeltes Selbstverständnis im deutschen Migrationsrecht«. In: *Der Staat. Zeitschrift für Staatslehre und Verfassungsgeschichte, Deutsches und Europäisches Öffentliches Recht*, 57. Band Heft 1, Berlin: Duncker & Humblot, S. 77–117.
TIESLER, Nina (2006): *Muslime in Europa. Religion und Identitätspolitiken unter veränderten gesellschaftlichen Bedingungen*, Münster: LIT.
TREIBEL, Annette (2011): *Migration in modernen Gesellschaften. Soziale Folgen von Einwanderung, Gastarbeit und Flucht*, München: Juventa.
TUAN, Yi-Fu (1977): *Space and Place: The Perspective of Experience*, Minneapolis: University of Minnesota.
TURNER, Bryan S. (2007): »Managing Religions. State Responses to religious Diversity«. In: *Content Islam*, 2007/1, S. 123–137.
ÜNVER, Osman Can (1983): »Probleme der Integration von Türken in Deutschland aus türkischer Sicht«. In: *Die fremden Mitbürger. Möglichkeiten und Grenzen der Integration von Ausländern*, hg. v. Hartmut Esser, Düsseldorf: Patmos, S. 52–59.
USLUCAN, Haci-Halil (2017): »Türkeistämmige in Deutschland. Heimatlos oder überall zuhause?«. In: *Aus Politik und Zeitgeschichte*, Jahrgang 2017, Fremd in der Heimat?, http://www.bpb.de/apuz/243864/tuerkeistaemmige-in-deutschland-heimatlos-oder-ueberall-zuhause (zuletzt 03.01.2019).
VERTOVEC, Steven (2010): »Towards post-multiculturalism? Changing Communities, conditions and contexts of diversity«. In: *International Social Science Journal* 199, S 83–95.
VERTOVEC, Steven/WESSENDORF, Susanne (2010): »Introduction. Assessing the backlash against multiculturalism in Europe«. In: *The Multiculturalism Backlash*, hg. v. Steven Vertovec und Susanne Wessendorf, London: Routledge, S. 1–31.
VOGL, Joseph (Hg.) (1994): *Gemeinschaften. Positionen einer Philosophie des Politischen*, Frankfurt a. M.: Suhrkamp.
VOGL, Joseph (2021): *Kapital und Ressentiment. Eine kurze Theorie der Gegenwart*, München: C. H. Beck.
WALTHER, Rudolf (2019): »Neue Rechte. Am Anfang war Sarrazin«. In: *SÜDDEUTSCHE ZEITUNG*, 28.03.2019, https://www.sueddeutsche.de/politik/neue-rechte-thilo-sarrazin-populismus-afd-1.4380151 (28.03.2019).
WEHLER, Hans-Ulrich (2008): *Deutsche Gesellschaftsgeschichte (1949–1990)*, München: Beck.
WEINTRAUB, Jeff (1997): »The Theory and Politics of Public/Private Distinction«. In: *Public and Private in Thought and Practice. Perspectives on a Grand Dichotomy*, hg. v. Jeff Weintraub und Kirshan Kumar, Chicago/London: The University of Chicago Press, S. 1–42.
WIMMER, Andreas (2005): *Kultur als Prozess. Zur Dynamik des Aushandelns von Bedeutungen*, Wiesbaden: VS Verlag für Sozialwissenschaften.
WIMMER, Andreas (2008): »Ethnische Grenzziehungen in der Immigrationsgesellschaft. Jenseits des Herder'schen Commonsense«. In: *Migration und Integration*, hg. v. Frank Kalter, Wiesbaden: VS Verlag für Sozialwissenschaften, S. 57–80.

WINTER, Rainer/TAUBER, Anja (2015): »Das Leben an den Rändern. Entstehung und Perspektiven von Hybridität in soziologischer Sicht. Der Beitrag von Robert E. Park und Everett V. Stonequist«. In: *Schlüsselwerke der Migrationsforschung*, hg. v. Paul Mecheril, Julia Reuter, Wiesbaden: Springer VS, S. 45–60.

WIRTH, Uwe (2017): »Ironie«. In: ders.: *Komik. Ein interdisziplinäres Handbuch*, Stuttgart: Metzler, S. 16–20.

WIRTH, Uwe (2019): »Komik der Integration, Komik der Nicht-Integration«. In: *Komik der Integration. Grenzpraktiken der Gemeinschaft*, hg. v. Özkan Ezli, Deniz Göktürk und Uwe Wirth, Bielefeld: Aisthesis, S. 2–25.

WOLBERT, Barbara (1995): *Der getötete Pass – Rückkehr in die Türkei. Eine ethnologische Migrationsstudie*, Berlin: Akademie Verlag.

WOLFRUM, Edgar (2006): *Die geglückte Demokratie. Geschichte der Bundesrepublik von ihren Anfängen bis heute*, Stuttgart: Klett-Cotta.

WUNDERLICH, Tatjana (2005): *Die neuen Deutschen. Subjektive Dimensionen des Einbürgerungsprozesses*, Stuttgart: Lucius & Lucius.

YILDIZ, Erol (2014): »Postmigrantische Perspektiven«. In: *Nach der Migration. Postmigrantische Perspektiven jenseits der Parallelgesellschaft*, hg. v. Erol Yıldız und Marc Hill, Bielefeld: transcript, S. 19–48.

ZAPF, Wolfgang (1969): *Theorien des sozialen Wandels*, Köln: Kiepenheuer & Witsch.

ZHOU, Min (1997): »Segmented Assimilation: Issues, Controversies, a Recent Research on the New Second Generation«. In: *The international Migration Review*, 31:4, Special Issue, S. 975–1008.

ZÜRN, Michael (1998): *Regieren jenseits des Nationalstaates*, Frankfurt a. M.: Suhrkamp.

Sekundärliteratur: Literatur & Film

ACKERMANN, Irmgard (1984): »Integrationsvorstellungen und Integrationsdarstellungen in der Ausländerliteratur«. In: *Zeitschrift für Literaturwissenschaft und Linguistik* 56, S. 23–39.

ACKERMANN, Irmgard/WEINRICH, Harald (1986): *Eine nicht nur deutsche Literatur. Zur Standortbestimmung der »Ausländerliteratur«*, München: Piper.

ADELSON, Leslie (2003): »Against Between. A Manifesto«. In: *Zafer Şenocak*, hg. v. Tom Cheeseman, Karen E. Yeşilada, Cardiff 2003, S. 130–141.

ADELSON, Leslie (2005): *The Turkish Turn in Contemporary German Literature. Toward a New Critical Grammar of Migration*, New York: Palgrave Macmillan.

http://www.arasoeren.de/veroeffentlichungen/veroeffentlichungen-auf-tuerkisch/ (17.08.2016).

https://www.filmportal.de/film/almanya-willkommen-in-deutschland_49beb1344dff4076bb58 2a03262f15c8 (16.05.2018).

AGUIRE, Nora (2013): »Reading and Writing the Child's Voice in Emine Sevgi Özdamar's ›Das Leben ist eine Karawanserei hat zwei Türen aus einer kam ich rein aus der anderen ging ich raus‹ (1992)«. In: *Forum for Modern Language Studies* Vol. 49, No. 2, S. 213–220.

AKIN, Fatih (1998): »Interviews«. In: *Kurz und Schmerzlos* (DVD).

Akin, Fatih/Ziegler, Helmut (2004): »Ich will kein Sonntagskind sein! Ein Gespräch«. In: ders.: *Gegen die Wand. Das Buch zum Film*, Köln: Kiepenheuer & Witsch, S. 238–243.
Akin, Fatih/Zaimoğlu, Feridun (2004): »Der Regisseur Fatih Akın. Ein Gespräch mit Feridun Zaimoğlu«. In: ders.: *Gegen die Wand. Das Buch zum Film*, Köln: Kiepenheuer & Witsch, S. 233–237.
Akin, Fatih/Borcholte, Andreas (2009): »Ich hatte Bock zu lachen«. In: *Der Spiegel*, 23.12.2009, http://www.spiegel.de/kultur/kino/soul-kitchen-regisseur-fatih-akin-ich-hatte-bock-zu-lachen-a-668682.html (27.03.2018).
Aladağ, Züli (2007): »Interview mit Züli Aladağ«. In: ders.: *Wut*, Spielfilm, DVD, Hamburg: Mondo Entertainment.
Alanyali, Iris (2006): »Die Flucht vor dem Mann im Pyjama«. In: *Die Welt*, 26.04.2006, https://www.welt.de/print-welt/article209366/Die-Flucht-vor-dem-Mann-im-Pyjama.html (13.07.2018).
Alkın, Ömer/Tronnier, Claudia (2017): »Ein Interview, ein Rückblick und eine Filmographie. Die Redaktionsleiterin des ›Kleinen Fernsehspiels‹ Claudia Tonnier zum deutsch-türkischen Kino«. In: *Deutsch-Türkische Filmkultur im Migrationskontext*, hg. v. Ömer Alkın, Wiesbaden: Springer, S. 383–406.
Alkın, Ömer (2019): *Die visuelle Kultur der Migration. Geschichte, Ästhetik und Polyzentrierung des Migrationskinos*, Bielefeld: transcript.
Arens, Hiltrud (2002): *Kulturelle Hybridität in der deutschen Minoritätenliteratur der achtziger Jahre*, Tübingen: Stauffenburg.
Arslan, Thomas (1997): »Thomas Arslan über Geschwister«. In: ders.: *Geschwister*, Spielfilm, Berlin: Filmgalerie 451.
Arslan, Thomas (2001): *Presseheft zu »Geschwister«*.
Aytaç, Gürsel (1997): »Sprache als Spiegel der Kultur. Zu Emine Sevgi Özdamars Roman *Das ist eine Karawanserei*«. In: *Interkulturelle Konfigurationen. Zur deutschsprachigen Erzählliteratur von Autoren nichtdeutscher Herkunft*, hg. v. Mary Howard, München: iudicium, S. 171–177.
Bachmann, Angela (1992): »Schehrezades Schwester«. In: *Augsburger Allgemeine Zeitung*, 02.02.1992.
Bademsoy, Aysun/Mennel, Barbara (2016): »›Als würde man einem Gefühl, einer Spur folgen … ‹. Die Filmregisseurin Aysun Bademsoy im Gespräch«. In: *Deutsch-Türkische Filmkultur im Migrationskontext*, hg. v. Ömer Alkın, Wiesbaden: Springer, S. 151–168.
Baumgärtel, Bettina (1997): »Identitätsbalance in der Fremde. Der Beitrag des symbolischen Interaktionismus zu einem theoretischen Rahmen für das Problem der Identität in der Migrantenliteratur«. In: *Denn du tanzt auf einem Seil. Positionen deutschsprachiger MigrantInnenliteratur*, hg. v. Sabine Fischer, Moray McGowan, Tübingen: Stauffenberg, S. 53–70.
Bay, Hansjörg (1999): »Der verrückte Blick. Schreibweisen der Migration in Özdamars Karawanserei Roman«. In: *Sprache und Literatur* 30:83, S. 29–46.
Bayrak, Deniz/Dinç, Enis/Ekinci, Yüksel/Reininghaus, Sarah (2020): *Der Deutsch-Türkische Film. Neue kulturwissenschaftliche Perspektiven*, Bielefeld: transcript.
Becker, Peter von (1974): »Türken in Deutschland. Kurzer Traum vom langen Abschied. Aras Ören: ein Dichter unserer größten Minderheit«. In: *Die Zeit*, 29, 15.07.1974, S. 38.
Becker, Peter von (2012): »Verrücktes Blut. Ein spannungstoller Sieg im Schulklassenkampf«. In: *Verrücktes Blut*, von Nurkan Erpulat und Jen Hillje, Berlin: belvedere edition GmbH.

BEHRENS, Volker/TÖTEBERG, Michael (2011): *Fatih Akın. Im Clinch – Die Geschichte meiner Filme*, Reinbek: Rowohlt.
https://www.berlinale.de/de/archiv/jahresarchive/2004/02_programm_2004/02_ Filmdatenblatt_2004_20040096.php#tab=video10 (18.01.2018).
https://www.berlinale.de/de/archiv/jahresarchive/2004/06_streaming_2004/06_streaming_ listing_2004.php?item=26446&navi=2 (20.04.2018).
BERGHAHN, Daniela/STERNBERG, Claudia (2010): »Locating Migrant and Diasporic Cinema in Contemporary Europe«. In: *European Cinema in Motion. Migrant and Diasporic Film in Contemporary Europe*, hg. v. Daniela Berghahn, Claudia Sternberg, London: Palgrave Macmillan, S. 12–49.
BERGHAHN, Daniela (2012): »My Big Fat Turkish Wedding. From Culture Clash to Romcom«. In: *Turkish German Cinema in The New Millennium. Sites, Sounds, and Screens*, hg. v. Sabine Hake, Barbara Mennel, New York: Berghahn Books, S. 19–31.
BEYER, Tom (1998): »Kurz und Schmerzlos«. In: *Schnitt. Das Filmmagazin*, Nr. 12 April 1998.
BOA, Elisabeth (1997): »Sprachenverkehr. Hybrides Schreiben in Werken von Özdamar, Özakın und Demirkan«. In: *Interkulturelle Konfigurationen*, hg. v. Mary Howard, München: Iudicium, S. 115–137.
BOHM, Hark/WEINERT, Rita/ROTH, Wilhelm (1988): »Plädoyer für das Erzählkino. Gespräch mit Hark Bohm«. In: *epd Film*, April 1988, S. 2–5.
BORAN, Erol (2004): *Eine Geschichte des türkisch-deutschen Theaters und Kabaretts*, unveröffentlichte Dissertation, Ohio State University, S. 210. Siehe auch: http://publikationen.ub.uni-frankfurt.de/frontdoor/index/index/docId/12320 (zuletzt 17.12.2017).
BOOG, Julia (2017): *Anderssprechen. Vom Witz der Differenz in Werken von Emine Sevgi Özdamar, Felicitas Hoppe und Yōko Tawada*, Würzburg: Königshausen & Neumann.
BRANCO, Carla (2005): »Ein Becher Meer«. In: *FRANKFURTER ALLGEMEINE ZEITUNG*, 31.10.2005, https://www.buecher.de/shop/buecher/die-tochter-des-schmieds/oezdogan-selim/products_products/detail/prod_id/13273664/#reviews (03.08.2018).
BRAUERHOCH, Annette (1995): »Die Heimat des Geschlechts – oder mit der fremden Geschichte die eigene erzählen. Zu *Shirins Hochzeit* von Helma Sanders-Brahms«. In: *»Getürkte Bilder«. Zur Inszenierung von Fremden im Film*, hg. v. Ernst Karpf, Doron Kiesel, Karsten Vilarius, Marburg: Schüren, S. 108–115.
BREITFELD, Arndt (2006): »Özdamar dementiert Plagiatsvorwurf«. In: *DER SPIEGEL*, http://www.spiegel.de/kultur/literatur/zaimoglu-roman-oezdamar-dementiert-plagiatsvorwurf-a-420334.html (30.07.2018).
BRÖCKERS, Mathias (1991): »Irgendwohin. Irgendwoher. Wir nicht. Zum diesjährigen Ingeborg-Bachmann-Wettbewerb in Klagenfurt«. In: *DIE TAGESZEITUNG*, 03.07.1991, S. 15.
BRÖDER, F. J. (1976): *Das Märchen vom eisernen Berg*. In: *Nürnberger Nachrichten*, 22.01.1976.
BRUNNER, Maria E. (1999): »Daß keinem seine Gestalt bleibt, ist die treibende Kraft der Kunst. Migrationsliteratur von Aysel Özakın«. In: *Sprache Literatur 30*, 80, S. 47–61.
BRUNNER, Maria (2004): »›Migration ist eine Hinreise. Es gibt kein ›Zuhause‹, zu dem man zurück kann‹. Der Migrationsdiskurs in deutschen Schulbüchern und in Romanen deutsch-türkischer Autorinnen der neunziger Jahre«. In: *Die andere deutsche Literatur*, hg. v. Manfred Durzak, Würzburg: Königshausen & Neumann, S. 71–90.
BRUNNER, Maria E. (2009): »Kulturelle Differenzen und Identifikationsräume in Feridun Zaimoğlus Roman ›Leyla‹ und Emine Sevgi Özdamars ›Das Leben ist eine Karawanserei‹«.

In: *Der deutschsprachige Roman im 20. Jahrhundert aus interkultureller Sicht*, hg. v. László Szabo, Gabriella Rácz, Veszprem: Praesens, S. 31–52.
https://www.bundesregierung.de/Content/DE/Artikel/IB/Artikel/Geschichte/2008-09-23-deutschland-sagt-danke.html (01.05.2018).
BURNS, Rob (2006): »Turkish-German Cinema. From Cultural Resistance to Transnational Cinema?«. In: *German Cinema since Unification*, hg. v. David Clarke, London: CONTINUUM, S. 127–149.
BUSS, Christian (2010): »Ehrenmord-Drama ›Die Fremde‹. Schrecken, ganz ohne Schleier«. In: *DER SPIEGEL*, 10.03.2010, http://www.spiegel.de/kultur/kino/ehrenmord-drama-die-fremde-schrecken-ganz-ohne-schleier-a-682504.html (18.05.2018).
CHA, Kyung-Ho (2010): »Erzählte Globalisierung. Gabentausch und Identitätskonstruktion in Fatih Akıns ›Auf der anderen Seite‹«. In: *Kultur als Ereignis. Fatih Akıns Film* Auf der anderen Seite *als transkulturelle Narration*, hg. v. Özkan Ezli, Bielefeld: transcript, S. 135–150.
CHEESMAN, Tom/ŞENOCAK, Zafer (2003): »›Einfach eine neue Form‹: Gespräch mit Zafer Şenocak«. In: *Contemporary German Writers. Zafer Şenocak*, hg. v. Tom Cheesman, Karin Yeşilada, Cardiff: University of Wales Press, S. 19–30.
CHEESEMAN, Tom (2007): »Prelude in the Television Studio«. In: ders.: *Novels of Turkish Settlement*, New York: Camden House, S. 1–11.
CHEESEMAN, Tom (2007): »Seven Types of Cosmopolitanism«. In: *Novels of Turkish German Settlement*, v. Tom Cheeseman, New York: Camden House, S. 53–81.
CHEESEMAN, Tom (2007): *Novels of Turkish-German Settlement. Cosmopolite Fictions*, New York: Camden House.
CHEESMAN (2007): »In Quarantine: Zafer Şenocak«. In: ders.: *Novels of Turkish German Settlement. Cosmopolite Fictions*, New York: Camden House, S. 98–112.
CHEESEMAN, Tom (2007): »Postscripts: Astronauts in Search of a Planet«. In: ders.: *Novels of Turkish German Settlement. Cosmopolite Fictions*, New York: Camden House, S. 183–196.
CHEESMAN, Tom (2008): »Pseudopolitisch, pseudokorrekt: Ein deutscher Literaturskandal. Ein später Nachtrag zur Debatte um Feridun Zaimoğlus ›Leyla‹«. In: *literaturkritik.de rezensionsforum*, 29.05.2008, https://literaturkritik.de/id/11966 (26.07.2018).
DAYIOĞLU-YÜCEL, Yasemin (2005): *Von der Gastarbeit zur Identitätsarbeit. Integritätsverhandlungen in türkisch-deutschen Texten von Şenocak, Özdamar, Ağaoğlu und der Online-Community vaybee!*, Göttingen: Universitätsverlag.
DEHN, Moritz (1999): »Die Türken vom Dienst. ›Dealer‹ von Thomas Arslan oder ein weiterer Schritt heraus aus der Schublade ›deutsch-türkisches‹ Kino«, https://www.freitag.de/autoren/der-freitag/die-turken-vom-dienst (17.05.2017).
DELL, Matthias (2010): »Kritik zu ›Die Fremde‹«. In: *epd Film*, 01.03.2010, https://www.epd-film.de/filmkritiken/die-fremde (18.05.2018).
DOĞAN, Âbide (2003): »Almanya'daki türk işçilerini konu alan Romanlar *Türkler Almanya'da, Sancı ... Sancı ... , A'nın gizli Yaşamı* üzerine bir Değerlendirme«. In: *Türkbilig* 5, S. 56–68.
DOLLINGER, Roland (2003): »Stolpersteine. Zafer Şenocaks Romane der 1990er Jahre«. In: *Multikultur. Gegenwartsliteratur. Ein germanistisches Jahrbuch. A German Studies Yearbook*, hg. v. Paul Michael Lützeler, Stephan K. Schindler, Tübingen: Stauffenburg, S. 1–28.
DÖRR, Volker C. (2009): »Third Space vs. Diaspora. Topologien transkultureller Literatur«. In: *Von der nationalen zur internationalen Literatur. Transkulturelle deutschsprachige*

Literatur und Kultur im Zeitalter globaler Migration, hg. v. Helmut Schmitz, Amsterdam, New York: Rodopi, S. 59–76.

DREWITZ, Ingeborg (1973): »Poem von den Kreuzberger Türken«. In: *Der Tagesspiegel*, 16.12.1973.

EGELHAAF, Martina (2005): »Verortungen. Räume und Orte in der transkulturellen Theoriedebatte und in der neuen türkisch-deutschen Literatur im transnationalen Kontext«, DFG-Symposium 2004, Stuttgart, Weimar: Metzler, S. 745–768.

EHLERS, Ulrich (1993): »Yasemin. Ein Film für Zwölfjährige«. In: *Teenie-Kino. Filmarbeit zwischen Kindheit und Jugend*, hg. v. Bundesverband Jugend und Film, Frankfurt a. M.: Lang, S. 143–154.

ELSÄSSER, Thomas (2011): »Vom Tod als Experiment im Leben zum Kino der ethischen Handlungsmacht. Fatih Akın und die ›Ethische Wende‹«. In: *Kino in Bewegung. Perspektiven des deutschen Gegenwartsfilms*, hg. v. Thomas Schick, Tobias Ebbrecht, Wiesbaden: Springer, S. 41–62.

ELSTE, Nico (2012): *Von der Migration zur Integration. Literarische Konstruktion von Kultur und Kulturkonflikt in der deutsch-türkischen Literatur nach '89*, Saarbrücken: Südwestdeutscher Verlag für Hochschulschriften.

ETTE, Ottmar (2004): *ÜberLebenswissen. Die Aufgabe der Philologie*, Berlin: Kadmos.

„Existentielle Geschichten aus einer dunklen Welt", Feridun Zaimoğlu interviewt von „Erker"-Mitherausgeber Frank Lingnau. in: www.am-erker.de/int/int46fz.htm.

EZLI, Özkan (2005): »Grenzenlose Psyche oder die Kollektivautobiografie von 'Āliya Mamdūh. In: *Vom Individuum zur Person. Neue Konzepte im Spannungsfeld von Autobiographietheorie und Selbstzeugnisforschung. Querelles. Jahrbuch für Frauen- und Geschlechterforschung*, hg. v. Claudia Ulbrich, Gabrielle Jancke, Göttingen: Wallstein, S. 53–66.

EZLI, Özkan (2006): »Von der Identitätskrise zu einer ethnografischen Poetik. Migration in der deutsch-türkischen Literatur«. In: *Literatur und Migration*, Sonderband edition text + kritik München, S. 61–73.

EZLI, Özkan (2009): »Von der Identität zur Individuation – GEGEN DIE WAND. Eine Problematisierung kultureller Identitätszuschreibungen«. In: *Soziale Welt. Sonderband 17: Konfliktfeld Islam in Europa*, S. 283–304.

EZLI, Özkan (2009): »Von der interkulturellen zur kulturellen Kompetenz«. In: *Wider den Kulturenzwang. Migration, Kulturalisierung und Weltliteratur*, hg. v. Özkan Ezli, Dorothee Kimmich und Annette Werberger, Bielefeld: transcript, S. 207–230.

EZLI, Özkan (2012): »Peripherien zwischen Repräsentation und Individuation. Die Körper der Minderheiten in Fassbinders KATZELMACHER und ANGST ESSEN SEELE AUF«. In: *Prekäre Obsession. Minoritäten im Werk von Rainer Werner Fassbinder*, hg. v. Nicole Colin, Franziska Schößler, Nike Thun, Bielefeld: transcript, S. 93–124.

EZLI, Özkan (2013): »Narrative der Integration im Film«. In: *Die Integrationsdebatte zwischen Assimilation und Diversität*, hg. v. Özkan Ezli, Andreas Langenohl, Valentin Rauer, Claudia Voigtmann, Bielefeld: transcript, S. 189–212.

FASSBINDER, Rainer Werner (1986): »Filme müssen irgendwann aufhören, Filme zu sein«. In: *Die Anarchie der Phantasie. Gespräche und Interviews*, hg. v. Michael Töteberg, Frankfurt a. M.: Fischer, S. 47–52.

Filmportal (2009): »Sowohl als auch: Das ›deutsch-türkische‹ Kino heute«. In: *Filmportal*, 01.01.2009, http:// http://www.filmportal.de/thema/sowohl-als-auch-das-deutsch-tuerkische-kino-heute (19.04.2017).

https://www.filmportal.de/film/gegen-die-wand_060306a55a8c405488a066bb947509ba (27.03.2018).
https://www.filmportal.de/person/thomas-arslan_c01d5dfb9a3c45698d2d3840ed0b14f0 (20.09.2018).
FISCHETTI, Renate (2000): *Das neue Kino. Acht Portraits von Regisseurinnen*, Dülmen-Hiddingsel: Tende.
FORSTER, Katharina (2021): *Literarische Narrative in der Einwanderungsgesellschaft. Zur Dekonstruktion des Bildungs- und Entwicklungsromans in der Interkulturellen Gegewartsliteratur*, Studien zur deutsch-türkischen Literatur und Kultur, Bd. 9, Würzburg: Königshausen & Neumann.
FRANKFURTER ALLGEMEINE ZEITUNG (2007): »Feridun Zaimoğlu. ›Leyla‹. In: *FRANKFURTER ALLGEMEINE ZEITUNG*, http://www.faz.net/aktuell/feuilleton/buecher/romanatlas/tuerkei-anatolien-feridun-zaimoglu-leyla-1306255.html?printPagedArticle=true#pageIndex_0 (19.07.2018).
FREDERKING, Monika (1985): *Schreiben gegen Vorurteile*, Berlin: Express Edition.
http://www.filmportal.de/film/die-industrielle-reserve-armee_e0445ac032354c129bfd4d5695 e63aaa (17.08.2016).
GALLAGHER, Jessica (2006): »The Limitation of Urban Space in Thomas Arslan's *Berlin Trilogy*. In: *Seminar* Nr. 42 (3), S. 337–352.
GEIS, Matthias (2002): »Perspektiven durch Kontraste in einem Klassiker des Fremderlebens. Yasemin von Hark Bohm«. In: *Praxis Deutsch*, 29/175, S. 35–43.
GEISEL, Siglinde (2006): »›Leyla‹. Eine Travestie?«. In: *NEUE ZÜRICHER ZEITUNG*, 24.06.2006, https://www.nzz.ch/articleE8O0G-1.41751 (26.07.2018).
GEISER (2012): »Die Inszenierung der Selbstbehauptung. Autonomie und Engagement in türkisch-deutscher Prosa«. In: *Jahrbuch Türkisch-Deutsche Studien Bd. 3*, hg. v. Şeya Ozil, Michael Hofmann, Yasemin Dayıoğlu-Yücel, Göttingen: Vandenhoeck & Ruprecht, S. 37–56.
GESPRÄCH MIT WOLFGANG BECKER (1997): »Normalos kommen nicht vor«. In: *DER SPIEGEL*, 12/1997, S. 217.
GHAUSSY, Sohelia (1999): »Das Vaterland verlassen: Nomadic Language and ›Feminine Writing‹ in Emine Sevgi Özdamar's *Das Leben ist eine Karawanserei*«. In: *The German Quarterly* 72.1, S. 1–16.
GÖBENLI, Mediha (2006): »›Migrantenliteratur‹ im Vergleich. Die deutsch-türkische und die indo-englische Literatur«. In: *Arcadia* 40:2, S. 300–317.
GÖKTÜRK, Deniz/ŞENOCAK, Zafer (1991): *Jedem Wort gehört ein Himmel*, München: Babel.
GÖKTÜRK, Deniz (2000a): »Turkish Women on German Streets. Closure and Exposure in Transnational Cinema«. In: *Space in European Cinema*, hg. v. Myrto Konstantarakos, Exeter, Portland: Intellect, S. 64–76.
GÖKTÜRK, Deniz (2000b): »Migration und Kino. Subnationale Mitleidskultur oder transnationale Rollenspiele?«. In: *Interkulturelle Literatur in Deutschland. Ein Handbuch*, hg. v. Carmine Chiellino, Stuttgart, Weimar: Metzler, S. 329–347.
GÖKTÜRK, Deniz (2004): »Strangers in Disguise. Role-Play beyond Identity Politics in Anarchic Film Comedy«. In: *New German Critique*, No. 92, Special Issue on: Multicultural Germany: Art, Performance and Media, S. 100–122.
GÖKTÜRK, Deniz (2010): »Mobilität und Stillstand im Weltkino digital«. In: *Kultur als Ereignis. Fatih Akıns Auf der anderen Seite als transkulturelle Narration*, hg. v. Özkan Ezli, Bielefeld: transcript, S. 15–46.

GOYTISOLO, Juan (1994): »On Emine Sevgi Özdamar«. In: *Times Literary Supplement 12 (International Book of the Year)*, 02.12.1994.
GRAMLING, David (2012): »The Oblivion of Influence. Mythical Realism in Feo Aladağs *When we leave*«. In: *Turkish German Cinema in the New Millennium. Sites, Sounds, and Screens*, hg. v. Sabine Hake, Barbara Mennel, New York: Berghahn Books, S. 32–43.
GRIMME PREIS (2007): »Meine verrückte türkische Hochzeit (ProSieben)«. In: *Grimme Preis*, http://www.grimme-preis.de/archiv/2007/preistraeger/p/d/meine-verruecktetuerkische-hochzeit-prosieben/ (29.03.2018).
GÜNELI, Berna (2014): »The Sound of Fatih Akın's Cinema. Polyphony and the Aesthetics of Heterogeneity in *The Edge of Heaven*«. In: *German Studies Review*, Volume 37, Number 2, May 2014, S. 337–356.
GÜNTER, Manuela (1999): »›Wir sind Bastarde, Freund ... ‹. Feridun Zaimoğlus Kanak Sprak oder die performative Struktur von Identität«. In: *Sprache und Literatur* 83, S. 15–28.
HALL, Katharina (2003): »›Bekanntlich sind Dreiecksbeziehungen am kompliziertesten‹. Turkish, Jewish and German Identity in Zafer Şenocak's *Gefährliche Verwandtschaft*«. In: *German Life and Letters 56:1*, S. 72–88.
HAMDORF, Wolfgang M. (1999): »Die neue Alltäglichkeit. Multikultureller Realismus im jungen deutschen Kinofilm«. In: *Film-Dienst*, fd 12/1999.
HOFMANN, Michael (2013): »Güls Welt. Erzählen und Modernisierung in Selim Özdoğans Roman *Die Tochter des Schmieds*«. In: ders.: *Deutsch-türkische Literaturwissenschaft*, Würzburg: Königshausen & Neumann, S. 120–132.
HELBIG, Björn (2010): *Almanya. Willkommen in Deutschland*, 30.12.2010, https://www.visionkino.de/filmtipps/filmtipp/movies/show/Movies/all/almanya-willkommen-indeutschland/ (13.06.2018).
HESS, Sabine/MOSER, Johannes (2010): »Jenseits der Integration. Kulturwissenschaftliche Betrachtungen einer Debatte«. In: *nointegration?! Kulturwissenschaftliche Beiträge zur Integrationsdebatte in Europa*, hg. v. Sabine Hess, Jana Binder, Johannes Moser, Bielefeld: transcript, S. 11–26.
HICKETHIER, Knut (1995): »Zwischen Abwehr und Umarmung. Die Konstruktion des anderen in Filmen«. In: *»Getürkte Bilder«. Zur Inszenierung von Fremden im Film*, hg. v. Ernst Kapf, Doron Kiesel und Karsten Visarius, Marburg: Schüren, S. 21–40.
HILLMANN, Roger/SILVEY, Vivien (2010): »Akin's ›Auf der anderen Seite‹ (The Edge of Heaven) and the widening periphery«. In: *German as Foreign Language*, No 3/2010, S. 99–116.
HEINRICHS, Petra (2011): *Grenzüberschreitungen: Die Türkei im Spiegel deutschsprachiger Literatur. Ver-rückte Topographien von Geschlecht und Nation*, Bielefeld: Aisthesis.
EL-HISSY, Maha (2012): *Getürkte Türken. Karnevaleske Stilmittel im Theater, Kabarett und Film deutsch-türkischer Künstlerinnen und Künstler*, Bielefeld: transcript.
HOFMANN, Michael (2006): *Interkulturelle Literaturwissenschaft*, München: Fink.
HOFMANN, Michael (2014): »Die deutsch-türkische Literatur. Entwicklungstendenzen und Perspektiven«. In: *IMIS-Beiträge* 45, S. 23–36.
HORROCKS, David/KOLINSKY, Eva (1996): »Living and Writing in Germany«. In: *Turkish Culture in German Society Today*, hg. v. David Horrocks, Eva Kolinsky, Oxford: Berghahn Books, S. 45–54.
HUTCHEON, Linda (1994): *Irony's Edge. The Theory and Politics Irony*, New York: Routledge.
Interview mit der Regisseurin, In: http://peripherfilm.de/fsk-kino/archiv/amrandederstaedte.html (11.09.2018).

Interview mit Dilek Güngör (2007): »Wir sind alle Hinterwäldler. Die Schriftstellerin Dilek Güngör über ihren ersten Roman ›Das Geheimnis meiner türkischen Großmutter‹«. In: *Frankfurter Rundschau*, 15.03.2007, http://www.fr.de/kultur/literatur/schriftstellerin-dilek-guengoer-wir-sind-alle-hinterwaeldler-a-1195060 (08.08.2018).

Jähner, Harald (2012): »Wörter ziehen uns voran. Laudatio auf Emine Sevgi Özdamar, der am Sonnabend der Alice-Salomon-Poetik-Preis verliehen wurde«. In: *Frankfurter Rundschau*, 15.01.2012, http://www.fr.de/kultur/ehrung-woerter-ziehen-uns-voran-a-871973 (13.09.2018).

Jankowsky, Karen (1997): »›German‹ Literature Contested. The 1991 Ingeborg-Bachmann-Prize Debate. ›Cultural Diversity‹ and Emine Sevgi Özdamar«. In: *The German Quarterly* Vol. 70, No. 3, S. 261–276.

Kaes, Anton (1987): *Deutschlandbilder. Die Wiederkehr der Geschichte als Film*, München: Edition text + kritik.

Kaiser, Birgit Mara (2014): »A new German, singularly Turkish. Reading Emine Sevgi Özdamar with Derrida's *Monolingualism of the Other*«. In: *Textual Practice*, Vol. 28, No. 6, S. 969–987.

http://www.kanak-attak.de/ka/about/manif_deu.html (06.08.2018).

Kaputanoğlu, Anıl (2010): *Hinfahren und Zurückdenken. Zur Konstruktion kultureller Zwischenräume in der türkisch-deutschen Gegenwartsliteratur*, Würzburg: Königshausen & Neumann.

Karaçalı, Fatih (2015): »Hep kadınlar mı ölecek biraz da erkekler ölsün«. In: *Milliyet*, 10.07.2015, http://www.milliyet.com.tr/-hep-kadinlar-mi-olecek-biraz-da-gundem-2085701/ (zuletzt 02.12.2018).

Karakuş, Mahmut (2012): »Selim Özdoğans ›Die Tochter der Schmieds‹. Möglichkeiten der Selbstverwirklichung der Frauen«. In: *Alman Dili ve Edebiyat Dergisi* 0 (19), S. 139–154.

Kayaoğlu, Ersel (2012): »Figurationen der Migration im türkischen Film«. In: *51 Jahre türkische Gastarbeitermigration nach Deutschland*, Türkisch-Deutsche Studien, Jahrbuch 2012, hg. v. Şeyda Ozil, Michael Hofmann, Yasemin Dayıoğlu-Yücel, Göttingen: V&R unipress, S. 81–104.

Khalizova, Anna (2020): »Möglichkeiten des Filmeinsatzes im DaF-Unterricht: Am Beispiel des Films *Haymatloz: Exil in der Türkei (2016)*«. In: *Der Deutsch-Türkische Film. Neue kulturwissenschaftliche Perspektiven*, hg. v. Deniz Bayrak, Enis Dinç, Yüksel Ekinci und Sarah Reininghaus, Bielefeld: transcript, S. 317–342.

Khamis, Sammy (2018): *Türke in Deutschland. Über das making of der größten Minderheit*, Produktion des Bayrischen Rundfunks.

Kilb, Andreas (1989): »Elif war hier«. In: *Die Zeit*, 05.05.1989, www.filmportal.de/node/26537/material/739160 (31.07.2016).

Kimmich, Dorothee (2009): »Öde Landschaften und die Nomaden in der eigenen Sprache. Bemerkungen zu Franz Kafka, Feridun Zaimoğlu und der Weltliteratur als ›littérature mineure‹«. In: *Wider den Kulturenzwang. Migration, Kulturalisierung und Weltliteratur*, hg. v. Özkan Ezli, Dorothee Kimmich, Annette Werberger, Bielefeld: transcript, S. 297–316.

Kimmich, Dorothee (2011): »Metamorphosen einer Biographie. Bemerkungen zu Feridun Zaimoğlus ›Leyla‹«. In: *Feridun Zaimoğlu in Schrift und Bild*, hg. v. Klára Erdei, Rüdiger Schütt, Kiel: Edition Fliehkraft, S. 57–74.

https://www.kino.de/film/meine-verrueckte-tuerkische-hochzeit-2006/ (zuletzt 30.04.2018). Siehe auch: https://www.filmportal.de/film/meine-verrueckte-tuerkische-hochzeit_d72313ab5ff240a0ad9275d1ec41b745 (30.04.2018).

https://www.kiwi-verlag.de/buch/die-fremde-braut/978-3-462-03469-1/ (20.07.2018).

KNÖRER, Ekkehard (2011): »Bewegungen durch Berlin. Thomas Arslan: ›Geschwister‹, ›Der schöne Tag‹ und ›Im Schatten‹, Filmgalerie 451«. In: *TAZ. DIE TAGESZEITUNG*, 05.05.2011, http:// http://www.taz.de/!295711/ (24.01.2017).

KONUK, Kader (1997): »Das Leben ist eine Karawanserei. Heimat bei Emine Sevgi Özdamar«. In: *Kein Land in Sicht. Heimat – weiblich?*, hg. v. Gisela Ecker, München: Fink, S. 143–158.

KONUK, Kader (2001): *Identitäten im Prozess. Literatur von Autorinnen aus und in der Türkei in deutscher, englischer und türkischer Sprache*, Essen: Die Blaue Eule.

KONZETT, Matthias (2003): »Zafer Şenocak im Gespräch«. In: *The German Quarterly* 76.2, S. 131–139.

KOTTHOFF, Helga (2013): *Komik (in) der Migrationsgesellschaft*, Konstanz: UVK.

KOTTHOFF, Helga (2019): »Ethno-Comedy zwischen Inklusion und Exklusion. Komische Hypertypen und ihre komischen Praktiken«. In: *Komik der Integration. Grenzpraktiken und Identifikationen des Sozialen*, Bielefeld: Aisthesis, S. 48–84.

KREISER, Klaus/WIELANDT, Rotraud (1992): *Lexikon der islamischen Welt*, Stuttgart: Kohlhammer.

KREUZER, Helmut (1984): »Gastarbeiter-Literatur, Ausländer-Literatur, Migranten-Literatur? Zur Einführung«. In: *Zeitschrift für Literaturwissenschaft und Linguistik* 56, S. 7–10.

KÜHN, Heike (1995): »Mein Türke ist Gemüsehändler. Zur Einverleibung des Fremden in deutschsprachigen Filmen«. In: *›Getürkte Bilder‹: Zur Inszenierung von Fremden im Film*, hg. v. Ernst Karpf, Doron Kiesel, Karsten Visarius, Marburg: Schüren, S. 43–62.

KULAOĞLU, Tuncay (1999): »Der neue ›deutsche‹ Film ›türkisch‹?. Eine neue Generation bringt Leben in die Filmlandschaft«. In: *Filmforum* 16 (Feb./März 1999), S. 8–11.

KULAOĞLU, Tuncay/PRIESSNER, Martina (2017): »Stationen der Migration. Aufbruch, Unterwegssein, Ankunft und Rückkehr im türkischen Yeşilçamkino bis zum subversiven Migrationskino der Jahrtausendwende«. In: *Deutsch-Türkische Filmkultur im Migrationskontext*, Wiesbaden: Springer VS, S. 25–44.

KURUYAZICI, Nilüfer (1997): »Emine Sevgi Özdamars *Das Leben ist eine Karawanserei* im Prozess der interkulturellen Kommunikation«. In: *Interkulturelle Konfiguration. Zur deutschsprachigen Erzählliteratur von Autoren nichtdeutscher Herkunft*, hg. v. Mary Howard, München: iudicium, S. 179–188.

KURZ, Joachim (2010): »Die Fremde«. In: *Kino-Zeit*, 22.03.2010, https://www.kino-zeit.de/film-kritiken-trailer/die-fremde (18.05.2018).

LÖSER, Claus (2004): »Berlin am Bosporus. Zum Erfolg Fatih Akıns und anderer türkischstämmiger Regisseure in der deutschen Filmlandschaft«. In: *Apropos: Film. Das Jahrbuch der DEFA-Stiftung*, Berlin, S. 129–147.

http://www.filmportal.de/film/mach-die-musik-leiser_13895d6387344cf99aaf45d6c2bc4618 (24.05.2018).

LOTTMANN, Joachim (1997): »Ein Wochenende in Kiel mit Feridun Zaimoğlu, dem Malcolm X der deutschen Türken«. In: *DIE ZEIT*, 14.11.1997, http://www.zeit.de/1997/47/zaimogl.txt.19971114.xml (27.03.2018).

LÜDKE, Martin (2006): »Nicht ohne meine Tochter zu schlagen«. In: *DIE ZEIT*, 16.03.2006, Literaturbeilage, https://www.zeit.de/2006/12/L-Zaimoglu-TAB (09.07.2018).

LULEY, Peter (2010): »›Wut‹ aus dem Migrantenmilieu«. In: *Die Sueddeutsche*, 19.05.2010, https://www.sueddeutsche.de/kultur/ard-verlegt-thriller-wut-aus-dem-migrantenmilieu-1.897372 (zuletzt 07.02.2019).

MACGUIRE, Nora (2013): »Reading and Writing the Child's Voice in Emine Sevgi Özdamar's ›Das Leben ist eine Karawanserei. Hat zwei Türen Aus einer kam ich rein Aus der anderen ging ich raus‹«. In: *Forum for Modern Language Studies Vol. 49*, No. 2, S. 213–220.
MALIK, Sarita (1996): »Beyond ›The Cinema of Duty‹? Pleasures of Hybridity: Black British Film of the 1980s and 1990s«. In: *Dissolving Views. Key Writings on British Cinema*, hg. v. Andrew Higson, London: Cassell, S. 202–215.
MANDEL, Ruth (2008): *Cosmopolitan Anxieties. Turkish Challenges to Citizenship and Belonging in Germany*, Durham, London: Duke University Press.
MANGOLD, Ijoma (2006): »Die Mitte der Sitte. Poetisch und soziologisch, nah und fern zugleich. Feridun Zaimoğlu erzählt in ›Leyla‹ vom Leben unter dem Gesetz«. In: *SZ Literaturbeilage*, 14.03.1006, S. 61.
MANI, Venkat (2007): *Cosmopolitical Claims. Turkish-German Literatures from Nadolny to Pamuk*, Iowa City: University of Iowa Press.
http://www.margaretthatcher.org/document/106689 (30.11.2017).
MARCI-BOEHNCKE, Gudrun (2020): »Ermitteln ohne Türkisch und als ›Kanake‹ beschimpft: *Happy Birthday, Türke! (1992)*«. In: *Der Deutsch-Türkische Film. Neue kulturwissenschaftliche Perspektiven*, hg. v. Deniz Bayrak, Enis Dinç, Yüksel Ekinci und Sarah Reininghaus, Bielefeld: transcript, S. 101–118.
MARTENSTEIN, Harald (2011): »Identitätsfragen. Die deutsch-türkische Komödie ›Almanya‹ wirkt wie eine direkte Reaktion auf die Thesen von Thilo Sarrazin. Es ist eine überzeugende Antwort, weil einfach nur eine Familiengeschichte erzählt wird«. In: *Der Tagesspiegel*, 15.02.2011 (https://www.tagesspiegel.de/kultur/harald-martenstein-4-identitaetsfragen/3815106.html) (16.05.2018).
McGOWAN, Moray (1996): »From Pappkoffer to Pluralism. Migrant Writing in the German Federal Republic«. In: *Turkish Culture in German Society Today*, hg. v. David Horrocks, Eva Kolinsky, Oxford, Providence: Berghahn, S. 1–22.
McGOWAN, Moray (2007): »Turkish-German fiction since the mid-1990s«. In: *Contemporary German Fiction: Writing in the Berlin Republic*, hg. v. Stuart Taberner, Cambridge: Cambridge University Press, S. 196–214.
http://www.mmeansmovie.de/wand.html (27.07.2018).
MECKLENBURG, Norbert (2006): »Ein türkischer Literaturskandal in Deutschland? Kritischer Kommentar zum Streit um Feridun Zaimoğlus ›Leyla‹ und Emine Sevgi Özdamars ›Das Leben ist eine Karawanserei‹«. In: *literaturkritik.de rezensionsforum*, 12.06.2006, https://literaturkritik.de/id/9610 (26.07.2018).
MECKLENBURG, Norbert (2008): »Interkulturalität und Komik bei Emine Sevgi Özdamar«. In: *Das Mädchen aus der Fremde. Germanistik als interkulturelle Literaturwissenschaft*, hg. v. Norbert Mecklenburg, München: iudicium, S. 506–535.
Medien aktuell, 02.02.1976. Aus: SANDERS-BRAHMS (1980): S. 140.
MENNEL, Barbara (2002): »Bruce Lee in Kreuzberg and Scarface in Altona. Transnational Auterism and Ghettocentrism in Thomas Arslan's Brothers and Sisters and Fatih Akın's Short Sharp Shock«. In: *New German Critique 87*, S. 133–156.
MENNEL, Barbara (2008): »Globales Migrationskino, der Ghetto-Flâneur und Thomas Arslans ›Geschwister‹«. In: *Mann wird Man. Geschlechtliche Identitäten im Spannungsfeld von Migration und Islam*, hg. v. Lydia Potts, Jan Kühnemund, Bielefeld: transcript, S. 53–64.
MENNEL, Barbara (2010): »Überkreuzungen in globaler Zeit und globalem Raum in Fatih Akıns *Auf der anderen Seite*«, In: *Kultur als Ereignis. Fatih Akıns Film Auf der anderen Seite als transkulturelle Narration*, hg. v. Özkan Ezli, Bielefeld: transcript, S. 95–118.

MUNDZECK, Heike (1986): »40 qm Deutschland – Ein türkischer Regisseur drehte in Hamburg einen Kino-Film über eine Gastarbeiter-Ehe«. In: *Frankfurter Rundschau* (18.01.1986).
MUTSCHLECHNER, Lorenz (2010): »Die Fremde«. In: *Film-Rezensionen*, 09.10.2010, https://www.film-rezensionen.de/2010/09/die-fremde/ (18.05.2018).
NAFICY, Hamid (1996): »Phobic Spaces and Liminal Panics. Independent Transnational Film Genre«. In: *Global/Local. Cultural Production and the Transnational Imaginary*, Durham: Duke University Press, S. 119–144.
NAFICY, Hamid (2001): *An Accented Cinema. Exilic and Diasporic Filmmaking*, New Jersey: Princeton University Press.
NEUBAUER, Jochen (2011): *Türkische Deutsche, Kanakster und Deutschländer. Identität und Fremdwahrnehmung in Film und Literatur. Fatih Akın, Thomas Arslan, Emine Sevgi Özdamar, Zafer Şenocak und Feridun Zaimoğlu*, Würzburg: Königshausen & Neumann.
Nicodemus, Katja (1997): »Cruising Kreuzberg«. In: *TIP Magazin* Nr. 25 (1997).
NICODEMUS, Katja (2004): »Film der Neunziger Jahre. Neues Sein und altes Bewußtsein«. In: *Geschichte des deutschen Films*, hg. v. Wolfgang Jacobsen, Stuttgart/Weimar: Metzler, S. 319–357.
OLIC, Ivika (1973): »Die Dame von der Naunynstraße«. In: *Der Tagesspiegel*, 30.09.1973. https://opac.stadt.wuerzburg.de/opax/ftitle.C?LANG=de&FUNC=full&SORTX=13&509143=YES (03.08.2018).
OZIL, Şeyda/HOFFMANN, Michael/LAUT, Jens-Peter/DAYIOĞLU-YÜCEL, Yasemin/ZIERAU, Cornelia (2018): *Tradition und Moderne in Bewegung*, Türkisch-deutsche Studien Jahrbuch 2017, Göttingen: Universitätsverlag.
OZIL, Şeyda/HOFFMANN, Michael/LAUT, Jens-Peter/DAYIOĞLU-YÜCEL, Yasemin/ZIERAU, Cornelia (2020): *Migrationsbewegungen und Rechtspopulismus nach 2015*, Türkisch-deutsche Studien Jahrbuch 2019, Göttingen: Universitätsverlag.
PATAKI, Heidi (1975), »Review of *Der kurze Traum aus Kağıthane*«. In: *Neues Forum* 22, S. 66. http://peripherfilm.de/fsk-kino/archiv/amrandederstaedte.html (11.09.2018).
PFLITSCH, Andreas (2009): »Fiktive Migration und migrierende Fiktion. Zu den Lebensgeschichten von Emine, Leyla und Gül«. In: *Wider den Kulturenzwang. Migration, Kulturalisierung und Weltliteratur*, hg. v. Özkan Ezli, Dorothee Kimmich, Annette Werberger, Bielefeld: transcript, S. 231–252.
PÖRKSEN, Uwe (2008): *Eingezogen in die Sprache, angekommen in der Literatur. Positionen des Schreibens in unserem Einwanderungsland*, Göttingen: Wallstein.
PRAGER, Brad (2012): »›Only the Wounded Honour Fights‹. Züli Aladağs *Rage* and the Drama of the Turkish German Perspective«. In: *Turkish German Cinema in the New Millennium. Sites, Sounds, and Screens*, hg. v. Sabine Hake, Barbara Mennel, New York: Berghahn Books, S. 109–122.
Presseheft zum Film 40 QM DEUTSCHLAND, Filmverlag der Autoren 1985.
PRIESSNER, Martina (2017): »›Im Schwebezustand reisen‹. Auslandstournee von Ayşe Polat«. In: *Deutsch-Türkische Filmkultur im Migrationskontext*, hg. v. Ömer Alkın, Wiesbaden: Springer, S. 317–334.
PÜTZ, Anke/SCHOLTEN, Frank (1988): *40 m² Deutschland. Materialien für einen Film von Tevfik Başer, Begleitheft zum Film*, Duisburg: Atlas Film.
RAUER, Valentin (2012): »Imagination des Minoritären. Terroristen in Fassbinder DIE DRITTE GENERATION«. In: *Prekäre Obsession*, S. 355–370.
REINECKE, Stefan (1999): »Aprilkinder«. In: *epd Film*, Nr. 2, Februar. http://www.filmportal.de/node/3995/material/687652 (15.12.2017).

RIEDEL, Monika (2020): »Von den wehrlosen Türken zu den neuen Deutschen. Darstellungen der türkischen Frau im deutschen und deutsch-türkischen Dokumentar-, Spiel- und Fernsehfilm«. In: *Der Deutsch-Türkische Film. Neue kulturwissenschaftliche Perspektiven*, hg. v. Deniz Bayrak, Enis Dinç, Yüksel Ekinci und Sarah Reininghaus, Bielefeld: transcript, S. 19–38.

RÖSCH, Heidi (1992): *Migrationsliteratur im interkulturellen Kontext. Eine didaktische Studie*, Frankfurt a. M.: Verlag für interkulturelle Kommunikation.

Roth, Wilhelm (1985): »Die Kümmeltürkin geht«. In: *epd Film*, Juni 1985 (http://www.filmportal.de/node/25393/material/642144) (20.07.2016).

RÜDENAUER, Ulrich (2006): »Sich herausnehmen, was sonst nur Jungs tun«. In: *Frankfurter Rundschau*, 15.03.2006, http://www.fr.de/kultur/literatur/ulrich-ruedenauer-sich-herausnehmen-was-sonst-nur-jungs-tun-a-1196569 (13.07.2018).

http://www.salarfilm.de/salarfilm/films.html (23.05.2018).

SANDERS-BRAHMS, Helma (1980): *Shirins Hochzeit*, Freiburg: Panta Rhei Filmverlag.

SCHENK, Klaus (2020): »Das gefallene Märchen. Zur filmischen Narration und Semiotik transkultureller Missverständnisse«. In: *Der Deutsch-Türkische Film. Neue kulturwissenschaftliche Perspektiven*, hg. v. Deniz Bayrak, Enis Dinç, Yüksel Ekinci und Sarah Reininghaus, Bielefeld: transcript, S. 39–64.

SCHIFFERLE, Hans (1998): »Kurz und schmerzlos«. In: *epd Film*, Nr. 10, Oktober 1998.

SEESSLEN, Georg (2000): »Das Kino der doppelten Kulturen. Le Cinema du Métissage«. In: *Zeitschrift des Evangelischen Pressedienstes der Evangelischen Publizistik* 17: 12, S. 22–29.

ŞENOCAK, Zafer (2006): »Authentische Türkinnen. Der Streit zwischen Feridun Zaimoğlu und Emine Sevgi Özdamar zeigt, wie sehr die so genannte Migrantenliteratur in der biografischen Falle sitzt. Sie spielt das Spiel der Typisierungen mit«. In: *taz am Wochenende*, 10.06.2006, http://www.taz.de/!421146/ (26.07.2018).

SEYHAN, Azade (1996): »Lost in Translation. Re-Membering the Mother Tongue in Emine Sevgi Özdamar's ›Das Leben ist eine Karawanserei‹«. In: *The German Quarterly* Vol. 69, No. 4, Special Issue on Culture Studies, S. 414–426.

SEYHAN, Azade (2001): *Writing outside the Nation*, New Jersey: Princeton University Press.

SEZGIN, Hilal (2006): »Eine Stimme. Ein Unschuldsbeweis«. In: *DIE ZEIT*, 22.06.2006, https://www.zeit.de/2006/26/L-Zaimoglu-Interview (01.08.2018).

SIEBEN, Irene (1973): »Frau Kutzer und Niyazi aus Istanbul. Filmszene aus Kreuzberg: Wie leben Deutsche und Türken zusammen?«. In: *Berliner Morgenpost*, 25.05.1973.

SIEDEL, Elisabeth (1986): »Zwischen Resignation und Hoffnung. Türkische Autoren in der Bundesrepublik«. In: *Die Welt des Islams* 26: 1/4, S. 106–123.

SIEDEL, Elisabeth (1989): »Aşık Veysel und sein Publikum«. In: *Die Welt des Islams*, New Series, Bd. 29, Nr. 1 / 4 (1989), S. 83–100.

SIEMS, David (2011): »Kritik zu Almanya. Willkommen in Deutschland«. In: *epd Film. Mehr Wissen. Mehr Sehen*, 01.03.2011, https://www.epd-film.de/filmkritiken/almanya-willkommen-deutschland (13.06.2018).

SÖLÇÜN, Sargut (2000): »Literatur der türkischen Minderheit«. In: *Interkulturelle Literatur in Deutschland. Ein Handbuch*, hg. v. Charmine Chiellino, Weimar: Metzler, S. 135–152.

DER SPIEGEL (2006): »Umstrittener TV-Film. ARD zeigt ›Wut‹ später«. In: *DER SPIEGEL*, 22.09.2006, http://www.spiegel.de/kultur/gesellschaft/umstrittener-tv-film-ard-zeigt-wut-spaeter-a-438700.html (zuletzt 07.02.2019).

http://de.statista.com/statistik/daten/studie/169503/umfrage/durchschnittliche-einschaltquote-der-tatort-ermittler/ (17.08.2016).
STEUERWALD, Karl (1993): *Türkçe Almanca Sözlük*, Istanbul: Novaprint Basım Evi.
STRANAKOVA, Monika (2009): *Literarische Grenzüberschreitungen. Fremdheits- und Europadiskurs in den Werken von Barbara Frischmuth, Dzevad Karahasan und Zafer Şenocak*, Tübingen: Stauffenburg.
STUBERGER, Ulf (1974): »›Wir machen szammen Geld für die Fabrika Dirketor ... ‹«. In: DEUTSCHE VOLKSZEITUNG, 17.01.1974.
SUNER, Asuman (2010): *New Turkish Cinema. Belonging, Identity and Memory*, London: I.B. Tauris.
TEZCAN, Levent (2010): »Der Tod diesseits von Kultur. Wie Fatih Akın in ›Auf der anderen Seite‹ den großen Kulturdialog umgeht«. In: *Kultur als Ereignis. Fatih Akıns Film Auf der anderen Seite als transkulturelle Narration*, hg. v. Özkan Ezli, Bielefeld: transcript, S. 45–70.
TÖTEBERG, Michael (2002): *Rainer Werner Fassbinder*, Reinbek: Rowohlt.
TRAUB, Rainer (1990): »Ein türkischer Winnetou«. In: DER SPIEGEL, 2/1990, S. 153–155.
TURAN, Canan (2016): »›Darf die Subalterne lachen?‹ Ehrenmord in *Die Fremde* (2010) versus tragikomisches Generationentreffen in *Almanya – Willkommen in Deutschland* (2011)«. In: *Deutsch-Türkische Filmkultur im Migrationskontext*, hg. v. Ömer Alkın, Wiesbaden: Springer, S. 335–360.
UMBACH, Klaus (1976): »Viel schlimmes Land. ›Shirins Hochzeit‹ TV-Spiel von Helma Sanders«. In: DER SPIEGEL, 19.01.1976, S. 120.
VAHABZADEH, Susan (2011): »Leitkultur sachte verbogen«. In: SÜDDEUTSCHE ZEITUNG, 11.03.2011, http://www.sueddeutsche.de/kultur/im-kino-almanya-leitkultur-sachte-verbogen-1.1070351 (13.06.2018).
VOIGT, Claudia (1998): »Es war einmal in Altona«. In: DER SPIEGEL, 43/1998, S. 260–262.
VOIGT, Claudia (2006): »Wörter wie Silberringe«. In: DER SPIEGEL, 13/2006, S. 165–166.
VON DIRKE, Sabine (1994): »West meets East: Narrative construction of the foreigner and postmodern orientalism in Sten Nadolny's ›Selim oder die Gabe der Rede‹«. In: *Germanic Review*, S. 61–69.
WEHR, Hans (1977): *Arabisches Wörterbuch für arabische Schriftsprache und Supplement*, Beirut: Otto Harrassowitz.
WEIDERMANN, Volker (2006a): »Der fremde Bräutigam«. In: FRANKFURTER ALLGEMEINE ZEITUNG, 12.02.2006, http://www.faz.net/aktuell/feuilleton/buecher/rezensionen/belletristik/der-fremde-braeutigam-1307180-p2.html (19.07.2018).
WEIDERMANN, Volker (2006b): »Abgeschrieben? Streit um den Roman ›Leyla‹«. In: FRANKFURTER ALLGEMEINE ZEITUNG, 01.06.2006, http://www.faz.net/aktuell/feuilleton/buecher/abgeschrieben-streit-um-den-roman-leyla-oezdamar-gegen-zaimoglu-1327374.html (19.07.2018).
WEINGARTEN, Susanne (1997): »Was nun, Jan? ›Das Leben ist eine Baustelle‹, behauptet Wolfgang Beckers Berliner Beziehungspuzzle – und beweist es auch«. In: DER SPIEGEL, 12/1997, S. 216–217.
WIEGANDT, Kai (2005): »Das Gewicht der einfachen Dinge«. In: SÜDDEUTSCHE ZEITUNG, 06.07.2005, https://www.buecher.de/shop/buecher/die-tochter-des-schmieds/oezdogan-selim/products_products/detail/prod_id/13273664/#reviews (03.08.2018).
WIERSCHKE, Annette (1997): »Auf den Schnittstellen kultureller Grenzen tanzend. Aysel Özakın und Emine Sevgi Özdamar«. In: *Denn du tanzt auf einem Seil. Positionen*

deutschsprachiger MigrantInnenliteratur, hg. v. Sabine Fischer, Moray McGowan, Tübingen: Stauffenburg, S. 179–194.
WILLMS, Weertje (2010): »Probleme der Identitätskonstitution im interkulturellen Spannungsfeld am Beispiel von Güney Dals *Der enthaarte Affe*«. In: *Zeitschrift für interkulturelle Germanistik*, Band 1, Heft 2, S. 63–78.
WINKELS, Hubert (2004): »Der Dreck und das Heilige. Feridun Zaimoğlu will ein richtiger Dichter werden«. In: *DIE ZEIT*, 25.03.2004, https://www.zeit.de/2004/14/L-Zaimoglu (12.07.2018).
WOLBERT, Barbara (2010): »›Studio of Realism‹. On the need for Art in Exhibitions on Migration History«. In: *Forum: Qualitative Social Research. Sozialfoschung*, http://www.qualitative-research.net/index.php/fqs/article/view/1483/2996 (19.09.2018).
YEŞILADA, Karin (2011): »›Nette Türkinnen von nebenan‹. Die neue deutsch-türkische Harmlosigkeit als literarischer Trend«. In: *Von der nationalen zur internationalen Literatur. Transkulturelle deutschsprachige Literatur und Kultur im Zeitalter globaler Migration*, hg. v. Helmut Schmitz, Amsterdam: Rodopi, S. 117–142.
YILDIZ, Yasemin (2009): »Kritisch ›Kanak‹. Gesellschaftskritik, Sprache und Kultur bei Zaimoğlu«. In: *Wider den Kulturenzwang. Migration, Kulturalisierung und Weltliteratur*, hg. v. Özkan Ezli, Dorothee Kimmich, Annette Werberger, Bielefeld: transcript, S. 187–206.
YILDIZ, Yasemin (2012): *Beyond the Mother Tongue. The postmonolingual Condition*, Fordham University Press.
https://www.youtube.com/watch?v=wrV7adgbcMc (06.12.2017).
ZAIMOĞLU, Feridun (1999): »Eure Coolness ist gigaout«. In: *Kanaksta. Geschichten von deutschen und anderen Ausländern*, hg. v. Joachim Lottmann, Berlin: Quadriga, S. 23–32.
ZIERAU, Cornelia (2004): »Story and History – ›Nation-Writing‹ in Emine Sevgi Özdamars Roman *Das Leben ist eine Karawanserei*«. In: *Die ›andere‹ Deutsche Literatur. Istanbuler Vorträge*, hg. v. Manfred Durzak, Nilüfer Kuruyazıcı, Würzburg: Königshausen & Neumann, S. 166–173.
ZIERAU, Cornelia (2009): »*Wenn Wörter auf Wanderschaft gehen ...*« *Aspekte kultureller, nationaler und geschlechtsspezifischer Differenzen in deutschsprachiger Migrationsliteratur*, Tübingen: Stauffenburg.
ZIERAU, Cornelia/ZAIMOĞLU, Feridun (2007): »Ein Gespräch mit Feridun Zaimoğlu«. In: *Entgrenzungen. Vierzehn Autorengespräche über Liebe, Leben und Literatur*, hg. v. Olga Olivia Kasaty, München: edition text+kritik, S. 431–464.
»›Zu Gunsten der Realität‹«. Gespräch zwischen Rainer Werner Fassbinder und Hans Günther Pflaum«. In: *Film-Korrespondenz*, 13.02.1974.

www.ingramcontent.com/pod-product-compliance
Lightning Source LLC
Chambersburg PA
CBHW031407230426
43668CB00007B/231